LES SECRETS DE L'ESPIONNAGE FRANÇAIS

de 1870 à nos jours

Du même auteur

Les Socialistes et l'armée, PUF, 1983.

La Piscine, en collaboration avec Roger Faligot, Le Seuil, 1985.

Pascal KROP

Les Secrets de l'espionnage français

de 1870 à nos jours

JC Lattès

I

LES ESPIONS DE LA REVANCHE

1868 : La France couverte d'espions — Les fonds des reptiles — Les bistrotiers de Wilhelm Stieber — Le premier Bureau des statistiques — Zola accuse l'état-major : le général sans soldats et celui qui n'a pas de cartes — Le service des reconnaissances de M. Cuvinot, boîte postale 16, rue du Parlement — Le capitaine Samuel dans les pas du maréchal von Molkte — 186 000 francs par an pour un SR de poche — Le commissaire Schnæbelé pris au piège — Une agence de recherches pour le 2e Bureau — Le « brouillard » des dépenses secrètes — L'étrange fin de Foucault de Mondion — Poker menteur autour du canon de 75 — Marie Bastian, nom de code « Auguste », déclenche l'Affaire — Un bordereau forgé à Metz sur du papier allemand — Le cri de l'attaché militaire Schwarzkoppen : « Dreyfus est innocent. Tout n'était que faux et mensonges ! » — De Galliffet « désinfecte » les services secrets.

1868 : la France couverte d'espions

Le 15 juillet 1870, Paris est en liesse, la nation exulte : l'empereur a enfin déclaré la guerre à la Prusse ! A l'unanimité, le Parlement a voté les crédits militaires, moins cinq voix, dont celles d'Arago et de Jules Grévy. Thiers s'est abstenu ; il a ménagé l'avenir en prononçant, avant le scrutin, un discours de mise en garde, impopulaire à souhait, quand on tient à faire savoir que l'on est d'une opposition ambitieuse. Il a lancé, en conclusion et sous les huées, les paroles de bon sens que voici :

— Je regarde cette guerre comme souverainement imprudente.

Un autre député, Prévost, a, lui, osé davantage :

— Vous ne vaincrez pas en Allemagne, mais vous serez écrasés en France, je connais les Prussiens !

Le coup de pistolet, mortel, qu'il s'administrera peu après ne provoquera guère plus d'émotion que sa sombre prédiction. Pourquoi s'en serait-on fait ? Au début de l'année, le maréchal Lebœuf, ministre de la Guerre, avait décrété :

— L'armée prussienne n'existe pas !

Les fonds des reptiles

La rodomontade dut dérider, à Berlin, Wilhelm Karl Stieber, le maître absolu des services secrets bismarckiens. Ne comparait-il pas volontiers la France artificielle de cette fin de Second Empire à un « poisson surpris qui se débat sous le filet du pêcheur » ? Deux années et 9 millions de thalers[1] lui avaient suffi pour couvrir d'espions notre territoire.

Stieber, auprès de Bismarck, ressemblait au légendaire Schulmeister de Napoléon Ier ; en plus méthodique. Ce Saxon de quarante-cinq ans, ancien chef de la section IV, la police judiciaire de Berlin, s'était voulu le généralissime, dans toute l'Europe, d'une armée prussienne secrète, active en temps de paix comme en temps de guerre.

Le maréchal von Molkte, chef du grand état-major, avait

1. 13 millions de francs de l'époque.

approuvé ce projet d'un service d'espionnage permanent. Lui-même aimait à citer Napoléon : « Un observateur avisé au bon moment et au bon endroit peut remplacer un corps d'armée. » Ou encore : « Tout général qui opère non dans le désert, mais dans un pays peuplé et qui n'a pas d'informations, ne sait pas son métier. »

De surcroît, Bismarck, qui avait compris l'importance de la presse et la nécessité de la manipuler, décida de transformer le « Bureau télégraphique », dirigé à Berlin par le Dr Wolff, en un organisme gouvernemental. Il échut ainsi à Stieber un « bureau de presse », forme première d'une police secrète d'Etat, regroupant les services de renseignements, le contre-espionnage et la propagande.

Stieber voyait grand. Et il coûtait cher. Le chancelier de fer s'occupait des finances. Toute occasion lui était bonne. Il confisquait, à l'insu de l'Etat, la fortune des vaincus, comme le roi de Hanovre, ou le Grand Electeur de Hesse. Dans un mépris total de la Diète, il faisait vendre pour 13 millions de thalers des actions des chemins de fer ou ordonnait l'émission d'obligations d'Etat pour 40 autres millions. De même, il utilisait, de façon discrétionnaire, les crédits munificents que lui consentaient, en sous-main, la firme Krupp, les aciéries Stumm. Il ne dédaigna pas davantage d'employer, à temps plein, des faux-monnayeurs ; Stieber, qui connaissait sa pègre, avait sorti des prisons les plus talentueux d'entre eux. A Berlin, les milieux informés baptisèrent l'argent, qui affluait au bureau central de presse, les « Reptilienfond », les « fonds des reptiles ».

Les bistrotiers de Wilhelm Stieber

Stieber, déchargé des soucis matériels, acheva de ficher la Prusse et la Confédération germanique avant de « mettre en observation », sur ordre de Bismarck, l'Empire austro-hongrois. Les « correspondants de presse » du bureau central de Berlin découvrirent une Autriche certes rivale de la Prusse, mais d'un pacifisme, d'un laisser-aller politique et militaire qui invitaient à la subversion. Stieber acheta 2 conseillers proches de l'empereur François-Joseph et 530 hauts fonctionnaires autrichiens. Ses agents lui envoyèrent à son QG berlinois, dans le quartier du « Gendarmenmarkt », 20 000 comptes rendus dont ses services surent extraire 2 000 renseignements, ceux d'importance cruciale avoisinant les 400 ; sans compter les 200 documents en provenance directe des bureaux civils et militaires d'une administration qui en savait moins, alors, sur l'Empire, ses populations, son armée que les espions prussiens[2].

Les 800 agitateurs, que Stieber payait grassement, se répan-

2. *L'Espionnage militaire*, A. Froment, 1887.

dirent en Hongrie, en Dalmatie, en Slovénie. A Prague, une « Proclamation à tous les habitants du royaume de Bohême et de Moravie » engageait ces derniers à réaliser « leurs désirs de libération ». Rapidement, des soulèvements advinrent un peu partout, tandis que le bureau central de presse diffusait des fausses nouvelles afin « d'irriter » Vienne. Et ce fut le désarroi, au gouvernement impérial, la fuite en avant, François-Joseph en appelant à la Confédération germanique pour mobiliser contre « l'arrogante Prusse ». Laquelle put se considérer comme « un pays attaqué contraint de se défendre ». Bismarck jubilait. A l'ambassadeur de Grande-Bretagne qui lui disait que l'Europe ne tolérerait jamais cette agression, il répondit, brutal :

— L'Europe, qu'est-ce que cela ?

Le 3 juillet 1866, aux alentours de Koeniggrätz, la vieillotte armée de l'Empire danubien se fit massacrer, avec un bel héroïsme, lors de la bataille de Sadowa. L'Autriche était à la botte et Bismarck pouvait désormais songer à ce pauvre Napoléon III, qu'il bernait depuis quelque temps déjà. Sans en penser un mot, il lui avait promis en échange d'une « neutralité sincère » le grand-duché de Luxembourg et même un partage de la Belgique qui avantagerait la France. Parlant, un jour, de la déception trop affichée de l'empereur des Français, le chancelier avait dit à son espion en chef :

— ... Je ne crois pas que nous puissions éviter longtemps une guerre avec lui. Mais je veux utiliser le temps qui nous reste pour donner à notre armée une avance irrattrapable en la dotant de l'armement le plus moderne[3]...

C'était vers la fin de 1866. Le général Ducrot, commandant Strasbourg, signalait au général Trochu que les pays compris entre la Moselle et les Vosges étaient envahis par de nombreux agents prussiens. Ceux-ci sondaient les populations, agissaient sur les protestants « beaucoup moins français qu'on ne le croit généralement ». Ducrot ne se trompait que sur les sentiments de ces derniers. A la même époque, l'ambassadeur de France à Berlin recevait d'un informateur de Francfort la note suivante :

> « Tout semble indiquer que le parti militaire l'emporte dans les conseils du roi Guillaume. Il n'attendrait qu'un prétexte diplomatique pour nous surprendre, nous accabler par le nombre et nous enlever au-dehors, dès le début, notre prestige moral, par la profanation de notre sol. Il se flatte qu'une invasion réveillerait à l'intérieur d'accablants souvenirs et permettrait aux agents allemands à Paris, mêlés aux ouvriers des faubourgs, de réaliser l'œuvre que méditeraient les partis hostiles. Toutes les mesures sont prises et ont été étudiées et préparées de longue main. »

Stieber, déjà à l'œuvre, il est vrai, pouvait travailler tout à son

3. *Espion de Bismarck (Mémoires de Wilhelm Stieber)*, Seewald Verlag, 1978 — Pygmalion, 1985.

aise. Dans cette France, dont il jugeait l'insouciance « très surprenante », et qui ne présentait « pas le moindre danger pour la Prusse et la Confédération de l'Allemagne du Nord », les notes de Ducrot ou de l'ambassadeur prirent, sans plus d'attention, le chemin des archives.

En 1868, l'espion de Bismarck vint s'installer à Paris, le temps de mettre en place le même dispositif arachnéen qui avait paralysé l'Autriche. Il commença par examiner de près le fusil Chassepot et la mitrailleuse, estima médiocres ces orgueils de l'état-major français et s'occupa, aussitôt, chose plus sérieuse, du recrutement. Il avait amené quelques-uns de ses meilleurs agents, qui s'étaient aguerris sur le Danube, et délégua tout pouvoir à F.M., son homme de confiance, dont l'Histoire n'a retenu que les initiales. F.M. fréquentait des personnalités hostiles à Napoléon III ; il se faisait fort de sélectionner parmi ces opposants huppés une « élite d'espions » qui s'empresseraient de lui dénicher des renseignements de premier ordre auprès des milieux gouvernementaux.

F.M., pour se faire la main, s'introduisit dans l'immeuble du ministère de la Guerre. Déguisé en peintre en bâtiment, pot et brosses à la main, son échelle à l'épaule, il déambula, badigeonna un mur, demanda son chemin à un haut gradé ; et il eut la chance de trouver sur la table du bureau dont il s'était enquéri le duplicata du plan de bataille français. Stieber, de son côté, se vit proposer à domicile les services d'un valet de chambre de Sa Majesté l'empereur. Cette recrue spontanée fournit, par la suite, des indications très précieuses.

Le chef du bureau central de presse regagna Berlin, sans inquiétude aucune. Les candidats à la trahison se manifestèrent en foule. Au QG du Gendarmenmarkt, les fonctionnaires enregistraient, analysaient, classaient au jour le jour les dossiers de ces Français comme les autres qui s'offraient par milliers[4].

Outre les pauvres, racolés dans la rue, dans les bistrots et sans compter les « bistrotiers » eux-mêmes — appelés aussi « sonnettes » —, quel microcosme : l'épouse, la maîtresse, l'ami, le cousin, la domesticité ; toutes les catégories, selon tous les besoins, les appétits ou les haines et les rancœurs ! Des citoyens, ayant pignon sur rue et de moralité irréprochable, épiaient, dénonçaient, recopiaient des plans d'armes, de machines nouvelles, volaient des documents. La « haute » s'y mettait, la vieille noblesse, les grands commis de l'Etat et les militaires de tous grades ; leurs motifs, à ceux-là, étaient, paraît-il, élevés, politiques, idéologiques ; n'empêche, ils trahissaient.

Au début de 1870, Stieber disposait d'un réseau « dense et secret recouvrant toute la France ». Dans ses Mémoires, il note :

« L'opinion publique allemande, qui ne se doutait de rien,

4. Le nombre de 30 000 a été avancé dans de très nombreux articles de presse. Stieber, dans ses Mémoires, ne le précise pas.

aurait été sans doute très étonnée si elle avait appris que mon réseau d'observateurs... ne comptait que très peu d'Allemands... »

Et l'économe autant qu'infatigable Stieber de constater, avec satisfaction, que les renseignements obtenus valaient bien plus que le prix qu'on lui en réclamait. Il pouvait conclure :

« Bref, l'espionnage est encore moins dangereux dans l'empire de Napoléon III que dans la pacifique Autriche ; et il donne de bien meilleurs résultats. »

Pendant ce temps-là, le maréchal Lebœuf pouvait balayer d'une phrase l'armée prussienne, Wilhelm Stieber, lui, savait. Il savait tout et ce tout se résumait en un mot : le délabrement.

Le pouvoir était à prendre. Des calculs au rein empêchaient Napoléon III de marcher, de manger, de dormir ; à plus forte raison de gouverner. Le pays, où la misère grandissait, ne voulait plus des institutions. Les nantis, occupés qu'ils étaient à s'enrichir, se voyaient déjà, comme les Thiers, les Grévy, les Guizot, à la tête d'une république des rentiers. Ils se seraient arrangés, à la rigueur, d'un empereur de parade, mais les maréchaux politicards de la cour encourageaient, contre toute vraisemblance, ce Badinguet, secoué de coliques néphrétiques, à se considérer, coûte que coûte, comme Napoléon l'Unique qui défierait l'ogre Bismarck. Seuls la droite bonapartiste, ainsi que la sotte impératrice Eugénie et les affidés de la grosse industrie, telle cette ganache de Lebœuf, s'obstinaient à croire que la France avait les moyens de la guerre.

Edmond Lebœuf était déjà ministre de la Guerre quand, en 1868, Alfred Krupp montra à l'exposition universelle de Paris un canon gigantesque de 35 centimètres ; « un monstre comme le monde n'en a encore jamais vu », annonçait la réclame, qui disait vrai. Le canon seul pesait 50 tonnes, l'affût 40, la charge de poudre pour chaque projectile était de 100 livres. Napoléon III s'en déclara si « enchanté » qu'il octroya à Krupp un grand prix et le rang de chevalier de la Légion d'honneur. Le 31 janvier de cette même année 1868, Alfred Krupp envoya aux Tuileries un catalogue de ses armes, en priant Sa Gracieuse Majesté « d'examiner le rapport ci-joint d'une récente série d'essais de tir » non sans ajouter : « Le canon d'acier que je fabrique pour diverses grandes puissances européennes mérite quelque attention et excusera l'audace dont je fais preuve en le soumettant à Sa Majesté. »

Napoléon III se montra, pour sa part, plus que tenté, mais Lebœuf veillait : il était un ami intime de Schneider. Il ne tint aucun compte de l'avis d'une délégation d'artilleurs français impressionnés par la portée et la précision de ces nouvelles pièces expérimentées au cours de manœuvres en Belgique. Le 11 mars 1868, Lebœuf inscrivait sur le dossier Krupp : « Rien à faire. »

Stieber détenait l'inventaire des fabriques d'armes françaises. Celles-ci tournaient au ralenti et leurs vieilles machines-outils, encrassées, ne suivraient pas les cadences de surproduction qu'entraînerait un conflit, prudemment estimé de longue haleine par l'état-major de Berlin. Et si le maréchal von Molkte, avec ses 400 000 soldats, l'arme au pied, pouvait affirmer : « Oui, nous sommes plus que prêts ! », les Français, en revanche, mettraient quatorze jours pour mobiliser 100 000 hommes. Au mieux. Stieber l'avait calculé.

Ces troupes seraient mal équipées, mal entraînées, livrées aux improvisations d'un état-major que sa propre incurie condamnait à manœuvrer à l'aveuglette, faute d'un service de renseignements constitué. Un drame dans le drame, ce vide du renseignement, inexplicable. Stieber s'en félicitait qui, loin de poser au novateur, s'était appliqué, avec son bureau central de presse, à systématiser les techniques des Français, experts en la matière, sous l'Ancien Régime et le Premier Empire. Depuis, plus rien.

Le premier Bureau des statistiques

En 1866, cependant, on avait conçu au ministère de la Guerre comme le vague soupçon que l'espionnage à la Stieber, autant que la machine militaire prussienne, était pour quelque chose dans l'effondrement de l'Autriche. L'on se rappela, alors, qu'il existait bien, quelque part, un Dépôt de la guerre. Il végétait depuis des lustres ; on imagina de le dépoussiérer.

Quand Stieber commença à tisser sa toile, le Dépôt se composait de deux sections : la première, chargée de la géodésie et de la topographie, bénéficia du très bref sursaut ministériel, on l'enrichit, en 1867, d'un bureau de photographie ; la seconde section, commise, avant toute autre activité, aux recherches historiques et aux archives, se vit attribuer des annexes, le Bureau des reconnaissances et le Bureau des statistiques avec pour mission l'étude de la presse et des réseaux ferroviaires de l'étranger. Ces annexes furent confiées aux colonels d'Andlau et Lewal.

Ce dernier, alors qu'il était commandant, s'était fait remarquer par une certaine propension au mauvais esprit. A la suite de Brack, Belliars, Dessoles, Berthier et Bugeaud, officiers compétents et reconnus comme tels, Lewal, dès 1860, s'élevait contre l'indifférence, teintée de mépris, avec laquelle le gouvernement traitait les services de renseignements et de contre-espionnage, en un temps où les Prussiens reprenaient à leur compte, en les modernisant, des procédés qui avaient fait la force de la grande armée.

Nommé au Bureau des statistiques et devenu colonel d'état-major, Lewal, qui ne pouvait ignorer le travail de Stieber à Berlin, récidiva en 1869. Au cours de conférences instituées par le maréchal Niel au ministère de la Guerre, il insista sur la nécessité vitale, sur l'urgence aussi, de créer ces deux services et de leur assurer un fonctionnement permanent :

— Malgré son évidente utilité, l'espionnage est peu ou point pratiqué en France, depuis longtemps déjà. On n'en a pas le goût et il n'est organisé ni comme réglementation ni comme fait.

Lewal dénonçait ensuite, sans en avoir l'air, les rêvasseries des états-majors très parisiens où, le champagne aidant, on regagnait à la pointe de la fourchette les batailles enluminées du Petit Caporal :

— Le caractère chevaleresque de notre nation se prête malaisément à l'emploi de ce moyen, qui présente quelque chose de traître et de déloyal. On préfère le combat à visage découvert, à armes courtoises, comme on disait jadis, sans bien se rendre compte que vis-à-vis d'adversaires très positifs on joue infailliblement le rôle de dupe...

Le chef du Bureau des statistiques parlait en professionnel à des gens qui pensaient peut-être à la gloire de leurs aïeux, mais surtout — il le savait — à leur carrière :

— ... Avec de pareils sentiments, nous nous servons de l'espionnage comme à regret et d'autant moins que nous ne trouvons pas l'instrument préparé. Au moment du besoin, le dégoût et l'indifférence s'opposent à l'organisation du service secret. On ne sait pas le créer ; on paye médiocrement, on a de faibles agents et la plupart du temps, on est mal informé, sinon pas du tout. Or, l'espionnage est un arbre ne portant ses fruits que bien des années après sa plantation.

Et Lewal concluait devant les auditoires incrédules, ennuyés même, des conférences du maréchal Niel :

— On ne saurait apporter trop de vigilance et d'activité à pourchasser les espions adverses. Ce service de surveillance n'a pas été monté, jusqu'à présent, avec une énergie suffisante. Nous y apportons une certaine nonchalance dont l'ennemi profite. Nous nous laissons trop fréquenter sans penser aux graves conséquences de cette indifférence. S'il est utile de connaître les desseins de l'adversaire, il est encore bien plus important de l'empêcher de savoir les nôtres.

En cette même année 1869, le général Ducrot, bien placé à Strasbourg pour suivre les préparatifs des Allemands, tâchait de faire partager au général Frossard de similaires inquiétudes. Dans une lettre du 31 janvier, après avoir cité un certain M. de D..., âgé de soixante-huit ans, qui lui rapportait de ses voyages en Allemagne des renseignements alarmants, Ducrot précisait :

— ... N'ayant plus la possibilité d'envoyer des officiers à l'étranger, par suite de l'état des relations, je me suis adressé à un ancien sous-officier français, M. de Gaston, fixé à Landau depuis plusieurs années. Allant fréquemment à Mayence et Bade pour ses affaires, il s'est chargé de vérifier de visu l'exactitude de renseignements que je m'étais procurés d'autres façons. C'est ainsi que je viens d'apprendre que les Prussiens faisaient couper les arbres sur les glacis de Mayence et de Rastadt, et que dans le grand-duché de Bade on réquisitionnait vétérinaires et médecins. On les affecte à des corps de troupes en qualité d'auxiliaires.

La suite dut tinter à l'oreille de Frossard : comme s'il ne suffisait pas d'un Lewal à l'état-major pour bassiner son monde avec ces satanés services de renseignements, le général Ducrot y allait en effet de son couplet :

— Il est vraiment fâcheux que nous n'ayons aucun moyen de surveiller ce qui se fait ou se prépare chez nos trop actifs voisins. Ne serait-il pas indispensable d'organiser, dès à présent, un service d'espionnage militaire, qui mettrait à votre disposition un certain nombre d'agents chargés de nous tenir au courant des moindres incidents présentant quelque signification et qui, le jour où la guerre éclaterait, pourraient nous rendre d'incalculables services. Ce n'est pas au moment où les relations seront interrompues qu'il sera possible d'organiser ce service. Il faut du temps et beaucoup d'adresse pour le monter convenablement. Je livre ces réflexions à votre appréciation.

Frossard, s'il ne répondit pas, dut néanmoins apprécier les suggestions de Ducrot et les transmettre en haut lieu, puisque c'est à celui-ci que s'adressa le nouveau major général Lebœuf, toujours maréchal mais plus ministre :

— Organisez l'espionnage, je vous allouerai des fonds spéciaux, vous serez l'œil de l'armée.

C'était le 16 juillet 1870, au lendemain de la déclaration de guerre. Le 17, Lebœuf envoyait ses instructions à tous les commandants de corps d'armée : organisation immédiate d'un service de renseignements comprenant, par corps d'armée, un chef d'escadron ou un capitaine d'état-major, chef de service, et deux capitaines connaissant la langue allemande. Au GQG, le colonel Lewal fut chargé de diriger la section de renseignements avec, sous ses ordres, un lieutenant-colonel, deux chefs d'escadron et quatre capitaines d'état-major.

Le nouveau ministre de la Guerre, le général Dejean, délégua un crédit de 1 million à l'intendant général de l'armée pour en assurer le fonctionnement. Un ordre ministériel définissait la mission du service :

« Les officiers employés à cette mission se préoccuperont de se ménager des relations en avant de leur corps d'armée et de trouver des espions qu'ils enverront à différentes distances, de manière à avoir toujours une sorte de réseau d'espionnage en avant du corps d'armée, et à être avertis à temps des mouvements de l'ennemi. On ne devra pas épargner l'argent pour avoir de bonnes informations. »

Trop tard...

Le réseau franco-prussien de Stieber fonctionnait à fond, maintenant ; Bordeaux, Lyon, Orléans, toutes les villes d'une quelconque importance stratégique ou tactique étaient quadrillées.

Entre le GQG de von Molkte, où qu'il se trouvât, et Paris, des agents assuraient une navette continue ; missions risquées, mais Stieber, puisant dans le « fonds des reptiles », payait par centaines de thalers, sans discuter. Il avait d'autres urgences, autant d'urgences qu'il y a de minutes dans vingt-quatre heures. Il mangeait, dormait quand il pouvait. Avec une douzaine d'inspecteurs, sa police de campagne, il protégeait de jour et de nuit le roi Guillaume, Bismarck, le grand état-major ; en tout, 86 personnalités, 54 hauts fonctionnaires, 108 subalternes, 52 sous-officiers et 671 hommes de troupe. Au 3e Bureau, celui des renseignements, le major Krause le secondait, Schneider, un rédacteur, s'occupait de la presse et de la diffusion des fausses nouvelles. Mais de la fin juillet au début d'août, Stieber, malgré son dispositif presque parfait, peina : comment s'y retrouver dans la pagaille française ?

Dès la première réunion d'état-major en campagne, il avait annoncé, en présence de Guillaume Ier :

— La « grande armée » française, celle que Napoléon a conduite de victoire en victoire, n'existe plus que sur le papier.

Zola accuse l'état-major : le général sans soldats et celui qui n'a pas de cartes

Qu'importe ! Du nord au midi, les journaux que scrutait Stieber, ses sbires, au coude à coude avec les provocateurs de la police gouvernementale, concouraient à faire monter la fièvre, l'ancestrale et maligne fièvre napoléonienne ; les populations s'imaginaient acclamant la meilleure armée du monde. La nation, tout entière, prenait pour des grognards ces pioupious ahuris, qui troquaient dans les gares leurs cartouches contre du gros-qui-tache. Ils en avaient trop, des cartouches : les quatre-vingt dix réglementaires, plus quatre-vingt-dix autres que Lebœuf, se méfiant de l'intendance, avait ordonné de distribuer, sans prévenir les responsables.

D'autres bataillons, pourtant, manquaient de munitions, de chevaux, de tentes ; et même d'hommes, des appelés qui se perdirent dans la nature. A l'état-major prussien, on put ainsi lire entre autres télégrammes interceptés celui qu'un certain général de Michèle avait expédié de Belfort à Paris :

« Arrivé sur place. Pas trouvé ma brigade. Pas plus que la division. Où sont mes soldats ? »

Molkte n'en revenait pas. Il dit, un soir, à Stieber, à propos de Lebœuf, qui s'était promu, d'autorité, chef d'état-major :

— Il n'a aucun plan d'opération. Il voulait d'abord passer le Rhin pour nous couper des Allemands du Sud, puis établir sa ligne de défense à partir des forteresses d'Alsace. Mais l'échec de la mise en place d'une armée n'est plus modifiable au cours de la campagne, et il ajouta, pensif : Quelle confusion dans le transport des réserves, dans le transport des troupes ! Comment même se faire une idée de la nouvelle formation de leur armée.

Ses 400 000 hommes, à lui, von Molkte, avaient été mobilisés en deux semaines et depuis attendaient. Le général von Steinmetz, un vétéran, avait disposé la 1re armée le long de la frontière luxembourgeoise ; la 2e armée, la formation d'élite de la Prusse, commandée par le meilleur de ses officiers, le prince Frédéric-Charles, veillait sur la Sarre. La 3e armée s'était concentrée sur le Palatinat. A sa tête, Frédéric-Guillaume, l'héritier du trône.

En face, 6 corps d'armée et 2 corps de réserve s'enchevêtraient, leurs 100 000 hommes se télescopaient, s'épuisaient, affamés, en marches et contremarches. Les troupes s'étiraient de Thionville à Belfort, sans liaison, sans autres renseignements que ceux des espions ennemis.

Un informateur persuada le général Frossard de la présence, à Duttweiler, de 80 000 à 100 000 hommes, alors qu'un simple escadron d'uhlans y stationnait. Le service de renseignements de la division Laveaucoupet, dont quatre éclaireurs avaient disparu du côté de Dutneiler, fit observer : « L'homme a été relâché par les autorités militaires prussiennes, il a pu être pris en main par elles et donner de faux renseignements. » Frossard ne voulut rien entendre, fit mouvement pour aller tomber dans le traquenard.

Une autre fausse nouvelle parvint à l'état-major français, par l'intermédiaire d'un ancien soldat de la Légion étrangère : il avait vu, aux environs de Lorrach, vis-à-vis de Bâle, 30 000 hommes, à peu près, et beaucoup d'artillerie. Le corps d'armée du général Douay fut aussitôt immobilisé, puis envoyé, à tout hasard, pour occuper le découvert de Woerth-Frœschwiller-Reichshoffen. A 2 kilomètres de cette nouvelle position, Frédéric-Guillaume et les 70 000 hommes de la 3e armée guettaient. Douay ne le savait pas ; et il n'avait que 7 000 hommes.

Certains officiers supérieurs français facilitèrent d'ailleurs la tâche des espions ; par ignorance et par jactance. Le général Bourgoin-Desfeuilles, personnage épisodique de *La Débâcle* de Zola, est caricatural comme la réalité elle-même quand elle donne — et c'est souvent — dans l'outrance :

> « Dans la petite ferme le général Bourgoin-Desfeuilles venait de s'installer commodément. Il avait trouvé un lit possible, il était attablé devant une omelette et un poulet rôti, ce qui le rendait d'une humeur charmante ; et comme le colonel de Vineuil s'était trouvé là pour un détail de service, il l'avait invité à dîner. Tous deux mangeaient donc, servis par un grand diable blond, au service du fermier depuis trois jours seulement et qui se disait Alsacien, un expatrié emporté dans la débâcle... Le général parlait librement devant cet homme, commentait la marche de l'armée, puis l'interrogeait sur la route et les distances, oubliant qu'il n'était point des Ardennes. L'ignorance absolue que montraient les questions finit par émouvoir le colonel. Lui, avait habité Mézières. Il donna quelques indications précises, qui arrachèrent ce cri au général :

— C'est idiot tout de même ! Comment voulez-vous qu'on se batte dans un pays qu'on ne connaît pas !

Le colonel eut un vague geste désespéré. Il savait que, dès la déclaration de guerre, on avait distribué à tous les officiers des cartes d'Allemagne, tandis que pas un, certainement, ne possédait de carte en France... »

A ce propos, Stieber confirme le récit de Zola :

— Les rapports de mes espions faisaient état d'une telle confiance dans la victoire que les chefs militaires français avaient été dotés uniquement des cartes de l'Allemagne.

Quand au « grand diable blond » Goliath, il incarne ces anonymes, de toutes conditions, qui pullulaient dans les lignes françaises. L'un deux, Schull von Dagelmann, comparut, en août 1870, devant le conseil de guerre de Metz. Ingénieur civil allemand, intelligent, énergique, il offrit ses services au général Ducrot, avant la déclaration de guerre. Les hostilités ouvertes, il obtint une nouvelle mission du même, qui commandait encore la place de Strasbourg. Dagelmann put ainsi parcourir les bivouacs français de la basse Alsace, et en rendre compte à Stieber. Aussitôt après, « représentant » d'une maison américaine, il obtint un sauf-conduit du commissaire français de Saint Louis qui lui permettait de voyager par les trains militaires. Quand on l'interpella, à la gare de Metz, il portait sur lui un « ausweis » (sauf-conduit) du quartier général prussien daté de Mayence, le 6 août. Sans cet accroc, il eût continué en Lorraine ses recherches, qui avaient été si fructueuses en Alsace. Schull von Dagelmann, fusillé le 28 août, dans les fossés de la citadelle de Metz, mourut avec la conscience du devoir accompli : la précision des renseignements qu'il avait transmis était telle que Frédéric-Guillaume apprit, dans la nuit du 3 août, l'arrivée de 7 000 Français à Wissembourg. Avec sa 3e armée il fondit sur la division du général Douay qui s'était à peine installée. Il était 7 heures du matin. A 1 heure de l'après-midi, l'affaire était réglée. Les Français laissaient 1 521 morts, dont le général Douay, et abandonnèrent leurs blessés, par manque d'ambulances. Le 6 août, à Woerth, à Frœschwiller, à Reichshoffen, 80 000 Allemands, dont 12 000 resteront en réserve, affrontent 45 000 Français. Les pertes, en morts, blessés ou prisonniers, s'élèvent, côté prussien, à 3 500 hommes, côté français, à plus de 20 000. Le même jour, à Forbach, la 2e armée du prince Frédéric-Charles met en déroute les troupes du général Frossard, attiré là, nous l'avons dit, sur les indications d'un espion. Positionné à une vingtaine de kilomètres, Barzaine n'a pas bougé. Il attendait, sans doute, d'être assiégé dans Metz ; et puis, sous Napoléon III, un maréchal de France se devait de tout sacrifier à ses ambitions politiques, s'agitait comme Lebœuf, se haussait comme Canrobert, se rendait comme Barzaine, mais ne se battait pas ; excepté Mac-Mahon. Le soldat Picot, de Zola, en témoigne :

« — ... A Frœschwiller, fallait être bête à manger du foin pour se battre dans des conditions pareilles. Mon capitaine, un petit malin, le disait... La vérité est qu'on ne devait pas savoir. Toute une armée de ces salauds nous est tombée sur le dos et nous étions à peine quarante mille, nous autres ! Et on ne s'attendait pas à se battre ce jour-là, la bataille s'est engagée, peu à peu, sans que les chefs le veuillent, paraît-il... Mac-Mahon est peut-être un serin, mais il est brave. Fallait le voir sur son grand cheval, au milieu des obus ! Un autre aurait filé dès le commencement, jugeant qu'il n'y a pas de honte à refuser de se battre quand on n'est pas de force. Lui, puisque c'était commencé, a voulu se faire casser la gueule jusqu'au bout. Et ce qu'il y a réussi !...

Tout comme Maurice, autre protagoniste de cette *Débâcle* écrite en 1891 :

« ... il continua à demi-voix, pour lui, parlant des chefs : "plus bêtes que méchants, c'est certain, et pas de chance ! Ils ne savent rien, ils ne prévoient rien, ils n'ont ni plan, ni idée, ni hasards heureux..." »

Fin août 1870, Molkte s'était, de fait, écrié :

— Ces gens sont vraiment trop stupides !

Un soir qu'il jouait aux cartes avec des officiers, Stieber venait de lui confirmer la manœuvre insensée de Mac-Mahon. Au lieu de s'établir au camp de Châlons ou de se retirer sur Paris, le brave sabreur de Frœschwiller marchait vers Metz, assiégée, donc vers le nord, la Belgique, l'impasse...

Cela, Molkte le savait déjà. A Londres, les « correspondants de presse » du bureau central du Gendarmenmarkt avaient lu cette information dans le *Times* et l'avaient télégraphiée à l'état-major prussien. Molkte ne voulait pas y croire : la manœuvre lui semblait par trop « stupide », comme il venait de le dire. Quand Stieber lui eut précisé que la nouvelle provenait d'un de ses agents français, infiltré à l'état-major de Mac-Mahon, il se dressa, jeta ses cartes et triomphant lança :

— Nous allons leur donner une leçon !

« On était au 25 août... Le lendemain, l'évolution commençait, cette attaque de flanc, cet enveloppement gigantesque à marches forcées et dans un ordre admirable au travers de la Champagne et des Ardennes. Pendant que les Français allaient hésiter et osciller sur place, comme frappés de paralysie brusque, les Prussiens faisaient 40 kilomètres par jour, dans leur cercle immense de rabatteurs, poussaient le troupeau d'hommes qu'ils traquaient vers les forêts de la frontière... »

Le Maurice de Zola attribuait ce changement dans le cours des opérations, cette accélération de la débâcle aux espions dont les soldats en cohue se sentaient entourés. Les uhlans se montraient partout :

« ... des bougres qui apparaissaient, qui disparaissaient sans qu'on sût d'où ils sortaient..., ils précédaient les colonnes d'un mouvement d'abeilles, mouvant rideau derrière lequel l'infanterie dissimulait ses mouvements... »

Ces uhlans, eux-mêmes, avaient pour tâche de renseigner ; fonction à laquelle la cavalerie française de l'époque, qui venait de se faire décimer avec tant de panache à Reichshoffen, n'entendait rien. « Elle ignorait les principes, le mode d'action et les procédés du service d'exploration auxquels elle n'avait pas été préparée[5]. » Et les officiers d'état-major de Napoléon III, quelle que soit leur arme, auraient été très étonnés, pour la plupart, de devoir saisir les correspondances publiques et privées ; mesure qui allait de soi pour Napoléon Ier et Charles Schulmeister, le chef de ses agents secrets. Les Prussiens, eux, n'avaient pas oublié. Le 2 septembre 1870, alors qu'ils encerclaient Sedan, l'examen du registre des dépêches de la station de Donchery leur révéla que le 31 août, avant que leur piège ne se refermât sur les 16 000 habitants de la ville et les 180 000 hommes jetés là par Mac-Mahon, les wagons transportant des troupes, de Mézières à Sedan, avaient été renvoyés à vide : le général en chef français tenterait donc une percée. Les soixante-dix batteries d'artillerie lourde, dotées des canons Krupp les plus récents, pouvaient ajuster leur tir. Dès l'aube du 3 septembre, elles ouvrirent le feu et pendant des heures pilonnèrent Sedan et ses environs, en des points précis.

Mac-Mahon la tenta bien, sa percée vers l'est, par Bazeilles, une bourgade. Le 1er corps d'armée bavarois, commandé par le général Ludwig von der Tann, mit sept heures à venir à bout du corps d'élite, des fusiliers marins mais aussi des civils, qui tiraillaient des toits, des caves. De Bazeilles il ne resta rien. Zola y situe la maison des dernières cartouches et une grande scène, authentique, mais qui, selon le moins romanesque Stieber, se déroula sous les murs de Sedan. Voici la version de Zola :

« Weiss, fusillé par la suite parce que pris l'arme à la main, le bon gros Weiss n'en croit pas ses lunettes de myope quand il aperçoit soudain l'empereur, réfugié avec son état-major, à l'abri d'une briqueterie que criblent balles et obus... C'était bien Napoléon III, qui lui apparaissait plus grand à cheval, et les moustaches si fortement cirées, les joues si colorées, qu'il le jugea tout de suite rajeuni, fardé comme un acteur... averti de cinq heures qu'on se battait à Bazeilles, il était venu, de son air morne et silencieux de fantôme, aux chairs ravivées de vermillon... »

Et Zola fait s'avancer Napoléon III, seul sous la mitraille, cherchant en vain la mort, comme l'oncle, à Waterloo et pour se conformer à ce qui s'était dit au conseil privé du 6 août, en présence de l'impératrice Eugénie larmoyante :

---

5. *Le Service des renseignements militaires en temps de paix, en temps de guerre*, lieutenant-colonel Rollin, Nouvelle Librairie nationale, 1908.

— L'empereur n'a pas le droit de se déshonorer. Il ne peut quitter l'armée que victorieux ou y mourir. La légende napoléonienne renaîtra même s'il perd le trône. Elle ne se relèvera pas du déshonneur.

La légende napoléonienne ! Elle avait beaucoup servi à trop de fourbes, depuis 1852, et elle soufflait ses dernières rafales meurtrières sur les défenseurs enragés de Sedan, comme le lieutenant Rochas, une vieille baderne intrépide et ronchonnant depuis le début de cette *Débâcle* :

— Battus ! comment battus ! pourquoi battus ?...

Rochas, frappé à mort, s'affaisse parmi les lambeaux d'un drapeau et Zola écrit :

« ... Il vécut encore une minute, les yeux élargis, voyant peut-être monter à l'horizon la vision vraie de la guerre... Puis il eut un petit hoquet, il s'en alla dans son ahurissement d'enfant... Avec lui finissait une légende. »

Et c'est encore cette légende qui sonna, avant d'expirer, la charge inutile et vengeresse des chasseurs d'Afrique du général Margueritte, lui-même hors de combat, avec sa mâchoire fracassée, sa langue coupée.

— Ah ! les braves gens ! dira Guillaume Ier. Des hauteurs de Frénois, il contemplait à la longue-vue Sedan en flammes, les villages alentour incendiés. Le vieux Kaiser, grave, blême, n'avait pas dormi de la nuit. Il était là depuis 5 heures du matin, surplombant une de ses batteries, qu'il n'entendait même plus, à la longue. En demi-cercle autour de lui, Molkte, l'état-major, Bismarck, des princes allemands, trois observateurs étrangers, tous généraux, un Anglais, un Américain, un Russe, et des journalistes qui s'entretenaient, parfois, avec Stieber. Les derniers étaient mal vus de Molkte, mais le chancelier n'avait-il pas déclaré : « La presse est la plus récente puissance à l'échelon mondial » ? Et il n'avait pas tort. Ces reporters du *Freie* de Vienne, du *Tribune* de New York, du *Times* de Londres apprendront, de sa bouche, que la France à genoux cède l'Alsace, une partie de la Lorraine et verse, à titre d'indemnité de guerre, 5 milliards de francs. Autre raison pour Bismarck de se féliciter de la présence de ces « barbouilleurs de papier », comme les appelle le grand état-major : ils pourront dire au monde entier la déchéance de 100 000 soldats, 2 600 officiers, 2 300 officiers d'état-major, 40 généraux en route vers l'Allemagne.

« A pied, à cheval, sur des mulets, sur des ânes. La plupart étaient très sales, beaucoup tremblaient légèrement pris de boisson, quelques-uns pleuraient de colère et de honte, leurs décorations de Sébastopol et de Solferino épinglées sur la poitrine. »

Stieber demanda à un caporal français le nom de son général qui était derrière lui, à cheval. Et l'autre répondit :

— Ce cochon-là, je ne le connais plus !

Un fantassin en loques, blessé à une jambe, frappa son officier avec sa béquille. Et tout au long du défilé interminable, chaotique, le même cri s'élevait : « Trahison ! Trahison ! »

Les officiers, surtout, stupéfièrent Stieber : « ... Ils ne parvenaient pas à admettre qu'ils étaient vaincus. » Et lui parlaient déjà d'une « guerre de revanche ». Quand Paris tombera, il entendra de même les soldats des fortifications hurler :

— Nous prendrons notre revanche sur la Sprée !

Devant tant d'obstination, Stieber restait serein : le bureau central de presse poursuivrait son travail de sape puisqu'il constituait, au sein de l'armée allemande, un corps occulte de combattants qui n'avaient à respecter ni armistice, ni traité de paix.

Stieber devait fêter Noël 1870 à Versailles, devant un grand sapin, improvisé par ses soins. Ce n'était pas en vain que Bismarck avait promis au chef de son espionnage la Croix de fer jamais décernée à un civil. Le chancelier obtiendrait cette récompense pour son soldat spécial, au nom du grand dessein qu'il cachait à peine. La France, selon lui, devait cesser d'être une nation ; il employait même le mot de « décomposition ». Pour parvenir, au plus vite, à cette fin, il utiliserait encore les voies militaires, sous le moindre prétexte et sans relâche, et les méthodes mises au point par Stieber, en d'autres termes n'importe quels moyens.

Aussi les défenseurs des forts, à qui on avait enlevé leur canon géant, « la Grosse Valérie », pouvaient toujours crier vengeance.

Avant la capitulation de Sedan, pendant les pourparlers dans le logement réservé à Bismarck, Stieber, ironique, avait noté un détail. Sur l'un des murs, le portrait de Napoléon Ier, dans une pose conquérante, était accroché à côté d'une horloge poussiéreuse, qui retardait « de près d'une heure ». Le chef des services secrets du Reich imminent sourit à ce hasard comme à un signe : les Français ne rivaliseraient pas de sitôt avec son organisation, devenue pour l'Allemagne unifiée le très étatique « Nachrichten Dienst ». La revanche, avec le réseau qu'elle impliquait d'informateurs, ils pouvaient toujours y penser, les Français !

Le service des reconnaissances de M. Cuvinot, boîte postale 16, rue du Parlement

Pourtant, aux lendemains lugubres de Sedan, quelques-uns, en France, préparaient déjà les espions de la revanche. Une note manuscrite de l'époque a été retrouvée ; non datée, elle provient, sans doute possible, du département de la Guerre et de la délégation de Tours. Sur cette note, on peut lire :

« Pour les missions s'adresser chez M. Cuvinot, 16, rue du Parlement. Les dossiers ici[6]. »

---

6. Service historique de l'armée de terre (SHAT).

Ce M. Cuvinot, un civil discret mais des plus inventifs, ingénieur des Ponts et Chaussées, allait écrire de sa propre plume, faute de copistes, les toutes premières pages de l'histoire du renseignement français. Où Charles de Freycinet, son patron, l'avait-il recruté ? Mystère, mais il se félicitera de la trouvaille et le dira :

> — Rien n'égale, en originalité et en invention, le service des « reconnaissances », tel que M. Cuvinot l'avait spontanément créé. On sait que cet euphémisme désigne l'ensemble des moyens mis en œuvre pour recueillir les informations sur les forces et les positions de l'ennemi. Ce genre de travail ne se poursuit pas en général au grand jour ; il exige beaucoup de prouesse et de prudence, sans compter une acuité de vision singulière pour séparer le vrai du faux, pour ramener les choses à leurs réelles proportions. M. Cuvinot montra une remarquable vocation et ce qu'on peut appeler l'amour de l'art. Il avait dressé, en peu de temps, des émissaires fort experts. L'un d'eux vécut, pendant deux mois, au sein d'un quartier général prussien et nous en rapportait les renseignements les plus minutieux. Un autre nous procura, dans le mois de décembre, un plan des travaux d'investissement autour de Paris, dérobé, à Versailles, chez l'un des officiers de l'état-major du maréchal de Molkte. M. Cuvinot s'était mis en relation, par signes convenus, avec nombre d'agents en province, qui l'informaient ponctuellement, au péril parfois de leur vie. A l'aide de tous ces éléments, il envoyait chaque soir par télégraphe aux chefs de corps une circulaire faisant connaître les positions de l'ennemi et même en certains cas les numéros des régiments[7].

Charles de Saulses de Freycinet, qui sera ministre de la Guerre dans les années 1890 et poursuivra sa carrière politique jusqu'en 1918, faisait alors ses preuves. Gambetta, ministre de la Guerre et de l'Intérieur, dès son arrivée à Bordeaux où les parlementaires s'étaient repliés, avait nommé, le 11 septembre 1870, l'ingénieur des Mines Freycinet « délégué du ministre auprès du département de la Guerre ». Dans le chaos d'un pays à moitié envahi, il ne dépendait que du nouveau promu de transformer ce titre imprécis en fonction réelle. La délégation s'installa le 13 septembre et Freycinet se mit sans tarder au travail. Le personnel, une soixantaine de fonctionnaires, soit le quart de l'effectif du ministère, était arrivé de Paris, sans dossiers, sans archives, sans cartes. Tout était à inventer ; l'armée, d'abord, une armée de fortune qu'il fallait regrouper, équiper, approvisionner et renseigner ; les communications, ensuite : Steenmackers, directeur des lignes télégraphiques, les rétablit, en prenant Tours pour centre tout en édifiant les premières lignes d'un réseau de postes d'observation entre la région parisienne et la Loire.

A l'écart du secrétariat général, mis sur pied par Freycinet et qui comptera 400 personnes à l'armistice du 28 janvier 1871, M. Cuvinot, 16, rue du Parlement, s'activait, lançait des missions,

7. Charles de Freycinet, *Souvenirs 1848-1878*, Paris, 1911.

sans toutefois s'illusionner : sur 142 messagers, si certains arrivèrent à destination, plusieurs disparurent. Mais M. Cuvinot faisait comme si rien n'était perdu, et construisait, note après note, une réglementation du renseignement. Dans celle datée du 12 décembre 1870 il écrivait[8] :

> « Le service des reconnaissances fournit chaque jour un tableau résumant ses renseignements et représentant graphiquement la situation et l'importance des forces ennemies. Il est nécessaire qu'un travail analogue soit fait pour les forces françaises en ligne ou en réserve et que, sur un tableau tenu constamment au courant, le ministre de la Guerre puisse retrouver à chaque instant la position de tous les corps en campagne et l'importance des renforts dont il dispose pour les opérations militaires. La comparaison de ces deux tableaux servira de base à une étude raisonnée des mouvements de l'ennemi qui ne peuvent être compris qu'imparfaitement quand les renseignements sont limités à ce qui concerne la marche des Prussiens. Cette comparaison, qui éclairera de la manière la plus nette les mouvements relatifs des armées en présence et mettra à jour les combinaisons prussiennes, préparera l'étude de nos mouvements stratégiques, permettra de rechercher, d'examiner avec détail et de déterminer les points de concentration, les lignes de marche et de ravitaillement et en même temps de ménager les lignes de retraite et de prévoir les moyens d'évacuation. Cette étude, faite d'une manière continue et poursuivie constamment au fur et à mesure de l'arrivée des dépêches et renseignements de toute nature, sera un travail préparatoire, dans lequel le ministre trouvera des éléments précis et coordonnés pour ses décisions. Un bureau spécial comprenant dans ses attributions la réception et le classement des dépêches sera chargé de ce travail et prendra la dénomination de Bureau des mouvements. »

Dans une autre du lendemain, le 13 décembre, Cuvinot essayait de définir les attributions du Bureau des reconnaissances dont le rendement ne le satisfait pas :

> « ... à l'organisation si parfaite de l'espionnage prussien, il faut répondre par des mesures plus énergiques. »

Parmi les « malentendus regrettables » que déplorait M. Cuvinot :

> « La plupart des agents qui avaient été envoyés de Tours ont été arrêtés aux avant-postes français et n'ont pu remplir leur mission. Il convient d'établir entre le Bureau des reconnaissances du ministre et chaque corps d'armée des communications régulières. »

A la suite de cette dernière note, M. Cuvinot rédigea une circulaire ; il y précisait comment doit fonctionner un service de

8. SHAT.

renseignements en temps de guerre. Le dispositif qu'il préconisait sera, à peu près, celui du SR en 14-18. Charles de Freycinet l'approuva et le signa le 15 décembre 1870. Voici cette circulaire, intitulée « Fonctions du Bureau des reconnaissances[9] » :

> « Général,
>
> Le Bureau des reconnaissances établi au ministère de la Guerre a pour but principal de déterminer jour par jour les positions, les forces et les mouvements de l'armée ennemie, et de les représenter graphiquement sur des cartes convenablement préparées. Les éléments d'information à l'aide desquels on parvient à ce résultat sont puisés soit dans les dépêches émanant des généraux et des autorités administratives, soit dans les interrogatoires des prisonniers, soit enfin dans les relations de personnes dévouées qui, sous le nom d'éclaireurs volontaires, consentent, au péril de leur vie, à explorer les régions occupées par l'ennemi.
>
> Pour faire profiter entièrement nos armées des avantages obtenus par ce système, il me paraît nécessaire d'instituer, auprès de l'état-major de chaque corps d'armée en campagne, un service spécial qui aurait pour mission de recevoir du Bureau des reconnaissances les documents concernant l'ensemble des opérations de l'ennemi et, à son tour, de transmettre à ce Bureau les renseignements que lui-même aurait pu recueillir.
>
> Je vous prie de désigner, pour le corps qui vous est confié, un officier d'état-major ou un ingénieur qui serait chargé de ce service. Il aurait sous ses ordres les interprètes du corps d'armée ; il centraliserait le travail du Bureau et la correspondance, et il pourrait ainsi vous présenter chaque jour le résumé de la situation. Afin de gagner du temps, il communiquerait directement sous votre couvert, dans les limites que vous-même lui auriez tracées, avec le chef du Bureau des reconnaissances à mon ministère.
>
> Dans le cas où vous n'auriez personne à me proposer pour s'acquitter de ce service, je désignerais moi-même un titulaire.
>
> Ces nouvelles dispositions, jointes aux mesures de précaution que vous devez toujours prendre en avant de vos lignes, me paraissent de nature à donner toute la sécurité possible à vos mouvements.
>
> Je vous prie de veiller à l'application immédiate de la présente circulaire dont vous voudrez bien m'accuser réception.
>
> Recevez, Général, l'assurance de ma considération la plus distinguée. »

Dans une autre note du 14 décembre, à propos de « la police de sûreté spéciale militaire », Cuvinot parlait argent comme y seront contraints, plus tard, les chefs successifs du service de renseignements :

> « Si pour bien des organisations nous sommes inférieurs aux Prussiens, ce n'est certainement pas pour une bonne police militaire,

9. SHAT.

par un système d'espionnage et de contre-espionnage bien organisé que nous rachetons cette infériorité ; mieux vaut du reste ne pas avoir de police du tout que de la laisser entre les mains de quelques pauvres hères mal payés, sans instruction ni intelligence, et qui pensent tout au plus détourner l'attention, qu'il serait si nécessaire de porter sur les espions sérieux, par le vide et l'exagération de renseignements puérils, qu'ils apportent chaque jour pour gagner leur maigre solde.

Il est dans tous les cas de nécessité absolue de bien scinder la rémunération accordée aux agents et de leur donner

1°) une solde régulière

2°) des frais d'entretien quotidien.

Tout agent recevant 180 francs par mois regardera cette somme comme sa propriété et fera le plus d'économies possible, tandis qu'un homme recevant une solde de 120 francs, plus 60 francs pour frais et courses, saura qu'il touche des fonds à consacrer sérieusement au bien du service.

Ceci établi comme axiome, nous pensons qu'il est impossible de créer à Bordeaux, devenu le siège du gouvernement, une organisation sérieuse si on n'a pour le moins sous la main les personnels ci-après :

1°) Un prévôt civil (le fonctionnaire placé actuellement à la tête de ce service est un homme remarquable en tous points, très bien comme tenue et qui, à lui seul, fera mieux que plusieurs brigades de pauvres diables, à la condition absolue de disposer de moyens suffisants) :

— Appointements mensuels du prévôt :	500 francs
— Frais de représentation et de courses :	400 francs
total :	900 francs

2°) Deux agents chargé du service de camp, service très difficile et très pénible, à cause des grandes distances à parcourir.

— Appointements 120 francs par mois :	240 francs
— Frais de courses et d'entretien 2 francs par jour :	120 francs
total :	360 francs

3°) Huit agents pour la ville

— Appointements 120 francs par mois :	960 francs
— frais entretien 1,25 franc par jour :	300 francs
total :	1 260 francs

4°) Deux agents supérieurs, chargés plus spécialement de la recherche des gens dirigeant l'espionnage étranger. Il faut beaucoup de tenue et de grands frais de représentation dans ce service pour lequel le prévôt civil trouvera certainement des spécialistes convenables.

— Appointements mensuels 300 francs :	600 francs
— frais de représentation 400 francs :	800 francs
total :	1 400 francs
total :	3 900 francs

En faisant la part des gratifications, courses, etc., on peut compter sur une dépense mensuelle d'environ 4 500 francs. Dans de pareilles conditions, si on arrive au moindre résultat, on peut hardiment affirmer que jamais police sérieusement faite n'a été moins coûteuse[10]. »

10. SHAT.

Le 20 février, enfin M. Cuvinot envoya un rapport au ministère de la Guerre. D'une plume ferme, il avait inscrit une dernière fois l'appellation « Service des reconnaissances ». Son bilan s'intitulait « Aperçu des opérations entreprises pendant la période du 18 octobre au 1er février 1871[11] », c'est-à-dire quatre jours après l'armistice. A la page 3, M. Cuvinot écrivait à propos des démêlés de ses agents avec les autorités militaires : « On ne voyait partout qu'espions prussiens et les agents français échappaient difficilement à cette qualification. »

L'espionnite, effet second mais non secondaire provoqué par l'action de Stieber, continuera désormais de se propager. Elle sévira longtemps ; et la France ne s'est jamais guérie tout à fait de cette psychose pernicieuse.

D'autres enseignements, plus techniques, se dégageaient de ce texte couvrant onze pages d'une écriture fine et large.

> Page 5 : « Il est indispensable que le service des reconnaissances soit maintenu ou plutôt institué sur de larges bases, non seulement en temps de guerre mais aussi en temps de paix. Il faut qu'en aucun temps l'organisation et la composition des armées étrangères n'échappent au ministre de la Guerre.
>
> Les premières données bien établies, je voudrais que le moindre mouvement de garnison fût signalé sans retard et noté sur des tableaux disposés à cet effet.
>
> L'intervention des agents diplomatiques permettrait de tenir ces tableaux constamment à jour.
>
> Indépendamment des documents statistiques que l'on pourrait aussi recueillir, on serait conduit par l'examen de ces documents à une étude comparative des armées étrangères, étude qui paraît avoir été sinon négligée, au moins peu approfondie. »
>
> Page 6 : « Il convient de distinguer les rôles du ministre et des généraux en chef au point de vue des reconnaissances. Lorsque les armées sont en présence, c'est aux généraux qu'il appartient évidemment de s'éclaircir sur les positions de l'ennemi et sur les répartitions de ces forces au moyen d'éclaireurs militaires ou par l'entremise d'espions. Quand, au contraire, l'armée est en marche et qu'il s'agit d'observer les mouvements stratégiques qui précèdent sa concentration, les généraux ont rarement la possibilité d'obtenir des renseignements complets sur la direction et l'importance des forces ennemies. C'est seulement à l'aide de corps spéciaux d'éclaireurs dépendant non pas d'une armée mais du ministère de la Guerre que les grands mouvements stratégiques peuvent être connus. »
>
> Page 7 : « La lecture des journaux étrangers (anglais et allemands) m'a permis de contrôler les renseignements provenant d'autres sources et de vérifier l'exactitude de mes prévisions. Les télégrammes d'origine prussienne, les lettres des correspondants mentionnaient fréquemment la composition des corps d'armée, les numéros des régiments, les noms des généraux. Tous ces éléments d'information avaient une très grande importance. Si réservée qu'ait

---

11. SHAT.

pu être la presse prussienne, elle fournissait sur l'organisation et les réserves de l'armée de précieuses indications. »

Sur cette dernière note, M. Cuvinot disparut dans l'ombre. Un sort que l'Histoire, souvent, réserve aux précurseurs.

Le capitaine Samuel dans les pas du maréchal von Molkte

Dès le 10 août 1871, le ministère de la Guerre nomma le chef d'escadron Samuel avec pour mission d'« organiser » le service de renseignements dans les zones occupées par l'ennemi (Meurthe, Moselle, Vosges) : « Budget : 7 000 francs, pour une période de six mois. » Samuel deviendra, plus tard, colonel au SR quand le service, qu'il avait ébauché, aura pris ce nom. Mais en août 1871, le chef d'escadron n'était guère qu'un M. Cuvinot militaire ; un espion amateur, qui avait le don du renseignement. Parmi les quelques missions qu'il avait déjà remplies, une avait retenu l'attention :

> « Dépêche
> Forbach, 8 avril 1868, 9 h 10 du matin.
> Depuis lundi, je suis le général de Molkte, qui visite la frontière de France et étudie les positions.
> Lundi, je l'ai rejoint à Mayence.
> Mardi, il s'est arrêté à Birkenfeld et a pris des notes sur la hauteur près des ruines du vieux château ; il a couché le même jour à Sarrebruck ; il y a pris des dispositions de défense à la gare et au canal.
> Hier, il était à Sarrelouis, où il se trouve encore. Ce matin, malgré le mauvais temps, il est sorti en voiture pour visiter les hauteurs environnantes de Vandevange, de Berus.
> Je suppose, d'après les informations, qu'il se rendra ce soir ou demain à Trèves et qu'il descendra la Moselle. Faut-il continuer à le suivre ?
> Adressez la réponse au bureau télégraphique de Forbach.
> Capitaine Samuel. »
>
> Réponse :
> « Suivez-le
> Paris, 1 h 30[12]. »

Le 5 septembre 1871, Samuel rendait compte de ses randonnées subreptices dans les trois départements, parmi les troupes d'occupation. Il y avait là des opportunités à exploiter — résumait-il à ses supérieurs du ministère —, à condition de procéder par

12. *L'Espionnage militaire*, A. Froment, 1887.

ordre : s'assurer, d'abord, de couvertures indétectables de quelques agents sérieux, avant d'implanter un centre de renseignements et d'en fixer les objectifs. Un an après, le 17 septembre 1872, Samuel dans un « compte-rendu d'installation » annonça la création du poste de Nancy, « bureau de première ligne », selon sa propre expression. Des gendarmes et quelques policiers le secondaient. Samuel classait son personnel en deux catégories : les « résidents fixes » et les « agents mobiles ». Leur allocation mensuelle n'excédait pas 50 francs. Observation du minutieux Samuel :

> « La discipline se relâche dans les troupes allemandes au contact avec les habitants. Les officiers se plaignent dans leurs lettres, certains réclament la cessation rapide de l'occupation... »

En 1873, le chef d'escadron Campionnet prit la relève. Il s'appuya sur le poste de Nancy, aux ramifications déjà multiples ; et se lança dans l'exploration des forts de Metz, des travaux de fortification que les Allemands avaient entrepris à Strasbourg. Il annonça au ministère l'établissement d'une base d'opérations en bordure des territoires annexés et demanda des « moyens augmentés » pour disposer « d'agents soldés ». Mission de ceux-ci : aller au-delà de notre ancienne frontière, à Berlin, Francfort, Dresde, Prague, Turin, Liège, Bâle, etc.

Les sept années que Campionnet passera à la tête du service seront le temps du qui-vive. Il eut à suivre l'évacuation des troupes allemandes. Les derniers soldats du Reich partis le 18 septembre 1873, Campionnet se comporta comme s'ils devaient revenir le lendemain. Ses correspondants à Vienne, Berlin, Dresde, Francfort, Cologne, Mannheim lui confirmaient la permanence des intentions belliqueuses de l'Allemagne. Bismarck et von Molkte, en particulier, guettaient, sans cesse, le prétexte qui leur permettrait d'envahir, à nouveau, une France portraiturée aux yeux du monde comme agressive, par une campagne de presse soutenue. Ils crurent tenir leur occasion, le 13 mars 1875.

L'Assemblée nationale vota, ce jour-là, une loi des cadres pour favoriser la création d'un quatrième bataillon dans chaque régiment — soit, en conséquence, 144 000 hommes de plus. La mesure était toute théorique, dans l'esprit des parlementaires français. Mais les journaux commandités par Bismarck, entre autres la *Norddeutsche Allgemeine Zeitung* et la *Post* » titrèrent aussitôt : « Au bord de la guerre ? oui ! » On pouvait lire, dès le 30 mars, dans ces gazettes, une prose alarmiste, en provenance directe du bureau central de presse :

> « La formation du quatrième bataillon constitue une création *ad hoc*, une préparation immédiate à une guerre, dont l'explosion semble assez prochaine, pour que la France préfère un état de choses improvisé à une instruction militaire puissante et durable de la nation.

On prit peur dans les chancelleries, à Londres et à Saint-Pétersbourg, surtout. Le duc Decazes, ministre des Affaires étrangères, joua alors l'information contre la propagande. Le 29 avril, il exposa, par une longue dépêche à ses ambassadeurs, la doctrine bismarckienne de la guerre préventive et les chargea de l'expliquer, à leur tour, dans toutes les capitales. Decazes invita, ensuite, au Quai d'Orsay, de façon quasi officielle, Blowitz, le correspondant du *Times* à Paris. Autrichien, originaire de Bohême, Blowitz, plume de réputation internationale, bénéficiait d'une grande liberté dans son journal. Ce que lui demanda Decazes ? Un article à sensation sur le péril allemand ! Blowitz réussit à convaincre son rédacteur en chef, Delanne, plus que réticent ; un journaliste intervenant à chaud dans la diplomatie, cela ne s'était encore jamais fait.

Le 6 mai 1875, sous le titre « French Scare » (Inquiétude française), le *Times* publia une analyse des procédés subversifs du chancelier. L'article de Blowitz, très documenté, frappa foules et politiciens par la force même des faits ; ainsi des révélations du député Windthorst, le 3 décembre 1873, au Reichstag sur lesquelles la presse allemande s'était tue :

> « J'affirme que non seulement en Prusse, mais dans l'Allemagne tout entière, un nombre considérable de journaux sont rédigés directement par le gouvernement... et doivent toujours être ouverts aux communications du Bureau de la presse. Quiconque lit avec attention la gazette d'Augsbourg ou celle de Cologne reconnaîtra sans peine que certains chiffres ou certains signes y représentent la signature des gens attachés à ce Bureau. L'action secrète du « fonds des reptiles » se fait sentir jusque dans les pays étrangers. »

Blowitz dévoilait, en conclusion, les propos tenus par le comte de Radowitz, diplomate allemand, à Gontaut-Biron, l'ambassadeur de France à Berlin :

> « — Puisque nous sommes sûrs, étant donné les dispositions évidentes de la France, d'être attaqués prochainement par elle, nous avons le droit, politiquement, philosophiquement, chrétiennement même, de ne pas attendre le moment choisi par la France elle-même, et de prendre les devants. »

En quelques mots, Radowitz avait ainsi résumé, dans un salon, avec beaucoup de courtoisie et de cynisme la doctrine de la guerre préventive. Les lecteurs de Blowitz en frissonnèrent. Le journaliste écrivait, en fait, dans le *Times* ce que l'Europe ne voulait surtout pas savoir. Et Bismarck, pour cette fois, s'inclina, non sans menacer, par l'intermédiaire de son ambassadeur à Paris, le prince von Hohenlohe : « Possible qu'on évite la guerre, mais guère probable. »

186 000 francs pour un SR de poche

L'idée de cette guerre « probable » heurtait Campionnet. Il pressait le ministère : « Il importe de se préoccuper d'étoffer le service, en prévision d'une entrée en campagne. »

Pour montrer à quel point l'effectif de son service était « insuffisant », il en donnait la composition :

> Campionnet : chef d'escadron de l'état-major
> Weil : capitaine de l'armée territoriale, attaché à l'état-major général par décision spéciale du ministre.
> Esterhazy : lieutenant du 51e de ligne
> Baissac : interprète traducteur
> Un secrétaire civil.

En 1878, un décret, signé du général Auerstadt, fixa à 186 000 francs annuels le crédit alloué audit service tout en stipulant qu'il s'appellerait dorénavant « Service spécial de renseignements ». Tel fut l'acte de naissance du SR, intégré au cabinet du chef de l'état-major général et à ses ordres. On n'augmenta pas pour autant les effectifs de ce SR de poche. En 1880, Esterhazy et Weil s'en allèrent en même temps que leur chef. Le colonel Grisot, avec pour adjoint le capitaine Sandherr, succéda à Campionnet. En 1881, il dressa une liste des nombreux documents pris à l'ennemi parmi lesquels le plan de mobilisation allemande de 1875, avec ses dernières modifications. Le SR progressait, pénétrait, peu à peu, au profond du dispositif militaire de l'ennemi, de son organisation civile ; dans les régions frontalières s'entend. Mais c'était encore de l'artisanat, tout cela. En 1885, le colonel Vincent remplaça Grisot mais ne resta que deux ans à ce poste, le temps d'un coup de gueule et d'un coup de chien.

Le coup de gueule, sous la forme d'un compte rendu d'activité, perturba le 2e Bureau de l'état-major général et même le cabinet de Boulanger. Vincent était allé loin : il avait osé demander un budget « triple de celui de l'année précédente », soit plus de 1 million de francs ! Le « général Revanche », ministre de la Guerre, à l'époque, ne disait pas non ; il voulait favoriser l'expansion du SR dont certains, autour de lui, avaient enfin compris l'importance. En 1886, A. Froment, dans son livre *L'Espionnage militaire*, écrivait :

> « Nous avons à maintes reprises insisté sur la nécessité d'avoir des fonds secrets suffisants, et de se montrer plutôt large dans leur distribution. Malheureusement, il y a toute une catégorie de députés, conseillers municipaux, et autres, qui ne peuvent entendre parler fonds secrets sans bondir... Eh bien ! non seulement il ne faut pas réduire les allocations budgétaires de la guerre pour les dépenses secrètes, mais il faut les augmenter le plus possible... Des fonds mis à la disposition non du ministre de la Guerre, mais du service des renseignements, permettraient de combattre nos adversaires par leurs propres armes... »

Le général Boulanger formula la même idée d'une autre manière :

> « Ce qu'il est si facile à des étrangers de faire chez nous, nous

devrions arriver à le faire chez les autres... La diplomatie prépare la guerre. Ce sont les choses secrètes de la diplomatie qu'il faut arriver à connaître à leurs sources les plus sûres. »

Le colonel Vincent s'appuyait sur du concret quand il motivait ses exigences en comparant les ressources de son SR au « fonds des reptiles ». Il donna même le détail. Le SR allemand disposait :

1°) Des revenus de la fortune confisquée du roi de Hanovre, 3 millions de francs.
2°) De la contribution des différents ministères, 2 millions.
3°) Du trésor de guerre déposé dans les banques Bleichröder et Erlanger, 15 millions environ.

Vincent redoutait cet adversaire gigantesque, vingt fois millionnaire. Le SR allemand s'irritait des résultats, des exploits même, de ces agents français, pourtant si dépourvus. Au tribunal d'Empire de Leipzig, lors du procès de trois agents doubles, Klein, Grebert et Erhart, des chefs du « Nachrichten Dienst », du Bureau de renseignements, avaient essayé d'incriminer le colonel et ses hommes ; ils essaieraient encore, disait Vincent dans son rapport. Les avertissements ne pouvaient que gêner au ministère, en pleine période de boulangisme à tout crin ; une agitation qui ne déplaisait pas à Bismarck.

L'état-major général, revanchard ou non, craignait toujours quelques faux pas de ce SR, « ces services suspects », comme disaient les civils, en mettant dans le même sac SR, 2e Bureau, service des statistiques, autant de dénominations qui ne leur disaient rien de précis ; et rien qui vaille.

Le commissaire Schnæbelé pris au piège

Après le coup de gueule, le coup de chien prévu par Vincent. Il arriva au printemps de 1887, à Pagny-sur-Moselle, où les agents des SR français et allemands se regardaient sous le nez. Le commissaire de police Schnæbelé voyait son Alsace natale du poste où on l'avait affecté, dès la fin de la guerre, pour surveiller le rapatriement des prisonniers. Depuis son entrée en fonction, Schnæbelé s'était toujours conduit, vis-à-vis de Campionnet, de Grisot, puis de Vincent, en homme sûr. Il détestait et les Allemands et les « renégats », comme il nommait les Alsaciens optant pour la nationalité exécrée. Gautsch, son collègue d'en face, à Ars-sur-Moselle, le haïssait. Sous le prétexte, tant cherché, d'une question de service, un poteau frontière renversé, il fixa rendez-vous à Schnæbelé, en lui recommandant de prendre de grandes précautions. Le commissaire français en prit au moins une, qui, on le verra, le sauvera, et pénétra, sans méfiance, dans le « no man's land ». Il attendit Gautsch en faisant les cent pas. Deux hommes en blouse grise surgirent, entraînèrent, non sans lutte, Schnæbelé sur le territoire allemand et le ligotèrent. Conduit à la gare de Norvéant, il fut embarqué pour Metz où on l'écroua.

Dès son arrestation connue, la guerre des communiqués commença, par voie de presse. Paris criait à l'acte de banditisme, Berlin se félicitait de la capture et de la peine très lourde que le tribunal d'Empire de Leipzig infligerait à l'espion. Grévy, président de la République, convoqua aussitôt Goblet, le président du Conseil, et Flourens, ministre des Affaires étrangères. Il savait comment s'y prendre avec ces fantoches : Goblet parlerait mesures énergiques, mobilisation, rappel d'ambassadeurs, et Flourens écouterait. Grévy avait jugé inutile la présence d'un ministre de la Guerre comme Boulanger : il aurait mordu à la provocation, encore plus grossière, pourtant, que celle de 1875.

Boulanger, qui se prenait alors à douter de son boulangisme, surprit son monde. Evincé du Conseil restreint de l'Elysée, il protesta, bien sûr, mais approuva la tactique de Grévy. Le président de la République chargea la Sûreté générale d'une mission très urgente à Pagny-sur-Moselle, au commissariat de Schnæbelé, puis argua en termes de droit international contre le droit de la force, la loi de fer du « *Kulturkampf* », selon Bismarck. L'argumentation de Grévy reposait sur les modalités de l'arrestation de Schnæbelé. Agent officiel de la France, convoqué pour une question de service par un agent officiel de l'Allemagne, le commissaire se trouvait dans la situation d'un parlementaire et, en droit, sa personne était inviolable. Devant cette parade, comment réagirait Bismarck ? Reniant sa doctrine de la guerre préventive, montrerait-il au monde qu'il voulait piétiner la France coûte que coûte ? Grévy n'y croyait pas, mais attendait, assez nerveux, le résultat des recherches à Pagny-sur-Moselle. La Sûreté générale mit la main sur les lettres de Gautsch. Schnæbelé, doublement précautionneux comme policier et comme agent du SR, avait rangé au fond d'un tiroir les lettres de son provocateur : l'histoire du poste frontière, la date et l'heure du rendez-vous y figuraient.

La correspondance, photographiée, fut envoyée à Bismarck. Il s'en remit pour une fois au vieux Guillaume Ier, qu'il savait honnête. Sur ordre de l'empereur, Schnæbelé fut relâché. La presse internationale, les journaux belges et les russes davantage encore prirent parti pour la France. Bismarck, cependant, se fiait à son SR. Il rageait, certes, d'avoir manqué un espion et mal choisi son cas de guerre. Mais un jour ou l'autre, les réseaux du baron Delbrück, le successeur persévérant de Stieber — mort en 1882 —, finiraient bien par la monter, la machination infernale. Ils y mettront en fait douze ans et déclencheront non la guerre, mais l'Affaire Dreyfus que nul, pas même eux, n'aurait pu prévoir.

Pour en revenir à 1887, ce fut une année de rappel aux réalités, pour le ministère du boulevard Saint-Germain, sous l'impulsion de Boulanger. Le 15 juillet, deux lois réorganisèrent la cavalerie et l'infanterie, dotée, elle, depuis 1886 du fameux fusil Lebel dont le colonel Lebel, lui-même, attribua toujours la paternité au colonel Gras. L'année suivante, l'artillerie et la structure ferroviaire de transports militaires furent elles aussi réformées.

Dès le 10 janvier 1887, l'état-major général avait compris, semblait-il, qu'il fallait redéfinir et coordonner les activités des services de renseignements, en vue d'un conflit, toujours imminent ; à cause aussi de l'affrontement secret des temps dits « de paix », engagé depuis longtemps et qui faisait rage. L'affaire Schnæbelé le prouvera, quelques mois après « l'instruction sur l'organisation du SR en temps de guerre », datée du 1er janvier, avec la mention « très confidentielle » :

> « Le service des renseignements en temps de guerre comprend :
> 1°) Le service aux armées
> 2°) Le service à l'intérieur
> Le service aux armées rentre dans les attributions des états-majors. Le service à l'intérieur est sous les ordres du ministre.
>
> A. Service aux armées
> Le service des renseignements aux armées a pour mission, conjointement aux autres moyens dont dispose le commandement, de l'informer des projets et mouvements de l'ennemi, il recueille à cet effet les moindres indices.
> Il agit généralement par émissaires ou espions, autant que possible au moyen d'intermédiaires.
> Aux termes de l'instruction ministérielle du 21 décembre 1886 sur le service dans les états-majors, tout état-major en campagne comprend un bureau particulier, le deuxième, dit « des renseignements et affaires politiques » et ayant notamment les attributions suivantes :
> Ordre de bataille et mouvements de l'ennemi — Service de renseignements — Interprètes — Journalistes — Agents divers ; on pourrait y ajouter : Correspondance diplomatique — Informations de journaux — Correspondance privée — Interrogatoire des prisonniers et déserteurs, etc.
> C'est à ce 2e Bureau, aussi bien aux états-majors d'armée que de groupes d'armées, que sont affectés les officiers chargés du service des renseignements.
> Ces officiers sont choisis parmi ceux qui, en temps de paix, ont été attachés soit au 2e Bureau, soit au service des renseignements de l'état-major général du ministre.
> Ils sont répartis ainsi qu'il suit :
> 1°) Etat-major de groupe d'armée :
> Un officier supérieur et deux capitaines.
> 2°) Etat-major d'armée :
> Un officier supérieur et un capitaine ;
> Aux états-majors de corps d'armée et de division, un officier s'occupe spécialement mais non exclusivement du service des renseignements.

Des fonctionnaires civils, agents supérieurs, et des agents sont rattachés aux états-majors d'armée et de groupes d'armées à raison de un ou deux agents supérieurs et trois ou quatre agents par armée ou groupe d'armées.

Un ou plusieurs de ces agents peuvent être mis provisoirement à la disposition de tel ou tel corps d'armée.

Les agents supérieurs et agents servent généralement d'intermédiaires entre les officiers des états-majors et les émissaires ou espions, tant pour les répartir et les diriger que pour recevoir leurs rapports.

La situation de ces agents est réglée d'un commun accord par les ministres de la Guerre et de l'Intérieur.

Les officiers destinés au service des renseignements dans les états-majors d'armée et de groupes d'armées sont désignés dès le temps de paix et sont mis en rapports assez fréquents avec les agents supérieurs ou subalternes qu'ils auraient à leur disposition en temps de guerre.

B. Service à l'intérieur

Le service des renseignements à l'intérieur fonctionne au ministère en temps de guerre comme en temps de paix.

Il comprend un officier supérieur, trois ou quatre officiers, un archiviste et des secrétaires.

De plus, il dispose d'agents supérieurs et d'agents désignés soit directement par le ministre de la Guerre, soit d'un commun accord par les ministres de la Guerre et de l'Intérieur.

Il centralise principalement par ses correspondants en pays neutre toutes les informations recueillies à l'étranger, les transmet aux armées et reçoit de celles-ci les documents qui doivent l'intéresser.

En outre, il centralise les informations recueillies en territoire français par les états-majors régionaux dont un officier est chargé spécialement du service des renseignements.

Le service régional des renseignements prévu et organisé dès le temps de paix, par les généraux commandants de corps d'armée, a surtout pour but la surveillance des étrangers et agents de l'ennemi, la surveillance des voies ferrées, lignes télégraphiques et établissements d'intérêt militaire.

Lorsque les armées opèrent sur le territoire national, il est complètement à la disposition des armées : il ne cesse pas de fonctionner alors même que le territoire subit l'invasion. Les agents livrés à eux-mêmes doivent dans ce cas appliquer tout leur dévouement et leur intelligence à se maintenir en relation avec les autorités nationales, civiles ou militaires les plus rapprochées[13]. »

Beau programme, mais la Grande Guerre seule permettra d'en vérifier l'application et de montrer comment le 2e Bureau du grand état-major communiqua au 2e Bureau des corps ou des groupes d'armées les informations que lui fournissait le SR ; et comment le SR et ses subdivisions fonctionnèrent alors.

---

13. SHAT.

Une agence de recherches pour le 2e Bureau

Il faut, en effet, distinguer le SR du 2e Bureau qui fut créé par décret, en date du 12 mars 1874, signé par le maréchal Mac-Mahon, président de la République, et par le général du Barail, ministre de la Guerre. Dans la réorganisation du ministère en six bureaux, le deuxième, appelé « Bureau des statistiques et des recherches historiques », était chargé d'étudier « les ressorts de la puissance militaire de l'Allemagne » et de publier la *Revue militaire de l'étranger*. Personne ne s'y trompa : quelle que soit sa dénomination, le 2e Bureau du ministère réservait l'essentiel de son activité au renseignement.

De leur côté et depuis bientôt trois ans, à l'époque du décret du 12 mars 1874, Samuel puis Campionnet avaient déjà implanté, mission après mission, poste par poste, leur réseau d'informations secrètes ; réseau qu'un décret de 1878, signé, nous l'avons vu, par le général Auerstadt, officialisait sous le nom de « service spécial des renseignements » ou SR.

Voici ce qu'ont pu dire du 2e Bureau, du SR et de leurs relations trois officiers supérieurs.

Michel de Lombarès, tout d'abord :

> « A l'état-major de l'armée, le service de renseignements, le SR, mal dissimulé sous le nom de section de statistique, est un très petit organisme... officiellement, cette prétendue « section de statistique » est rattachée au 2e Bureau. En réalité, si le SR travaille beaucoup pour le 2e Bureau (avec lequel le public a tendance à le confondre), son activité très spéciale ne lui permet pas d'avoir, dans l'organisation hiérarchique du ministère, une place exactement définie[14]... »

Le général Dupont ensuite :

> « Le SR était une agence de recherches et une fois les documents en sa possession, elle les passait au 2e Bureau pour l'exploitation ou la conservation aux archives[15]. »

Le général Delétoille enfin :

> « Avant l'Affaire Dreyfus, il existait au ministère un bureau modestement appelée "section de statistique" et qui était en réalité le point de convergence de tout le système d'espionnage et de contre-espionnage. Il avait fort bien été organisé et perfectionné par le lieutenant-colonel Sandherr. Toutes les affaires s'y traitaient naturellement dans le plus grand secret ; les officiers, même du ministère, ne pouvaient y pénétrer que rarement et toute visite était annoncée par un système compliqué de sonneries électriques[16]. »

---

14. Michel de Lombarès, *L'Affaire Dreyfus*, Lavauzelle, 1985.
15. Général Dupont. Voir chapitre II.
16. Général Delétoille, Mémoires inédits.

Le SR était installé, dans l'immeuble du ministère de la Guerre, à l'angle du boulevard Saint-Germain et de la rue de l'Université. Il avait son entrée particulière au 231, boulevard Saint-Germain. Le concierge annonçait par téléphone les visiteurs. Les inconnus et les intermédiaires peu recommandables n'entraient pas ; quelqu'un du service descendait pour aller s'entretenir avec eux, hors du ministère. Les gens douteux, le concierge les introduisait dans une petite pièce, à côté de sa loge.

Seules les personnes de confiance accédaient à l'étage. Dès l'antichambre, une sonnette électrique signalait leur arrivée. Ils pénétraient dans une salle d'attente exiguë avec, pour tout meuble, une bibliothèque et comme décoration une carte de l'Europe centrale.

Le chef du SR était logé à l'étroit. La pièce qu'il occupait ne contenait qu'une table, un coffre-fort personnel, pour les dossiers qu'il se réservait, et son bureau ; quand il s'y asseyait, il tournait le dos aux deux fenêtres, côté boulevard Saint-Germain, et faisait face à la porte principale. Elle s'ouvrait sur un vestibule où un grand pupitre servait, le cas échéant, à étaler cartes ou documents. Une autre porte donnait sur le couloir et les bureaux côté rue de l'Université, où logeaient quatre ou cinq officiers titulaires.

Le travail était réparti par sections : allemande, anglaise, italienne, pour les principales. Chaque officier possédait ses armoires, garnies d'une barre de fer, ou son coffre-fort dont il détenait les clés. Si le chef du SR avait à consulter un dossier particulier, il était obligé, pour l'obtenir, de passer par son subordonné de telle ou telle section. Malgré cette spécialisation, tous les officiers connaissaient l'ensemble des opérations du SR, se remplaçaient les uns les autres et, en principe, ne se cachaient rien.

Le « brouillard » des dépenses secrètes

Les informations ou les documents importants étaient photographiés ou copiés en vue de leur diffusion confidentielle. Les envois au ministère, au chef de l'état-major et à son 2e Bureau, selon les cas au président de la République et au ministre des Affaires étrangères, s'effectuaient, tous les deux jours, à l'aide d'une chemise, datée, qu'on appelait bordereau ou bulletin, sur lequel le chef du SR apposait sa signature.

On n'enregistrait ni les entrées ni les sorties des pièces secrètes, toujours sous forme de notes de synthèse. Les officiers du SR et eux seuls connaissaient la provenance des informations. L'identité des correspondants n'était jamais révélée à quiconque n'appartenait pas au service.

L'archiviste tenait la comptabilité. Il disposait de cinq

registres ; un carnet de la réserve, un livre de caisse ou « brouillard », tenu au jour le jour, un journal de caisse, mise au net du précédent, un relevé de comptes, récapitulatif de tous les autres, par comptes individuels, et un carnet à souche des reçus. Le sous-chef puis le chef de l'état-major contrôlaient les dépenses et, en fin d'exercice, le ministre soumettait à l'examen du président de la République la gestion des fonds secrets[17].

> « La manipulation de ces fonds ne saurait être assimulée à celle d'une maison de commerce : sa vérification ne peut-être que sommaire et il est nécessaire de s'en rapporter aux déclarations du chef du service pour certaines dépenses que la nécessité du secret oblige d'inscrire sous des pseudonymes ou des indications connus des seuls officiers du service. Il résulte de la nature même des dépenses que la comptabilité doit être réduite au strict minimum, ainsi que cela a lieu en Allemagne », écrivait, en 1908, le lieutenant-colonel Rollin, dans *Le Service des renseignements militaires.*

Et à propos de son fonctionnement, il ajoutait :

> « Si ce service ne peut pas être indépendant, il n'en est pas moins nécessaire de laisser aux officiers qui y sont employés une grande initiative dans le choix des moyens et la manipulation des agents. Etant en contact direct avec les personnes et se trouvant aux prises avec les difficultés, ils sont mieux que quiconque en situation de juger de la conduite à tenir et des mesures à prendre. »

En ces années 1887-88, la hiérarchie laissait faire le SR. Ce qui resta vrai au-delà même de 1894 et des premiers épisodes de l'Affaire Dreyfus. Les relations entre le service, le cabinet du ministre et le ministre lui-même étaient, d'ailleurs, constantes. Par un bulletin journalier de renseignements, le chef du SR communiquait au ministre les informations importantes, en particulier les modifications survenues dans les armées étrangères.

Tels étaient le cadre et l'atmosphère du SR au moment où le lieutenant-colonel Sandherr en prit la direction. Jean Sandherr, né à Mulhouse, comme Dreyfus, était d'une famille alsacienne de Colmar où son père, protestant converti au catholicisme, exerçait la fonction de greffier au tribunal de commerce. Après Saint-Cyr et l'Ecole de guerre, Sandherr fit carrière dans l'infanterie. Quand on le nomma chef du SR, il avait quarante-cinq ans et était déjà atteint d'une paralysie progressive. A partir de 1893, il marcha avec difficulté. Obligé d'abandonner son poste en juin 1895, Sandherr mourut en mai 1897. Les dreyfusards, insistant sur son état de santé, tentèrent d'en faire un irresponsable, à cause de son antisémitisme quasi hystérique[18].

---

17. Toutes ces indications sur l'organisation du SR d'après Mennevée. *L'Espionnage international*, vol. I.

18. D'après *Aux sources de l'Affaire*, Maurice Baumont, Les Productions de Paris, 1959.

Le lieutenant-colonel Rollin, qui servit sous ses ordres, avec le grade de capitaine, et fut de ceux que l'Affaire et ses suites chassèrent du SR, rendit cet hommage à son chef :

— On n'a même pas eu l'impartialité de rappeler les résultats obtenus, les nombreux et importants services qui, sans bruit et sans réclame, avaient été rendus à la patrie, en nécessitant, de la part du colonel Sandherr et de ses collaborateurs, entraînés par son exemple, une somme de travail et de dévouement encore insoupçonnée.

On avait aussi reproché à Sandherr de voir des espions partout. Or, c'était là son métier ; ensuite, il en circulait beaucoup, par toute la France, des espions ; enfin, l'espionniste avait pris les proportions d'un fléau national.

Deux textes inattendus, mieux que la littérature militaire de l'époque, nous montrent quel orage prenait aux nerfs cette France des années 1880-90. Le premier est de Michelet. Dans *La France devant l'Europe*, au chapitre IV « De l'espionnage allemand », on lit :

> « Quel art patient, obstiné... que de mensonges, quel abus terrible de la parole humaine !...
>
> Pour comprendre le fait, il faut se mettre au point de vue de là-bas, comprendre les fumeuses pensées qui remplissent un cerveau du Nord entre le poêle, le tabac et la bière. »

Et Michelet de faire parler l'âme allemande :

> « Il y a une morale ailleurs. Mais il n'y en a pas en France. Il n'y en a pas pour la France. Contre elle tout est permis. La France est très corrompue. Je ne la connais pas beaucoup ; mais j'ai été à Paris en 1867, et je me suis si bien vautré avec toutes les filles du monde (françaises ? ou non ? je n'en sais rien), que je suis en droit de dire : la France est très corrompue. Elle est toujours la Sodome révolutionnaire, incrédule et voltairienne, qui n'honore aucune autorité. Elle attend son châtiment, en fléau mérité de Dieu, une grande expiation. Ce fléau, ce sera moi. Je ne sais quoi me dit au cœur : "Retourne ! Ce coupable pays, si riche, si abondant, qui a de si bonnes caves de Champagne et de Bourgogne, il mérite d'être visité."
>
> La visite du Seigneur, ce mot touchant du piétiste, me rappelle ce qu'un reporter écrivait aux Anglais en août pour l'Allemagne contre la France : "Les Allemands, en général, sont un bon peuple chrétien."
>
> Qu'ils passent par trente systèmes plus ou moins athées, n'importe ; qu'ils suivent le nihilisme, négation de négation, n'importe. Le parti opposé aux piétistes dira lui-même : "Tout cela n'y fait rien. Avec le gemüt germanique, une certaine Allemande, nous avons, malgré tout cela, la sentimentalité religieuse, quasi chrétienne, plus que chrétienne, qui nous appelle à réformer la France impie, corrompue. Pour cela, tout moyen est bon. L'espionnage, odieux ailleurs, est bon ici, excellent. Il est du penseur, d'observer ; du patriote, d'observer l'ennemi. Il est encore l'ami, c'est vrai, mais peut être ennemi demain."

Avec quelle facilité l'espion a pu circuler !

Comme touriste, comme marchand, il a pu tout voir, noter. Des ingénieurs en blouse, qui semblaient des paysans, ont pu relever, photographier les défilés des Vosges, les fortifications de nos places. Dans une usine de l'Est plusieurs s'étaient faits ouvriers, et pendant plusieurs mois ils ont pu étudier tous les environs, les décrire à loisir. L'espion voyageur pourtant eût-il pu recueillir tant de renseignements précis, s'il n'eût été informé par ce qu'on peut appeler l'espion fixe, l'observateur domicilié, qui sait bien autrement les choses ? Pour obtenir des réponses complaisantes à ses questions, le plus sûr c'est qu'il les adresse à ses compatriotes, aux Allemands établis dans l'endroit, au brasseur chez qui l'on va boire, et qui fournit les meilleures maisons du pays. Le tailleur dans son métier de cul-de-jatte, assis sur sa table, ne demande qu'à parler. Les bonnes langues de l'endroit y viennent. Il sait le menu détail, et il peut donner un monde de petites choses qui éclairent la localité. Les officiers qui y viendront pour faire des réquisitions, n'auront nul besoin de voir les rôles de contributions. Ils savent parfaitement d'avance ce que chacun peut payer. On s'étonnait à Ablon (sur la Seine) qu'ils sussent qu'une ferme voisine avait 25 vaches (et non 20)...

Un Allemand d'un grand sens, qui a regardé de haut et jugé ces événements, a dit : "Il ne faut pas dire : *Voe victis !* mais : *Voe victoribus !* Le vaincu n'est que ruiné. Le vainqueur est dégradé." »

Dans cet avant-guerre, sous haute tension, qu'était la paix franco-allemande, la belle colère de Michelet d'après 1870 revigorait, hélas ! les revanchards du parti nationaliste et leur boulangisme essoufflé.

Le second texte ressort d'un autre registre et est tiré d'un journal de l'époque. *La Lanterne*, dans son numéro du 9 septembre 1888, consacrait une page entière à la rubrique « Espionnite ». Le titre : « L'espionnage ». Sous-titres : « Marchands de poules et Cie » — « Un herboriste qui cueille... des plans ! » — « A propos de forêts ». D'étranges marchands de poules vendaient aux paysans des Ardennes belges et françaises de la volaille prétendument en provenance d'Italie. Ils pouvaient vadrouiller, de la sorte, au plus près des forts de la frontière et se replier sur la Belgique ou le grand-duché de Luxembourg, en cas d'alerte. Un pseudo-médecin anglais se disait en voyage ; il s'occupait en réalité des gares frontières, sa femme villégiaturait à Sedan où le couple se retrouvait pour parler, en allemand, de la topographie des bois du pays haut-lorrain de Longwy, de ceux de la région de Thionville, de Montmédy. Un faux botaniste herborisait par tous les temps ; il prenait, en fait, des croquis des sous-bois ardennais.

Les autorités, elles-aussi, s'inquiétaient des forêts frontalières et de leurs visiteurs, comme le prouve une note, en date du 30 juin 1888, du 2e Bureau au 3e, celui des opérations militaires.

« Conformément au désir exprimé à plusieurs reprises par le ministre de la Guerre, le ministre de l'Intérieur s'occupe en ce moment d'organiser un service de surveillance de nos départements frontières et de nos zones de défense, en y faisant participer certains agents appartenant aux administrations des Finances, des Postes et Télégraphies et des Travaux publics.

Le ministre de l'Agriculture, consulté également par son collègue de l'Intérieur au sujet de l'utilisation des gardes forestiers, lui a fait savoir que :

"Les gardes forestiers étant en rapports constants avec le ministère de la Guerre, il lui était difficile d'admettre qu'ils se trouvassent, pour la surveillance de la frontière, à la disposition de deux autorités différentes."

Le ministre de l'Intérieur a en conséquence demandé au ministre de la Guerre de lui faire connaître les rapports qui existent actuellement entre son département et les agents de l'administration des Forêts.

La section de statistique a l'honneur de prier le 3e Bureau de l'état-major général de vouloir bien la mettre en mesure de répondre à la demande du ministre de l'Intérieur[19]. »

L'étrange fin de Foucault de Mondion

Espionnite, toujours, en 1889, quand Adalbert-Henri Foucault de Mondion, qui se disait l'espion personnel de Boulanger, publia, aux éditions Savine, *La Vérité sur le Tonkin*. Dans une longue préface, il s'étendait, arrogant, sur une mission, en grande partie imaginaire, que le général lui aurait confiée :

« Je suis arrivé à recevoir de Berlin, de Vienne, de Rome, des communications d'un haut intérêt qui ont été appréciées par les ministres qui se sont succédé au pouvoir.

En ce qui concerne la Belgique, j'avais reçu des instructions très précises. Le général Boulanger était convaincu que l'Allemagne possédait dans ce pays une organisation complète d'espionnage politique, et que le rôle de la Belgique dans les événements qui se préparent à Berlin aurait une grave importance. Je fus chargé de découvrir l'organisation des services allemands et, en particulier, d'étudier les agissements des attachés militaires allemands en résidence à Bruxelles.

Par Berlin, j'étais tenu au courant de la plupart des questions qui se traitaient entre la chancellerie allemande et le cabinet de Bruxelles. J'avais donc des points de repère excellents, d'une indication certaine. C'est ainsi que j'eus connaissance de questions intéressant au plus haut point notre politique et notre mobilisation. »

Foucault de Mondion se haussait du col, persévérant dans la graphomanie : *La Belgique livrée à l'Allemagne, Bismarck démasqué.*

---

19. SHAT.

En cette année 1889, toutefois, il en arriva à défier une certaine France politique. Boulanger, par pusillanimité, avait précipité l'échec du parti nationaliste et sa propre chute. Inculpé pour concussion, il fut jugé par la Haute Cour. Le témoignage, imprévu et involontaire, de Foucault de Mondion le sauva.

En 1894, la presse boulangiste, qui survivait et survivrait longtemps à sa prétendue idole, rendit un dernier hommage à « l'espion » de feu le général Revanche. Ce fut même, pour *L'Intransigeant* et *La Libre Parole*, organes de la droite nationale, l'occasion de se monter le bonnet. *L'Intransigeant* d'Henri de Rochefort annonçait, le 17 juin 1894, la mort de Foucault de Mondion et rappelait :

> « En 1889, on sait quelle odieuse accusation fut portée contre le général Boulanger par Q. de Beaurepaire et l'ignoble Constans. On osa reprocher à l'ancien ministre de la Guerre d'avoir dilapidé les fonds de la Défense nationale et de ne pouvoir justifier l'emploi d'une somme de 30 000 francs.
>
> M. Foucault de Mondion, indigné de cette accusation, déclara spontanément que ladite somme lui avait été versée pour solder les frais des diverses missions.
>
> Le président de la République, les ministres savaient, du reste, parfaitement à quoi s'en tenir, puisqu'ils avaient eu connaissance des dépenses engagées. M. Flourens reconnut personnellement quels grands services avait rendus M. Foucault de Mondion[20].
>
> Mais on ne pardonna pas à ce patriote d'avoir refusé de servir les haines de gens de la Basse Cour. Il fut impitoyablement sacrifié et calomnié.
>
> Ecœuré, malade, pauvre, M. Foucault de Mondion est mort victime d'un abominable déni de justice. Il était, assure-t-on, détenteur de papiers importants. »

La Libre Parole de Drumont « révélait » le 19 juin :

> « M. de Mondion mourut subitement dans la nuit, alors que la veille, assez tard dans la soirée, on l'avait vu se promener près de chez lui. Il paraissait alors très bien portant. Cette mort assez mystérieuse ne parut pas naturelle aux voisins de M. de Mondion et, dimanche après-midi, au moment des obsèques, un incident se produisit. Lorsque l'ordonnateur des pompes funèbres s'est présenté, 106, avenue Victor-Hugo, au domicile de M. Foucault de Mondion, il lui fut présenté, par une amie du défunt, Mme Meilhan, une note disant qu'en présence de certains bruits circulant dans le quartier, deux médecins qui avaient soigné M. Foucault conseillaient de procéder à son autopsie, car "il aurait été victime d'un accident voulu". M. Nochon, commissaire de police d'Auteuil, aussitôt prévenu, fit alors examiner le corps par le docteur Jacquemart, médecin légiste, et par les deux médecins qui avaient soigné dans ces derniers temps

20. Flourens, alors qu'il était ministre des Affaires étrangères, avait acheté à de Mondion un traité secret germano-belge, qui n'était qu'un faux.

M. de Mondion, les docteurs Roussan et Backer. Les médecins constatèrent que le corps n'avait point, en effet, la rigidité cadavérique ordinaire. »

L'Intransigeant du 20 juin surenchérit :

« Beaucoup de personnes avaient intérêt à faire disparaître M. Foucault de Mondion qui était sur le point de publier un ouvrage, *L'Art de l'espionnage*, dans lequel les agissements interlopes de quelques politiciens sont dévoilés avec preuve à l'appui et qui, en outre, possédait des documents très importants sur les affaires du Tonkin et la politique opportuniste dans ses rapports avec l'Allemagne. »

Le 22 juin, le même *Intransigeant* conclut :

« Rien n'a encore été décidé au sujet de l'autopsie de M. Foucault de Mondion. On attend évidemment que toute trace de poison ait disparu. Dès maintenant, cette façon de procéder permet de se faire une opinion formelle ; M. Foucault de Mondion a bien été empoisonné. On n'en veut pas établir de preuve matérielle, afin de ne pas trouver l'assassin. »

La signature du crime, si crime il y eut, reste indéchiffrable.

Depuis 1887 et l'incident Schnæbelé, l'espionnage se vendait bien et la presse brodait d'autant autour de chaque espion jugé que les procès se tenaient à huis clos : en 1888 l'adjudant Chatelain ; en 1890, le lieutenant Jean Bornet, le capitaine Guillot, l'artificier Thomas, de l'école de pyrotechnie de Bourges, l'archiviste Boutonnet, bibliothécaire à la section technique de l'artillerie, dans les services militaires de la place Saint-Thomas-d'Aquin, à Paris. La justice l'avait rudement puni, ce Boutonnet : cinq ans de réclusion. Mais en 1892 la répression se durcit encore : vingt ans de travaux forcés pour Joseph Greiner, fils d'un pharmacien de Toul et employé civil au ministère de la Marine ; quel forfait avait-il pu commettre ?

En 1893, les journaux italiens mentionnèrent que le capitaine français Romani avait été condamné par un tribunal de San Remo, et les Allemands, moins démonstratifs qu'à l'accoutumée, annoncèrent que deux officiers de la marine française, Degouy et Delguey-Malavas, accusés d'espionnage, étaient détenus à la forteresse de Glatz. En 1894, l'affaire Ismert révéla que l'Allemagne de Guillaume II avait changé de masque, depuis la disgrâce de Bismarck, peu après la mort du vieux Guillaume Ier, en 1888.

Mme Ismert, une Lorraine de Metz, avait été arrêtée, fin août 1894, en Allemagne, pour espionnage ; la presse du Reich s'était abstenue de tout éclat. Le 16 novembre, à Paris, deux officiers allemands se firent prendre. L'un, le lieutenant von Kessel, sera relaxé ; l'autre, le lieutenant Maximilien von Schönebeck, condamné en décembre à cinq ans de réclusion, purgera deux ans de sa peine avant d'être reconduit à la frontière. Au moment de l'incarcération de Kessel et Schönebeck, le jeune empereur dut s'agiter, comme d'habitude, puis se soumettre aux directives de son grand état-major et laisser agir le Nachrichtenburö. Le 18 novembre, deux jours après l'arrestation des deux officiers allemands, l'agence Wolff (le bureau central de presse du défunt Stieber) annonça que les poursuites pour haute trahison contre Mme Ismert avaient été suspendues.

Herbette, l'ambassadeur de France à Berlin, adressa une note au Quai d'Orsay pour souligner « le sang-froid et la modération inhabituels » des Allemands, avant de souhaiter que l'on tînt compte de cette attitude « non pas en remettant bénévolement en liberté les individus arrêtés pour espionnage, mais en les retenant le moins longtemps possible en détention préventive ». L'esprit si conciliant de Berlin avait bien une explication, mais il est rare que l'on tienne un ambassadeur au courant des secrets militaires.

En 1894, les plus hauts responsables de l'armée, au boulevard Saint-Germain comme à Waldersee le général von Schlieffen et son état-major, savaient que la puissance de feu de l'artillerie serait décisive dans la prochaine guerre. Von Schlieffen, fort, pourtant, des obusiers et des mortiers de son artillerie lourde, exigeait davantage ; il lui manquait le canon de la victoire, le canon de campagne à tir rapide. L'Allemagne, par conséquent, n'était pas prête. C'est pourquoi le général en chef et son service de renseignements se souciaient peu de grossir de banales histoires d'espions, comme celle de Mme Ismert, alors que les Français les devançaient, ils s'en doutaient, dans la course à l'arme de pointe.

Dès la fin des hostilités, en 1871, la modernisation de l'artillerie avait préoccupé les états-majors ennemis et ils achoppaient l'un l'autre sur un problème identique : accélérer la cadence de tir en améliorant le retour en batterie de la pièce. Dans les deux armées, les tubes des canons étaient montés à même l'affût et la puissance de charge des projectiles, sans cesse accrue, ralentissait encore la remise en place, après chaque tir. La France avait adopté, en 1877, le système de Bange, faute de mieux : le recul était court, son choc déportait la pièce qu'il fallait replacer afin de repointer. Les Allemands cherchaient toujours. Ils avaient écarté les systèmes de Konrad Haussner, ingénieur à la fonderie d'Ingolstadt, en Bavière ; systèmes qui auraient permis, selon son inventeur, un long recul évitant le dépointage. Chez Krupp, on les avait longuement expérimentés avant de les juger inutilisables pour cause de « difficultés insurmontables. » Entre-temps, les agents de Sandherr, au courant des essais de Krupp, avaient fait le nécessaire.

Le 5 février 1892, le SR fournit au 2e Bureau trois documents sur les deux systèmes d'affûts de campagne Haussner. Le 2e Bureau transmit l'ensemble au général Mathieu, directeur de l'artillerie. L'un des systèmes retint l'attention du général, à cause de la longueur de la course du tube sur l'affût ; un frein à longue course était prévu afin d'éteindre, de façon progressive, le recul et de ramener le canon à sa position, avant le départ du coup suivant. Le frein, mis au point par Haussner, était hydropneumatique, comprimé d'une huile végétale au départ du coup ; le retour en batterie, si précis qu'on n'avait pas à repointer, s'effectuait par détente de l'air comprimé pendant le recul de la pièce. Ce dispositif complexe, métamorphose historique de l'artillerie, sera celui du 75. Mais en février 1892, les trois documents du SR ne semblaient pas si prometteurs.

Poker menteur autour du canon de 75

Le général Mathieu soumit ces « papiers pelure d'oignon et tirés au cyclostyle[21] » à l'examen au Comité d'artillerie, composé de tous les inspecteurs généraux de l'arme, et qui siégeait place Saint-Thomas-d'Aquin à Paris. Le 22 février, le général de La Hitte répondit que les systèmes Haussner avaient été brevetés en France, le 21 février 1891. Le général Mathieu envoya les brevets au colonel Mounier, de la fonderie de Bourges, et au commandant Deport, de l'atelier de construction de Puteaux. Mounier ne vit pas comment utiliser ces systèmes. Le 10 mai, Deport répondit qu'il y avait « possibilité de réaliser un matériel de campagne à tir rapide, pourvu d'un frein à longue course ». Il joignait à sa lettre un croquis des combinaisons déjà connues qui permettaient d'arriver au même résultat qu'Haussner.

Le commandant Deport était un technicien extraordinaire, et le général Mathieu connaissait son talent. Le directeur de l'artillerie décida qu'on réaliserait d'abord le frein à longue course dont dépendaient toutes les autres expérimentations. Et soudain, un voile opaque enveloppa le projet et ses participants. Tous, à l'artillerie, pressentaient une révolution. Mais tous se souvenaient de Boutonnet, leur bibliothécaire, place Saint-Thomas-d'Aquin, trop familier de l'ambassade d'Allemagne, ainsi que de Joseph Greiner, le fils du pharmacien de Toul, que les expériences de l'école de pyrotechnie de Bourges avaient interessé à l'excès. Sandherr, en ce qui concernait l'artillerie, était en droit de voir des espions partout.

Pour les premiers essais, on appliqua le frein à une pièce de 80. Une chambre à sable avait été aménagée dans les fossés du Mont-Valérien, gardé comme le temple même du mystère. Le général Mathieu venait souvent assister aux recherches de Deport, il l'encourageait, il le pressait, il y croyait. Ce frein, c'était l'acte de foi de sa carrière. Le 15 février 1893, l'artillerie autorisa l'engagement des dépenses pour la fabrication d'un premier spécimen du matériel Deport, calibre 75. A la fin de l'année, le 2 novembre, le général

21. Général Delétoille, Mémoires inédits.

Mathieu quittait l'armée. Il partait avec une grande espérance ; son successeur Deloye, au point où en étaient les travaux de Deport, saurait venir à bout de toutes les difficultés.

Le général Deloye fut, en effet, le maître tacticien qu'il fallait. Pour pousser les études, il entoura Deport d'ingénieurs d'élite. Le capitaine Sainte-Claire-Deville réglait les problèmes de construction du frein, le capitaine Estienne, qui sera le père du char d'assaut, s'occupait des dispositifs de pointage, le capitaine Robin, inventeur d'un obus à balle surpuissant et qui portait son nom, veillait sur la fabrication des projectiles. Deloye fit le reste.

Du poker menteur d'abord. Le directeur de l'artillerie persuada le capitaine Ducroc qu'on allait adopter le canon de 90 tel qu'il l'avait perfectionné. Le 22e régiment d'artillerie fut désigné pour tirer avec ce matériel de 75 sans recul et à tir accéléré. Le champ de tir du camp d'Auvours, où les essais se déroulaient, fut protégé par un déploiement de forces spectaculaire, mais qui laissait la possibilité aux espions de tout voir à la lorgnette. Cette mise en scène ne fut pas étrangère à l'adoption par les Allemands, en 1895, d'un canon de 77, à tir accéléré, mais de 2 à 3 coups par minute. Ils se ravisèrent en 1898, à l'apparition du 75, et parvinrent à réaliser, en 1906, une réplique très inférieure, le 77 N/A, aux qualités balistiques médiocres, et qui tirait de 3 à 5 coups par minute, tandis que le 75, surnommé « Joseph » par les artilleurs, tirait de 16 coups (obus fusant) à 24 coups (obus percutant) par minute.

Le général Deloye, après avoir mis les Allemands dans le vent, manœuvra les politiciens. Il fit adopter, en 1897, le 75, dont bien peu savaient quelque chose, et voter sa fabrication intensive, sans crédits apparents. Deloye obtint l'accord et la discrétion du président du Conseil Méline, du ministre de la Guerre, le général Billot, de Paul Delombre, président de la commission du budget, et de son rapporteur général Camille Krantz. Freycinet se chargea des sénateurs. Le 19 février 1898, une loi autorisant la constitution d'une nouvelle enceinte fortifiée autour de Paris et « un perfectionnement du matériel d'armement » allouait un premier crédit de 66 millions, pour l'exercice budgétaire de 1898.

Comme toute épopée, celle du 75 brasse une quantité de personnages, certains pathétiques, d'autres funestes, quelques-uns innocents, et beaucoup de petites gens. Disons-le, parce qu'il n'est toujours pas superflu de l'affirmer, même après un siècle : le seul innocent de cette mêlée autour d'un canon sera le capitaine Alfred Dreyfus. Mais commençons par les petites gens.

Courant 1893, alors que le commandant Deport s'affairait, comme un conspirateur, à ses essais de frein, dans les fossés du Mont-Valérien, Marie Forêt se retrouva mêlée, elle aussi, aux secrets de l'artillerie. Elle ne le fit pas exprès, au début, mais comment prévoir jusqu'où vous mènera une romance ? Marie Forêt avait quarante-six ans et pas de chance. Cette Lorraine de Château-

Salins avait perdu, très jeune, ses parents, des agriculteurs ; son frère, capitaine d'artillerie, avait été tué au combat en 1870 ; son mari, la même année, était parti pour l'Amérique. Elle était alors venue se perdre dans le grand anonymat parisien dont elle sortit, en 1891, en se mettant en ménage avec Millescamps, un marchand d'objets de piété, 43, rue de Bretagne. Il mourut en 1891 et Marie Forêt conserva la boutique ; d'où son surnom de « Veuve Millescamps ». Jusqu'en 1893, elle fréquenta des frous-frous excités, la veuve du colonel Pujol, la nièce de l'amiral Pothuau, une Mme Schöttlin, de Mulhouse, des dames de son âge qui cherchaient à s'amuser.

Marie Forêt, veuve Millescamps, tomba sur un presque « pays », un alsacien d'Egisheim, Brücker, un gaillard ventripotent, à grosse moustache noire. La bonne trentaine, hâbleur et sans façon, Brücker s'y connaissait en petites-bourgeoises sur le retour ; et puis il avait un oncle à la préfecture de police. Mais il en fit quand même un peu trop, Brücker, pour un agent secret. Il avait la haute main — dit-il à la veuve conquise — sur toutes les ambassades, sauf celle de Russie, qu'il n'avait pas à surveiller. Celle d'Allemagne, rue de Lille, lui assurait, et de loin ! le plus gros de son bénéfice. L'agent Brücker, assez coté au SR, se gonflait, les pouces dans son gilet :

— Nous avons une femme à nous, en permanence, chez Münster.

Marie Bastian, épouse d'un menuisier, 398, rue Saint-Honoré, émargeait au SR pour la somme mensuelle de 250 francs, bon an, mal an. Elle les valait. Embauchée, en 1885, à l'entrée en fonction de l'ambassadeur Georges zu Münster, elle circonvint tout de suite Marie, la fille de cet aristocrate suranné, qui préférait le cheval et les baise mains aux combinaisons, pour lui incompréhensibles ou choquantes, de la diplomatie bismarckienne. Le dilettante Münster était un myope politique que les affaires ennuyaient. Féru d'étiquette, il rabrouait ses collaborateurs les plus actifs, ces rustres qui travaillaient, et les voyait le moins possible. Comment aurait-il condescendu à apercevoir Marie Bastian, même si elle était au mieux avec Mlle zu Münster ? Chargée du nettoyage et du chauffage des chambres et des bureaux, Marie Bastian était à la dévotion de Mademoiselle et elle travaillait, cette brave analphabète qui prenait les lettres à l'envers, elle travaillait ! Pas un papier ne traînait, elle ramassait tout, jusqu'au moindre document déchiré dans les corbeilles à papier. Elle en avait abattu, de la besogne, depuis 1885.

En 1887, au moment de l'affaire Schnæbelé, grâce à un passe spécial, fabriqué à cet effet, Marie sortit un dossier du coffre-fort qui se trouvait dans le bureau de l'ambassadeur. En 1890, elle découvrit les trafics de l'attaché militaire Huene ; c'était à lui que l'archiviste Boutonnet, le bibliothécaire de l'artillerie, place Saint-Thomas-d'Aquin, avait livré une instruction, provenant de l'école de pyrotechnie de Bourges, sur le chargement des obus à la mélinite. Quand Paris demanda le rappel de Huene, Münster s'étonna, pas le Nachrichtenburö ni Holstein, l'homme fort à la Wilhelmstrasse, depuis l'exil de Bismarck. Et Boutonnet ne sut jamais à qui il devait, pour une bonne part, ses cinq années de réclusion. Après le départ précipité de Huene, Marie Bastian veilla sur le nouvel attaché militaire von Süsskind ; sur ses armoires et ses coffres-forts, surtout, dont elle possédait les codes ainsi que les doubles des clés. En 1892, elle intercepta la lettre d'un intermédiaire, un capitaine se disant Américain, qui proposait à von Süsskind les documents obtenus d'un employé civil au ministère de la Marine. Von Süsskind ne sortit pas de ses attributions d'attaché militaire ; il orienta l'Américain sur le SR de Berlin. La livraison fut d'importance : Joseph Greiner, le fils du pharmacien de Toul, vendait le rapport de la commission d'expérience de Bourges sur l'obus Robin. Grâce aux activités ménagères de Marie Bastian, on put le condamner, preuves à l'appui, à vingt ans de travaux forcés. C'était quelqu'un, hein ! la Bastian ! Et Brücker, pour éblouir sa conquête du moment, lui présenta sa créature de toujours.

La Bastian, psychopathe volubile, vampirisa l'autre godiche par des racontars qu'une honnête vendeuse de missels et de rosaires n'avait pas à entendre : « M'sieur Brücker » c'était le pape à l'ambassade d'Allemagne, même que le personnel lui mangeait dans la main, la gouvernante de Mlle zu Münster, le concierge et un garçon de bureau, August, qui l'aidait, elle, Marie Bastian, à vider les corbeilles à papier. Et toute la paperasse collectée, elle la déposait, au moins une fois par semaine, chez Rohmer, le concierge du 5, rue Saint-Honoré ; des cornets au nom de M. Resch. Pour les documents entiers, les plans, les rouleaux, elle allait directement au 231, boulevard Saint-Germain ; on la faisait attendre dans la petite pièce à côté de la loge et le capitaine Rollin descendait prendre la livraison. C'était lui qui supervisait tout, le capitaine Rollin, avec le commandant Henry. Et Brücker d'enchaîner :

— N'empêche que Rollin ou Henry et Sandherr, même Sandherr, moi, Brücker, pour peu que les boches m'allongent 40 ou 50 000 francs, je pourrais leur jouer un tour de cochon...

Vu de l'arrière-boutique de la menuiserie du 398, rue Saint-Honoré, l'espionnage semblait de la sorcellerie et pour la veuve Millescamps eut force d'envoûtement.

Un soir de l'été 1893, Brücker, le volage, claqua la porte de la boutique Millescamps ; il sortit avec une telle brusquerie qu'une grosse enveloppa tomba de sa poche. Alors la délaissée eut une crise d'espionnite. Elle réussit à obtenir une entrevue avec le général Loizillon, ministre de la Guerre, et dénonça Brücker comme un danger pour le SR. Elle rentra chez elle, toute chavirée, mais après avoir vérifié que la grosse enveloppe au nom de M. Resch contenait bien des papiers volés par Marie Bastian, elle fonça chez un secrétaire de l'ambassade allemande, qui la mit dehors, puis au consulat d'Allemagne, d'où elle se fit sortir. Elle parla toute seule pendant un mois, sans trop se risquer hors de la maison Millescamps, avant de s'en retourner, soumise, fascinée, au 398, rue Saint-Honoré. Elle tendit l'enveloppe à Marie Bastian avec un : « Voyez ce qu'il en fait, Brücker, de vos secrets... » L'autre refusa la lettre :

— Un officier viendra la prendre chez vous.

Ce fut Brücker qui surgit, vociférant : « Ma lettre ! » Elle lui lança : « Je te dénoncerai ! » et courut chez la Bastian qui, cette fois, prit l'enveloppe. Brücker arriva et la Millescamps laissa, ravie, les deux espions s'insulter. Quelques jours plus tard, le capitaine Rollin lui rendait visite. Il l'interrogea, se voulut rassurant et s'en alla. En octobre 1893, il revint, lui remit 500 francs contre un reçu. Et Marie Forêt, veuve Millescamps, se mit à écrire missive sur missive à l'attaché militaire en second von Süsskind ; pas de réponse. Elle pensa que ses lettres avaient été interceptées, réussit, à force d'insister, à rencontrer, à deux reprises, Süsskind et parla. Elle promit de lui envoyer, pour preuve de ses accusations, un des cornets que Marie Bastian déposait chez le concierge Rohmer, au 3 ou 5, rue Saint-Honoré. C'était à la mi-octobre. Le 28 novembre, à 8 heures du matin, la police, qu'elle crut « secrète », arrêta la « veuve » à son domicile, 43, rue de Bretagne.

Dans *Le Temps* du 4 janvier 1894, le premier attaché militaire de l'ambassade d'Allemagne, von Schwarzkoppen, put lire :

> « Une espionne
>
> Une très curieuse affaire d'espionnage est appelée cet après-midi devant la huitième chambre correctionnelle et sera jugée à huis clos.
>
> Il s'agit d'une dame Marie Forêt, dite veuve Millescamps, poursuivie pour avoir commis le délit d'espionnage en livrant ou en communiquant à d'autres personnes des plans, écrits ou documents intéressant la défense du territoire ou la sûreté extérieure de l'Etat, plans qu'elle s'était procurés sans avoir qualité à cet effet.
>
> La veuve Millescamps est marchande d'objets de piété ; elle s'occupe beaucoup de mariages, fait du spiritisme et entretient des relations suivies avec plusieurs personnalités marquantes du faubourg Saint-Germain.
>
> Lorraine de naissance, elle a eu l'occasion d'entrer plusieurs fois en rapport avec l'ambassade d'Allemagne à propos des passeports qui lui étaient nécessaires pour aller en pays annexé.
>
> La prévenue soutient que les plans en question auraient été perdus chez elle par un individu faisant, à l'étranger, de l'espionnage pour le compte du gouvernement français, et lui reproche de les avoir communiqués à plusieurs personnes, au lieu de les remettre immédiatement à l'autorité supérieure, ainsi que le veut la loi du 18 avril 1886. Un seul témoin sera entendu. »

Marie Bastian, nom de code « Auguste », déclenche l'Affaire

Cet article rappela à Schwarzkoppen quelqu'un dont la vue lui était pénible : le concierge de l'ambassade, August Burde, ce traître, donc !

August ! L'Affaire Dreyfus commence à ce prénom. La Millescamps, quand elle eut réussi à rencontrer, enfin, von Süsskind, déversa sa bile, mais quand le second attaché militaire, très froid, lui demanda : « Qui ? Qui était l'espion-clé de l'ambassade ? », elle prit peur, bredouilla : « Il s'appelle Auguste. »

Dans l'arrière-boutique de la menuiserie, 398, rue Saint-Honoré, elle avait bien entendu ce prénom, de la bouche même de Marie Bastian qui, goguenarde, avait omis toutefois de préciser, qu'« Auguste » et non « August » était son nom de code au SR.

Von Süsskind prévint Schwarzkoppen : le contenu des corbeilles à papier était livré dans des cornets, au concierge Rohmer, 3 ou 5, rue Saint-Honoré. Par qui ? on l'ignorait, mais August jouait un triste rôle en cette histoire sordide. Schwarzkoppen ne jeta plus dans sa corbeille que des documents jugés sans valeur, et pour plus de précaution, il les déchirait en menus morceaux. Quant à August Burde, l'attaché militaire endurait sa présence, avec une colère rentrée ; Münster avait refusé net de sévir contre un serviteur si fidèle.

Cette confusion sauva non seulement Marie Bastian, mais aussi « la voie ordinaire », comme on appelait au SR les cornets destinés à M. Resch ; et le bordereau de l'Affaire Dreyfus empruntera cette voie que la frayeur subite d'une demi-folle avait sauvegardée. Au SR, on prit ses distances avec Brücker, le seul témoin du procès Millescamps et, à ce titre, espion brûlé. La loge de Rohmer fut oubliée. C'était maintenant à l'église Sainte-Clotilde, derrière le ministère de la Guerre, que Marie Bastian remettait au commandant Henry les cornets ; mais les tout petits bouts de papier de Schwarzkoppen n'offraient plus aucun intérêt. La voie ordinaire fut maintenue, néanmoins ; savait-on jamais ? Et puis on ne plaisantait pas avec la routine, au SR.

Maximilian von Schwarzkoppen, lui aussi, avait la discipline dans le sang. Il était d'une vieille famille de notables westphaliens. Son père, militaire de carrière, s'était battu contre les Danois avant de se distinguer à Sadowa et en 1870. Quatre ans avant sa mort, en 1878, il commandait le corps d'armée de Stuttgart. Maximilien, son fils, avait suivi sa trace et opté pour l'infanterie. Il s'était battu en 1870, à Forbach, à Gravelotte et avait fait toute la campagne de France. Il avait suivi, ensuite, les cours de la Kriegsakademie. En 1882, capitaine d'état-major, il avait passé trois ans, à Paris, comme second attaché militaire puis trois ans auprès du grand-duc de Hesse-Darmstadt, en qualité d'instructeur militaire. Commandant d'une division d'infanterie, en 1888, puis en 1891 commandant le 3e régiment de la garde, il s'était retrouvé, la même année, attaché militaire, à Paris, comme six ans auparavant. En 1893, il recevait sa promotion de lieutenant-colonel.

Schwarzkoppen, âgé de quarante-quatre ans en 1894, avait belle allure. Cultivé, accommodant, homme de cour et de salon, couvert de femmes, il n'en oubliait pas pour autant son devoir, ni les difficultés de sa fonction ambiguë. Les attachés militaires, les Allemands en particulier, avaient mauvaise réputation. Allant de soi qu'ils étaient des militaires donc, pour beaucoup d'entre eux, il était naturel qu'ils devaient espionner. Le colonel von Ingelbrecht, à Rome, le commandant von Deines et le général Dietrich von Hülsen-Haeseler, à Vienne, avaient donné des exemples à ne pas suivre. Le rappel de Huene, en 1890, après l'affaire Boutonnet, qui s'était passée derrière le dos de Münster, avait dégoûté celui-ci des attachés militaires. Il les traitait à la dure, exigeant même de Schwarzkoppen la promesse solennelle de ne jamais se mêler de renseignement. Jamais !

Schwarzkoppen s'était incliné. Il s'informerait par la lecture des revues spécialisées et des publications officielles, par des contacts avec ses homologues étrangers, comme son ami intime le colonel Alessandro Panizzardi, de l'ambassade d'Italie ; il observerait l'armement, l'état des troupes et les techniques de commandement, au cours des grandes manœuvres ; enfin, comme son second, von Süsskind, si un espion venait à lui proposer ses bons offices, il l'adresserait aux agents du Nachrichtenburö à qui — c'était de sa charge — il devait assistance pour le contrôle des renseignements ; ce contrôle, bien entendu, il l'effectuerait dans la mesure de ses moyens et sans sortir des limites, d'ailleurs mal définies, que lui imposaient son statut de diplomate et son état d'officier de carrière ; bref, une situation en vue et fort compliquée, que celle d'attaché militaire. Elle pouvait même coller, vénéneuse, à la peau d'un homme et l'empoisonner, peu à peu, jusqu'à son lit de mort. Schwarzkoppen va l'apprendre au fil des jours de cet été 1894 ; au fil des ans, à partir de 1896.

Les entrevues de Schwarzkoppen et d'Esterhazy sont trop connues pour qu'on y insiste, mais elles révèlent des détails indispensables à une histoire des services secrets et des procédés, parfois innommables, selon une morale courante, auxquels il arrive à ces derniers de recourir.

Le 20 juillet, entre 3 et 4 heures de l'après-midi, Esterhazy, en civil et ruban de la Légion d'honneur à la boutonnière, demanda à être reçu à l'ambassade d'Allemagne. La quarantaine grisonnante, chétif, chevelu, moustachu, l'œil noir et l'air gêné, il se présenta à Schwarzkoppen comme un officier d'état-major en service actif. Il pleura misère, offrit ses services. Schwarzkoppen, indigné, parla devoir, parla honneur, comme il seyait entre officiers. Il imposa huit jours de réflexion. Le plus pensif des deux, ce soir du 20 juillet 1894, n'était pas Esterhazy.

Schwarzkoppen avait promis à Münster de s'en tenir à la diplomatie, mais il incarnait, à Paris, le grand état-major de Waldersee et il savait que von Schlieffen et son SR cherchaient tous azimuts des renseignements sur l'artillerie française. Et si, lui, parvenait à leur en procurer ?

Dès le 21 juillet, son visiteur de la veille lui envoya une lettre par laquelle il lui promettait des renseignements sur la Russie et lui confirmait le voyage « dont je vous ai parlé ». Esterhazy l'avait dit à Schwarzkoppen : il allait aux manœuvres du camp de Châlons. Les relations entre l'attaché militaire et l'espion en service excepionnel dureront deux ans. Mais le 21 juillet, Schwarzkoppen détenait déjà un modèle de l'écriture d'Esterhazy.

Le 27 juillet, celui-ci revint et se présenta : commandant Charles-Ferdinand Walsin-Esterhazy, chef de bataillon au 74e régiment d'infanterie, à Rouen. Il confia à l'attaché militaire le journal de mobilisation de son régiment. Rendez-vous fut pris pour dans quinze jours : le temps que s'accordait Schwarzkoppen afin de consulter Berlin. Il reçut l'ordre d'aller voir le chef du SR, le commandant Müller, en permission à Michelstadt, dans l'Odenwald. Il obéit. Le 4 août, Müller lui donna ses instructions : continuer, payer les renseignements, sans mensualisation, et ne rien dire à Münster. Entre la mi-août et le 23 septembre, Esterhazy se démena. Il livra un plan de mobilisation de l'artillerie. Schwarzkoppen lui donna pour ce document (périmé) 1000 francs et parla clair : il lui fallait des renseignements sur les matériels d'artillerie nouveaux ou en préparation. Le 1er septembre, Esterhazy revint à l'ambassade à 6 heures et demie du soir et remit deux notes écrites de sa main. La première portait sur le canon de 120 court, modèle 1890. Ce canon à court recul avait été adopté, mais n'était pas au point et le général Deloye, dans sa campagne d'intoxication, s'efforçait de faire croire aux Allemands que cette arme avec son frein dit « hydraulique » représentait l'état le plus avancé des recherches de l'artillerie française. La deuxième note traitait des troupes de couverture de l'artillerie. Esterhazy précisa que ce plan serait modifié. Il était, de fait, périmé.

Pendant une heure et demie, il fit, selon l'attaché militaire, « une foule de communications intéressantes », Schwarzkoppen demanda des notes à ce sujet. Le 5 septembre, Esterhazy lui apporta un descriptif détaillé des manœuvres de masse de l'artillerie au camp de Sissonne, plus une note sur les modifications aux formations de l'artillerie. Intoxication, là encore, du général Deloye : en analysant ces modifications, même les meilleurs experts ne pouvaient soupçonner qu'un changement de matériel interviendrait. Et malgré les renseignements livrés, nul n'était à même de déceler les camouflages du directeur de l'artillerie. De la part du général Deloye, c'était un tour de force puisque les communications, qui intéressaient tant Schwarzkoppen et le SR de Berlin, provenaient de Maurice Weil, le confident du général Saussier, gouverneur militaire de Paris, commandant les troupes de la région parisienne et généralissime, en cas de guerre[22].

Au Conseil supérieur de la guerre — le président étant le

22. Henri Guillemin (*L'Enigme Esterhazy*, Gallimard, 1962) avait envisagé l'hypothèse Saussier comme clef de l'Affaire puis, curieusement, y avait renoncé.

ministre en exercice, le général Mercier en 1894 —, Saussier, vice-président, jouait un rôle prépondérant. Le canon à tir rapide, le futur 75, que préparaient le commandant Deport et le général Deloye, l'inquiétait. Saussier avait fait toute sa carrière dans l'infanterie et un canon, pourvu qu'il fût robuste et d'un maniement simple, lui semblait suffisant. Et voilà qu'on lui proposait un engin compliqué, pas encore au point, qui consommerait des tonnes de munitions et dont on prévoyait qu'il coûterait très cher. Comment, dans de telles conditions, lui, Saussier, oserait-il demander au Parlement les crédits énormes que nécessiterait la fabrication de ce 75, alors que le canon à court recul, système Bange, beaucoup moins onéreux, venait à peine d'être mis en service ? Le général Saussier, toutefois, tenait compte de l'avis du général Deloye quand celui-ci affirmait que le 75 donnerait à la France un avantage décisif. A la rentrée d'octobre 1894, le Conseil supérieur de la guerre devait prendre une décision : que faire ? Saussier en parla à un ami, Maurice Weil, qu'il voyait beaucoup, à cause de sa séduisante épouse.

Si Schwarzkoppen, dans l'épopée du canon de 75, appartient à la catégorie des acteurs pathétiques, Weil est à ranger parmi celle des funestes. On a tout dit de cet ancien des SR de Samuel et de Campionnet, tout ! escroc, tricheur, espion, etc. Devant la Cour de cassation qui, en 1906, annulera l'ensemble des procédures engagées contre Alfred Dreyfus et le réhabilitera, les anciens du SR, dévasté par l'Affaire, diront : « Nous avions sur Weil un dossier haut comme cela » (capitaine Lauth), « Le cas de Weil... C'est une des grosses questions de l'Affaire » (lieutenant-colonel Picquart). En 1892, une note du SR s'alarmait de « l'amitié qu'avaient pour Weil de hautes personnalités », en clair : le général Saussier. A la même époque, l'auteur de *La France juive*, Drumont, dénonçait dans *La Libre Parole* : « ... un escroc juif, tout-puissant, nommé Weil... qui a ses grandes et ses petites entrées dans la Défense nationale. »

Un bordereau forgé à Metz sur du papier allemand

Weil avait donc pour femme une enjôleuse créature, superbe d'élégance, et qui tenait, à ses pieds attaché l'obèse, le frivole général Saussier. Il fut aisé au couple d'embobiner le futur généralissime ; on enverrait un ancien du SR de Campionnet, l'efflanqué, le famélique Esterhazy, à Schwarzkoppen ; il se laisserait questionner sur l'artillerie et on lui soufflerait les réponses ; ainsi, de visites en visites, l'on apprendrait l'état des recherches, à Waldersee, sur le canon à tir rapide. En août et septembre 1894, Weil soutira à Saussier des informations très confidentielles, mais Saussier se plaisait à penser qu'il favorisait, du même coup, la campagne d'intoxication du général Deloye. A partir des renseignements et des documents fournis par Esterhazy et que Schwarzkoppen envoyait à Berlin, le Nachrichtenburö, aguerri dans ces pratiques, était en mesure de forger un bordereau convaincant.

En 1899, lors du deuxième procès Dreyfus, devant le conseil de guerre de Rennes, le général Deloye s'écriera, pressé par une question de la défense :

— Oh, n'insistez pas ! N'insistez pas ! Voyez-vous, il y a dans ce bordereau des choses qui montrent que celui qui l'a écrit n'est pas un petit malheureux, que c'est un maître, un seigneur, qu'il était à la source.

Ce fut bien ce que l'on pensa, au SR de Berlin, en sautant sur les envois de Schwarzkoppen. Lui-même apprendra que l'on sortait alors les couteaux, à Berlin.

— On a discuté avec passion la question de savoir si Esterhazy a véritablement été un traître ou s'il n'était qu'un homme de confiance des officiers de l'état-major, du ministère de la Guerre ou du service des renseignements français, par conséquent un contre-espion.

Dans les services de la police secrète d'Etat, le commandant Müller était pris entre son SR et son CE (service du contre-espionnage) qui voulait éviter l'intoxication, vérifier les dénonciations de la Millescamps et démontrer au SR français que l'on avait démasqué son agent Esterhazy, donc éventé la manœuvre. Comment ? Ce fut le faux bordereau[23].

Le papier, on en avait de reste avec celui des notes d'Esterhazy ou bien l'on s'en procurerait : il était fabriqué en Allemagne. Le graphisme d'Esterhazy, banal, comme celui de Dreyfus auquel il ressemblait, facilitait l'imitation. Mais l'on se méfiait d'une main germanique, dressée à l'écriture gothique. Le contre-espionnage

23. Michel de Lombarès (*L'Affaire Dreyfus*, Lavauzelle, 1985) a exposé la thèse que nous soutenons ici. Nous pressentions depuis longtemps que l'Affaire n'était qu'un épisode, hors du commun, certes, mais un simple épisode de la guerre franco-allemande des SR ; dans ce conflit invisible mais violent, l'innocent Dreyfus avait été atteint, en quelque sorte, par une balle perdue. Cette « balle perdue », toutes les recherches nous le confirmaient, ne pouvait être que le bordereau, une manœuvre des services secrets allemands. Nous en étions là de notre conviction quand parut *L'Affaire Dreyfus* de Michel de Lombarès. Polytechnicien et artilleur, officier d'état-major, pendant vingt ans, promu à de hauts postes dans les secteurs scientifiques et industriels qui intéressent la Défense nationale, Michel de Lombarès a dirigé, par ailleurs, la réalisation de *L'Histoire de l'artillerie française* (Lavauzelle, 1984). Il n'a cessé d'approfondir sa thèse sur le bordereau forgé par les Allemands, depuis 1968, après qu'il l'eut exposée devant la Société d'histoire militaire, avant de la publier dans la *Revue de la Défense nationale*. Le général d'armée Schlesser, chef du contre-espionnage au SR, en 1939, Jean Fourastié, de l'Institut, le général de Cossé-Brissac, ancien chef du service historique de l'armée, et le colonel Henri Giscard d'Estaing, ancien du SR, ont toujours encouragé Michel de Lombarès dans son interprétation audacieuse parce que simple, et qui a le mérite éminent de se fonder sur des éléments vérifiables. Les chercheurs avaient tellement fouillé les documents, examinés par Michel de Lombarès, que tous, excepté Henri Guillemin, avaient perdu de vue l'essentiel : où, quand, comment et pourquoi le bordereau avait-il été introduit dans le circuit des services secrets pour arriver au SR du lieutenant-colonel Sandherr ?...

s'adressa au poste SR de Metz. Les agents lorrains, anciens Français, forgeraient le bordereau. Un agent l'emporterait à Paris où le document serait déposé dans la corbeille de Schwarzkoppen, à son insu. Si la Millescamps avait dit vrai, le document parviendrait alors au SR français par la « voie ordinaire ». Ce qui arriva. Les Allemands commirent une légère erreur. La Millescamps avait parlé de papiers déchirés, mais depuis les révélations qu'elle avait faites à von Süsskind, Schwarzkoppen, on l'a vu, déchiquetait menu les feuilles avant de les jeter dans la corbeille. L'homme du contre-espionnage allemand (son identité se révélera par la suite) ignorait ce détail quand il déposa le bordereau dans la corbeille.

Le 27 septembre 1894, le commandant Henry, rentré de vacances, dépouilla les cornets de Marie Bastian et sursauta : la voie ordinaire redevenait productive. Tout à sa découverte, il lui échappa que l'état du bordereau était anormal : la feuille n'était pas déchirée en entier, une déchirure dans la largeur, au tiers inférieur de la page, l'autre verticale mais incomplète, si bien qu'Henry n'eut qu'à déplier les morceaux qui se tenaient pour recoller l'ensemble et lire :

> « Sans nouvelles m'indiquant que vous désirez me voir, je vous adresse cependant, Monsieur, quelques renseignements intéressants :
>
> 1. Une note sur le frein hydraulique du 120 et la manière dont s'est conduite cette pièce ;
> 2. Une note sur les troupes de couverture (quelques modifications seront apportées par le nouveau plan) ;
> 3. Une note sur une modification aux formations de l'artillerie ;
> 4. Une note relative à Madagascar ;
> 5. Le projet de manuel de tir de l'artillerie de campagne (14 mars 1894).
>
> Ce dernier document est extrêmement difficile à se procurer et je ne puis l'avoir à ma disposition que très peu de jours. Le ministère de la Guerre en a envoyé un nombre fixe dans les corps, et ces corps en sont responsables. Chaque officier détenteur doit remettre le sien après les manœuvres. Si donc vous voulez y prendre ce qui vous intéresse et le tenir à ma disposition après, je le prendrai. A moins que vous ne vouliez que je le fasse copier *in extenso* et ne vous en adresse la copie. Je vais partir en manœuvres. »

Le mot n'était ni daté ni signé.

La suite, ce sera Dreyfus, criant son innocence, jugé et condamné sans preuves, envoyé croupir à l'île du Diable, le plus terrible des bagnes de Cayenne.

Il y avait eu pourtant les expertises en écriture. Après l'arrestation du capitaine Dreyfus, deux experts se prononcèrent ; à chaud. Gobert dit :

— La lettre pourrait être d'une personne autre que la personne incriminée.

Bertillon, lui, fut formel : c'était l'écriture de Dreyfus. Mais il ajoutait :

— Si l'on écarte l'hypothèse d'un document forgé avec le plus grand soin.

Trois nouveaux experts furent nommés : Teyssonnières, Charavay et Pelletier. Pour ce dernier, ce n'était pas Dreyfus ; selon les deux autres, il avait déguisé son écriture. Bertillon, après avoir réexaminé le bordereau, conclut à « une écriture forgée, par Dreyfus lui-même, sur un modèle de sa propre écriture ou de celle de son frère Mathieu, afin, s'il était arrêté, de pouvoir crier à la machination... ».

Finissons-en avec l'écriture du bordereau et les experts. Devant le conseil de guerre qui acquittera Esterhazy, le 11 janvier 1898, tous les experts s'accordaient : le bordereau n'était pas de l'écriture de l'accusé. Ceux de la Cour de cassation, en 1906, diront le contraire.

Dans son numéro d'avril 1975, le *Courrier du CNRS* publiait un article intitulé : « Approche analogique d'une expertise en écriture : un exemple concernant l'Affaire Dreyfus ». Nous passerons sur la démonstration scientifique pour en arriver à la conclusion. Jean-Marc Fournier, chercheur au CNRS, avait comparé au laser les écritures de Dreyfus, Esterhazy et du bordereau. Le résultat donnait les figures suivantes :

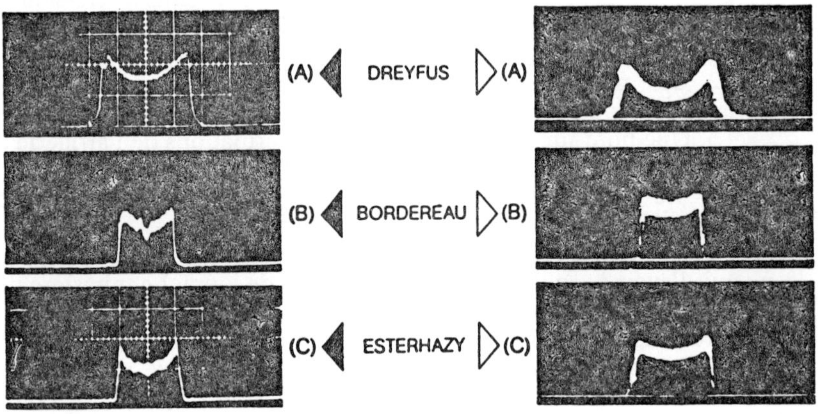

......

Dans *L'Enigme Esterhazy* Henri Guillemin écrit :

« Le bordereau est inintelligible, implaçable chronologiquement, irrecevable. »

« Implaçable chronologiquement », en effet, puisque Esterhazy a déjà livré à Schwarzkoppen les documents dont le bordereau annonce l'envoi (« je vous adresse »). « Inintelligible, irrecevable », puisque Schwarzkoppen, dans ses *Carnets posthumes* publiés en 1930, écrit : « ... Jamais il n'a été question entre nous... (Esterhazy et lui)... de cette pièce. »

Après la déportation de son frère à l'île du Diable, Mathieu Dreyfus, dans sa recherche du coupable, écarta pourtant « toutes les hypothèses se rapportant à un document forgé par un agent ». Au même moment, toutefois, il lui arrivait de penser :

« Ma raison se refusait à admettre que l'attaché militaire eût jeté négligemment, déchiré en quatre grands morceaux, un papier de cette importance dans une corbeille, surtout après l'affaire Millescamps survenue un an plus tôt et dont je connaissais tous les détails. »

Le 10 novembre 1896, *Le Matin* publia un fac-similé du bordereau. Le 15 du même mois, un certain Graillet essaya d'entrer en contact avec Mathieu Dreyfus. A la fin de décembre, Graillet fut reçu chez M. Hadamard, beau-père d'Alfred Dreyfus. M. Hadamard assista à l'entretien. Graillet se présenta comme un ancien du SR des colonels Vincent et Grisot. Dès qu'il avait vu le fac-similé du *Matin*, il s'était décidé — dit-il — à préparer un rapport à l'intention de son ancien chef, Grisot, devenu général. Et Graillet raconta à Mathieu Dreyfus une histoire, qui se révéla exacte par la suite, mais parut invraisemblable ce jour-là. Entre les mains d'un fonctionnaire allemand, un nommé Greber et qui lui était tout dévoué, il avait vu des documents d'une écriture identique à celle du bordereau, fournis par un officier français, après la condamnation de Dreyfus. Graillet assurait qu'il pouvait obtenir des photographies de ce document. Il était évident que Graillet en disait moins qu'il ne savait et cherchait à monnayer ce qu'il connaissait de l'affaire du bordereau lui-même.

Mathieu Dreyfus perdit vite confiance en Graillet ; trop vite. Il lui avait donné 300 francs pour aller à Bâle rencontrer le fonctionnaire Greber ; et Graillet était resté à Paris, Mathieu Dreyfus l'avait fait suivre. Par recoupements, il apparut que Graillet et Greber ne faisaient qu'un. Ancien du SR, dont il avait été chassé, il était passé au contre-espionnage allemand et ce fut lui que le poste de Metz avait chargé de porter le bordereau forgé à Paris. Il était compréhensible qu'avant de parler franc il eût pris quelques précautions.

Mathieu Dreyfus oublia bientôt Greber et ses secrets. En 1897-1898, l'Affaire Dreyfus, compliquée de l'affaire Picquart, faillit dégénérer en guerre civile. Le faux bordereau poursuivait son œuvre, à la stupéfaction de ses auteurs.

Le cri de l'attaché militaire Schwarzkoppen : « Dreyfus est innocent. Tout n'était que faux et mensonges ! »

Au vu du fac-simulé du *Matin*, le 10 novembre 1896, le SR allemand avait compris qu'il s'était fourvoyé : Esterhazy n'était pas, ou plus, du SR français. Un SR qui, passé la secousse Dreyfus, se portait bien ; pour le moins se l'imaginait-on, à Berlin, comme l'on croyait Schwarzkoppen redevenu un attaché militaire insoupçonnable. Lui-même en était persuadé. Après la carte-télégramme, le petit bleu qu'il avait adressé à Esterhazy, le 20 février 1896, leur relation s'était éteinte. Esterhazy ne livrait plus que des broutilles.

Schwarzkoppen ignorait qu'avec l'adoption du canon de 75 la « source » Saussier s'était tarie. Et il oubliait qu'avant d'aller poster le petit bleu il en avait dicté une première mouture, s'était ravisé, avait déchiré et jeté à la corbeille celui-là pour en écrire un autre.

Ce petit bleu original, on le sait, arriva par la « voie ordinaire » à laquelle le Nachrichtenburö ne s'intéressait ou ne croyait plus. Au 231, boulevard Saint-Germain, le capitaine Lauth le reconstitua, lut l'adresse du destinataire : « M. le commandant Esterhazy, 27, rue de la Bienfaisance, Paris », et alerta aussitôt son nouveau chef, le lieutenant-colonel Picquart, en lui disant, tout ému :

— C'est effrayant ! Est-ce qu'il y en aurait encore un ?

La chasse à l'espion Esterhazy se changea en traque du lieutenant-colonel Picquart ; et quelle traque ! Les arrêts au Mont-Valérien, la prison du Cherche-Midi, le correctionnelle, l'infamie ; quant à Schwarzkoppen, il n'en finirait plus avec l'affaire, malgré son départ définitif de Paris le 2 novembre 1897. Esterhazy avait surgi dans sa vie, une dernière fois, le 23 octobre, pour le supplier d'aller expliquer à Mme Dreyfus que son mari était coupable et qu'on l'accablait lui, pauvre misérable ! Schwarzkoppen le mit à la porte. Dès lors, ce fut comme s'il avait refermé pour toujours l'armoire aux secrets.

Rapatrié du front oriental pendant la Grande Guerre, où il commandait une division d'infanterie, dans la région de Mitau, le général Maximilian von Schwarzkoppen mourut le 8 janvier 1917. Agonisant, il soliloquait, en français, comme s'adressant à des juges :

— Dreyfus est innocent... il n'a jamais rien fait... Français, écoutez-moi ! Dreyfus est innocent ! Tout n'était que faux et mensonges !

Mais à son premier retour à Berlin où il prit le commandement du 2e régiment des grenadiers de la garde, Schwarzkoppen se tut. Il pouvait innocenter Dreyfus, Esterhazy, et il ne bougea pas. A l'acquittement d'Esterhazy, Picquart tomba et le vieux Münster lui écrivit, le 7 décembre 1898 :

« L'accusation en faux contre le malheureux Picquart repose avant tout sur le petit bleu. Si l'on pouvait prouver que le petit bleu émane réellement de vous et que c'est votre écriture, Picquart serait sauvé... »

Schwarzkoppen se déroba. Münster revint à la charge, le 19 décembre :

« Que le malheureux Picquart soit condamné ou acquitté dépend en partie de vous... Si vous vous refusiez à toute déclaration, si vous disiez sciemment une chose fausse, je ne l'estimerais pas conforme à l'honneur ; car vous n'avez pas le droit d'oublier qu'il s'agit de la liberté et de l'avenir d'un officier, dans lequel — qu'il soit français ou allemand — vous devez toujours voir un camarade... »

Schwarzkoppen répondit alors :

« Le malheureux capitaine Dreyfus m'est, en tant qu'officier et camarade, aussi proche que Picquart ; et, pour le premier non plus, rien n'a jamais été entrepris de notre part, afin de le sauver de sa triste situation ; là aussi, un intérêt supérieur de l'Etat interdisait toute intervention. »

Il révélera, par la suite, qu'il s'adressa, à plusieurs reprises, à von Bülow, aux Affaires étrangères, au prince von Hohenlohe, le chancelier, et surtout à von Schlieffen, son chef suprême, au grand état-major :

« Chaque fois, il me fut ordonné de n'intervenir en rien dans la marche de l'Affaire... Je me suis strictement conformé à ces ordres. »

Sans imiter la Grande-Bretagne, seul pays au monde à honorer ses espions, les autorités du Reich couvraient le Nachrichtenburö ; même, et surtout, après une opération aussi hasardeuse que le faux bordereau.

Le SR allemand, protégé de toute part, suivit de loin, comme le dreyfusard Guillaume II, les derniers rebondissements de l'Affaire. Malgré sa condamnation en correctionnelle pour avoir divulgué des secrets, le lieutenant-colonel Picquart l'emportait : on rejugerait Dreyfus au plus vite, en septembre 1899. Une affaire éclata alors, qui manqua, de justesse, provoquer des troubles graves et nous aliéner l'Italie.

Le 13 juin 1899, le commissaire Renucci, de Nice, arrêtait le général Giletta, comte di San Giuseppe, en train de relever des plans de fortifications, près de la frontière italienne. Le général dit au policier, pour toute défense :

— Je passais en touriste...

— Et les plans, là, ces notes sur les routes, sur les ponts ?

— J'ai la manie de prendre des notes, j'en fait des thèmes de conférence pour mes officiers.

— Vous avez déjà été arrêté en 1889...

— Ah ! cette année-là, j'étais en mission.

Le général Giletta, originaire de Nice, possédait une villa dans les Alpes-Maritimes. Le commissaire Renucci le faisait surveiller depuis quelque temps.

Le 15 juin, *Le Petit Niçois* annonça un vol de documents secrets postaux à Barcelonnette, en insinuant qu'il existait peut-être un lien entre ce vol et l'arrestation de Giletta. Le commissaire Renucci présenta le général au juge d'instruction. Les charges paraissaient suffisantes, le juge dut inculper Giletta de tentative d'espionnage et l'incarcérer. Il fit savoir au consul d'Italie à Nice, Simondetti, qu'« un accord entre les gouvernements serait le mieux ». L'ambassadeur d'Italie à Paris, Tornielli, télégraphia au marquis Visconti-Venosta, son ministre des Affaires étrangères :

> « Le général est d'une inconscience complète. Delcassé m'a fait dire qu'il examinait l'affaire avec ses collègues de la Guerre et de la

Justice. L'instruction sera close prochainement. Si une condamnation était à envisager, Delcassé proposerait la grâce. C'est la meilleure des solutions. Elle soulèvera de très vives protestations dans une importante partie de la presse. Il faut donc éviter qu'elle soit connue prématurément. »

Pour tout arranger, Paris était en crise ministérielle et le nouveau gouvernement Waldeck-Rousseau ne serait constitué que le 21, avec Delcassé toujours aux Affaires étrangères, c'était probable ; indispensable, selon Tornielli, sinon, dans la France batailleuse de l'Affaire, un Giletta, général-espion d'une des armées de la Triplice (Allemagne-Autriche-Italie), où cela mènerait-il ?

Le 18 juin, Visconti-Venosta s'impatienta : il fallait la liberté provisoire ; Tornielli lui répondit le même jour :

> « Le cas du général, avec la confiscation des dessins topographiques et des notes, n'est pas légalement aussi simple que semble le croire le général. La largeur des routes, la résistance et la dimension des ponts, par exemple, ne sont pas des indications dont on a besoin pour une excursion à bicyclette.
>
> Les ministres français les mieux intentionnés à notre égard se heurtent aux défiances d'une presse qui s'agite furieusement dans le sens nationaliste. Succédant à la mission, qu'avait accomplie Giletta en 1889, sa présente aventure fait l'effet d'une vantardise provocatrice. »

Le 19 juin, le juge d'instruction communiqua au consul Simondetti, à titre confidentiel, le rapport de l'état-major considérant que les notes prises par Giletta avaient « la plus haute importance ». Ni plus, ni moins, sans doute, que celles du général allemand von Rebnitz quand il avait examiné de près, dans les années 1880, le fort du ballon de Servance ; ou celles, en 1883, du capitaine Hepke, du 21e d'infanterie allemande, reconnaissant les lignes télégraphiques souterraines du fort Monodvillers. Après certaines interventions diplomatiques, ces affaires s'étaient terminées sans bruit. Giletta, lui, avait été arrêté par le commissaire Renucci, officier de police judiciaire ; la justice ne pouvait que suivre.

Le 20 juin, Visconti-Venosta télégraphia à Tornielli :

> « L'ambassadeur de France m'a fait comprendre que le gouvernement français aurait l'intention de faire prononcer le huis clos pour le procès Giletta. J'ai fait remarquer qu'en cas de condamnation le secret du procès produirait en Italie la pire impression, certainement nuisible aux bonnes relations des deux pays. Mais comme on ne peut mettre en doute que, selon l'engagement pris, la condamnation sera immédiatement suivie de la grâce, l'impression s'en trouvera atténuée. »

Le 26 juin, le général Giletta se présenta à l'audience en redingote noire, avec un chapeau de paille canotier, des souliers jaunes, un pantalon à damier noir et blanc. La presse grimaça ;

constituant « le public légal » au cours du huis clos, il lui était interdit de rendre compte du procès, mais ce que le chroniqueur judiciaire était tenu de taire pouvait toujours être dit par le service politique. L'avocat de Giletta, aussi léger que son client, soutint la version du touriste qui prend des notes, sans valeur militaire. Et le jugement tomba. Le tribunal établit que :

> « Depuis plusieurs années, le général est venu à Nice, dissimulant sa qualité, logeant dans des hôtels de second ordre pour écarter les soupçons. En mai et juin, il s'est consacré à une série de recherches intéressant la défense militaire des Alpes-Maritimes. Ses notes avaient un caractère exclusivement militaire. »

Pour infraction à la loi de 1886 sur l'espionnage, le général Giletta fut condamné à cinq ans d'emprisonnement, à 5 000 francs d'amende, à cinq ans de surveillance, ainsi qu'aux dépens. Le jugement était rendu en public, il y eut des applaudissements.

Le 27 juin, Tornielli, « douloureusement surpris de voir le général frappé du maximum de la peine », rassura Visconti-Venosta : Delcassé faisait de la grâce une affaire personnelle. Mais la grâce ne pouvait intervenir avant le délai légal de dix jours rendant le jugement irrévocable ; et Giletta, outré par sa condamnation, entendait profiter de ces dix jours pour faire appel. Autant dire qu'il prenait le risque d'un nouveau procès au cours duquel les nationalistes assimileraient au « traître juif » Dreyfus l'espion italien Giletta, encore un rastaquouère, mot à la mode dans les milieux racistes et xénophobes...

La presse gagnait alors à tout coup quand elle titrait sur l'espionnite. Elle s'interrogea, d'une encre perfide : Delcassé serait-il, par hasard, complice des Italiens et de leur agent mêlé à l'Affaire Dreyfus ? L'attaché militaire de l'ambassade à Paris, le colonel Alessandro Panizzardi, ami de Schwarzkoppen, était visé. En septembre de cette année 1899, le conseil de guerre de Rennes aurait à juger, une nouvelle fois, Dreyfus, rentré du bagne. En prévision, le capitaine Cuignet, ordonnance d'état-major de l'antidreyfusard Cavaignac, tenta de refaire le coup du pseudo-« dossier secret » qui avait si bien marché au premier procès. Dans une note, il imputa à Dreyfus l'affaire de l'obus Robin, pour laquelle Greiner avait été condamné à vingt ans de travaux forcés, l'affaire de la charge des obus à la mélinite, qui avait valu cinq ans de réclusion à l'archiviste Boutonnet, et les modifications dans l'affectation de l'artillerie lourde aux armées, renseignements qu'Esterhazy avait fournis à Schwarzkoppen...

Dans cette atmosphère électrisée, Giletta, avec ses velléités d'appel, pouvait s'attendre à un obscurcissement soudain du ciel azuréen qu'il apercevait de sa prison... Le 2 juillet, Visconti-Venosta télégraphiait à Tornielli :

> « Dans sa lettre au consul, le général laissait clairement entendre

qu'il est prêt à renoncer à l'appel si l'action diplomatique lui assure la grâce. Puisque la grâce nous a été promise dès que la sentence sera devenue définitive, j'ai fait inviter le général par le consul à s'abstenir de toute demande d'appel. »

Mais l'affaire deviendrait évidemment énorme si, en raison de l'expiration des délais, le général se trouvait privé du bénéfice de l'appel sans avoir le bénéfice de la grâce.

Et l'affaire Giletta faillit devenir « énorme ». Delcassé, pour obtenir la grâce, dut menacer de démissionner. Mais le 10 juillet, Tornielli annonçait à Rome :

— Delcassé m'informe que le général Giletta a passé la frontière sans incident. Le consul Simondetti fait savoir que jusqu'à Vintimille le général était accompagné par un fonctionnaire venu exprès de Paris.

Trois soldats français, arrêtés ce jour-là au-delà de la frontière italienne, furent relâchés le lendemain, cependant qu'en ce bel été Ludwig Windell repassait la sienne, de frontière, l'allemande, après un long séjour en France.

Ancien officier, lieutenant du 15e régiment d'infanterie prussienne, Windell était passé, en 1889, au Nachrichtenburö. On l'avait chargé d'enquêter sur des lettres anonymes qui salissaient la famille impériale. En quelques jours, il avait démasqué le coupable : c'était le frère de l'impératrice. Windell fut révoqué, c'est-à-dire que le SR du commandant Müller le mit en état d'exil actif. Arrivé en France en 1892, il se déplaça dans les lignes françaises, en uniforme de commandement, pendant toute la durée des grandes manœuvres. En 1893, il réussit une mission importante aux arsenaux de la marine, à Toulon. En 1896, il vola au ministère de la Guerre le plan des fortifications de la région parisienne, puis il se fit engager comme chauffeur du ministre et découvrit avec lui, au cours d'une inspection, les routes militaires des Alpes. Maintenant, Windell, un peu las de l'espionnage touristique, rentrait à la maison.

L'espionnite finirait-elle avec le siècle ?

De Galliffet « désinfecte » les services secrets

A la fin du mois de juillet, la Millescamps sortit de prison. Marie Bastian s'éclipsa alors de l'ambassade d'Allemagne et alla, sous un faux nom, se terrer à Marly-le-Roi.

Plutôt folle, bien sûr, mais toute en nerfs et sachant s'y prendre, Marie Bastian était une espèce de mère-courage des espions de la Revanche. Après sa brève retraite de Marly, elle reprendra ses activités pour le compte du SR, mènera jusqu'en 1914, jusqu'à l'usure, la vie d'une de ces souillons de l'Histoire qui, parfois, en vidant des corbeilles, contribuent à en changer le cours.

Le général de Galliffet, lui, pesa, en fait d'Histoire, sur celle des services secrets. Lors de son ministère, à la Guerre, il entreprit de les « désinfecter ».

Le 24 avril 1899, le SR, placé sous la dépendance directe du chef du 2e Bureau de l'état-major, fut amputé du contre-espionnage, qui passa à la Sûreté générale du ministère de l'Intérieur ; et les officiers du SR furent interdits de missions à l'étranger ; pour les recherches extérieures, ils seraient obligés de s'en remettre aux agents de la Sûreté générale. En septembre, le 19, Dreyfus fut libéré le 21, de Galliffet lança à l'armée sa célèbre formule : « L'incident est clos. » Et le SR déclara la guerre au contre-espionnage.

Le nouveau service avait été confié au commissaire Tomps, un ancien du SR où l'on se souvenait de sa chasse aux anti-dreyfusards de l'état-major. Le SR se procura des photos compromettantes pour le chef du contre-espionnage, les communiqua à un député. A la chambre, Waldeck-Rousseau président du Conseil l'ayant contredit, de Galliffet démissionna. Mais sa réforme s'inscrivait déjà dans les faits. Le capitaine Rollin, sabré par de Galliffet comme la plupart de ses camarades du SR, écrira, en 1908, devenu lieutenant-colonel et théoricien de l'espionnage :

« On ne peut que regretter la dualité actuelle qui existe entre les deux services. L'espionnage et le contre-espionnage, partagés entre le ministère de la Guerre et la Direction générale. La Direction générale des recherches doit, en tout cas, appartenir aux officiers qui sont seuls compétents pour l'orientation à leur donner et l'appréciation des résultats obtenus. »

Cette conception du renseignement, en gants blancs et casoar, avait vécu. Mais la guerre des militaires du SR contre les civils de la Sûreté générale dura plusieurs années. Un miraculé de la purge du SR intervint alors et imposa, au moins, une longue trêve afin que, selon son expression « la France fût servie ». Il s'appelait Charles-Edouard Dupont ; le colonel Dupont. Nous allons raconter maintenant les très fortes heures et les moins bons jours que lui valurent ses clairvoyances.

II

LE COLONEL DUPONT, ORGANISATEUR DES INVISIBLES

Le regard vague derrière son lorgnon — Ce que le 2e Bureau savait de Krupp — Mission à haut risque en Allemagne — Le boulanger, stratège des lacs Mazures — La trahison du Vengeur — Les révélations de l'ambassadeur Paléologue — L'empereur et le clochard — Pétain enquête sur un secret d'Etat — Cinq années passionnantes avec Célestin Hennion et les brigades du Tigre — La section III B épingle le capitaine Lux — Des lettres au cure-dent et au jus de citron — Charles de Foucauld, espion juif — La bataille du Maroc commence à Essen — Le Laperrine en robe de bure — L'oublié de Glatz compte jusqu'à 2 190 — Une évasion par - 18 °C — « Ils passeront par la Belgique. » — Le plan Schlieffen reconstitué — La Belgique pas si neutre que ça — « N'attaquez pas, sinon l'Angleterre nous déclarera la guerre ! » — Dupont évoque les réservistes allemands et offre sa démission, Joffre la refuse — Les secrets de la bataille de la Marne — L'incroyable télégramme de Foch.

Le regard vague derrière son lorgnon

De haute stature et corpulent, le colonel Dupont travaillait beaucoup en marchant. Le parquet craquait sous ses pas quand il arpentait son bureau, en tirant sur sa bouffarde. L'œil vague derrière son lorgnon, la moustache dressée, il supputait, imaginait et voyait juste, presque toujours.

Le général Ignatieff, ancien attaché militaire russe au GQG de 1914, dit de lui : « ... Cet officier d'artillerie était un de meilleurs et des plus qualifiés officiers de l'état-major français. "Il savait lire", ce qui n'était pas donné à tout le monde, réfléchissait beaucoup, écrivait peu mais d'une façon brève et claire qui reflétait une pensée ordonnée, résultat d'une longue méditation. »

De sa sortie de l'Ecole de guerre, en 1897, à sa dernière mission en Pologne, dans les années 20, le polytechnicien Dupont s'occupera du renseignement, dirigera le 2e Bureau, de 1913 à 1917, et se souciera peu de devenir le personnage de légende dont il avait, pourtant, tous les attributs, y compris le courage au feu. Alors que les acteurs les plus illustres de 14-18 et tant d'autres, moins vraisemblables, livraient comptes-rendus et souvenirs au public, qui en redemandait, Dupont, lui, devenu général, rédigeait, entre 1920 et 1926, des Mémoires insolites. Il n'y traitait que de faits vérifiables et laissait toute latitude à sa descendance pour publier son manuscrit ; mais trente ans après sa mort !

La chance, qui aide l'investigateur quand il sait la solliciter, nous a permis de retrouver le témoignage du patron, trop modeste et souvent visionnaire, du 2e Bureau de Joffre[1]. Le grand front, le monocle, la pipe et la moustache de l'imposant colonel Dupont se profilent derrière nombre de pages que nous consacrons aux invisibles[2] de la Grande Guerre, ces méconnus dont il fut l'organisateur.

La Grande Guerre !... Dès les années 1890, les futurs belligérants n'ignoraient plus ce nom mythique qu'une humanité suicidaire et hébétée donnerait au premier génocide du XXe siècle. Tout le reste ils le pressentaient, car cette guerre était attendue. Quand

1. Mémoires du général Dupont inédits jusqu'à ce jour. Ils ont été aimablement confiés à l'auteur par son fils, l'ancien doyen de l'Assemblée nationale, Edouard Frédéric-Dupont.

2. A partir des années 20, une association appelée « Les Invisibles » regroupa les anciens du SR et du CE de 14-18. L'ancien président du Sénat, M. Alain Poher, en assurait encore la présidence d'honneur, dans les années 70.

ils se rencontraient sur le continent, les étudiants anglais et allemands en discutaient comme de la plus palpitante des perspectives d'avenir. Dans la Kriegsmarine, il était de mode, chez les officiers, de porter des toasts à « der Tag » (le jour), et depuis 1891, l'association progermanique Alldeutsche Verband avait pour mot d'ordre : « Le monde appartient aux Allemands. »

Ce que le 2e Bureau savait de Krupp

En 1897, Dupont, qui était sorti capitaine de l'Ecole de guerre et avait été affecté au 2e Bureau, put examiner de près certaines causes du cataclysme inévitable. Artilleur, il avait été chargé de suivre l'évolution de cette arme chez les Allemands. Il note :

« C'était l'époque où toutes les armées transformaient leur artillerie. »

En France, le canon de 75 était au point, mais au ministère de la Guerre on craignait Krupp : quelle réponse allait sortir des usines d'Essen ? Dupont apprit que le nouveau matériel allemand, malgré des modifications inspirées d'un canon français[3], ressemblerait au précédent. Selon des renseignements ultérieurs, le canon Krupp « modèle 96 » présentait même des défectuosités. « L'état-major allemand a accusé l'entourage de l'empereur d'être à l'origine de ce choix. » Seuls, quelques initiés pouvaient interpréter cette remarque de Dupont comme un indice de l'emprise, toujours plus forte de Fritz Krupp, sur le Kaiser et le Reich.

Le canon « modèle 96 » avait coûté aux finances de l'Empire 140 millions de marks et les usines d'Essen finissaient à peine leur livraison que Schneider, du Creusot, lançait la fabrication en série du 75. L'opération-mystère du général Deloye allait dépasser son objectif : les ingénieurs de Krupp mettraient des années à copier le canon révolutionnaire, sans réussir à égaler l'original[4]. Dupont lui-même s'en étonna :

— Je me suis toujours demandé comment les Allemands n'avaient pu découvrir les détails de la fabrication de notre 75.

En fait, à l'apparition de ce merveilleux canon, l'état-major de Waldersee s'était affolé. Fritz Krupp était alors accouru et avait rassuré tout le monde : ses laboratoires achevaient le réglage d'un canon à recul à cylindre qui ne bougeait pas davantage que le 75. Les officiers supérieurs avaient bien voulu le croire sur parole et le prix de la nouveauté, 200 millions de marks, avait été accepté par Guillaume II. Il n'avait pas le choix ; son armurier Fritz Krupp était désormais le maître.

En effet depuis la mort, en 1888, de son père, le grand Alfred

---

3-4. Voir chapitre I, « Poker menteur autour du canon de 75 ».

Krupp, il n'avait cessé de se montrer plus grand, toujours plus grand. En sept ans, sa fortune s'était accrue de 68 millions de marks, son revenu personnel avait triplé et il était le plus gros contribuable de l'Empire. A Essen, il avait tout modernisé ; des presses à forger remplaçaient les marteaux-pilons, un équipement électrique avait fait disparaître les grues à courroies de transmission et cinq usines à convertisseurs Martin tournaient en permanence, chacune plus grande que l'ancestrale Gusstahlfabrik et ses hauts fourneaux désuets. En dehors d'Essen, Fritz possédait 3 aciéries, Grousonwerk, Rheinhausen et Annen, 4 forges et 3 mines de charbon inépuisables, Hannover I et II, Sülzer et Neuack, 547 gisements de minerai et le champ de tir de Meppen, près d'Osnabrück, dans la province de Hanovre. Celui-ci avait 17 kilomètres de long, 5 kilomètres de large, plus 7 kilomètres de bois inhabités au-delà : c'était le plus grand terrain d'essai du monde. L'artillerie de l'armée prussienne y accédait, quelquefois, par faveur spéciale.

A l'intérieur de la ville d'Essen, 50 hectares bâtis appartenaient à la famille Krupp. On y trouvait : une usine électrique, une à vapeur, une autre à faire du coke, avec 281 fours. Aux ateliers de forge, de recuit, de trempe, de puddlage, de ressorts, de chaudronnerie, il fallait ajouter les usines à gaz et de distribution d'eau, les fours, les fonderies, les laboratoires de chimie. Essen traitait, par an, 1 250 000 tonnes de minerai et produisait 320 000 tonnes d'acier. Tout ce dont avaient besoin les 43 000 habitants, les Kruppianer, des écoles aux boulangeries et aux postes, tout, sans parler des églises, portait la mention : Propriété personnelle de Krupp.

Dès la mort de son père qui l'aimait à sa façon, en le tyrannisant, Fritz ne fit plus que passer par Essen, pour donner l'impulsion et cueillir les brevets que les inventeurs lui tendaient. Rudolf Diesel se présenta en 1893 et son premier moteur de 32 chevaux sortit en 1897. Hiram Maxim vint avec ses fusils automatiques, Alfred Bernhard Nobel avec sa balistite, une poudre à canon sans fumée. A l'aide de cette poudre les fusils Maxim se montrèrent plus rapides, les canons plus longs, plus meurtriers. Et ce fut grâce à elle que Fritz Krupp régla un problème de pouvoir qui opposait depuis plus de vingt-cinq ans les Krupp aux officiers généraux de Waldersee, la caste militaire des junkers.

Après la disgrâce de Bismarck, en 1890, Guillaume II avait prétendu gouverner seul. Il s'était brouillé avec Krupp à cause de sa nouvelle politique sociale, prétendue plus humaine, et avec son état-major qui voulait en revenir aux canons de bronze. Il avait renvoyé le général von Verdy du Vernois, son ministre de la Guerre, à peine nommé, parce que celui-ci avait, une fois de plus, choisi le bronze, au nom du haut commandement. Mais finalement il avait convoqué Krupp et l'avait prié de formuler ses plaintes. Fritz, le sournois, avait répondu : « J'en ai beaucoup. » Et après avoir énuméré les marques de dédain de Waldersee à son égard, il avait sorti de sa poche les plans d'une pièce à tir rapide utilisant la balistite de

Nobel. Eh bien ! Sa Majesté le croirait-elle ? L'état-major n'avait pas condescendu à les consulter, alors ?

Le lendemain resta dans l'histoire de la caste militaire prussienne comme le Vendredi noir, ainsi que l'appelleront les junkers. Guillaume II les avait convoqués, fait mettre au garde-à-vous et traités de bureaucrates, avant de les sommer d'adopter la nouvelle arme à tir rapide. L'état-major devait, en outre, assister à tous les essais de Meppen et rester à l'écoute, sinon aux ordres, de la Firma d'Essen. Fritz fut nommé conseiller privé, eut droit au titre d'Exzellenz et aux visites de plus en plus fréquentes du Kaiser que les bombardements de Meppen enivrèrent. Dans le même temps ses revenus annuels passaient de 7 millions de marks à 21 millions, et la production de la Firma à Berlin de 33 % à 67 %. Guillaume II proclamait sans cesse : « Notre Reich allemand repose sur une unique pierre angulaire inébranlable, l'armée ! » Fritz Krupp, fournisseur officiel de cette armée et conseiller très écouté de son chef suprême, avait quelques raisons de se croire tout-puissant.

Dans ces années 1897, au moment où Dupont, au 2e Bureau, avait des vues de plus en plus précises sur ce qui se passait à Essen, Fritz avait vendu à Saint-Pétersbourg, à Vienne, à Rome, pour ne parler que de l'Europe, 40 000 canons en une décennie. La concurrence était âpre, pourtant. Basil Zaharoff, alors qu'il s'apprêtait à monter son propre trust, raflait encore pour le compte de la Vickers et au détriment de Krupp des budgets d'armement en Turquie, au Portugal ou en Italie, autant de fiefs de Krupp. Les procédés du futur Sir Zaharoff étaient aussi divers qu'inattendus. Dans les années 1890, au moment de la guerre de Cuba, Zaharoff avait fourni aux insurgés des canons Krupp puis, s'entendant avec les Espagnols qu'il soudoyait, il leur avait livré les Cubains, démontrant ainsi à Alphonse XII l'infériorité de l'armement allemand. Fritz prit sa revanche, plus tard, sur Schneider, au Brésil ; il sabota sa présentation du 75, en faisant incendier le hangar où l'on cachait le canon et en prétendant ensuite que cette arme nouvelle explosait souvent. Ces coups bas, considérés comme une des règles du commerce, laissaient indifférents les gros de l'armement. Ils s'entendaient, si nécessaire, pour définir une stratégie d'ensemble.

Toujours en ces années 1897, tandis que Dupont observait la transformation des artilleries comme un présage, deux procédés de base pour cémenter le blindage firent l'objet d'un accord. L'un d'eux appartenait à Krupp, l'autre à un américain, Hervey. Une société écran, la Harvey United Steel Company, présidée par Albert Vickers, permit l'échange des brevets, et Krupp, Vickers, Armstrong, Schneider, Carnegie et Bethlehem Steel mirent en commun leurs renseignements sur l'amélioration des techniques de cémentation. Krupp toucha 45 % de droits sur la production de chaque tonne de blindage de coke. Plus tard, en 1902, Krupp et Vickers conclurent un second accord. Les meilleures fusées se fabriquaient à Essen et elles perçaient tous les blindages. Vickers voulut en faire profiter ses clients. Krupp lui fournit les plans des fusées et Vickers s'engagea à marquer chaque obus aux lettres du brevet KPZ et à verser à Essen 1 shilling 3 pence par obus tiré. L'accord fut renouvelé en 1904 ; c'est ainsi que pendant la Grande Guerre on estima chez Krupp que Vickers devait à la Firma 60 marks par soldat allemand tué. Nous verrons dans l'affaire du Maroc le rôle de Krupp, Thyssen et Schneider. Mais ces arrangements vertigineux dans les ombres du monde ne relevaient pas de la compétence du 2e Bureau, quoi qu'ait pu en surprendre Dupont en accomplissant sa mission.

> — Nous savions de jour en jour les progrès allemands dans les questions de l'artillerie lourde ; pas un règlement, même le plus secret, pas une pièce nouvelle ne sont demeurés ignorés du 2e Bureau au cours de ces années. La seule chose que l'on puisse reprocher à l'état-major français est de ne pas avoir eu des précisions sur la pièce de 420 millimètres, mais aucune n'était en service au moment de la guerre. La première est sortie de l'usine allemande pour être envoyée directement au siège de Liège. Nous soupçonnions seulement son existence.

Il s'agit de la Grosse Bertha. En 1888 déjà, le SR, toujours très informé sur les activités d'Essen, reçut d'un de ses agents dans la place un document qui fut classé sans que le comité d'artillerie de la place Saint-Thomas-d'Aquin eût levé un cil. Le document livrait les données et la solution d'un problème de théorie pure ; un ingénieur d'Essen avait effectué les calculs qui permettraient à une pièce de tirer jusqu'à 268 kilomètres. La chose était possible, en effet, mais qui mettrait au point un tel canon ? Il s'appelait Fritz Rausenberger et était le principal ingénieur de l'artillerie chez Krupp.

Au début de 1914, à Meppen, le Kaiser assista aux essais d'un mortier Skoda de 305 millimètres. Ayant constaté les effets terrifiants de ce premier modèle, Guillaume II attendait avec impatience les tirs de la vraie Bertha de 420 millimètres, prévus pour le 1er juillet. Au lieu de Meppen, ce furent les fortifications de Liège qui essuyèrent le feu d'une dizaine de 420. Dans la fureur des premiers jours du conflit, Rausenberger avait résolu comme il l'avait pu le problème avec lequel il était aux prises depuis des années : le transport de ces mastodontes de 98 tonnes. Le sort de la grande offensive, selon les lois sacrées du plan Schlieffen, en dépendait. Avec leur blindage et leurs canons de 210 millimètres, œuvres d'Alfred Krupp vers 1880, les forts de Liège résistaient, retardant la marche de l'armée tout entière. Du 8 au 12 août, par trains, par camions, avec des chevaux et des hommes en masse, on fit avancer les Bertha. Dès que la première fut à portée des forts, c'est-à-dire à 15 kilomètres, ses deux cents servants la mirent en position. Ils étaient vêtus d'uniformes spéciaux rembourrés pour protéger leurs organes vitaux du souffle de la déflagration. Ils s'allongèrent à

300 mètres de l'obusier formidable. A 18 h 40, ce 12 août, à l'ordre « Feu ! », un interrupteur électrique déclencha le tir. L'obus, pesant 1 tonne, partit avec une puissance initiale égale à celle de cinq trains express, de 250 tonnes chacun, lancés à une vitesse de 100 km/h.

Après une course de soixante secondes, le projectile pulvérisa le fort Pontisse ; béton, acier et chairs humaines sautèrent à 300 mètres en l'air. L'obus pouvait pénétrer 1,80 mètre de terre, puis 3 mètres de béton, un mur de 7,50 mètres, enfin, avant d'exploser. Les autres Bertha entrèrent, une à une, en action et au bout de quarante-huit heures il ne restait des fortifications de Liège que 50 kilomètres de réduits en ruine, emplis des gaz de TNT. Le bruit des obus avait fait perdre la raison à de nombreux rescapés des forts. Célestin Demblon, député de Liège, décrit ainsi la Bertha quand il la vit déboucher sur la place Saint-Pierre :

> — Au milieu des soldats allemands, une pièce d'artillerie si colossale que nous n'en pouvions croire nos yeux. Les soldats l'accompagnaient roidement, avec une solennité presque religieuse. Le Bélial des canons !
>
> « Effroyable fut la détonation ! Les curieux avaient été refoulés ; le sol fut secoué comme par un tremblement de terre et toutes les vitres du voisinage volèrent en éclats !

Les Pariskanonen qui bombardèrent Paris, en 1918, eux, étaient très différents. Les obus de ces canons effilés pesaient 200 ou 230 livres et leur calibre était de 21 centimètres, la moitié de celui des Bertha. Pour ce long tube qui ne ressemblait en rien au Bélial de Liège, Rausenberger avait réussi, en 1914, à déterminer une portée de 50 kilomètres. Après quarante et un mois d'essais, il parvint à 150 kilomètres. Les canons en position autour de Laon se trouvaient à 123 kilomètres au nord-ouest de Paris. Le premier obus éclata au milieu de la place de la République. William Manchester, auteur d'un livre exhaustif sur les Krupp[5], écrit : « Cette arme secrète devait susciter autant de passions et d'admiration que les premières armes nucléaires, trois décennies plus tard. » Sauf dans l'état-major français. Et Dupont remarque à ce sujet :

> — Je n'ai jamais entendu les techniciens de l'armée protester avec véhémence contre l'absence d'artillerie lourde. Pourquoi n'avions-nous pas d'artillerie lourde malgré tous les renseignements que le 2e Bureau avait fournis ? Tout simplement parce que certains artilleurs français, confiants dans la supériorité manifeste du canon de 75, le croyaient apte à toutes les besognes. On ne pensait pas, d'ailleurs, devoir faire une guerre de position, mais une guerre de mouvement.

---

5. *Les armes des Krupp*, William Manchester, Robert Laffont et Club français du livre, 1970.

Cette erreur-là, tous les états-majors la commirent à l'époque. Celui du tsar se singularisa même par son aveuglement stratégique.

Ainsi en 1899, après les obsèques de Félix Faure, la délégation militaire russe, qui n'était peut-être pas venue pour cette seule circonstance, se rendit-elle à une conférence d'état-major. Le général Salohub y réaffirma ce que tous les officiers supérieurs des armées tsaristes considéraient comme un dogme ; les Allemands tenteraient de les écraser d'abord et à cette offensive participeraient des corps très nombreux parmi lesquels le général Salohub, sûr de son fait, cita la garde et l'armée saxonnes, sous le commandement du roi en personne. On lui rétorqua que l'Allemagne porterait probablement ses coups ailleurs pour obtenir, au plus vite, des résultats décisifs. Salohub demanda des preuves, les Français furent obligés de se taire.

Mission à haut risque en Allemagne

Depuis l'alliance franco-russe de 1896, les concertations militaires se terminaient toujours ainsi. Et Dupont continua de chercher. La tâche de convaincre les Russes, grâce à des renseignements irréfutables, lui avait été dévolue au SR où il ne cachait pas sa certitude ; la France subirait la première attaque. Il était d'autant plus formel que tous ses informateurs abondaient dans son sens. Mais comment rassurer le tsar ?

Il s'acharna quatre années durant, jusqu'à ce jour de l'été 1903 où il lut dans une gazette de Dresde que les pionniers saxons étaient partis pour la Prusse-Orientale. Cet entrefilet fut pour lui comme une illumination. Il se souvint des Mémoires de Frédéric II. L'importance stratégique de la Prusse-Orientale dans une guerre contre la Russie y était démontrée avec minutie. Il devina aussitôt quelle organisation défensive l'adversaire mettait en place. S'il parvenait à la définir en détail, il tiendrait la preuve que Guillaume II bondirait d'abord sur la France. Et Dupont, alors commandant, décida d'aller voir lui-même. A cette époque il n'était pas rare qu'un gradé du ministère se changeât, faute de moyens et de structures, en détective privé.

Il circonvint son chef d'état-major en lui représentant qu'il serait utile de déterminer comment les troupes allemandes seraient déplacées d'une frontière à l'autre. Et afin de dénombrer les lignes de transport, il se proposait d'inspecter le point, entre Thorn et Dantzig, où les voies ferrées traversent la Vistule. Il repérerait ensuite les zones de débarquement, l'aménagement de leurs quais. Les supérieurs de Dupont savaient, aussi bien que lui, qu'il suffirait pour cette mission de prendre un train, de faire semblant de se tromper dans les gares et d'inspecter les quais. A l'aide de guides de voyage et de notes codées, on pouvait consigner les indications sans danger.

L'état-major accorda donc une permission de trente jours et 900 francs de frais de voyage, non sans appréhension cependant. Les Allemands exerçaient un contrôle très strict des officiers français qui s'aventuraient sur leur territoire. Ils se montreraient plus vigilants encore vis-à-vis d'un homme du SR. Cela, Dupont en était conscient, et qu'à parcourir la campagne, à rôder autour de places fortes, sans cartes pour s'orienter, en plus, il risquait gros. Mais il était décidé ! Il dédaigna même de changer d'état civil, à l'inverse d'autres officiers qui avaient franchi le Rhin pour des missions moins exposées. L'anonymat lui paraissait une parade dérisoire au regard des périls, qu'il avait tous mesurés, à l'exception cependant de la puissance tentaculaire de la section III B, au grand état-major de Berlin, spécialisée dans le contre-espionnage.

Le 6 juillet 1903 il arriva à Berlin, après un arrêt à Cologne pour vérifier l'état d'avancement de certains travaux de chemin de fer. Le 7, il déclara à la Place qu'il allait séjourner quelques jours dans la capitale pour voir les musées, les monuments, puis qu'il irait à Dantzig. Il acheta ensuite dans une librairie la monographie des villes qui l'intéressaient. C'est alors que la section III B entra en action : elle mit sous surveillance cet espion tranquille qui allait, la pipe aux lèvres et le monocle fureteur, sans se douter de rien...

Le 9 au soir, après deux jours de flânerie, Dupont changea d'attitude. Il paya, à l'improviste, la chambre d'hôtel qu'il avait retenue pour un temps plus long et prit un train de nuit. Le lendemain, la police de Dantzig allerta la section III B ; elle attendait toujours le suspect qu'on lui avait signalé. Elle pouvait attendre. Pendant trois jours, Dupont se donna du bon temps ; à sa manière. Il reconnut toute la ligne de la Vistule, examina ensuite les travaux d'une tête de pont, près de Bamberg, s'arrêta à Culm, une petite place qui ne manquait pas de signification. Il passa la nuit à Bamberg. Ses automatismes de clandestin jouèrent ; il arriva tard à l'hôpital, posta sa déclaration à l'autorité militaire après la dernière levée.

Le 11 juillet, les sites militaires de Bamberg répertoriés, il visita Graudenz, place forte d'importance, et ses abords, les voies ferrées, les ponts. Tout à son examen des fortifications, il emprunta un chemin interdit. Quand il en sortit, une sentinelle l'arrêta, lui demanda pourquoi il se trouvait là. Mais le factionnaire, s'avisant qu'il aurait dû remarquer plus tôt cet intrus et se sentant fautif, le laissa passer.

A Marienburg, autre place forte qu'il convenait de détailler, Dupont, pour se justifier en cas d'arrestation, avait sous le bras un guide où l'on expliquait la richesse historique et artistique du château des chevaliers teutoniques. Le soir, son hôtelier l'aborda et le convia pour le souper. Lui et sa fille, qui parlait un peu notre langue, étaient fiers d'avoir à leur table un officier français. Le commandant se délecta d'écrevisses et ne dit pas non à une vieille eau-de-vie sortie en son honneur.

Le 13 juillet, il passa enfin par Dantzig où il s'empressa d'aller sonner chez un notable qu'on lui avait recommandé pour son affabilité et son bateau. Ce bourgeois, que cette visite impromptue ravit, embarqua son hôte qui flatta sa vanité de navigateur, s'extasia sur les travaux de la rade et en retint, acrobate mental, les caractéristiques. Le lendemain, il explora les zones militaires de la ville et puis, léger, fêta le 14 juillet au consulat où un Grec chanta toute la nuit *La Marseillaise.*

Le 15, il arriva à Königsberg et alla se déclarer à l'état-major du corps d'armée. Au colonel qui s'étonnait de sa présence en Prusse-Orientale, Dupont déclara qu'il projetait d'écrire un livre sur la retraite de la Grande Armée, et qu'il voulait « sentir » le pays qu'elle avait traversé en 1812. Ce qu'il sentait davantage, à ce moment-là, c'était son manque d'information sur les ouvrages de défense, tant vantés, de la région. Par bonheur, il dénicha dans une librairie une brochure technique sur les lacs Mazures dans laquelle étaient indiquées les interdictions de passage pour raisons militaires.

Le 17, il fila sur Eylau, parcourut le champ minuscule pour une si grande bataille de Napoléon. Il noircit un carnet de notes, par précaution. Mais le lendemain il n'en prit aucune quand, quittant son hôtel à 5 heures du matin, il pénétra dans la zone interdite. Il circula, tout fou, dans les landes, dans la forêt où il interrogea un bûcheron et sa famille. Il jubila à la vue des batteries, des tourelles dont il alla mesurer l'épaisseur, après avoir franchi des fils de fer. Il retint tout par cœur, se fixa des repères en griffonnant quelques chiffres. Quelle matinée ! Mais les émotions fortes étaient encore à venir.

Aux confins de la zone militaire, à Rodezany, il prit la seule chambre qui restait, dans un hôtel recommandé par les guides et que par suite les touristes envahissaient. L'hôtelier, débordé sans doute, oublia de lui faire signer la fiche. Dupont nota ce détail : on ne badinait pourtant pas avec la discipline, en Allemagne, fût-elle hôtelière. Il avala à la hâte un déjeuner dans une salle à manger surpeuplée et courut, comme à un rendez-vous, repérer une bifurcation ferroviaire stratégique. Là il tomba en arrêt devant des travaux récents. Il envisagea alors de louer un bateau, se renseigna et, au moment où il sortait du bureau de location, s'aperçut qu'un gendarme le suivait. Il se dirigea alors vers son hôtel. Sur le perron, le gendarme le prit par le bras et lui demanda avec rudesse : « Etes-vous un sujet prussien ? » Dupont répliqua : « Je suis officier français. » Garde-à-vous claquant du gendarme qui lui réclama néanmoins ses papiers, lesquels ne portaient pas, à son gré, assez de « stampa » (dc cachcts). Cc facc-à-face avait provoqué un attroupement, et pour en avoir le cœur net le gendarme conduisit à l'hôtel celui qu'il soupçonnait déjà de contrevenir à plus d'une règle. Une fois à l'intérieur, il constata que l'hôtelier, lui aussi, n'avait pas respecté la loi, par négligence : la fiche d'arrivée n'était pas signée. Volte-face hargneuse du gendarme : « Pourquoi ne vous êtes-vous pas déclaré à l'autorité militaire ? » Dupont : « Il n'y a pas de garnison ! » Alors le gendarme, outré : « La garnison c'est moi ! »

Et voilà qu'un des garçons du restaurant s'en mêla, excita le feldgrau : « Vous devez prévenir le Kriegsdirector (le sous-préfet) d'Alleintein, c'est lui qui fait visiter le pays. »

Le sous-préfet, alerté, accourut. Il était correct mais raide. Il y alla, comme le gendarme, d'un garde-à-vous quand il apprit la qualité de Dupont, mais lui fit remarquer qu'il avait commis une double faute : pas de signature de la fiche, pas de déclaration à la gendarmerie. Il regarda ensuite la photographie de la pièce d'identité, couverte, celle-là, de cachets, et dit : « Voilà qui est bien. » Avant d'ajouter : « Dites-moi franchement ce que vous faites ici. » Dupont débita son boniment sur le livre qu'il préparait et révéla qu'il avait l'intention de naviguer sur les lacs : « Ils sont si pittoresques ! » Le sous-préfet se détendait un peu, le gendarme pas du tout. Il fixait la sacoche d'officier que la section III B, quand elle lancera son ordre d'arrestation, désignera comme « devant être examinée immédiatement ». Mais à Berlin, le service du contre-espionnage en était encore à chercher la trace de sa proie, plus ou moins perdue depuis Dantzig...

Au regard insistant du gendarme, Dupont comprit qu'il devait, au moins, faire semblant d'ouvrir la sacoche. Mais le sous-préfet, d'un geste magnanime, l'en empêcha. Sans ce fonctionnaire qui voulait se montrer homme du monde, Dupont était perdu : ses notes l'auraient compromis. Le sous-préfet, en veine de civilités, s'excusa même de son français défectueux : « J'ai appris quelques mots pendant la campagne de France comme officier prussien. » Répondant en allemand et pour amadouer le gendarme, qui ne désarmait pas, Dupont annonça : « Je vais partir demain par le bateau de 6 heures, j'ai mon billet, vous avez tout le temps de téléphoner à Königsberg pour vérifier mes dires et recevoir des ordres. » S'il avait su qu'à Königsberg, en ce 19 juillet, on s'efforçait de reconstituer son parcours afin de le communiquer à Berlin dans les plus brefs délais !

Le boulanger, stratège des lacs Mazures

Tout au long de son périple, le commandant Dupont fut comme protégé par on ne sait quel ange ; un ange qui se matérialisa, en quelque sorte, sous les apparences paternelles et disertes d'un boulanger, à bord du bateau de 6 heures. La traversée s'annonçait déplaisante. Un gendarme, assez provocant, avait pris place à côté de cet officier français dont toute la station de Rodezany parlait depuis la veille. Dupont sentait le danger autour de lui au point qu'il comptait gagner la Russie, proche, le plus vite possible. Du bateau, il avait surpris son gendarme de la veille en conciliabule, au bout de l'embarcadère, avec le nouveau garde du corps et le garçon de l'hôtel, un dénonciateur probable, celui-là. Il fallait donc poursuive la mission, tout en se sachant pris en filature, à la merci du moindre incident.

Le bateau quitta le quai. Tous les passagers admiraient le paysage, sauf un qui le voyait comme une typographie complexe de lacs reliés entre eux par des canaux coupant des isthmes très étroits. A chaque isthme, le canal était traversé par une route. Des soldats s'y livraient à des travaux dont des vallons boisés ne permettaient pas à l'observateur, épié par le gendarme, de découvrir la nature. Un boulanger vint s'asseoir sur la banquette avec sa petite famille et des amis, qu'il promenait. Il voulait, c'était visible, faire montre de sa science ; une science très exacte, d'ailleurs, et pour Dupont inespérée. Pendant tout le voyage, le discoureur décrivit les ouvrages que les vallons masquaient. Logeant un de ses cousins, sous-officier du génie poméranien, il savait et disait tout, ce brave boulanger ; même l'emplacement de chaque batterie. Dupont se concentrait, gravait toutes les informations dans sa mémoire. Le sous-préfet, entouré de jolies femmes, s'approcha pour l'inviter à passer avec lui la journée à Lötzen, où le bateau accostait. Dupont déclina l'offre, prétextant que Lötzen était une place forte, qu'il craignait d'être indiscret et retourna vite s'asseoir. Le gendarme, debout devant lui, le toisait, comme s'il incarnait la loi inviolable du Reich. Quant au boulanger, traître malgré lui, il dissertait toujours ; et à mesure qu'il expliquait, Dupont visualisait l'ensemble des fortifications et autres défenses que l'Allemagne opposerait aux armées du tsar.

Sa mission, dès lors, on ne peut plus remplie, le futur chef du SR et du 2ᵉ Bureau s'adonna à son péché mignon, le perfectionnisme, qui aurait pu s'avérer, vu la filature exercée par la section III B, un péché mortel. Il reconnut des nœuds ferroviaires, à Thorn, à Posen où il aurait dû remarquer, par la même occasion, qu'on le suivait. Mais flegmatique et curieux du monde, il écoutait, dans le train, les Polonais de cette province dite allemande, depuis le traité de Vienne de 1815. Des vieilles dames, des messieurs dignes, des prêtres l'interpellaient, insistaient, en français, sur le fait qu'ils n'étaient pas allemands. Dupont approuvait, l'air entendu. Il aurait pu se croire en vacances, à la longue. Mais à Breslau, pendant qu'il vérifiait que l'on construisait de nouvelles fortifications, une angoisse, une très forte intuition le dégrisa : il fallait rentrer.

A Leipzig, il admira les bâtiments grandioses du tribunal d'Empire où se déroulaient les procès d'espionnage et où il aurait pu comparaître si à Königsberg on avait été diligent. Mais si on avait bien transmis à la section III B qu'il avait « suivi la ligne des fortifications et les lacs de la Prusse-Orientale », ça avait été avec vingt-quatre heures de retard.

A peine la frontière belge franchie, Dupont déversa sur le papier tout ce qu'il avait dans la tête. Son rapport fut si complet qu'au ministère de la Guerre ses chefs, ahuris, le transmirent aussitôt et sans les réserves d'usage à l'état-major russe. L'entourage du tsar comprit enfin qu'il faudrait mobiliser, le jour venu, au plus près de la frontière et attaquer avant l'écrasement de la France.

La trahison du Vengeur

Décoré par les Russes, recevant du tsar une montre en or avec des émaux, Dupont s'absorba dans d'autres tâches. Il quitta, en 1904, le SR pour faire ses trois ans réglementaires de commandement de troupe, dans une garnison de province. A son retour, en 1908, aucun de ceux des services qui connaissaient « l'affaire Vengeur » n'estima utile de la lui révéler.

Au début de 1905, un Allemand avait pris contact avec les SR. Il se disait officier du grand état-major de Berlin et proposait de communiquer des documents d'un intérêt vital. Le capitaine Lambling, du 25e régiment d'artillerie, mais détaché au SR, avait été chargé de s'occuper de ce correspondant singulier qui postait ses lettres de Liège et les signait « le Vengeur » ! Lambling rencontrera l'homme par trois fois. Mais celui-ci était dissimulé sous des bandages qui enveloppaient sa tête, et il n'aperçut de son interlocuteur que des yeux perçants ainsi qu'une moustache grise. La première entrevue eut pour cadre, comme les deux suivantes d'ailleurs, un hôtel de luxe. Elle se déroula dans la capitale. Le Vengeur avait posé ses conditions : on devait respecter son incognito, et la police ne devait pas le prendre en filature :

— J'ai pris mes dispositions pour quitter Paris dans une heure. Si vous me suivez, vous ne me reverrez jamais. Or, ne l'oubliez pas, je compte vous livrer le plan d'invasion de la Belgique et de la France, tel que vient de le définir le général Alfred von Schlieffen. C'est le chef du grand état-major, et personne, à Waldersee, ne se permettrait de le contester.

Le Vengeur commença par donner quelques détails. Il s'exprimait comme un professionnel, et ses explications techniques, bien que tronquées à dessein, convainquirent l'artilleur qu'était Frédéric Lambling. Celui-ci s'enquit alors du coût de la transaction. L'homme invisible en grand seigneur proposa :

— 60 000 francs. Pour les frais de voyage. Et se méprenant sur les hésitations du capitaine : C'est trop cher ?...

— Non, non !... Si vos renseignements se vérifient. Mais à propos d'authenticité, c'est votre qualité d'officier que je voudrais pouvoir contrôler.

Le mystérieux personnage lui tendit alors le carnet d'instruction, réservé aux officiers du grand état-major :

— Photographiez-le. Mais j'ai collé, comme vous pouvez le constater, une feuille de papier noir au verso, pour couvrir mon nom. Si je m'aperçois que vous avez soulevé la feuille, nous en resterons là.

Lambling lui donna sa parole d'officier.

Le deuxième rendez-vous se tint à Bruxelles dans un palace. Le Vengeur récupéra son carnet d'instruction, l'examina puis, rassuré, livra à Lambling des éléments significatifs du plan Schlieffen, dont l'estimation des forces qu'il engagerait, c'est-à-dire 35 corps d'armée et 8 divisions d'infanterie.

Au troisième rendez-vous, à Nice, il empocha les 60 000 francs qu'il avait demandés et fournit des notes manuscrites qui dévoilaient l'ensemble du plan. Elles étaient complétées par deux cartes d'état-major, annotées de sa main et sur lesquelles il avait pris soin d'indiquer ce qu'on appelle, en termes techniques, « les zones de concentration ». Il consentit à répondre à toutes les questions que le capitaine Lambling avait ordre de lui poser.

A la dernière, qui allait de soi : « Pourquoi le Vengeur ? », son regard devint plus perçant :

— Je suis ignoble et j'en ai conscience, parfaitement conscience. Mais mes supérieurs m'ont fait subir plus ignominieux encore. Et je me venge !

Le capitaine Lambling laissa à son ressentiment cet homme sans nom et sans visage. Sous les lustres des salons rococo du palace, d'où on apercevait la baie des Anges, les riches, tout occupés d'eux-mêmes, virevoltaient ; et lui, avec sa tête bandée, ressemblait à un fantôme jugeant la vieille Europe...

Le Vengeur disparut de la scène et sa trahison fit un mystérieux chemin.

Le général Pendézec, alors chef de l'état-major, bouscula le SR pour qu'il contrôle sur le terrain, et vite, ce qui se tramait à nos frontières. Le SR, par l'intermédiaire d'un de ses responsables, le capitaine Barthélemy, lui transmit notes sur notes. Elles confirmaient la préparation matérielle du plan Schlieffen. Pendézec, certain d'avoir dépensé à bon escient 60 000 francs, alors alerta, au Quai d'Orsay, Maurice Paléologue, sous-directeur adjoint des Affaires politiques.

Les révélations de l'ambassadeur Paléologue

Ministre plénipotentiaire, chargé des « affaires réservées », Paléologue se passionnait pour le renseignement. N'avait-il pas assisté à la dégradation de Dreyfus, aux côtés de Sandherr et revêtu de son uniforme ?... Son affectation militaire n'avait-elle pas été les SR eux-mêmes ?

Mais écoutons-le raconter son entrevue avec le chef de l'état-major :

> — Après m'avoir recommandé un rigoureux secret sur ce qu'il allait me dire, le général Pendézec a étalé devant moi une grande carte figurant la Belgique, les provinces rhénanes, le nord et l'est de la France.
>
> « "Et maintenant, poursuivit-il, écoutez-moi bien. Je vais vous exposer le nouveau plan de concentration que l'état-major allemand vient d'adopter contre la France !"

A l'issue de sa démonstration, Pendézec évoque le Vengeur et ses rendez-vous avec le capitaine Lambling. Paléologue, alors, en réfère à son ministre :

> — Delcassé me fait appeler pour que je lui expose les révélations du Vengeur.
>
> « Le ministre m'écoute, les yeux fixes, les lèvres pincées. Quand j'ai fini : "Tout cela, dit-il, est fort grave. Mais quelle justification de ma politique !... Rapprochez les révélations du Vengeur et le discours de Karlsruhe. Vous y retrouverez la même idée, le même objectif : la guerre à la France, la provocation de la France, l'écrasement de la France..."

Ces révélations de Maurice Paléologue parurent, en 1932, dans *La Revue des Deux Mondes*. Elles provoquèrent des remous en Allemagne et des hypothèses scabreuses dont l'une, dans la très prude Germanie, fit hurler. Le Vengeur aurait été un général, rival malheureux, en amour, de Guillaume II. La mauvaise langue qui répandit cette histoire, disons de femme, invoquait l'autorité de Bismarck. L'ex-chancelier, dans ses *Pensées et souvenirs*[6], n'écrivait-il pas, d'une plume dédaigneuse, que l'empereur avait de très gros besoins sexuels ?

A l'état-major de Berlin, on le prenait de plus haut : un traître à Waldersee, c'était hors de question ! Mais l'on s'interrogea, néanmoins. Et en octobre 1932, un historien, le colonel Seeliger, répondait à Paléologue, dans le *News Wiener Journal*, par un article qui se voulait définitif.

Enquêtant sur les activités des services secrets pendant la guerre, il avait reçu d'un haut fonctionnaire en disponibilité la relation d'un cas. Un Alsacien, mort depuis peu à l'hospice des incurables, lui avait légué des notes, en remerciement de services rendus. Or ce nécessiteux avait un passé. Ancien aspirant de la cavalerie impériale allemande, il s'était voué au théâtre où son talent d'acteur avait été reconnu. Mais il s'était dévoyé par la suite.

---

6. Tome III, Imprimerie strasbourgeoise, 1919.

Adroit de ses mains, polyglotte, il avait acquis, par surcroît, une connaissance des sciences militaires qui tenait du prodige pour un autodidacte. Et il se fit marchand de secrets. Il étudiait, pendant de longues semaines, certains officiers du grand état-major et imitait les allures martiales avec une perfection telle que son petit commerce prospéra. En 1903, colonel von K..., à Varsovie, il vendit au service d'espionnage russe le plan d'attaque contre la Russie. Il toucha 25 000 roubles. Six mois plus tard, devenu français et colonel R..., il offrit aux Allemands le plan de campagne contre l'Alsace. On l'éconduisit ; il avait eu, ce jour-là, des trous de mémoire et des jeux de scène incertains.

Le colonel Seeliger citait alors l'exploit de l'aigrefin. Au printemps de 1904, sous le nom de général von H... du grand état-major, il vendit au 2e Bureau français le projet précis du plan d'invasion de la France, en trois séries, contre la somme de 20 000 francs. Et Seeliger de conclure « que les malversations de l'"Alsacien farceur"... projetaient une étrange lumière sur les révélations sensationnelles de M. Paléologue ».

L'empereur et le clochard

Mais la mise au point du colonel ne satisfit personne et surtout pas le général, en retraite, von Kluck, le vaincu de la Marne. A la lecture de Paléologue, il avait grondé, bondi et s'était tellement démené que, la presse allemande en rajoutant, le gouvernement avait dû annoncer une enquête « rigoureuse » parmi les membres de l'ancien état-major de Waldersee. Puis tout soudain ce fut le silence, chacun se tut, à commencer par von Kluck. Le communiqué officiel d'une république à vau-l'eau n'y était pour rien. Un fait avait dû intervenir, quelque chose de gênant pour la mystique militariste du poing et du couteau d'une Allemagne à la veille de se donner Hitler comme président.

Un journal de Cracovie, cependant, rapporta un fait troublant, mais en se montrant d'une prudence toute justifiée : nous étions en janvier 1933, Hitler était élu. Voici ce dont il s'agit.

En avril 1932, alors que Maurice Paléologue s'apprêtait à livrer son texte à *La Revue des Deux Mondes*, pour son numéro d'octobre, le tribunal de Bolzano, dans le Haut-Adige, eut à statuer sur la validité du testament par lequel un certain Henri Basse laissait sa fortune au gouvernement chinois à condition que cet argent serve à combattre l'Europe.

La parente éloignée qui attaquait le testament ignorait tout de cet homme, décédé à Bressanone ou Brixen, c'était selon : ce petit village se situait à la frontière austro-italienne. Henri Basse occupait une chambre, qu'il louait 60 lires par mois. Il vivait d'aumônes. Sa garde-robe se composait d'un pantalon élimé, d'une vieille pèlerine, d'un chapeau et d'une casquette.

La police, au cours de son enquête de routine, découvrit dans le galetas, sous des chiffons, une petite caisse. Elle contenait des pièces d'or de tous les continents, des titres, le trousseau des clés de coffres de banques néerlandaises où le ladre cachait une fortune. Outre le magot, la cassette déversa devant les enquêteurs, de plus en plus intrigués, les éléments disparates d'une destinée inquiétante.

Henri Basse, né à Cologne, s'était senti dès l'adolescence l'âme voyageuse. Il était allé de pays en pays, jusqu'en Extrême-Orient. La spiritualité chinoise l'avait capturé et peut-être, comme le dit le Tao, la Voie avait-elle choisi, alors, l'homme, mais à quelles fins ? De retour en Europe, Henri Basse, imprégné de la Chine, de sa langue, de sa tradition, s'était mis à détester l'Occident modernisé : « Une fausse civilisation ! » tranchait-il, dans certaines lettres de sa correspondance. Cet apatride, qui avait perdu, à trente-quatre ans, la nationalité allemande, recevait du courrier du monde entier. Au milieu de cette paperasse, les policiers, soucieux maintenant, découvrirent une enveloppe, datée de 1931, timbrée à Doorn, Pays-Bas, à l'intérieur de laquelle se trouvaient les vœux d'anniversaire que l'ex-empereur Guillaume II envoyait, de son exil, à Basse le clochard ou, qui le saura ? moine mendiant, à la façon orientale.

Certains enquêteurs furent assez téméraires pour fouiller là où ils n'auraient pas dû. Ils établirent une corrélation entre les dépôts, effectués par Basse, à des banques hollandaises et le banni de Doorn. Ils s'aperçurent alors, mais un peu tard, que la parenté, suggérée dans la lettre de vœux du Kaiser déchu, était réelle, et même proche. Ils laissèrent alors leurs collègues de la police allemande traiter à leur manière cette affaire de famille qui ressemblait à une affaire d'Etat.

Le tribunal de Bolzano déclara le testament valable, le gouvernement chinois reçut son legs ; sauf la lettre de Guillaume et des documents qu'Henri Basse avait dissimulés dans le double fond de la caisse. Les milieux militaires allemands, ainsi que von Kluck et son entourage, les avaient étudiés de près. Voilà pourquoi, ayant identifié le Vengeur, ils s'étaient tus.

Pétain enquête sur un secret d'Etat

En France, où l'homme de la rue ne lit pas l'élitiste *Revue des Deux Mondes,* la grande presse se garda d'ébruiter l'affaire Vengeur. En ces années 30, tandis que les droites préparaient déjà leur 6 février 34 et les gauches par contrecoup le Front populaire de 36, il aurait été pour le moins imprudent de déballer en public les erreurs graves, criminelles même, que certains responsables de la diplomatie, du pouvoir ou de l'armée avaient pu commettre, avant la boucherie de 14-18.

La caste militaire au contraire s'appesantit sur l'énigme, histoire, sans doute, de régler au passage quelques comptes. Il y eut bien le général Gambiez et le colonel Suire pour affirmer que le Vengeur était une blague du 2e Bureau au 3e, celui des opérations. Des historiens y crurent, et y croient toujours.

Mais le baron Saulses de Freycinet, ancien capitaine de frégate, promu chef de la 1re section de la marine, prit la peine, lui, d'écrire à Maurice Paléologue :

> « C'est avec le plus vif intérêt que j'ai pris connaissance de votre article publié par *La Revue des Deux Mondes*. Les précisions que cet article contient sur la livraison du plan Schlieffen par le Vengeur reproduisent avec autant d'exactitude que de clarté celles qui nous furent données, au cours de nos réunions de la Commission des instructeurs de guerre. »

Ce témoignage en recoupait d'autres. En 1930, le maréchal Pétain, vice-président du Conseil supérieur de la guerre, apprit que des anciens du 2e Bureau parlaient encore, entre eux, du Vengeur ; et pas sur le ton de la « blague ». Il chargea le général Charléty, président de la Commission des origines de la guerre de 1914, d'enquêter auprès du 2e Bureau. La réponse fut que les archives particulières des SR concernant ce dossier avaient été brûlées, par ordre supérieur, au mois de septembre 1914, après la bataille de Charleroi, mais qu'aux archives de l'état-major on détenait les deux cartes géographiques et les notes manuscrites du traître à la tête bandée. Le 2e Bureau avait retrouvé, d'autre part, le capitaine Barthélemy, retraité avec le grade de général de brigade, à Saint-Servan. Il avait conservé les minutes de son rapport de coordination entre les SR et l'état-major, et les renseignements livrés par le Vengeur y figuraient, au terme près.

En 1932, l'article de Paléologue alerta à nouveau le général Charléty. Le 13 octobre, il demanda au service historique de l'armée d'approfondir la question. Parmi les « quelques observations » que *La Revue des Deux Mondes* inspirait à Charléty, on pouvait lire :

> « ... I — L'état-major français a reçu, en 1904, des renseignements précis sur le plan allemand de concentration et sur la violation probable de la neutralité belge par les armées allemandes. Vous avez eu l'obligeance de nous communiquer les extraits de deux rapports, du 9 février et du 13 août 1904, qui donnent à cet égard des indications d'un haut intérêt. La Commission désire publier ces textes dans un de ses prochains volumes ; elle vous serait obligée de bien vouloir faire part de cette intention à M. le chef d'état-major de l'armée...
>
> « ... II — Bien que le plan allemand de concentration ait été connu dès 1904, l'état-major ne semble pas avoir fait état de ce

renseignement lorsque, au début de 1912, il a demandé au gouvernement de définir l'attitude que devait avoir l'armée française à l'égard de la Belgique. Le général Joffre a seulement signalé, au Conseil supérieur de la défense nationale, le 9 janvier 1912, que des indications recueillies par l'état-major permettaient de prévoir une violation de la neutralité belge par l'Allemagne. Il n'a pas dit que cette conviction reposait sur des documents incontestables. La Commission est donc amenée à se demander pourquoi le renseignement de 1904 n'a pas été invoqué en 1912[7]... »

Le service historique en référa, par conséquent, à Gamelin, chef de l'état-major général, lequel interrogea Dupont, avec copie jointe de la lettre de Charléty. Gamelin veilla à préciser :

> « ... Je puis vous dire que moi-même, ayant été affecté d'abord à la section du Plan puis au cabinet du général Joffre, je n'ai jamais eu connaissance du renseignement de 1904[8]... »

Dupont, général en retraite alors, « s'empresse de répondre » : il a quitté le 2e Bureau de l'état-major le 1er septembre 1904, l'a réintégré le 15 février 1908 comme chef de la section des renseignements. Il insiste :

> « Je n'étais donc pas présent à la réception du renseignement Vengeur et ne suis revenu que plus de trois ans et demi après. »

La lettre de Gamelin a dû remuer des souvenirs douloureux ; cela se sent à l'écriture tremblée et au ton, accusateur presque, qu'adopte Dupont pour parler de Barthélemy :

> « ... Il devait être au 2e Bureau en 1904, appartenant à la section allemande, et il y était comme chef de ladite section en 1913-14. C'est lui qui était qualifié pour fournir le renseignement au général Joffre à cette époque. C'est lui qui connaissait le mieux ce qui vous préoccupe sur le projet allemand. »

Autre passage, écrit d'un jet :

> « ... J'ajouterai comme impression personnelle que j'ai été vraiment surpris des révélations du maréchal Joffre et de M. Paléologue. J'ai eu le capitaine Lambling avec moi dans le SR, de 1908 à 1912, et je n'ai pas souvenir qu'il m'ait jamais parlé de cette affaire qui était pourtant importante[9]... »

Ainsi donc, en 1908, Lambling, qui avait rencontré le Vengeur, Barthélemy, qui avait suivi toute la transaction, ne savait plus rien ; et les archives du ministère de la Guerre s'étaient refermées à jamais sur le plan Schlieffen. Incohérences et mystères des services

---

7-8-9. Archives personnelles de l'auteur. *Cf.* annexes.

secrets français de l'époque où Dupont, colonel maintenant, n'avait aucune envie de revenir.

Cinq années passionnantes avec Célestin Hennion et les brigades du Tigre

A la fin de ses années de garnison, Dupont avait été agréé comme professeur d'artillerie.

— Cette situation était celle qui me convenait le mieux. A l'Ecole de guerre, on peut s'entretenir facilement dans la connaissance de toutes les grandes questions militaires au lieu de se spécialiser comme cela arrive fatalement à l'état-major de l'armée. »

Mais cet état-major l'avait surpris, car on projetait, boulevard Saint-Germain, de le nommer chef du SR. Cette promotion déplut au colonel Dupont :

— J'avais appartenu au 2e Bureau pendant les années de l'Affaire. J'avais travaillé plus spécialement avec tous les chefs successifs du service des renseignements : le lieutenant-colonel Picquart, le colonel Henry, qui devait avoir une fin tragique, le colonel Rollin et le capitaine François qui avaient été balayés par la tourmente. Je savais que mon nom figurait même dans le livre écrit par M. Reinach, à tort d'ailleurs, à propos des tractations reprochées aux officiers du 2e Bureau à l'époque du procès de Rennes.

« J'avais connu tous les détails d'une partie de l'Affaire et ma mise en cause, bien injuste, par M. Reinach me faisait penser qu'il était imprudent de me donner un tel poste.

Le colonel Sabattier, auprès duquel il avait tenté une démarche lui dit pourtant :

— Le ministre auquel j'avais fait la même observation a néanmoins décidé de vous désigner et je puis vous certifier que si vous êtes injustement attaqué, je ne vous lâcherai pas.

Et Sabattier ajouta :

Le SR ne s'est pas encore remis de l'Affaire, il va à vau-l'eau. Or, il nous faut plus que jamais un SR solide.

Dupont, indécis, rendit ensuite visite au général Faurie, commandant un corps d'armée à Nancy. Chef du SR en 1901 puis du 2e Bureau, il avait été apprécié des officiers du renseignement. Il en appela au patriotisme de son ancien subordonné :

— Vous devez servir là où vous serez le plus utile. En ce

moment, vous êtes le seul officier capable de remonter le SR. Vous saurez prendre des risques. Et des mesures qui ne plairont pas à tout le monde. Mais un conseil, renouez les relations avec la Sûreté générale. Sans cette collaboration-là, le SR n'est pas viable.

Le 15 février 1908, le colonel Dupont entra en fonction. Il restera chef du SR jusqu'à sa nomination, en 1913, comme chef du 2e Bureau.

— Ces cinq années sont parmi les plus passionnantes de ma carrière.

Il travaillait quotidiennement avec le premier sous-chef d'état-major. Il en connut cinq en cinq ans ; les colonels ou généraux Sabattier, Duteil, Ebener, Regnault, de Castelnau. Chaque semaine il voyait le chef d'état-major ; ce furent les généraux Brun, Laffon de La Debat, Dubail, Joffre. Une fois par mois, il était reçu par le ministre. Il y en eut six : Picquart, Brun, Berteaux, Messimy, Millerand, Etienne.

> — Tous m'accordèrent leur confiance sans réticence. Je disposais d'un nombreux personnel et d'un important budget. En dehors des officiers qui travaillaient avec moi, au service des renseignements central, j'avais sous mes ordres tous les services des renseignements de frontières avec leur personnel d'officiers, d'agents et d'informateurs.
>
> « J'avais, d'autre part, détachés auprès de moi, de nombreux commissaires de la police judiciaire.
>
> « Mon budget comprenait la quasi-totalité des fonds secrets du ministère et je dois dire que les ministres ne s'en réservaient qu'une infime partie.
>
> « Ma première besogne fut de remettre de l'ordre dans les finances. Des rats dévorants s'étaient installés dans de nombreux fromages. Je dus également réduire les demandes financières de la Sûreté générale particulièrement gourmande. Mes luttes les plus sérieuses furent engagées avec le cabinet du ministre de la Guerre.
>
> « L'habitude s'était implantée d'imputer au budget du SR tout ce qui ne trouvait pas place dans d'autres chapitres. Je dus demander l'intervention du corps de contrôle. Je devais d'ailleurs trouver dans ce corps un allié puissant. Je lui expliquai, par exemple, que toutes les fois que le directeur de l'artillerie voulait donner une indemnité à un inventeur lésé et que le corps de contrôle n'avait pas donné son acquiescement, c'était sur les fonds du SR que les dépenses étaient prélevées.
>
> « Bien mieux, on voulut me faire payer sur mon budget les frais de réception d'un escadron de cavalerie argentin. On voulait bien me faire payer les dépenses, mais on se garda bien de me donner le fruit de la vente des chevaux argentins dont l'escadron avait fait cadeau à l'armée française lors de son embarquement.
>
> « Je fis cesser toutes ces pratiques.
>
> « A la suite de ma protestation, un crédit fut fixé au budget pour dépenses imprévues mais justiciables, celles-ci, du corps de contrôle. Je devais trouver dans le ministre de la Guerre de l'époque, M. Messimy, une aide précieuse pour remettre de l'ordre et pour défendre les crédits du SR.

Dès le début de cette réorganisation épineuse, le colonel Dupont appliqua le conseil du général Faurie, « le meilleur de ceux que j'aie jamais reçus » : il rétablit des relations « très serrées » avec la Sûreté générale.

> « J'eus la bonne fortune de trouver comme directeur de la Sûreté générale un homme loyal, M. Hennion. Je ne pourrai jamais dire tout le bien que je pense de lui. »

La nomination de M. Hennion comme directeur de la Sûreté compte parmi les fantaisies de Clemenceau », révéla Henri Maunoury[10], alors secrétaire de M. Maringer, chef du cabinet du ministre de l'Intérieur, Clemenceau à cette époque, entre 1906 et 1909.

Maunoury précise, à propos de Célestin Hennion :

> Il est vrai que le candidat était exceptionnel. Hennion, ancien sous-officier, n'ayant qu'une instruction primaire, était remarquablement intelligent et avait conquis un à un tous ses grades. Sa droiture et sa probité le faisaient respecter de tous, même de ses adversaires. Il s'était distingué lors du boulangisme en dépistant à la gare de Lyon le général Boulanger rentrant à Paris avec des lunettes noires, et Clemenceau, boulangiste notoire, ne lui en tenait pas rancune. Il avait pris une part active aux enquêtes lors de l'Affaire Dreyfus et de cela Clemenceau lui savait gré.

La police dut à Hennion sa modernisation. Il mit en place la brigade mondaine, la brigade de surveillance des courses et des jeux, un service d'archives, un service photographique, le fichier de police criminelle, l'identité judiciaire, le service des voyages officiels, chargé de la sécurité du chef de l'Etat et des personnalités étrangères en visite en France, le commissariat spécial de l'Elysée, etc.

Partisan d'une police préventive, Hennion se souciait d'assurer l'ordre et la défense nationale au-delà même des frontières. A cet effet, au sein d'un nouvel organisme, le Contrôle général des services de recherches judiciaires, bientôt appelé Police judiciaire, il avait créé des brigades mobiles, baptisées — puisque Clemenceau les avait parrainées — les brigades du Tigre. Le commissaire Sébille secondait Célestin Hennion pour diriger ces brigades chargées, entre autres missions spéciales, du contre-espionnage. Composées de policiers qualifiés dont certains, comme le commissaire Charpentier, avaient déjà derrière eux les grandes affaires d'anarchistes, comme celle de « la bande à Bonnot », les brigades du Tigre démasquèrent deux réseaux importants de l'espionnage allemand. Elles démantelèrent la « Compagnie générale française des distributeurs automatiques », dont le directeur Gaston Delbrück, cousin du chef

10. *Police de guerre*, Henry Maunoury, La Nouvelle Revue critique, 1937.

du Nachrichtenburö, et financé par les banquiers von Schickler, utilisait tout un personnel d'agents allemands sur l'ensemble du réseau ferroviaire français. L'autre succès des brigades du Tigre fut l'arrestation de Boltz et Müller, qui avaient créé, sur la Côte d'Azur, la « Société française de surveillance et de sécurité des immeubles » dans le but de pénétrer la nuit dans les résidences des personnalités en leur absence afin de consulter leurs dossiers.

Peu avant que le colonel Dupont ne prît contact avec leur patron, les brigades avaient arrêté l'enseigne de vaisseau Paul Ulmo, qui avait dérobé et caché à bord de sa frégate, la *Carabine*, le code télégraphique de la marine française et s'apprêtait à le livrer en échange de 950 000 francs à Pierre Theissen, journaliste belge, éditeur du journal *La Réforme de Bruxelles* et agent de Berlin. Hennion mit ses hommes à la disposition de Dupont et se montra toujours solidaire du chef du SR, qui en témoignera :

> — J'ai travaillé pendant cinq ans avec lui. Nous fîmes une bonne besogne. Notre constante préoccupation à M. Hennion et à moi-même fut d'assurer l'accord des autorités militaires et civiles.
>
> « Je dois même reconnaître que je devais trouver parfois une meilleure bonne volonté chez certains fonctionnaires de la Sûreté que chez certains de mes officiers pour réaliser un travail en commun.

La section III B épingle le capitaine Lux

Le lundi 4 décembre 1910, au retour d'un voyage à Bruxelles, sa base étrangère la plus importante, le colonel Dupont put lire ce télégramme : « Le capitaine Lux a été arrêté samedi à Friedrichshafen. » Lux, épinglé par la section III B, lui rappelait qu'en effet s'il avait su cadenasser les caisses par trop béantes de ses services, il lui restait à mettre au pas ses subordonnés. Ainsi Lux, par exemple, puisqu'on en parlait et qu'on en grincerait des dents en haut lieu, Lux donc, c'était tout bête, avait désobéi, avait agi en fantaisiste, à l'étourdie !

Le service de Belfort venait de téléphoner. Il indiquait que « le capitaine Lux avait un rendez-vous à Bâle vendredi et un autre dimanche dans un petit village suisse, Romanshorn ».

Pour le chef du SR, c'était clair. Entre ses deux rendez-vous, Lux, oisif, s'était laissé tenter par la proximité de Friedrichshafen et des usines Zeppelin. Il avait, sans doute, voulu vérifier des informations chaudes sur le dirigeable, comme ça ! Mais avait-il été arrêté dans l'enceinte de la firme ? Quels documents portait-il sur lui ? Et le colonel d'enrager, de se ronger aussi. L'affaire Lux, car c'en était une, de taille et qu'il faisait sienne, ébranlait ce placide aux nerfs d'acier : ne manquait-il pas d'autorité, parfois, et de discernement ? En tout cas, sa pipe, ce jour-là, en fumait à toute vapeur.

Il avait choisi Lux pour diriger le poste de Belfort parce que officier du génie, technicien des chemins de fer, il saurait préparer la destruction des rives allemandes, pendant la mobilisation. Envoyé un mois en Allemagne, avant de prendre son commandement, un an auparavant, Lux s'était entendu signifier, à son retour, qu'il n'aurait plus le droit, désormais, de franchir la frontière. « Sauf autorisation spéciale de moi. » Dupont se souvint de ses propres termes alors qu'il roulait vers Belfort après avoir sauté dans le premier train.

L'adjoint du capitaine Lux, le lieutenant Muller, l'attendait à la gare, tendu mais pas mécontent. Il revenait de Romanshorn où son chef avait pris une chambre à l'hôtel Bodan, sous le nom de « Lang, ingénieur ». Muller s'était présenté à la réception :

— Mon frère est parti de chez vous samedi matin par le bateau, sans prévenir, sans payer et en laissant ses bagages. Il m'écrit qu'il se trouve à Friedrichshafen et qu'il ne peut revenir en passant par la Suisse. Il m'envoie payer la note et prendre ses affaires.

Le coup avait marché, mais de justesse. En s'éloignant de l'hôtel et de l'hôtelier perplexe, Muller, la sacoche de Lux à la main, avait pu jeter un œil sur la toute dernière édition des journaux. Lux faisait la une.

Aux premiers mots de Muller, Dupont comprit que son chef de poste s'était fait avoir comme un bleu. Avant son rendez-vous du vendredi, le capitaine n'avait aucune intention d'entrer en Allemagne, mais il s'était fait appâter, à Bâle, par celui qu'il devait rencontrer, HH, un provocateur fiché, un agent que le SR de Belfort connaissait. Dupont, dépité, haussa les épaules et ouvrit au couteau le sac de voyage. Tous les papiers du capitaine s'y trouvaient et même le compte-rendu de son entrevue avec HH. L'agent avait employé le subterfuge éculé mais toujours efficace d'apporter des documents vrais mais résumés et si sélectifs qu'ils n'offraient pas d'intérêt. Dupont se rappelait un plan de mobilisation authentique du 14e corps allemand dont HH n'avait fourni que le chapitre « réquisition des chevaux ». Il en avait été de même pour les données du Zeppelin, et Lux, naïf, avait décidé de les vérifier dès le samedi, puisqu'il n'avait que le lac de Constance à traverser.

Le débarcadère de Friedrichshafen à peine quitté, il avait été appréhendé par un gendarme, tout fier de sa prise, qu'accompagnait un homme à pèlerine, Krebs, inspecteur de police à Strasbourg et recherché par le contre-espionnage français. Mais Krebs commit deux erreurs lors de l'arrestation : il aurait dû prendre Lux en filature au lieu de l'arrêter tout de suite et, une fois assuré de l'incarcération, courir à Romanshorn s'emparer des bagages du prisonnier.

Le colonel Dupont se rasséréna. Les juges pourraient toujours maudire gendarme et inspecteur, comment prouveraient-ils que Lux n'était pas en promenade ? Les juristes qu'il convoqua, à son retour au ministère de la Guerre, lui démontrèrent, code allemand à l'appui, qu'en effet il serait impossible au tribunal d'Empire de le condamner. Mais la loi n'était, après tout, que la loi, et Dupont eut à subir le harcèlement d'hommes moins confiants. Le chef d'état-major et les Affaires étrangères, craignant des incidents diplomatiques, ne lui envoyèrent pas dire que son chef de poste écoperait de plusieurs années de forteresse. Le tribunal, selon eux, n'hésiterait pas à exciper de ses missions d'espionnage avant son affectation à Belfort.

Des lettres au cure-dent et au jus de citron

Le colonel n'en croyait rien, laissait parler. Comme à l'accoutumée, il passait, repassait, lourd et lent, devant la salamandre de son bureau. Il usait le temps, en fait, pendant que Lux, au secret à la prison de Stuttgart, se livrait à des expériences sur les encres sympathiques. Un cure-dent en guise de plume, il écrivait avec du lait, de l'eau salée ou sucrée. Pour développer les caractères invisibles, il les posait sur les conduites du chauffage électrique. L'opération était longue, le résultat imprécis, Lux en trépignait. Mais il était tenace et il découvrit la meilleure encre : le jus de citron. Il insista pour avoir souvent du bifteck garni de tranches de cet agrume à son menu, que l'on commandait à un traiteur.

Au bout d'une quinzaine de jours, le gardien-chef, s'il remportait comme auparavant la plume et l'encrier, ne l'obligea plus à recopier les lettres qu'il était autorisé à envoyer. Lux écrivit alors, avec son encre à lui, à l'intérieur de l'enveloppe. Il relatait sa vie morne d'officier captif qu'on traitait avec des égards mais qui se sentait livré à l'arbitraire, victime d'une conspiration du silence à laquelle, d'après lui, les autorités de son pays n'était pas les dernières à participer. En conclusion, il indiquait un mot de passe que son correspondant, son frère en l'occurrence, reproduirait dans sa réponse afin de lui indiquer que le message passait. Il recolla l'enveloppe avec une dissolution concentrée de sucre. Au bas de la lettre, il écrivit à l'encre invisible : « Voir intérieur enveloppe. »

Après huit jours, interminables, son frère répondit, mais sans mentionner le mot de passe. Lux persévéra puisque le juge d'instruction, malgré un examen attentif de chaque missive, ne décelait pas la fraude. Les allusions répétées à un personnage connu du seul service des renseignements intriguèrent le frère. Au début de février, il remit au colonel Dupont le dernier billet qu'il avait reçu de Strasbourg où Lux, transféré de Stuttgart en janvier, était engagé dans une guerre des nerfs avec le filiforme et distingué Herr Ungerer, un juge inquisiteur, en quête de preuves.

Dupont tourna, retourna la lettre, réfléchit, l'œil vague derrière le lorgnon, comme en ses jours inspirés. Mais il ne trouvait pas. Interrompant ses allées et venues, il s'arrêta devant la salamandre, laissa tomber son bras puis, incommodé par la chaleur du poêle, reprit sa déambulation et sa lecture. Il remarqua alors un signe jaunâtre, à l'angle inférieur gauche de la page, revint chauffer le papier sur la salamandre. Les lettres ENV apparurent. Le codage était simple, il ouvrit l'enveloppe et déchiffra. Tous les correspondants de Lux avaient, par chance, conservé ses lettres. Elles contenaient assez d'informations pour échafauder un plan très complexe.

Entre les finasseries des diplomates, la pusillanimité des politiques et les prudences de sa hiérarchie, Dupont se trouvait en présence d'un casse-tête. Il en référa d'abord au ministre de la Guerre, le général Brun, qui crut à une manœuvre : les Allemands imitaient l'écriture de leur prisonnier, voilà tout ! Dupont feignit de ne pas comprendre le désaveu ministériel. Il avait d'autres tracas. La véracité des informations de Lux, confirmée par le rapport sur les péripéties de l'instruction que lui envoyaient des Alsaciens, espions bénévoles au palais de justice de Strasbourg, lui donnaient au moins une certitude : le plus attaché à la perte de Lux était Lux lui-même. Son système de défense consistait à nier tout, à commencer par son appartenance au SR. Dupont, qui digérait mal le voyage interdit de Friedrichshafen, pensait, non sans se mettre en cause au passage pour l'avoir nommé, que cet officier polytechnicien manquait de jugement. Peut-être, mais pas de jugeote.

Comme Herr Ungerer, au cours d'une instruction, lui avait présenté des lettres compromettantes, il avait nié que ce fût là son écriture. Mais immédiatement après il expédia aux SR toute une correspondance, écrite de sa main et qui était censée provenir d'un de ses amis, capitaine à Belfort. Les services devaient mettre ces lettres à son adresse, aux dates correspondant à celles qu'il avait indiquées. Quand il reçut le courrier de ce prétendu ami, il dit à Ungerer : « Ces lettres que vous me reprochez, vous voyez bien qu'elles sont de l'écriture de celles que je reçois de Belfort. Je ne voulais pas vous l'avouer mais je m'y résigne. C'est le capitaine qui a écrit ces lettres coupables que vous m'imputez. »

« Enfantin ! » pensait Dupont, mais Lux avait écrit : « Croyez-moi, cela les abusera. Il arrive fréquemment qu'ils m'imputent des lettres qui ne sont pas de moi, par contre, il y en a de moi qu'ils déclarent être d'un autre. Essayez. » Dupont, à contrecœur, l'avait écouté, et quand il put lire le jugement il constata qu'en effet le tribunal avait douté et écarté la correspondance de Lux. Le général en fut tout éberlué. Mais le système de défense aberrant de l'accusé allait encore l'étonner.

Lux écrivit maintes fois pour dénoncer tel ou tel agent : « Il commence à trahir, il a déjà vendu des lettres aux Allemands. Achetez son silence. » Dupont connaissait, de vieille expérience, le procédé. Ce genre de documents étaient proposés aux SR après photographies devant des commissaires allemands qui dressaient procès-verbal. Il y eut, comme prévu, quelques agents doubles pour menacer d'aller témoigner au tribunal d'Empire de Leipzig. Dupont refusa tout chantage d'un simple mouvement de pipe. L'affaire Lux grouillait de traîtres, de fonctionnaires allemands qu'on achetait à l'aveuglette, de volontaires d'Alsace que leur témérité même, pour respectable qu'elle fût, rendait douteux. Une Alsacienne, toute chenue, se risqua à passer en France pour transmettre un projet d'évasion, né de l'imagination fébrile de Lux. Il fallait l'enlever en automobile, à Strasbourg, au cours de son trajet de la prison au palais de justice. Dupont, cette fois, cessa quelques instants de pétuner, leva son grand front, comme cherchant loin, très loin, à quelle fin il utiliserait cet appel au secours. Et il trouva.

Aux Affaires étrangères, il ne fut pas surpris d'être traité d'énergumène. Le général Brun, qui était toujours son ministre et de qui il attendait une réaction similaire, lui dit, avec calme : « Voyons l'intérêt de Lux. Quel est votre avis ? »

Pour éviter quelques semaines de prévention, car Dupont croyait encore au non-lieu, le risque était trop gros. Et les Allemands, qui n'avaient pas de preuves, profiteraient de cette tentative, si elle échouait, pour monter une accusation de « corruption de fonctionnaires et de violences ».

Les frères de Lux, officiers de carrière, furent consultés et désapprouvèrent le projet eux aussi. Dupont s'inclina, soulagé mais satisfait : l'idée d'une évasion, au cas où Lux, contre toute vraisemblance, serait condamné, prenait corps. C'était tout ce qu'il voulait, pour l'instant.

Les manœuvres diplomatiques commencèrent alors. Le gouvernement français protesta contre une détention au secret qui durait depuis sept mois. Le chancelier allemand répondit, comme on s'y attendait, que la justice était saisie. Et en juillet 1911, Lux fut transféré à Leipzig pour y être jugé. L'ambassade de France à Berlin choisit deux bons avocats allemands, et Dupont obtint l'autorisation de dépêcher Me Rivaud, jeune avocat de Paris, pour s'entretenir avec eux. Il ne put assister aux débats. L'audience se déroula à huis clos, les 29 et 30 juillet. Lux, face à treize juges, vêtus de pourpre et d'hermine, eut droit à un procès qu'il considéra comme une farce jusqu'au prononcé de la sentence : il était condamné pour « machination contre la sureté de l'Empire accomplie sur son territoire » à six ans de détention en forteresse et aux dépens. Les sept mois de prévention n'étaient même pas déduits.

Ramené dans sa cellule, Lux s'effondra ; il s'attendait à l'acquittement. Après réflexion, il estima, lucide, qu'il devait une peine aussi lourde à son système de défense dont nul, pas même Dupont, n'avait compris la raison : contraindre l'ennemi à mettre en avant ses agents secrets. Par sa correspondance, cependant, il avait transmis assez d'indications pour que le SR agît. En effet, le colonel Dupont avait décidé de le faire évader.

Charles de Foucauld, espion juif

Mais ce n'était pas si simple. Au début de mars 1911, les troupes françaises avaient occupé Meknès et Fez, la capitale de l'Empire chérifien, pour réprimer des troubles graves. Kiderlen Waechter, le ministre des Affaires étrangères allemand, avait protesté, se voulant menaçant, puis, sous la pression des progermanistes autant que par besoin de se faire valoir, il avait envoyé, le 1er juillet, la canonnière *Panther* mouiller devant Agadir. Waechter forçait ainsi la main au Kaiser qui lui avait écrit, le 26 avril : « Cela m'est tout à fait égal que les Français aient entrepris cette expédition. » En 1908 déjà, Guillaume II avait écrit à son chancelier von Bülow : « Il faut maintenant que cette malheureuse affaire marocaine reçoive enfin la conclusion rapide et définitive. Il n'y a rien à tirer de là ; on n'empêchera pas la question d'être une question française. Elle l'était depuis les années 1880. »

Quelques années auparavant, en juin 1883, le vicomte Charles de Foucauld, âgé de vingt-quatre ans et lieutenant démissionnaire du 4e chasseurs d'Afrique, quittait Alger pour explorer le Maroc. Le pays était alors livré aux guerres tribales, hostile aux étrangers et féroce pour les chrétiens. Charles de Foucauld avait recruté comme guide Mardochée, un rabbin ruiné ; lui serait le rabbin Joseph Aleman, chassé de sa Moscovie natale par des persécutions. Afin de paraître un juif crédible, il avait étudié l'hébreu et les mœurs juives, en même temps que l'arabe.

Foucauld avait dissimulé dans ses amples vêtements une boussole, une montre et un baromètre de poche, pour relever la route ; un sextant, un chronomètre et un horizon à huile, pour les observations de longitudes et de latitudes ; deux autres baromètres helostériques, des thermomètres-frondes et des thermomètres à minima, pour les observations météorologiques. Il relèvera ainsi tout son itinéraire à la boussole et au baromètre. Pendant les marches, il cachait au creux de sa main un cahier de cinq centimètres carrés et dans l'autre main un crayon long de deux centimètres. Il consignait tout ce qu'il voyait, visait à la boussole chaque changement de direction, chaque accident de terrain, avec la hauteur barométrique, l'heure et la minute de chaque observation, tous les arrêts, les degrés de vitesse et de marche. Il écrivait presque tout le temps, même dans les caravanes, marchant toujours devant les autres ou derrière eux. A l'étape, il passait ses nuits à recopier ses petits cahiers sur des calepins. Les observations astronomiques au sextant lui causèrent beaucoup de tracas, mais moins, toutefois, que les dessins : le plus ignorant, s'il l'avait surpris à crayonner des montagnes ou des relevés topographiques, l'aurait dénoncé comme espion.

A ce voyage, il y avait deux raisons. René Bazin, l'un des premiers biographes[11] de Charles de Foucauld, les définit ainsi :

11. *Charles de Foucauld, explorateur au Maroc, ermite au Sahara*, René Bazin, Plon, 1921.

« Il était né pour habiter l'Orient ; il avait en lui cette vocation qui ne naît pas, comme certains se l'imaginent, de l'amour de la lumière, mais bien plutôt de l'amour du silence habituel, de l'espace, de l'imprévu et du primitif de la vie, du mystère également qu'on devine dans des âmes très fermées. »

L'autre raison était d'ordre militaire et politique :

« Il écrit avec l'intention bien arrêtée, non de se faire admirer, mais de servir la France, héritière probable du Maroc, de lui préparer les voies, d'aider les camarades qui auront un jour, il le pressent, la mission de conquérir cet empire où, en plus d'un endroit, il rencontre des chefs secrètement désireux de la venue des Français. »

Foucauld écrivait de Fez, le 11 juillet 1884 :

« J'ai eu le spectacle inattendu d'une ville où tous les habitants, musulmans et juifs, ne rêvent qu'une chose : la prochaine arrivée des Français. Ces pauvres diables sont dans un pays où l'autorité du sultan est nulle et ils sont, de façon continue, en proie aux violences et aux pillages de la puissante tribu kabyle des Riata ; aussi ne cessent-ils de prier Allah de leur envoyer les Français pour les débarrasser des Riata. »

La *Reconnaissance au Maroc* fit l'objet d'un rapport, le 24 avril 1885, à la Société de géographie, rédigé par Duveyrier et où il est dit :

« En onze mois, du 20 juin 1883 au 23 mai 1884, un seul homme, le vicomte de Foucauld, a doublé, pour le moins, la longueur des itinéraires soigneusement levés au Maroc. Il a repris, en les perfectionnant, 689 kilomètres des travaux de ses devanciers, et il y a ajouté 2 250 kilomètres nouveaux. Pour ce qui est la géographique astronomique, il a déterminé 45 longitudes et 40 latitudes ; et, là où nous ne possédions que des altitudes se chiffrant par quelques dizaines, il nous en apporte 3 000. C'est vraiment, vous le comprenez, une ère nouvelle qui s'ouvre, grâce à M. de Foucauld, et on ne sait ce qu'il faut le plus admirer, ou de ces résultats si beaux et si utiles, ou du dévouement, du courage et de l'abnégation ascétique, grâce auxquels ce jeune officier français les a obtenus. »

La Société de géographie attribua la première de ses médailles d'or à cet ouvrage, qui sera profitable par la suite aux officiers du SR. Il était encore fait allusion au voyage du vicomte de Foucauld dans le rapport sur *La Question marocaine* du lieutenant de Segonzac au ministre de la Guerre, en 1899, à propos des routes qu'auraient à emprunter des troupes d'occupation, venues d'Algérie.

Parmi les donnés recueillies par le lieutenant de Segonzac, les opinions des étrangers présents au Maroc sont à retenir :

« Opinion des Allemands :

Voici l'opinion des communautés allemandes : le chiffre d'affaires de l'Allemagne a plus que triplé en ces dernières années mais notre importance est encore trop mince pour que personne songe à prendre possession du Maroc. Ce serait une entreprise militaire considérable et notre pays n'est pas coutumier de ces aventures coloniales. Puis ce serait la brouille, probablement même la guerre, avec la France. Tout notre espoir, à l'heure présente, est de voir les Français s'installer au Maroc ; nous ne leur demanderions, en échange de notre consentement, que des avantages commerciaux...

Si la France ne se décide pas à agir, si nos affaires suivent leur heureuse progression, dans deux ou trois ans — peut-être moins, au cas où l'Angleterre persisterait dans sa ruineuse politique d'agression et d'isolement — nous serons maîtres du commerce marocain. Nos intérêts seront tels alors qu'ils nous entraîneront à la conquête du pays... le Maroc est assez riche pour payer son occupation...

Jamais l'Allemagne ne laissera les Anglais s'installer en maîtres au Maroc.

Opinion des Anglais :

On m'a cité ces propos qui résument — m'assure-t-on — l'opinion des commerçants anglais :

L'Angleterre a suivi jusqu'ici une politique d'obstruction. Elle ne veut personne où elle ne peut-être elle-même. Mais cette politique sert mal nos intérêts. L'importation est tout entière aux mains des Anglais ; nous inondons le pays de nos produits, nos cotonnades pénètrent jusqu'au Sahara. Pour que notre commerce prenne tout son essor, il faut faire cesser l'insécurité des routes et améliorer et créer les moyens de transport. Le sultan n'en a cure. L'Angleterre n'en a ni le moyen, ni le loisir. L'Allemagne pourrait être tentée de prendre le Maroc ; mais l'Angleterre s'y opposera formellement. Ce serait installer une riveraine nouvelle et trop puissante sur les bords de la Méditerranée.

L'Angleterre ne veut pas non plus d'un partage du Maroc. Elle sait trop bien que l'Europe lui refuserait la côte méditerranéenne, qui seule l'intéresse au point de vue militaire. En dehors de cette côte, elle n'a que faire du territoire marocain ; elle ne cherche ni cultures, ni élevage, ni plantations, elle veut des factoreries, des comptoirs sur tous les marchés, des entreprises industrielles, des mines, des chemins de fer... Pour tout cela il faut que le Maroc soit conquis et occupé. Si la France s'engage à neutraliser la côte, du cap Spartil à Ceuta, nul doute que l'Angleterre consente à ce qu'elle s'empare du Maroc.

Telle se pose actuellement la question marocaine.

A l'encontre de cette solution française, je dois enregistrer les protestations de l'Espagne, les restrictions des Italiens, l'attitude énigmatique des Russes.

Opinion des Espagnols :

Les Espagnols ne renonceront jamais à leurs droits sur le Maroc. Ils invoquent tout le sang versé depuis la prise de Grenade, les victorieuses campagnes de 1849 et 1894, les présides jetés en avant-garde d'une conquête à venir et surtout la supériorité numérique des sujets espagnols domiciliés au Maroc sur ceux des autres nations.

Les sujets espagnols ne sont pas des colons, mais des ouvriers, des mendiants, toute une plèbe encombrant leurs consuls et n'honorant guère leur nationalité.

Puis les Espagnols ne se vantent pas qu'il existe entre eux et les Marocains une vieille haine de races qui leur rendrait la conquête plus difficile qu'à personne. Appartenir à l'Espagne serait pour le Maroc la pire des infortunes...

Enfin — et c'est l'argument majeur — les prétentions de l'Espagne sont platoniques puisqu'elle n'a rien pour le soutenir.

Opinion des Italiens :

Les Italiens sont venus au Maroc parce que riverains de la Méditerranée, ils considèrent comme un de leurs devoirs d'en surveiller les portes. En cas de partage, ils demanderaient leur part ; en cas de conquête, ils exigeraient des compensations. Et vis-à-vis de la France, ils voudraient la reconnaissance de leurs droits sur la Tripolitaine...

Les Russes au Maroc :

La Russie est la dernière venue au Maroc ; elle vient d'accréditer un ambassadeur auprès du sultan. On s'est demandé quel but cette grande puissance poursuivait si loin du champ de son expansion naturelle, si loin de l'Asie. Voulait-elle faire pièce aux Anglais et solliciter un port en face de Gibraltar ; prétendait-elle prendre rang dans la question marocaine ?

L'attaché d'ambassade, prince Gagarine, a dit au capitaine Larras que la Russie ne venait au Maroc que pour y appuyer les droits de la France.

Si cette confidence est sincère, il faut se hâter de profiter de ces bonnes intentions. Elles ne peuvent nous être utiles que dans l'action[12]. »

Le lieutenant de Segonzac, « laissant à leurs auteurs le soin de discuter les plans militaires », citait leur conclusion : « Le Maroc est une conquête facile. »

Le rapport Segonzac était daté du 29 décembre 1899, celui du capitaine Larras du 25 mars 1900 et il s'intitulait *L'Occupation du Maroc*. Ce rapport explicitait une note précédente du 27 octobre 1899, concluant à l'urgence qu'il y avait pour la France à s'emparer du Maroc « en repoussant toute idée de partage avec une puissance étrangère quelle qu'elle soit ». Et le capitaine Larras envisageait deux hypothèses :

« 1°) Ou bien après que notre diplomatie aura obtenu le consentement des puissances européennes : nous n'aurions alors affaire qu'au sultan.

2°) Ou bien, au contraire, devancé par une autre nation qui aura modifié à son profit le statu quo dans l'empire marocain, nous interviendrons pour empêcher cette immixtion étrangère : nous aurons alors à faire entrer nos troupes au Maroc pour chasser les envahisseurs avec ou sans le concours du sultan, et cela indépendamment des événements qui se dérouleront sur un autre théâtre d'opérations[13]. »

Le capitaine Larras pouvait-il s'imaginer qu'il rédigeait un

12-13. Archives personnelles de l'auteur. *Cf.* annexes.

ouvrage théorique ? La conquête du Maroc, qui se réalisa par à-coups sanglants, sera le prélude de la Grande Guerre et, malgré la poigne de Lyautey, ne s'achèvera qu'en 1926 par la reddition d'Abd el-Krim et la pacification du Rif. A propos du conflit franco-britannique en Egypte et des guerres coloniales, en général, Clemenceau déclarait à la Chambre, dès le 26 juillet 1882 :

— Il semble qu'il y ait quelque part une main fatale qui prépare une terrible explication en Europe. Qui oserait dire qu'au jour du règlement diplomatique de la question d'Egypte il vaut mieux pour la France être seule avec l'Angleterre en querelle avec l'Europe que d'être avec l'Europe tout entière, revendiquant sa légitime part d'influence sur le territoire égyptien. Messieurs, la conclusion de ce qui se passe en ce moment est celle-ci : l'Europe est couverte de soldats ; tout le monde attend, toutes les puissances se réservent leur liberté d'action pour l'avenir. Réservez la liberté de la France.

En 1898, au moment de Fachoda, autre affrontement colonial franco-britannique, Delcassé, ministre des Affaires étrangères, précisa la doctrine clemenciste dans une instruction à l'aîné des frères Cambon, Paul, alors ambassadeur à Londres :

— Aussi longtemps que les Allemands seront à Strasbourg et à Metz, la France n'aura qu'un ennemi permanent. C'est sous cet angle que nous traiterons avec les autres pays, l'Angleterre, l'Italie, l'Espagne.

Paul Cambon entendit Delcassé et fut, aux côtés de son ministre, l'artisan du traité du 8 avril 1904 par lequel la France et l'Angleterre s'accordaient sur les questions coloniales : l'Egypte aux Anglais, le Maroc aux Français, à l'exception de Ceuta, Melilla et de la zone d'influence espagnole sur la côte méditerranéenne. Mais ce traité, qui prit le nom d'Entente cordiale, laissait présager d'autres actions communes, en Europe cette fois. Quelques jours après la ratification, le chancelier von Bülow déclarait au Reichstag :

— Nous n'avons aucune raison de supposer que ce traité soit dirigé contre quelque puissance. Du point de vue de nos intérêts allemands, nous n'avons rien là contre.

Derrière von Bülow se profilait Holstein. Ancien collaborateur de Bismarck, il en poursuivait la politique : isoler la France, par n'importe quels moyens, pour mieux l'écraser. Holstein suggéra alors au chancelier une idée vicieuse : le Kaiser s'embarquait pour Corfou dans les premiers mois de 1905, à bord du *Hohenzollern*, pourquoi ne ferait-il pas une escale et un esclandre à Tanger ? L'empereur lui-même trouva l'idée un peu forte, mais von Bülow fit annoncer le projet par la presse. Et Guillaume II à Tanger déclara :

— Puisque je considère le sultan comme un souverain libre, c'est avec lui que je veux m'entendre sur les moyens propres à sauvegarder les intérêts de l'Allemagne.

Von Bülow profita de la sensation qu'avait provoquée à Paris et dans le monde cette pantalonnade. Il exigea une conférence internationale sur le Maroc et la démission de Delcassé. Rouvier, le président du Conseil, lâcha le ministre des Affaires étrangères de l'Entente cordiale, en place depuis sept ans, puis, devant la réprobation nationale et internationale, il se ressaisit, exigea à son tour de l'Allemagne la reconnaissance des droits exceptionnels de la France sur le Maroc avant d'accepter la conférence. Elle se tiendra à Algésiras en 1906 et ne donnera pas grand-chose.

La bataille du Maroc commence à Essen

Chez Krupp, on n'en demandait peut-être pas tant, à ce moment-là. En 1902, Fritz s'était suicidé, pour éviter au Reich un scandale : la révélation, imminente, de ses folies homosexuelles. Depuis, on attendait à Essen que l'empereur eût donné un époux à Bertha, la fille aînée de Fritz, et par voie de conséquence un maître à la Firma. Ce sera, en 1906, Gustav von Bohlen und Halbach qui prendra, sur ordre du Kaiser, le nom de Gustav Krupp. De 1902 à 1906, Essen n'avait pas cessé d'être Essen, mais l'on s'était contenté de vivre sur l'acquit. Or le Maroc représentait un marché pour les armes démodées, et si les Français s'y installaient à leur aise, peut-être avantageraient-ils Schneider. Voilà pourquoi le président du conseil d'administration de Krupp, Alfred Hugenberg, haut fonctionnaire du Trésor, avait prié Holstein, en 1905, de causer quelque trouble, favorable aux trafiquants et négociants allemands de Casablanca, Mazagan, Marrakech où certaines personnalités comme Karl Kiche, qui sera exécuté en 1914, son neveu Nehr Korn et son associé Grundler étaient des espions très actifs.

Après l'éclat de Guillaume II, Hornung, rédacteur en chef du journal de la légation de Tanger, disait :

— S'il y avait une guerre, il faudrait que pas un Français ne sortit vivant de la Chaouïa.

De même, en 1913, l'attaché militaire von Kalle affirmera :

— C'est encore au Maroc qu'on pourra le mieux couper les jarrets de la France.

Et à Madrid, de concert avec l'ambassadeur, le prince de Ratibor, il fomentera, financera, et armera toutes les séditions marocaines, jusqu'au-delà de 1918.

Durant ce temps, Dupont au SR, recevait de ses agents à Anvers des comptes rendus réguliers, comme celui-ci, daté de 1908 :

« Je crois intéressant de vous résumer d'une façon nette et concise les résultats des surveillances que j'exerce ici, au point de vue transport d'armes et munitions au Maroc et aux colonies françaises.

Les manœuvres de contrebande sont flagrantes. Les transports d'armes et de munitions effectués par les Woermann Linie, Oldenburg Portugiesche DR et Neptun Linie sont trop importants pour constituer un trafic normal, eu égard au développement commercial atteint par les contrées africaines.

Le fait que ces compagnies sont très largement subventionnées par le gouvernement allemand suscite, comme corollaire, la question de complicité.

Il est non moins évident que les officiers eux-mêmes — les commandants surtout — ont connaissance de ces actes ; bien plus, ils reçoivent de leurs armateurs des ordres à ce sujet.

Je vous ai annoncé à plusieurs reprises la surveillance exercée par les officiers autour des embarquements d'armes ; en outre, l'interview du lieutenant Kürner, du steamer *Linda Woermann* que je vous ai transmise le 28 août (note n° 3176) est péremptoire.

La présence de saboteurs allemands à Madère et Ténériffe est seule connue des commandants, qui possèdent une liste des bolandres de « toute confiance ». Les canots à vapeur à bord de la Woermann Linie ou affrétés par cette ligne à Madère sont, sur les ordres des capitaines, mis à l'eau et commandés par des lieutenants.

Les endroits favorables pour des débarquements clandestins sont seuls connus des capitaines qui en reçoivent des indications à cet égard, ou sont avertis, de terre, par des signaux qu'eux seuls comprennent.

Au surplus les capitaines ont à dresser les états des primes à payer — sous forme d'heures supplémentaires — aux matelots qui ont aidé à des opérations de cette nature.

En outre, des armes furent embarquées à Anvers sous de fausses dénominations, telles que : sucre, ciment, clous, produits chimiques.

A Hambourg également, des armes furent embarquées sous une fausse dénomination. Des armes arrivèrent ici, en transit, venant d'Allemagne soit pour l'Espagne ou le Portugal (deux fois sous une fausse dénomination), soit pour l'Afrique.

La personnalité des expéditeurs habituels est également significative :

Tonnelier, consignataire de la Deutsche Levante Linie, connu pour sa contrebande en Turquie et en Perse, fit des envois à Tunis et plusieurs, très importants, au Maroc.

Manceau, consignataire de la Neptun Linie, fait des envois via l'Espagne, presque chaque semaine.

Siebert, consignataire de la Oldenburg Portug. DR, et W.C. Kansler, qui fut en relation avec un correspondant de Moulay-Haf. L. et W. Wande Velde, firme moitié belge moitié allemande, dont le chef de bureau eut un entretien naguère avec les deux envoyés de Moulay-Hafid, ont fait des envois d'armes au Maroc.

En outre, un des chefs ou employés de cette dernière firme, un Allemand du nom de Richard Wilhelm, officier de réserve, s'occupe du recrutement de Français, de préférence anciens officiers de marine, prétendument comme agents dans les colonies françaises. Ce même Wilhelm, par des annonces dans les journaux, embauche soi-disant des correspondants militaires pour « grande revue militaire allemande », mais pratique en réalité l'espionnage militaire en France.

D'autre part, les déclarations reçues d'officiers et de matelots ne permettent pas de garder le moindre doute ; elles ont été en effet trop nombreuses et trop concordantes.

Le fait de procéder à des débarquements en pleine mer, en pleine nuit, en des endroits qui ne sont pas des atterrissements normaux, constitue à lui seul la preuve la plus convaincante du commerce illicite exploité par les compagnies allemandes.

Symptomatique aussi le fait que le personnel du bord ne craint pas d'impliquer l'autorité des consuls dans ses actes illicites.

Voici cependant une preuve plus grave : les Poudreries royales de Wetteren qui, par contrat, reçoivent annuellement du Reichskriegsamt de Berlin, 2 000 kilos de poudre de guerre sans fumée, ont reçu cette année, en plus, 15 000 kilos de poudre, avec ordre de les faire embarquer sur des navires allemands en partance d'Anvers. Environ 2 tonnes furent mises à bord d'un navire de la Deutsche Levante Linie pour la Perse ; le restant fut expédié par petites quantités sur des navires de la Woermann Linie.

L'Allemagne, par l'intermédiaire de ses compagnies de navigation, de ses consuls, de ses agences, fournit constamment des armes en contrebande aux populations marocaines. L'Allemagne n'est même pas seule à agir ainsi, l'Italie et l'Autriche font de même.

En outre, toutes les colonies françaises sont visées par les manœuvres allemandes : rappelez-vous l'affaire du steamer *Areturus*, pour la Méditerranée, avec ses armes faussement déclarées, celles du steamer allemand *Elisabeth* et du steamer allemand *Kypros*, qui avaient tous les deux de grandes quantités d'armes à bord, et qui visitaient l'Algérie, la Tunisie et la Tripolitaine[14].

En 1911, parmi les raisons cachées de la crise, on trouve non pas l'armement mais la métallurgie. Krupp, Thyssen et Schneider s'étaient entendus pour exploiter en commun les mines de fer du Maroc, sous le couvert d'une société : l'Union des mines. Reinhard Mannesmann, le métallurgiste de Reinscheid, fut exclu de cet arrangement, alors qu'il avait déjà versé des fonds aux Marocains. Il s'en plaignit, on ne sut trop en quels termes, à des députés du Reichstag. Les progermanistes, de plus en plus activistes, de l'Alldeutsche Verband en firent toute une histoire qui fut préjudiciable, en fin de compte, à Mannesmann, expulsé du Maroc en 1914, et à ses concurrents, Krupp et Thyssen, que le régime du Protectorat allait éliminer, dès 1912, de l'Union des mines, au bénéfice de Schneider. Kinderlen Waechter n'avait pas vu aussi loin lorsqu'il avait profité des turbulences progermanistes, dont les motifs lui échappaient, pour envoyer la Panther à Agadir. Il avait oublié, d'autre part, l'Entente cordiale et l'Angleterre. Le gouvernement britannique fit savoir, de façon brutale et même retentissante, par un discours de Lloyd George, que si l'Allemagne ne se calmait pas il y aurait risque de guerre. Des négociations commencèrent entre les états-majors français et anglais, et la Royal Navy reçut l'ordre de se tenir prête. Paris et Berlin n'avaient plus qu'à traiter.

---

14. SHAT.

Par l'accord du 4 novembre 1911, le protectorat de la France sur le Maroc était reconnu contre la cession de 276 000 mètres carrés au Congo. Cette compensation, interprétée comme un signe de faiblesse, déplut en France. Les Allemands, de leur côté, se sentirent humiliés et les progermanistes, le Kronprinz en tête, appelèrent « Aux armes ! » contre une Europe préjugée agressive et encerclant le Reich. On connaît la suite. L'Italie, jalouse de l'empire colonial nord-africain de la France, allait déclarer la guerre, le 19 septembre 1911, à la Turquie et envoyer un corps expéditionnaire en Tripolitaine. Les défaites turques les encourageant, la Bulgarie, la Serbie, la Grèce et même le petit Monténégro allaient se lancer à l'assaut de Constantinople. La guerre victorieuse des Etats balkaniques allait rendre l'Autriche ombrageuse et plus oppressive encore envers les Serbes, si bien que l'une des conséquences ultimes d'Agadir sera, on le sait, l'attentat de Sarajevo. Mais revenons au Maroc. Dès son arrivée à Casablanca, le 13 mai 1912, le général Lyautey, résident général du nouveau protectorat, eut à contenir les soulèvements. En effet l'Allemagne, par ses contrebandiers, par ses marchands, préparait déjà, dans les tribus, la bataille du Maroc de 1914. Elle durera onze ans et s'étendra, au-delà des limites de l'Empire chérifien, jusqu'au Sahara. Nous retrouvons ici Charles de Foucauld qui mourra dans cette bataille.

Le Laperrine en robe de bure

Le 26 août 1905, de son nouvel ermitage de Tamanrasset, Charles de Foucauld écrivait à sa famille ces lignes prémonitoires :

« Les apparences de tranquillité sont parfaites ; tant que la France n'aura pas une guerre européenne, il semble qu'il y a sécurité, mais s'il y avait une guerre européenne, il y aurait probablement des soulèvements dans tout le Sud et ici comme ailleurs, surtout en cas de guerre malheureuse. »

Après sa conversion, d'abord trappiste à Notre-Dame-des-Neiges, dans la haute Ardèche, il s'était fait ensuite pèlerin au Maroc, en Algérie, en Palestine, en Syrie, avant d'être ordonné prêtre. En 1901, il avait installé son premier ermitage à Beni-Abbès, tout près du Maroc, tant aimé depuis la Reconnaissance de 1883, et où il espérait retourner un jour. Mais en cette même année 1901, Laperrine, officier déjà légendaire, des confins tunisiens, au Sénégal ou au Soudan, était nommé commandant des Oasis sahariennes, avec le grade de chef d'escadron. Foucauld et lui, de la même promotion de Saint-Cyr, avaient combattu côte à côte en 1881, quand leur régiment le 4e chasseurs d'Afrique avait été engagé dans le Sud oranais contre les tribus soulevées par Bou-Amana, un marabout. Dans ses *Etapes de la conversion d'un houzard*, Laperrine écrira :

« Au milieu des dangers et des privations des colonnes expéditionnaires, ce lettré fêtard se révéla un soldat et un chef ; supportant gaiement les plus dures épreuves, payant constamment de sa personne, s'occupant avec dévouement de ses hommes, il faisait l'admiration des vieux Mexicains du régiment, des connaisseurs. »

Laperrine, qui suivait de loin l'action de Foucauld à Beni-Abbès, écrit à Lyautey, alors colonel et commandant la subdivision d'Aïn-Sefra :

« Vous pourrez compter sur lui comme un instrument parfait de pacification et de moralisation. »

Lyautey vint à Beni-Abbès. Des années après, il se souvenait :

— Nous avons dîné ensemble, avec les officiers, le samedi, dans la redoute. Il y eut, après dîner, un phonographe qui débita des chansons montmartroises. Je regardais Foucauld, me disant : « Il va sortir. » Il ne sortit pas, il riait même. Le lendemain dimanche, à 7 heures, les officiers et moi, nous assistions à la messe dans l'ermitage. Une masure, cet ermitage ! Sa chapelle, un misérable couloir à colonnes, couvert en roseaux ! Pour autel, une planche ! Pour décoration, un panneau de calicot avec une image du Christ, des flambeaux en fer-blanc ! Nous avions les pieds dans le sable. Eh bien ! je n'ai jamais vu dire la messe comme la disait le père de Foucauld. Je me croyais dans la Thébaïde. C'est une des plus grandes impressions de ma vie.

Le 6 mars 1903, Laperrine arrivait à Beni-Abbès. Il voulait associer son ami à un grand projet : se rendre d'In-Salah à Tombouctou afin de joindre, par la force s'il le fallait, le Tidikelt au Soudan, de conquérir le Hoggar et de pousser jusqu'à Agadès pour gagner l'Atlantique au sud de Draa. Mais l'administration de l'Algérie s'opposa à l'équipée.

En juin 1903, avec l'accord de Laperrine, Foucauld partit évangéliser le Hoggar. Il eut à passer à travers les rezzous qui assaillaient les postes où il s'arrêtait pour soigner les blessés et assister les mourants. Revêtu d'un burnous, il traversa à cheval tout le pays en révolte. Il était déjà connu des Hoggars comme une espèce de marabout chrétien, très sain et très puissant.

En janvier 1904, il quitta à nouveau Beni-Abbès pour rejoindre Laperrine qui l'avait appelé à Draa, capitale du Touat. Le père de Foucauld se rendit à Akabli pour étudier le tamaheq, la langue parlée des Ho'ras, des Taïtoq et des Hoggars, les trois tribus touaregs les plus importantes, que Laperrine avait soumises. Six semaines plus tard, le commandant rejoignit l'ermite à Akabli et ils partirent sur leurs méharis pour Tombouctou. Cette tournée pacifique fut interrompue à Timiaiouin par deux officiers français de la colonie du Niger qui refusèrent le passage à la troupe de Laperrine, au nom du cloisonnement administratif des colonies.

Après d'autres randonnées avec la compagnie saharienne du Tidikelt dans le Hoggar puis, seul, dans la Mzab, jusqu'à Ghardaïa, Foucauld repartit avec Laperrine pour rencontrer, à Tinzaouaten,

Moussa Ag Amastane, amenôkal de la Confédération des Hoggars. Il décida alors de fixer son ermitage à Tamanrasset. A l'ombre de Moussa Ag Amastane qui islamisait, Foucauld rayonnait. Un jeune médecin protestant, Robert Herisson, le vit ainsi, à cette époque :

« Un homme d'apparence chétive au premier aspect, d'une cinquantaine d'années, simple, modeste. Malgré son habit, rappelant celui des Pères blancs que j'avais vus à Ouarela, rien de monastique dans le geste, dans l'attitude. Rien de militaire non plus. Sous une très grande affabilité, simplicité, humilité de cœur, la courtoisie, la finesse, la délicatesse de l'homme du monde. Bien qu'il parût mal vêtu, sans aucun souci d'élégance, et qu'il fût d'un abord très facile pour tous, ouvriers français, brigadiers indigènes, la vivacité de son regard, sa profondeur, la hauteur de son front, l'expression de son intelligence en faisaient "quelqu'un". Il était de taille au-dessous de la moyenne ; il paraissait, au premier aspect, peu de chose, mais j'eus vite l'impression que le père de Foucauld était une grande intelligence, un cœur sensible, délicat. Ce père était réellement curieux. »

En 1910, Laperrine, estimant le Hoggar pacifié et protégé, accepta un commandement en métropole. Dans la plaine de Tmereri, il avait conclu un pacte d'alliance avec Moussa Ag Amastane en remettant un fusil à chacun des 500 méharistes de l'amenôkal. En août 1914, Foucauld écrit à Laperrine pour lui exprimer son désir de rejoindre le front, mais celui-ci répond : « Restez. » Foucauld était depuis dix ans son meilleur agent de renseignements.

« Il entretient avec tous les officiers sahariens une correspondance quotidienne, il sait par eux et aussi par la confiance des nomades tout ce qui se dit sous les tentes noires. Le Hoggar est un poste de réception, un radar, un asdic d'une sensibilité parfaite à quelques centaines de kilomètres seulement — un rien à l'échelle de l'Afrique — de cette Tripolitaine où les sénousistes ont "reconduit" très vite les Italiens à la côte en mars 1915, où dès juillet 1914 une forte équipe d'Allemands était arrivée, remplaçant le personnel du consulat — relevé disait-on pour accomplir une période d'instruction militaire —, et était enfermée dans un hôtel, débordant les locaux officiels, pour rédiger des proclamations à la guerre sainte. Plus tard l'Allemagne envoya aux sénousistes des cadeaux d'apparence somptueuse, des corans aux reliures de cuivre imitant l'or, des armes, des subsides[15] ».

La bataille du Maroc et du Sahara s'engageait. Le « front du Hoggar », comme l'appelait Foucauld, était tenu par 300 hommes des compagnies sahariennes. A partir de mai 1915, les rezzous se multiplièrent. En juin, le père terminait le dictionnaire touareg-français, 2 028 pages, et à la fin de juillet il commençait à transcrire pour l'impression des poésies. Il écrivait à Laperrine :

« Cela me parut étrange, en des heures si graves, de passer mes journées à copier des pièces de vers. »

15. *Charles de Foucauld, le prédestiné, le précurseur*, Pierre Deloncle, 1946.

En septembre 1915, Ben Asker, le chef des rebelles libyens, conseillé par un officier allemand, livra onze assauts au poste de Dehibat et investit pendant huit jours celui d'Oum-Sigh. Le poste fut dégagé, mais le bilan était lourd : le chef, le capitaine de Bermond, avait été tué et les pertes atteignaient la moitié des effectifs.

Au début de janvier 1916, Moussa Ag Amastane dut livrer combat dans l'Adrar, à un fort rezzou d'Iforas, venus de l'embouchure de la Draa, sur la côte atlantique, où un sous-marin allemand avait débarqué des armes, des munitions et des cadeaux. Le 24 mars, Djanet (Fort-Charlet) tombait après un siège de dix-huit jours. Mais le 16 mai le capitaine Duclos, sous la direction du commandant Meynier, reprit la place.

Dès qu'il avait appris la chute de Djanet, le 7 avril, le père de Foucauld avait convoqué le chef des Dagrali. Il lui avait donné ses instructions : mettre en place un dispositif de sécurité, se rendre à Fort-Motylinski avec tous les hommes du pays capables de combattre. Il avait rédigé ensuite un rapport d'état-major, envoyé le 10 avril, au commandant Meynier où il indiquait quatre positions dans les montagnes ; de ces positions, pourvues d'eau et dans un rayon de 20 à 70 kilomètres de Fort-Motylinski, il serait possible d'organiser un réduit de défense inexpugnable. Il ajoutait qu'il restait à Tamanrasset, « ne voulant pas paraître avoir peur et tenant à garder une attitude de confiance et de sourire ».

Le commandant Meynier, à la tête de huit cents méharistes, reprit Djanet et la menace disparut. A Tamanrasset, le père de Foucauld fit cependant construire, plus près du village, un fortin où la population pourrait se réfugier en cas d'attaque. Le 23 juin, il écrit à sa sœur : « J'y ai transporté mon ermitage. » Mais la grande révolte de Kaoussen, le sénousiste, progressait vers Agadès. C'était une très grande mehalla qu'avait rejointe un fuyard de Djanet, El Madani ag Mohamed Soda, ancien esclave que le père de Foucauld avait souvent secouru. Un jour, des Touaregs de la tribu Aït Lohain qui s'étaient intégrés à l'armée de Kaoussen vinrent réclamer Madani pour l'emmener avec eux dans le Hoggar : le père de Foucauld ne se méfierait pas de lui. Kaoussen accepta. Le 1er décembre vers 17 heures, Madani frappa donc à la porte du fortin de Tamanrasset en annonçant l'arrivée du courrier. Le père, reconnaissant la voix de Madani, entrouvrit la porte. Il fut immédiatement tiré dehors, ficelé puis jeté sur le banc de terre au bas de la tour du fortin. Un jeune homme, Serni ag Tohra, le gardait pendant que la bande, une trentaine de Tripolitains et des Touaregs iforas, pillaient le fortin. Tout à coup des coups de feu éclatèrent. Les guetteurs avaient abattu deux méharistes qui venaient voir le père. Serni ag Tohra prit peur et tira à bout portant sur son prisonnier à genoux. « Le Laperrine en robe du bure » glissa, tomba sur le côté[16].

16. L'expression se trouve dans *Le Général Laperrine, grand Saharien*, José Germain et Stéphane Faye, Plon, 1922.

Laperrine, quand il apprit l'assassinat, dit tout de suite :

— Crime politique. En supprimant le marabout des Roumis, on supprimait le principal obstacle au départ des Hoggars en dissidence et à leur jonction avec les forces de Kaoussen pour l'expédition contre Agadès.

Le 13 décembre, douze jours après la mort de Charles de Foucauld, le siège d'Agadès commença.

Il faudra une colonne de 1100 tirailleurs, venus de Zinder, sous les ordres du lieutenant-colonel Mourin, pour dégager Agadès, le 3 mars 1917. Et il faudra le retour de Laperrine, alors général d'une division sur la Somme, pour que le Sahara, après trois ans de luttes, retrouve son calme. Le 24 février 1920, Laperrine était victime d'un accident d'avion alors qu'il survolait ce désert, son désert. Et c'est la bouche pleine de sang qu'il proféra ses dernières paroles :

— Mes enfants, on croit connaître le Sahara. On croit que je le connais. Personne ne le connaît. Je l'ai traversé dix fois et j'y reste la onzième.

Son corps fut ramené à Tamanrasset et il fut inhumé le 26 avril 1920 auprès de Charles de Foucauld.

Revenons un instant en arrière. A son retour, en 1917, dès que les combats contre les tribus rebelles lui en laissèrent le temps, Laperrine passa par le Hoggar. Il écrivit de Tombouctou à l'une des sœurs de son ami :

> « Je suis passé à Tamanrasset le 9 décembre 1917. J'ai estimé que l'on avait pris trop à la lettre les dernières volontés de votre frère, disant qu'il voulait être inhumé où il tomberait, et on l'avait laissé dans la tombe provisoire faite par son serviteur Paul, dans le fossé de la maison, fossé qui avait des chances de se remplir d'eau aux premières pluies.
>
> A mon retour de Motylinski, le 15 décembre, je l'ai fait exhumer et inhumer sur le sommet de la colline où est son *bordj*, et à 200 mètres environ à l'ouest de celui-ci (cette colline est un simple mouvement de terrain, mais isolé au milieu de la plaine et se voyant de très loin). Les trois militaires indigènes tués en même temps que lui, dont deux, en essayant de le délivrer, ont été la cause involontaire de sa mort, sont enterrés à ses pieds. La tombe fort simple, et sans aucune inscription, est surmontée d'une croix en bois noir, mais plus grande et plus solide que celle qui était sur la tombe du fossé. De plus, par sa position même, elle se voit de très loin.
>
> M. Lutaud, gouverneur général de l'Algérie, fait voter une somme pour lui élever un monument à Tamanrasset ; pour le faire sans manquer à ses dernières volontés, je compte laisser la tombe telle quelle, mais, à 5 mètres environ de la tombe, sur la crête même du mouvement du terrain, je compte faire élever une grande croix en granit du Hoggar, genre croix de mission, croix qui se verra de très loin.
>
> Votre frère était comme momifié lorsque nous l'avons exhumé, et l'on pouvait encore le reconnaître. Ce transfert a été bien émotionnant... »

Au père Voillard, des Pères Blancs, il écrivait par le même courrier :

> « La balle entrée derrière l'oreille droite est sortie par l'œil gauche. Il a été enterré dans la position dans laquelle il a été tué : à genoux, les coudes attachés derrière le dos. Nous avons été obligés de l'enterrer dans cette position pour ne pas briser ses membres ; nous l'avons simplement enveloppé dans un linceul. »

Laperrine, très ému, fut aussi très étonné : le corps ne portait aucune trace de fracture et le visage était reconnaissable alors que ceux qu'on avait enterrés près de lui n'étaient que des restes. Un des soldats indigènes lui dit alors :

— Pourquoi tu t'étonnes, mon général ? Ce n'est pas étonnant, c'était un grand marabout.

Et pourtant le Vatican n'a jamais jugé opportun de donner suite à la cause en béatification de Charles de Foucauld. La principale des raisons de ce non-recevoir serait le rôle militaire très particulier qu'il ne cessa de tenir au Sahara, rôle qui lui fit dire, quand il connut le projet de chemin de fer transsaharien :

— C'est une nécessité pour la conservation de notre empire africain, mais aussi pour pouvoir porter sur le Rhin, en cas de besoin, le maximum de forces.

C'était au moment d'Agadir.

L'oublié de Glatz compte jusqu'à 2190

A Paris, malgré le brouhaha que provoquait l'affrontement, tout diplomatique encore, entre la France et l'Allemagne, Dupont ne se détournait pas de l'affaire Lux dont on oubliait, au ministère, qu'il était à Glatz pour longtemps. Il obtint de son ministre, Messimy, qu'il consentît à faire demander, par les Affaires étrangères, un extrait du jugement. Le chancelier allemand commença par refuser. Messimy, qui en voulait à Lux de sa légèreté et surtout des conséquences de son indiscipline, essaya d'endormir le chef du SR par des considérations de haute politique avant de lui avouer qu'aux Affaires étrangères on le tenait, lui, Dupont, pour un homme dangereux. Voilà qui renvoyait les préparatifs de l'évasion à une date ultérieure, la rendait même hypothétique.

Au début d'octobre, alors qu'aucune nouvelle au jus de citron ne parvenait de la forteresse de Glatz, en Silésie, où Lux purgeait sa peine, l'onde de choc d'Agadir produisit un effet inattendu. Le procureur général de la cour de Leipzig rédigea, sur ordres, un résumé du jugement, revu par le chef du 2e Bureau allemand. Le responsable de la police centrale, dans une note secrète d'Alsace-Lorraine, avait indiqué que : « Même le résumé rédigé par le procureur général laisse encore voir trop clairement nos procédés et le personnel dont nous nous servons. » Une autre note secrète, datée du 31 juillet, du procureur général de Leipzig, celle-là, indiquait les raisons de ses réticences à communiquer des extraits du jugement qui « explique en détail le système de surveillance du contre-espionnage allemand à l'étranger... ».

Dupont écrira :

> « J'ai réussi à entrer en possession, pendant quelques heures, de toute cette correspondance, juste le temps d'en prendre copie. J'avais pu me procurer ces documents quinze jours après leur signature grâce à des agents dont le courage ne saura jamais être assez admiré. C'est moi-même qui traitai cette affaire, personnellement. J'eus ces trois documents et le jugement intégral donnant les noms des agents provocateurs allemands, qui avaient été confrontés avec Lux lors de l'instruction, pour une somme dérisoire de 1 800 francs. Ce fut un des plus beaux jours de ma vie. »

Les conclusions du tribunal de Leipzig justifiaient, à elles seules, l'évasion :

> « En raison de la faible base de l'accusation, une peine légère paraît peut-être suffisante, mais, du fait des dénégations de l'accusé, l'instruction est obligée de le mettre en rapport avec de nombreux agents secrets allemands. Ces agents seront aujourd'hui démasqués et ne pourront plus servir quand Lux sera remis en liberté. Il importe au salut de l'Etat allemand qu'il reste le plus possible hors d'état de faire profiter son pays de ce qu'il a appris.
>
> En conséquence, le capitaine français Lux est condamné à six ans de forteresse. »

Fort d'un tel document, Dupont, cependant, ménagea les susceptibilités de la hiérarchie. Au cabinet du ministre, il en référa au général de Castelnau, lui disant : « Ma décision est prise, je ferai évader Lux. » Castelnau l'estimait. Il approuva du bout des lèvres, sans trop y croire. Il se réservait de prévenir le ministre ; en douceur. De toute façon, que M. Messimy approuvât ou non, l'évasion se préparait depuis plus d'un mois. Cela, Dupont avait omis de le révéler à Castelnau.

Dans sa casemate de Glatz, Lux, qu'on avait abonné au *Matin*, interprétait certaines petites annonces. Il répondait, le 8 septembre :

> « Lorsque de l'extérieur de ma cellule on regarde la Festung du côté nord (lisez le guide touristique édité par la ville de Glatz), on voit un bâtiment à 3 étages. Le 3e étage est occupé par nous. Il forme le rez-de-chaussée sur la cour intérieure sur laquelle donne ma chambre. Je puis accéder dans une des chambres inoccupées ayant vue sur l'extérieur ; certaines d'entre elles ont des fenêtres non grillagées.
>
> Par ces fenêtres, au moyen d'un cordage de 15 mètres, je pourrai

> prendre pied dans un jardin en pente non surveillé par sentinelle et terminé par un mur de soutènement contre une petite maison basse habitée par un officier. Je pourrai passer par son jardin, puis sauter une grille de 2 mètres. Je voudrais savoir s'il y a un chien dans cette maison. Ecrivez-moi pour me dire s'il est facile d'ouvrir la grille ou s'il y a une autre sortie. Envoyez-moi l'empreinte de la serrure de la grille si on la ferme la nuit. » Dans sa lettre du 16 septembre, Lux demande : « ... une scie à métaux car je serai sans doute obligé de sortir par une fenêtre grillagée. »

2 190 jours !... Ce nombre hantait Lux, depuis le 20 juillet, jour de son transfert à Glatz. Le capitaine Laatschke, Platzmajor (major de la garnison), lui avait fait les honneurs de la maison, avec une grande courtoisie. Lux et ses six ans de détention était considéré comme un hôte de marque, sous haute surveillance. Aussi avait-on changé l'ordonnancement des divisions pour l'isoler davantage. Le capitaine Trench, un Anglais condamné pour espionnage, se trouvait maintenant séparé des autres et toute communication avec lui serait impossible. Le Platzmajor parlait de ces mesures glaçantes sur le ton de la bonhomie que l'on se doit d'employer avec un ennemi capturé, à condition, toutefois, qu'il soit du même grade. Sur le seuil de la casemate où il devrait passer les 2 190 jours à venir, Lux, tout à son calcul terrifiant, écoutait à peine Laatschke, sauf quand celui-ci lui raconta que son nouveau domicile avait abrité, dix-sept ans auparavant, deux officiers de la marine française, les lieutenants de vaisseau Degouy et Duelguey de Malavas. A l'occasion de l'assassinat du président Carnot, l'empereur les avait graciés. Et Laatschke ajouta :

— J'ai causé avec le fonctionnaire du département de la justice qui vous a accompagné et je ne pense pas que vous aurez autant de chance...

Puis le Platzmajor se retira, tout souriant. Peu après son installation, Lux reçut de sa famille une malle de vêtements. En rangeant les effets, il suspendit, avec un soin particulier, le beau costume, le pardessus, la pèlerine en loden, le chapeau mou et la casquette, « tout mon déguisement d'évadé... » pensait-il déjà. Il feuilleta, pensif, les livres qu'on lui avait fait parvenir par le même envoi. Il avait dans l'idée que ces volumes et leurs belles reliures en cuir ou en carton seraient, eux aussi, utiles.

Les reconnaissances des abords de la forteresse furent effectuées par des agents du SR. Mais leur chef, en faisant son rapport, ne cacha pas son pessimisme : une seule évasion avait réussi, à Glatz, et elle remontait au XVIIIe siècle. L'exploit du baron de Trenek figurait au recueil des évasions célèbres que les officiers allemands, internés à Glatz, se passaient. Il leur était cependant interdit de le communiquer à Lux ; ce récit aurait pu, selon le gouverneur de la Place, lui donner des idées. A part cela, l'ambiance était bonne avec ses codétenus. Il éprouvait même une certaine amitié pour deux d'entre eux : les lieutenants von Richthofen, fringant, riche, et Schmidt, un bourgeois pondéré, qui avait l'esprit de l'escalier.

Un jour, au cours d'une récréation, Lux vit arriver Schmidt rayonnant. En vue de sa libération imminente, celui-ci avait profité d'une de ses permissions de sortie en ville pour acheter l'indicateur Henschell (le Chaix allemand). Enthousiasmé par son emplette, il dit : « En France, vous n'avez rien de semblable ! » Lux opina, vanta la supériorité de l'imprimerie allemande, puis manifesta de la curiosité pour cette bible du rail qu'il aurait bien voulu consulter. Schmidt promit de la lui prêter entre deux récréations. C'est ainsi que Lux put copier tous les horaires des lignes et correspondances aboutissant à Glatz. Pour contrôle, il demanda à son frère d'acheter le même volume, à Paris. Ce qui fut fait, dès la réception de l'enveloppe, citronnée d'abondance. Le coup de génie que Lux avait eu avec son encre sympathique de fortune permettait une organisation des préparatifs aussi précise qu'un mouvement de pendule. Et les horlogers ne manquaient pas de qualité. Le chef du SR lui supervisait, à tout moment, « son » évasion. Il avait mis ses hommes en état de mobilisation générale. Le frère aîné de Lux était commis à la correspondance, aux achats des objets utiles et à leur expédition. Le Dr Grelley, un ami de la famille, bricoleur-né, se révéla un maître d'ouvrage hors pair.

Pour fabriquer le cordage, il découpa en bandes des serviettes de toilette, les tressa et, décrochant son lustre, se balança au bout de la corde fixée à la suspension. Le docteur pesait 80 kilos, le filin ne céda pas. Il supporterait donc sans rompre les 60 kilos de Lux. Un grand magasin de Paris, sur commande du frère, livra à Glatz un lot de douze serviettes « pour compléter ton trousseau ».

Un « exerciser Sandow » arriva ensuite. Ses poignées serviraient de poulie afin de récupérer le cordage, une fois le premier obstacle franchi. Comme les poignées étaient creuses, le Dr Grelley y avait serré du fil de fer pour assembler les différents éléments de la scie à métaux, une petite scie à tenons dont la lame « Griffin » était tendue au moyen de deux bras constitués, chacun, par deux plaques d'acier jumelées qui pinçaient entre elles les extrémités de la lame. Les bras devaient être maintenus par un fragment de règle d'écolier que Lux se procurerait sans difficulté.

Cette merveille de scie, œuvre du Dr Grelley, fut expédiée dans la couverture d'un livre, autre chef-d'œuvre. Pour bander la scie, comme pour ligaturer ensemble les lanières de serviette, Lux était pourvu. Son frère lui envoyait, tous les trois ou quatre jours, des paquets de journaux, entourés d'une bande de papier qu'il consolidait par des ficelles de premier choix. Chaque brin mesurait 80 centimètres, Lux en possédait 20 mètres au jour dit.

Et le Dr Grelley multiplia les prodiges. Lux n'avait droit qu'à 10 marks d'argent de poche. La banque renouvelait la provision tous les dix jours, après examen du carnet de dépenses par la Kommandantur. Comment, dans ces conditions, disposer d'une somme importante ? Lux et son frère, après s'être torturé les méninges, pensèrent à la même solution : les livres. On les feuilletait à peine, à la Kommandantur, avant de les envoyer au gouverneur de la forteresse qui transmettait sur l'heure. Lux écrivit à son aîné, sur papier à lettres cette fois, qu'il lui retournait les ouvrages lus et désirait une nouvelle collection.

Le Dr Grelley retroussa ses manches. Il réussit à introduire dans la couverture d'un in-folio, intitulé, *Napoléon et les femmes*, par Frédéric Masson, la monture de la scie, quatre lames et 240 marks, en pièces d'or de 10 marks. Les livres de cet envoi, comme ceux du précédent, provenaient de la bibliothèque régimentaire dont ils portaient le cachet. Le Dr Grelley expérimenta avec patience, détermina l'emplacement du point mort où il fallait placer la scie et les pièces d'or pour que le poids anormal soit indécelable. Le merveilleux docteur redonna ensuite sa patine à la partie qu'il avait dû ouvrir, en la limant à la toile émeri. Tous deux, admiratifs, lui confièrent qu'ils préféraient ne pas en parler au ministre : il détournait la conversation aux seuls noms de Lux et de Dupont. Au plus haut du pouvoir ne marmonnait-on pas : « Tout ça, c'est du Sherlock Holmes ! »

Napoléon et les femmes, par Frédéric Masson, parvint sans encombre à son destinataire. Des albums de Préjelan et Guillaume, aux illustrations assez lestes, étaient joints à l'envoi. Le gouverneur les remit à son prisonnier, huit jours plus tard, en l'invitant à les tenir sous clé, à cause de l'ordonnance : « Pour lui éviter les mauvaises pensées, vous comprenez... »

Lux reçut, à l'occasion de la nouvelle année 1912, toute proche, un calendrier éphéméride. Le carton se composait des feuillets de la carte d'état-major au 1/100 000 de la région de Glatz. Il suffisait de les plonger dans une cuvette d'eau tiède pour les déplier. Un agenda, enfin, dans un colis de linge, recelait, sous sa couverture, une pièce d'identité militaire d'un pays neutre, avec les estampilles officielles, le signalement et le nom d'emprunt du fugitif.

Une évasion par – 18 °C

Le matin du 27 décembre, Lux éventra le *Napoléon et les femmes* de Frédéric Masson, cacha dans sa commode les 240 marks et monta la scie. Il trempa, ensuite, le calendrier dans l'eau tiède, et la carte d'état-major apparut. De la couverture de l'agenda, il sortit ses faux papiers. Restait à attendre la nuit. Ce fut une journée longue et brève tout à la fois, celle durant laquelle il pensait tantôt à l'échec, au cachot, tantôt à la frontière française, à la guerre qui se préparait.

A 6 heures du soir, l'ordonnance vint aux ordres. Lux grogna : en cette fin d'année, il voulait dormir tout son saoul, qu'on ne le réveillât point avant 11 heures ! Il pouvait compter sur ce soldat, brave garçon, assez obtus. Il avait su le manipuler. Le benêt lui avait acheté en ville, sans passer par le contrôle, une lampe électrique et une livre de poivre qu'il répandrait, le cas échéant, sur ses traces, afin d'égarer les chiens.

Lux dîna de bon appétit, en prévision de l'effort. Après l'appel, le sergent-major, c'était de règle, se présenta : le capitaine a-t-il besoin de quelque chose ? Lux répondit que si son mandat tardait encore il se verrait dans l'obligation de lui emprunter de l'argent : « Je suis à sec. » Rire et sortie du sergent. Il se hâterait, le lendemain, de rapporter le propos aux enquêteurs. Et ils circonscriraient ainsi leurs recherches aux alentours de Glatz : un sans-le-sou ne va pas loin[17].

Lux regarda la forteresse sous la neige, avant de tirer ses rideaux. Il écrivit au gouverneur pour prendre congé, très courtois pour le mettre au courant de ses comptes : 90 marks de dépenses que couvriraient les 100 marks de son mandat, l'ordonnance bénéficierait du reliquat. Quant à ses livres, il les offrait au lieutenant von Richthofen, en bon souvenir. La lettre, cachetée à l'adresse du général gouverneur, fut placée en évidence sur la table. On ne pourrait pas traiter le capitaine Lux d'escroc, ni d'individu sans éducation.

A 10 h 45, Lux écouta : les pas du factionnaire résonnaient sur le sol glacé du dehors. Il boucha la serrure de sa chambre d'un tampon d'ouate et entreprit de s'équiper. Il revêtit un complet propre, replia les poches, les cousit, afin de ne rien perdre au cours de ses reptations ou de ses voltiges. Par-dessus le complet, il mit des vêtements usagés et enfila sur ses chaussures deux paires de chaussettes pour amortir le bruit. Il empaqueta son pardessus, sa trousse de toilette, une pèlerine en loden, avant de confectionner un mannequin qu'il allongea dans son lit.

Il retira alors la clé de sa commode, qu'il avait usée sur les dalles du corridor ou en la limant avec un morceau d'isolateur en porcelaine, ramassé dans la cour. Grâce à cette clé, il avait débloqué, pendant le réveillon de Noël, une porte condamnée. Elle bouchait le corridor de sa casemate, qui constituait une espèce de long vestibule à sa chambre. De l'autre côté de la porte, au bout d'un couloir réservé aux Allemands, se trouvait le seul accès possible aux étages inférieurs : une trappe. Deux cadenas gigantesques la protégeaient, mais comme ils dataient, au moins, de l'époque du baron de Trenck, Lux en vint à bout assez vite. La trappe elle-même le mit à la peine, à cause de l'épaisseur de son blindage. En la soulevant, il ressemblait à un haltérophile grimaçant. La trappe céda, se redressa, il la rabattit contre le mur, peu à peu, sans bruit.

17. *L'Evasion du capitaine Lux*, Les Œuvres rares, 1932.

Ses muscles en étaient tout endoloris, mais le capitaine était de la trempe des décathloniens : il gagnerait ou casserait.

Revenu dans sa chambre, Lux rassembla son matériel, releva le rideau de la fenêtre : au jour, on verrait le mannequin dormeur de l'extérieur. Autant d'heures prises à l'ennemi quand le lendemain, à 11 heures, l'ordonnance frapperait. Il ferma à double tour la porte de sa chambre.

11 h 30. Muni de sa lampe électrique, Lux descendit dans les étages. Il choisit la fenêtre la plus proche de l'escalier. Les barreaux avaient 25 centimètres de côté ; espacés de 15 centimètres, une bande de fer, tous les 30 centimètres, les reliait. Au-dehors, la neige tombait moins dense, mais il faisait – 18° . A minuit, Lux attaquait, espérant bien prendre le train de 3 h 10. Il graissa sa petite scie. Elle était très mordante, mais le fer des barreaux avait durci en vieillissant.

A l'heure trois quarts, la première section du barreau cédait. La seconde fut plus rapide. Lux ne sentait pas la fatigue. Il s'étonnait de son audace, songeait au train de 3 h 10 quand il le vit, pas plus grand qu'un jouet, défiler sous ses yeux. Raté ! Mais qu'importe ! Il aurait celui de 5 h 40.

L'ouverture qu'il pratiqua mesurait 32 centimètres × 30 centimètres. Il se déshabilla, s'engagea, les mains levées, tel un plongeur, progressa, prudent, craignant l'accroc. D'une dernière contorsion qui pouvait, à tout instant, le faire basculer dans le vide, il s'extirpa, agrippa le grillage, posa un pied puis l'autre sur le rebord, large de 1 mètre. Le vent le suffoqua, la neige le trempa ; il était en caleçon et tricot de corps, le dos au gouffre.

Il rentra, alla chercher ses affaires et, toujours aussi méthodique, éteignit la lumière du couloir, referma sur lui la trappe massive, qui pesait des tonnes à ce moment. Il l'inclina sur ses épaules, comme s'il la portait. Son baluchon calé sur l'allège de la fenêtre, il repassa, à nouveau, par le trou du grillage. Il se rhabilla, comme le ferait, clou de son numéro, un clown funambule. Insensible aux tourbillons de neige, il calcula, très calme, la hauteur du mur jusqu'au glacis, en contrebas : 5 ou 6 mètres. Un jeu, avec son cordage qui en mesurait 12 !

Un jeu, en effet, le système des poignées de l'exerciser Sandow, utilisé comme poulies, fonctionna sans problème. A 4 h 15, il avait dégringolé, par glissades, la pente verglacée du glacis, mais comme on l'avait aménagé en parc, les arbustes et les bancs servirent de butoirs. Lux regarda une dernière fois la forteresse. Les fenêtres de son troisième étage, d'ici, lui paraissaient minuscules. Un croissant de lune éclairait la ronde des factionnaires, leurs casques et leurs baïonnettes. La neige tombait à larges flocons ; un temps favorable, pensa le presque évadé.

Presque, parce qu'il fallait trouver l'issue vers la rue. Lux avança à petits pas, avança encore et le sol se déroba sous lui, l'entraînant dans une chute de 6 mètres. Il avait pris la précaution de s'arrimer à un arbre avec son cordage. Il rebroussa chemin en tirant sur le filin. Après d'autres errances, il découvrit un escalier, un chemin de ronde puis une porte. Il la força et déboucha sur une petite cour, contiguë à un hôtel et qu'un mur clôturait ; un mur percé, toutefois, d'une porte à grille, le SR la lui avait signalée. Haute de 2,50 mètres, le réverbère d'un urinoir, distant de 5 mètres, l'éclairait comme en plein jour. Sur le trottoir d'en face, un factionnaire, l'arme sous le bras, rêvassait, immobile.

Il était 5 heures moins dix et Lux y tenait, à son train de 5 h 40 ! Alors, il enleva ses vêtements de travail et les cacha sous des buissons neigeux, avec sa panoplie d'évadé, sa trousse de toilette que Dupont lui avait renvoyée pour lui signifier que son bagage de l'hôtel Bodan, à Romanshorn, n'était pas aux mains des Allemands ; la tapisserie au canevas aussi, envoyée par sa sœur, et qui a occupé sa captivité. En proie, soudain, à une nostalgie, il regretta d'abandonner ces objets, témoins familiers de son histoire. Mais il se reprit vite. De la pénombre de la cour, il surveillait, à travers la grille, le factionnaire ; celui-ci n'avait pas bougé. 5 heures sonnèrent, la porte du corps de garde s'ouvrit, c'était la relève. Le nouveau factionnaire, au chaud dans le local d'où il sortit, fut saisi par le froid. Il se mit à faire les cent pas.

Lux, habillé maintenant en gentleman, avec pardessus, chapeau mou et pèlerine en loden, largua ses vivres, le sac de poivre dont il n'avait pas eu à se servir. Il jetta sa pèlerine par-dessus le mur, derrière l'urinoir, releva le bas de son manteau et le maintint sous ses bras avec de la ficelle qu'il couperait, dès qu'il aurait franchi la grille, avec son couteau. Mais ce couteau, où le mettre ? Entre ses dents. Ce qui lui donnait un rien de farouche, surtout qu'il guettait le demi-tour du soldat. Quand ce dernier l'exécuta, Lux s'élança, empoigna la grille, la sauta. Deux coups de couteau et ses pans de pardessus retombèrent. Le soldat, quand il revint sur ses pas, vit un monsieur très digne, sorti de l'hôtel, sans doute, et qui se dirigeait vers l'urinoir. Lux pénétra dans l'édicule, y fit une pause, en sortit, le contourna et, ramassant sans hâte sa pèlerine, la jetta sur ses épaules, le col relevé. Il traversa la rue, passa à côté du factionnaire en lui disant : « *Es ist kalt !* » (Il fait froid.) Mutisme réglementaire de l'autre. Dès qu'il eut tourné dans la rue qui descendait vers la gare, le beau monsieur détala comme un escarpe. Il s'arrêta sous un réverbère du pont de la Neisse. Tirant de sa poche un miroir et des ciseaux, il coupa ses moustaches en « brosse à dents », la mode à l'époque.

Au guichet de la gare, un bossu élégant, la joue bandée, demanda un billet de 3e classe pour Dittersbach. Dans le train, Lux choisit un compartiment vide. Aux toilettes, il rectifia la coupe de sa moustache et lava ses mains noires de limaille, et ensanglantées par la scie. Il jetta par la fenêtre ses passe-partout, sa fausse clé, mais conserva, en souvenir, la lampe électrique, la scie et la clé de sa chambre. Pendant tout son voyage jusqu'à Paris, il portera, en alternance, le pardessus et le chapeau mou, la pèlerine et la casquette.

Il arriva à Dittersbach à 7 h 30, en repartit une demi-heure plus tard pour Nachod, siège d'un commissariat spécial, noté par le SR comme surveillant la sortie des voyageurs. Lux s'éloigna, se sentit suivi par un policier. Il le sema et s'installa dans une brasserie, devant une chope et un repas chaud. Un Henschell consulté lui indiqua la gare suivante, Wenzelsberg, à 6 kilomètres. Il s'y rendit à pied. Le temps était au beau, la marche le revigora. A Wenzelsberg, ni gendarmes, ni policiers. Il prit le train pour Chotzen, grand centre ferroviaire. En attendant la correspondance pour Vienne, il profita des deux heures de battement pour aller chez le coiffeur, après un détour par la poste. Le télégramme convenu qu'il expédia au Dr Grelley était ainsi libellé : « *Gute Reise, besten Gruss, Karl Noël.* » (Bon voyage, meilleurs compliments, Charles Noël.)

Le docteur transmit aussitôt la dépêche au colonel Dupont. Mais le chef des SR attendit le lendemain pour rendre compte à l'état-major, déjà informé par les journaux. Dans les couloirs de tous les ministères, on avait enfin un sujet de conversation qui changeait des médisances ordinaires.

M. Conti, sous-directeur des affaires politiques aux Affaires étrangères, convoqua Dupont et d'entrée se fit très agressif :

— Vous venez m'annoncer la tentative d'évasion de Lux !

— Parfaitement, et je viens vous dire que c'est moi qui l'ai fait évader.

Le général avait une dent contre ce département politique : ils étaient toujours si craintifs, ces fonctionnaires, et tellement défaitistes !

La suite de l'entretien le mit en joie. M. Conti vociférait :

— C'est vous ! encore vous ! Eh bien, vous venez de faire un joli coup. La police est très forte en Allemagne et vous pouvez être certain qu'il est repris à l'heure qu'il est.

— Non, car c'est d'Autriche, quelques heures après sa sortie de l'Allemagne, qu'on m'annonce le succès de sa tentative. Je vais seulement vous demander d'aviser notre ambassadeur en Autriche pour qu'il puisse protester aussitôt si les Autrichiens tentaient d'arrêter le capitaine Lux.

Conti, alors, effondré murmura :

— Quelle affaire ! L'enquête va révéler vos machinations, vos complicités. Nous sortons à peine d'une tension avec l'Allemagne et cela va raviver le feu qui couve. Mon ministre n'en dort plus.

Le 31 décembre, Lux arriva à Paris et fut reçu, avec Dupont, par le ministre de la Guerre. Après avoir félicité l'évadé pour « son admirable énergie, sa magnifique volonté » et s'être extasié sur « le prodige d'une telle réussite », M. Messimy prit Dupont à part et moins formaliste : « Je ne fus prévenu de vos préparatifs que cinq jours avant Noël... Je ne le croyais pas et j'avoue que je n'espérais pas que vous alliez me donner de telles étrennes. » Puis exultant :

« Quel savon je viens de recevoir de mon collègue des Affaires étrangères ! »

« Ils passeront par la Belgique. »

Le Quai d'Orsay n'eut pas trop à s'inquiéter : l'Allemagne était en fête. Gustav Krupp avait choisi de célébrer, en 1912 au lieu de 1911, le centenaire de la Firma. Bertha, sa femme, figurait en tête de liste des personnes les plus riches du Reich avec 283 millions de marks, devançant le prince Henckel von Donnersmark et ses 254 millions ainsi que le baron von Goudschmidt Rothschild (163 millions), gendre du dernier représentant en Allemagne des banquiers de Francfort. Gustav commença par distribuer 14 millions de marks aux Kruppianer d'Essen. Ensuite, comme l'écrit William Manchester[18] :

> « Ce fut l'équivalent dans le Reich du soixantième anniversaire de la reine Victoria en 1897... c'est-à-dire une orgie de dépenses, de chauvinisme, de satisfaction de soi et de nostalgie brumeuse. Cet anniversaire, écrit *La Nation*, était fêté en Allemagne "tout à fait comme si [Krupp] était une institution gouvernementale, ce qui dans un sens est le cas". Les journaux consacrèrent des milliers de colonnes à établir des parallèles entre la famille et le Volk. Les revues expliquèrent en quoi l'essor de l'empire industriel Krupp était inextricablement lié à celui du Reich. »

A Essen, les festivités, qui devaient durer trois jours, furent interrompues par la catastrophe de la mine de Lothringen, près de Bochum : 110 morts. Mais le Kaiser avait eu le temps de placer un discours qui commençait par deux rappels : depuis 1811 Krupp avait vendu plus de 150 000 canons et la naissance de la Gusstahlfabrik avait coïncidé avec le début du mouvement nationaliste allemand « qui devait, l'année suivante à la bataille des Nations de Leipzig, libérer la nation de l'oppresseur... ». Guillaume II était lancé :

— Depuis, les canons Krupp ont tonné sur les champs de bataille où l'on a lutté pour l'unité allemande et où elle a été conquise, et les canons Krupp sont la force de notre armée et de notre marine allemandes d'aujourd'hui. Les bateaux construits dans les chantiers Krupp font flotter le drapeau allemand sur toutes les mers. L'acier Krupp protège nos vaisseaux et nos forts.

En ces années de « guerre sèche », comme on appelait l'époque, Krupp, c'était un fait, dépassait tous ses concurrents : Schneider, Skoda, Mitsui, Vickers, Armstrong, Poutiloff, Terni et Ansaldo,

---

18. *Op. cit.*

Bethlehem et Du Pont. Au Reichstag, une question revenait, de façon obsessionnelle :

— L'Allemagne est-elle en tête de la course aux armements ?

Il n'y avait que le leader du SPD, Karl Liebknecht, pour parler de « la sanglante internationale des marchands de mort ». Il provoqua même un scandale en fournissant au ministre de la Guerre von Herringen des renseignements secrets et irréfutables ; les agents d'Essen avaient volé plus de 1 000 documents dans les dossiers du ministère, plusieurs junkers avaient touché de l'argent de Krupp, 8 officiers de marine 50 000 marks, 1 officier d'artillerie 13 000 marks. Krupp avait financé les campagnes de presse anti-allemandes de journaux français pour exciter et élargir encore son marché intérieur. En bref, selon les documents de Liebknecht, Krupp manipulait le haut commandement de Waldersee.

Pendant sept mois, ni le gouvernement ni la police ne bougèrent. Alors, le 18 avril 1913, Liebknecht se dressa au Reichstag :

— Il semble bien qu'il soit impossible de chanter tous ces hymnes patriotiques à la gloire de l'Allemagne qu'on chante habituellement dans les associations d'anciens combattants, les clubs de la jeunesse allemande et autres associations militaires du même genre sans faire allusion à Krupp. L'effondrement du renom de Krupp porterait sans aucun doute un coup sévère au genre de patrimoine dont nous autres, Allemands, avons le brevet.

Le Reichstag était consterné, von Herringen reconnut que Liebknecht avait raison de flétrir « les méthodes Krupp ». Il clama sa « désapprobation totale », ajoutant qu'il « n'y avait, cependant, aucune preuve que les directeurs d'Essen fussent vraiment impliqués ». L'opinion quand même, pour une fois, s'émut. Alfred Hugenberg, le président du conseil d'administration, termina une conférence de presse en tonitruant :

— Il n'y a pas d'affaire Krupp, mais seulement une affaire Liebknecht !

Et le Kaiser convoqua Gustav au palais impérial pour le décorer de l'ordre de l'Aigle rouge de Prusse, seconde classe, avec feuilles de chêne. Von Herringen démissionna, la justice abusa les foules en jugeant, pour la forme, Brandt et Eccius, des hauts responsables d'Essen, en cassant et en emprisonnant les officiers allemands stipendiés. C'était fin octobre 1913. Le Kaiser et son état-major avaient d'autres préoccupations. Ils ruminaient les dernières paroles de von Schlieffen, qui venait de mourir, et une des formules qu'il répétait souvent :

— Lorsque vous entrerez en France, que le dernier homme de droite frôle la Manche du bras !

Fin 1913, la guerre était déjà décidée. Un ancien directeur d'Essen révélera, de Suisse et après août 1914, qu'en cette fin d'année « Krupp était secrètement informé par Berlin de l'imminence de la guerre et entreprenait en conséquence d'étendre ses usines pour faire face au travail supplémentaire ».

En novembre 1913, Albert Ier, roi de Belgique, fit une visite officielle à la cour de Berlin. Après le dîner, Guillaume II le prit à part et lui annonça, à demi-mot, que la guerre avec la France était « inévitable et prochaine ». Von Molkte employa les mêmes termes pour convaincre le jeune souverain belge. Albert Ier demanda aussitôt à son ambassadeur en Allemagne, le baron Bayens, de prévenir son homologue Jules Cambon :

— Et qu'il ne transmette pas au Quai d'Orsay ! Qu'il prenne le train pour Paris et voie le président de la République et le ministre des Affaires étrangères. Moi-même, en Belgique, je n'informerai pas le Conseil tout entier.

Jules Cambon, empêché de se déplacer, écrivit une lettre personnelle à M. Pichon, son ministre ; c'était un avertissement solennel. Jules Cambon, s'appuyant sur les révélations d'Albert Ier, insistait : la guerre, nous y étions. Et il concluait ainsi cette missive qui le rendra célèbre :

> « A mesure que les années s'appesantissent sur Guillaume II, les traditions familiales, les sentiments rétrogrades de la cour et surtout l'influence des militaires prennent plus d'empire sur lui. Peut-être éprouve-t-il on ne sait quelle jalousie de la popularité acquise par son fils qui flatte les passions des pangermanistes et ne trouve pas la situation de l'Empire dans le monde égale à sa puissance. Peut-être aussi la réplique de la France à la dernière augmentation de l'armée allemande, dont l'objet était d'établir sans conteste la supériorité germanique, est-elle pour quelque chose dans ses amertumes ; car quoi qu'on dise, on sent qu'on ne peut guère aller plus loin. »

Pichon informa Poincaré. Sur les observations, assez pressantes, de Maurice Paléologue, le directeur des Affaires politiques en prévint Joffre. Et ce fut tout.

Dupont, chef du 2e Bureau depuis le début de l'année, pensait déjà : « Ils passeront par la Belgique. »

Le plan Schlieffen reconstitué

Selon le colonel, cette violation s'était inscrite, au jour le jour, sur le terrain. Dans les années 1900, les Allemands avaient créé, dans le district, prussien alors, de Malmédy, un camp avancé vers la Meuse et la région de Liège. A partir de 1908, le développement de leur réseau ferroviaire s'amplifia à une cadence telle que Dupont commit à la surveillance des travaux un grand nombre de ses agents. Il sollicitait aussi ses collaborateurs occasionnels, des hommes d'affaires, qui voyageaient, comme M. Bachelard des Magasins réunis de Nancy. Lorrain patriote et officier de réserve, Bachelard vivait dans l'attente de « la revanche ».

En Alsace-Lorraine, les fortifications de la Moselle, de Metz, de Thionville révélaient des intentions défensives. Côté Suisse, la petite armée helvétique, bien entraînée et à l'abri de ses montagnes, aurait contenu, pendant plusieurs semaines, n'importe quel assaillant. C'est pourquoi l'invasion de la Belgique, dès les premiers jours du conflit, allait de soi.

Mais au ministère de la Guerre, au Quai d'Orsay, au Palais-Bourbon, tout le monde se cramponnait à l'idée que l'Allemagne respecterait les traités. On ne voulait rien entendre ni de Dupont, malgré ses renseignements circonstanciés, ni de quelques autres clairvoyants, comme Delcassé, sans portefeuille ministériel à ce moment, mais qui n'avait pas oublié le Vengeur.

Ils s'entendaient rétorquer, dès qu'ils évoquaient le péril Belge : « Apportez-nous des preuves ! » Alors Dupont en fit chercher à la source.

Au grand état-major de Waldersee, s'il n'y eut qu'un Henri Basse, d'autres étaient accessibles parce que assoiffés non de vengeance, eux, mais d'argent. Ils vendirent, au coup par coup, comptes-rendus et notes sur les séances de « Kriegspiel », ce jeu des opérations auquel les généraux de la prochaine guerre participaient, sous la direction de von Schlieffen.

En 1891, il semblait acquis, à l'état-major de Berlin, que l'on attaquerait d'abord la Russie, en se contentant d'une guerre défensive à l'Ouest. Mais depuis von Schlieffen était devenu le maître de Waldersee. Disciple de Molkte, le vainqueur de 1870, c'était un stratège remarquable. A peine entré en fonction, il avait bouleversé le projet : on écraserait la France, avant de terrasser la Russie. Il esquissa son plan : l'attaque contre la France serait lancée de l'aile droite, en passant par Donchery et Stenay, ce qui amenait à observer Liège. A l'Est, on hérisserait la Prusse-Orientale de fortifications.

Le Kaiser fut séduit, mais ses diplomates protestèrent :

— Ne touchons pas à la neutralité belge, l'Angleterre réagirait !

— Elle interviendra trop tard, répliqua von Schlieffen. Une fois la France écrasée, l'Angleterre acceptera la paix. Son économie est incapable de soutenir l'effort d'une guerre.

Ayant dit cela, il se mit au travail avec son état-major, de 1901 à 1909. D'après le plan de 1904, fourni par le Vengeur, l'état-major du général Pendézec possédait assez d'éléments pour étudier l'ensemble du dispositif. Dupont, lui, dut commencer par reconstituer cet ensemble, à mesure que lui parvinrent, dès le printemps de 1908, les bulletins des Kriegspiel, contenant les améliorations, les variantes possibles du plan initial que Dupont devinait peu à peu. En 1909, enfin, au reçu d'un rapport, plus substantiel que les bulletins, tout s'éclaira. Le chef du SR comprit le mécanisme et, ce qui ne manquait pas d'intérêt tactique non plus, la genèse du projet dévastateur.

Au cours d'un des exercices théoriques, le général de l'infanterie von Kuhl, sous-chef de l'état-major, avait lancé ses avant-postes à travers le Luxembourg pour tomber sur le flanc gauche français : von Schlieffen l'avait interrompu en disant :

— Seul un mouvement de grande envergure par la Belgique correspond à la situation.

Le plan Schlieffen venait de naître. Il aurait anéanti les Français sans les modifications et les fausses manœuvres que son créateur aurait sans doute évitées. « Renforcez l'aile droite !... » furent ses dernières paroles quand il mourut, en 1913.

Au début de 1904, alors que von Schlieffen en était à méditer son offensive, la guerre éclata entre la Russie et le Japon. Stupeur de toute l'Europe. Qui aurait cru l'influence de Guillaume II forte au point de lancer son « cher cousin » le tsar à la conquête chimérique de la Mandchourie et de la Corée ? Von Schlieffen, pour sa part, ne tergiversa plus, maintenant que la Russie s'affaiblissait : son aile droite ferait mouvement bien plus au nord. De Saint-With, il reporta sa concentration au-dessus d'Aix-la-Chapelle. Cette armée du Nord serait composée de 9 corps d'abord, puis de 11, suivis de 7 corps de réserve, destinés à couvrir le flanc droit et à masquer Anvers. Restant sur la défensive en Lorraine, évacuant, au besoin, la haute Alsace, von Schlieffen fortifiait le Haut-Rhin, créait le front Strasbourg-Donon et renforçait, dans le même temps, en Prusse-Orientale, la ligne de défense des lacs Mazures, tout en développant les places de la Vistule.

Voici qui dut raviver, chez le colonel Dupont, les impressions de son voyage de 1903 quand on lui livra cette synthèse, en 1909. Le document était un secret d'Etat. En aurait-il parlé à Lambling, son subordonné, que le plan Schlieffen, extrait d'un tiroir du ministère et enrichi de ses dispositions les plus récentes, aurait convaincu les partisans les plus inconditionnels de la paix : l'Allemagne n'avait que faire des traités.

Mais le colonel se méfiait de son entourage et il respectait la hiérarchie. Il transmit au 2e Bureau où le colonel Barthélemy, pas plus bavard que Lambling, informa le général en chef. Joffre modifia le plan français en préconisant le service militaire de trois ans et il fixa à Vitry-le-François le GQG, prévu, depuis trente ans, à Neufchâteau. Ensuite, il freina des quatre fers, le gouvernement, sous l'influence des diplomates, craignant quelque initiative dangereuse de ses militaires.

Maurice Paléologue, lui-même, venait parfois consulter Dupont, le tâter, en quelque sorte. Après un brin de causette et arguant de sa curiosité bien connue pour les choses guerrières, monsieur le Directeur des Affaires politiques demandait, mine de rien, au chef des SR si, à sa connaissance, son état-major ne prévoyait pas une offensive sur la Belgique. Dupont répondait au responsable des « affaires réservées » que le 2e Bureau et le général Joffre n'avaient pas à le tenir au courant. Il disait à peu près la vérité. Paléologue aurait été rassuré tout à fait s'il avait su que l'état-major n'accordait qu'un intérêt didactique au flux d'informations, précises et concordantes, que le général lui envoyait. Joffre, d'ailleurs, ne croyait guère qu'aux renseignements ferroviaires : les voies, les quais d'embarquement, etc.

Dans *Le Haut Commandement allemand*[19], son seul texte publié, Dupont écrit :

> « ... Schlieffen avait prévu une variante à son plan principal pour le cas où la France ne se déciderait pas de suite à entrer en action dans l'éventualité d'une guerre des puissances centrales contre la Russie. Cette variante consistait à employer la moitié des forces allemandes à l'Est avec les Autrichiens, l'autre moitié demeurant en Allemagne, prête à être transportée. Si les Français prenaient l'offensive, on jetait toutes ces forces disponibles, par surprise, sur leur flanc droit.
>
> Nous connaissions cette variante. En 1909, un mémoire de Schlieffen, qui l'exposait dans une critique d'un voyage d'état-major, était tombé entre nos mains. Le général Baumgarten, qui la met au jour dans son récent ouvrage : *Deutsche Heerführung in Marne Feldzug 1914*, paru en 1921, s'étonne qu'aucun des hommes en situation de la connaître en 1914 ne la mentionne. Elle aurait évité la déclaration de guerre et la violation de la neutralité belge. »

Dupont n'en dit pas plus, mais son silence équivaut à une approbation désabusée des étonnements de Baumgarten sur l'apathie française de 1909 à 1914. Pendant ces années si fugaces de l'avant-guerre, Dupont avait dû, en effet, se résigner devant le comportement, à tout le moins surprenant, des autorités, de Joffre, entre autres, qui attendirent 1912 pour annoncer à qui de droit les visées allemandes sur la Belgique. Ni le gouvernement, ni le Conseil supérieur de la défense nationale ne l'invitèrent à produire des documents qui auraient justifié son alarmisme subit. On préféra éluder cette question belge, aux allures de fatalité.

La Belgique pas si neutre que ça

A la fin de la même année, le 27 novembre 1912, le général de Castelnau, attaché au Cabinet, écrivait à Alexandre Millerand, ministre de la Guerre :

> « M. le général Wilson est venu avec l'assentiment de Sir Edward Grey (ministre britannique des Affaires étrangères) pour s'entretenir avec notre état-major sur les dispositions à prendre dans l'éventualité

19. Librairie Chapelot, 1922.

d'une guerre. Le Foreign Office estime que la Belgique est hésitante sur le parti à prendre en cas d'un conflit franco-allemand et qu'elle penche plutôt pour l'Allemagne. Si la France viole la première la neutralité belge, son armée marchera avec l'Allemagne et le gouvernement anglais se trouverait dans une situation embarrassante. Il n'y a donc pas intérêt pour l'armée française à violer la première la neutralité de la Belgique. »

Pas si neutre que ça, la Belgique. Le colonel Dupont était en droit de le penser. Toutes ses informations, tous ses contacts, jusqu'en 1914, le lui confirmèrent : nos voisins d'outre-Quiévrain, ultranationalistes, mais à la botte de l'Allemagne et à l'écoute de l'Angleterre, se consolaient de leur vulnérabilité en tapant sur la France.

En 1911, déjà, il avait lu le libelle d'un général de brigade, qui occupait des fonctions importantes à l'école militaire de Bruxelles. Cet officier supérieur, très coté, prônait l'alliance avec l'Allemagne ; la victoire des armées allemandes était certaine, écrivait-il, la décomposition de la France lui paraissant une évidence. L'auteur reçut de l'avancement.

En 1912, à l'automne, le colonel Picard, avec trois autres officiers d'état-major français, traversa la Belgique méridionale, au cours d'une randonnée automobile. Des gendarmes le prirent en filature, grossirent l'incident et les pacifistes belges, qui avaient une peur bleue de l'Allemagne, en profitèrent pour orchestrer une campagne antifrançaise. Dupont décida d'aller se rendre compte sur place.

Noël 1912. Le colonel réveillonna, à Anvers, chez des amis industriels qui avaient invité, sur sa demande, des officiers de l'état-major belge. L'un d'eux, marié à une Française, apostropha Dupont :

— Vous voulez nous envahir, vos reconnaissances d'état-major le prouvent.

— Ne nous accusez pas, répliqua Dupont, ce sont les Allemands qui vont faire de votre pays le prochain champ de bataille.

— Je n'en crois rien. Pourquoi renforcez-vous Maubeuge ? Nous savons que l'état-major a un plan offensif. Votre ministre de la Guerre est venu récemment inaugurer à la frontière belge un hangar de dirigeables. Si vous entrez chez nous, gare !

En 1914, les relations franco-belges s'envenimèrent encore.

21 janvier 1914. Note n° 315 B au 2e Bureau de l'attaché militaire français à Bruxelles :

« J'ai l'honneur de vous envoyer, ci-jointe, une note relative à un espion allemand, qui vient d'être découvert à Bruxelles et qui va être expulsé pour port de faux nom, les pratiques auxquelles il se livrait n'étant pas sanctionnées par la loi belge. Notre service de contre-espionnage pourra faire son profit de cette note, d'après laquelle les Allemands se servent de femmes pour prendre des photographies dans nos forts.

La découverte de cet espion allemand doit retenir notre attention à un autre point de vue. Ce Jean Bellinger opérait contre la Belgique, en même temps que contre la France. Le gouvernement belge, qui l'expulse, le sait. En ce moment aussi, une autre affaire d'espionnage allemand, signalée par la police française à la police belge, a fait découvrir qu'un autre Allemand, installé également à Bruxelles, avait cherché à corrompre, aux fins de renseignements, des militaires d'un rang subalterne, à Brasschaat (Ecole d'aviation) et à Anvers ; cela aussi, le gouvernement belge le sait. Je ne sache pas qu'aucun cas semblable ait jamais été découvert au passif de la France.

Aussi est-ce avec un étonnement pénible que nous avons pu lire le communiqué ci-joint, relatif à l'élaboration d'une loi contre l'espionnage en Belgique. Vous verrez que la randonnée automobile du colonel Picard y est évoquée à nouveau, d'une façon rien moins que bienveillante. Des Allemands, il n'est pas question. La chose est d'autant plus regrettable que *Le XX*e *Siècle* « est une sorte d'officieux du ministère de la Guerre[20]... »

Le communiqué, joint à la note B, était rédigé comme suit :

« Un projet de loi contre l'espionnage est en préparation au département de la justice. Ce projet, qui s'inspirera dans une large mesure des législations allemande et française, fait l'objet des études d'une commission de trois fonctionnaires des ministères de la Justice, des Affaires étrangères et de la Guerre. Le but que le gouvernement se propose est d'atteindre tout ce qui pourrait compromettre la sûreté extérieure de l'Etat.

On se rappellera sans doute qu'il y a un peu plus d'un an les journaux signalèrent la présence sur différents points de la vallée de la Meuse d'une automobile mystérieuse transportant des officiers français. Ces officiers, dont les investigations dans cette région avaient paru plus que suspectes, étaient conduits par le colonel Picard. Il est probable que des expéditions de ce genre ne seront plus tolérées désormais[21]. »

Le 25 mai 1914, le colonel Dupont recevait du même attaché militaire la note n° 542 B (2) :

« Divers journaux, non officieux, ont parlé à nouveau, ces jours derniers, de la nécessité, de l'urgence même d'une loi contre l'espionnage en Belgique. Quelque émotion a été produite, en effet, par de trop nombreux atterrissages de ballons allemands en Belgique. En dernier lieu, un ballon, monté par quatre officiers allemands, est venu atterrir à Namur, où il a été dégonflé, emballé et expédié, sans que les passagers aient fait la moindre démarche auprès des autorités belges.

Il sera intéressant de voir, quand on parlera effectivement de cette loi, si les organes et les milieux gouvernementaux renouvellent leurs allusions déplaisantes à l'excursion du colonel Picard, qui semble jusqu'ici constituer pour eux un exemplaire unique et parti-

---

20-21. SHAT.

culièrement dangereux des pratiques qu'il s'agit de réprimer en Belgique. »

Au reçu d'informations aussi consternantes, Dupont se bornait à prendre acte. L'année précédente, il avait réussi à se procurer, quelques jours après sa signature, un rapport secret du grand état-major de Berlin. Le document, signé par Ludendorff, alors colonel, et daté du 19 mars 1913, s'intitulait « Note sur le renforcement de l'armée allemande ». Un programme de propagande qui commençait ainsi :

> « Il faut habituer le peuple allemand à penser qu'une guerre offensive de notre part est une nécessité pour combattre les provocations de l'adversaire. Il faut mener les affaires de telle façon que, sous la pesante impression d'armements puissants, de sacrifices considérables et d'une situation politique tendue, un déchaînement soit considéré comme une délivrance... »

L'essentiel, du point de vue stratégique, se trouvait résumé dans le paragraphe suivant :

> « Au sud, la Suisse forme un boulevard extrêmement solide et nous pouvons compter qu'elle défendra énergiquement sa neutralité contre la France, protégeant ainsi notre flanc. Mais nous ne pouvons considérer de même la situation vis-à-vis des petits Etats de la frontière du nord-ouest. Il sera pour nous vital de prendre l'offensive avec une énorme supériorité. Dès les premiers jours, il faudra concentrer une grande armée qui emprisonnera les armées des petits Etats et les déterminera à nous suivre, ou, tout au moins, les neutralisera ou même les écrasera au cas où ils voudraient résister. »

Dupont, promu depuis peu chef du 2e Bureau, transmit, comme à l'habitude, le document Ludendorff à l'état-major où Joffre lui ressassait :

— Avant tout, je veux être prévenu de l'invasion de la Belgique une heure après qu'elle se sera produite, avec ou sans déclaration de guerre.

Dupont avait posté, à cet effet, tout le long de la frontière germano-belge, des officiers assez qualifiés pour distinguer une patrouille d'uhlans d'une formation de combat. Ces agents du SR étaient, en somme, les guetteurs de l'inéluctable ; on se préparait à la défaite puisque attaquer les premiers aurait constitué la seule réplique au plan Schlieffen. Or cette offensive était interdite.

« N'attaquez pas, sinon l'Angleterre nous déclarera la guerre ! »

Paul Cambon, notre ambassadeur en Grande-Bretagne, avait prévenu : « Oubliez votre plan d'offensive, sinon l'Angleterre nous déclarera la guerre[22]. » Il le confirma au patron du 2e Bureau quand, au printemps 1913, il vint étudier avec l'état-major anglais les possibilités de coordination entre les services de renseignements. Cambon lui dit, péremptoire :

— L'Angleterre ne supporterait pas que nous entrions en Belgique. Elle défendra contre nous la neutralité belge. Dites-le à vos généraux, qu'ils en fassent leur principe de base. Si c'est l'Allemagne qui viole la Belgique, nous avons quelque chance de voir l'Angleterre marcher avec nous. Ne compromettons pas cette chance.

Elle tardera, cette chance-là. Il faudra le bombardement diluvien de Liège par les Bertha et l'Angleterre annoncera enfin à Paris son entrée en guerre, le 4 août 1914 !

Dupont se souviendrait des atermoiements de Londres et des silences du colonel Büller. Yard Büller, l'attaché militaire anglais, qu'il convoquait, depuis le 24 juillet, plusieurs fois par jour. Entre deux sauts à l'Elysée où les Conseils des ministres, sur les dents, harcelaient le 2e Bureau. Dupont, dont le lorgnon étincelait, allait à grands pas, pointait sa pipe sur les cartes, sous le regard de porcelaine de Yard Büller qui ne disait pas un mot. Le général s'exaspérait de ce mutisme qu'il sentait de commande et dont il percevait mal les raisons. Elles étaient complexes et le colonel Büller lui-même, c'est probable, les ignorait.

L'origine de l'attentisme britannique remontait à 1904 et à la trahison du Vengeur. En vertu des accords de l'Entente cordiale, Anglais et Français échangeaient des renseignements. Delcassé alertant son homologue anglais, Sir Edward Grey, Paléologue révéla l'existence et les caractéristiques du plan Schlieffen à Sir Thomas Sanderson, sous-secrétaire d'Etat permanent au Foreign Office, et le général Grierson, chef du service des opérations du War Office, fut chargé d'une mission officieuse auprès de l'état-major belge. Grierson s'enquit des « ... conditions les plus efficaces dans lesquelles, en cas de besoin, l'assistance des forces britanniques pourrait être fournie à la Belgique pour la défense de sa neutralité ».

En cette année 1904, les Belges changeaient de roi. Au pangermanique Léopold II, prince de Saxe-Cobourg, succédait un jeune souverain, Albert Ier. Il se rongeait. Il savait son royaume souffrant, vu la conjoncture, d'un haut mal : la germanophilie. Les services spéciaux allemands avaient intoxiqué la cour, les politiciens, la presse. Ce qui expliquait les tergiversations de l'état-major quand le War Office lui fit des avances.

Mais il était impossible de dire non aux alliés anglais, même si la grande armée allemande fascinait Bruxelles et la plupart des officiers supérieurs.

---

22. D'après Edouard Frédéric-Dupont, le fils du général Dupont, au cours d'un entretien avec l'auteur, octobre 1987.

Du 18 janvier à la fin de mars 1906, Anglais et Belges étudièrent le plan Schlieffen. A la demande du ministre belge de la Guerre, le général Alkemade, Ducarne, son chef d'état-major, rédigea un mémoire intitulé : « Dispositions à prendre pour favoriser l'intervention d'une armée alliée anglaise, dans le cas d'une atteinte à notre neutralité par l'Allemagne ». Echanges de vues et hypothèses d'état-major, entre Belges et Anglais, se poursuivront jusqu'en 1912, sans qu'aucun engagement, ayant force de pacte, ne soit pris. Après chaque réunion, le général Ducarne prenait soin, toutefois, de noter : « L'entrée des Anglais en Belgique ne se ferait qu'après la violation de notre neutralité par l'Allemagne. » Les généraux, ainsi que les diplomates, d'outre-Manche, n'avaient pu ou voulu obtenir davantage. Leur réserve, au cours de ces négociations qui ne s'avouaient pas pour telles, se justifiait peut-être.

Ces louvoiements de chancelleries défiaient, en juillet 1914, les intuitions les plus fines du colonel Dupont autant qu'elles indifféraient le silencieux colonel Büller. L'un et l'autre savaient, cependant, que le gouvernement belge, à l'insu d'Albert Ier, avait envisagé, de sang-froid, la capitulation si l'Allemagne montrait ses crocs. Il y avait loin, cependant, de là à imaginer ce que Dupont apprit, par hasard, au cours de sa mission en Pologne de 1922.

A Varsovie, il avait comme collègue, à la Commission de délimitation des frontières germano-polonaises, l'ambassadeur allemand von Treutler. Ami et confident de Guillaume II jusqu'à la fin de 1916, von Treutler était un ancien officier d'active. Comme la conversation roulait, une fois de plus, sur la guerre perdue, il révéla un jour, à Dupont :

— Une erreur nous a perdus, une seule ! Nous n'avons pas préparé l'opération avec assez de soin. Quand von Schlieffen a établi son plan, c'était Léopold II qui régnait en Belgique. Il aurait protesté pour la forme, nous l'aurions dédommagé. Trois milliards et tout était dit ! Molkte a eu tort, gravement tort. Il n'a pas pensé que les circonstances avaient changé et que le jeune roi résisterait par la force. Là a été notre erreur.

Sachant cela en 1914, Dupont aurait pris, plus vite, ses distances et perdu moins de temps avec l'attaché militaire belge, le major Collon. Il éprouvait pourtant une certaine sympathie pour cet officier intelligent, quoique brouillon, et s'amusait ou s'agaçait selon les jours de son chauvinisme grotesque. « L'artillerie et l'infanterie belges sont les meilleures du monde ! » tonnait le major quand Dupont l'exhortait à prendre, au moins, quelques mesures de défense contre l'Allemagne. Collon, en fait, commettait la même erreur que Molkte, prêtant les sentiments pro-allemands de Léopold à Albert Ier, le roi-chevalier, qui combattra à la tête de son armée. L'attaché militaire belge se contentait donc de tenir la jambe au chef du 2e Bureau français.

Le comportement, à la fois bravache et fuyant, du major finit par énerver Dupont, qui fit sa petite enquête. Dans sa note 315 B du 21 janvier 1914, l'attaché militaire à Bruxelles lui confirma ses soupçons : « ... Le major Collon a été rédacteur du *XXe Siècle* et continue encore, dit-on. Je ne sais s'il continue, mais j'ai eu la preuve matérielle qu'il y avait écrit effectivement... »

C'est ainsi qu'un jour de février le major arriva, écumant, dans le cabinet de Dupont. Il brandit une petite feuille militaire, sans grande audience, et vociféra :

— Il est écrit là-dedans que la Belgique méridionale sera violée par les Allemands. Et que quatre divisions de réserve suffiront ! Quatre divisions ! Et de réserve encore !...

Le colonel Dupont riposta, très froid :

— Soyez franc. Vous savez bien que les Allemands sont convaincus que vous ne résisterez pas à leur invasion. Ils pensent que vous protesterez pour la forme, que vous vous retirerez dans d'autres places fortes de la Meuse et d'Anvers. Dans ces conditions, quatre divisions de réserve suffisent contre des gens qui ne veulent pas se battre.

Dupont évoque les réservistes allemands et offre sa démission, Joffre la refuse

Six mois plus tard, les Allemands enlevaient Anvers, la première forteresse du monde, comme à la parade, avec quatre divisions de réserve. Alors, Dupont tiqua. Malgré sa connaissance du plan Schlieffen et de ses diverses variantes, malgré ses spéculations ambulatoires et enfumées, son monocle s'était embué. Il n'avait pas prévu que les Allemands franchiraient la Meuse, sans craindre, comme il le pensait[23], une réaction anglaise. Autre dossier, qui chagrina longtemps le colonel : il avait sous-estimé, en partie, la pugnacité de leurs réservistes. Pourtant, dès le 3 janvier 1914, le colonel Dupont avait remis à Joffre le plan de mobilisation allemand, daté du 9 octobre 1913 et signé par l'empereur. Ce plan indiquait les dates de mobilisation des unités de réserve et expliquait qu'elles seraient transportées à la suite des unités actives correspondantes. Dupont avait dit alors à Joffre :

— Ces réserves seront aussitôt opérationnelles — Joffre sourcilla. Dupont cita le texte du plan — ... « les divisions de réserve devant servir de troupes de deuxième ligne éventuellement appelées, par exemple, à renforcer un corps d'armée pour une opération déterminée ».

Joffre, sceptique, avait grommelé :

— D'après ce que nous savons des possibilités allemandes, l'existence de ces corps d'armée paraît bien douteuse...

23. D'après Edouard Frédéric-Dupont, au cours d'un entretien avec l'auteur, octobre 1987.

Dupont, pesant de toute sa masse, avait insisté, et Joffre lui avait répondu :

— La présence de telles unités sur le front pourrait faire admettre que... que, là où elles seraient engagées, il ne serait point mené d'opérations décisives.

Le colonel s'était incliné, mais il avait rédigé une note sur la valeur de ces divisions de réserve. Selon lui, les réservistes allemands étaient plus instruits et plus jeunes que les nôtres, la formation des officiers de réserve était, de loin, supérieure « sauf dans l'artillerie », précisa-t-il. Joffre, lisant cette analyse qualitative, avait haussé les épaules. Mais le chef du 2e Bureau suivit son idée, au mépris, parfois, des réalités de l'heure.

Le 23 août 1914, en plein retraite des armées françaises, avec des repliements qui tournèrent, à certains endroits, à la déroute, Joffre put constater que l'ennemi, après l'assaut des premiers jours, avait engagé, pour intensifier sa poussée, de grandes unités de réserve, et l'amplitude de leur mouvement vers le nord avait surpris le chef de notre état-major[24]. Dans ses Mémoires, il écrit pourtant avec un rien de mauvaise foi, compte tenu des avertissements de Dupont, que le 25 août, à 15 heures, le 2e Bureau lui avait fait tenir cette note : « Si ces corps existent, ils sont composés d'éléments peu homogènes, faiblement dotés en artillerie (deux groupes par division de réserve, dont un groupe d'obusiers dans certaines), et n'ont pas d'artillerie de corps. »

Entre Joffre et Dupont, l'affaire des réserves ne sera pas, en deux ans, le seul différend. Mais cette fois-là, Dupont exprima son désir de prendre un commandement au feu. Face au « généralissime », le colonel fut glacial :

— Trouvez-moi un remplaçant.

Joffre se reprit et très sec :

— Vous ne me quitterez pas. Vous ne m'avez jamais trompé ni avant, ni depuis la guerre.

On comprend mieux, dès lors, la scène au GQG de Vitry-le-François, le 30 août 1914, vers les 6 heures du matin. L'attaché militaire russe Ignatieff vint rendre sa visite quotidienne à Dupont, qu'il admirait comme un maître.

Mais le « maître », en cette aube où les canons ne se taisaient plus et qui sentait le désastre, le « maître » n'avait pas dû beaucoup dormir. Fébrile, il amena Ignatieff devant la carte, mesura avec les doigts la distance de Paris à cette ligne du front, Clermont-sur-Oise, Meaux, Coulommiers, tracée d'un fusain qui pouvait, à tout instant, s'estomper sous de nouvelles percées. Et Dupont éructa ces mots :

— Voilà la situation à ce jour, jugez vous-même !

De 1908 à 1917, ce sera le seul accès de révolte de cet homme moins écouté qu'il n'était renseigné.

---

24. *Mémoires du maréchal Joffre*, Plon, 1932.

Les secrets de la bataille de la Marne

Arrivé le 5, le GQG de Joffre, passa août 14 à Vitry-le-François, « sans aucune nervosité, même pendant les terribles journées de la deuxième quinzaine », note le colonel Dupont, avant d'ajouter : « Tous les visiteurs des états-majors alliés sont frappés de notre sérénité. » Puis le front se rapprocha et le GQG se replia le 1er septembre sur Bar-sur-Aube, où il demeura quatre jours.

Des jours soucieux. Ludendorff avait écrasé les Russes à Tannenberg, les Français rcculaient toujours, en bon ordre et rendant coup pour coup, comme lors de la bataille de Guise. Mais les attachés militaires étrangers n'y croyaient plus. Le colonel Ignatieff télégraphiait à Saint-Pétersbourg : « L'armée française est battue. » Le représentant argentin, quant à lui, annonçait à Buenos Aires : « Ces pauvres gavachos de Français sont finis. » Et il rejoignait ses collègues au 2e Bureau, leur refuge à tous. Dupont, la pipe et le lorgnon bien en place, allait et venait de son grand pas, au milieu de ces défaitistes dont il connaissait les messages secrets. Il leur répétait ce que Joffre avait dit, le 25 août, après le désastre de Charleroi et les revers des Ardennes :

— Nous sommes donc condamnés à une défensive appuyée sur nos places fortes et sur les grands obstacles du terrain, en cédant le moins possible de territoire. Notre but doit être de durer le plus longtemps possible en nous efforçant d'user l'ennemi et de reprendre l'offensive le moment venu.

Le chef du 2e Bureau savait réconforter ses visiteurs, leur faire sentir, comme par une émanation de sa puissante carcasse, ce qu'il gardait pour lui : la décision était proche. Le général Gallieni, nouveau commandant du camp retranché de Paris, c'est-à-dire de la capitale et de sa région, avait télégraphié, le jour même de l'arrivée de Joffre à Bar-sur-Aube :

« Mon service de renseignements qui fonctionne de manière parfaite, sous les ordres du colonel Bourdeaux, signale, le 1er septembre 1914, que les colonnes allemandes qui paraissaient se diriger droit sur Paris infléchissent leur direction vers le sud-est et semblent vouloir éviter le camp retranché. A première vue, cela pourrait causer un peu d'étonnement, mais à la réflexion c'était parfaitement conforme à la doctrine militaire allemande. »

Les deux jours suivants, le SR du colonel Bourdeaux avait épié sans relâche les Allemands et leur mouvement vers le sud-est. Dans l'après-midi du 3 septembre, Gallieni télégraphiait :

« L'hypothèse se précise. La 1re armée allemande abandonne l'attaque du camp retranché et prend pour objectif le flanc gauche de la 5e armée. Et Gallieni ajoutait : Parmi mes agents de renseignements j'en ai encore un excellent dans l'armée allemande, le général von der Marwitz, commandant la cavalerie de la 1re armée. Il aime beaucoup se servir de la radiotélégraphie, mais comme il trouve sans doute trop long de chiffrer et de déchiffrer les dépêches, il télégraphie toujours en clair. Naturellement, la tour Eiffel reçoit les télégrammes et je les ai aussi tôt que leurs destinataires. C'est ainsi que j'apprends que ses chevaux étaient fatigués et avaient besoin de fers et qu'il ne bougerait pas de deux jours. J'en ai profité pour lui faire porter ma carte par des avions de bombardement. »

Ce même 3 septembre, le gouvernement se retirait à Bordeaux et Joffre réunissait son état-major, dans la mairie de Bar-sur-Aube, à 5 heures du soir. Le moment avait quelque chose de solennel. Avant la réunion, le lieutenant-colonel Zoppf, chef du SR, transmit à Dupont un renseignement qui allait peser lourd.

Le « père Joffre », comme tous ses officiers l'appelaient, leur dit alors :

— Vous connaissez mes intentions, elles n'ont pas changé depuis le 25 août : nous arrêter au moment favorable et reprendre l'offensive. Ce moment est-il venu ?

Il fit un signe, c'était à Dupont de parler. On le savait au courant, souvent au détail près, des positions allemandes, mais en même temps beaucoup moins attentif à ce qui se passait dans son camp. Son intervention, courte, n'aurait pas surpris sans l'information de Zoppf : pour renforcer leur front oriental contre les Russes, les Allemands s'étaient affaiblis en retirant d'Alsace deux corps d'armée. Dupont conclut :

— Quand je connaîtrai la situation des armées françaises, je me prononcerai.

Belin, major général, eut ensuite la parole et fut bref :

— Le général Berthelot est plus qualifié que moi. C'est lui qui est spécialement chargé de la conduite des opérations.

Et Berthelot, aide-major général des opérations, se lança dans son exposé. Dupont savait ce que ce fascinant trublion allait dire, il avait de la faconde, une mémoire encyclopédique et quelle plume ! Mais son goût du panache s'était traduit, par exemple, à Charleroi, par la charge des saint-cyriens en grande tenue. Et des hauteurs de son intelligence, toute cérébrale, il considérait le soldat comme un pion qu'il déplaçait, à son gré, sur le terrain, supposé lisse. Pendant la démonstration de l'aide-major général, que Joffre, crispé en ces 5 heures du soir du 3 septembre, écoutait à peine, Dupont se souvenait du 27 août précédent.

Ce jour-là, Berthelot avait décidé de prélever du camp retranché de Paris la 61ᵉ et la 62ᵉ division de réserve afin de les concentrer autour d'Amiens pour menacer le flanc droit de von Kluck. Dupont avait objecté :

— Les Allemands seront là avant votre armée.

Et Berthelot, flegmatique, lui avait rétorqué :

— Vous les faites marcher à 30 kilomètres par jour. Ce n'est pas une moyenne possible pour les grandes armées.

Dupont, agacé à la fin, avait répliqué :

— Peut-être bien, mais von Kluck avance à 40 kilomètres par jour, quand même !...

Il résulta de l'opération Berthelot que les Allemands piétinèrent les deux divisions, à peine débarquées. Elles se volatisèrent, et on retrouva jusqu'en Bretagne des officiers et des soldats qui avaient réussi à prendre au vol des trains de marchandises.

A la mairie de Bar-sur-Aube, dans le silence gêné d'un état-major auquel il faisait de l'ombre, Berthelot termina par les mots que tous attendaient :

— Continuons le recul, retirons-nous derrière la Seine et préparons une contre-attaque de flanc.

La contre-attaque de flanc, c'était sa marotte. Dupont pensait à part lui : « Le théoricien dans toute sa fausseté, aucune notion de l'effet moral, de la valeur de la troupe, du temps. » Mais le colonel Pont, chef du Bureau des opérations, le 3e, éleva alors la voix :

— On a lâché la Marne sans combat. Va-t-on aussi lâcher la Seine, livrer Paris indéfendable, voué peut-être à la destruction ? Est-il raisonnable de demander à nos troupes, dont le moral tient encore, de reculer toujours ? C'est un miracle que cette retraite de plusieurs jours ne les ait pas ébranlées, mais elles ne comprennent pas et leur étonnement peut se changer en découragement. Contre-attaquons ! Et à outrance ! Et tout de suite !

Le commandant Gamelin, adjoint du colonel Pont et chef de cabinet de Joffre, parla en dernier. Il se rangea à l'avis de Berthelot. Peut-être commençait-il, déjà, à comprendre qu'une carrière ne se jouait pas sur les champs de bataille ?

L'incroyable télégramme de Foch

Joffre se retira sans commentaire, mais oublia aussitôt la stratégie à l'envers de Berthelot.

Le généralissime pensait à von Molkte, son adversaire. Le neveu, très fade, du grand Molkte de 1870 venait de commettre deux erreurs, la première en dégarnissant l'Alsace de ces deux corps d'armée, expédiés sur le front de Prusse-Orientale, la seconde en laissant trop d'autonomie à von Kluck qui s'engageait dans une nasse. Joffre voyait net ; il attaquerait frontal, lancerait en même temps une offensive de Paris ; Gallieni, qui le pressait, la mènerait.

Il était fort et fier de son SR, Gallieni, et des télégrammes de von der Marwitz que la tour Eiffel continuait à capter. Le colonel Bourdeaux, ne lâchant plus von Kluck, confirmait le matin du 4 septembre que la 1re armée se portait sur la basse Marne. Mais dès le 3 au soir, Joffre avait demandé au colonel Pont de préparer un ordre d'arrêt général de la retraite pour le 5 septembre. Au moment de le signer, il avait dit à Pont :

— Consultez les commandants d'armée sur la date à fixer. Nous attendons les réponses.

Elles arrivèrent sans tarder. Le colonel Pont dit au chef du 2e Bureau :

— Tous sont prêts à engager la bataille, dès le 5. Seul Franchet d'Esperey, qui vient de prendre le commandement de la 5e armée, a demandé un sursis de vingt-quatre heures. En conséquence, nous attaquons le 6.

Le GQG se transporta à Châtillon-sur-Seine le 5 septembre, juste à temps pour apprendre, à midi, l'offensive anticipée de Gallieni, puis celle de Lorraine des armées de Dubail et de Castelnau. Le colonel Dupont ne quittait plus ses grandes cartes. « Cela va bien », disait-il parfois. Le 6, à 7 h 30 du matin, Joffre adressa aux troupes le message n° 3948 : ne plus regarder en arrière, attaquer, repousser l'ennemi, garder, coûte que coûte, le terrain conquis, se faire tuer sur place plutôt que de reculer.

Les Allemands engageaient dans la bataille 44 divisions d'infanterie, 7 de cavalerie, 900 000 hommes, avec 2 928 canons de campagne et 436 canons lourds, plus 20 escadrilles de 6 avions. Les Alliés leur opposaient 56 divisions d'infanterie, 9 et demie de cavalerie, soit 96 000 Anglais et 986 000 Français, avec 3 000 canons dont 184 lourds, 19 escadrilles d'avions, dont 4 britanniques[25].

Le 7, le lieutenant-colonel Zoppf avertit que von Kluck se dérobait vers le nord pour arrêter de flanc l'offensive de l'armée Maunoury. Dupont dit à Joffre :

— Il fait pivoter son aile droite devant son centre, comme aux manœuvres de 1910, en Prusse-Oriental. L'initiative avait été approuvée alors. Mais là !

Joffre bougonnait : et Foch dans tout cela ? Il contenait le déferlement d'une armée saxonne, très supérieure en nombre. Joffre l'avait dépêché pour colmater une large brèche entre la 4e et la 1re armée. Foch s'était alors retrouvé au centre de la bataille, avec des troupes prélevées, à la hâte, un peu partout. S'il craquait, tout le dispositif de l'offensive se disloquait. Le 8 au soir, le colonel Pellé, 2e aide-major général, tendit au colonel Dupont le télégramme historique que voici :

« Mon centre cède, mon aile droite plie, situation excellente. J'attaque demain. »

Pellé, interloqué, fixa Dupont qui dit, rajustant son lorgnon :

— On devrait appeler le médecin.

Mangin chargeant à la tête d'un de ses régiments le surprendra moins : cela, il saura le faire, en 1917. Mais Foch, avec son armée de fortune, forçant la victoire !

Le 9 au soir, le SR de Gallieni captait un dernier message du général von der Marwitz :

« Dites-moi exactement où vous êtes et ce que vous faites. Hâtez-vous pour que... »

Gallièni ajoutait :

---

25. *Histoire de la Grande Guerre*, Henry Bidou, Gallimard, 1939.

« Les derniers mots en allemand se traduisent, en langage de poilu, par “je fous le camp”... »

Le 11 septembre, la victoire de la Marne était complète, mais pas totale. Il était impossible de poursuivre l’ennemi, et les munitions manquaient. Berthelot, de son côté, réenfourchait son dada, la retraite. Joffre, cette fois, lui gueula un « Non ! » suivi, quelques mois plus tard, d’un envoi à Verdun où, bientôt, il ne serait pas question de parlotes d’état-major.

Après Châtillon-sur-Seine puis Romilly, le GQG arriva le 28 octobre à Chantilly. Il disposait, enfin, d’un chez-soi : l’hôtel du Grand Condé. Le colonel Dupont écrit alors :

« La course à la mer est terminée. Une vie plus calme commence. On s’installe dans la guerre. »

III

« UN SR NE DÉFILE PAS SOUS L'ARC DE TRIOMPHE »

Messimy dit non aux préparatifs d'attentats — Le colonel Andlauer, comme un limier de race — La patrouille d'André Maginot — Les « saucisses » de l'aérostier Saconney — La visite de Charles Lucieto aux usines Krupp — Découverte des gaz toxiques allemands — Le bulletin du poste de Belfort : « Tout sur Verdun. Rien de sérieux ailleurs. » — Les postes d'écoute du capitaine Morin — Les trouvailles techniques du lieutenant Delavie — Vol au-dessus de Berlin — 5 000 tracts lâchés du ciel — Les retrouvailles avec Roland Garros — David Bloch, garçon-boucher de Guebwiller — Un pigeon voyageur décoré de la Légion d'honneur — *La Libre Parole de Bruxelles* — Pierre Devos contre le câble de la mort — Des espionnes au cœur fou — La Rose et le Réséda — Le réseau modèle du grand-duché — Triomphe du colonel Nicolaï chez les flamingants — Dupont prépare un premier armistice — Guerres intestines au grand état-major — Pétain ne croit pas à la victoire finale — Le 2e Bureau ne sait plus rien des Allemands — L'organisation du service du chiffre — Le génie de Georges Jean Painvin — Des chiffres, des lettres, des clés... — Le décryptement du radiogramme de la victoire — Andlauer, le général sans visage — Guerre secrète en Alsace — Les « faux » du caricaturiste Hansi — La fabrication des obus-tracts — Carlos, le soldat inconnu.

Messimy dit non aux préparatifs d'attentats

Au deuxième étage du Grand Condé, une fois casés ses fichiers et ses dossiers, qu'il ne consultait guère, toutes les informations dont il avait besoin se trouvant sous son vaste front, le colonel Dupont, grand amateur de romans, rouvrit ses chers Alexandre Dumas. Ces intrigues l'enchantaient. Elles ressemblaient, au fond, à celles, moins faites pour le public, mais aussi fortes d'émotions, auxquelles s'exposaient les gens du renseignement. Le capitaine Lux s'échappant de la forteresse de Glatz valait bien, pour le romanesque, Edmond Dantès, l'évadé du château d'If. Mais le seul nom de Lux rappelait au chef du 2e Bureau, galopant avec les héros de Dumas, un souvenir amer.

Bien avant le début de la guerre, un agent du SR, très actif en 1911 au moment de l'affaire Lux, avait acheté, sur l'ordre de Dupont, un cabaret à proximité de la frontière allemande. Il devait, à l'heure dite, franchir la frontière et déposer une bombe à retardement en un point précis d'une voie ferrée en courbe. Dans la nuit du 6e au 7e jour de la mobilisation, l'explosion se produisit. Deux autres officiers réussirent la même opération, le long de la frontière germano-belge. Mais trois mois après, à Chantilly, le colonel enrageait encore : il avait prévu douze sabotages !

Dès 1913, il avait rassemblé douze officiers, parlant l'allemand et ayant voyagé en Allemagne dans les zones de leurs futurs attentats. Leurs bombes étaient réglées par un mouvement d'horlogerie dissimulé dans un réveil-matin de voyage et que Dupont avait fait construire, puis expérimenter, en secret, sur les lignes de la Compagnie du Nord. La minuterie supportait le passage de centaines de trains, sans se dérégler d'une seconde. Seul le ministre de la Guerre, Messimy, était au courant. A la fin de juillet 14, Dupont lui demanda l'autorisation d'envoyer ses officiers par la Suisse et la Hollande. Messimy avait dit non : il ne fallait donner aucun prétexte aux Allemands pour déclarer la guerre. Quand il y repensait, en lisant Alexandre Dumas, dans la quiétude de Chantilly, le colonel se désolait : tous ces déraillements loupés, à cause d'un ministre !

Le colonel Andlauer, comme un limier de race

Mais que représentait, à l'automne de 1914, cet échec local, si lointain déjà, en comparaison de l'exploit que le GQG de Joffre était en droit d'attendre, d'exiger, même, du 2e Bureau de Dupont et du SR de Zoppf ? Pour se faire une image de cet exploit qu'il faudrait renouveler sans arrêt, tant que dureraient les hostilités, il suffisait de monter au 3e étage du Grand Condé où l'on avait logé la cartographie à la va-vite, comme le SR, dans deux pièces très modestes.

Que révélaient-elles, ces cartes ? D'abord, elles avaient, comme la guerre, changé d'échelle. Le vingt millième des plans directeurs avait remplacé le quatre-vingts millième des cartes d'état-major. Le front, en novembre, s'étirait de la mer du Nord à Mulhouse. Il allait se fixer ainsi pour plus de trois ans. Or il fallait noter chaque tranchée, chaque boyau, les barbelés comme les taillis et ce filet d'eau, là, et cet arbre ici. Ou encore, et avec autant de précision, la forme des bois, le réseau foisonnant des taupinières où s'abritaient les combattants. Couvertes de leurs entrelacs de traits rouges, bleus, leurs nervures, leurs capillarités, les cartes de cette guerre d'enlisés prenaient l'allure de planches anatomiques. Comment allait-on renseigner et se renseigner dans le fourmillement divaguant de ces millions d'hommes ? Comment ? Et par qui ?

Leurs effectifs d'Epinal, de Nancy et de Mézières disséminés dans les différents QG, les postes SR frontaliers n'existaient plus, sauf un : Belfort. Ce secteur, sur les cartes de Chantilly, paraissait le moins agité, comme en gestation des batailles de l'Argonne de 1915. A l'examen de chefs opiniâtres tels que Dupont et Zoppf, le poste de Belfort offrait toutes les possibilités pour constituer un SR en soi. Proche de la Suisse et de Bâle, d'une part, il communiquait, de l'autre, par Epinal et Nancy, sur Verdun. Il aimantait, enfin, Mulhouse, Colmar, l'Alsace, moins allemande qu'occupée par l'Allemand, le groupe d'armée Gaede, à cette époque. De plus, c'était le colonel Louis Andlauer[1] qui tenait le SR de Belfort. Le commandant Ladoux[2] dira de lui : « Cet homme alerte et volontaire, l'œil toujours aux aguets, était pour notre haut commandement comme un limier de race... »

Son silence prolongé n'inquiétait pas Zoppf, dont il dépendait. Andlauer était un audacieux, mais il ne se hasardait jamais, et ne livrait que l'essentiel. Qu'il n'ait pas encore rendu compte signifiait qu'il restructurait un poste que l'on savait, aux 2e et 3e étages du Grand Condé, dans le dénuement, à la merci du moindre coup de main.

Le 24 juillet 1914, un émissaire alsacien avait traversé les charrois de la mobilisation allemande pour se rendre au poste de Belfort. Andlauer avait donné à ce grand vieillard barbu, solide et vif, un nom de code : Meyer. Il avait précisé qu'en Alsace on ne parlerait jamais d'Andlauer mais d'« Auerbach ».

---

1. Les papiers Andlauer se trouvent aujourd'hui au Service historique de l'armée de terre à Vincennes (carton 1 K 173). Cet officier hors du commun rédigera un historique du SR et deviendra en 1925 conférencier pour les stagiaires de ce service.

2. Voir chapitre suivant.

Dès le 1er août, Andlauer avait appris l'arrestation de ses quelques agents en Allemagne et à Bâle. Depuis, isolé, avec un gendarme, il attendait. Le 5 août, un pigeon se posa sur le pigeonnier militaire de Belfort. A sa patte, un message était noué de tricolore :

— Organisation se prépare et se reliera directement avec vous. Meyer.

Quand Ladoux, rédigeant *L'organisation de la guerre secrète en Alsace*, écrira à Andlauer pour lui demander l'autorisation de dévoiler l'identité d'« Auerbach » la réponse sera négative, « pour des raisons parmi lesquelles, on peut m'en croire, il n'entre aucun sentiment de crainte, mais seulement le désir de ne pas vouloir accaparer un seul brin des lauriers mérités par ses héroïques agents[3]... ».

Comme Dupont et ses Mémoires inédits, comme Zoppf à qui l'on reprochait sa froideur, son mutisme, son mystère, Andlauer était de ces moines-ligueurs du renseignement dont le général Rivet, un des leurs, formulera plus tard le credo en disant :

— Un SR ne défile pas sous l'Arc de Triomphe... et Rivet ajoutait — Ce que nous avons fait ne nous appartient pas.

Pendant les deux derniers mois de 1914, alors que le réseau Hansen, qui sera précieux, naissait au Luxembourg, d'une façon inattendue, le colonel Dupont s'efforça de rééquilibrer le SR de Zoppf. Représentant de Joffre à la conférence d'états-majors anglo-franco-belge de Saint-Omer, il proposa de créer un poste de SR interallié. Ce poste couvrirait d'Ostende à Saint-Quentin les fronts de l'Yser, de la Somme, de l'Artois, et s'infiltrerait en Belgique. Le colonel, pendant ses six ans à la tête du SR, avait œuvré en profondeur dans ce pays à partir de Bruxelles. Par ailleurs, il connaissait la proclamation d'Albert 1er se retirant sur l'Yser avec les restes de son armée et il en était certain : le roi n'avait pas exhorté en vain la jeunesse de sa patrie violée à se battre contre l'ennemi « par tous les moyens ». En Wallonie et même en Flandre, des hommes et des femmes, de tous les âges, de toutes les conditions, n'attendaient plus qu'un signe, des directives. Et le cardinal Mercier, primat de Belgique, partisan d'une Eglise militante, allait mobiliser, si possible davantage, les populations en les incitant à la résistance passive dans sa lettre pastorale de Noël 1914.

Au moment de la conférence de Saint-Omer, des milliers de réfractaires tentaient déjà de rejoindre leur armée, en traversant les lignes allemandes. L'état-major belge s'empressa d'approuver le projet de SR du colonel Dupont. Les Anglais, qui admiraient le chef du 2e Bureau[4], le prièrent de superviser le nouveau poste. Il fonctionnera, dès 1915, sous la direction du général anglais Cockrill et du colonel français Wallner.

---

3. *L'Organisation de la guerre secrète en Alsace*, Ladoux, Librairie des Champs-Elysées, 1934.

4. Un livre du British Intelligence Service, consacré aux services secrets anglais de 14-18, sera dédié au général Dupont, leur « maître » et « initiateur ».

Belfort, Chantilly, Folkestone, cela n'avait l'air de rien, mais le colonel Nicolaï, chef depuis 1913, du Nachrichtenburö, écrivit dans ses Mémoires : « En Alsace-Lorraine, la police allemande s'avouait totalement impuissante contre les tentatives de l'espionnage français » plus loin : « ... l'espionnage français régnait en maître en Belgique et en Luxembourg... » et encore : « c'est la France qui entretenait en Suisse le plus important bureau d'espionnage...[5] » ou enfin : « des vols de pigeons voyageurs avaient lieu de la Hollande vers la Suisse. Aux têtes de pont, des observateurs avaient pour consigne de relever et de faire connaître la répartition des troupes vers le front oriental ou occidental », etc.

Le colonel Nicolaï, technicien éprouvé du renseignement, dirigea, pourtant pendant la Grande Guerre, le plus étoffé de tous les services secrets. Mais s'adressant, dans ses Mémoires, à des lecteurs allemands encore indignés d'avoir été vaincus, il lui fallait bien expliquer, d'une façon acceptable, les succès des forcenés d'en face ; quitte à les décrire comme une association opulente aux succursales multiples.

La patrouille d'André Maginot

Le SR français et ses alliés[6] n'étaient riches en fait que du courage et de l'imagination de leurs officiers, de leurs agents, de leurs chefs. Un patriotisme, quasi mystique, les animait, qu'il serait trop facile, avec le temps, de juger excessif : il engendra des héros, mieux même, des hommes d'action.

André Maginot, par exemple.

A la fin de juillet 1914, il aurait pu éviter les combats en jouant de ses qualités de député et président du conseil général de la Meuse, et ancien sous-secrétaire d'Etat. Il choisit d'aller au front, avec son ami Chevillon, meusien comme lui et député de Marseille. Début de ses carnets de patrouille[7] :

> « Le 1er août, nous prenons Chevillon et moi le train de midi à la gare de l'Est. Le matin, voyant que les événements se précipitaient, nous étions passés au ministère de la Guerre pour nous faire affecter à un régiment de la défense de Verdun. »

Tout au long du voyage, le branle-bas d'une mobilisation

---

5. Voir chapitre suivant.
6. Le contre-espionnage ou CE est traité, lui aussi, au chapitre suivant.
7. Ce texte est posthume. André Maginot tenait beaucoup aux notes qu'il avait prises à Verdun, mais il n'envisageait pas de les publier. Sa sœur, Mme R. Joseph-Maginot, s'en chargea. Les *Carnets de patrouille* parurent, en 1940, aux éditions Bernard Grasset, à tirage limité. L'exemplaire sur papier japon impérial que nous possédons porte le numéro VII et la mention suivante : « Ce numéro a été spécialement imprimé pour M. Jean Prouvost, ministre de l'Information. »

enthousiaste, l'optimisme des propos et des visages lui feront écrire, par réaction :

> « ... Tout ce que j'ai appris depuis un an de la préparation allemande et ce que je sais de la nôtre, que les événements surprennent inachevée, me laisse dans l'inquiétude » — mais il ajoute — ... « Il faut, en effet, désormais, avoir confiance et cela même ne suffit plus : il faut donner confiance à ceux qui vous entourent. C'est un devoir impérieux auquel moins que d'autres peuvent se soustraire ceux qui jouissent du redoutable privilège de passer pour renseignés. Il n'est plus temps d'avertir, de crier casse-cou. Il serait criminel de faire entendre les regrets. L'heure de tout cela est révolue. A la veille de l'action, on ne discute plus la supériorité d'un peuple, on la lui affirme. »

A Verdun, Abrami, député du Pas-de-Calais, affecté lui aussi au 44e régiment territorial, rejoignit ses collègues Maginot et Chevillon. Dès la deuxième semaine de la guerre, les Allemands abordèrent le site de Verdun, camp retranché. Et les trois soldats de deuxième classe du Palais-Bourbon se lancèrent, avec une poignée de « braves à trois poils », dans des reconnaissances improvisées. A la suite de ces premières expéditions de têtes brûlées, mais qui rapportaient du renseignement utile, Maginot décida de créer un corps de patrouilleurs réguliers. Le général Moutey approuva. L'idée était simple :

> « ... La défense d'un camp retranché ne commence point à la limite de son premier fort, je cherchai surtout à "donner de l'air" à Verdun, à tenir assez l'ennemi en respect pour qu'il ne puisse se décider à occuper définitivement des villages neutres encore, tels que Maucourt, Mogeville, Ornes, qui passaient tour à tour aux mains françaises et ennemies...

Parmi les nombreux volontaires, Maginot sélectionna de ces durs à cuire, de ces rétifs dont on fait ce que l'on veut, « à condition de les comprendre et d'être à leur tête dans les coups de chien... Avec moi, ils savaient que si l'existence était perpétuellement exposée, la discipline serait quelque peu relâchée et la vie large et facile, en attendant la mort... ».

Il s'installa, avec son corps de patrouilleurs, à l'est de Verdun, près de Bezonvaux, sous le nez de l'armée du Kronprinz. Les attaques des avant-postes n'arrêtaient pas, et la nuit Maginot s'assoupissait, tout habillé, dans un fauteuil, sans lâcher son fusil, prêt à alerter ses « bonshommes » qui dormaient dans une grange. Malgré les rencontres, meurtrières de part et d'autre, avec les éclaireurs du Kronprinz, les patrouilles avaient du rendement. Maginot les avait composées avec soin. Il s'était adjoint des artilleurs qui rendaient compte aux batteries à l'aide de croquis, des cavaliers pour prévenir, renseigner au plus vite et assurer la liaison entre les groupes.

Voilà pour les opérations habituelles, mais il y en eut de plus impromptues, comme cette reconnaissance de Mogeville, que les journaux relatèrent :

> « M. Maginot, ancien sous-secrétaire d'Etat à la Guerre, soldat au 44e à Verdun, vient d'être fait caporal ainsi que ses deux collègues MM. Chevillon et Abrami, députés, pour avoir avec quatre hommes été reconnaître et occuper un village situé à 4 kilomètres en avant des avant-postes français et qui était signalé comme étant occupé par un fort détachement de cavalerie allemande... Ces premiers succès, ces premiers galons semblent redoubler l'ardeur qu'André Maginot met à diriger les patrouilles... »

Maginot se serait passé de cette propagande. Les agents du SR allemand savaient lire.

Les patrouilles s'enhardissaient. Le 1er septembre, une embuscade au village de Gincrey coûta à l'ennemi une dizaine de cavaliers et valut à Maginot le grade de sergent, une nouvelle citation à l'ordre de la division et une autre le 7 octobre, pour la reprise du bois de Maucourt. Maginot note :

« Je plastronne sous les balles, mais j'ai le cœur serré. »

Le 12 octobre, sa patrouille ne doit qu'à la nuit d'échapper à l'encerclement dans Ornes où le colonel Driant et sa demi-brigade de chasseurs à pied avaient tué dix Allemands, quelques jours auparavant.

Note du 24 octobre :

« J'ai trouvé trois patrouilleurs du 164e le crâne défoncé à coups de talon, les oreilles coupées et le ventre ouvert à coups de baïonnette. »

Et Maginot, le risque-tout, force de la nature d'1,95 mètre, ajoute :

« Je suis tout retourné. »

Le 25 octobre, de nuit, il sert d'éclaireur, avec trois hommes, aux deux bataillons du 365e qui vont reprendre Maucourt. Le petit groupe entre en rampant dans le village, observe les Allemands en train de renforcer leurs défenses :

> « Quatre coups de feu. Quatre coups tirés presque à bout portant viennent rompre avec brutalité la douce quiétude dans laquelle les boches se livraient à leurs travaux... »

La panique gagna la garnison du village, 200 soldats. Quand le gros du 365e arriva, Maucourt était déjà repris. Commentaire de Maginot :

> — Aussi invraisemblable que puisse paraître cette affaire, son authenticité est confirmée pourtant par l'ordre du régiment auquel nous fûmes cités. Tant il est vrai que rien n'est impossible à des soldats décidés et prêts à tout... ne voyant qu'une chose : la complète réussite de la mission qu'ils ont à accomplir.

Le 29 octobre, après une opération de nuit :

« Hier, cela a été très dur. »

Le 9 novembre, enfin, le général Coutanceau, commandant la place de Verdun, l'envoya reconnaître le bois des Haies. L'ennemi, qui le fortifiait de nuit, s'en retirait dès l'aube. La patrouille Maginot fit une première manœuvre, à la pointe du bois, pour provoquer l'adversaire ; pas un coup de feu. Le bois, inspecté à la jumelle, semblait désert. Maginot, comme toujours, consulta ses patrouilleurs. Ils répondirent : « On y va. » Ils y allèrent, Maginot en tête. Deux soldats, Boury et Poilblanc, les précédaient. Ils disparurent entre les arbres. Maginot avançait, était à quarante mètres du bois. Boury et Poilblanc ressurgirent alors, sous un feu roulant. Autour de Maginot, plusieurs hommes tombèrent. Les Allemands sortirent à découvert. Maginot en abattit deux, se replia :

> « ... A ce moment, il me semble recevoir comme un formidable coup de bâton à la jambe gauche... sentiment très net que j'ai la jambe fracassée... Je tombe à terre... »

Les Allemands se dirigent sur lui. Malgré sa douleur, il se relève, fait une quarantaine de mètres, tire et tue un des poursuivants. Une balle l'atteint au genou :

> « ... au même moment la sensation de recevoir un coup de poing terrible au creux de l'estomac. J'ai l'impression qu'une balle m'a traversé le ventre et comme une masse, je tombe... Il m'est impossible, cette fois, de me relever... je sens passer sur moi tout le froid de la mort... Tout à coup une idée folle, le désir irraisonné de rejoindre mes hommes... à 25 mètres de moi, retranchés derrière une petite palissade, ancienne clôture d'un parc à bestiaux... Ils me couvrent, je me traîne... en plein terrain découvert et deux cents fusils braqués sur moi. Je suis encadré par les balles. Un premier coup m'arrache mon képi, à chaque minute une balle transperce ma capote ou mon fusil... »

Ses hommes, à quelques mètres, ne le voient plus tant la terre est soulevée autour de lui :

> « Je suis à 5 mètres d'eux... je trouve une grosse pierre, vieille auge qui devait servir d'abreuvoir. Me dominant encore, j'en fais le tour et puis, harassé, je m'affaisse... Les balles frappent la pierre avec la régularité d'une machine, le bruit d'une averse de grêlons tombant sur une verrière... »

Maginot est étendu sur le terrain en pente du coteau, la tête plus bas que les jambes. Derrière lui, protégé par sa palissade, le caporal Boury lui dit :

— Sergent, j'ai bien cru que vous étiez fichu !

— Bah ! je n'en vaux guère mieux, j'ai la jambe fracassée et une balle dans le ventre... Je suis foutu.

Alors, Boury :

— C'est ennuyeux !

Et Maginot :

— C'est ennuyeux ! — puis, après un temps — combien d'hommes encore ?

— Il m'en reste huit, sergent, mais cinq blessés...

Les heures passent, midi, quatre heures, la fusillade ne cesse pas. Maginot, dans sa torpeur, entend crier des Allemands blessés ; il pense :

— Vraiment comme ces gens-là portent mal la balle...

Au soldat Chapelet, non loin de lui et qui commence à râler, le ventre entrouvert :

— Fais comme moi... Bouffe-toi les poings.

Le 22 novembre 1914, le général Coutanceau signait la citation de la patrouille Maginot à l'ordre des troupes du camp retranché de Verdun :

> « ... Ont réussi à ramener sous une grêle de balles leur sergent blessé, après être restés huit heures à le défendre avec les huit hommes dont les noms suivent qui ont été tués ou blessés.
>
> George, Toussaint, Boudailles, Chapelet, Gilles, tués ; Poilblanc, Héblot, Degombert, blessés ; soldats au 44e régiment territorial... ont défendu pendant huit heures sous une grêle de balles leur sergent blessé et ont payé ce dévouement de leur sang. »

Les « saucisses » de l'aérostier Saconney

La guerre se terminait pour André Maginot et pour son corps de patrouilleurs réguliers. Les armées avaient, maintenant, leur système de renseignement. Le lieutenant Paul-Louis Weiller, vingt et un ans en 1914, fut un des précurseurs de la reconnaissance aérienne. Il pilotait un Caudron et photographiait les mouvements des troupes, à une altitude de 1 500 mètres :

> « C'était assez compliqué si c'était un pilote qui devait le faire en monoplace, mais pas impossible. Pour prendre des photos, il fallait se dresser au-dessus du cockpit, l'endroit où nous étions assis, avec la partie supérieure du corps à l'air libre. On était dans le vent. On vivait avec des peaux de biques pour ne pas avoir froid. Alors on prenait des photos par-dessus le bastingage du cockpit, à droite, à gauche. Ma méthode, qui consistait à prendre des photos en oblique du même point, puis de trois points différents, me permettait de prendre un très large paysage à la fois, dont on restituait les perspectives[8]. »

---

8. Revue *Icare* nos 85 et 88, citée par Roger Faligot et Rémi Kauffer dans *Eminences grises*, Fayard, 1992.

La précision des clichés de Weiller incita le général Bourgeois, chef du service géographique des armées, à réviser toutes les cartes. En septembre 1917, Paul-Louis Weiller, promu capitaine, dirigera l'escadrille C224, spécialisée dans la reconnaissance photographique ; une innovation :

> « Notre travail consistait à prendre systématiquement les photographies du front jusqu'à 20 kilomètres de profondeur. Je me suis rendu compte qu'on apprenait ainsi beaucoup de choses... D'un jour à l'autre, on percevait étonnamment bien les intentions de l'ennemi par les modifications de son équipement que l'on relevait sur les photographies.
>
> Cela me poussa à proposer, vers le mois de juin 1918, au commandement suprême de former une unité spécialisée dans les reconnaissances plus lointaines, pour photographier systématiquement jusqu'à 100 kilomètres de profondeur le territoire occupé par l'ennemi[9]. »

Sous l'autorité directe de Foch, les Breguet du groupement Weiller, volant par trois, à 6 000 mètres d'altitude, rapportaient des clichés qui, tirés et interprétés par les dessinateurs, fournissaient au GQG des cartes mouvantes du front. Après onze citations, quatre victoires et cinq blessures, Weiller, en même temps que René Fonck, fut promu par Foch officier de la Légion d'honneur.

Parmi les autres moyens d'observation, on trouva les ballons captifs.

Dès le début du conflit, les saucisses Drachen des Allemands et les trains de cerfs-volants du commandant Saconney se balançaient au-dessus des batailles, à 6 ou 700 mètres. On les reliait au sol par un câble qu'on enroulait ou déroulait à l'aide d'un double treuil, actionné par le moteur d'une automobile. Les Français copièrent le Drachen. Il était plus dangereux que les cerfs-volants pour l'aérostier, mais plus stable, tenant le vent jusqu'à 16 mètres/seconde. Puis en 1916 apparut le ballon du commandant Caquot, de type R de 900 mètres cubes, qui tenait le vent jusqu'à 20 mètres/seconde. Mais un ouragan emporta vers l'Allemagne une vingtaine de ces ballons et ils furent copiés aussitôt. En 1917, le commandant Caquot créa alors le type R de 1 000 mètres cubes qui enlevait deux nacelles à la fois.

Le complément indispensable des saucisses était le parachute. En 1915, le maréchal des logis Roze périt carbonisé dans l'incendie de son ballon, un accident qui n'était pas rare. L'état-major adopta alors le plan du lieutenant Juchmes : « La conception simple réside dans l'emploi d'une chambre à air de vélo d'une longueur d'environ 1,50 mètre, légèrement gonflée, fixée sur le bord du parachute en soie, plié en accordéon et placé dans un cône en toile caoutchoutée. Ce cône suspendu hors de la nacelle est relié au centre du dos de

---

9. Revue *Icare* n°s 85 et 88, *op. cit.*

l'observateur par une corde de 3 mètres de long. Le poids de l'observateur se jetant hors de la nacelle dans le vide arrache la calotte renfermant le parachute qui se déploie, alors que la chambre à air se détend, facilitant ainsi l'ouverture totale de la voilure. »

Mais les aérostiers avaient peur. Le lieutenant Juchmes, accompagné du marin Dubois, entreprit une tournée de démonstration dans les compagnies. Il convainquit, peu à peu, mais l'appréhension du grand saut persista longtemps. Ainsi le 12 mars 1916, un avion heurta le câble du ballon du lieutenant Levassor d'Yverville, qui se rompit. La saucisse, affranchie, monta jusqu'à 3 000 mètres et le vent la poussait vers les lignes allemandes. Levassor avait à choisir entre deux effrois : être fait prisonnier ou se jeter dans le vide. Il sauta. Son parachute descendit pendant 22 minutes, au cours desquelles Levassor continua d'observer. Arrivé au sol, il fut victime d'une commotion nerveuse et abandonna l'aérostation.

Le commandant Saconney tira un enseignement de la mésaventure. Il obligea ses observateurs, choqués par leur parachutage, à remonter en ballon dans les plus brefs délais. Le commandant Saconney, avec ses cent soixante-douze heures d'observation en moins d'un an, connaissait les rigueurs du métier. Il imposa aux candidats aérostiers un entraînement de choc. Ses meilleures recrues venaient de la classe d'architecture des Beaux-Arts. Les élèves d'« archi » étaient les seuls à saisir d'instinct le détail des objets et à les reproduire. Ils discernaient tout de suite les éléments significatifs d'une vision d'ensemble, grâce à leur mémoire visuelle. Mais ces aptitudes n'étaient pas déterminantes, au cours des stages. Saconney obligeait ses apprentis à faire des ascensions par tous les temps et à toute heure. Il les terrorisait en leur rabâchant la trentaine de façons de mourir en ballon : recevoir la foudre sur son téléphone, s'emmêler, comme Roze de la 31e compagnie, dans les fils du téléphone, sectionnant ainsi les suspentes du parachute, succomber, comme Humbert, de la 21e compagnie, à un atterrissage trop dur après un tir de DCA sur son parachute, se tuer, comme Duchesne, de la 35e compagnie, en tombant dans un marais, se faire traîner à terre par le vent et déchiqueter dans les barbelés, etc.

Les épreuves physiques et mentales des stages faisaient de ceux qui les surmontaient des maîtres d'endurance. Dans leur panier en osier, leur nacelle suspendue à la saucisse, ils étaient enserrés par les courroies de leur parachute, la tête lourde du casque téléphonique. Un plan directeur sur les genoux, les jumelles à la main, ils souffraient des feux de la glace l'hiver, de l'incandescence l'été. Ils affrontaient la foudre, les obus, les avions de chasse dont ils voyaient le pilote, son visage, quand ils fondaient sur eux. Et ils passaient à leur poste de cinq à quinze heures de suite. Il n'est pas étonnant, dès lors, qu'ils n'aient pas toujours entendu le klaxon de détresse, actionné de la terre pour leur signaler que leur ballon flambait.

A une altitude de 1 000 à 1 500 mètres, à 5 kilomètres des lignes ennemies, ils voyaient à 10 kilomètres à la ronde. Avec les photographies prises par l'aviation et les renseignements SR, ils avaient à découvrir et à repérer les objectifs, à transmettre les coordonnées des cibles aux commandants d'unité ou de batterie. Dès qu'ils localisaient celles de l'ennemi, ils établissaient la relation de temps tir-impact des pièces d'artillerie, suivaient les tirs et en informaient le commandement par téléphone pour qu'il fasse bouger les troupes dans les secteurs menacés et déclenche des tirs de contre-attaque pendant lesquels les aérostiers aidaient les officiers de tir à serrer au plus près leurs objectifs.

Une heure de travail d'un observateur nécessitait mille six cent cinquante heures de fabrication au hangar de 3 500 kilomètres carrés de Chalais-Meudon et mobilisait 150 hommes pour aider à l'ascension du ballon. L'infrastructure au sol était énorme : matériels de treuillage sur châssis-auto, voiture à vivre, à bagages, à agrès, voitures téléphoniques, voiture laboratoire-photo, voiture à tubes à hydrogène.

L'emploi systématique des ballons captifs commença en mai 1915, pendant les combats de l'Artois. A Verdun, l'artillerie allemande neutralisa les aérostiers en détruisant ballons et treuils. En 1917, les saucisses suivent le repli de l'ennemi, tantôt au treuil, tantôt à bras, tout en continuant les observations et les liaisons. Le mauvais temps les paralysa lors de l'offensive du Chemin des Dames. Mais en juillet 1918, ils enrayèrent l'offensive allemande. Etalés sur plusieurs kilomètres, veillant la nuit, ils annihileront l'effet de surprise que Ludendorff escomptait.

La visite de Charles Lucieto aux usines Krupp

L'installation des ballons, au-dessus des tranchées, comme moyen de renseignement coïncida, en 1915, avec la première attaque, sur le front occidental, aux gaz toxiques. Dans les Flandres, un soldat allemand avait réussi à annoncer au milieu d'avril l'imminence de cette attaque, en vain. Le 23 avril, entre Bixehoote et Langhemarcq, en Belgique, une vapeur lourde, d'un vert jaunâtre, s'abattit, poussée par le vent, vers 5 heures du soir, sur une division d'infanterie française. Les soldats, toussant et suffoquant, tinrent bon, mais certains succombèrent peu après.

Le colonel Dupont, alerté par Joffre, réagit aussitôt. Il consulta son fichier le plus sélectif, sa mémoire, et trouva très vite l'homme de la situation : Charles Lucieto, un agent confirmé.

Lucieto dit au colonel :

— C'était donc ça le « truc pas ordinaire » de Krupp ! Cela se passe aux usines d'Essen. Il y a là-bas quelques ouvriers qui...

Et Lucieto, que rien n'intimidait, partit, sous le regard de plus en plus vague derrière le lorgnon du colonel Dupont. Le visionnaire, en lui, était sollicité sans répit. Les « trucs pas ordinaires » se multipliaient dans le renseignement. Le service de Zoppf, qui était passé colonel, avait envahi tout le quatrième étage du Grand Condé de ses laboratoires. De même à Belfort où l'organisation du colonel Andlauer était sur le point de devenir un SR autonome. De plus une école de SR se montait à Dijon, une autre à Londres où des agents anglais et français étaient formés pour le poste de Folkestone et le travail derrière les lignes, en Belgique, au Luxembourg, dans le nord de la France.

Mis à part la centralisation du renseignement, les censures, les contrôles[10] et sans compter les missions spéciales de l'aviation, les candidats espions assimilaient systèmes D et techniques : l'écriture sous les timbres ou sur les cordes des colis, la micro-photographie, l'observation nocturne par éclairage des objectifs aux infrarouges, les transmissions radio, le trucage des papiers d'identité saisis sur les prisonniers ou les déserteurs. Le SR allemand trouva une parade à ce dernier bricolage : la photographie à la colle adhésive. Les Français ripostèrent en inventant un produit qui dissolvait l'image, et l'on pouvait imprimer à la même place la photo d'identité de l'agent.

Les Français étaient passés maîtres dans les écoutes et la cryptographie, que nous étudierons plus loin, ainsi que dans le repérage au son. Des spécialistes écoutaient le bruit du tir d'un canon, le localisaient et déterminaient son calibre. Dans une zone d'opérations, une agent française, fille d'auberge, identifiait et situait, sur-le-champ, une batterie qui venait d'arriver en ligne. Les « écoutants » du SR d'artillerie circonscrivent, de la sorte, les banquettes de tir des « grosses Bertha » (il y en avait plus d'une), au printemps de 1918, sans pouvoir, toutefois, les détruire.

Les Allemands, eux, se surpassèrent dans la fabrication et le transport des encres sympathiques : à l'acétate de plomb, dans des eaux de toilette, au ferrocyanure de potassium dans du savon. Des agents n'eurent qu'à tremper dans l'eau leurs chaussettes et leurs lacets pour obtenir une encre. La technique, encore très employée, du carbone blanc vint d'Allemagne : l'encre imbibait un papier à lettres sans en modifier l'aspect et les feuilles étaient utilisées comme du papier carbone.

Les agents écrivaient sur des emballages, des jupons, des mouchoirs, des écharpes ; sur des œufs aussi, d'un certain diamètre afin de les reconnaître chez le destinataire, importateur d'œufs, au moment du calibrage. Du suc de tithymale servait d'encre ; le procédé remontait à l'Antiquité.

Les Anglais, dès le début de la guerre, fournirent aux Français un moyen de détection : le tube à vapeur d'iode. Les cristaux

10. Voir chapitre suivant.

d'iode, sublimés, dégageaient un gaz qui révélait les foulages de la plume sur le papier.

Après avoir évoqué toutes ces manipulations chimiques, revenons à la plus criminelle, les gaz toxiques, et à Charles Lucieto. Sous une identité allemande, il se rendit en Hollande, puis, par une filière qui ne fut jamais découverte, à Mannheim où l'un de ses amis occupait, comme « chimiste mobilisé », un poste de premier plan à la Baadische Anilin und Soda Fabrik, qui employait 33 directeurs, 412 ingénieurs, 10 000 ouvriers. Pour des raisons que Lucieto ne révélera pas et que le colonel Dupont, l'ayant choisi, devait seul connaître, l'ami lui procura la formule du gaz employé à Langhemarcq et celles de quatre autres : bromure liquide Br2, bromure de benzyl liquide C6 H5 CH2Br, bromacétone liquide CH3 CO CH3 Br, chlorosulfate de méthyle liquide SO2 CL-OCH3. Tous des gaz suffocants ou lacrymogènes, moins nocifs que le futur et terrible sulfate d'éthyle dichloré ou ypérite.

Lucieto se rendit alors à Essen. La capitale de l'empire Krupp et ses villes satellites, Rheinhausen, Annen, Kiel, Hamm et Magdebourg, employaient au début de la guerre 85 000 personnes puis 118 000, et jusqu'à 150 000 dont 20 000 femmes. A Essen même, une salle à manger de 7 500 places recevait 35 000 travailleurs chaque jour. Sur les chaînes, les nouveaux ateliers, immenses, étaient montés et équipés. On en comptait 35 rien qu'à Essen, dans la première année de la guerre. Les Kruppianer qui rentraient en permission ne reconnaissaient plus leur ville. En janvier 1915, les plans d'une fabrique d'obus de 20 000 mètres carrés étaient dessinés, en juillet, la fabrique fonctionnait.

La police officielle de la société Krupp, la Werk-Schutz, veillait sur les secrets de la fabrication, avec le concours d'une garde permanente de gendarmerie. Lucieto repéra les ateliers secrets. Il envisagea de se faire embaucher comme ouvrier, mais il lui fallait un moyen plus expéditif. Il fréquenta les cafés et les restaurants où se réunissaient les contremaîtres et les chefs ouvriers, tenus par serment au secret. Analysant leurs conversations, riches en détails techniques, Lucieto apprit des chiffres ahurissants. Dans la première année de la guerre, Essen avait remplacé plus de 900 canons de campagne et 300 obusiers légers. En cette année 1915, la nouvelle usine de munitions livrerait 8 millions d'obus. Mais même en extrapolant, il eût été difficile de prévoir qu'en 1916-1917 les chaînes de montage livreraient 9 millions d'obus et 3 000 canons par mois. Treize Bertha, semblables à celles de Liège et que les techniciens appelaient « Gamma » ou 420, se trouvaient alors à la finition. Chacun de ces obusiers était démonté en 172 pièces et transporté sur 12 wagons de marchandises. Il fallait vingt heures pour le mettre en état de fonctionner. Mais les treize 420 seront prêts pour l'opération « Jugement » du 21 février 1916 quand 1 200 pièces d'artillerie et à raison de 100 000 obus par heure prépareront, par un rideau de feu de 12 heures et demie, l'offensive sur Verdun.

Aux usines de Kiel, par ailleurs, un cargo sous-marin était en chantier : capacité 800 tonnes, rayon d'action permettant la traversée de l'Atlantique. Ce cargo, le *Deutschland*, sera lancé le 12 juin 1916. Tous ces renseignements étaient importants, mais Lucieto piétinait : rien sur les gaz.

La découverte des gaz toxiques allemands

A l'Essener-Hof, un restaurant qu'il trouvait étrange, il s'assit un jour par hasard auprès de deux ingénieurs divisionnaires de chez Krupp. Ceux-ci s'entretenaient, en initiés, de certains projectiles dont l'emploi massif donnerait la victoire aux empires centraux. Démonstration en serait faite quelques jours plus tard, en présence du Kaiser, de Ludendorff et de Hindenburg, devant une commission austro-ottomane.

Le soir même, comme tous les jours, en buvant bière sur bière avec son gendarme, Lucieto lui parla, en blaguant, de cette arme absolue dont rêvaient les belligérants. Il avait entrepris ce gendarme commis à la garde de l'usine, plutôt qu'un autre, à cause de ses vertus : la bêtise, la vanité, l'ivrognerie. Et il le taquinait sur les canons allemands qui n'étaient que des pétoires. L'autre finit par s'agacer et proféra :

— Ces cochons de Français et ces triples cochons d'Anglais frémiraient s'ils savaient ce qui les attend !

Lucieto haussa les épaules et le gendarme, virant au pourpre, se pencha sur la table :

— Nous allons sortir un nouveau projectile. Il tuera tout ce qui vit dans un rayon de 100 mètres ! Hein ! Qu'est-ce que vous dites ? Un bobard ! Comment ça, un bobard ? J'ai vu ! de mes yeux vu !... charger l'obus.

— Vous ? un simple gendarme, allons donc !

— Un simple gendarme qui entre où ni vous ni les ingénieurs, ni même les officiers, n'entreront jamais — et comme il avait son compte de bière, il tonna — J'ai vu charger l'obus au gaz !

Lucieto fit encore monter la vapeur : du gaz dans un obus, autant verser de l'eau dans une cage. Et le gendarme furieux prononça les paroles attendues :

— Combien pariez-vous que ces obus au gaz existent ?

Lucieto hésita, puis :

— Mille marks, parce que c'est vous et je ne veux pas vous ruiner. Au fait, quand me les montrez-vous vos obus ? — et il s'esclaffa.

— Quand vous voudrez — Le gendarme réfléchit — le mieux serait de vous faire assister à l'expérience.

— Quelle expérience ?

Le gendarme confirma alors la venue du Kaiser. Et Lucieto de se moquer. Et le gendarme de parier encore 1 000 marks. Le rendez-vous fut pris pour le vendredi matin.

Le gendarme, ponctuel, emmena Lucieto au polygone d'artillerie, par des chemins détournés, et le plaça dans un « trou d'homme » pour observer le tir. Lucieto demanda :

— Pourquoi ces moutons sur le champ de tir ?

Un troupeau paissait, en effet, à 1 200 mètres environ de la batterie. Le gendarme ricana :

— Ces moutons-là représentent les cochons de Français et les triples cochons d'Anglais. Tout à l'heure, pas un ne survivra, vous verrez !

Lucieto vit arriver le Kaiser qui s'avança vers la banquette de tir où l'on avait placé un 77 de campagne et une pièce de marine. Le gendarme fit un signe et ils se recroquevillèrent tous les deux dans le trou d'homme.

Un ordre bref, deux coups de canon et un nuage vert-jaune s'éleva de terre, puis s'abattit sur le troupeau. Quand les vapeurs furent dissipées, tous les moutons étaient morts, l'herbe paraissait calcinée et les pierres, sur le sol, semblaient couvertes d'une couche de rouille.

Le Kaiser s'en fut avec sa suite, tandis que l'harmonie des usines Krupp exécutait le *Deutschland über alles*. Lucieto s'écria, et ce ne fut peut-être pas tout à fait par jeu :

— C'est colossal !

— Kolossal — approuva le gendarme qui tendit la main — mon argent...

Lucieto déboursa les 2 000 marks, mais manifesta le désir d'aller ramasser, en souvenir, un éclat des obus. Le gendarme préféra y aller lui-même.

Trois jours après, Lucieto était à Paris. Les éclats d'obus révélèrent à l'examen la nature des gaz : oxychlorure de carbone ou phosgène et chloroformate de méthyle ou palite ; c'était des poisons violents. C'est ainsi que l'on entreprit la fabrication des masques à gaz.

Les premières séries, défectueuses, coûtèrent des vies, à Verdun, lorsque l'artillerie du général Knobelsdorf bombarda le centre du dispositif français. Les ailes, non visées par ces tirs, purent contre-attaquer. On perfectionna alors les masques et ils sauvèrent, cette fois, les défenseurs de Verdun. Pendant la dernière grande offensive allemande, du 20 juin 1916 à 10 heures du soir jusqu'au 21 à 5 heures du matin, quarante batteries d'obusiers tirèrent 70 000 coups et seize batteries de canons de campagne, 40 000 coups, toujours au phosgène, qu'on appelait la munition à la croix verte. Le 22 au soir, l'artillerie couvrit d'obus asphyxiants les positions françaises. Le 23, des gaz stagnaient encore dans les fonds quand les Allemands lancèrent un dernier assaut, qui fut brisé.

Le bulletin du poste de Belfort : « Tout sur Verdun. Rien de sérieux ailleurs. »

Verdun... la tragédie de Verdun. Elle eut pour prologue une autre tragédie, celle du SR.

L'été de 1915 avait été maussade au GQG de Chantilly. A Paris, dans les milieux politiques, on se prenait à douter de Joffre, lequel s'encolérait, plus que de coutume et pour des riens, pendant les conférences journalières de son état-major. Il se ressentait encore de la semonce de Poincaré, en juin. Le président de la République l'avait tancé en plein conseil de guerre :

— Vous ne faites rien depuis huit mois !

Joffre avait protesté :

— Les Anglais refusent toute offensive avant le printemps 1916.

Cette réponse ambiguë fit jaser à Paris et une coterie de parlementaires s'entendit pour avoir la peau de Joffre et de Millerand, le ministre de l'affiche (28 centimètres de haut sur 38 de large) « Taisez-vous, méfiez-vous, les oreilles ennemies vous écoutent ».

Poincaré, en visite à Chantilly le 14 août, dit tout net à Joffre qu'il était de plus en plus contesté. Mais il ajouta :

— Nous sommes solidaires, vous et moi.

Témoin de la scène, le colonel Dupont, bientôt général, n'en pensa pas moins à l'avenir de son chef ; il l'aimait bien « le père Joffre », malgré leurs dissensions. Par manière de suite à la conversation, Poincaré annonça la disgrâce, auprès du tsar, du grand-duc Nicolas. Dupont se permit ce simple commentaire :

— C'est une catastrophe.

Dans son esprit, la mise à l'écart du grand-duc signifiait une absence de coordination des fronts oriental et occidental, un fléchissement des armées russes, et un retour en force, vers l'ouest, de divisions allemandes. Par conséquent, une offensive d'envergure. Où ? Son intuition lui soufflait bien l'endroit, mais il se taisait. Cela aurait contrarié les stratèges du 3e Bureau et l'on n'imposait pas une conviction, aussi intime fût-elle, à ceux qui étaient chargés de la conduite des opérations. En ce mois d'août, les places fortes de Langres, d'Epinal et de Verdun s'étaient vu retirer, en prévision d'une offensive en Champagne, une grande part de leur artillerie : 2 300 pièces lourdes approvisionnées à 1 million de coups et 1 800 pièces de campagne, à 1 450 000 coups. Le général Coutanceau, commandant la place de Verdun, avait protesté. Le 10 août, il avait été remplacé par le général Herr, jugé plus souple.

Le général Dubail avait défini, à l'intention de Herr, le rôle de la 2e armée dans la région fortifiée de Verdun : défendre la frontière, assurer l'inviolabilité du front reliant la 3e armée de l'Argonne à la 1re armée de la Woëvre. Les travaux à entreprendre consistaient en un système de défenses parallèles et non plus circulaires, comprenant quatre positions, les deux premières sur les deux rives de la Meuse et les deux autres, en arrière, sur la rive gauche, sans compter une série de défenses, toujours sur la rive gauche, au cas où il aurait fallu évacuer Verdun. C'était beaucoup demander au général Herr, combattant très brave aux Eparges, assez désordre dans un commandement délaissé par le GQG de Chantilly et privé de moyens matériels. Herr, timide, réclama quelques troupes. Il osa même suggérer qu'on pourrait, peut-être, à l'occasion, lui redonner de l'artillerie. Réponse du 3e Bureau :

— Inutile. Ce n'est pas à Verdun que les Allemands attaqueront et ils ignorent que Verdun est dégarni.

Devant une erreur aussi monumentale, Dupont sursauta, mais se garda de protester. Il n'avait que sa certitude, pas de preuves, et pas la moindre information. D'autre part le poste de Folkestone lui envoyait de mauvaises nouvelles : les Allemands avaient arrêté Edith Cavell, l'Anglaise qui était directrice d'une école d'infirmières, à Bruxelles, la fondation Berkendael. Avec l'autorisation de l'occupant, elle soignait les blessés des deux camps, mais aidait les soldats alliés, une fois guéris, à rejoindre leurs lignes. Sœur de charité de l'espionnage, elle avait réussi des centaines d'évasions, pris tous les risques, donc trop de risques, comme son complice, Philippe Baucq, éditeur clandestin de *La Libre Belgique.* Baucq animait le réseau auquel était affiliée Edith Cavell. Maître de la propagande en Wallonie et chef du renseignement en Flandre française, il multipliait les périls, comme Louise Thuliez, une jeune Lilloise, qui assurait la liaison avec la Belgique et le prince Réginald de Croy. Un des passeurs, un Français, Gaston Quien, dénonça Edith Cavell. Le 5 août 1915, elle était arrêtée et écrouée à la prison de Saint-Gilles. Le chef de la police allemande de Belgique, Ernst Bergan, l'interrogea. Il était surnommé « Schwarze Teufel » (le diable noir) et il sut faire parler l'infirmière. Elle donna tout le réseau. Le 11 août 1915, Louise Thuliez fut capturée au domicile de Philippe Baucq. Elle arrivait de Mons, secteur très actif d'espionnage, et portait sur elle un carnet d'adresses. Trente-cinq agents, belges et français, furent arrêtés, et cinq d'entre eux condamnés à mort : Louise Thuliez, le pharmacien Séverin, la comtesse de Belleville, Edith Cavell et Philippe Baucq. La fin d'Edith Cavell émut le monde entier. Elle dit à l'aumônier, un Allemand qui savait l'anglais :

— Je vous prie de dire plus tard à ceux qui me sont chers que mon âme, comme je l'espère, est sauvée et que je suis contente de mourir pour mon pays.

Comme on l'obligeait à s'asseoir pour la fusiller, elle s'évanouit. On l'étendit alors par terre et le peloton fit feu. On l'enterra à 100 mètres de là, dans le champ de tir.

Le SR allemand démantela le réseau Cavell en deux temps. Après l'incarcération d'Edith Cavell et de Louise Thuliez, les services du colonel Nicolaï attendirent. Dès les premiers signes, trop visibles dans cette région du Nord-Est, de l'offensive sur Verdun, tout le réseau tomba. Le SR français n'apprendrait rien de ce côté-là. Restait « Auerbach » et ses Alsaciens.

Dans les premiers jours de septembre, un bulletin du poste de Belfort signala qu'une offensive formidable se préparait : ce serait sur Arras ou sur Verdun. Dupont dit à Zoppf :

— Ce sera Verdun. Andlauer confirmera.

Les informations, fragmentaires encore, contradictoires parfois, affluèrent, en effet, au poste de Belfort, qui transmettait à mesure. Cependant les bulletins quotidiens du SR de Zoppf multipliaient les données sur Verdun, qui se révélaient toujours plus concordantes. De son côté, Dupont conservait sous le coude un document, soustrait à l'état-major de Waldersee en 1912 ; un exercice d'offensive sur Verdun. Les Allemands lanceraient, comme une feinte, une première offensive par la rive droite, mais l'effort définitif se produirait sur la rive gauche. Dupont considérait ce document de 1912 comme un guide pour le chef qui aurait à défendre la région fortifiée de Verdun, la RFV, comme l'appelait le 3e Bureau, avec désinvolture. Le document de 1912 sera transmis au général Pétain quand il remplacera Herr au commandement. Celui-ci en fera grand cas ; chaque matin, à la réunion d'état-major, il s'inquiétera, avant tout, des mouvements effectués sur la rive gauche. Note de Dupont, dans ses mémoires : « Les Allemands, bien entendu, appliquèrent cette manœuvre, mais ils étaient attendus. »

A la fin de septembre, du 25 au 30, le général de Castelnau attaqua en Champagne, avec succès. Au téléphone, ce catholique militant conclut son communiqué par ces mots : « Non nobis sed tibi gloria Domine » (« Non à nous mais à toi la gloire, Seigneur »). « Offensive sans lendemain » note Dupont très favorable, pourtant, à Castelnau, mais qui pensait à l'artillerie dont on avait privé Verdun, au nom de cette opération.

En octobre, la bataille du renseignement s'engagea ; la vie de milliers de soldats était en jeu. Le commandant Ladoux, chef du contre-espionnage, ouvrit les hostilités. Il harcela le GQG de Chantilly, preuves en main : Verdun ! C'était écrit, plus que sûr, en préparation ! Au 3e Bureau, son ami, le colonel Gamelin, finit par l'envoyer paître :

— Mais laissez donc tomber cette histoire-là. Vos tuyaux vont directement au panier. On n'y croit pas !

Ladoux alerta alors le colonel Driant, qui défendait, dans la RFV, le bois des Caures, avec sa demi-brigade de chasseurs à pied. Le chef du contre-espionnage avait quelques raisons de croire qu'un soldat de la stature de Driant serait entendu. Il fut, au moins, écouté. Gendre du général Boulanger, officier d'active, écrivain militaire, sous le pseudonyme de Danrit, il avait démissionné avant la guerre et s'était fait élire député de Nancy. Il avait repris du service dès juillet 14. Dans les combats très durs — on l'a vu avec Maginot — qui précédèrent la tragédie, Driant et sa 8e compagnie étaient redoutés des Allemands. Au deuxième jour de l'offensive, le 22 février 1916, Driant, une musette de grenades en bandoulière, couvrira la retraite de ses derniers 120 hommes (sur 900) et il tombera là, à la sortie du bois des Caures, en même temps que le commandant Renouard. Les Allemands enterrèrent les deux officiers avec les honneurs militaires...

A la fin d'octobre 1915, la démarche de Ladoux ne surprit pas Driant. Depuis trois mois bientôt qu'il tenait le bois de Caures avec ses chasseurs à pied, en tuant des ennemis à tour de bras, il sentait venir les jours du massacre. Il écrivit, dès l'appel de Ladoux, au ministre de la Guerre, le général Gallieni :

> « Le coup de marteau-pilon sera assené sur la ligne Verdun-Nancy. On imagine l'effet moral que produirait la capture de l'une de ces deux villes ! Nous travaillons jour et nuit à renforcer nos défenses, mais il y a un domaine dans lequel nous sommes impuissants : nous manquons d'hommes. C'est sur ce point que je me permets d'attirer l'attention du ministre. Si notre première ligne est emportée par une attaque massive, notre seconde ligne ne pourra pas soutenir le choc et s'effondrera. Il nous faudrait des hommes et du fil de fer barbelé. »

Driant n'attendit pas la réponse. Le 1er décembre 1915, à Paris, il faisait part de ses inquiétudes à ses collègues, les députés qui siégeaient à la commission de la Guerre. Le général Pedoya, président de la commission, insista auprès du gouvernement et Driant fut reçu par Aristide Briand, président du Conseil, qui, non content de l'envoyer à Gallieni, pria celui-ci, en conseil des ministres, d'écrire à Joffre.

Le 16 décembre, la lettre du ministre, faisant état de la visite de Driant, et des défectuosités qu'il avait signalées dans la mise en état de défense du front, précisait : « ... dans les régions de la Meurthe, de Toul et de Verdun, le réseau des tranchées ne serait pas complet ». Gallieni poursuivait :

> « Cette situation présente de graves inconvénients et une rupture du front, dans ces conditions, engagerait la responsabilité du gouvernement tout entier. Les enseignements les plus récents de la guerre prouvent que les premières lignes peuvent être forcées, mais que les lignes suivantes peuvent arrêter quand même l'attaque... »

Le général Gallieni priait, en conséquence, le général Joffre de le mettre en mesure.

> « de pouvoir donner l'assurance que sur tous les points de notre front l'organisation au moins sur deux lignes a été prévue et réalisée avec tous les renforcements indispensables en obstacles passifs (fils de fer, blancs d'eau, abattis, etc.) »

Lorsque Joffre reçut la lettre il hurla :

— Je n'admets pas que des officiers qui servent sous mes ordres ignorent la voie hiérarchique !...

Les postes d'écoute du capitaine Morin

Mais Driant était déjà retourné se battre au bois des Caures et c'était à Gallieni qu'il fallait répondre. Le 18 décembre, Joffre écrivit au ministre en se retranchant derrière son instruction du 22 octobre 1915 sur l'amélioration des 1re et 2e positions et l'organisation, en arrière de ces lignes, d'un ensemble de régions fortifiées. Il indiquait que :

> « Toute cette organisation, étudiée d'après un plan d'ensemble, est en voie de réalisation depuis longtemps et achevée sur nombre de points du front... »

Joffre reconnaissait cependant, en note de bas de page :

> « ... la construction des obstacles passifs a été retardée et continue à être retardée, malgré mes nombreuses demandes, par l'insuffisance des ressources en fil de fer barbelé. Je puis néanmoins donner au gouvernement l'assurance que, sur tout le front, au moins les deux positions principales de défense sont munies des obstacles passifs nécessaires pour leur assurer toute la résistance voulue... ».
> Et il concluait :
> « En définitive, j'estime que rien ne justifie les craintes que vous exprimez au nom du gouvernement dans votre dépêche du 16 décembre... »

Au début du moins de janvier, le poste de Belfort annonçait : « les Allemands ont achevé de construire 14 voies ferrées de pénétration ». Il y avait déjà deux bons mois que Dupont tannait le 3e Bureau. Les agitations du front dans les Vosges, sur la Somme et en Champagne, le laissaient froid, tout comme le projet d'offensive franco-anglaise du printemps 1916, au nord et au sud de la Somme. Les Allemands connaissaient ce projet et s'apprêtaient à le contrecarrer en enlevant Verdun.

De son côté, Douglas Haig, le commandant en chef de l'armée anglaise, était troublé. Joffre lui assurait que les Allemands allaient lancer une offensive contre la Russie, et que s'ils attaquaient, en même temps, sur le front de l'Ouest, ce ne pouvait être qu'en Artois ou en Champagne. Et le commandant en chef de l'armée française reprenait avec son homologue britannique l'étude de l'offensive du printemps sur la Somme. « En admettant que Verdun tienne », répétait Dupont, au 2e Bureau. Haig lui dépêcha un de ses adjoints qui entendit comme les autres visiteurs venus consulter l'augure prononcer le nom de la ville fatidique. L'officier anglais, après un petit tour au 3e Bureau, repassa par le 2e :

— Des officiers généraux m'ont pourtant parlé de Noyon, de la Champagne, de l'Alsace.

Et Dupont, imperturbable, lui répondit :

— Je vous dis qu'ils attaqueront à Verdun.

Le général Chasterie, chef du British Intelligence Service en France, obtint la même réponse. Il en fit part au jeune et pugnace Winston Churchill qui n'estimait guère les états-majors. Malgré la disgrâce, momentanée, que lui avait valu l'échec des Dardanelles[11] il suivait de près le combat douteux qu'à Chantilly la compétence livrait à l'inertie. Sûr que le sort de la guerre se jouerait dans les mois à venir et à Verdun, Churchill s'impatientait :

— Mais pourquoi n'écoutent-ils donc pas Dupont et Driant, tous ces généraux ?

Parmi ces généraux cependant Castelnau faisait exception. Major général de l'armée depuis le 11 décembre 1915, il était venu plusieurs fois consulter le chef du 2e Bureau. Au SR de Belfort, à la mi-janvier, il avait rencontré Andlauer, qui avait été très affirmatif :

— Tout sur Verdun. Rien de sérieux ailleurs. Douaumont premier objectif.

Castelnau lui avait alors répondu :

— Vous prenez une bien grande responsabilité.

Mais l'assurance du chef SR de Belfort l'avait ébranlé. Et il relançait Dupont :

— Pourquoi Verdun ? Où cela les mènera-t-il ?

— Effet moral surtout. Verdun, cette ville historique prise, quel triomphe en Allemagne ! Quel réconfort pour eux ! Et puis renforcement de leur front. Notre éloignement d'une ligne de communication ferrée est capital pour eux. Enfin, c'est comme cela...

N'eût été qu'un officier de SR ne cite jamais ses contacts, Dupont aurait pu avancer un dernier argument. Le 2e Bureau avait, et gardera pendant toute la guerre, un agent au GQG allemand, le commissaire principal Waegele, un Alsacien d'après 1870. Les renseignements de Waegele étaient épisodiques, mais toujours justes. Or il avait lui aussi été prévenu de l'offensive sur Verdun.

Le 20 janvier 1916, Joffre fit enfin un geste. Pris entre son 2e et son 3e Bureau, guetté par Paris où — la lettre de Gallieni le lui faisait sentir — beaucoup l'attendaient au tournant de chaque bataille, le généralissime envoya son major général inspecter Verdun.

Le général de Castelnau visita, sur le front nord, le bois des Caures, le bois d'Haumont sur la rive droite, le bois des Corbeaux sur la rive gauche, le bois des Chevaliers sur le front sud. L'organisation lui sembla correspondre aux directives de Joffre, mais il manquait quand même des abris-places d'armes et des réduits. Quant à la deuxième ligne, Castelnau le constata, elle était faible.

---

11. Voir chapitre IV.

En conséquence il autorisa le général Herr qui croyait, comme Pétain, à l'offensive, à employer aux travaux la 51e et la 67e divisions. Au cours de l'inspection, comme un capitaine d'état-major du 3e Bureau affirmait, très docte, que la défense des Jumelles d'Ornes était bien assez solide et que les Allemands n'attaqueraient pas par là, un soldat l'interrompit :

— C'est complètement faux, mon capitaine, ce que vous dites là. Tous mes renseignements prouvent le contraire.

Le capitaine allait sévir quand Castelnau intervint :

— Attendez capitaine, écoutons ce qu'a à nous dire ?...

— Maréchal des logis Henri Morin, mon général, chef du service des écoutes. Derrière ces bois, on ne voit pas les Allemands, bien sûr, mais nous, aux écoutes, nous les entendons. Ils sont terrés, prêts à une offensive qu'ils ont organisée dans les moindres détails. Ils peuvent exécuter un bombardement de longue durée et en supporter un, grâce aux puits et aux abris qu'ils ont creusés. Et ils conservent à proximité des premières lignes des effectifs nombreux, nouveaux, qui permettront l'offensive. Et ils la préparent, cette offensive. Elle devrait se déclencher autour du 13 février[12].

Le commandant de Cointet était présent. Chef du 2e bureau de la 2e armée, il succédera à Dupont au 2e Bureau du GQG, en 1917. Ce jour-là, Morin ayant parlé, de Cointet dit à Castelnau :

— Vous pouvez croire Morin, mon général. Les renseignements des postes d'écoute sont d'une précision indiscutable.

De retour à Chantilly, Castelnau, tout comme Dupont, se heurta à Joffre et à son 3e Bureau, irréductibles. Mais si l'on pouvait, à la rigueur, ignorer le chef du 2e Bureau en le plaisantant sur son imagination, il était moins aisé de manœuvrer un major général, qui, par surcroît, était allé chercher ses informations sur le terrain. On discuta donc chez Joffre, et Castelnau ne céda pas, exigea et obtint que Verdun fût renforcé par six divisions d'infanterie, six régiments d'artillerie lourde attelée et à tracteur et par de l'artillerie lourde à grande puissance et de l'artillerie sur voie ferrée. En outre, carte blanche fut donnée au capitaine Doumenc, responsable du service automobile. Il s'engageait à transporter 2 000 tonnes de vivres et de matériels et 12 000 hommes, par jour, si on le laissait maître absolu de la route. Le 20 février, il put commencer à organiser la circulation sur cette artère unique à double voie, outillée comme une voie ferrée, et que l'on appelera, pour l'Histoire, la Voie sacrée.

Pour arriver à ce résultat encore insuffisant et trop tardif, le général de Castelnau avait dû argumenter du 11 au 16 février. Perte de temps, qui entraîna de lourdes, très lourdes pertes d'hommes.

Du 8 au 11 février, le 2e Bureau de Chantilly avait clarifié la situation. Un déserteur, un agent du SR dans les lignes et l'aviation

---

12. *Service secret. A l'écoute devant Verdun*, Récit du capitaine Morin, recueilli par Pierre Andrieu, G. Durassié et Cie, Paris, 1959.

avaient averti que l'artillerie lourde allemande se mettait en position. Et puis, le 10, était tombé au SR de Zoppf le bulletin du poste de Belfort :

> « 10 février 1916 : les Allemands vont tenter une offensive sérieuse dans la région de Verdun. Les troupes chargées de cette offensive seront placées sous les ordres du Kronprinz, dont le QG se trouverait depuis quelques jours à Spincourt. Une importante concentration de troupes — dont fait partie le XVe CA — s'opérerait en ce moment en arrière des lignes allemandes, notamment dans le secteur de la 10e DR, à l'est de Damvillers-Chémilly.
>
> Quantité de pièces lourdes auraient été amenées récemment dans la région voisine de Verdun... On signale notamment une nombreuse artillerie installée dans la forêt de Gremilly. ... Le « Trommelfeuer » sera exécuté pendant un temps relativement court (24 heures au maximum), de façon à ne pas laisser le temps d'amener des réserves. On attache une très grande importance à la prise de possession, à l'ouest d'Ornes, de la ferme Saint-André, cote 351, en vue du développement ultérieur de l'offensive vers Douaumont. L'opération doit commencer à une époque aussi proche que possible du 10 février. »
>
> Rapport d'écoutes, 11-12 février, poste du bois des Caures :
>
> « Dès le 11 au soir, des ordres ont été donnés pour distribuer aux hommes 100 cartouches plus les cartouches de réserve, 30 grenades à main, des outils, des fusées à main pour les patrouilles, des cisailles à fil de fer (10 par compagnie)... J'ai prévenu le commandant des avant-postes au fur et à mesure des conversations surprises. On a parlé ce soir-là de plusieurs bataillons devant venir par voie ferrée et dont le colonel et les commandants devaient rester à Flabas. L'attaque devait avoir lieu sur une position seulement : la 10e. J'ai été amené à préciser l'emplacement de cette 10e position d'après la carte comme étant à l'ouest de la route de Flabas, c'est-à-dire G.G.4.
>
> Les ordres étaient donnés de sortir des tranchées, d'abord isolément, puis de se rassembler et de surprendre nos premières lignes. L'attaque devait avoir lieu à 6 h 30, à l'aube.
>
> Le tir de l'artillerie française a désorganisé et surpris, suivant le terme employé par l'ennemi lui-même. Les Allemands sont étonnés que l'artillerie française ait été aussi rapidement prête. Leurs pertes ont été sensibles, ce qui prouve leur formation serrée dans leur tranchée. Ils devaient attaquer sans aucun doute. Chacun demandait ce qu'il devait faire et se plaignait du manque de direction. L'artillerie accusait l'infanterie et réciproquement. On disait même que ce n'était pas un temps d'attaque et que les hommes n'auraient même pas pu sortir de leurs tranchées. »

Il neigeait à ne plus rien voir et cela dura une semaine. Le général Chrétien, chef du 30e corps, se fiait aux écouteurs. Il connaissait les deux chefs de la compagnie des écoutes depuis avril 1915 et les combats de l'Argonne, quand le maréchal des logis Morin avait installé son premier poste dans la tranchée des Eparges et le brigadier Wallon branché le sien dans la tranchée de Calonne. Dès réception du rapport du bois des Caures, Chrétien se hâta de profiter du mauvais temps. Il essaya de renforcer, tant bien que mal, la défensive de sa position en vue de l'arrivée des 1er et 2e corps d'armée. Le huitième jour le temps s'éclaircit et, comme l'écrira le commandant Douare[13] : « L'offensive allemande nous surprit au matin du 21 février en flagrant délit d'organisation de notre position principale de résistance. »

Les trouvailles techniques du lieutenant Delavie

A la fin de la première semaine, terrible, horrible, de la bataille, Douaumont, entre autres positions fortes, tomba. Et le 29 février, le poste d'écoute de Forges entendit énumérer :

— ... prisonniers... 328 officiers et 13 675 hommes... 78 canons... 80 mitrailleuses... 100 pièces de gros matériel...

Commentaire du poste d'écoute :

— Tout ceci dicté lentement et sans grand enthousiasme.

Le 1er mars, René Masson, chef au poste de la cote 285, à l'est du Four de Paris capta, à 11 h 15 :

— Quoi de neuf sur Verdun ?

— Rien de bon... ah !... ah !... oh !... chez nous, il finira par ne plus nous rester un homme après la guerre, si ça continue comme ça...

Poste de Mouilly, 4 mars, 8 h 35.

— Travailler... le régiment en donne facilement l'ordre... On travaille continuellement... abris... on ne tient jamais compte qu'actuellement la compagnie a la tranchée et le boyau complètement bouleversés. Nous avons après cela plusieurs jours de travail... Pertes : cette nuit, j'ai eu à nouveau trois blessés...

Poste de Mouilly, toujours, 3 avril, 8 heures :

— ... Lieutenant Kempf, nous sommes excessivement bombardés dans les secteurs C et D...

9 h 16 :

— ... M. Kempf ! continuez à tirer, ça ne peut pas aller ainsi. Les Français tirent comme des fous...

9 h 25 :

— ... Mon lieutenant ! Il y a au moins cinq ou six batteries françaises qui tirent sur la position avancée. Est-ce qu'on ne pourrait pas tirer un peu plus, au moins une batterie ?

9 h 40 :

— ... Une rafale plus importante ne peut-elle pas être tirée ?... De grâce ! car nous allons devenir fous... ça recommence toujours.

10 h 40 :

— ... Ici, César... blessé à la tête... blessé à la tête, au bras. Degler blessé légèrement aux deux jambes.

---

13. *Verdun sauvé*, 1953.

14 heures :

— ... César ! La première ligne et les boyaux sont bouleversés, de grands dégâts, des abris sont... Pendant la matinée, le travail a été dérangé par l'artillerie française dont le tir dura plusieurs heures. Deux tués et trois blessés dont un grièvement.

Du 21 février au 15 juin, pendant la phase défensive, sur un front de 90 kilomètres de longueur, allant de l'Argonne à Saint-Mihiel, 24 divisions françaises eurent à contenir les assauts successifs de 66 divisions allemandes. L'artillerie de la 2e armée, avec 1 100 pièces de 75, 225 pièces de 80 à 106, 500 pièces d'artillerie lourde et d'artillerie à grande puissance, tira 10 300 000 coups de 75, 1 200 000 de 80 ou de 106, 2 600 000 coups de gros calibres. L'artillerie allemande, pilonnée par les 75, mais supérieure en nombre de pièces lourdes, bombarda à raison de 100 000 coups au kilomètre carré. Après cent douze jours de canonnade presque ininterrompue, il n'y avait plus de tranchées, rien que des grandes crevasses que l'on aménageait, vaille que vaille ; les corvées et les relèves, sous le feu perpétuel, coûtèrent le quart des effectifs, dans les deux camps.

Pour observer, pas question de ballons captifs, ni de photographies aériennes. L'aviation ne procédait que par raids massifs, par harcèlements, et qui coûtaient cher. Mais le 2e Bureau de la 2e armée rassura vite l'état-major de Pétain, au commandement depuis le 26 février. Le commandant de Cointet évalua, rapports en main, le rendement des postes d'écoute :

— En premier lieu, messieurs, et avant tout, ils remplissent une fonction essentielle pour notre artillerie. Exemple, cette note d'écoute... 9 h 45 : « Dites que le général est au bivouac depuis 6 heures ». L'écouteur, qui a repéré l'endroit, signale à l'artillerie. Dans le même secteur, le même jour, à 10 h 40, les Allemands disent : « La batterie tire toujours dans le boyau ». Notre artillerie la fera taire. Ou encore, le 14 mars. De la position allemande parvient au poste d'écoute cette phrase : « Mon capitaine, il faut bombarder le point 207A. » Le secteur français est aussitôt prévenu. A 10 h 10, comme les Allemands observent un grand trafic au sud-est de Mouilly, le poste répercute aussitôt et nous évitons le passage menacé...

Les postes d'écoute comptent donc beaucoup pour notre artillerie dans le réglage des tirs. Mais l'ensemble des opérations se ressent de leur activité. Ils préviennent à temps des attaques locales, des bombardements, de l'éclatement des mines. Enfin, leur concours nous est très précieux, au 2e Bureau, quand nous interrogeons des prisonniers. Comme le brigadier Wallon, un jour, leur citait des noms de leurs officiers, les incidents survenus dans leur vie quotidienne, un des prisonniers s'est écrié : « Sie sind wohl der Teufel ! », vous êtes sans doute le diable ! — et le commandant de Cointet conclut : On imagine la démoralisation de l'ennemi surpris de voir ses projets éventés, ses batteries bombardées au moment où elles allaient entrer en action, ses ravitaillements et ses relèves coiffés par nos tirs à des instants critiques, alors que les précautions prises devaient les faire échapper à toute observation.

Malgré l'enthousiasme et les précisions du commandant de Cointet, certains officiers généraux n'y croyaient qu'à moitié. Mangin, arrivé avec sa division le 2 avril, se montra sceptique, lui aussi. Henri Morin l'invita alors à venir au poste de la Côte du Poivre, le premier à être équipé d'un casque à amplificateur. Mangin, en uniforme de simple soldat, arriva à 4 h 30 du matin, coiffa le casque, écouta longtemps, dit soudain :

— Nom de Dieu ! — et posant le casque, comme sous un choc — C'est extraordinaire je croyais les avoir derrière moi.

Morin et l'adjudant Godart, chef du poste, comprirent, mieux que quiconque, la stupeur de Mangin. Eux, c'était tous les jours qu'enterrés, muets, aveugles, ils avaient ces voix de la guerre dans la tête, comme des visions presque palpables.

21 avril : « Pertes des régiments 53 et 159 : environ 252 hommes tués » (Poste d'écoute Côte du Poivre).

30 avril : « Mes hommes ont trouvé le capitaine Braun. Il était face contre terre dans les buissons. Ils l'ont trouvé à l'odeur » (même PE).

12 mai, 11 h 35 : « Pendant ce temps, nous avons voulu prendre Bras et Charny et l'ennemi nous a repoussés. Nos pertes étaient énormes. Tous mes amis sont disparus. Ah ! c'est effroyable ! » (même PE).

23 mai, 18 h : « Je voudrais parler au commandant. Une partie des hommes gisait dans la tranchée de tir... terrible à voir... » (même PE)

27 mai, 12 h 30 : « Voici les pertes de la 2e ligne : pertes totales 51, toutes par l'artillerie ennemie » (même PE).

2 juin, 11 h 05 : « A Douaumont, nous avons fait 2 000 prisonniers, beaucoup de pièces et de munitions. Le Kronprinz exprime ses remerciements à l'armée » (PE Bois Carré).

6 juin : « Rapport n° 12. Le régiment depuis le 13 mai a perdu 420 officiers, 172 sous-officiers, au total près de 1 300 hommes. Le 4e bataillon seul : 600 hommes » (PE Côte du Poivre).

18 juin, 15 h : « Riga ? — Oui — Le lieutenant est-là ? — Non — Veuillez lui dire de suite que le lieutenant Stabenau est grièvement blessé — Comment ? — Le lieutenant Stabenau... — Oui — Oh ! mon Dieu ! grièvement ? — Il demande le lieutenant, de suite — Bien, je l'informe immédiatement.

15 h 05 : PC ? — Oui — Envoyez-moi d'urgence les brancardiers. Le lieutenant se meurt, très grièvement blessé, mais vite !...

16 h 50 : Je voulais seulement annoncer que j'ai deux pertes. Tous les deux sont morts, l'un a la tête emportée, l'autre la jambe droite. Le lieutenant Stabenau est mort » (PE tranchée de Calonne).

8 juin, 9 h 05 : « Sais-tu que Vaux est pris ? — Oui, cette nuit.

Combien de prisonniers ? — Quatre cents — ça, c'est grandiose. De cette façon, nous rentrerons, à la longue » (PE tranchée de Calonne).

24 juin, 12 h 40 : « Mon lieutenant, comment mangerons-nous ce soir ? On ne mangera pas, nous serons relevés demain.

19 h 20 : Comment mangerons-nous ce soir ? Vous recevrez quelque chose. Personne ne doit dormir, ce soir... » (PE Bois Carré).

25 juin, 8 h 30 : « La batterie de la gare !... On voit plusieurs personnes qui s'en vont... Vite, car elles s'en vont... 8 coups 4 950 mètres... Plus loin. Allons... bien. L'ennemi doit courir, dépêchez-vous, tirez toujours plus loin. Envoyez une salve... 5 trop court... Une salve. C'est trop tard. Ils courent... ils courent encore. Une salve. Le coup était épatant. Encore deux coups... encore une salve... Encore 40 de plus, 35 cent. Le coup était beau. Coup trop à droite. On peut toujours les bombarder, car ils sont dans l'herbe, 100 mètres l'un derrière l'autre... Oui, le tir est très bon... 5 de plus... Encore une salve... Nous avons un rigodon. Vous tirez toujours trop loin, nom de Dieu ! Vous tirez toujours plus mal... Dieu merci, 3 Shrapnells étaient bons quand même » (PE Côte du Poivre).

30 juin, 7 h 15 : « ... Il y a au sud des centaines d'hommes en mouvement. 7 h 30 — ... Oui, à cet endroit, je vois des Français. Oui, point 197 — 7 h 55 — Mon capitaine, ce ne sont pas des Allemands, mais des Français. Les Allemands n'ont jamais de manteau — 8 h 15 — Oui, mon capitaine. Le feu de barrage est fait là où nous avons vu des hommes — 10 h 15 — Dites à la batterie qu'elle fasse vite, car les Français attaquent de quatre côtés. Nom de Dieu ! Dépêchez-vous ! — 10 h 20 — Sur les points 353-354 les Français avancent en colonne. Aussi au point 193. Comprenez-vous, capitaine ? Oui, Nom de Dieu ! Je ne peux plus rien faire avec l'observatoire, tout est occupé. — 10 h 15 — les Français paraissent avoir pris le point 350, ils avançaient du point 195 au point 197 et d'autres sur la hauteur... Ils avancent sur 350... — 10 h 40 — Le capitaine Dikow est-il là ? — Oui — Il y a à peu près, entre 190 et 350, quatre compagnies. Vous devez tirer dessus immédiatement — 11 h — La partie nord reçoit trop peu de feu. L'ennemi continue à se développer — 11 h 05 — Ils viennent du nord et se dirigent nord-est... Oui, là, dans la vieille tranchée, ils ont fait une nouvelle tranchée et ils sautent par bandes, d'un trou d'obus à un autre. Ces nouvelles tranchées, je les ai pourtant annoncées ce matin. On peut tirer dessus — 11 h 20 — Les Français sont sur 350. La plupart des Français sont dans des trous d'obus » (PE Côte du Poivre).

4 juillet, 12 h 30 : « ... La 6e compagnie est là ? Veuillez, je vous prie, appeler le lieutenant Gerhardt à l'appareil... de la part du lieutenant Veinner... J'ai à vous communiquer un renseignement secret... Débranchez, je vous prie, afin que personne ne puisse entendre — C'est fait — Savez-vous que les Français ont pris

l'offensive près de Péronne ? Ils nous auraient enlevé quelques villages et fait 6 000 prisonniers — Quoi ? C'est incroyable ! Où avez-vous appris cela ? — C'est le colonel qui me l'a annoncé ce matin, alors que je demandais à lui parler pour le service. Mauvais pour nous... Juste ciel ! Ça va marcher tristement ! — Au revoir... » (PE Bois Carré).

25 juillet, 16 h 35 : « Gipfel, commandant la 4e compagnie — Qu'y a-t-il de nouveau ? — Je viens de recevoir à l'instant la triste nouvelle, mon plus jeune frère est tombé dans le nord de la France... » (PE des Chevaliers).

5 août, 18 h 20 : « A 7 heures, l'artillerie ennemie tira sur le ravin de Thiaumont qui suit à gauche le mamelon. J'ai vu beaucoup de coups en plein qui tombaient sur la colonne du 1er bataillon du 159e qui devait aller vers Thiaumont. J'en ai vu retourner la moitié comme un troupeau de moutons » (PE Côte du Poivre).

3 septembre, 17 h 50 : « Lieutenant Ackermann ? — Oui, qui est là-bas ? — Lieutenant Moder. L'adjudant a été enterré avec toute sa section dans la galerie. Donnez-moi autant d'hommes que vous pouvez pour déterrer les pauvres diables. Comment cela s'est-il produit ? — Une bombe française — Triste !... » (PE Bois Carré).

16 septembre, 7 h 55 : « Entre 5 h 15 et 6 heures de la matinée, coups isolés de notre artillerie lourde sur la tranchée d'avant. Après les 7e et 8e coups, on entendit du poste n° 7 les gémissements des blessés. De 2 h 30 à 4 h 40, on tira avec des bombes incendiaires » (PE Côte du Poivre).

18 septembre, 13 h 05 : « A la relève de l'aube, il y avait une patrouille française dans un trou d'obus. On a tiré sur la patrouille dont un homme fut blessé, mais il fut tiré en arrière par les Français. Son fusil, ainsi que sa ceinture et ses cartouchières ont été retirés ce matin du réseau et cachés par le caporal Brombel » (PE Côte du Poivre).

19 octobre, 13 h 30 : « Mon colonel, j'ai les comptes rendus des compagnies Kraus et Wilhelm. Nos intentions de ce matin ont été complètement déjouées. Aussitôt que les explosions se sont produites nous avons reçu des engins de tous côtés. L'artillerie, les mitrailleuses, les lance-bombes, tout était en action. La compagnie Wilhelm a essayé de sortir à trois reprises, mais ça n'a pas été possible, le tir d'artillerie était trop bien réglé. Oui, ils ont un bon service d'espionnage » (PE de Cheppy).

Les Allemands s'étaient inquiétés très vite de ces écoutes. Dès la fin avril 1916, une circulaire secrète du haut commandement allemand aux commandants de compagnies en ligne fut récupérée sur un prisonnier. Ce texte, destiné à impressionner le combattant, contenait quelques renseignements vrais :

> « ... Le service d'écoute désigné par SE (initiales du service extérieur)... Les hommes employés à ce service constituent une formation téléphonique autonome, commandée par un officier (lieutenant) qui peut avoir sous ses ordres plusieurs stations... »

L'ennemi ignorera toujours qu'il y eut jusqu'à vingt-cinq postes sur le front de l'Argonne à Verdun et vingt et un de Verdun à Saint-Mihiel.

> « ... Les soldats d'exploitation sont choisis avec le plus grand soin ; il faut qu'ils sachent parfaitement l'allemand et qu'ils soient très habiles dans le maniement des appareils... Ils doivent, vis-à-vis des autres soldats, se donner comme des téléphonistes ordinaires... »

Le commandant de Cointet recruta, en effet, dans toute la 2ᵉ armée, avec discrétion. Les équipes, un écouteur, un téléphoniste, un interprète, passaient, au début de la tragédie, quinze heures consécutives en première ligne ; les trois hommes se relayaient toutes les deux heures, de jour et de nuit, pour coiffer le casque, noter sur un bloc-notes, sans une minute d'inattention, les moindres propos, même pendant les bombardements et les combats. Au repos, à Souilly, les volontaires, sans distinction de grade, furent formés par le lieutenant Morin pour la partie pratique, et le lieutenant Thomas pour la technique. Tout le personnel des écoutes était instruit, dès qu'elles se produisaient, des modifications de l'organisation ennemie, et il connaissait son langage conventionnel, ses codes.

La circulaire du haut commandement allemand indiquait encore ceci :

> « ... En dehors des personnes qui ont des relations directes avec le SE, celui-ci est entouré d'un secret absolu vis-à-vis des troupes... »

Et ce fut le SE qui imposa, non sans mal, avec les artilleurs en particulier, le mot d'ordre de Millerand : « Taisez-vous, méfiez-vous, des oreilles ennemies vous écoutent. » Mais les Allemands, malgré des essais, n'assimileront jamais, pour des raisons qui restent encore ignorées, la trouvaille du lieutenant Delavie, ni, par conséquent, les applications qu'en fit le lieutenant Thomas.

Delavie était un officier télégraphiste et se trouva engagé, en décembre 1914, dans la bataille pour la redoute du Bois-Brûlé, en forêt d'Apremont. Il s'inquiéta des appels musicaux, semblables à des sons de trompette, et des « Ja ! » retentissants qui perturbaient les communications téléphoniques. Ces interférences lui parurent très dangereuses. Professeur de sciences dans la vie civile, à l'ENP de Vierzon, Delavie étudia le phénomène et, avec l'aide du lieutenant Thomas, établit quelques principes simples, comme ne plus utiliser la terre comme conducteur de retour dans les réseaux français, et substituer des fils isolés, câbles légers ou câbles de campagne, aux fils d'acier.

Quant aux écoutes elles-mêmes, le lieutenant Thomas les mit au point en utilisant le phénomène de conduction par le sol ou par l'eau (la Meuse, à Verdun), avant de maîtriser celui de l'induction ou selon ses propres termes « ... plus exactement de l'induction mutuelle. Cette induction mystérieuse dont le nom servait aux jeunes télégraphistes débutants à expliquer aux profanes ce qui devait rester sans explication... ou qu'ils ne pouvaient expliquer[14] ».

Les lignes téléphoniques se terminaient par des prises de terre que l'on attachait à une baïonnette, fichée dans les trous d'obus du no man's land ou en avant des tranchées françaises voire même dans le parapet allemand. Ces prises étaient reliées au poste d'écoute par un fil qui longeait la paroi des tranchées et des boyaux. Le poste d'écoute quant à lui, enterré dans une paroi de la tranchée, se situait entre 30 et 80 mètres du parapet de la toute première ligne.

Pour remplacer les fils, hachés sans cesse par la mitraille, les interprètes et les téléphonistes couraient, boulaient, rampaient dans le magma putride, sous les météorites d'acier de Verdun. Ils revenaient ou ne revenaient pas. Les pertes furent énormes, au SE, comme la circulaire allemande appelait la compagnie des écoutes d'Henri Morin. Fait sous-lieutenant par Pétain lui-même, en avril 1916, Morin termina la guerre avec le grade de commandant, décoré de la Légion d'honneur, de la croix de guerre, de la médaille militaire et de la Military Cross. Les gaz lui avaient brûlé les yeux et il était atteint de la maladie de Parkinson. En 1959, il disait :

— Ma plus grande joie est que la section d'écoute ait parfaitement fonctionné pendant dix-neuf mois sur le front de l'armée de Verdun. Dieu a permis que nous puissions sauver des milliers de vies humaines.

N'est-il pas regrettable qu'après avoir rendu de tels services, nos camarades aient été si peu récompensés et si vite oubliés !

Se souvenant des hommes des écoutes, le général de Cointet écrira :

> « Ils forment mieux qu'une unité, une véritable famille que cimentent l'estime et l'amitié réciproques. Ingénieurs, ecclésiastiques, commerçants, industriels, champions sportifs, professeurs de faculté, coiffeurs, hôteliers s'y côtoient... »

Et Pierre Andrieu, raconte à propos du poste du Bois Bouchot :

> « Dans les quelques hommes composant ce poste se trouvaient des catholiques, dont un prêtre, un protestant, des israélites et un athée. Tous les jours, le prêtre disait une messe avec des moyens de fortune que justifiait sa situation. Et comme servants, qui avait-il ?
>
> Les israélites, les catholiques, le protestant, l'athée.
>
> La fraternité d'armes, la communauté du danger chaque jour encouru élevaient ces hommes au-dessus des dogmes étroits et des barrières que les religions fixent à la pensée. Certes chacun gardait sa conviction mais avec une largeur d'idées et une hauteur de senti-

---

14. *A l'écoute de Verdun.*

ments telles (ce dont d'ailleurs ils n'avaient pas conscience) qu'ils se rejoignaient par-delà leurs préceptes dans une même foi. »

Et l'ennemi ou, pour être plus exact, ceux de l'autre camp, à qui, à quoi, s'en remettaient-ils ?

Quand Mangin, après avoir refoulé les Allemands, tout juillet et tout août, lança les grandes offensives de la délivrance, le poste d'écoute des Quatre Enfants entendit, le 3 septembre 1916 :

— ... Oui, nous avons déjà un grand blessé... Quatre morts, c'est terrible !... Nous avons déjà souffert avant et nous le savions avant que nous étions appelés à souffrir, mais pas tant. Personne ne le soupçonnait... que Dieu protège les pauvres !

En mai 1916, une note d'écoute figurait au bulletin de synthèse du 2e Bureau du commandant de Cointet, à la 2e armée. Dès réception, le 2e Bureau du GQG de Chantilly la transmit au 3e étage où l'on avait installé la section « aviation » que dirigeait le commandant Barès.

La note était anecdotique, à première vue :

Poste de la Côte du Poivre, 16 h 10 : « Dis-donc, Karl revient de permission. Il m'a dit que les gens sont des porcs, qu'ils en ont assez de l'armée. Là-bas, c'est la misère. Il a rapporté de tristes pensées. Pauvre diable ! »

Vol au-dessus de Berlin

En la lisant le commandant Barès pensa à Arsène Marchal, le lieutenant Marchal. Il y avait un an de cela, Marchal s'était proposé, par écrit, pour une mission très spéciale, un de ces rêves farfelus et héroïques dont se berçait tout pilote de guerre. Barès en avait parlé à son voisin du 4e étage, au Grand Condé, et Zoppf le taciturne avait dit : « Peut-être... » Le voisin du dessous s'était montré plus bavard. Après avoir déplié comme un gros accordéon la carte immense que Marchal avait jointe à son plan de vol, le général Dupont avait dit à Barès : « Pourquoi pas ? » Et Barès, pensif, avait attendu, jusqu'au jour où des officiers du 2e Bureau lui avaient suggéré, à demi-mot, bien sûr, comme font ces gens-là, de s'adresser au 1er étage. Là le colonel Gamelin, secrétaire du 3e Bureau, l'introduirait auprès du major général, le général de Castelnau. C'est ce qui arriva.

L'on était remonté à la cartographie du 3e étage et sur les 7,50 mètres de la carte de Marchal, l'on avait rectifié le tracé qu'il souhaitait, en fonction des objectifs imaginés par les 2e et 3e Bureaux, unanimes ce jour-là. Castelnau avait signé l'ordre de mission suivant :

« Le lieutenant Marchal se rendra en Russie par la voie des airs, en vue d'assurer la liaison avec les armées alliées. »

La note d'écoute de Verdun, que le 2e Bureau lui envoyait, signifiait donc pour Barès : « que Marchal se dépêche !... ».

Sur le terrain de Villacoublay, il s'activait, avec les mécanos, à mettre au point un Nieuport XI qu'il avait choisi à cause de son moteur Rhône 80 CV, assurant deux heures et demie d'autonomie de vol. Mais comme on pouvait pousser, ce moteur, Marchal avait demandé quatorze heures d'autonomie, soit 385 litres d'essence et 88 kilos d'huile. Tous les sorciers de la mécanique s'y étaient mis et avaient accompli des merveilles. Mais le Nieuport, avec ses réservoirs supplémentaires plus, dans la carlingue, une cargaison mystérieuse, pesait maintenant 1 000 kilos, alors qu'il était conçu pour 690 kilos en ordre de marche. Aux essais, l'appareil tint quand même. Marchal exigea aussi un nouveau tableau de bord. Pendant son vol de nuit, il lui faudrait vérifier, sans être aveuglé, l'altimètre, le compte-tours, le niveau d'essence, la pompe à huile, et il devait aussi consulter sa carte.

A Villacoublay les curieux entraient comme chez eux. Marchal s'en alla alors poursuivre ses essais au camp de Mailly. Quand il se sentit prêt, il gagna le terrain de Maleville, sur le plateau qui domine Nancy. Une équipe à lui l'attendait ; on avait vidé un hangar pour y remiser l'appareil secret. Des sentinelles le gardaient en permanence. Les pilotes de la base grognèrent un peu contre ce petit lieutenant pas très causant, mais ils lui offrirent la tournée du départ et suivirent son envol, le 20 juin 1916, vers les 21 heures, dans un ciel orageux.

Le Nieuport, lourd, bien lourd, atteignit peu à peu l'altitude de 300 mètres. Au bout d'une heure de vol, Marchal aperçut les lumières de Sarrebruck, calcula sa vitesse, 115 kilomètres/heure. Il se pencha : Sarrebruck s'était éteinte d'un coup en l'entendant. Il passa au-dessus des collines qui précèdent la plaine du Rhin. Le vent secouait son appareil. Marchal montait maintenant à 900 mètres. Avant Mayence, un projecteur s'accrocha à lui. Il redescendit à 400 mètres et le faisceau lumineux s'égara.

Ce fut ensuite Francfort et la pluie. La voie ferrée luisante lui servit de repère jusqu'à Fulda où, au sol, un ovale de projecteurs s'alluma. On le prenait, sans doute, pour un avion allemand en détresse. Il descendit jusqu'à distinguer un homme qui lui indiquait le sens du vent, une lanterne à la main. A partir de Fulda, nuit d'encre au-dessus des massifs du Rhön et de Thuringe. Marchal regarda sa montre, 23 h 50. Il avait parcouru 330 kilomètres en deux heures vingt minutes. L'abaque indiquait comme vitesse : 141 et 142 kilomètres/heure. Le vent de sud-ouest soufflait dans son dos, mais la pluie chahutait l'avion. Il perdait de l'altitude et les sommets de la région dépassaient 950 mètres. L'appareil, au-dessous des nuages, passa les montagnes, en les frôlant.

Dans la plaine, ce fut l'éclaircie et Gotha se profila droit devant. Ensuite jusqu'à Halle, il y eut des forêts, des routes, des voies ferrées qui se perdaient dans le vague et Marchal se guida à la boussole, « petit index bleuâtre et frissonnant », comme il disait. Halle apparut enfin. Il se fixa sur la voie ferrée, qui lui indiquerait son cap jusqu'à Berlin. A sa montre, il était presque une heure du matin. Marchal pensa : « Je suis demain. »

Le vent le poussait vers le sud. Il corrigea la dérive, survola Wittemberg et sa forêt puis Jüteborg. Il avait encore dérivé vers le sud. Il braqua alors plein nord et passa sur les étangs de Mittelmarck. Il but du café pour passer le temps, qui se faisait long, aussi long que devenaient lointains, en cette heure neutre, les souvenirs les plus proches... ses trois années de pilote d'essai en Allemagne, à Waremünde, sur la Baltique, les hydravions, le travail bien payé, la vie facile et les amis, comme Friedrich, pilote lui aussi.

Le 2 août 14, il observait à la jumelle, au large de Rostock, une escadre dont on badigeonnait les navires en gris, la couleur de la guerre. Friedrich lui avait tapé sur l'épaule et très triste : « Mon pauvre Marchal, je crois que tu n'as qu'à filer tout de suite ! » Plus loin encore, Zozo ! ses débuts, les exercices dans un simili-Blériot aux ailes coupées, sous le regard indulgent de Zozo. Ah ! Zozo... l'émigré russe mais pas russe, que non ! Géorgien ! révolutionnaire bolchevik ! Sa famille restée là-bas, et il arrivait parfois à Zozo de délirer « Joseph Davrichewy, fils du préfet de Gori ! et lui faire enfant à belle Katia Djougachvili. Moi avoir demi-frère, prénom pareil mien, Joseph, et maintenant changé son nom ! Plus Djougachvili, Staline ! Koba Staline[15] !.

Mais la Russie, ce serait dans quelques heures, pour Marchal. Il était deux heures du matin et au-delà des étangs, au nord-est, apparut une masse, confuse dans le crépuscule du matin, une grande masse : Berlin. Marchal calcula : 600 kilomètres, quatre heures trente de vol, donc vitesse 145 kilomètres/heure. Et il avait consommé un minimum d'essence, encore moins que prévu. Il lui restait assez de réserve pour accomplir dix heures de vol, plus qu'il ne lui en faudrait. Alors Marchal regarda Berlin :

> « La ville s'étale au-dessous de moi, comme un plan gigantesque où les parties bâties se détachent en noir, tandis que les rues, les boulevards et les places sont indiquées par la lumière des becs municipaux. Le Tiergarten, pour sa part, est très franchement éclairé. Même à cette heure de fin de nuit, les globes de ses grosses lampes à arc inondent de lumière ses avenues[16]. »

5 000 tracts lâchés du ciel

Mais le moteur se mit à avoir des ratés. Marchal réduisit les gaz et le moteur repartit. Le lieutenant put alors se délester d'une partie de sa cargaison-mystère : 5 000 tracts :

---

15. Voir chapitre suivant.
16. *Après mon vol au-dessus de Berlin*, Arsène Marchal, Taillandier, 1919.

« Nous aurions pu bombarder la ville ouverte de Berlin et tuer des femmes et des enfants innocents, mais nous nous contenterons de faire connaître au peuple la proclamation suivante :

Les aviateurs français à la population berlinoise :

De nombreux Allemands clairvoyants savent désormais que la guerre a été déchaînée par les conseillers militaires des cours de Vienne et de Berlin. Tout mensonge officiel ou officieux et toute fausse interprétation ne pourront pas annuler dans le monde ce fait bien établi que le gouvernement allemand a voulu et prémédité la guerre, d'accord avec le gouvernement autrichien, et l'a rendue inévitable.

Voilà le fait bien établi dont personne dans le monde, exception faite de l'Allemagne, ne peut plus douter. On a endormi le peuple allemand et on lui a menti pour le lancer dans une guerre qu'il n'a pas voulue. On a appelé guerre de défense et d'affranchissement une guerre longuement préparée de conquêtes et de spoliations.

Combien de temps durera encore ce carnage ?

Combien de fois ne vous a-t-on pas promis la paix ? Pour la Noël de 1914, déjà ; après, pour celle de 1915 ; après la prise de Varsovie ; comme suite de l'occupation de la Serbie ; on vous a toujours fait briller la paix devant les yeux. Maintenant, elle aurait dû se produire après la conquête de Verdun. Devant Verdun s'amoncellent en montagnes les cadavres des vôtres. On y a gaspillé les vies allemandes avec une prodigalité inouïe ; les sacrifices sont innombrables, mais ils n'apporteront pas la paix.

Les Alliés ne manquent de rien ; ils ne connaissent pas les cartes de pain, les cartes de graisse ; ils ignorent les jours sans viande.

Les produits du monde entier sont à leur disposition et leur parviennent d'une façon régulière. Leurs forces augmentent toujours, vos soldats connaissent l'armée française, son courage et son énergie.

L'armée anglaise s'accroît journellement. Ce peuple de 50 millions d'habitants a établi le service obligatoire. L'appui de ses puissantes colonies parvient continuellement à la mère patrie. Les Russes puisent toujours de nouvelles masses d'hommes dans leurs territoires immenses et mettent le surplus de leur matériel humain à la disposition des Alliés. Leurs hommes sont maintenant bien armés et richement approvisionnés de munitions.

L'Allemagne s'est aliéné la sympathie des nations neutres par l'assassinat en masse de nombreux innocents, femmes et enfants, qui voyageaient sur les paquebots, et par sa façon cruelle de conduire la guerre. Le chiffre de ses ennemis augmente tous les jours.

Les Alliés sont fermement décidés à aller jusqu'au bout. Vous luttez pour vos rois sanguinaires, pour vos junkers et pour vos agrariens.

Nous luttons pour la liberté de tous les peuples, contre la tyrannie d'une caste militaire : nous voulons la punition des coupables : nous voulons qu'une tuerie comme celle à laquelle nous assistons devienne impossible pour toujours, et ce but sera atteint lorsque, en Allemagne, le peuple possédera le droit de décider lui-même de la guerre et de la paix. »

Cette première tâche accomplie. Marchal fila plein est. Il était deux heures trente. Les usines tournaient vingt-quatre heures sur vingt-quatre à cause de l'effort de guerre. Leurs fumées indiquaient un changement de vent, nord-ouest. Marchal vira, le vent dans le dos, toujours cap sur la Russie, une étape, selon la mission définie par l'état-major. Après le lancer des deux tiers de ses tracts sur Berlin, il devait atterrir à Rovno, avant de s'envoler en direction de l'Italie, en passant au-dessus de Vienne pour lâcher les derniers 2 500 tracts.

Les retrouvailles avec Roland Garros

Le moteur toussait de plus en plus. Marchal prit de l'altitude, de 1 000 à 3 000 mètres, en une heure et quarante-cinq minutes. Dans l'aube il vit une ligne triple, perpendiculaire à son axe de vol ; c'était une voie ferrée, une route, du sud au nord, qui suivaient le cours de l'Oder. A sa droite, il avait Francfort-sur-l'Oder, à sa gauche, au nord, Kustrin. Roland Garros s'y trouvait, enfermé à la prison de Zorndorf, et Marchal le savait. Les défaillances de son moteur lui donnèrent à penser : « Pourvu que je ne le rejoigne pas ! » Malgré le vent favorable, l'avion se traînait. Entre Francfort et Posen, Marchal perdit de la vitesse : plus que 110 kilomètres/heure.

Il faisait jour, gris. L'ancienne frontière russe franchie, c'était une terre à l'abandon, aux maisons brûlées par les populations en fuite. Dans cette grande plaine où coule la Vistule, l'avion avait franchi la barre des 300 mètres et descendait toujours. Après Lublin, plus que 100 kilomètres avant les lignes russes, mais l'altitude était tombée à 150 mètres. Marchal décida d'atterrir, contourna une colline et aperçut une ville, Chelm. Il avait parcouru 1 380 kilomètres. Il évita Chelm, sa garnison autrichienne, son terrain occupé par une escadrille de chasse allemande. Il était 8 heures du matin. La campagne, sa rivière, sa route, tout avait l'air calme. Marchal vira au-dessus de la rivière, réduisit les gaz et se posa dans une prairie.

A peine à terre, il se précipita sur son moteur pour démonter les bougies, mais derrière lui il sentit une présence. Une paysanne, le regardait, partagée entre la terreur et la curiosité. Il lui parla allemand, puis russe, elle répondit en patois polonais, et se rassura. Marchal en était à sa deuxième bougie quand un mouvement dans son dos l'alarma à nouveau. La paysanne avait ameuté le village. Dans la bande, une femme parlait allemand et fit comprendre aux autres qu'il fallait qu'ils apportent leur aide à l'aviateur. Marchal avait réparé et la prairie dans sa plus grande dimension, là-bas, lui permettrait le décollage. Les paysans halèrent l'avion. Ils s'affolèrent un peu des pétarades quand Marchal lança l'hélice, mais le moteur tourna. Le lieutenant bondit alors sur son siège, et mit plein gaz, à ce moment le moteur cafouilla. Puis, tout à coup, le revolver d'un sous-officier autrichien se braqua sur le pilote. Plusieurs soldats cernaient l'avion. Marchal se dressa, hurlant à la prussienne :

— Espèce d'idiot ! Je suis officier allemand ! J'appartiens à l'escadrille de Chelm et je serais déjà rentré sans cette foutue panne... Aidez-moi à repartir, vite !...

Au moment où les Autrichiens se précipitaient, l'adjudant parut :

— Bande d'imbéciles ! Et les cocardes ? Vous n'avez pas vu les cocardes ?... — et à Marchal — Attendez ici, je vais chercher un officier.

Marchal sentit, alors, qu'il avait faim, et il dévora le poulet rôti emporté de Nancy.

L'officier arriva :

— Oberleutnant Albert Malek

— Lieutenant Marchal

— Je voudrais vous demander de me serrer la main.

Ce fut ainsi que Marchal retrouva Roland Garros à la prison de Zorndorf. Le 14 février 1918, déguisés en officiers allemands, ils s'évaderont ensemble.

David Bloch, garçon-boucher de Guebwiller

Pendant que Marchal terminait à Zorndorf sa mission au long cours, d'autres valeureux transportaient des espions ; de la sale besogne pour les aviateurs chevaleresques de ces temps-là. Etre tué en plein ciel à la Guynemer ne les effrayait pas, 1 815 des leurs y restèrent, mais se faire fusiller comme des bandits, cela ne leur agréait point. Il y en avait pourtant quelques-uns parmi eux qui semblaient aimer ce travail « pas propre ».

Un jour que le général de Castelnau avait besoin d'un pilote pour déposer derrière les lignes ennemies un agent de l'état-major, le chef d'une escadrille demanda un volontaire, et Pinsard, comme d'habitude, se proposa. A la fin de l'après-midi il attendait au pied de son avion. Nous étions en novembre 1916, le soir était glacial et beau. L'envoyé de l'état-major arriva dans une voiture du GQG, une capote de soldat sur ses vêtements civils, il se hissa à sa place et s'emmitoufla. Décollage. Albert, Péronne, Le Catelet. Pinsard survola la friche prévue pour l'atterrissage, amorça la descente sous la fusillade d'une compagnie dont il avait troublé le bivouac. Il simula l'atterrissage, se déroba derrière un bois et après plusieurs minutes en rase-mottes se posa dans un champ de betteraves bourbeux, son Morane enfoncé jusqu'aux essieux. Le passager frigorifié descendit, se figea dans la boue, empêtré dans ses vêtements de bord. Il dit, tendu : « Aidez-moi, monsieur. » Pinsard sauta, sans couper le moteur ; le vent de l'hélice soulevait des mottes de terre qui giclaient sur les pales, à les faire éclater. Pinsard aida son passager puis remonta dans son appareil en lui criant :

— Je ne repartirai que lorsque vous serez à couvert !

— Adieu !

— Adieu !

L'agent disparu dans un taillis, Pinsard redécolla.

Pendant la première année de la guerre, les Allemands abattirent ainsi cinq avions, mais ils estimaient à neuf le nombre d'agents transportés. En 1916, six avions furent saisis, douze espions arrêtés. David Bloch était de ceux-là. Garçon-boucher de Guebwiller engagé dans l'armée française en 1915, il s'était proposé dès que le SR avait adopté la méthode Bert Hall.

Avant 1914, cet Américain globe-trotter se louait, avec son appareil personnel, 100 dollars la journée, dans les guerres locales, pour aller observer de près l'adversaire de son employeur. Dans le conflit turco-bulgare de 1912, quand les Turcs ne le payèrent plus, il changea de camp : les Bulgares devenant pingres, eux aussi, Bert Hall, bon garçon, allait partir à la recherche de conflits plus rentables lorsque ceux-ci, le traitant d'espion turc, le condamnèrent à mort avec son mécanicien. Ce dernier réussit à s'évader, recruta quelques voyous et prit d'assaut la prison pour libérer son patron. Ce mécanicien était français.

C'est ainsi que dès août 14, Bert Hall s'engagea à ses côtés dans l'aviation de chasse française. Il devait opter, en 1917, pour l'escadrille US Lafayette dont il fut l'un des deux survivants. Mais c'est en 1915 que lui vint l'idée de transporter des agents. Il prêcha d'exemple, allant même rechercher ceux qui lui signalaient, par pigeon voyageur, l'endroit et le jour où l'on pouvait les récupérer. Bert Hall sut créer l'émulation et forma nombre de pilotes, Bloch et Mangot entre autres, pour ces vols sans gloire, parfois sans retour, mais fort utiles.

David Bloch donc était rompu à la méthode Bert Hall et il acceptait toutes les missions, même, comme cette fois, d'aller chez lui, à Guebwiller. Il partit le 21 juin 1916, mais l'avion rebroussa chemin à Thann le brouillard étant trop dense. Le 23 juin, l'avion put passer, se posa, comme prévu, aux environs de Guebwiller et capota. Le pilote, un sergent aviateur, mit le feu à l'appareil pendant que Bloch, avec sa cage de trois pigeons, s'enfuyait. Les Allemands réussirent à extraire de la carlingue en flammes une vareuse militaire au numéro du 152e d'infanterie ; dans une des poches, ils trouvèrent le livret militaire de David Bloch, un livret dont la falsification leur parut grossière. Bloch y était dit natif de Bacharach au lieu de Guebwiller et le nom de jeune fille de sa mère avait été changé. Ils finirent par découvrir le fugitif, en costume civil, dans les forêts avoisinantes. Le conseil de guerre condamna David Bloch à mort et il fut fusillé, le 2 août 1916, à Ile-Napoléon, près de Mulhouse.

Léon Herblot fut plus chanceux. Il partit à bord de « La Vache », surnom que Jules Védrines avait donné à son avion. Le vainqueur du grand raid Paris-Madrid était mal vu dans son escadrille, il faisait bande à part, s'envolant seul pour des combats que les communiqués ne mentionnaient jamais. Les gens du SR au contraire l'appréciaient. Il les transportait et revenait toujours les reprendre, même des semaines, des mois plus tard. Après la guerre Védrines consentit à parler, un peu. Il s'attribua, modeste, sept missions dont trois avec retour en plein jour et déplora un échec : un espion (c'était Léon Herblot) déposé près de Tergnier et qui devait s'introduire dans l'aérodrome de Vouël. La mission s'annonçait bien, Herblot, déposé, informait Védrines au jour le jour, par pigeon. Il lui fixa enfin le rendez-vous du retour. Et Védrines raconte :

> « Me voici sur Vouël. Je suis accueilli par la plus jolie grêle de balles que j'aie connue de toute la guerre. Je pique. Mais, en arrivant près du sol, je ne reconnais plus le chemin. Au lieu d'un endroit écarté et presque désert, je vois sur la terre des traces de pas et de pieds de chevaux, des ornières d'automobiles.
>
> Au premier voyage, on m'a repéré. Depuis cinq jours, toutes sortes de gens sont venus reconnaître le lieu de mon atterrissage. On a disposé çà et là quelques réseaux de barbelés. En un mot, cela sent mauvais !
>
> Mon homme m'attend. Il m'aperçoit et veut sortir du bois où il est caché. Je me dispose à le recueillir, sans trop savoir comment je vais pouvoir me poser, mais, au même instant, une cinquantaine d'ennemis jaillissent des lisières. Pendant que les uns me tirent dessus, les autres se précipitent vers mon malheureux camarade, qu'ils épiaient.
>
> Il les voit, rentre sous les arbres. Je vole au-dessus du bois, espérant qu'il va paraître à une autre issue. Mais le bois est entièrement cerné.
>
> Il m'a fallu repartir tout seul... Jamais je n'ai senti à la fois tant de rage et de peine. On me canardait ferme, mais je n'y pensais pas. Et je ne sais pas ce qu'est devenu le pauvre héros que j'avais laissé dans le bois[17]. »

Védrines ne sut jamais qu'Herblot, condamné à mort, avait vu sa peine commuée en vingt-cinq ans de travaux forcés.

C'est le commissaire Charpentier, un ancien des brigades du Tigre[18] qui avait « militarisé » des douaniers pour ces missions spéciales : ils eurent souvent comme transporteurs Nungesser, Navarre ou Guynemer. L'un des plus intrépides des hommes de Charpentier s'appelait Alphonse Hamade. A peine évadé d'un camp de prisonniers à Charlemont, il avait repris du service à Montbéliard.

---

17. *Toute l'aviation*, Edouard Blanc (capitaine aviateur, ingénieur Arts et Manufactures), Société parisienne d'édition, 1930.
18. Voir chapitre II.

Un jour que René Bodin l'emmenait en mission spéciale, au-dessus de Berry-au-Bac, un Albatros allemand les attaqua. Hamade abattit le pilote au mousqueton. Bodin déposa ensuite son mitrailleur avec des pigeons et des cartouches de dynamite à la ferme du Grand-Douaire, dans les lignes ennemies, avant de repartir chercher un autre douanier, déposé ailleurs huit jours plus tôt. La même opération se renouvela maintes fois « mais pas toujours avec autant de chance » admettait Charpentier. Lui-même avait accompagné, son mousqueton sur les genoux, Roland Garros alors qu'il expérimentait sa mitrailleuse tirant à travers l'hélice.

« C'est ainsi que j'ai pu arriver le premier sur le lieu de chute d'un avion allemand abattu par le sergent Frantz. Il était trop tard pour sauver les pilotes allemands brûlés dans leur monoplan, mais je recueillis leur sacoche intacte et surtout leurs appareils de bord. Leur nouveauté passionna nos techniciens. »

Un pigeon voyageur décoré de la Légion d'honneur

Vers la fin dc 1917, l'aviation jeta sur les zones occupées de curieux paquets. Ceux-ci contenaient trois enveloppes de petits ballons bleus de 60 centimètres de diamètre, une fiole munie d'un produit spécial pour le gonflement et un questionnaire. Les populations répondirent et 63 personnes furent arrêtées, en décembre 1917, pour avoir renvoyé ballon et questionnaire, 41 en janvier 1918, 45 en mars.

En avril 1918, on expérimenta un ballon de 8,50 mètres de diamètre qui emportait son passager jusqu'à 600 kilomètres du point de lâcher, et l'on dota les agents d'appareils radio Marconi, d'une portée de 50 kilomètres. Malgré leur antenne de 30 mètres, ils donnèrent des résultats. Quant aux pigeons, la patrie reconnaissante les récompensera en empaillant et en décorant, paraît-il, de la Légion d'honneur le dernier d'entre eux, après que parvenu au fort Vaux, il fut tombé mort, asphyxié par les gaz, au pied des soldats du commandant Raynal. Dans la dernière année de la guerre, on hésita cependant à les lâcher. Les Allemands en avaient abattu quelques-uns, mais quand il se rendirent compte, au hasard des captures, de l'importance de ces agents volatiles, ils se mirent à fusiller sans jugement tout détenteur ou propriétaire de pigeons.

Dans le nord de la France, comme à Saint-Quentin ou à Marcouin, et en Wallonie, ces exécutions sommaires de colombophiles sentaient les représailles, furieuses, d'un occupant « ... impuissant contre l'espionnage dans ces pays... » comme l'avouait le SR allemand. Un ancien du Nachrichtenburö, Friedrich Felgen, écrit :

« C'est d'un réseau extrêmement serré que l'espionnage

ennemi couvrait les territoires belges occupés par nous, et chaque fois que nous en déchirions quelques maillons, les trous étaient immédiatement comblés, car nulle part, je pense, et jamais on n'a espionné avec plus de fanatisme et d'esprit de sacrifice que précisément en Belgique. »

Aux 50 000 soldats et plus qui répondirent à l'appel d'Albert Ier et rejoignirent son armée en passant par la Hollande, s'ajouta, en effet, la Belgique, presque tout entière, que le cardinal Mercier avait su galvaniser par sa lettre pastorale de Noël 1914 :

« Le chancelier d'Empire Bethmann-Hollweg dans son discours du 5 août au Reichstag ayant proclamé “chiffon de papier” le traité qui assure la neutralité belge, et les troupes allemandes étant entrées en Belgique contrairement à tout droit, ce n'est pas seulement notre droit, mais encore notre devoir, d'accumuler devant l'envahisseur toutes les difficultés possibles. »

Les autorités allemandes saisirent le texte mais le cardinal Mercier avait expédié sa pastorale au bedeau de chaque paroisse et les curés la lurent en chaire. D'autres exemplaires parvinrent aux notables, or l'occupant avait des ordres : on ne devait toucher, en aucun cas, ni à l'aristocratie ni à la grande bourgeoisie quelle que fût leur action. Le SR allemand fut contraint d'obéir, alors qu'il savait, comme tout le monde d'ailleurs, quelle protection le primat de Belgique accordait aux journaux illégaux, *La Libre Parole* de Bruxelles, pour la Wallonie, *De Vrye Stem* pour la Flandre.

Les deux gazettes, tirées chacune à 10 000 exemplaires, se qualifiaient de « bulletins de propagande patriotique régulièrement irréguliers ». La publicité était remplacée par cette note : « Les affaires étant nulles sous la domination allemande, nous avons supprimé la page d'annonces et nous conseillons à nos clients de réserver leur argent pour des temps meilleurs. » Ils donnaient comme adresse télégraphique : « Kommandantur Bruxelles ». La mention « imprimée à Amsterdam, Lauriergracht 37 » ne trompait pas le SR allemand. Puisqu'il ne pouvait toucher au cardinal Mercier, il chercha l'éditeur et son imprimerie du côté de Bruxelles et d'Anvers. Mais en 1915, trente numéros de *La Libre Parole* et de *De Vrye Stem* avaient déjà paru. Celui du 1er avril 1915, dédié à Bismarck, reproduisait les pensées que le chancelier, dans sa retraite forcée, avait consignées à l'encontre de Guillaume II, l'érotomane, le psychopathe...

La police militaire se mit en chasse, fouilla Bruxelles, Anvers ; mais les journaux continuaient de paraître. Les policiers, envoyés au front, furent remplacés par d'autres qui ne se montrèrent pas plus malins. L'arrestation d'Edith Cavell, en août 1915, et la chute de tout le réseau avec Philippe Baucq, l'un des responsables de *La Libre Belgique*, n'eurent aucun effet réel. Les plus hautes autorités d'occupation recevaient cette presse, qui faisait mal. Le général von Bissing, chef suprême pour la Belgique, déclarait — et pas à voix basse — que cette propagande était « contraire aux lois de la guerre ».

L'aviation, de son côté, lançait journaux et tracts sur les lignes ennemies. *La Libre Parole d'Allemagne, Les Nouvelles d'Allemagne* et 50 000 tracts hebdomadaires furent expédiés en Allemagne même, à des adresses sélectionnées. On les postait dans les pays neutres ou au bureau central de Berlin. En Angleterre et dans certains 2e Bureau d'armées, des faussaires fabriquaient les timbres, qui ne se distinguaient des vrais que par le nombre de leurs dentelures, mais les postiers allemands n'y regardaient pas de si près. Cette propagande hâta la dégradation sociale du Reich : 100 000 ouvriers se mirent en grève et manifestèrent en mai 1917, 300 000, en avril 1918.

Pourtant, en Belgique, les Allemands finirent par découvrir les auteurs de *La Libre Parole.* Un jésuite très fougueux, Boonen, fut condamné à douze ans de travaux forcés, Richard Van Helkendouck à vingt et un ans : il avait rédigé l'article sur Guillaume II et dénonçait les déportations d'ouvriers belges dans les usines allemandes. Deux ans pour le rédemptoriste Leytens et pour Bernartz, desservant de Saint-Charles : ils n'avaient écrit que deux articles. D'autres suivirent, Joseph Moerman, le pasteur Dock, Joseph Stevens, Possemier, Rifflaert. Des femmes aussi, Mme Hamels, les demoiselles Cools, Marie Kosteren et Gabrièle Daems ; elles passaient par la Croix-Rouge pour distribuer, de nuit, les journaux. Mais les conseils de guerre les jugeaient sans illusions. D'autres avaient déjà remplacé ceux qu'ils condamnaient ; 78 en tout avant l'arrestation, en août 1916, de l'éditeur imprimeur Büerbaum qui écrivait en flamand des articles dont même les Allemands appréciaient la facture et qu'il signait Droogstoppel. Le 1er août 1916, on l'avait prévenu d'une descente du Nachrichtenburö à son domicile. Pour préserver les siens, il ne bougea pas, mais avec l'aide de son fils et d'un prêtre il mit en sûreté le matériel. Arrêté le 4 août, Büerbaum fut condamné à quinze ans de travaux forcé pour avoir encouragé la résistance, les attentats, l'espionnage et l'évasion des hommes en âge d'être soldats.

Pourtant, et même sans Büerbaum, tout continua comme avant. A commencer par le passage de la frontière entre la Belgique et les Pays-Bas. 99 kilomètres traversés, de l'Ecluse à Dael, par une triple clôture de fil de fer, dont une chargée d'un courant de 50 000 volts, surnommée le « câble de la mort ». Contre elle, chaque jour, les Allemands retrouvaient un ou deux cadavres carbonisés. « Des imprudents, des isolés », disaient-ils sans se faire d'illusions.

Les évasions, très organisées, dépendaient d'un service nommé « le Salut de la famille ». Son fonctionnement était assuré par plus de 1 000 personnes dont certaines furent exécutées comme Edith Cavell, Deconninck ou Kaertens. Le duc de Croy et sa sœur, la princesse Marie Elisabeth de Croy, fournissaient les faux papiers et l'argent. Ils adressaient ensuite leurs protégés aux postes du Salut de la famille à Liège, Louvain, Bruxelles, Anvers et Scherpenheuvel qui les orientaient sur Hogstraeten, Westcapelle, Maldeghem, Bouchoute, Koewacht, Wachtebecke, Kruigstraete.

Tous ces passages étaient connus des Allemands, mais la contrebande était depuis toujours un commerce dans ces zones frontalières. Par nuit noire, entre les guitounes des factionnaires, distantes de 300 mètres les unes des autres, guides et évadés rampaient sous la triple clôture : des cadres de bois introduits avec force entre les câbles électriques ménageaient un conduit assez large pour que s'y glisse un homme et des échelles entourées de matière isolante permettaient, en certains endroits, d'escalader les fils.

Quand des postes allemands intervenaient, les clandestins ripostaient : il y eut quelques morts. Mais le front avait besoin de soldats et ce furent de vieux territoriaux qui vinrent garder la frontière. Et eux fermaient les yeux ou se laissaient acheter, avec des vivres surtout.

Pierre Devos contre le câble de la mort

Le colonel Nicolaï, tout en stimulant son contre-espionnage, se résignait. La Hollande, par où transitaient les combattants belges, offrait, de surcroît, une hospitalité, plus ou moins forcée, aux centrales de renseignements des Alliés.

Le commandant d'état-major Oppenheim qui dirigeait le service anglais avait, sous ses ordres, le consul général de Rotterdam, et à ses côtés, un bureau dépendant du ministère de la Guerre que couvrait Tinsley, directeur d'une agence de navigation. En tout 300 personnes réparties en quatre services : espionnage naval, espionnage militaire, fabrication de faux passeports et autres papiers d'identité, propagande de presse. Les Anglais avaient même acheté le *Telegraaff* pour la propagande. L'agence Reuter de Rotterdam était pro-Alliés. A Rotterdam toujours, le comte de Lesdains travaillait pour la Grande-Bretagne, à Flessingue, Courtois et les frères Van Tichelen, et un nommé Bazaine à Maastricht.

Les Français quant à eux avaient trois bureaux : Rotterdam et le colonel Lebleu, La Haye et le général Boucabeille, Maastricht et Fouquenot[19]. En liaison avec les Français, les Belges avaient six services dirigés par le commandant Haumann (Breda), Victor Ernest (Flessingue), Alfred Lamaing, le lieutenant Michell, le consul Wismael (Maastricht), le consul Roover, l'ingénieur Moreau (Rosendaël) et Jacques Scheffer (Rotterdam), sans compter des sous-groupes, le long de la frontière belge, dans la province hollandaise de Zélande.

En 1917, le colonel Nicolaï, à Berlin, comptait les coups et les

19. Voir chapitre suivant.

collaborateurs de l'espionnage belge en Hollande : il en dénombrait 500. L'occupant, la même année, envoyait un premier bilan au Nachrichtenburö : 507 condamnations, dont 170 à la peine de mort et, rien qu'à Gand, 52 exécutions parmi lesquelles on trouvait Marie Hammelos, dix-neuf ans, Mathilde Desmet et Emilie d'Hondt, dix-huit ans.

Pierre Devos, lui, survécut. Merkelbach, agent du colonel Nicolaï à la 1re armée, le surnommait le « Schinderhannes » à cause de sa barbe rousse, de sa puissance physique et de son audace. Devos croyait en sa chance et il en eut, même en juillet 1916. Alors qu'il était caché chez un paysan pendant quelques jours, dans la région de Koewacht, province néerlandaise de Zélande, à dix minutes de marche de la frontière. Il attendait là une nuit moins claire pour passer. Quand, le 27 juillet, enfin, le ciel se couvrit, Devos revêtit la tenue de combat des espions de cette zone : des vêtements, des bottes, des gants en caoutchouc isolant pour franchir le câble de la mort.

Avant la clôture, il parcourut à genoux les 300 derniers mètres. A quatre pas des fils, il s'allongea, et laissa le projecteur du secteur passer sur lui. Mais le faisceau lumineux lui avait révélé un renforcement du dispositif : des fils horizontaux reliaient les verticaux. Il fallait des pinces spéciales pour les sectionner. Devos en avait apporté. Quand le rayon du projecteur s'éloigna, Devos s'élança, coupa les fils et traversa. Des sonnettes automatiques d'alarme, autre nouveauté, se déclenchèrent. Tous les projecteurs s'allumèrent. Cent mètres séparaient Devos de la 2e clôture non électrifiée. Il bondit. Il avait été repéré par les faisceaux, et les gardes lui tiraient dessus. Il franchit l'obstacle, courut vers un bois de sapins, et disparut.

Au village de Stekens, un contrebandier l'hébergeait d'habitude. Dans l'étable de la ferme, Devos, blessé à la main par une balle, s'affubla d'un uniforme d'officier allemand qu'il cachait toujours là. Sa main saignait. Il alla frapper aux volets mais une voix hurla en allemand « Laissez-moi dormir ! » Devos regagna l'étable et c'est là que le contrebandier le retrouva. Il expliqua qu'il dormait au grenier, ayant dû céder sa chambre à un garde-frontière. Il était terrifié. Devos se cacha alors au-dessus du poulailler. Au petit jour, l'hôte encombrant, un territorial, partit prendre son poste. Il ne rentrerait qu'à la nuit. Devos fit sa toilette et, sacrifiant sa magnifique barbe rousse, se rasa, il conserva le pantalon de son uniforme allemand puis se coiffa d'un calot. Quand les gendarmes arrivèrent, ils virent un brave territorial, bien de chez eux, en train de laver son treillis en sifflotant. Après leur départ, Devos, le trompe-la-mort, dut s'asseoir tant ses genoux tremblaient. Il se ressaisit vite. Il pouvait voir alentour les troupes battre le moindre fourré, les avions voler au ras des arbres. Il put même lire dans les communes frontalières où il passa l'affiche suivante :

« L'espion Devos a franchi la frontière près de Stekene-Hellestraat dans la nuit du 27 juillet et se trouve vraisemblablement pour l'instant à proximité de la frontière.

Les habitants des communes voisines de la frontière sont invités à seconder les troupes et la police au cours des recherches entreprises pour découvrir Devos.

Quiconque logera Devos, le soutiendra directement ou indirectement ou, connaissant sa retraite, ne la dénoncera pas immédiatement à l'autorité sera puni de mort.

Les autorités municipales de la commune où se cache et où sera surpris Devos seront frappées d'une amende de 100 000 marks. La commune elle-même sera frappée d'une interdiction de circuler entre 5 heures et 8 heures du matin, pour une durée de quatre semaines (Commandement d'étape n° 28, Signé : v.d. Kuesebeck, lt-colonel) ».

Cela n'empêcha pas Devos de remplir sa mission. Le 2 août on le signala à Flessingue.

Pierre Devos avait une amie, une très belle fille de dix-neuf ans, Sylma Van Quickelberg, qui dansait au foyer du soldat de Langelede. Elle allait souvent en Hollande, en rapportait une rareté : de bons cigares. Elle avait à ses pieds un sous-officier garde-frontière. Le SR allemand, reconstituant l'échappée de Devos, découvrit qu'il avait passé la nuit avec Sylma le 28 juillet et qu'elle lui avait indiqué, sur des plans, la situation et la structure des nouveaux bassins de sous-marins de Zeebrugge. Le sous-officier garde-frontière fut aussitôt arrêté, mais Sylma la belle était déjà passée en Hollande.

Edgard Stelart, maquignon en temps de paix et contrebandier depuis 1914, opérait pour le compte du SR allemand dans les localités à la frontière de Roode Slufs et de Oudenburgsche Sluis. En avril 1917, il avait reçu sa désignation : L 34. Dès lors, à bord de sa carriole attelée d'un bai-brun, il avait orienté ses activités commerciales sur Langelede : « On y achète mieux et moins cher », avait-il dit à ses nouveaux chefs. En fait il se sentait plus à l'aise dans cette bourgade qu'au hameau de Roode Slufs pour s'entretenir avec les agents anglais.

Chargé de rechercher les pigeons voyageurs, Edgard Stelart n'obtint aucun résultat. On lui adjoignit un gendarme, puis des gendarmes, mais toujours rien. Une fois pourtant, un de ses accompagnateurs perçut des roucoulements dans la forêt. Stelart dit alors :

— Ce sont des pigeons ordinaires. Ils n'ont pas le même roucoulement que les voyageurs. Je m'y connais.

Et certes il s'y connaissait, puisque c'était lui qui introduisait les pigeons des services anglais. A chaque mouvement d'une division, Stelart attelait son bai-brun et allait chercher à Lockerem les sous-officiers qui s'occupaient du logement des troupes. On causait et Stelart filait vers la frontière où une vieille femme remplissait sa carriole de marchandises, en lançant des plaisanteries égrillardes. Elle amusait les factionnaires allemands, cette vieille femme pittoresque, jouée avec talent par le commandant anglais Givens...

Stelart, pour se couvrir, trahissait, de temps en temps. Ainsi livra-t-il son compatriote Alphonse Daning, qui avait assassiné deux gardes-frontière.

Des espionnes au cœur fou

Alice Dubois vendait des dentelles à Lille, sa ville natale, et avait mis sur pied un réseau très qualifié. Le pharmacien de Geyter et sa femme fabriquaient des encres sympathiques et de faux passeports, l'industriel Louis Sion avec son fils Etienne pilotaient des voitures rapides, et le graveur Paul Bernard réussissait à écrire 1 000 mots sous un timbre-poste. Elle avait, de plus, recruté à Roubaix Marie Léonie Vanhoutte, qu'elle avait métamorphosée en Charlotte la colporteuse. Alice et Charlotte étaient deux tigresses du renseignement. Elles approvisionnaient le SR de Folkestone en données abondantes et précises sur l'artillerie allemande, ses positions, ses dépôts de munitions. Alice franchissait chaque semaine la frontière hollandaise pour aller remettre ses rapports à son correspondant. Elle traversait à la nage les canaux que la glace était en train de prendre. Un jour elle échappa à la fouille d'un train en rampant entre les roues du convoi, un autre elle s'enfuit par les toits d'une auberge où on l'avait encerclée. Et chaque fois elle transmettait les renseignements urgents, selon un code précis : en sonnant les cloches dans les églises frontalières.

Les Allemands finirent par arrêter les deux femmes, les condamnèrent à mort, mais commuèrent les peines en vingt-sept et quinze ans de prison. Alice, qui provoquait des troubles dans toutes les prisons où elle passait, exhortant ses codétenues à refuser de travailler pour les fabriques militaires, fut jetée dans un cachot à Cologne où elle mourut de froid, à deux mois de l'armistice, en septembre 1918. Charlotte lui survécut. Alice Dubois, Louise de Bettignies en réalité, fut recrutée par les Anglais, parmi les milliers de Belges et de Français qui avaient réussi à passer le channel pour fuir l'envahisseur. Louise était jolie, intelligente et avait le don des langues. Comme Gabrielle Petit. Mais Gabrielle, en plus, maîtrisait l'art du travestissement.

Native de Tournai, elle avait vingt et un ans en 1914, et pendant deux ans elle circula sous l'uniforme d'un lieutenant de réserve prussien, Walter Henning, dont elle possédait la carte d'identité. Elle passa aussi une quarantaine de fois le câble de la mort pour se rendre en Hollande ou même à Folkestone. Quant elle venait à Lille, elle descendait dans un grand hôtel réquisitionné par les Allemands. A Bruxelles, elle occupait, 68, rue du Théâtre, un deux-pièces. Dans la chambre réservée au lieutenant Henning trônait une photo de sa maîtresse, Hélène Legrand, alias Gabrielle

Petit, grimée en créature de rêve. Dans l'autre chambre, Gabrielle Petit, quand il lui arrivait de démaquiller Hélène Legrand, avait toujours sous les yeux la photo de Walter Henning, « l'amant ». Dans les cafés fréquentés par les officiers ennemis, elle apparaissait tantôt en pauvre vendeuse de journaux, tantôt en Walter Henning, le charmant camarade, ou bien en élégante, en séductrice. Elle fit, entre autres, assassiner Ledoi, un espion belge à la solde de l'occupant, et sauva Jean Bordin, autre espion, qui était de son camp. Elle fut arrêtée le 20 janvier 1916, jugée le 5 mars et fusillée le 1er avril. Après la guerre, à l'occasion du transfert solennel de ses restes à Schaarbeck, près de Bruxelles, son panégyrique fut prononcé par le cardinal Mercier, cette figure de la résistance belge que les Allemands n'osèrent jamais toucher.

La Rose et le Réséda

Un autre personnage tourmenta les Allemands autant, sinon davantage, que le primat de Belgique, car il était encore plus inaccessible puisqu'il dirigeait à Chantilly le 2e Bureau. Les techniciens se reconnaissent à des signes, imperceptibles aux non-initiés, et le colonel Nicolaï sentait, à bien des indices, la patte du général Dupont dans le travail du SR belge. Dans le grand-duché de Luxembourg, par exemple, Nicolaï n'avait aucun doute que Dupont travaillait avec Fournelle, le directeur des chemins de fer. Mais Dupont était imprenable et comment surprendre Fournelle ? S'il avait su, le colonel Nicolaï, qu'en dehors de la relation, déjà très efficace, Dupont-Fournelle, il existait une autre cellule d'espionnage au grand-duché ! Mais personne, jamais personne, ne sut rien du réseau Hansen.

Quand Mme Camille Rischard, née Elisabeth Meyer, dite Lise, mourut le 28 février 1940, son avis mortuaire étonna dans le grand-duché. Il mentionnait en effet les distinctions honorifiques suivantes : commandeur de l'ordre de l'Empire britannique, chevalier de la Légion d'honneur, croix de guerre 1914-1918 avec palmes.

Peu avant son décès, elle avait confié à son neveu, le docteur Charles Rischard, des détails sur son réseau, le réseau Hansen. Un modèle du genre.

A la fin de 1914, Mme Rischard avait dû se rendre à Paris pour des raisons familiales. Elle avait obtenu des autorités allemandes une autorisation de voyage pour la Suisse où, avait-elle dit, une cousine malade réclamait sa présence. De Genève, elle avait rejoint Paris. Mais quand elle avait voulu rentrer à Luxembourg, la sécurité militaire lui avait interdit de quitter la France. Comme elle tentait des démarches aux Affaires étrangères auprès d'un ancien diplomate qu'elle avait connu avant la guerre à Luxembourg, celui-ci la présenta, un jour, à « Rose » et « Réséda », deux agents du renseignement britannique qui lui proposèrent une mission secrète ; ce serait cela ou elle resterait en France. Elle avait vingt-quatre heures pour réfléchir.

Mme Rischard pensa au danger, à son mari, à ses amis, qu'elle mettrait en péril, et puis l'espionnage n'était-il pas contraire à l'honneur, immoral ? En passant devant l'église de la Madeleine, Lise Rischard eut l'idée de consulter un prêtre. Il lui expliqua qu'au contraire, travailler pour le renseignement méritait le respect et qu'il était de son devoir d'accepter.

Rose et Réséda avaient donné rendez-vous à leur recrue rue Soufflot, à l'étage d'un immeuble dont la rampe d'escalier était orné d'une plaque portant l'inscription « Porte d'Orléans ». Dès son entrée dans les bureaux de la rue Soufflot, Mme Rischard commença sa carrière d'espion. Sa mission était de créer à la gare de Luxembourg un réseau d'employés des chemins de fer dont les attributions leur permettaient de surveiller le trafic. Les lignes luxembourgeoises étaient en effet d'une importance vitale pour l'armée allemande qui acheminait par le grand-duché troupes, matériels, munitions, ravitaillement.

Mme Rischard dut apprendre comment fonctionnait un réseau, quel genre de questions elle devait poser à ses agents de renseignements, le code secret pour transmettre au service allié. Elle quitta enfin Paris pour Lausanne, séjourna chez sa cousine et prit le train pour le grand-duché. Dans le train, un douanier allemand lui épargna la fouille. Il était accompagné de Réséda. A peine arrivée à Luxembourg, Mme Rischard, aidée de son mari, Camille Rischard, médecin attitré des chemins de fer, recruta Edouard Bram, Jean Rockenbrod, Joseph Oppenheim et Auguste Diederick ; tous les quatre occupaient des postes de responsabilités à la gare centrale. Ils s'adaptèrent très vite, et les informations affluèrent au 22 boulevard Royal, domicile du docteur Rischard. Mais comment les transmettre ?

Mme Rischard pressentit Joseph Hansen, professeur de français au Gymnase de Diekirch. Hansen aimait Lamartine, la France, la causerie et les mondanités. Son brin de plume était apprécié au *Landwirt*, le journal de Diekirch dont il était un collaborateur régulier et distingué. Le linotypiste de l'imprimerie du *Landwirt*, Metty Finck, qui goûtait la prose du professeur Hansen, menaça, un jour de 1915, de se mettre en grève si le très honorable professeur persistait à émailler ses articles, pourtant si soignés, de bizarreries indignes de la rédaction. Mme Schroell, la directrice, réussit heureusement à calmer son linotypiste et Hansen put continuer à glisser les messages codés de Lise Rischard dans les colonnes du petit journal de Diekirch, que la censure allemande feuilletait pour la forme.

Un jour les agents de la Sécurité allemande perquisitionnèrent le *Landwirt*. Ils saisirent un roman de J.P. Erpelding, *Anna*, des souvenirs de guerre. Le policier qui dirigeait l'opération présenta à Mme Schroell mille excuses :

— Nous regrettons sincèrement d'avoir été obligés de faire cette saisie dans l'officine d'un journal qui, pendant tout la guerre, a donné l'exemple de la plus scrupuleuse neutralité.

Cela se passait au début de 1918, à peu près à l'époque où les services alliés, déchiffrant les messages du *Landwirt* de Diekirch, apprenaient l'arrivée de la 18ᵉ armée allemande du général von Huttier sur le front de Saint-Quentin : prélude à la grande offensive allemande du printemps.

Le réseau modèle du grand-duché

Pendant l'été 1918, au moment de la seconde bataille de la Marne, le professeur Hansen, au crépuscule, se rendait à la rédaction du *Landwirt*, avec en poche un article des plus codés sur les positions allemandes. Un Feldwebel se mit à le suivre, et Joseph Hansen racontera plus tard :

— Une main lourde s'appesantit sur mon épaule. « Herr Professor ! me dit le feldgrau d'une voix fortement avinée, écoutez-moi un seul moment. On m'a dit que vous étiez un libéral, ein Roter. Eh bien, je suis du même parti que vous. J'en ai assez des "Dickkoepfe" qui nous dirigent, et je ne suis pas le seul. Vous allez voir que le règne des "Dickkoepfe" va bientôt finir. Nous fêterons ce joyeux événement et j'espère bien que vous me ferez l'honneur de vider un verre avec moi. » Je regardai mon interlocuteur d'un air ahuri et, après lui avoir serré la main avec effusion, je disparus dans l'entrebâillement de la porte.

Joseph Oppenheim, une autre fois, fut surpris par son chef allemand comme il fouillait dans la correspondance. L'Allemand l'insulta, Oppenheim cria plus fort :

— Mon zèle professionnel a des limites. A l'avenir je me garderai bien de remettre de l'ordre dans le bureau d'un fonctionnaire incapable de reconnaître mon dévouement !

Et l'Allemand présenta ses excuses. A son arrivée au boulevard Royal chez le docteur Rischard, Oppenheim eut à peine la force de parler et s'écroula. Le docteur mit du temps à le ranimer. La tension nerveuse de ces Luxembourgeois paisibles, mais qui s'engageaient à fond dans la guerre du renseignement, inquiéta Mme Rischard qui était elle-même épuisée. Elle fit alors envoyer un SOS codé par le *Landwirt* de Diekirch. Quelques jours plus tard, un inconnu se présenta, prétendant avoir atterri en ballon dans la région de Mersch. Les agents anglais, Rose et Réséda, lui avaient commandé de partager la direction du réseau avec Mme Rischard. Elle répondit :

— Je ne comprends rien à vos histoires d'Anglais au nom de fleurs.

L'inconnu sourit et demanda :

— Rue Soufflot, avez-vous remarqué la plaque fixée à la rampe d'escalier ?... Elle portait bien l'inscription « Porte d'Orléans », n'est-ce pas ?

Le docteur Rischard embaucha le nouveau venu comme jardinier. Il resta à Luxembourg jusqu'à l'arrivée des troupes américaines, le 14 novembre 1918.

Le réseau Hansen qui fut très actif, contribua, au même titre que les Alsaciens d'Auerbach, à l'effondrement des dernières offensives de Ludendorff.

Après le réseau modèle, le réseau farce en Hollande cette fois.

Terneuzen, petit port de mer néerlandais, est relié à Gand par un canal d'une trentaine de kilomètres. Tous les Etats européens, avant la guerre, y entretenaient un vice-consul, sauf l'Allemagne. A la fin de 1914, les Allemands estimèrent que Terneuzen pourrait servir de poste de surveillance des Hollandais se rendant en Belgique, et l'administration de Berlin nomma Mathieu Blankers vice-consul. Toute la province de Zélande s'étonna. Blankers travaillait comme représentant pour la maison Best de Londres et il était marié à une Belge qui ne cachait pas son patriotisme. Le secrétaire du vice-consul, Jean Reniers, fils du chef des pilotes de Terneuzen, était un jeune athlète, peu porté, semble-t-il, sur la chose guerrière. Il appartenait cependant à l'organisation d'évasion du Salut de la famille et le SR belge avait placé de Witte comme chauffeur du vice-consul. Revêtu de l'uniforme des troupes automobilistes allemandes, de Witte, au volant de la voiture consulaire, passait et repassait la frontière afin d'aller distribuer à Rotterdam ou à Bruxelles, les cartes, les plans et les documents que Reniers centralisait, qu'il dissimulait dans les pneus avant. A Gand, le consul Blankers descendait à l'entrée de la ville et prenait le tramway, de Witte lui attendait au Sluisken, un estaminet. Dans un garage proche, on échangeait les roues. Il transporta, de cette manière, 50 millions de francs-or qui permirent aux cheminots belges, en grève et sans salaire, de paralyser, pendant toute la guerre, une grande partie du trafic ferroviaire.

Blankers fut expulsé en 1917 de la province de Zélande pour contrebande de bestiaux et ce fut sa femme qui expédia les affaires courantes du vice-consulat avec Reniers. Mais de Witte, vers la fin de la guerre, fut imprudent. Il parla d'un projet d'attentat contre le Kaiser à un de ses amis. Celui-ci, domestique d'une bourgeoise de Gand, fit l'intéressant auprès de sa patronne :

— Le Kaiser, je vous assure Madame, n'en a plus pour longtemps — et il lui donna des précisions.

La dame, au cours d'un déjeuner, raconta à un officier allemand, inspecteur d'étape, que Guillaume II et Hindenburg arriveraient dans l'après-midi, dîneraient à l'Hôtel de la Poste et passeraient la nuit dans le train impérial, en gare de Meirelbecke. Exact. L'officier put prévenir les responsables et la visite impériale fut remise. Dans la nuit, les Anglais bombardèrent la gare. Le SR allemand enquêta, de Witte l'apprit à temps, s'enfuit et redevint, ailleurs qu'à Terneuzen, un agent du SR belge, sans automobile et sans immunité diplomatique.

Triomphe du colonel Nicolaï chez les flamingants

Les agents du colonel Nicolaï ne remportèrent sur les Belges qu'une victoire ; mais elle fut durable. Le chef du Nachrichtenburö pressa le commandement d'occupation en Belgique de s'entendre avec les chefs des Flamands, « population de race germanique s'élevant à quatre millions et demi d'âmes », afin d'exploiter leur mouvement « dans l'intérêt de nos visées proches ou à longue échéance » comme l'écrira Godfried Rooms, un ancien du SR allemand. La collaboration devint une méthode, écrit Godfried Rooms :

> « En raison de la concordance complète des intérêts allemands et flamands et du fait que la guerre avait enseigné aux Flamands que l'Etat belge, plus encore que la France, aspirait à la ruine de leur peuple. Cette conviction préparée par de longues années de luttes acharnées pour la langue et les coutumes, confirmée ensuite par la catastrophe de la guerre (car c'est uniquement l'union avec la Wallonie, route des armées allemandes en marche contre la France, qui avait entraîné les Flamands dans la guerre) se traduisit enfin par le mouvement dit activiste dont les chefs voulurent à tout prix tirer le plus grand avantage possible pour la Flandre, quelle que fût l'issue des hostilités. »

Et Rooms insiste :

> « Les activistes flamingants se décidèrent à une action collective, à une trahison organisée dont les conséquences, encore sensibles longtemps après la guerre, menaceraient durablement l'Etat belge même dans le cas d'une victoire de l'Entente et seraient susceptibles d'ébranler et de détruire tous ses fondements dans l'éventualité d'une nouvelle guerre. »

Rooms définit alors l'action qui fut menée par le Nachrichtenburö :

> « Nous allions du défaitisme négatif (théories humanitaires, utopies pacifistes, exigences sociales, excitation des masses, admission de l'idéologie des intellectuels, exploitation des souffrances, du sang, du fléau de la guerre, intimidation des bourgeois d'une part, par le spectre de la révolution et des prolétaires, de l'autre, par le spectre de

la réaction) au défaitisme actif (suspicion du gouvernement, des généraux, des officiers, fatigue de la guerre, nostalgie des soldats, inutilité de la lutte, prolongation de la guerre, bons traitements des prisonniers dans les camps allemands, invitation à la désertion) et de là au défaitisme positif (propagande nationale, conquêtes de l'activisme, université, séparation des administrations, autonomie politique, défense de ces conquêtes par une armée nationale, etc.). »

Rooms conclut :

« Le retour victorieux des maîtres de la Belgique fut l'occasion longtemps attendue d'une terreur inouïe contre tous ceux qui osaient, d'une manière ou d'une autre, afficher leurs sentiments nationaux. Avec les chefs du mouvement activiste coupables de trahison et de coopération avec l'ennemi furent emprisonnés d'innombrables personnes seulement suspectes de ce crime — jusqu'à ce que ce régime de despotisme eût provoqué chez les Flamands une nouvelle réaction qui se manifesta par l'organisation des anciens combattants du front et la fondation d'un parti national flamand, c'est-à-dire foncièrement anti-belge, autour duquel se rassemblèrent tous ceux qui veulent profiter des expériences de la guerre pour libérer la Flandre et combattre l'Etat belge. Tous les rouages de l'administration belge comptent des cellules de combat flamandes ; des ministères aux mairies de village, tous les bureaux sont contaminés. Rien de ce qui concerne l'armée ou les Affaires étrangères ne saurait être caché aux Flamands et ils tireront parti du temps qu'ils ont devant eux pour se préparer à rendre consciemment et efficacement cette fois des services d'alliés à tous les ennemis de l'Etat belge. »

Cette dernière phrase enfin, disait l'avenir :

« Le mouvement flamand est dans la politique de notre continent plus et mieux qu'une simple affaire interne de l'Etat belge, mais vraiment et réellement l'un des points cardinaux de tout le problème européen. »

Dupont prépare un premier armistice

Problème européen que le général Dupont eut à examiner de près, en 1916, en rédigeant un projet de traité de paix. Diplomate, avec cela, le général Dupont ? Oui. Et il le prouvera, après la guerre à Berlin où nous le retrouverons en décembre 1919, nommé par Foch avec l'accord de Clemenceau commandant des missions alliées d'occupation[20]. Par la suite, de la fin de 1919 à janvier 1922,

20. Voir chapitre v.

sur proposition de la Conférence de la paix, le gouvernement français le désignera comme président de la Commission internationale des frontières de Pologne et haut-commissaire des frontières de Dantzig. En janvier 1922, promu commandant de corps d'armée, le général fut nommé chef de la mission militaire française en Pologne, où il restera quatre ans et demi. Mais dès le 15 mai 1922, il envoyait au maréchal Foch et au ministère de la Guerre ce rapport secret :

> « Lorsque je pris le commandement de la mission au début de janvier, un grand malaise y régnait. La réduction de moitié du personnel était attribuée à la volonté de la Pologne de se débarrasser de nous. Il est certain que notre grande faiblesse et notre autorité par rapport à nos autres missions à l'étranger, c'est de n'exercer aucun commandement, de ne disposer d'aucune autorité directe et cela dans une armée polonaise dont nous avions formé les éléments les meilleurs. Les officiers ont du mal à s'acclimater à cette tâche de conseillers techniques. Cette abdication consentie de tout pouvoir de commandement a-t-elle été un bien pour l'armée polonaise ? Sûrement pas. Mais nous ne pouvions pas agir autrement. L'obstacle principal est le maréchal Pilsudski. Sans lui, une solution analogue à celle qui a été choisie par la Tchécoslovaquie était peut-être possible. Avec lui jamais.
>
> Pilsudski se croit un grand capitaine. En fait, c'est simplement un chef de partisans. Il a conservé l'état d'esprit du conspirateur ne voulant travailler qu'avec « ses officiers », des « hommes à lui ». En outre, très orgueilleux, il ne nous pardonne pas de lui avoir sauvé la mise en 1920. Il ne nous supporte que parce que le rappel de la mission militaire française ferait mauvais effet dans l'opinion publique polonaise.
>
> Pouvons-nous trouver en face de lui un soutien ? Je ne le crois pas. Comment se présente l'armée polonaise ? D'abord, l'élément le plus influent, l'Autrichien, orgueilleux, convaincu de sa supériorité sur toutes les armées du monde, n'a aucune conscience de ses défaites multiples sur tous les fronts. Il est paperassier, compliqué. Il nous fut hostile dès le début. C'est seulement maintenant que certains de ses éléments commencent à rendre justice à nos efforts.
>
> L'officier polonais venant de l'armée russe est plus souple, mais disposé à notre égard non parce qu'il nous aime, mais parce qu'il méprise et déteste l'Autrichien. Il reste choqué par ses désastres. Il est moins confiant en lui-même, moins travailleur. Il est nettement brisé par le pouvoir. Le dédain du maréchal Pilsudski pour tout ce qui est russe lui a attiré en retour l'opposition des officiers de son armée qui ont l'empreinte russe.
>
> La légion, constituée par les anciens soldats de Pilsudski et généralement jeunes et intelligents, a toutes les faveurs. Elle n'a aucune formation militaire et se trouve très influencée par les Autrichiens au milieu desquels elle s'est battue contre les Russes. Elle est aveuglément dévouée au chef de l'Etat. Les officiers polonais d'origine allemande sont très peu nombreux. Ils sont de beaucoup les plus sérieux ; avec eux tout est facile au point de vue militaire car nous parlons la même langue, le même langage au service des mêmes conceptions.

Ils n'aiment pas le Maréchal vis-à-vis duquel ils éprouvent une rancœur inconsciente des déceptions que celui-ci a causées au haut commandement allemand. Ils nous supportent, admettent notre concours, en reconnaissent la valeur, mais ne seront jamais un appui sûr.

Il faut donc prendre le chef de l'Etat tel qu'il est ou partir.

En ce qui concerne le passé, avons-nous bien fait de taire notre rancœur ? Certainement.

L'œuvre accomplie a été utile.

Faut-il continuer et dans quel but ?

Une objection se pose tout de suite. Si un cataclysme venait à fondre sur l'armée polonaise, ne ferait-on pas peser la faute sur notre mission bien qu'elle n'ait pas eu pleins pouvoirs ?

Sans doute, si l'Allemagne se jetait aujourd'hui sur la Pologne avec l'armée qu'elle possède en puissance, l'armée polonaise ne pèserait pas lourd. Mais je ne pense pas qu'une accusation sérieuse puisse attribuer ce résultat à la mission militaire française.

Veut-on ne pas courir ce risque et partir en masse et sans délai ?

Certains préconisent cette solution, mais je ne saurais m'y rallier. Ce serait une véritable désertion, dont l'effet produit serait déplorable sur la nation polonaise et sur son armée.

Nous sommes sûrs, en restant, de pouvoir améliorer l'instruction de cette armée. Pourrons-nous, en lui donnant l'organisation nécessaire, en faire une véritable armée capable de peser sur l'Allemagne dans une guerre future ? Je n'en suis pas sûr, mais nous devons essayer[21]. »

Ce préambule afin d'expliquer la démarche de Joffre auprès du chef de son 2e Bureau, en 1916. Il savait à quel homme clairvoyant il avait affaire quand, le 15 août, il convoqua Dupont et lui dit :

— J'ai vu le président Poincaré hier. L'Autriche est perdue. Une demande d'armistice est possible en octobre. Le Président nous demande nos conditions d'armistice. Préparez-moi cela ! Comme ligne générale prévoyez l'évacuation de tous les territoires que nous voulons enlever à l'Allemagne à la paix, c'est-à-dire toute la rive gauche du Rhin avec possession des têtes de ponts sur la rive droite. D'autre part, j'aurai à intervenir quand aux conditions de paix. Préparez-moi un projet de traité que je soumettrai également au gouvernement. Prenez les bases suivantes : frontières de la France en 1870...

— ... frontières de 1814, dit Dupont.

— ... Oui, dans ce genre-là. Le reste de la rive gauche du Rhin avec têtes de ponts formant un Etat indépendant de l'empire autonome. Nous l'occuperons en gage de l'indemnité de guerre que nous exigerons. Nous détiendrons les chemins de fer, mines, etc. L'occupation sera longue, vingt ou trente ans, jusqu'au paiement complet. A ce moment, la force attractive de la France aidant, nous

21. Général Dupont, Mémoires inédits. Tous les propos qu'il tient sont extraits de son manuscrit.

pouvons peut-être espérer que cet Etat demandera son annexation. La Belgique sera indépendante mais alliée à la France par un traité d'alliance perpétuelle. Tout ceci est déjà admis par les gouvernements français et belge. Pour l'Autriche, mes idées sont moins nettes. Elle est utile comme contre-poids à l'Allemagne. Nous ne pouvons détruire l'Empire allemand, mais il se trouvera affaibli par la perte des provinces rhénanes. Il ne faut pas qu'il compense cela par l'annexation des pays allemands de l'Autriche. Les pays catholiques, comme la Bavière, pourraient être réunis à l'Autriche. On aura une Allemagne du Sud hors de l'Empire. Bien entendu, nous devons traiter cela entre nous deux seuls. N'en soufflez mot à personne de mon état-major et venez m'en parler directement sans aucun intermédiaire.

Quel fut le projet Dupont dans ses grandes lignes ? Pour l'armistice, il prévoyait les conditions que Foch imposera le 11 novembre 1918. Quant au traité de paix lui-même, Dupont écrivait :

> « La Prusse était disloquée et l'on constituait, avec l'Empire allemand de 1914, une fois les restitutions accomplies, 9 Etats : Prusse, Saxe, Westphalie, Hanovre, Bavière, Silésie, Hesse, Wurtemberg, Bâle. C'étaient les Etats de 1866 avec en plus la Silésie et la Westphalie. On restait muet sur le droit de fédération de ces Etats, c'était plus sage. Les parties enlevées à l'ancienne Allemagne étaient la région de l'ouest du Rhin qui formait un Etat autonome et le Schleswig qui était restitué au Danemark.
>
> La Pologne reconstituée recevait la Posmanie, une partie de la Poméranie et la haute Silésie mais, et ceci a son importance, on ne créait pas de couloir polonais.
>
> Dantzig restait donc allemande. Je sentais que le corridor serait une cause permanente de guerre. Toute la politique de Frédéric II a consisté à rattacher la Prusse ducale de Königsberg à la Prusse de Berlin. Toute la politique de l'Allemagne future tendra à supprimer le corridor. (Note de Dupont : on peut remarquer que cette dislocation de la Prusse en plusieurs Etats n'avait rien d'extraordinaire puisqu'elle devait être proposée en 1920 par le ministre prussien Preuss. Il voulait constituer des « pays » plus homogènes et moins disproportionnés que ceux de l'ancien Empire.)
>
> Nous supprimons également la poussière des petits comme la Thuringe et les 9 petits Etats. (Note de Dupont : c'était raisonnable aussi puisqu'ils devaient disparaître d'eux-mêmes depuis 1920. L'Allemagne pouvait accepter ce traité. La phrase que j'avais mise au frontispice de mon projet : « disloquer la Prusse et reconstituer toute l'Allemagne » n'avait rien d'irréalisable.)
>
> Pour l'Autriche, comme elle était disloquée et que l'Autriche allemande seule était conservée, j'admettais qu'on ne pourrait l'empêcher de s'unir aux autres et de constituer ainsi un dixième Etat allemand (Anschluss). Je considérais cela comme impossible à empêcher. Je précisais qu'il était fatal à plus ou moins longue échéance : pas de corridor polonais, pas de question de Dantzig, pas d'interdiction de l'Anschluss.

En ce qui concerne la Tchécoslovaquie, je reconnaissais la présence de deux millions d'Allemands en bordure de la Bohême et de la Moravie. On peut, en modifiant le tracé de la frontière de façon à lui faire suivre au nord-ouest la crête de l'Erzgebirge, passer à la Saxe quelques milliers d'Allemands de Bohême. De même, au nord-est, les districts allemands du Friedland, Trautenau et Braunau reviennent géographiquement à la Silésie, ainsi qu'au sud-est l'entonnoir de Glatz et les districts, à l'est, des Sudètes.

En effet, ces pays sont incontestablement allemands. La Silésie profitera ainsi de quelques centaines de milliers d'Allemands en compensation de ce qu'elle devra céder de ses districts polonais à la Pologne. Elle n'en restera pas moins un Etat slave (Tchèques, Moraves, Slovaques) comptant environ dix millions et demi d'habitants avec peut-être environ un million deux cent mille à un million cinq cent mille Allemands. »

Hormis ce rapport, Dupont remit à Joffre une note pleine d'humour en lui demandant de la garder pour lui. La voici :

« Le statut de Balk sur les bases des traités de 1913 n'était pas viable. La diplomatie de l'époque, au lieu de chercher à coller aux réalités, a distribué des prix de sagesse sans souci du droit des races, de l'étendue des efforts de chacun des belligérants de 1912-1913. Elle a fait une cote mal taillée, basée sur le sentiment. En somme, l'Europe a dit à la Bulgarie : "Tu t'es mal conduite vis-à-vis de tes alliés. Tu as voulu tout avoir. Tu n'auras rien." L'Autriche n'ayant pas permis aux Serbes d'accéder à la mer Adriatique, on leur donnera en compensation la Macédoine bulgare, la chair de sa chair. On a dit à la Grèce que l'on regarde toujours avec des yeux de vieille amante : "Tu vas voir dépasser tous tes rêves. L'Autriche te rogne ta part d'Empire au bénéfice de l'Albanie. Mais voici Salonique. Prends encore Xérès, Drama, Cavalla. Ce pays est bulgare mais cela ne fait rien. La Bulgarie devait avoir une porte sur la mer Egée, elle n'aura qu'une fenêtre sans la vallée de la Strouma qui, seule, lui donnait accès à cette lucarne. Ainsi la méchante sera punie." Je ne joue pas les Richelieu, je suis Joseph Prudhomme... »

Guerres intestines au grand état-major

L'élaboration et la rédaction du traité de paix valurent au général Dupont de longues journées, de longues heures de déambulation, la pipe charbonnante, le lorgnon visionnaire[22]. Des heures bienvenues, sans doute, comparées à celles, plutôt tristes, que le SR traversait. Au GQG, maintenant à Beauvais, le colonel Zoppf tra-

22. Le mot visionnaire est le seul qui convienne. Cf. au chapitre v : La lucidité terrible du général Dupont sur l'Allemagne de 1921.

vaillait ferme avec des « têtes intelligentes[23] », comme le colonel Linard, dont Dupont avait su l'entourer. Les SR de Folkestone et de Belfort bataillaient dur. Mais les informations passaient mal. Une guerre intestine minait l'état-major de Joffre.

L'affrontement sur Verdun entre de Castelnau et Joffre avait laissé des traces. De son major général, Joffre disait à Dupont :

— C'est un peu comme pour les évêques, qui dit adjoint dit successeur désigné.

Il se trompait à moitié. Ce ne serait pas de Castelnau qui le supplanterait. Cependant les officiers qui secondaient le major général obtinrent, à la suite de l'offensive peu payante de la Somme, le demi-limogeage de Foch, que Joffre leur préférait. Ils s'attaquèrent ensuite à Joffre lui-même. Et le monde politique, cannibale, se déchaîna, manipula la presse. Le parti radical obtint le départ du général Buat, à peine nommé au GQG. Le capitaine de Galbert dut s'en aller à son tour. Trois mois plus tard, il sera tué dans la Somme.

« Joffre l'aimait comme un fils. Très modeste et réservé, il ne pouvait porter ombrage à personne. En l'attaquant, c'était Joffre que l'on voulait briser » note Dupont, juste avant d'apprendre que Joseph Caillaux demandait sa tête. Il écrit à ce moment :

> « Ceci était étonnant. J'avais eu l'occasion d'être en contact direct avec le président Caillaux quand il était président du Conseil. Il m'avait fait venir très souvent dans son cabinet. Il m'avait manifesté la plus entière confiance et je sais qu'il m'avait chaudement recommandé à mes chefs. J'avais su d'ailleurs moi-même apprécier sa classe et son intelligence. Que s'était-il passé ? Et le plus extraordinaire est que la démarche de Caillaux était transmise par le général Messimy pour lequel j'avais la plus grande estime et qui m'avait toujours soutenu quand il était ministre de la Guerre.
>
> Que s'était-il passé ?
>
> Le 29 septembre 1915, le général Joffre me remettait une lettre du général Pétain, commandant de la 2e armée, écrite de sa propre main et qui lui transmettait un document allemand secret trouvé le 27 septembre sur un cadavre allemand. Il était ainsi rédigé :
>
> "Oberkommando 3 31 7, je suis informé que des tranchées allemandes on a jeté dans les tranchées françaises des traductions imprimées des opinions manifestées par Caillaux et d'autres personnalités politiques françaises qui ne sont pas complètement hostiles à l'Allemagne.
>
> Comme le gouvernement français pourrait tirer, de ce fait, un prétexte pour attaquer des personnalités dont l'action peut être utile pour nous, j'interdis absolument de continuer.
>
> Signature du général commandant l'Armée."
>
> J'avais pour règle, au 2e Bureau du GQG, d'envoyer tous les documents au 2e Bureau du ministère, après les avoir étudiés et exploités. Je redoutais, en envoyant ce document au 2e Bureau du

23. *GQG, Secteur 1*, Pierrefeu.

ministère, qu'il tombât entre les mains d'officiers de réserve peu habitués au secret ou d'embusqués ayant des attaches politiques. Pour éviter qu'il soit divulgué à l'extérieur, je prenais la précaution de l'envoyer sous pli cacheté au cabinet du ministre.

Je prenais ces mesures de précaution dans l'intérêt du président Caillaux. Celui-ci fut sans doute alerté par un attaché du cabinet du ministre et le 18 juin, le général Messimy écrivait au ministre pour exiger mon départ de toute urgence.

Le général Joffre refusa net mon départ. Je sus par la suite que le président Caillaux, plusieurs années après, me rendit justice. »

Dupont, chroniqueur dédaigneux du massacre, écrit :

« Ce fut alors le général Pellé », major général, mon camarade de promotion de Polytechnique, qui fut pris à partie. Il était l'officier le plus complet que j'aie jamais connu. Le portrait qu'en a fait de Pierrefeu dans son livre *GQG Secteur 1* n'est exagéré en rien. Il était d'un dévouement sans borne pour le général Joffre qui souvent se servait de lui comme paravent. Lorsque Joffre voulait prendre une mesure qui pouvait irriter les parlementaires, il la faisait signer par Pellé. Celui-ci me racontait tout cela avec un sourire plein de bienveillance. Joffre devait le sacrifier quelques semaines avant sa chute. Il n'y gagna rien. Dès la deuxième quinzaine de novembre, c'est Joffre lui-même qui, cette fois-ci, est attaqué par les milieux politiques. Le général Penelon, agent de liaison du gouvernement avec le GQG, me tenait au courant.

Certains officiers de l'entourage de Castelnau, qui travaillaient pour leur chef, faisaient courir le bruit que le général en chef était fatigué. Des informateurs s'adressaient à Berthelot qui transmettait les indications à Briand qui alertait Poincaré. Les parlementaires s'emparaient de ces bruits et les propageaient dans les couloirs de l'Assemblée et du ministère. La droite faisait campagne pour Castelnau, les radicaux pour Sarrail, les généraux prônaient Pétain. Chaque grand chef avait sa clientèle et son groupe parlementaire, qu'il avait su se rallier.

Le 16 décembre, la nomination de Nivelle comme général en chef des armées françaises est publiée.

Un décret peu clair donnait à Joffre le commandement de toutes les armées françaises. Il devait être le conseiller technique du gouvernement et représentait l'armée française auprès des Alliés.

Je devais le voir à son bureau de l'Ecole militaire quelques mois après. Il ne me cacha pas qu'on ne lui donnait que quelques papiers à signer pour la forme et que semblant craindre sa popularité dans le peuple, on ne l'invitait même pas aux manifestations. Il parut d'ailleurs accepter cette situation avec beaucoup de patriotisme et de philosophie. »

Dupont note encore : « homme de la providence en 1914, en 1916 il commençait à être usé » puis il ajoute : « on aurait mieux fait d'éviter l'intermède Nivelle ».

Le temps d'accrochages sévères avec le ministre de la Guerre Liautey qui censurait ses télégrammes, le temps d'une nouvelle migration du GQG à Compiègne, de quelques offensives hasardeuses, aussi et Nivelle partit sous la pression, Dupont raconte :

> « d'un gouvernement assailli de rapports indirects par l'intermédiaire de députés-soldats, comme Messimy, le plus acharné contre Nivelle, ainsi que certains personnages de toutes sortes qui parcouraient, sans mandat, les états-majors et se faisaient l'écho de tous les mécontents, le lieutenant-colonel Fournier, qui avait remplacé Penelon comme agent de liaison avec le gouvernement, me raconta par la suite : "Le 10 avril au soir, M. Painlevé a fait venir Nivelle et lui a demandé sa démission. Nivelle a refusé. Le 11 au matin, séance du Comité de guerre. Le général Nivelle, présent, est sur la sellette. On le tracasse sur ses opérations. Dans sa défense, Nivelle proteste vivement contre les ordres envoyés par téléphone par le ministre pour suspendre les opérations. Le 11 au soir, conseil des ministres à la présidence de la République au cours duquel M. Painlevé déclare le maintien de Nivelle impossible. Il propose de le remplacer par Pétain et Pétain par Foch comme chef d'état-major général ou inversement, on verra. C'est alors que Malvy et Ribot défendent Nivelle, entraînant Poincaré. Nivelle est sauvé" ».

Le 30 avril 1917, alors que l'on ne savait plus qui commandait les opérations, Paris ou le général en chef, Nivelle dicta une lettre afin de démontrer à Painlevé, ministre de la Guerre, l'incohérence de la situation. Chaque ordre des militaires était suivi d'un contreordre des civils. On apporta à Nivelle le texte dactylographié. Pont, major général, lui dit :

— Mieux vaudrait supprimer la dernière phrase.

— Pourquoi donc ? s'étonna Nivelle, agressif.

Pont relut la phrase à haute voix :

— ... J'ai donné des ordres pour exécuter les vôtres...

Pont ajouta :

— Cette phrase n'est pas des plus accommodantes...

— Vous croyez ?...

Nivelle hésita, tortura son crayon, se rembrunit, dit :

— Vous avez peut-être raison.

Et il barra les derniers mots. Commentaire de Dupont, témoin de la chute d'un chef : « Quelle occasion perdue par Nivelle pour sortir grandi devant l'Histoire ! »

Pétain ne croit pas à la victoire finale

Le 16 avril 1917, Nivelle était remplacé et l'offensive du Chemin des Dames, qu'il avait ordonnée, fut lancée. Le 25 avril, la bataille était perdue. Bilan : 32 000 morts, 5 000 prisonniers, 80 000 blessés, dont 20 000 légers.

C'est alors que Pétain arriva.

Dupont admirait le vainqueur de Verdun, mais lui reprochait son manque de foi dans la victoire finale :

> « En juin 1917, il me parla du projet des conditions de paix que j'avais établi sur les données de Joffre en août 1916. Il me dit nettement que ces projets étaient châteaux en Espagne, bien heureux si on pouvait garder le statu quo d'avant la guerre. Son chef d'état-major, le général Buat, homme de grande valeur, s'était laissé impressionner par son chef. A l'enterrement du général Renoir à Vitry-le-François, il me disait que Pétain et lui estimaient que Foch était fou, qu'il ne parlait que d'attaques, que nous étions à bout de forces, qu'il n'était pas sérieux d'engager la classe 19 et qu'il fallait s'arrêter pour hiverner. »

Pétain, qui se sentait détesté par les Anglais, répétait à Dupont quand l'état-major britannique regimbait :

— Depuis que je vois comment fonctionne une coalition, j'admire moins Napoléon.

Le 16 juin 1917, le général Pershing, qui avait débarqué le 15 à Boulogne avec les premières troupes américaines, vint déjeuner au GQG de Compiègne. Pétain l'accueillit par ces mots :

— Un peu tard !

Gêne de Dupont ; il ne supportait plus, d'ailleurs, cet état-major qui brocardait, sans arrêt, celui de Joffre.

« Que de mauvaises heures j'ai dû passer ! » écrit-il.

Pétain l'estimait et n'avait pas la mémoire courte : c'était le chef du 2e Bureau et personne d'autre qui lui avait transmis, en temps opportun, le document allemand de 1912, le projet d'offensive sur la RFV par la rive gauche, un renseignement précieux pour le sauveur de Verdun. Mais le général en chef n'en signa pas moins une note, le 10 juin 1917, dans laquelle Dupont lut cette phrase :

— Dorénavant, le 2e Bureau étudiera les possibilités de l'ennemi. La guerre ne sera plus, comme elle a été jusqu'ici, une manœuvre à simple action.

Dupont quitta le GQG le 2 juillet 1917. Il resta en bons termes avec Pétain, qui disait de lui :

— Le général Dupont ? Une forte tête mais un honnête homme.

L'honnête homme, nommé commandant de l'artillerie du 1er corps d'armée le 5 octobre 1917, se battit sur le front des Flandres. Au combat de Cœuvres et de Retheuil, il monta avec son artillerie en première ligne, au milieu des fantassins, pour atteindre les points vitaux de l'ennemi. Le général Dupont fut cité à l'ordre de l'armée ce qui le frappa moins que les félicitations de Mangin, commandant en chef qui, selon lui, « savait critiquer nos propositions et présenter ses plans avec une lucidité et une autorité extraordinaires. Il figure parmi les très grands chefs que j'ai rencontrés durant ma carrière ».

Le magnétisme de Mangin, le baroudeur, le revigora après ces années de guerre du 2e Bureau qui avaient été si décevantes, parfois !

Le 2e Bureau ne sait plus rien des Allemands

Son successeur au GQG de Compiègne, le colonel de Cointet, l'ancien commandant du 2e Bureau de Verdun, un fanatique des postes d'écoute, profita — et cela fut tant mieux — de l'admiration que Foch vouait au général Dupont, à ses intuitions, à ses méthodes. Au contraire de Joffre, qui voulait bien croire Dupont mais après coup, de Pétain, qui n'avait rien contre le SR mais le sollicitait fort peu, le nouveau généralissime des armées alliées attendait beaucoup du renseignement. C'est ainsi qu'il ordonna au colonel de Cointet de le tenir au courant, à toute heure, en tout lieu, de harceler Cockrill et Wallner à Folkestone, de même qu'Andlauer à Belfort. Ils se montrèrent à la hauteur. Les Allemands le reconnurent, après la guerre :

« Le revirement des choses est dû pour une bonne part aux services de renseignement particulièrement brillants de nos adversaires. Foch a été constamment et exactement renseigné sur le nombre des divisions allemandes en réserve, sur leur répartition, sur leur valeur combative et même sur les intentions du commandement allemand. »

Mais avant son « coup de poing » de l'été 18, Foch fut sauvé par un génie obscur.

Dès le début de 1918, la presse mondiale annonçait à la une et à longueur de colonnes que les Allemands attaqueraient au printemps. Au GQG de Foch à Compiègne, les officiers généraux disaient :

— La défection russe étant certaine, l'ennemi rassemblera sur notre front un ensemble de 200 divisions au minimum, pour mener son offensive.

Durant le mois de février et le début du mois de mars, le poste SR de Folkestone, le SR belge et le réseau Hansen signalèrent un trafic intense sur le réseau belge et le nord de la France : transport de troupes et de matériels en grand nombre. Les états-majors alliés craignaient le pire ; leurs 167 divisions (97 françaises, 57 britanniques, 10 belges, 1 américaine, 2 portugaises) tiendraient-elles ? L'entrée en ligne d'autres divisions américaines était bien espérée pour le mois de mai, mais d'ici là, les Allemands seraient passés à l'action. Le 20 mars, plus de 190 divisions ennemies étaient identifiées sur le front. L'offensive était imminente, tous les prisonniers le confirmaient. On avait endoctriné les soldats allemands : la grande offensive terminerait la guerre, on leur demandait un très gros effort, mais court, et aussitôt après ce serait la paix. Il leur fallait croire sur parole le Kronprinz quand il disait : « Les cloches de Pâques sonneront la paix. »

Ludendorff espérait :

— Si nous perçons à Cambrai, le succès stratégique sera énorme. Nous couperons de l'armée française le gros des forces anglaises en le poussant sur la côte.

Foch pensait, lui aussi, à ce risque d'une désarticulation du front, et il se battit, à Londres, toute la première quinzaine du mois, pour obtenir un commandement unique avec un état-major interallié. Mais le maréchal Sir Douglas Haig s'y opposait. Le 15 mars, Foch, excédé, claqua la porte, après avoir prédit le désastre. Le 21 mars, avec la surpuissance que leur donnait un effet de surprise qui étonna Ludendorff lui-même, les Allemands attaquèrent en Picardie vers Amiens, leur objectif principal. Les Anglais, submergés, perdirent le contact avec les troupes françaises, qui résistaient sur l'Oise. Les Allemands foncèrent encore, et le 24 mars, ils arrivaient devant Amiens. Le capitaine Guitard, chef de la section du décryptement au GQG de Compiègne, raconte :

> « Le 24 mars 1918, je m'en souviens comme d'aujourd'hui, c'était le dimanche des Rameaux. Il faisait un temps absolument radieux. Dans un ciel d'azur, les carillons des deux églises de Compiègne, Saint-Jacques et Saint-Antoine (l'église de Guynemer), égrenaient leurs notes qui vous brisaient le cœur. Le soir, le colonel de Cointet, chef du 2ᵉ Bureau, avec qui nous étions en relation constante, vint nous trouver. La section du chiffre était commandée alors par un homme tout à fait remarquable, le commandant Soudart, qui avait succédé au commandant Givierge, parti au front. Le colonel de Cointet nous dit confidentiellement, au commandant Soudart et à moi, son adjoint : « La situation est tragique ; par mes fonctions je suis l'homme le mieux informé de France ; eh bien ! à cette heure, je ne sais plus où sont les Allemands. Il n'y a qu'une chose certaine c'est qu'entre eux et nous, il n'y a plus un seul soldat allié. Si nous sommes cueillis dans une heure, il ne faudra pas en être autrement surpris. Ce qu'il faut faire c'est brûler tous les documents secrets que vous ne pouvez pas emporter et vous préparer immédiatement à partir ; pour tout le reste, à la grâce de Dieu. »

L'organisation du service du chiffre

Le 9 avril, une nouvelle offensive surprise dans les Flandres défit les Anglais, et usa, pendant plus de vingt jours, les réserves françaises. Les Allemands passèrent le mois de mai à manœuvrer, pas tout à fait comme à la parade car leurs pertes étaient énormes, mais à se préparer à leur gré et en secret, face au Chemin des Dames ainsi qu'à Soissons. Le 29 avril, ils prirent la ville et atteignirent la Marne. Les Français s'accrochèrent à la Montagne de Reims et à la forêt de Villers-Cotterêts. Les réserves étaient presque épuisées et au 3ᵉ Bureau, on ne savait plus où l'ennemi porterait son dernier coup, l'offensive fatale : les Flandres ? Amiens ? Compiègne ? Reims ? Verdun ?

Pendant ce temps au 2ᵉ Bureau, de Cointet fouillait la masse des renseignements qui lui parvenaient. Mais le 1er et le 2 mai il cherchait toujours. Le 3 juin, au matin, le capitaine Guitard entra dans son bureau. Il lui apportait un radio-télégramme allemand qui venait d'être décrypté. Les services de radio-goniométrie indiquaient que le haut commandement allemand avait expédié ce radio-télégramme à un état-major d'armée à l'est de Montdidier, dans la région de Remaugies-Tilloloy. Le message disait :

— Accélérez la montée des munitions. Même pendant le jour, partout où l'on n'est pas vu.

Guitard raconte :

— Au 2e Bureau... il déclencha une véritable vague de soulagement et d'enthousiasme. Le colonel de Cointet et son adjoint, le commandant Brunon, entre autres, étaient transportés :

— Mais croyez-vous ? Est-ce possible ? Ce radiogramme a été envoyé par les Allemands ? C'est inouï ? Mais comment a-t-il pu être décrypté ?

Et alors je leur ai expliqué.

Le décryptage du « radiogramme de la victoire », ainsi qu'on l'appela, était le coup de maître d'un jeune capitaine, Georges Jean Painvin, qui ignorait tout du chiffre avant que la guerre ne commence.

Le chiffre, mais encore ? En août 1914, seules les hautes instances du commandement allemand disposaient de postes radio et un seul système de chiffrement suffisait pour correspondre avec l'ensemble des armées du front.

Les décrypteurs français connaissaient ce système, appelé Ubchi, comportant, comme tout système, des clés qui changeaient par période. Les Français, après bien des tâtonnements, devinrent capables de reconstituer la clé dès que les écoutes leur fournissaient trois télégrammes, même courts, à condition qu'ils soient à peu près de même longueur.

Au début, pendant la guerre de mouvement, le trafic radio avait été assez abondant pour que les décrypteurs puissent reconstituer toutes les clés dans des délais qui permettaient l'exploitation des messages. La préparation de la bataille de la Marne dut beaucoup au chiffre. A l'état-major de l'armée à Paris, le bureau du chiffre s'appelait le Cabinet noir. Le général Cartier y officiait avec les colonels Olivari et Thévenin, les commandants Givierge et Soudart. Mais en décembre 1914, ces messieurs du Cabinet noir maudirent la presse. L'aviation française, renseignée par un radio-télégramme déchiffré, était allée bombarder Thielt, en Belgique, à l'heure précise où Guillaume II y arrivait pour passer une revue. *Le Matin* célébra cette victoire du chiffre... et les Allemands changèrent de système.

Le nouveau, dit ABC, posa aux chiffreurs encore moins de problèmes que l'Ubchi. Ils en obtinrent vite la clé au moyen de quelques textes interceptés. Mais le 21 janvier 1915 parvint au Cabinet noir un mémoire qui proposait une méthode pour reconstituer toute nouvelle clé du système ABC, avec le premier texte qu'on intercepterait, quelle qu'en soit la longueur. Le mémoire était signé : « Georges Jean Painvain, officier d'ordonnance du général Maunoury, commandant la 6e armée à Villers-Cotterêts. » Qui était donc cet amateur ?

Le génie de Georges Jean Painvin

Le 27 janvier, au PC de la 6e armée, on présenta au général Cartier le capitaine de réserve d'artillerie Painvain, âgé de trente ans. Le général Maunoury avait remarqué cet officier distingué, dynamique, et que ses dons multiples avaient mené à Polytechnique où il entra et dont il sortit parmi les majors de sa promotion, sans négliger pour autant le violoncelle qui lui avait valu un premier prix au conservatoire de Nantes. Le général Cartier, après Maunoury, sentit en cet officier très discret une personnalité exceptionnelle. Après la guerre, Georges Jean Painvain sera président-directeur général d'Ugine, du Crédit commercial de France, président de la Chambre de commerce de Paris, etc.

En 1914, il était ingénieur au corps des Mines et avait enseigné la géologie et la paléontologie à l'Ecole des mines de Saint-Etienne puis à celle de Paris. Aux côtés du général Maunoury qui le considérait comme un collaborateur indispensable, le capitaine Painvain avait participé à l'offensive sur l'Ourcq de la 6e armée lors de la bataille de la Marne.

La guerre de mouvement terminée, Maunoury ne bougeait plus de Villers-Cotterêts. Le matin, il faisait la tournée des tranchées, en compagnie de son officier d'ordonnance et, l'après-midi, Painvain avait quartier libre et s'ennuyait. Il se prit d'amitié pour le chiffreur de la 6e armée, le capitaine Paulier, et s'initia avec lui au décryptement. Il se prit au jeu, qui consistait à trouver des clés nouvelles selon la méthode définie par le Cabinet noir. C'est ainsi qu'il simplifia le décryptement du nouveau code allemand ABC.

Le général Cartier, devinant le génie de Painvain, le voulut au Cabinet noir. Maunoury protesta : c'était son homme de confiance et il avait vécu avec lui des heures inoubliables. Cartier fit intervenir Millerand, le ministre de la Guerre.

Quand Painvain quitta la 6e armée, Maunoury lui dit :

— Allez donc passer quinze jours à la section du chiffre. Au bout de ce délai vous me direz franchement si vous pouvez ou non y faire du travail utile, sinon vous viendrez me retrouver.

Painvain parti, Maunoury continua ses tournées de tranchées. Un jour qu'il visitait celle de Nouvron, avec le général de Villaret, l'officier qui remplaçait Painvain, ignorant les imprudences de Maunoury, n'avait pas emporté, comme le faisait son prédécesseur,

	A	D	F	G	X
A					
D		b			
F					
G			a		
X					

le périscope qu'il fallait tendre au général, dès qu'il lui prenait l'envie d'observer les Allemands. Ce matin-là, emporté par sa curiosité, Maunoury sortit la tête, une balle lui creva l'œil, occasionna des lésions graves. Il fut perdu pour l'armée, et Painvain n'eut plus aucune raison de revenir à la 6e armée.

Au Cabinet noir, il déchiffra en quelques mois le code hermétique de la marine allemande et celui de la marine austro-hongroise qui avait résisté à tous les chercheurs français et italiens ; il faisait appel à une trentaine d'alphabets. Painvain les reconstitua tous. Ces deux succès, capitaux pour la chasse aux sous-marins, lui valurent la Military Cross et la croix de chevalier de la Couronne d'Italie.

L'armée de terre allemande utilisa jusqu'en 1916 divers systèmes de chiffrement, dont un, ABC, assez complexe, avec coupures. Le colonel Olivari et Painvain mirent deux semaines à le déchiffrer car les Allemands, pour dérouter les décrypteurs, émettaient 50 % de faux messages. Puis en 1917 apparut le KRU, un système proche de ceux dont se servaient les Français, mais que les

Allemands différenciaient en employant au moins une clé pour chaque armée. Le tri et le classement des codifications s'en trouvèrent compliqués. Deux liaisons furent alors établies entre le capitaine Painvain à Paris et le capitaine Guitard, chef du décryptement au GQG. Une ligne téléphonique directe pour eux seuls, et une liaison poste à poste de téléautographie Belin au moyen de deux appareils prototypes, ce qui rendait impossible toute interception.

Le 5 mars 1918, les Allemands remplacèrent les codes KRU. Leur GQG se mit à correspondre avec les groupes d'armées et les armées par des textes chiffrés au moyen de cinq lettres ADFGX. Tous les systèmes antérieurs employaient l'alphabet entier.

Le système ADFGX avait été mis au point par les meilleurs spécialistes. Les décrypteurs allemands qui avaient participé, pendant des mois, à l'expérimentation de la l'ADFGX avaient conclu qu'il était quasi impossible de reconstituer les clés sans y consacrer des mois, autant dire pour rien. Les messages décryptés auraient, avec de tels délais, perdu toute actualité.

L'explication sommaire du système ADFGX, que nous empruntons au général Desfemmes[24], est assez ardue pour un profane mais elle est utile au lecteur qui tentera d'imaginer quel effort le capitaine Painvain eut à produire :

> « On écrivait horizontalement et verticalement les lettres ADFGX, puis dans les 25 cases du quadrillage ainsi obtenu, on écrivait les 25 lettres de l'alphabet (I et J étant confondues ce qui ne peut prêter à confusion en allemand) dans un ordre incohérent constituant une première clé (substitution). Une lettre, a, par exemple, était alors chiffrée en un bigramme GF, b en DD, etc.
>
> Les bigrammes étaient ensuite mis les uns au bout des autres par lignes de dix (20 lettres), puis les lignes les unes au-dessous des autres ; on numérotait les colonnes ainsi obtenues de 1 à 20 et on réécrivait le texte en lisant verticalement les colonnes à la suite les unes des autres dans un ordre qui constituait la deuxième clé (transposition). Ainsi chaque lettre, moitié de bigramme, se recollait à une autre lettre, moitié d'un autre bigramme. On découpait enfin par groupe de cinq.
>
> En réalité les choses étaient encore compliquées du fait que toutes les clés n'étaient pas de 20 ; selon les jours, il y en eut de plus courtes, mais aussi de plus longues (celle que nous retrouverons le 1er juin fut de 21). Cela, évidemment, devait être une difficulté supplémentaire pour le décryptement, difficulté à surmonter chaque jour, puisqu'on ignorait quel serait tel ou tel jour la longueur de cette clé de transposition.
>
> Voici donc le premier but de ce code : l'herméticité estimée totale. Pourquoi maintenant le choix de ces lettres ADFGX ? Probablement parce que ce sont les lettres de l'alphabet morse qui sont les plus différentes les unes des autres. Donc, même si la transmis-

24. Général de corps d'armée Desfemmes dans un article sur « La guerre électronique » paru dans le numéro 24 de décembre 1962 de *L'Armée*.

sion radio était mauvaise ou brouillée, il ne devait pas y avoir d'ambiguïté pour l'opérateur radio à la réception. Or les Allemands envisageaient, grâce à leurs offensives de printemps, la reprise de la guerre de mouvement, entraînant le déplacement fréquent des postes radio, l'augmentation des distances, bref l'abandon du confort des installations fixes utilisées depuis trois ans ; il fallait donc faciliter au maximum la tâche des opérateurs, pour éviter les erreurs ou les demandes de répétition.

Enfin pourquoi cette date du 5 mars pour la mise en service ? Sans doute pour une période probatoire et peut-être pour l'entraînement des utilisateurs et des exploitants, période dont la durée nécessaire fut estimée à quinze jours. Le volume du trafic fut d'ailleurs très réduit et l'on ne sut jamais s'il s'était agi de trafic réel ou de simples textes expérimentaux reproduisant les cinq lettres ADFGX dans un ordre incohérent.

Le décryptement du radiogramme de la victoire

Au Cabinet noir, l'apparition subite de l'ADFGX fut jugée très grave. Le général Cartier demanda aux transmissions du général Ferrié que les écoutes et la radio-goniométrie à tous les échelons captent et repèrent, en priorité, les émissions allemandes en ADFGX. Painvain se plongea, s'engloutit même, dans l'étude des textes interceptés. Le général Cartier, spécialiste lui-même, vint le voir, le regarda comme un naufragé dans cet océan de lettres et lui dit :

— Mon pauvre Painvain, je crois que cette fois vous n'en sortirez pas...

Ce n'était pas à dire ! Painvain fut bouleversé par la tristesse de son chef. L'ennemi était presque à 60 kilomètres de Paris, mais rien n'était joué. Que l'armée allemande soit frappée en plein élan et elle était brisée. Painvain, que les mots de Cartier avaient vidé, brassait, retournait toute cette paperasse, tous ces messages, quand, soudain, irrésistible, l'énergie lui revint, comme une visitation.

Il travailla trois semaines, jusqu'à la fin de mars, sans trouver rien de précis, sauf que les clés changeaient tous les jours et qu'elles n'avaient pas toutes la même longueur. Il lui aurait fallu, pour aboutir, le plus grand nombre possible de textes du même jour. Le 1er avril, à l'occasion d'une opération allemande sur l'Avre, Painvain se fixa sur les messages interceptés ce jour-là, et il reconstitua le système et les clés du 1er avril. En cinq jours. Cependant l'ADFGX était d'une telle richesse que, même en connaissant sa contexture, on devait, chaque fois, en reconstituer les clés. Dans le courant d'avril, Painvain mit vingt jours à trouver une certaine clé. Mais il se perfectionnait, allait de plus en plus vite. Il reconstitua les clés de l'attaque du 27 mai en trois jours, trouva celle du 31 mai le

1er juin. Le Kronprinz, dans sa marche victorieuse sur Paris, fut désormais à la merci d'un petit capitaine halluciné, dans un bureau, devant des quadrillages.

Le 1er juin, un V se ficha comme une lettre empoisonnée dans l'ADFGX. Devant cette ADFGVX, Painvain sursauta puis il trouva : les dix cases supplémentaires que procurait ce V, cette sixième lettre, étaient destinées, il en était sûr, aux dix chiffres de 0 à 9. A 17 heures, les transmissions lui envoyèrent tous les textes interceptés dans la matinée. Painvain se jeta sur deux des messages. Ils présentaient des particularités, des ressemblances ; curieux tout cela ! Il passa alors la nuit sur ces deux textes : la nuit, la matinée et toute la journée du 2 juin. A 19 heures, il avait reconstitué le nouveau système et les clés du 1er juin. En vingt-six heures. Painvain transmit par bélinogramme les clés au capitaine Guitard. Les quatre décrypteurs traduisirent les messages du 1er juin parmi lesquels celui qui situait la prochaine offensive dans la région de Remaugies-Tilloloy.

Le 11, les Français arrêtaient les Allemands au plateau de Méry, baptisé depuis Méry-la-Bataille, par une offensive éclair, sans préparation, à la va-comme-je-te-pousse, mais c'était Mangin qui commandait cette folie de la dernière chance.

« Le général Mangin, portant le képi brodé d'or, sans casque, riait sous les obus à la victoire prochaine[25]. »

Painvain, lui, mit des mois à se remettre. Le 2 juin 1917, après avoir communiqué aux décrypteurs du GQG les clés de la victoire, il s'effondra sur son lit de camp et sombra dans un coma d'épuisement tout comme Champollion, terrassé par l'illumination qui lui avait permis de décrypter, enfin, les hiéroglyphes. La référence allait de soi pour le capitaine Marcel Guitard et son équipe de décrypteurs, quand Georges Jean Painvain, le 14 juillet 1918, fut fait chevalier de la Légion d'honneur, avec la citation « A depuis le début de la campagne rendu des services exceptionnels aux armées ». Voici le message :

« A notre Champollion. Toutes nos félicitations. Nous sommes profondément heureux et fiers. Le 14 juillet 1918. La section de décryptement du CQG[26]. »

Andlauer, le général sans visage

Painvain pouvait se reposer et Mangin rire sous les obus : le poste de Belfort était là. Foch, enfin généralissime des armées

25. Lavisse, *Histoire de la France contemporaine*.

26. Dans « Exposé des travaux de cryptologie effectués de 1914 à 1918 » par Georges Jean Painvain. Document figurant au dossier que nous a aimablement communiqué le fils de G.J. Painvain et qui nous a été fort utile.

alliées, attendait avec impatience les bulletins du SR d'Andlauer : ceux-ci devenaient de plus en plus précis et l'autre source de renseignements, le *Landwirt* de Diekirch du réseau Hansen, les complétait souvent. Belfort et Luxembourg le confirmèrent : l'éclair Painvain, foudroyant, du 2 juin et la contre-offensive à l'estomac de Méry-la-Bataille, le 11, avaient tétanisé le haut commandement allemand. Les troupes françaises de l'Argonne pouvaient souffler, elles ne seraient plus attaquées. Ludendorff pensait à une offensive en Champagne, mais s'accordait un mois de préparation avant l'assaut final, qui emporterait les Alliés. A tout le moins le pensait-il et le vieux maréchal Hindenburg partageait son optimisme.

Si ces deux grands chefs de guerre avaient pu visiter, à ce moment-là, le SR de Belfort, ils auraient éprouvé comme un semblant de grande peur. Depuis le 5 août 1914, depuis que le colonel Andlauer s'était retrouvé seul en compagnie d'un gendarme, il en avait fait du chemin, le poste. Un « bureau d'exploitation », composé d'Alsaciens qualifiés, collationnait, vérifiait, recoupait renseignements et documents. On y épluchait la presse allemande, les lettres du front, codées, que les Alsaciens enrôlés dans l'armée allemande adressaient à leurs familles, qu'on avait formées à lire entre les mots, les carnets des soldats allemands tués ou blessés, etc. Andlauer recevait de ses antennes clandestines en Suisse les informations que tout un peuple entré en résistance lui envoyait à lui, Auerbach, leur général sans visage.

Le message, signé Meyer, et noué de tricolore à la patte du pigeon qui parvint à Belfort, le 5 août 1914, signifiait, et Andlauer ne s'y trompa point, que l'Alsace-Lorraine avait déclaré la guerre, ce jour-là, à l'Allemagne. Comme pour la Belgique, écoutons l'ennemi, le général de brigade Hesse en la circonstance, qui exerçait un commandement dans le groupe d'armées Gaede, occupant l'Alsace.

> « Ce ne fut pas seulement par la jubilation avec laquelle elle reçut les troupes françaises, par le cordial accueil et l'hospitalité qu'elle leur accorda, qu'une grande partie de la population montra sa joie, mais aussi en favorisant l'ennemi par tous les moyens au détriment de nos propres troupes. Les habitants ne manquèrent pas de dresser immédiatement des listes noires où furent portés tous les amis de l'Allemagne ; ils les remirent aux envahisseurs qui arrêtèrent aussitôt, pour les évacuer de la manière généralement la plus brutale, les fonctionnaires et les habitants germanophiles avec leurs familles...
>
> Des patrouilles allemandes furent dénoncées aux Français ; les Alsaciens servaient volontairement de guides et d'interprètes aux troupes ennemies. Il se trouva des gens sans pudeur pour aider les Français à placarder sur les murs de Mulhouse la proclamation du général Joffre, à la lire et traduire au peuple en criant : Vive la France ! et à faire une propagande acharnée pour les envahisseurs. Il parut tout à fait normal qu'à l'entrée des troupes dans les localités alsaciennes, conseillers municipaux et curés vinssent donner libre cours à leur joie de se voir redevenus français. Les décorations

offertes aux notables étaient acceptées avec bonheur et fierté. Jeunes et vieux arboraient les couleurs françaises, la Marseillaise éclatait dans tous les coins. Mais, exprimant la haine la plus marquée, les brocards les plus orduriers à l'adresse de l'empereur et de sa famille rivalisaient de bassesse et de grossièreté. Il y eut des femmes mariées pour s'afficher en public, donnant le bras à des militaires ennemis, avoir même avec eux des relations intimes, tandis que leurs époux combattaient sous les drapeaux allemands : “Enfants, priez pour que votre père ne rentre plus”, disait une femme de Massevaux à ses enfants. Un aubergiste de Geishouse, près Thann, avait trois fils, tous soldats allemands. Apprenant que l'aîné venait de tomber, il s'écria : “Je les donnerais volontiers tous les trois, pourvu que l'Alsace reste française !” »

Les Alsaciens payèrent, sans hésiter, le prix du sang. Dans les trois années précédant la guerre, 400 d'entre eux avaient déjà été arrêtés et condamnés pour espionnage. Dès que les troupes françaises arrivèrent, 23 000 Alsaciens-Lorrains s'engagèrent. De 1914 à 1917, en Allemagne, la plupart des 1 785 faux soldats allemands, la plupart des 384 faux officiers et un peu plus d'une centaine sur les 500 fusillés, étaient originaires d'Alsace-Lorraine. 12 agents d'« Auerbach » furent exécutés. A Ile-Napoléon, près de Mulhouse, les Allemands, outre l'agent transporté David Bloch de Guebwiller, passèrent par les armes Victor Bender, de Kruth, Joseph Boltz, de Moosch, Charles Loewenguth, de Thann, Marie Lettermann, de Mulhouse. Au musée de Colmar, leur martyrologe s'inscrit sur des affiches rouges. Alfred Meyer et Jules Adam furent aussi de ceux-là.

Meyer (rien à voir avec le faux Meyer d'Auerbach) était agent expéditeur à Mulhouse. Agé de trente-sept ans, doté d'un revenu de 35 000 marks, il inspirait confiance aux chefs du groupe Gaede. Il obtint des chemins de fer alsaciens de nombreux ordres de transport de matériel militaire. Au printemps de 1915, Meyer fut arrêté à Lorrach, alors qu'il se rendait en Suisse. Il avait dans ses bagages des carnets bourrés de renseignements et deux fioles d'encre sympathique. On le conduisit à la prison de Lorrach et le soir même, il attaqua son gardien à coups de rasoir, avec une telle violence que la lame resta fixée dans la gorge du geôlier. Meyer reconnut s'être rendu plusieurs fois à Belfort par la Suisse.

Jules Adam quant à lui était un de ces espions types qui servaient sous les ordres d'Auerbach. Belfort lui délivrait un passeport pour franchir les lignes françaises, puis, sitôt passé les lignes, Adam cachait le laissez-passer, chaussait des souliers à semelles de feutre et par les forêts des montagnes, qu'il connaissait bien, se retrouvait derrière le front allemand. Il redevenait alors un citoyen germanique comme les autres, c'est-à-dire un espion ordinaire vaquant à ses activités.

Alfred Meyer et Jules Adam, devant le peloton d'exécution d'Ile-Napoléon, eurent la même attitude que ceux qui les avaient précédés ou qui les suivirent. Le colonel Nicolaï leur rendra cet hommage :

— Leur conduite fut héroïque. Ils mouraient sans baisser les yeux, en acclamant leur patrie.

Guerre secrète en Alsace

Le général de brigade Hesse cite :

« Quelques-unes des mesures jugées nécessaires dans le secteur du groupe Gaede (territoire relativement peu étendu) jusqu'au 31 décembre 1916 :

1° 44 condamnations de civils pour espionnage et trahison, dont 11 condamnations à mort.

2° 231 affaires d'espionnage et de trahison contre civils étaient encore en cours à la date du 31 décembre 1916 ; 7 seulement concernaient des personnes n'ayant pas la nationalité alsacienne-lorraine.

3° 666 condamnations de civils alsaciens pour manifestations hostiles à l'Allemagne.

4° Incarcérations préventives :

a) personnes suspectes d'espionnage : 272

b) personnes suspectées en raison de leurs antécédents (vagabonds, prostituées, récidivistes, anciens légionnaires) : 259

c) personnes coupables de manifestations germanophobes graves, concours donné à des déserteurs, etc. : 467

Total : 998

5° personnes évacuées de la zone des armées : 901

6° personnes mises sous la surveillance de la police, dans la zone des armées : 162

7° avertissements donnés avec menaces de punitions : 403

Et le général Hesse s'en prend aux

« soi-disant notables, c'est-à-dire la classe prétendue supérieure par l'éducation, le rang et la fortune.

De nombreux industriels, directeurs d'usines, fondés de pouvoir, commerçants en grand, avocats, médecins, propriétaires ruraux, conseillers municipaux, rentiers, marchands de vins et brasseurs, ont donné du travail à nos conseils de guerre et commissariats de police et encouru des sanctions sévères. Les milieux industriels, notamment, étaient plus français que les Français eux-mêmes ; ils ont créé une atmosphère saturée de germanophobie, en terrorisant leurs employés et ouvriers et en étouffant toute tendance au patriotisme allemand. Cette antipathie se manifestait surtout dans leurs familles où toute occasion était bonne à cet effet. Inutile de dire qu'elle s'accompagnait d'une aversion inouïe à l'encontre du service militaire sous nos drapeaux.

L'attitude d'une grande partie des fonctionnaires du pays, des communes et même d'Empire, appartenant aux familles indigènes constitue un des chapitres les plus pénibles pour nous de cette histoire. Parmi ceux qui attirèrent l'attention des conseils de guerre pour germanophobie ou trahison se rencontrèrent des conseillers à la cour, des juges, des notaires, des greffiers, des employés des postes, des contributions, des chemins de fer et de la police, des professeurs communaux et des percepteurs. Ils se sont révélés fanatiquement français et ils ont mérité les mesures les plus sévères. Un juge fut condamné à trois ans de travaux forcés pour tentative de trahison, un professeur de lycée à dix ans pour trahison effective. Les destitutions par voie disciplinaire furent nombreuses. Il faut signaler en particulier les dénonciations de fonctionnaires loyaux par les susdits éléments ».

Quant au clergé catholique alsacien, il pratiquait un espionnage des plus militants. De langue française, formés aux grands séminaires de Strasbourg et de Metz, les jeunes prêtres arrivaient dans des paroisses acquises à la France et lisant la presse catholique. L'abbé Wetterlé, de Colmar, rédacteur du *Nouvelliste*, avait tellement servi le SR avant la guerre que le 2e Bureau lui demanda de changer d'air. Mais Wetterlé poursuivit son travail de propagande et de centralisation de renseignements, en liaison avec l'évêque Herrscher, expulsé d'Alsace, et le camérier du pape Kannengiesser, espion subtil, resté en poste à Battenheim, en Haute-Alsace. Sans jamais rien dire que l'Allemand pût retourner contre lui, il incitait soit à la résistance passive, soit à la lutte ouverte. Sur un signe de sa main, levée pour une bénédiction particulière, les curés de Carspach, Hartmannswiller et Sondersdorf, abandonnèrent leur paroisse pour suivre les troupes françaises qui battaient en retraite.

A la Toussaint de 1914, un curé de Mulhouse confessa les civils, mais refusa les soldats. A Mulhouse toujours, en 1915, un autre curé s'entendit avec un vicaire de Huningue et un receveur des postes de Saint-Louis pour convertir en emprunt de guerre français des fonds destinés à la construction d'une église. A Mulhouse encore, un vicaire, dans son almanach de 1915, glorifiait les vétérans français, tandis que le curé de Sierenz, du haut de la chaire, ridiculisait son vicaire, loyaliste allemand, et affichait dans ses cabinets le portrait de Guillaume II. Le curé de Sonderdorf seconda les Français qui recherchaient les hommes astreints au service territorial. Il se fit livrer, sous la menace, par le maire et l'instituteur la liste des mobilisables, puis il suivit l'armée française qui se repliait, emmenant maire et instituteur, afin d'éviter à son village les représailles.

Dans les nombreuses congrégations et dans les collèges pour jeunes filles, religieuses et élèves terminaient chaque prière et même chaque séquence des prières longues par « que Dieu sauve la France ! ».

Le général Hesse constate, par ailleurs :

« Les troupes du groupe Gaede comptaient une grande proportion d'Alsaciens ; ils étaient environ 30 % au régiment de Landwehr 110. Les chiffres suivants prouvent l'infidélité des Alsaciens. Les dépôts de la région du XIVe C.A. (badois) étaient chargés pendant la guerre de tous les services de dépôt pour l'Alsace et le duché de Bade. Les volontaires de guerre qui s'y présentèrent, jusqu'au 31 juillet 1916, furent, pour les Badois, 17 618, soit 64,61 % et pour les Alsaciens-Lorrains 1 378 ou 5,08 %. Le total des Alsaciens-Lorrains qui, dans le même laps de temps et pour la même région, se sont soustraits aux devoirs militaires atteint 5 200.

La commune d'Otterdorf, qui n'avait que 490 habitants, eut 44 déserteurs, et généralement les parents prêtaient la main à la désertion.

La commune de Reguisheim, constamment occupée par nos troupes, a caché et nourri pendant plus d'un an sept déserteurs ou insoumis.

Le conseil de guerre du groupe Gaede a examiné, jusqu'au 31 décembre 1916, 3 465 cas de désertion de soldats alsaciens, dont 718 cas de trahison. Le régiment de Landwehr n° 40 a vu déserter plus de 200 hommes pendant la bataille de Mulhouse. Un moyen de désertion en vogue était de se présenter pour des patrouilles et ne plus réintégrer les lignes. Les permissions étaient fréquemment utilisées pour déserter, et la frontière suisse s'y prêtait fort bien. Il arriva maintes fois que deux ou trois frères désertèrent simultanément. »

Les « faux » du caricaturiste Hansi

Un Alsacien très populaire, le caricaturiste Waltz, qui signait Hansi, s'attaqua au moral des troupes allemandes, quand il eut découvert une énorme mais très simple vérité. Réfugié en France, Hansi s'était fait affecter au front comme interprète. Il interrogeait les prisonniers. Parlant leur dialecte, il les mettait en confiance et pénétrait, tout en s'en étonnant, leur mentalité. Cette besogne, éclairée par la lecture des journaux allemands qu'il recevait, à ses frais, de Suisse, l'amena à la réflexion suivante :

« Je me rendis compte que la force morale de cette armée formidable reposait sur un mensonge immense : tous, des simples soldats aux officiers supérieurs, tous étaient convaincus, croyaient de toutes les forces de leur être que leur pays avait été attaqué, que c'était nous, les Alliés, qui avions voulu et déclaré cette guerre ; que nos troupes avaient envahi l'Alsace sans déclaration de guerre et que nous avions bombardé Nuremberg. Le gouvernement allemand avait su par un savant bourrage de crânes (où certains journaux suisses avaient joué un grand rôle) répandre dans toute l'armée cette conviction qu'elle se battait pour défendre la patrie contre une agression inique...

J'acquis la certitude que si l'on réussissait à entamer cette foi, à faire connaître aux soldats allemands la vérité, le moral de cette armée redoutable en serait ébranlé. »

Hansi rédigea aussitôt son premier tract, « La lettre ouverte d'un prisonnier allemand », dans laquelle il utilisait les carnets de route d'un artilleur pour démontrer la culpabilité allemande. Le tract partit pour le front à bord des avions. Avec son ami Tonnelat, Hansi réalisa ensuite « die Feldpost » (le poste de campagne), toujours destiné aux combattants allemands, que l'aviation alliée pourvoyait en saines lectures. Les civils allemands reçurent « Kriegsblaetter für des deutsche Volk » (Feuilles de guerre pour le peuple allemand), puis une édition miniature du livre « J'accuse », de l'Allemand Richard Gralling, livre déjà traduit dans plusieurs langues, mais interdit dans tout le Reich puisque Gralling attribuait à l'Allemagne, preuves à l'appui, la responsabilité de la guerre. Hansi et Tonnelat fabriquèrent aussi des fausses *Gazette des Ardennes*, des faux *Journal de Strasbourg* et même une fausse *Frankfurter Zeitung*. La Rhénanie fut inondée de ces publications, par avion ou par distributions clandestines, via la Suisse allemande. C'est ainsi qu'« Auerbach » eut pour armée tout un peuple, au sein duquel demeuraient ses agents clés. Certains eurent même le courage, peu commun, d'encourir le mépris de leurs compatriotes en se compromettant avec les Allemands. Ce fut le cas de M. Voegele ou Bernard de Turckheim.

La fabrication des obus-tracts

Jour après jour, Hansi et Tonnelat se plaignaient cependant du manque de moyens. Pour décupler leur action, ils réclamaient d'une part un peu plus d'avions et de l'autre un peu plus d'imprimés. Les différentes administrations françaises écoutaient bien leurs doléances mais elles ne prenaient aucune disposition.

En janvier 1918, furieux, Hansi se résolut donc à demander une audience à Georges Clemenceau. Le président du Conseil ne savait pour ainsi dire rien de la question dont on venait de l'entretenir. Mais il la démêla immédiatement : « Revenez demain à 10 heures, vous verrez Pétain[27]. »

Devant le général, Hansi lui exposa tout ce qui avait été fait ; il lui cita quelques-uns des témoignages les plus parlants de l'effet produit sur les troupes ennemies par la propagande en langue allemande et prôna donc une action méthodique et soutenue.

C'était prêcher un converti. Quelques jours après, le général Pétain mandait Hansi au grand quartier général (GQG) où il avait réuni pour cette occasion les chefs des différents services. Au cours de la discussion il devint pourtant évident que si l'on voulait obtenir une distribution plus intense sur l'ensemble du front, les moyens réunis de l'aéronautique et de l'aviation ne suffiraient pas.

27. Hansi et Tonnelat, *A travers les lignes ennemies*, Payot, 1922.

Il fallait trouver un procédé nouveau. C'est alors que germa l'idée, qui avait longtemps paru chimérique, de recourir à la bombe ou à l'obus pour porter dans le camp d'en face la bonne parole. Le premier des engins lance-tracts utilisé sur le front à la suite de différents essais aux environs de Paris fut la grenade V-B légèrement modifiée. C'était un court cylindre de cuivre, rempli de matières explosives, que l'on plaçait à l'aide d'un dispositif spécial au bout du canon du fusil et qu'on envoyait ensuite en tirant une cartouche. Un inventeur ingénieux, le capitaine Naud, avait imaginé d'en allonger un peu le tube, d'y laisser un espace vide pour les tracts et de calculer la charge de poudre de telle façon que les papiers roulés dans le tube puissent être sans dommage éparpillés dans l'air. Chaque tube, pouvait contenir environ 150 tracts d'une hauteur de 15 à 16 centimètres et d'une largeur de 10 à 12. Il apparut néanmoins que la grenade V-B n'était pas utilisable dans tous les cas — sa portée de 200 mètres environ étant trop restreinte. En 1918, les tranchées françaises et allemandes étaient souvent séparées par un espace supérieur.

Il fallut donc trouver un nouveau projectile. Ce fut tout simplement l'obus de 75. Les premiers essais préparatoires se déroulèrent aux environs du polygone de Vincennes. Il se produisit un incident. Quelques tracts furent emportés par le vent et recueillis par des promeneurs qui s'empressèrent de communiquer leur trouvaille à des journaux parisiens.

Quelques obus seulement suffisaient pour inonder de tracts des tranchées situées à 4 ou 5 kilomètres du point de départ. « On faisait généralement éclater l'obus en l'air, à 2 ou 300 mètres de hauteur, et les papiers s'en allaient doucement, comme un vol de papillons, se disperser à travers champs. L'emploi des projectiles lance-tracts permit enfin de donner à la propagande en langue allemande le développement indispensable. Il nous fallut brusquement décupler, parfois même vingtupler nos chiffres de tirage. Là où nous comptions auparavant par dizaines de milliers d'exemplaires, il fallut soudain compter par centaines de mille et même par millions. Nous ne reverrons jamais de pareils "bons à tirer"[28]. »

Cependant, il ne pouvait être question de renoncer à l'avion ou au ballonnet. Il y avait des cas où il fallait absolument dépasser les 4 ou 5 kilomètres, seul périmètre que le canon permettait de toucher. Quand commencèrent les grandes opérations militaires de juillet-novembre 1918, la propagande aérienne, ayant retrouvé tous ses moyens, s'exerça à nouveau pleinement.

Dans ses Mémoires[29], le maréchal Hindenburg devait reconnaître l'effet désastreux produit sur ses troupes par cette propagande : « Le mécontentement et la déception résultant de ce fait qu'en dépit de toutes les victoires, la guerre que nous menons

---

28. Hansi et Tonnelat, *op. cit.*
29. *Aus Meinem Leben*, 1920.

ne veut jamais prendre fin ont déjà perdu plus d'un de nos braves soldats. On en vient à se laisser peu à peu amollir. Surtout quand on ne peut pas prévoir à quel moment tout cela finira. L'adversaire dit et écrit dans les tracts qu'il fait lancer en masse qu'après tout il ne nourrit pas de si mauvaises pensées à notre égard, qu'il nous suffirait de nous montrer raisonnables et peut-être aussi de renoncer à telle ou telle de nos conquêtes. Alors tout irait bientôt mieux et nous pourrions sans tarder vivre en paix, connaître l'éternelle paix des peuples... Toutes ces choses, on les lit, on en parle ; le soldat se dit que tout de même tout ne peut pas être mensonge dans ce que raconte l'adversaire, se laisse empoisonner et en empoisonne d'autres à son tour ».

Carlos, le soldat inconnu

En cette fin de juin 1918, Foch tendait sans cesse l'oreille vers Belfort. Et « Carlos », Alsacien mobilisé en 1914 dans l'armée allemande, blessé léger, obtint d'être versé au service des douanes où on le forma au contrôle des alcools. Il fut chargé de surveiller les envois de vins et spiritueux aux mess des officiers des QG du front de l'Ouest. De par sa fonction, il était renseigné, à tout moment, sur la situation des états-majors. Débrouillard et indifférent, Carlos (quel pseudonyme !) n'avait pas froid aux yeux et organisa sa vie au mieux de ses intérêts sentimentaux et de ceux du SR de Belfort. Il s'était fait domicilier à Saint-Louis, dans le Haut-Rhin, parce que sa maîtresse y habitait et parce que Saint-Louis, enclave neutralisée le long de la frontière suisse, lui facilitait les liaisons avec Zugmeyer, pharmacien de Bâle et principale antenne, en Suisse, du colonel Andlauer. Carlos avait son code à lui et seul Zugmeyer le déchiffrait. En plus des renseignements réguliers sur les emplacements des QG allemands, Carlos réussit une passe de trois pas banale.

Il annonça l'offensive du 21 février 1916 sur Verdun, mais on n'en tint pas compte au GQG. Au courant de l'offensive du Chemin des Dames de mai 18, il transmit l'information à sa maîtresse. Mais le mari de celle-ci arrivant en permission, elle dut attendre son départ pour filer sur Bâle d'où Zugmeyer contacta Belfort. Andlauer alerta le GQG au matin même de l'attaque. Le troisième exploit de Carlos fut, celui-là, éclatant.

Au GQG de Compiègne, Foch, assisté de Weygand, devinait des mouvements mystérieux dans l'armée du Reich et guettait le colonel de Cointet, lui-même à l'affût du moindre télégramme. Le 1er juillet, Carlos-Zugmeyer-Andlauer se manifesta.

Le bulletin de renseignements du poste SR de Belfort en date du 1er juillet 1918 portait ceci :

« La prochaine offensive allemande aura lieu à l'est de Reims, sur le front de la IIIe armée allemande (armée von Einem). Les derniers préparatifs doivent être terminés pour le 6 juillet. Il est possible que le déclenchement de l'attaque n'ait lieu que deux ou trois jours plus tard... »

Les 10, 11 et 12 juillet, Belfort, confirmé par le réseau Hansen, précisa : les 7e, 1re et 3e armées allemandes, sous les ordres du Kronprinz, attaqueraient à l'ouest de Château-Thierry, sur un front de 80 kilomètres, le 15 juillet, à l'aube. L'offensive prévue dans les Flandres était ajournée (cette dernière information provenait du SR Folkestone).

Foch regroupa alors toutes les réserves des armées alliées. Weygand l'aida à imposer le secret, à répandre des faux bruits. On alla jusqu'à maintenir les permissions. Un officier, arrivé chez lui le 17, apprit que la grande bataille faisait rage et s'écria :

— J'étais engagé ! Je ne comprends pas, on m'a laissé partir !

Foch plaça en défense la 4e armée de Gouraud, la 5e de Berthelot. Mangin, avec la 10e, et Degoutte, avec la 6e, étaient en réserve, prêts à l'offensive avec 2 000 pièces d'artillerie et 500 chars.

Le 14 juillet, à 23 heures, l'artillerie martela la préparation de l'ennemi, et l'écrasa. Le 15 juillet, à 4 h 40, l'infanterie allemande, vacillante, s'élança quand même, tomba sur des premières lignes qui avaient été évacuées, s'arrêta et repartit sous un bombardement infernal. Ludendorff ordonna alors de suspendre l'offensive. Son état-major l'entendit, peu après, parler tout seul :

— Jusque-là, je n'avais jamais douté de notre victoire.

Le 18 juillet, Mangin et Degoutte se ruèrent à l'assaut. Le 19 au soir, Mangin avait conquis toute la zone des plateaux, entre Villers-Cotterêts et Soissons, fait 15 000 prisonniers, dont 2 colonels avec leurs états-majors au complet, et 300 canons. Degoutte, lui, avait rompu la ligne allemande sur un front de 18 kilomètres et sur une profondeur de 6 ou 7 kilomètres.

Ludendorff dit alors :

— C'est le jour de deuil de l'armée allemande.

Et le colonel Nicolaï écrira, plus tard :

« L'attaque allemande sur Reims et Château-Thierry du 15 juillet 1918 se trouva en présence d'un ennemi préparé. Comment fut-il prévenu ? Nous l'ignorerons toujours. »

Un SR, colonel Nicolaï, ne défile pas sous l'Arc de Triomphe.

IV

LE BUREAU DES COUPS TORDUS DU CAPITAINE LADOUX

Le capitaine Ladoux, chasseur d'espions — Joffre le place en sentinelle... la nuit — La section des renseignements entre la Guerre et l'Intérieur — Plus de 300 fusillés — Des boîtes de corned-beef qui valent de l'or — Le gaspillage des réseaux allemands — Ces messieurs de la Caponnière et leurs clients — La Fräulein d'Anvers et l'odieux capitaine noir — Mata Hari exécute un entrechat mortel — La danseuse mise à nu par les contre-espionnages — Un obus qui ne tue pas — La trop superbe histoire de Marthe Richard — Séduite par Zozo, le demi-frère de Staline — Constantin de Grèce renversé à l'empoigne — De Roquefeuil et von Schenck signent la paix franco-allemande — Les millions engloutis de Basil Zaharoff — Le carnaval Venizelos — Au bon vouloir de Clemenceau — Crozier marchand d'armes et patriote — Savonnerie Venus, SR commercial — Les violences discrètes de Mathenesserlaan — Du pavillon noir au drapeau rouge des spartakistes —

Le capitaine Ladoux, chasseur d'espions

Le capitaine Georges Ladoux n'avait, paraît-il, rien d'un militaire. De haute taille, toujours en civil, la barbe noire et hirsute, il fumait cigarette sur cigarette, et avait de la cendre plein ses vêtements. « Organisateur avisé en même temps que diplomate habile, fort intelligent, il était doué d'une imagination débordante qui, si elle lui permettait souvent de démêler les fils d'une intrigue compliquée en partant de données insignifiantes, lui jouait aussi quelquefois de mauvais tours », disait le commissaire Faux-Pas Bidet, de la préfecture de police, dans ses Souvenirs, que *Le Matin* publia en 1937. Quelques mois plus tôt, dans *Préfet de guerre*, Henry Maunoury avait écrit à propos de l'affaire Ladoux et sous l'effet d'une colère contenue depuis vingt ans :

> « Sans respect ni considération pour les services rendus depuis la création par lui seul des services de contre-espionnage, sous un prétexte futile, le capitaine Ladoux avait été incarcéré au Cherche-Midi en janvier 1919.
>
> Le motif communiqué à la presse fangeuse d'alors : il aurait été l'ami de Charles Humbert, il aurait suivi de trop près les démêlés de Ch. Humbert et de son subordonné Lenoir, il aurait « étouffé » un rapport d'agent secret sur Bolo et un cryptogramme donné par Humbert pour enquête.
>
> Ces fantaisies de l'accusation s'écroulèrent à l'audience, elles n'auraient pas dû résister à une instruction sérieuse.
>
> Le capitaine Ladoux, démissionnaire avant la guerre, exerçait le métier de publiciste. Quoi d'étonnant à ce qu'il ait connu Ch. Humbert ? Il ne s'était pas méfié de Lenoir. Mon Dieu, un peu plus que Millerand et tant d'autres. Le rapport sur Bolo n'avait pas été égaré par lui mais par le colonel Goubet, son chef, et le cryptogramme avait en son temps été transmis à la Sûreté générale, où il fut retrouvé classé comme étant sans intérêt.
>
> Le colonel Goubet était le chef direct de Ladoux. Il avait bénéficié pendant deux ans de sa collaboration journalière dans la confiance et l'intimité complètes. Il fit preuve vis-à-vis de Ladoux d'un manque absolu de caractère et le présenta sous le jour le plus noir dans un rapport sournois puis, le surlendemain, le proposa pour la croix. Son attitude piteuse à l'audience fut vertement relevée.
>
> Tout autre fut le général Valantin, chef d'état-major général, un digne soldat, qui vint dire en séance la vérité sur les faits, la reconnaissance due à Ladoux pour les services rendus à la Défense nationale et l'estime que le corps des officiers conservait à ce capitaine.

D'une chiquenaude, il abattit l'échafaudage d'accusations bâti par Mornet avec qui Ladoux avait collaboré pour envoyer tant d'espions au poteau.

Mornet dut, en séance, renoncer à soutenir l'accusation et ne put obtenir la condamnation si désirée par certains. »

Ladoux, acquitté le 8 mai 1919, s'en prendra au responsable, selon lui, de ses deux années de disgrâce et de ses quatre mois de détention préventive, c'est-à-dire à Clemenceau en personne. Il lui demandera, « par une lettre sans doute un peu vive, quel genre de réparation il comptait m'accorder ». Le maître encore incontesté de la politique française chargera un de ses officiers d'état-major, le colonel Herrscher, d'une réponse abrupte :

— Dites à Ladoux qu'il attende son tour de bête pour son quatrième galon et sa croix.

Herrscher, ami de Ladoux, lui confiera :

— Il a changé de ton et m'a dit, moins rude : « Ladoux a été jusqu'au bout discipliné. Mais ce n'est pas à un officier à se fourrer dans la crotte. S'il en a finalement été éclaboussé, tant pis pour lui ! »

« Et ce fut l'oraison funèbre de ma carrière militaire ! » écrira Ladoux, en 1932.

Il quittera l'armée en août 1923, après avoir été promu chef de bataillon par André Lefevre, ministre de la Guerre, et décoré par André Maginot, ministre des Colonies. Il dirigera ensuite le service économique et financier du *Matin*, deviendra inspecteur des stations de tourisme et de cure et décédera en avril 1933. Il eut cependant le temps d'écrire sur sa guerre secrète quelques feuilletons, propres à nourrir le mythe de l'espionne fatale, comme Mata Hari, la gueuse, ou Marthe Richard, la patriote.

Dans *Préfet de guerre*, Maunoury explique : « Ce brave commandant Ladoux me l'a dit maintes fois. Le colonel Goubet et lui étaient les seuls qui auraient pu écrire l'histoire de l'espionnage et du contre-espionnage. Ladoux, ne voulant rien écrire de précis, a, suivant sa propre expression, romancé les sujets de ses livres et il faut l'avoir connu intimement comme moi pour discerner le vrai de la fantaisie. »

Dans *Les Chasseurs d'espions — Comment j'ai fait arrêter Mata Hari* ou dans *Marthe Richard, espionne au service de la France*, la fantaisie, en effet, surabonde, et pas toujours innocente. Mais la vérité ? « Vérité », le mot a-t-il d'ailleurs un sens pour les gens du contre-espionnage ?

Quand, au début de novembre 1914, le capitaine Ladoux « l'œil vif et pétillant d'intelligence », selon Maunoury, vint lui exposer, à la préfecture de police, son projet d'organisation, il appartenait déjà, par tradition et par goût, à deux sérails, l'armée et la presse. Fils et neveu d'officiers généraux, officier de chasseurs à pied, ancien instructeur militaire à l'Ecole normale supérieure, ancien officier d'ordonnance du général Dubai et du ministre Messimy, il s'était vu délivrer un congé d'un an par le général Noulens, ministre de la Guerre du cabinet Viviani. Ce congé en 1913 couvrait une mission : amener les dirigeants du *Radical*, journal des gauches, à approuver le service militaire de trois ans.

Au moment où Ladoux était détaché du ministère, deux de ses anciens élèves de l'Ecole normale, les futurs députés Anglès et Delbos, lui proposaient, comme par hasard, le secrétariat général du *Radical*. De ce poste, il avait l'œil sur tout ce qui se passait dans son journal et à *L'Humanité*, installé au même étage, rue du Croissant. Proche de Renaudel et de Marcel Sembat, il fut reçu, un jour, par Jaurès, à son domicile, rue de la Tour. Accompagné de son ami Gamelin, alors capitaine et officier d'ordonnance de Joffre, Ladoux tenta de démontrer au tribun que son système militaire, exposé dans *L'Armée nouvelle*, en 1910, était impossible. Il ne revit Jaurès qu'une fois, étendu mort, assassiné, rue Montmartre, sur la banquette du Café du Croissant.

Joffre le place en sentinelle... la nuit

Le 31 juillet 1914, Ladoux donc vint demander au directeur de l'infanterie son affectation au régiment de zouaves avec lequel son père avait fait la campagne de 1870. Il apprit alors que Joffre l'avait déjà attaché au 2e Bureau et le cherchait. Il n'eut qu'à traverser le boulevard Saint-Germain, l'appartement du généralissime se trouvant rue de l'Université. Tout en bouclant ses cantines, Joffre lui dit, en présence de Gamelin qui avait été promu commandant :

— Je ne veux pas être poignardé dans le dos comme nous l'avons été en 1870. Messimy va créer un bureau de censure de la presse. Mais encore faut-il savoir ce qu'il faut censurer. Vous êtes le seul journaliste de l'état-major de l'armée. Vous vous tiendrez en rapport avec Gamelin. Quand vous aurez besoin de quoi que ce soit, n'hésitez pas, venez au GQG. C'est un ordre. Je vous place en sentinelle... la nuit.

Le 2e Bureau du ministère de la Guerre où Joffre mobilisait Ladoux était peuplé d'officiers de réserve, sans expérience ni dossiers, ou, comme le disait le colonel Dupont « d'embusqués ayant des attaches politiques ». Ladoux n'y fit qu'un saut. Dans le Paris d'août 14, tandis qu'on fermait puis rouvrait les portes, provoquant des paniques, des exodes, il s'appliqua à une corvée monstre et, dans un premier temps, absurde. Rue de Grenelle, il s'échinait, avec des brigades de postiers surmenés à trier les cent mille télégrammes quotidiens qui transitaient par le central télégraphique. Messimy, le ministre de la Guerre, l'avait consigné là « de jour et de nuit jusqu'à ce que ça marche ».

Les paniers de dépêches qu'on descendait du plafond, au

moyen d'une ficelle, ne livraient aux censeurs que des messages en clair ou impénétrables. Pour que « ça marche », il convenait de renforcer la censure télégraphique par le contrôle postal, la surveillance des frontières, la collaboration du chiffre et un service de contre-espionnage en forme de toile d'araignée. C'est ce que pensait Ladoux aux prises avec des milliers de télégrammes de toutes les couleurs.

Dès le 2 août, Messimy ayant décrété l'état de siège sur l'ensemble du territoire, y compris l'Algérie, tous les pouvoirs, en matière de police et de justice, étaient transférés à l'autorité militaire. Voici le commentaire de Ladoux que cette mesure aurait dû favoriser :

> — Est-il nécessaire de raconter avec quelles infinies précautions l'autorité militaire, brusquement investie d'un pouvoir quasi dictatorial, en usa ?
>
> « Les autorités civiles, d'ailleurs, le lui rendirent bien, en sorte que l'histoire de notre organisation de guerre secrète est née parmi les fleurs d'un échange de courtoisie entre les civils qui ne voulaient pas de responsabilité et les militaires qui craignaient d'en trop prendre.

En mai 1915, Ladoux était reçu « dans cette pièce familière où j'avait déjà servi plusieurs ministres de la Guerre ». Millerand approuva son projet d'organisation « clair et utile », mais il lui dit :

— Une seule objection. Vous avez bien compris que ce que vous me demandez, c'est le rétablissement du contre-espionnage à l'état-major de l'armée ?

— Parfaitement, monsieur le Ministre, ainsi d'ailleurs le veut la loi sur l'état de siège.

— D'accord, mais ce que je voulais vous préciser, c'est que je vous confie ma tête.

— La mienne, monsieur le Ministre, répondra d'abord pour la vôtre.

Et Ladoux ajoute, énigmatique :

— J'ai tenu parole et Millerand l'a bien vu.

La section des renseignements entre la Guerre et l'Intérieur

Quand les têtes tomberont, en 1917, Millerand avait pris ses dispositions pour se protéger, mais Tannery, son homme de confiance, spécialiste de l'espionnage économique, suivra Ladoux dans la disgrâce, tout comme le général Valantin, chef d'état-major du boulevard Saint-Germain, qui avait obtenu de Millerand l'instruction ministérielle du 28 mai 1915, officialisant la section de centralisation des renseignements ou SCR.

Parmi les autres victimes des liquidations de 1917 autour de Ladoux, on trouve le préfet de police Laurent et son directeur, Henry Maunoury. Eux étaient condamnés avant même de collaborer avec le chef du contre-espionnage. Ils avaient osé entreprendre, en octobre 14 et pour les besoins du service, la reconstitution des dossiers des renseignements généraux, incinérés aux Halles, dans les derniers jours d'août, sur ordre de Célestin Hennion, l'ancien préfet. Avant de commencer cette reconstitution, M. Dumas, chef des RG, avait demandé, malicieux, à Maunoury et à Laurent : « On reconstitue même les dossiers de Viviani et de Mme Poincaré ? » et Laurent avait tranché : « Tous les dossiers sans exception. » L'Élysée en avait frémi. Que la police ne puisse oublier le passé de son épouse, ses deux divorces, dont un compliqué d'un testament suspect, mit en fureur Poincaré, qui adorait les petites vengeances comme Clemenceau les évictions brutales.

Il semblait donc inscrit, dès l'origine, que le 5e Bureau du capitaine Ladoux serait celui des coups tordus. Sur le papier, pourtant, il était impeccable, se présentant comme la toile d'araignée voulue par son inventeur. Il regroupait la section de centralisation des renseignements, la SCR, et ses subdivisions, les BCR, les bureaux centraux de renseignements des régions. Il coordonnait, d'autre part, les services annexes :

— les bureaux de presse, chargés de la censure, du dépouillement de la presse étrangère et de la surveillance des petites annonces ;

— les postes-frontières ;

— la propagande aérienne d'Hansi et Tonnelat[1] ;

— les commissions de contrôle postal et de contrôle télégraphique, en liaison avec le service du chiffre du général Cartier et dotées de deux laboratoires pour détecter les encres sympathiques : l'un à Lyon, dirigé par le commandant Canat de Chizy, assisté de M. Landru, chimiste remarquable, et conseillé par Lumière, l'autre à Paris, dirigé à l'identité judiciaire de la préfecture de police par le Dr Bayle, inventeur d'une encre nouvelle qui nécessitait l'emploi de quatre réactifs.

Sous l'égide du 5e Bureau se plaçaient, encore, la SE, la section économique de Tannery, et le CR, centre de recherches, mis sur pied par Henry Maunoury, à la préfecture de police. Le CR, sous l'autorité, toute nominale, du directeur de la PJ, était dirigé, en fait, par deux inspecteurs hors cadre, Priolet et Faux-Pas Bidet. Ils s'étaient partagé, suivant le tracé de la Seine, le territoire du camp retranché de Paris, dépendant du gouvernement militaire, le GMP. Le commissaire Priolet choisit la zone nord, parce qu'il la connaissait déjà, et Faux-Pas Bidet s'occupa de la zone sud. Il écrira dans ses Souvenirs : « Nous formions, Priolet et moi, une équipe tellement unie que les services du CR fonctionnaient sous notre double direction absolument comme s'ils n'avaient qu'un chef unique. »

1. Voir chapitre III.

L'organigramme était judicieux, les services, confiés à des hommes compétents, promettaient, mais un porte-à-faux viciait encore le fonctionnement du 5e Bureau. Comme le colonel Dupont avant lui, Ladoux se heurtait aux dispositions du décret du 24 avril 1899, signé par le général de Galliffet et dont les services secrets français ne se sont jamais accommodés. « Désinfectant » le SR de feu le lieutenant-colonel Sandherr, compromis dans l'Affaire, de Galliffet, on s'en souvient, l'avait amputé du contre-espionnage, pour le confier à la Sûreté générale. Le colonel Dupont, devenu chef du SR, avait réussi, en 1906, à s'entendre avec M. Hennion, alors directeur de la Sûreté, mais une fois Dupont passé à la direction du 2e Bureau et Hennion promu préfet de police, les brigades de la Sûreté reprirent leur indépendance. Et le 5e Bureau, faible en effectifs et en moyens, avait besoin de leur concours. Ladoux sollicita donc l'intervention de Millerand qui dut s'expliquer avec Malvy, son homologue de l'Intérieur.

Millerand, en conclusion d'une longue lettre, proposa la formule suivante :

> « La direction du contre-espionnage doit être exercée en temps de guerre par un service unique, la Sûreté générale placée avec les organes annexes qui facilitent sa tâche sous une autorité unique, celle du ministre de la Guerre. »

Malvy répondit en arguant :

> « Le service du contre-espionnage, si important et si prédominant qu'il soit en ce moment, est loin d'être l'unique fonction de la Sûreté générale qui a dans ses attributions tout ce qui se rapporte à l'ordre et à la sécurité publics. »

Malvy proposait une formule :

> « Le service du contre-espionnage est assuré par la Sûreté générale qui reçoit, pour l'accomplissement de cette tâche spéciale, la direction et les instructions du ministre de la Guerre. »

Millerand pria, en conséquence, son collègue :

> « de bien vouloir demander au service du contre-espionnage de la Sûreté générale de communiquer en temps voulu à la section de centralisation tous les renseignements et toutes les enquêtes relatifs au contre-espionnage qui lui parviendront ».

Ladoux affirme que le 5e Bureau put fonctionner enfin « grâce aux concessions faites au service de la Sûreté générale et à la loyauté de M. Richard qui s'est rendu compte à l'usage de l'insuffisante organisation de ses services... ». Le commissaire Faux-Pas Bidet, dans ses Souvenirs, rectifiera : « Parallèlement à la préfecture de police, parfois en opposition avec elle, opérait la Sûreté générale, qui avait comme champ d'action spécial la province et l'étranger. Ce service conservait jalousement pour lui toutes les indications utiles qu'il recevait des frontières et inondait généreusement la préfecture de police de renseignements sans importance et de ragots sans intérêt. Et cependant, en dépit de ses précieuses sources d'information, la Sûreté générale, de 1914 à 1916, ne réussit à arrêter que quatre espions : von Mayeren, Dei Pasi, la femme Francillard et le Grec Condoyannis. »

A la fin mai 1915, une conférence journalière réunissait dans le bureau de M. Richard, le directeur de la Sûreté, les officiers de la SCR et certains chefs de service de la préfecture de police. Mais une gêne persistait, à cause des menées d'un 2e Bureau très particulier, celui du GMP. Le gouvernement militaire de Paris s'obstinait à entretenir un service dit de renseignements, alors que tous les ministères avaient renoncé à leur police personnelle dès la mise en place du 5e Bureau. Gallieni, le gouverneur militaire, laissait faire son chef d'état-major, le général Clergerie. « Cet officier, sous des dehors patelins, paraissant très fatigué, était cependant un politicien fanatique » selon Maunoury qui, avec le concours de Ladoux et l'assentiment du général Valantin, entreprit d'annihiler ce 2e Bureau inconvenant. Son chef, le capitaine Baudier, militait, comme Clergerie, à l'Action française. Cet officier de réserve « avait été avant-guerre fabricant de casseroles en cuivre, ce qui sembla le prédestiner, dit Maunoury. Il était extrêmement intrigant, souple et cauteleux, quand il le fallait prêt à tout pour servir ses idées politiques ». Baudier avait une idée fixe, inspirée par les mots accusateurs de son prophète de *L'Action française*, Léon Daudet : accumuler les preuves de la « trahison » de Caillaux et de la « complicité de trahison » de Malvy.

Pour ce faire il engageait à tour de bras et payait bien des agents de tous les milieux, si peu secrets, parfois, que Mistinguett, pressentie, fut la risée du Tout-Paris pendant longtemps. On s'en gaussait encore en 1918 et elle finit par publier un communiqué assez maladroit que *La Libre Parole*, proche de l'Action française, intitula « Mistinguett s'explique. Elle a le beau rôle » :

> « Paris le 25 juillet 1918
> Monsieur le directeur,
> Mistinguett détective Distinguons...
>
> Je n'ai jamais fait partie du 2e Bureau, je ne suis pas de la police... L'histoire est beaucoup plus simple.
>
> On a demandé un jour à une Française de remplir à l'étranger, dans l'intérêt de son pays, une mission secrète qu'elle était susceptible de mener à bien... Cette Française a accepté de tout cœur. Cette mission, non rétribuée, n'en doutez pas, n'était pas sans péril. Mais quelle est celle de mes compatriotes qui, en temps de guerre, n'aurait pas agi comme je l'ai fait.
>
> J'ai conscience d'avoir fait mon devoir. J'aurais désiré que l'on gardât le silence sur le modeste service que j'ai été trop heureuse de rendre : je n'ai jamais songé à m'en vanter, mais puisqu'une interpellation a été faite, il faut bien que je mette les choses au point.

Veuillez agréer, monsieur le directeur, avec mes remerciements, l'expression de mes sentiments distingués.

Mistinguett. »

Baudier recruteur, après avoir échoué auprès des employés des archives de la préfecture de police, obtint qu'un officier de liaison pût accéder au bureau de Maunoury pour prendre des notes ou des copies d'enquêtes en cours. Le plus zélé de ses émissaires fut le lieutenant Depret. « Sous les dehors du cercleux sceptique et benêt, ce jeune lieutenant de réserve de dragons était un fanatique qui n'hésitait pas à "consulter", lorsque je m'absentais fortuitement, les dossiers égarés sur ma table. Il ne s'est jamais douté qu'ils avaient été mis là spécialement pour lui faire commettre des gaffes. »

Maunoury chercha en vain d'où provenaient les fonds dont disposait Baudier, mais il put établir que ses renseignements, glanés à prix d'or, étaient destinés à Léon Daudet et non au gouvernement militaire. Valantin et Ladoux en parlèrent à Gallieni. Le 2e Bureau du GMP fut supprimé et son chef envoyé à l'arrière dans les services du train où il fut affecté à la direction d'une gare régulatrice. « Le lieutenant Depret vit enfin le front », note Maunoury.

L'affaire Baudier dut compter, lors des règlements de comptes de 1917. Et, quand tout fut consommé, quand Malvy et Caillaux furent traduits en Haute Cour, lorsque Clemenceau prit le pouvoir, grâce, entre autres coups bas, aux campagnes de dénigrement de *L'Action française*, que le futur « Père la Victoire » encourageait, Léon Daudet reconnut : « Sans Baudier, je n'aurais jamais eu Malvy. »

Plus de 300 fusillés

Le 5e Bureau, débarrassé de cette affaire nauséabonde, n'en débutait pas moins dans l'isolement et l'ambiguïté. Au GQG de Chantilly, le commandant puis colonel Gamelin, amical mais inflexible, s'interposait, de plus en plus, entre Joffre et Ladoux. Il l'éconduisit même au moment de Verdun[2]. Le 2e Bureau de Dupont ne s'ouvrit jamais pour lui. Au SR, le colonel Zoppf se montrait courtois et « daignait quelquefois collaborer avec nous », constate Maunoury. Mais Zoppf n'intervint qu'une fois avec netteté, en septembre 1915, au moment de la création du Bureau interallié de renseignements. Ladoux enregistra, déçu : « Il tint de suite à préciser que tout ce qui était vraiment secret devrait continuer à donner lieu à des échanges, mais seulement entre les grands états-majors généraux, et on le lui accorda avec un soupir de soulagement. »

2. Voir chapitre III.

Ladoux, enfin, n'était pas maître chez lui. Un colonel, venu de Lyon, le colonel Goubet, dirigeait l'ensemble des services ; c'était lui qui traitait avec M. Richard, aux séances journalières de la Sûreté. Goubet écartera Ladoux, au premier signe venu des coulisses et intelligible pour lui seul. L'invraisemblable de ce 5e Bureau fut que, malgré toutes les avanies qu'il eut à subir, il fonctionna très bien. La mythique Fräulein Doktor, Mlle Schragmüller, de la section III B du Nachrichtenburö, écrivit dans ses Mémoires, parus après la mort de Ladoux :

« Il est évident que le contre-espionnage ennemi a fourni un travail remarquable et a fait maintes brèches sensibles dans le service d'information allemand. »

Un bilan d'abord. Le CR de Priolet et Faux-Pas Bidet démasqua une centaine d'espions, et la plupart d'entre eux finirent aux poteaux de la Caponnière de Vincennes. Les brigades de la Sûreté interceptèrent plus de quatre cents agents allemands : la moitié furent exécutés.

Maunoury, dont les services expulsèrent un millier d'étrangers indésirables, se demande : « Mlle Schragmüller a-t-elle eu beaucoup d'agents en dehors de ceux qui furent fusillés ? C'est probable. » Ladoux, aussi excessif que le colonel Nicolaï décrivant le Nachrichtenburö dépassé par le nombre des espions français, évalue

> « à quatre mille environ le groupement secret qui opérait contre nous, soit à l'intérieur de notre territoire, soit à l'étranger.
>
> Il resterait à faire un calcul analogue pour les autres pays belligérants et l'on devrait alors approcher du chiffre de dix mille agents ennemis de guerre secrète, la valeur de l'un de nos corps d'armée. »

Ladoux écrivit *Les Chasseurs d'espions* dans les années 30 pour se valoriser. A la manière de Robert Boucard, feuilletonniste mythomaniaque de l'époque, il joua de la corde de l'espionnite, toujours sensible chez les Français. Il avait connu assez d'affaires, pendant son règne bref de 1915 à 1917. En voici deux que le chef du contre-espionnage eut à apprécier.

Le 3 juin 1917 *L'Excelsior* publiait un article intitulé : « L'espionnage chanté » et sous-titré : « En dépit de leur apparence inoffensive, les disques de gramophone sont justement suspects. » A la frontière italo-suisse, la Sûreté italienne avait remarqué des signes « cabalistiques » sur un enregistrement du duo de « Robert le diable ». *L'Excelsior* expliquait qu'« entre la dernière ligne impressionnée et le centre perforé se trouvaient inscrits en caractères minuscules et conventionnels, analogues à ceux employés en sténographie, des renseignements importants d'ordre militaire ».

Le deuxième cas d'espionnite ressemble à un conte drolatique. Au cours de l'été 1916, un commandant de cavalerie, « monocle rivé dans une face sévère », vint protester auprès d'Henry Maunoury. La police avait porté atteinte à la dignité de son épouse dans des conditions telles que, le commandant s'étouffant, Maunoury préféra s'informer en téléphonant à Ladoux par la ligne directe qui les reliait. Ladoux qui, lui, n'avait pas à affronter la fureur du commandant put alors raconter, hilare, la mésaventure à Maunoury contraint de réprimer son fou rire. La femme du commandant avait une sœur mariée à un officier autrichien et à cause de cette parenté son passeport, délivré par le ministère de la Guerre, portait la mention « fouille à corps ». Le commandant, en permission à Nice dont il était originaire, passa en Italie avec son épouse. A l'aller il n'y eut pas d'incident mais au retour, à Vintimille, Madame la commandante, parquée dans une pièce avec d'autres voyageuses qui devaient subir la fouille, fut prise d'une envie pressante. Aux W-C elle prit soin avant de s'asseoir sur le disque de la cuvette de déployer dessus un journal imprimé à l'époque avec une encre qui séchait mal.

A la fouille, la préposée remarqua sur ce qu'on appelait alors « la chute de reins » de la commandante des signes « de caractère géométrique impossible à déchiffrer » précise le rapport. La commandante comprit tout de suite et essaya de convaincre la préposée. Celle-ci étant du genre à qui on ne la faisait pas exigea qu'un photographe prît un cliché « des deux hémisphères suspects ». Les clichés, agrandis, furent envoyés en plusieurs exemplaires au contre-espionnage et au service de cryptographie. Le commandant l'avait appris et n'admettait pas cette circulation des appas de sa compagne dans tant de bureaux. Maunoury, avouant qu'« un sourire contenu est bien pénible », demanda au commandant « de considérer que ces vexations, au demeurant relativement discrètes, n'étaient qu'une collaboration à la fois utile et charmante à la défense nationale ». Il ajoute que le commandant « s'en alla hautain, mais pas convaincu ».

Revenons à des choses plus graves et à une estimation, disons, qualitative du contre-espionnage français. Il remporta des batailles décisives là où la guerre se gagne, autant sinon davantage qu'au front, à coups de Bourse, d'influences et d'arnaques. Au milieu de ses fantaisies sur *Marthe Richard espionne au service de la France*, Ladoux écrit cela, qui est véridique :

> « Ce ne fut pas un mince mérite pour la section économique de l'état-major de l'armée, dirigée par Tannery, d'avoir, grâce aux premières prises qu'elle opéra sur les télégrammes et les lettres, interceptés par nos contrôles télégraphiques et postaux, réussi à signaler à temps l'accaparement de denrées alimentaires et de matières premières que cherchaient à réaliser en toute hâte les agents commerciaux de l'Allemagne. »

Tannery réussit, en même temps, une opération de police exemplaire. Les courtiers allemands avaient pris d'assaut les intendances française, anglaise, belge. Ils offraient à des prix très avantageux des marchandises de première nécessité : couvertures, capotes, souliers, médicaments, promettaient, au moment de la négociation, des délais de livraison très courts puis, le marché conclu, tergiversaient et ne livraient rien. Tannery fit arrêter un par un tous les courtiers, bien que leur état civil fût de pays neutres.

Maunoury, de son côté, parle ainsi de la section économique : « Elle offrait cette particularité qu'elle était commandée par un caporal, bien que composée de plus de quatre hommes et ne comprenant que des officiers. Mais ce caporal était de taille, tant par la stature que par l'intelligence. C'était M. Tannery, à cette époque conseiller référendaire à la Cour des comptes, depuis directeur général de la Caisse des dépôts et consignations et gouverneur de la Banque de France. »

Tannery, non content de prendre en chasse les plus gros contrebandiers et de passer pour l'un des maîtres du blocus de l'Allemagne, fut l'instigateur d'une guerre économique dans tous les secteurs. Pour battre les Allemands sur leurs propres aires de trafic, les pays neutres, Tannery distingua et recruta l'homme qu'il fallait, Joseph Crozier. Nous parlerons plus loin de cette figure du contre-espionnage. Crozier, au contraire de Fräulein Doktor, de Mata Hari ou de Marthe Richard, n'a rien de mythique, mais son réseau à Rotterdam fut l'un des plus intelligents de la guerre.

Des boîtes de corned-beef qui valent de l'or

Comme Ladoux, Tannery opérait en Espagne et en Suisse où leurs services se différencièrent toujours, ne serait-ce que par la manière de rançonner l'ennemi. Les spécialistes de la section économique se comportaient en négociants âpres au gain, mais ils passaient des marchés importants et réels avec les Allemands, quitte à truquer les contrats ou les livraisons, selon leurs objectifs[3]. Les agents de la SCR, par contre, escroquaient purement et simplement les puissants réseaux adverses. Ladoux considérait ces rapines comme « des prélèvements sur les réparations futures ». Il s'en était expliqué, avec crânerie, dans *La Guerre secrète en Alsace* :

> « Tous les moyens sont bons pour défendre sa patrie et, pour elle, nous nous sommes faits délibérément cambrioleurs, escrocs, faussaires.
>
> Des gens, je le sais, feront la petite bouche. Tel, qui trouve chevaleresque et glorieux d'étriper son ennemi à coups de baïonnette ou de l'empoisonner avec des gaz toxiques, n'admettra pas qu'on cherche à l'escroquer. Comme si cette graduation entre le noble et l'ignoble n'était pas, en de semblables conjonctures, la chose la plus arbitraire.
>
> L'homme capable d'enlever quelques millions à l'ennemi l'affai-

3. Voir plus loin le réseau Crozier.

blissait tout autant que le combattant le plus téméraire à condition, bien entendu, que ces millions ne remplissent en rien le but en vue duquel ils étaient versés et que la patrie seule en fût bénéficiaire. »

Il raconte dans *Marthe Richard* qu'à l'un de ses passages à Paris son espionne lui remit un paquet de billets de banque espagnols en lui disant :

— Ces 10 000 pesetas pour arrondir un peu vos fonds secrets. J'essaierai de vous en gagner d'autres. Car souvenez-vous de ce que je vous avais prédit au départ : l'Allemand paiera.

Et Ladoux d'écrire :

« J'hésitai un instant, mais seulement, hélas ! pour la forme, car je ne voulais pas révéler à Marthe une de nos sources impures de revenus. En réalité, j'avais déjà toute honte bue et les 25 000 francs qu'elle m'apportait allaient rejoindre, dans notre petite caisse noire de fonds secrets, les 50 000 marks que m'avait remis la veille un de nos agents suisses, qui fut un peu, en homme, le pendant de Marthe, et grâce à qui nous recueillîmes quelques millions pendant la guerre. »

Le « pendant de Marthe », en langage Ladoux, signifiait *escroquerie au sabotage.* Le capitaine Lacaze, qui manipula des agents doubles en Suisse, pour le compte de la SCR, donna une version du procédé, le commissaire Faux-Pas Bidet et Ladoux lui-même en racontèrent une autre. Paul Esmiol[4], enfin, a vécu l'histoire suivante. Il appartenait au poste de contre-espionnage d'Annemasse que dirigeait le capitaine Desvernines. Esmiol avait réussi à prendre contact avec un agent allemand d'un certain grade, répondant au pseudonyme de Yunker. Au bureau de l'Allemand, Esmiol s'était vu confier douze boîtes de corned-beef, de marque Liebig, de dimensions et de poids ordinaires, soit 450 grammes. Yunker lui avait expliqué :

— Ce sont des bombes incendiaires. Avant de mettre en place la boîte, tu l'ouvres par le dessus. A l'intérieur, il y a une ampoule. Tu la casses, tu répands le liquide sur la poudre blanche et tu disparais. Un quart d'heure après, tout est détruit. Compris ? Tu gardes deux boîtes pour toi, les autres sont pour X à Paris.

Esmiol avait reçu alors des directives pour joindre ce X, puis, au sujet du sabotage, Yunker avait sorti une carte de la Sarthe sur laquelle Esmiol avait remarqué un gros point rouge en bordure de la ville du Mans.

— A Darmstadt, nous avons décidé que tu iras là, une minoterie, les Grands Moulins de Saint-Georges. Chaque jour, des wagons et des camions de farine en partent pour le front. Comme c'est très grand, tu mettras les deux boîtes. Tu me rapporteras les photos du moulin détruit et je te paierai 30 000 francs.

---

4. Bulletins n°s 81-83-84-85-86-87 de l'Association des anciens des services spéciaux.

Esmiol porta les boîtes de corned-beef au consulat de France à Genève pour qu'il les livrât au poste d'Annemasse par la valise diplomatique. Côté français, il avait rempli sa mission d'information : l'état-major allemand voulait s'attaquer au ravitaillement à la source, le genre de bombe était identifié et la SCR pourrait cueillir à Paris l'espion distributeur. Cependant, pour convaincre Yunker qu'il lui avait été impossible de tromper la surveillance militaire, Esmiol fut autorisé par Paris à se rendre sur place afin de connaître la topographie des Moulins de Saint-Georges.

Au retour de sa visite, dans le train qui le ramenait du Mans, Esmiol, en regardant défiler le paysage, vit au loin un grand établissement, au toit effondré, noirci comme après un bombardement. C'était une fabrique de produits chimiques, qui avait été incendiée à la suite de l'explosion d'une chaudière : 5 morts et 15 blessés. Cela, Esmiol l'apprit par les journaux achetés en gare du Mans et qui relataient le sinistre, avec une photo 10 × 10 centimètres du bâtiment en flammes. L'idée vint alors à Esmiol du faux sabotage.

Un imprimeur d'Annemasse reproduisit en dix exemplaires, dont huit destinés à Yunker, le journal du Mans. L'article seul avait été réécrit par le poste du capitaine Desvernines et la fabrique baptisée Moulins de Saint-Georges. A Zurich, Esmiol fournit à Yunker, outre les journaux, ses notes d'hôtel et de restaurant, datées du Mans. Il lui servit ensuite « un grand baratin sur les difficultés rencontrées ». Trois jours après, Yunker, félicité par ses chefs de Darmstadt et ayant reçu de l'avancement, paya Esmiol :

— Je vous dois 30 000 francs, j'en retiens 3 000, je ne peux pas vous dire pourquoi.

Esmiol avait compris : c'était la commission de Joseph, l'intermédiaire chez qui se passait l'entrevue. Après le départ de Yunker, Joseph lui dit :

— Donnez-moi 10 000 francs. Il vous restera quand même 17 000.

Revenu à Annemasse, Esmiol dit à Desvernines :

— Prenez ces 17 000 francs, je n'en veux pas ! C'est une sale histoire.

Le capitaine se récria :

— Pas du tout ! Gardez-les, vous en avez besoin pour vivre. Je vous prends seulement 5 000 francs. Nous ne sommes pas très riches. Je vais vous faire un reçu.

A propos de l'argent du contre-espionnage, Esmiol précise :

> « Je n'ai jamais été en mesure de connaître si le service de renseignements français disposait de crédits importants.
>
> Il semblerait, pour l'homme de la rue, que ce puissant organisme devait avoir des fonds secrets illimités à sa disposition. J'avoue que je n'ai aucune idée à ce sujet. C'est peut-être vrai. Mais en ce qui concerne sa filiale du bureau militaire d'Annemasse, je suis absolument sûr que les crédits étaient très réduits et limités.

J'ai connu des agents qui avaient eu des ennuis en Suisse, qui, réfugiés à Annemasse provisoirement, se trouvaient dans la plus grande gêne, parce que le service n'avait pas les moyens de les secourir. Il y avait heureusement beaucoup de volontaires bénévoles pour rentrer au service du contre-espionnage, ce qui faisait l'affaire de la trésorerie du bureau.

Le capitaine me laissait toute latitude pour accepter d'être payé par les ennemis, car moi, par ordre, je devais m'introduire dans le service de renseignements allemand, lequel naturellement ne lésinait pas avec l'argent. C'est ainsi que je pus continuer pendant quatre ans à remplir des missions multiples, très utiles à la défense nationale, sans coûter un centime au service de renseignements français.

Chaque fois que je touchais la moindre somme des Allemands, j'en faisais la déclaration au bureau militaire.

Ces sommes me permettaient de vivre, et aussi de donner une aide à l'occasion à des agents dans la détresse à l'hôtel. »

Revenons à la version du capitaine Lacaze. Selon lui, Ladoux utilisait un agent français qui, sous le pseudonyme Müller, s'était fait enrôler dans l'espionnage allemand en Suisse. Chaque fois que se produisait en France un accident spectaculaire, Ladoux imposait à la presse, par l'intermédiaire de la censure, un silence de douze ou vingt-quatre heures pour avoir le temps de prévenir Müller. Celui-ci annonçait aux Allemands un sabotage (explosion, attentat, destruction) pour le jour même ou le lendemain. Il s'attribua de la sorte et sans hésiter la catastrophe du tunnel de Modane qui bloqua les transports vers l'Italie pendant plusieurs semaines. Le capitaine Lacaze affirma : « Je connais ainsi plusieurs accidents dont Müller eut la gloire et le 5e Bureau le profit[5]. »

D'après le commissaire Faux-Pas Bidet et Ladoux, la technique du faux sabotage fut conçue et mise au point par un certain lieutenant ou capitaine P. de la SCR. Préoccupé par la protection des usines de guerre en France, cet officier s'entendit avec « l'un des meilleurs agents doubles » dit Faux-Pas Bidet, « le pendant de Marthe » de Ladoux, peut-être, ou le Müller du capitaine Lacaze. Quoi qu'il en soit, l'agent proposa aux Allemands d'organiser une équipe de saboteurs, « bien entendu, il demandait pour cela de gros crédits ». La SCR ordonna aussitôt aux commandants de régions militaires de l'aviser de toute urgence dès qu'un accident grave survenait. Grâce à ces diligences et à la censure, l'agent « put mettre à l'actif de sa pseudo-organisation nombre de catastrophes où la malveillance n'avait aucune part ». Le système était si parfait que « l'agent connut les accidents parfois plusieurs jours avant que la nouvelle en parvînt aux espions ennemis opérant chez nous ». Faux-Pas Bidet confirme Ladoux et le capitaine Lacaze sur un point : « L'agent reçut de l'ennemi plusieurs millions qu'en bon patriote qu'il était il remit scrupuleusement au 5e Bureau. »

---

5. *Aventures d'un agent secret français*, capitaine Lacaze, Payot, 1934.

« A quel compte ? se demande Henry Maunoury, au courant de ces pratiques. Je ne l'ai jamais su, mais j'imagine que la Cour des comptes ne verra jamais les traces de ces encaissements. »

Mais Ladoux n'avait pas monté le 5e Bureau dans le seul but de filouter l'Allemand. Les postes d'Annemasse et de Pontarlier, qu'il créa, les agents qu'il lança sur Genève ou Zurich ébranlèrent un ennemi, adossé à son ambassade de Berne, et un peu trop confiant, parfois, en la complaisance helvétique, en la faiblesse présumée des services français, dont 200 agents furent arrêtés par les autorités et 140 condamnés à des peines de prison. Ladoux avait des hommes sûrs, comme Desvernines à la frontière, comme le lieutenant-colonel Perchet, en Suisse même, et relié à l'usine d'horlogerie de Bevillard, achetée par le comte Mougeot, capitaine de dragons, pour couvrir des opérations de guerre économique et de sabotage en Allemagne. A Bâle, un réseau s'était même spécialisé dans la destruction des voies ferrées. Paul Esmiol explique une des raisons des succès français :

> « Souvent, le capitaine Desvernines me donnait des instructions pour une autre enquête sur des personnes qui lui avaient été signalées par une autre source, et grâce à ce changement d'agents il était plus facile de continuer un travail, sans que ni la police suisse, ni les Allemands ne s'aperçoivent comment le contre-espionnage français marquait des points. »

Le gaspillage des réseaux allemands

Une autre réflexion d'Esmiol révèle la condition précaire des agents français. A une organisation de contrôle, chargée d'appliquer la loi Delbies et de rechercher les embusqués, s'était présentée au poste d'Annemasse. Desvernines avait mentionné, au sujet d'Esmiol : « Service auxiliaire et malade, nous avons besoin de lui. » Esmiol écrit :

— En fait, j'étais un embusqué en première ligne, risquant chaque jour de recevoir un coup de poignard dans le dos et d'être balancé dans le lac de Genève ou de Zurich, comme déjà on avait liquidé d'autres agents.

Il faillit y passer un soir, dans la chambre d'un hôtel de Zurich que lui avait recommandé Joseph, l'intermédiaire suspect de Yunker, l'officier-espion de Darmstadt. La chambre portait le numéro 119 et un voyant avait prévenu, naguère, Paul Esmiol d'avoir à se méfier d'une chambre 19. Il explora le logis, donc, et découvrit dans la salle de bains une petite fenêtre sur la cour et, à l'extérieur, une échelle de secours scellée dans le mur. Il éteignit, s'étendit tout habillé et attendit longtemps. Vers 3 h 30, à un bruit de pas cadencés dans le couloir, il bondit dans la salle de bains et s'enfuit grâce à l'échelle comme on cognait à la porte en braillant : « Police, ouvrez ! »

A Annemasse, Desvernines lui dit :

— C'est un coup de Joseph, il se sent perdu. Il a trahi tout le monde. Il a voulu se débarrasser de vous comme il ne tardera plus à livrer Yunker.

Quelques jours plus tard, les journaux suisses révélaient l'affaire des bombes corned-beef, annonçaient l'arrestation de plusieurs fonctionnaires du consulat de Zurich et du major Yunker. Commentaire d'Esmiol :

> « J'avais échappé de justesse. Je savais par Joseph comment les tueurs allemands intervenaient en pleine nuit, amenaient leur victime au bord du lac et, après lui avoir tiré une balle dans la tête et enlevé ses papiers, la balançaient dans l'eau. Quelques jours après, le lac rendait un noyé. La police zurichoise, sachant de quoi il s'agissait, faisait silence sur une banale affaire d'espionnage. »

Esmiol, sur les conseils de Desvernines, regagna son régiment, le 8e d'artillerie de Grenoble où, au vu de son état de santé déplorable, on le réforma. Mais il avait quitté le 5e Bureau sur un exploit qui, à lui seul, aurait expliqué la tentative d'exécution de la chambre 119.

Joseph, le traître, l'avait présenté, un jour, à un soi-disant Otten, négociant hollandais. Après cette entrevue, Esmiol avait dit à Joseph :

— Cet Otten est un officier allemand, un gros de l'espionnage sur la France, voilà tout.

Mais Joseph, imperturbable, lui avait répondu :

— Tu peux travailler avec lui en toute confiance.

Desvernines, prévenu, identifia cet Otten.

— Ne le lâchez plus. Il est très dangereux et il en a fait du mal ! J'avise Paris.

Réponse de Ladoux : « Capturez Otten. »

L'occasion s'en présenta quand, Otten, sans défiance, chargea Esmiol de lui recruter un neutre quelconque pour aller en Hollande par le nord de la France et la Belgique. Mirande, un journaliste suisse, « francophile acharné », accepta la mission, rencontra Otten sur le pont du Mont-Blanc à Genève, prit un taxi avec lui, en direction de Lausanne, pour une discussion tranquille.

Le marché conclu pour 6 000 francs, Mirande rendit compte à Esmiol, en ajoutant :

— Il n'est pas malin, ton type. On s'est promené deux heures sans qu'il se rende compte où on était. Si j'avais voulu, je traversais la frontière, il n'aurait rien vu.

Avec l'autorisation de Paris, l'opération fut montée, étudiée de près par Desvernines, le secrétaire Mussy et l'inspecteur Émile Bomaire, tout l'effectif du poste d'Annemasse. Le plan prêtait à sourire : Mirande fixerait rendez-vous à Otten sur le pont du Mont-Blanc, hélerait un taxi complice, conduit par Angevin, son ami d'enfance, qui ferait cela « pour la France et pour quelques apéritifs ». Mirande embarquerait alors Otten, l'enchanterait de sa conversation et, à 15 kilomètres de Genève, Angevin prendrait, en douceur, une bifurcation menant, par une petite route déserte, à Divonne-les-Bains. Avant Divonne, la borne kilométrique 36 marquait la frontière. Quand le taxi la dépasserait, le moteur aurait des ratés, et il faudrait s'arrêter. Tout naturellement Mirande proposerait à Otten une petite promenade en attendant la réparation. Le plan se déroula comme prévu et la gendarmerie de Divonne, alertée, surgit, en effet, après la borne 36. La capture d'Otten ne fut pas plus difficile que cela.

Otten, dont Esmiol ne chercha jamais à connaître l'identité, fut condamné à mort par un conseil de guerre de Lyon et fusillé. La police suisse, enquêtant sur sa disparition, découvrit qu'il dirigeait, depuis Genève, un réseau important d'espions en territoire français et procéda à de nombreuses arrestations, même à Zurich et à Berne. Conclusion d'Esmiol : « Affaire bien menée qui ne coûta pas un centime à l'état-major français. »

Près de 300 agents des réseaux allemands en Suisse donnèrent dans « la toile d'araignée » de la SCR de Ladoux ; gaspillage d'argent et d'hommes, estimait Sir Basil Thomson, un des maîtres de l'Intelligence Service en 14-18.

> « Les Allemands, en dépit de leur activité infatigable, manquaient de rapidité dans la perception. Leur méthode était d'inonder les pays ennemis d'espions de rang tout à fait inférieur qui consentaient à travailler pour un salaire médiocre. »

Le commissaire Faux-Pas Bidet confirme :

> « Le SR allemand ne s'est jamais montré bien prodigue à l'égard des agents qu'il employait ; ce qui ne l'empêchait pas d'être très exigeant avec eux et de sacrifier impitoyablement ceux qui tentaient de l'escroquer. »

Ainsi, d'Evaristo Asencio, un Espagnol de dix-huit ans. Il proposa au poste SR allemand de Barcelone de faire sauter l'usine de munitions de Tarbes, où il avait travaillé. Muni de 350 francs, de deux cartouches de dynamite et d'une bouteille d'encre sympathique, il se rendit à Tarbes, renonça vite à son projet, remonta sur Paris par Bordeaux, écrivit au SR de Barcelone, lui proposant des attentats illusoires. Il dressa même la liste de compatriotes recrutés, prétendait-il, pour 350 francs par tête, ainsi que de quatre Français « décidés ». Il demandait 25 000 francs pour s'attaquer à « un arsenal », on lui proposa 15 000 francs. La SCR eut communication de la correspondance d'Asencio. Faux-Pas Bidet et Priolet se lancèrent sur la piste d'une organisation de sabotage, mais après vérifications ils se saisirent du seul Asencio, balancé, ils en étaient convaincus, par un agent double. Asencio, le dynamiteur velléitaire et gagne-petit, fut fusillé le 26 juillet 1917, par principe, comme la quasi-totalité de ceux qui comparaissaient devant les conseils de guerre, depuis le « scandale » de l'affaire Waldé, en octobre 1916.

Paul-Aimé Waldé, Suisse de vingt-neuf ans, était l'agent de l'Autrichien Swoboda, soupçonné d'avoir incendié, au début de la guerre, le paquebot *Touraine*, dans le port du Havre. Swoboda opérait à partir de Genève où Waldé tenait une droguerie. Signalé par un indicateur à Faux-Pas Bidet, Waldé était allé à Marseille pour épier les mouvements du port et, sous les yeux de l'indicateur, avait expédié des informations à Swoboda dans le manche d'un blaireau. Arrêté, il tint tête aux inspecteurs du CR avec d'autant plus d'aplomb que son dénonciateur avait disparu. Le rapporteur du 2e conseil de guerre, M. Mangin-Bocquet, confia à Faux-Pas Bidet :

— Je suis convaincu comme vous de la culpabilité de Waldé, mais convenez que je n'ai aucune preuve contre lui.

C'est alors que le receveur de la poste du Louvre prévint le CR que le petit paquet contenant le blaireau et adressé à Swoboda était revenu avec la mention « parti sans laisser d'adresse ». Dans le cabinet de M. Mangin-Bocquet et en présence de Waldé, Faux-Pas Bidet dévissa le manche du blaireau et en sortit une feuille sur laquelle était écrit de la main du droguiste : « Des troupes noires se rassemblent à Marseille et vont embarquer à destination de Salonique. » Waldé avoua enfin, mais devant le 2e conseil de guerre et grâce à son avocat, selon Faux-Pas Bidet, il échappa au poteau d'exécution et fut condamné aux travaux forcés à perpétuité.

Léon Daudet, qui avait créé en 1915, avec des militants comme le capitaine Baudier et le général Clergerie, une « Ligue pour la guerre d'appui », tonna contre cette clémence. Il fut soutenu par Maurice Barrès, auteur d'une série d'articles « Dans les crevasses de l'abîme » destinés à réveiller l'espionnite comme s'il en était besoin. L'esclandre de Daudet, dont on acceptait qu'il vînt, parfois, déposer dans les procès d'espionnage, au nom de sa « Ligue pour la guerre d'appui », mit en branle le gouvernement militaire de Paris et le 2e conseil de guerre fut réprimandé. Il devint, dès lors, une antichambre de la Caponnière, comme l'était déjà le 3e conseil de guerre spécialisé, avec Bouchardon à l'instruction et Mornet à l'accusation.

Ces messieurs de la Caponnière et leurs clients

Bouchardon, que le député Ceccaldi traitait de « sadique de l'instruction », a été portraituré par Joseph Caillaux de cette façon :

« Un uniforme trouvé dans la succession d'un arrière-grand-père ou dans la boutique d'un fripier, une solution de continuité inquiétante entre le bas du pantalon en vrille et des bottines hostiles à tout cirage. Une mine terreuse sous une barbe de trois jours, au milieu deux yeux ne vous regardant jamais en face et brillant d'un éclat maladif. »

Quant à Mornet, le végétarien, le buveur d'eau, Henry Maunoury l'a vu ainsi :

« Physiquement aussi négligé que Bouchardon, mais aussi expensif et tonitruant que l'autre était froid et glacé. Des traits sans finesse, enfouis au milieu d'une barbe roussâtre inculte et d'une chevelure hirsute et inquiétante. Arriviste forcené, lors de ses débuts dans la magistrature, il se lança dans le parti socialiste sans plus de prudence et avec autant de fougue qu'il mit à seconder les partis de droite pendant la guerre. »

Ces deux magistrats, prompts à devancer les ordres, sous n'importe quel régime, étaient alors affiliés à l'Action française[6]. En 1917, ce sera le 3e conseil de guerre spécialisé qui jugera les affaires les plus troubles et clarifiait à souhait. Ladoux, par exemple, ne fut pas mécontent de s'en remettre à Bouchardon dans le cas Mata Hari. Et cette traîtresse dut autant sa légende que sa mort à la mentalité perturbée de ces messieurs de la Caponnière qu'à l'espionnite en vigueur.

Le rituel des mises à mort de cette justice sacrificielle exerçait, en effet, une fascination sur les privilégiés qui y assistaient. Bouchardon racontait, à propos de la mort d'un espion :

« Nul poteau. Quand les gendarmes le délivèrent de ses fers, l'espion se trouva libre, absolument libre, face au peloton qui avait encore l'arme au pied. Derrière lui, une butte de tir et immédiatement après, le bois. C'était un grand escogriffe, au poil roux, à la barbe et aux cheveux frisottants, découplé comme un lévrier. En quelques enjambées, il pouvait être au haut du talus et se perdre dans les fourrés ! Comment l'idée ne lui en vint-elle pas ? Je me le suis demandé souvent. Mais déjà les culasses étaient manœuvrées et les fusils couchés en joue. Alors...

Alors, j'assistai à une scène qui ne s'effacera jamais de mes yeux. La décharge éclata d'un seul roulement et les balles traversèrent le misérable. Mais il ne tomba pas. Bien mieux, il s'avança d'un air farouche vers les fusils, comme s'il voulait les arracher aux soldats. Il était tué, mais il marchait toujours. Cela dura peut-être deux ou trois secondes — un siècle ! Puis soudain il s'arrêta et tomba à la renverse, de toute sa longueur. On eût dit un grand loup abattu dans la neige. Sa barbe, qu'une cartouche avait atteinte, flambait comme une torche. »

6. En 1945, au procès Pétain, ce fut encore Bouchardon qui instruisit l'affaire et Mornet qui requit la peine capitale.

Le Grec Condoyannis, ancien acteur, fut réveillé à l'aube du 16 octobre 1916, et ne se leva pas. Il promit des révélations. Soliloqua pendant une heure, comme s'il interprétait le rôle d'un agonisant, puis soudain se dressa et demanda, outré : « Vous insistez que je sois fusillé ? » Alors il se laissa emmener. A l'arrivée devant le peloton, il proféra, hautain :

— Soldats de France, c'est à mon pays que vous rendez les honneurs.

Attaché au poteau, il psalmodia en grec une incantation à la nature et commanda lui-même : « Feu ! »

Le commissaire Priolet avait arrêté Antoine, dit Athos Sideney, et Fernand Bulme, deux hommes très dangereux, qui avaient livré maints renseignements précis et s'apprêtaient à faire sauter la pharmacie centrale de l'armée. Ils avaient l'espoir de détruire du même coup les Invalides, que la pharmacie jouxtait. Faux-Pas Bidet accompagna Priolet à l'exécution. Sideney, secoué de tremblements, fut attaché, non sans efforts, au poteau et supplia pour avoir les yeux bandés tandis que Bulme, refusant le bandeau, lançait aux soldats du peloton :

— L'espion ce n'est pas moi, c'est lui !

Jeanne-Antoinette Dufay, veuve Tichelly, l'agent ZUD 160, livrait aux Allemands des états sur les usines d'armement où elle se faisait embaucher et des détails sur les positions des régiments dont celui d'un de ses fils. Sur une dénonciation anonyme, Priolet réussit à l'intercepter dans son garni du boulevard Montparnasse au moment où elle s'apprêtait à décamper. Le commissaire vit mourir sa capture avec dégoût. Terrorisée, se débattant, la Tichelly hurlait :

— La France ! Je n'ai pas tué, je ne veux pas qu'on me tue !

Une pitié, proche de l'horreur, s'empara, au contraire, de Faux-Pas Bidet à l'exécution de Marguerite Francillard, que ses collègues de la Sûreté avaient arrêtée. Jeune couturière de Grenoble, elle avait servi de courrier à son amant, qu'elle croyait français et des services français. Il était en fait l'antenne d'un grand réseau de Genève, peut-être celui de l'Otten de Paul Esmiol, et les policiers de la Sûreté, en filant Marguerite Francillard, avaient arrêté de nombreux agents. Grâce à sa naïveté ou grâce à sa jeunesse, comme la fille Ducimetière, la petite couturière aurait dû échapper à la Caponnière, mais elle fut jugée après l'affaire Waldé et qui, pis est, comparut devant le 3e conseil de guerre spécialisé. Faux-Pas Bidet raconta :

> — Cette jeune femme n'avait pas voulu se laisser bander les yeux. La décharge du peloton ne l'ayant pas tuée sur le coup, on vit la condamnée se pencher en avant comme pour se dégager des cordes qui la liaient au poteau, puis, tournant lentement la tête de droite à gauche, elle promena sur l'assistance un regard épouvanté. Le sous-officier chargé du coup de grâce mit fin à cette scène atroce en déchargeant d'une main qui tremblait un peu son revolver d'ordon-

nance dans l'oreille de la suppliciée. Sous la violence du coup de feu la tête vacilla, tout le corps s'affaissa brusquement à la façon d'un pantin dont on aurait coupé à la fois toutes les ficelles et, pendant le défilé des troupes, il resta accroché par un bras au poteau comme un monstrueux épouvantail.

Von Mayeren, lui, impressionna les observateurs. Ancien de la Légion étrangère, il franchit d'un pas martial la centaine de mètres qui le séparait du poteau, refusa le bandeau, fixa les fusils avec sérénité et ne dit rien. Après la salve, comme les troupes défilaient devant le cadavre, le commissaire Tanguy, de la Sûreté, dit à Faux-Pas Bidet :

— Il s'est rudement bien tenu ce type-là. Je voudrais être sûr d'en faire autant si j'étais obligé, un jour, de finir comme lui.

Alors Faux-Pas Bidet lui répondit :

— Mais je pense bien que tu n'auras jamais l'occasion de le savoir.

— Je l'espère aussi, concéda Tanguy. Pourtant, qui sait !

Faux-Pas Bidet dira par la suite :

— Deux ans plus tard, inculpé moi-même d'espionnage et de contre-révolution, j'attendais dans une prison de Russie que la Tchéka voulût bien statuer sur mon sort. J'ai souvent alors pensé à ma conversation avec le commissaire Tanguy[7].

Comme quoi même un policier aussi résolu que Faux-Pas Bidet ne pouvait se laisser capter par autant de spectacles et de masques sinistres sans que parfois le sang le hante.

Les obsessions de Ladoux étaient moins explicables, irrationnelles, baroques. Celle du tableau de chasse cependant allait de soi. Quand il jubila : « Et d'un ! » à l'annonce, le 3 août 1916, de l'arrestation par le CR de l'agent AF 23, sa joie se comprenait. Mais cet AF 23, lorsqu'il eut passé aux aveux, permit de vérifier le diagnostic du commissaire Faux-Pas Bidet, collaborateur enthousiaste, pourtant, du chef de la SCR : « Le capitaine Ladoux avait une imagination débordante qui lui jouait quelquefois de mauvais tours. »

AF 23, Vincent-Ciro Moni transmettait à un certain Ubaldo Platti, à Lucerne, des renseignements « assez vagues » sur un nouveau modèle de périscope, en fabrication dans une usine du boulevard Davout à Paris. Faux-Pas Bidet mit un mois à identifier AF 23. Il arrêta Moni un soir qu'il sortait son chien, un petit fox, devant son domicile, boulevard des Batignolles. Quand on le fusilla, le 19 mars 1917, Moni, qui, quelques mois auparavant était bien propret, avait l'air, sous son vieux feutre noir, d'un clochard. Espion sans plus d'envergure que le théâtral Condoyannis, il partageait avec le Grec une particularité : c'était une recrue de Fräulein Doktor. Marié à une Belge et résidant à Bruxelles, Moni avait été

7. Voir chapitre suivant.

convoqué à la Kommandantur et conduit dans une villa de la banlieue résidenticlle d'Anvers. Seul, dans une pièce vide et insonorisée, il s'était senti l'objet d'un examen. Le temps passa puis, comme sortie d'un des murs par une porte invisible, apparut une femme grande et belle, à la longue chevelure blonde.

Faux-Pas Bidet, instruit par ses collègues de la Sûreté du récit, identique, de Condoyannis, consigna la version de Moni :

> « La femme s'est montrée, tour à tour, séduisante et persuasive, puis farouche et menaçante. Et lorsque Moni, devenu AF 23, avait quitté la mystérieuse villa où il venait d'accepter une mission d'espionnage en Italie et en France, c'était surtout une impression de terreur qu'il emportait de son entrevue avec la redoutable Fräulein. »

La Fräulein d'Anvers et l'odieux capitaine noir

A la lecture de ce procès-verbal, Ladoux éprouva, car c'était un chimérique aussi, quelques émotions fortes. Fräulein Doktor ! Ses « yeux de tigre », son « regard d'acier » ou « inquiétant » ou « féroce » ! « La plus grande espionne de la Grande Guerre ! » L'image même de la créature satanique qu'on voit partout, qui surprend tout le monde, détruit tout, dévore tout. Elle exista, c'est évident, un mythe peut naître de presque rien, mais pas de rien. Dans les années 20, plusieurs Allemandes, blondes aux yeux bleus, se firent passer pour elle et l'on n'en parla plus. Mais en 1935, Mlle Elisabeth Schragmüller, inscrite au parti nazi, publia dans *Ce que nous ignorons de la Grande Guerre*, ses Mémoires, authentifiés par le colonel Nicolaï, qui prolongeait, malgré son âge, sa carrière dans les services hitlériens. Une anonyme protesta lors de la parution de l'ouvrage. L'auteur revendiquait pour elle seule le titre de Fräulein Doktor alors que disait l'anonyme : « J'ai pourtant plus le droit de le porter qu'Anne-Marie Lesser, Elisabeth Schragmüller ou la baronne Kretschmann, morte il y a quelques années. Je dirai même que nous sommes nombreuses à avoir droit à ce pseudonyme[8]. » Cette version semblait la plus plausible, mais nul n'en tint compte.

En 1916, à l'époque où les poilus, autant dire tout le monde, n'avaient pas attendu Condoyannis ou Moni pour croire à Fräulein Doktor, voici comment la rêvaient les fantasques du contre-espionnage, parmi lesquels se rangeait le terrible Bouchardon, du 3e conseil de guerre spécialisé. Il ne rencontra jamais celle qu'il décrit comme suit :

> « Une accorte personne, bien en chair, grande, blonde, poly-

8. *Histoire de l'espionnage*, Oscar Ray, Gallimard, 1936.

glotte, parée de bijoux trop voyants. Son nom ? Elle en a porté tant qu'elle ne sait pas le véritable. Fräulein Elsa, Miss Doktor, Mlle Rennmüller... La plupart l'appellent tout simplement la Femme blonde. Elle fume des cigarettes russes et montre complaisamment ses mollets en croisant les jambes. Nul ne discute ses ordres qu'elle ne répète jamais. Les colonels lui parlent la main à la visière de leur casquette et talons joints. De temps en temps, elle joue avec un browning qu'elle tire de sa poche ou bien elle caresse, d'une main lourdement chargée de bagues, le pommeau d'une cravache[9]. »

Et Ladoux parlant de ses agents :

— En septembre 1917, l'un d'eux, qui était en rapport avec la Fräulein, à Anvers, me rapporta d'elle ce propos : « Il faut absolument que nous nous débarrassions de cet odieux capitaine noir. » C'était le surnom qu'à cause de ma barbe hirsute, sans doute, elle m'avait donné et qui me permettait un repère commode pour juger des indications des agents qui prétendaient la connaître.

En 1937, Mme Ladoux écrivait dans sa préface de *Mes souvenirs*[10] :

« En février 1933, alors que mon mari venait de publier *Les Chasseurs d'espions*, il reçut une lettre d'un journaliste français à Berlin qui avait rencontré Mlle Doktor. Elle lui proposait un rendez-vous à Zurich parce qu'il avait parlé d'elle dans *Paris-Soir*. Cette rencontre entre vieux amis-ennemis aurait pu avoir lieu à Pâques. Mais il n'y alla pas. Il reçut alors deux photos de Mlle Doktor, l'une de 1914, l'autre toute récente, avec une note manuscrite. Il les examina trop longtemps. J'ai la conviction qu'il a été empoisonné par un bacille pathogène. »

Folie douce, sans aucun doute, de l'espionnite des « années folles ». Ce même bacille pathogène et teuton, mais dans une huître, cette fois, selon Charles Murras, avait déjà tué, en 1932, André Maginot, emporté par une typhoïde. Mme Ladoux, elle, avait au moins une excuse à ses divagations : sa longue intimité avec un homme à « l'imagination débordante », comme disait Faux-Pas Bidet. Ladoux, le vif-argent, le pragmatique, le retors Ladoux, se doublait, ses livres le montrent assez, d'un affabulateur et il lui arrivait de prendre le contre-espionnage pour un conte fantastique. La preuve : cette scène avec Mata Hari dans *Chasseurs d'espions*.

« Mata Hari, tenez, à vous, je vais dire mon grand secret. Je suis née sous le signe du Serpent... Regardez mon poignet... Plus près que cela... Vous avez donc peur ?... Vous voyez ce sillon bleu qui s'y tortille ?... C'est mon emblème. Aussi, les serpents assoupis se dressent à mon approche. Ils remuaient tous dans leur cage, autre-

9. *Mes souvenirs*, Pierre Bouchardon, Albin Michel, 1953.
10. *Mes souvenirs*, Georges Ladoux (ouvrage posthume écrit par Marcel Berger), Le Masque, 1937.

fois, quand j'habitais Neuilly... près du Jardin d'acclimatation... lorsque je passais près d'eux à cheval. Or, je suis venue leur rendre visite ce matin après avoir passé la nuit au jeu... Eh bien ! croyez-vous, cette fois, ils n'ont pas bougé. »

Et Ladoux d'écrire la réponse étonnante qu'il fait alors à Mata Hari : « Ils étaient peut-être morts... ». Puis :

« Et tout d'un coup, ayant entendu les mots que je venais de prononcer, un frisson me secoua des pieds jusqu'à la nuque et je revis, en moins d'une seconde, la scène du Fayet... avec la bête onduleuse et venimeuse... morte à mes pieds... et dont les tronçons se tordaient comme le stigmate bleu au bras nu de la danseuse. »

La scène du Fayet, en Savoie, se serait déroulée pendant les vacances de l'été 1913 passées en compagnie de son épouse. La voici :

« ... devant nous, presque à nos pieds, la fourche de sa langue dardée vers nous, sa peau camouflée elle aussi de gris-vert comme un engin de guerre et tendue à craquer, une énorme vipère s'était dressée.

D'un bond, ma femme s'est écartée, mais la bête reste face à moi qu'elle fixe de ses yeux fascinateurs.

Un coup sec de mon bâton d'alpin et la tête saute, presque sur moi, en un suprême réflexe d'attaque.

Revenue lentement de sa fuite, ma compagne est maintenant à mes côtés, et tout à coup, d'une voix que je ne lui ai connue que cette fois, une voix qui ne venait pas d'elle, et comme si derrière le halo d'inconscient qui voilait encore à demi sa raison, quelqu'un parlait pour elle, montrant les tronçons frémissants de la bête :

— Tu vois, c'est l'espionnage ennemi que tu viens de décapiter, murmura-t-elle.

— Méfie-toi, tu vas courir de grands dangers. »

Toute cette littérature de phythonisse relèverait de la mystification si l'auteur n'avait pas cru, plus qu'à moitié, à ses propres affabulations et à une Mata Hari marionnette maléficieuse dont se jouait Fräulein Doktor, la démoniaque. Dans une autre scène inventée des *Chasseurs d'espions*, il fait prononcer à Mata Hari le nom de Craemer, afin de pouvoir écrire :

« Le nom partit comme une balle, et c'est cette balle qui a tué la malheureuse. »

Craemer était, en effet, l'un des principaux agents de recrutement en Hollande de Fräulein Doktor, l'espionne de l'empereur !

Krämer — et non Craemer — fut bien le recruteur, mais Ladoux l'apprit par le dossier du juge Bouchardon et il ne fut jamais question ni d'Anvers, ni de la Fräulein, tout au long de l'histoire de Margaretha Zelle, ex-épouse MacLeod, la mythomane, qui, avant de devenir l'inutile agent H 21, avait été Mata Hari « l'œil-du-jour », le soleil (en malais), la première à danser nue en Occident.

Mata Hari exécute un entrechat mortel

La carrière de Mata Hari dura dix ans. « 13 mars 1905-13 mars 1915 », écrivit-elle au travers de sa photo reproduite sur la couverture d'un journal hollandais et qu'elle avait collé sur son album souvenir. Elle avait trente-neuf ans, maintenant, habitait à La Haye, cette capitale de l'ennui hollandais. Elle logeait dans une petite maison, au bord d'un canal, 16, Nieuwe Vitleg où le baron Edouard-Guillaume van der Capellen, colonel de la cavalerie des Pays-Bas, de treize ans son aîné, l'entretenait sans largesses.

Elle avait été l'une des reines de l'Europe, la femme aux amants par brassées, celle qui ruina un banquier, puis vendit ses charmes, et maintenant elle se laissait dorloter par sa vieille servante, Anna Lintjens, après une dernière équipée à Berlin, qu'elle n'aimait pas, en février 1914. A la déclaration de guerre, l'Allemagne avait chassé les étrangers et Mata Hari fut dépouillée de ses fourrures, de ses bijoux, une perte qu'elle estimait à 80 000 francs. Un compatriote lui offrit son billet de retour.

Le 17 août 1914, elle rentrait en Hollande. Elle n'avait plus rien. Elle rencontra alors le banquier Van der Schalk puis le baron Edouard-Guillaume van der Capellen, vécut dans la petite maison au bord du canal, 16, Nieuwe Vitleg, puis, après une échappée brève à Paris, en 1915, s'installa dans la torpeur de La Haye. Mais elle étouffait, languissait de la Ville-Lumière, et dès qu'elle reçut son passeport, dont elle avait demandé le renouvellement, elle obtint le visa du consulat français. C'est alors qu'elle fit un tout petit pas, comme un entrechat, pensa-t-elle, dans l'espionnage.

Karl H. Krämer, chargé du « service d'information officiel allemand à Amsterdam », rattaché au consulat avec titre de consul, lui avait annoncé, par lettre, sa visite. Il lui avait été présenté en janvier 1915, par Norfbain, un banquier qui faisait dans l'import-export. Krämer s'était montré curieux de ce qu'elle avait appris ou pourrait apprendre à Paris. Ils en étaient restés là ; pas même une coucherie. Au début de mai 1916, Krämer sonna, assez tard, au 16, Niewe Vitleg. La vieille Anna Lintjens dormait. Mata Hari alla ouvrir. Krämer dit aussitôt :

— Je sais que vous allez en France. Voulez-vous nous rendre des services ?

Il lui proposa 20 000 francs et comme elle objectait que c'était peu, il lui promit « tout ce qu'elle voudrait » quand elle aurait fait ses preuves. Elle demanda à réfléchir. Restée seule, elle repensa à ses fourrures, à ses bijoux, que ces sales Allemands lui avaient volés : récupérer 20 000 francs sur 80 000 lui sembla de bonne guerre. Elle écrivit à Krämer d'apporter l'argent. Il accourut avec les 20 000 francs en billets de banque français et trois petits flacons, numérotés 1, 2, 3, le liquide du 1 et du 3 était blanc, celui du 2 vert absinthe. Lui ayant donné son nom de code H 21, il lui montra comment se servir des flacons, une encre secrète que personne ne détecterait.

— Vous adresserez vos correspondances à mon nom et à l'hôtel de l'Europe à Amsterdam, dit Krämer, et il la quitta, marché conclu.

Mata Hari empocha les 20 000 francs et ne pensa qu'à son voyage. Au consulat britannique, quelques jours plus tard, on lui refusa son visa : toute escale en Angleterre lui était interdite. Elle insista auprès des Affaires étrangères néerlandaises. Télégraphe du chef de la légation à Londres :

> « Artiste hollandaise bien connue Mata Hari, citoyenne des Pays-Bas, dont le nom légal est MacLeod Zelle, désire se rendre pour raisons personnelles à Paris où elle a vécu avant la guerre. Consul britannique à Rotterdam refuse visa malgré acceptation consul français. Prière solliciter du gouvernement britannique envoi instructions au consul Rotterdam pour délivrance du visa. Répondez par câble. »

La réponse se fit attendre parce que le télégramme ne fut porté au Home Office que six jours plus tard, mais alors les Anglais répondirent vite :

> « Autorités ont raison d'estimer l'entrée en Angleterre de la dame concernée par votre 74 comme indésirable. »

Les bureaux hollandais firent part à Mata Hari du refus, sans lui en donner la raison. Elle ne s'inquiéta pas et s'embarqua sur le *Zeelandia* à destination de l'Espagne. Entre Amsterdam et la mer, elle avait pris soin de vider et de jeter les trois flacons de Krämer. Dans son esprit, elle terminait ainsi un intermède qui lui avait rapporté 20 000 francs.

Le 12 juin 1916, Mata Hari était à Madrid. Elle en partit le 14 pour Paris, où elle arriva le 16. Pendant la traversée du *Zeelandia*, un juif hollandais, Hoedmaker, au service de l'Angleterre, fouilla sa cabine. Elle l'apprit, et le gifla devant des passagers. Le consul d'Uruguay la prit à part, lui recommanda la prudence et, comme elle haussait les épaules, lui dit : « Vous verrez à la frontière. » A Hendaye, un policier, très rogue, la refoula, en effet. Elle rédigea alors une lettre pour Jules Cambon, secrétaire général du Quai d'Orsay. Il avait été son amant et sera l'ami qui restera jusqu'à la fin. Le lendemain, elle montra sa lettre au policier de la gare d'Hendaye ; il la laissa passer.

La danseuse mise à nu par les contre-espionnages

A Paris, elle descendit au Grand Hôtel, rencontra Vadim Masslof, capitaine au 2e régiment spécial impérial russe. Coup de foudre et amour fou de trois semaines. Ils se jurèrent de se retrouver en août à Vittel. Mais comment aller à Vittel dans la zone des armées ? Un de ses intimes, un grand blessé, le lieutenant de cavalerie Jean Hallaure, affecté au ministère de la Guerre, envoya Mata Hari au 282, boulevard Saint-Germain, siège de la SCR. Un hasard, semble-t-il orienté, la poussa dans le bureau de Ladoux. Cette porte franchie, Mata Hari, la sotte, l'onirique, donna de son plein gré et même en y mettant du sien dans toutes les manipulations des Anglais, des Français, des Allemands, qui la mèneront au poteau en attendant la légende infamante dont le monde raffole encore.

Quand elle entra « vêtue, malgré l'été, d'un tailleur d'étoffe sombre et coiffée d'un chapeau de paille aux larges bords où flottait une plume grise », Ladoux la vit telle que l'Intelligence Service la lui signalait « sans aucune preuve », concède-t-il, comme « devant être un agent de l'Allemagne ». Il lui fit comprendre qu'elle était surveillée, la cuisina, d'un ton badin, glissa, entre deux sourires dans sa barbe noire : « Vous avez été signalée comme suspecte », mais aussi : « Vous pourriez nous rendre de grands services. » Et il l'envoya à la préfecture de police chercher son laissez-passer pour Vittel, en disant :

— Revenez me voir quand vous aurez pris une décision.

A la préfecture, Henry Maunoury la reçut. Il en pensa :

> « Cette pauvre Mata Hari était minable ! Grande, svelte, mais sans distinction. Hommasse, les traits anguleux, teint bistré, grosses lèvres, elle avait les défauts accentués de la structure des Nordiques sans avoir le correctif du charme des tresses blond platiné, des yeux bleus et du teint de lait. Exubérante, aucun charme féminin, certainement peu intelligente. Il faut invoquer le goût de l'exotisme et le snobisme pour expliquer ses succès de music-hall et de demi-mondaine. »

A Vittel, Mata Hari retrouva Masslof, blessé par un gaz asphyxiant, l'œil gauche aveugle et menacé de cécité totale. Une nuit, il lui proposa de devenir sa femme. Alors elle pensa : « Je vais demander au capitaine Ladoux 1 million pour ne pas tromper Vadim avec d'autres. »

A la mi-septembre, Ladoux, à titre d'essai donc, sans qu'il soit question d'aucune rémunération, lui fit délivrer un visa pour la Hollande d'où elle passerait en Belgique. Mais vu l'interdit des Anglais, elle devait d'abord se rendre en Espagne afin de s'y réembarquer à destination de son pays natal. Elle accepta cette combinaison au long cours, mais toute à son rôle de grande espionne, elle se tordit bientôt les mains : comment conquerrait-elle Bruxelles sans toilettes éblouissantes ? Elle retourna à la SCR solliciter une avance. Ladoux refusa et sautant du coq-à-l'âne, parlant d'une encre secrète, lui dit :

— Ça m'étonne que Krämer, vous savez bien, Krämer, le

recruteur de la Fräulein d'Anvers, oui, ça m'étonne qu'il ne vous ait pas enrôlée.

Mata Hari, impassible, répondit :

— Il ne me connaît pas.

— Si vous pouviez arriver à cela, un jour... mais ce sera pour plus tard, dit Ladoux, dans l'expectative.

Mata Hari pensa : « Puisqu'il marchande, mon secret, je le garde. »

Ladoux dit, enfin, comme changeant d'avis :

— Tout bien réfléchi, rentrez à La Haye tranquille et après quinze jours je vous ferai parvenir mes instructions. Au fait, si vous passiez par la Suisse et par l'Allemagne ?

— Non, non, par l'Espagne, insista-t-elle.

Il lui souvenait, quand même, que les 20 000 francs soutirés à Krämer sans contrepartie pourraient lui coûter cher. Avant son départ, elle télégraphia à Anne Lintjens, lui réclamant de l'argent. Le 4 novembre 1916, elle reçut, à la légation de Hollande un chèque de 5 000 francs.

Elle s'embarqua alors sur le *Hollandia*. Les Anglais, maîtres de la Manche, déroutèrent le bateau sur Falmouth, contrôlèrent les passagers et Mata Hari se retrouva en prison à Londres. Elle ressemblait à une espionne allemande, Clara Benedix. Sir Basil Thomson, chef de la Special Branch, le contre-espionnage de Scotland Yard, démêla cette histoire de quiproquo, mais, ayant demandé à Mata Hari pourquoi elle se rendait en Hollande, il s'entendit répondre :

— Les Français m'ont chargée d'une mission de renseignement.

Sir Basil, interloqué, ne perdit cependant ni son flegme, ni son temps. Il câbla au colonel Goubet, chef du 5e Bureau, lequel s'étonna auprès de Ladoux : ne se serait-il pas laissé abuser par une espionne allemande de haut vol ? Ladoux, pas très fier, câbla à Sir Basil :

— Comprends rien. Refoulez Mata Hari en Espagne.

Mais la Special Branch et la SCR échangèrent d'autres messages. Dans un rapport du 1er décembre 1916 à son gouvernement, un diplomate hollandais écrivit :

> « Une communication officielle reçue de Paris donna lieu de croire que Mme MacLeod se livrait à des activités qui tombent sous le coup de la loi. Elle fut relâchée, mais resta sous le contrôle de la police. Durant les interrogatoires, elle expliqua qu'à Paris elle avait été chargée par les Alliés de transmettre des informations en Hollande. La police n'ajouta pas foi à cette déposition, et ses doutes furent confirmés par une communication ultérieure reçue de Paris, laquelle signifiait clairement que ladite mission n'avait pas sa source du côté allié, mais au contraire du côté ennemi. En suite de quoi un nouvel entretien avec la suspecte eut lieu, après lequel elle accepta de son plein gré de retourner en Espagne. »

Avant de l'envoyer à Liverpool pour embarquer sur l'*Araguaya*, Sir Basil dit à Mata Hari :

— Madame, s'il vous plaît de vous en remettre à l'avis d'un homme qui a presque deux fois votre âge, renoncez à ce que vous avez entrepris.

Arrivée à Vigo, le 6 décembre 1916, elle raconta à Martial Cazeaux, français, secrétaire du consulat de Hollande, qu'un couple de Belges, selon le capitaine du *Hollandia*, espionnait, elle, pour l'Allemagne, et lui, sous le nom d'Allard, pour l'Angleterre. Cazeaux traduisit à l'intention de la SCR : Mata Hari a dénoncé Allard. A Madrid, elle descendit au Palace-Hôtel, où résidait Marthe Richard à qui une bonne, au service des Allemands, apprit que sa voisine de palier était une danseuse anglaise, Lady MacLeod. Marthe Richard n'en avait pas fini avec cette lady. En avril 1917, *Le Matin* révéla que Mata Hari avait été, à Madrid, la maîtresse de von Krohn. Marthe Richard estima qu'il était dans la note de faire une scène de jalousie à son amant. Il se disculpa en lui montrant le grand registre des agents en Espagne : Mata Hari n'y figurait pas. Mais elle avait été pendant son bref séjour à Madrid la maîtresse de l'autre von K., von Kalle, l'attaché militaire, un des chefs de la section III B pour l'Espagne.

Au début de décembre, désœuvrée, sans nouvelles de Ladoux à qui elle avait écrit, elle se dit, un jour, que les Allemands avaient peut-être oublié son escroquerie des 20 000 francs et elle entreprit von Kalle. Il s'ensuivit une courte liaison et quelques renseignements, comme le fait qu'un sous-marin allemand allait débarquer au Maroc, qu'on avait repéré un aviateur français qui déposait des agents derrière les lignes, que Constantin, le roi de Grèce, serait peut-être déposé[11], et enfin que le chiffre de la SCR avait été décrypté. Von Kalle, galant, voulut offrir à Mata Hari une bague, elle préféra de l'argent et reçut 3 500 pesetas. Le lendemain, elle fila au rapport chez le vieux colonel Denvignes, correspondant de la SCR.

Le 2 janvier 1917 elle quittait Madrid, le 4 au matin elle s'installait à Paris, au Plaza-Athénée, avenue Montaigne. Ladoux, lui, avait sous le coude les télégrammes de von Kalle, décodés par le chiffre :

> « 13 décembre 1916 : l'agent H. 21 de la section de centralisation des renseignements de Cologne envoyée au mois de mars pour la seconde fois en France est arrivée ici. Elle a feint d'accepter les offres du service de renseignements français et d'accomplir des voyages d'essai en Belgique pour le compte de ce service. Elle voulait se rendre d'Espagne en Hollande à bord du *Hollandia* mais elle fut arrêtée à Falmouth le 11 novembre parce qu'elle fut prise par erreur pour une autre. Lorsque l'erreur fut reconnue, elle fut renvoyée en Espagne parce que les Anglais persistent à la considérer comme suspecte. »

11. Voir plus loin.

« 23 décembre 1916. État-major de Berlin à von Kalle : l'encre que H. 21 a reçue ne peut pas être développée par les Français si le papier à lettre est traité conformément à l'instruction avant et après emploi de l'encre sympathique. »

« 26 décembre 1916. Von Kalle à Berlin : H. 21 fera demander par un télégramme du consul de Hollande à Paris qu'on fasse un nouveau versement de fonds à sa domestique à Roermond et vous prie d'aviser à ce sujet le consul Krämer à Amsterdam. »

« 28 décembre 1916. Von Kalle à Berlin : H. 21 arrivera demain à Paris. Elle demande qu'on lui envoie tout de suite, par télégramme, par l'intermédiaire du consul Krämer à Amsterdam et de sa domestique Anna Lintjens à Roermond, 5 000 francs au Comptoir d'escompte de Paris, pour être versés en cette ville au consul de Hollande Bunge. »

Un obus qui ne tue pas

Von Kalle liquidait ainsi un agent par des télégrammes qui pouvaient être interceptés. Il a été dit, dans le cas de Mata Hari, qu'un jeune officier, le futur amiral Canaris, avait suggéré l'emploi de cette méthode. Canaris ne répugnait pas aux exécutions sommaires ; il lui arrivait, à cette époque, de s'en charger lui-même[12].

Mata Hari mit plusieurs jours à forcer la porte de Ladoux. Il l'écouta à peine, lui dit, très froid :

— Vous ne devez jamais oublier que vous ne me connaissez pas et que je ne vous connais pas.

Elle erra alors dans un Paris qui ne la voyait plus. Mais on l'épiait sans relâche, le portier de son hôtel la traita de « Boche ! ». Elle se raccrocha à Jules Cambon. Et le grand diplomate s'en fut, trois jours, en une retraite ignorée, en compagnie de « la Salomé sinistre qui joue avec la tête du soldat français », comme l'aboierait Mornet, le 24 juillet 1917, à l'audience, où Cambon, témoin à la demande de Mata Hari, ne se dérobera pas. Il tenait sans doute, par sa seule présence, à lui rendre un dernier hommage.

Le 13 février 1917, au matin, le commissaire Priolet, accompagné de cinq inspecteurs, l'avait arrêtée à son nouvel hôtel, l'Élysée-Palace, sur les Champs-Elysées. Incarcérée à Saint-Lazare, dans une cellule capitonnée pour éviter les suicides, elle demanda au Dr Brizard, médecin de la prison : « Un téléphone et un bain ! » Mais elle comprit vite que ce n'était pas le genre de la maison, surtout quand on la transféra à la Ménagerie, quartier réservé aux espions, où, d'après Bouchardon, les rats couraient dans les couloirs.

12. Voir chapitre v.

Le Dr Brizard, lui, était stupéfait :

> « Je me souvins non sans étonnement de l'avoir rencontrée déjà, lors de mes visites comme médecin de la préfecture, dans une maison de rendez-vous du quartier de l'Étoile. Il me revint même à la mémoire que Mme H., directrice de cette maison, m'avoua qu'elle ne pouvait vraiment pas exiger qu'une femme demandant 1 000 francs pour un "moment" se soumît à la visite médicale, d'autant plus, ajouta-t-elle, qu'elle n'allait nulle part ailleurs que chez elle. En réalité, Mata Hari fréquentait plusieurs maisons, mais laissait croire à chaque patronne qu'elle lui assurait l'exclusivité de sa personne[13]. »

Pour son premier interrogatoire, comme pour le dernier, ainsi qu'en dispose le Code militaire, elle était assistée de Me Clunet, un vieil avocat émotif, ancien amant du temps que le magnétisme sexuel de « son long corps, bistré, mince et fier » (Colette) estomaquait le Tout-Paris voyeur. Bouchardon, en ce 13 février 1917, avait un autre regard :

> « Je vis une grande femme lippue à la peau cuivrée, des perles fausses aux oreilles, le type d'une sauvagesse, les yeux gros comme des œufs, globuleux, jaunes et striés de filaments rouges, le nez camard, la bouche fendue jusqu'aux oreilles, pour lèvres des bourrelets de nègre, des dents larges comme des palettes avec une séparation entre les incisives, les cheveux grisonnants aux tempes, là où la teinture ne les défendait pas longtemps. Elle ne ressemblait guère sous le jour grisâtre qui tombait de la cour du dépôt à la ballerine qui avait ensorcelé tant d'hommes. Mais elle avait su garder de l'harmonie dans les lignes, une sveltesse, un déhanchement non dépourvu de grâce. Féline, souple, artificieuse, sans scrupules, sans pitié, elle était l'espionne née. »

Dans son local minuscule du quai de l'Horloge où « deux chaises, un petit bureau et une armoire vitrée avaient peine à se loger », ce magistrat, à juste titre redouté, convoquera quatorze fois, y compris la dernière, le 21 juin, l'inculpée dont il dit un jour : « Son langage était du meilleur ton et, avec cela, quelle souplesse de moyens ! quelle ironie ! quel à-propos dans la réplique ! » Elle le décontenançait par son calme et, comme son dossier sonnait creux, Bouchardon avouait, à la fin d'avril, que « l'instruction piétinait ». A ce moment, Ladoux, qui avait ses raisons à lui de tenir secrets les télégrammes von Kalle, les lui livra. Le 1er mai, Bouchardon dit :

— Nous avons depuis quelques jours au dossier la preuve matérielle que, aussi bien auprès de notre contre-espionnage que de nous-mêmes, vous avez joué la plus audacieuse comédie.

Au vu des télégrammes et à l'énoncé de leur contenu, elle protesta : « Vous me prenez pour une autre ! » Elle nia tout en bloc, dit enfin : « Je ne suis pas l'agent H. 21. » Bouchardon la laissa

13. *Souvenirs d'un médecin des prisons de Paris*, Grasset, 1925.

moisir jusqu'au 21 mai. Elle lui avoua alors pourquoi et dans quelles conditions elle avait soutiré 20 000 francs à Krämer, sans prévoir, ce soir-là au 16 Nieuwe Vitleg, que les trois flacons d'encre et l'immatriculation H. 21 prêteraient à de telles conséquences. Le 22 mai, Bouchardon l'enfonça :

— Si, devenue H. 21 en mai 1916, vous aviez, comme vous le prétendez, trompé l'Allemagne en ne lui donnant rien pour ses 20 000 francs, vous ne vous seriez pas risquée à vous présenter à von Kalle comme étant l'agent H. 21. Il vous aurait démasquée. Mais quand il s'est renseigné, il a appris qu'H. 21 n'était nullement considéré comme un traître. Et vos télégrammes à Anna Lintjens lui permettant de recourir à Krämer que vous dites avoir escroqué ?

Mata Hari :

— Je n'avais plus d'argent. En fournissant à von Kalle des renseignements, du reste sans valeur, je pensais me racheter et obtenir le libre passage à travers l'Allemagne pour rentrer chez moi. Et puis, j'ai pris contact avec von Kalle parce que j'étais au service des Français et que je voulais gagner le million promis par le capitaine Ladoux.

Le même jour, au cours d'une confrontation, Ladoux réaffirma que « MacLeod n'avait pas été engagée. Elle m'était très suspecte. » Et comme Mata Hari s'insurgeait, il lui rappela :

— A plusieurs reprises, je vous ai demandé si vous connaissiez la Fräulein d'Anvers, qui est le chef de l'espionnage allemand pour toute la Belgique. Vous m'avez toujours répondu que vous ne la connaissiez pas.

— Vous ne vouliez pas me payer, je ne me sentais pas obligée de vous dire mon grand secret.

— Puisque vous vous disiez absolument dévouée à la France, il aurait mieux valu me dire toute la vérité.

— Je n'ai jamais rempli la mission de Krämer, en tout cas.

Bouchardon brisa là et conclut : la loi considérait les « intelligences avec l'ennemi » comme équivalant « les renseignements livrés à l'ennemi ».

Mata Hari, indignée, rétorqua :

— Alors votre loi est épouvantable. Si j'avais su cela, je n'aurais jamais mis les pieds ici.

D'après Henry Maunoury : « Elle ne fut pas condamnée comme on l'a prétendu, à l'unanimité. Une voix de moins contre elle et elle sauvait sa tête à la minorité de faveur. »

Dans ses Mémoires, Mlle Schragmüller écrira : « Non, il n'y a pas eu d'erreur judiciaire. La condamnation était méritée et conforme à la lettre et à l'esprit du Code militaire. » Quand on la questionnait sur Mata Hari, qui mourut, très digne, à la Caponnière, le 15 octobre 1917, la Fräulein Doktor des années 30 répondait toujours :

— C'était un obus inutile, un obus qui ne tue pas.

La trop superbe histoire de Marthe Richard

En 1932, Ladoux, près de sa fin, avait, en deux livres farfelus, noirci et encensé la danseuse Marthe Richard. Celle-ci confia d'ailleurs en 1933 au journaliste Paul Allard qu'elle « aurait pu terminer comme Mata Hari plutôt que de se voir couronnée par le ruban de la Légion d'honneur ». Et après cet hommage rendu à sa stupide collègue, Marthe Richard, femme forte et tête froide, s'empressa de publier en 1935 *Ma vie d'espionne*. Elle sut ensuite, collant à son personnage, mener sa carrière et sa vie. Elle écrivit encore d'autres livres[14] dont le dernier, *Mon destin de femme*, parut pour ses quatre-vingt-quatre ans. Mais Marthe Betenfeld, veuve Richer, veuve Compton, dite Marthe Richard, dut surtout sa célébrité à la « loi Marthe Richard », du 13 avril 1946, interdisant « toutes les maisons de tolérance sur l'ensemble du territoire national ». Elle mourut à quatre-vingt-douze ans, le 9 février 1982, et *Le Monde* intitula son article nécrologique « Services secrets et maisons closes ». L'auteur de l'article, Jean Planchais, un des experts les plus avertis des services de renseignements français, écrivait : « Marthe Richard était une héroïne, une héroïne mythologique... » Suivait un rappel de la brève période d'espionnage qui s'étalait sur un peu plus d'un an.

Pour les lecteurs bon public de Georges Ladoux, dont Jean Planchais n'était pas, Marthe Richard était venue annoncer au chef de la SCR qu'elle acceptait une mission parce que, ses voiles de veuve en témoignaient, elle venait d'apprendre la mort de son époux, tué sur le front. Envoyée à Madrid, elle était devenue, malgré sa répulsion, par devoir patriotique et par haine, la maîtresse du baron von Krohn, le chef du SR naval allemand. Grâce à cette liaison, elle communiqua à la SCR des échantillons d'encres sympathiques, démasqua Emilio Fuentès, un Espagnol, agent important des Allemands, avant de découvrir une filière secrète de l'ennemi pour passer les Pyrénées.

Von Krohn, de plus en plus épris, lui avait confié une mission au Maroc d'où elle avait réussi à signaler à Paris les envois d'armes aux rebelles. Elle partit ensuite pour l'Argentine, avec des bocaux grouillant de charançons qui détruiraient les réserves de blé, amassées là-bas par les Alliés. Elle livra bien les bestioles, mais tuées par ses soins au cours du voyage. Elle revint sans dommage à Madrid où von Krohn, aveuglé par l'amour, ne lui fit aucun reproche. Les

---

14. *Espions de guerre et de paix, Espionne au casque d'or, Dernières Missions secrètes, Faire face*, SLIM.

nouveaux bâtiments de la Kriegsmarine, les déplacements des U-Boote, la grande offensive sous-marine, prévue par l'amiral von Tirpitz pour 1918, n'eurent, c'est le cas de le dire, aucun secret pour « l'espionne au service de la France », comme l'appelait Ladoux. Finalement elle projeta d'enlever le coffre-fort de son amant, et demanda à la SCR à cet effet le secours de l'agent double, qu'elle préférait entre tous. Zozo, tel était son prénom, accourut, mais un accident d'automobile fit tout échouer. Cet épisode, nous le verrons, est vrai. Marthe Richard, encore sous le choc de cet échec, apprit, pour comble, la disgrâce de Ladoux, en octobre 1917. Elle rentra à Paris où le colonel Goubet, toujours chef du 5e Bureau, la congédia.

Mais avant son départ de Madrid, elle avait pris le temps de terrasser von Krohn en lui révélant son appartenance à la SCR et qu'elle l'avait toujours abusé. Laissant sa victime à ses rugissements, elle était allée achever son œuvre chez le prince Ratibor, ambassadeur d'Allemagne, en lui confirmant ce qu'elle venait de lancer à la figure en ruine du « laid, vieux et maigre » baron et en lui remettant des preuves : la clé et la combinaison du coffre de l'attaché naval, des documents secrets qu'elle en avait soustraits et des lettres d'amour de von Krohn. Berlin rappela alors le coupable qui se serait suicidé. « Superbe histoire qui fait pleurer les foules », écrivait Jean Planchais dans son article nécrologique du *Monde* :

> « Face au prototype de Mata Hari, l'espionne perfide, se dressait l'image de la Française acharnée à venger son époux et à sauver son pays. En 1936, Edwige Feuillère fut Marthe Richard et Eric von Stroheim l'Allemand dans un film de Raymond Bernard. D'autres films, d'autres livres traiteront cet inépuisable sujet. Marthe Richard, héroïne consacrée dont seuls quelques spécialistes mettent en doute l'importance des services qu'elle a rendus... »

Séduite par Zozo, le demi-frère de Staline

Bien avant Jean Planchais, un émigré russe, très amoché mais très vert encore à soixante-cinq ans, avait déjà formulé plus que des réserves sur « la superbe histoire ». Ancien combattant, avec croix de guerre, médaille militaire. Reconnaissance française et décorations étrangères dont la médaille tsariste de Saint-Georges, Jean Violan avait tenu des propos iconoclastes dans *France-Dimanche*, le 3 août 1947 :

> « Marthe Richard est une imposteuse, ce n'est ni une héroïne nationale, ni une espionne de grande classe. C'est le livre que lui consacra Ladoux qui permit à Marthe Richer de se composer une

biographie presque sans rapport avec la réalité. La vérité c'est qu'elle accomplit une mission en Espagne avec brio certes, mais que rien ne distingue des missions accomplies par les espions anonymes de la SCR. »

La veuve Compton, sexagénaire, incarnait alors un féminisme triomphant et, sa « loi Marthe Richard » lui assurant une postérité, elle laissa dire. Il valait mieux. Jean Violan, dans un beau livre des années 30[15], avait raconté comment Ladoux s'était servi de lui afin de surveiller puis de manipuler la pas encore veuve Richer.

Vers la fin du mois d'avril 1916, à la suite de rumeurs, un rapport du commissaire Priolet à la SCR concernant Marthe Richer disait, en substance, ceci : Marthe Betenfeld, née à Blamont (Lorraine) le 25 avril 1986, a épousé Henri Richer, un homme riche. Bonne cavalière, fervente de l'automobile, championne de tir, brevetée pilote en 1913, elle détient le record du monde féminin de distance et de durée, après son vol Le Crotoy-Zurich, en mai 1914. Dès la guerre déclarée, elle a fondé la Ligue de l'union patriotique des aviatrices et sollicité du général Hirrschauer, directeur de l'aéronautique militaire, son engagement dans les forces de l'air. Le général l'a félicitée avant de décliner son offre. Priolet concluait : « Son mari étant parti au front, Marthe Richer vit au milieu de ses anciens camarades. »

Traduit en termes d'aviateur par Jean Violan, pseudonyme de Joseph Davrichewy, Zozo pour les copains, le rapport Priolet donnait ceci :

> « La "feuille morte", c'est l'aviatrice Marthe Richer. Jeune, jolie, pleine de fric. "Un morceau de roi", comme dit Lacombe.
>
> Depuis qu'elle a fait son apparition sur les terrains d'aviation, on la chasse par tous les moyens légaux et prohibés : la cour à la poète, muette, à distance, l'attaque brusquée à la zouave, l'empressement d'un homme du monde correct et respectueux... Rien à faire. Elle ne voulait pas tomber ! D'où son surnom, dans notre milieu, de Marthe Richer la "feuille morte".
>
> Alors, vexés, on la traita en copain. Elle aussi. Quel dommage !
>
> Depuis que nous sommes rassemblés à Saint-Cyr, elle rôde, elle rôde autour de nous sans arrêt. On dirait qu'elle ne peut pas vivre en dehors de cette atmosphère âcre d'essence et d'huile brûlées, et de bruissements d'ailes. Elle rôde autour de Saint-Cyr ; alors, les espoirs se rallument, mais en vain. Car elle cherche autre chose. Elle veut aller au front. »

A la SCR, Marthe, la belle vertueuse, inquiétait. Ladoux apprit que, toute forteresse imprenable qu'elle parût, elle se plaisait bien avec Zozo, et il convoqua le sergent Davrichewy, le futur Jean Violan qui écrira :

> « Le capitaine Ladoux, barbu, jovial, cigarette au bec, les yeux

15. *Dans l'air et dans la boue*, Jean Violan, Le Masque.

pétillants de malice, d'esprit et d'une autre chose encore qui vous fouille et vous dépèce sans votre permission.

Il m'embobine... »

Mission : séduire Marthe et l'on verrait bien. « Révolté, tout raidi » mais vaincu, Zozo murmura :

— C'est dur, mon capitaine. En serai-je même capable ?

— Allons, mon brave, vous serez plus que capable ! Votre main ! Et merci pour mon pays.

Et Zozo, « le sourire disparu peut-être à jamais », commença le même soir « sa mission » :

« Caresser une jolie femme, ses épaules, sa poitrine qui sera peut-être, grâce à vous, un matin glacial, percée de douze balles dans le fossé de Vincennes. Plaisanter, la distraire, la faire danser, mentir, jouer la comédie pour faire sourire de confiance cette bouche rose aux si jolies dents, l'aimer, l'observer en même temps, la haïr et après l'envoyer à la mort ?

Est-ce qu'on peut résister, à la fin, à ce drame enfoui dans votre cœur, au désir instinctif et inexplicable des hommes de céder à un sentiment vrai d'amour pour celle que vous poussez, sur l'ordre de votre esprit froid, devant un peloton d'exécution.

J'ai fouillé, honteux et les mains tremblantes, ses affaires et sa correspondance ; j'ai fouillé son cœur, toutes ses connaissances ; je suis devenu fourbe, jaloux et méprisable.

Cela dura deux mois ; deux mois de martyre et d'amour sadique.

Je ne trouvais rien, rien de compromettant... »

Alors, une nuit, il lui avoua, « brutal comme la foudre », à quelle machination il participait. Elle voulut le tuer, mais ne trouva pas d'arme. Il s'enfuit, puis revint au matin la chercher et l'emmena à la SCR.

Marthe engagée et partie pour l'Espagne, Zozo pensait :

« Cette femme, comme le capitaine Ladoux, porte en elle une dualité bizarre, inexplicable, bien rare chez les humains.

Le cœur de fer, sans faiblesse, capable d'envoyer son père devant les douze balles ; le cœur faible, sentimental, plein d'amour, et pleurant pour la plus petite chose humiliante.

L'esprit clair, tranchant et sans détour.

L'esprit fantasque, imaginatif et s'enflammant au contact du premier bourreur de crâne venu. »

Un matin, en essayant un Ponier, un biplace de combat, Zozo s'écrasa : « Sept fractures, le bassin fracturé, la rotule en quatre morceaux, le ventre crevé... et retapé. Je pouvais finir plus mal. Mais adieu les sports, adieu l'avion, les danses, la chasse et la vie d'aventure. » Au bout de quelques semaines, Marthe, prévenue par Ladoux, accourut de Madrid. Elle enleva de l'hôpital américain de Jouy l'éclopé avec ses béquilles pour une escapade de deux jours. Signe que le destin pensait à Sosso maintenant Zozo, comme toujours depuis sa naissance en 1881, et même un an avant, en lui donnant un demi-frère historique. Damien Petrovitch Davrichewy, préfet de Gori, bourgade de 5 352 habitants, dans la Géorgie aux mœurs patriarcales, Damien Petrovitch, donc, fit un enfant à la belle Kato, mal mariée à Besso Djougachvili, Bessp le fou, l'ivrogne. Joseph dit Sosso Djougachvili et Joseph dit Sosso Davrichewy poussèrent ensemble. Cogneurs comme tous les garnements de Gori, l'altière et maternelle Gori, ils se retrouvèrent à Tiflis, la ville antitsariste et antirusse. Au lycée, Davrichewy se lia d'amitié avec Kamenev, le futur liquidé du stalinisme naissant. L'autre Sosso, lui, que Kamenev avait converti au socialisme fut chassé au cours de sa dernière année de séminaire, pour écrits impies parce que écrits en géorgien. Les deux Sosso, agitateurs révolutionnaires, chacun de son côté, se retrouvèrent l'un exilé à Paris, l'autre déporté en Sibérie. Mais de 1904 jusqu'à l'échec sanglant de la révolution géorgienne en 1907, Sosso, devenu Koba Staline, se révélera un organisateur extraordinaire et un doctrinaire marxiste rigoureux. Il dirigera, dans l'ombre, des « ex », expropriations, plus connues sous le nom d'attaques à main armée. Sosso, en second, son allié d'occasion, bolchevik comme lui et son émule, en fit autant avec sa milice. Cela dura cinq ans.

> « Or, ces auteurs d'"ex", bien qu'ils ne mangeassent pas à leur faim, ne détournèrent jamais un sou de l'argent exproprié. C'étaient les comités qui l'encaissaient et l'utilisaient pour faire vivre un tas de théoriciens planqués à l'étranger, bavards et trouillards, qui nous ont ensuite traités de bandits et de voleurs[16]. »

Sa tête étant mise à prix, Sosso Davrichewy quitta la Géorgie pour ne jamais y revenir ; l'Okhrana le persécuta en Suisse et jusqu'à Paris où, étudiant clochard, il faillit mourir de faim.

L'explorateur du Sahara et du Maroc, Louis Gentil, son professeur de sciences naturelles à la Sorbonne, lui redonna pain et espoir. Et Gentil, un soir, l'emmena à une conférence sur l'aviation. Sosso alors s'approcha du conférencier Elsnaut Pelterie « et, en un mauvais français que l'émotion rendait encore plus difficile à comprendre, je lui ai offert ma vie pour faire des expériences ».

A Issy-les-Moulineaux, Davrichewy, avec une bande de faméliques comme lui, dont Arsène Marchal, hantait « les hangars du père Gras, ces hangars crasseux où Pommier, Patte et de Bader garaient leurs avions ! ». Il côtoya, émerveillé, les pionniers, les Collie, les Latham, se cassa un bras avec un parachute bricolé. Anziani l'employa. L'ancien coureur cycliste italien avait équipé d'un de ses moteurs le Blériot XI, grâce auquel Louis Blériot avait franchi la Manche. Anziani engueulait Zozo et lui criait sans cesse : « Le cheval bouffe l'avoine, et au moteur il faut l'ouil, beaucoup de l'ouil. »

---

16. « Ah ! Ce qu'on rigolait bien avec mon copain Staline » Joseph Davrichewy, propos recueillis par Jean-François Kahn, Jean-Claude Simoen, 1979.

« Soudain éclata la guerre. Je me suis battu avec acharnement dans le ciel et sur la terre pour défendre ma deuxième patrie et la première qui se battait aux côtés de la France. J'ai connu dans les escadrilles et j'ai eu comme amis la fleur de la jeunesse française. »

A sa sortie de l'hôpital de Jouy, Zozo fut envoyé par Ladoux comme agent double chez Ignatieff, attaché militaire, chef du SR tsariste à Paris et ancien de l'Okhrana qui avait manqué de peu Davrichewy en Géorgie et en Suisse. Zozo accepta d'Ignatieff une mission du côté de Genève, la mena à bien et disparut. Ignatieff devait apprendre au début de l'été 1917, en lisant *L'Action française*, que l'automobile avait été aussi funeste que l'avion au demi-frère de Staline.

Un accident de la circulation avait, en effet, scandalisé Madrid à cette époque. De la voiture de l'attaché militaire von Krohn, télescopée par une autre, on avait retiré quatre blessés graves dont Marthe et Zozo. Léon Daudet se renseigna et en écrivit assez dans sa feuille assassine pour envoyer au poteau :

> « ... cette dame, veuve de Richer ou "Richter", âgée d'environ trente-cinq ans, brune, assez grande avec des yeux gris et les traits du visage durs. Elle aurait dans ses malles des habits d'homme. Elle possède des fourrures splendides. Elle se fit remarquer. L'Allemand von Krohn venait journellement lui rendre visite. Quelques jours après survenait Joseph Davrichewy, se donnant comme aviateur russe. Ces trois personnes restaient enfermées pendant des heures ensemble... »

Marthe avait présenté « l'aviateur russe » à von Krohn comme un agent apte à diriger l'opération de propagande pacifiste sur la France, que projetait l'attaché militaire. Elle comptait, en fait, avec l'accord de Ladoux, utiliser Zozo pour enlever le coffre-fort du baron. Mais l'article de *L'Action française* permit à la section III B de limoger von Krohn, déjà discrédité. Davrichewy, agent « brûlé », gisait dans quelque hôpital madrilène avec quelques nouvelles fractures et Marthe, encore Richer, dut déguerpir et attendre la « superbe histoire » de 1932, imaginée par Ladoux, pour devenir Marthe Richard.

Constantin de Grèce renversé à l'empoigne

L'accident de Madrid n'intéressa que Léon Daudet. En ce milieu de 1917, l'année terrible pour la France et les Alliés, la presse titrait sur l'événement de Grèce : l'abdication du roi Constantin II. Il détalait enfin, ce tyran germanophile, haï de son peuple ! Et à Paris, à Londres ou à Rome, nul lecteur, même des journaux dits « sérieux », ne sut jamais ce qui s'était passé à Athènes, le 29 mai 1917.

La nouvelle de l'abdication de Constantin II y fut connue le jour du grand deuil national. Le 29 mai 1453, Constantin Paléologue, dernier empereur de Byzance, mourait sur les remparts de Constantinople, assiégée par les Turcs. Les Grecs virent dans cette coïncidence de dates un présage sinistre et les Athéniens se ruèrent sur les grilles du palais en criant : « On enlève le roi ! Vengeance ! » La ville ferma ses boutiques, prit le deuil, les cloches sonnèrent le glas. Pendant la nuit, la foule se mit à chanter devant le palais aux fenêtres toutes éclairées. Les grilles s'ouvrirent, le roi parut, on le supplia de rester. Il répondit à tous :

— Je ne dois considérer que les intérêts de mon pays.

Quand la famille royale prit place dans une voiture, les gardes et les premiers rangs de l'assistance se couchèrent devant les roues. Le roi regagna le palais, partit par une porte secrète, après avoir rédigé une proclamation qui fut placardée sur les murs d'Athènes, le 30 mai 1917 au matin :

> « Me soumettant à la nécessité et accomplissant un devoir envers la Grèce et ayant en vue son unique intérêt, je quitte mon cher pays avec le diadoque et laisse le trône à mon fils Alexandre. Même loin de la Grèce la reine et moi nous garderons toujours la même affection pour le peuple hellène. Je vous prie tous d'accepter avec sérénité et tranquillité d'âme ma décision, ayant confiance en Dieu le Grand Bienfaiteur dont j'implore la haute protection sur le peuple.
>
> Afin de ne pas réduire à néant mon cruel sacrifice envers la patrie, je vous supplie tous, si vous aimez Dieu, si vous aimez la patrie, si enfin vous m'aimez, de maintenir absolus l'ordre, la tranquillité et la discipline. Le moindre écart, bien qu'émanant d'un bon sentiment, suffirait aujourd'hui pour entraîner une grande catastrophe.
>
> L'affection et le dévouement dont vous avez fait des preuves envers moi dans les moments heureux et malheureux constituent pour la reine et pour moi une consolation. Dieu protège la Grèce !
>
> Signé : Constantin II,
> Athènes, le 30 mai 1917. »

L'homme qui avait renversé, à l'empoigne, Constantin s'appelait M. Jonnart, le sénateur Jonnart. Il avait bluffé, en se parant du titre de « haut-commissaire des puissances protectrices de la Grèce » alors qu'il portait celui de « haut-commissaire de la République » que le gouvernement Ribot lui avait octroyé à tout hasard, sans parier sur sa réussite. Ribot écrivait à Jonnart, le 12 juin :

> « C'est la conclusion, heureuse, qui mettra fin aux protestations britanniques. Vous aurez compris, par mes télégrammes, que je vous aurais couvert quoi qu'il advînt, mais il m'était impossible de laisser un instant le cabinet de Londres supposer que nous étions convenus à votre départ de Paris de ne pas tenir les engagements pris à Londres. Après avoir étudié la situation, vous avez pris sur vous de modifier vos instructions. Le succès vous justifie et le gouvernement britannique ne manquera, je l'espère, d'ajouter ses remerciements aux nôtres. »

Jonnart installa au pouvoir, le 27 juin, Venizélos sous la protection de la marine et de l'armée françaises. La Grèce allait subir le venizélisme et ses dizaines d'années de conséquences calamiteuses, et la France perdre pour longtemps tout son prestige, dans cet Orient de l'Europe où elle passait pour le pays frère, la patrie-liberté.

Jonnart s'empressa de quitter un pays où les sbires de Venizélos, « la garde du président », commençaient déjà à tuer, à emprisonner, à déporter. A son retour à Paris, Jonnart, qui ne ressemblait en rien à de Roquefeuil le fou, cause de ce drame, écrivit une lettre personnelle à Ribot, le 22 juillet 1917 :

> « Quand je dus faire mon rapport sur la politique interalliée en Grèce et que je lus le formidable dossier dressé par le ministère de la Marine, je constatai que les télégrammes de l'attaché naval étaient pleins d'inexactitudes, presque toujours tendancieux et qu'ils n'avaient pas peu contribué à égarer l'opinion du gouvernement et de la Chambre. Je puis assurer que les événements eussent été tout autres si M. Guillemin avait eu l'autorité ou la volonté nécessaire pour calmer tous ces officiers de l'armée de terre ou de mer, qui s'agitaient à Athènes et se mêlaient de politique. Il en résultait qu'à mon arrivée à Athènes tout le monde donnait des ordres, dont personne n'était responsable. Ce désordre, cet éparpillement contribuaient fortement aux difficultés qu'a éprouvées le gouvernement au cours de la dernière année. Ils ont compromis notre prestige en Grèce ; les ministres britannique, italien et russe ont, à plusieurs reprises, signalé que l'opinion française avait été égarée par des télégrammes tendancieux d'agents français échappant à l'autorité du ministre. C'est là une page bien peu glorieuse de l'histoire de France. Je me suis hâté de la tourner.
>
> Jonnart. »

Cette page peu glorieuse s'ouvrit sur l'erreur stratégique de Winston Churchill, jeune ministre de la marine britannique. En vue de débloquer les Russes, il décida d'attaquer la Turquie, alliée de l'Allemagne et armée par elle, en forçant les Dardanelles, par la mer et par la terre. Le 18 mars 1915, une flotte anglo-française perdit trois cuirassés, sans réussir à franchir les détroits. Du 10 décembre 1915 au 8 janvier 1916, les 65 000 soldats alliés réembarquaient, abandonnant aux Turcs les positions précaires qu'ils avaient conquises sur la presqu'île de Gallipoli. Après cet échec, peu reluisant, Churchill démissionna et les politiciens français aggravèrent cette question d'Orient qu'il avait si mal posée. Le 5 septembre 1915, les premiers éléments d'un corps expéditionnaire allié de 80 000 hommes arrivèrent à Salonique.

Cette armée, levée à l'improviste, souffrira beaucoup et d'abord d'avoir à sa tête Sarrail, général d'une médiocrité virulente. Relevé de son commandement en Argonne, le 12 juillet 1915, pour avoir manœuvré sans ordre, il sera remplacé par le général Guillemin à Salonique, le 7 décembre 1917, avant d'être nommé gouverneur de la Syrie d'où on le rappellera, d'urgence, au bout de quelques mois à cause de son « gâchis tyrannique », dit Clemenceau. Politicard, querelleur, autocrate soupçonneux et crédule : tel le voyaient les généraux anglais qui refusèrent de collaborer avec lui. Le général Cordonnier, son adjoint, finit par écrire un rapport à Paris : « Sarrail, pas d'énergie, bien peu de talent. Envoyez un soldat et vous aurez la victoire. » Le corps expéditionnaire stagna pendant plus de deux ans. Il aurait même été rejeté à la mer si Constantin n'avait pas supplié Guillaume II d'arrêter les forces germano-bulgares à la frontière. Falkenhayn, le général en chef allemand, renonça à son offensive en 1916. Il estimait qu'attaquer les 100 000 ou 150 000 soldats égarés du camp de Salonique aurait « provoqué leur retour sur le front français ».

Sarrail fit tout de suite le vide autour de lui, s'acoquina avec Venizélos et accrédita la fable que l'autre, bien plus malin, lui répétait sans cesse : les royalistes ourdissaient un complot contre le corps expéditionnaire que l'armée de Constantin surprendrait, tôt ou tard, par-derrière. Sarrail, enfin, dès sa prise de fonction, créa son propre service secret, dominé par le capitaine Mathieu, partisan des exécutions sommaires de soldats grecs et acolyte du commandant de Roquefeuil.

Mais, au fait, pourquoi ce corps expéditionnaire de Salonique ? Le motif officiel était que la Bulgarie, se rangeant aux côtés des Empires centraux contre l'Entente, mobilisait le 11 septembre 1915 et que la Grèce, privée du soutien des Serbes, en déroute face aux Austro-Allemands, la Grèce donc appelait au secours. Cette version arrangeait certains gouvernants français. Elle distrayait une opinion déjà grondante de leurs incohérences dans la conduite de la guerre, qui commençaient à se trop voir. Pourtant la Grèce, pour sa part, n'avait demandé aucune aide.

A la mobilisation bulgare, Constantin II, le roi, avait répondu par la mobilisation grecque, tout en proclamant qu'il entendait bien rester neutre. Il avait évalué le rapport des forces : même avec les 150 000 Serbes, s'ils n'avaient pas été vaincus, que pesait sa petite armée, mal équipée, contre 450 000 Austro-Allemands, 45 000 Bulgares et 100 000 Turcs ? Mais Venizélos, son président du Conseil, que Constantin supportait, nourrissait d'autres desseins. Chef du parti dit libéral ou démocrate, lui-même démocrate à l'orientale, c'est-à-dire démagogue, autoritaire et avide de pouvoir personnel, Venizélos, le Crétois, n'avait plus que les îles derrière lui. Majoritaire au Parlement, en 1910, il savait qu'aux élections toutes proches de 1915 il serait battu. Les électeurs de la Grèce continentale l'exécraient et le roi avait toute leur confiance. Et c'est afin d'éviter l'échéance électorale que Venizélos tenta un coup de force.

A l'insu du roi et avec la complicité du ministre des Affaires étrangères Delcassé, dont Paris ne voulait plus, il réclama 150 000 soldats alliés sous le prétexte de soutenir les Serbes défaits.

Delcassé s'engagea aussitôt ; Joffre refusa puis accorda, comme French, l'Anglais, une division et se débarrassa de Sarrail en l'envoyant s'agiter dans l'imbroglio grec. Mais lors d'une séance secrète de la Chambre, Delcassé, qui démissionnera, eut à s'expliquer. Et dut avouer qu'il avait promis à Venizélos, et non au roi, des troupes dont il ne disposait pas. Renaudel lui lança :

— Vous parliez au nom de la France. Voici donc la diplomatie que nous pratiquons. Il est heureux que cette séance soit secrète !

Delcassé rétorqua que le corps expéditionnaire « donnait l'occasion de mettre le roi de la Grèce à l'épreuve ». A ce moment, au début d'octobre 1915, l'intoxication venizéliste sévissait déjà.

Constantin II entendait rester à l'écart du conflit mondial, il l'avait assez dit. Il soutenait que se rallier aux Empires centraux ou à l'Entente provoquerait l'anéantissement de son armée, la ruine de la Grèce, et s'opposait donc à toute ingérence étrangère, qu'elle vînt de l'un ou l'autre des belligérants. Quand Venizélos lui annonça l'arrivée à Salonique des premiers éléments du corps expéditionnaire, le roi contraignit son président du Conseil à démissionner. Mais Politis, le ministre des Affaires étrangères et le maître du mensonge venizéliste, avait lâché ses agents sur les capitales européennes, si bien que la chute de Venizélos fut interprétée par la presse de Paris et de Londres comme la preuve de la germanophilie de Constantin, marié à la sœur du Kaiser, ancien élève de la Kriegsakademie de Berlin, et manipulé par le baron von Schenck. Ce virtuose de la propagande germanique avait acheté, d'après Venizélos et les journaux de l'Entente, toute la presse grecque, tout ceux du Parlement et de l'armée qui, se dressant contre le péril venizéliste, constituaient, par définition, un parti royaliste et pro-allemand.

De Roquefeuil et von Schenck signent la paix franco-allemande

La France, une fois de plus, changea de gouvernement. Aristide Briand revint comme président du Conseil et ministre des Affaires étrangères. On lui avait imposé à la Marine un protégé de Poincaré, cet autre démocrate à l'orientale. Le président de la République recevait volontiers son ministre de la Marine, l'amiral Lacaze, qui lui plaisait avec son esprit faux et son goût des machinations. Créole de l'île Bourbon, vaniteux, arrogant et obtus, Lacaze avait commandé, une fois, une escadre, juste le temps d'être relevé de son commandement et envoyé à Marseille. C'est une houle politique qui l'avait porté à ce poste ministériel qu'il sut marquer par sa persévérance dans l'aberration. Son chef d'état-major, le commandant de Roquefeuil l'envoûtait, et ses suggestions absurdes, du genre : Constantin à Berlin ! Les Grecs à Constantinople ! lui semblaient le signe même du génie.

La Grèce vit donc débarquer, pour son malheur, cet énergumène, avec le titre d'attaché naval, chargé d'une mission indéfinissable et doté du privilège ahurissant de correspondre en direct et par chiffre spécial avec M. Guillemin, ministre de France à Athènes, pour transmission à Briand, mais aussi avec l'amiral Lacaze donc avec Poincaré, avec Clemenceau, président de la commission des Affaires étrangères du Sénat, avec Georges Leygues, président de la Commission des Affaires étrangères de la Chambre, et enfin avec le commandant en chef français de la flotte alliée en Grèce, l'amiral Dartige du Fournet.

L'amiral du Fournet fit savoir, dès les premiers rapports de Roquefeuil, qu'il fallait se méfier des informations tendancieuses ou sans fondement de l'attaché naval. Dès lors il ne reçut plus aucune de ces dépêches dont l'amiral Lacaze, à Paris, inondait la presse. Il était fier de son envoyé extraordinaire, l'amiral : ce Roquefeuil, du premier coup d'œil, avait percé le mystère grec et vu comment le dissiper en occupant le pays, en désarmant l'armée royale, par la force si nécessaire, et en détrônant, pour conclure, Constantin « l'Allemand » afin d'installer Venizélos, le seul partisan sincère de l'Entente.

Roquefeuil de son côté avait le sens des formules pénétrantes. Il dira, par exemple : « Il n'y a rien à faire avec les Grecs » ou bien : « Les conditions de guerre exigent des mesures énergiques, avant que la loi grecque puisse trouver son application. Cette loi est du reste journellement violée. » Et il préconisait la tactique définie par Venizélos, qui convaincra, en septembre 1916, une majorité de députés français :

> — Vous avez affaire à des coquins qui se rient de vous. Votre présence à Salonique les gêne. S'ils le pouvaient, ils vous mettraient à la discrétion des Allemands. Ce n'est que par la peur et la crainte de la famine que vous les tiendrez. C'est là votre meilleur atout.
>
> « Ne donnez rien à la Grèce, ni blé, ni charbon, ni farine, ni maïs, ni argent. Un blocus étroit, une pression continuelle seules prouveront que vous êtes de grandes puissances, déterminées. Si vous maintenez assez longtemps cette pression, en dépit de toutes les protestations officielles, cette nation de marchands, d'armateurs et d'hommes d'affaires, qui sentiront leurs intérêts en péril, comprendra qui est à l'origine de ces difficultés et agira.

A Londres, la question d'Orient dérangeait depuis le revers des Dardanelles et Downing Street avait choisi d'observer les Français, quitte à protester. Sir Basil Thomson, le chef toujours bien renseigné de la Special Branch, haussait les épaules. Avant de diriger le contre-espionnage, il avait été Premier ministre du roi de Tonga, commissaire aux îles Fidji, précepteur du fils du roi de Siam, haut fonctionnaire de l'administration pénitentiaire. Sir Basil connaissait à fond les mœurs du « milieu » londonien et, de son bureau de Scotland Yard, il avait flairé le faiseur en de Roquefeuil. Mais la Grèce dépendait, en principe, de Sir Wiliam Reginald Hall, le prestigieux amiral et chef du SR naval, qui jugeait plus utile, à cette époque, de précipiter l'entrée en guerre des États-Unis. Sir Basil, malgré son envie d'intervenir, ne toucha pas à la Grèce, délaissée par les agents de Sir Reginald, mais il comptabilisa les actes de banditisme dont elle était victime.

Dans les années 20, Sir Basil mènera campagne contre la corruption de la police anglaise, en particulier, et des services secrets, en général. Lloyd George le forcera à démissionner en 1921 et toute la canaille officielle ou obscure qu'il visait dans ses ouvrages justiciers le fera alors surprendre dans Hyde Park en compagnie d'une jeune fille. Condamné à 5 livres d'amende pour attitude « contraire à la décence publique », Sir Basil Thomson continuera cependant d'écrire ses livres de redresseur de torts, dont *Le Service secret allié en Grèce*[17].

Son analyse, bien que pertinente et authentifiée par une documentation de première main, n'a pas fait autorité. On écrit toujours, même dans les dictionnaires, la chronique du venizélisme comme sous la dictée de Roquefeuil, le subversif. Son exploit initial d'après lui, et on le crut, aurait été d'avoir éliminé le très redoutable baron von Schenk, propagandiste du Kaiser, âme damnée de Constantin. Voici de Roquefeuil vu par Sir Basil :

> « Officier de la marine française. Fortement bâti. Calvitie naissante. Rasé à l'exception d'une courte moustache type "brosse à dents". Caractère violent, avec tendance à la cruauté. La nature a doté cet officier d'une énergie inquiète et d'un sens des planches qui l'eussent rendu inestimable à Hollywood. Elle lui a également donné des manières agréables, plaisant particulièrement à l'autre sexe. Puis elle s'est arrêtée court, le privant d'un jugement sain, du sens des convenances et de l'honneur. Issu d'une famille noble de Bretagne, il a grandi à l'ombre de l'Église, ce qui lui paraît de nature à excuser tout manquement à l'honneur du gentilhomme. Soumis à une discipline très sévère, il pourrait être un officier très utile, grâce à son activité et à son intelligence. Livré à lui-même, il pourrait causer de graves ennuis à ses chefs et à son pays. En temps de crise, son jugement sera toujours faux. Il est de plus crédule et ne connaît pas les hommes. »

Voici maintenant, mis en scène par Sir Basil, le duel à mort von Schenk-Roquefeuil :

> « La salle à manger de l'hôtel de la Grande-Bretagne à Athènes

17. *Le Service secret allié en Grèce*, Sir Basil Thomson, La Nouvelle Revue critique, 1933. Le livre est dédié : « Au vice-amiral Dartige du Fournet, au vice-amiral Davelux, au regretté commandant Chamonard, de la marine française, qui sacrifièrent leur carrière à la cause de la justice et de la vérité. »

devait à cette époque présenter un spectacle assez curieux. Tous les fauteurs de désordre en Grèce s'y asseyaient côte à côte. A une petite table, on voyait M. Turot, envoyé par M. Briand pour distribuer des subsides aux journaux grecs et contrebattre au moyen de l'agence Radio la propagande germanophile du baron von Schenk ; plus loin, le commandant de Roquefeuil, simple mais prévenant, traitait quelque hôte utile ; derrière, le baron von Schenk, chauve, suave, large d'épaules ; à l'autre bout de la salle les membres des différentes missions alliées, ignorant le détail des occupations des étoiles qui évoluaient devant eux, sachant fort bien par contre que les deux coryphées, Roquefeuil et von Schenk, s'enfermaient souvent dans une villa louée par Schenk dans un coin discret de la banlieue d'Athènes, apparemment pour échanger des confidences sur le personnel de leurs services secrets respectifs, en fait pour ourdir de fantastiques conspirations dans lesquelles chacun croyait avoir roulé l'autre, toutes destinées à provoquer une paix séparée entre l'Allemagne et la France, ainsi que le rapporta l'amiral Dartige du Fournet. Soyons sûrs que ce petit intermède fut imaginé par le doux baron allemand, à l'imagination fertile.

Ces incursions dans le domaine de la haute politique, chères aux deux aventuriers, cette union de leurs forces eurent de surprenants résultats. »

Ils employaient les mêmes agents, munis de deux passeports, l'un fourni par les Empires centraux, l'autre par l'Entente. Ces agents adressaient les mêmes rapports sur les mêmes faits, à von Schenk et à Roquefeuil, l'interprétation seule différait, pour complaire aux destinataires. Le commandant français comme le baron allemand se servaient aussi, bien entendu, des demi-mondaines. Sir Basil Thomson note impartial :

« Les vaudevillesques bizarreries du service anglais étaient politiquement moins dangereuses que les agissements de Roquefeuil. Toutefois, la police d'Athènes fit savoir que les officiers anglais mobilisaient comme indicatrices des danseuses recrutées dans les cabarets, les admettaient dans des automobiles officielles, et le dommage porté au prestige britannique parmi les Grecs ne fut pas négligeable. »

Dès son arrivée, Roquefeuil avait mis en fiches 25 000 Grecs prétendus suspects et transformé en un dépôt d'armes et de munitions l'École française d'Athènes, avec des succursales au Pirée. Cet arsenal était destiné au mouvement populaire qui renverserait le roi, mais encore fallait-il l'inventer, ce mouvement. Pour l'agitation et la propagande à bout portant, l'attaché naval, retourné à la flibuste, disposait à sa guise du service secret personnel de Sarrail, subjugué. Le capitaine Mathieu s'occupait des basses œuvres. Mais Roquefeuil, « avec l'aide d'un de ses aides les plus actifs, le lieutenant de Verthamon », recruta ses propres mercenaires, 162 au total, venus de la pègre de tous les pays méditerranéens. Le préfet de police d'Athènes en identifia 60, natifs de Grèce, et les classa par catégories : 8 assassins, 9 anciens brigands, 7 voleurs à la tire, 10 contrebandiers, 15 voleurs sans spécialité, 21 bonneteurs, 20 trafiquants de cadavres. Roquefeuil entretenait tout le monde, Venizélos compris. Il subventionnait les journaux du grand homme providentiel à coups de sommes telles que son rival, von Schenk, ne pouvait plus suivre. Mais d'où venait l'argent ?

Les millions engloutis de Basil Zaharoff

Briand envoya, fin 1915, à son ministre à Athènes, Guillaumin, qui était inféodé à Roquefeuil, 350 000 francs « pour soutenir Venizélos contre Constantin ». En 1916, le même Briand sollicita et obtint de Basil Zaharoff plusieurs dizaines de millions de francs-or. Zaharoff, de son propre chef, créa en outre l'agence de propagande Radio. Après la guerre les Anglais ennoblirent le plus puissant des marchands d'armes. Il faut dire qu'il possédait les plus grandes fabriques d'armement de l'Angleterre, les sociétés Vickers, Armstrong et Beardmore. En France, il contrôlait la société Withead et la société Le Nickel dans laquelle il était associé avec les Rothschild. En Russie, il avait des intérêts, comme Krupp et Le Creusot, dans la fabrique d'armement Poutiloff. Le groupe de Sir Basil Zaharoff réalisa pendant le conflit un chiffre d'affaires de 30 milliards de francs-or environ[18], dont 500 millions furent sacrifiés à la cause de l'Entente. Sir Bazil Zaharoff, dans ses affaires à l'échelle de la planète, ne se trompa qu'une fois pour avoir commis la faute qu'il avait su, jusque-là, éviter : il fit du sentiment. D'origine grecque, il crut secourir son pays en finançant Briand. Et la folie Roquefeuil engloutit ses millions.

L'attaché naval, s'il inventa un jour 4 000 uhlans sortis d'un coup du sol de Larissa, avait un goût prononcé pour le sous-marin proliférant. Témoin cette dépêche à l'amiral Lacaze :

> « Secret d'Athènes n° 303
> le 12 mars 1916 D. 17 h 20 A. 19 h 15
> Attaché naval à Marine Paris.
>
> Je vous préviens recrudescence très marquée dans la contrebande essence minérale par terre et par mer dans mouvement et activité agents ennemis, apparition de sous-marins et dans préparatifs de toutes sortes. Régions les plus travaillées sont les extrémités canal Eubée, environs golfe Lamia et Volo, Sporades septentrionales, îles Ioniennes et golfe Patras. Mais activité est générale. Il y a en ce moment Athènes véritables conférences des principaux agents crétois pour le ravitaillement sous-marins. Ils ont reçu des Allemands

18. *Au service des marchands d'armes*, Pierre Desgranges, Alexis Redier, 1934.

sommes considérables notamment 50 000 drachmes il y a environ dix jours. »

« Puéril et hypocrite », avait dit l'amiral, pas Lacaze, l'autre, le vrai marin, Dartige du Fournet. A sa connaissance, un seul U-Boot avait émergé et replongé après un achat d'œufs frais à des paysans de la côte. Mais à Paris, Lacaze répercutait sur l'amiral du Fournet les ordres que son histrion lui inspirait d'Athènes. Et ce fut ainsi que les Alliés occupèrent les îles de Corfou et de Castellorizo, la forteresse de Karaburnu, Argostoli pour contrôler le port de Patras et faciliter le débarquement des débris de l'armée serbe qui ajouterait le choléra aux paludisme, typhus, dysenterie, dont souffrait déjà 70 % du corps expéditionnaire. En mai, les Allemands ripostèrent par l'occupation du petit poste-frontière de Rupel et les Bulgares investirent Cavalla. La garnison, 6 000 hommes du 4e corps d'armée grec, dut se rendre. L'amiral Thursby avait consenti à réembarquer les soldats venizélistes, en petit nombre ; pas les autres.

Venizélos, qui avait fondé un nouveau journal, le *Kyrix*, avec l'argent de Basil Zaharoff, hurla à la trahison. « Trahison ! » vociférèrent à leur tour dans Athènes les 162 patibulaires de la « brigade volante » de Roquefeuil. Le 27 août, ils défilèrent devant la maison de Venizélos. Ils étaient censés figurer, à l'intention de Paris, de Londres et de Saint-Pétersbourg, le peuple athénien enthousiaste. Ils acclamèrent le discours du grand démocrate : Constantin, en livrant « la forteresse » de Rupel et Cavalla, avait prouvé qu'il désirait la victoire de l'Allemagne, il avait violé la Constitution et, s'il ne déclarait pas la guerre aux Empires centraux, gare à lui !

Sans se soucier de Venizélos, le roi avait déjà proposé aux ministres alliés de déclarer la guerre à la Bulgarie. Mais il leur demandait d'équiper son armée alors que Lacaze, sans en informer Briand, exigeait sa démobilisation complète et son désarmement. A Salonique, pendant ce temps, un tract, rédigé par quelques venizélistes, apprenait à la population, stupéfaite, qu'elle s'était dressée contre le roi, le sommant de déclarer la guerre aux Empires centraux, de remettre tous ses pouvoirs civils et militaires aux Alliés et qui portait cette phrase : « Tous les traîtres seront châtiés ! » Une poignée de venizélistes, constitués en « comité de salut public », parada, le soir même, devant le GQG de Sarrail. Les Athéniens, eux, en masse, organisèrent une contre-manifestation au nom de Constantin.

Le 1er septembre 1916, l'amiral du Fournet, qui ne réagissait plus qu'en obéissant, roide et blême, ordonna à la flotte anglo-française d'interner à Keratsini treize bâtiments autrichiens et allemands. Quelques jours plus tard, du Fournet vit surgir, à l'aube, l'attaché naval surexcité. Ce dernier exigeait un contre-torpilleur rapide pour porter d'urgence en France la nouvelle sensationnelle : le baron von Schenk et lui, après de longs pourparlers nocturnes, étaient enfin parvenus à un accord, l'Alsace et la Lorraine seraient remises à la France et les sous-marins allemands se rendraient à l'Angleterre. Du Fournet ne dit rien et ne broncha pas davantage quand il entendit : « Et je vais enlever Constantin et la reine. » L'autre, soudain, lui intima l'ordre de faire prisonnier l'équipage d'un sous-marin autrichien. Du Fournet répliqua :

— Je m'en occupe aujourd'hui même. Mais où se trouve-t-il, ce sous-marin ?

Roquefeuil, un peu dégrisé, ne sut que répondre, ce matin-là, mais il entreprit de matérialiser ses sous-marins fantômes. Trois navires grecs sautèrent au large du Pirée et coulèrent à la suite d'unc explosion à l'intérieur de leur coque. Du Fournet, et avec lui toute la flotte alliée, comprit jusqu'où le service secret pouvait aller. Il n'avait pas tout vu. A la fin de septembre, une explosion endommagea l'*Angheliki*. Selon Roquefeuil, il avait été torpillé, le nombre des victimes était « considérable ». En fait, l'*Angheliki* était rentré au port intact. Roquefeuil cependant organisa des funérailles grandioses. Ses trafiquants de cadavres lui avaient sorti des corps d'un hôpital grec, d'autres cercueils étaient remplis de terre. Le convoi fut suivi par presque tous les ministres alliés. L'Anglais, Sir Francis Eliott, en poste à Athènes depuis plus de quinze ans, ne voyait que par Venizélos ; le Français, Guillemin, sot et versatile, était à la remorque de Roquefeuil ; le Russe, le prince Demidoff, était un homme de cour, un louvoyant qui poussait loin la modération. L'Italien, le comte Bosdari, seul diplomate véritable dans cette bande de potiches, s'abstint de paraître à ces obsèques dont tout le monde sut bientôt qu'elles avaient été une farce macabre. Certains agents du service secret avaient parlé.

Dans les jours qui suivirent, des bandes armées envahirent les jardins de la légation de France en tirant en l'air et en criant : « A bas la France ! A bas l'Angleterre ! Vive Constantin ! » Les ministres de l'Entente demandèrent à Zaïmis, chef d'un cabinet instable, un châtiment exemplaire de la police qui n'était pas intervenue, puis ils convoquèrent Roquefeuil. Sir Eliott lui déclara que son chauffeur avait reconnu, parmi les agresseurs, des malfrats à la solde de son service. « Impossible ! » trancha Roquefeuil. Quelques instants plus tard, au Club athénien, le comte Bosdari dit, en souriant : « Encore un complot entre Guillemin et les venizélistes. » Et il rappela l'attentat du 13 juillet, le feu, très étudié, de la forêt de Tatoï, le palais d'Eté royal où Constantin avait failli périr. Dans le *Kyrix*, Venizélos flétrit les agresseurs de la légation. Les Athéniens, comme d'habitude, crachèrent sur son journal. Mais la presse française s'en tint à la version de Guillemin : des Grecs « égarés par la propagande allemande » avaient fait le coup.

Le carnaval Venizélos

Constantin, lui, cherchait un gouvernement, Zaïmis ayant démissionné. Briand, mis en condition par le trio Lacaze-Roquefeuil-Venizélos, prenait les présidents du Conseil grec pour des poupées de foire. Il avait déjà abattu Gonnaris et même Skouloudis. Ce vieux banquier avait, jadis, lancé dans la grande aventure financière un petit Grec, qui était devenu Sir Basil Zaharoff. Après la démission de Zaïmis, Dimitracopoulos se déroba et Calogeropoulos fut nommé. Il était partisan de l'Entente, mais pas de Venizélos qui le dénonça comme « secrètement germanophile ». Briand en sursauta : le nouveau cabinet était anti-venizéliste donc hostile à l'Entente, et les nouvelles élections qu'il proposait « seraient défavorables aux Alliés ». Commentaire du tsar : « Intervention caractéristique dans les affaires intérieures grecques. Procédé dangereux. » D'autant plus que Roquefeuil ne se calmait pas.

Il effraya Venizélos en lui disant qu'un tueur arrivait des Cyclades pour l'assassiner. Il mit en scène un embarquement clandestin, avec déguisements, sosie, signaux dans la nuit. Dartige du Fournet commenta l'affaire ainsi : « Le service a organisé ce départ comme un scénario de carnaval, dont il serait bon de laisser les détails dans l'ombre, au lieu de s'en repaître. »

Venizélos, chez lui, en Crète put exciter sans peine la population contre Athènes. Le *Times* du 27 septembre, repris par la presse française, publia un message « historique » où il se disait « forcé de répondre à l'appel du peuple ». Selon le commandant Chamonard, chef d'état-major de Dartige du Fournet :

— La majorité du peuple grec, en ancienne Grèce du moins, était indifférente aux Alliés, mais nettement hostile à M. Venizélos ; nul n'ignorait que son retour au pouvoir signifierait la guerre. Aussitôt que l'opinion sut qu'il s'opposait ouvertement au roi et que les Alliés le soutenaient, l'indifférence se transforma en hostilité. Le peuple qui, jusque-là, s'était montré anti-venizéliste devint franchement anti-Alliés. Tel fut la première conséquence de la politique de Roquefeuil et du ministre de France qu'il avait gagné à ses idées.

L'amiral Dartige du Fournet avait dû, en effet, sur ordre de Lacaze, transporter Venizélos de Crète à Salonique où ce dernier avait établi son gouvernement provisoire. Sarrail essaya de lui recruter une armée. Il s'en souvint longtemps :

— Combien de villages a-t-il fallu investir avant que le contingent requis ne fût atteint ? Combien de fois fallut-il faire le coup de feu pour empêcher les recrues de s'enfuir par mer ? Il n'était pas facile de former les unités venizélistes. Nous les équipions, les approvisionnions. Réussir à grouper 1 000 hommes quand on a fait appel à tous les volontaires de Grèce n'est pas résultat qui puisse enthousiasmer. En mars 1917, il n'y avait toujours que trois bataillons et un embryon d'artillerie... Dans certaines îles les réservistes proclamaient qu'ils ne répondraient qu'à un appel du roi... Un ministre venizéliste télégraphiait : « Si la terreur est nécessaire, qu'on l'emploie. » Et quand il fut question de forcer le roi à abdiquer, 700 hommes de la division de l'archipel désertèrent.

Cette mobilisation à cloche-pied irrita le ministre de la Marine. Il fallait simplifier les batailles à venir. On obligea alors l'amiral du Fournet à mettre l'embargo sur les navires légers de la flotte grecque. Du Fournet laissa le choix aux officiers et aux marins des navires arraisonnées : rester à bord ou tenir leur serment prêté au roi. Ils descendirent tous à terre, en silence, avec leurs pavillons et leurs icônes et prirent le deuil. Le roi, salué par une foule immense, les passa en revue. Beaucoup d'Athéniens pleuraient. A Paris, Lacaze, qui n'avait averti ni Briand ni aucun autre membre du gouvernement, se félicitait de son initiative. Son plan, élaboré par Roquefeuil, prenait corps. Il consistait à désarmer peu à peu l'armée de Constantin afin de permettre à Venizélos d'occuper Athènes sans combat.

Le 23 novembre, les troupes venizélistes partaient de Salonique et marchaient sur Ekaterini, porte de la Thessalie, pour attaquer des unités royalistes. C'était la guerre civile. M. Bénazet, membre de la Commission de l'Armée à la Chambre, envoyé par Paris inspecter le corps expéditionnaire mal en point, tenta de rapprocher Briand de Constantin que la provocation d'Ekaterini exaspérait. Le roi ne croyait pas à la victoire de l'Entente, certes, mais il doutait dans le même temps que les Empires centraux, assiégés, puissent l'emporter. Sa volonté de rester neutre, coûte que coûte, frappa Bénazet qui transmit aux Affaires étrangères la proposition royale : il retirerait son armée dans le Péloponnèse si la France garantissait la sûreté et l'intégrité de l'État, mises en péril par la sédition venizéliste. Mais les pourparlers échouèrent. Roquefeuil retardait ou même interceptait les télégrammes de Bénazet. C'est alors que l'amiral du Fournet, précisant bien qu'il agissait sur ordre, demanda au roi la livraison des armes et des munitions de son armée. Constantin, « courtois et même cordial », lui répondit :

— Mes soldats ne souffriraient pas cette humiliation et mon peuple ne le supporterait pas.

Lacaze fit envoyer un ultimatum : désarmement à partir du 30 novembre, passé minuit, ou intervention des forces alliées le 1er décembre. Dans la soirée du 30, les ministres alliés, au cours de leur conférence journalière, exprimèrent à l'amiral du Fournet leur malaise. Il leur répondit :

— Il ne tient qu'à vous de presser vos gouvernements pour que mes ordres soient révoqués.

Et les ministres parlèrent d'autre chose. L'amiral reçut alors un message du roi : « La situation s'aggravant, je me sens perdre pied. » Du Fournet lui fit répondre : « Je suis moi-même dans un embarras extrême. Je n'ai jamais été consulté et aucune initiative ne m'est permise. L'ultimatum expire à minuit. Les troupes de débarquement ne seront pas des troupes sénégalaises mais des bataillons territoriaux. »

Le 1er décembre 1916, devant une foule muette et hostile, 3 000 hommes, dont quelques détachements anglais et italiens, commencèrent à s'établir au Pirée, tandis que d'autres se dirigeaient en colonnes vers les positions à occuper. Il y avait encore, apostés dans la ville, des venizélistes et la brigade volante de Roquefeuil. Le général Callaris avait ordonné à ses troupes de ne tirer qu'en cas de légitime défense. Tout se passait dans cette tension qu'en langage officiel on appelle « le calme ». A 11 heures, tout à coup, des coups de feu partirent, on ne sut jamais d'où. Alors l'on se battit dans tout Athènes, jusqu'à 7 heures du soir, la flotte alliée tira 60 obus. Le bilan fut : côté grec 30 tués, 62 blessés, côté français 11 tués et 12 blessés ; les venizélistes eurent 3 tués et 2 blessés. Quand on demanda les pertes italiennes au comte Bosnari, il répondit : « Aucune. Comme nous n'avons tiré sur personne, personne ne nous a tiré dessus. »

Londres, Rome, Saint-Pétersbourg demandèrent des explications. Briand, qui n'avait rien su de l'ultimatum de Lacaze, parla d'« embuscade traîtresse », la presse française et l'anglaise à sa suite épiloguèrent alors sur « le guet-apens grec ». Le 3 décembre Roquefeuil télégraphiait à Lacaze : « Il est nécessaire que de sévères mesures de répression soient appliquées sans délai. L'unique moyen est un bombardement continu d'Athènes. Soyez convaincus que tout retard provoquera une nouvelle catastrophe. » Et le 6 décembre, il expédia télégramme sur télégramme : il fallait faire la guerre à la Grèce sans attendre. Le même jour, Constantin informait le roi George V que « le gouvernement grec avait en mains des preuves irréfutables d'une action venizéliste destinée à s'emparer de la ville pour y installer en maître leur chef. Deux automobiles appartenant au service secret franco-britannique devaient donner le signal de la révolte ; ce mouvement fut déclenché vers 3 heures de l'après-midi ».

Dans les maisons des venizélistes perquisitionnées, on trouva des fusils, des grenades, des fusées en grande quantité, toutes armes de modèle français, ainsi qu'une cotte de mailles en acier. A Paris, Lacaze confia à un vieil amiral en retraite, qui s'empressa de répandre la nouvelle, que « Dartige s'est laissé faire prisonnier au Zappeion comme un sous-lieutenant. Il a hissé le drapeau blanc et signé une capitulation dont nous ne connaissons même pas encore les termes ».

Le 11 décembre, l'amiral Dartige du Fournet était relevé de ses fonctions. A Paris, au terme d'une entrevue très brève avec Lacaze qui lui annonça sa mise à la retraite d'office, l'amiral tourna les talons en lançant un « Adieu ! » méprisant. Il ne tenta aucune démarche. Le vice-amiral Devoluy et le commandant Chamonard, eux, publièrent des explications. Ils furent sanctionnés aussitôt. En 1919, une Commission de la marine se réunit, mais Roquefeuil refusa, par deux fois, de comparaître. La Commission rendit justice à l'amiral Dartige et à ses deux adjoints, mais son rapport, accablant pour Lacaze et Roquefeuil, fut étouffé par Georges Leygues, ami de l'ex-ministre de la Marine et qui, par surcroît, l'avait vu et laissé agir. Leygues se contenta d'exiger la démission, sous vingt-quatre heures, du commandant de Roquefeuil. Comme l'autre, toujours extravagant, le prenait de haut, Leygues le menaça de dégradation.

En décembre 1916, de Roquefeuil fut relevé de ses fonctions d'attaché naval et de chef du service secret. Le 1er avril 1917, il quitta Athènes pour la Baltique. Promu capitaine de vaisseau le 9 octobre 1916, il put prendre le commandement du *Montcalm*. Cependant, durant les trois derniers mois de son séjour en Grèce, il continua à nuire dans l'ombre du général Cauboue, un nouvel agité que la France avait réussi à imposer à la tête de la Commission interalliée de contrôle militaire. Il devait cette promotion, disait-on à Athènes, à sa brutalité et à son manque de correction. Cauboue, conseillé par de Roquefeuil, poursuivit la politique de désarmement total de l'armée grecque afin d'éviter à Sarrail « l'attaque par-derrière ». Ce général, qui voulait « étrangler » les Grecs et le leur disait en les insultant, assenait à M. Lambros, nouveau président du Conseil, des ultimatums, à raison d'au moins deux par jour. Un obscur officier du SR naval britannique, Lawson, aida de Roquefeuil et Cauboue à démanteler l'administration royale, dans un pays exténué par le blocus. Et le gouvernement français, nommé par Poincaré, aux abois, et présidé par Ribot, fit donner le sénateur Jonnart.

De concert avec Venizélos et feignant d'écouter Sarrail qui n'en pouvait plus d'inventer des complots, des ennemis, même parmi les Anglais ! Jonnart, sans aucun droit, tenta sa chance.

Le 11 mai il présenta à M. Zaïmis, revenu aux Affaires, l'ultimatum suivant :

> « Sa Majesté le roi Constantin, ayant manifestement violé la Constitution dont la France, la Grande-Bretagne et la Russie sont les protectrices, j'ai l'honneur de déclarer que le roi a perdu la confiance des puissances protectrices, qui se considèrent libérées de leurs obligations envers lui. »

Dans les jours qui suivirent, Jonnart, voyant Paris et Londres au bord de la crise à cause de sa forfaiture, remit à M. Zaïmis un second ultimatum :

> « Dans le but de rétablir la Constitution grecque dans son intégrité, je dois, aux termes de ma mission, demander l'abdication de Sa Majesté le roi qui nommera lui-même, d'accord avec les puissances protectrices, son successeur, choisi parmi ses héritiers. »

Il excluait de cette succession le prince héritier, le futur Georges II de Grèce, qui n'offrait pas « les garanties souhaitées par les Alliés ». Jonnart, ayant proposé le second fils du roi, le prince Alexandre, exigeait une réponse sous vingt-quatre heures et ajoutait :

> « Si le peuple nous résiste, nous mettrons toute pitié de côté. J'ai vu Arras, ma ville natale, détruite, rasée. S'il est nécessaire nous traiterons Athènes comme les Allemands ont traité Arras. »

Constantin convoqua un Conseil de la couronne composé de tous les anciens présidents du Conseil et des chefs de parti à la Chambre. Après plus de deux heures de discussion, une majorité se dégageait pour rejeter l'ultimatum. Skouloudis dit alors :

— Ni votre Majesté, ni le prince héritier ne doivent signer l'acte d'abdication.

Mais le roi, épuisé, répondit :

— Je quitterai la Grèce et le prince héritier me suivra.

Sir Basil Thomson, dans sa conclusion du *Service secret allié en Grèce*, écrit :

> « Il est beaucoup de trônes qui ont été renversés parce que leurs occupants sont impopulaires ; il était réservé au roi Constantin d'abdiquer parce qu'il était trop aimé de son peuple. »

Constantin s'exila en Suisse et la question d'Orient perdit de son attrait.

Au bon vouloir de Clemenceau

Les Français de l'arrière, dans l'ensemble, doutaient alors de la victoire finale et pourtant ils étaient loin de tout savoir. Au front, les rébellions, suite à l'offensive-massacre de Nivelle, avaient été matées, en ce début de juin, par le général Pétain, sans trop de casse : 3 427 condamnations, soit 10 % des mutins, 49 exécutions. La presse fit silence. « C'est à peine même si l'écho des mutineries parvint jusqu'à nous », dit Henry Maunoury.

Toujours en juin, la première grève depuis 1914, celle des midinettes, qui réclamaient 20 sous d'augmentation et le retour de leurs hommes, avait incité les tourneuses d'obus, les confectionneuses d'uniformes, les ouvriers de chez Kodak, enfin tout le prolétariat féminin à faire les mêmes revendications.

Devant la faiblesse de ses gouvernements et sa propre impopularité, Poincaré se fit une raison, pactisa avec le vieil ennemi, Clemenceau, l'homme de « la guerre intégrale », et le chambardement commença. Le président de la République profita de l'agitation sociale pour mettre à la retraite le préfet de police Laurent et envoyer son directeur de cabinet à la réserve de la 4e armée de Somme-Suippes « comme tringlot de 2e classe », ironisera plus tard Maunoury. Ladoux perdait avec lui son dernier fidèle, le général Valantin ayant été écarté de l'état-major de l'armée, peut-être pour avoir vu passer, impuissant mais sévère, les télégrammes toxiques de Roquefeuil.

L'organisation du 5ᵉ Bureau se délabrait depuis le début de l'année. En février 1917, la section économique avait perdu son patron, le caporal Tannery, redevenu, tout à trac, simple soldat dans un escadron du train des équipages. Avant ce départ brusqué, Tannery avait été contraint par les Affaires étrangères de suspendre la mission de Joseph Crozier à Rotterdam. Privé de son chef, qui avait dû rejoindre le 45ᵉ régiment d'infanterie de Besançon où on l'incorpora comme 2ᵉ classe, le puissant réseau Crozier s'abstint de tout contact avec la SCR. Ladoux sentit « une atmosphère étrange que je ne pouvais pas définir, mais où passaient, par intervalles, comme des éclairs au fond d'un horizon encore sans nuages, les avis de nos agents d'avoir à me méfier ».

La première attaque vint de Suisse où, nous l'avons vu, le contre-espionnage, organisé par Ladoux, avait une implantation solide, possédait un trésor de guerre et recevait des crédits, assez alléchants pour un aigrefin ; Casella, en l'occurrence Me Albert Clemenceau, utilisait ce petit journaliste comme intermédiaire en territoire helvétique, pour certaines affaires douteuses. Il le recommanda à son frère Georges, en marche vers le pouvoir. Casella reçut alors pour mission de rechercher en Suisse les preuves des relations secrètes de Joseph Caillaux avec les Allemands. Sir Basil Thomson, qui met Casella dans le même sac que de Roquefeuil, constate : « Les dossiers qu'il constitua durent être bien peu convaincants pour qu'un adversaire aussi dangereux pour M. Clemenceau que M. Caillaux ait pu échapper au peloton d'exécution. »

Casella, de son côté, s'entourant de ruffians et de cocottes, dilapidait des fortunes, vendait des matières premières aux Allemands et des passeports pour la France à quiconque les lui achetait à des prix prohibitifs. « Petit homme d'apparence insignifiante, avec une moustache courte, à l'expression assez peu engageante que le lorgnon qu'il ne quittait pas n'était pas fait pour corriger », Casella, selon Sir Basil, « joua en Suisse un rôle déshonorant qui aurait provoqué un scandale public chez les Alliés, si la censure et les subventions à la presse suisse n'y avaient paré ». Henry Maunoury dit de ce malfaisant qu'il plaisait à Clemenceau de protéger : « Il s'improvisa policier et organisa un service de contre-espionnage qui battit en brèche tous les agents du capitaine Ladoux et fut un des artisans de la disgrâce imméritée de ce grand animateur. »

Le colonel Goubet, au début du mois de juillet et sans explication, avait retiré à Ladoux la direction de la SCR pour le charger d'une vague inspection des services du 5ᵉ Bureau. Mais le chef destitué du contre-espionnage n'était pas quitte pour autant. La presse, à ce moment-là, sortait une à une, comme d'un chapeau, des affaires dites de trahison. Bolo-Pacha, emprisonné depuis le 5 février, affrontait Bouchardon. L'inquisiteur du 3ᵉ conseil de guerre spécialisé avait reçu des ordres : il devait extorquer à Bolo assez de révélations pour envoyer Joseph Caillaux à la Caponnière. Mais l'instruction traînait. En 1918, au matin de son exécution encore, Bolo, confronté à Caillaux, ne pourra que bredouiller. Georges Duval, à l'inverse, facilita le travail aux juges. Cet agent des Allemands, arrêté en mai, porteur d'un chèque de 150 000 francs, avoua financer des journaux pacifistes dont *Le Bonnet rouge* d'Almeyreda. Cet anarchiste cocaïnomane, quelques jours après son incarcération, fut retrouvé étranglé avec un lacet au pied du lit de sa cellule. Duval sera fusillé, mais Almeyreda, même suicidé, sera la cause ultime de la chute de son ami Malvy, le ministre de l'Intérieur.

A chaque nouvelle affaire, l'inspecteur du 5ᵉ Bureau, Georges Ladoux, courbait l'échine. Ancien journaliste politique et chef de la SCR, il avait suivi de près, de trop près, ces changements dans les salles de rédaction auxquels il s'avérait maintenant que le Nachrichtenburö ou la Wilhelmstrasse avaient participé. Le 9 juillet, la brigade de la Sûreté, sur dénonciation peut-être, découvrait 25 000 francs suisses dans le vestiaire de Turmel, député des Côtes-du-Nord, maire de Loudéac et membre du parti radical. En mai 1916, Turmel avait rencontré à Genève Geissler, le consul d'Allemagne. Avec vingt et un de ses amis politiques, il se proposait de lutter contre les gouvernements que faisait et défaisait Poincaré, soutenu par une presse en livrée et un état-major cannibale, selon Turmel. Le groupe du maire de Loudéac projetait de signer une paix séparée. Geissler s'entendit demander 3 millions de francs qui serviraient à influencer les journaux. Le député, pour finir, lui fournit des renseignements d'ordre militaire. Le consul d'Allemagne nota : « Turmel ne paraît pas être un espion ordinaire, il est choqué par les pertes humaines que subit son pays[19]. » Deux autres parlementaires servirent l'Allemagne aux côtés de Turmel. L'un, nom de code Paul, du parti radical, tenta de s'assurer le contrôle du *Journal du peuple* et l'appui, à la Chambre, des opposants irréductibles à Poincaré ; l'autre, nom de code Herr 32, député de province, essaya d'insuffler à ses collègues provinciaux l'esprit du « parti de la paix ». Inculpé pour avoir participé à la subversion de la presse, ce que les Allemands appelaient « l'offensive morale », Turmel mourut en prison avant son procès. On ne sut jamais qui étaient Paul et Herr 32.

A la faveur de ces affaires de l'été 17, *L'Homme enchaîné* de Clemenceau et *L'Action française* se livrèrent à une campagne permanente d'espionnite, en quelque sorte concentrique ou, si l'on préfère, centripète. Ce tourbillon de traîtres avait pour centre les coupables, par excellence, Malvy et Caillaux. Léon Daudet n'aimait rien tant que haïr et il contraria son grand talent par ses frénésies d'effrayé qui cherchait à faire peur. Imperturbable dans sa démence, mais pervers en ses menées, il épargna de plus en plus Poincaré, qu'il méprisait, se mit à encenser Clemenceau, le dreyfusard, et mobilisa de sa plume très belle la pathologie trépignante de

19. *Havas. Les arcanes du pouvoir*, Antoine Lefebure, Grasset, 1992.

ses lecteurs et affidés de la politique et de la justice contre celui que, depuis longtemps, il voulait « avoir » : Malvy. Or il chancelait, le ministre de l'Intérieur. Le colonel Goubet avait compromis, sur ordre, son chef de cabinet Leymarie, dans l'affaire du chèque de 150 000 francs saisi sur Georges Duval. Après *Le Bonnet rouge* et la mort de son ami Almeyreda, quelques nouvelles calomnies de Daudet suffirent ; Malvy s'effondra, démissionna, renversant par là même le cabinet Ribot, puis il demanda à comparaître en Haute Cour. Le 5 mai 1918, il s'en tira, malgré ses « complaisances criminelles » (Léon Daudet), avec cinq ans de bannissement. Mais Clemenceau avait promis : « Si je prends le pouvoir, j'aurai la peau de Caillaux et de Malvy. » Le 14 janvier 1918, il fera emprisonner son rival à la Santé. Le Sénat, réuni en Haute Cour, en 1920, condamnera à deux ans d'emprisonnement et à dix ans de privation de ses droits politiques l'ex-ministre des Finances, en 1906-1909, du désormais « Père la Victoire ».

A la chute de Malvy, le 30 août 1917, Clemenceau était à deux mois et demi du pouvoir, mais il régnait déjà selon son bon vouloir. Painlevé, le nouveau président du Conseil, se sentait de passage ; Poincaré se résignait et la justice des Bouchardon et des Mornet, au 3e conseil de guerre spécialisé, claquait des talons. On reparla alors de Marie-Paul Bolo, barbillon de Marseille, devenu le clinquant Bolo-Pacha qui, selon Joseph Caillaux, « n'employa sa réelle puissance de séduction qu'à escroquer ». Il avait touché des Allemands 1 682 000 dollars, soit 10 millions de francs, pour acheter *Le Journal*, propriété d'Henri Letellier. Charles Humbert en dirigeait la rédaction. Sénateur de la Meuse, membre écouté de la Commission de l'armée, Humbert était célèbre pour sa campagne « Des canons, des munitions », dénonçant l'inertie de l'état-major et du pouvoir. Il maintint sa ligne dure et patriotique après que Bolo eut conclu l'achat du *Journal* avec Letellier. Bolo s'était gratifié d'office d'une commission de 4,3 millions, sans en référer à son commanditaire, le comte von Bernstorf, ambassadeur d'Allemagne à Washington et chef de la propagande et du renseignement aux USA. Escroc mais régulier, Bolo désintéressa un actionnaire majoritaire, Pierre Lenoir, qui avait lui-même obtenu, avant Bolo et pour s'emparer du *Journal*, 10 millions des services allemands en Suisse. Lenoir et l'avoué Desouches, son assistant dans l'opération, s'étaient alloué 500 000 francs chacun de commission.

Ladoux avait suivi, en personne, toutes ces tractations, sans trop se préoccuper de la provenance des fonds. Il connaissait bien Charles Humbert, il savait Bolo en faveur auprès de Poincaré et de Joseph Caillaux, et Pierre Lenoir, fils d'un courtier riche et lié à Clemenceau, avait été affecté, comme chauffeur, à la SCR. Mais en septembre 1917, Bolo en dit assez à Bouchardon pour déclencher l'affaire Lenoir-Desouches-Charles Humbert-Ladoux. Le fils du courtier généreux de Clemenceau fut arrêté, comme son avoué Desouches, et la Chambre leva l'immunité parlementaire de

Charles Humbert, qui fut aussitôt inculpé. Quant à Jousselin, l'autre juge du 3e conseil de guerre spécialisé, il n'hésita pas à inculper le capitaine Ladoux, ancien chef du contre-espionnage, pour complicité d'intelligence avec l'ennemi. L'accusation venait de Pierre Lenoir. C'était tout ce qu'avait trouvé ce jeune viveur désabusé, comme un pied de nez ; à moins qu'on ne lui ait suggéré cette ignominie. En 1919, avant d'être fusillé, Lenoir demandera pardon à Ladoux, qui ne se remit jamais ni de son procès, précédé de l'emprisonnement au Cherche-Midi, ni du congédiement brutal de Goubet, ni du dédain de Clemenceau.

Le 19 novembre 1917, son pouvoir affermi, il aurait suffi au nouveau maître de la France de claquer du doigt, et au 3e conseil de guerre Jousselin se serait dépêché de blanchir Ladoux. Mais il le laissa, au contraire, se débattre comme il permit à Casella de se vautrer en Suisse. Tel fut, une fois encore, son bon plaisir. C'est alors que le cacique à la moustache tombante, qui bedonnait, jaunissait, devenait dur d'oreille et cachait l'eczéma de ses mains sous des gants gris, cessa, à soixante-seize ans, ses jeux séniles. A l'énergie, qu'il avait intacte, il imposa sa politique de « guerre intégrale », avec, là où il le fallait, des praticiens d'élite et des risque-tout à tête froide. Il rappela donc Tannery et Crozier. L'action hors frontières de la section économique ne se concevait pas, en effet, sans la mission de Rotterdam.

Crozier marchand d'armes et patriote

Tannery et Crozier collaboraient depuis ce jour de février 1915 où le chef de la section économique avait dit au soldat de 2e classe Joseph Crozier, pseudonyme lieutenant Pierre Desgranges :

— Les renseignements que nous avons sur vous et sur les affaires auxquelles vous avez été mêlé nous laissent penser que vous êtes susceptible de nous rendre des services. Vous serez chargé de la surveillance du blocus économique de l'Allemagne.

Tannery, rappelons-le, deviendra, après la guerre, directeur de la Caisse des dépôts et consignations puis gouverneur de la Banque de France, après avoir figuré parmi les experts financiers les plus en vue au cours des négociations du traité de Versailles. Il avait, par conséquent, une idée précise du milieu très spécial dans lequel évoluait Crozier.

En Espagne, le nouvel agent secret de la section économique acheta, pour le compte du gouvernement français, à un directeur de journal de Barcelone, 100 000 fusils Mauser, destinés au corps expéditionnaire de Salonique. Cette opération avait un sens caché, mais Pierre Desgranges attendit 1934 pour « soulever un coin du voile » à l'intention des professionnels du renseignement qui en étaient encore à se demander comment la mission Joseph Crozier-Pierre Desgranges de Rotterdam, « parmi tant d'activités dangereuses, avait-elle pu se maintenir contre vents et marées depuis le début jusqu'à la fin de la guerre, ne pas subir le désastre commun des missions secrètes et rentrer enfin tranquillement au port »[20] ?

Voici l'histoire ou plutôt le peu de sa trame que l'acteur principal a bien voulu laisser paraître.

Joseph Crozier, lyonnais d'origine, s'était expatrié, en 1913, pour s'installer à Bruxelles, dans un hôtel particulier des étangs d'Ixelles, le Quartier français. Agé de trente-huit ans, grand, fort, d'aspect paisible, il se passionnait pour l'aviation, pilotait et investissait dans « les affaires naissantes », disait-il, de l'aéronautique, mais il devait le principal de ses revenus à un autre négoce. Dans les premières années du siècle, il avait été un proche collaborateur de Sir Ernest Cassel, banquier, ami d'Édouard VI, et dont le groupe s'intéressait au commerce de l'armement. Sir Cassel donnait souvent à Joseph Crozier comme exemple de génie des affaires, de haut diplomate et aussi de misanthrope Basil Zaharoff, dont il avait financé certaines opérations importantes. Un des principaux administrateurs du groupe Cassel, Lord Beverley[21], se prit de sympathie pour Crozier, employé très qualifié et gentleman, par surcroît. Cette amitié durable se compliquait d'un rapport patron-exécutant heurté parfois. Grande fortune de l'aristocratie aventurière qui spolia les Irlandais du temps de Cromwell, Lord Beverley

> « représentait fidèlement cette caste de capitalistes qui figurent dans les groupes d'armement et pour lesquels l'argent n'a ni odeur, ni patrie et demeure le but suprême de la vie, acceptant d'avance tous les risques matériels ou moraux sous la seule condition que le profit soit à la hauteur de ces risques. Lord Beverley, sous le masque d'urbanité et de distinction du grand seigneur anglais, conservait les vestiges profonds, les instincts pervers de l'ancêtre aventurier ».

Tel était l'un des puissants qui comptèrent, dès l'origine, dans la mission de Rotterdam.

Joseph Crozier ne se doutait de rien quand, le 17 août 1914, il prit le dernier train pour la France, alors que les uhlans pénétraient dans Bruxelles. Réfugié à Boulogne-sur-Mer, il attendait le bon vouloir des autorités militaires quand, en novembre, un jeune capitaine du génie anglais se présenta à son hôtel. Il appartenait au groupe de marchands d'armes que servait Crozier. L'officier lui tendit un message de Lord Beverley qui le chargeait de la vente des 100 000 Mauser d'Espagne. Fin du message : « Opération délicate, difficile, exige votre contrôle personnel. » Crozier comprit vite ! L'acheteur c'était l'Allemagne, et l'armement irait aux rebelles du

20. *Au service des marchands d'armes*, Pierre Desgranges, Alexis Redier, 1934.
21. Joseph Crozier s'est fait une règle de masquer d'un pseudonyme tous les personnages de cette période de son existence.

Maroc. Il informa alors le 2e Bureau de l'état-major de l'armée, dont il ignorait tout, incita les intermédiaires espagnols de son groupe à proposer leurs Mauser au gouvernement français et, dès la réponse du 2e Bureau, se précipita à Paris. Il rencontra Tannery et devint le lieutenant Pierre Desgranges chargé de la négociation de Barcelone. Une fois les fusils expédiés à Salonique, il lui restait à s'expliquer avec son patron. Lord Beverley vint tout exprès à Paris.

L'affectation de Crozier à la section économique lui plut : « Vous nous serez bien utile à cet excellent poste d'observation. » Quant aux fusils d'Espagne, vendus de façon régulière à la France plutôt qu'en contrebande à l'Allemagne, ils rapportaient moins au groupe. Beverley, qui n'était pas dupe, laissa cependant Crozier lui exposer qu'en enfreignant ses ordres il lui avait néanmoins obéi tout en servant sa patrie.

— Vous avez commis une petite trahison, convenez-en.

Ayant marqué le coup, Lord Beverley, avant de regagner l'Angleterre, sermonna son collaborateur :

> — Soyez sage maintenant, enfant terrible. Le moment est dangereux non seulement pour votre pays comme vous le dites, mais pour vous aussi. Je serai votre ange gardien et vous n'ignorez pas que notre protection étend partout ses antennes ; la guerre est pour nous un moyen, un bon moyen, jamais un danger. Nous ne perdrons pas le contact et vous n'aurez pas à vous en plaindre. Mais chez nous, vous le savez aussi, c'est toujours donnant, donnant : ne l'oubliez pas et, si jamais cela vous arrive, pensez au rachat de la faute en même temps que vous la commettez. Good bye, dear !...

Crozier avait été formé, au sein du groupe, par Sir Ernest Cassel lui-même, et les paroles de Lord Beverley équivalaient à une directive qu'il aurait été risqué de ne pas suivre. Lieutenant Pierre Desgranges ou pas, il était lié à ceux qu'il savait non les maîtres du monde, mais les « maîtres des forces du monde, qu'elles s'appellent les armes, l'or, le pétrole, le rail, le bateau, le fer ou l'acier, etc. ». Collaborateur choisi et éprouvé, il appartenait à leur diplomatie secrète

> « remarquablement souple, disposant de moyens illimités, rayonnant sur le monde entier par des tentacules innombrables, en dehors de l'action et du contrôle des gouvernements et des parlements, se dressant contre la diplomatie officielle, qui ne peut lutter à armes égales, d'autant plus qu'elle agit toujours dans l'ombre. La suprême habileté consiste non pas à combattre la caste mystérieuse, mais à en faire une alliée. Les Anglais ont su résoudre le problème ».

Et Joseph Crozier, qui ne voyait encore ni où ni comment le lieutenant Pierre Desgranges pouvait se rendre utile, pensa à l'Intelligence Service :

> « Cette organisation rayonne dans les milieux les plus élevés qui

décident de notre sort suivant leurs intérêts, leur apporte son concours en échange des services qu'elle en reçoit, participe à leurs immenses profits dont elle tire des moyens d'action incomparables, en un mot a partie liée, en vue de la grandeur de l'Empire, avec ces maîtres de l'heure et de l'ombre dont il n'est jamais prudent de méconnaître l'autorité.

Dans ces cercles où l'anonymat est la règle, on ne s'inquiète ni des amis, ni des ennemis, le régime politique importe peu, les sentiments et les honneurs sont méprisés : seuls comptent l'argent et l'influence pour en obtenir davantage encore. C'est là que se décident les guerres ou les paix, les avènements ou les déchéances des trônes, sur un terrain strictement limité aux intérêts qui s'affrontent en champ clos[22]. »

Il fallait donc, comme l'Intelligence Service, mais en solitaire, « procéder entièrement de données économiques ». Crozier quitta l'Espagne sur une « petite affaire menée vivement ». Le 22 février 1915, une dépêche de Tannery indiquait que 7 500 tonnes de cuivre étaient proposées par un intermédiaire. Les Français n'étaient pas preneurs, mais les Allemands oui. Tannery demandait confirmation de la vente et « date expédition ainsi que nom bateau par officier du port ». Les Allemands achetèrent et Crozier conclut : « Nous donnâmes à nos sous-marins le moyen de faire sauter le bateau. »

Savonnerie Venus, SR commercial

Dans un café madrilène où il tentait d'arracher à un armateur un autre marché de cuivre, Crozier sentit un regard se poser sur lui. « Deux beaux yeux dont l'assurance et le calme n'avaient d'égal que leur charme. Je les connaissais ces yeux ; je savais quelle âme en éruption se cachait derrière leur impénétrable azur. La comtesse de Rollenberg était donc là, moulée dans son tailleur, aussi belle qu'en toilette de cour dans les salons de Bruxelles ou de Berlin. »

La comtesse Lise appartenait par sa naissance et son mariage à deux familles nobles de Rhénanie et d'Autriche. Elle avait parmi ses ancêtres deux maréchaux de France et un officier de la cavalerie étrangère de la Grande Armée, commandée par le prince Radzvill. Le comte de Rollenberg, son époux, combattait dans l'armée du Reich. La comtesse, elle, éprouvant « un besoin maladif d'action et de risque », était à la recherche de son camp.

— Si vous allez dans quelque endroit intéressant, ne manquez pas de m'en avertir, je m'arrangerai pour aller vous retrouver, dit-elle, sans rire, à Crozier.

22. *Les Missions secrètes, 1915-1918*, Joseph Crozier, Payot, 1933.

La comtesse offrait tous les avantages, la classe, l'intelligence, le charme, du caractère, du sang-froid et, bien que polyglotte, elle savait se taire. Crozier lui répondit :

— Je serai sans doute adjoint à quelque attaché militaire dans une ambassade étrangère. Rentrez à Genève, je ne tarderai pas à vous prévenir.

La comtesse Lise rejoignit la Hollande dès que la mission de Rotterdam fut installée. Le réseau Crozier était une innovation dans le renseignement français. Tannery avait dit à son lieutenant Pierre Desgranges :

— Organisez-vous comme vous l'entendrez, nous ne vous connaissons plus et nos organismes officiels ne vous connaîtront pas davantage là-bas.

Rotterdam. A cause des trafics que la neutralité néerlandaise, « cette fiction », favorisait, tous les belligérants avaient baptisé le grand port « le Hambourg de la guerre ». Dans une maison de Nieuwe Binnenweg, qu'il habitait, Joseph Crozier, commissionnaire en marchandises, traitait les affaires d'import-export des huiles et graisses. Connu aux bourses de Rotterdam et d'Amsterdam comme un négociant habile, sans scrupules, il passait pour un parvenu qui avait de la chance, mais figurait sur la liste noire des Alliés[23]. Il possédait à Schiedam une usine de savons, la NV Stoomzeep Fabrik « Venus », un laboratoire à Nimègue, un magasin de meubles à Herrlen et un rendez-vous de chasse à Luyksgestel, près de la frontière belge. En Allemagne, à Düsseldorf, siège du consortium allemand des huiles et graisses et de la société centrale du ravitaillement de l'Allemagne, la Zentral Einkaufs Gesellschaft, la maison Crozier avait créé une succursale. Wilhelm Hanrath, le gérant et fondé de pouvoir, qui était un ultra-rationaliste, considérait son patron comme un sauveur du Reich. « Il est impossible d'avoir mieux et plus aveuglément trahi son pays », dit Crozier de Hanrath qui l'admirait : n'entretenait-il pas des relations suivies avec Albert Ballin, l'animateur de la Zentral Einkaufs, un ami personnel et un conseiller écouté du Kaiser ?

Quand Albert Ballin venait à Rotterdam, il déjeunait volontiers avec Crozier dans le restaurant pour hommes d'affaires de la poissonnerie Sauer. Le prince von Bülow, maître de la propagande allemande, fut impressionné par cette relation et rechercha lui aussi la compagnie du négociant. Von Bülow était toujours précédé dans ses déplacements d'une volée de jolies femmes qui espionnaient de-ci, de-là. Crozier apprit d'elles bien des renseignements. Il fréquentait, pour les mêmes raisons, Albert Ballin et son but était très précis : obtenir des éclaircissements sur ce qui se passait à Genève.

« Des tractations commerciales avaient eu lieu en 1915 sur des

23. Il était interdit d'avoir avec une firme inscrite sur la liste noire toute relation bancaire, d'affaires ou de fret.

marchandises intéressant à la fois les Alliés et leurs ennemis, pour le compte des uns et des autres, et par le canal d'intermédiaires puissants. Plus tard, des opérations du même ordre étaient amorcées en Hollande et je me lançais joyeusement sur ma piste favorite.

On faisait appel à mon concours pendant la période critique de la guerre sous-marine pour acheter aux Allemands leurs bateaux de commerce immobilisés dans les ports et les vendre aux Alliés.

De grands financiers se réunissaient à Genève, sans distinction de nationalité, et discutaient froidement de leurs intérêts, pendant que les armées ennemies s'entr'égorgeaient.

D'ailleurs, les grands rapaces n'ont point de patrie et les mêmes faits se reproduisent du côté de l'ennemi.

Dans nos cercles, ce n'était un secret pour personne que les maisons Thyssen et Krupp livraient à la Hollande et à la Suisse du matériel de guerre que ces bons neutres repassaient aux gouvernements de l'Entente. Parfois, même, les échanges se faisaient directement entre les partis ennemis.

De mieux en mieux, j'apercevais sous un autre angle les responsabilités des guerres. Mes observations s'enrichissaient et j'étendais ainsi le camp de ces responsabilités. Quels étaient les responsables de la guerre ? Et quels étaient les responsables de la continuation de la guerre ? »

On finit par le prier d'oublier Genève et la Suisse où son activité était jugée « débordante et inopportune ». Crozier note : « J'ai obéi. D'autres, moins sages, ont voulu résister et ne sont plus ; leur disparition a fait l'objet d'un fait divers dans les journaux, vite oublié, mais qui m'a rendu rêveur plus longtemps. »

Il fut par la suite soumis à une surveillance dont il devina qu'elle ne se relâchait jamais. En 1918 encore, Tannery lui écrivait : « La transmission des lettres par la Suisse pourrait avoir de grands inconvénients, et il est préférable de ne plus y donner suite et de se conformer à la méthode habituelle. » Ces puissances occultes l'interdisant de Suisse, ce n'était, après tout, qu'un rappel de sa doctrine personnelle :

> « La guerre du droit et de la liberté est une jolie fable. La guerre est une affaire et il ne faut pas la considérer autrement. On s'attache à ceux qui la font pour ne pas voir ceux qui la mènent. Et bien au-dessus d'eux et des autres qui croient diriger les événements se trouve le destin, le véritable maître du monde, qui se rit des combinaisons humaines et les déjoue sans cesse. »

Cette vision de l'Histoire, pour fataliste qu'elle fût, convenait à l'espion-marchand qui constatait l'efficace de sa politique des huiles et graisses : « Les renseignements parvenaient au commerçant qui ne paraissait pas les rechercher et à qui l'ennemi pensait avoir intérêt à les fournir. »

Les Allemands demandèrent, par exemple, au fabricant de la savonnerie Venus de Schiedam de leur conditionner un savon impropre à tout usage, vu sa teneur en huile de lin, mais dont leurs chimistes ne pouvaient se passer pour les explosifs. Ils lui indiquèrent la voie d'expédition. Crozier prévint le colonel Wallner, du poste SR de Folkestone, et les savons n'arrivèrent jamais à destination. Une autre fois, la maison de Nieuwe Binnenweg conclut avec des clients d'outre-Rhin un important marché d'huile à transporter, comme le savon, en contrebande, moyennant une grosse commission. Au moment du chargement, les pourvoyeurs allemands substituèrent à l'huile demandée de l'huile de lin. La marine anglaise coula et intercepta le bateau. L'amirauté britannique avait été alertée par le lieutenant Pierre Desgranges, « mystérieux officier français que l'on ne voyait jamais mais dont, un beau matin, une aventure ou un coup audacieux défrayait la chronique ».

Loin de Nieuwe Binnenweg, à l'autre bout de la ville, « l'âme de Pierre Desgranges » habitait à Mathenesserlaan, la maison à deux entrées, côté avenue, côté jardin, où vivaient le docteur de Blauw et sa compagne Marie Holemans. Là le docteur recevait quelques clients : les collaborateurs de la mission militaire, en situation régulière et exerçant des métiers honorables, qui avaient leurs domiciles à Rotterdam, Amsterdam, La Haye.

On y trouvait le capitaine Mertens, ancien instructeur de l'École militaire belge, qui avait reçu, à Liège, une blessure très grave. Il était secrétaire de la mission et avait amené Jef, un soldat de son régiment, pour servir de domestique. Il lui avait expliqué les activités de la mission et lui avait ordonné : « Silence ! » Et Jef ne parla plus du tout. Autre grand blessé, le lieutenant anglais Richardson, fils d'un professeur de Cambridge et ingénieur, avait trouvé « exciting » de jouer avec la mort. Jan Friedman, gros fermier du Limbourg « qui comptait avec le danger et pour qui le danger ne comptait pas », était catholique et hollandais contre son gré. Il se sentait français d'une province que la France avait perdue sous Napoléon et au nom de laquelle son arrière-grand-père s'était fait fusiller devant sa ferme en flammes, pour avoir arboré le drapeau tricolore. Le policier flamand Charles Reusens, lui, était expert en décachetage de correspondances et professionnel du renseignement. Il y avait encore le capitaine de cavalerie de Lesport, très élégant et distingué, et qui désirait des missions où il pourrait « tuer davantage ». Crozier avait hésité à l'engager. Il exigeait, en effet, de ses combattants une santé excellente, un équilibre nerveux et « une intelligence vive, susceptible de faire sans cesse découvrir le danger en le recherchant, en courant d'instinct à sa rencontre ». Mais la tragédie du capitaine de Lesport expliquait ses goûts sanguinaires. A l'invasion, les Allemands l'avaient pris et ligoté lui, sa femme, ses deux filles. Ce qui se passa, comme l'écrit Crozier, « est impossible à dire, encore moins à décrire ». Mme de Lesport devint folle, une de ses filles mourut peu après, l'autre disparut à jamais.

Avec Heuvel, le petit menuisier de Tournai, gouailleur, très chien fidèle et égorgeur expérimenté, la dernière recrue de la mission était Dom Bernard, un religieux d'à peine trente ans, mais sans âge, un mystique, un fanatique, qui se maîtrisait par l'ascèse. Tous l'appelaient « Padre ». Il détestait le cynisme de la comtesse Lise de Rollenberg. Jeanne Claessens, enfin, une belle Flamande, de nationalité belge, s'occupait de la dactylographie, tout en participant à certaines opérations.

Les bénéfices de Nieuwe Binnenweg assuraient indépendance et efficacité au corps franc de Mathenesserlaan. Mauvais Français, occupé à s'enrichir, pour les Hollandais et les réfugiés belges, traître à l'Entente, pour les agents alliés, tenus dans l'ignorance, le mercanti Joseph Crozier commanditait même une fumerie d'opium, dont il avait confié la direction à une créole des Indes néerlandaises et à son mari, un patriote belge, qui faisait par devoir commerce du vice. La fumerie était élégante et la clientèle choisie. Ceux de Mathenesserlaan venaient eux aussi consommer l'opium, mais le docteur de Blauw avait composé à leur intention un mélange inoffensif et ils simulaient le sommeil extatique pour mieux entendre. La fumerie rendit de grands services avant de provoquer un grand malheur. Jeanne Claessens — ce fut l'une des rares fautes de Crozier — « contracta, à notre insu, la funeste passion qui, par degrés, la conduisit à la trahison, entraînant dans la mort mes plus fidèles amis et mettant la mission en péril. Jeanne Claessens paya cette faute de sa vie, mais nous eûmes beaucoup de peine à réparer le désastre ». Crozier n'en dit pas davantage.

Les violences discrètes de Mathenesserlaan

Dès le début, et à plus forte raison après ce drame, le qui-vive fut la règle à Mathenesserlaan. Les gêneurs étaient éliminés soit par dénonciation aux services alliés ou aux Allemands, selon les cas, soit de façon directe, comme Karl Kauffmann. Celui-ci, déjà suspect pour avoir passé d'affilée plusieurs commandes de savon à la maison de Nieuwe Binnenweg, vint, un jour, proposer des renseignements sur les bases allemandes en Belgique. Crozier fit l'étonné, mais Jan Friedman l'avait averti : Kauffmann était déjà passé trois fois marchander une chambre à coucher au magasin d'Heerlen. A Mathenesserlaan, ce fut le docteur de Blauw qui décida pour Pierre Desgranges :

— Un tampon d'ouate imbibé de chloroforme mélangé de protoxyde d'azote. L'effet sera instantané. Et pas de sang, pas d'armes, pas de traces. Juste 5 mètres de fond dans la Meuse. C'est la profondeur nécessaire pour débarrasser le corps de ce qu'il a absorbé. L'autopsie ne révélera rien qu'une noyade.

Le Padre hollandais repéra un endroit où l'eau était profonde. La comtesse Lise aborda Kauffmann et l'entraîna, prometteuse, dans un parc, vers une allée à l'écart où Desgranges et ses hommes attendaient. Sous le tampon d'ouate, Kauffmann ne se débattit même pas. La voiture, conduite par Dom Bernard, s'arrêta au bout de quelques kilomètres, sur une berge à pic de la Meuse. Le Padre dit : « C'est là. »

Par contre, pour se débarrasser du Hollandais Ackermans, ce fut au tour de Marie Holemans d'attirer l'espion, à la nuit tombante, dans un endroit connu des amoureux, entre Rotterdam et Kralingsche Veer, le marché au saumon. « Plus loin la Meuse... Plus loin encore un pont et 5 mètres de fond. Ce décor du dernier acte avait déjà été utilisé en de précédentes tragédies », et Crozier d'ajouter : « A la longue, les cœurs s'étaient durcis, les nerfs s'étaient assoupis, le dénouement arrivait sur un thème depuis longtemps pratiqué. » Mertens et la comtesse Lise veillaient au loin, Dom Bernard était au volant de la voiture, moteur en marche. Jef, le muet, responsable de l'automobile, l'avait maquillée dans un hangar isolé du port, où il la cachait.

Desgranges et Friedman se saisirent d'Ackermans, de Blauw appliqua le tampon, Marie Holemans poussa le cri de la chouette, signe de ralliement de Mathenesserlaan, et la voiture arriva, tous feux éteints. Après le chargement, Marie Holemans hulula, par deux fois, pour avertir Mertens et Lise. Le surlendemain, le *Niewe Rotterdam Courant* mentionnait le suicide de J.F. Ackermans ; il s'était jeté d'un pont, laissant son veston et sa casquette sur la berge ; le noyé portait sur lui une somme importante.

L'organisation imposait une stricte discipline, et plus stricte encore, si possible, aux passages des frontières. Pour la Belgique, par exemple, les passages s'effectuaient par la chasse du négociant Crozier à Luyksgestel. C'était justement le cas le soir où Desgranges attendait des lettres, des jeunes Belges et Marie Holemans. Le vieil Antoon, de Nimègue, braconnier et passeur prudent, avait été chargé, avec un aide sûr, du franchissement du « câble de la mort »[24]. Autour de Desgranges se tenaient de Blauw, le garde-chasse Warans, Mertens, tous armés de Whinchester, et, un peu en retrait, Heuvel avec quelques passeurs. La nuit était étoilée, et Desgranges s'inquiétait :

— Pas facile, ce passage. Et ils devraient déjà être là.

A la jumelle, il suivit la relève des gardes-frontière, puis dit à Heuvel :

— Va me démolir cette sentinelle. Elle est juste à l'endroit du passage. Et pas de bruit, pas un cri !

Heuvel fila, rampa 500 mètres, expédia le soldat de deux coups de couteau. Quand il revint, Desgranges était, 200 mètres plus haut, appuyé sur son fusil, aux aguets. Il dit :

— Est-ce fait ?

— Oui.

— Va-t'en de là, tu m'empêches de voir.

---

24. Voir chapitre III.

Heuvel, dépité, s'éloigna mais s'arrêta net : il avait entendu le cri de la chouette au loin, dans le bois. Le garde-chasse Warans hulula, lui-aussi, guidant le groupe qui lui répondait de la même manière. Desgranges et les autres se déployèrent en tirailleurs, surveillant le fil. Les bruyères de la lande les cachaient. Heuvel portait les deux paires de cisailles au manche de verre pour sectionner le câble électrique. Il rampa jusqu'à Desgranges :

— Chef, je suis là.

— Restes-y.

Et du côté belge les passeurs surgirent, revolver au poing, pour défendre le passage. Le fil coupé, la petite troupe attendue se précipita. Sonneries d'alarme dans le blockhaus allemand, « *Wer da !* » des sentinelles, salve des Winchester et arrivée chez le garde-chasse où Marie Holemans raconta que, butant sur la sentinelle égorgée, elle avait traité le cadavre de sale ivrogne. Pierre Desgranges, alors, sourit, mais il se souvenait :

> « Tous les passages ne réussissaient pas aussi bien, hélas ! Beaucoup périrent fusillés, à quelques mètres de l'endroit où ils étaient attendus. Et maintenant transportons la scène à la frontière allemande et remplaçons l'arrivée joyeuse chez les Warans par la cour martiale immédiatement suivie de l'exécution de la sentence qui était toujours la mort et nous aurons réalisé un des instants les plus angoissants de notre vie d'aventure, celui où, patrouilleur non pas durant quelques heures, mais durant des jours et parfois des semaines, nous pénétrions seuls, sans armes et sans autre soutien que notre volonté, dans un pays que nous sentions dressé tout entier contre nous dès que la frontière était franchie. »

La comtesse de Rollenberg entrait en Allemagne sur les demandes fréquentes de parents en vue. Joseph Crozier y pénétrait quand ses marchandises intéressaient des gens à Düsseldorf ou ailleurs. Les mécaniciens et les chauffeurs des chemins de fer hollando-prussiens servaient alors d'intermédiaire entre Desgranges et ses agents en poste chez l'ennemi. Mais de Blauw imagina un nouveau mode de transmission. La mission se procura une dizaine d'appareils photographiques du plus petit format connu pour les utiliser dans des boîtiers de montre. L'objectif à la place du remontoir, le déclic s'obtenait par simple pression sur le boîtier. Consulter sa montre, c'était photographier quelque chose ou quelqu'un. L'appareil contenait une pellicule de 37 poses, de la taille des plus petits timbres-poste mais qui pouvaient être agrandies trente fois. De Blauw avait confectionné des petits tubes imperméables en gélatine, parfumés à la menthe ; on pouvait les avaler, en cas d'alerte, ou les glisser dans des boîtes de conserve que le docteur dessoudait puis reconstituait après y avoir introduit les pellicules. L'Allemagne affamée par le blocus allié, comme une partie de la Hollande, laissait circuler les colis de comestibles. Des documents et des plans entiers s'échangèrent ainsi dans les deux sens.

Sur la Belgique, outre les passages de jeunes volontaires belges et de renseignements militaires ou économiques, Crozier organisa, à ses frais, un service de correspondance secrète « entre tant de pauvres gens que la guerre avait séparés ». Il se rendit à Bruxelles, obtint le patronage de M. Rau, vice-président de la Chambre de commerce belge à Paris, de M. Solvay, surnommé à l'époque le roi de la Soude, et de M. Warocqué, le plus grand propriétaire minier de la Belgique. Crozier, toujours pratique, tenta une démarche auprès des petites sœurs des pauvres. C'est ainsi qu'elles distribuèrent jusqu'à l'armistice, au péril de leurs vies, ce courrier de la pitié. Marie Holemans en assura plusieurs livraisons, dont la première. Pierre Desgranges, de Blauw, le garde-chasse Warans et Dom Bernard l'accompagnèrent à la frontière. Le Padre coupa le câble et la jeune femme disparut dans la nuit. Desgranges tenait la sentinelle au bout de son fusil ; s'il avait tiré, Marie Holemans devait se replier aussitôt. Rien ne se passa, des minutes très longues s'écoulèrent et puis, enfin, le cri de la chouette retentit. Warans répondit, quelqu'un dit : « Sauvée ! » et Pierre Desgranges pensa : « Elle ne risque plus que la prison ou la déportation. » Mais Marie Holemans revint toujours.

La mission de Mathenesserlaan fonctionnait à plein. Le colonel Wallner, à Folkestone, et Tannery, à Paris, facilitaient les communications postales et télégraphiques. Les renseignements affluaient grâce à la contrebande de la maison Crozier puis, soudain, le parfait assemblage manqua de crouler faute de pouvoir transporter les marchandises. L'amiral von Capelle avait, en effet, succédé à von Tirpitz au commandement de la Kriegsmarine, et en février 1917 débutait la guerre sous-marine intensive. Les Allemands, qui avaient mis en chantier 800 sous-marins, en sortirent 400. Plus de 200 furent coulés, mais les 120 qui lancèrent le premier assaut dévastèrent les mers. En juillet 1917, l'Entente avouait une perte mensuelle de 510 000 tonnes (800 000 selon les Allemands) : l'Angleterre, privée de ravitaillement, craignait la famine, l'approvisionnement des armées en subsistances et en matériel était menacé et la liaison atlantique avec les États-Unis sur le point d'être coupée.

Crozier, en relations d'affaires avec les industriels et les armateurs allemands, s'appuyait, de plus, sur les informations que la comtesse de Rollenberg obtenait à Berlin. Il avait pu ainsi prévoir ce tournant de la guerre au cours duquel le Reich manqua, de justesse, la victoire. Pierre Desgranges avait averti en conséquence les amirautés britannique et française de la formidable offensive qui se préparait sous la mer. Mais à Paris, comme à Londres, on lui répondit : « Si c'était vrai, nous le saurions. » Il se garda d'insister. Pourtant il avait saisi, mieux et plus vite que les spécialistes de la marine, le secret des Allemands, qui n'était pas, comme le croyaient les amiraux, de nature militaire : le sous-marin est une arme aveugle sans le renseignement. Le comte von Bernstorf, ambassadeur d'Allemagne à Washington, dirigeait, en fait, des USA, tous les U-Boote et les UC qui torpillaient, canonnaient de préférence les cargos, et minaient les voies maritimes. Crozier rencontra plusieurs fois à Rotterdam les deux attachés navals de von Bernstorf, les capitaines Boy-Ed et von Papen, futur chancelier de la République de Weimar puis vice-chancelier du IIIe Reich. A l'expulsion de Boy-Ed et von Papen des Etats-Unis, Crozier lut, comme le monde entier, le message du président Wilson, où il était dit des deux officiers : « De tels êtres devraient être anéantis. » Pierre Desgranges eut ce commentaire, que ceux de Mathessenerlaan approuvèrent :

— Pourquoi donc ? Ils ont agi comme des officiers le doivent : détruire, autant que l'on peut, ce qui nuit à sa patrie.

Ainsi, d'ailleurs, agissait-il. Après avoir soudoyé un auxiliaire ennemi et grâce à la complicité du colonel Wallner qui fit fabriquer en Angleterre la clé adéquate, le capitaine Mertens et le policier Reusens avaient pu pénétrer dans une petite maison banale de Boompjes, un des quais de la Meuse. Desgranges et de Blauw guettaient dans une maison voisine, le Padre attendait à proximité dans la voiture, et d'autres agents étaient prêts à intervenir. Pendant ce temps Reusens, le policier au doigté subtil, ouvrait des plis, des enveloppes, Mertens lisait, prenait des notes, copiait les dépêches chiffrées puis repassait les documents à Reusens qui reconstituait, avec les cachets d'origine, le courrier de la guerre sous-marine, destiné à von Bernstorf et à ses adjoints Boy-Ed et von Papen. Ces intrusions dans la maison de Boompjes furent-elles utiles à la Royal Navy et aux Q-ships pour leur traque aux sous-marins ? Pierre Desgranges ne le sut jamais. La bataille des mers lui causait, à l'époque, d'autres soucis et des sensations neuves.

Du pavillon noir au drapeau rouge des spartakistes

Joseph Crozier avait en effet acheté, à des armateurs norvégiens de Stavanger, l'*Hélios*, un vapeur dont le poids de charge était de 3 200 tonnes, et qui filait 14 à 14 nœuds et demi. Le navire avait le droit de rester un an sous pavillon norvégien. Cette clause du contrat faisant de l'*Hélios* un neutre pacifique avantageait l'armateur Crozier et donna à penser à son commandant, Frédérik Scheffer. Grand, blond, le poil ras, les yeux bleus, l'athlétique Scheffer était réputé comme navigateur et comme rapace. Avec cela, il avait toujours de la chance pour passer entre les torpilles. Le projet de Crozier lui avait plu : il s'agissait de ravitailler l'Angleterre et la France, sans négliger la contrebande avec l'Allemagne. L'entreprise promettait des bénéfices importants, les frets étant élevés du fait de la rareté ou de l'immobilisation des cargos. Mais un jour Scheffer dit à Crozier :

— Avec tous les renseignements que vous fournissent les deux camps, un bateau comme l'*Hélios*, un commandant comme moi avec son équipage, vous feriez un corsaire heureux.

Et Crozier ne dit pas non, bien au contraire. Il sollicita alors de la France et de l'Angleterre ses lettres de marque ou lettres de course. A Paris, Tannery ne put rien. A Londres, on lui proposa d'acheter, mais à prix trop fort, un grade dans les Q-ships, les bateaux pièges, camouflés en vieilles coques, et qui massacraient les sous-marins ennemis. L'amirauté britannique consentit cependant à armer l'*Hélios* de 3 canons de 12 livres, de 2 mitrailleuses, le tout avec munitions plus explosifs et quelques grenades sous-marines. Le colonel Wallner attribua à Crozier, pour l'identifier au SR de Folkestone, le nom de « capitaine Bell ». Scheffer finit par livrer le fond de sa pensée :

— Il n'y a pas beaucoup de marge pour un bateau armé et isolé en plein océan entre la défense et l'attaque. Vous comprenez maintenant ?

Le soir, à Mathessenerlaan, Pierre Desgranges dit à de Blauw et aux autres :

— Vous m'avez vu partir corsaire et je reviens pirate. Qu'importe ? C'est toujours pour la patrie.

Scheffer, lui, ne servait que lui-même et il n'aimait que l'argent, comme son équipage, 42 Norvégiens, tous anciens de la Royal Navy ou de la Kriegsmarine. Crozier plaça à bord Heuvel comme commissaire et Franz de Jong, un sans-filiste de la marine marchande belge. Pendant les préparatifs du premier voyage, Scheffer remarqua, rôdant autour de l'*Hélios*, deux canailles qu'il connaissait trop, Hagelen et Ernest Lang, ancien déserteur allemand et courtier comme son complice. De Rotterdam, Crozier, alerté, confirma au commandant : Hagelen complotait contre lui pour le compte des Allemands. Dans une brasserie de Stavanger, un soir, Scheffer s'entendit avec les deux espions pour livrer l'*Hélios* à l'ennemi puis il les invita à dîner à bord. C'était le soir de l'appareillage tenu secret. Pendant que le commandant et ses hôtes dînaient, le navire sortit du port. Après cinq heures de route, Scheffer, sur la passerelle, à côté du pilote, ordonna de stopper puis dit, très calme : « Envoyez. » Sur le pont, deux sacs lourds furent jetés à la mer. Tôt le lendemain, Crozier reçut un télégramme chiffré : « *Hélios* appareille ce soir. » Il en éprouva, avoua-t-il, « un léger trouble au cœur et une pointe d'orgueil ».

Pour sa première campagne au long cours, l'*Hélios* devait partir de Rotterdam pour rallier New York. La veille du départ, un beau vieillard à longue barbe, Isaac Cohen, diamantaire de Scheveningen, le port de La Haye, avait entraîné Crozier dans un café du quartier juif. Des grands d'Autriche le suppliaient de passer au consulat d'Allemagne à New York un lot de bijoux-souvenirs, valant 10 000 florins. Après les palabres d'usage, Isaac Cohen avait tendu un paquet volumineux à Crozier :

— Voici les bijoux. Demain je vous ferai remettre la commission... je voulais dire la prime de transport. Et pas de reçu entre nous.

Crozier quittait à peine le diamantaire que Reusens l'abordait : le consul d'Allemagne l'attendait au bureau du Nieuwe Binnenweg. Il s'agissait maintenant d'un messager secret, un Belge, Jules Becker, porteur de documents pour le bureau new-yorkais de l'ambassade. Crozier demanda 20 000 florins pour le seul passage aller, « la même somme qu'à votre agent », ajouta-t-il, perspicace. Le consul acquiesça en riant : c'était bien ce que touchait Becker, la moitié au départ, le solde à New York. Dernières conditions : le Belge serait clandestin à bord et il fallait, pour la sécurité du navire, qu'il ait un certificat, en cas de rencontre avec des corsaires allemands.

L'*Hélios* prit la mer, déchargea du fret à Hull et à Aberdeen, sur la côte est de l'Angleterre : « Nous passerons dans l'Atlantique, au nord de l'Écosse et au sud des Orcades », avait commandé Scheffer. Mais, arrivé à ce point, fila au contraire plein nord, sans explication. A Aberdeen, il avait en fait reçu des renseignements précis de Pierre Desgranges. Il convoqua alors Heuvel, le Wallon, et Reusens, le Flamand, monté à bord, sur ordre, à la suite de l'espion Becker.

— Nous allons bientôt croiser deux voiliers danois, leur cargaison, destinée aux Allemands, m'intéresse. Alors, débarrassez-moi de Becker. Accomplissez votre mission. Et vite !

Le colosse Krag, « l'officier de prises » de Scheffer, fit amener par deux matelots écœurés l'espion qu'ils avaient ficelé. Heuvel dit :

— Becker, tu as trahi notre patrie. Mais ici tu es chez Pierre Desgranges. Il a décidé ce qui suit : Jules Becker sera exécuté en mer. Le corps sera immergé immédiatement. Aucun honneur ne sera rendu. Le navire ne stoppera pas.

Sur un signe de Scheffer, Krag et les matelots entraînèrent Becker. A bord de l'*Hélios* on pensait déjà au trois-mâts goélette, le *Jansen*, 800 tonneaux, chargé de caoutchouc, de cuir, de cuivre, de laiton et d'antimoine expédiés d'Amérique. Il fut rejoint au point donné par Pierre Desgranges, au milieu de la journée, avant une tempête. A 500 mètres, l'*Hélios* démasqua ses canons, amena les couleurs et, à la stupeur de l'équipage, hissa le grand pavillon blanc, paré de la Croix de fer, du jack noir-blanc-rouge et de l'aigle : le pavillon de guerre allemand. L'idée était de Scheffer, il n'en avait même pas parlé à Crozier. L'*Hélios* tira un obus qui provoqua la panique à bord du *Jansen*. Une embarcation menée par Krag et dix matelots gagna le voilier. La TSF détruite, ce qui intéressait Scheffer dans la cargaison fut transbordé sur l'*Hélios*, tandis que les Danois s'éloignaient dans leurs canots, avec provision d'eau douce et vivres. Le *Jansen* fut coulé au canon. A l'aube, après une violente tempête, le trois-mâts *Helga*, 900 tonneaux, subit le même sort. Le sans-filiste de Jung avait capté sur la fin de la nuit ce message : « Avis de guerre du gouvernement britannique. Corsaire allemand opère dans Atlantique au sud des îles Faeroer. Attention. »

Pendant le reste de la traversée, l'aspect et la peinture de l'*Hélios* furent changés, il était méconnaissable. Le journal de bord fut modifié en fonction des marchandises saisies pendant que Reusens s'occupait, comme il s'y entendait, des documents destinés au comte von Bernstorf et concernant le grand sous-marin *Bremen*. A l'arrivée à New York, Reusens, muni des papiers d'identité de Becker, remit le courrier à l'adresse indiquée, toucha les 10 000 florins et demanda un certificat pour sa mission périlleuse. Il se rendit ensuite au consulat allemand pour livrer les bijoux d'Isaac Cohen.

Sur le chemin du retour, l'*Hélios* s'empara de la cargaison d'huile de lin du *Sirius*, vapeur norvégien de 3 800 tonnes, puis du cuivre, du cuir, des produits alimentaires et de l'or, destiné à une banque scandinave, tout le fret du *Météor*, cargo danois de 5 000 tonnes. Les deux bateaux furent, bien entendu, coulés. Pendant sept mois, l'*Hélios* navigua sans arrêt. Il accomplit sept voyages entre la Hollande, l'Angleterre, la France, la Norvège ou l'Amérique. Il détruisit 40 000 tonnes de bateaux transportant de la contrebande allemande et le sous-marin UC-15 de la base de Zeebrugge. L'usine de Crozier, approvisionnée comme par le passé, permettait à la mission de Mathenesserlaan de continuer selon son principe : commerce et renseignement. Un principe dont bénéficiait en retour le pirate *Hélios*. Crozier échangeait des marchandises, chargeait sur les mêmes transports, négociait, chaque jour, avec les grands contrebandiers qui travaillaient pour l'Allemagne. Les départs, les arrivées des navires, leurs destinations et le but final de leurs chargements, tout lui était connu. Les services alliés, de leur côté, facilitaient les communications de Pierre Desgranges qui renseignait ainsi Scheffer avec une précision quasi mathématique. Pensant aux ravages, donc au rendement de l'*Hélios*, Crozier se disait parfois : « Quelle belle carrière ! »

Le ministère des Affaires étrangères exigea alors de l'état-major de l'armée qu'on en finisse avec la mission-lieutenant Pierre Desgranges. Le Quai d'Orsay ne pouvait admettre qu'une agence d'espionnage et de contre-espionnage fonctionnât hors du régime général de l'administration. Et le 2e classe Joseph Crozier s'en fut passer quelques mois tranquilles à Besançon, comme vaguemestre du 35e régiment d'infanterie. Une décision ministérielle précisait : « En raison des missions accomplies par M. Crozier, il ne devra pas être utilisé sur le front nord-est. »

Un matin de mars 1917, plusieurs lettres, visées par la censure, arrivèrent de Rotterdam. La première était de Scheffer, il annonçait la fin de l'*Hélios*, coulé par une mine ou une torpille — il ne savait — alors que le bateau arrivait en vue du port de Hall, après avoir envoyé par le fond le sous-marin UC-15. Plus tard, Scheffer remit à son armateur le livre de bord et les papiers officiels du bateau. Il les avait sauvés du naufrage ainsi que le pavillon noir symbolique, cadeau de la comtesse Lise, marraine du pirate. Mais il était un autre souvenir de l'*Hélios* auquel Crozier resta toujours attaché. Pour le Noël que son navire passa en mer, il avait préparé en secret, avec le concours d'Heuvel, une fête pour l'équipage. Le petit Belge avait caché dans une cale un grand sapin et des cadeaux pour ces 42 Norvégiens âpres et sanguinaires, sauf en cette nuit-là. Scheffer avait demandé à Heuvel de faire une collecte à bord, mais il dut en rembourser la plus grande partie, tant les matelots avaient donné pour honorer leur armateur. Ils avaient acheté une belle poupée hollandaise à l'intention de la fille de Crozier, alors âgée de trois ans et exilée avec sa famille en Angleterre. Quinze ans plus tard, Crozier écrira :

> « Elle était très belle, en effet, la poupée hollandaise, et elle habite maintenant l'armoire aux souvenirs. Quand, de loin en loin, je la revois, avec ses vêtements fripés maintenant, le rêve renaît : j'aperçois le beau corsaire sur le vaste océan, les pêcheurs de Norvège et leur grand commandant d'allure britannique, je sens la bataille et je sens la grande aventure, une émotion soudaine m'étreint et... je ferme la porte de l'armoire[25]. »

A Besançon, dans son courrier de Rotterdam, se trouvait aussi une lettre de Lise de Rollenberg. Elle s'achevait sur ces mots : « Vous êtes à peine parti que l'on dit déjà que vous allez revenir. On vous sent toujours là, tout proche, et ce sont ces secrets pressentiments qui nous font espérer que rien n'est fini. »

Dès sa prise de pouvoir, Clemenceau rappelait Tannery et reçut Crozier, redevenu Pierre Desgranges. L'entrevue fut beaucoup plus longue que les dix minutes prévues. « Il s'était rapproché du coin de la table, avait enlevé son légendaire bonnet de police », nota Crozier, ajoutant que pendant l'entretien ils s'étaient « regardés dans les yeux ». Puis Clemenceau lui serra la main.

— Partez vite. Vous nous rendrez beaucoup de services. Rien ni personne ne peut vous obliger à retourner là-bas, mais croyez-moi, votre place est en Hollande. Et avec un sourire : Vous n'entendez donc pas la chouette, le cri de vos chouans qui vous appellent ?

Et Crozier, dépendant désormais du général Boucabeille, attaché militaire à La Haye, retrouva ceux de Mathenesserlaan. Le lieutenant Pierre Desgranges, condamné à mort par l'ennemi, allait appliquer son principe intangible, commerce et renseignement, à la mission délicate que lui avait confiée Clemenceau. Cette fois-ci, il fallait aider les révolutionnaires allemands à planter à Berlin, au cœur du Reich chancelant, le drapeau rouge des spartakistes.

---

25. *Pavillon noir. Lieutenant Pierre Desgranges et lieutenant de Belleval*, Alexis Redier, 1931.

V

LA LUTTE CONTRE LES SOVIETS

Le premier Français entré à Berlin — La note n° 3 — « Un certain Bronstein nommé Trotski » — Le comte de Lubersac chez Lénine — Pour les pommes de terre et les armes des brigands de l'impérialisme — L'ambassadeur Noulens « instrument inintelligent de l'Histoire » — Le tsar exécuté par peur des Tchèques — Lockhart, agent officieux, se repent de son anticommunisme — Le « fameux Boris Savinkov » coûte 2 500 000 roubles de plus à la France — Le capitaine Faux-Pas dans le secret des attentats — Le dernier train de l'amiral Koltchak — Body, l'ouvrier limousin, et le testament de Lénine — Le 2e Bureau, Jacques Sadoul et la IIIe Internationale — 1922-1923 : quelques rapports sur Romain Rolland et l'antimilitarisme — La gendarmerie à la rescousse — Les saboteurs du parti industriel — L'invasion de l'URSS pour l'été 1930 — Koutiepov, un rapt comme les autres — Honel, tueur d'occasion, mais communiste-né — L'affaire Fantômas fait fuir Jacques Duclos — 1932-1936 : des notes bien peu informées — Le général Miller enlevé à cause de Toukhatchevski — Ignace Reiss et la révolution massacrée — La Guépéou par tous les moyens — De Lattre de Tassigny dépêche Mendras à Moscou — Dans la fournaise espagnole — « Un roi de France ferait la guerre » — Sadoul à Cachin : Moscou ni dupe, ni victime.

Le premier Français entré à Berlin

Pour Joseph Crozier, de retour à Rotterdam, aider les Allemands, s'ils se dressaient contre l'impérialisme du Reich, était une éventualité qu'il avait envisagée depuis longtemps. Dès octobre 1915, en accord avec le capitaine Ladoux, alors chef de la SCR, et le colonel Wallner, du SR Folkestone, il avait pris des contacts avec les syndicalistes hollandais et allemands.

Mais en ce premier semestre de 1918, les données avaient changé. L'action révolutionnaire des Allemands en Russie venait de leur rapporter la paix de Brest-Litovsk et il était urgent pour les Alliés d'y répondre par une action non moins révolutionnaire en Allemagne. Comme, cette fois, l'ordre de coopérer venait de Clemenceau et que le plan d'intervention avait été réglé par le général Boucabeille, Joseph Crozier-Pierre Desgranges s'engagea, sans retenue, dans le mouvement, avec les communistes hollandais, russes et allemands.

Il notait, toutefois, que, de vieille souche bourgeoise, ses instincts autant que ses origines se dressaient contre les théories dont il se faisait, pour un temps, « le protagoniste obligé ». Il reconnut par la suite, au sujet des compagnons de ses heures révolutionnaires : « J'y ai rencontré de la franchise et une camaraderie certaine, et surtout, ce qui peut sembler extraordinaire, je m'y suis trouvé en excellente compagnie. »

Il écrivit, à cette époque, à Clemenceau :

> « La seule propagande efficace, au point de vue Alliés, doit porter sur le parti révolutionnaire (socialistes minoritaires ou spartakistes) qui s'attaque aux institutions de l'Empire et qui a ainsi un but commun avec l'Entente, la destruction de l'impérialisme prussien. D'autre part, c'est le seul parti ayant déclaré qu'il existe une question d'Alsace-Lorraine. Son développement actuel est indiscutable et ses besoins financiers en font une proie facile. Dans chaque ville, il a constitué un fonds de propagande qu'il appelle « munitions pour la paix » et qui est centralisé par la secrétaire bien connue du parti, Louise Zeitz. En raison même de son caractère international, ce parti est plus facilement abordable que les autres par le canal des révolutionnaires des pays neutres dont les sentiments sont, en général, favorables à l'Entente. »

Note du général Boucabeille à Pierre Desgranges :

> « P.N. 210.

Vous nous avez signalé que les organes minoritaires P.M. ... de Berlin, L.V. ... de Stuttgart, A.P. de Brême, ne disposaient que de ressources très limitées ne leur permettant pas d'assurer leur propagande dans des conditions aussi favorables que les socialistes gouvernementaux. Voudriez-vous vous assurer quelle serait la meilleure façon de les toucher en vue de leur faire accepter une intervention financière de notre part, leur permettant ainsi de continuer la lutte par une diffusion non seulement plus grande de leurs organes, mais couvrant aussi les frais d'organisation des réunions et les frais de campagne de leurs candidats aux différentes élections.

Quelles sommes seraient ainsi nécessaires ?

Quel moyen de les faire passer ?

Éventuellement et, si possible, quel contrôle pourrions-nous exercer ?

Signé : Boucabeille. »

Le seul contrôle effectif était en fait exercé par Crozier lui-même qui se trouvait au cœur de l'action. La succursale des Savonneries Venus, à Düsseldorf, lui servait d'étape pour ses incursions en Allemagne en tant que membre du Comité secret terroriste de la révolution. Un poste de confiance qu'il devait à ses amitiés au sein du parti communiste hollandais. Lors des élections de juillet 1918, le négociant Crozier avait, en effet, soutenu, comme il s'y entendait, les quatre candidats communistes : Wynkoop, Kohlteck, le Dr Van Ravenstyn et Kruyt, qui entrèrent, pour la première fois, comme députés au Parlement de la Hollande. A son domicile d'Amsterdam, Wynkoop avait présenté Pierre Desgranges aux organisateurs de la révolution allemande et, parmi eux, à Piecke, membre du comité de Berlin qui devint le chef des forces révolutionnaires en Rhénanie et membre du grand Comité révolutionnaire protestataire Liebknecht-Ledebourg-Piecke.

Placé par Piecke au Comité secret terroriste, Pierre Desgranges y était chargé de l'acheminement par la Hollande de tracts qui devaient parvenir aux ouvriers allemands sous enveloppe fermée, à cause de la censure systématique dans le Reich de tout ce qui pouvait ressembler à une presse « socialiste minoritaire ». Pierre Desgranges avait fait subir à ses passeurs un entraînement intensif sous la direction du garde-chasse Warans et les payait « une petite fortune ». Un jour, ils franchissaient le câble de la mort par la chasse de Luyksgestel pour assurer le courrier des Belges exilés ; le lendemain, ils repartaient chargés de lourds ballots de tracts, par les pentes de Nimègue, pour traverser la frontière allemande.

Pierre Desgranges dirigeait aussi les opérations de contrebande d'armes. Le gouvernement du Reich, quand il avait aidé les bolcheviks, s'était servi des socialistes allemands afin de faire passer en Russie, dans la clandestinité, des quantités massives d'armes et de munitions. Et les « minoritaires » avaient détourné au passage de quoi constituer de nombreux dépôts, en vue de la lutte finale. Ils demandèrent à Pierre Desgranges de compléter leur armement. Redevenant alors l'agent du groupe de Lord Beverley, il assura la livraison, payée par les spartakistes, de 5 000 fusils Mauser, calibre 7,92 millimètres, et 5 000 pistolets automatiques Parabellum. Bien qu'il ait limité les munitions à 200 cartouches par arme, cette cargaison représentait déjà 2 000 tonnes qu'il fallut débarquer durant des nuits et des nuits pour lui faire traverser toute la Hollande jusqu'au plus près de la frontière allemande.

Le réseau de Mathenesserlaan, tout entier, travaillait pour la révolution, et nul ne doutait de la réussite des spartakistes à qui Pierre Desgranges disait toutefois : « Dans un mouvement grandiose comme celui que vous préparez, il faut, avant tout, un chef au cerveau puissant et neuf, ayant des idées précises et entièrement dégagées d'un passé aboli, avec une autorité et une énergie capables de les imposer à tous. Ce chef, qui doit être la base et la pierre angulaire du mouvement, l'avez-vous ? »

En février 1918, le jour de la grève générale de 300 000 ouvriers qui se rangèrent du côté de la révolution, il était là, à Berlin, chez la comtesse Lise de Rollenberg, son antenne dans la capitale allemande.

— Vous, Pierre Desgranges, officier de l'état-major français, membre du Comité révolutionnaire allemand à Berlin, vous avez droit au double poteau et non plus à douze balles, mais à vingt-quatre ! ironisa la comtesse Lise.

Il répondit sans sourire :

— Je fais le rêve que je suis à l'avant-garde de nos troupes, le premier Français entrant à Berlin, Nach Berlin !... Nous y voilà, n'est-il pas vrai ?

Il put y croire quelques mois encore. Au printemps 1918, il écrivait à un ami sénateur :

> « Depuis le 8 mai dernier, aucun journal socialiste minoritaire n'arrive plus, même dans les pays neutres : la censure allemande est impitoyable. Le *Vorwaerts* lui-même, malgré sa qualité de journal majoritaire, ne parvient ici qu'exceptionnellement.
>
> Cette suppression rigoureuse correspond à la diminution de la ration de pain en Allemagne, qui est, comme vous le savez, le prélude des grands mouvements populaires ; elle nous indique aussi la crainte que le parti minoritaire inspire au gouvernement allemand en ce moment.
>
> Au point de vue des mouvements populaires, l'heure de l'Allemagne va sonner, soyez-en certains ; il y a dans le pays une effervescence indiscutable et l'opinion publique n'acceptera pas une nouvelle campagne d'hiver. C'est donc avant l'hiver qu'éclatera la révolution allemande, dont la première conséquence sera la paix immédiate. Nous venons d'entreprendre plusieurs déplacements dans des régions de sentiments différents, vers Karlsruhe (Bade), Baden-Baden, Coblence, Düsseldorf, Essen, Cologne et Würzburg. La situation économique et alimentaire est épouvantable. Le moral des populations ne peut plus être relevé, même par une offensive brillante, et, chose incroyable en Allemagne, les protestations commencent à s'élever violemment jusque dans l'armée. Il faut que

nous tenions envers et contre tout avec une énergie nouvelle. Seuls ceux qui ont vu peuvent dire combien est près le quart d'heure du Japonais.

Bien affectueusement à vous.

J. C. »

Mais déjà le gouvernement français s'inquiétait : le plan d'aide aux révolutionnaires mis au point par le général Boucabeille, et que Joseph Crozier réalisait à la lettre, s'appliquait trop vite. Où mènerait-il ? Boucabeille lui ayant fait part des réticences de Paris, Crozier notait :

« En haut lieu, parmi ceux qui ne croient jamais à rien, plusieurs ne croyaient pas à la possibilité d'une révolution en Allemagne ; les autres redoutaient autant la contagion du mal communiste que la carence possible d'un gouvernement révolutionnaire encore mal établi en Allemagne quand viendrait l'heure de signer la paix. »

Le général Boucabeille, appelé à Paris, s'y entendit signifier qu'une politique d'attente serait préférable à son action énergique, et on le déchargea de la question allemande, confiée, désormais, à l'ambassade de France à La Haye. Quand la révolution éclata, que l'armistice fut demandé, Crozier se trouvait à Paris. Il écrivit à Boucabeille le 10 novembre, la veille de la suspension d'armes :

« Mon général,

Je n'ai pas encore vu le président du Conseil, à cause des événements actuels qui absorbent tout son temps. Par contre, j'ai eu un long entretien, hier, avec le colonel Herscher.

L'entourage du président est devenu résolument opposé à toute propagande révolutionnaire et à notre immixtion dans ces milieux.

Les événements qui se déroulent avec tant de rapidité en ce moment prouvent que nous avions raison. La révolution allemande a bien éclaté au moment indiqué par nous, et on ne sait pas encore exactement si c'est elle qui a provoqué la débâcle militaire, ou bien si c'est le contraire. Cette révolution se fait avec des éléments que nous connaissons et, comme nous l'avons prédit, elle ira jusqu'aux plus extrêmes limites. »

Réponse du général :

« Légation de la République française
aux Pays-Bas
L'attaché militaire,
La Haye, novembre 1918

Mon cher ami,

J'ai bien reçu vos lettres.

Il m'est confirmé officiellement, après de nombreux avis officieux qui me sont parvenus, que l'on abandonne définitivement tout plan d'action basé sur la coopération avec les éléments que vous savez.

Officiellement je n'ai reçu que la décision, sans aucun considérant de nature à la motiver, mais il me revient que ces considérants sont tous basés sur la crainte de voir les vagues de fond qui travaillent l'Allemagne atteindre les pays alliés.

Le colonel Herscher vous avait donc bien dépeint la situation et, sans doute, vous jugerez inutile de plaider auprès du grand chef une cause qui semble bien perdue. J'ai néanmoins confiance en vous que si vous estimez possible et utile de raccrocher l'aventure, si je puis dire, vous le ferez.

Je suis convaincu pour ma part que les craintes que l'on a fait courir sont chimériques, car si l'explosion doit s'étendre chez nous, ce n'est pas le refus de participer de l'autre côté du Rhin à l'élaboration des préliminaires qui nous préservera des risques que l'on redoute. Probablement, même pourrait-on dire au contraire.

Bien cordialement à vous

(S) Boucabeille. »

La note n° 3

Crozier, pour oublier sa déconvenue, préféra penser que Clemenceau, en renouvelant son ordre de tout abandonner, « évitait de se laisser séduire par la perspective d'un écrasement plus complet de l'Allemagne ».

C'était, en fait, la grande peur du communisme, encore appelé bolchevisme, qui commençait. Une peur justifiée, d'ailleurs, comme le montre le document suivant :

« Annexe à la lettre n° 3000 du 10 mars 1919

Grand quartier général des armées françaises de l'Est. État-major. Service spécial. Sûreté générale aux armées.

Note n° 3 — Aperçu sur les procédés de propagande du "bolchevisme".

I

Le mouvement bolchevik[1], né en Allemagne au lendemain de la révolution russe, tend, notamment depuis la suspension des hostilités, à se répandre dans tous les pays du monde.

Au moyen d'une propagande intense, aidée dans ses tentatives par l'Allemagne qui espère bénéficier des troubles, la Russie maximaliste s'efforce d'organiser la "révolution internationale".

En favorisant l'expansion du "bolchevisme", l'Allemagne a pour but d'amener des défections qui auraient pour conséquence l'atté-

1. Bolchevik, mot russe qui signifie « maximaliste » ou partisan de la théorie des majoritaires.

nuation des rigueurs du traité de paix, l'inefficacité du contrôle économique et même la préparation de la reprise des hostilités dont certains pangermanistes caressent déjà l'espoir.

Il est très suggestif d'ailleurs, à ce point de vue, d'examiner l'attitude de l'Allemagne à l'égard du mouvement bolchevik. Le mot d'ordre est : "Avec lui au-dehors, contre lui au-dedans."

Dès que le gouvernement actuel de l'Allemagne éprouva combien le mouvement pouvait devenir dangereux pour lui, il n'a pas hésité à rompre, officiellement, avec le gouvernement de Moscou, expulsant ses représentants, réprimant avec énergie les tentatives d'insurrection des socialistes extrémistes. Il semble, d'ailleurs, de ce côté, avoir réussi, d'une façon générale, à conserver, sauf dans quelques villes, un calme à peu près complet.

Grâce à cette rupture officielle, le gouvernement allemand a pu agir, chez lui, aussi fermement que les circonstances l'exigeaient ; en revanche, par des rapports officieux, il s'est efforcé de donner au mouvement toute l'impulsion nécessaire pour lui faire gagner les pays de l'Entente.

Certaines informations n'indiquent-elles pas, en effet, que Ludendorff et Hindenburg agissent d'accord avec Lénine et Trotski ? En Suisse, les germanophiles ne voient-ils pas avec sympathie le mouvement s'organiser ? — Certains fonctionnaires à tendance pro-allemande, comme les postiers de Bâle, restés en liaison avec le consulat allemand, n'apportent-ils pas leur complicité aux comités révolutionnaires ? — Dans la zone d'occupation, le directeur des usines Siemens & Halske, à Mannheim, n'est-il pas désigné comme étant le chef et l'organisateur de la propagande parmi les troupes alliées malgré la réserve que semblerait lui imposer sa situation[2].

En Hollande, d'anciens services allemands d'espionnage, entre autres celui de Scheveningue, sont transformés en agences bolchevistes. Le baron von Schroder, un des dirigeants de la propagande allemande aux Pays-Bas, connu comme pangermaniste très actif, est devenu propagandiste maximaliste.

Les agents diplomatiques de l'Allemagne ont eux-mêmes reçu des consignes spéciales et la mission d'apporter leur concours occulte au mouvement révolutionnaire international.

En résumé, sans abandonner ses méthodes d'espionnage en ce qui se rapporte à nos forces militaires, l'Allemagne transforme en agitateurs ses agents de renseignements ou de destruction, et elle y consacre actuellement une grande activité et des sommes très importantes.

II

Le mouvement bolcheviste a gardé son foyer en Russie. Pour tenter de l'introduire dans les nations de l'Entente, le gouvernement de Moscou a cherché dans certains pays neutres des "antichambres" favorables : la Suisse[3], vers la France et l'Italie (c'est ainsi que l'on

---

2. Ces renseignements ont été transmis, en leur temps, aux armées intéressées. Ci-joint un relevé sommaire de ces communications.

3. A ce sujet, le Comité d'Olten, qui jusqu'à présent semble avoir été l'organisme central du mouvement en Suisse, va être transféré à La Chaux-de-Fonds, gros centre ouvrier, très voisin de notre frontière, où ses agissements seront facilités par une police locale indulgente et par la présence d'un grand nombre de déserteurs français.

doit expliquer, en grande partie, l'existence des récents mouvements à Zurich) ; les pays Scandinaves et le Danemark, vers l'Angleterre ; la Hollande, vers la Belgique.

Les rapatriements étant presque terminés, l'activité se porte dans la zone d'occupation et sur l'Alsace-Lorraine. Des agents sont envoyés pour répandre la doctrine dans les troupes et dans la population civile et s'aboucher avec des comités révolutionnaires. Ils viennent de Hollande, pénètrent dans les secteurs des têtes de pont du Rhin et de là sur les territoires de la rive gauche. En Alsace, ils s'introduisent par la frontière suisse. Bacher, secrétaire du Comité d'ouvriers de Bâle, envoie des émissaires en Alsace. Des passeports sont délivrés en Suisse à des réfractaires ou à des déserteurs pour se rendre dans le Palatinat. Des marins et des soldats alsaciens ou allemands, nés en Alsace, sont spécialement désignés pour se rendre dans les pays désannexés se livrer à la propagande révolutionnaire et préconiser la théorie de l'autonomie. Des Suisses, mêlés aux derniers troubles de Zurich, ont tenté de pénétrer en Alsace sous prétexte d'y travailler dans les chemins de fer. Des Russes seraient également employés comme propagandistes.

III

L'ennemi cherche à atteindre, en premier lieu, les troupes d'occupation ; il trouve dans les pays rhénans et dans les villes situées à proximité des ponts du Rhin un terrain et des auxiliaires favorables. C'est ainsi qu'il espère répandre la propagande maximaliste dans les armées alliées et préparer leur décomposition morale.

Dès la signature de l'armistice, l'Allemagne "révolutionnaire" a mis le plan élaboré à exécution. Son premier effort direct contre la France s'est traduit par une propagande intense auprès des prisonniers de guerre, même auprès de certains officiers. Des orateurs, délégués par les conseils d'ouvriers et de soldats, sont venus dans les camps, ont développé leur thème favori et classique de la libération morale du peuple allemand par la chute de l'impérialisme et prêché la réconciliation universelle. On a distribué par milliers des tracts reproduisant ces discours, engageant les prisonniers de guerre à se dresser contre l'"impérialisme" français et à le réduire par la révolution et au besoin par le meurtre. Ces tracts, souvent conservés par les internés libérés, par simple curiosité, ont été ainsi répandus en France. Pour favoriser l'action de la propagande, on a semé de fausses nouvelles parmi les prisonniers, on leur a affirmé que leur pays se désintéressait d'eux, craignait même leur retour auprès des leurs et n'apportait aucune hâte à leur rapatriement. Exploitant insidieusement les difficultés des transports, l'ennemi leur a laissé soupçonner la possibilité d'un retard volontaire.

Cette propagande a trouvé parfois des adeptes parmi nos compatriotes : certains officiers et soldats internés participèrent aux COS Les Allemands trouvèrent parmi eux des agents prêts à semer "la bonne parole" après leur rapatriement. D'après diverses informations, les PG qui ont subi leur internement dans l'Allemagne du Nord seraient surtout contaminés.

IV

Pour pallier les risques et la difficulté que présente l'infiltration d'agents mobiles, l'ennemi a laissé sur place des agents fixes. Des officiers et des soldats pourvus d'un titre régulier de démobilisation ont été également chargés de missions en zone occupée. Dans les organes administratifs, des fonctionnaires restés à leur poste auraient été, de même, chargés de se livrer à la propagande ; parmi eux, on cite surtout des employés de chemins de fer, des postes, etc. Des prêtres catholiques allemands ont été signalés comme devant également travailler dans ce sens.

D'autre part, des tracts sont introduits à des milliers d'exemplaires. Ils sont expédiés de Suisse ou de Hollande et des passeurs pratiquent le transport de ces feuilles de part et d'autre des frontières. Il en vient de Russie, d'autres sont préparés et transportés par les soins des comités révolutionnaires créés en pays neutres pour les besoins de la cause. Il est possible, étant donné la difficulté du transport, que certains soient imprimés sur place.

V

Une surveillance très active devra être organisée pour déjouer les véritables intentions des individus dont les déplacements ne sembleraient pas pleinement justifiés, de ceux qui, pour des raisons quelconques, chercheraient à entretenir des relations avec les troupes d'occupation. Les Russes, tant civils que militaires, libérés, devront faire l'objet d'une attention particulière. Ces mesures seront renforcées dans les agglomérations et dans les centres ouvriers. On s'efforcera de découvrir les comités occultes, les imprimeries clandestines et, quand une distribution de tracts aura été signalée, d'en rechercher l'origine.

Les fonctionnaires allemands restés à leur poste devront être observés tant dans leurs rapports, s'il y a lieu, avec le public et les troupes d'occupation, que dans leurs agissements en dehors de leur rôle officiel. On se méfiera en tout cas de l'attitude d'individus se disant révolutionnaires pour combattre le militarisme allemand, mais dont les tendances ne font que servir la cause ennemie puisque leur activité s'exerce au milieu de nos troupes.

La surveillance ne se bornera pas à démasquer, en vue d'une répression immédiate, les agents de l'ennemi. Elle observera attentivement les indices qui laisseraient supposer que certains centres, certaines unités ont subi l'influence des théories révolutionnaires.

Les manifestations extérieures, l'attitude, les propos de militaires ou de civils qui ont prêté l'oreille à des excitations étrangères peuvent avoir pour origine une propagande subversive répandue par les agents ennemis qui exploitent habilement les difficultés économiques du moment. »

*

« Grand quartier général des armées françaises de l'Est. Etat-major. Service spécial. Sûreté générale aux armées. N° 4500

Au GQG, le 19 avril 1919

Aperçu sur les procédés de propagande du “bolchevisme”

(Suite à la note n° 3 annexée à la lettre n° 3000 du 10 mars 1919.)

Les renseignements recueillis en ces derniers temps sur la marche générale du mouvement bolcheviste en Allemagne, en Suisse et en Hollande témoignent d'une activité constante de la part des révolutionnaires.

En Allemagne, l'agitation a augmenté et les grèves se sont multipliées au point de provoquer le chômage dans divers centres industriels et miniers très importants. Les maximalistes exploitant la crise économique semblent avoir gagné du terrain et mis parfois en échec l'action devenue réellement répressive du gouvernement allemand. Il y a lieu de considérer toutefois que celui-ci continue à brandir devant les Alliés le "spectre du bolchevisme", et il est assez malaisé de distinguer, dans cette agitation, entre les mouvements qui se sont développés à son insu, lui causant des inquiétudes, et ceux qui peuvent avoir été fomentés à son instigation.

En Suisse, l'action des bolcheviks russes est mêlée à celle des spartakistes allemands, et malgré les mesures prises par le gouvernement fédéral, les incidents surgissent assez nombreux.

En Hollande, la propagande a été intensifiée, de nouveaux groupements révolutionnaires se sont formés, et la présence de nombreux agents russes et allemands est signalée.

En ce qui concerne spécialement l'Alsace-Lorraine et la zone d'occupation, le mouvement n'a eu de répercussion, sans conséquences graves d'ailleurs, que dans certains centres ouvriers des territoires allemands occupés.

Les renseignements recueillis sur les moyens employés par les spartakistes pour faciliter leur propagande dans les pays de la rive gauche du Rhin doivent retenir l'attention :

Introduction des tracts.

A l'entrée en zone occupée, des agents suspects introduiraient les tracts dans les lavabos, sous les coussins et même dans les valises.

Une information de Hollande signale l'utilisation des péniches pour le transport et l'introduction des tracts. On cite particulièrement (mais sans mettre en cause les patrons) la maison VOIGT & Cie de Rotterdam, représentant en cette ville la "Vereinigte Spediteure und Schiffer" dont quelques bateaux ont été affrétés pour le transport du ravitaillement destiné aux troupes alliées d'occupation.

Agents :

"Je viens d'obtenir la preuve qu'avec l'aide d'argent russe des organisations se sont établies en Allemagne ayant pour but la propagation des idées bolchevistes dans les rangs des armées de l'Entente.

D'après leurs rapports, ils (les organisateurs) auraient réussi à établir de fortes organisations dans les zones occupées par les armées de l'Entente, et gagné à leur cause d'excellents agents parmi les troupes alliées auxquels ils auraient remis des fonds pour leur propagande.

Dans un but de propagande également, des femmes auraient été envoyées dans les lignes alliées afin de se mettre en contact avec les troupes et, par ce moyen, répandre les idées bolchevistes parmi ces dernières."

(Renseignement provenant d'un agent sûr.)

Faux passeports :

Les centres révolutionnaires fourniraient à des agents propagandistes de faux papiers d'identité et notamment de faux passeports. De fausses pièces d'identité anglaises seraient ainsi établies sur un papier de moindre qualité que le papier authentique.

Fausses monnaies :

L'attention est également appelée sur la fabrication et l'écoulement par les bolcheviks de fausse monnaie et de faux billets de banque des pays alliés. Ces contrefaçons répondraient à un double but : d'abord procurer au mouvement des fonds nécessaires, ensuite, en mettant dans la circulation des sommes considérables de fausses valeurs, porter atteinte au crédit des puissances alliées et amener un avilissement de la valeur monétaire.

Le président de la Commission financière et économique instituée auprès de la Conférence politique russe de Paris signale à ce sujet que la Banque impériale de Russie, actuellement aux mains des bolcheviks, avait avant la guerre une imprimerie de tout premier ordre, qui avait permis de faire en 1913 une excellente copie de billets de 100 francs de la Banque de France, type de Luc Olivier-Merson, en quatre couleurs.

Correspondances secrètes :

La correspondance entre la rive droite du Rhin et les spartakistes de la zone occupée se ferait à l'aide d'encres sympathiques et de messages par codes simples.

Arrestations simulées :

Il est signalé que, dans le but de faciliter les missions des agents bolchevistes connus, les Allemands feraient arrêter des sosies de ces agents et feraient autour de ces arrestations une grande publicité. Ce procédé aurait été employé pour le bolchevik dangereux Radeck, déjà signalé (sous toutes réserves).

Tentatives diverses :

De soi-disant délégués russes, sans mandat régulier, se sont présentés dans le secteur d'une des armées d'occupation, demandant à être dirigés sur Paris. En cas de tentatives analogues, il y aura lieu de procéder à l'identification et à l'interrogatoire de ces agents, de relever leur signalement, d'aviser les secteurs voisins et de les refouler en rendant compte au service spécial du GQG.

D'après des renseignements provenant de diverses sources, les affiliés au bolchevisme porteraient comme insigne de reconnaissance un ruban rouge placé sous leur veste ou tunique. »

Un certain Bronstein nommé Trotski

En cette fin d'hiver 1919, un rapport confidentiel du commissaire Faux-Pas Bidet recoupait les informations de la Sûreté générale et en disait bien davantage. D'une façon concise, il donnait la mesure de ce bolchevisme que Winston Churchill appellerait bientôt « une peste, la tyrannie la plus destructrice, la plus avilissante de l'Histoire ».

Faux-Pas Bidet écrivait, en effet : « Aucune réaction contre-révolutionnaire à attendre de l'intérieur de la Russie. Indifférence politique des masses et tendance de ces masses à se grouper plutôt du côté des adversaires d'un régime bourgeois. Le gouvernement des soviets se rend compte de sa force. Les bolcheviks demeurent avant tout des internationalistes. » Le commissaire avait rédigé cette note au retour de ses dix-huit mois en Union soviétique dont les cinq derniers aux mains de la Tchéka.

Avant de partir pour Petrograd, en juin 1917, sous le nom de Faux-Pas et mobilisé comme capitaine, il s'était entretenu avec son chef direct, Henry Maunoury, de sa mission : il la prévoyait « pas absolument sans risques ». Le capitaine Ladoux, encore chef de la SCR, l'avait pressenti pour répondre à la demande d'Albert Thomas, ministre de l'Armement, alors délégué auprès du gouvernement provisoire de la nouvelle « Démocratie révolutionnaire », et qui réclamait un spécialiste pour réorganiser le contre-espionnage russe, à la dérive depuis la révolution d'avril et la chute du tsar. Le SR allemand avait déjà transformé l'ancien empire en base d'opération d'où partaient, sous une étiquette russe ou neutre, tous ses agents pour la France et les autres pays de l'Entente.

Henry Maunoury, approuvant la mission de son policier « très supérieur à la moyenne », lui dit :

— On nous bourre le crâne sur ce qui se passe en Russie.

Maunoury rendit hommage plus tard « à la droiture et à la grande valeur technique » de Faux-Pas Bidet lorsqu'il relata les démêlés de la préfecture de police avec Trotski. Il avait perçu la personnalité du fondateur de l'Armée rouge sans imaginer pour autant l'ampleur de ce qu'il nommait toujours, dans les années 35 et comme la plupart des Occidentaux, le bolchevisme :

> « A part la saisie de temps à autre de leur journal, très confidentiel, les groupes de réfugiés russes n'avaient pas eu maille à partir avec la police française jusqu'en juin 1916. A cette époque, le plus violent du groupe maximaliste (aujourd'hui bolcheviste), un certain Bronstein, connu sous le nom de Trotski, toujours accompagné d'un fidèle secrétaire, ou ouvrier plombier du nom de Drizda, adopta une attitude différente et abandonna la réserve que respectaient ces réfugiés conscients des avantages matériels et moraux de l'hospitalité du sol français.
>
> Trotski, quittant les petites parlotes russes, où d'ailleurs il ne brillait pas au premier plan et où il rencontrait peu de sympathie, se fit admettre à la société pour la reprise des relations internationales, organisme dirigé par Merrheim, de la CGT. Il n'y assistait pas en simple spectateur, mais dans un français plus que médiocre, il y tenait des discours enflammés, préconisant la désertion en masse des soldats et la révolte à l'arrière pour terminer aussitôt la guerre.
>
> Cette attitude inadmissible fut immédiatement sanctionnée par une proposition d'arrêté d'expulsion envoyée au ministre de l'Intérieur. M. Malvy en entretint le Conseil des ministres et voulait suivre notre avis. Mais M. Marcel Sembat, alors ministre des Travaux publics, lui fit une vive opposition et obtint qu'il fût sursis à l'expulsion. Un mois après, au sein du même comité pacifiste, nouveau

discours de Trotski, non moins insolent, non moins inadmissible ; nouvelle proposition d'expulsion de Trotski et de son acolyte Drizda, titulaire celui-là de quelques condamnations de droit commun ; nouveau refus du Conseil des ministres sur une nouvelle intervention de Marcel Sembat.

Enfin, quelques semaines après, en août 1916, une dernière algarade de Trotski, décidément incorrigible, enhardi par l'impunité et dépassant toutes les bornes sinon permises, du moins supportables, troisième proposition d'expulsion. Le décret d'expulsion fut cette fois signé. Je voulus procéder moi-même aux formalités, désirant voir comment réagirait ce personnage que je devinais être un futur chef dans son pays.

En temps de paix, l'arrêté d'expulsion notifié, on donnait vingt-quatre heures, quelquefois plus, à l'expulsé pour franchir la frontière de son choix. En 1916, pour éviter les refoulements et pour pouvoir mieux surveiller la sortie effective du territoire, on imposait à l'expulsé la frontière choisie par les services. Il n'y en avait d'ailleurs plus que deux possibles, l'Espagne et la Suisse, car l'Angleterre et l'Italie n'acceptaient de résorber que leurs nationaux. La Suisse, déjà saturée, n'acceptait plus nos indésirables qu'à regret et étudiait chaque cas avant de consentir.

Trotski, cependant, nous venait de Suisse. Attaché en Russie au parquet d'un procureur général, il s'était exilé de lui-même à la suite d'une peine disciplinaire et vivait avant-guerre en Suisse où la colonie de révolutionnaires russes était nombreuse, groupée autour de Plekhanov, très âgé, et d'Oulianov, dit Lénine.

Trotski était en Suisse en août 1914 et ne vint s'installer en France qu'en novembre 1914. Nous n'avons jamais pu savoir exactement comment il avait passé la frontière sans passeport. J'eus beau invoquer cet argument auprès de la légation suisse et fournir un dossier complet sur le publiciste que se disait être Trotski, la Suisse refusa de le recevoir. Restait l'Espagne.

Je convoquai Trotski qui, depuis quarante-huit heures, avait reçu notification de l'arrêté d'expulsion et lui ordonnai de quitter dans les vingt-quatre heures le territoire français pour Barcelone. Je vois encore cet homme, à la carrure athlétique, au profil sémitique, plein de caractère, cheveux bouclés rejetés en arrière, regard d'aigle, campé devant moi et me répondant sur un ton de bravade :

— Je ne partirai pas pour l'Espagne.

— Mais enfin, pourquoi ?

— Parce que mes enfants ne parlent que l'allemand.

Trotski avait en effet deux enfants. Je ne voulais pas prolonger l'entretien, voyant la colère de cet énergumène qui serrait les poings et contractait ses mâchoires.

— Trotski, puisque vous ne voulez pas partir librement, je vous ferai arrêter demain matin à 7 heures et conduire à la frontière par deux inspecteurs.

Les deux poings sur la table, penché vers moi, ses yeux dans les miens, il me dit lentement en mauvais français :

— J'ai beaucoup l'habitude de ces voyages dans les pays de mon tsar (*sic*), puis se redressa et sortit.

Le lendemain matin, à 7 heures, il était chez lui, assis sur une chaise, sa valise prête ; il suivit sans un mot les inspecteurs et fit le trajet jusqu'à la frontière espagnole sans desserrer les dents.

Les inspecteurs à la frontière espagnole remirent une note sur les antécédents de Trotski. La police espagnole crut devoir l'incarcérer aussitôt. Immédiatement l'Internationale ouvrière déclencha une grève de solidarité dans tous les ports. Le gouvernement espagnol relâcha ce prisonnier encombrant, lui imposa la résidence de Cadix et l'expédia par le premier paquebot en Amérique.

La famille de Trotski resta à Paris. J'ai pu constater, à cette époque, que les minimalistes, dont le plus en vue était Tchernov, étaient presque sans ressources tandis que les maximalistes recevaient de l'argent en abondance et s'entraidaient généreusement.

Il est indéniable qu'en mars 1917 tous ces réfugiés russes apprirent avec la plus grande surprise les événements qui se déroulaient dans leur pays. Ils avaient tous tellement essayé de renverser le tsarisme sans succès qu'ils ne voulaient plus y croire[4]. »

Quant à la révolution véritable, celle d'Octobre, Henry Maunoury, dans le même texte, annonçait la parution prochaine des souvenirs de Faux-Pas Bidet dont, écrivait-il, « les récits m'ont fait penser à la Terreur de 1793 jusqu'à Thermidor ». Peu après, dans le journal *Le Matin*, le commissaire raconta, en effet, quel rôle il avait joué de juillet 1917 à la fin août 1918, au sein de la mission militaire de Petrograd, sous les ordres du général Lavergne. Comme il fallait l'attendre du responsable d'un service secret, il ne livra que des bribes, mais significatives parfois.

Un mois après son arrestation, en septembre 1918, le capitaine Faux-Pas fut extrait de la prison moscovite de Boutirki par son juge d'instruction, le jeune de La Fare, qui l'amena au commissaire à la Guerre, Léon Trotski.

« Trotski me fixa longuement de ses yeux asymétriques dont le lorgnon ne parvenait pas à masquer la dureté, puis se tournant vers de La Fare, assis près de moi, il lui dit de sa voix nasillarde au timbre si déplaisant :

— *Eto ni tote* (ce n'est pas lui). »

Il ne me reconnaissait pas, ce qui n'avait rien de surprenant. Il avait en effet gardé le souvenir d'un fonctionnaire civil aux joues rasées et voici qu'on lui présentait un personnage à la barbe hirsute, vêtu d'une capote de simple soldat et portant binocle par surcroît. De La Fare était consterné. Il était si fier d'avoir réussi à identifier celui qu'il appelait « le tortionnaire » de Trotski !

Alors, Faux-Pas Bidet insista, se nomma et le commissaire à la Guerre hocha la tête. Il ne l'avait pas oublié, aucun policier ne lui avait laissé un souvenir aussi désagréable que M. Bidet. Faux-Pas protesta énergiquement qu'il n'était pour rien dans l'incarcération de « l'expulsé récalcitrant » par les Espagnols. Il se leva ensuite :

— Monsieur le Commissaire, vous m'avez affirmé tout à l'heure que vous étiez étranger à mon arrestation et que vous n'exerciez aucune vengeance sur ma personne. Mais la Tchéka me

---

4. *Préfet de guerre*, Henry Maunoury, *op. cit.*

considère comme un inculpé de marque en raison des prétendus sévices exercés sur vous en France. Voulez-vous remettre les choses au point en présence de M. de La Fare ?

Trotski demanda au juge quelle était l'accusation.

— Espionnage et contre-révolution.

— Eh bien, je vous prie de traiter cette affaire sans tenir aucun compte des démêlés que j'ai pu avoir autrefois avec cet inculpé.

A Boutirki, en janvier 1919, les détenus français s'effrayèrent d'une rumeur : la condamnation et l'exécution des officiers de la mission militaire étaient imminentes. A l'exception du capitaine Jacques Sadoul et du lieutenant Pierre Pascal, « passés au bolchevisme », et du général Lavergne, à qui son titre d'attaché militaire avait permis de rentrer en France, tous les officiers de la mission restés en Russie avaient été arrêtés, les uns après les autres. A l'annonce de leur prochain « tour en ville », ils manifestèrent « une certaine nervosité ». Mais les libérations intervinrent bientôt. Dans ses souvenirs du *Matin*, le commissaire écrivait : « Nous devions apprendre par la suite que Peters, le sanguinaire adjoint de Dzerjinski, avait effectivement songé à nous liquider à la manière tchékiste, c'est-à-dire avec une balle dans la nuque. Mais le commissaire aux Affaires étrangères, Tchitcherine, à qui Sadoul avait, paraît-il, représenté les conséquences graves que pourrait avoir notre exécution sans jugement, s'opposa au projet de Peters. »

Le comte de Lubersac chez Lénine

Honnête comme à regret, Faux-Pas Bidet n'avait pu résister à ce « paraît-il » restrictif, pour marquer presque vingt ans après son hostilité à Sadoul, l'officier « rouge » par qui bien des dérangements s'étaient produits.

Dans les derniers jours de septembre 1917, le général Niessel avait remplacé le général Janin à la tête de la mission française. Afin de renforcer l'action de moins en moins définissable de l'attaché militaire Lavergne, Niessel s'était fait accompagner d'une cohorte importante d'officiers de toutes les armes, qui devaient l'aider, le cas échéant, à réorganiser l'armée russe. Jaques Sadoul arriva en même temps qu'eux. Ancien attaché au cabinet d'Albert Thomas, il venait remplir une mission d'information, pour le compte du ministre de l'Armement. Sadoul, membre du parti socialiste français, autrefois avocat, puis candidat à des législatives dans la Vienne, se prévalut de son expérience politique et de ses opinions avancées pour proclamer qu'il entrerait en relation, dès que possible, avec les chefs des partis russes de gauche et d'extrême gauche.

« Cette annonce souleva contre Sadoul l'hostilité d'un certain nombre d'officiers dont les opinions politiques étaient en opposition absolue avec les siennes », dit Faux-Pas Bidet, avant de s'attarder sur un autre désaccord, majeur à ses yeux.

Joseph Noulens, le nouvel ambassadeur, se laissait influencer par le personnel diplomatique de son prédécesseur, Maurice Paléologue ; les bolcheviks seraient vaincus, pensait-il, l'ancien régime réapparaîtrait. Or les renseignements des agents qu'entretenaient dans tous les partis le général Niessel et Faux-Pas Bidet « ne justifiaient nullement cet optimisme ». Autre sujet de frictions entre Noulens et Niessel : l'attitude à adopter, après la révolution d'Octobre, vis-à-vis de Lénine. Son gouvernement était « criminel » selon Clemenceau, et sa doctrine, le communisme, « une idéologie de vaincus » selon Foch. En conséquence, Noulens évitait tout contact avec ce gouvernement « à la durée duquel il ne croyait pas », écrivait Faux-Pas Bidet, dans *Le Matin* du 12 juin 1937. Dès le 15 du même mois, Niessel riposta :

> « M. Noulens et moi avons toujours opéré en parfait accord, nous n'avions l'un et l'autre aucune confiance dans les bolcheviks. Nous savions leurs meneurs imbus de défaitisme, résolus à faire la paix avec l'Allemagne afin d'avoir les mains libres en Russie et de pouvoir y assurer le succès définitif du communisme et réaliser ensuite la révolution mondiale.
>
> Mais nous estimions tous deux que l'Allemagne, qui avait cependant facilité la révolution russe et l'avènement des bolcheviks au pouvoir, pouvait être amenée à un moment donné à refuser de traiter avec eux. En ce cas, les bolcheviks auraient été obligés de continuer la guerre ; il en aurait été de même *a fortiori* si l'Allemagne, traitant avec un autre parti russe, avait voulu les éliminer.
>
> Notre gouvernement, à bon droit, ne voulait pas regarder le gouvernement bolchevik comme représentant légalement la Russie dont la liberté était violée par lui. Aussi n'avions-nous pas avec celui-ci des relations officielles, mais nous avons toujours entretenu des contacts indirects. Ni M. Noulens ni moi n'avons négligé aucune occasion, si fugitive fût-elle, de faire savoir au gouvernement bolchevik qu'il ne serait pas abandonné s'il continuait ou reprenait les hostilités, et nous avons toujours cherché à orienter dans le même sens les représentants des autres puissances de l'Entente.
>
> M. Noulens, autant que moi, a fait tout ce qui dépendait de lui pour que la paix de Brest-Litovsk ne fût pas conclue. »

Le général Niessel, dans cette réplique, expliquait ainsi l'erreur « de bonne foi » de Faux-Pas Bidet. Le chef de l'espionnage et du contre-espionnage aurait été tenu au courant des démarches du général et de l'ambassadeur mais « en partie » seulement, juste ce qu'il fallait pour le fonctionnement de son service.

Revenons à la mission Niessel, d'après octobre 1917, et la prise de pouvoir de Lénine. Contre le gré de Noulens, comme l'affirmait Faux-Pas Bidet, mais en revanche avec l'approbation parfois explicite de Foch, le général Niessel essayait de multiplier les « contacts indirects ». Sur ses ordres ou sans le consulter, les officiers de sa mission rôdaient autour des Soviétiques. Jacques Sadoul bolchevisait avec ostentation, et réussit à s'imposer à Lénine, à Tchitcherine et à Trotski. Quelques mois plus tard (*Pravda* du 20 août 1918), Lénine écrira — en incidente — dans sa « lettre aux ouvriers américains » : « Le capitaine français Sadoul, qui en paroles sympathisait avec les bolcheviks, mais en fait servait corps et âme l'impérialisme français, me présenta l'officier de Lubersac. » Le comte de Lubersac éblouissait Son Excellence, Joseph Noulens, radical-socialiste, tendance droitière Clemenceau. Lénine l'appelait « mon cher royaliste », s'extasiait l'ambassadeur. Sous-lieutenant aviateur, Lubersac avait soif d'agir et se plaignait : la France ne l'écoutait pas assez, lui envoyait trop peu de matériel. Il disait des Russes : « Ce sont des enfants. » Brave, casse-cou même, plus méprisant qu'égoïste, il aimait vaincre, dominer. Aussi établissait-il des cartes, des plans directeurs, faisait construire des gares, ou renvoyait des infirmières dans les hôpitaux et dînait le soir avec elles. Lubersac disait à Lénine :

— Je suis monarchiste. Mon seul but est la défaite de l'Allemagne.

— Cela va sans dire, approuvait Lénine qui, dans sa lettre aux ouvriers américains, fit ce commentaire didactique : « Ce qui ne m'empêcha pas de "m'entendre" avec Lubersac au sujet des services que désiraient nous rendre des officiers français du génie pour faire sauter des voies ferrées afin d'entraver l'avance allemande. Je n'hésiterai pas à conclure une "entente" de ce genre avec les rapaces de l'impérialisme allemand si une attaque des troupes anglo-françaises contre la Russie nous y oblige. »

Le lieutenant Pascal, catholique et socialiste convaincu, de la mission Niessel, notait, le 27 décembre 1917 :

> « Petrograd est une scène inouïe en ce moment. Ce qui s'y joue, c'est le duel de deux sociétés, celle d'aujourd'hui et celle de demain. Elles ne peuvent pas se comprendre, elles sont situées sur des plans différents. Elles ne connaissent pas de terrain commun, parce que en dehors d'elles-mêmes elles ne reconnaissent rien. Il pourrait y en avoir un commun, parce qu'il est supérieur, l'Église, mais ni l'une ni l'autre de ces sociétés ne veut la reconnaître, et pour cela elles sont condamnées l'une à périr et l'autre à ne pas réussir.
>
> Aussi tout ce qu'on dit, du point de vue du présent, contre les bolcheviks en les appelant traîtres, agresseurs, désorganisateurs, est absolument vrai : mais cela ne peut ni ne doit les toucher, car ils ont déclaré la guerre à la société actuelle, et ils ne le cachent pas. »

En compagnie des soldats Body et Petit, Pierre Pascal passera bientôt au bolchevisme, mais avec plus de lucidité, donc de tourments, que Sadoul. Ce dernier s'entendra confier par l'attaché militaire, le général Lavergne, à qui Pascal reconnaissait « une intelligence et une finesse rares dans son grade » :

— Il s'agit maintenant de savoir si on est avant tout contre les Allemands ou bien avant tout contre le socialisme. Quel est l'ennemi le plus dangereux ?

Le colonel Langlois, chef de l'état-major de Niessel, avait recommandé au capitaine Faux-Pas qui s'y employait déjà depuis quelques mois de « semer la zizanie par tous les moyens entre les soldats et les ouvriers ». Dans le même temps, à la demande du ministère de la Guerre et du général Lavergne et par l'entremise d'une de ses espionnes, le capitaine avait inspiré à Peskovski, commissaire aux Nationalités, l'idée d'une propagande bolchevique, à l'aide d'agitateurs spécialisés, parmi les troupes allemandes évoluant en Russie blanche. On lui raconta, plus tard, que les unités, ainsi endoctrinées, avaient été envoyées sur le front de Salonique et furent les premières à lâcher au moment de l'offensive de Franchet d'Esperey.

Mais en février 1918, c'était l'armée russe qui s'effondrait. A Dvinsk, conquise en quelques heures, les Allemands s'étaient emparés de l'arsenal intact comportant 2 000 canons. Lubersac, resté sur place jusqu'au bout, et qui avait ordonné, en vain, de faire sauter la citadelle, détruisit lui-même le parc à essence et le parc à fourrage. Le 16 février, à Minsk, l'état-major russe, abandonné par la mission française du général Rampont, préféra se livrer aux Allemands plutôt que de continuer sous le régime bolchevique. L'Estonie, envahie, proclama son indépendance. Lénine de son côté ordonna la retraite générale des troupes encore en Finlande, elles devaient essayer de couvrir Petrograd. Quant à Trotski il était désemparé. Il avait cru que les Allemands ne prendraient pas l'offensive à la fin de l'armistice. Le 20 février, Sadoul lui rendit visite et, profitant de l'abattement du commissaire alors aux Affaires étrangères, tenta une manœuvre : il offrit, de sa propre initiative, l'aide des Alliés. Trotski se méfia :

— Que l'ambassadeur Noulens confirme la proposition par écrit.

Sadoul promit le mot pour le lendemain mais en rendant compte au général Niessel, il n'osa pas avouer son rôle et dit :

— Trotski réclame l'aide militaire française.

Noulens, dupé comme Niessel, téléphona à Trotski le 21 février :

— Dans votre résistance contre l'Allemagne, vous pouvez compter sur l'appui militaire et financier de la France.

Pour les pommes de terre et les armes des brigands de l'impérialisme

Le 22, Trotski, par Sadoul interposé, demanda à Niessel une note. Elle lui fut remise à 16 heures. Le général proposait de retarder l'avance allemande par des destructions, d'arrêter tous les prisonniers de guerre en liberté et de surveiller les lignes de chemin de fer de Petrograd, Moscou et Mourmansk. L'armée devait être reconstituée en Russie centrale et il fallait obtenir l'aide du Japon, seule puissance en état d'intervenir en un minimum de temps. Niessel assurait, enfin, qu'il mettrait tous les officiers de sa mission au service du gouvernement bolchevique. Le 22 au soir, Trotski, fort de la note Niessel, annonça l'offre qu'avait faite la mission militaire française, « au nom de la France et de la Grande-Bretagne ». Personne, à part Sadoul, peut-être, ne lui avait parlé, pourtant, de l'Angleterre. Depuis une semaine, Bruce Lockhart, consul général à Moscou rappelé fin août 1917 et revenu, comme agent officieux, en février 1918, n'obtenait aucune réponse de Londres, au sujet d'une aide éventuelle.

Au Comité central, la discussion de la proposition Niessel provoqua la démission de Trotski des Affaires étrangères. Boukharine, lui, quitta le Comité central et la rédaction de la *Pravda*. Il jugeait inadmissible d'accepter le soutien des impérialistes. Trotski, réaliste, déclara :

— L'État est obligé de faire ce que le parti n'aurait pas fait. Nous avons toujours dit que le droit de défendre la patrie commence pour un socialiste lorsqu'il est au pouvoir.

Il disait examiner la proposition « sous l'angle de l'opportunité » et sans prendre d'engagements. Il fut approuvé par six voix contre cinq, Lénine, absent, ayant demandé par écrit à voter « pour l'acceptation des pommes de terre et des armes de la part des brigands de l'impérialisme anglo-français ».

Le 25 février, au matin, Trotski téléphonait à Sadoul pour prier le général Niessel d'aller le voir à 16 heures à Smolnyï. Ce même jour, les nouvelles conditions de paix des Allemands arrivèrent, plus lourdes que celles refusées par Troski à Brest-Litovsk : la Russie devait partir des territoires baltes, démobiliser sur-le-champ, retirer ses troupes de Finlande et d'Ukraine et conclure la paix avec le gouvernement, la Rada, de Kiev. Les Soviétiques avaient quarante-huit heures pour répondre et trois jours pour signer.

A 16 heures, le général, accompagné de Lavergne et de Sadoul, fut reçu à Smolny et dit :

— Je viens en technicien militaire, rien de plus. L'un et l'autre nous avons un même ennemi : le Boche, et certains de nos buts sont communs. Nous pouvons travailler ensemble à les atteindre.

Trotski le laissa exposer ses idées, annonça l'arrivée des propositions de paix allemandes et qu'elles étaient en discussion, puis :

— Si la guerre continue, il n'est pas douteux que nous marchions ensemble. Au cas où nous conclurions la paix, dans quelle mesure pouvons-nous espérer obtenir une mission française pour organiser la nouvelle armée ?

Après avoir pensé : « Folle prétention ! » puis : « Nous avons un tel intérêt à conserver un pied en Russie ! », Niessel répondit :

— Je n'ai pas qualité pour étudier cette dernière question. En mon nom je peux vous dire que je crois que ce serait l'intérêt de la France de le faire.

Il était peu sincère parce que désabusé. Dans ses rapports au ministère de la Guerre, il répétait sans cesse : « Personne ne veut se battre, ni officiers, ni soldats. La bourgeoisie, la finance, l'industrie, les officiers voient avec une joie mal dissimulée le mouvement allemand qui va ramener l'ordre dans ce pays troublé. » Et puis comment rassembler les forces encore vives de l'intérieur de la Russie, alors que les commissaires du peuple étaient « hostiles à l'union sacrée et peu désireux d'abandonner Petrograd, base de leur puissance » ? Niessel entrevoyait une dernière et vague possibilité : que les bolcheviks soient acculés à la lutte par les anciennes classes en appelant aux Allemands pour rétablir l'ordre social. Mais le soir même de son entrevue avec Trotski, le Comité central adoptait, non sans heurts, la motion Lénine d'acceptation immédiate de la paix, par 7 voix contre 4 et 4 abstentions, dont celle de l'ex-commissaire aux Affaires étrangères qui cédait son poste et sa place dans la délégation de paix, partant pour Brest-Litovsk, le 24 février.

Le 25, les Allemands continuaient leur progression en Ukraine vers Kiev « pour aller prendre le pain fourni par la paix avec la Rada », selon l'expression du général Hoffmann. Dès le 22, les troupes du Reich étaient entrées à Pskov, sans rencontrer de résistance : « Il ne restait que les états-majors. Toute la Livonie et l'Estonie furent occupées. Nos soldats furent accueillis en libérateurs non seulement par les Baltes mais par les classes possédantes russes », notait le général Hoffmann. Il se trouvait à 250 kilomètres de Petrograd où, le 25 février, les représentants alliés et la mission militaire préparaient leur départ. Niessel pensait alors que Trotski s'était joué de lui « pour conserver à sa porte l'ambassadeur et la mission militaire et faire figure de gouvernement sinon reconnu régulièrement, du moins ayant quelque façade ». Le 27 février, il apprenait que les commissaires du peuple souhaitaient continuer la lutte en maintenant les Tchèques sur le front, et Lubersac, revenu d'une reconnaissance autour de Pskov, avait constaté l'arrêt des Allemands. L'état-major de Berlin craignait de s'engager plus avant, cela, Lubersac l'ignorait et à cette nouvelle Niessel décida de rester. Une partie des ambassadeurs s'enfoncèrent en Russie vers Vologda. Ils seront joints par ceux qui avaient tenté de gagner la Suède par la Finlande, sous la direction du remuant Noulens.

A son arrivée à Petrograd, le 16 juillet 1917, Joseph Noulens avait été jugé par le personnel diplomatique « sans plus de préparation et aussi naïf que s'il venait en France présider un conseil général ». Trotski ne le rencontra qu'une fois, en décembre : « Pour quelle raison Noulens fut-il choisi, et non pas un autre, je l'ignore. Mais il ne rehaussa pas l'opinion que j'avais de ceux qui règlent les destinées de l'humanité. » L'entretien avait eu lieu sur l'initiative de Noulens et ne donna rien. Après avoir quelque peu tergiversé, Clemenceau opta définitivement pour le régime du « fil de fer barbelé ».

L'ambassadeur Noulens « instrument inintelligent de l'Histoire »

Ce choix était prévisible dès le 1er mars 1918, dans la note de Noulens au ministère des Affaires étrangères dans laquelle l'ambassadeur « instrument absolument inintelligent de l'Histoire[5] » préconisait une intervention militaire en Sibérie : « Le mouvement une fois déclenché dans le domaine sibérien que le Japon s'est réservé, la France, la Grande-Bretagne et les USA doivent occuper Mourmansk et Arkhangelsk qui permettent aux Alliés de pénétrer au cœur de la Russie et y combattre l'influence allemande. »

Le jour même de la signature de la paix de Brest-Litovsk, le 4 mars, Foch, qui était favorable au projet, répondait en insistant que cette action alliée dans le nord de la Russie ne devrait pas dégénérer en nouveaux conflits avec les bolcheviks, « elle sera au contraire présentée à ceux-ci comme un acte amical destiné à faciliter leur résistance contre l'ennemi commun ».

Mais le 29 mars, Noulens, de retour de son équipée en Finlande et installé à Vologda, se fit un devoir d'amener les ambassadeurs à rompre, peu à peu, avec le pouvoir soviétique. Voici Noulens vu par Pierre Pascal :

> « L'ambassadeur parle : en habit, cravate et moustache blanches, petit. Il parle doucement, sur un ton conciliant, avec un geste un peu ridicule d'ouvrir et de fermer les bras, comme pour montrer la peine qu'il se donne pour plaire à tous... Il parle de certains alliés qui... dont nous comprenons les difficultés... Nous tenons compte de l'intention... Il évoque des spectacles réconfortants, le courage de nos soldats... Il parle de l'après-guerre, de la haine qui naît d'elle-même, de nos armes qui resteront prêtes toujours, même une fois le glaive remis au fourreau... Cet homme est menteur encore davantage. »

Le lieutenant Pierre Pascal, blessé deux fois, en Alsace et aux Dardanelles, appartenait à la mission militaire depuis le 1er mai 1916. Il rédigeait les rapports du général Lavergne, travaillait pour d'autres services, dont celui du chiffre, traitait beaucoup de documents et savait beaucoup de choses. Après le départ du général Niessel, le 19 mars, Lavergne, « insinuant » selon Trotski, « plus inconséquent parce que plus intelligent », selon Pascal, Lavergne, donc, laissa le commandant François et d'autres officiers d'artillerie, d'aviation et du génie collaborer avec l'état-major du nouveau commissaire à la Guerre, Trotski, tandis que le colonel d'Hurstel quittait Moscou pour l'Ukraine où il devenait chef d'état-major de l'armée bolchevique Pierre Pascal, témoin des incohérences françaises, notait :

> « 21 mars. Il y a trois ou quatre jours, Trotski et le général

5. *Mon journal de Russie*, Pierre Pascal, Ed. l'Age d'homme.

Niessel s'engueulaient à Petrograd. Ce matin, lettre de Trotski, écrite par Sadoul, demandant 40 officiers français pour créer la nouvelle armée ! J'ai à la chiffrer pour Paris, pour Niessel : partout on envoie la grande nouvelle. Cela, le matin. A 4 heures, autre télégramme, en réponse au grand projet de l'ambassadeur, sur les modalités de l'occupation interalliée d'Arkhangelsk et Mourmansk et du débarquement d'une division : il est conseillé de ne pas demander l'autorisation du gouvernement soviétique, mais d'agir sans rien attendre ; en conclusion il est prévu que, si le débarquement a lieu maintenant, la mission sera expulsée. A 5 heures, on me porte à chiffrer un télégramme désignant les officiers qui seraient à retenir ici pour la nouvelle armée.

Je ne comprends pas cette politique, je pleure en dictant ce projet d'occupation, les précautions à prendre.

Je suis abruti de sommeil, par le chiffre et par l'impossibilité de comprendre ce qu'il faut à la Russie, où va l'humanité...

22 mars. Trotski fait un projet d'armée. Sadoul travaille à lui faire accepter l'intervention japonaise. En même temps, notre gouvernement prépare un débarquement et l'occupation de la Russie : on n'en a rien dit à Trotski, ni à Sadoul. Et le peuple russe ne sait rien. »

Au mois d'avril et de mai, plus de doute : « L'on marcha de par la volonté de M. Noulens, vers la guerre déclarée contre la Russie. Spectateur attentif de ce processus, depuis la révolution d'Octobre, je ne cachais pas mon opinion à la mission militaire, où la plupart avec indulgence, certains avec colère me qualifiaient de bolchevik. »

Dans son journal, Louis de Robien, attaché à l'ambassade de France, écrivait :

« Vologda, dimanche 28 avril 1918

Lubersac est arrivé de Moscou dans un superbe wagon-salon qui a dû faire partie d'un train de grand-duc. Il se l'est tout simplement approprié il y a environ deux mois, et il roule dedans sur tous les chemins de fer de Russie.

Il s'est entiché de l'Armée rouge et croit qu'il y a quelque chose à faire... Il est vrai qu'il est tellement menteur qu'on ne sait jamais si ce qu'il dit correspond à ce qu'il pense... à moins que, depuis qu'il a trouvé moyen de se mettre dans les bonnes grâces de Trotski, il n'en subisse le charme : la fascination du serpent.

D'après lui les gardes rouges combattent les Allemands dans beaucoup d'endroits, et s'ils étaient soutenus ils pourraient inquiéter sérieusement nos ennemis.

René Marchand, qui a toujours été exalté et que j'ai vu aussi, se fait les mêmes illusions. »

Lubersac et l'envoyé spécial du *Figaro Marchand* complotaient alors — et de Robien à Vologda devait le savoir — avec le capitaine de Frégate Henri de Verthamon. Celui-là s'était fait la main en Grèce, sous les ordres de Roquefeuil, le furieux. Paris l'avait nommé chef du SR à Moscou et Verthamon, arrivé depuis un mois à peine, s'était consacré à saboter des approvisionnements russes à l'Allemagne. Sans relations officielles avec Petrograd, le général Lavergne ou le capitaine Faux-Pas, mais en rapport avec Noulens, à Vologda et à Moscou, avec le consul général de France, Grenard, Verthamon s'apprêtait à soutenir le soulèvement des troupes tchèques que le lieutenant Pierre Pascal devait, sur ordres, aller voir de près.

Le 14 mai, le général Lavergne, se voulant paternel, lui avait représenté :

— Vous êtes décidément trop bolchevique, vous vous laissez séduire par des idées généreuses, mais dangereuses. Je veux vous changer de milieu pour vous en guérir. Vous irez en Sibérie, auprès des Tchèques, et je vous préviens qu'eux ne sont pas bolcheviques.

Le 23 mai, Pierre Pascal, accompagnant le commandant Guinet, arriva à Omsk. Les deux officiers avaient pour mission de diriger tous les Tchèques encore à l'ouest de cette ville vers Arkhangelsk, en leur laissant entendre qu'ils y seraient embarqués. Pascal ignorait alors, le commandant Guinet aussi, peut-être, qu'un plan avait été élaboré par le commandant Lelong :

> « "Occuper la ville avec un bataillon français seulement, et concentrer autour de lui tous les éléments sains" qui ne manqueraient pas d'accourir, officiers russes déserteurs, gardes blancs polonais, légions italiennes, serbo-croates, et surtout les Tchèques. Et l'on avait le consentement de Trotski à la concentration des Tchèques à Arkhangelsk.
>
> Le nœud de la trahison consistait dans la question de leur embarquement. Trahison vis-à-vis de Trotski, à qui le gouvernement français promettait d'amener en temps voulu le fret nécessaire, alors qu'il était bien résolu à n'envoyer aucun bateau. Trahison vis-à-vis des Tchèques, qui ne voulaient qu'une chose, gagner au plus vite le front français.
>
> En attendant, les contre-révolutionnaires travaillaient dans cette malheureuse masse de soldats remise à leur disposition. Dans quelle mesure agissaient-ils d'accord avec la mission militaire, je ne sais. Mais je crois que l'ambassade, de son repaire de Vologda, dirigeait sournoisement cette action à l'insu de la mission. Du moins, les fauteurs du coup d'État tchèque me dirent avoir toujours été sûrs de plaire à M. Noulens, tandis que mes instructions, reçues du général Lavergne, prévoyaient le transport, pacifiquement, jusqu'à Arkhangelsk.
>
> L'idée vint aux contre-révolutionnaires de tout crin, monarchistes, cadets ou socialistes-révolutionnaires impénitents, que ces troupes bien entraînées, disciplinées à l'ancienne mode, et naturellement peu ménagères du sang russe, seraient un noyau admirable de forces pour le coup d'État.
>
> Lorsque je les vis à Omsk à la fin de mai 1918, les Tchèques, ces anciens compagnons de combat des troupes rouges contre les Allemands, étaient persuadés dur commer fer que les bolcheviks avaient machiné contre eux un plan machiavélique pour les livrer pieds et poings liés aux Allemands. Les commissaires de gare, sur la route d'Arkhangelsk, étaient "tous allemands". Un traité spécial avait été

signé entre Trotski et Guillaume II. Les contes les plus absurdes, les plus invraisemblables avaient été semés, et avec un succès tel que le commandant Guinet, parlant un jour à ces Tchèques d'un accord possible avec Trotski au sujet des armes qu'ils détenaient et qui devaient être rendues selon la convention signée à Penza, souleva de violents murmures. Telle était la situation. Cette foule ignorante et trompée, en proie à l'idée fixe de la trahison allemande, était l'arme rêvée entre les mains de la contre-révolution. »

Le tsar exécuté par peur des Tchèques

L'armée tchèque était forte de 34 000 hommes. Corps spécial qu'avaient constitué, au début de la guerre, en août 1914, les Tchèques établis en Russie, cette unité s'augmenta par la suite des prisonniers tchèques et slovaques. L'armée respectait le principe de non-intervention dans les luttes intérieures russes mais, ennemie de l'Allemagne, elle participa, en juin 1917, sous Kerenski, à l'offensive Broussilov et, après le désastre de Tarnopol, assura, avec héroïsme, la retraite d'Ukraine.

En octobre 1917, un accord entre les soviets et le Conseil national tchèque, présidé par Masaryk, en fit une armée volontaire nationale opérant en territoire russe. Pierre Pascal observe que « l'inquiétude s'empara de la mission lorsqu'on apprit que les Tchèques marchaient avec l'Armée rouge ; n'étaient-ils point devenus bolcheviques ? ». Le 20 février 1918, à la demande de l'armée elle-même, le Conseil national la déclara partie intégrante de l'armée tchèque combattant en France ; elle devait rejoindre le front de l'ouest par Vladivostok, aux frais du gouvernement français, « avec armes et bagages ». Le gouvernement soviétique s'était engagé, vis-à-vis de Masaryk, à assumer un convoiement rapide. Mais les Japonais débarquèrent à Vladivostok, et les commissaires du peuple choisirent alors de rapatrier de Sibérie, en priorité, des prisonniers allemands et hongrois. Les Tchèques languirent alors le long du transsibérien et des agents de la contre-révolution, ainsi que des officiers français, venus de Paris ou de Moscou, avec ou sans directives, commencèrent leur propagande antibolchevique.

Trotski, alerté, certes, par la minorité communiste de l'armée tchèque, mais par ailleurs mieux informé que ne l'a prétendu plus tard le consul général de France — et colonel — Fernand Grenard, ordonna le désarmement par la force et la dissolution des formations tchèques qu'il appelait à s'enrôler dans l'Armée rouge tout en arrêtant leurs représentants à Petrograd et en fermant leur chancellerie. Le 25 mai, alors que l'intoxication des agitateurs ébranlait déjà les Tchèques, Trotski se durcit encore : il fallait fusiller tous ceux qui seraient pris les armes à la main. Le 26 mai, en gare de

Tcheliabinsk, un soldat tchèque tua un prisonnier hongrois. La rixe était banale, mais à l'intervention des gardes rouges les Tchèques surgirent de leurs wagons, descendirent en ville pour mettre à sac le soviet et piller les magasins. Quelques jours après, ils occupèrent Tcheliabinsk, chassèrent le soviet, exécutèrent les bolcheviks et constituèrent leur premier gouvernement provisoire. En quelques jours, sous le commandement de Gajda, leur général de vingt-six ans, ils contrôlèrent 7 000 kilomètres et le transsibérien. Pierre Pascal, repassant par Omsk, le 2 juin, notait : « Les Tchèques recrutaient librement de nouveaux soldats parmi les prisonniers, les formaient en unités, les instruisaient, les armaient. Il leur suffisait de formuler une demande pour déplacer leurs trains à leur gré. »

Comme on l'avait prévu, à l'ambassade de France à Vologda, les partis antibolchevistes en profitèrent. Deux gouvernements se créèrent à Omsk le 7 juin, à Samara le 8, sous la protection des insurgés. Et le péril tchèque ne cessera de s'étendre ; Iekaterinbourg, Perm, Simbirsk. A Kazan, le 7 août, les Tchèques saisirent le trésor de l'État russe, 651 535 834 roubles en or, le platine, l'argent, les objets précieux. Ils restituèrent leur prise à Moscou en 1920. Mais une autre conséquence de leur déferlement fut la mort de la famille impériale.

Le 16 juillet au matin, le SR anglais de MacLaren transmettait au capitaine Faux-Pas ce télégramme intercepté :

« Au soviet des commissaires du peuple, Moscou : cette nuit Nicolas Romanov a été exécuté. Le reste de la famille est en lieu sûr. Signé Bieloborodov, président du soviet d'Iekaterinbourg. »

Par « lieu sûr » il fallait comprendre — on le sut vite — la galerie d'une mine où les cadavres avaient été incinérés. A l'approche des troupes tchèques, la section extraordinaire qui gardait l'ancien tsar et les siens s'était affolée.

Bien avant, dès le 29 mai, le lieutenant Pascal et le commandant Guinet avaient compris l'absurdité de leur mission : une volonté politique favorisait le retournement des Tchèques et cette volonté était française :

> « Tout en accusant les autorités soviétiques de les retarder, sans doute pour complaire aux Allemands, ils semblaient plus désireux de combattre activement sur place ces autorités que de s'embarquer. Quand nous leur disions que ce n'était pas là leur mission, ils nous objectaient des ordres tout autres de l'ambassadeur Noulens. Ils étaient déjà, à notre arrivée, en pleine révolte contre le gouvernement soviétique, ce qui ne me semblait pas avoir été prévu par le général Lavergne.
>
> Quand nous allâmes de Petropavlovsk à Ichim, en camion par la vieille route de poste, le trakt, nous nous arrêtâmes dans un village où les Tchèques avaient passé ; ils avaient pendu des membres du soviet, volé les vivres et le sucre. Nous fûmes, en tant que plus ou moins responsables de ces Tchèques, très mal reçus, retenus plusieurs heures, interrogés, menacés. Les dirigeants tchèques ne cachaient d'ailleurs nullement leur désir de nettoyer le pays des soviets et du bolchevisme. Ils me devenaient odieux. »

Pascal, rentré à la mission militaire après un voyage périlleux, écrivait, le 27 juin : « Arrivée à Moscou. Le bruit a couru, par la faute d'un officier anglais, que j'avais été fusillé. »

Pendant tout ce mois de juin 1918, un assaut général se préparait contre le gouvernement bolchevique. Pendant que l'armée tchèque continuait ses ravages, le général Alexeïev, aux environs de Tsaritsyne (future ville de Stalingrad), avait regroupé 15 000 officiers, et un autre général blanc, Denikine, avec ses volontaires, était victorieux au Kouban et sur le Don. Après le débarquement des Japonais à Vladivostok, les Français, les Anglais et les Américains préparaient leur intervention par Arkhangelsk.

De Vologda, Noulens animait et finançait toutes les combinaisons que le consul Grenard et le général Lavergne, à Moscou, échafaudaient et réussissaient parfois[6]. Au début de juin, Londres et Paris acceptèrent le principe de l'intervention en Sibérie et Noulens, pour se détendre, décida de visiter la colonie française de Moscou. Il écrira, avec une hypocrisie très transparente : « A Moscou, je fus mis au courant de bien des intrigues qui se tramaient contre les soviets. Ma situation était délicate. Je me sentais étroitement surveillé et devais éviter de me compromettre. M. Grenard, le consul général qui remplissait sa mission avec infiniment de clairvoyance et d'habileté, m'avait donné, pour m'accompagner et me servir d'interprète, M. René Marchand. A cette époque, ce personnage affectait des sentiments hostiles aux commissaires du peuple alors que, très probablement, il était déjà à leur dévotion. »

Verthamon, qui se faisait appeler « Henri », lui déplaisait tout autant, mais pour d'autres raisons. Le SR du capitaine de frégate se composait de cinq ou six personnes, ignorantes des choses russes et de la langue, munies par Paris de 300 000 roubles, mais sans aucune donnée sur la mission à remplir. Et Noulens de déplorer que « trop de personnalités brouillonnes se livrent à une agitation factice dont elles sont seules à profiter », puis se rappelant que Verthamon faillit y passer en septembre 1918 : « Je ne veux pas dire que l'officier envoyé en Russie y ait couru moins de dangers que dans l'accomplissement de sa tâche habituelle. »

Lockhart, agent officieux, se repent de son anticommunisme

De retour à Vologda, Noulens fit la connaissance de Bruce Lockhart, cet agent officieux de Londres, qui se rangeait du côté

6. Dans ses Mémoires, publiés en 1933, aux éditions Plon, sous le titre *Mon ambassade en Russie soviétique*, Noulens niera, comme il se devait, toute participation aux activités antibolcheviques de cette époque. Il écrivait, entre autres protestations d'innocence : « Plus tard, Trotski aurait dit, d'après Claude Anet, que, s'il avait connu mes agissements, il m'aurait immédiatement fait arrêter. Je n'ai pensé sur le moment avoir joué un jeu ni si habile, ni si dangereux. » Les archives du Quai d'Orsay conservent les instructions compromettantes qu'il avait données au consul général et à l'attaché militaire.

des rouges à chaque conflit contre les ambassadeurs et le gouvernement bolchevique. L'ambassadeur trouva l'Anglais « jovial et sympathique, donnant l'impression à la fois de l'intelligence et de l'audace ». Lockhart, qu'il savait proche de Trotski, le stupéfia. Celui-ci prétendit, en effet, qu'il donnait le change pour mieux seconder la politique des Alliés, maintenant qu'il jugeait impossible un rapprochement entre l'Angleterre et la Russie soviétique. Noulens dira : « Je n'ajoutai qu'une foi mitigée à ses déclarations. »

Lockhart, quant à lui, tentera d'expliquer, bien des années après, les ambiguïtés de son comportement au cours de l'été 1918 :

> « J'avais été renvoyé en Russie principalement pour informer mon gouvernement de l'état réel des affaires et j'avais essayé d'accomplir cette tâche au mieux de mes forces. Je n'avais pas de sympathie spéciale pour les bolcheviks. Mais en même temps, je ne pouvais m'empêcher de comprendre instinctivement que derrière son programme de paix, derrière son fanatique programme économique le bolchevisme avait une base idéale qui l'élevait bien au-dessus d'un simple mouvement de populace inspiré par des agents allemands. J'avais vécu coude à coude avec des hommes qui travaillaient dix-huit heures par jour et qui manifestement obéissaient à ce même esprit de sacrifice et de renoncement aux plaisirs de ce monde qui animait les puritains et les premiers jésuites.
>
> Si le fait de comprendre que je vivais dans un mouvement qui allait probablement prendre un développement historique encore plus important que celui de la révolution française, c'était être partisan des bolcheviks, oui, dans ce cas, je mérite l'étiquette de probolcheviste. Je savais, par les télégrammes de ma femme, qui devaient être confirmés dans la suite par différentes autres sources, que mes vues étaient insupportables au gouvernement britannique. J'aurais dû renoncer et rentrer au pays, je répugnais à quitter la Russie à cause de Moura (Moura Boudberg, sa maîtresse). Et puis je manquais du courage moral nécessaire pour renoncer et prendre une position qui m'eût valu la haine de la grande majorité de mes compatriotes. »

Peut-être y eut-il encore une autre raison plus honorable ? « J'imaginais que si les Alliés intervenaient *manu militari* en Russie, ma connaissance approfondie de la situation pourrait leur épargner les grosses catastrophes. Je connaissais les bolcheviks plus intimement qu'aucun autre Anglais ne les connaissait alors. J'avais depuis janvier pour ainsi dire tâté le pouls à tous les événements. L'outrecuidance des experts militaires qui, hors de Russie, criaient à l'intervention et qui considéraient les bolcheviks comme de la racaille qu'une charge de chevrotine suffirait à balayer était absolument privée de connaissance. Ayant finalement et à contrecœur pris parti pour l'intervention, je fis de mon mieux pour lui assurer au moins quelques chances de succès. Je restai opposé jusqu'au bout à la théorie selon laquelle les “Russes loyaux” seraient capables de renverser les bolcheviks, même avec l'aide des Alliés et sous le commandement d'officiers alliés. »

Lockhart conclut : « Ma volte-face me discrédita auprès de tout le monde. J'étais pour les bolcheviks l'incarnation de la contre-révolution et pour les interventionnistes le partisan des bolcheviks qui fit échouer leurs plans. »

Quand il rencontra Noulens, à Vologda, début juin, Lockhart était sous l'influence d'un homme qui, écrira-t-il avec raison, s'était « dramatiquement jeté au travers de mon chemin, Sidney Reilly, le mystérieux agent du service secret, le maître de l'espionnage britannique. Ce que je savais de la guerre et de la révolution russe m'avait laissé une bien piètre opinion des exploits du service secret. Les méthodes de Sidney Reilly toutefois étaient de meilleur style et forçaient souvent mon admiration ». Reilly, dès son arrivée à Moscou, s'était rendu au Kremlin et, se déclarant envoyé de Lloyd George, demanda à voir Lénine « pour obtenir de première main des renseignements sur le but et l'idéal des bolcheviks. » Lockhart arrangea l'incident avec Karakane et Tchitcherine aux Affaires étrangères « de telle sorte que leurs soupçons ne fussent pas éveillés ». A tout le moins crut-il, quelques semaines encore, avoir endormi les commissaires ; et Reilly put vaquer à ses occupations secrètes.

Il s'appelait, à l'origine, Sigmund Georgevitch Rosenbaum et avait émigré, dans sa jeunesse, de Pologne en Angleterre. L'Intelligence Service l'avait recruté et formé vers 1900. Parlant sept langues, il avait voyagé en Extrême-Orient et avait séjourné en Russie comme marchand d'armes et représentant de chantiers navals. Depuis 1914, spécialisé dans l'espionnage militaire, il avait opéré au Japon, aux USA et en Allemagne. En Russie, en plus des subsides anglais, il avait obtenu des fonds d'aristocrates et de bourgeois encore très fortunés. Lockhart disait de lui qu'il alliait « le tempérament artistique des juifs à la hardiesse diabolique des Irlandais ». Séducteur, il utilisait ses maîtresses pour des missions de renseignements. Tantôt grec, tantôt « Relinsky », soi-disant correspondant de la Tchéka, Reilly conspirait, trafiquait, de jour et de nuit, changeait de logement, rencontrait ses complices éventuels de café en café à Moscou, à Petrograd ou à l'autre bout de la Russie. A Arkhangelsk, il retrouvait Verthamon, l'un des principaux agitateurs français de l'armée tchèque, qu'il pressait d'obtenir des crédits supplémentaires pour armer Boris Savinkov dont George Hill, du SR anglais, employait le réseau.

Hill et Savinkov se voyaient souvent, dans des boîtes de nuit, Le terroriste pestait contre l'installation du gouvernement à Moscou, contre le désordre des dirigeants, leurs horaires, leurs déplacements fantaisistes. Le « bordel prolétarien », comme il disait, l'empêchait de préparer des attentats, et la Tchéka le recherchait sans relâche, allant même jusqu'à le frôler, parfois. On parlait beaucoup de lui dans les milieux antibolcheviques de la capitale. A l'organisation contre-révolutionnaire appelée « le Centre » et divisée en deux ailes, droite et gauche, Savinkov avait répliqué par la création de la Ligue pour la régénération de la Russie. Les généraux blancs, plus ou moins acquis au Centre, détestaient le fondateur de la Ligue. Bruce Lockhart retenait ceci de cette pagaille : « Les deux organisations s'entendaient sur un point seulement : elles avaient besoin du secours et de l'argent des Alliés. » Mais, en cette mi-juin 1918, l'ex-consul de Grande-Bretagne avait recueilli des informations plus sérieuses. Il apprit que Trotski le considérait désormais comme l'agent du coup d'Etat antibolchevique que les Alliés préparaient avec leur projet d'intervention et leur aide aux armées blanches ou tchèques. Au cours d'une conversation aux Affaires étrangères, avec Karakane et Tchitcherine, Lockhart avait eu « l'impression nette que les soupçons des bolcheviks avaient été éveillés. Ils étaient, comme je l'ai toujours pensé, très exactement renseignés sur l'activité des Français ».

« Le fameux Boris Savinkov » coûte 2 500 000 roubles de plus à la France

A la Tchéka, Dzerjinski et Peters veillaient, en effet. Les voici, vus par un de leurs innombrables adversaires, le capitaine Faux-Pas, qu'ils ne tarderont d'ailleurs pas à neutraliser.

> « La commission extraordinaire générale (ou V. Tchéka), dont l'autorité s'exerce sur toutes les commissions locales de province (ou M. Tchéka), a son siège dans un grand bâtiment situé 9, rue de la Grande-Loubianka. En principe, l'organisme directeur de la V. Tchéka est constitué par un présidium de cinq ou six tchékistes notoires choisis parmi les purs entre les purs. En fait, son activité est réglée par deux hommes seulement : son président Dzierzinsky et son adjoint Peters.
>
> Dzierzinsky est un Polonais de famille bourgeoise, ce qui ne l'a pas empêché de devenir le plus ardent défenseur du régime instauré par Lénine. Grand et mince, d'allure plutôt distinguée, le visage pâle et tourmenté, qu'allonge une petite barbiche en pointe et qu'anime un regard fiévreux, tel apparaît le président de la V. Tchéka qui donne l'impression d'un ascète et d'un grand inquisiteur. Il en possède d'ailleurs l'intransigeance et la rigidité. Son incorruptibilité est notoire et ses ennemis eux-mêmes ne la mettent point en doute. Son insensibilité ne l'est pas moins. N'a-t-il pas déclaré que si l'Armée rouge s'emparait un jour de Varsovie, il ne laisserait à personne le soin de fusiller son propre père qui habite la capitale polonaise ? Cruauté ? Sadisme ? Fanatisme révolutionnaire mélangé de mysticisme ?
>
> Peters, l'adjoint de Dzierzinsky, forme avec celui-ci un contraste parfait. Plus petit que son chef, assez gros, Peters est un être vulgaire et têtu dont le masque bestial reflète une incroyable férocité. Aucun sentiment, aucun raisonnement ne doit avoir de prise sur cette brute qui ne dédaigne pas, dit-on, de "mettre la main à la pâte" en cas de presse et se sert volontiers de son browning pour abattre les mal-

heureux abandonnés sans défense à sa discrétion. Convaincu, Peters l'est peut-être ; mais ce qui l'anime, c'est bien moins le désir d'instaurer un ordre nouveau que la haine de l'ordre anciennement établi. »

Le capitaine Faux-Pas ajoutait que la Tchéka, par la dureté de sa répression, était en train de devenir en 1918 un état dans l'État qui « visait à l'indépendance totale avec lequel Lénine lui-même devait composer dans une certaine mesure ». Peters, selon Faux-Pas, hurlait quand le commissaire aux Affaires étrangères Tchitcherine l'obligeait à relâcher un détenu de la Loubianka.

Le Letton Jacov Peters, bolchevique de longue date, s'était réfugié à Londres, en 1910, et avait épousé une Anglaise. Il avait regroupé alors une bande d'anarchistes qui terrorisa la capitale et fut décimée à la mitrailleuse, sur ordre du secrétaire d'État Winston Churchill. Peters, arrêté, avait été relâché. Les chances de Reilly ou de Savinkov, et à plus forte raison celles d'agitateurs improvisés comme Verthamon, Hill ou Lockhart, étaient très limitées dans la Russie en gésine de 1918, face à ce technicien de la manipulation. De plus, Peters pouvait compter sur une unanimité que seul Lockhart avait sentie : « Beaucoup de mes collègues ne pouvaient comprendre que pour les bolcheviks aussi bien que pour les socialistes révolutionnaires toute intervention étrangère, allemande ou alliée, signifiait uniquement intervention contre-révolutionnaire. Quand se déclencha notre propre intervention, les socialistes révolutionnaires ne la soutinrent en rien. »

Au milieu du mois de mai, Peters faillit prendre Savinkov. Sur dénonciation, la Tchéka avait découvert un appartement clandestin de la Ligue pour la régénération de la Russie. On y avait arrêté treize personnes et saisi des documents dont le programme de la Ligue. Savinkov se proposait de renverser les soviets, d'organiser « un pouvoir fort », de reconstituer l'armée telle que sous le tsar et de reprendre les hostilités contre l'Allemagne. L'organigramme de la Ligue divisait ses membres en deux catégories : la première, où devaient figurer surtout des officiers, comprenait « les personnes les plus convaincues ayant une préparation technique et la ferme décision de se sacrifier jusqu'au bout », la seconde était destinée à une « réserve pour la consolidation et le développement du succès du coup initial ». Les dirigeants veilleraient à ce « qu'aucun des membres de l'organisation n'en trahît un autre ». Les traîtres seraient passés par les armes.

Peters, poursuivant sa chasse, découvrit la clinique du Dr Grigoriev, qui réussit à fuir comme le colonel Perkhourov, Jan Bredis, chef des renseignements de la Ligue, et Dehrental, le lieutenant de Savinkov. Mais, bien que la Tchéka ait capturé une centaine de personnes, le chef de la Ligue n'en fut pas impressionné. Il continua à préparer un soulèvement sur la Volga[7].

7. D'après *L'Homme qui défia Lénine*, Jacques Francis Rolland, Grasset, 1989.

Cela se passait au moment même où l'ambassade de France à Vologda accroissait son aide à Savinkov par l'intermédiaire du consul Grenard : 2 500 000 roubles. Noulens en avait décidé ainsi :

> « Le seul homme d'action du Comité pour la régénération de la Russie était le fameux Boris Savinkov, ancien terroriste, qui, dès le début de la révolution, s'était révélé patriote ardent et homme de gouvernement. J'avais fait sa connaissance dès mon arrivée à Petrograd, au temps où il était l'adjoint de Kerenski au ministère de la Guerre.
>
> C'était une physionomie bien curieuse que celle de cet homme impassible, au regard fixe qui sortait de paupières mongoliques à peine entrouvertes, aux lèvres immuablement scellées, comme pour dérober tous les secrets de la pensée. Par contraste, son profil et son teint étaient d'un Occidental. Il semblait qu'en lui se fût fondu tout ce qu'il y a d'énergie dans l'une des deux races, d'astuce et de mystère dans l'autre. Son intelligence était vive, son courage et son sang-froid à toute épreuve. Au temps des tsars, il avait, avec maîtrise, organisé des complots et pris part à leur exécution. On lui attribuait le meurtre du grand-duc Serge et celui de Stolypine. Arrêté et condamné à mort, il avait trouvé le moyen de s'évader de la prison de Sébastopol quelques heures avant son exécution. »

Dès les premiers jours de la révolution, il avait joué un rôle actif. Après avoir donné à Kerenski sa démission d'adjoint au ministre de la Guerre, redevenu simple citoyen, il s'était attaché à combattre par tous les moyens possibles la doctrine et les agissements des bolcheviks.

> « Au milieu de mes pérégrinations en Finlande et en Russie, je l'avais perdu de vue, lorsque j'ai appris à Vologda qu'il organisait un soulèvement avec le concours d'anciens officiers. Les nouvelles qui circulaient représentaient Savinkov comme ayant à sa disposition, le long de la Volga, un effectif équivalant à plusieurs divisions. On racontait que ses troupes, bien armées et dirigées par un tel chef, étaient capables de résister aux gardes rouges qui seraient envoyés contre elles. »

Savinkov avait tracé un plan grandiose : tuer Lénine et Trotski, soulever, en même temps, Rybinsk et Iaroslav afin de couper Moscou d'Arkhangelsk lors du débarquement des Alliés. Une fois débarquée, l'expédition franco-anglaise occuperait Vologda et s'appuierait sur Iaroslav pour menacer Moscou. Il faudrait alors s'emparer de Mourom, etc. Toute cette belle stratégie aboutit à un massacre.

A Iaroslav, dans la nuit du 6 juillet, le colonel Perkhourov, avec six cents officiers et divers éléments locaux, tomba sur les responsables bolcheviques, les passa par les armes et se proclama gouverneur de la province, commandant l'armée des volontaires du Nord du « vieux révolutionnaire Boris Savinkov ». Le Dr Grigoriev devait agir sur Mourom et le colonel Jan Bredis s'emparer d'un parc d'artillerie à Rybinsk. Quelque part sur la Volga, Savinkov ordonna l'assaut final de Iaroslav pour le 8 juillet, à 1 heure du matin, mais les bolcheviks, renseignés, encerclèrent la ville. Savinkov, qui croyait toujours le débarquement allié imminent, entreprit de secourir Perkhourov. Il rassembla ceux qui avaient pu s'échapper de Iaroslav, coula un transport de troupes sur la Volga et fit sauter un train de munitions et les embranchements de la voie ferrée en direction de Petrograd.

Trotski lança contre la ville des réservistes russes et des bataillons de prisonniers slaves et hongrois, gagnés au bolchevisme.

L'artillerie soviétique bombarda pendant quinze jours Iaroslav, ses couvents, ses cathédrales. Le 23 juillet, la résistance cessa. Perkhourov put s'enfuir avec cinquante hommes, mais quatre cents autres furent fusillés et leurs cadavres jetés dans la Volga. Les affiliés à la ligue de Savinkov, ramenés à Moscou, furent exécutés, eux, par la Tchéka. Le dernier mot de Vilenkine, officier des hussards tsaristes, quatre fois décoré pour faits de guerre, fut : « Qu'on sache que nous aussi savons mourir pour la Russie. »

Savinkov se trouvait alors à Kazan sous la protection de l'armée tchèque.

Le vaincu de Iaroslav réapparaîtra en janvier 1919, dans les couloirs de la Conférence de la paix, à Paris. Au nom du « Directoire panrusse » d'Oufa, il avait essayé d'obtenir un soutien militaire autre que les quelques troupes françaises qui occupaient Odessa ou le millier d'Anglais tenant Mourmansk et Vladivostok. Un coup de force aurait bien tenté Clemenceau et Foch, mais Lloyd George et Wilson, qui ne voulaient engager ni hommes ni argent, avaient proposé, pour voir, une conférence à l'île de Prinkipo (Turquie) de tous les partis politiques russes, y compris les bolcheviks. Savinkov, hostile à tout compromis avec les communistes, laissa courir. C'est alors que Sidney Reilly, sorti par miracle de Russie, le présenta à Winston Churchill.

Le ministre de la Guerre britannique écouta le « nihiliste ». Il était fasciné par cet « étrange et sinistre personnage », qui lui paraissait « porter la marque du destin ». Ce terroriste semblait poursuivre des « visées modérées » : système parlementaire à l'anglaise, répartition des terres à la française, liberté individuelle, tolérance. Churchill notait cependant : « Ces bienfaits, il ne lui répugnait pas de les rechercher au moyen d'attentats à la dynamite, au risque de sa vie et de celle de ses partisans. » Lloyd George et la presse anglaise découragèrent le goût pour la « guerre privée » de Churchill ; et la situation en Russie lui donna tort.

Denikine, après la prise de Kharkov et de Kiev, en août 1919, avait encore progressé, comme Koutiepov à Koursk puis Orel et Ioudénitch à Gachina, non loin de Petrograd. Les Polonais qui avaient poussé jusqu'à la Berezina s'arrêtèrent : le général Pilsudski, convoitant des territoires russes et ukrainiens, se refusa à appuyer Denikine, le nationaliste. Mais en trois semaines l'Armée rouge, à la fin de l'automne, sous l'impulsion de Trotski, rejeta Ioudénitch en Estonie, écrasa Koltchak en Sibérie, et obligea Denikine à se retirer sur Odessa où il s'embarquera pour l'exil, en mars 1920, abandonnant le commandement à Wrangel dont l'armée sera anéantie.

Pilsudski regretta son inertie. Il renforça son armée avec ce qui restait des troupes de Ioudenitch et sollicia le concours de Savinkov, fort de ses 30 000 francs-tireurs. En avril 1920, les Polonais attaquèrent en Ukraine et prirent Kiev. Les Russes, menés par Toukhatchevski, ripostèrent et arrivèrent sous Varsovie où les Français avaient envoyé la mission Weygand. En août, Pilsudski mit en déroute l'Armée rouge, qui occupait un front trop étiré. A l'armistice de Riga, très avantageux pour son pays, il remercia Savinkov et ses volontaires en les invitant à mener leur croisade antibolchevique hors de la Pologne. Savinkov se replia sur Prague et avec le général tchèque Gajda organisa la guérilla de ses « gardes verts » sur l'ensemble de la Russie. Mais la politique des Occidentaux s'orientait déjà vers la coexistence et la mise en place d'un « cordon sanitaire » autour de l'Union soviétique. Et Savinkov revint se morfondre à Paris.

En août 1924, il crut pouvoir conspirer à nouveau, partit pour Moscou et tomba dans un guet-apens à la frontière polonaise. Son procès préfigura ceux du stalinisme. Il avoua toutes ses activités anticommunistes, reconnut le financement des Alliés, surtout de la France, et la légitimité du pouvoir bolchevique. A l'annonce des aveux de Savinkov, Sidney Reilly protesta dans le *Morning Post.* Ce procès, selon lui, était un simulacre, on avait tué Savinkov.

Au printemps de 1925, une vingtaine de journalistes étrangers furent autorisés à voir et à interviewer Savinkov, installé dans un appartement-prison de luxe. Peu après cette exhibition, le 7 mai 1925, il bascula d'un quatrième étage de la Loubianka.

Noulens, dans ses Mémoires, écrivit, à propos des aveux de Savinkov : « On prétendit que, lorsqu'il comparut devant ses juges, il fit des révélations qui me mettaient en cause. Les *Izvestia* y ont fait allusion sans rien préciser, pour la bonne raison qu'elles auraient été fort embarrassées de relever contre moi un grief positif. » Nous l'avons dit, les archives du Quai d'Orsay détiennent la preuve du contraire. Mais sept ans avant le procès de Savinkov, dans les trois semaines qui suivirent la chute de Iaroslav, le lieutenant Pierre Pascal notait, le 16 août 1917 :

> « 16 août. Les *Izvestia* dévoilent que l'émeute de Iaroslav a été faite sur l'ordre de Noulens. C'est donc lui qui est responsable des atrocités, en lançant des Russes contre des Russes, détruisant des monuments d'art antique, mettant à mal toute une population. Aucune ombre de sentiment moral dans cette politique. Deux motifs : 1° tout est permis pour arriver à ses fins dans l'intérêt de la patrie ; 2° mépris et haine profonde contre la Russie. »

Le capitaine Faux-Pas dans le secret des attentats

Au moment où Pascal écrivait ces lignes, il y avait plus d'un mois déjà qu'il assistait, en compagnie du capitaine Jacques Sadoul, aux agissements de la diplomatie française. Le 7 juillet 1917, la veille de l'assaut de Iaroslav par les hommes de Savinkov, le comte von Mirbach, ambassadeur d'Allemagne, périssait dans un attentat.

Mirbach s'était installé, en mai, dans un hôtel particulier, au 5, Dienijny Pereoulok, dans le quartier de l'Arbat et à quelques mètres de la mission militaire française. A Vologda, Noulens accusa, tout de suite, les commissaires du peuple d'obéir à l'ambassadeur de Berlin, qui « se posait en médiateur des Russes ». Bruce Lockhart, mieux informé et plus subtil, écrira :

> « Malgré leur connaissance approfondie des affaires russes, je ne crois pas que les Allemands aient été plus heureux que nous dans leurs relations avec les bolcheviks. Ils commirent certainement tout autant de fautes et ne se sentirent jamais ni complètement à leur aise ni sûrs. Nous allions partout absolument sans armes et sans escorte, tandis que les Allemands ne sortaient jamais de chez eux sans garde.
>
> Leur présence à Moscou ne nous en causa pas moins un embarras considérable et les bolcheviks éprouvèrent certainement un plaisir puéril à nous exciter les uns contre les autres, ce qu'ils firent avec une grande efficacité. Ils nous entassaient dans la même salle d'entente au ministère des Affaires étrangères ; quand ils voulaient agacer Mirbach, ils me faisaient passer d'abord. Le gouvernement britannique les avait-il offensés le moins du monde, ils prodiguaient leurs politesses à Mirbach et me faisaient attendre. Les Allemands insistaient-ils trop dans leurs demandes, ils se voyaient menacés d'une intervention britannique. Quand les Alliés essayaient d'obtenir leur intervention, les bolcheviks faisaient un tableau alarmant des dangers de l'avance allemande vers Saint-Pétersbourg. Et comme ni les Allemands ni les Alliés ne pouvaient se résoudre à une politique russe bien définie, la diplomatie bolcheviste avait tous les avantages. »

Le lendemain de la mort de Mirbach, la presse soviétique accusa les ambassadeurs alliés d'avoir fomenté ou au moins inspiré l'attentat à la bombe du socialiste-révolutionnaire Blumkin. Marcel Body racontera, en 1935, ce 7 juillet 1917[8]. Simple soldat de la mission militaire, il était planté devant l'immeuble qu'occupaient les Français quand un sous-officier du service du capitaine Faux-Pas sortit, s'approcha de lui, comme pour bavarder. Il se produisit alors une détonation formidable et le sous-officier dit :

— Tiens, je crois bien qu'on vient de tuer Mirbach.

Body poursuit ainsi : « J'ai su plus tard que le général Lavergne était sans doute au courant du complot. Pierre Pascal et Jacques

---

8. *Un piano en bouleau de Carélie ou un ouvrier limousin au cœur de la révolution russe*, Plon, 1935.

Sadoul m'ont dit qu'il était, ce jour-là, en proie à une nervosité qu'on ne lui connaissait pas. Visiblement, il guettait l'attentat. Et le sous-officier des services secrets qui se tenait sur le trottoir était là pour en suivre le déroulement. »

Le capitaine Faux-Pas, lui, savait. Un « excellent agent » l'avait tenu au courant des préparatifs de Blumkin et de ses deux complices :

> « La chose m'avait été confiée sous le sceau du secret. La moindre indiscrétion pouvait coûter la vie aux conspirateurs et, d'ailleurs, je n'entendais nullement empêcher les socialistes-révolutionnaires de jouer une carte qui pouvait, somme toute, être utile aux Alliés. »

Faux-Pas déplora pourtant : « Par malheur, l'Allemagne ne réagit pas. Son gouvernement se borna à imposer aux soviets la présence d'un détachement armé devant l'ambassade.

« Le coup était manqué. »

Le 24 juillet, les ambassadeurs quittaient Vologda pour Arkhangelsk où la force d'intervention franco-anglaise débarquait le 1er août : un bataillon d'infanterie colonial français renforcé par quelques centaines de fusiliers anglais. Les forces navales se composaient de trois ou quatre navires britanniques et d'un croiseur français. Le gouvernement soviétique, au reçu des nouvelles d'Arkhangelsk prit peur : « Le danger est grand ! » dit Trotski, mais c'était à Moscou même qu'il risquait le plus.

Le 15 août « deux messieurs lettons » se firent annoncer à Bruce Lockhart pendant qu'il déjeunait. L'un, Smerdchen, était un petit jeune homme au teint blême, l'autre, grand, puissant, les traits et les yeux durs, s'appelait Berzine et commandait, avec le grade de colonel, l'un des régiments lettons qui formaient la garde prétorienne du régime. Le petit, Smerdchen, remit à Lockhart une lettre d'introduction de Cromie, l'attaché naval britannique ; quant au grand, Berzine, il se proposait de passer aux Alliés avec ses hommes. Lockhart leur fixa rendez-vous pour le lendemain à la même heure et s'empressa l'après-midi de consulter le général Lavergne et le consul Grenard. On décida d'être prudent. Le 16 août, Lockhart remit aux deux Lettons un laissez-passer pour Arkhangelsk puis les présenta à Reilly. Dès le 25 août, l'espion anglais tenait une conférence secrète au consulat général américain, moins surveillé par la Tchéka. Le consul Grenard présidait la réunion à laquelle participaient le consul général US Clinton Poole, informateur direct du président Wilson, Bruce Lockhart, Henri de Verthamon, Xénophon Kalamatiano, un Américain d'origine grecque, qui renseignait Washington grâce à ses affaires d'import-export. L'envoyé spécial du *Figaro*, René Marchand, insolite parmi ces conjurés, prenait des notes. Sidney Reilly annonça qu'il avait acheté le colonel Berzine pour 2 millions de roubles et lui en avait versé 500 000 d'acompte.

— Notre organisation est très forte maintenant. Les Lettons sont avec nous et la population marchera dès que nous agirons.

Reilly avait décidé de frapper le 28 août, au cours d'une session spéciale du Comité central du parti bolchevique, au Grand Théâtre de Moscou : tous les dirigeants seraient présents. Les gardes lettons contrôleraient les issues du théâtre et, sur un signe de Berzine, fermeraient les portes de la salle et maintiendraient l'assistance sous la menace des fusils. Un détachement spécial, conduit par Reilly, bondirait sur la scène : le Comité central serait arrêté. Lénine, Trotski et les autres capturés, le régime, selon Reilly, n'aurait plus aucune chance. Les 60 000 officiers sous les ordres du général Ioudénitch s'empareraient de Moscou, les forces alliées et Savinkov, dans le Nord, attaqueraient et « tout ce qui resterait des bolcheviks serait écrasé entre ces deux meules ». Reilly répartit ensuite les missions d'espionnage et de propagande et Verthamon se chargeait de faire sauter les ponts du chemin de fer Moscou-Petrograd. La session du Comité central fut ajournée et Reilly dit alors à Berzine, son homme de confiance pour ce complot :

— Cela nous donnera plus de temps pour les derniers préparatifs.

Le 29 août le commissaire à l'Intérieur Ouritzky était assassiné à Petrograd par Kannegiesser, un étudiant qui vengeait ainsi un ami fusillé sans raison quelques jours auparavant. D'après Faux-Pas « les exécutions sommaires se succédaient sans arrêt et la statistique en était soigneusement tenue par la secrétaire d'Ouritzky, une jeune femme, Iakobleva, qui réglait le rythme des fusillades et s'appliquait à en maintenir la moyenne ».

Le 30 août, dans la soirée, à la sortie d'un meeting ouvrier, Fanya Kaplan, une terroriste socialiste-révolutionnaire, tira par deux fois à bout portant sur Lénine ; une balle pénétra dans la poitrine, au-dessus du cœur, l'autre dans le cou, près de la carotide. Le gouvernement riposta par une vague de terreur (8 000 fusillés environ). Il décida, le 1er septembre, de fermer les ambassades alliées et commença par celle de Grande-Bretagne. A l'arrivée des agents de la Tchéka, Cromie et le personnel brûlaient des papiers confidentiels au premier étage. L'attaché naval descendit verrouiller l'entrée et se posta dans l'escalier, armé de deux revolvers. Les tchékistes enfoncèrent la porte, Cromie tua un commissaire et plusieurs miliciens, avant d'être abattu d'une balle dans la tête. L'affaire sauva l'ambassade de France, mais la Tchéka arrêta plusieurs officiers de la mission militaire et par hasard, au cours d'une rafle, Faux-Pas et son adjoint, le capitaine Vaquier.

La presse soviétique sortit alors en titres énormes « Le complot de Lockhart ». Celui-ci était présenté comme le chef de la conspiration des « bandits anglo-français », Sidney Reilly comme l'espion-assassin de Lénine et Trotski, et les journaux relataient les projets de dictature militaire de Savinkov, qui avait aussi fourni à Fanya Kaplan l'arme de l'attentat contre Lénine.

A la Tchéka, Dzerjinski et son adjoint Peters, de plus près encore, avaient pu suivre, grâce au journaliste René Marchand, gagné pour un temps au bolchevisme, toutes les combinaisons, pour ne pas dire les élucubrations, des agents de la diplomatie alliée. Bruce Lockhart faillit être fusillé, mais il sera échangé quelques mois plus tard contre un espion soviétique. Verthamon échappa aux tchékistes en passant par les toits de son logement où ses poursuivants découvrirent des munitions en grande quantité. « Henri », déguisé, réussit à rejoindre la Finlande.

Reilly, dont tous les journaux publiaient la photo et le signalement, était déclaré ennemi public et 100 000 roubles récompenseraient qui le prendrait mort ou vif. Il vécut de cachette en cachette à Moscou, à Petrograd, jusqu'à son embarquement clandestin pour la Suède. Sur le bateau, Sidney Reilly ne pensait déjà plus qu'aux actions futures. Sept ans après, la Guépéou l'attirera en URSS et l'exécutera.

De Savinkov à Reilly, l'espionnage franco-anglais avait accumulé les gaffes sanglantes. Il restait au général Janin à clore cette suite d'aberrations par une fourberie monumentale.

Le dernier train de l'amiral Koltchak

A cinquante-six ans, le général de division Janin obtint en janvier 1919 le commandement des troupes alliées sur le front sibérien. Son homologue anglais Knox était chargé de l'arrière. Pierre Maurice Janin, sorti de l'École de guerre, en 1892, avec la mention « très bien », était plus officier d'état-major et diplomate que guerrier. En 1916, on l'avait envoyé en Russie, dont il parlait la langue à la perfection, avec le titre de chef de la mission militaire française. En décembre 1917, il devint chef de la mission militaire franco-tchécoslovaque ; depuis février 1918, il avait été désigné, par surcroît, pour commander l'armée tchèque.

En janvier 1919, quand le général Janin prit le commandement des troupes alliées, les états-majors français et anglais étaient installés dans des trains-salons, à la gare d'Omsk, à 5 kilomètres de la ville, et comme l'on s'ennuyait, l'on intriguait. Janin appelait avec dédain l'amiral Koltchak « l'invention anglaise ». En novembre 1918, le général Knox avait, en effet, favorisé à Omsk le coup d'État du chef des armées blanches du Nord et il continuait à soutenir la dictature de l'amiral, au détriment du gouvernement d'Iekaterinoslav que présidait Denikine, général des armées du Sud.

A Arkhangelsk, les ambassadeurs avaient protesté, mais Paris laissait les Anglais manipuler Koltchak. Ils ne pensaient, aux dires de Noulens, « qu'aux avantages qu'ils allaient pouvoir tirer de l'exploitation des mines d'or et de cuivre de la Sibérie, grâce à la main-d'œuvre que leur assurait le gouvernement en échange de marchandises et de fournitures d'armes ».

Le 14 mai 1919, tous les gouvernements de l'Entente, y compris l'Italie et le Japon, allèrent jusqu'à manifester par télégramme leur intention de reconnaître Koltchak. Mais il fut vite discrédité car, à l'exception de Soukine, aux Affaires étrangères, tous les ministres, des généraux, ne pensaient qu'à tirer profit du marché noir qu'ils contrôlaient. Les populations sibériennes étaient hostiles, les agents bolcheviques circulaient partout et Koltchak lui-même n'avait pas simplifié ses affaires militaires en manifestant d'emblée son antipathie envers les meilleurs soldats, à savoir les Tchèques. Le commandant tchèque jugeait, d'ailleurs, « réactionnaire » le gouvernement Koltchak et se plaignait d'avoir à combattre aux côtés des troupes de l'amiral. Un membre du gouvernement Masaryk alla même jusqu'à dire en public :

— La légion tchèque est dans la situation d'une jeune fille honnête que l'on contraindrait à vivre dans une maison de rendez-vous.

Dans ses Mémoires, Noulens rapporte les manières expéditives de Janin, chef nominal de cette légion, envers Koltchak. Il écrira : « L'amiral, faisant table rase de la révolution, représentait une orientation à droite que réprouvaient les Tchécoslovaques, naguère défenseurs loyaux des ministres socialistes sibériens. En outre, les Tchèques étaient habitués à se comporter en maîtres dans un pays où la force des armes leur avait conféré tant de prestige. Ils ne pouvaient se plier sans amertume à l'autorité d'un marin, qui s'attribuait les pouvoirs d'un dictateur militaire, sans avoir peut-être, pour la conduite des troupes de terre, l'expérience de leurs commandants d'échelons.

« Des froissements étaient à prévoir. Ils ne tardèrent pas à se produire et aboutirent à l'abandon par les Tchèques de la cause de l'amiral Koltchak. »

Le général Janin leur avait donné pour mission d'organiser le trafic ferroviaire entre Omsk et le lac Baïkal. En conséquence, ils avaient pris le contrôle du transsibérien, en avaient fait leur train, et un accord tacite s'était instauré entre eux et les partisans rouges qui harcelaient les convois de l'Armée blanche, sans craindre d'intervention tchèque.

Le 13 décembre 1919, à la gare de Marïnsk, les sept trains de l'état-major et du gouvernement Koltchak furent aiguillés sur une voie annexe. Aux protestations de l'amiral les Tchèques opposèrent les ordres reçus d'Irkoutsk et encadrèrent le convoi de leurs trains blindés. Ils menacèrent ensuite de décrocher les locomotives puis lésinèrent sur le réapprovisionnement en charbon. Koltchak expédia un télégramme à Janin qui, d'Irkoutsk, suivait l'opération en compagnie du général tchèque Syrovy. L'amiral lança en même temps sur les fils le message suivant :

« Les Tchèques ont, de fait, empêché tout ravitaillement de notre armée et ont arrêté l'évacuation des blessés, des malades et des familles d'officiers et de volontaires, les vouant ainsi à une mort certaine...

Au nom de l'armée russe et en tant que commandant suprême, je proteste auprès des gouvernements des grandes puissances et les prie d'agir auprès du commandement tchèque pour que le susdit ordre soit rapporté sans retard. »

Pendant ce temps à Irkoutsk, Janin et Syrovy s'entendaient sur les termes d'un rapport qui expliquerait l'élimination de Koltchak et de ses gens. L'amiral, lui, leur envoyait message sur message pendant que son convoi se traînait en direction de Krasnoïarsk, à 150 kilomètres d'Omsk, qu'il atteignit au bout de quatre jours.

Le général Kappel, admiré, non sans dépit, de Trostki lui-même, télégraphia à Irkoutsk, le 16 décembre :

« Votre ordre de retenir tous les convois russes a déjà causé la perte de cent vingt trains pleins de blessés, de malades, de femmes et d'enfants d'officiers et de soldats combattant sur le front.

Moi, commandant en chef des armées russes du front, j'exige de vous des excuses auprès du commandant suprême et de l'armée pour les insultes qui leur ont été faites, le libre passage du train du commandant suprême et du président du Conseil des ministres, ainsi que le retrait de votre ordre d'arrêter les convois russes.

Je ne me considère pas comme en droit d'entraîner le peuple russe épuisé et son armée dans de nouvelles épreuves, mais si vous continuez à insulter l'armée russe et son commandant suprême, vous appuyant sur les baïonnettes des Tchèques, avec lesquels nous avons combattu au coude à coude pour un idéal commun, je vous demanderai réparation en duel en tant que commandant en chef de l'armée russe, pour la défense de son honneur. »

Janin commenta la réaction de Kappel en ces termes : « Œuvre d'un esprit dérangé par les circonstances », et il écrira le 19 décembre : « Ce jeune général me paraît dangereusement excité. » Kappel se battait, à la désespérée, pour couvrir la retraite de l'armée Koltchak, écrasée sur l'ensemble du front. L'ataman sibérien Semenov, qui haïssait Koltchak et tout ce qu'il représentait, intervint cependant auprès de Janin. Son télégramme exigeait l'évacuation immédiate de l'amiral, de son état-major et de l'or du gouvernement. Janin répondit en biaisant : il s'agissait d'un malentendu, provoqué par des difficultés techniques. Et les Tchèques continuèrent de surveiller, leurs mitrailleuses prêtes, les trains, qui arrivèrent toujours au ralenti, à Nijné-Oudinsk, le 22 décembre. Koltchak compléta alors son testament politique par un décret :

« En raison de ma décision de transmettre la totalité du pouvoir suprême en Russie au général-lieutenant Denikine, commandant en chef des forces armées de la Russie du Sud, à partir de maintenant et jusqu'à réception de ses instructions, afin de conserver dans notre région de l'est de la Russie un bastion gouvernemental garant de l'intégrité de la patrie :

1° Je confie au commandant en chef des forces armées de l'Extrême-Orient et de la région militaire d'Irkoutsk, le général-lieutenant ataman Semenov, l'ensemble des pouvoirs civils et militaires sur les territoires de l'est de la Russie réunis par le commandement suprême russe ;

2° Je charge le général-lieutenant ataman Semenov de réunir les organes d'un gouvernement civil dans les limites des territoires occupés par lui.

Signé : Koltchak
Contresigné : le président du Conseil
V. Pepelaïev. »

Le lendemain, 23 décembre, à Irkoutsk, un « centre politique », regroupant socialistes-révolutionnaires et mencheviks, tenta un putsch. Le 24, ils partageaient la ville avec les troupes encore fidèles à Koltchak, mais Janin s'interposa et fit déclarer la gare d'Irkoutsk « zone neutre ». Un détachement de l'armée Semenov renforça alors les loyalistes et s'empara d'otages, qui seront massacrés quelques jours plus tard. Après un semblant de trêve, les loyalistes et les soldats de Semenov se retirèrent le 4 janvier, et les insurgés formèrent un gouvernement provisoire, prêt à traiter avec les bolcheviks. Auparavant, le 1er janvier 1920, les hauts-commissaires alliés en Sibérie avaient précisé par note au général Janin que « toutes mesures devaient être prises pour assurer, autant qu'il serait humainement possible, la sécurité personnelle de l'amiral Koltchak ». Voyant les Alliés prêts à protéger le vaincu, Janin fit transmettre à Koltchak, le 5 janvier, une proposition : s'il abandonnait son convoi et voyageait dans un seul wagon battant les drapeaux français, britannique, américain, japonais et tchécoslovaque, l'amiral serait escorté par les Alliés jusqu'à Irkoutsk.

Koltchak refusa d'abord puis accepta. Son entourage s'était dispersé et ceux qui restaient tiendraient, en effet, dans un seul wagon. Mais le 7 janvier les hauts-commissaires alliés avaient quitté Irkoutsk et, le 8, Janin partit pour Verkhné-Oudinsk, au-delà du lac Baïkal. Le 8 au soir, à Nijné-Oudinsk, les Tchèques décrochèrent le wagon de l'amiral, y firent monter le président du Conseil Pepelaïev. Une locomotive tira en direction d'Irkoutsk ce wagon unique orné, comme convenu, des drapeaux alliés. Des sentinelles tchèques se relayaient dans le couloir. Le 15 janvier, à l'arrivée à Glaskov, la gare d'Irkoustk, des miliciens du « Centre politique » portant le brassard rouge attendaient les prisonniers. Deux officiers tchèques montèrent dans le wagon pour informer l'aide de camp : l'amiral et ses compagnons seraient remis, sur l'heure, « aux autorités locales ». Les Tchèques, mal à l'aise, précisèrent qu'ils agissaient sur ordre du général Janin. Koltchak prévenu dit :

— Ainsi, c'est vrai, les Alliés m'ont trahi.

Body, l'ouvrier limousin, et le testament de Lénine

L'avant-veille, le 5 février, l'Armée rouge avait occupé Kiev ; l'Ukraine, un moment indépendante, redevenait russe. Le 6 avril suivant, les Soviétiques reprirent Odessa, et les Français, Jacques Sadoul et Marcel Body, « l'ouvrier limousin », avec un train entier de militants, furent envoyés en Ukraine par le tout nouveau Komintern, cette abréviation de « Congrès constituant de l'Internationale communiste », par laquelle les gauches du monde entier désigneraient bientôt la IIIe Internationale, fondée en mars 1919 à Moscou.

Le capitaine Jacques Sadoul, le lieutenant Pierre Pascal, les soldats Marcel Body et Robert Petit, plus quatre ou cinq compatriotes, constituèrent, après le départ des représentants alliés, un groupe communiste très actif. Malgré les désillusions qui suivirent la NEP, la nouvelle politique économique de Lénine, qui représentait un recul idéologique, malgré le mal bureaucratique puis les débuts du stalinisme, la plupart de ces Français, « entrés en communisme »[9], et Pierre Pascal le premier, resteront en URSS jusque dans les années 30. Mais dès 1926 Marcel Body avait décidé de partir :

> « Je ne me sentais plus chez moi, dans ce milieu d'intrigants, prêts à sacrifier n'importe qui, pour parvenir aux fonctions réservées aux hommes de paille de Staline. Je n'y avais plus ma place. Je m'en rendais compte et j'en souffrais. Jamais l'idée ne m'est venue de composer avec cette tourbe de petits politiciens...
>
> Je ne voulais à aucun prix m'intégrer dans une des factions qui se disputaient le pouvoir. Ma conviction était faite que la position de Staline était inexpugnable. Il disposait de tous les leviers de commande et, surtout, de cette entité qu'on appelle le Parti ou le Comité central. S'opposer à Staline, c'était donc s'opposer au Parti, au Comité central.
>
> Cela suffisait pour justifier le bannissement, la déportation et, bientôt, la mort. Cette classe de bureaucrates, d'arrivistes, qui pullulaient littéralement au fur et à mesure que se désagrégeaient les milieux opposés à Staline, m'écœurait et je voulais fuir. »

Parmi les opposants à Staline, Body ne rencontrait que Chliapnikov et « son inséparable compagnon de lutte » Medvediev. Au cours de rendez-vous clandestins autour d'une église, les deux

9. L'expression est de Pierre Pascal, qui écrit dans l'avant-propos du second tome de son *Journal de Russie* : « Je l'ai appelé en communisme comme on dit : en religion. »

militants, après avoir chuchoté leurs informations, disaient en soupirant :

> — Nous savons parfaitement que nous ne pouvons plus nous appuyer sur les ouvriers, épuisés par des années de souffrances et de luttes, démoralisés, indifférents à tout ce qui se passe sous leurs yeux dans le parti. Quand nous nous adressons à de vieux militants ouvriers qui, dans le passé, nous ont soutenus, la réponse est toujours la même : « Nous sommes las, trop fatigués, épuisés même et incapables d'entreprendre la moindre lutte.

Body habitait au Maly Parij (Petit Paris) avec Pierre Pascal et sa femme, Eugénie Roussakova ; tous les Français de passage venaient les voir. L'avocat Henri Thorès et Bernard Lecache, de la Ligue des droits de l'homme avaient fait le voyage pour obtenir les preuves officielles de la complicité de Simon Petlioura dans les progromes d'Ukraine pendant la guerre civile. C'était à cause de ces massacres de juifs que Schwarzbard, le client d'Henri Thorès, avait tué l'ancien chef nationaliste exilé à Paris.

Body parla des deux visiteurs à Chliapnikov et Medvediev : on pouvait se fier à eux pour transmettre à Boris Souvarine, réfugié en France et qui allait devenir l'informateur privilégié des services secrets français d'avant-guerre, un certain document secret. C'était ce qu'on appelait alors le Testament de Lénine et « que Staline et son équipe gardaient jalousement sous le boisseau. Trotski lui-même, sous la pression de Staline, niait son existence après qu'il eut proposé à la réunion du Politburo, où ce document avait été examiné, de ne pas en tenir compte, afin que Staline, contrairement à ce que demandait Lénine, garde sa place de secrétaire général du Comité central où il disposait de tous les leviers de commande du parti et de l'État ».

Chliapnikov et Medvediev réussirent à procurer à Body « une copie du fameux document ». Il fut remis à Henri Thorès, chez Pierre Pascal et en présence de Bernard Lecache. L'avocat dit :

— Ne vous inquiétez pas. Je vais le mettre dans mon dossier et personne n'ira le chercher là.

Quelques jours après, Pierre Pascal reçut de Boris Souvarine, une carte postale avec ces mots dissimulés : « Que faire de ce document ? » Body et Pascal répondirent : « Ce que vous voudrez. » Souvarine et Max Eastman publièrent le Testament dans la presse internationale et en garantissant son authenticité :

> « Staline, son entourage et ses adeptes nièrent, écrit Body, l'authenticité de ce Testament. Quant aux dirigeants du PC français, ils persistèrent jusqu'au XXe Congrès du PC russe, tenu en 1956, à affirmer qu'il s'agissait d'un document apocryphe. Jusqu'à présent, l'origine de ce document, la manière dont il est parvenu en Occident n'ont pas été rendues publiques. Boris Souvarine a eu raison de donner le change et de ne pas nous découvrir, Pierre Pascal et moi.

C'est Kroupskaïa, la femme de Lénine, qui avait communiqué ce Testament en 1925 au Politburo. Elle l'avait fait pour que Staline soit dessaisi de ses fonctions de secrétaire général du Comité central du PC russe et remplacé par Zinoviev ou Kamenev, voire par Trotski. Mais encore fallait-il que ces trois acquéreurs éventuels de la fonction suprême veuillent y mettre le prix et soient d'accord sur le choix du successeur ?

Tacticien perdu dans la brume, Trotski croira faire de la haute stratégie à son profit en demandant au Politburo de ne pas tenir compte du Testament de Lénine et de maintenir Staline à son poste. Trotski oubliera en l'occurrence ce qu'il écrivit bien souvent : "La politique ignore la gratitude."

Staline prendra dès lors les mesures nécessaires pour que la question du Testament ne soit jamais posée au Politburo. »

Le 2e Bureau, Jacques Sadoul et la IIIe Internationale

Mais le plus marquant de ces Français bolcheviques sera Jacques Sadoul ; il sera aussi le plus contesté. George Hill, de l'Intelligence Service, écrivait dans ses *Souvenirs moscovites* :

« Un des personnages les plus curieux de cette assemblée hétéroclite était le capitaine Sadoul qui, socialiste notoire, avait été envoyé au début de la révolution afin de rejoindre la mission militaire française. Sadoul s'était brouillé avec le chef de la mission, il avait défié son supérieur, quitté son uniforme et était sur le point de rejoindre le parti bolchevique. A l'occasion de cette conférence, il s'était habillé avec une attention particulière ; il portait un chapeau de soie, une redingote et des gants blancs. Une princesse russe lui servait d'interprète, elle était, comme lui, habillée très à la mode. Dans l'auditorium et au milieu de la horde de prolétaires pauvrement vêtus, ils devaient certainement offrir un spectacle ridicule.

Sadoul devint un bolchevique convaincu ; il dirigea même, à Odessa, les troupes russes contre les troupes françaises. Un an plus tard il fut jugé par contumace, par une cour martiale de Paris, et condamné à mort. Durant quelques années il se tint à l'écart de la capitale française, puis, audacieusement, il y retourna et mena une action afin d'échapper au verdict de la cour. Naturellement, il fut arrêté, jugé à nouveau et condamné à mort. Mais la sentence fut commuée en exil, hors de Paris. Une fois de plus il déjoua la cour et après neuf jours d'errance il retourna à Paris où il habite aujourd'hui. J'ai toujours ressenti un regret à propos du cas Sadoul, et je pense que son jugement a dépassé sa force. Tout comme lui je ne puis comprendre pourquoi les gouvernements étrangers se sentent obligés d'envoyer en tant que représentants, dans des pays qui ont traversé une révolution, des hommes aux idées déjà avancées dans leur propre pays. Les bolcheviks n'ont jamais commis cette erreur ; ils ont toujours envoyé, pour les représenter à l'étranger, des communistes sains (ou solides)[10]. »

---

10. *Go spy the land*, George Hill, 1932, Londres.

Et Marcel Body, tout en reconnaissant « l'influence certaine » que Sadoul avait exercée sur lui :

> « C'est un esprit clair, un entraîneur d'hommes ; il a passé une partie de sa jeunesse en Amérique, parmi les cow-boys. Il en a la hardiesse et l'énergie. Une seule chose m'inquiète : je sens en lui une ambition démesurée. C'est un gars solide, un sportif, plein d'allant, dont la voix toutefois ne correspond pas au physique, elle est grêle. C'est celle d'un avocat de prétoire et non pas d'un tribun. Il le sait lui-même et le regrette. Mais c'est par contre un observateur remarquable. Depuis des mois ses analyses de la situation sont systématiquement confirmées par les faits. Il a vu clair, il a été le premier à dire que personne, aucun parti, après Octobre, n'était en mesure de renverser le nouveau régime. Il ajoutait : "Un régime qui dure fait son siège et solidement. Les ralliés ne manqueront pas, même en provenance des partis adverses." »

La rupture, le conflit ouvert même, entre Sadoul et le groupe français intervint dès la fin 1919. Le journal de Pierre Pascal porte au 1er janvier 1920 :

> « Évidemment, Sadoul veut faire arrêter ceux qui le gênent, quitte à ce qu'ils soient relâchés ensuite. C'est sa vieille méthode, que je connais bien, pour déconsidérer l'ennemi. Je ne croyais pas si bien dire, il y a huit jours, qu'il nous voudrait tous à la Tchéka. Je suis presque content qu'il descende si bas. J'étais trop indulgent encore dans mon billet à Body en traitant Sadoul d'"escarpe de barrière" : ils sont moins vils. »

Depuis un an au moins, le 2e Bureau semblait prendre en considération Jacques Sadoul en sa qualité de propagandiste, quasi officiel, de Moscou. Deux documents le prouvent :

> « État-major de l'armée — 2e Bureau
> 9 septembre 1920 n° 15309
> Note sur un dossier de lettres de Sadoul
> Le 2e Bureau de l'EMA est en possession d'un dossier de lettres de Sadoul, écrites entre novembre 1918 et mai 1920.
> Ces lettres ont été adressées à des communistes de France, de Roumanie, des États-Unis et en particulier à Longuet et à Loriot.
>
> I. ANALYSE GÉNÉRALE
>
> Ces lettres sont en majeure partie consacrées à la propagande communiste, elles contiennent des attaques violentes contre les puissances capitalistes, elles dénoncent le traité de Versailles, elles veulent montrer l'impérieuse nécessité de préparer dans tous les pays la révolution qui établira le communisme. Sadoul transmet ainsi aux militants du parti communiste des thèses à développer dans les meetings.
> A côté de la propagande, on trouve dans quelques lettres des

renseignements sur l'organisation que les partis communistes de chaque pays doivent réaliser au plus tôt. Il s'agit de constituer les cadres de l'état-major révolutionnaire, ceux du futur Comité exécutif des soviets et enfin ceux de l'Armée rouge.

Par contre aucune des lettres de Sadoul ne donne des renseignements sur les résultats obtenus par le communisme en Russie. Sadoul se contente d'affirmer de loin en loin que le peuple russe est heureux sous le régime des soviets et que les puissances de l'Entente hâtent leur propre ruine en s'acharnant à vouloir attaquer la Russie communiste.

II. REMARQUES ESSENTIELLES

a) Les lettres contiennent des indications assez précieuses sur l'extension que va prendre en France la propagande révolutionnaire communiste. Celle-ci se développera non seulement dans les milieux ouvriers, mais aussi dans les administrations publiques et dans l'armée (voir annexe 1), les lettres du 14 avril et du 7 novembre 1919 (annexe 2) sont caractéristiques à cet égard.

b) On ne trouve dans ces lettres aucun argument en faveur du système communiste ; elles ne contiennent que des invectives vigoureuses. Le service de propagande pourrait semble-t-il exploiter ces lettres en opposant aux phrases creuses les réalités de la vie des ouvriers et paysans en Russie communiste d'après les journaux de Moscou et de Petrograd.

c) Les lettres de Sadoul renferment quelques renseignements sur l'Armée rouge (voir annexe 3).

⋆

ANNEXE 1 : La propagande révolutionnaire de la IIIe Internationale.

Le but de cette propagande est de préparer la révolution. Il ne s'agit pas de convaincre la masse des bourgeois, des employés, des paysans, ni même des ouvriers. Il suffit :

1° de neutraliser cette masse, c'est-à-dire de l'amener à ne pas intervenir contre les communistes ;

2° de constituer l'organisme communiste très centralisé chargé d'effectuer la révolution.

La lettre du 14 avril 1919 donne des renseignements détaillés sur l'organisation à réaliser :

1° Création d'un parti communiste affilié à la IIIe Internationale, et d'où seront exclus les opportunistes : Renaudel, Jouhaux. Ce parti recevra sous les formes les plus diverses l'appui de Moscou.

2° Ce parti communiste aura des noyaux secrets dans toutes les organisations socialistes. Si le gouvernement veut désorganiser les syndicats, il ne pourra pas atteindre ces noyaux secrets composés de camarades audacieux et sûrs munis de typographies clandestines.

Ces noyaux secrets formeront un réseau serré répandu sur tout le territoire et rattaché au Comité central spécial qui se transformera le moment venu en EM de la révolution.

Pour protéger ces noyaux, ne pas hésiter à exécuter tout policier découvert dans les rangs communistes.

3° Formation légale ou non, de soviets, dans chaque centre de production.

4° Faire de la propagande et avoir des noyaux non seulement dans les syndicats et dans les soviets de fabrique, mais aussi dans les grandes administrations publiques : ministères, banques.

5° Enfin étendre la propagande à l'armée, constituer dans toutes les unités des noyaux communistes, en utilisant comme propagandistes les anciens combattants.

Entamer le corps des sous-officiers et dès maintenant prendre note des officiers capables de sympathiser avec la révolution. En somme dans chaque ville constituer les cadres de la nouvelle Armée rouge.

*

ANNEXE 2 : Lettre de Sadoul à un communiste français.

Odessa, le 14 avril 1919

Propagande dans l'atelier industriel, dans le magasin commercial, dans le bureau administratif. Propagande aux champs. Propagande et propagande intense dans les casernes. Une élite ouvrière et paysanne peut vaincre les forces coalisées de la bourgeoisie et des masses encore inconscientes. Mais elle ne peut pas tenir contre l'armée. La décomposition de l'armée bourgeoise, armée de classe beaucoup plus préparée contre l'ennemi intérieur de la classe dominante que contre l'ennemi extérieur, est une nécessité absolue.

La révolution russe s'est appuyée solidement sur l'armée. La propagande honnête et vigoureuse menée par les bolcheviks de mai à octobre 1917 avait décompensé l'armée de classe des Romanov et des Kerenski. En octobre un grand nombre de régiments combattirent aux premiers rangs contre le gouvernement bourgeois. Cette armée était l'armée du temps de guerre formée d'hommes déjà mûris, ayant fait l'apprentissage de la vie, ayant souffert les misères de la guerre, ouvriers et paysans anxieux de rentrer au foyer, de reprendre le marteau ou la charrue, politiquement éduqués par huit mois de tempête révolutionnaire. La révolution française, qui n'éclatera vraisemblablement qu'après la démobilisation de notre armée de guerre qu'il eût été facile de préparer à la révolution pour les mêmes raisons qui ont rendu facile la préparation de l'armée de guerre russe, se heurtera à l'armée du temps de paix. Celle-ci est composée d'une classe spéciale constituant l'armature de l'organisme militaire, la classe des officiers et des sous-officiers professionnels qui de tout temps ont joué, mieux que les policiers et les gendarmes, le rôle de laquais chamarrés du capital et de bourreaux de travail. L'armée comprend d'autre part la masse des conscrits souvent sans idéal, sans autre instruction politique que celle donnée par l'Église et par l'école, complices de la bourgeoisie ayant par conséquent l'esprit déjà faussé et tout prêts à subir le dressage intensif de la caserne. Il n'est pas douteux en effet que les jeunes hommes vont être infectés de chauvinisme et d'antisocialisme par la caste réactionnaire des officiers. Mais il est facile de les sauver par une propagande appropriée. Ici toute propagande efficace doit être illégale, il faut former de bons agitateurs choisis autant que possible parmi les combattants de la guerre impérialiste. Pour les militaires comme pour les ouvriers et pour les paysans, le propagandiste ne doit jamais oublier de mettre en lumière, à côté des arguments d'ordre général, l'argument qui emporte toujours la conviction de l'auditeur, l'argument subjectif, personnel. A l'ouvrier la révolution donne entre autres avantages la possession de l'usine, au paysan elle donne la jouissance de la terre, au soldat elle rend la liberté par la suppression de l'armée permanente et la fermeture de la caserne.

La propagande par la brochure, le journal et le tract est indispensable partout. Mais la plus efficace, la plus persuasive, la plus profonde des propagandes est la propagande par la parole, par le discours et par la causerie ou mieux encore par la conversation privée. Mais l'adjudant-chef de garde, qui aboie dans la cour de la caserne, ne permettra pas à vos agitateurs d'en passer les grilles. Pour le soldat comme pour l'ouvrier et le paysan, le lieu le plus favorable pour l'agitation c'est le point où l'on travaille et où l'on vit. Pour le soldat c'est la caserne. Il faut donc à tout prix former dans chaque unité militaire des noyaux communistes, entamer le corps des sous-officiers, etc. Le jour, qui peut être assez proche, où vous aurez gagné dans l'armée la collaboration d'une petite minorité agissante, le reste sera bien près d'être neutralisé. La révolution brisera alors sans difficulté toutes les polices et les forces spéciales, gardes blancs, apaches, corps bourgeois volontaires, dont le capitalisme va commencer l'organisation.

L'effort militaire des communistes ne doit pas être limité à l'agitation dans les casernes, à la décomposition de l'armée bourgeoise de classe. Lorsque la révolution éclatera, il faudra précipiter cette décomposition jusqu'à la dissolution, disperser le corps des officiers, puiser dans ces éléments ceux qui peuvent être retenus comme sympathisant sincèrement et ceux qui sont les moins suspects et peuvent être ainsi provisoirement utilisés, afin de former la nouvelle armée révolutionnaire, l'armée prolétarienne de classe. Dès maintenant les cadres politiques, et si possible techniques, de cette Armée rouge doivent être constitués dans chaque ville et dans chaque centre agricole important. Chacun de ces gardes rouges devra être en temps utile exactement renseigné sur la mission qu'il aura à remplir et sur le chef dont il dépendra directement.

Je ne reviens pas sur les questions traitées précédemment au sujet de s'assurer des intelligences dans les grandes administrations qui sont comme le système nerveux de la nation : ministères, transports, postes, télégraphes, téléphones, banques, etc., dont il faut prendre possession dès les premières heures du mouvement révolutionnaire.

Plan politique. Plan économique. Plan militaire. Il faut que tout soit étudié et préparé afin que nous ne soyons pas pris au dépourvu le jour où la marche des événements contraindra le prolétariat français à monter non pas à "l'assaut du ciel" mais, comme le disait Karl Marx en commentant l'héroïque mais prématurée tentative des communards parisiens, à l'assaut du pouvoir.

*

ANNEXE 2 : Lettre du camarade Sadoul au camarade Loriot. Moscou, le 7 novembre 1919

L'Armée rouge est une armée de classe, une armée prolétarienne, et c'est en éveillant la conscience de classe des soldats qu'on assure sa victoire.

C'est aussi parce qu'elles sont à l'origine des armées de classe essentiellement composées d'officiers, d'aristocrates et de bourgeois, que les armées blanches ont entamé brillamment chacune de leurs campagnes. Mais fatalement, à mesure que leurs succès se développent et qu'elles sont contraintes d'étendre leurs opérations, de réparer leurs pertes et par conséquent d'augmenter leurs effectifs, c'est-à-dire de mobiliser la population ouvrière et paysanne des régions conquises, ces armées blanches cessent d'être des armées de classe et deviennent des armées composites. De telles armées peuvent lutter sérieusement pour la réalisation d'un idéal national dans une guerre contre l'étranger. La guerre actuelle n'étant pas une guerre nationale mais une guerre civile, une guerre de classe, ces armées sont vouées à la décomposition dès que par leurs propres observations ou par la propagande les soldats ouvriers et paysans de Denikine et de Kotchalk ont été amenés à comprendre quelle mission paradoxale leur était confiée : défendre l'ordre bourgeois contre l'ordre prolétarien, c'est-à-dire leurs ennemis contre leurs amis.

Denikine, Kotchalk et Ioudénitch ont donc obtenu et obtiendront peut-être encore des succès foudroyants. Ils ne peuvent pas obtenir de succès durables et leurs successeurs possibles n'en récolteraient pas davantage. Il y a là un phénomène dont les hommes d'État de l'Entente ne comprendront la signification profonde et la fatalité qu'après s'y être brisé les dents.

Ce qui est vrai des armées contre-révolutionnaires russes est plus vrai encore des armées contre-révolutionnaires étrangères. J'ai dirigé la propagande faite dans les troupes alliées de terre et de mer, en Crimée, en Ukraine, en Bessarabie et jusque dans les Balkans. Cette propagande fut médiocre. Pressés par le temps, peu expérimentés encore, nous manquions, en outre, de bons agitateurs anglo-français et surtout de littérature. Nous sommes infiniment mieux armés aujourd'hui. Les troupes de terre étaient constituées en grande partie par des volontaires.

Vous n'imaginez pas cependant la facilité avec laquelle peut être éveillée chez les soldats la conscience de classe, et ceci prouve quelle importance vous devez attacher à la propagande dans les casernes où les jeunes conscrits vont être désormais dressés, n'en doutez pas, par la caste réactionnaire des officiers à la répression des insurrections futures. Quelques entretiens, quelques tracts, de la franchise et du bon sens, et ces hommes venus volontairement pour combattre le bolchevisme faisaient grève, refusaient le travail, c'est-à-dire le combat contre les frères russes, allant même jusqu'à la révolte quand les officiers osaient insister. Avant l'évacuation d'Odessa, le général Dense, commandant en chef, avouait à un de nos agitateurs placé près de lui que 50 % de ses hommes étaient bolcheviques mais que 50 % demeuraient fidèles. Il exagérait dans les deux sens. Il nous eût fallu plusieurs mois encore pour arriver à bolcheviser une telle masse de soldats apolitiques. Mais 90 % des soldats, y compris les Sénégalais, avaient été neutralisés, rendus inaptes au combat. En 1918, l'expérience avait été faite en Ukraine sur les troupes d'occupation allemandes et autrichiennes avec autant de succès. Si nous avions la chance d'avoir sur le territoire russe pour une période assez longue deux ou trois cent mille soldats anglo-français, nous aurions sous la main les matériaux indispensables pour préparer l'incendie révolutionnaire en Occident.

★

ANNEXE 3 : Renseignements sur l'Armée rouge (novembre 1919).

1° L'effectif comportait en novembre 1919 “plusieurs millions d'hommes”.

Nota : En janvier 1920, Trotski donnait le chiffre de 2 millions. En juin 1920, on peut évaluer l'effectif à 4 millions (appel d'une classe jeune, quatre classes anciennes, mesures spéciales).

2° Les cadres s'améliorent.

Les anciens officiers russes se sont ralliés. L'avancement est d'ailleurs rapide. Enfin beaucoup d'officiers voient dans l'Armée rouge la seule armée qui défende le pays contre l'intrusion étrangère.

La majorité sert honorablement par conscience professionnelle, par désir de faire carrière et par patriotisme.

3° La situation matérielle et technique s'améliore.

La production en munitions dépasse actuellement la production tsariste.

Nota : Ce renseignement paraît très exagéré. Il n'est vrai, semble-t-il, que pour la production en munitions d'infanterie.

4° La force de l'Armée rouge provient de la propagande politique qui est supérieurement développée. Le but est d'apprendre à l'homme ce qu'est la République des soviets et de lui montrer les bienfaits que lui a apportés le nouveau régime.

20 000 agitateurs parcourent l'armée, des milliers d'écoles et de bibliothèques ont été créées, des installations cinématographiques existent dans la plupart des régiments, à cela s'ajoutent les distributions de journaux, de brochures, les meetings.

Enfin chaque fois qu'un point du front faillit, les communistes civils sont mobilisés et accumulés sur le front faible.

5° L'Armée rouge est une armée de classe, elle seule est unie, elle triomphera de toutes les armées de la bourgeoisie ; car dans celle-ci l'élément ouvrier et paysan pourra être détaché de l'élément bourgeois par une propagande facile à faire. »

★

« 24 septembre 1920

NOTE RELATIVE AU VOYAGE DE MARCEL CACHIN-FROSSARD EN RUSSIE

I

Le parti socialiste français (PSF) était jusqu'à présent membre de la IIe Internationale (Berne) et par la suite absolument indépendant de la IIIe Internationale (de Moscou).

Bien que le but des IIe et IIIe Internationales soit commun — l'établissement universel du socialisme —, les deux organisations sont rivales et profondément opposées dans leurs conceptions et leur tactique.

a) Au point de vue conceptions.

La IIe Internationale admet des représentants de tous les partis socialistes depuis les modérés jusqu'aux collectivistes. La IIIe Internationale est exclusivement communiste.

b) Au point de vue tactique.

La IIe Internationale comprend des partis qui croient le progrès socialiste réalisable par des réformes sociales, la collaboration des classes, l'action socialiste dans les parlements.

La IIIe Internationale n'envisage que l'action directe, la révolution et la dictature du prolétariat. Elle condamne la réforme, la collaboration des classes et nie la valeur de la participation socialiste à l'activité parlementaire.

Ainsi, malgré l'attitude bienveillante observée par le PSF à l'égard du bolchevisme et la propagande faite contre la guerre en Russie, malgré les secours financiers consentis par Moscou, pour alimenter les grèves et les campagnes de presse, aucune dépendance du PSF vis-à-vis des commissaires du peuple n'existait ; bien plus, le PSF membre de la IIe Internationale appartenait à une organisation sévèrement condamnée et jugée néfaste par les bolcheviks.

Par ailleurs, la IIIe Internationale reproche au PSF la conduite de ses membres pendant la guerre, la faiblesse de son action dans la lutte de classe. Elle estime que son activité purement verbale dessert la cause du prolétariat quand elle ne la trahit pas par des concessions au principe parlementaire. Longuet, en particulier, fut l'objet de furieuses diatribes de la part de Trotski.

II

La décision fut prise par le PSF au congrès de Strasbourg d'entrer en relations avec la IIIe Internationale. A cet effet, mandat fut donné à Cachin et Frossard de porter à Moscou un mémoire rédigé au nom du PSF. Cachin et Frossard furent autorisés par Lénine à suivre les séances du congrès de la IIIe Internationale à titre d'invités. La France était représentée au congrès par Rosmer, Delignières et Sadoul ; Cachin et Frossard n'avaient que voix consultatives.

Mais avant que l'autorisation ne leur fût accordée d'assister aux séances, Cachin et Frossard avaient dû au préalable faire paraître une "déclaration" publiée dans les *Izvestia* du 4 juillet. Il est vraisemblable que cette déclaration est identique au mémoire présenté au nom du PSF.

La "déclaration" expose le mandat confié à Cachin et Frossard.

Elle exprime le point de vue du PSF par rapport à la IIIe Internationale. Elle constate qu'aucune contradiction n'existe entre les principes fondamentaux de cette Internationale et les principes du PSF. Elle reconnaît que la constitution de soviets d'ouvriers, paysans et soldats est la plus grande conquête qui ait été faite dans la voie de la prise du pouvoir par le prolétariat.

Elle énumère une série de formules bolcheviques reconnues bonnes par le PSF. “Le rétablissement du système économique capitaliste est impossible” — “Le socialisme ne peut naître du résultat des élections parlementaires” — “Seule la classe ouvrière doit organiser et diriger le gouvernement” — “C’est seulement par la forme que l’ancien état de choses doit être détruit.”

Elle contient l’aveu des fautes reprochées au PSF par les bolcheviks. “Nous aurions dû suivre le chemin qu’a suivi la Russie et où triomphe la révolution du prolétariat.”

Enfin Cachin et Frossard promettent de revenir en France avec la résolution “d’organiser le prolétariat et de le préparer aux méthodes qui ont permis à la classe ouvrière russe de prendre le pouvoir”.

La question était ainsi posée de l’admission du PSF dans les rangs de la IIIe Internationale. Lénine voulut d’abord être assuré que les socialistes français sont réellement capables de former en France un véritable parti communiste intégralement rallié aux principes bolcheviques et entièrement soumis aux directives de Moscou.

Il posa donc un certain nombre de conditions préalables que Cachin et Frossard rapportent en France avec mission de les soumettre à l’acceptation du PSF. L’admission dans la IIIe Internationale est subordonnée à cette acceptation.

III

Les conditions de Lénine ont été exposées dans un article paru dans *L’Humanité* du 9 septembre. Elles comportent les 9 points ci-après :

1° Changement du caractère de la propagande par la presse, dans le sens révolutionnaire.

2° Lutte contre la politique coloniale.

3° Lutte contre le pacifisme bourgeois dont la Société des nations est l’expression.

4° Organisation du communisme dans le sein de la CGT.

5° Subordination effective du groupe socialiste parlementaire au PSF.

6° Rupture avec le réformisme, épuration du PSF, exclusion des éléments non révolutionnaires.

7° Adoption du titre : parti communiste de France.

8° Reconnaissance de la nécessité de combiner l’action légale avec l’action illégale.

9° Subordination du PSF à l’Internationale communiste qui se réserve d’apprécier les conditions dans lesquelles les travailleurs des différents pays sont contraints de lutter.

Ces conditions ont paru acceptables au rédacteur de l’article, sauf la 7e concernant la modification du titre du parti communiste au lieu de socialiste.

IV

La politique du bolchevisme consiste à fonder dans chacune des nations occidentales un parti communiste dépendant de Moscou, substituant son autorité sur les masses à l'autorité des divers partis de la 2e Internationale. Lénine se trouverait ainsi placé à la tête de toutes les forces socialistes et pourrait diriger et régler à son gré les mouvements sociaux. Les tractations menées par l'intermédiaire de Cachin et de Frossard peuvent avoir comme résultat la création en France d'un parti bolchevique, au sens complet du terme.

Au point de vue militaire, il convient de rappeler qu'une des tâches essentielles de la IIIe Internationale est la préparation de l'organisation d'armées rouges nationales. Les lettres de Sadoul contiennent des indications relatives à la propagande dans l'armée et à la constitution de cadres qui, au moment de la révolution, formeraient l'armature de l'Armée rouge. Un document du 13 mars 1920, de l'attaché militaire à Berne, contient l'analyse d'un projet des commissaires du peuple en date de janvier 1920, sur l'organisation internationale des forces militaires révolutionnaires. L'armée française est considérée dans son ensemble comme réactionnaire. "On peut compter sur une vingtaine de régiments français où la révolution sociale a des sympathies." Le document conclut à la nécessité d'appuyer financièrement les services d'investigation et de propagande.

Un renseignement du 31 juillet de l'attaché militaire à Copenhague confirme le renseignement de Berne relatif à l'organisation d'armées rouges, le gouvernement des soviets se déclare prêt à subventionner de 500 millions de roubles l'organisation dénommée "État-Major de la révolution mondiale", à qui serait confiée cette tâche. "La partie militaire serait confiée à des officiers, le travail d'organisation relèverait de communistes éprouvés."

La création d'un parti bolchevique français aurait donc sa répercussion dans un accroissement de l'activité des menées dont l'armée française est l'objet. »

1922-1923 : quelques rapports sur Romain Rolland et l'argent du Kremlin

Ce rapport, daté du 24 septembre 1920, précédait de trois mois à peine le congrès de Tours. Après leur voyage à Moscou, Cachin et Frossard avaient rejoint l'un des correspondants de Sadoul, Loriot, fondateur, au sein du PSF, du Comité de la IIIe Internationale. Sous leur impulsion, les majoritaires (3 247 mandats) votèrent à Tours l'adhésion : le parti communiste français se créait. A la demande expresse de Moscou, Longuet qui était resté dans le camp du refus fut exclu. Les minoritaires ou reconstructeurs formèrent alors autour de Léon Blum, la Section française de l'Internationale ouvrière ou SFIO.

Pendant ce temps, à son QG de la Bolchoïa Loubianka, Félix Dzerjinski et ses adjoints directs, Peters et Menjinski, travaillaient. En ce mois de décembre du congrès de Tours était créé l'INO, service de l'espionnage dans les pays « impérialistes », la France et la Grande-Bretagne, en particulier. En février 1922, la Tchéka sera remplacée par la Guépéou, ou GPU, sigle phonétique de la Direction politique d'État. En 1926, Dzerjinski mourra d'une crise cardiaque naturelle ; il était stalinien, Peters était promis aux purges ; Menjinski deviendra ministre de l'Intérieur (le NKVD). Ces trois-là, assistés de quelques autres que le stalinisme liquidera, structurèrent l'espionnage et le contre-espionnage avec tant d'efficacité qu'en France le SR et la Sûreté générale, face aux réseaux, très diversifiés, de la Guépéou, ressembleront, dans presque toutes les affaires, à des services de renseignements généraux un peu à part et assez démunis[11].

Voici quelques-unes des informations transmises par ces services dans les années 22-23 :

> « 9 janvier 1922
>
> a/s de la fondation dans le canton de Vaud d'une Association de déserteurs français à l'étranger.
>
> Bonne source :
>
> Une réunion très secrète aurait été tenue dans le local du consulat d'Allemagne, tourelles saint-Pierre, rue du Bourg à Lausanne, dans le but d'organiser une "Association des déserteurs français et étrangers", sous le patronage allemand. Cette association donnerait aux déserteurs de tous pays, mais principalement aux Français, les moyens de se rendre en Allemagne et d'y trouver du travail. A cet effet, le consul allemand, se conformant aux instructions secrètes de son gouvernement, fournirait gratuitement aux déserteurs des passeports et des subsides leur permettant de se rendre sans encombre sur le territoire du Reich.
>
> Cette séance était présidée par le nommé Messager, marchand de primeurs à Montreux, ancien interné français en Suisse. Après un séjour en Allemagne comme prisonnier de guerre, cet individu antimilitariste et communiste notoire exerce dans la région de Montreux-Vevey la plus néfaste influence au point de vue français. Il est chargé de l'organisation de ladite association.
>
> L'écrivain bien connu Romain Rolland, qui assistait aussi à la réunion précitée, serait un des soutiens de l'organisation en formation. Il est en relations très suivies avec Messager.
>
> ⋆
>
> Renseignement d'un très bon informateur du 28 avril 1922
>
> a/s de la propagande antimilitariste en France.
>
> Deux rapports adressés aux services spéciaux allemands par deux agents habitant Paris et Lyon exposent que l'incorporation de la classe 1922 pourrait amener des incidents en France. La propagande antimilitariste menée par les communistes et les syndicalistes, aidés, en la circonstance, par les anarchistes, paraît avoir pénétré assez profondément chez les jeunes soldats.

---

11. Voir chapitre VI, général Merson.

Ces agents allemands estiment que l'envoi de cette classe dans les régions occupées serait impossible ou tout au moins dangereuse.

Il n'a pas été possible de connaître les noms de ces agents : on sait seulement qu'ils sont désignés sous les n[os] T.56 et AT.

★

Renseignement

a/s du mouvement révolutionnaire en Algérie et en Tunisie d'un très bon informateur, le 2 mai 1922.

Un communiste français du Comité d'études coloniales a déclaré dans une lettre adressée à une organisation s'occupant des indigènes qu'un important mouvement révolutionnaire en Tunisie et en Algérie éclaterait vers les mois de juin et juillet.

Les communistes français, italiens et espagnols se livraient actuellement à une active propagande communiste dans l'Afrique du Nord.

★

Renseignement

SCR — 2/11

26 mai 1922

a/s du mouvement communiste et antimilitariste en France.

D'un très bon informateur.

Le Bureau communiste de Paris fait savoir à celui de Genève que la situation ouvrière en France tend à fournir de plus en plus de prétextes à l'agitation communiste. Plusieurs grandes grèves sont probables surtout dans la région du Nord et dans la banlieue parisienne où les métallurgistes vont entrer en action contre la baisse des salaires.

Des renseignements de même source font savoir que la propagande des Jeunesses communistes dans les milieux de jeunes soldats a été très active en France, ces derniers mois, et que l'on commence à en sentir les résultats heureux.

Dans la Sarre et les régions de l'Allemagne occupée, toute provocation militaire du gouvernement Poincaré pourrait amener une vive effervescence dans les milieux des soldats nouvellement incorporés.

★

Renseignement

d'un assez bon agent, le 30 mai 1922

Propagande bolcheviste dans les armées française et belge.

Le 22 février dernier, Zinoviev aurait déclaré à la conférence du Comité exécutif de l'"Internationale communiste" à Moscou que vraisemblablement la France serait sous peu l'objet des efforts de la propagande soviétiste. Clara Zetkin et Cachin complétèrent cette déclaration en exposant leur point de vue sur les moyens — légaux et illégaux — de combattre le militarisme. Cachin a reçu de Moscou les directives suivantes :

On profiterait d'une nouvelle mobilisation franco-belge contre l'Allemagne pour créer des conseils de soldats ; les hommes de confiance dans les corps de troupe dirigeraient l'opposition contre les chefs militaires. Cette opposition se manifesterait par le refus de faire du service et la destitution des chefs, le sabotage des armes, la saisie des dépôts. Il y aurait en même temps une grève générale des travailleurs, le renversement du pouvoir civil, la création de conseils d'intellectuels et d'ouvriers avec un conseil central.

L'informateur, désirant avoir de plus amples renseignements sur la prophétie de Zinoviev, s'est adressé à des personnes qui fréquentent Radek et a pu obtenir d'elles les renseignements complémentaires suivants :

1° Les bolchevistes possèdent parmi les étudiants russes de Liège de bons collaborateurs pour "travailler" les militaires français et belges. Ces étudiants opèrent suivant les directives de Cachin dont ils reçoivent des subsides. Ce dernier dispose de fonds pour la propagande en Rhénanie, en Allemagne et en Belgique.

2° C'est de Liège qu'émane la propagande bolcheviste intensive qui se fait à Reverloo où ils possèdent des partisans parmi les soldats rengagés. Reverloo offre l'avantage que les troupes qui y séjournent changent souvent, ce qui permet d'entrer en relations avec un très grand nombre de soldats.

3° Les bolchevistes ont des hommes de confiance à Reuss-Rheyot, München-Gladbach et Duisbourg. Ils attachent une grande importance à mettre en étroit contact leurs nouveaux partisans avec les communistes allemands.

Tout ceci a pour but, en cas d'une action de la Russie contre l'Europe occidentale, de porter la guerre civile de Rhénanie en Belgique et dans le nord de la France, tandis que les camarades italiens envahiront le sud de la France et paralyseront sa marine.

Pour le cas d'une interruption complète des communications, les bolchevistes ont fait installer dès 1920 tout un réseau de postes récepteurs de TSF, on peut citer :

En Belgique, ceux de Liège, Gand, Bruxelles, Anvers.

En France, ceux de Marseille, Toulon, Paris, Lille.

En Rhénanie, ceux de Düsseldorf, Francfort, Mannheim ; en Suisse, celui de Zurich.

⋆

Renseignement
d'un très bon informateur,
le 30 décembre 1922
a/s du mouvement révolutionnaire dans les ports militaires français.

Une information signale l'activité des communistes français dans les ports militaires. Ils compteraient, en cas de troubles intérieurs ou extérieurs, sur l'appui des équipages de la flotte de plusieurs bâtiments de guerre, parmi lesquels on cite le *Jules-Ferry*, où un comité communiste existerait depuis quelques jours qui dirigerait l'agitation révolutionnaire dans la flotte suivant les directives du Comité directeur communiste de Paris et, en particulier, du député communiste Vaillant-Couturier.

⋆

Renseignement

d'un très bon informateur le 9 janvier 1923
a/s de l'Association républicaine des anciens combattants.

L'Association républicaine des anciens combattants réunirait un congrès national à Paris, le 11 février prochain, dans le but d'adopter un plan d'action antimilitariste à développer parmi les jeunes conscrits de la classe 23.

Les décisions prises au dernier congrès des Jeunes communistes à Moscou y seront également examinées dans le but probable d'une action commune avec les Jeunesses communistes françaises. »

La gendarmerie à la rescousse

En 1926, la gendarmerie était appelée à la rescousse ! Une décision interministérielle de l'Intérieur et de la Guerre décidait en effet que :

« Les militaires de la gendarmerie, par leur connaissance des gens et des particularités de leur région, par leurs rondes et tournées incessantes, sont à même de fournir, sans travail supplémentaire appréciable, des indications précieuses :

— sur les individus en résidence fixe dont les agissements semblent douteux ou louches au point de vue national ;

— sur les étrangers en résidence ou de passage ;

— sur les nomades tels que marchands ou musiciens ambulants, colporteurs, etc.

Dans les mêmes conditions, ils doivent contribuer aisément à la surveillance des polygones, champs de tir, terrains d'expériences.

Les renseignements de contre-espionnage par les agents auxiliaires dénommés ci-après : gardes champêtres, cantonniers, facteurs ruraux, gardes forestiers, éclusiers des canaux, gardes de la navigation fluviale, seront centralisés par la brigade de la gendarmerie sur la circonscription de laquelle ils sont en fonctions et transmis au commissaire spécial, chef du secteur, par l'intermédiaire de cette brigade. »

La même note chargeait la gendarmerie d'enquêter sur les personnels de l'armée, révélant, par là même, le sous-équipement du contre-espionnage :

« Il importe que l'autorité militaire n'emploie dans les bureaux où se traitent des questions secrètes (états-majors, directions des services et établissements, bureaux d'études, commissions d'expériences, bureaux des chefs de corps, bureaux de la mobilisation, bureaux de recrutement, etc.) que des secrétaires militaires ou civils de toute confiance (agents militaires, ouvriers et employés des établissements de la Guerre, tous civils ou militaires non officiers ou sous-officiers de carrière, appelés par leurs fonctions à avoir en mains des pièces ou documents secrets). (Circulaire 13 avril 1927 n° 2288 PR — Cabinet du ministre.)

Il faut donc que l'autorité militaire soit renseignée sur ces derniers, préalablement à leur emploi si possible, en tout cas dans le minimum de temps après leur entrée en service.

Ces enquêtes seront nombreuses et se renouvelleront à chaque libération ; les chefs de secteurs de contre-espionnage, ne disposant que d'un personnel très réduit groupé dans les grands centres du secteur, ne peuvent en être chargés, elles incomberont donc aux brigades de gendarmerie réparties sur tout le territoire. »

En 1927, le 21 février, une note du 2e Bureau « au sujet des mesures de protection contre l'espionnage et la propagande révolutionnaire » mentionnait encore la collaboration de la gendarmerie :

« La participation de la gendarmerie au service de CE ne paraît pas avoir présenté de difficultés particulières ; l'aide apportée par cette arme durant le second semestre de 1926 permet d'espérer des résultats plus nettement appréciables encore dans l'avenir. A cet égard il est grandement désirable que les officiers de gendarmerie s'attachent, au cours de leurs tournées, à perfectionner l'instruction des brigades. Le rôle de la gendarmerie ne doit pas se borner aux enquêtes demandées par les chefs des secteurs de CE : la gendarmerie doit profiter de toutes les occasions pour concourir, de sa propre initiative, à la recherche des faits d'espionnage et des individus suspects au point de vue national.

L'utilisation des agents auxiliaires ne relevant pas du département de la Guerre (douaniers, gardes champêtres, cantonniers, facteurs ruraux, etc.) doit être poursuivie avec méthode et à-propos. Toutes les occasions doivent être saisies pour attirer l'attention de ces derniers sur l'intérêt qu'il y a à ce qu'ils signalent les agissements suspects et à ce qu'ils fassent preuve de bonne volonté pour répondre, dans toute la mesure du possible, aux demandes de renseignements de la gendarmerie. »

La note signalait aussi, à propos de la surveillance des établissements travaillant pour la Défense nationale :

« Les services de CE ne peuvent accomplir leur mission que s'ils disposent du concours empressé des chefs d'établissements. Or, à plusieurs reprises, des chefs d'établissements, par un souci mal compris de leur responsabilité, ont cru devoir faire le silence ou rendre compte incomplètement et trop tard d'incidents sérieux ; d'autres ont marqué de l'hésitation à communiquer aux commissaires spéciaux les renseignements demandés par eux. Il faut lever cette hésitation et en particulier signaler aux commissaires, d'une part, les employés suspects et, d'autre part, ceux qui pourraient servir d'indicateurs.

Un système de protection ne peut fonctionner que par l'emploi d'indicateurs.

Les indicateurs du CE sont des gens de bonne foi, choisis pour leur loyalisme et leur probité, qui sont chargés de prévenir de toutes les démarches, de toutes les sollicitations extérieures suspectes venant à leur connaissance.

Si certains établissements civils sont à surveiller particulièrement, ils seront signalés aux corps d'armée au moment voulu par l'état-major de l'armée.

Les saboteurs du parti industriel

Telle se présentait, dans les années 27-30, l'organisation du contre-espionnage, imaginée, aux ministères de l'Intérieur et de la Guerre, par des hauts fonctionnaires et des officiers supérieurs qui faisaient de l'anticommunisme le premier de leurs devoirs. Dans cette Europe préhitlérienne, les milieux des affaires et de la politique ne se voyaient, en effet, qu'un ennemi : l'URSS.

Vers la fin de 1928, à Paris, dans un salon particulier d'un restaurant des grands boulevards, les dirigeants du Torgprom, le cartel international des millionnaires tsaristes, avaient réuni les « gros » de l'émigration, comme Nobel, Denissov, Riabouchinski, « et ainsi de suite », selon l'expression usitée dans l'ancienne Russie, francophone, des riches. L'assemblée du Torgprom devait entendre deux visiteurs venus d'URSS, Léonide Ramzine, savant réputé, directeur de l'Institut thermo-technique de Moscou, et Victor Laritchev, président de la section des combustibles du Comité d'État du plan de l'URSS. Ils profitaient d'un voyage officiel pour entrer en relation directe avec toutes ces fortunes de l'émigration et tenter de leur vendre le parti industriel, organisation d'espionnage et de sabotage dont ils étaient les chefs.

Le parti industriel de Ramzine et Laritchev comptait 2 000 affiliés clandestins, environ, issus pour la plupart de l'élite scientifique et technicienne, choyée des tsars et qui avait su, sous les soviets, conserver des postes importants. Le Pr Ramzine expliqua comment les membres de son parti sabotaient le vaste plan quinquemal d'industrialisation de Staline :

> — Une de nos méthodes est la méthode des standards minimum, c'est-à-dire le plus grand freinage du développement économique du pays, et le ralentissement du rythme de l'industrialisation. Autre méthode, nous créons une disproportion entre les divers secteurs de l'économie nationale et également entre les diverses entreprises du même secteur industriel. Et enfin, il y a la méthode des « capitaux gelés », c'est-à-dire l'investissement de capitaux soit dans des entreprises absolument pas nécessaires, ou dans des travaux qui auraient pu être différés parce que n'étant pas essentiels pour le moment.

Ramzine se félicitait des résultats de la méthode des « capitaux gelés ». Le rythme de l'industrialisation brisé, on constatait une baisse du niveau de vie et un mécontentement, par conséquent, dans l'ensemble de la population. Il y avait cependant à déplorer des arrestations. Un groupe du parti industriel opérant dans les mines de Chakty et d'autres dans les transports et l'industrie pétrolière venaient d'être découverts par la Guépéou. L'exil de Trotski et l'écrasement de son mouvement d'opposition ne facilitaient pas non plus les activités antisoviétiques. Ramzine conclut :

— Nous avons besoin que vous nous aidiez plus. Mais l'essentiel, plus que jamais, reste l'intervention armée pour renverser les bolcheviks.

Denissov, président du Torgprom, prit ensuite la parole :

> — Comme vous le savez, nous avons conféré avec M. Poincaré et aussi avec M. Briand. Depuis quelque temps, M. Poincaré a exprimé sa complète sympathie pour l'idée d'organiser une intervention armée contre l'URSS, et au cours d'un des derniers entretiens que nous avons eus avec lui, comme vous vous en souvenez, M. Poincaré a exposé que la question avait déjà été posée à l'état-major français pour qu'il l'étudie. J'ai maintenant le privilège de pouvoir vous communiquer une information de la plus haute importance.

Après une pause théâtrale, Denissov proféra :

— L'état-major français a constitué une commission spéciale, présidée par le colonel Joinville, pour organiser l'offensive contre l'Union soviétique.

L'état-major français se composait alors du maréchal Foch, favorable, depuis la fin de 1918, à une intervention d'envergure cette fois, du maréchal Pétain, antisoviétique et ne cachant pas son aversion de la démocratie, et du général Weygand, enfin, chef de la mission militaire de 1920 en Pologne, qui partageait les opinions de Pétain et cherchait sans cesse à fomenter des complots en URSS. Foch, qui mourra en 1929, avait pour collaborateur particulier René L'Hopital. Celui-ci deviendra président du Comité « France-Allemagne », fondé à la fin de 1935 par Otto Abetz, alors espion, afin de diffuser en France la propagande nazie et antisoviétique.

A la réunion du Torgprom, Joinville s'enquit auprès de Ramzine des possibilités d'aide militaire active de la part de l'opposition en URSS quand se déclencherait la grande offensive. Ramzine répondit :

— Malgré la fin des trotskistes, nous sommes assez nombreux pour jouer un rôle.

Le parti industriel, selon le schéma de Joinville, devait former, avec ses alliés, une section militaire, et il donna à Ramzine les noms d'agents français à Moscou. Après les millionnaires russes, Ramzine et Laritchev poursuivirent leur voyage officiel à Londres où ils rencontrèrent les hommes de Henri Deterding, patron de la Royal Dutch Shell, et ceux de Basil Zaharoff qui contrôlait, à l'époque, la Metro-Vickers, le plus puissant trust de l'armement. Sir Basil se souvenait des intérêts qu'il avait eus dans la Russie impériale. Les deux scientifiques repartirent avec une certitude : la France jouait le rôle déterminant dans le projet d'intervention, mais la Grande-Bretagne participerait par une aide financière et des pressions diplomatiques pour maintenir l'URSS dans l'isolement ; en temps utile, elle prêterait un concours militaire.

L'invasion de l'URSS pour l'été 1930

A Moscou, le parti industriel se fixa deux objectifs : dégrader d'une part et, toujours davantage, la situation dans l'industrie et l'agriculture, et constituer d'autre part un appareil de terrorisme. Une collaboration régulière s'instaura entre les services d'espionnage français, anglais, allemand et le parti industriel. Les agents français se chargeaient de faire passer le financement : 500 000 roubles à la métallurgie, 200 000 aux combustibles, 100 000 à l'électricité. Paris, Londres, Berlin reçurent des rapports très détaillés sur la production soviétique, les aérodromes, l'industrie des armes, l'industrie chimique, l'état des chemins de fer. Pour l'offensive, l'état-major français se contenta d'adopter le plan d'invasion qui avait réussi, en 1917, aux armées du IIe Reich du général Hoffmann. La première attaque partirait de la Roumanie ; l'Armée blanche de Wrangel, 100 000 hommes, traversait le pays pour se joindre à l'armée du Sud. La flotte britannique soutiendrait les opérations. Les cosaques de Krasnov, cantonnés dans les Balkans depuis 1921, seraient débarqués sur la côte de la mer Noire, aux environs de Novorossisk. De là ils soulèveraient les cosaques du Don en longeant le fleuve et pénétreraient en Ukraine. Cette opération devait couper Moscou des secteurs charbonniers du Donetz et priver la capitale de ses approvisionnements en combustible et en minerai. La Pologne, les pays Baltes et la Finlande interviendraient à leur tour. Toutes les offensives seraient lancées sans déclaration de guerre. Les Français fourniraient aux forces d'intervention des instructeurs militaires et le soutien de l'aviation ; l'Angleterre engagerait ses navires, l'Allemagne des techniciens et des régiments de volontaires. Les experts estimaient que sous une poussée pareille l'Armée rouge s'écroulerait et que c'en serait fini du régime soviétique en quelques jours.

L'offensive, d'abord prévue pour l'été 1929, fut fixée à l'été 1930. A la fin de juin, les millionnaires du Torgprom s'impatientaient et l'un de leurs dirigeants, Vladimir Riabouchinski, publia, le 7 juillet, dans *Vozrojdenie*, le journal des Russes blancs de Paris, un article intitulé « Une guerre nécessaire » ou l'on pouvait lire :

> « La lutte qui se prépare contre la IIIe Internationale, pour la libération de la Russie, sera sans aucun doute reconnue par l'Histoire comme appartenant au groupe des guerres les plus justes et les plus utiles. Les premières tentatives d'intervention en Russie avaient échoué ou avaient été abandonnées parce que leur poursuite était trop coûteuse. En 1920 et jusqu'en 1925, les spécialistes avaient préparé cette opération en comptant sur un délai de six mois avec une armée d'un million d'hommes. On avait calculé que la dépense atteindrait 100 millions de livres. Mais maintenant, les investissements nécessaires pour écraser le régime soviétique seraient considérablement moindres, à cause des difficultés intérieures politiques et économiques de l'URSS. Sans doute 500 000 hommes et trois ou quatre mois suffiront pour mener à bien le travail, dans l'essentiel. Le nettoyage final des bandits communistes prendra naturellement un peu plus de temps, mais c'est plutôt du ressort du travail de la police que des opérations militaires. »

Riabouchinski estimait que l'économie russe, régénérée par des hommes de sa valeur, représenterait « un influx annuel dans le système économique européen d'une telle richesse, par suite de la demande de toutes sortes diverses de marchandises, que l'armée des cinq millions de chômeurs d'Allemagne, d'Angleterre et d'Autriche en serait liquidée ». Il n'oubliait pas d'affirmer que « la croisade antisoviétique était une entreprise grandiose et sacrée, le devoir moral de l'humanité » avant de conclure :

> « Du point de vue naturel et dénué de sentiment des affaires pures, nous pouvons affirmer en toute sécurité qu'il n'y a pas d'entreprise au monde qui soit plus profitable que celle qui effectuera la libération de la Russie. En dépensant 1 milliard de roubles, l'humanité ne recevra en retour pas moins de 5 milliards, c'est-à-dire 500 % par année, avec la perspective d'un accroissement ultérieur du profit chaque année de 100 à 200 %. Où pourriez-vous faire une meilleure affaire ? »

Mais le 28 octobre suivant, le Pr Ramzine et de nombreux dirigeants du parti industriel étaient arrêtés. La Guépéou ratissa l'Union soviétique, emprisonnant, liquidant tout ce qu'elle trouva de socialistes-révolutionnaires, de mencheviks, gardes blancs, espions français, polonais et roumains. Le procès du parti industriel s'ouvrit, le 25 novembre 1930, devant le Tribunal suprême de l'URSS à Moscou et se termina le 7 décembre. Cette longue audience différa de beaucoup d'autres affaires staliniennes en ce que les preuves recueillies par les agents de la Guépéou étaient toutes authentiques ; Ramzine, Laritchev, ainsi que leurs six coïnculpés plaidèrent coupables[12]. Ils mirent en cause le Torgprom, la France surtout, et son état-major.

A l'instar de Weygand, général en chef, en 1930, chacun de ses officiers, de par ses origines et sa formation, avait des raisons bien à soi, donc sans réplique, d'être antisoviétique.

Koutiepov, un rapt comme les autres

Mais revenons à la Guépéou et à ses activités tout au long de la décennie terrible qui mènera à juin 1940. Aujourd'hui encore, les historiens ne savent à peu près rien des complicités françaises qui assurèrent au service secret soviétique puissance et impunité. Les révélations sur l'affaire Koutiepov, par exemple, datent des années 1966 et 1970 !

Le dimanche 26 janvier 1930, à 19 heures, Mme Koutiepov

---

12. Dans *La Grande Conspiration contre la Russie*, Michel Sayers et Albert Khan, éditions Hier et Aujourd'hui, 1947, racontent ce qui suit à propos de Ramzine. « Avec les quatre accusés dont Laritchev, qui comme lui avaient été condamnés à mort, le professeur introduisit un recours en grâce. La peine commuée en dix ans d'emprisonnement, Ramzine eut la possibilité de continuer ses recherches. Il inventa un turbogénérateur simplifié, "le meilleur du monde", paraît-il. Le 7 juillet 1943, le Pr Ramzine reçut l'ordre de Lénine, le prix Staline (30 000 dollars) et le turbogénérateur porta son nom. »

alertait la Direction des renseignements généraux : le général, parti à 10 h 30 de son domicile, rue Rousselet, n'était toujours pas rentré alors qu'il aurait dû être de retour depuis 13 heures pour déjeuner. Après quatre jours d'enquête de routine, la police recueillit le témoignage de Steinmetz, un Alsacien employé à la clinique des Frères Saint-Jean-de-Dieu, dont les bâtiments bordaient un des côtés de la rue Rousselet. Steinmetz secouait des tapis par une des fenêtres quand il avait remarqué, ce dimanche 26 janvier à 10 h 35, un passant que deux individus, des costauds, abordaient, à l'angle des rues Rousselet et Oudinot. Un agent de police, qui semblait en faction un peu plus loin, avait rejoint le groupe au moment où une grosse limousine de couleur sombre se rangeait en bordure du trottoir. Le général Koutiepov — Steinmetz le reconnut sur les photos parues dans la presse — avait été bousculé et embarqué de force à bord de la voiture qui avait démarré aussitôt en direction du boulevard des Invalides. Un détail cependant avait intrigué Steinmetz : l'agent de police s'était précipité pour prendre place dans la limousine aux côtés du chauffeur. Suivait un taxi qui devait couvrir la fuite. Koutiepov avait donc été enlevé.

Jean Chiappe demanda alors à M. Pirrier, directeur des RG de désigner les policiers les plus qualifiés pour s'occuper d'une affaire aussi spéciale, la première du genre, mais que d'autres suivraient. La Sûreté générale bloqua les frontières terrestres et maritimes, resserra la surveillance autour des bâtiments soviétiques en relâche dans les ports. La direction de l'enquête échut à Faux-Pas Bidet qui, dès son retour d'Union soviétique, en 1919, avait repris du service au contre-espionnage. Le commissaire se souvenait de son séjour à la Tchéka et il connaissait l'audace des spécialistes du rapt de la Guépéou. Menjinski et Yagoda les dressaient, et ils exécutaient à la commande des enlèvements n'importe quand, n'importe où, jusqu'aux confins de l'Europe.

Au moment de la disparition, que Faux-Pas Bidet pensait définitive, du cofondateur avec le général Miller de l'association d'officiers blancs émigrés, dite des « Anciens de Galipoli », les kidnappeurs professionnels de la Loubianka avaient déjà éliminé Karsivadzé, de nationalité géorgienne, enlevé en Turquie, le capitaine Kouzmine, à Téhéran, Alexandre Kiatkovski, à Londres, et Lew, à Dantzig. Ces deux derniers avaient été expédiés par bateau en URSS. Une piste conduisit Faux-Pas Bidet en un point précis de la côte normande, entre Trouville et Dives : un cargo suspect, sans pavillon, avait été signalé, à la hauteur de Houlgate, le 26 décembre 1936, jour de l'enlèvement. A la préfecture de police, l'on conclut, comme le dit Lucien Zimmer, que « Koutiepov a été jeté à fond de cale dans un bateau soviétique, mais il nous faut renoncer à en apporter la preuve matérielle. L'affaire gardera donc, pour les non-initiés, un caractère impénétrable ». En 1966, avant la parution de ses souvenirs, Lucien Zimmer avait eu connaissance d'un article du *Krasnaja Zviezda*, journal officiel de l'Armée rouge. Le général Chimanov rendait hommage à la mémoire de Sergueï Vassilievitch Pouzitski, commissaire de deuxième classe de la Guépéou, pour avoir « magistralement mené l'opération qui devait conduire à l'arrestation de Koutiepov et de tant d'autres chefs de gardes blancs ».

Honel, tueur d'occasion, mais communiste-né

Dans les années 1970, Maurice Honel, ancien député communiste de Clichy (il le fut de mai 1936 jusqu'au 21 janvier 1940), livra un « secret pour l'Histoire » à deux historiens communistes, Jean Ellenstein et Alain Guérin : c'était lui qui avait enlevé Koutiepov, son frère tenant le rôle de l'agent de police, celui-là même qu'avait vu le témoin Steinmetz. Alain Guérin témoigne :

« L'uniforme assez fantaisiste s'apparentait à la tenue de concert de la musique des gardiens de la paix. Dans la voiture, Koutiepov s'était débattu et Maurice Honel avait dû le neutraliser. Ce qui n'était pas prévu. Le corps fut déchargé au garage que le frère de Maurice possédait à Levallois, enterré dans un coin du hangar, avant d'être coulé dans du béton. Honel expédia à Moscou l'agenda de Koutiepov dans des livres, feuille par feuille. »

La vie de Maurice Honel (mort en 1977) fut, selon Alain Guérin, « un itinéraire extraordinaire ». Il naquit en 1903, à Paris, dans le communisme, pour ainsi dire. « Jules Guesde le faisait sauter sur ses genoux » (A. Guérin).

> « Maurice Honel était le fils de Caroline Bloesmist et de Gustave Charles Honel (né le 12 janvier 1869 à Strasbourg), militant socialiste d'origine juive dont la famille avait rallié la France en 1871 et qui fut, de 1887 à 1893, membre du cercle Germinal, du Comité de l'agglomération parisienne du parti ouvrier et de la Ligue pour la défense de la république, avant de siéger en 1921 au comité exécutif de la Fédération communiste de la Seine. Charles Honel quitta toutes responsabilités en 1923 sans cesser de fréquenter la section communiste du XIVe arr. puis le rayon de Clichy-Levallois-Perret. Il habitait et travaillait comme artisan encadreur à Levallois-Perret.
>
> Son fils Maurice choisit son métier après le certificat d'études primaires, dès l'âge de treize ans. Son père était alors mobilisé et son frère aîné au front. Il adhéra aux Jeunesses socialistes en 1919[13]. »

Autre aspect de sa biographie, dans le même ouvrage :

> « Personnage hors du commun, peintre à ses heures, adepte du yoga dont il avait appris en autodidacte les rudiments dans les années

13. *Dictionnaire du Mouvement ouvrier*, Jean Maitron, tome XXXI. Les Éditions guerrières.

30, Maurice Honel a laissé de très nombreux poèmes, édités pour certains à plus de quarante ans d'intervalle, et dont les premiers parurent en 1934 dans *Commune*, revue de l'Association des écrivains et artistes révolutionnaires. Marié à Paris, XIVe arr., le 17 avril 1926 avec Angelica Hafner, divorcé le 20 juillet 1939 et remarié le 11 avril 1940 avec Mira Bojm, Honel eut une fille, Laura. »

Dirigeant des Jeunesses communistes, animateur du PCF à Levallois-Perret, Maurice Honel, élu député Front populaire en mai 1936, se rendit au Cameroun en 1937 et la même année en Indochine où le parti l'avait chargé de prendre contact avec les dirigeants communistes clandestins. En 1938, il écrivit à Maurice Thorez une lettre que *L'Humanité* publia le 13 mai, avec une photographie de l'auteur. Parlant au nom des nombreux ouvriers des entreprises de sa circonscription, de ceux de l'usine Citroën en particulier, il écrivait : « Ils souhaitent plus de vigueur et certains expriment le désir d'aller au-delà de la formation du Front populaire par la constitution d'un "front ouvrier" ou d'un "front révolutionnaire". Le surlendemain, *L'Humanité* publiait une longue réponse de Maurice Thorez à cette lettre surprenante de la part d'un député communiste » (Jean Maitron).

A la mobilisation, en septembre 1939, Honel fut affecté à la 6e section de l'infirmerie militaire à Bar-le-Duc. A l'annonce du pacte germano-soviétique, il ne manifesta pas d'opposition, mais le 9 janvier 1940, à la séance de la Chambre, quand Levy-Alphandery prononça un discours à la gloire de l'armée française, Honel se leva, comme tous les députés et en même temps que cinq autres de ses collègues communistes, tandis que Raymond Guyot, Fernand Grenier, André Mercier et Charles Michels restaient assis. Dans une lettre du 11 janvier au président de la Chambre, Honel annonça sa démission comme vingt autres députés du parti communiste qui le déchut de son mandat le 21 janvier 1940.

> « C'est vingt et non vingt et un députés démissionnaires qu'il faut écrire, le cas de Maurice Honel devant en effet être mis à part puisque ce fut sur instruction et pour assurer une tâche clandestine particulièrement délicate qu'il accepta de jouer la comédie du désaveu et de passer pour un renégat »,

écrivait Alain Guérin dans le tome I de *La Résistance, chronique illustrée 1930-1950* (Paris, 1972). Aujourd'hui, il explique :

« Les services secrets soviétiques lui avaient conseillé de se prononcer contre le pacte germano-soviétique. Malheureusement, dans la débâcle, son agent traitant de la Guépéou disparut et Honel se retrouva seul, mis en quarantaine par ses camarades. Il ne le supporta pas. »

Après l'armistice et Vichy, fin 1940, Honel démobilisé s'installa à Marseille et s'intégra au mouvement Libération-Sud. Au démantèlement du réseau, il réussit à s'enfuir par un balcon. Il revint à Paris et prit des contacts par l'intermédiaire d'Henri Krasucki. Le 31 mars 1943, la police arrêta, par hasard, Mira, l'épouse d'Honel. Battue à la préfecture, elle n'avoua rien, mais les inspecteurs, par routine, se rendirent chez le seul Honel figurant à l'annuaire, le père de Maurice, chez qui il soignait une bronchite. A l'arrivée de la police, il tenta de se trancher la gorge avec un couteau de cuisine. Hospitalisé pendant trois mois, il fut ensuite incarcéré à Fresnes puis transféré au camp de Drancy. On avait trouvé chez lui une lettre à la direction du parti dans laquelle il revenait sur sa démission et s'offrait « pour quelque tâche que ce soit ». Le 31 juillet 1943, il fut envoyé à Auschwitz.

Alain Guérin note : « Même au retour d'Auschwitz où il se comporta en héros, le parti ne lui pardonna pas l'affaire du Pacte. Il ne fut jamais représenté à une quelconque élection. On le laissa s'occuper des petits commerçants. »

L'affaire Fantômas fait fuir Jacques Duclos

Le frère de Maurice Honel, mort au Canada, en 1950, d'une crise cardiaque, appartenait sans doute comme son cadet à la Guépéou ; une Guépéou qui, au début des années 30, passait partout, n'écoutant, n'appliquant que sa loi au nom du Komintern. Victor Fay en a témoigné[14]. Ses activités au PCF étaient multiples : il participait à l'agit-prop central, de 1929 à 1934, était rédacteur à *L'Humanité*, sous le pseudonyme de Victor Masson, et professeur à l'Université ouvrière, dès son ouverture, en 1932, au siège de la CGTU, rue Mathurin-Moreau. Là, Victor Fay enseignait l'économie politique, et ses cours, « mes meetings », réunissaient 450 personnes. La raison de ce succès était « le sentiment de libération que les élèves y ressentaient ; ils se savaient exploités, mais là, ils découvraient comment ».

La collaboration de Victor Fay à *L'Humanité* se compliqua lorsque le Komintern jugea l'apport théorique de la presse du parti « insuffisant ». Moscou exigea une collaboration directe à *L'Huma* des paysans et des ouvriers. Victor Fay, alias Victor Masson, connaissait l'échec de la « correspondance des usines » que Lénine avait essayé d'imposer dans la *Pravda*. La rédaction de *L'Huma* tout entière s'opposa à la page hebdomadaire « ouvrière » et Victor Fay dut s'en charger seul. Il monta alors un réseau de correspondants dans les usines ; même dans les arsenaux à Bourges, Nancy, Toulouse et Toulon. Dans *La Flamme et la cendre*, il écrira :

> « C'est ainsi que j'ai été "floué". Derrière mes correspondants s'est infiltré le service de renseignements soviétique. Je cherchais des rapports

14. *La Flamme et la cendre*, Victor Fay, éditions Evelyne Malnic, Presses universitaires de Vincennes, 1990.

sur les salaires, les conditions, les rythmes, les accidents de travail ; d'autres s'intéressaient à des choses plus confidentielles, notamment dans les arsenaux. Sans le savoir, j'ai permis l'extension du réseau de renseignements soviétique qui, par décision du Komintern, devait être totalement séparé des structures politiques. J'étais partisan résolu de cloisons étanches entre le renseignement et l'activité politique, entre le travail d'espionnage et d'organisation et la propagande du parti ; cette consigne n'était pas respectée. On a profité de notre réseau de liaison dans les usines produisant du matériel de guerre pour y recruter, parmi nos correspondants, des informateurs de confiance qui ne travaillaient pas pour de l'argent, mais par conviction : ils considéraient que l'Union soviétique était menacée. Ils ne voyaient pas le danger que cette confusion d'activités pouvait représenter pour notre parti...

L'infiltration du service de renseignements soviétique a été facilitée par le fait que, toujours pour ma page, j'avais organisé une petite école de formation de Rab-Cors (correspondance ouvrière), d'une semaine, avec les neuf élèves qui me paraissaient les plus aptes à devenir de véritables correspondants ouvriers. J'ai trouvé une perle rare en la personne d'un jeune ouvrier, Philippe, un journaliste-né, à la fibre prolétarienne, sorti de l'usine. Il savait voir, avec le sens des formules. Je l'ai imposé à *L'Huma*. Nos pages de Rab-Cors ont vite trouvé un écho dans les usines : des ouvriers (ni communistes ni même sympathisants) se sont mis à nous écrire. Ils osaient dire leur révolte parce qu'ils savaient que *L'Huma* les publicrait. »

Mais Byr, juif lituanien et ingénieur chimiste, intervint. Victor Fay s'était lié d'amitié avec lui à Toulouse quand il y animait le Cercle d'études marxistes. Vers 1950, Byr, comme il le révéla à Fay, avait été nommé responsable du SR soviétique pour la France. Il recruta Philippe, mais son réseau fut repéré. Le contre-espionnage français avait surnommé Byr Fantômas, et comme la capture de Byr et de ses agents fut l'une des rares réussites de la Sûreté générale contre la Guépéou, l'affaire Byr ne s'appela plus que « l'affaire Fantômas ». Byr, condamné à une peine lourde, fut échangé et partit pour l'URSS. De Philippe, condamné lui aussi, Fay écrira : « J'ignore ce qu'il est devenu. »

Mais par contrecoup l'affaire Fantômas toucha le bureau politique du PCF en la personne de Jacques Duclos. Déjà condamné à « six fois cinq ans de prison pour travail antimilitariste », Duclos était vulnérable. Il partit alors pour Berlin où il resta quelques mois pendant lesquels Victor Fay cacha aux lecteurs de *L'Huma* l'absence du tribun en rédigeant ses articles bimensuels.

1932-1936 : des notes bien peu informées

Cela se passait vers 1932, « dans une confusion politique » absolue selon Lucien Zimmer. Depuis la retraite de Poincaré en 1926, les compétitions pour le pouvoir n'en finissaient pas « au détriment de l'intérêt national, alors que les nuages commençaient à s'amonceler sur l'Europe ». L'opinion de ces temps, celle, au moins, des « sans opinion » et à plus forte raison celle des nationalistes de l'état-major ou du préfet Jean Chiappe, Lucien Zimmer la résume ainsi :

> « Que le parti communiste ait été, parfois, le parti de l'étranger, la démonstration en a été faite à maintes reprises devant les tribunaux. Cette allégeance subsistait, en dépit des changements de tactique, des épurations renouvelées et des "tournants" opportuns.
>
> Si l'objectif du communisme était avant tout la destruction de la société capitaliste, on aurait eu tort de supposer que le Kremlin pût se montrer favorable à un système révolutionnaire quelconque appelé à se substituer au régime bourgeois. A ses yeux, toute expérience révolutionnaire devait être condamnée si elle ne s'inféodait pas à Moscou. En un mot, une libération du capitalisme, par le monde du travail, ne pouvait se concevoir sans l'entrée dans le giron de la IIIe Internationale. Il fallait bien se convaincre de ce dogme pour comprendre le jeu de l'impérialisme communiste dans sa marche vers la domination mondiale.
>
> C'était l'époque où de nombreuses personnalités intellectuelles de gauche ne refusaient pas d'entreprendre, de conserve, "un bout de chemin" avec le parti communiste. »

Et les services secrets français, sans toujours solliciter les faits, confirmaient :

> « Note n° 6 606 S.C.R. 2/11
>
> Source : bonne, 22 septembre 1932
>
> a/s Sabotage communiste des usines travaillant pour la Défense nationale.
>
> 18 octobre 1932
>
> Le Congrès communiste contre la guerre, à Amsterdam, des 27-28 août 1932 a décidé le sabotage des usines travaillant pour la Défense nationale.
>
> Ce congrès, dont l'initiative a été prise par Romain Rolland, l'écrivain bolchevisant, et dont l'organisation a été menée avec une grande énergie par Moscou et les divers partis communistes, a réuni 2 200 délégués dont 300 socialistes.
>
> Il a recommandé comme un des meilleurs moyens de lutte contre la guerre l'activité subversive et la préparation du sabotage dans les usines travaillant pour la Défense nationale ; cette décision est conforme au paragraphe 15 des thèses adoptées à Moscou, le 1er septembre 1928, par le VIe Congrès mondial de l'Internationale communiste, paragraphe ainsi conçu :
>
> "Le travail des partis dans les entreprises et dans les syndicats doit, en premier lieu, viser les branches industrielles indispensables pour la mobilisation et la conduite de la guerre : la métallurgie, les produits chimiques, les transports."
>
> Voici en quels termes la *Correspondance internationale* du 3 septembre 1932, organe officiel de l'Internationale communiste, rend compte de la décision prise tout dernièrement à Amsterdam :
>
> "A grands traits, la révolution esquisse les moyens de lutte les plus efficaces pour combattre ce fléau (la guerre).

"Ces moyens, ce sont les communistes présents au congrès qui les ont exposés avec le plus de force et de clarté. L'une des méthodes de lutte les plus vivement recommandées ici et sur laquelle la plupart des délégués ont insisté avec beaucoup de vigueur, c'est celle qui consiste, suivant l'expression du délégué français Julien Racamond, à détruire le système nerveux de la préparation à la guerre. Aussi bien le congrès a-t-il, dès sa première séance, élu au présidium un représentant des usines Krupp, Schneider, Skoda, Vickers, Kuhlmann, etc."

Cette décision du congrès communiste à Amsterdam ne doit pas être prise à la légère par la direction des usines travaillant pour la Défense nationale ; en effet, l'expérience a démontré que les décisions prises par les congrès communistes sont toujours suivies d'exécution ou de tentatives persévérantes d'exécution.

Il va sans dire que les importantes usines de guerre créées en URSS ne sont pas visées ici et qu'elles resteront intactes, tandis que les communistes tenteront de saboter celles des autres pays. »

Plus comique est la note du 21 décembre 1934 (que nous reproduisons) qui attribue l'assassinat de Kirov, dont nous savons aujourd'hui qu'il fut ordonné par Staline, à un « mouvement important contre le régime »...

« Renseignement
Source occasionnelle — De Finlande —
21 décembre 1934
Situation intérieure en URSS.

On ne possède pas d'informations complètes — en dehors des déclarations officielles du gouvernement soviétique — sur l'attentat contre Kirov. Cependant, les renseignements fragmentaires parvenus jusqu'à présent permettent de conclure que ce meurtre est le résultat d'un mouvement important contre le régime instauré par Staline[15].

On sait déjà que ce mouvement est soutenu par de hauts fonctionnaires soviétiques et par quelques milieux de l'Armée rouge.

Le coup de feu de Nicolaiev est un épisode de la lutte révolutionnaire contre les soviets. D'autre part, il est très probable que cet attentat a été commis sous "l'œil bienveillant" de l'ex-Guépéou de Leningrad.

Les représentants de l'ex-Guépéou étaient mécontents des dernières réformes du gouvernement qui ont limité leurs pouvoirs. C'est pourquoi les fonctionnaires de Leningrad "n'ont pas vu" les démarches de Nicolaiev pour pénétrer à Smolny.

D'autre part, il est établi que les milieux de l'URSS hostiles à Staline étaient en relations suivies avec quelques groupements de l'émigration russe à l'étranger.

Depuis ces dernières années, il existe des malentendus entre les dirigeants du parti communiste russe — vieux révolutionnaires et anciens exilés — et leurs successeurs les Jeunes communistes — les "Komsomoltsi". Pour ceux-ci, l'idée de patrie (l'URSS) a remplacé l'idée du communisme pur.

---

15. Le deuxième bureau se trompait et extrapolait beaucoup à partir de renseignements douteux. On sait aujourd'hui, d'après les historiens soviétiques que Kirov fut assassiné sur ordre de Staline.

Cela a créé des dissentiments au sein même du parti communiste.

Au cours de l'été dernier, il y a eu des émeutes dans les camps de concentration du nord de la Russie, émeutes soutenues par des soulèvements partiels en Carélie (frontière finno-soviétique. Cela a donné au gouvernement bolchevique l'occasion d'accuser quelques milieux finlandais d'activité antisoviétique. D'autant plus que parmi les individus arrêtés et fusillés se trouvaient quelques malheureux récemment venus de Finlande en URSS. Par exemple : Slatinski et les frères Griguer, fusillés à Leningrad, Maslov, Makoukhov et Proutkov, exécutés à Moscou.

Le meurtre de Kirov peut avoir de nombreuses conséquences non seulement pour l'histoire russe, mais aussi pour la vie mondiale.

Ce meurtre a porté un coup fatal à l'unité du parti communiste russe et à la confiance réciproque de ses dirigeants.

L'année 1935 verra, sans aucun doute, des changements importants en URSS. »

★

« 29 mai 1935

Objet : crédits français à l'URSS (?)

Source : *Agence économique et financière* du 16 mai 1935.

L'*Agence économique et financière* du 16 mai 1935 publie, dans sa rubrique étrangère, l'information suivante, de son correspondant de Berlin :

Une banque française financerait des fournitures anglo-franco-allemandes à la Russie (?) — Berlin 15 mai.

D'après les indications qui me parviennent de milieux au courant des affaires commerciales russes, une mission dirigée par des Français négocierait actuellement avec l'URSS d'importantes fournitures, notamment de locomotives, fournitures qui iraient pour un tiers à l'industrie française et pour les deux tiers aux usines allemandes et anglaises. On précise même — ce qui est certainement tout à fait tendancieux — que c'est une banque française qui financerait l'ensemble de cette opération, aussi bien pour le compte français que pour le compte allemand.

Je vous signale cette information étant donné les précisions qui m'ont été données concernant les trois importantes firmes françaises qui participeraient éventuellement à cette affaire qui, si elle se confirmait, serait plus que surprenante.

L'*Agence économique et financière* ajoute :

D'après le correspondant parisien de la *Gazette de Francfort*, le gouvernement français s'efforcerait d'autre part d'inciter les grandes banques parisiennes à accorder un crédit commercial de 1,5 milliard de francs permettant le financement de commandes soviétiques et de rails et matériel pour la construction de ponts. L'État français serait prêt à donner sa garantie à concurrence de 70 % des fournitures à faire. Parallèlement, il serait envisagé un intérêt élevé et des suppléments de prix pour constituer un fonds permettant un versement modéré “à titre de consolation” aux porteurs des emprunts russes d'avant-guerre.

Nous reproduisons à titre de curiosité cette information en ajoutant que, renseignements pris à bonne source, le gouvernement français ne s'est livré auprès des banques parisiennes à aucune initiative dans le sens indiqué par la *Gazette de Francfort*. »

*

« Belgrade, 16 décembre 1936
Note de renseignements
Objet : Découverte d'une organisation communiste à Belgrade

I

La police a découvert à Belgrade une organisation communiste à la tête de laquelle se trouvait un nommé Linitski, médecin, réfugié russe, qui a avoué être depuis neuf ans le chef du service politique du Komintern.

Opérant avec ses complices au milieu de ses compatriotes réfugiés, représentant lui-même le parti du général Miller, Linitski surveillait la colonie russe de Yougoslavie et était par ses attaches au courant de certaines questions traitées par le prince Paul lui-même.

Il a dénoncé un certain nombre de ses complices à Belgrade et en province, dont deux officiers yougoslaves.

Trente Russes et six Yougoslaves ont été arrêtés jusqu'ici.

Les autorités s'efforceraient d'étouffer l'affaire en raison des hautes protections dont auraient joui jusqu'à présent certains de ces Russes présumés blancs.

II

Une autre organisation communiste a été découverte à Zagreb. Deux dépôts de matériel et de propagande ont été saisis.

Cette organisation travaillait surtout les milieux scolaires et la police a fait publier ses instructions pour la propagande auprès des élèves des écoles secondaires.

Plusieurs arrestations ont été opérées.

O.B/10.3.36/7
Renseignement
Source : bien placée et sérieuse
6 mars 1936
Propagande soviétique à l'étranger

Dans les milieux du Vatican on a la preuve que la Russie a dépensé des sommes énormes pour assurer le succès des partis extrémistes dans les élections espagnoles.

La propagande russe à l'intérieur des pays étrangers se serait intensifiée depuis quelques mois.

La Russie porterait actuellement tous ses efforts sur la Turquie, la Bulgarie et la France.

La Russie se préparerait à un gros effort financier pour diriger les élections françaises. »

*

« Le 5 mars 1936
Activité du Komintern en France
CE.

Ci-dessus :
Pendant la guerre de 1870, les Prussiens espionnent le télégraphe de campagne de l'armée de la Loire. (Roger-Viollet.)

A gauche :
Le ministre De Freycinet est le père des services modernes du renseignement français. (Tallandier.)

A droite :
Le sénateur Cuvinot tentera après la débâcle de doter les armées d'un premier SR. (L'Illustration, Sygma.)

Ci-dessous :
En 1870, pendant le siège de Paris, on agrandit les dépêches microscopiques qui parviennent dans la capitale. (L'Illustration, Sygma.)

En haut :
Un “jeu” de 36 têtes dénommé, “L’Anti-juif” fut lancé à la suite de la sinistre affaire Dreyfus. (Tallandier.)

A gauche :
“Tout n’était que faux et mensonges”, dira plus tard le colonel Schwartzkoppen, qui voulut un moment révéler la vérité. Le Haut commandement allemand lui ordonnera de se taire. Curieux… (Roger-Viollet.)

En bas, droite :
A la barre, le lieutenant colonel Henry accuse l’innocent capitaine Dreyfus. (Roger-Viollet.)

A droite :
Après l'affaire le général de Galliffet "désinfecte" les services français. (Tallandier.)

Ci-dessus :
Le colonel Dupont, chef des "Invisibles", lucide, clairvoyant, "maître incontesté" de l'espionnage pendant la guerre de 14-18. (Collection particulière.)

Ci-dessus :
Dans les usines Krupp, ici en 1908, on prépare déjà la prochaine ... Ce sera la “Grande Guerre”. (Tallandier.)

A droite :
Grâce à Dupont, le capitaine Lux parvient à s’échapper, en décembre 1911, de la forteresse allemande de Glatz. (Tallandier.)

FRANCHISE — QUI VIVE ? FRANCE 1870 1915 QUAND MÊME LIGUE DES PATRIOTES — **MILITAIRE**

Partie réservée à la Correspondance

IESUS
+
♡
CARITAS

Tamanrasset
11.4.16

Bien cher ami, merci de votre bonne lettre du 28.2. Je bénis Dieu de ce qu'il vous protège dans vos rudes colonnes... qu'Il vous garde et qu'il protège la France.

Vous avez appris la chute de Djanet, attaqué par plus de mille Senoussistes avec canon et mitrailleuses, après une défense héroïque. Le Mal des Logis Lapierre, qui commandait la petite garnison, après s'être défendu 18 jours et avoir vu le fort détruit par le canon et presque tous ses compagnons hors de combat, a fait sauter les restes du fort et ses défenseurs. Tout a péri. L'ennemi n'a eu que des morts et des ruines.

L'Ahaggar reste fidèle. Il ne bronche pas malgré cette nouvelle et celle de la révolte de Fitroun et des

Adresse du Destinataire

Nom Ioulleummeden.

Grade ou Emploi

Si on a besoin d'officiers supplémentaires au Sahara, on aura peut-être recours à vous. Je vous en prie, ne refusez pas. Vous savez que des officiers expérimentés et aimés des populations font infiniment plus de bien ici que d'autres n'en peuvent faire, quelles que soient leurs qualités.

à

Nom et Adresse de l'Expéditeur

Je vous embrasse de tout mon cœur comme je vous aime dans le CŒUR DE JÉSUS

Ch. de Foucauld

A gauche en haut :
Le père de Foucauld à cheval.
Ses fameux carnets, très détaillés, seront toujours utiles à l'état-major.
(Roger-Viollet.)

A gauche en bas :
Un échange de correspondance avec le général Lapérine. (Collection particulière.)

A droite et en bas:
Mata-Hari, la danseuse nue du Paris d'avant-guerre, sera accusée d'espionnage par les Français et exécutée en octobre 1917. Elle n'avait pourtant fait que vendre ses charmes...
(Keystone, Tallandier.)

A Verdun, le “service d’écoutes” du capitaine Morin est à l’œuvre. Dur métier que de passer quinze jours consécutifs en première ligne et de s’y relayer toutes les deux heures. (Collection particulière, Roger-Viollet.)

A droite :
Les sapeurs téléphonistes avec masque à gaz réparent une ligne endommagée par les tirs ennemis. (L’Illustration, Sygma.)

Ci-contre :
Les dirigeables militaires, très utiles pour la reconnaissance, seront souvent détruits par les Allemands.
(L'Illustration, Sygma.)

Ci-dessus :
Face à face, le commandant Ladoux, patron du contre-espionnage français en 14-18 et Anne-Marie Lesser, qui prétendra après la guerre être la terrible "Fräulein Doktor". (Roger-Viollet.)

A gauche :
Célestin Hennion (à gauche) qui créa "les brigades du Tigre". (L'Illustration, Sygma.)

Marthe Richard (de son vrai nom Richer) fera ses premières armes sur les terrains d'aviation. Elle y rencontrera le demi-frère de Staline qui l'initiera au contre-espionnage en Espagne. (Roger-Viollet.)

En haut, à gauche :
Faux tracts. Faux journaux... Hansi, le célèbre dessinateur alsacien, fut le plus ingénieux des propagandistes français pendant la Grande Guerre.
(L'Illustration, Sygma.)

En bas :
Georges Clemenceau au front, avec son fils Michel.
(Tallandier.)

A droite :
14-18 : pigeon-photographe avec son appareil. (Roger-Viollet.)

En bas :
Jusqu'à la fin de la guerre, on utilisa les colombiers militaires. (Roger-Viollet.)

NUMÉRO D'ENREGISTREMENT 702

MINISTÈRE DE LA GUERRE

ADMINISTRATION CENTRALE

CARTE D'IDENTITÉ

M Crozier

attaché d'Intendance

Etat-Major de l'Armée

(2e Bureau I)

Paris, le 21 NOV 1918

P Le Chef des Services du Personnel et du Matériel de l'Admon Ce

Signature du Titulaire :

LE CHEF DU BUREAU

Conformément aux ordres du Ministre, la présente carte d'identité devra être renvoyée au Service Intérieur, dès que le détenteur cessera ses fonctions au Ministère. 6991

En haut et ci-contre :
Carte d'identité militaire de Joseph Crozier (alias Pierre Desgranges) ; tour à tour contrebandier et corsaire au service de la France. (Collection particulière.)

A gauche :
Le capitaine Painvin reconstitua en 1918 le système du chiffrement allemand et prévit l'attaque du 9 juin à Montdidier. (Collection particulière.)

Informateur bénévole, sincère et bien placé (de seconde main), 2.3.36

La période des élections qui s'approche retient toute l'attention de la IIIe Internationale et du Comité central du parti communiste français.

Toute une série d'instructions est prévue pour cette période afin de donner les résultats les plus satisfaisants pour le parti.

Les grandes lignes de ces instructions sont établies d'avance : faire tout le possible pour amener au pouvoir un gouvernement intégral de Front populaire dont le but sera la lutte décisive contre les partis soi-disant "réactionnaires" français, une "économie dirigée" et une alliance militaire avec l'URSS.

En même temps l'unification des syndicats ouvriers devra permettre d'influencer complètement toute la vie économique du pays par ces syndicats qui auront le droit de faire des contrats collectifs, d'imposer aux capitalistes leurs conditions en ce qui concerne les salaires, etc., et de demander enfin "le contrôle ouvrier" comme c'était le cas en Russie en 1917.

Nous avons toutes sortes de raisons, et ceci d'après les milieux informés, de croire que ces instructions seront complétées par d'autres, strictement secrètes, celles-ci, prévoyant un programme plus élargi de toute l'activité communiste pendant et immédiatement après les élections. Ces instructions sont actuellement en cours d'élaboration à Moscou par le président de la IIIe Internationale.

Elles prévoient une tactique dite de "période révolutionnaire" dans une certaine mesure semblable à celle élaborée jadis pour l'Espagne. Une instruction "préparatoire" est déjà envoyée au Comité central du parti communiste français.

Mais les instructions pour la France seront différentes de celles envoyées en Espagne en raison de la différence de visées de la politique extérieure des soviets.

L'affaiblissement économique et politique de la France visera à pousser l'Allemagne contre la France comme contre une proie plus facile à atteindre, et par cela le danger allemand qui est devenu une idée fixe pour les dirigeants soviétiques sera canalisé vers l'Ouest.

Certes, l'aide d'une France forte et prospère est désirable pour les soviets, mais ceux-ci ne sont pas du tout sûrs que dans le cas où l'Allemagne les attaquerait, sans menacer en même temps la France, la France leur viendra en aide. L'opinion de l'état-major soviétique est que, dans ce cas, les soviets n'auront pas l'appui militaire de la France. Tout au plus compterait-on dans les milieux militaires sur un appui diplomatique et une action entreprise par la Société des nations, affaiblie par les stipulations du traité de Locarno.

C'est pourquoi l'état-major soviétique ne contrecarre en rien et même est disposé à favoriser cette tactique de la IIIe Internationale qui tend à affaiblir la France par les expériences du Front populaire. On pense même à Moscou que les considérations de politique coloniale allemande arriveront, le cas échéant, à détourner l'Allemagne vers l'Ouest, car une défaite française donnerait aux Allemands la possibilité (et cela avec la participation des Japonais, en Indochine) de demander leur part de l'Empire colonial français.

Mais on croit à Moscou que même si le danger allemand n'était pas canalisé vers une France gouvernée par le "Front populaire", l'avènement d'un tel gouvernement serait profitable car on aurait alors l'assurance qu'il serait partisan d'une alliance militaire avec les soviets. Certes la France sera affaiblie par un tel gouvernement, mais il vaut mieux pour Moscou avoir l'aide d'une France faible plutôt que de n'avoir rien à espérer d'un gouvernement français de droite.

Les premières indications que nous avons déjà à notre disposition donnent à croire que toute l'activité du "Front populaire" sera influencée par le parti communiste, c'est-à-dire par Moscou, et que par suite c'est Moscou qui donnera les ordres et les directives. »

Comment repérer dans cette note l'information utile ? A propos des services secrets et de l'URSS, on pouvait parler, une fois encore, du vide du renseignement. L'année suivante, Lucien Zimmer, qui se souvenait de 1930 et de Koutiepov, écrivait :

« Sept ans plus tard, le 22 septembre 1937, la Guépéou devait nous réserver une nouvelle surprise aussi tragique. L'impunité encourage le crime et Moscou tenait à nous en faire la démonstration. A son tour, le général de Miller, successeur de Koutiepov à la tête de la Fédération des anciens combattants russes, était enlevé en plein Paris, à l'heure du déjeuner. »

Miller avait quitté le 29, rue du Colisée, siège de l'association, à 12 h 30 en disant au général Koussonski, son secrétaire général :

— Voici une lettre. Je vous demande de ne l'ouvrir que si je tardais trop à rentrer.

Et nul ne le revit jamais. Dans la soirée, Koussonski se rappela la lettre, l'ouvrit enfin et la lut aux membres de la Fédération qu'il avait rameutés, rue du Colisée. Le général de Miller avait écrit :

« Je dois rencontrer le général Skobline, vers midi et demi, à l'angle des rues Jasmin et Raffet, puis me rendre avec lui à un rendez-vous pour m'entretenir avec M. Strhomann, attaché militaire allemand à Paris, et M. Werner, de l'ambassade d'Allemagne. Ce rendez-vous a été pris sur l'initiative de Skobline. Peut-être est-ce un guet-apens et c'est pourquoi je vous laisse cette note. »

Le général Miller enlevé à cause de Toukhatchevski

Dans la nuit, Skobline, amené rue du Colisée par le colonel Martzilev, fit front et proposa à Koussonski de se rendre au commissariat. A peine dans la rue, il prit la fuite. Le lendemain, sa femme, connue sous son nom de chanteuse lyrique, Plevitskaïa, se présenta au siège des « Anciens de Galipoli » pour se disculper. Les policiers l'arrêtèrent, un juge d'instruction la fit incarcérer à la Petite Roquette, sous l'inculpation de complicité, d'enlèvement et de séquestration.

Puis la Sûreté générale apprit qu'un cargo soviétique, le *Marija-Ulyanova*, qui faisait escale au Havre, avait brusqué son départ en fin d'après-midi, le 22 septembre, après qu'une camionnette de l'ambassade d'URSS de la rue de Grenelle eut déchargé, à la coupée du navire, une malle de dimensions hors normes. Et ce fut tout. Sauf pour la Plevitskaïa ; l'épouse Skobline était suspecte à tous égards. Grande femme, près de la cinquantaine et toujours séduisante avec sa chevelure sombre, son regard très bleu, elle ne pouvait rien contre sa biographie. Née dans une famille miséreuse de Koursk, elle était partie, toute gamine, avec un cirque ambulant. Sa beauté et les graves de sa voix, qu'elle avait su travailler, bouleversaient son auditoire. La cour du tsar se prit à aimer ses complaintes et ses romances tziganes. Puis en 1914 elle se maria avec un danseur qui fut tué au front. Prisonnière des Rouges, elle s'enfuit, rencontra Skobline, alors commandant, et se fit épouser. Depuis l'émigration, le couple vivait, disait-elle, des cachets de ses récitals. Mais la Sûreté générale découvrit sa liaison, avant Skobline, avec un officier de l'Armée rouge et les tournées, même depuis Skobline, qu'elle avait effectuées aux USA, sous l'égide, semblait-il, des bolcheviks.

Quant à Skobline, certains membres de l'association des « Anciens de Galipoli » parlèrent : depuis 1932, Fedossenko, un des leurs, avait réussi à se faire engager par la Guépéou et avait appris que le mari de la Plevitskaïa, et par son intermédiaire, était depuis longtemps un agent des Soviétiques. Un tribunal d'honneur jugea Skobline mais, faute de preuves, il se prononça pour un non-lieu. Les soupçons tenaces du général de Miller furent confirmés, en 1935, par le général Dobrovolski, qui le représentait en Finlande et traitait les agents finnois ou russes opérant en URSS. La même année, une autre trahison fut découverte en Yougoslavie, celle du délégué de l'association, Linitski, et qui durait depuis neuf ans ! (Voir note précédente Légation de France, attaché militaire, Belgrade, 16 décembre 1936.)

En fuyant après l'enlèvement de De Miller, Skobline s'était offert, sans aucun doute possible, aux balles de la Guépéou ; les grandes purges n'arrêtaient pas et l'agent double Skobline était mêlé à l'affaire Toukhatchevski. Par haine du jeune maréchal, par amour de l'Allemagne et de l'argent, il avait servi d'agent de liaison entre le chef du Sichertsdienst (nouvelle dénomination du Nachrichtenburö), Heydrich et Staline. Et les faux documents, prétextes à la liquidation du soldat le plus talentueux de l'Armée rouge, avaient transité par lui.

Krivitzki (Walter Ghinsbourg), l'un des meilleurs espions soviétiques, fut convoqué à Moscou, fin 1937. Il se déroba, se cacha en France d'où il s'embarqua pour les USA. La Guépéou le retrouva et il fut assassiné en 1941, à Washington. Mais il avait publié, en 1939, *Au service secret de Staline*. Il y racontait, entre autres, sa participation à l'enlèvement du général Miller. A La Haye, d'où il dirigeait l'espionnage soviétique en Europe occidentale, il avait reçu, fin 1936, l'ordre du NKVD de recruter deux agents qui, après un stage à Moscou, figureraient des attachés militaires allemands. Krivitzki trouva les hommes qualifiés et les expédia à la Loubianka. En septembre 1939, à la lecture de la presse française mentionnant le rendez-vous de De Miller avec deux officiers allemands, il comprit. Le motif de l'enlèvement, d'après Krivitzki, était que le général de Miller avait eu connaissance des sales combinaisons de l'affaire Toukhatchevski.

La Plevitskaïa mourra à la prison de Rennes, en 1941, après avoir été condamnée à vingt ans de travaux forcés et dix ans d'interdiction de séjour. Elle comparut devant les assises de la Seine, les 5 et 6 décembre 1938, deux mois après Munich, dix mois avant « la drôle de guerre ». Lucien Zimmer assistait au procès. Il restait sous le coup de l'éviction, en 1934, de son patron Jean Chiappe, « par la coalition sectaire qui annonçait déjà les beaux jours anarchiques du "Front popu" en 1936 ». Voici ce qu'il retint du procès de la Plevitskaïa :

> « Après quinze mois d'instruction, le procès s'ouvre aux assises, le 5 décembre 1938. La Plevitskaïa était l'unique accusée. Tous les témoignages l'accablaient. On discuta beaucoup sur l'horaire de départ du cargo soviétique. L'affaire était importante, car il s'agissait de savoir si la fameuse camionnette avait eu le temps matériel d'effectuer le trajet Paris-Le Havre avant le départ du navire. Les témoins n'étaient pas d'accord et les jurés restèrent, sur ce point, dans l'incertitude.
>
> Me Ribet, avocat de la partie civile, se montra incisif et accusa M. Dormoy, ministre de l'Intérieur, d'avoir fait pression sur son collègue de la Marine pour le dissuader de faire prendre en chasse le cargo suspect par un de nos contre-torpilleurs. Tout le monde fut d'accord, président en tête, pour réclamer l'audition de M. Dormoy. Étrange illusion... Le ministre s'abstint de comparaître à la barre. La tradition, ainsi instaurée, devait survivre...
>
> L'avocat général, dans son réquisitoire, est sans pitié. Magistrat prudent autant que distingué, le défenseur de la société a le regard divergent. L'œil gauche, compréhensif, pointe en direction de la place Vendôme, tandis que l'œil droit, courroucé, se braque sur le banc d'infamie et terrasse, implacablement, la Plevitskaïa. Subtil, le ministère public se défend d'accuser la Gestapo ou la Guépéou ; il lui suffit d'être convaincu que la Plevitskaïa est à la solde d'une police étrangère qui piétine dangereusement la souveraineté nationale... »

Ignace Reiss et la révolution massacrée

La Guépéou se comportait comme chez elle à peu près partout en Europe. Trois semaines avant l'affaire du général Miller, le 4 septembre 1937, le corps d'un homme vigoureux de trente-huit ans était découvert sur la route de Chamblandes, près de Lausanne. Le cadavre était criblé de balles de mitraillette dans la tête, la poitrine et le ventre. Dès le lendemain, la femme de la victime, qui habitait un village voisin, reconnut la dépouille. Il s'agissait d'Ignace Reiss, membre du parti communiste de l'URSS, haut fonctionnaire du service secret à l'étranger, du commissariat du peuple au NKVD, et décoré de l'ordre du Drapeau rouge.

Dès le 11 septembre, la police vaudoise arrêtait un premier agent des services soviétiques, Renata Steiner, jeune femme chargée des filatures. Elle avait loué la voiture utilisée pour le crime. Par des objets, des papiers, des photos saisis dans un hôtel de Lausanne, Gertrude Schildbach, agent en poste à Rome et camarade de Reiss, fut aussi identifiée. Elle avait participé à l'exécution. Un dernier communiqué de la police vaudoise donna les noms des tueurs, Roland Abbiat, un Français, et Étienne Martignat, un Monégasque. Le communiqué précisait qu'ils étaient d'« importants agents de la Guépéou. Abbiat a déjà été mêlé à une grave affaire aux États-Unis et condamné de ce fait ». Pour réussir leur guet-apens et surprendre Reiss en Hollande ou à Paris ou en Suisse, ils disposaient de tous les crédits, se déplaçaient en avion ou en automobile, passaient, sans difficulté, les frontières. Une estimation ultérieure évalua à 300 000 francs le coût de l'assassinat. La presse communiste européenne, dont *L'Humanité*, présenta l'affaire comme un règlement de comptes entre agents de la Gestapo.

Mais qui était Ignace Reiss ? Juif polonais, né en 1899, il avait adhéré au PC pendant ses études de droit à Vienne. Envoyé en Pologne par l'Internationale, il avait été arrêté, tabassé et condamné à cinq ans de réclusion. De 1922 à 1926, il avait milité, en situation illégale, dans la Ruhr, à Vienne où on finit par l'emprisonner. Rentré à Moscou, il avait accompli mission sur mission dans tous les pays d'Europe. « Il sert. Il a souvent servi les dents serrées, car les années noires se suivent. La plus noire est l'année 1936 — du moins il peut le croire, car nul ne sait que les années 1937 et 1938 seront pires, que le sang va couler à flots sur la révolution massacrée[16] », écrivit Victor Serge, l'ancien anarchiste Kilbatchiche des années 1900 de la bande à Bonnot et qui, devenu bolchevique puis antistalinien et trotskiste, avait réussi à fuir l'URSS. Dans son étude sur Ignace Reiss, Victor Serge présentait, comme de l'intérieur, les hommes des services secrets soviétiques :

> « Reiss souffrait, comme un homme qui a voué sa vie à une cause, renoncé à tout pour lui-même, accepté pendant près de vingt ans toutes les tâches, tous les risques pour servir, et qui tout à coup voit cette cause défigurée, piétinée dans le sang et la boue par ceux-là mêmes qui l'incarnaient pour lui avec le plus d'autorité... A travers toutes les crises sociales de l'Europe, les agents secrets de l'Internationale communiste et de la République des soviets ont déployé, au service de la révolution, leur invisible activité. Il en est qui ont fait de grandes choses et qui sont demeurés inconnus ; il en est qui sont morts inconnus, au travail ou au combat, empalés à Canton, pendus en Turquie, "liquidés" ailleurs de maintes façons. L'URSS a eu ses Lawrence et qui lui ont donné — tel

16. *L'assassinat d'Ignace Reiss*, Cahiers du CERMTRJ.

> Blumkine, fusillé à Moscou en 1929 — la Mongolie intérieure, presque tout le Sin-kiang (Turkestan chinois), une profonde influence sur l'Afghanistan. Dans les pays d'Occident, ils ont contribué à étendre l'influence soviétique et communiste dans tous les milieux de la société. Tous les pays entretiennent des agents secrets à l'étranger et l'on affirme que l'Intelligence Service est une des formations essentielles de la puissance britannique. Mais aucun pays n'a disposé de cadres aussi dévoués que ceux formés par la révolution russe, c'est-à-dire par le grand idéalisme médité et discipliné de la première révolution socialiste victorieuse. En servant, les Reiss avaient la conviction de travailler à la transformation du monde. »

Au début de 1937, Reiss avait dû retourner à Moscou comme adjoint de Sloutski, chef de la Guépéou à l'étranger (qui sera liquidé en février 1938), et avait vu de trop près les forgeries de la grande purge. En décembre 1936, il notait : « Primakov n'a pas encore avoué. » (Primakov, chef de l'Armée rouge en Asie centrale, sera fusillé sans jugement en même temps que le maréchal Toukhatchevski.) Autre note de Reiss : « Rykov et Boukharine, tirés de prison et amenés devant le Comité central, réuni en séance plénière, pour y présenter leur défense, refusèrent catégoriquement de se reconnaître coupables. Staline répondit : « En prison ! Qu'ils se défendent là-bas ! » Ils figurèrent au procès des vingt et un en mars 1938, avouèrent et furent exécutés.

La Guépéou par tous les moyens

Quelques mois avant sa rupture, Reiss fit prévenir les groupes d'extrême gauche : « La décision d'user de tous les moyens contre vous vient d'être prise. Entendez-moi bien, je dis tous les moyens. Tous vos militants sont en danger. » L'avertissement de Ludwig (pseudonyme de militant de Reiss) troubla bien des gens du POUM (Parti ouvrier d'unification marxiste) quand, en juin 1937, leur meneur, Andrès Nin, disparut. Arrêté par la Sûreté de la république espagnole que dirigeait le communiste Burillo, Nin fut séquestré dans les prisons du parti communiste, qui échappaient au contrôle du gouvernement. Il fut conduit ensuite à Alcala de Henares où les Soviétiques s'étaient aménagé un aérodrome. Ainsi finit Andrès Nin. Avant la guerre d'Espagne, il avait vécu dix ans à Moscou et appartenu, avec les fonctions de secrétaire général, à l'Internationale des syndicats rouges.

Victor Serge cite quelques autres exemples de l'emprise sur l'Occident de la Guépéou :

> « En novembre 1936, les archives de Trotski, déposées à Paris, à l'Institut d'histoire sociale de la rue Michelet, furent dérobées par des cambrioleurs demeurés naturellement inconnus, disposant de moyens

techniques tout à fait supérieurs... Un peu plus tard, de faux agents de la Sûreté opéraient une perquisition à Neuilly, chez Joaquim Maurin, député aux Cortes, leader du “Poum”, emprisonné à Saragosse. A la même époque se situent les filatures exercées autour du fils de Trotski, Léon Sedov, auquel un traquenard fut tendu à Mulhouse par les exécuteurs de Reiss (Sedov est mort foudroyé par un mal subit, à Paris, quelques jours avant que le procès des vingt et un ne s'ouvrit à Moscou...). Enfin, l'Espagne en guerre civile a offert aux agents de Staline l'occasion d'une large activité. On y a vu disparaître, enlevés pour être emmenés en URSS ou mystérieusement assassinés, le jeune socialiste Marc Rhein, fils d'un membre russe du Comité exécutif de l'Internationale socialiste, le journaliste et militant autrichien Kurt Landau, connu comme un vieux communiste opposant, l'ex-secrétaire de Trotski, Erwin Wolff, le correspondant du *Manchester Guardian* à Barcelone, Tioli. »

L'assassinat d'Ignace Reiss impressionna davantage parce que l'opération fut, vite, connue et rendue publique. Revenu en Occident, Reiss avait envoyé de Paris, le 17 juillet 1937, sa démission. Ce testament politique se terminait ainsi :

« Non, je n'en veux plus. Je reprends ma liberté. Je reviens à Lénine, à sa doctrine et à son action.

Mes faibles forces, j'entends les consacrer à la cause de Lénine. Je veux combattre, car seule notre victoire — la victoire de la révolution prolétarienne — libérera l'humanité du capitalisme et l'URSS du stalinisme.

En avant donc, vers de nouveaux combats ! Pour la IVe Internationale !

Le 17 juillet 1937 — Ludwig (Ignace Reiss)

P.S. En 1938, j'ai été décoré de l'ordre du Drapeau rouge, pour services rendus à la révolution prolétarienne. Je vous renvoie cette décoration, ci-jointe. Il serait contraire à ma dignité de la porter en même temps que les bourreaux des hommes les meilleurs de la classe ouvrière de Russie.

(Les *Izvestia* ont publié dans les deux dernières semaines des listes de nouveaux décorés dont les mérites sont pudiquement passés sous silence : ce sont les hommes qui ont exécuté les sentences de mort prononcées contre les vieux bolcheviks.) »

La lettre, destinée au Comité central du PC de l'URSS, fut portée à la légation soviétique où Spielglass, le représentant du chef de la Guépéou, Ierov — et qui sera liquidé comme lui en 1938 —, donna, sur l'heure, l'ordre d'exécuter Reiss. Ce dernier avait dit lui-même, en quittant la Hollande : « Maintenant, s'ils me trouvent, ils ne me manqueront pas. » Avec sa femme et son enfant, il était allé se réfugier en Suisse, avait expédié plusieurs lettres dans lesquelles il exposait son attitude à des amis de la Guépéou, les pressant de fuir, eux aussi. « A ce moment, une sorte de panique régnait dans les services secrets. La plupart des vieux collaborateurs, rappelés à Moscou sous divers prétextes, y disparaissaient et l'on se répétait que plusieurs avaient été exécutés. Leur crime était d'appartenir aux générations condamnées du début de la révolution » (Victor Serge). Parmi les correspondants de Reiss, Gertrude Schildbach était une amie de jeunesse, au passé, déjà long, d'agent secret. Elle lui avait répondu qu'elle aussi voulait rompre. Or, à la Loubianka, on connaissait son état d'esprit et ses relations avec Reiss, par conséquent elle était condamnée, mais avant elle allait servir jusqu'au bout.

Gertrude Schildbach rejoignit donc les Reiss près de Lausanne, passa la soirée avec eux, en câlinant l'enfant du couple. Elle prit congé ensuite, mais sans avoir offert à Mme Reiss et à l'enfant les pralines à la strychnine que les enquêteurs retrouvèrent, après le 4 septembre, à son hôtel. Le lendemain, 3 septembre, elle dîna en tête à tête avec Ignace Reiss dans un restaurant de Chamblandes. Ils sortirent ensuite dans la nuit ; une petite promenade sur la route. C'est à ce moment que la voiture arriva ; plusieurs hommes et Gertrude Schildbach y poussèrent Reiss, il y eut une rafale de mitraillette, cinq balles dans la tête, cinq dans le corps.

« La Guépéou venait d'abattre un homme, presque sous les fenêtres de la Société des nations, au moment précis où Litvinov étudiait à Genève le projet de convention internationale contre le terrorisme. »

Victor Serge, en une phrase, définissait la politique étrangère de l'URSS. Le Kremlin essayait de se jouer tantôt de Paris ou de Londres, tantôt de Berlin, comme l'avait compris, dès 1918, Bruce Lockhart, que personne n'écouta. Rien de changé depuis, sauf que l'issue de la prochaine guerre dépendrait de l'Armée rouge, ce dont l'état-major français, anticommuniste et dans son ensemble rétrograde ou amorphe, se souciait peu.

De Lattre de Tassigny dépêche Mendras à Moscou

Au début de 1933, le lieutenant-colonel de Lattre de Tassigny arriva à l'état-major restreint de Weygand, alors inspecteur général de l'armée, et généralissime désigné pour le temps de guerre. De Lattre, quatre fois blessé au cours de la Grande Guerre, avait participé, de 1921 à 1926, à la pacification du Maroc et on tenait compte de ses avis. C'était un non-conformiste, introduit dans le monde politique, auprès d'hommes d'affaires et d'industriels, dont les pétroliers, très attentifs à ce qui pouvait se passer en Union soviétique.

En janvier 1933, le général Semenov vint à Paris. Sous prétexte d'achat de matériel militaire, il essaya de négocier un rapprochement avec les Affaires étrangères, le ministère de la Guerre et Gamelin, chef de l'état-major général. Avec son ami, le commandant Cayrol, héros de 14-18 et administrateur, alors, de la Compagnie française des pétroles, le lieutenant-colonel de Lattre dîna, chez Drouant, avec l'envoyé soviétique, le 16 janvier. Dans sa note du lendemain 17 à Weygand, il rapporta l'essentiel des propos de la soirée.

Semenov s'était étonné des réticences françaises et de Lattre lui avait rappelé que les deux dernières missions militaires soviétiques en Allemagne ne rassuraient pas. L'on savait, par ailleurs, que la Reichwehr s'entraînait en URSS dans trois camps, un pour les gaz, un pour les chars et un pour l'aviation. Mais cela, de Lattre le tut, d'autant plus que Semenov le chargea de dire à Weygand :

— Nous ne voulons plus d'union militaire avec l'Allemagne, nous craignons l'Allemagne. Nous voulons la paix avec l'aide de la France. Envoyez-nous des attachés militaires qui viennent voir ce que nous faisons. Alors vous aurez toutes les preuves qu'il y a en Russie des hommes de bonne volonté et de loyauté avec lesquels les Français peuvent s'entendre.

De Lattre conclut sa note à Weygand par : « A la France de savoir choisir ceux qu'elle enverra. » Ce sera le colonel Mendras, cinquante et un ans, alors chef du cours d'artillerie à l'École de guerre et qui avait, derrière lui, quelques années de SR et de 2e Bureau[17]. D'une famille de notables de Marvejols en Lozère, d'éducation catholique très rigide, mais devenu sceptique, il avait fait Polytechnique « pour avoir une situation ». En 1911 il s'était mis à apprendre le russe, s'était rendu à Moscou, et y était resté deux mois qui « l'intoxiquèrent ».

— Ils ont fait naître en moi une irrésistible tendresse pour tout ce qui est russe. J'ai été conquis par ce pays démesuré et comme désossé.

En 1914, l'officier Mendras, marié, père d'un jeune enfant, partit donc comme les autres mais au souvenir des adieux il écrira : « Pour ces moments-là beaucoup plus que pour les épreuves du front, je hais la guerre. » Son orgueil et sa conscience professionnelle le soutinrent dans les tranchées, mais il n'avait pas la « foi enthousiaste ». Très proche de ses hommes, il les écoutait : « Au bourgeois calfeutré que j'étais, ils ont ouvert des échappées sur l'âme populaire, ses préjugés, ses peines, ses espoirs. » Discret sur les batailles et sur ses décorations (Légion d'honneur), il insistera par contre : « Les intempéries m'ont laissé des souvenirs plus pénibles que les obus de l'ennemi. » Ses chefs ? Il n'en admira qu'un : le général Renouard dont il s'inspirera pour commander sa division en 1939-40.

En 1933 à Moscou, il commença à collaborer dans un climat de confiance, avec le conseiller Payart et l'ambassadeur Alphand : « J'étais flatté du prix qu'ils paraissaient ajouter à l'opinion du profane que j'étais. » Or, il avait au moins deux idées arrêtées : d'une part que

---

17. Pour la mission d'attaché militaire de Mendras en Russie, nous avons suivi le mémoire de maîtrise d'histoire très documenté du chef de bataillon André Bach, devenu depuis colonel et professeur à l'École de guerre : *Le colonel Mendras et les relations militaires franco-soviétiques (1932-1935)*. Quant à la fonction même d'attaché militaire, le rôle de Maximilien von Schwarzkoppen dans l'affaire (chapitre I), celui du général Lavergne dans les années 1917-18, en Russie, en auront montré, nous l'espérons, toutes les ambiguïtés, toutes les tentations, tous les dangers.

les bolcheviks étaient et resteraient communistes, et d'autre part qu'il fallait choisir entre Moscou et Varsovie, et en finir avec « la vieille mystique (notre sœur la Pologne) ». Aussi ironisait-il sur le rôle qu'on fixait au nouvel allié polonais : « Catholique et européen, il reprenait face au bolchevisme le rôle traditionnel de rempart de la chrétienté. » La pensée militaire du colonel Mendras, enfin, ne devait rien au passéisme officiel. Acquis dès 1927 aux conceptions du colonel Bruneau sur les chars, Mendras attendra 1932 et une de ses conférences à l'École de guerre pour contredire avec habileté les théories de l'état-major. Il cita le numéro d'octobre 1932 de la revue soviétique *Armée et révolution* : « La guerre de 1914 tient encore ferme sous son influence la majorité des théoriciens bourgeois qui, méprisant les facteurs nouveaux introduits par les armes modernes, continuent à rabâcher les mêmes conclusions déduites de l'étude de la dernière guerre. »

Les Soviétiques lançaient des actions rapides et profondes en terrain libre grâce à des détachements mécaniques indépendants à base de chars, d'aviation, d'artillerie et d'infanterie que suivaient, en deuxième échelon, de grandes unités d'infanterie motorisées. L'aviation jouait ensuite le rôle de l'artillerie pendant que les chars fonçaient vers les réserves et les postes de commandement de l'adversaire. L'artillerie d'appui devait être tractée, protégée, apte à détruire les chars et capable d'appuyer des attaques progressant à 10 kilomètres à l'heure. Mendras, qui envisageait le transport de pièces d'artillerie par avion, insistait aussi sur l'aide des moyens radio, encore à perfectionner (analyse du colonel Bach). Il concluait, par précaution, que ces idées expérimentales soviétiques lui avaient paru « contenir une part de vérité suffisante pour mériter d'être connues ».

L'état-major soviétique et le maréchal Vorochilov, proche de Staline, faciliteront l'information de Mendras et il pourra constater, sur le terrain, que l'Armée rouge n'en était plus au stade expérimental. A Paris, l'on pensait, selon le colonel Bach[18], que jamais une armée aussi puissante de chars ne pourrait aller si loin. S'ils roulent si vite, c'est qu'ils n'ont rien compris à la guerre, ils sont en retard d'une guerre. Une fois qu'ils auront lancé leurs attaques, ils n'auront pas la logistique derrière. L'offensive à outrance, c'était du passé.

Mendras pouvait compter, cependant, sur de Lattre qui jusqu'à son départ en août 1935, pour un commandement à Metz, essaya d'imposer l'idée d'une collaboration effective avec Moscou. Il s'efforça toujours de faciliter l'information du général Ventsov, premier attaché militaire soviétique à s'installer à Paris, en mai 1933. En juin, de Lattre s'arrangea même pour qu'au cours d'un voyage d'études de l'École de guerre Ventsov eût pour accompagnateur le général Loizeau, bientôt nommé à l'état-major de Gamelin, où il y avait, selon Weygand, « trop de moules ». La promotion de ce « petit homme sec et autoritaire, ambitieux, aux éminentes qualités » (Men-

18. Entretien avec l'auteur.

dras), était une autre manœuvre de De Lattre, qui écrivait à son attaché militaire à Moscou : « L'arrivée (de Loizeau) me facilitera les négociations, car vous savez avec quelle prudence nécessaire je tiens dans toute cette affaire à ne marcher en rien sur les plates-bandes du 2e Bureau. »

Le 6 novembre 1933, Mendras espérait provoquer — écrivait-il à de Lattre — une décision du gouvernement français, qui seul pourrait permettre un accord avec Moscou. Il faisait ensuite allusion aux voyages contradictoires d'Édouard Herriot puis de Pierre Cot : « Chacun tire à hue et à dia, un ministre et son entourage trouvant un jour avantageux et agréable de faire risette aux soviets, un autre estimant prudent le lendemain de les traiter à peu près comme des escrocs et de le leur dire. » Mendras concluait : « Si insensée que puisse paraître l'entreprise d'extraire une grave décision de nos gouvernants, je dis qu'il faut que nous le tentions par tous les moyens. Pourquoi ? A cause du danger allemand. »

Mais de Lattre et Mendras ne pouvaient qu'échouer. Le colonel Bach écrit :

« Leur tentative était hardie, mais ne reposait pas sur l'adhésion des "forces profondes". Issus de milieux de droite, ils n'ont pu convaincre ceux-ci du bien-fondé de leur démarche. Obligés de se servir de certains hommes de gauche (Cot, Herriot), seuls attachés en permanence à l'idée du rapprochement, mais qui se méfiaient d'eux du fait de leur qualité de militaires, ils n'ont pu entraîner l'adhésion de ceux, à droite, qui leur faisaient confiance parce qu'ils étaient militaires. Leur analyse exacte du péril allemand et les conséquences logiques qu'ils en tiraient n'ont pas dépassé le cercle étroit de leurs pensées sans préjugés. »

Et qu'aurait pu Mendras, une fois de Lattre écarté, contre une situation de fait et qu'il vit ainsi :

« Toutes les fois que je me suis entretenu avec Gamelin, j'ai eu l'impression de donner du poing dans un matelas. L'homme n'était pas de ceux qui remontent le courant, et la France d'alors ne voulait ni ne pouvait faire une grande politique. Elle n'était capable que de se traîner paresseusement à la remorque de l'Angleterre dont l'aveuglement dépassait les bornes permises aux pays que la mer ne protège pas. »

A la fin de 1934, le colonel Mendras rentrait en France. L'ambassadeur Alphand exprima ses regrets et Egorov, chef de l'état-major de l'Armée rouge, parla des relations qu'avait su établir l'attaché militaire en ces termes : « Relations empreintes de simplicité et de sympaghie sincères et, si je puis dire, d'excellentes relations de camaraderie. » Avant d'évoquer la visite d'adieu au maréchal Vorochilov, retrouvons, un instant, le colonel Mendras en septembre 1935, dans la région de Kiev, où il suivait les manœuvres soviétiques. Il y resta du 11 au 26, en compagnie de la mission militaire française, conduite par le général Loizeau. Mendras était à ce moment chef de corps du 182e régiment d'artillerie à Vincennes et Loizeau avait insisté auprès de Gamelin pour emmener l'ancien attaché militaire ; sans son obstination, on l'aurait oublié. Mais Loizeau savait sa propre éviction prochaine et il était de plus en plus convaincu de « l'entêtement de Gamelin à tout rapprochement avec la Russie ».

Les manœuvres soviétiques impressionnèrent les Français. Plus de 1 000 chars furent engagés, 1 000 parachutistes largués au-delà du Dniepr ouvrirent la voie à l'aérotransport d'un régiment de 1 700 hommes et de son matériel lourd. Loizeau dit et Mendras approuva :

— Chez nous il faudrait toute l'armée pour une opération pareille.

Mendras, qui estimait le potentiel militaire offensif de la Russie « voisin de zéro » mais sa capacité défensive « quasi illimitée », révisa son jugement. En faisant évoluer 100 000 hommes dotés d'un armement moderne, dans un cadre tactique « certes discutable mais qui ne témoigne pas de méninges cristallisées », l'Armée rouge lui avait montré des possibilités très supérieures à celles qu'il avait imaginées. Il expliquait l'effort soviétique, tant intérieur qu'extérieur, par une seule raison : « Ils tiennent la guerre pour inévitable et à bref délai. » Le lieutenant-colonel Romatet, l'aviateur de la mission militaire, n'en revenait pas du défilé de 400 avions « groupés dans un aussi court espace, en formation d'une parfaite régularité. On ne peut pas faire mieux ». Le largage des parachutistes l'avait frappé à ce point qu'il se demandait « si même sur nos fronts une guerre de mouvement, surtout au début d'un conflit, ne présenterait pas des situations tactiques favorables à l'exécution d'opérations de cette nature ».

Le colonel Lelong pensait que « telle que, avec ses défauts, mais aussi son potentiel, cette Armée rouge représente peut-être le contrepoids qui nous permettrait de gagner la première manche, c'est-à-dire d'éviter l'invasion et de mettre sur pied la nation. Et au fond, de quoi s'agit-il ? ». Et le général Loizeau surenchérit : « Il ne faut à aucun prix l'avoir (l'Armée rouge) contre soi. Donc il faut l'avoir avec soi car les Soviétiques n'accepteront pas de réponse dilatoire. » Et en effet, les généraux alliés s'en rendront compte, à Moscou, en août 1939, avec le maréchal Vorochilov.

Lorsque Loizeau se présenta le 1er octobre, c'est-à-dire dès son retour, au ministère de la Guerre, le général Colson qui partait en permission lui dit :

— Vous avez fait un beau voyage, nous causerons de cela à mon retour.

Le colonel Mendras, à la fin de sa mission, en 1934, avait rendu visite à Vorochilov. Le maréchal avait dit, avec une émotion qu'il avait su communiquer à l'attaché militaire, assez désabusé, pourtant :

— En France, vous n'avez pas l'air de vous douter de ce qui vous attend, vous comme nous, de l'avalanche qui, un jour peut-être prochain, en tout cas moins éloigné que nous le pensons, se précipitera sur nous. Ici, toutes nos énergies sont tendues pour faire face au danger. Croyez-moi, n'attendez pas qu'il soit à vos portes pour en faire autant.

Dans la fournaise espagnole

Malgré l'échec de Mendras puis de la mission Loizeau, les Soviétiques persévérèrent. En 1936, Joseph Davrichewy avait envoyé au demi-frère du Kremlin son livre *Dans l'air et dans la boue*, avec une dédicace. Il reçut de Staline, en retour et par l'intermédiaire du général Gordon, l'offre de rentrer en Géorgie, sous certaines conditions, cependant, qu'il refusa. Quelques mois plus tard, au début de la guerre d'Espagne, le général Gordon relança Davrichewy :

> « Il m'expliqua qu'il était chargé d'une mission en France par le général Y.B. Gamarnik, le chef de la direction politique de l'armée soviétique, et par le général Toukhatchevski.
>
> Cette mission ultra-secrète concernant le 2e Bureau militaire français était d'une telle importance que j'ai cru de mon devoir de lui prêter mon concours. Hélas ! comme toujours, le 2e Bureau a serré les fesses et l'entrevue demandé par mon général n'a malheureusement pas eu lieu.
>
> Il m'est impossible de dévoiler l'objet de cette mission. Je peux seulement affirmer, sur l'honneur, que ni le général Y.B. Gamarnik, ni Toukhatchevski, ni Egorov ne trahissaient l'Union soviétique au profit de l'Allemagne. Bien au contraire, ils se posaient en grands patriotes russes, ennemis de Hitler.
>
> C'est à ce moment qu'éclata à Moscou la terrible "épuration des généraux", et parmi les fusillés se trouvaient Gamarnik, Toukhatchevski, Egorov et Ejov, les amis de mon général.
>
> Le général Gordon était atterré. Quelques jours après, il reçut l'ordre de Moscou de rejoindre immédiatement l'Espagne en qualité de conseiller technique auprès de l'état-major des républicains, et il quitta Paris. J'ai reçu de lui sa dernière lettre que je garde précieusement et dans laquelle il trace ces lignes énigmatiques : "Si le soir de Noël je ne suis pas auprès de toi, mon cher Sosso, et de Mlle R... Co, va à la rue Daru et allume un gros cierge devant l'icône de la Sainte Vierge en souvenir de l'âme de ton ami Georges Iourievitch, qui a eu pleine confiance en toi... A moins que je réussisse à mettre entre moi et eux l'Atlantique."
>
> Depuis, je n'ai plus jamais entendu parler du général Gordon. »

Dans cette guerre d'Espagne, l'attaché militaire français à Madrid, Henri Morel, ne fut pas plus entendu que Mendras, les années précédentes, à Moscou. Ami de De Lattre de Tassigny, c'était un être intelligent, donc un esprit libre, aussi peu traîneur de sabre que son collègue du SR Mendras, avec qui il avait travaillé durant plusieurs années. Au moment de sa nomination comme attaché militaire à Madrid, il dira : « La Vérité a des galons. » De Lattre, bien qu'en retrait, conservait une influence au ministère et il jugeait navrant cet envoi en Espagne d'un officier aussi compétent. Réponse de Morel :

> « Il va sans dire que je crois que certaines de mes qualités pourraient être utilisées en France. J'ai une certaine aptitude à exprimer sous

forme d'idées générales des idées et des faits particuliers. Mon sort normal est de fabriquer des études et des notes sur des sujets larges. C'est une spécialité pour grands chefs. Comme deuxième sous-chef d'un bureau on peut trouver des gens qui intellectuellement me sont inférieurs mais qui sont techniquement plus efficaces. Peu de chefs ont besoin d'un bureau d'études politiques. Il n'y a aucune apparence que ces chefs éprouvent le besoin de ma collaboration. C'est comme ça. Ce n'est pas ma faute. On ne me considère pas comme un collaborateur commode. On me trouve trop entier, trop personnel. On me croit borné à certains jeux de l'intelligence. On ne sait pas que je suis dévoué et fidèle : quand j'ai prêté "hommage" volontairement. C'est comme ça. Quand vous aurez besoin de moi, je vous servirai et ne demanderai nul paiement. Au fond j'ai besoin d'un minimum de salaire pour ne pas m'aigrir. C'est-à-dire pour ne pas gêner mon mécanisme intellectuel[19]. »

Capitaine valeureux dans les tranchées de 14-18, où, comme Mendras, il avait été proche de ses hommes, Morel resta dans l'armée, sous l'influence du général de Castelnau, son dernier chef à l'état-major, après l'armistice. Il sera cinq ans instructeur à l'École spéciale militaire comme adjoint au cours d'histoire militaire où son enseignement, novateur, marquera. Officier de renseignement, spécialisé dans les questions balkaniques, il recevra de Castelnau le mot suivant :

« Ceux qui vous ont enrôlé dans le SR ont vraiment fait preuve d'intelligence. Vous avez été là dans une situation d'indépendance relative, où vos qualités d'initiative, de réflexion et de perspicacité trouvaient un champ d'action digne de vous et vous permettent de rendre au pays d'excellents services. »

Vers la mi-février 1936, le capitaine Gilotte du SR rencontra en gare de Metz un ami, le capitaine de Lesquen, chargé du chiffre et de la mobilisation à la base aérienne de Metz-Frascaty. Gilotte lui raconta :

— Les Allemands vont occuper très prochainement la rive gauche du Rhin. Les indices sont nombreux, mais surtout nous avons dans les mains les marchés passés par l'intendance allemande pour la nourriture des troupes. Je peux te donner la liste des garnisons ainsi que l'effectif de chacune d'elles. Si je t'en parle c'est que cela n'a plus rien de secret. Le commandement et le gouvernement ont été prévenus et les Allemands eux-mêmes savent que nous sommes au courant. La fuite est d'ailleurs tellement grosse que je soupçonne le SR allemand de l'avoir lui-même organisée pour observer nos réactions.

L'occupation commença le 7 mars 1936. Le 8 à l'aube, de Lesquen reçut à Frascaty, par le biais d'un télégramme officiel, l'ordre de déclencher l'alerte n° 2. Le général Giraud, gouverneur militaire de Metz, téléphona alors à Paris :

---

19. Le colonel de Corta est l'auteur du mémoire de maîtrise d'histoire sur le colonel Morel, dont nous avons extrait ces propos.

— Laissez-moi faire ; j'ai 100 000 hommes prêts à foncer et personne en face. Ce soir je couche à Mayence. Vous pourrez alors discuter.

Paris refusa et ce même 8 mars, à 17 heures, l'alerte était levée. Le gouvernement et l'état-major n'avaient pas changé de mentalité quand la guerre d'Espagne éclata.

Le mouvement insurrectionnel de Franco avait pris forme, au Maroc, dans la nuit du 17 au 18 juillet 1936. Le 18, *Paris Midi*, dans son édition de 11 heures, titrait : « Que se passe-t-il en Espagne ? Madrid ne répond pas. » Morel, bloqué à Saint-Sébastien jusqu'à la fin de juillet, ne put jamais rencontrer son prédécesseur, le colonel Jouart, celui-ci était perdu du côté de Salamanque et il le restera jusqu'à la fin août, mais son rapport final à Paris pèsera sur la mission de Morel, ne serait-ce que par cette phrase :

> « La France est accusée à tort ou à raison d'avoir favorisé et de soutenir le gouvernement central du Front populaire et de ne faire ainsi que le jeu de la révolution communiste fomentée et payée par la Russie pour le plus grand malheur de l'Espagne et de l'Europe civilisée. »

Lorsqu'en août Morel arriva à Madrid, l'ambassade était désorganisée, l'atmosphère madrilène hostile, les transmissions des rapports peu sûres ; et le nouvel attaché militaire ne disposait d'aucun réseau d'informateurs. Il dû alors partir se renseigner sur le front même, en se faisant passer pour journaliste. Il visita le front de la Sierra, celui d'Estrémadure, les 14 et 15 août il séjourna au camp de Carabanchel, avec un régiment socialo-communiste. Le 20 août, il fut arrêté au cours d'un contrôle, dévoila son identité et fut mis au mur pendant plusieurs heures, à la merci d'un « tireur nerveux ».

Rentré à Madrid, Morel sauvera, dans un premier temps, certains officiers franquistes du peloton d'exécution et les déserteurs français des brigades internationales des « maisons de repos », les camps de concentration d'André Marty, que l'on surnommait déjà dans les rangs républicains « le boucher d'Albacete ». L'attaché militaire ne reçut aucune directive de Paris jusqu'à la fin de 1936. Il embarrassait le gouvernement et l'état-major qui tenaient à leur version officielle : il n'y avait pas de combattants français en Espagne. De plus, les déserteurs, à leur retour, auraient dénoncé l'action du Komintern au sein de ses brigades et l'encadrement allemand. Or, les communistes à cette époque participaient au gouvernement du Front populaire.

Le 31 mars 1937, Morel écrivit au général Schweisguth, au sujet de ces déserteurs de plus en plus nombreux : « Il faut grignoter le corps international en appliquant la liberté de venir et la liberté de partir. » La France, par une note officielle du 13 janvier 1937, avait approuvé son attaché militaire, mais comme le gouvernement de la République espagnole rejetait ce point de vue et s'obstinait à considérer les soldats, déçus des brigades, comme déserteurs, Paris, après janvier 1937, n'avait plus répondu à Morel ; d'où sa lettre du 31 mars.

Le général Colson, chef d'état-major de l'armée, inscrivit dans la marge de celle-ci : « S'enquérir auprès des Affaires étrangères de leur point de vue actuel puis écrire à Morel s'il y a lieu. »

Et nul, bien entendu, n'osa lui écrire. La presse de droite lui reprochait de faire le jeu des communistes et ni le gouvernement Blum, ni l'état-major ne se risquaient à prendre parti dans le conflit espagnol. Au cours de l'année 1938, le colonel Morel suivit le gouvernement espagnol dans ses retraites successives à Valence et Barcelone. Il rencontra deux fois Prieto, le ministre de la Défense, puis deux fois Negrin, le président du Conseil, et trois fois les généraux Rojo et Miaja ; il obtint l'autorisation de visiter le front, les écoles de formation, d'avoir des renseignements sur l'organisation de l'armée, d'étudier de près le matériel allemand et italien récupéré sur les champs de bataille. Les Espagnols se rapprochaient de la France, Morel apprenait que dans les deux camps officiers et combattants haïssaient les Russes autant que les Italiens ou les Allemands.

La presse française et ses pseudo-experts militaires, qui penchaient du côté de Franco, desservirent Morel, surtout les articles du général Walck, dans *Le Temps* des 12 et 14 juillet 1938. Morel réagit en disant : « Je sens des portes se fermer alors que ma patience les avait fait s'entrebâiller, la recherche des renseignements va être plus difficile. » A la suite de ces articles aggravés par un livre du général Duvan, avec préface de Weygand, toujours membre du Conseil supérieur de la guerre, le gouvernement républicain s'était crispé. Mais Morel, inlassable, renseignait l'état-major.

Au début de 1938, Morel pensait qu'il fallait secourir l'Espagne républicaine, non par l'envoi de quelques milliers d'hommes, mais en lui fournissant 300 avions.

Le président Negrin, en mars, sollicita l'aide de la France. Il exposait ses arguments ainsi : « Quand donc les nations démocratiques comprendront-elles que l'Espagne lutte aussi pour elles et pour la liberté ? L'effort entrepris pour organiser une armée efficace avec des chefs de valeur a permis d'obtenir des victoires comme celles de Teruel. » Negrin situait, à sa vraie place, une armée qui remporterait d'autres victoires si on l'équipait :

> — Au milieu de l'Empire français, sur les routes de l'Empire anglais elle constituera un élément décisif dans le rapport des forces qui se construisent et se balancent aujourd'hui, qui s'affronteront demain, dans une lutte décisive pour l'avenir de l'Europe et pour la forme de la civilisation.

Et Negrin ajoutait : « Mais ceci ne sera possible qu'avec l'aide des amis. Si cette aide était refusée, il faudrait forger la victoire dans des “flots de sang”. Comment n'en resterait-il pas de l'amertume ? Le peuple espagnol ne contemplera-t-il pas alors d'un œil sec les épreuves qui seront inévitablement imposées plus tard à la France ? »

« Un roi de France ferait la guerre »

Le 15 mars 1938, à la demande de Paul-Boncour et avec l'accord de Léon Blum, à nouveau président du Conseil, et qui avait formé son gouvernement le 13, Daladier, ministre de la Guerre, convoqua le Comité permanent de la défense nationale pour étudier deux questions : l'aide à la Tchécoslovaquie, en cas d'agression allemande, et l'intervention en Espagne. Assistaient à ce Conseil : Campinchi, ministre de la Marine, Guy Lachambre, ministre de l'Air, Pétain, Gamelin, Alexis Léger, secrétaire général du Quai d'Orsay, les généraux Colson, chef de l'état-major de l'armée, Vuillemin, chef d'état-major général de l'armée de l'air, Jamet, ainsi que le vice-amiral Darlan et le contre-amiral Tavera. Léon Blum posa la question : comment pouvait-on intervenir en Espagne ? Pourquoi n'enverrait-on pas un ultimatum à Franco rédigé comme suit : « Si dans les vingt-quatre heures vous n'avez pas renoncé à l'appui des forces étrangères, la France reprend sa liberté d'action et se réserve de prendre elle-même toutes les mesures d'intervention qu'elle jugera utiles. » Et Blum ajoutait : « Cette intervention pourrait ressembler à celle d'Hitler en Autriche. »

Gamelin répondit tout de suite :

— Les conditions ne sont pas les mêmes. Nous ne disposons normalement que d'une armée de 400 000 hommes, alors que les Allemands disposent de 900 000 hommes. Si nous voulions jouer un pareil jeu, il nous faudrait disposer de 1 million d'hommes, c'est-à-dire disposer des forces de couverture.

Selon les explications du très administratif général en chef, il aurait fallu une mobilisation générale.

Pétain fut plus bref :

— Le problème n'est pas uniquement militaire. Il y a le contexte politique, économique, social, moral...

Le général Vuillemin prit à son tour la parole et prolongea la démonstration de Gamelin :

— Même pour l'aviation, il faut passer par la mobilisation générale, quel que soit le dispositif qu'on veuille placer face au Sud-Ouest.

L'amiral Darlan surenchérit :

— Une opération sur les Baléares nécessiterait une opération de grande envergure avec l'engagement d'au moins une division d'infanterie pour le débarquement et l'appui de l'aviation.

A la question : est-ce que la maîtrise allemande du ciel espagnol ne gênera pas ? le général Vuillemin répondit aussitôt, et catégorique :

— En quinze jours notre aviation serait anéantie !

Et Daladier ajouta :

— Il faudrait être aveugle pour ne pas voir que l'intervention en Espagne déclencherait la guerre générale.

Pour Alexis Léger :

— Toute intervention directe serait considérée comme un *casus belli* pour l'Allemagne et l'Italie, et l'Angleterre pourrait se désolidariser de la France.

Léon Blum et Paul-Boncour, interventionnistes, avaient contre eux la volonté des prétendus responsables ; leur volonté féroce de ne rien faire.

Le 20 mars 1938, Morel fut convoqué à Paris. De 9 h 30 à 10 h 15, il s'entretint, au ministère de la Guerre, avec Daladier. Après avoir exposé la situation en Espagne, il répondit au ministre, à propos des conséquences militaires d'une victoire franquiste :

— Ce qu'il faudrait craindre serait la présence sur le sol espagnol des aviations allemande et italienne. Les conditions d'une guerre mondiale sont déjà remplies en Espagne.

Le risque des Pyrénées, selon Morel, serait insurmontable s'il s'ajoutait à ceux des frontières nord-est et sud-est.

— Il faut une Espagne faible et divisée, affirma Morel. Il faut souhaiter la victoire des républicains, donc intervenir.

Et Daladier de répondre :

— Mais si je dis ça, je vais perdre ma place !

Il conduisit Morel à l'hôtel Matignon où attendaient Léon Blum, Vincent Auriol et Paul-Boncour. L'attaché militaire refit, en abrégé, un exposé du drame espagnol puis il dit à Blum auquel il n'avait pas caché son appartenance à l'Action française :

— Monsieur le président du Conseil, je n'ai qu'un mot à vous dire, un roi de France ferait la guerre.

Puis Morel, sans illusions, retourna en Espagne. Il accompagnera les républicains dans la défaite, intercédant pour des officiers, des généraux, que l'on parquait dans des camps, au sud de la France. Au camp d'Argelès, l'attaché militaire dira aux officiers responsables :

— Moi, Morel, je m'étonne que l'esprit partisan ait troublé toutes les notions de bon sens pour qu'on traite en suspects et qu'on soumette à des vexations policières des officiers qui ont eu le tort de ne pas s'être révoltés, d'avoir combattu contre des Italiens et des Allemands et d'avoir été vaincus ! Je croirais manquer à mon devoir si je ne disais pas, avec toute la discrétion que doit garder un soldat, ce que je pense de la façon dont on conçoit l'hospitalité à l'égard d'une armée dont j'ai éprouvé longuement et au milieu des pires circonstances la constante courtoisie !

Henri Morel projetait d'écrire un texte sur la guerre d'Espagne telle qu'il l'avait vue et vécue. Après avoir reçu trois commandements importants en Savoie puis en Tunisie, il quitta le service actif et se retira dans sa propriété de Crémieux, près de Grenoble. Il pensa à rejoindre les forces de son ami de Lattre de Tassigny, mais renonça : la seule filière passait par l'Espagne. Le 8 mai 1944, les Allemands l'arrêtèrent, par hasard, dans une rafle, et le 13 septembre de la même année il mourait en déportation.

Sadoul à Cachin : Moscou ni dupe, ni victime

A la suite du pacte germano-soviétique du 23 août 1939, Jacques Sadoul, devenu le correspondant des *Izvestia* à Paris, écrivit à Marcel

Cachin[20]. Trois entretiens qu'il venait d'avoir avec Souritz, l'ambassadeur d'URSS à Paris, confortaient son argumentation personnelle.

Selon Sadoul, les dirigeants soviétiques, depuis Munich, ne croyaient plus guère à la sincérité des dirigeants français et britanniques lorsque ceux-ci proclamaient leur volonté de résister par les armes aux entreprises hitlériennes. En effet, tous leurs actes démentaient leurs déclarations.

> « Souritz demeure convaincu qu'en tout cas ni la France ni l'Angleterre ne prendront les armes contre Hitler et que même si elles sont contraintes de les prendre, sous l'irrésistible pression des événements et de leurs opinions nationales, elles ne les prendront qu'à demi, qu'elles ne se lanceront pas à fond dans la guerre, qu'elles n'y entreront qu'avec l'arrière-pensée d'aboutir coûte que coûte à une paix de compromis avec Hitler, c'est-à-dire à un nouveau Munich plus honteux et plus désastreux encore pour la démocratie. »

La lettre note qu'après l'invasion de la Tchécoslovaquie les « dirigeants soviétiques, ayant constaté un sérieux redressement de l'opinion publique et même des gouvernements de France et d'Angleterre », avaient repris espoir dans la possibilité d'un pacte tripartite. Mais les négociateurs moscovites ont éprouvé très vite « des déceptions amères ». Sadoul refait l'historique des négociations anglo-franco-soviétiques. Il note que :

> « la diplomatie allemande, surtout après Munich, manœuvra tenacement en s'appuyant, paraît-il, sur des témoignages et des documents, pour prouver aux dirigeants soviétiques qu'à diverses reprises, notamment au cours des entretiens Ribbentrop-Bonnet ayant abouti à l'accord de non-agression franco-allemand du 6 décembre 1938, la France et l'Angleterre avaient laissé entendre à Hitler, de la façon la plus claire, qu'elles ne s'opposeraient pas sérieusement à une expansion de l'Angleterre vers l'Ukraine. C'est dans ces conditions que l'URSS vit — la guerre apparaissant comme imminente — les revendications les plus raisonnables relatives à son action éventuelle dans les pays Baltes, en Roumanie et en Pologne repoussées par les négociateurs britannique et français, ceux-ci suivant ceux-là... En refusant à l'Armée rouge de combattre en territoire polonais aux côtés de l'armée polonaise pour la défense du sol polonais, les gouvernements britannique et français paraissaient donc se résigner à l'anéantissement de la Pologne avec toutes ses conséquences. Et ces conséquences pouvaient être extrêmement redoutables pour l'URSS. Celle-ci entre autres : l'assistance prêtée par l'URSS, insuffisante pour sauver la Pologne, serait par contre suffisante pour désigner l'URSS à l'Allemagne comme une ennemie dont les plus riches provinces sont depuis longtemps convoitées par Hitler. L'URSS était donc en droit de craindre que l'Allemagne, une fois la Pologne écrasée et cet écrasement ayant fait avancer ses armées jusqu'aux frontières soviétiques, ne fût tentée de poursuivre la lutte en

---

20. D'après *Sur le Parti*, Francis Crémieux, Jacques Estager, 1939-1940, Messidor, 1983.

territoire soviétique, contre la République des soviets... Les démocraties occidentales n'avaient évidemment pas intérêt à permettre à Hitler de remporter en Europe orientale un triomphe trop complet qui lui eût donné la possibilité de se retourner avec toutes ses forces vers l'Occident. Mais l'URSS était en droit de prévoir que l'Angleterre de Chamberlain, c'est-à-dire l'Angleterre des grandes banques et non pas celle des masses anglaises, cette Angleterre antisoviétique beaucoup plus qu'anti-hitlérienne, ne verrait que des avantages à laisser s'épuiser dans un duel à mort le pays du nazisme et celui du bolchevisme, afin de n'intervenir, au secours de "l'ami et allié", qu'*in extremis* et seulement quand il ne s'agirait plus de porter à Hitler que le coup de grâce ».

Fantaisies ? interroge Sadoul : les informateurs soviétiques à Londres et à Paris n'avaient qu'à ouvrir les yeux et les oreilles pour recueillir dans les milieux politiques des preuves multiples de la haine vouée depuis longtemps aux soviets par les classes dirigeantes. Sadoul s'affirme convaincu qu'au début d'août les dirigeants soviétiques, si méfiants soient-ils à l'égard des Occidentaux, voulaient l'accord et le croyaient encore possible.

« Mais, il était facile de prévoir qu'en cas d'échec des négociations avec la France et l'Angleterre — et dès la menace de cet échec — l'URSS chercherait ailleurs une autre assurance. Depuis Munich les dirigeants soviétiques considéraient la guerre inévitable. Depuis cette époque, ils étaient convaincus que la formidable machine allemande était trop profondément engagée dans le chemin de la guerre pour pouvoir reculer. Avant Munich, ils avaient pensé et dit que seule la signature du pacte tripartite empêcherait la guerre. Depuis Munich, ils estimaient que la signature du pacte lui-même, trop tardivement conclu, n'arrêterait plus le déchaînement du conflit mais qu'il assurerait aux grandes démocraties une victoire plus certaine, plus rapide et par conséquent moins coûteuse, qu'il éviterait une ruine trop profonde de l'Europe, qu'il épargnerait la vie de millions d'hommes. Il était donc évident que l'URSS, sachant la guerre imminente et pourtant contrainte de renoncer à l'alliance avec la France et l'Angleterre par la faute de celles-ci, tenterait de traiter avec l'Allemagne pour se garantir provisoirement contre un accord passé à ses dépens par Hitler avec la France et l'Angleterre. »

Jacques Sadoul avance ensuite un certain nombre de faits permettant d'établir que la décision de Moscou de signer le pacte de non-agression a été prise le 16 ou le 17 août devant l'impasse où se trouvaient les pourparlers tripartites.

« Dans l'état actuel de mes informations, voilà comment peut et doit être expliqué le sensationnel renversement de politique extérieure accompli par Moscou, se refusant à être dupe et victime, avec moins de rapidité et de simplicité, de façon moins stupéfiante aussi qu'on ne serait tenté de le croire en lisant la presse française. De cette presse, il n'est pas exagéré de dire, en passant, que dans son ensemble, par les attaques haineuses, par les calomnies insensées, par les outrages qu'elle ne cessera pas un seul jour de prodiguer à l'URSS et à ses dirigeants, elle porte dans une large part la responsabilité du coup de théâtre d'avant-hier dont les répercussions immédiates et élémentaires risquent d'être tellement redoutables pour le peuple français. »

Sadoul conclut :

« Je demeure convaincu, comme vous l'êtes vous-même je n'en doute pas, mon cher Cachin, que les dirigeants soviétiques, en dépit de leur pacte avec Hitler, pacte très provisoire à coup sûr, n'ont pas cessé d'être les ennemis mortels de l'impérialisme en général et en particulier de l'impérialisme hitlérien, qui demeure le plus dangereux de tous non seulement, il faut le répéter encore et sans cesse, pour l'indépendance des nations mais aussi pour l'émancipation des masses. Je suis sûr qu'en cas de guerre, la guerre pouvant surgir à très brève échéance, l'Armée rouge coopérera de façon décisive, plus ou moins tôt ou plus ou moins tard, selon ce que nous saurons faire ou ne pas faire, à l'écrasement de l'ennemi commun...

Pour abattre Hitler la coopération de l'URSS est indispensable. Elle ne nous manquera pas, le moment venu, comme me le répétait Souritz tout à l'heure. Mais comme il me le disait encore, elle ne nous sera pas accordée avant que l'URSS n'ait été convaincue, non seulement par des paroles mais aussi par des actes, de la volonté que nous avons de nous battre et de mener la guerre jusqu'au bout. Sur ce terrain de la guerre sans merci contre Hitler et son régime, notre rôle à nous, communistes français, doit être d'agir pour que l'heure de la coopération soviétique sonne vite. »

Le 30 novembre 1939, l'URSS attaquait la Finlande. Henri de Kerillis, ex-député de droite, mais esprit indépendant, écrira en 1942 dans *Français voici la vérité* paru à New York :

« Une tempête indescriptible souleva les consciences bourgeoises. L'esprit de croisade souffla en furie. Il n'y eut qu'un cri : guerre à la Russie ! Du coup les plus pacifistes devinrent les plus bellicistes. Ceux qui n'avaient pas voulu “mourir pour Dantzig” voulurent “mourir pour Helsinki”. Ceux qui avaient démontré qu'on ne pouvait pas se battre contre l'Allemagne seule prouvèrent qu'on pouvait se battre contre l'Allemagne grossie de la Russie. Ceux qui avaient préconisé l'immobilité derrière la ligne Maginot supplièrent qu'on envoyât une armée se battre vers le pôle Nord... C'est à ce moment que le délire anticommuniste atteignit son paroxysme et prit des formes épileptiques. »

Sous l'œil de l'Angleterre, hésitante mais tentée, Alexis Léger, au Quai d'orsay, Gamelin et son état-major, Darlan, Weygand, en Syrie, le gouvernement Daladier firent la guerre à l'URSS ; une guerre toute théorique de notes secrètes qui émoustillèrent le Tout-Paris.

19 janvier 1940, d'après une note manuscrite de Daladier :

« Prier le général Gamelin et l'amiral Darlan de préparer une étude sur une intervention éventuelle pour la destruction des pétroles russes.

1° Hypothèse de l'interception des pétroles transportés en mer Noire pour l'Allemagne. Il s'agit surtout de bateaux allemands. Dans cette hypothèse, il n'y a pas de belligérance russe.

2° Hypothèse d'une intervention directe en Caucase.

3° Sans action directe contre la Russie, agir pour faciliter des mouvements d'émancipation des populations musulmanes du Caucase. »

22 février :

« Étude sur une action destinée à priver l'Allemagne et l'URSS des ressources en pétrole du Caucase.

Une intervention alliée contre les pétroles russes du Caucase peut se proposer :

— soit de priver l'Allemagne du pétrole qu'elle reçoit actuellement de cette région ;

— soit de priver la Russie d'une matière première qui est indispensable à son économie et d'ébranler ainsi la puissance soviétique. Du même coup, on atteindrait l'Allemagne en interrompant son ravitaillement en carburant russe.

Pour arriver à ces fins, trois actions paraissent possibles :

— s'attaquer aux transports de pétrole à destination du Reich par la mer Noire ;

— s'attaquer aux centres principaux de l'industrie pétrolière du Caucase ;

— provoquer un soulèvement parmi les populations musulmanes.

Et en avril 1940, encore :

« Attaque aérienne du pétrole du Caucase.

Liaison effectuée au GQG aérien le 5 avril 1940.

L'action aérienne franco-britannique sur le "pétrole du Caucase" portera uniquement sur les raffineries et les installations portuaires de Batoum, Poti, Groznyï, Bakou.

On peut estimer que dans les six premiers jours les 30 à 35 % des raffineries du Caucase et des installations portuaires de Batoum seront détruites.

Le 14 mai, les blindés allemands perçaient à Sedan.

Étions-nous prévenus ?

Je viens de dépouiller des monceaux de documents et j'en arrive à cette conviction absolue que notre 2e Bureau et notre SR ont fait savoir avant la guerre, à notre commandement et à notre gouvernement, tout ce qu'ils devaient savoir sur l'Allemagne de sa force et des projets de son Führer[21]. »

---

21. Déclaration à Riom, en 1941, de l'avocat général à l'ouverture du procès de Léon Blum, Édouard Daladier et des derniers gouvernants de la IIIe République. Cité en exergue dans *Le 2e Bureau au travail* du général Fauche, Amiot-Dumont, 1953.

VI

DEUXIÈME BUREAU CONTRE ABWEHR

Le représentant officiel de Foch à Berlin voit bafouer le traité de Versailles — Von Seekt, général d'une armée de 100 000 chefs — L'usine d'Essen défend ses secrets au rayon infrarouge — La Prusse monstrueuse du rapport Dupont — La pauvre Maison du général Merson — En URSS comme en Suède, Krupp fabrique le IIIe Reich — La « stupide et splendide lutte » du SR de Rivet — La Centrale du 2 *bis* — Les accords Laval n'arrangent que l'Italie et la Cagoule — Le contre-espionnage de Schlesser prend force de loi — Hans Thilo Schmidt, espion par rancœur et pour beaucoup d'argent — H.E. trahi par les fautes des Français — La source Ultra décisive dans les grandes batailles de la guerre — Le peu de cas que l'on fit des renseignements de Lahousen — Laxisme d'une nation — L'expulsion d'Otto Abetz mal vue du Quai d'Orsay — La lutte contre la cinquième colonne — Arrêtons la baronne von Einem ! — L'illusion pacifiste de Giono — L'offensive du 17 janvier 1940 s'arrêta à Mechelen — L'Épingle noire du Liégeois Rademecker — Doudot, l'as des W, agents de pénétration — La guerre de Joséphine Baker, HC — 10 mai 1940 au Luxembourg — Exploits et héros du SR clandestin — Source K : Bousquet dénonce Rocard et ses compagnons — Les gaullistes récusent toute alliance — Le colonel Passy invente une autre forme de services secrets — Les résistants maîtres d'Alger et hors la loi — « On a tiré l'exécution de Darlan à la courte paille » — Parisot retourne tout un réseau de l'Abwehr — Darnand livre le trésor de la Milice, 200 millions de francs lourds — De Gaulle renvoie Giraud, le SR et Rivet — Mai 1945 : l'Empire se lézarde.

Le représentant officiel de Foch voit bafouer le traité de Versailles

A Berlin, de décembre 1918 au début de 1920, le général Dupont, représentant officiel de Foch, assista aux « convulsions de l'Allemagne ». En janvier 1919, le soulèvement des communistes spartakistes s'était déroulé sous les fenêtres de son bureau de l'ambassade de France. Domiciliée dans l'avenue Unter den Linden, près de la porte de Brandebourg, « celle-ci était d'ailleurs occupée par des mitrailleuses placées sur son faîte entre les pattes des chevaux du *Quadrige de la victoire* ». Puis, le 15 du même mois, l'assassinat de Rosa Luxemburg et Karl Liebknecht lui avait fait dire : « A cette occasion fut honoré le système, si souvent employé depuis, de prendre prétexte d'une prétendue tentative d'évasion pour supprimer un prisonnier. »

Tout en s'occupant du rapatriement des prisonniers alliés, le général vit ensuite comment les hommes de l'ancien régime se ressaisissaient au Parlement de Weimar : « Deux Prussiens, Noske pour les militaires, et von Brock-Dorff pour les relations extérieures, gouvernaient. » Après le traité de Versailles du 28 juin 1919, sauvegardant « le point capital, l'unité de l'Empire », le général Dupont note :

> « La période qui s'ouvrait à la signature de la paix allait être en tout point semblable à celle qui suivit la conclusion de l'armistice : une vague puissante de dépression s'abattit d'abord sur l'Allemagne.
>
> Je signalai à ce moment-là au président Clemenceau combien il était nécessaire que les Alliés profitent de ce moment de dépression et de résignation, que je prévoyais très court, pour appliquer immédiatement les clauses du traité à réalisation immédiate : l'occupation des territoires annexés ou administrés jusqu'au plébiscite, mise en place des commissions de plébiscite, entrée en fonction des commissions de contrôle, livraison du matériel, etc.
>
> Malgré mes interventions pressantes, les gouvernements alliés tardèrent à appliquer le traité.
>
> En quelques semaines, les Allemands retrouvèrent le souffle.
>
> Naturellement, l'Allemagne n'observait aucune clause, mais, ce qui est plus grave, c'est qu'elle avait tout loisir pour atténuer les effets de nombreuses dispositions du traité.
>
> Tous mes officiers me signalaient que les régions à céder étaient immédiatement exploitées à fond et vidées de tout ce qui pouvait être emporté. Que de ventes effectuées ! Que de contrats frauduleux passés pour faire disparaître les gages prévus par le traité !

Un énorme dispositif de propagande et d'organisation fut préparé dans les pays à plébiscite. Tandis qu'on assassinait ou déplaçait tous ceux qui étaient susceptibles d'alimenter la propagande adverse, les armes étaient réparties dans toutes les localités. L'exploitation des provinces baltiques et la prise en main des troupes d'occupation de ces régions par les régiments allemands camouflés se complétèrent avec le concours d'aventuriers russes. Tout cela devant les Alliés, hésitants, impuissants ou lassés.

L'état-major allemand continuait à gouverner le pays et l'opposition indépendante terrorisée se taisait ou se cachait.

Au lendemain du vote instituant l'ancien drapeau de 1848, aux couleurs noire, rouge et or, comme couleurs du nouveau Reich, on vit défiler dans les rues de Berlin les troupes avec les drapeaux noir, blanc, rouge de l'ancien Empire.

La presse, en octobre, proposa d'adopter comme emblème une cocarde composée simplement d'un aigle.

Manifestement, l'Allemagne ne prit pas au sérieux le parlementarisme.

Le Parlement est désert. Même lorsque les débats sont particulièrement importants, les députés sont absents.

Pendant ce temps, la constitution de l'armée se perfectionne. Je vais pouvoir suivre, pas à pas, l'organisation militaire nationale en marge du traité. »

Von Seekt, général d'une armée de 100 000 chefs

Le 30 juin, en vertu de l'article 160 du traité de paix, le GQG était dissous, mais aussitôt après, le 5 juillet, le gouvernement créait la « Commission préparatoire de l'armée de paix ». Le général von Seekt en était nommé président. La commission comprenait 8 officiers, ayant tous servi en première ligne ou dans les états-majors du front. « Aucun fonctionnaire civil n'en fera jamais partie. C'est le premier embryon d'un nouvel état-major », écrit Benoist-Méchin, dans son *Histoire de l'armée allemande*. La Reichwehr sera réduite, neuf mois plus tard, à 100 000 hommes, mais von Seekt se révéla comme « une des plus grandes figures de l'histoire militaire allemande », ainsi que l'écrira le général Gauché, chef du 2e Bureau, très renseigné, de l'avant-guerre :

> « L'armée de 100 000 hommes devient un corps d'élite. Tous les postes élevés du commandement, direction de l'armée (Heeres-leitung), grandes unités, inspections, sont confiés à des officiers du grand état-major ayant tous été marqués par l'empreinte de la Kriegsakademie et ayant exercé pendant la guerre des commandements importants. Les commandants d'unités, jusqu'au grade de chef de bataillon, sont tous officiers d'avant-guerre. Quant aux jeunes, ils sont l'objet d'un choix rigoureux ; le nombre des candidats, plus de

dix pour une place vacante, permet d'assurer une sélection parfaite, tout à la fois morale, physique et intellectuelle.

Même choix pour les hommes de troupe : tous les engagés sont soumis à une sévère et minutieuse enquête, facilitée elle aussi par l'abondance des postulants : 150 000 environ pour quelque 12 000 places annuelles. Les traditions militaires de l'armée seront donc jalousement gardées à tous les échelons de la hiérarchie.

En pleine république de Weimar, l'armée de 100 000 hommes apparaît ainsi comme un concentré, une manière de comprimé de l'armée impériale, qui, pour foisonner, n'attend que l'apport de contingents instruits ou partiellement instruits et le matériel qui lui manque. Comme le dit le général von Seekt, c'est "une armée de chefs pour le peuple, à l'heure du danger". Il a organisé, inspiré et dirigé l'armée accordée par le traité ; il a porté à son sommet le potentiel intellectuel et moral d'une force qui momentanément avait perdu son pouvoir d'utilisation. Il a compris et il a fait comprendre autour de lui que la restauration de la puissance militaire allemande ne gagnerait rien en éveillant à chaque instant la méfiance des Alliés et que le mieux et le plus payant était de donner l'impression d'appliquer loyalement le traité, mais sans cesser d'entretenir la flamme et de garder les esprits ouverts à tous les progrès techniques et à tous les problèmes touchant à la stratégie et à la tactique. Porté au pouvoir en 1923, à un moment où l'État menaçait de s'effondrer dans l'anarchie, il a su rétablir l'ordre et la confiance par son énergie, sa modération et son habileté. Il a alors fait figure de sauveur et il en a tiré à juste titre un prestige accru. Sa tâche d'homme d'État une fois accomplie, il eut la sagesse de rétablir le pouvoir légal sans se laisser tenter par l'ambition ; il témoigna ainsi d'un grand désintéressement personnel.

Von Seekt est le promoteur d'une doctrine selon laquelle il conviendrait de reconstituer l'armée allemande, une fois celle-ci libérée de ses entraves[1]. »

Le général Dupont écrivit à propos de l'Allemagne dissimulée des années 20 : « Tout est prévu pour que tout se volatilise pendant la présence des commissions de contrôle. Elles parties, tout sortira du sommeil. »

L'usine d'Essen défend ses secrets au rayon infrarouge

Gustav Krupp se devait de donner l'exemple. Il pourra toujours écrire : « Aucune usine ne fut aussi durement touchée par le traité de Versailles que Krupp. » De fait la Commission de contrôle alliée s'était installée à Essen le 29 mai 1920 ; elle y restera six ans. Son programme consistait en la mise au rebut de 1 million d'outils, de 9 300 machines, d'un poids de 60 000 tonnes, et le nivellement de 100 000 mètres carrés de terrain. Tous ces travaux étaient aux

1. *Le 2e Bureau au travail (1935-1940)*, général Gauché, Amiot-Dumont, 1953.

frais de Krupp et devaient être effectués par des ouvriers allemands qu'il aurait à payer. Le chef de la Commission, le colonel Leverett, se proposait d'aller ensuite au chantier naval Krupp de Kiel « couler et démolir les quilles » de tous les navires de guerre. Mais avant toute destruction et en vertu de l'article 168 du traité, il commença par exiger qu'on lui remît le matériel de guerre existant, soit 1 million d'articles dont 159 pièces de campagne expérimentales. Les directeurs, que Krupp, absent, avait délégués, se récrièrent : il n'y avait pas tant d'obus et de canons dans toute l'Allemagne ! prétendirent-ils. Leverett décida alors de faire produire par les ateliers Krupp eux-mêmes les armes et les munitions dont le général Nollet, chef de la Commission de contrôle militaire interalliée à Berlin, lui avait remis la liste. Cette production fut envoyée à Nollet, qui, à mesure, l'envoyait à la casse.

Mais le maître d'Essen ne resta pas inactif. L'article 231 du traité le classait parmi les nuisibles comme le Kronprinz Rupprecht, les amiraux von Tirpitz et Scheer, les maréchaux Hindenburg, Ludendorff, le général von Kluck dont les « activités illégales » avaient ébranlé l'Europe. Dès la paix de Versailles, la presse internationale afflua à Essen, la ville maudite, et les gens de la Gusstahlfabrik surent l'aveugler. Le *Manchester Guardian* donnait le ton : « La paix prend sa revanche chez Krupp. On peut affirmer sans hésiter, après une visite chez Krupp, que tout ce qui a un rapport avec l'industrie de guerre a été mis au rebut. » La *Review of Reviews* abondait dans le même sens : « Seule une enceinte ridiculement petite dans un coin d'un grand atelier peut désormais être consacrée à la fabrication des pièces d'artillerie. » Et le *Living-Age* renchérissait : « Le bilan 1919-1920 de Krupp contient les paroles mémorables qui suivent : “Au cours de cette année et pour la première fois depuis deux générations, les usines Krupp, obéissant aux dispositions du traité de Versailles, n'ont produit aucun matériel de guerre.” »

Krupp s'était mis, en effet, à fabriquer de la quincaillerie, des locomotives, des automobiles. Mais Wirth, chef du gouvernement de ces années-là, écrira plus tard à Gustav qu'il se souvenait :

> « avec satisfaction des années entre 1920 et 1923 quand, avec le directeur (de chez Krupp) docteur (Otto) Wiedfeldt, nous avons pu jeter ensemble les nouvelles bases du développement de la technique de l'armement allemand au moyen de votre grande et très importante firme. Herr Reich President von Hindenburg... en avait été informé. Sa réaction fut également très estimable bien qu'à ce jour rien de tout cela n'eût été révélé au public. J'écris également ces lignes pour les ajouter à nos dossiers qui contiennent déjà la... lettre du docteur Wiedfeldt de 1921, déclarant que votre firme très honorée était assurée de dix années de travail pour le gouvernement grâce à mon initiative en tant que chancelier et ministre des Finances du Reich de faire verser par le Reich des sommes considérables pour la préservation de la technique de l'armement allemand ».

Des journalistes visitèrent, à l'époque, les usines sous la conduite du directeur Georg Karl Friedrich Baur qui leur dit :

— Le passé de l'Allemagne est enfoui ici et l'avenir de l'Allemagne s'y cache aussi, dans ces vieux hauts fourneaux que vous voyez là.

Nous verrons plus loin en quoi le sous-entendu de Baur était d'une ironie sinistre. A l'issue de la visite, les journalistes, enthousiastes et crédules, avaient été invités à un repas, offert par Gustav, à la cantine Krupp. Pendant qu'ils se restauraient, un rayon infrarouge fut braqué sur leurs appareils photographiques et aucun film ne put être développé.

Dès 1921 figuraient parmi les tout derniers brevets de Krupp 26 systèmes de contrôle d'artillerie, 18 de contrôle de tir électrique, 9 traitant des fusées et des obus, 17 des canons de campagne, 14 de canons lourds. La presse, alertée, ne publia rien. Depuis 1919 et le traité de Versailles, l'air du temps était à la paix à tout prix.

La Prusse monstrueuse du rapport Dupont

En 1921, toujours, le général Dupont, alors président de la Commission internationale des frontières de Pologne et haut-commissaire des frontières de Dantzig, adressa au maréchal Foch, le 15 avril, un rapport, dont voici quelques conclusions :

> « Le bloc germanique, né de la révolution du 9 novembre 1918, aujourd'hui encore en travail de refroidissement, va se présenter très vite comme une œuvre achevée et homogène.
>
> Libérée, l'Allemagne représentera, au centre de l'Europe, une masse compacte redoutable.
>
> L'Autriche ne manquera pas de se souder à elle dans un délai plus ou moins long. Nous l'avons, en effet, laissée beaucoup trop faible pour qu'elle puisse vivre isolée au milieu des nations nouvelles ne pouvant oublier ce qu'elles en auront souffert.
>
> S'il est vrai qu'aucune disposition écrite n'aurait pu empêcher à perpétuité une Allemagne disloquée de se reconstituer, les traités de 1919 ne font rien pour assurer à cette échéance un délai qui aurait au moins donné un peu de répit.
>
> Quelque paradoxale qu'au lendemain de sa défaite cette conclusion paraisse, l'Allemagne va sortir de la fournaise avec des éléments de puissance supérieurs à tous ceux qu'elle a jamais possédés.
>
> Disposant de tous ses moyens de production intacts, d'une population énergique, travailleuse, disciplinée, prolifique, elle se relèvera facilement et se débarrassera rapidement des charges que les traités lui imposent.
>
> Si nous sommes optimistes, nous pouvons penser que dans trente ans, cinquante ans peut-être, c'est-à-dire un moment dans la vie des nations, ayant repris le travail d'expansion économique prodigieux qu'elle avait accompli avant la guerre de 1914, elle dominera l'Europe pacifiquement et ne manquera pas de lui dicter ses lois.
>
> Je n'opte pas, quant à moi, pour cette solution optimiste. J'ai la

conviction que l'Allemagne, qui va renaître de ce cataclysme, sera une Prusse agrandie et monstrueuse.

Les divisions inévitables des Alliés, le caractère essentiellement temporaire de leur contrôle permettront le développement du travail de prussification.

La vieille Prusse rageuse, assoiffée de vengeance, arrivera facilement à convaincre le peuple allemand tout entier que l'Allemagne n'a pas voulu la guerre, qu'elle n'a jamais été battue et que ses soldats invincibles ont déposé volontairement leurs armes par grandeur d'âme quand fut réalisé leur idéal symbolisé par les conditions de paix du président Wilson.

Bien mieux, ils accuseront tous les peuples de l'Entente d'avoir trahi leur confiance.

L'application du traité est déjà de plus en plus ralentie. Les ministres font ouvertement campagne contre lui au cours de leurs tournées dans tout l'Empire.

L'Allemagne prussienne va vite se chercher un maître. La Constitution le lui permet sans qu'elle ait à se payer le luxe d'une révolution.

L'élection au suffrage universel du président du Reich lui en donne l'occasion. Ce ne sera peut-être pas la prochaine élection, c'est encore trop tôt, mais sans doute la suivante.

Si ce n'est pas un Hohenzollern que choisit cette Allemagne, ce sera un rapace du même genre.

Malheur à ceux de ses voisins qui n'auront pas suivi ses transformations, qui, lassés par les efforts gigantesques de ces dernières années, épuisés par leurs pertes et leurs souffrances, absorbés par des luttes politiques, économiques intestines, n'auront pas conservé leur puissance militaire et le faible gage donné par le traité.

L'Allemagne prussienne commencera-t-elle par la Pologne ou par la Tchécoslovaquie, dans ces pays où de nombreux éléments restés au-delà des frontières auront su entretenir le désordre et préparer l'intervention ?

Ayant, par l'annexion fatale de l'Autriche, retrouvé une frontière commune avec l'Italie, l'attrait magique de ce pays les engagera-t-il à renouveler leurs entreprises séculaires dans la vallée du Pô sans avoir attendu d'avoir d'abord satisfait leur rancune plus directe ?

Est-ce le Rhin qui les verra de nouveau s'épancher au-delà de ses bords occidentaux ?

C'est le secret du destin.

Cela dépend des résistances possibles de l'adversaire à choisir[2]. »

La pauvre Maison du général Merson

Au moment de ce rapport Dupont, où en était le SR français ? En 1919, « il revêtait un caractère mondial qui mettait en œuvre un

2. Au bas de cette page 224 de la dactylographie de ses Mémoires, le général Dupont rajouta de sa main : « Cinq ans après avoir écrit ce rapport, je ne vois rien à en retrancher ni à y ajouter. Puissions-nous, nos enfants, après nous, puissent-ils avoir l'énergie et la volonté d'arrêter à temps cette nouvelle invasion ! 20 décembre 1926. »

nombre impressionnant d'hommes et de postes »[3]. A la paix, il fallut bien céder le pas à la diplomatie, se limiter. Vers la fin de 1920, le colonel Lainey fut nommé à la tête du SR ; c'était un battant, un imaginatif. Il sut conserver l'infrastructure internationale de son service en remplaçant les antennes estimées trop nombreuses et coûteuses par des postes au sein des missions françaises de tous ordres. Voici décrits par le général Merson, qui eut à les diriger, les services spéciaux des années 1921 à 1932[4] :

« La Maison, 1921-1928

Le Président m'a demandé un organigramme de la Maison telle que je l'ai connue. Ce terme, d'une si élégante actualité, est sans doute un peu ambitieux pour définir quelque chose d'aussi pauvre. Essayons tout de même.

LES MOYENS :

— 1 chef,

— 17 officiers dont chacun a le rendement de trois types ordinaires,

— 2 sous-officiers

— 2 civils (1 juriste, 1 technicien),

— 2 plantons,

— 4 dactylos du cadre officiel,

— notre concierge qui filtrait les visiteurs avec une remarquable astuce,

— ma secrétaire qui me rendit les services d'un excellent officier d'état-major[5].

Matériel :

— une voiture,

— un appareil de reproduction appelé Photo-Stat. Débit : un exemplaire toutes les minutes et demie.

— un récepteur radio très volumineux,

— trois semblables pour les trois grands postes sur l'Allemagne,

— quelques ER 17 confiés à certains agents et certaines antennes.

Faible moyen d'action.

Budget :

10 millions par an qu'il fallait mendier au rapporteur général du budget, M. Calary de Lamazières, un fort aimable homme.

En outre, un gros reliquat d'argent de la guerre 14-18, que Lainey avait placé, donnait un revenu appréciable.

Locaux :

3. Bulletins de l'Amicale des anciens des services spéciaux de la Défense nationale.

4. Bulletin n° 88 de l'Amicale des anciens des services spéciaux (4e trimestre 1975). Le général Merson avait rédigé ce texte peu avant sa mort.

5. Mlle Lucienne Quercy qui, de 1923 à 1967, sera la collaboratrice des chefs SR, même dans la clandestinité de 1942 à 1944, et secondera après la guerre, au SDECE, le commandant Trautmann (voir plus loin SR marine).

Une maison située au 75 de la rue de l'Université, attenante au ministère de la Guerre. Les bureaux étaient misérables, presque sordides.

L'ORGANISATION :

Solide et souple ; vaste aussi malgré l'indigence des moyens. C'était l'œuvre du colonel Lainey, à qui nous devons cet hommage. Cet homme avisé, dynamique, astucieux, n'était jamais si content que lorsqu'en présence d'un obstacle il pouvait dire : « On va lutter. » Il eut aussi le mérite d'établir des relations cordiales et utiles avec des services anglais, belges, voire suisses et espagnols. Enfin, c'est lui qui inventa Rivet[6].

Deux sections :

Section de renseignements (SR) et SCR (section de centralisation des renseignements, qui n'était autre que le contre-espionnage).

Lainey coiffait les deux sections ; j'étais chef de la SR. Lainey fut atteint dès 1922 de la grave maladie qui devait l'emporter et je dirigeai le service pendant trois ans[7].

Section des renseignements :

— section administrative (personnel, matériel et caisse),

— section allemande,

— section russe,

— section italienne couvrant la Méditerranée, le Proche et Moyen-Orient,

— section anglaise couvrant l'Empire britannique et le reste,

— section MG (matériel de guerre) explorant les armements dans le monde.

Contre-espionnage :

Trois officiers travaillaient en liaison avec la Sûreté dont le directeur, M. Marlier, avait constitué une brigade spécialisée : le commissaire principal Ducloux, avec dix inspecteurs triés sur le volet. L'entente était parfaite.

Un téléphone direct, soi-disant à l'abri des écoutes, reliait mon bureau à celui de M. Marlier.

A l'extérieur :

— sur l'Allemagne : trois postes bien outillés à Aix-la-Chapelle (Mangès), Mayence (Schultz), Strasbourg (Kölz, puis Roux), splendidement dirigés ;

— sur l'URSS : un poste à Varsovie (avec Rivet), des antennes à Bucarest et Istanbul ;

— sur l'Italie : deux postes à Nice et Chambéry.

Des antennes disséminées sur la planète.

Au total une quarantaine d'officiers sous différentes couvertures.

Le Quai d'Orsay nous abritait, non sans appréhension, dans une dizaine de consulats.

Ayant constaté un vide sur la mappemonde, je créai un service d'Extrême-Orient, avec la complicité des Messageries maritimes. Le chef était installé à Singapour et travaillait surtout sur le Japon, mais essaimait sur tout le Pacifique.

---

6. Voir plus loin.
7. Jean Merson était alors colonel.

Nous avions partout dans le monde un grand nombre d'honorables correspondants.

FONCTIONNEMENT :

Officiellement, les deux sections SR et SCR dépendaient du 2e Bureau de l'état-major de l'armée. Pratiquement nous ne dépendions de personne. Nous ne recevions ni ordres ni instructions de quiconque.

Le chef des sections avait accès auprès du sous-chef d'état-major et du chef d'état-major de l'armée, parfois auprès du ministre. J'accédais au bureau de M. Maginot par un dédale de couloirs et un escalier dérobé.

Les papiers que Lainey ou moi ne croyions pas pouvoir signer étaient également soumis à la signature du sous-chef d'état-major, général Maurin, puis général Hergault, qui nous soutenaient toujours efficacement.

Il n'existait pas de plan de recherche. Nous avions établi nous-mêmes un ordre d'urgence.

Faute d'ordres, nous recevions de nombreuses demandes de toute origine. M. Poincaré nous chargea d'une enquête du genre contre-espionnage. M. Barthou, ministre des Affaires étrangères, me demanda une petite équipe pour l'accompagner dans une conférence internationale qui se tenait à Gênes.

L'air, qui n'avait pas de SR, s'adressait à nous. Le SR marine était si pauvre qu'il nous appelait à l'aide ; il s'intéressait surtout à la Royal Navy.

La section du chiffre nous demandait des codes étrangers, le génie des renseignements sur les équipages de ponts allemands, le service des poudres des informations d'ordre chimique, etc.

Nous choisissions pour diriger les postes et les antennes des officiers capables d'initiatives raisonnables. Ils recevaient parfois une « note d'orientation ».

La répartition des fonds était faite très soigneusement d'après les urgences et modifiée selon les circonstances internationales. »

En URSS comme en Suède, Krupp fabrique le IIIe Reich

« Au regard des hommes du SR, la guerre continuait[8]. » Ils suivaient, jour après jour, année après année, l'évolution du militarisme allemand, tel que l'avait prévu, entre autres techniciens du renseignement, le général Dupont. Dès 1926, en fait, il ne manquait plus aux informations que le nom d'Hitler.

Dans le même temps les barons de la Ruhr, menés par Carl Duisberg (I.G. Farben) et Thyssen, écoutaient Hugenberg, l'ancien

8. Bulletins de l'Amicale des anciens des services spéciaux.

directeur d'Essen, resté proche de Krupp et devenu chef du parti du peuple, mais ils en étaient encore à soutenir von Papen et von Schleicher. Ce dernier, ancien officier d'état-major de Ludendorff, devait devenir ministre de la Reichwehr, puis chancelier de la république de Weimar. Après le traité germano-soviétique de Rapallo (16 avril 1922), qui rétablissait les relations diplomatiques et économiques officielles entre les deux pays, il négociera avec les envoyés de Moscou l'installation d'usines en URSS.

Assisté du général von Seekt et de Friedrich Wilhelm von Bülow, représentant Krupp, il avait accueilli à cet effet dans son appartement berlinois Radek, adjoint principal de Trotski. L'accord qu'ils avaient signé, et qui sera appliqué jusqu'en 1935 et au-delà, permettait aux techniciens d'Essen de superviser dans l'Oural et aux usines Poutilov de Leningrad la production d'armes et de munitions des Soviétiques. Moscou fournit même aux Allemands des terrains de tir, des instructeurs pour leurs pilotes de chasse et leurs parachutistes.

Dès 1921, Krupp avait installé à Berlin ses vingt meilleurs ingénieurs-dessinateurs d'artillerie. Sur l'une des plaques de cuivre, à l'entrée d'un immeuble, proche du Bureau d'inspection des armes et du matériel du général von Seekt, on pouvait lire : « Koch und Kienzle (E). Primus Palast, 4 Postdamer Platz ». La lettre E signifiait « développement ». Là furent mis au point huit types de canons lourds, d'obusiers et de canons légers de campagne, un nouveau mortier de 21 centimètres et tous les types de chars que les ingénieurs de « Koch und Kienzle » dénommaient « tracteurs agricoles ».

En 1922, von Seekt, à quatre ans de son départ à la retraite, se rendit à Kiel, en compagnie de l'amiral Paul Behncke, pour conclure avec Krupp le contrat secret du 25 janvier 1922, au nom de la république de Weimar. Ce contrat de coopération effective entre le ministère de la Reichwehr et Essen visait à « circonvenir et par conséquent à supprimer les clauses du traité de Versailles qui étouffent la liberté militaire de l'Allemagne ».

A la signature de ces dispositions clandestines, Krupp avait déjà pris de l'avance. Le 1er avril 1921, en effet, Daur, son ingénieur en chef de la production, était parti pour la Suède, à la suite d'un échange de brevets et de licences contre des parts de l'aciérie Aktielbolager Bofors. Et dès 1922 Bofors sortait un canon, mis au point pendant la guerre à Essen, le 75 millimètres L. 20, une arme de montagne. Les Hollandais en achetèrent aussitôt pour leur armée des Indes orientales. De 1922 à 1926, Krupp se réjouit de la production de Bofors qui lui fabriqua « les modèles les plus récents de canons lourds, des chars armés d'une mitrailleuse capable de tirer mille salves par minute, des canons antiaériens, des bombes à gaz et bien d'autres choses ».

Stockholm finit par s'inquiéter et le Parlement vota, en 1929, une loi interdisant les participations étrangères dans les usines d'armement suédoises. Les hommes de loi de Krupp fondèrent alors une société des actionnaires de Bofors. D'autre part, depuis 1922, Krupp avait fondé en Hollande une société holding, Siderius, pour trois chantiers navals néerlandais. Le complexe était centré sur La Haye où s'étaient installés 40 ingénieurs d'Essen. Krupp savait que l'opération violait les articles 168, 170 et 179 du traité de Versailles, « mais il faut courir ce risque — disait-il — si l'on veut poursuivre la construction des U-Boot ». Des sous-marins, il en construisait aussi en Finlande, du U-1 au U-24, pesant 240 tonnes. Et en Espagne, à Cadix, il mit au point l'U-Boot de 740 tonnes, le prototype des U-25 et U-26 du IIIe Reich. Les postes SR français d'Allemagne et du nord de l'Europe, ainsi que l'Intelligence Service, mirent des années à détecter les manœuvres de Krupp, et l'ensemble de son dispositif industriel illicite ne fut découvert qu'en 1926.

La Reichwehr était plus transparente. Le commandant Louis Rivet, en poste à l'ambassade de France à Berlin, de 1924 à 1926, avait pu rédiger plusieurs rapports sur les anciens du Nachrichtenburö ou Nachrichtendienst qui préparaient l'avenir et le disaient. Des états-majors secrets s'étaient constitués au sein de l'Administration et parmi les nombreuses organisations paramilitaires ou d'anciens combattants, que protégeait le conseiller politique de Krupp, Hugenberg, futur ministre d'Hitler. Rivet localisa aussi l'ancien chef des services, le colonel Nicolaï, qui faisait alors « une croisière » au Brésil avant de prospecter la Chine et le Japon.

Nicolaï (soixante-treize ans en 1945) se réfugiera en URSS pour fuir les Alliés et l'on ne saura plus rien de ce fanatique du SR qui disait : « *Der Nachrichtendienst ist ein Herrendienst* » (Le service de renseignements est un service de seigneurs). Sous le nazisme, il sera l'homme de confiance de von Ribbentrop aux Affaires étrangères. Il créera le SR turc, coopérera avec les Japonais et servira Heydrich puis Martin Bormann. Le rapport du commandant Rivet consacré à Nicolaï, en 1926, révélait que son adjoint, le colonel Gempp, dirigeait à la Reichwehr une section des statistiques où un groupe de cinq ou six officiers, anciens du SR impérial, apparaissait sous une petite rubrique, intitulée Abwehr (Défense). Telle était la nouvelle appellation du Nachrichtendienst. Le sens de ce camouflage échappa à l'état-major du ministère de la Guerre, boulevard Saint-Germain.

La « stupide et splendide lutte » du SR de Rivet

Rivet n'en avait pas fini avec les inconséquences des autorités militaires et civiles. En 1945, alors qu'il venait de quitter l'armée, avec le grade de général, il pouvait parler de la « stupide et splendide lutte[9] » de tous ceux du « 2e Bureau », comme l'on dit à tort, contre la puissante Abwehr.

Louis Rivet était venu sur le tard au renseignement. Sorti de l'école d'officiers de Saint-Maixent en 1909, grand blessé dès 1914, fait prisonnier, il dut se soigner, en captivité, pendant toute la guerre. En 1919, à trente-six ans, il fut affecté au SR et partit pour la Pologne, en 1920, avec la mission Weygand. Parmi les officiers qui assistèrent l'état-major de Pilsudski et se battirent contre l'armée rouge, il fréquenta des futurs compagnons de SR, Josset, Trutat et le capitaine de chasseurs Charles de Gaulle.

Après la défaite soviétique, sanctionnée par la paix de Riga, Rivet fut nommé au SR d'Aix-la-Chapelle, puis rappelé en Pologne. En janvier 1922 et jusqu'en juin 1926, Charles-Édouard Dupont s'installait, lui aussi, à Varsovie, avec le rang de général commandant le corps d'armée, le titre de chef de la mission militaire et la charge de réorganiser l'armée polonaise.

Dans son rapport au maréchal Foch et au ministre de la Guerre, rapport n° 136, du 17 mai 1926, un mois avant de prendre sa retraite (à soixante-deux ans), le général Dupont écrivait : « De longtemps et tant que Pilsudski ne sera pas disparu, la situation ne s'améliorera pas et nous ne devons pas faire grand fond de l'armée polonaise. » Mais cette armée disposait d'un service de renseignements de grande qualité, l'Exsposytura, et son Biuro Szyfrow (Bureau du chiffre) était considéré par les spécialistes de la cryptographie comme exceptionnel. Rivet s'en souviendra quand il aura à contrôler une partie de l'opération Enigma, en 1931. Entre-temps, sa carrière l'aura mené à Berlin où, nous l'avons vu, il assura à la naissance de l'Abwehr, à Belfort, puis à la direction du Bureau d'études du Nord-Est (BENE), le poste SR de Lille, qui rayonnait sur la Belgique, l'Allemagne du Nord et la Hollande. Tel était Rivet, bientôt lieutenant-colonel, au début des années 30. Le colonel Paillole dira de lui : « Il avait gravi tous les échelons et, sur le plan de la technicité, c'était l'homme le plus souple que j'aie jamais rencontré. Un vrai patron, d'une haute intégrité morale, la plume délicate. Un personnage très fin, bref un patron de service comme on n'en trouve plus de nos jours. Et surtout, il savait "pétrir la pâte" : résoudre les vrais problèmes humains qui se posent à l'officier traitant[10]. » Quand le capitaine Paillole arriva, à trente ans, au SR, en novembre 1935, il trouva à celui qui allait marquer sa formation et son existence — ce sont ses mots — « une émouvante simplicité : le visage, fin et distingué, est encore jeune, malgré une calvitie prononcée. La voix grave est calme et apaisante ».

---

9. L'expression se trouve dans sa lettre du 16 décembre 1946 au colonel Paillole, son adjoint pendant dix ans, pour le remercier de son premier travail historique sur les services spéciaux de la Défense nationale. Le colonel Paillole reproduisit cette lettre dans *Services spéciaux, 1935-1945*, Robert Laffont, 1975.

10. Propos recueillis par Roger Faligot, auteur, avec Rémi Kauffer, d'une *Histoire mondiale du renseignement* (tome I, 1870-1939, Robert Laffont, 1993), ouvrage très documenté.

En 1935, Rivet laissa la direction du poste de Lille au commandant Darbou pour regagner Paris avec la fonction d'adjoint au chef du SR, le colonel Roux. A la tête de la Centrale s'étaient succédé, depuis la fin de la guerre, les colonels Bouvard (1918-1922), Lainey (1923-1928), avec Merson en intérim les deux dernières années ; vinrent ensuite les colonels Laurent (1929-1932) et Roux que Rivet remplaça en juin 1936[11].

La Centrale du 2 *bis*

La Centrale était installée, depuis 1933, 2 *bis*, avenue de Tourville, dans une annexe (démolie en 1973) de l'hôtel des Invalides. Ses effectifs, 25 officiers, 20 sous-officiers, 30 fonctionnaires civils, n'avaient pas augmenté alors que l'organisation du SR s'était, elle, complexifiée. Rivet dirigeait lui-même la « recherche du renseignement », tandis que le contre-espionnage (CE) ou section de centralisation des renseignements, SCR, dépendit jusqu'en 1936 du commandant Grosjean. Le lieutenant-colonel Guy Schlesser, assisté du capitaine Paillole, s'emploiera par la suite à transformer la SCR en service de contre-espionnage « total », comme nous le verrons plus loin. Au moment de la mobilisation, SR et CE deviendront, comme prévu de longue date, le « 5e Bureau ».

La recherche du renseignement se subdivisait en quatre sections : la section allemande, la plus importante, fut dirigée jusqu'en 1937 par le commandant Perruche, puis par le commandant Navarre ; la section Midi par les commandants Curet puis Le Troter ; la section russe par le commandant Josset, et celle du matériel de guerre par le commandant Brochu. Rattachés à la Centrale, appelée aussi SR guerre, on trouvait encore deux services spécifiques : le SR air et le SR marine.

Le SR air naquit en 1933-1934 grâce au colonel Georges Ronin, un de ces as des premiers grands vols qui avait établi, pour sa part et dès 1913, la liaison Bordeaux-les Antilles. Deux de ses aviateurs, le capitaine André Sérot et le lieutenant Paul Stehlin, avaient en charge de surveiller le plan de réarmement de la Luftwaffe. Stehlin poursuivit son activité quand il fut nommé attaché d'ambassade à Berlin et Sérot, de son côté, créa un réseau dans les bureaux d'études d'Heinkel et de Messerschmitt. Le colonel Ronin orienta son SR vers le renseignement photographique. Roger Henrard et son mécanicien Pierre Wartelle, à bord d'un monomoteur Farman 402, exécutèrent 11 missions au-dessus de l'Allemagne et

11. Pour l'histoire du SR, le général Henri Navarre, qui s'y distingua avec le grade de commandant, a écrit le guide le plus sûr : *Le Service de renseignements, 1871-1944*, Henri Navarre et un groupe d'anciens membres du SR, Plon, 1978.

prirent 3 600 clichés, grâce au procédé de photographie aérienne automatique du fabricant français Richard Labrély. D'autres pilotes suivirent : Léon Challe, James Hennessy, Hoen, Bois et Ridray. A bord d'un prototype Potez 540, les capitaines Badré et Laurent effectuèrent des raids photo au-dessus des Alpes, sur la plaine du Pô et jusqu'en Sardaigne. En 1939, Henrard et Roger Gérard, un de 14, sillonnèrent, à bord de deux Loockheed, le ciel de l'Allemagne, de l'Autriche et de la Méditerranée. Certains de leurs clichés servirent aux bombardements pendant la Seconde Guerre mondiale. De septembre 1939 à juin 1940, le colonel Ronin se fit remplacer au SR par le colonel Ferrand et prit le commandement de la 11e escadrille de bombardiers[12].

Le SR marine, dirigé par les capitaines de vaisseau Samson puis Chevalier, était peu étoffé mais développa ses moyens électroniques et son réseau d'attachés navals dans les ambassades. D'autres officiers de marine s'intégrèrent à des postes SR importants, à Metz et Strasbourg, ou créèrent des postes autonomes, à Nice, Saint-Jean-de-Luz, Dunkerque, Tunis et Alger. Parmi ces officiers d'un SR naval qui s'illustrera pendant la guerre, le capitaine de vaisseau Henri Trautmann, surnommé « l'Amiral », devint une figure des services spéciaux et après 1945 l'un des patrons du SDECE.

La Centrale du 2 *bis*, avenue de Tourville disposait de cinq postes territoriaux. Le Bureau d'études du Nord-Est, BENE, à Lille, dirigé par le commandant Darbou, opérait sur l'Allemagne à travers la Belgique et la Hollande, avec des antennes à Anvers, Rotterdam et, à partir de 1937, La Haye, où se trouvait le capitaine Trutat.

Le Bureau régional d'études militaires, BREM, à Metz, eut pour chefs les colonels Mangès, Kühnmünch puis le commandant du Crest de Villeneuve. Grâce à ses antennes à Luxembourg, Forbach et Thionville, le BREM agissait aussi et en direct sur la frontière franco-allemande. Le commandant Simoneau suivit à Metz son premier stage SR sous la conduite du capitaine Roger Lafont, futur colonel Verneuil, grand nom du SR des années de guerre puis du SDECE.

Le service des communications militaires, SCM, de Belfort, que dirigèrent le colonel Schultz puis le commandant Lombard, agissait en Allemagne par la ligne du Rhin et à travers la Suisse. Le SCM avait des antennes à Mulhouse, Bâle, Zurich et Saint-Louis. Strasbourg était une annexe importante (5 officiers à partir de 1938) et possédait une antenne à Haguenau.

Le Bureau d'études pyrénéennes (B.E.P.) fut créé en 1937 à Bayonne, suite à la guerre d'Espagne. A la mobilisation, il devait se transférer à Toulouse. Le lieutenant Lulé-Desjardins dirigeait le BEP avec six officiers des services spéciaux et deux officiers de marine.

---

12. D'après *Le SR air*, général Jean Bezy, France Empire, 1979.

Les accords Laval n'arrangent que l'Italie et la Cagoule

Depuis 1929, la section d'études régionales, SER, couvrait l'Italie, à partir de Marseille, avec des antennes à Nice et Chambéry. Le commandant Barbaro qui deviendra colonel en 1940 dirigeait cette SER Elle connut des années difficiles, à cause des accords Laval de 1935, conclus pour répliquer à l'Anschluss (1938), qu'on savait inévitable. Ces accords prévoyaient en effet une offensive des armées italienne, française et yougoslave en direction de Vienne et de Munich. Gamelin était venu à Rome se concerter avec Mussolini à ce sujet. Le général Parisot et son adjoint du SR, le capitaine Cattoire, présents lors de cet entretien, furent les seuls membres de l'ambassade de France à connaître les dispositions secrètes des accords Laval. Or l'une d'elles impliquait la mise en sommeil de la SER de Marseille et ses annexes, Nice et Chambéry. En contrepartie, le SIM (Servizio Informazioni Militari) s'engageait à fournir à la Centrale française des renseignements sur l'Autriche et l'Allemagne. Le capitaine Cattoire notait :

> « Rome, 30 janvier 1935
> Journée à marquer d'un caillou blanc dans les annales du poste de l'attaché militaire au palais Farnèse.
> Le général Roatta, chef du 2e Bureau italien, vient dans notre bureau établir les bases d'un échange de renseignements sur l'armée allemande.
> Rome, 31 janvier
> Départ du général, en liaison, pour Paris.
> Je me souviendrai longtemps de ma visite au ministère de la Guerre italien pour « requérir » du général Roatta la synthèse de renseignements que sur l'ordre du maréchal Badoglio il nous avait promise la veille.
> Le général Parisot m'avait donné rendez-vous à la gare où je devais lui remettre le document qu'il emporterait à Paris comme gage de la volonté de collaboration italienne.
> Une demi-heure avant le départ du train, je me trouvais encore dans le bureau du général Roatta qui, les gouttes de sueur lui perlant au front, mettait fébrilement la dernière main à son papier.
> Quelles devaient être à ce moment les pensées de cet homme qui avait jusque-là travaillé contre nous, et que l'on contraignait brusquement à collaborer avec les ennemis de la veille ? »

Les contacts se multipliaient et, en août 1935, le lieutenant-colonel Gauché, bientôt colonel et chef du 2e Bureau, concluait ainsi le compte rendu de sa mission à Rome :

« Dans le domaine du renseignement sur l'Allemagne, l'état-major italien désire plus qu'une liaison mais une collaboration. Pour l'exécution de ce travail il a manifesté de la hâte. Pour le moment il a un gros retard à rattraper et il a beaucoup à apprendre de nous. »

En 1936, le général Parisot suivit de près les préparatifs du corps expéditionnaire que Mussolini allait lancer à la conquête de l'Éthiopie et la formation d'unités de Chemises noires, destinées à combattre comme volontaires en Espagne. L'attaché militaire surveilla même l'embarquement de ces troupes dont le général Roatta prit le commandement. Son successeur aux services spéciaux, le colonel de carabiniers Santo Emmanuele, maintint les relations entre le SIM, le général Parisot et le SR français. Puis, à la fin de 1936, le colonel Rivet tint à rencontrer Santo Emmanuele. De cette entrevue de Viareggio, le 28 décembre 1936, à laquelle il participait, le capitaine Cattoire dit qu'elle permit au moins « de dégager le terrain de tous les petits malentendus qui l'encombraient. Emmanuele nous a de plus, très nettement et très franchement, exposé le point de vue de l'Italie et sa position par rapport aux différentes puissances ». Cattoire ajoutait : « Quant à l'ambiance, disons qu'elle fut correcte, sans plus, la cordialité n'y étant plus. »

Rivet avait, en fait, et dès sa nomination à la tête de la Centrale, en juin 1936, fait reprendre la surveillance de l'Italie par la SER de Marseille dont les annexes furent même augmentées du poste d'Annemasse. L'annexe de Nice toutefois se ressentait des effets des accords Laval. Son chef, le capitaine Beaune, qui était très lié au groupe action de la Cagoule qu'avait constitué, à Nice, Joseph Darnand, l'un des meneurs de CSAR (Comité secret d'action révolutionnaire) d'Eugène Deloncle, avait profité de la courte période de collaboration des services spéciaux pour devenir intermédiaire entre l'antenne du SIM de Turin, dirigée par le commandement Roberto Navale, et les hommes de Darnand, auxquels l'Italie fournissait des armes. Le colonel Santo Emmanuele avait, en effet, reçu des ordres : il devait préparer en France et en Espagne des sabotages et l'élimination de républicains espagnols ou d'opposants italiens au fascisme. L'assassinat le plus spectaculaire et qui provoqua, par réaction, l'arrestation d'un certain nombre de cagoulards de Deloncle fut celui des frères Carlo et Nello Rosselli, en juin 1937, près de Bagnoles-de-l'Orne, en Normandie.

A la Centrale du 2 *bis*, Rivet et les responsables du contre-espionnage Schlesser et Paillole s'inquiétèrent. Le lieutenant-colonel Schlesser descendit inspecter la SER de Marseille et son annexe de Nice, et il réunit assez de présomptions contre le capitaine Beaune pour lui retirer son commandement et l'envoyer à l'étranger. Pendant la guerre, Beaune entrera dans la milice de Darnand. Le commandant Barbaro, après son stage en garnison, reprit la direction de la SER et nomma le capitaine Henri Giscard d'Estaing à l'annexe de Nice. A la Centrale on put plaisanter à nouveau : « Quand Mussolini veut savoir où se trouve un de ses régiments, il téléphone à Barbaro. » La SER deviendra, en 1941, un poste-clé.

Le contre-espionnage de Schlesser prend force de loi

Voilà pour le SR. Quant à la SCR, le lieutenant-colonel Schlesser et son adjoint, le capitaine Paillole, tentèrent de la réorganiser selon les principes d'un contre-espionnage « total » :

« 1. Pénétrer l'ennemi pour le connaître et surprendre ses intentions. Ce sera le rôle de ce que nous appellerons le contre-espionnage offensif. Il nourrira nos études et synthèses ; orientera la défense.

2. Construire un appareil de protection à l'épreuve des procédés et des moyens de l'ennemi. Ce sera le rôle du contre-espionnage défensif, dans ses aspects préventifs et répressifs. Cela impliquera la définition préalable du secret de la Défense nationale, la refonte de la législation sur l'espionnage.

3. Tromper l'ennemi avec un plan cohérent d'intoxication que le CE offensif devra mettre en œuvre[13]. »

Les « années Schlesser » à la SCR seront marquées par des mesures législatives : le 9 mars 1937, le ministre de l'Intérieur créait par décret dix brigades ou commissariats de surveillance du territoire, « rideau défensif qui permet en 1937 de tripler le nombre des arrestations pour espionnage (153 au lieu de 40 les années antérieures). Ainsi s'établit entre services spéciaux de la Défense nationale et de la surveillance du territoire, entre « la recherche en profondeur » et « l'exploitation », une liaison intime, confiante et fructueuse. A de rares exceptions près, elle se poursuivra pendant l'occupation de la France. Elle sera la cheville ouvrière de la sécurité en Afrique du Nord et dans les zones d'opérations des armées françaises et alliées » (Paul Paillole).

Autres mesures importantes : les deux décrets-lois, 17 juin 1938, 29 juillet 1939, qui introduisaient dans le Code pénal la notion de secret Défense nationale. Furent désormais considérés comme secrets « les renseignements ou documents d'ordre militaire, diplomatique ou industriel qui, par leur nature, ne doivent être connus que des personnes qualifiées pour les détenir et doivent dans l'intérêt de la Défense nationale être tenus secrets à l'égard de toute autre personne ».

La divulgation des secrets-Défense devenait une trahison si l'auteur était français, de l'espionnage si l'auteur était étranger ; dans ces deux cas, le crime était puni de mort.

La SCR fut elle-même réformée.

Le contre-espionnage comprenait jusqu'alors quatre sections : la section Allemagne qui fut dirigée par les capitaines Paillole, de 1935 à 1937, puis Bonnefous la section Italie sous l'autorité des capitaines Ollé-Laprune puis Brun la section des archives et fichier que commandèrent MM. Granier et Piroulas, et enfin la section de la propagande révolutionnaire, qui rattachée au cabinet du ministre de la Guerre échappait au contrôle de la SCR. L'équipe Schlesser-Paillole, favorisée en toute circonstance par Rivet, créa deux nouvelles sections : la défense préventive au soin des capitaines de Vaux et Pommiès mise sur pied afin de « cadenasser le secret et protéger les points sensibles » (Paillole), et la section des interceptions spé-

13. *Services spéciaux, 1935-1945*, Paul Paillole, *op. cit.*

cialisées. Cette section-là, surnommée NEMO, était celle des postes d'écoute, installés en secret au 2 *bis*, avenue de Tourville. Dirigé par le capitaine André Cazin d'Honincthun et par son adjoint le lieutenant Joseph Lochard, le service NEMO interceptait les communications des ambassades, des étrangers, etc. Après 1940, NEMO deviendra la source K du commandant Simoneau. Cette section était commune au SR et à la SCR comme la section chimie-radio-photo, dite CRP, du capitaine Arnaud et la section du chiffre, dite section D, destinée à créer les codes spéciaux dont les services avaient besoin et à décrypter les chiffres ennemis. La section D était dirigée par le capitaine Gustave Bertrand, l'un des officiers traitants de H.E., notre plus grand espion chez Hitler[14], et qui fut à l'origine de l'affaire Enigma.

Le capitaine Bertrand et son adjoint le capitaine Louis cherchaient, depuis la fin de 1930, les méthodes de cryptologie qui permettraient au service du chiffre de l'état-major de l'Armée de percer le chiffrement mécanique de la Reichwehr. En mars 1931, au cours de la première des douze missions que, jusqu'en 1939, il effectuera en Pologne, Bertrand rencontra le colonel Stefan Meyer, chef de l'Exposytura (le SR polonais), le colonel Guido Langer, chef de la section R ou Biuro Szyfrow (Bureau du chiffre), et le responsable de la section allemande, Maximilian Ciezki. Le Biuro Szyfrow était alors réputé comme étant le meilleur du monde. Là, Langer et Ciezki montrèrent à Bertrand une machine à chiffrer allemande, Enigma. Sa version commerciale avait été un échec, mais selon les spécialistes polonais la Reichwehr en utilisait une version modifiée, depuis 1926. Enigma se présentait comme une espèce de machine à écrire électrique, munie de trois tambours à chiffrer. Un message chiffré sur une Enigma ne pouvait être décodé que par une autre Enigma, à condition qu'elle fût identique en tous points à la machine émettrice. Les décrypteurs polonais qui interceptaient les textes des Enigma de la Reichwehr depuis des années n'avaient jamais trouvé le moindre élément de réponse. Bertrand et les officiers du Biuro Szyfrow décidèrent d'échanger, à l'avenir, toutes leurs informations.

Hans Thilo Schmidt, espion par rancœur et pour beaucoup d'argent

Le 1er juillet 1931, au 2 *bis*, avenue de Tourville, le commandant Perruche et le capitaine Bertrand prirent connaissance de la lettre d'un certain Hans Thilo Schmidt, quarante-trois ans, qui

14. *Notre espion chez Hitler*, Robert Laffont, 1985, est le titre du document consacré à Hans Thilo Schmidt par Paul Paillole, témoin privilégié de toute l'affaire.

offrait ses services. Il proposait, dans un premier temps, de livrer les fiches techniques de l'Enigma en service depuis le 1er juin 1930. Schmidt travaillait comme cadre au service du chiffre, la Chiffrierstelle du ministère de la Guerre. Il avait obtenu cet emploi médiocre (500 Reichsmark, 6 000 francs environ) grâce à son frère, le lieutenant-colonel Rudolf Schmidt, futur directeur de la Kriegsakademie et général commandant, en 1937, la première division blindée de la Wehrmacht. Hans Thilo Schmidt était jaloux : n'était-il pas, comme Rudolf, un officier de 14-18 décoré de la Croix de fer ? Gazé, il était resté, à cause de cet handicap, deux ans au chômage avec une femme et deux enfants à charge, et ce, malgré son passé de combattant, le renom de sa famille et son métier de chimiste. Il trahissait donc par rancœur et pour avoir beaucoup d'argent.

Le 1er novembre 1931, l'homme à tout faire des services spéciaux français, Lemoine, dit Rex, rencontra et jaugea Hans Thilo Schmidt, au Grand Hôtel de Verviers en Belgique. Lemoine était un Allemand naturalisé depuis 1900 et marié à une Française dont il avait pris le nom. Maniaque de l'espionnage, il recrutait, manipulait, trafiquait pour le compte des Français depuis plus de vingt ans. Lemoine aimait la grande vie, s'en donnait les moyens par un affairisme que les services secrets facilitaient à l'occasion.

La semaine suivant leur premier entretien, le 8 novembre, toujours au Grand Hôtel de Verviers, Lemoine-Rex présenta au capitaine Bertrand, qui avait pris le pseudonyme de M. Barsac, Hans Thilo Schmidt, nouvel agent H.E. Lui-même se surnomma Asche, « cendre » en allemand. Bertrand était venu avec Bintz, le photographe du 2 *bis*, et il lui fallut examiner et reproduire en moins de cinq heures la livraison énorme de Schmidt, dont tous les documents portaient la mention Geheim (secret). Il y avait un organigramme de la Chiffrierstelle, un code de service radio, les messages chiffrés par Enigma, qui devaient être transmis par les ondes, une notice de chiffrement manuel avec clés, destinée à l'état-major de l'armée de terre, une étude sur les gaz toxiques (utilisation protection) que H.E. avait dérobée chez son frère, une note technique sur Enigma I, dérivée d'Enigma G, à connexions variables, et deux notes d'utilisation et de chiffrement de cette même Enigma I.

Dès son retour à Paris, Bertrand transmit sa documentation au colonel Bessières, chef du Bureau du chiffre, qui lui répondit, le 20 novembre, que son service n'avait ni assez d'éléments ni les moyens d'un travail utile sur Enigma. Avec l'accord de ses chefs, il s'adressa ensuite au commandeur Wilfred Dunderdale, le représentant de l'Intelligence Service, qui partit aussitôt consulter le chiffre anglais et revint découragé par Londres trois jours après. Bertrand expédia alors en Pologne ses dossiers par la valise diplomatique et les récupéra à l'ambassade de France à Varsovie où il arriva le 7 décembre 1931. Le 8, il vit Guido Langer et les gens du Biuro Szyfrow. Le 10, les Polonais, enthousiastes, lui annonçaient qu'ils étaient sûrs maintenant de reconstituer le mécanisme d'Enigma, mais qu'ils gagneraient des années de travail s'ils disposaient d'un ou de plusieurs tableaux mensuels de réglage journalier de la machine. Hans Thilo Schmidt alimenta en documents toute la recherche du Biuro Szyfrow qui dura huit ans.

Pendant ces huit années, outre le suivi des informations sur Enigma, l'agent H.E. prévint de tout et à temps : programme détaillé du réarmement de la future Wehrmacht, doctrine de l'emploi des grandes unités blindées, doctrine appelée la « Panzer-Schmidt » parce que Rudolf l'enseignait à la Kriegsakademie. H.E. annoncera la nuit des longs couteaux du 1er juillet 1934, la réalisation voulue par Goering et sous deux ans d'une Luftwaffe de 1 600 appareils, l'occupation de la Rhénanie, l'Anschluss, l'invasion de la Tchécoslovaquie, de la Pologne et enfin, dès le 10 mars 1940, la probabilité de ce qui sera, deux mois plus tard, l'offensive von Runstedt-Guderian sur l'axe Sedan-Saint-Quentin-Abbeville.

Hans Thilo Schmidt, membre du parti nazi depuis 1932, comptait parmi ses relations politiques et professionnelles Gottfried Schapper, l'un des fondateurs du Forschungsamt (office de recherche) spécialisé dans les écoutes radio, téléphoniques et radiogoniométriques qui avaient pour but de repérer les émissions clandestines, les interceptions des communications aériennes ou télégraphiques par câble, le contrôle des télex, du courrier et enfin la pose de micros dans les endroits désignés par Hermann Goering, le maréchal de la Prusse, ministre des Transports. Pourquoi Goering ? Parce que Hitler se méfiait autant d'Heydrich et de son Sicherheitsdienst, le SD, service de sécurité du parti nazi, que de l'amiral Canaris et de son Abwehr.

Rien n'échappait au gigantesque Forschungsamt, créé le 10 avril 1933, et à ses 1 500 techniciens qui devinrent 3 500 en 1944. Il y eut 30 millions d'interceptions dès 1935, avec exploitation de 34 000 communications intérieures et 8 500 extérieures. Le Forschungsamt était maintenu dans une quasi-clandestinité, ses employés, astreints au secret, savaient que tout manquement serait puni de mort. Les « feuilles brunes », synthèses des écoutes, étaient réservées aux seuls Hitler et Goering, lequel ordonna l'enregistrement de ses propres conversations avec le Führer. Et Hans Thilo Schmidt transmettait tout cela au SR du 2 *bis* avenue de Tourville. Le 1er décembre 1933, en effet, il avait été chargé par son ami Gottfried Schapper de la liaison entre la Chiffrierstelle et le Forschungsamt, qui multipliait ses stations dans toute l'Allemagne. En 1938, Hans Thilo deviendra chef du poste très important de Templin, près de Berlin. A aucun moment, au cours de ces années et jusqu'en 1939, il ne ralentit ses activités, malgré l'alerte de 1937. Le 5 novembre de cette année-là, Hitler avait présenté à son grand état-major le programme de la conquête allemande pour la période 1938-1948 : Tchécoslovaquie, automne 1938, Pologne, automne 1939, France, printemps 1941. Le Führer avait chargé du procès-verbal de cette conférence son aide de camp, le colonel Hossbach, lequel avait évoqué le plan grandiose devant son ami le général Rudolf Schmidt qui en avait parlé à son frère Hans Thilo. H.E. avait aussitôt rédigé une note à faire passer d'urgence par la valise diplomatique de Berlin. Mais à l'ambassade de Parizer Platz, Maurice Dejean, correspondant du SR et André François-Poncet, l'ambassadeur, avaient prévenu Paris par message radio. Ils auraient dû savoir que le Forschungsamt, la station de Glienicke en ce cas, intercepterait.

Six ans plus tard, Hitler se souvenait toujours et avec la même inquiétude de cette fuite grave. Goering harcela l'Abwehr pour qu'on découvrît au plus vite le traître haut placé.

A cause de cette information d'une qualité et d'une rapidité exceptionnelles, comme toujours avec H.E., le colonel Rivet, amer, écrira dans son journal personnel :

> « La prévention des chefs civils (gouvernement) contre le SR a toujours existé et s'est souvent manifestée. Les chefs militaires ont rarement pris position contre cette disposition d'esprit et l'ont parfois partagée. Elle explique que les rapports directs entre le SR et le ministre ne se sont jamais établis, que la rencontre n'a été qu'intermittente et que les objets qui la motivaient n'ont eu que des rapports lointains avec l'activité proprement dite du SR. »

Le 12 novembre 1937, Daladier écouta à peine les révélations de Rivet sur les futures conquêtes d'Hitler ; il l'avait convoqué parce que l'expulsion des franquistes traînait. « Voyez l'Intérieur », lui répondit Rivet. Le Comité de Défense nationale, huit jours plus tard, ne fut pas intéressé davantage.

H.E. trahi par les fautes des Français

La note d'H.E., comme l'ensemble de ses informations depuis 1931, ne servira qu'à le faire prendre, lui, le maître espion, à cause de « l'incurie coupable » des autorités françaises, comme l'écrit le colonel Paillole. Le vendredi 14 juin 1940, la Wehrmacht entrait dans Paris. Le colonel Friedrich Rudolph, bientôt nommé par Canaris chef de l'Abwehr-France, s'installa avec son commando à l'hôtel Lutétia. Dès son arrivée, le matin, Rudolph envoya ses sections à la recherche de tout ce qui pouvait être secret dans les bâtiments officiels.

Rudolph avait aussi une liste, établie par Berlin, des suspects d'espionnage à l'égard de l'Allemagne. Parmi ceux qu'il fallait appréhender en priorité se trouvait le nom de Rudolph Stallmann, alias Rodolphe Lemoine, dit Rex. Le 20 juin, le colonel Oskar Reile, nommé par Canaris chef du contre-espionnage, fut accueilli avec joie par Rudolph. Reile était un spécialiste et il connaissait bien la France. Le 22 juin fut pour lui une bonne journée :

> « Il n'y avait personne dans les bâtiments que je visitais. A de rares exceptions près, tous les bureaux des ministères et de la police étaient ouverts. Les archives étaient restées en place. Le même jour j'appris encore une nouvelle sensationnelle : dans les wagons plombés d'un train en stationnement à La Charité-sur-Loire se trouvaient les archives secrètes du haut commandement français. A quelques jours de là, nous fîmes une autre découverte d'importance. Le capitaine Wiegand avait trouvé dans les locaux 11, rue des Saussaies, à Paris, les archives et fichiers parfaitement en ordre de la Sûreté nationale. »

Dès le 16 juin, Goering avait communiqué à Hitler des feuilles brunes du Forschungsamt prouvant que, du 2 au 9 mai 1940, la Belgique, la Hollande et le Vatican avaient été prévenus de l'invasion du 10. Hitler convoqua Canaris et Heydrich et leur dit en présence de Goering :

— Un traître est dans la maison. Qu'il soit découvert vite et châtié quel que soit son rang.

Goering raccompagna les chefs des deux services secrets et concurrents du Reich et, leur rappelant qu'Hitler n'avait pas oublié la fuite de novembre 1937, il ajouta :

— Il se demande comme moi s'il s'agit du même.

Devant l'urgence et la complexité des recherches Heydrich réussit à faire admettre à Canaris l'intervention aux côtés de l'Abwehr de tous les services du RSHA (Reichssicharkeits Kauptamt), Office suprême de sécurité du Reich. Quelques jours plus tard débarquaient à Paris un commando du SD, dirigé par le SS Knochen, ainsi que la Gestapo du major Boemelburg et du capitaine Kieffer. Ce dernier pensa tout de suite à Lemoine et alla fouiller les archives de la préfecture de police. Le dossier Lemoine-Rex coûta plusieurs semaines de travail à Kieffer mais, grâce à une note du 3 décembre 1938, il établit que Rex, trafiquant de codes, possédait un code allemand de 1938, en provenance de la Chiffrierstelle. A la fin de janvier 1941, Kieffer affirma à Berlin : « En plus des fuites du Forschungsamt, il y en a eu à la Chiffrierstelle. »

Le lieutenant-colonel Joachim Rohleder avait été désigné par Canaris pour coordonner l'enquête à l'Abwehr. En mai 1941, il annonça qu'il avait retenu comme coupables possibles une dizaine de fonctionnaires du Forschungsamt venus de la Chiffrierstelle. Parmi eux se trouvait Hans Thilo Schmidt. A ce nom Canaris se récria : une des grandes familles du Reich ! le frère de l'un des chefs les plus écoutés de la Wehrmacht ! Il fallait abandonner cette piste ! Et l'amiral assura à Rohleder que la clé de l'affaire se trouvait en France.

A Paris, Rudolph avait confié le dossier Lemoine-Rex au capitaine Georges Wiegand qui partageait sa conviction : l'homme à tout faire du SR français avait des complices au Kriegsministerium depuis 1932. Wiegand lança des agents à la recherche de celui que l'Abwehr comme le RSHA considéraient comme « un génie de l'espionnage et l'éminence du SR français depuis la Première Guerre mondiale », note Paillole, ironique, dans *Notre agent chez Hitler*. Mais en juin 1942 à Marseille, le « génie de l'espionnage » avait reçu des Allemands une proposition qui le tentait : rentrer à Paris pour « bavarder », en toute liberté, avec l'Abwehr. Lemoine avait informé Osvald, chef de la police marseillaise, qu'il savait ami de Paillole. Celui-ci, en accord avec Rivet et Perruche, vint à Marseille rencontrer Lemoine et lui demander de gagner l'Afrique du Nord. Devant les réticences d'un Rex vieilli et quinteux, Paillole fléchit et l'envoya dans les Pyrénées, à Saillagousse, village proche de l'Espagne. De Marseille, le portier de l'hôtel Splendid, où Lemoine avait conservé une chambre, lui transmettait son courrier.

Cette retraite n'était connue que du portier du Splendid, des enfants de Lemoine et du colonel Paillole qui écrira :

> « C'est à ces conditions de secret et de séjour à deux pas de la frontière que, sur son insistance, nous avons différé l'évacuation du couple Lemoine en Afrique du Nord.
>
> « Ce fut une faute.
>
> « J'en partage la responsabilité avec Rivet, Perruche et Bertrand.
>
> En 1943, l'Abwehr repéra Lemoine. Le capitaine Wiegand, lui-même, vint l'arrêter à Saillagousse et le transféra, avec Mme Lemoine, à Paris, hôtel Continental, rue de Castiglione. Note de Wiegand : « Il me parla de son activité avec le 2e Bureau. Il me dit être disposé à raconter tout. »

Ce qu'il fit, non sans vanité, devant Rudolph, Reile, Rohleder et Canaris. Il ne taisait que le nom des officiers français et celui de l'agent H.E. Mais Wiegand et Rudolph produisirent les documents saisis à la préfecture de police et à la Sûreté nationale, la trace des voyages de Rex en Suisse et des versements de fonds considérables sur un compte, à Bâle. Les 17, 18, 19 et 20 mars 1943, Lemoine révélera tout de « ce qu'il faut bien appeler la plus grande et la plus scandaleuse affaire de trahison au détriment de l'Allemagne hitlérienne » (Paul Paillole).

Le 23 mars 1943, Hans Thilo Schmidt fut arrêté. Son décès fut mentionné, le 16 septembre 1943, au 61, Lehrter Strasse, où se situait la prison de Moabit, fief des SS d'Himmler. Paillole écrira que « sans autre indication » il a dû se résigner à admettre la thèse du suicide comme la plus vraisemblable. Le 11 avril 1943, Hitler ordonnait que l'on retirât sur-le-champ son commandement au général de la 2e armée blindée sur le front de l'est, Rudolf Schmidt, aussitôt remplacé par le général Clocsner, en pleine bataille. Le 30 septembre 1943, quatorze jours après la fin de son frère, Rudolf Schmidt fut licencié définitivement sur l'avis du tribunal de guerre du Reich. Il mourra en 1957.

La source Ultra décisive dans les grandes batailles de la guerre

L'histoire de Hans Thilo Schmidt serait celle d'un grand espion qui ne servit à rien s'il n'y avait eu l'affaire Enigma. Pendant huit ans, l'agent H.E. fournit au SR français, au capitaine Bertrand surtout, une documentation quasi mensuelle grâce à laquelle les Polonais puis les Anglais mirent au point une machine à calcul, la Bombe, qui préfigurait l'ordinateur. Sous le nom de source Z pour les Français, de source Ultra pour les Alliés, la Bombe déchiffra, en temps opportun, les messages des Enigma de la Wehrmacht. Après juin 40, les mathématiciens anglais et polonais du centre de Bletchley, à 60 kilomètres de Londres, décryptèrent pendant toute la guerre les liaisons radio ennemies. Les décodages d'Ultra furent décisifs dans les cent jours de la bataille d'Angleterre ; les 13 août, 3 et 15 septembre 1940, ils guidèrent la RAF pour détruire les dernières vagues des bombardiers allemands. La source Ultra décidera de même dans la guerre sous-marine de l'Atlantique, dans la défaite de Rommel, la bataille de Normandie en 1944 et la bataille d'Alsace en 1945.

La source A et la source MAD, d'origines germaniques elles aussi, recoupèrent les renseignements d'Hans Thilo Schmidt. Au début de 1938, le capitaine Roger Trutat, chef du poste SR de La Haye, avait rencontré, dans une famille hollandaise, une jeune Allemande. Elle prétendait que ce qui se passait dans son pays, livré au nazisme, l'horrifiait, ainsi que son père, un officier général, pourtant. Trutat signala le cas à la Centrale du 2 *bis* et Paul Stehlin, adjoint de l'attaché militaire à Berlin, contrôla, puis la section allemande du commandant Navarre traita cette source dite « A ». Le père du nouvel agent était le général Kurt von Hammerstein, artisan, sous la république de Weimar, des accords militaires von Seekt-Trotski, puis ami du maréchal Vorochilov, et informateur du Komintern. En 1938, à l'époque où sa fille, peut-être avec son accord, se faisait recruter par le SR français, il complotait déjà pour renverser Hitler. Selon Navarre et Simoneau[15], Mlle von Hammerstein était l'amie d'un syndicaliste allemand réfugié en Hollande. Elle avait une sœur qui l'aidait à soutirer ou dérober au général les informations ou les documents. Von Hammerstein commandait alors la 4e armée et essayait d'organiser, avec le général Beck, l'arrestation du Führer alors que se préparait l'offensive contre la Pologne. Von Hammerstein fut sans doute le complice tacite de ses filles.

La source MAD, elle, était autrichienne. Madeleine Bihet-Richou, Française établie à Vienne comme professeur de français,

15. Peu avant de mourir, le colonel Simoneau confirmera à l'auteur que le général Kurt von Hammerstein était bien la fameuse « source A ».

avait pour amant le colonel Erwin Lahousen Edler von Vivremont, l'un des chefs de l'Evidenzburö (services secrets autrichiens). En 1938, au moment de l'Anschluss, il s'était engagé dans la Wehrmacht, avait été intégré à l'Abwehr mais avait continué à correspondre avec Madeleine Bihet-Richou, rentrée en France. Les lettres de Lahousen furent considérées, de part et d'autre, comme des « indiscrétions » et appelées à la Centrale du 2 *bis*, « source MAD ». Installée à Berlin dès octobre 1938, Madeleine Bihet-Richou transmettait par le responsable SR de l'ambassade ou se déplaçait à Paris pour rencontrer Rivet ou Navarre, ses officiers traitants. Elle travaillait par patriotisme comme Lahousen par antinazisme. A la déclaration de guerre, Madeleine Bihet-Richou fut employée dans une agence de voyages de Budapest où passait souvent Lahousen, devenu chef de la section II de l'Abwehr, le service « Action ». Il avait mis au point, par ailleurs, avec sa correspondante, un courrier par cartes postales codées. En août 1943, il quitta l'Abwehr pour prendre un commandement sur le front russe.

Le peu de cas que l'on fit des renseignements de Lahousen

Voici quelques exemples de renseignements de la source MAD : le 6 mars 1939, avec huit jours d'avance, il livrait le plan de l'invasion complète de la Tchécoslovaquie. La date de l'attaque de la Pologne fut donnée le 24 août 1939, à deux jours près, et faisait suite à de nombreuses précisions sur les préparatifs d'offensive. De septembre 1939 au 10 mai 1940, Lahousen ne cessa de mettre en garde contre l'inconscience de ces Français qui ne croyaient pas à la guerre. Hitler prendrait l'offensive, à une date qui ne devait être fixée qu'au dernier moment ; le 25 février 1940, il annonçait l'invasion de la Norvège et du Danemark. Automne 1940 et hiver 1940-1941 : le pacte germano-soviétique craquait, la menace d'agression contre l'URSS se précisait, ce qui inquiétait le haut-commandement allemand. En février-mars 1941, Lahousen annonçait l'occupation de la Bulgarie et l'intervention en Yougoslavie et en Grèce ; le 19 avril 1941, il expliquait pourquoi l'attaque contre la Russie, dont il annonçait les caractéristiques, serait un échec. Toujours en 1941, la source MAD avait encore prévenu qu'Hitler ordonnait à l'Abwehr d'éliminer le général Weygand, alors délégué général du gouvernement en Afrique, comme en 1942 du général Giraud, et au début de cette même année, elle donnait toutes les informations sur les mesures envisagées pour empêcher l'appareillage de la flotte française de Toulon vers l'Afrique du Nord.

Lahousen rendait compte au fil des mois des difficultés, toujours plus graves, sur le front russe et de la dégradation de la situation en Allemagne. Le 4 novembre 1942, avant le débarquement allié en Afrique du Nord, le message de la source MAD porte : « Allemagne perdue. Hitler doit s'effondrer. Parti et armée profondément divisés. Ressources de guerre encore grandes, mais impossibilité pour Hitler d'atteindre ses buts. »

A la fin de la guerre, Lahousen fut arrêté par les Américains qui l'interrogèrent à fond sur l'Abwehr et le firent témoigner au procès de Nuremberg :

> « Mais ils ne semblent pas avoir réalisé alors l'importance du rôle qu'il avait joué en notre faveur et qu'il leur dissimula soigneusement. Après quelques mois dans un camp de prisonniers, Lahousen fut libéré, sur la demande du général Kœnig, commandant en chef français en Allemagne, à qui l'ex-commandant Navarre, devenu général et alors son directeur de cabinet, avait révélé son rôle réel. Rentré en Autriche, Lahousen y mourut en 1955. Quant à Mme Bihet-Richou, elle fut faite chevalier de la Légion d'honneur, citée à l'ordre de l'Armée et intégrée dans les cadres des nouveaux services spéciaux[16]. »

Le peu de cas que l'on fit de telles sources, au moment de l'action, provoquera plus tard certaines réflexions amères, telle celle du colonel Paillole :

> « Je ne cherche nullement à dégager notre Maison de toute responsabilité dans le maigre bilan tiré en haut lieu de son travail et de ses avertissements.
>
> Lorsqu'un SR a la chance exceptionnelle de disposer d'un réseau de renseignements d'une valeur aussi sûre, lorsqu'il peut s'appuyer sur la crédibilité absolue des informations d'un agent introduit comme par miracle depuis huit ans dans les secrets les plus intimes de l'adversaire, il est certes surprenant qu'il n'ait pas bousculé les routines, brisé les méfiances, enjambé les obstacles et fait éclater la vérité au sommet de l'État.
>
> Dure loi de la discipline. Elle imposait ses contraintes à des soldats, alors qu'il eût fallu des rebelles.
>
> Mais est-il sûr que la vérité parvenue toute nue au sommet eût modifié le comportement des hommes ? »

L'été 1939 vit la tragédie polonaise. Hans Thilo Schmidt tenait le SR informé au jour le jour, par des lettres à l'encre sympathique. Dans son journal, Rivet notait le 9 juin : « Lettre de H.E. : attention à la fin août ! » Et le patron de la Centrale était parti pour Londres avec Navarre pour le SR et Brun pour le CE, afin de se concerter avec Menzies qui essayait de mobiliser l'Intelligence Service.

Le 14 juin, le général Gauché, chef du 2e Bureau de l'état-major de l'armée, avait alerté le commandement et le gouvernement par une note inspirée de la lettre du 9 juin de H.E. :

---

16. Henri Navarre, *op. cit.*

« État-major de l'armée Paris le 14 juin 1939
2ᵉ Bureau
N° 1153

TRÈS SECRET
NOTE DE RENSEIGNEMENTS

Les renseignements recueillis au cours de la semaine du 5 au 12 juin 1939 sur l'évolution possible de la situation confirment l'éventualité d'une crise prochaine. Un renseignement d'excellente source annonce la possibilité d'une nouvelle tension pour le mois d'août.

D'après cet informateur, si d'ici la fin du mois d'août il n'est pas intervenu de solution pacifique aux problèmes internationaux en cours, l'Allemagne, après avoir épuisé toutes les possibilités de négociation, cherchera à régler la question polonaise quelle que soit l'attitude adoptée par les autres puissances. Il s'agirait, pour le Reich, d'obtenir la restitution non seulement de Dantzig, mais encore des anciennes provinces de Posen et de Prusse-Orientale.

A cet effet, des mesures militaires seraient prises dès l'été : deux divisions blindées et une division légère doivent être renforcées et dirigées dès le 20 août sur le champ de Neuhammer (Silésie, 55 kilomètres S.-O. de Glogau).

Ce renseignement présente un intérêt particulier, car c'est grâce à une indication de cette nature qu'il a été possible de suivre pas à pas la concentration allemande de septembre 1938 ! »

Le colonel Paillole jugea cette note trop prudente. Il s'en est expliqué en 1985 dans *Notre espion chez Hitler* :

« ... en raison de l'estime respectueuse que l'ancien chef du 2ᵉ Bureau m'a toujours inspirée. Sa conception élevée de sa mission, son honnêteté intellectuelle ne sont nullement en cause. Ce qui est en cause, c'est le principe même de l'exploitation du renseignement tel qu'il était conçu, tel qu'il l'est encore, sans doute, aujourd'hui. La question mérite que l'on s'y arrête et que l'on tire une leçon.

Dans la relation écrite du renseignement, le chef du 2ᵉ Bureau use de formules qui ne peuvent qu'affaiblir sa force de conviction. H.E. écrit : "... La Pologne sera attaquée... attention à la fin août". Gauché, prudent, annonce au commandement : "... La possibilité d'une tension pour le mois d'août..." C'est grave ! Vidé peu à peu de sa meilleure substance par une hiérarchie d'autant plus pusillanime qu'elle approche au sommet, le renseignement le plus sûr ne devient plus qu'une information parmi d'autres. Bonne affaire pour un pouvoir expert en esquives, avare de décisions, malentendant pour ce qui ne va pas dans le sens qu'il souhaite. »

A la lecture de la note, cependant, le général Colson, chef de l'état-major de l'armée, impressionné mais doutant encore, dit : « Ce serait si grave ? » Alors le colonel Gauché :

« ... Nous nous trouvons aujourd'hui, comme l'année dernière à propos des Sudètes, devant la forme de travail la plus parfaite que le 2e Bureau puisse souhaiter. Il n'est pas humainement possible d'approcher la vérité de plus près... »

Le 23 août 1939 « deux mois et demi plus tard, trop tard sans nul doute », selon Paillole :

> « A 18 heures, au ministère de la Guerre, le président Daladier a réuni Georges Bonnet, ministre des Affaires étrangères, César Campinchi, ministre de la Marine, Guy La Chambre, ministre de l'Air, le général Gamelin, chef d'état-major général de la Défense nationale, l'amiral Darlan, chef d'état-major général de la Marine, le général Vuillemin, chef d'état-major général de l'Air, le contrôleur général Jacomet, secrétaire général du ministère de la Défense nationale et de la Guerre, Colson, chef d'état-major de l'armée, etc.
>
> A l'ordre du jour trois questions :
>
> 1) La France peut-elle sans réagir assister à la disparition de la Pologne ?
>
> 2) Quels moyens a-t-elle de s'y opposer ?
>
> 3) Quelles mesures prendre ?
>
> Les réponses sont :
>
> 1) La France n'a pas le choix. Elle doit tenir ses engagements vis-à-vis de la Pologne.
>
> 2) Nos moyens :
>
> a) "La situation de notre aviation ne doit plus peser sur les décisions du gouvernement comme elle l'avait fait en 1938" (affirmation Guy La Chambre).
>
> b) L'armée de terre et la marine sont prêtes (affirmations Gamelin et Darlan). La mobilisation générale apportera par elle-même un soulagement à la Pologne.
>
> c) Le président Daladier rappelle la réalisation de notre système fortifié qui assure la protection de nos frontières et la sécurité du pays.
>
> 3) Outre le dispositif de sûreté en place dans le Nord-Est et le Sud-Est, les mesures successives qui seront à prendre seront la mise en place de la couverture et la mobilisation générale.
>
> La séance a duré une heure et demie. »

Laxisme d'une nation

Guy Schlesser, le patron du CE, avait décidé, en accord avec Rivet et Perruche, de rencontrer Hans Thilo Schmidt, début juillet, à Bâle. H.E., s'appuyant sur les synthèses d'écoute des feuilles brunes du Forschungsamt, lui démontra alors que la guerre était inévitable :

— L'opération sur la Pologne doit démarrer au plus tard le 1er septembre. Toutes les divisions sont alertées y compris celle de mon frère. Les mouvements de concentration vers la frontière polonaise doivent être terminés le 20 août.

Il remit à Schlesser l'ordre de bataille des divisions mécaniques et lui dit quand ils se quittèrent :

— Je crains, M. Saint-Georges (pseudonyme de Schlesser), que cette rencontre soit la dernière avant le déclenchement des hostilités. Je vais devoir redoubler de prudence.

Pendant tout le mois d'août, H.E. indiqua, lettre après lettre, le déploiement des armées du Reich. Navarre, qui exploitait ces informations à la Centrale, dira : « Le jour où commença la guerre, nous connaissions parfaitement les dispositifs allemands face à l'Est et face à l'Ouest.

Le général Gauché, en tant que chef du 2e Bureau, transmettait au commandement et au ministre. Le 1er septembre 1939, à l'aube, la Wehrmacht se rua sur la Pologne. Dans l'après-midi, Gauché, encouragé par Rivet, alla redire au général Colson les craintes des services spéciaux : « Je reviens une fois de plus sur les éléments de supériorité allemande, je conclus que l'armée française ne pouvait sur aucun point se prévaloir d'une supériorité, si faible qu'elle fût. Je manifestais enfin mon inquiétude en ces termes : jamais, à aucune période de son histoire, la France ne s'est engagée dans une guerre dans des conditions initiales aussi défavorables. »

De son côté le général de division Faury était arrivé à Varsovie le 23 août, avec une mission peu nombreuse. La veille, sa dernière entrevue avec Gamelin et le général George avait été décevante. Après des tergiversations, George avait fini par lui avouer que l'armée française était loin de se trouver en état de prendre l'offensive. Le général Faury en avait conclu que les Polonais ne devaient compter que sur leurs propres forces « pendant un temps indéterminé ». Gamelin lui avait dit : « Il faut que la Pologne dure. »

Le 28 septembre 1939, les Polonais submergés signaient leur reddition. De Budapest où il s'était replié, le général Faury insista dans son rapport sur l'efficacité de la Luftwaffe et de l'emploi massif d'unités blindées. Il estimait que les méthodes de la campagne éclair de Pologne pourraient être appliquées de nouveau sur le font occidental et concluait : « Leur connaissance doit permettre de préparer en temps utile les parades appropriées. »

En 1979, Patrice Buffotot[17], un chercheur, s'efforça, après tant d'autres, d'expliquer la passivité du haut commandement :

> « Il accepte sans critique les informations cadrant avec ses conceptions. Par contre, les nouvelles comme l'utilisation du couple char-avion ou l'emploi en masse des parachutistes sont rejetées, soit considérées comme fausses, résultant de l'intoxication du 2e Bureau, soit en raison de leur conception. Le général Gamelin illustre ce propos lorsqu'il reproche à l'ambassadeur de France à Berlin,

17. « La perception du réarmement allemand par les organismes de renseignements français de 1936 à 1939 », *Revue historique des armées*, n° 3, 1979.

M. François-Poncet, de vouloir jouer au stratège lorsqu'il parle du réarmement allemand, et au capitaine Stehlin de s'occuper des fortifications de la ligne Siegfried alors qu'il est aviateur.

Le refus d'admettre des idées remettant en cause ses propres conceptions est révélateur d'une attitude conservatrice de la part du haut commandement. Il s'agit bien, au sens littéral du terme, d'une hostilité à l'évolution technique, d'une résistance au changement et aux idées nouvelles. Ce "conservatisme" face à l'innovation technique n'est pas propre au milieu militaire mais à l'ensemble du corps social français de l'entre-deux-guerres. Ne pourrait-on y trouver là une des explications majeures de la défaite de 1940 ?

"De haut en bas, le laxisme anesthésiait la nation" (colonel Paillole). Et le commandant Bonnefous, chef de la section allemande du CE, écrivait dans un de ses rapports, en janvier 1939, à propos de la propagande allemande : "Demain si l'on n'y prend garde, elle amènera la nation à capituler sans combattre." »

L'expulsion d'Otto Abetz mal vue du Quai d'Orsay

A la SCR de Schlesser-Paillole-Bonnefous, on savait par les W, c'est ainsi qu'on nommait les agents de pénétration dans les « Ast », les postes de l'Abwehr, que la section II « Action » renforçait son groupe « sabotage moral ». Quant au RSHA, l'organe suprême de sécurité du parti nazi et son SD, il dévorait tout. Heydrich, son chef, accaparait la Gestapo, plaçait ses hommes chez Goebbels et Ribbentrop, Schellenberg, et l'un de ses SS de prédilection manœuvrait les communautés allemandes à l'étranger. En France, le comité France-Allemagne, fondé par von Ribbentrop, était dirigé par Otto Abetz, le corrupteur.

Dès 1931, ce jeune professeur de dessin de Karlsruhe, attiré par la culture française, avait créé avec Jean Luchaire, journaliste à *Notre temps*, un premier groupe universitaire franco-allemand. Puis Baldur von Schirach, chef de la Hitlerjugend, avait fait du jeune Abetz, marié à une Française, un nazi militant, mystificateur et subversif. Après avoir lancé les *Cahiers franco-allemands*, imprimés à Karlsruhe dans les deux langues et diffusés en France, Abetz avait réussi à faire entrer au comité France-Allemagne « ce qu'il est convenu d'appeler l'élite » (Paul Paillole) : Jules Romains, Pierre Benoit, Jacques Benoist-Méchin, Bertrand de Jouvenel, Sacha Guitry, Pierre Drieu La Rochelle et bien d'autres « personnalités » oubliées aujourd'hui.

Rappelons toutefois que, à cette époque, il y avait déjà plusieurs années que la germanophilie gagnait du terrain, grâce à l'espionnage, à la propagande, à *Mein Kampf* aussi, qui remportait un succès énorme de par le monde. Ainsi à la fin de septembre 1928, le *New York American*, du groupe Hearst, reproduisit un document confidentiel sur un compromis franco-britannique de limitation des armements navals.

La préfecture, après une enquête rapide, interpella Harold Horan, correspondant à Paris de l'agence *Universal Service*. Amené au préfet Chiappe, le journaliste prétendit ignorer le caractère quasi secret du document ; c'était un de ses confrères français qui lui avait procuré la pièce, soustraite au Quai d'Orsay. Horan voulait que l'affaire fût étouffée, mais refusa d'en dire plus. Chiappe décida alors de l'expulser, en lui laissant quelques jours pour régler ses affaires. Horan signa son arrêté d'expulsion en répétant : « Surtout que cela ne s'ébruite pas. » Au sortir de la préfecture, il alerta l'Association de la presse anglo-américaine, en racontant à son président, William Bird, qu'il avait été victime d'une « agression policière », d'un « attentat aux droits sacrés du journalisme ». L'Association crut Horan sur parole et réclama aux Affaires étrangères une enquête complémentaire ; le chargé d'affaires américain à Paris, Norman Amour, protesta auprès du Quai d'Orsay et à la présidence du Conseil. Poincaré refusa d'intervenir, laissant l'initiative au ministre concerné, Aristide Briand, qui fut pris à partie, des USA, par William Hearst.

La germanophilie de Hearst était connue, mais il lui plut d'en rajouter. Après avoir protesté à Washington, auprès de Kellogg, le chef de la diplomatie US, il proclama : « Je prends l'entière responsabilité de l'indiscrétion », et il claqua des doigts. Toute l'Amérique put lire, dans les journaux de sa chaîne, que la France ne devrait plus compter sur les USA « pour la sauver d'un prochain désastre militaire ». Hearst, dans le courant de l'été, avait obtenu une audience de Briand, très courtois. Quelques jours après, il avait promis à Harold Horan le prix fort si celui-ci parvenait à se procurer les documents secrets des conventions entre les amirautés française et anglaise. Hearst en avait besoin pour attaquer la France. Et Horan, par l'intermédiaire d'un journaliste très introduit au Quai d'Orsay, avait eu communication de la pièce qu'un jeune fonctionnaire, très naïf, crut destinée à inspirer un papier.

Le journaliste fut inculpé d'espionnage et incarcéré ; Harold Horan, exclu de l'Association de la presse anglo-américaine, s'enfuit à l'étranger. Jean Chiappe proposa alors au ministre de l'Intérieur qu'un arrêté fût pris afin d'interdire à Hearst l'accès du territoire français. Le préfet fit une démarche personnelle auprès de Briand, qui hésita puis lui donna raison, et l'on déclara William Hearst indésirable en France.

Mais revenons à l'affaire Abetz. A l'ambassade d'Allemagne, l'attaché de l'air, Hanesse, et Faber, attaché d'ambassade, s'occupaient des milieux politiques tandis qu'Abetz contrôlait la Maison brune et ses sections provinciales, la section française du parti national-socialiste, installée au consulat d'Allemagne, et le groupe du Front du travail. L'ensemble représentait 600 membres sur la région parisienne dont 60 journalistes pro-hitlériens. Otto Abetz faisait appliquer la loi du Reich à l'office universitaire d'échanges culturels, à la chambre de commerce allemande qui orientait sur tout le territoire français les agents de l'Abwehr et de la Gestapo. L'Office touristique, les Églises catholiques et évangéliques allemandes dépendaient aussi d'Abetz : tout le monde devait participer à la propagande, les récalcitrants étaient déchus de leur nationalité et leurs biens confisqués en Allemagne.

« De ce bouillonnement commencent à émerger les Déat, Doriot, Mayol de Luppé, Luchaire, Jean-Charles Legrand, Brinon... tout ce qui sera l'élément de pointe de la cinquième colonne et dans la défaite l'état-major de la collaboration », écrira le colonel Paillole. Ribbentrop, ravi des effets de sa propagande et satisfait de l'aide que lui apportait une certaine presse française, s'exclama, en parlant de l'hebdomadaire *Je suis partout* et de Pierre Gaxotte : « C'est ma trompette ! »

Le 12 janvier 1939, avec le concours du commissaire Gianvitti, de la préfecture de police, Paillole et Bonnefous tentèrent une première opération dans le Tout-Paris nazifiant. Ils s'orientèrent sur Baron, correspondant à Paris de la *Berliner Zeitung*. Depuis plusieurs mois, les écoutes du service NEMO, celui du capitaine Cazin d'Honincthun, enregistraient les communications des époux Baron avec le conseiller von Rath, de l'ambassade d'Allemagne. Gianvitti arrêta les époux Baron et Paul Paillole participa à l'interrogatoire. Le service NEMO lui avait fourni une fiche d'écoute, datée du mois de septembre 1938, au moment de la crise tchécoslovaque : Baron y appelait à Berlin, à 2 heures du matin, à l'un des numéros que l'Abwehr réservait aux communications exceptionnelles. De même, dans un carnet de Baron, Gianvitti trouva deux numéros que Paillole identifia comme désignant des services de l'Abwehr. Devant sa femme en larmes, Baron s'effondra. Il s'ensuivit, outre l'incarcération du couple, l'arrestation de cinq journalistes, l'expulsion d'Ihlefeld, le plus virulent d'entre eux, et celle d'Otto Abetz. Le Quai d'Orsay, l'ambassade d'Allemagne et la présidence du Conseil s'en prirent à Rivet et à Schlesser ; Paillole et Bonnefous répliquèrent, par note, au cabinet de Daladier qu'Abetz irait en prison s'il osait revenir en France.

Dans les cinq premiers mois de 1939, 300 espions, plus ou moins minables, furent arrêtés, et la SCR était sûre de maîtriser les menées de l'Abwehr sur la France. Mais Schlesser disait à propos de Canaris, Goering, Ribbentrop, Heydrich :

— Ils agissent et nous dormons. Nous sommes et serons toujours trop peu nombreux à nous battre contre ces voyous et leurs procédés démoniaques.

La lutte contre la cinquième colonne

Le CE selon la méthode Schlesser connaîtra quelques réussites, pourtant, comme l'affaire Aubert, l'enseigne de vaisseau Marc

Aubert, qui sera fusillé le 6 mars 1939, au fort de Malbousquet, à Toulon. Pour entretenir sa maîtresse, une ancienne prostituée, celui-ci avait livré aux postes Abwehr d'Hambourg et d'Anvers une valise de documents secrets ou confidentiels et surtout les codes en service dans l'escadre de Méditerranée. Il recopiait l'un de ces codes, un des rares qu'il n'avait pas encore livrés, quand le commandant Bonnefous et le commissaire Osvald, de la Sûreté de Marseille, l'avaient arrêté dans son cabinet, à bord du contre-torpilleur *Vauquelin*. Marc Aubert sera le premier contre qui un tribunal, le tribunal maritime de Toulon, en la circonstance, prononcera la peine capitale, en vertu des nouvelles dispositions du Code pénal contre l'espionnage. Mais les succès les plus sûrs de Schlesser-Paillole-Bonnefous seront d'ordre législatif.

L'expulsion d'Otto Abetz incita les propagandistes à davantage de balourdise : l'Allemagne avait renoncé à l'Alsace, voulait la paix ! Hitler était le dernier rempart contre le bolchevisme ! Plus c'était gros plus ça marchait, et Paillole constatait :

> « Les zélateurs du nazisme s'en donnaient à cœur joie. Régis de Vibray, secrétaire des étudiants du comité France-Allemagne, soutient publiquement le bon droit de l'Allemagne ; anciens combattants français et allemands, mêlés par la volonté de Ribbentrop, jurent devant Douaumont de faire respecter la paix, tandis qu'à quelques kilomètres l'espion allemand Weber photographie la ligne Maginot pour l'Ast de Stuttgart. De l'autre côté du Rhin, une délégation française de victimes de la guerre 1914-1918 est accueillie par un détachement d'honneur de la Reichswehr qui travaille habituellement aux fortifications de la ligne Siegfried.
>
> Des journalistes sont invités gratuitement en Allemagne pour écrire à sa louange. Henri Bordeaux, Jules Romains prostituent leur talent pour fustiger les "fauteurs de guerre" qui dénoncent le danger hitlérien. »

Au début de 1939, Boemelburg, un des SS les plus proches d'Heydrich, se présenta à Mondanel, directeur de la Sûreté, de la part d'Himmler : il avait l'intention de s'installer à l'ambassade d'Allemagne comme « attaché de police ». Il faudra un mois à Mondanel et à Rivet pour obtenir des Affaires étrangères que l'on invitât Boemelburg à regagner Berlin. Des remaniements à l'intérieur de l'Abwehr intervinrent à cette époque et la section allemande du commandant Bonnefous en notait les détails grâce à ses agents de pénétration (qu'on appelle dans le jargon des services : W), en poste à Hambourg, Stuttgart ou Düsseldorf. Le capitaine Jacques Abtey put suivre ainsi les évolutions significatives du capitaine de frégate Fritz Unterberg Gibhardt, qu'il avait identifié comme ayant été l'officier traitant de Marc Aubert[18]. Unterberg,

---

18. Vingt ans après la guerre, Jacques Abtey et Fritz Unterberg eurent l'idée de confronter leurs expériences dans un ouvrage commun, *2ᵉ Bureau contre Abwehr*, La Table Ronde, 1967.

qui appartenait à l'Ast d'Hambourg, opérait désormais sur Bruxelles, à l'abri de l'ambassade, ce qui confirmait les informations des W : l'Abwehr cherchait à intensifier la propagande en Hollande, en Angleterre et dans le nord de la France en infiltrant les mouvements pro-nazis de la Belgique, comme le rexisme de Léon Degrelle.

A Berlin, l'amiral Canaris avait écarté le lieutenant-colonel Grosscurth pour placer à la tête de la section II, le service Action (sabotages, attentats, subversion), le lieutenant-colonel Lahousen qui était déjà, à l'époque, la source MAD, traitée, au SR, par le commandant Navarre. Lahousen, avec l'approbation de Canaris, se démarquait des méthodes nazies, même dans l'action violente. Il refusera, par exemple, à Keitel, chef de l'OKW (le haut état-major), de liquider Weygand et Giraud. Dans ces deux cas, il préviendra même, nous l'avons dit, les services français. Mais en 1939, Lahousen, ambitieux, encouragea les différentes initiatives du capitaine Putz, patron de l'Aste de Vienne, du capitaine Vaarbek et du capitaine von Hippel ; ces trois spécialistes de l'Action, de septembre à décembre, organisèrent le Bau-Lehr-Bataillon-Zur-Besondere Verwendung 800 ou Bau-Lehr-Bataillon ZBV800 (bataillon n° 800 de formation et d'instruction à des fins particulières) baptisé en 1942 bataillon Brandebourg parce que son quartier général était fixé dans cette ville. Unité d'élite de 2 000 hommes, elle était composée de trois Abteilungen (groupements) : il s'agissait tout d'abord de l'Abteilung T (Terror) comportant des agents de la « cinquième colonne » spécialisés dans l'intoxication, la fausse nouvelle, les enlèvements, les coups de main sur les arrières, puis de l'Abteilung S (sabotage) et enfin l'Abteilung N (Nachrichten) qui formait les agents de renseignements des Abt T et S.

Canaris et Lahousen se proposaient, en priorité, de financer et de manipuler les mouvements autonomistes ou nationalistes, en Alsace, en Bretagne, en Corse, au Pays basque et en Afrique du Nord. A la Centrale du 2 *bis*, on fut ébranlé : comment lutter contre cette nouvelle forme de subversion ? En ramenant les affaires de propagande à des affaires d'espionnage ? La tactique échoua avec le PNB, le parti nationaliste breton, Breiz-Atao, dont deux des meneurs, Debeauvais et Mordrel, en contact avec le bataillon 800 de l'Abwehr, se réfugièrent en Belgique. En Alsace, Karl Roos, le chef du mouvement séparatiste le plus important, fut arrêté. Confondu par des traces de numéros de téléphone, connus du CE comme provenant de l'Ast de Francfort, Roos avoua ses accointances avec l'Abwehr. Le tribunal militaire de Nancy le condamna à mort, le 26 octobre 1939 ; il fut fusillé le 7 février 1940. Après l'armistice de juin 1940, les Allemands débaptiseront la place Kléber, à Strasbourg, pour l'appeler Karl Roos.

Mais la lutte des services spéciaux contre la cinquième colonne n'intéressait personne et en agaçait même beaucoup. Rivet fut rappelé à l'ordre par le gouvernement et l'état-major pour les excès de zèle de la Centrale dans ses recherches antinazies. Le 10 juillet 1939, le général Decamp insista auprès de Schlesser et Paillole : le président Daladier souhaitait qu'on rapportât la mesure d'expulsion contre Abetz. Argument de Decamp :

— Il est francophile et sa femme est française.

Le 22 juillet Gamelin convoqua d'urgence l'adjoint de Rivet, le colonel Malraison. Deux heures plus tard, Malraison se précipita au 2 *bis* dans le bureau de Paillole :

— Rapportez l'ordre d'expulsion d'Abetz, Gamelin menace de vous déplacer Schlesser, Bonnefous et vous.

Paillole tendit à Malraison un exemplaire du dossier Abetz, tenu à jour ; il en lut même à haute voix la conclusion destinée à justifier la poursuite des atteintes à l'unité nationale, que ne prévoyait pas encore le Code pénal :

> « — Par sa présence universelle et feutrée au sein de notre nation, l'Allemagne nazie répand ses slogans lénifiants en même temps qu'elle impose la certitude et le respect de sa supériorité.
>
> « Qui pourrait en douter lorsque, au cœur même de son rempart défensif, la France séduite et aveuglée se croit contrainte de faire appel à la firme allemande Siemens pour réaliser les installations électriques de la ligne Maginot ? »

Arrêtons la baronne von Einem !

Le 29 juillet 1939, un décret-loi prévoyait que les menées séparatistes et les intelligences avec l'étranger pourraient désormais être réprimées en temps de paix, comme en temps de guerre. Le 2 août, alors qu'à la Centrale on savait déjà que l'Allemagne envahirait la Pologne à la fin du mois, Schlesser proposa :

— Faisons un exemple. Arrêtons la baronne von Einem !

Épouse du baron autrichien von Einem, qui avait dirigé l'Evidenzburö de 14-18, fille du baron nazi von Scheurenschloss qui venait de mourir, Reissa von Einem était surveillée par la Sûreté depuis son installation en décembre 1937 à l'hôtel Meurice. Par un portier de l'hôtel, honorable correspondant, le CE avait placé quelques micros dans l'appartement luxueux où cette amie d'Otto Abetz, qui paraissait vingt ans de moins que sa cinquantaine, séduisait le Tout-Paris, mais à voix basse et couverte par une radio musicale.

Reissa von Einem était arrivée à Paris, à la suite de François de Brinon qu'elle avait séduit dans la capitale du Reich, sur ordre de son chef, l'amiral Canaris. Depuis la fin de 1937, elle veillait donc sur de Brinon et les finances du Comité franco-germanique, organe de propagande du nazisme, plus voyant que les autres. Parmi les autres organes figuraient *Le Temps* et *Le Figaro*, comme le découvrirent le commissaire Gianvitti, Bonnefous et Paillole lorsqu'ils arrêtèrent deux familiers de la baronne : Aubin, de son vrai nom Perroux, soixante-six ans, officier de la Légion d'honneur, chef des informations du *Temps* depuis 1911, et Poirier, administrateur du *Figaro*, après l'avoir été au *Temps*. Circonvenus par Reissa von Einem, ils étaient allés à Berlin pour y rencontrer Winkel, le collaborateur de Goebbels responsable de la subversion de la presse en France. Les aveux de Perroux et de Poirier allèrent, reconnut Paillole, « au-delà de ce que nous redoutions ».

Winkel avait subventionné Aubin pour 3 millions de francs avec, en 1938, un supplément de 1 million pour cause « d'efficacité ». Aubin ne voulut livrer aucun des journalistes qu'il avait achetés. La subvention de Poirier s'élevait à 3 500 000 francs par an, avec en supplément une récompense de 100 000 francs, en 1938. Après ses aveux, Poirier mourut, dans sa prison, d'un infarctus « de honte », dit Paillole. Bonnefous, lui, fit un compte rapide :

— 8 millions ! Et les millions qu'a dépensés la baronne au Meurice et ailleurs, et les millions qu'Abetz a répandus de la part de Ribbentrop. Et tout ce que nous ne savons pas. C'est vertigineux !

Mais Daladier, président du Conseil, hésitait encore. Alors le patron du 2ᵉ Bureau, le colonel Gauché, menaça de démissionner : « Qu'il ne soit pas dit que nos services spéciaux ne font rien ! » Finalement Gauché acheva de convaincre Daladier en évoquant l'affaire Amourelle.

Sténographe au Sénat, se disant trotskiste, Gaston Amourelle, la quarantaine, avait inauguré sa collaboration avec le conseiller von Rahn, de l'ambassade d'Allemagne, en lui communiquant le compte rendu de la séance secrète du 10 mars 1938 de la Commission des affaires étrangères du Sénat. A la suite d'écoutes du service NEMO et d'une surveillance du SR de La Haye du capitaine Trutat, Amourelle fut arrêté à Bruxelles par la Sûreté belge en compagnie d'un autre agent, Bouillant, et de son officier traitant Bauer, qui s'occupait aussi d'Aubin et de Poirier. Amourelle finit par avouer qu'il espérait obtenir des services de Goebbels les millions qui lui permettraient de sortir son journal antimilitariste, *La Carmagnole*. Condamné à mort le 29 mai 1940, par le 3ᵉ tribunal militaire de Paris, Amourelle sera exécuté à Bordeaux, le 22 juin 1940. Aubin avait été condamné par le même tribunal à dix ans de prison, au remboursement des sommes reçues des Allemands, à 20 000 francs d'amende et à vingt ans d'interdiction de droits civiques.

La baronne von Einem, arrêtée en 1946 à Salzbourg par le CE français, sera acquittée le 19 mars 1947 par le tribunal militaire de Paris, les faits qu'on lui reprochait étant antérieurs au décret-loi du 29 juillet 1939 qui aurait permis de les punir. En mai 1940, les juges l'avaient, cependant, condamnée à mort par contumace, puisque à la présidence du Conseil on avait estimé opportun de laisser l'espionne regagner Berlin par avion spécial : elle avait compromis trop de gens en place.

A propos de cette « cinquième colonne » qui n'avait rien d'une invention et que le CE ne put démanteler, Henri Navarre, dans *Le Service de renseignements*, écrit « qu'elle n'était pas, comme on l'a souvent cru, de nature militaire. Elle était politique, idéologique, intellectuelle, journalistique, mondaine. Elle avait ses représentants dans tous les milieux. Par l'anesthésie du moral de la nation et par l'affaiblissement de la volonté de défense, qu'elle contribuait largement à provoquer, elle allait être l'une des causes de notre défaite ».

L'illusion pacifiste de Giono

Parmi les agents, involontaires sans doute, de cette cinquième colonne, citons Giono : « A l'instar de tous les jeunes gens de sa génération, Giono fut jeté dans la Grande Guerre comme dans une aventure héroïque sur laquelle soufflait "un vent qui sentait la voile de mer et le pirate" (dans son ouvrage *Jean le Bleu*). Mais l'expérience inoubliable des camarades morts à ses côtés, le souvenir des grandes offensives sanglantes en firent à jamais un pacifiste[19]. » Il écrivait, dès 1934 : « Il n'y a pas un seul moment de ma vie où je n'ai pensé à lutter contre la guerre depuis 1919. J'aurais dû lutter contre elle pendant le temps où elle me tenait, mais à ce moment-là, j'étais un jeune homme, affolé par les poètes de l'État bourgeois. Je le regrette maintenant. » Ou bien en 1938 : « Il n'y a pas de héros ; les morts sont tout de suite oubliés. » « La guerre est inutile et il ne faut rendre aucun culte à ceux qui se consacrent à l'inutile. » (Extraits d'un texte intitulé « Les seules vérités », reproduit sur une affiche pacifiste au moment de Munich.)

Le 3 septembre 1939, Giono apprit la déclaration de guerre alors que commençait la neuvième rencontre qu'il organisait au plateau du Contadour, « auberge de jeunesse pour intellectuels », dira-t-il lui-même du moulin et du mas où se réunissaient deux fois par an, depuis 1935, les « contadouriens », de jeunes enseignants pour la plupart. Avec quelques-uns d'entre eux, Giono parcourut les alentours pour coller, dans les villages voisins, sur les affiches de la mobilisation, des papillons où était inscrit « Non ». Puis il disparut, laissant à ceux qu'il refusait de considérer comme des disciples la liberté de se rallier à la guerre ou de gagner la Suisse. Lui se rendit à son centre de mobilisation à Digne, y fut arrêté le 16 septembre et conduit au fort Saint-Nicolas à Marseille. André Gide intervint par télégramme auprès de Daladier, et Giono sera libéré le 11 novembre, après un non-lieu et une dispense d'obligation militaire :

« On ignore encore aujourd'hui les motifs exacts de l'arrestation

19. « Giono et l'illusion pacifiste » par Nicole Racine, *L'Histoire*, n° 106, décembre 1987.

de Giono, qui ne s'en expliqua jamais réellement, mais il est certain que ce ne fut pas pour avoir refusé d'accomplir ses obligations militaires. Est-ce pour avoir rédigé le tract "Ne frappe pas, écoute !" qui, d'après Maurice Wullens, directeur de la revue anarchiste *Les Humbles*, aurait été entreposé avant la déclaration de guerre à la Bourse du travail de Marseille et dont un paquet serait tombé aux mains de la police ? Est-ce, comme Giono l'a raconté lui-même dans *La Gerbe*, pour avoir refusé de rédiger, à la demande du 2e Bureau, des tracts pacifistes destinés à être distribués en Allemagne seulement ? Est-ce, plus probablement, une mesure de représailles visant son engagement antimilitariste antérieur au conflit ? Son attitude de septembre 1939 provoqua en tout cas de violentes réactions de la part de certains anarchistes et pacifistes comme Gouttenoire de Toury, Wullens ou Poulaille. On l'accusa de "dégonflage", mais plus encore d'avoir encouragé de jeunes hommes à déserter. Il y eut en réalité un malentendu sur les intentions de Giono qui avait toujours souligné la valeur individuelle de ses positions. Il choisit finalement de n'être pas réfractaire, pour des raisons familiales et morales, jugeant son martyre inutile. »

La « drôle de guerre », cette stagnation de plus de huit mois voulue par Hitler, fut une apothéose du défaitisme. Journaux et tracts par centaines de mille, expédiés de Belgique, de Hollande, d'Espagne, d'Italie, de Suède, de Norvège, atteignirent notables, enseignants, étudiants, journalistes. Cette propagande en faveur de la paix, du pacte germano-soviétique et qui insistait sur l'inutilité de la guerre et de toute résistance, fut aussi distribuée par disques aux hôteliers, aux restaurateurs, aux cafetiers. Un leitmotiv se révéla très convaincant : « Radio-Stuttgart sait tout. »

« La stratégie anesthésiante des nazis va atteindre une quasi-perfection sans que nous puissions en désigner le chef d'orchestre : Goebbels ? Ribbentrop ? Keitel ? Himmler ? » (Paul Paillole.) On n'avait en fait qu'une seule certitude : la section II de l'Abwehr dirigée par Lahousen (toujours « source MAD » par ailleurs) coordonnait toutes les missions. « Reste que le mélange astucieux du faux et du vrai fait de ces manœuvres d'intoxication un casse-tête quotidien pour Rivet et nous-mêmes. »

L'offensive du 17 janvier 1940 s'arrêta à Mechelen

Si les services spéciaux sont restés inopérants contre la cinquième colonne, à peine entendus des autorités[20], paralysés, en

20. D'après Pierre Miquel dans *Histoires vraies de la Seconde Guerre mondiale* (Fayard, 1988), le colonel Didelet, attaché militaire à Berlin, écrivait le 10 janvier 1939 à Daladier, ministre de la Guerre, en réponse à une question télégraphiée du Quai d'Orsay le 31 décembre 1938 : « Je persiste à croire que l'Allemagne ne sera prête ni militairement, ni économiquement, ni moralement à affronter le risque d'une guerre mondiale en 1939. »

Pour sa part, Henri Navarre écrit : « Le 2e Bureau et le SR — ce dernier ayant été prévenu dès le 15 octobre de la ferme résolution de Hitler — ont toujours considéré comme certaine l'offensive allemande. Ils n'ont jamais partagé les illusions qui avaient cours dans certains milieux politiques, économiques, diplomatiques et même militaires, persuadés que Hitler n'oserait pas attaquer et que le blocus suffirait pour avoir raison de lui. » Dans *Le Service de renseignements 1871-1944*, *op. cit.*

partie, par le refus officiel de collaborer de la Hollande et de la Belgique, Rivet et tous les hommes en poste du SR et du CE ne cesseront de savoir et de prévenir, depuis 1919, comme le général Dupont à Berlin, jusqu'à l'aube du 10 mai 1940.

Entre novembre 1939 et le 10 mai 1940, d'ailleurs, onze alertes se produisirent. La plus sérieuse fut celle du 10 janvier 1940. Ce matin-là, vers 11 h 30, un avion allemand, un biplace non armé, atterrit en catastrophe dans un champ de Mechelen-sur-Meuse, à la frontière belgeo-néerlandaise. Le pilote, Erich Hoenmanns, était un major de réserve et son passager, le major Helmuth Reinberger, un officier d'active, qui essayait de mettre le feu à des documents quand les soldats belges arrivèrent. Au poste de commandement, Reinberger jeta ses papiers dans le poêle et le capitaine Rodrique n'hésita pas à se brûler la main pour sauver ces feuillets dactylographiés. On put ainsi reconstituer le plan d'offensive contre les Pays-Bas, la Belgique et la France, une offensive sur toute la longueur des frontières, de la mer du Nord à la Meuse. Ce plan ultra-secret du haut commandement allemand avait été appelé « Plan jaune » (Fall Gelb). Reinberger avait ordre de se rendre le 9 janvier 1940, par le train, à Bad Godesberg et de transmettre le document au général von Rundstedt. Reinberger avait fait halte à Münster, où il avait rencontré le major Hoenmanns, commandant un aéroport voisin. Au cours de la soirée, assez arrosée, Hoenmanns avait proposé à son compagnon de hasard de l'emmener le lendemain par avion à Cologne d'où il continuerait par le train. L'atterrissage à Mechelen était dû à une erreur de navigation dans le brouillard et à une panne de moteur.

Le général Raoul von Overstraetten, conseiller de Léopold III, mit plus de vingt-quatre heures à prévenir son souverain. Le roi alerta les attachés militaires français, britanniques, hollandais, et von Overstraetten leur fit envoyer la note suivante :

> « Un avion tombé en panne en bordure du Limbourg le 10 janvier 1940 nous met en possession de l'essentiel du plan d'invasion allemand, notamment de la pièce maîtresse qui en marque l'originalité et qui doit en assurer le succès : la capture instantanée des ponts intacts sur la Meuse, entre Namur et Givet, par une division aéroportée, protégée par un puissant corps d'aviation de chasse et de bombardement... Tous nos Alliés possibles prévenus, et tous les ordres nécessaires expédiés, il convient d'en rester là. Car ce singulier épisode peut avoir été manigancé pour faire réussir quelque autre manœuvre tout en jetant sur les Alliés, appelés prématurément à l'aide, la culpabilité de la violation de notre territoire. Le roi s'en tient à ce point de vue quarante-huit heures plus tard, quand un message de notre attaché militaire fait croire l'invasion imminente[21]. »

Cette attitude, semblable à celle de 1914, était d'autant plus

---

21. Le professeur belge Jean Vanwelkenhuyzen, ancien directeur du centre d'histoire de la Seconde Guerre mondiale de Bruxelles a écrit sur ce sujet plusieurs articles très documentés.

dérisoire que le Führer avait dit à ses généraux, le 23 novembre 1939 : « La violation de la neutralité belge et néerlandaise est sans aucune importance. Personne ne la contestera quand nous aurons remporté la victoire. »

Le mauvais temps seul dissuada Hitler d'attaquer à ce moment, mais la date initiale du Plan jaune était le 17 janvier. Von Overstraetten opposa aux Alliés un refus de communiquer la copie des documents saisis par le capitaine Rodrique à Mechelen et fit tenir aux attachés militaires un résumé bâclé et incorrect de l'affaire. Il rédigea lui-même, à l'intention de Gamelin, une note de trois cent quarante-quatre mots.

L'Épingle noire du Liégeois Rademecker

Le 12 février, le major Mampuys, chef du CE de l'armée belge, rencontra à Bruxelles son ami de longue date Joseph Doudot, alors capitaine du CE. Mampuys avait suivi l'affaire de Mechelen depuis le début. Il avait installé un micro dans la pièce où les deux envoyés de l'ambassade d'Allemagne, l'attaché militaire Rabe von Pappenheim et le général d'aviation Wenninger, s'étaient entretenus avec Hoenmanns et Reinberger. Mampuys dicta à Doudot de longs extraits du dossier, il lui laissa copier les passages des documents allemands où figuraient des quantités de noms de localités et ceux des unités allemandes désignées pour participer aux opérations dans les différents secteurs. Doudot, à son tour et sans plus d'illusion que Mampuys sur l'utilité de ce travail, transmit au commandant Darbou, son chef du Centre de liaison français (CLF, nom de guerre du BENE de Lille). Darbou lui-même répétait : « Hitler agit à son aise et nous mettra tous d'accord le moment venu. » Mais il continuait à travailler avec ses nombreux agents belges, dont Louis Rademecker.

Né en 1895, marié à une Française, Rademecker, commissaire de police à Liège, était un ancien officier de la Sûreté militaire de l'armée belge d'occupation en Allemagne, de 1919 à 1920, puis en 1921-1922 on l'avait chargé de la liaison entre les services secrets belges et français. En 1937, il fut désigné comme chef de secteur du « 2e Bureau » français à Liège. Avec Émile Braibant, chef de service au gouvernement provincial de Liège et professeur de droit administratif, Rademecker constitua un groupe, l'Épingle noire, ainsi dénommé en référence à une société secrète bonapartiste sous la Restauration. Parmi les dix-sept membres de l'Épingle noire se trouvaient un agent de police attaché au service des étrangers, Louis Cornet, commissaire de police comme Rademecker, trois inspecteurs de la brigade de sûreté liégeoise, Louis Cox, Fernand Meuwis et Hubert Debatty, un agent industriel, un expert auprès du tribunal, un employé de banque qui contrôlait les mouvements de fonds destinés à des agents allemands, deux cabaretiers, un maître d'hôtel, Henri Schwartz, qui travaillait à l'hôtel Univers, très surveillé par les Allemands, un conseiller communal, Jules Teheux, Frans Hentjens, employé dans une entreprise fluviale, et Omar Nils, directeur aux Douanes. L'Épingle noire comptait aussi Cyprien Fayasse, curé desservant l'église Sainte-Croix, où Rademecker et Braibant se rencontraient, ainsi que les propriétaires des caves Cornet-Goffart, 1, rue Chapelle-des-Clercs, boîte aux lettres et lieu d'hébergement des inspecteurs français en mission[22].

Dès 1937, les inspecteurs Cox et Meuwis travaillaient pour le BENE de Lille. L'Épingle noire s'était donné pour mission de « recueillir des renseignements d'ordre militaire et politique pour le compte du haut commandement français et dépister la cinquième colonne allemande ». Dès la déclaration de guerre, le 3 septembre 1939, Rademecker écrivit au consul général de France à Liège, Fernand Sarrien, pour mettre ses services à sa disposition afin d'organiser et de maintenir un service de renseignements français. L'Épingle noire collabora d'abord avec deux officiers français, le capitaine de cavalerie Georges Crochart et le capitaine d'artillerie de réserve Georges Dumezil, professeur à la Sorbonne. Par la suite, six officiers français, dont Gérard Bouvier, dit Berger-Duval, assistèrent ceux de l'Épingle noire qui devaient créer des points d'attache aux frontières belgeo-hollandaise et belgeo-allemande, organiser des reconnaissances et dépister les espions. Rademecker et son groupe fournirent 800 rapports jusqu'au 10 mai 1940, date à laquelle le chef de l'Épingle noire quitta Liège et fut détaché par les autorités belges au 2e Bureau de l'état-major de la 1re région militaire de Lille.

Après l'invasion, Rademecker, rentré à Liège, travailla pour un service français sous l'indicatif RA12, tout en participant à une organisation de sabotage, le L 100 d'un autre Belge, Henri Javaux. Commerçant né en 1892, c'était une recrue de Rivet. Deux autres agents des services spéciaux français, le secondaient : Marthe Ramoisy, inspectrice de l'enseignement à Liège, et Albert Daout, directeur du ravitaillement à Charleroi. Au L 100, Rademecker créa une ligne d'évacuation pour les aviateurs et les évadés français. Cette ligne aboutissait dans le Jura, à Poligny. Rademecker fut arrêté le 6 décembre 1942 et exécuté à la citadelle de Liège, le 14 mars 1943. Le chef de la ligne de Poligny, le « commandant de Saule », était un autre Belge, Robert Deschrevel, né à Bruges en 1889. Après un engagement dans la Légion étrangère, il avait été rattaché au SR air de La Haye, le 11 septembre 1939. D'août 1940 à novembre 1942, il dirigea la ligne de Poligny, avant d'accomplir,

22. « Honorables correspondants : citoyens belges et services de renseignements "alliés" en période de neutralité (septembre 1939-mai 1940) », Étienne Verhoeyen, chercheur associé au Centre de recherches et d'études historiques de la Seconde Guerre mondiale, *Revue belge d'histoire militaire*, XXIX, 6 juin 1992.

en 1943, une mission en Corse puis, début 1944, à la demande des Américains de l'OSS, Office of Strategie Services, il créa un réseau de renseignements dans le sud-ouest de la France.

Doudot l'as des W, agents de pénétration

Ces agents belges, fanatiques de la liberté et qui n'avaient jamais cru, cux, que leur pays pût être neutre entre la France et l'Allemagne, Joseph Doudot les connaissait à peu près tous et depuis longtemps. En 1922, jeune lieutenant du Centre de liaison français d'Aix-la-Chapelle, Doudot avait été chargé par son chef, le commandant Mangès, de la liaison avec le Bureau des statistiques de l'armée d'occupation (services secrets belges) et il avait, par ailleurs, des liens de famille avec la Belgique ; sa première épouse était belge, son beau-frère Franz Creusen, un ancien de la Dame blanche[23], avait appartenu de 1922 à 1925 à la Sûreté belge d'Aix-la-Chapelle, et l'un de ses correspondants, Léon Toussaint, avait en 1939-40 son bureau à Herbesthal où le beau-père de Doudot était chef de gare.

Le colonel Paillole, parlant de ses W, ses agents de pénétration, dira de Joseph Doudot : « Des as comme Doudot sont rares. » Il y en eut quelques-uns de marquants, comme l'Autrichien Gessmann, W2, agent double, qui travaillait pour le poste SR de Belfort et le poste (l'Ast) allemand de Lindau, dirigé par le major Bombart dont il avait toute la confiance et qui paya cette crédulité d'une retraite anticipée. Gessmann discrédita l'Ast de Landau en provoquant l'arrestation et la condamnation de plusieurs espions, traités par Gombart : Frogé, Lydia Oswald, Stackelberg.

Friedman, lui, sous-officier de la Légion étrangère et yougoslave d'origine, voulait, à toute force, travailler dans les services spéciaux. Il parlait allemand, serbe, italien et était un antinazi acharné, parce que juif. Le Bureau spécial de la Légion étrangère, BSLE, l'avait recommandé à Paillole qui, frappé par son intelligence et ses capacités d'adaptation, lui fit passer la frontière en clandestin. Friedman se présenta comme déserteur aux autorités et fut conduit à la Gestapo de Sarrebruck. Il réussit à se faire enrôler, comme permanent, par l'Ast de l'Abwehr de Wiesbaden, sous le nom de Frederking.

---

23. Le réseau de la Dame blanche de Dieudonné Lambrech et Walthère Dewé avait travaillé pendant tout 14-18 avec l'Intelligence Service. Walthère Dewé, en 1939, reprit contact avec les Anglais et collabora à nouveau avec eux tout en fournissant des renseignements au capitaine Louis Kleinmann, de l'antenne de Longwy, et à Edmond Amiable, dominicain français, HC du 5e Bureau et ancien de la Dame blanche.

Walthère Dewé poursuivit ses activités de renseignements avec son réseau appelé Clarence-Cleveland, jusqu'à ce 14 janvier 1944 où les Allemands l'abattirent à Bruxelles, au coin de la rue de la Brasserie et de l'avenue de la Couronne. (D'après Henri Koch-Kent dans *Doudot, figure légendaire du contre-espionnage français*.)

Autre W de qualité, Paul Scholchoff ; le commissaire Gianvitti de la préfecture de police dit à son propos à Paillole : « Il est d'origine polonaise et comme il sollicite sa naturalisation, je suis obligé d'enquêter, mais il n'y a aucun problème, c'est un garçon admirable, dévoué, gentil, sérieux[24]... » Scholchoff s'était lancé dans le commerce des jouets et représentait des maisons allemandes. Bientôt il représenta aussi le CE du 2 *bis* à l'Ast de Hambourg, un des rares postes de l'Abwehr où Paillole n'avait pas encore placé un W. « Scholchoff a été pendant toute la guerre l'un de nos meilleurs agents de pénétration. Il est resté en contact avec les officiers de l'Abwehr au plus haut niveau. Un courage extraordinaire, se souvient Paul Paillole, il nous a rendu des services énormes. »

Le W Alain Roy, lui, réussit à se faire recruter par l'Abwehr en 1939, alors qu'il n'avait pas dix-huit ans. Il tint pendant toute la guerre. En 1945, juste avant l'effondrement du Reich, Alain Roy dirigeait les émissions des radios secrètes de Goebbels. « Il avait été très intéressé par les exploits des services britanniques et d'un journaliste anglais qui avait créé en France libérée une radio dont tous les auditeurs étaient persuadés d'entendre des Allemands antinazis. Ça permettait donc aux Anglais de glisser toutes sortes d'informations là-dedans en disant que l'Allemagne était foutue. Et ça avait fait des ravages dans l'opinion publique en Allemagne. Goebbels avait voulu faire la même chose, mais cette fois tournée vers la France, la Belgique, les pays de l'Est. Une espèce de provocation pour semer la pagaille. Aventure extraordinaire, puisque j'étais payé et même payé très cher pour dire le plus grand mal des Allemands[25]. »

Voilà quelques-uns des W qui, sans égaler peut-être Joseph Doudot, furent des exceptions parmi les agents des services spéciaux.

La guerre de Joséphine Baker, HC

Joséphine Baker, elle, n'était pas W, mais elle sut, à sa façon et au titre d'HC, gagner sa croix de guerre. En septembre 1939, le capitaine Jacques Abtey, Alsacien de trente-deux ans, et collaborateur direct de Paillole, cherchait des gens qui voyageaient beaucoup, pouvaient s'informer et travailleraient sans rémunération. Daniel Marouani, frère de l'agent de Joséphine Baker, proposa à la Centrale du 2 *bis* l'Antillaise éblouissante. Ni Jacques Abtey, ni Joséphine elle-même n'étaient enthousiasmés. Lui pensait à Mata Hari et elle aux vieux flics des romans policiers. Marouani organisa

24. D'après l'entretien de Paul Paillole avec l'auteur.
25. Alain Roy, entretien avec l'auteur.

une rencontre chez la chanteuse au Vésinet. Abtey s'étonna de l'authenticité de Baker, du sérieux avec lequel elle envisageait de travailler pour le « 2e Bureau », et Joséphine de son côté fut surprise par la beauté du capitaine.

Sa mission de renseignement commença pendant la « drôle de guerre » par les soirées des ambassades et des ministères. Elle y obtint, au charme, bien des informations. Au moment de la débâcle, elle se replia sur son château des Milandes, en Dordogne. Jacques Abtey suivit le gouvernement à Vichy, mais il projetait déjà de rejoindre de Gaulle et d'établir une liaison entre Londres et ceux qui résisteraient en France. Il rejoignit donc Joséphine aux Milandes : elle pouvait monter une troupe, l'engager et gagner le Portugal. A Marseille, où Paillole organisait les services camouflés en « travaux ruraux », les TR, Abtey obtint de son chef les visas nécessaires pour la vedette et son assistant, un certain Jean-François Hébert. Les renseignements que Hébert-Abtey aurait à transmettre du Portugal seraient écrits à l'encre sympathique sur les partitions de Joséphine. En Espagne, comme à Lisbonne, tout le monde se précipita pour voir la grande Joséphine Baker, sans se soucier du secrétaire dont le passeport précisait « accompagne Mme Joséphine Baker », mention exigée par l'artiste qui engageait ainsi sa responsabilité dans tous les actes dudit secrétaire.

Abtey était descendu dans un hôtel plus modeste que l'Aviz où logeait sa « patronne ». L'attaché de l'air anglais, son contact, lui transmit les ordres de Londres, il fallait établir la liaison à partir de la France et renvoyer Baker à Paillole. Elle rassura tout de suite le chef des travaux ruraux par son enthousiasme et sa certitude de l'entrée en guerre de l'Amérique, donc de la victoire. Sans argent, elle accepta de reprendre *La Créole* d'Offenbach, qu'elle avait jouée à Paris en 1934. Elle avait bien proclamé : « Tant qu'il y a un Allemand en France, Joséphine ne chantera pas. » Mais Marseille, après tout, était en zone libre. Dès que la menace allemande sur cette zone se précisa, Joséphine, qu'Abtey avait rejointe, partit pour Alger avec son « assistant » et en ayant assuré le passage de deux de ses amis, Rey et Solmsen. Ce dernier écrivit plus tard : « J'ignore si j'aurais réussi à partir par d'autres moyens et je ne veux même pas le savoir. Pour moi, c'est Joséphine et Jacques qui m'ont sauvé la vie. »

Après Alger il y eut le Maroc où Abtey ne put obtenir de visa pour le Portugal. Joséphine y partit donc seule avec, toujours, les informations à l'encre sympathique sur ses partitions. Elle profita de son visa permanent pour donner des représentations en Espagne et participer à toutes les festivités. Les Allemands s'y montraient nombreux, et elle savait obtenir leurs confidences. A son retour à Casablanca, ses renseignements furent transmis par Abtey sur les États-Unis. Elle tomba alors malade, souffrant d'une péritonite, d'abord, puis d'une septicémie, et elle dut subir une opération. Après dix-neuf mois de clinique, elle quitta Casablanca pour Marrakech, contracta une paratyphoïde, s'en sortit une fois encore et en mars 1943 chanta pour l'ouverture du club de la Croix-Rouge destiné aux soldats américains noirs de Casablanca. Elle ne cessa plus, dès lors, ses tours de chant pour les troupes d'Afrique du Nord, à raison de quatre à cinq représentations par jour.

Jacques Abtey l'avait convertie à la politique des Forces françaises libres et elle fit campagne pour Charles de Gaulle. A la fin de chaque représentation, elle déroulait au fond de la scène un immense drapeau tricolore portant la croix de Lorraine. Au printemps de 1943, le chef des FFL (ou Forces combattantes) installa son quartier général à Alger et offrit à Joséphine une petite croix de Lorraine en or. Une autre était peinte sur sa jeep quand elle entreprit avec Abtey — et sur ordre — une tournée de propagande de l'Afrique du Nord, de Marrakech au Caire. Elle chanta même, un soir, en plein désert, pour 3 000 Anglais qui partaient au combat. Après Le Caire, et en avion, maintenant, ce fut Beyrouth et le Liban puis la Syrie, la Palestine, avec des représentations au profit de la Résistance. Joséphine vendit aux enchères sa petite croix de Lorraine en or pour 350 000 francs. L'ensemble de la tournée rapporta 3 143 000 francs et — Baker l'espérait — une reconnaissance politique pour de Gaulle.

En 1946, alors qu'elle subissait une nouvelle opération dans une clinique de Neuilly, elle reçut des mains du colonel de Boissoudy la médaille de la Résistance. Mme de Boissieu, fille du général, assistait à la cérémonie. Le général lui-même avait envoyé une lettre où il se déclarait « touché » par l'enthousiasme avec lequel elle avait consacré son talent à la cause de la Résistance.

10 mai 1940 au Luxembourg

Mais revenons. Nous avons laissé Joseph Doudot à la mi-février 1940, après son entrevue avec le major Mampuys, chef du CE belge, et son rapport, sans illusion, sur l'affaire de Mechelen au Centre de liaison français de Lille. En accord avec Paillole et surtout depuis que les services spéciaux, même avant Mechelen, attendaient l'offensive allemande d'un jour à l'autre, Joseph Doudot travaillait beaucoup sur le pays haut-lorrain de Longwy et le Luxembourg. Le capitaine Louis Kleinmann dirigeait alors l'antenne de Longwy orientée vers le grand-duché et le capitaine Fernand Archen traitait, au Luxembourg même, nombre d'HC. Mais dès 1936, sous l'impulsion d'Henri Koch-Kent, un petit groupe de Luxembourgeois avaient créé leur propre réseau d'information et de défense contre la pénétration allemande, menée depuis le poste Abwehr de Trèves par le major Oskar Reile, futur chef du CE en France occupée.

Joseph Doudot aidait son ami Koch-Kent à intoxiquer les agents luxembourgeois du réseau Reile, mais l'initiative la plus utile vint de Paul Fisch. En fréquentant la famille Brenner, qu'il savait en rapport avec Reile, Fisch avait appris que l'Abwehr enverrait, au moment de l'invasion du Luxembourg, des commandos spéciaux pour préparer l'action militaire en occupant et, au besoin, en faisant sauter les principales centrales postales du grand-duché, dans les heures précédant l'arrivée de la Wehrmacht. Paul Fisch proposa au gouvernement la création d'un réseau clandestin d'alerte qui se composerait d'appareils émetteurs et récepteurs, branchés sur un poste central de la caserne de Luxembourg et reliés au château Colmar-Berg, où résidait la grande-duchesse Charlotte. Le poste d'alerte français de Luxembourg du capitaine Archen bénéficia aussi du système Paul Fisch. Voici les messages qu'il put transmettre au BCC (le SR) de Longwy dans la nuit du 9 au 10 mai 1940 :

> « Message n° 1 — Polux à BCC — 23 h 45 — Signale importants mouvements de troupes allemandes à la frontière germano-luxembourgeoise à Palzem. Prière accuser réception. Fin. »
>
> « Message n° 2 — Polux à BCC — 23 h 55 — Demande écoute très attentive cette nuit, stop. Accusez réception. Fin. »
>
> « Message n° 3 — Polux à BCC — 3 h 51 — Incidents de frontière germano-luxembourgeoise, stop. Un gendarme grièvement blessé à Grevenmacher ; un gendarme tué à Bous par des Allemands résidant dans le grand-duché ; communications téléphoniques interrompues entre Echternach-Luxembourg et Luxembourg-Grevenmacher. Fin. »
>
> « Message n° 5 — Polux à BCC — 4 h 40 — Quatre soldats allemands occupent pont côté luxembourgeois à Weilerbach. Stop. Communications téléphoniques interrompues avec Weilerbach. Soldats et gendarmes luxembourgeois ont été arrêtés par la Gestapo de Wasserbilligerbruck. Stop. Fin. »
>
> « Message n° 6 — Polux à BCC — 5 h 15 — Alerte — invasion du grand-duché par les troupes allemandes. Fin. »
>
> « Message n° 7 — Polux à BCC — 5 h 30 — Nous replions le poste. Fin. »

Dès les premières nouvelles alarmantes, la grande-duchesse, son mari, le prince Félix, et leur suite s'étaient dirigés vers la France. Doudot, qui rentrait à peine d'une mission, fut chargé par le capitaine Kleinmann, à Longwy, de faire dégager la route au poste frontière pour permettre le passage de la famille grand-ducale. A Longwy-Haut, la souveraine téléphona du bureau du capitaine Kleinmann, à Paris et à Bruxelles. Elle repartit après avoir reçu des bons d'essence alors que les avant-gardes de la Wehrmacht se trouvaient à quelques centaines de mètres de la frontière. Quant à Paul Fisch, il réussit comme Koch-Kent à échapper aux Allemands. Ce ne fut pas le cas de l'autre grand résistant luxembourgeois, Charles Lutty. Ce dernier fut arrêté, un mois plus tard, sur dénonciation, mais il survécut à tous les interrogatoires, à tous les emprisonnements à Trèves, Grund, Wittlich.

En 1946, Charles Lutty reçut la croix de guerre avec étoile d'argent. Dans la citation, il est dit :

> « Charles Joseph Lutty a fait preuve d'initiative et de courage au cours de nombreuses missions périlleuses accomplies avec succès. Il s'est particulièrement distingué dans la nuit du 9 au 10 mai 1940. Après son incarcération, a continué à transmettre aux Alliés, à Londres, de précieux renseignements militaires. »

Paul Fisch, traqué pendant toute la guerre, miné par les privations, mourut peu après la victoire, sans avoir reçu la moindre distinction. Henri Koch-Kent, pour sa part, avait réussi à rejoindre Londres où il devint chef de service au ministère de l'Information belge. En 1971, dans le recueil *10 mai 1940 en Luxembourg*[26], il montra, avec témoignages et documents à l'appui, le courage de ses compatriotes face à l'occupant. En 1976, dans un autre livre[27], il reviendra sur le rôle salvateur que jouèrent, dans la nuit du 9 au 10 mai 1940, les radios-alertes clandestines de Paul Fisch, le héros oublié.

Quant à Doudot que la grande-duchesse surnomma plus tard, en souvenir de Longwy, son « passeur », il reçut l'ordre de rejoindre Lille d'où le commandant Darbou l'envoya à Bruxelles comme officier de liaison à l'état-major général de l'armée belge. Après quelques péripéties, dont un aller-retour par bateau en Angleterre entre le 23 et le 27 mai, Doudot se retrouva à Marseille le 22 juin, jour de l'armistice. Il dut s'embarquer, en hâte, sur le *Champollion* pour Oran. Paillole, prévoyant la demande d'extradition de Doudot par les Allemands (elle sera présentée à Vichy en octobre 1940), Paillole donc avait ordonné : « Faites disparaître Doudot ! » Et dès son arrivée en Afrique du Nord, Doudot reprit ses activités.

De septembre 1941 à mars 1943, il dirigea et développa le CE au Maroc français. D'avril 1943 à mai 1944, il fut le chef du CE à Alger. En juillet 1944, il partit en mission avec l'armée canadienne à travers la France, la Belgique et les Pays-Bas. Ses interrogatoires étaient réputés pour leur rapidité et leur rendement : un agent pris en main par Doudot en livrait presque toujours plusieurs autres. En juillet 1945, il fut nommé chef de la base de CE de Metz. Son ami Henri Koch-Kent termine le livre qu'il lui consacre par une de ses lettres dans laquelle Doudot, alors colonel, précise :

> « Entré par hasard dans le contre-espionnage, j'ai bénéficié d'une chance providentielle qui m'a évité d'être pris, au cours de la guerre, par les Allemands ou les Italiens. En outre, ni à l'embarquement pendant la bataille de Dunkerque en 1940, ni lors du débarquement

---

26. Publié à Luxembourg sous le patronage des anciens combattants luxembourgeois.
27. *Doudot. Figure légendaire du contre-espionnage français*, Casterman, 1976.

anglo-saxon de 1942 au Maroc, ni en 1944, au cours des opérations de débarquement en Normandie, je n'ai jamais été blessé. A Marseille et Alger, les bombardements aériens allemands ou italiens m'ont épargné, comme les bombes volantes V1 et V2 m'ont épargné à Londres et Anvers. Enfin, les missions effectuées lors des campagnes de Tunisie, de France, de Belgique et de Hollande, de même que celles sur le front des Ardennes, au moment de l'offensive de von Rundstedt, ne m'ont pas valu la moindre égratignure. »

Exploits et héros du SR clandestin

Après l'armistice, Rivet, soutenu par Weygand, bref ministre de la Guerre de Pétain, put enfin officialiser le 25 août 1940, le service MA, chargé des « menées antinationales ». Allemands et Italiens admiraient ce MA, dirigé en titre par Rivet mais en fait par son adjoint le lieutenant-colonel d'Alès. Il était installé à Royat, sous la couverture d'un « Office du retour à la terre ». Des deux sections de renseignements autorisées, l'une, la section russe, tournait à vide, l'autre, celle chargée de l'Angleterre et que Darlan avait voulu créer de toute urgence, était dirigée par le capitaine Luizet, dont Rivet et tous ceux du SR et du CE savaient les liens avec les Forces françaises libres.

Voici l'extrait d'un rapport de la Gestapo : « Le 5e Bureau fut officiellement liquidé mais les officiers du SR demeurèrent en place en conservant toute leur énergie pour la continuation du combat. L'activité d'espionnage fut poursuivie avec le même personnel et dans le même esprit anti-allemand. »

La partie clandestine du service MA comprenait deux branches, le MA1, la recherche du renseignement, et le MA3, le contre-espionnage.

Le MA1, le renseignement et sa section « recherches », toujours dirigée par le lieutenant-colonel Perruche, s'installa, pour les sections allemande et italienne, à Vichy même, dans la « Villa des songes » où personne ne soupçonna jamais sa présence. En plus des postes du Sud-Est européen, Belgrade avec le capitaine Lafont, Zagreb avec le capitaine Gogue, Bucarest, Sofia et Istanbul sous la coordination du lieutenant-colonel de Villeneuve, le MA1 travaillait sur l'Allemagne à partir de Vichy, et avec le P2 (ex-BREM de Metz), dirigé par le commandant Simoneau, à Limoges il collaborait avec le P3 (ex-BENE de Lille) et le commandant Darbou et à Lyon avec le P4 (ex-SCM de Belfort) et le commandant Lombard. De son côté, Barbaro assurait le fonctionnement du P5 (ex-SER), à Marseille toujours, mais en appartement maintenant, et le P6 (ex-BEP) continuait à œuvrer à Toulouse.

Pendant cette période de semi-clandestinité, le colonel Pourchot du SR de Berne fut un des contacts les plus directs avec les Anglais et l'OSS des Américains. Pourchot fut aussi le premier, de son poste de Berne, à annoncer le 21 juin 1941 l'attaque allemande contre l'URSS. Mais après le débarquement allié en AFN, le poste de Pourchot, « Bruno », conclut un accord avec l'attaché militaire US, le général Legge, et obtint la transmission régulière vers Alger de ses télégrammes protégés par son propre chiffre. Bruno, de novembre 1942 à la fin de la guerre, fut une des meilleures sources SR, sur l'Italie et l'Allemagne.

> « Dans les semaines qui précédèrent le débarquement de Normandie, il fournit à tout moment un ordre de bataille à peu près exact et complet des forces susceptibles de s'opposer à l'opération "Overlord". Il en fut de même en ce qui concerne le débarquement de Provence.
>
> Ensuite "Bruno" porta son effort sur les axes de retraite des forces allemandes sur les deux fronts et sur l'organisation des positions défensives allemandes en Lorraine, dans les Vosges, en Franche-Comté et en Alsace. Une liaison étroite fut établie avec le SR opérationnel de la 1re armée française, afin que le général de Lattre pût sans délai bénéficier des renseignements obtenus.
>
> "Bruno" disposait alors de 243 informateurs, dont 24 de première valeur, comprenant notamment 5 jeunes officiers qui, au moment de l'occupation totale, s'étaient mis à sa disposition, et étaient devenus ses chefs de file. Tout ce travail ne s'effectua pas sans pertes : 44 de ses informateurs furent arrêtés, dont 9 réussirent à s'évader, mais dont 22 furent déportés et 13 tués ou portés disparus[28]. »

Un des agents les plus étonnants du colonel Pourchot et de son réseau Bruno fut Albert-Charles Meyer. Engagé le 3 septembre 1939 comme élève pilote de l'École de l'air, il fut surpris par l'armistice à Agen. Il parcourut dès lors la France à vélo pour essayer de rejoindre Londres. Mais ce sera à Berne qu'il trouvera son destin d'agent de la Résistance avec le colonel Gaston Pourchot. Alfred-Charles Meyer sera considéré comme le meilleur agent de renseignement du réseau Bruno. Il établit, en outre, avec la Suisse des filières d'évasion spectaculaires, sauvant, entre autres, le général Giraud, Robert Schuman et les parents de Mendès France. Condamné à mort par la Gestapo, appréhendé douze fois par la police nazie, Meyer franchit, en clandestin, plus de deux cents fois les frontières d'Alsace, de Belgique et de Suisse. La peur au ventre ? « Je suis alsacien. J'ai fait toutes mes études dans une boîte de "maristes", Sainte-Marie à Belfort. Nous étions très anti-allemands, répond sobrement le général Meyer. A l'école avec les copains, pendant les cours de latin, nous avions adapté à notre sauce l'expression de Caton à propos de Carthage : "*Delenda est Germania*" (Que l'Allemagne soit détruite)[29]. »

---

28. Henri Navarre, *op. cit.*
29. Entretien avec l'auteur.

Autre héros de légende, Jean-Marie Bressand. Agé de vingt ans en 1939, aspirant à l'École d'application d'artillerie de Fontainebleau, il décida, fin 1940, de rejoindre la France libre. Au passage de la ligne de démarcation de Lons-le-Saulnier, il fut recruté par le capitaine Kleinmann (pseudo-Kaiser), ex-SR de Longwy et qui dirigeait le poste P5 du SR clandestin (réseau Kléber) à Lyon.

Sur ordre de Kleinmann, Bressand retourna à Besançon, sa ville, où avec quelques camarades il lui fallait identifier à leurs épaulettes les unités allemandes. Bressand se lia aussi avec le chef d'une entreprise de nettoyage qui vidait les corbeilles à papier des locaux occupés par la garnison. Les documents envoyés à Kleinmann étaient intéressants mais Bressand trouva mieux. Il s'inscrivit au groupe « Collaboration » et se fit embaucher par la Feldkommandantur comme directeur du Casino (cercle des officiers et foyer du soldat). A la cité universitaire, PC des grandes unités allemandes, Bressand recruta le concierge.

« Ce concierge règne, en particulier, sur la chaufferie. Or, chaque soir avec lui, se déroule dans cette chaufferie la cérémonie de l'incinération des documents secrets, des télégrammes décodés qu'une division échange avec d'autres divisions, avec son corps d'armée, parfois même avec le haut commandement (OKH) et jusqu'avec le quartier général du Führer lui-même.

La cérémonie de la crémation de ces précieux documents se déroule en présence du représentant du général commandant la division et de plusieurs officiers.

Le vieux concierge deviendra notre agent.

Il trafiquera sa chaudière, brûlera des vieux journaux, tant et si bien que les précieux documents nous arriveront encore tout ficelés, brûlés à l'extérieur comme une pomme de terre sous la cendre, mais intacts à l'intérieur à quelques centimètres près.

Ces fournitures inespérées, régulières, de documents secrets (Geheim), ultra-secrets (Sehr Geheim) vont se poursuivre jusqu'à mon arrestation par la Gestapo le 12 juin 1943. Elles feront de “Casino” “le plus gros fournisseur de documents de toute la guerre”.

C'est du moins le témoignage que nous apportera au lendemain de la Libération le général Pellisier, chef du 2e Bureau de l'état-major de l'armée, qui fut un temps, en juin/juillet 1943, à la prison de Dijon, mon voisin de cellule[30]. »

Deux autres exploits du réseau Casino :

« — le vol, dans une Mercedes décapotable stationnée dans les jardins du Casino, d'une énorme serviette appartenant à un officier supérieur, trésorier-payeur général aux armées, contenant des documents comptables d'unités stationnées de la Hollande jusqu'en Grèce. Kleinmann me dira, à cette occasion, que ce que de nombreux agents tenteront de recouper au péril de leur vie, nous l'avions là, en clair, authentique, source A1 comme on disait alors ;

30. Bulletin de l'Amicale des anciens des services spéciaux de la Défense nationale, n° 147

— autre chose qui sort de l'ordinaire, la visite à Besançon en 1942 du chef de l'Abwher, le célèbre amiral Canaris. Il fit une conférence dans la salle du Casino à plusieurs centaines d'officiers (la salle était bondée) sur les armes nouvelles et les méthodes secrètes de guerre.

Il parla du procédé "Schnorkel" qui permettait aux sous-marins allemands de naviguer longtemps en plongée, procédé sur lequel l'amirauté britannique manquait encore de précisions. Il fut question également de bases secrètes de ravitaillement des sous-marins allemands en Amérique du Sud, etc.

J'étais caché dans le trou du souffleur, c'est-à-dire que ma tête était à quelques centimètres des bottes de Canaris. J'avais à mes côtés l'opérateur de cinéma, un Yougoslave qui parlait allemand. Il tentait de tout noter, difficilement d'ailleurs, car il tremblait comme une feuille.

Lorsque au début de 1943 la Gestapo rafla, place Bellecour à Lyon, plusieurs chefs du SR français clandestin, elle trouvera bien rangés et étiquetés, après exploitation, portant la mention d'origine : "source Casino", une cave entière de documents — ce qui fit penser tout de suite qu'il y avait trahison à un haut niveau militaire allemand. L'affaire fut confiée au SD (Sichereits Dienst) de Dijon qui mobilisa durant des mois ses meilleurs limiers pour trouver la "source Casino".

...

Inutile de dire avec quel luxe de précautions je fus cueilli une nuit, chez moi, le 12 juin 1943, à 2 heures du matin, incarcéré d'abord à Besançon, puis à Dijon, où je fis la connaissance des sinistres cachots de Charles le Téméraire.

J'ai subi dix-neuf jours d'interrogatoires, entrecoupés de séances de nerfs de bœuf qui me mettaient le dos à vif, et autres traitements dont j'ai gardé toute ma vie les séquelles. Mes interrogatoires seront retrouvés à Berlin par la Sécurité militaire française et serviront durant plusieurs années de leçons de chose, si je suis dire, aux officiers de l'École de guerre. Mon dossier comportait la sinistre marque NN : Nacht und Nebel (nuit et brouillard), c'est-à-dire que je pouvais être pendu tout de suite en arrivant au camp, en Allemagne, ou servir de cobaye aux expériences de vivisection des "médecins" nazis.

J'avais dit à mes camarades, imprudemment d'ailleurs, que si j'étais arrêté je tiendrais trois jours. J'en ai tenu dix-neuf, ce qui veut dire qu'ils eurent le temps de prendre le large. »

Envoyé au camp de Compiègne, Jean-Marie Bressand s'évadera le 27 août 1943. Il pesait 37 kilos alors qu'il accusait 82 kilos deux mois et demi auparavant lors de son arrestation. Il refit ses forces en Suisse, puis passa en Espagne en plein hiver. Interné au camp de Lérida, il s'en évada et réussit à trouver une filière pour rejoindre le sous-marin *Casabianca* qui le débarqua à Alger en mai 1944 :

« Après un séjour à l'hôpital, puis un stage de parachutiste au camp de Staouéli, près d'Alger, mon aventure clandestine prend fin avec mon parachutage le 30 août 1944, avec une équipe radio, dans le Lomot, à Anteuil, au-dessus de Clerval (Doubs), pour fournir des renseignements au SRO de la 1re armée française débarquée le 16 août 1944 en Provence. »

Source K : Bousquet dénonce Rocard et ses compagnons

Le P2 du commandant Simoneau réussit, pendant un temps trop court, une des opérations les plus artisanales et les plus complexes de ce MA1 qui ne fut jamais que toléré, et que Darlan et Laval espionnèrent chacun pour son compte. Les seules écoutes qu'ils admettaient étaient celles de la section NEMO que le capitaine Cazin d'Honincthun, déjà résistant par ailleurs (il sera déporté), maintenait à la poste centrale de Vichy.

La source K, donc, fut inspirée par les circonstances à un ami de Simoneau, le capitaine Combeau, du génie-transmissions. A l'armistice et sans doute parce qu'il était polytechnicien et « Sup-Elec », il fut affecté à la direction des recherches techniques. Il s'y retrouva au milieu de patriotes en quête d'action : Lobreau, contrôleur principal des PTT, chargé de la direction des lignes souterraines à grande distance, Sueur, sous-ingénieur des PTT, affecté, comme Combeau, à la direction des recherches techniques, et Keller, sous-ingénieur, spécialiste des câbles et qui contrôlait celui souterrain de Paris-Metz-Berlin, à l'usage exclusif des Allemands. Keller et Combeau estimaient possible l'écoute de ce câble : il leur fallait disposer d'un appareil d'interception qui compenserait les pertes de courant, réussir à le mettre en place sur un point du parcours du câble, et disposer, enfin, d'opérateurs très qualifiés.

Simoneau, alerté, obtint de Rivet les crédits nécessaires pour réaliser l'appareil intercepteur que Combeau avait conçu. Plusieurs entreprises, en zone libre, le fabriquèrent, par pièces détachées. Combeau et Keller pour leur part avaient repéré que le câble passait par une parallèle de la nationale 3, à proximité de pavillons. Une de ces maisons put être louée près de Noisy-le-Grand ; elle était pourvue du sous-sol indispensable à l'installation de l'appareil intercepteur. Quand il fut mis en place et qu'un tunnel eut été creusé jusqu'au point de passage du câble, Combeau fit créer des incidents techniques qui justifieraient l'ouverture d'une tranchée pour réparations par une équipe PTT. Cette équipe était composée de Combeau, Lobreau, Keller et Sueur auxquels s'étaient joints deux chefs d'équipe spécialistes des lignes téléphoniques à grande distance, Matheron et Guillon. Ils relièrent le câble à l'intercepteur, rebouchèrent la tranchée dans la nuit du 18 au 19 avril 1942, et ce même 19 avril l'opérateur Jung se mit au travail.

Le sergent-chef Édouard Jung, dès qu'il avait été libéré de son stalag, parce que alsacien-lorrain, s'était présenté à son ancien commandant de compagnie Simoneau : « J'avais toute confiance en lui. Je lui ai posé le problème en lui donnant le temps de réflexion, parce que s'il était pris, pas de doute, il y passait[31]. » Jung, qui possédait la langue allemande et ses nuances, accepta d'être formé par la section NEMO à la terminologie et à l'organisation de la Wehrmacht. En mars 1942, il s'installa dans la villa de Noisy-le-Grand, avec, pour couverture, un emploi d'agent d'assurances.

« Il était à la fois opérateur, rédacteur. Je me demandais à quel moment il pouvait dormir ou même s'alimenter. Il y avait 97 circuits dans le câble, il fallait sélectionner. » Jung, seul pendant trois mois, écouta, transcrivit les procès-verbaux avec une encre spéciale, les expédia. « Nous avons recruté un deuxième opérateur qui porte un nom très connu, M. Rocard, un vieux garçon, qui avait fait de hautes études universitaires, était licencié d'allemand. Il était le fils... le cousin du professeur Yves Rocard[32], une de nos relations, lui. » Arriva ensuite Prosper Riss, un jeune Allemand. « Le poste, à ce moment-là, a donné un rendement extraordinaire », selon Simoneau. Parmi les « interceptés », il y avait la Gestapo et il était parfois question de résistants à arrêter. Ceux-ci étaient aussitôt prévenus par des messages anonymes sous leur porte. P2 recevait les renseignements de la source K par courriers réguliers qu'assuraient les services techniques de la SNCF, ambulants des PTT, employés des wagons-restaurants, conducteurs de wagons-lits, tous ignorant la nature de ce qu'ils avaient à transmettre.

Mais vers la fin septembre 1942, une grande unité de l'armée allemande s'apprêta à réquisitionner le pavillon de Noisy-le-Grand, et Jung, Rocard et Riss durent déguerpir. Un autre local avait été prévu à Livry-Gargan où, dès le 15 novembre 1942, l'interception fonctionna sur le câble Paris-Strasbourg, aux circuits plus nombreux (320). Le rendement avec trois opérateurs fut exceptionnel, mais le 24 décembre au matin, Rocard, en arrivant devant le pavillon où il venait relever Riss, vit la grille ouverte. Il sonna au lieu d'entrée, deux soldats allemands se montrèrent. Rocard put cependant s'enfuir sur sa bicyclette et donner l'alerte. Lobreau, Keller, Guillon, Matheron et deux autres complices de la source K, Grimpel et Levasseur, avaient été arrêtés et questionnés par la police française de René Bousquet. Le bulletin de l'Amicale des anciens des services spéciaux de la Défense nationale reproduisait dans son numéro de juin 1993 le document officiel dont nous donnons ci-dessous la traduction, avec ce commentaire :

« Notre camarade du SR air, le colonel P. Badre, associé à

31. Entretien Simoneau avec l'auteur.

32. Yves Rocard, le père de Michel, rendra par la suite de nombreux services au SDECE pendant la guerre d'Algérie.

l'œuvre de la "source K" sous le pseudonyme de Béard (Béard, en liaison avec Simoneau, assurait notamment la transmission à Londres par radio des renseignements recueillis par la source K), nous communique la photocopie (reproduite ci-après avec sa traduction) d'un rapport du Reichführer-SS Himmler à Hitler en date du 26 décembre 1942. L'authenticité du document ne fait aucune doute.

Der Reichsführer-SS
Gg/42 p.K. 7e exemplaire
Concerne : rapports au Führer
Rapport n° 50
Feldkommandostelle,
Le 26 décembre 1942
Affaires secrètes du commandement

Concerne : installation d'une dérivation sur la liaison principale téléphonique Paris-Strasbourg-Berlin.

Le 21 décembre 1942, au cours d'une conversation, le secrétaire général à la police française Bousquet a porté à la connaissance du SS-Brigadeführer Oberg qu'un branchement avait été effectué sur le câble principal de la Wehrmacht Paris-Strasbourg-Berlin sur la route nationale n° 3 à la borne kilométrique 20,800.

Comme auteurs étaient dénoncés un ingénieur français des télégraphes et un fonctionnaire vérificateur.

Les mesures exécutives prises ensuite avec les techniciens-experts d'une section des branchements téléphoniques de campagne apportèrent la preuve que cette information était fondée.

La dérivation était installée dans une villa.

Celui qui était chargé des écoutes, un Alsacien, a pu également être appréhendé.

Le dispositif d'écoutes est qualifié d'exceptionnel et d'inconnu jusqu'ici par les techniciens-experts.

Des interrogatoires menés jusqu'ici, il résulte que le dispositif d'écoutes a été installé sur ordre du major Béard, officier du 2e Bureau à Vichy. Les recherches continuent.

Signé : H. Himmler[33]. »

Seuls Lobreau, Levasseur et Riss reviendront de déportation. Rocard et Jung purent gagner l'Afrique du Nord avec Simoneau qui se souvient : « La Gestapo nous suivait de près. » Il y avait alors plus d'un mois que la direction des services spéciaux se trouvait à Alger où les Alliés avaient débarqué le 8 novembre 1942.

Les gaullistes récusent toute alliance

Ce débarquement anglo-américain n'avait pas surpris. Dès le mois d'août, les correspondants anglais et américains du lieutenant-

33. Voir annexes.

colonel Perruche l'en avaient prévenu. L'entourage du général Giraud ne cachait pas ses préparatifs de départ et le SR air du colonel Ronin avait ses informations, que confirmaient les attachés militaires et navals US à Vichy.

En septembre, au Maroc, le colonel Eddy, représentant l'Office of Strategic Service, l'OSS américain, confia au capitaine Breitel, du poste TR du Maroc, que le débarquement devait probablement avoir lieu en novembre, et dès le 1er de ce mois Breitel et ses agents se livrèrent à des manœuvres d'intoxication afin de détourner l'attention des Allemands sur Malte et la Tripolitaine.

Au château des Fouze, près d'Uzès, dans le Gard (nom de code : Cadix), le commandant Bertrand avait camouflé ses équipes espagnoles, françaises et polonaises. Elles travaillaient sur la source Z, les quatre « bombes » ou machines à déchiffrer les Enigma allemandes[34]. Bertrand, en ce début de novembre 1942, attendait un message convenu de l'Intelligence Service, avec qui il était en liaison permanente. Le 6 novembre, il reçut ce message : « La récolte est proche. » Le débarquement était donc imminent et les machines devaient partir pour l'Angleterre ou l'Afrique du Nord. Le colonel Rivet avertit alors le général Revers, chef d'état-major de Darlan, lequel avait quitté Vichy le 5 pour Alger où son fils venait d'être frappé de poliomyélite.

Dans la matinée du 9, le général Revers apprit à Rivet que l'armée d'armistice ne résisterait pas à la Wehrmacht si elle intervenait en zone libre. Rivet décida alors de suivre le colonel Ronin et son groupe du SR air. Ronin avait obtenu qu'un Dewoitine les embarque à Marignane. L'avion quitta le terrain à 4 h 15, le 10 novembre, et atterrit à Biskra vers 9 heures. Le capitaine Paillole, de son côté, prépara son passage en Espagne après avoir pris de nouvelles disposition pour ses travaux ruraux.

La direction du CE ou MA3 avait échu en 1940 et comme de droit au capitaine Paillole, le lieutenant-colonel Schlesser ayant pris un commandement. Le CE devint les « travaux ruraux », une couverture accordée par M. Préaud, directeur du génie rural au ministère de l'Agriculture. M. Préaud intervint même pour que le nouveau service, le TR (ce nom lui restera), fût logé à Marseille, dans une grande villa, la villa « Eole », près de l'embouchure de l'Huveaune, promenade de la plage. Le poste TR115 de Marseille sera le siège baptisé Cambronne dont son directeur, M. Philippe Perrier, était né le 8 décembre 1904 à Blida (Algérie). « Je me vieillis, cela fera plus sérieux », notera Paul Paillole. Le 1er juillet 1942, par la note n° 1TR, il créa le service et nomma les chefs de postes CE clandestins avec le titre d'ingénieurs des travaux ruraux ; Rigaud (alias Richepin) à Limoges dirigeait le TR112, Johanes (alias Jansen) à Clermont-Ferrand le TR113, Hugon (alias Huret) à Lyon le TR114, Guiraud (alias Georges-Henri) à Marseille le

34. Voir Hans Thilo Schmidt.

TR115 et d'Hoffelize (alias Daubray) à Toulouse le TR111. En Afrique du Nord, Doudot avait mission de s'occuper du poste principal et centralisateur d'Alger, le TR119. Paillole-Perrier enverra aussi en Afrique du Nord Bertrand (frère de celui d'Enigma) et Fontès, futur patron de Parisot, qui avaient fui Lille ainsi que Breitel de Toulouse.

Les directives de la note n° 1 étaient pénétration des organisations pronazies et profascistes, liaison avec l'Intelligence Service et appui aux initiatives pro-alliées, à l'intérieur de la zone dite « libre » (ZI), surveillance et pénétration des commissions d'armistice ennemies, action clandestine, cloisonnée, et centralisation des renseignements à Cambronne, qui assurera leur exploitation. La direction de Marseille, le PC « Cambronne », ne comptera jamais plus d'une quinzaine de personnes. Les TR auront au départ une vingtaine d'agents de pénétration, introduits au sein de l'Abwehr, plus environ soixante agents ou HC en zone occupée (ZO) et à l'étranger.

De l'armistice à l'entrée des Allemands en zone sud, donc au départ des services de Paillole pour l'Afrique du Nord en novembre 1942, le bilan, incomplet, des TR a été établi comme suit. Dans les sept mois après l'armistice, 78 agents ennemis (68 de l'Abwehr, 6 du SR italien, 4 du SR espagnol) furent arrêtés et déférés à la justice militaire. Au 31 décembre 1941, 4 500 agents présumés de l'Axe avaient été répertoriés, 316 espions arrêtés, déférés à la justice militaire, 16 exécutés, 50 avaient été soustraits aux recherches des commissions allemandes par un transfert en AFN et une dizaine « portés disparus ». Le commissaire Blemant, de la Surveillance du territoire, pour la région de Marseille, et Taillandier dit « Morhange », pour la région de Toulouse, se chargeaient de la « mesure D » (définitive et mortelle) ; le SR air du colonel Ronin appliquera la mesure D deux fois, à Limoges et à Lyon.

Voici maintenant comment le conflit avec le BCRA est vu dans *Le Service de renseignements* d'Henri Navarre et du groupe d'anciens membres du SR[35] :

> « Nos services de contre-espionnage décelèrent très vite la plupart des réseaux gaullistes ou dépendant directement de l'IS, qui se créaient peu à peu dans les deux zones.
>
> Le premier réseau gaulliste avec lequel un contact fut établi fut celui qu'était en train de créer Gilbert Renault, qui devait par la suite devenir célèbre sous le nom de Rémy. Le contact avec Rémy fut pris à Saumur, chez son oncle le photographe Decker, lui-même en relation avec un "HC" du poste TR de Limoges. Rémy, encore très inexpérimenté, n'avait pas grand-chose à transmettre à Londres. Aussi fut-il très heureux de recevoir le double des renseignements collectés à Paris par l'antenne TR 112 *bis*, qui constituèrent certainement ses premières fournitures au BCRA.
>
> A Marseille, en janvier 1941, Paillole rencontra Henri Frenay,

35. *Op. cit.*

qu'il avait connu à Saint-Cyr, et les deux hommes décidèrent de travailler la main dans la main. Frenay, qui en était alors au début de la mise sur pied de son mouvement "Combat", se trouvait par ailleurs déjà en contact avec le poste SR de Lyon, et avec la section clandestine "Technica" du 2e Bureau, installée à proximité. C'est même de ces deux organismes qu'il tira, pendant plusieurs mois, l'essentiel des renseignements qu'il envoyait à Londres — par le canal du SR d'ailleurs au début, car il n'avait alors encore aucune liaison directe.

C'est sur une intervention du lieutenant-colonel d'Alès que Maurice Duclos alias Saint-Jacques, qui s'était cassé une jambe à l'atterrissage en revenant d'Angleterre et avait été arrêté, fut libéré en mars 1941. C'est sur l'intervention personnelle du colonel Rivet que l'agent gaulliste Gilbert Turck, parachuté près de Montluçon, blessé et arrêté par la police, fut libéré en août 1941. C'est sur la demande de Paillole que Fourcaud, lui aussi envoyé de Londres, et que son exceptionnelle imprudence avait vite fait repérer par la police, dut d'être finalement relâché le 30 août 1941, bien que son arrestation à Marseille eût fait grand bruit à Vichy. C'est grâce au BMA d'Alger et à la Surveillance du territoire que le commandant Loustauneau-Lacau, le créateur du réseau "Alliance" (qui agissait avec la complicité du BMA de Marseille), arrêté par suite d'une maladresse à Alger, put "s'évader" et regagner la métropole.

Une collaboration clandestine régulière entre les services de CE et les réseaux gaullistes aurait certainement pu s'instaurer si ces derniers l'avaient voulu. Elle leur aurait sans aucun doute épargné de multiples ennuis et aurait considérablement accru leur rendement. Ce ne fut pas possible par suite de leur méfiance à l'égard de tout ce qui portait l'étiquette "vichyste", et surtout en raison des consignes formelles qui leur étaient données par le BCRA de Londres.

Le colonel Passy invente une nouvelle forme de services secrets

Le BCRA, mais encore ? Son fondateur d'abord, « le colonel Passy ». Il s'appelait en fait André Dewavrin. Capitaine de vingt-neuf ans, volontaire pour la Norvège, il avait participé aux opérations de Narvik. Il avait rejoint de Gaulle à Londres dès le 1er juillet 1940, et l'homme du 18 juin, dont bien peu de Français alors avaient entendu l'appel, l'avait chargé de créer de toutes pièces un SR qui, par ses informations, montrerait aux Alliés que les Français étaient toujours capables de se battre.

Dewavrin devenu le colonel Passy, et chef d'un SR dont il ignorait toutes les techniques, revint quelques jours plus tard demander au général des moyens et des hommes. Après lui avoir permis de recruter parmi la centaine de Français qui avaient rejoint Londres, de Gaulle lui conseilla, pour le reste, de se débrouiller.

A l'Intelligence Service, le colonel Dansey, chef de MI6, se fit l'instructeur de Passy, lui procura les moyens de transport et de communication de première nécessité et lui avança aussi quelques subsides. Mais le 9 août 1940, Churchill et de Gaulle réglèrent les problèmes financiers et Passy put envisager de créer un SR gaulliste en toute indépendance. Pour ce faire, il innova. Comme il n'avait pas le temps de former des agents de renseignements, il réussit, avec beaucoup de difficulté, à faire accepter par les services britanniques un projet qui leur paraissait ahurissant ; il recruterait des volontaires et leur apprendrait le minimum (chiffre, emploi des encres sympathiques, méthodes de parachutages et d'atterrissages clandestins). Ensuite, il les enverrait en France avec un questionnaire détaillé sur les renseignements recherchés. Un opérateur radio, en général un marin spécialiste des transmissions, les accompagnerait.

A l'automne de 1940, Sir Frank Nelson, chef d'un service indépendant de l'IS, le SOE, service d'intervention paramilitaire en territoire occupé, demanda à Passy de monter un service Action. L'idée plut à de Gaulle qui la jugea complémentaire avec celle plus caractéristique des FFL, de regrouper tous les noyaux de résistance qui se formaient en France, de façon spontanée. Le colonel Passy affirmera[36] :

« Dès 1941, nous fûmes en mesure de faire sauter un nombre important d'objectifs militaires en France occupée. »

Le SR des FFL devint le Bureau central des renseignements et d'action, BCRA. En contact avec les mouvements importants de résistance de la zone occupée comme de la zone dite libre, le BCRA chargea Jean Moulin, dit Max, de coordonner leur action sur le plan politique en créant le CNR, Comité national de la résistance. Moulin avait mission, par ailleurs, de regrouper au sein d'une armée secrète, l'AS (direction unique : le général Delestraint), ceux des mouvements de résistance qui voulaient combattre les armes à la main.

André Dewavrin, fils d'une riche famille du Nord, après des études brillantes à Louis-le-Grand, était passé par Polytechnique avant d'entrer à l'École militaire et d'application du génie. De Gaulle parlera de la « passion froide » qui saisit le nouveau colonel Passy quand il se donna pour tâche, aussitôt nommé, d'inventer une autre forme de services secrets. Il sut s'entourer à tout le moins tant que le BCRA fut à Londres. Il eut pour adjoints directs « André Manuel, puis Pierre Brossolette qui, comme moi-même, firent tous deux des missions en France occupée. Brossolette, arrêté, se tua pour éviter de parler sous les tortures de la Gestapo ».

Hors la section de renseignements, Passy structura le BCRA

36. Dans l'article dont nous nous inspirons et qui parut dans *Le Monde* du 17 février 1966 et était intitulé « Au dossier des services secrets. Du BCRA au SDECE », par André Dewavrin (colonel Passy).

selon ses projets d'adaptation des services au monde moderne. La section AM (action militaire) formait les agents « Action », organisait les liaisons avec eux lorsqu'ils étaient en mission, ainsi que toutes les opérations d'atterrissage et de parachutage. Cette section fut dirigée par Lagier et par Scamaroni qui choisit, comme Brossolette, de se tuer alors que l'OVRA (les services secrets mussoliniens) allaient le torturer. Il y avait une section de documentation militaire qui était dirigée par Mella, Stéphane Hessel et Duboys (ces deux derniers déportés). Cette section classait, d'après les renseignements du SR, toutes les informations sur l'ennemi en vue de préparer des plans d'opérations paramilitaires sur des objectifs précis. Elle mettait aussi au point des plans de sabotage en prévision du jour J du débarquement.

Une section non militaire (NM), avec à sa tête Jacques Bingen, Jean Pierre-Bloch et Louis Vallon, était chargée des questions politiques. Elle n'était pas opérationnelle et se contentait de classer les informations non militaires du SR ou des agents « Action » afin de les transmettre au commissariat à l'Intérieur du gouvernement provisoire présidé par de Gaulle. Mais d'un autre côté, elle préparait des instructions d'ordre politique pour les agents de France ; instructions qui émanaient du commissariat à l'Intérieur dont les commissaires successifs furent Diethelm, André Philip et Emmanuel d'Astier de La Vigerie. Ces directives étaient codées par le service du chiffre du BCRA et envoyées en France par la section AM.

En 1941, Passy créa une section de contre-espionnage. Il la confia à Roger Wybot (Warin de son vrai nom) qui avait travaillé pour le BCRA sur la France, mais était « brûlé » à ce moment. Wybot dirigea le CE avec Stanislas Mangin, avant de céder le poste en 1943, à Alger, au commandant Bonnefous, « un spécialiste issu du SR de Vichy », écrit Passy, pire que dédaigneux, méprisant, souvent, pour les services spéciaux. Deux textes suggèrent, mais pas davantage, quelques-unes des causes du conflit majeur entre les nouveaux et les anciens des services ; un conflit que de Gaulle résoudra, à sa façon, en novembre 1943. Dans son article du *Monde* de 1966, Passy précisait, à l'égard de ses collaborateurs du BCRA : « La quasi-totalité de ces hommes étaient "de gauche" pour utiliser ce vocable consacré », et de lui-même il dira en 1985[37] : « J'ai toujours été de gauche, en dépit de mes origines et en dépit d'assertions mensongères concernant la Cagoule. Mais je ne me suis inscrit à aucun parti politique. »

Le deuxième texte vient de l'autre camp, si camp il y eut. Dans *Le Service de renseignements* d'Henri Navarre, on peut lire :

« Le refus d'admettre leur politisation fut la seule raison de la

37. *La Piscine*, entretien de Dewavrin avec les auteurs Roger Faligot, Pascal Krop, Le Seuil, 1985.

résistance opposée par les services secrets militaires à la "fusion" avec le BCRA, telle que la voulaient les gaullistes.

Certains ont prétendu que cette résistance venait du fait que les services secrets militaires étaient "giraudistes". Ils ne l'étaient pas plus qu'ils n'avaient été "pétainistes". Ils voulaient seulement rester fidèles à leur mission, qui les vouait au service exclusif du pays, et, en aucun cas, à celui d'un parti, d'un clan ou d'un homme. »

Les résistants maîtres d'Alger et hors la loi

Alger, novembre 1942. « Un chaudron de sorcière. Tout bouillonne, tout fermente, il y a de tout. Un conglomérat d'opinions adverses. Il y a les vichyssois purs et durs, genre Bergeret, les vichyssois anti-allemands, genre Juin et Beaufre. Il y a les militaires patriotes, antivichyssois et anti-allemands, tels les généraux Mast et Béthouart ou le colonel Faye, membre du réseau Alliance. Il y a les hommes du complot que nous allons voir émerger, les monarchistes aussi, Alfred Pose, directeur général de la BNCI, Marc Jacquet, son bras droit, Henri d'Astier, l'abbé Cordier, Mario Faivre. Et tout cela s'agite, mais dans l'ensemble l'Algérie est vichyssoise. Car pour les Algérois, les Algériens en général, les Alérois en particulier, le "Travail-Famille-Patrie", ça représente le grand rêve de cette Algérie que nous occupons. Et le gaullisme, là-dedans, est fort peu et fort mal représenté. »

Philippe Ragueneau — c'est lui qui parle[38] — avait fondé le 17 juin 1940 le premier mouvement de résistance en France. Il était aspirant, sorti de Saint-Cyr, et avec quelques officiers de son unité, repliée à Montlouis en Haute-Garonne, « après avoir entendu, comme tout le monde, l'appel à la fin des combats, lancé par Pétain, au café Laborie, à la sortie du village, nous nous sommes dit, nous on ne s'arrête pas, on ne s'est pas battus, la France n'est pas finie ». Un groupement fut créé, que Philippe Ragueneau appela « la guerre secrète », « le premier nom qui me soit venu à l'esprit », et qu'il affiliera, par la suite, au mouvement Combat. Dès avant sa démobilisation en décembre 1940, il avait des contacts avec Bertie Albrecht et il rencontrera plusieurs fois Henri Frenay. Après une première arrestation et une incarcération à la prison de Montluc à Lyon, Ragueneau rejoignit Alger et les gaullistes à l'automne 1941. « Je me suis intégré au groupe de René Capitant, par l'intermédiaire de José Aboulker, Bernard Pauphilet, Roger Carcassonne et Jean Bonfanti. Il y avait aussi Louis Joxe, le colonel Jousse, le commissaire Achiary, René Moatti, Bernard Karsenty. Et

38. Entretien avec l'auteur.

c'est ainsi que nous allons préparer le débarquement allié avec les gens du complot. »

On appelait ainsi ceux qui préparaient la prise d'Alger et l'arrivée des Alliés avec Robert Murphy, le représentant personnel de Roosevelt en Algérie. Le « groupe des Cinq » se composait de Lemaigre-Dubreuil, Rigault, Van Heche, Tarbé de Saint-Hardouin et Henri d'Astier de La Vigerie. « Ce groupe, ses lieutenants et les gaullistes étaient ensemble pour cette affaire de débarquement. Anti-allemands et gaullistes ont travaillé main dans la main, pour la même cause. » Le 8 novembre 1942 à 0 h 30, dans Alger que la flotte de débarquement anglo-américaine bombardait, Ragueneau fit partie des quatre cents dissidents que ceux que l'on appelait déjà la Résistance ont armés. « Le plan de protection » prévu par l'état-major, avec le service d'ordre légionnaire (le SOL) et ses brassards VP (volontaires de place), avait été détourné par les chefs militaires de la Résistance, le général Mast, commandant la division d'Alger, et le colonel Jousse, major de la garnison, en liaison avec Henri d'Astier de La Vigerie, José Aboulker et autres chefs civils de la Résistance, déjà cités par Ragueneau.

Les quatre cents dissidents, sous les armes, avec leur brassard VP et répartis en petits groupes que commandaient des sous-officiers, se présentèrent aux postes de garde de la garnison, avec un ordre de mission signé du général Mast ou du colonel Jousse. Ils s'emparèrent ainsi, sans violence, des centres vitaux. Le groupe que dirigeait l'aspirant Bernard Pauphilet releva le poste de garde de la « Villa des oliviers », résidence du général Juin, commandant en chef des forces françaises en Afrique du Nord. Pauphilet, malgré les protestations de Juin, l'isola avec l'amiral Darlan qui se trouvait à Alger, nous l'avons dit, de façon fortuite et pour des raisons d'ordre privé. L'opération de ces quatre cents que l'on appellera par la suite le SD, Special Detachment, fut bouclée à 2 heures du matin. La Résistance tenait Alger en attendant la prise de la ville par la 1re armée britannique et le 2e corps américain débarqués à l'est et à l'ouest du port et qui composaient la « Task Force Torch[39] ». Ces forces prirent plusieurs heures de retard sur l'horaire qui avait été fixé par les chefs de la Résistance. Selon Philippe Ragueneau, les Américains ne croyaient guère à cette opération de soutien. Lui qui neutralisait avec ses hommes du SD la villa du commandant de l'air à El-Biar vit arriver des chars : « Les agents de Vichy reprenaient les choses en main. Je me suis sauvé avec mes gars de façon à ne pas être pris. D'autres se sont retrouvés en prison à Alger et y sont restés bien après le débarquement. Les Américains se souciaient peu de la résistance française et de ce que nous avions pu faire. »

Mais la Résistance, comme l'écrit Michel Robert-Garouel,

---

39. D'après un article de Michel Robert-Garouel, président des Compagnons du SD (Special Detachment), « Un tournant capital de la Seconde Guerre mondiale, 8 novembre 1942 : opération Torch. Le débarquement allié en AFN ».

s'était découverte en aidant les Alliés et risquait gros maintenant que les Américains nommaient Darlan gouverneur. Celui-ci, en effet, avait obtenu contre eux une intervention très meurtrière de l'aviation de l'Axe avant d'ordonner à tous les généraux d'AFN, ceux de Tunisie en particulier, de combattre l'envahisseur US « seuls ou assistés ! ». L'amiral continuait à se réclamer de Vichy, accordait des promotions à ceux qui avaient combattu les forces de débarquement et laissait Juin ou Noguès sanctionner les officiers supérieurs, dont les généraux Béthouart et Monsabert, les colonels Baril et Jousse, qui avaient depuis 1940 préparé l'arrivée des Alliés.

« On a tiré l'exécution de Darlan à la courte paille »

Les résistants, ceux, surtout, qui comme Pauphilet ou Ragueneau avaient participé au putsch du 8 novembre, se regroupèrent très vite dans l'organisation du « Special Detachment » ou « mission Brandon ». Dès leur arrivée à Alger, le colonel Anstruther et le major Watt Torrance, officiers britanniques de la « Task Force Torch », prirent en charge ces futurs volontaires de toutes les missions dangereuses et les regroupèrent au cap Matifou, à 30 kilomètres d'Alger, dans une ferme. Ragueneau raconte : « Pendant neuf ou dix jours, nous n'avons pas eu grand-chose à faire que nous entraîner aux armes que les Anglais nous avaient remises, nous initier aux explosifs et à un certain nombre de techniques dont nous allions nous servir en Tunisie. On parlait beaucoup. » La situation politique paradoxale et malsaine, qu'avaient créée les Américains, préoccupait Ragueneau et ses camarades du Special Detachment. « Ils imposent Darlan comme chef légal de la France. D'ailleurs, à leurs yeux, Vichy avait une légalité que de Gaulle n'avait pas tellement prouvée. Donc ils jouent la carte Darlan et ce choix est catastrophique, contre les intérêts de la France libre, c'est-à-dire de la France tout court. De Gaulle, depuis deux ans et demi, a réussi à imposer à Londres une certaine image de la France, d'une certaine force française qui fait que le contingent français qui est engagé, s'il est faible, a tout de même un statut différent des contingents polonais, hollandais ou belge. La France est présente à Londres, elle pourra et devra être présente au traité. Il est donc important que cet acquis soit conservé, faute de quoi c'est Vichy qui va déterminer la suite. Donc Darlan est là-dedans un brouilleur de cartes.

« C'est pourquoi, lorsque nous nous retrouvons une quarantaine de gars au Special Detachment d'Alger pour continuer la guerre, j'estime nécessaire de nettoyer derrière nous. Les historiens ont beaucoup de mal à comprendre comment un petit groupe de jeunes gens a pu, comme ça, en son âme et conscience, décider qu'il fallait liquider Darlan avant d'aller au baroud.

« Les historiens n'ont pas vécu ou ont oublié l'ambiance de cette époque. Nous nous sentions responsables, nous avions pris nos décisions nous-mêmes, nous estimions que nous menions notre affaire comme nous l'avions décidé. Personne ne nous a engagés, ni pour résister, ni pour faire ce que nous avions fait. Par conséquent, nos initiatives n'avaient pas besoin d'être appuyées ou soutenues par un ordre venu de Londres, d'Alger ou de Washington.

« Un soir, donc, le 18 novembre 1943, dans un coin de notre grange, j'ai réuni trois camarades : Otto Grosse, un étudiant d'Alger, Henri Tournier et Fernand Bonnier de La Chapelle. Je leur ai expliqué ce que je viens de dire et qu'on ne pouvait pas partir comme ça. Il fallait aller jusqu'au bout de nos responsabilités. Nous avions essayé de faciliter le débarquement allié, ce n'était pas assez si derrière nous un traître reprenait les choses en main et détruisait tout ce que nous avions tenté de faire.

« Il n'y avait pas d'autre solution que de le liquider. Et mes trois camarades ont dit : "C'est d'accord, comment faut-il procéder ?" J'ai dit : "On tire à la courte paille et celui qui aura le brin le plus court fera le nécessaire." J'ai pris dans les tas qui nous entouraient des brins de paille, je les ai tendus à la ronde. On les a comparés, j'ai cru d'abord que c'était moi. Et puis de La Chapelle a dit : "Non, Philippe, je crois que c'est moi." En effet, son brin était plus court. Je lui ai dit : "Tu restes. Est-ce que tu fais le nécessaire ?" Et lui : "Bien oui, d'accord." Lorsque je suis parti trois jours plus tard pour combattre avec mon groupe en Tunisie, je lui ai demandé s'il voulait que je reste pour l'aider, il m'a dit : "Non, tu pars tranquille." »

A partir du 21 novembre, Bonnier agit. Sa fiancée habitait un appartement au-dessous de celui d'Henri d'Astier de La Vigerie. Il l'avait rencontré dans l'escalier, lui avait parlé, comme à son fils Bernard. Bonnier monta voir « ces gens-là » comme les appelle Philippe Ragueneau, avant d'ajouter : « Bonnier avait compris qui ils étaient, les sentiments qui les animaient, qu'ils étaient contre Darlan, contre Vichy, plus ou moins pour de Gaulle. » Bonnier raconta à Bernard, le fils, ce qui s'était passé dans la grange de Mataifou et il dit : « Il faut m'aider. » Bernard d'Astier répondit : « On va en parler à l'abbé Cordier. »

L'abbé Cordier, vu par Ragueneau, était « une sorte de moine soldat, un homme tumultueux, très exalté, très patriote, un homme qui va au bout de ses convictions, en oubliant un peu sa soutane, parfois. Il était monarchiste, gaullo-monarchiste. Il pensait que de Gaulle c'était ce qu'il avait de mieux, mais que le comte de Paris ce n'était pas mal non plus. Quelles étaient ses convictions réelles, au fond ? Anti-allemand et anti-vichyssois, cela est sûr. Et il était tout à fait d'accord à propos de Bonnier, puisqu'un vaillant jeune homme se présentait pour faire le travail, qu'on l'aide ! Ce qu'il fit ».

Des plans furent fournis à Bonnier pour se diriger à l'intérieur du palais d'été, siège du gouvernement. Mario Faivre (futur historien monarchiste de l'affaire Darlan) donna son pistolet à Bonnier dont l'arme, défectueuse, portait trop à gauche. Selon Ragueneau, d'Astier de La Vigerie étant ministre de l'Intérieur, et Achiary, gaulliste, commissaire et chef de la Surveillance du territoire : « Bonnier ne se fait pas de souci pour la suite. Il ne pense pas du tout qu'il va être exécuté le 25 décembre. » Le 24 décembre, Bonnier entra sans opposition au palais d'Été, dit qu'il avait rendez-vous avec Darlan et qu'il savait comment se rendre au bureau de l'amiral. On le laissa aller. Vers 15 h 15, Darlan arriva, suivi du capitaine de frégate Hourcade. Comme il se dirigeait vers son cabinet, Bonnier l'abattit de deux coups de pistolet.

Arrêté aussitôt, Bonnier sera jugé, sans instruction, dès le lendemain, le 25 décembre, par un tribunal militaire toujours aux ordres de Vichy.

Au nom du maréchal Pétain, Fernand Bonnier de La Chapelle, vingt ans, fut condamné à mort. Il avait eu quand même le temps de déclarer : « Je considère le crime que j'ai commis comme l'expression de mes sentiments d'honnêteté. J'estimais, en effet, que l'amiral qui collaborait depuis deux ans avec l'Allemagne n'était pas qualifié pour occuper le poste qu'il s'était attribué. Lorsque j'ai compris qu'il s'installait pour durer, j'ai décidé de le détruire. »

Le recours en grâce qui relevait du seul maréchal Pétain fut escamoté. Michel Robert-Garouel écrit (dans l'article déjà cité : « Opération Torch ») :

> « Mais les "représentants" du Maréchal, prompts habituellement à se couvrir de son autorité, n'hésitent pas, en la circonstance, à y substituer la leur. Le 25 décembre, le recours en grâce de Bonnier de La Chapelle est rejeté :
>
> *Le général Giraud, etc., au général Roubertie, commandant la division d'Alger :*
>
> *Par décision du 25 décembre, le général Noguès, résident général au Maroc, exerçant provisoirement les fonctions de haut-commissaire en Afrique française, a rejeté le recours en grâce du nommé Bonnier de La Chapelle, condamné à mort le 25 décembre 1942 par la cour martiale d'Alger.*
>
> *Je vous prie d'assurer l'exécution dudit jugement et de me rendre compte.*
>
> *Signé : Giraud.*

Et le général Roubertie émet immédiatement l'ordre d'exécution suivant :

> *Vu la décision du général d'armée Noguès, exerçant provisoirement les fonctions de haut-commissaire en Afrique française, rejetant le recours en grâce de l'intéressé (décision en date du 25 décembre 1942), ordonne que le condamné sera conduit au champ de tir de Hussein-Dey, le 26 décembre 1942, à 7 h 30 du matin, pour y être exécuté.*

A l'aube du 26 décembre 1942, quarante-huit heures après le

meurtre de Darlan, Bonnier de La Chapelle est conduit sur le lieu du supplice et fusillé.

Le 21 décembre 1945, un arrêt de la chambre de révision de la cour d'appel d'Alger réhabilitera F. Bonnier de La Chapelle dans les termes suivants :

> *Attendu que... il apparaît certain que l'amiral Darlan agissait contre les intérêts de la France, et que par suite l'acte ayant entraîné la condamnation de Bonnier de La Chapelle a bien été accompli dans l'intérêt de la libération de la France.*
>
> *Pour ces motifs... annule le jugement du tribunal permanent d'Alger, siégeant en cour martiale, le 25 décembre 1942, qui a prononcé la peine de mort contre Bonnier de La Chapelle.* »

Parisot retourne tout un réseau de l'Abwehr

Mais fin 1942, alors qu'on fusillait Bonnier de La Chapelle et que le Special Detachment de Philippe Ragueneau se battait déjà en Tunisie, Serge-Henri Parisot était, comme tous les dissidents même non gaullistes, sanctionné par sa hiérarchie toujours vichyssoise, elle. Parisot sera pourtant l'un des agents les plus insolites du TR de Paillole, avec son affaire « Gilbert », considérée, à l'unanimité des services secrets, comme la plus belle réussite des agents alliés en Méditerranée, au cours de la Seconde Guerre mondiale.

Parisot n'était venu au renseignement qu'en 1941 en devenant chef du Bureau de coordination de Casablanca (BCC). Il avait été auparavant chef de section à la Légion, dans le Haut-Atlas, professeur à Saint-Cyr (d'où il sortait promotion Gallieni 27-29), capitaine aux chasseurs alpins, avec lesquels il avait participé à l'expédition de Norvège. Fait prisonnier et évadé, il s'était retrouvé à Turin, à la délégation française auprès des commissions italiennes d'armistice. Son père, le général Parisot, attaché militaire à Rome, présidait la section « armée de terre ».

Au moment du débarquement américain au Maroc de 1942, le capitaine Parisot et ses officiers du BCC accomplirent plusieurs actions en faveur des unités qui débarquaient. Mais ils se trouvèrent devant une difficulté que Parisot résumera ainsi : « Comment faire pour que les Américains progressent sans que les Français se fassent casser la gueule[40] ? » Le général Noguès, résident général, que les Américains laissèrent en place, malgré sa résistance armée à leur action, mit Parisot aux arrêts de rigueur puis le muta, fin 1942, par mesure disciplinaire, au 5e régiment de tirailleurs marocains, à Taourirt, un bled du Maroc oriental.

---

40. Entretien colonel Parisot avec l'auteur.

En avril 1943, Parisot réussit à entrer aux TR (les « travaux ruraux ») de Paillole. Il fut envoyé en Tunisie au moment où la retraite germano-italienne tournait à la déroute. Dès l'entrée des Alliés à Tunis, Parisot se vit chargé d'une affaire que son patron le capitaine Fontès (pseudo-Laroche ou Lapierre) et le capitaine Tupinier, de la sécurité militaire, ne savaient trop eux-mêmes comment traiter[41].

Un certain Gilbert, de son vrai nom Latham, ancien officier français, qui avait quitté l'armée aussitôt après la guerre de 14, venait de se livrer à la sécurité militaire. Célibataire, très bohème, après avoir été mobilisé en 39-40 comme chef de bataillon, il s'était retrouvé intendant de police à Lyon, à Marseille puis, quelque chose ou quelqu'un lui ayant déplu, s'était engagé dans la Ligue des volontaires français où il avait été désigné non pour le front russe, mais comme chef de dépôt à Mende (Lozère). Les Allemands de la section IIIF de l'Abwehr l'avaient choisi ensuite pour diriger leur réseau « Anti-Atlas » à Tunis. Après le départ des troupes de l'Axe, Gilbert devait les renseigner sur les préparatifs du débarquement allié en Europe. Devant la puissance militaire anglo-américaine, le patron d'Anti-Atlas avait interdit à son réseau de bouger tant qu'il n'y verrait pas plus clair. Et il était venu se livrer, en cachette, au capitaine Tupinier (pseudo-Thomas).

Pour utiliser les deux postes-valises, à grande puissance et à portée réduite, l'Abwehr avait laissé à Gilbert deux opérateurs radio, Fernand, lieutenant de réserve des transmissions, capable de réparer les postes plus que de les manipuler, et Arnaud, le radio virtuose, ancien quartier maître et militant PPF. Denis, ancien communiste comme Doriot, le chef de son parti, représentait le PPF. C'était un truand, un tueur, sous-lieutenant de la LVF en Russie, et que Beugras, chef du service d'espionnage du PPF, avait commis à la surveillance du réseau Anti-Atlas et surtout de Gilbert. Un certain H. descendant d'un maréchal d'Empire complétait le groupe. Gilbert avait entraîné dans l'équipée cet officier d'aviation assez exalté, rencontré au dépôt LVF de Mende, et qui pourrait toujours financer Anti-Atlas au cas où l'Abwehr tarderait dans ses envois de subsides.

Latham-« Gilbert », aventurier dilettante, se révéla par la suite avoir été sous-lieutenant au 21e chasseurs à pied, en 1916, à Tahure, au moment où le père de Parisot y commandait un bataillon.

Dès le lendemain de la visite de Gilbert à la sécurité militaire et après avoir consulté les responsables alliés, le commandement étant anglo-saxon, Fontès, Tupinier et Parisot avaient pris leur décision : retourner le réseau de l'Abwehr. C'est ainsi que Gilbert accepta de

41. D'après « Comment j'ai "retourné" un réseau allemand » par l'ex-capitaine Prévost (pseudonyme que choisit le colonel Parisot pour signer cet article), paru dans le n° 70 (juillet 1966) d'*Atlas-Histoire*, Jules Tallandier.

devenir agent double, à l'insu des quatre autres d'Anti-Atlas. Parisot de son côté jouerait l'officier français qui transmettait les renseignements. Il se fit admettre par la bande et contrôla ainsi le sympathique mais quand même imprévisible Gilbert. Parisot garda toujours ses distances avec lui, il l'appelait « mon commandant » et Gilbert lui répondait « mon capitaine ». Ils chiffraient ensemble les messages ; le code, la clé, le contenu étaient ignorés des radios, Arnaud, le quartier maître PPF, et Jehan, un ancien officier marinier, qui avait été infiltré à Anti-Atlas sans trop de difficulté après que Parisot eut escamoté Fernand en le faisant mobiliser et muter au loin.

Le 10 juin 1943, à 8 heures du matin, sur la terrasse militaire de Tunis, l'antenne du plus puissant des postes-valises fut déployée : « Je me souviendrai toujours de l'effet extraordinaire que m'a produit cette première manifestation d'intelligence avec l'ennemi » (Parisot). Les radios Arnaud et Jehan, pour des raisons tout à fait opposées, poussèrent un cri de joie : à 1 500 kilomètres, un radio de l'Abwehr répondait, le contact était établi.

L'échange de messages dura des mois, pour le plus grand intérêt du major Oskar Reile au CE Abwehr-France et du « Comité 33 » de Tunis, l'organisme interallié, chargé d'exécuter le plan de « Deception », disaient les Anglais (intoxication de l'adversaire). Le problème de l'électricité fut résolu par un médecin qui permit l'emploi du groupe électrogène de l'hôpital et, par surcroît, l'Abwehr obtint de la Luftwaffe qu'elle ne bombardât point Tunis pour ne pas compliquer les émissions du réseau de Gilbert. Parisot, qui était censé tenir ses informations du haut commandement allié de Tunis, avait fait mobiliser Gilbert avec son grade, et les informations que lui donnait son nouveau milieu militaire, il les passait dans les messages à l'Abwehr sur le moral, l'opinion, les ordres de bataille, les identifications d'unités. C'étaient des renseignements encore fragmentaires et de routine pour « faire vrai ». « Et Gilbert devait apprendre progressivement son métier d'espion, comme moi mon métier de traître » (Parisot).

Le Comité 33 monta alors une opération de « déception » pour masquer les préparatifs de débarquement en Sicile. Anti-Atlas annonça à Reile que la base choisie était Bizerte. Une flottille de vieux cargos, de pontons, de carcasses en bois tendues de toile figura l'armada de l'invasion. Une patrouille de reconnaissance de la Luftwaffe vint photographier la rade, un bombardement suivit, qui fit 50 morts. Après quoi les Alliés purent continuer leur concentration à Sousse et à Sfax, sans intervention ennemie. Parisot et son patron Fontès, dit Laroche ou Lapierre, avaient désormais Gilbert bien en main et les membres du Comité 33, dont Duff Cooper, futur ministre, considéraient le réseau Anti-Atlas comme un élément important du système d'intoxication sur les opérations de Sicile. Denis, le tueur du PPF, annonça alors à Gilbert qu'il rentrait en France pour rendre compte à Beugras. Il avait imaginé de revêtir un uniforme français et muni de faux papiers de gagner en autostop le Maroc oriental. Au cours du dîner d'adieu avec ceux d'Anti-Atlas, Parisot proposa à Denis de l'emmener, avant son départ, à la Kasbah, siège du CSTT, par une porte dérobée. Comme il était de garde ce soir-là, il pouvait faire entrer qui il voulait, à condition d'être en tenue ; il en profiterait, dit-il, pour montrer à Denis les originaux des documents dont il emportait en France les copies à l'intention du major Reile. L'opération se déroula comme prévu, mais en guidant Denis à l'intérieur du CSTT, vers le bureau-pièce, Parisot se souvint que son adversaire était armé, et lui non ! A peine étaient-ils entrés que le capitaine Fontès-« Lapierre » et deux gendarmes surgirent. A part son pistolet, Denis portait sur lui la liste d'une soixantaine de militants PPF dangereux de la région de Constantine, dans un linge noué à la taille à même la peau, un demi-million de billets de la banque d'Algérie et de Tunisie, et un plan, enfin, sur lequel était tracée la route d'Hammanlif, avec une borne kilométrique repère et un trajet en pointillé. Le lendemain, Denis déterra lui-même, à l'endroit indiqué par la carte, une caisse d'explosifs et d'amorces laissés par l'Afrikakorps. Parisot était d'avis d'appliquer à Denis la mesure D (définitive), mais les Anglais s'y opposèrent et se chargèrent du truand PPF, sans en dire davantage.

Ils utilisèrent un peu plus tard Gilbert et les radios d'Anti-Atlas dans le plan très ambitieux du Comité 33 : faire croire à l'OKW que le débarquement allié sur le continent aurait ses têtes de pont de part et d'autre de Crotone, sur le golfe de Tarente, côte occidentale. Des agents furent largués, munis de questionnaires et persuadés qu'ils préparaient le débarquement à Crotone. Le Comité 33 espérait qu'ils seraient pris et qu'ils parleraient. Un cadavre d'aviateur, portant des faux plans, fut échoué même dans les parages[42].

Gilbert transmit donc à l'Abwehr l'annonce de l'attaque alliée sur Crotone et les services d'Oskar Reile lui apprirent que les blindés allemands manœuvraient en conséquence. Parisot participa avec la 8e armée britannique au franchissement du détroit de Messine ; opération très tranquille grâce au réseau Anti-Atlas qu'il avait retourné et que l'Abwehr croyait presque sur parole depuis le coup d'audace du commandement anglo-américain, en juillet 1943. Parisot et Gilbert transmirent, à l'époque, le message suivant :

« Extrême-Urgent-Opérations. Débarquement britannique et américain imminent soit demain, soit après-demain. Sicile ou Sardaigne. Source excellente habituelle, valeur premier ordre. »

Et Parisot explique :

« Bien entendu, les Germano-Italiens n'avaient plus le temps de prendre la moindre mesure de parade, mais encore pouvaient-ils renforcer leur dispositif d'alerte, à la seule condition que l'avertissement donné par Gilbert soit pris suffisamment en considération, ce

42. On en tira par la suite le film *L'homme qui n'a jamais existé* avec pour conseiller Duff Cooper qui avait participé, étant alors au comité 33, à la vraie mise en scène.

qui n'était peut-être pas encore le cas. Il est néanmoins évident qu'un tel coup de poker ne pouvait que renforcer puissamment la crédibilité que l'Abwehr accorderait par la suite à Gilbert.

« En réponse à leur annonce du débarquement, Parisot et Latham (qui retrouvera son grade et se retirera après la guerre en Angleterre), l'officier traitant et l'agent retourné, déchiffrèrent donc, ce jour historique de juillet 1943, le message radio personnel que le lieutenant-colonel Reile expédiait de Paris :

« Vous adresse chaleureuses félicitations — Ainsi qu'à votre ami officier pour remarquables renseignements fournis stop. Êtes proposés pour récompense stop. Reile. Fin. »

La récompense était la Croix de fer.

Darnand livre le trésor de la Milice, 200 millions de francs lourds

En juin 1945, le commandant Parisot réussit un autre retournement, tout sentimental, celui-là : « Grâce à l'esprit chasseur — et lui seul —, Joseph Darnand lui révéla où il avait caché le trésor de la Milice. » Voici comment.

Représentant le CE français, les TR en Italie et dans les Balkans, Parisot avait pour couverture une fonction à la sécurité militaire, et c'est à ce titre que les services spéciaux alliés mirent à sa disposition des collaborateurs français d'importance qu'ils détenaient à la prison San Vittore de Milan. Il y avait là Jean Luchaire, Marcel Bucard, Joseph Darnand, entre autres. Le directeur de la prison, qui ne savait que faire de tous ces futurs fusillés, proposa « en solde » à Parisot, qui s'intéressait à Darnand, la secrétaire qui avait toujours suivi le chef de la Milice, Suzanne Charras : interrogée à part, elle serait peut-être utile.

Parisot emmena ses deux prisonniers dans son PC local, une grande maison impossible à garder. Or Darnand avait déjà réussi à échapper aux partisans communistes italiens qui l'avaient capturé avec ses derniers miliciens lors de l'encerclement de Valteline, près de Tirano. Mais Parisot éprouvait quelque pitié pour ce vaincu, emmuré dans sa défaite et qui sentait déjà ce matin proche du 10 octobre 1945 où on le fusillera au fort de Châtillon. Certes, les crimes qu'il avait permis ou fait commettre à sa Milice étaient connus des hommes du corps expéditionnaire français d'Italie que commandait Parisot. Toutefois l'attitude même de leur chef les amena à admettre le traitement de faveur qu'il accorda aux captifs : un bain, un repas pris en commun, après des présentations « très protocolaires », dira Parisot. Il voulait oublier, un moment, la Milice et l'ignoble secrétariat d'État à l'Intérieur de Vichy, pour ne se rappeler que du « valeureux combattant, hélas dévoyé, qui s'était illustré au point de cumuler une bonne demi-douzaine de palmes lors des deux guerres faites comme commandant de groupe franc ». Il lui demanda de ne pas chercher à fuir, après avoir précisé qu'il n'y aurait pas d'interrogatoire du genre de ceux qu'il avait tolérés à la Milice. Darnand « était maintenant certain de ne pas avoir à livrer honteusement ses subordonnés : un officier de chasseurs, ancien du même bataillon, ne lui extorquerait rien par traîtrise ».

Darnand dit alors :

— Mon commandant, vous avez ma parole d'officier de chasseurs alpins.

Il était bouleversé. Au fil de la conversation, il venait d'apprendre qu'il avait servi, avant Parisot, « sous le même fanion vert empire et jonquille, celui du bataillon de la garde, 24e de l'arme ».

Par la suite Parisot confia à l'aspirant Rabouille, de l'artillerie d'Afrique, la mission de récupérer le trésor de la Milice dont Darnand lui avait donné toutes les cachettes. L'une d'entre elles était constituée par les tuyaux d'orgue d'un monastère bénédictin de la frontière suisse. Ce trésor fut évalué à une somme qui équivaut à 200 millions de francs lourds[43].

Avec Serge-Henri Parisot, comme avec son patron des TR Paul Paillole, c'était toute une façon de faire du renseignement qui finissait alors que l'autre conception du service secret, né à Londres avec Passy, était en train de s'imposer.

De Gaulle renvoie Giraud, le SR et Rivet

Le 26 décembre 1942 un « Conseil d'Empire » désigna le général Giraud comme « haut-commissaire en Afrique du Nord ». Et dans la nuit du 28 au 29 décembre, Giraud prit prétexte de l'exécution de Darlan pour ordonner des arrestations en masse de résistants dont les frères Aboulker, Moatti, Pierre et Armand Alexandre, Achiary. Capitant, prévenu, se cacha. Le 10 janvier 1943, ce fut au tour d'Henri d'Astier de La Vigerie et de l'abbé Cordier. Les « gaullistes » seront relâchés quelques jours plus tard, sauf ces deux derniers. Ils resteront emprisonnés jusqu'en juin 1943 ; libérés après l'arrivée du général de Gaulle en Afrique

43. Tous les éléments de cette histoire Darnand sont extraits d'un texte manuscrit du colonel Parisot lui-même, qu'il a intitulé *L'Esprit de corps... ou la récupération du trésor de la Milice*. Il écrit que le trésor « n'a été inventorié qu'à Milan par mes soins et sommairement (pas de balance), et rapatrié en voiture à Nice où je l'ai personnellement remis à un commissaire de police dans son bureau de Cimiez. Composition approximative du trésor : bonbonne : billets, 40 M de FF et 7 M de marks (soit environ 35 M de FF). Coffre : pièces d'or, louis, £, $, FS, vieux doublons d'Espagne, plaques d'or de dentistes, deux rouleaux de fil de platine, lingots. Manteau de cuir : environ 2 kg de pièces d'or cousues dans les doublures ».

du Nord, le 31 mai 1943, ils recevront, le lendemain de leur libération, la croix de guerre, sur le front des troupes et des mains du général Giraud, l'adversaire de la veille, bientôt éliminé. Celui-ci, en effet, démissionnera en avril 1944. La dégradation de la position des services secrets militaires découlera de celle du général Giraud.

Le 27 novembre 1943, un décret du général de Gaulle créa la « Direction générale des services spéciaux », DGSS, confiée à Jacques Soustelle qui avait charge d'assurer la fusion, au sein de la nouvelle DGSS, du BCRA et des services spéciaux de la Défense nationale.

Le colonel Passy (*Le Monde*, 17 février 1966) expliquera pourquoi tout compromis était impossible :

> « Nous eûmes avec les dirigeants du SR de Giraud une controverse de doctrine portant sur le point de savoir si les services secrets devaient être rattachés aux forces armées ou à la présidence du CFLN (Comité français de libération nationale), c'est-à-dire au gouvernement provisoire installé à Alger. J'ai toujours pensé et je pense encore aujourd'hui qu'il n'est que deux rattachements logiques des services secrets, à savoir : soit les Affaires étrangères (comme en Angleterre), soit la présidence du gouvernement (comme aux États-Unis). En pratique, on a pu le constater, par suite de la méconnaissance totale des Français concernant les services secrets et de leur méfiance instinctive à leur égard, cela présente en France de graves inconvénients sur le plan politique. Il faut donc choisir entre deux maux : soit revenir aux services secrets "de grand-papa" et cacher leurs inefficacités et leurs drames derrière des uniformes chamarrés, soit essayer malgré tout de doter le pays, à l'instar de tous les grands pays modernes, de services secrets dignes de ce nom et qui devront rester dans le cadre strict et parfaitement déterminé de leurs attributions. »

De Gaulle reçut Rivet le 28 décembre 1943, l'écouta, réfléchit peut-être, mais après la démission de Giraud, en avril 1944, il convoquait le commandant Simoneau.

> « Le 3 mai 1944, j'ai trouvé sur mon bureau un message disant : "Le commandant Simoneau sera reçu par le général de Gaulle à 15 heures." J'ai cru que c'était une blague, d'abord. Je suis allé trouver mon patron, Rivet. Je lui ai demandé : "Pour quelle raison cette convocation, mon colonel ?" Il m'a répondu : "Eh bien, il vous le dira."
>
> « Il m'a reçu à l'entrée de son bureau et m'a dit : "Pour des raisons que je n'ai pas à vous exposer, je suis décidé à vous séparer de vos chefs actuels et je vous ai désigné pour prendre le commandement des services de renseignements qui marcheront avec l'armée de libération. Expliquez-moi comment vous montez votre affaire."
>
> « Alors nous avons bavardé et j'ai vu qu'il avait une certaine intelligence de ces problèmes-là. L'entretien a duré une petite heure. Il m'a remercié, m'a raccompagné jusqu'à la porte de son bureau. A ce moment, il m'a dit : "Avez-vous quelque chose à me demander,

Simoneau ?" J'ai dit : "Mon général, je suis très flatté de la confiance que vous placez en moi, j'espère pouvoir faire face, comme vous le désirez. Mais dans certains cas, je peux me trouver en difficulté sur le plan des connaissances profondes. Voyez-vous un inconvénient à ce que je prenne les avis de mes anciens chefs ? — Et s'ils étaient morts ?" a-t-il répondu.

« Je suis allé raconter cela à mes patrons. Ils m'avaient caché qu'ils étaient limogés. Le général Rivet avait été placé sans emploi, en temps de guerre. Quant à Villeneuve, il a été nommé au commandement d'une subdivision en Tunisie[44]. »

Mai 1945 : l'Empire se lézarde

Le 1er décembre 1944, à Thiaroy, au Sénégal, quelques tirailleurs, parqués dans la banlieue de Dakar avec d'autres troupes coloniales en partance pour le front, manifestèrent : ils voulaient toucher, enfin, les maigres émoluments qu'on leur promettait toujours, depuis des mois. Ce début de révolte fut réprimé par un massacre. Selon le rapport officiel expédié à Paris, cette « simple opération de discipline militaire » avait provoqué 35 morts environ. Plusieurs centaines, en fait[45]. Après le 8 mai 1945, c'était la répression contre les messalistes qui, à Sétif, Bougie, Bône et Guelma, avaient demandé la libération de leur chef Messali Hadj. L'armée massacra près de 10 000 Algériens (estimation officielle).

En AFN comme en Afrique noire, l'Empire craquait, se lézardait. Mais entre-temps, avant d'être nommé, en mai 1945, patron de l'ex-DGSS, la toute nouvelle DGER (Direction générale des études et recherches), le colonel Passy et François de Langlade, spécialiste de l'Asie, auront été parachutés le 10 mars 1945 sur Diên Biên Phu. Diên Biên Phu vivait déjà l'atmosphère de la défaite : la veille, le 9 mai 1945, les Japonais avaient pris Hanoi. Contre eux, le bureau politique du Viêt-minh avait décidé de faire des alliances tactiques avec les Français et les Américains. Ces Américains que le colonel Passy allait retrouver à Diên Biên Phu où les aviateurs de l'OSS apportaient des médicaments contre la malaria et ne voulaient rien savoir des Français.

Passy, très prochain patron de la DGER, ne pouvait ignorer alors quel serait le rôle de ses services : reconstruire, en Asie comme en Afrique, quelque chose, dans un empire qui n'était déjà plus que façades et décombres.

---

44. Entretien avec l'auteur.
45. *L'Événement*, n° 419, article de Frédéric Ploquin.

VII

DANS LES DÉCOMBRES DE L'EMPIRE COLONIAL

Le SR colonial en Indochine — Le double langage des USA — L'Oncle Hô déjoue les pièges — La naissance de la Piscine — Le colonel Fourcaud limogé après la trahison des généraux Mast et Revers — La création du groupement de commandos mixtes aéroportés (GCMA) — Le cri d'alarme du colonel Maurice Belleux — Le pot de chambre de Diên Biên Phu — 80 % des messages viêt-minhs décodés... — Le rapport secret du général Blanc — L'opium des Méos — 2 000 maquisards au secours du camp — Trinquier et le Comité du haut fleuve Rouge — Mitterrand et l'affaire des fuites — « Des Américains pas très tranquilles » — Un duo de choc : le général Grossin et Constantin Melnik — « Il faudrait supprimer l'avocat Jacques Vergès » — La mort de Georges Puchert, trafiquant d'armes — Opérations « Arma » et « Homo » signées la « Main rouge » — Le président Nasser n'aimait pas le cacao — « Ma mère, Bagheera la panthère » — Une bombe au Quai d'Orsay — Le vrai rapt du colonel Argoud — La décolonisation tragique : horreur à Madagascar — Jacques Foccart, soldat fidèle de De Gaulle — « A complot permanent, terreur permanente » — « La cinquième colonne » à Conakry — Comment on recrute un agent — Le Cameroun entre dans la nuit — Le pastis empoisonné de Félix Moumié — « Ils ont massacré 300 000 à 400 000 Bamilékés » — Anatomie d'un putsch africain — La pendaison du commandant Galopin — La destitution de Bokassa — Où sont passés les 35 milliards ? — Le mystérieux retour de l'empereur — Bob Denard devant les juges — « On m'a donné le feu orange. On ne donne jamais le feu vert dans ces cas-là » — « Les mains sales » et la chute du préfet Silberzahn.

Le SR colonial en Indochine

Dans son *Manuel de géographie*, le colonel Le Nulzec définit l'Indochine française comme occupant la partie est de la grande péninsule qui, entre la Chine et l'Inde et au-devant des îles de l'Insulinde, forme le centre de l'Asie du Sud-Est. L'ossature du relief est formée par un ensemble montagneux soudé aux hautes terres de la Chine du Sud et dont l'orientation générale suit approximativement l'axe nord-sud. Largement épanouie au Tonkin et dans le nord du Laos, cette masse montagneuse s'effile vers le sud dans la Chaîne annamitique. Bien que de moindre surface, les Basses Terres ont un rôle capital ; plateaux de la Chaîne s'abaissant vers le Mékong ou plaines alluviales formées par les deltas des grands fleuves issus du nord, ces terres-là constituent les zones vitales de l'Indochine. Là se sont épanouies les civilisations. Couvrant une superficie de 740 000 kilomètres carrés (soit une fois un tiers celle de la Métropole), l'Indochine française s'étend sur 700 kilomètres de long entre la pointe de Camau au sud et la région de Dong Van dans le haut Tonkin, au nord.

Le colonel Daugreilh, qui vivra la tragédie indochinoise à divers postes de responsabilité au sein du contre-espionnage opérationnel, a rappelé à l'occasion d'articles remarquablement documentés[1] l'arrivée des Français dans la région. Au XVIIIe siècle, un missionnaire, Mgr Pigneau de Behaine, vicaire apostolique de la Cochinchine, aide le jeune prince Nguyên Anh à reconquérir le trône d'Annam. Le 28 novembre 1787, Louis XVI signe le premier traité d'alliance entre la France et ce pays. En 1803, l'empereur de Chine reconnaît Nguyên Anh comme empereur, lui donne le nom de Gia-long, celui de Viêt-nam au pays et fixe le montant d'un tribut biannuel. Gia-long divise alors son empire en trois régions : le pays du Nord (Tonkin), le pays du Sud (Cochinchine) et le pays du Centre (Annam). Mais les relations vite conflictuelles avec le grand voisin se compliquent de celles avec la France : les Chinois ayant tenté de s'emparer du Viêt-nam, Napoléon III organisera deux expéditions qui entreront victorieusement à Pékin.

La Cochinchine passe ainsi sous le contrôle des Français, de même que le Cambodge. Le 9 juin 1885, le traité de Tien-tsin reconnaît le protectorat français sur l'Annam et le Tonkin. Paris crée alors la Fédération indochinoise qui, en 1940, regroupe encore

1. *Les Services spéciaux français dans les conflits d'outre-mer*, par le colonel Daugreilh. Bulletins de l'Amicale des anciens des services spéciaux, nos 141 à 155.

trois États sous protectorat : l'empire d'Annam, les royaumes du Cambodge et du Laos, la Cochinchine pour sa part ayant le statut de colonie.

Avant la guerre, la recherche du renseignement dans nos colonies est assurée par un service pourvu à cet effet. En 1937, Marius Moutet, ministre des Colonies, inquiet des agissements allemands en Afrique noire et des visées japonaises sur les mers du Sud, a fondé un 2e Bureau des colonies. Le service de renseignements intercolonial (SRI) est dirigé par le colonel Nyo avec, pour adjoint, le capitaine Salan. En 1938, Georges Mandel, qui a succédé à Moutet dans le gouvernement Daladier, renforce le dispositif par la création de l'état-major général des colonies et place à la tête de celui-ci le général Bührer. « De mes visites journalières avec Georges Mandel, écrit Salan dans ses Mémoires[2], j'ai conservé le souvenir d'un grand Français ; la fibre nationale vibrait en lui à l'extrême. Des événements vont surgir, me disait-il, poussez vos recherches, le Conseil des ministres a tendance à s'endormir, je veux le réveiller, car la guerre se précise, le nazisme me fait peur. Ah ! si Clemenceau était là ! »

Mandel voyait juste. En juillet 1937, le Japon déclare la guerre à la Chine. En Indochine française déjà affleure l'odeur de la poudre. Georges Mandel envoie une mission en Chine auprès du nationaliste Tchang Kaï-chek, qui s'est retiré sur le « fleuve Bleu » dans la province Se-Tchouan. Il s'agit de faire le point sur une éventuelle agression japonaise. A la demande du général Bührer qui perçoit la menace se concrétisant sur l'aile gauche, Indochine et Birmanie, le capitaine Salan charge deux de ses hommes, Liotard et Guibaut, d'une première exploration. Ils en reviendront avec le tracé de la fameuse route de Birmanie destinée, plus tard, à dégager la Chine de Tchang Kaï-chek. Lors d'une deuxième mission, Liotard sera massacré ; Guibaut finira, lui, ambassadeur de France à Pékin.

Lors de l'armistice de juin 1940, le SRI, dirigé alors en Indochine par le colonel Maupin avec le capitaine Guiol pour adjoint, continue ses activités sous l'appellation de Bureau de statistique militaire. En novembre 1940, le capitaine Graille, en poste à Saigon, noue des premières relations avec la Navy Intelligence Service de Singapour à qui il adresse des renseignements par voie aérienne ou maritime. En février 1942, ce contact cesse par ordre de la hiérarchie militaire de Vichy ; plusieurs officiers du BSM, le colonel Maupin, le commandant Graille et le capitaine Guiol sont relevés de leur fonction. Vichy ne leur pardonne pas d'avoir, via Hong Kong ou Manille, tenté d'aider les Alliés.

Le double langage des USA

Après le coup de force japonais du 9 mars 1945, les différents souverains de l'Indochine française s'étaient empressés de dénoncer

2. Mémoires du général Salan, *Fin d'un empire*, tome I. Presses de la Cité.

les traités les liant à Paris et avaient constitué leurs propres gouvernements. Ainsi, le 11 mars, à l'invitation des occupants nippons, Bao Dai proclame-t-il l'indépendance du Viêt-nam... La Chine et les USA se réjouissent de leur côté de cette éviction des Français. La publication en 1961 par le Département d'État des comptes rendus secrets des conférences tenues au Caire en 1943 montre sans équivoque l'entente complice de ces deux pays. Dans ses Mémoires, le secrétaire d'État américain Cordel Hull note que le président Franklin Roosevelt lui enjoignit de ne rien faire pour les résistants d'Indochine. A Diên Biên Phu où le colonel Passy a été, nous l'avons vu, parachuté, les services américains refusent de distribuer aux Français les médicaments dont ils disposent. « Les ordres qui arrivèrent au grand quartier général américain, précisera le général L. Chennault[3], commandant la 14e armée aérienne US, stipulaient qu'en aucune circonstance les unités françaises ne devaient recevoir des armes et des munitions... J'ai appliqué les ordres à la lettre sans pouvoir me faire à l'idée que je laissais des Français se faire massacrer dans la jungle tandis qu'on m'obligeait officiellement à ignorer leur sort. »

Désormais, les Américains s'adonnent clairement à un double jeu. S'ils affirment encore hypocritement aux Français leur soutien, ils encouragent ouvertement les Vietnamiens dans leur attitude combative. Partout présents, ils ont les poches remplies de dollars. Au début d'octobre 1945, l'ambassade française à Washington élève une solennelle protestation auprès du State Department qui la répercute immédiatement auprès du ministère de la Guerre. Voici la note interne envoyée le 5 octobre 1945[4] :

> « Nous, le Département d'État, avons été informés par l'ambassade française de ce qui suit :
>
> 1 — Certains officiers américains qui ont été parachutés près de Vientiane se sont prononcés en faveur du désarmement des troupes françaises en avançant la raison suivante : l'occupation directe des Français n'a pas été autorisée par des accords internationaux (ils font certainement référence au plan d'abdication du Japon face à la Chine du Nord sur le 16e parallèle).
>
> 2 — Il a été rapporté que Nowoday (l'orthographe est incertaine), un officier de renseignements (ou d'information) américain, était en faveur de l'établissement d'un Laos libre ou d'un parti politique qui soutiendrait une telle libération.
>
> 3 — Des représentants des États-Unis à Hanoi ne se sont absolument pas intéressés au sort des Français qui avaient été emprisonnés à Vinh.
>
> Nous demandons donc une enquête à propos de ces plaintes. S'il en résulte que des militaires civils ou représentants américains ont participé à des activités politiques, faites le nécessaire pour que

---

3. *Les Services spéciaux français dans les conflits d'outre-mer*, par le colonel Daugreilh, op. cit.

4. *Cf.* annexes.

nous soyons assurés qu'ils recevront les instructions adéquates afin qu'ils s'abstiennent de toute activité politique. »

Vœu pieu, qui ne sera suivi d'aucun effet. Sous l'aimable titre : « L'attitude des Français en Indochine vis-à-vis des USA », le lieutenant James R. Withrow, le chef de la mission américaine à Saigon, adresse le 29 octobre 1945 un rapport secret au quartier général de l'OSS à Kandy[5].

« Il est sans doute, écrit-il, raisonnable de conclure qu'actuellement l'attitude des Français en Indochine est dans l'ensemble favorable aux États-Unis. Mais quelques événements survenus ces dernières semaines nous démontrent que cette attitude n'est pas fermement ancrée dans leur esprit et qu'une propagande anti-américaine pourrait les faire basculer. On ne sait pour quelle raison, les Français étaient persuadés qu'avec la fin de la guerre contre le Japon les USA leur garantiraient immédiatement leur sécurité et leur nourriture. Or, vu les conditions actuelles, ces deux éléments manquent terriblement dans la région de Saigon et dans divers endroits en Indochine ; ils sont au premier plan des préoccupations françaises. De plus, il y a d'autres problèmes importants :

1 — En ce qui concerne les Annamites et leur tentative d'assurer leur indépendance, les Français ont peur de l'attitude officielle américaine (le State Department), mais aussi de l'opinion publique américaine. On retrouve même cette peur chez le général Leclerc, et elle semble être la cause de la conférence qui a eu lieu avec lui et qui a été rapportée par câble la semaine dernière au colonel Wilkinson. Un informateur français qui a fait ses preuves dans le passé nous a prévenus qu'il existait un groupe de l'intelligentsia française à Saigon convaincu qu'au moins jusqu'au 1er octobre 1945 les Américains ont activement aidé, encouragé et soutenu les Annamites. Ce groupe déclare avoir des documents prouvant ces accusations (tous les efforts devront être entrepris pour avoir des copies de ces preuves, sans toutefois mettre en jeu la vie de cet informateur et l'existence même de cette mission). Il est intéressant de noter que ce même groupe a activement aidé des prisonniers de guerre et des aviateurs américains à s'échapper de leurs geôles japonaises. On assisterait donc à propos de ce groupe à un revirement total d'opinion.

2 — La presse chinoise à Cho Lon a rapporté à plusieurs reprises que les USA avaient envoyé un illustre personnage (officiel) en France, qui aurait exigé que la France fasse la paix avec les Annamites. Toutes ces histoires qui sont ici de la presse de Ching King nous sont envoyées par un sans-fil ouvert. Puisque le boycott chinois ne vise que les transactions effectuées par les Européens, les Français s'émeuvent, cela les rend méfiants et leur fait croire que le monde entier est contre eux.

Un incident mentionné dans le journal de Saigon démontre bien les possibilités ou même les potentialités d'une campagne active de propagande. Il y a deux semaines, ce journal comportait la citation d'un tract annamite distribué les 7 et 8 octobre. Une copie de l'origi-

5. *Cf.* annexes.

nal écrite à la main y est attachée avec la traduction. Bien que le journal possédât la traduction officielle française, le texte a été modifié, notamment lorsqu'il est question du montant de l'aide que les Annamites devraient recevoir de la part des Américains. Le résultat était de faire croire aux Français qu'il existait un accord précis entre les Annamites et les Américains. La personne qui a modifié le texte n'a pas été capable de nous donner la raison pour laquelle elle l'a fait. (...) En conséquence, le milieu français a commencé à s'interroger ; en effet, les rumeurs accusaient la mission américaine d'être à Saigon uniquement pour aider la révolte annamite. Officiellement cette affaire est close, mais on peut s'attendre à d'autres complications (nous adoptons comme ligne de conduite la surveillance rapprochée de ce journal et des autres publications de la région)... »

Mais en conclusion, le lieutenant Withrow pense que cette « situation n'a pas d'influence sur la question de l'utilité et de l'effet d'une mission américaine en Indochine française ».

Dans une note interne, datée du 3 décembre 1945[6], le colonel américain Grant résume de manière lapidaire la position des États-Unis en ce qui concerne l'Indochine française : « Les USA ne remettent pas en question la souveraineté française en Indochine mais, comme l'a déclaré le Département d'État dans son message, la politique à suivre est celle de "ne pas aider les Français à reprendre leur contrôle de l'Indochine par la force". »

L'Oncle Hô déjoue les pièges

Le 6 juillet 1946 débute la conférence de Fontainebleau sur le sort de l'Indochine. Depuis le 2 mars, Hô Chi Minh est président de la jeune République du Viêt-nam. De lui, les services secrets français ne savent pas grand-chose. Nguyên Tat Thanh — c'est son vrai nom —, né le 19 mai 1890 dans la province de Nghe An (Centre Viêt-nam), n'est-il pas l'homme aux cent cinquante identités ? Celui que l'on surnommait *Bâ*, « le troisième » selon son rôle d'équipage lors de son arrivée à Paris en 1917, est devenu le jeune communiste vietnamien Nguyên Ai Quoc apparaissant dans les colonnes de *L'Humanité* deux ans plus tard comme l'un des participants au Congrès de Tours, en 1920. A Hong Kong en 1930, le futur fondateur de la République démocratique du Viêt-nam signe son courrier d'un énigmatique « Paul » ou « Victor ». Plus tard, exilé en Union soviétique et responsable de la section Orient du Komintern, il donne ses directives sous le nom russifié de « Linov ». Il se sert également d'un autre patronyme, celui de « Ferdinand Didon », jeu de mots politique, *di don* en vietnamien signifiant « aller vers l'est ».

6. *Cf.* annexes.

Georges Bidault, le président du Conseil, aimerait donc et à raison en savoir un peu plus sur les pensées secrètes de l'Oncle Hô. On fait appel au service Action. Le 19 octobre 1946, la délégation du Viêt-minh rentre au pays à bord du paquebot français le *Pasteur*. En douce, le colonel Morlanne, chef du SA, y a fait embarquer deux de ses « as » surnommés « Pioche » et « Le Chibani ». Leur mission ? Photographier le contenu des bagages d'Hô Chi Minh et de ses camarades. Pendant les trois semaines de traversée, les agents français, malgré quelques frayeurs dues aux va-et-vient des délégués vietnamiens sur le bateau, s'acquittent à la perfection de leur tâche. Arrivés au Viêt-nam, ils sont parvenus à tirer en photostats tous les papiers de l'Oncle Hô. De retour à Paris, ils foncent au laboratoire scientifique des services secrets, tenu à l'époque par le « père » Theyss, pour que celui-ci transforme les négatifs en positifs. Il n'existe pas encore de photocopieuse. Soudain c'est la catastrophe. Tous les clichés sont flous. On découvrira, après enquête, que l'ampérage fourni par les générateurs du *Pasteur* n'avait pas été suffisant pour impressionner durablement les négatifs. Les nouveaux services secrets français n'en sont qu'à leurs balbutiements. Le SDECE vient à peine de naître.

La naissance de la Piscine

Si ce n'étaient leurs antennes que l'on aperçoit pointées haut vers le ciel, la lourde porte métallique qui retombe tandis que les barrières en chicane s'effacent et l'insistance du policier armé à scruter la voiture pourtant filmée par les caméras, on aurait quelque peine à croire que l'on vient de pénétrer dans le sanctuaire des services secrets français. La grande cour de la caserne des Tourelles, au 141, boulevard Mortier dans le 20e arrondissement de Paris, paraît très ordinaire, entourée de bâtiments tristement gris.

Après la guerre, le colonel Passy, qui avait succédé à Jacques Soustelle comme patron de la DGER (Direction générale des études et recherches), avait voulu transformer la « Maison » en une véritable centrale de renseignements moderne et efficace. Le 28 décembre 1945, le Conseil des ministres adoptait donc un décret qui annonçait la création du service de documentation extérieure et de contre-espionnage. La mission du SDECE nouvelle manière était ainsi définie : 1 — rechercher à l'étranger tous les renseignements et toute la documentation susceptibles d'informer le gouvernement ; 2 — détecter et signaler aux administrations intéressées les agents des puissances étrangères dont l'action serait susceptible de nuire à la défense nationale ou à la sûreté de l'État.

Dit plus simplement, le SDECE est à la fois chargé de l'espionnage et du contre-espionnage. Dans le premier domaine, le service de la recherche (n° 28) est confié au capitaine de vaisseau Henri Trautmann, un Alsacien, qui avait avant la guerre dirigé successivement les postes de Düsseldorf, Mayence, Metz, Strasbourg et Dunkerque. A la tête du contre-espionnage (n° 23) règne le colonel Roger Lafont, dit « Verneuil », appelé encore affectueusement par ses agents « le Petit Père », en vertu de ses premières armes accomplies au poste SR de Francfort juste après la guerre de 14-18. « Il avait, rappellera le général Louis Rivet, une prédisposition rare, une intuition exceptionnelle à son âge de ce que seront les lendemains franco-allemands, qui l'avaient conduit d'instinct vers ceux qui œuvraient à l'avant-garde de notre sécurité. » Pendant la guerre, le colonel Verneuil avait conduit, nous l'avons vu, les fameux « travaux ruraux » en même temps qu'il était parvenu à pénétrer le renseignement allemand. D'autres services complètent ce dispositif : celui des transmissions (service « 15 ») ; le service Action, « 29 », d'Henri Fille Lambie, dit « Jacques Morlanne » ; le service « 28 » du colonel Bertrand qui décrypte les télégrammes étrangers interceptés au mont Valérien ; l'action politique (« 25-9 ») de François Saar-Demichel et de Louis Mouchon ; les opérations spéciales des pick-pockets et des pilleurs de coffres (« 25-2-4 ») du capitaine Guy Marienne, dit « Morvan » depuis qu'il a dirigé le réseau Darius dans la Résistance. Il y a aussi les services techniques (« 26 ») du colonel P.H. Arnaud.

Au sein des grandes directions, les numéros des différentes « sections » du SDECE s'emboîtent comme des poupées gigognes. Ainsi, pour le « 26 », il y a la section administrative, le « 26.1 », les transmissions, le « 26.2 ». Ce dernier département dispose d'une très importante centrale radiophonique, installée pour la réception aux Alluets-le-Roi et pour l'émission à Feucherolles. Cette centrale assure les liaisons du SDECE avec ses postes extérieurs ; une centaine par jour. Les télégrammes chiffrés « arrivée » et « départ » sont ensuite acheminés entre la caserne Mortier et Les Alluets sur un câble hertzien. Cette section technique est aussi chargée de l'étude et de la fabrication de matériel radio miniaturisé et de matériel d'écoute microphonique. Quant à la « 26.3 », sous les ordres du commandant Cléry, on s'y emploie à produire et reproduire photographiquement, s'il le faut, papiers et documents étrangers. Le « 26.4 », s'occupant du chiffrement et du déchiffrement des télégrammes échangés entre le SDECE et ses postes extérieurs, fournit aussi les « clés-blocs » utilisées dans les liaisons bilatérales avec les services étrangers. Enfin, au « 26.5 », nous entrons dans le laboratoire — encres secrètes, microphotographie, infrarouge, etc. — qui, pour ses recherches, dispose d'un conseil scientifique très étoffé comprenant M. Abribat, le directeur des laboratoires Kodak, le Pr Fessart du Collège de France, le Pr Huguenard de l'École des arts et métiers, le Pr Machebœuf de l'Institut Pasteur, le Pr Sannié qui détient la chaire de chimie organique au Muséum d'histoire naturelle, le Pr Truffert, directeur de l'Institut médico-légal, le Pr Truffaut de la Faculté de pharmacie[7]. Du beau monde...

La cohabitation sous le même toit de l'espionnage et du contre-espionnage était due, pour l'essentiel, à l'action énergique de Henri Ribière. Le 26 février 1946, celui qui avait été le chef adjoint du socialiste Marx Dormoy, à l'Intérieur, lors du Front populaire, l'ancien animateur pendant la guerre du mouvement Libération-Nord, succédait au colonel Passy à la direction générale du SDECE. A la Libération, les services spéciaux s'étaient attribué différents immeubles, autour du bois de Boulogne, avenue du Maréchal-Maunoury ou encore avenue Georges-Mandel. Face au désordre ambiant, Ribière décide comme préalable à toute réforme le déménagement et la réunion des services spéciaux dans les trois corps de bâtiments de la caserne des Tourelles, avenue Mortier. Devenu familièrement « la Boîte », « la Maison », « la Crémerie », ou encore « la Piscine », en raison de celle qui effectivement se trouve juste en face de son siège, le SDECE comptera rapidement trois mille agents, un chiffre qui n'a guère varié depuis.

L'ensemble, certes toujours plus hérissé d'antennes et agrandi de nouvelles ailes, gardera son statut inchangé jusqu'au 4 avril 1982, date à laquelle le SDECE, devenu la Direction générale à la sécurité extérieure (DGSE), verra aussi par décret paru au *Journal officiel* sa mission réduite et précisée. Désormais, la DGSE n'a plus à agir sur le territoire national. Le texte est sans ambiguïté : « La Direction générale de la sécurité extérieure a pour mission, au profit du gouvernement et en collaboration étroite avec les autres organismes concernés, de rechercher et d'exploiter les renseignements intéressant la sécurité de la France, ainsi que de détecter et d'entraver hors du territoire national les activités d'espionnage dirigées contre les intérêts français afin d'en prévenir les conséquences. Pour l'exercice de ses missions, la DGSE est notamment chargée d'assurer les liaisons nécessaires avec les autres services ou organismes concernés ; d'effectuer, dans le cadre de ses attributions, toute action qui lui serait confiée par le gouvernement ; de fournir les synthèses de renseignements dont elle dispose. » Cette clarification a bien sûr pour but de délimiter les champs respectifs de l'espionnage confié à la DGSE et ceux du contre-espionnage relevant de la Direction de la sûreté du territoire (DST), et qui dépend du ministère de l'Intérieur. Depuis la fin de la guerre, il est vrai que le contre-espionnage du SDECE avait trop souvent opéré sur le territoire national, provoquant ainsi la colère des policiers de

7. Ces renseignements ont été aimablement communiqués aux auteurs de *La Piscine* par le colonel P.H. Arnaud.

la DST[8]. Une rivalité sourde et constante entre services spéciaux qui avait éclaté dès l'Indochine avec quelques conséquences inattendues.

Le colonel Fourcaud limogé après la trahison des généraux Mast et Revers

Le 17 septembre 1949, sur la plate-forme d'un autobus, une bagarre éclate entre un ancien d'Indo, Thomas Perrez, et le Vietnamien Do Dai. La police intervient et emmène les deux hommes au poste. Dans la serviette du premier, qui n'est autre que le président de l'Association des Vietnamiens de Paris, on découvre la copie d'un document « très secret défense ». C'est un rapport signé Revers, le chef d'état-major de l'armée française, de retour de mission en Indochine. Analysant les faiblesses du dispositif français, le général y préconise un commandement unique disposant de pouvoirs civils et militaires étendus. Sur les conseils du colonel Fourcaud, le directeur adjoint du SDECE qui l'a accompagné sur place, Revers propose aussi l'envoi d'unités spéciales du SDECE regroupant le renseignement, le contre-espionnage et l'action. Ce sera le GCMA (groupement de commandos mixtes aéroportés).

Roger Wybot, le patron de la DST, est officiellement chargé de l'enquête. Sur le carnet d'adresses de Do Dai, les inspecteurs de la surveillance générale du territoire trouvent notamment le nom de Van Co, le chef de la délégation du Viêt-nam à Paris, qui possède deux copies de ce document à son domicile personnel et déclare l'avoir reçu des mains d'un certain Roger Peyré. Ce dernier, interrogé par la DST, avoue à son tour qu'il le tient lui-même du général Mast, directeur de l'Institut des hautes études de défense nationale (IHEDN). En échange, ce général peu scrupuleux devait percevoir

---

8. L'affaire de Georges Beaufils, héros de la Résistance, accusé à raison d'« intelligence avec l'Union soviétique », est un exemple probant de la vieille opposition SDECE-DST. En 1973, un renseignement fiable était parvenu à la DST : plusieurs documents militaires dont le plan de défense de la zone ouest, qui comprend notamment l'arsenal de Cherbourg où l'on assemble les sous-marins français, et la base ultra-sensible de l'île Longue, qui renferme les SNLE (sous-marins nucléaires stratégiques lance-engins), avaient été communiqués à l'Union soviétique. Bien que soixante exemplaires de ce document « secret-défense » aient été distribués dans trente-quatre services différents, le contre-espionnage finit par identifier Georges Beaufils. Pour la DST, un joli coup. A la Piscine, en revanche, on sourit. Au procès, en 1978, devant la Cour de sûreté de l'État, Louis Mouchon, l'ancien responsable du service politique du SDECE, ironisera sur la « prise » de la DST : « J'ai l'impression, dans le contexte d'une période préélectorale, que l'on a sorti cette affaire Beaufils (nous étions en 1977) à point nommé. » Devant l'auteur, au cours de plusieurs entretiens, Louis Mouchon insistera sur le fait que la DST avait depuis longtemps démasqué Beaufils mais qu'elle avait attendu la veille des élections législatives, que la gauche (PS-PC) pouvait raisonnablement espérer remporter, pour faire éclater le scandale. Comme pour lui donner raison, le président François Mitterrand fera relâcher Georges Beaufils peu après son arrivée au pouvoir.

un million de francs pour préparer rien de moins que sa candidature au poste de haut-commissaire en Indochine. Roger Peyré déclare encore avoir personnellement versé la somme non à Mast mais au général Revers lui-même pour qu'il appuie la candidature de son ami. Dès les premiers interrogatoires, Roger Wybot est ainsi remonté jusqu'aux vrais responsables.

Le gouvernement se montre des plus embarrassés. Si le scandale venait à être rendu public, le puissant allié américain pourrait suspendre son aide financière qui est alors considérable. Le radical Henri Queuille, président du Conseil, prône la modération alors que le socialiste Jules Moch préconise des sanctions exemplaires. Ce dernier n'est toutefois pas suivi par le gouvernement. Le 23 novembre, une ordonnance de non-lieu est rendue. Roger Peyré et ses complices quittent la prison du Cherche-Midi. Les généraux Mast et Revers sont discrètement mis à la retraite.

Seul accroc, mais de taille : Roger Peyré se révèle être un agent du SDECE, recruté à la fin de la guerre sous le matricule AP475. Il a travaillé pour la base Paris, a tenté d'ouvrir un cercle de jeu dans les sous-sols du théâtre Gramont, afin d'y piéger les diplomates étrangers. Au Palais-Bourbon, les députés s'émeuvent et ordonnent une enquête. Lorsque Henri Ribière, le patron du SDECE, apprend que son service est mêlé au scandale, il exige, lui aussi, une expertise interne. Le capitaine Girardot, du contre-espionnage, interroge longuement Peyré. Sa nouvelle déposition dans la nuit du 13 au 14 octobre est totalement conforme à celle de la DST. Ce que Ribière et Wybot ignorent, en revanche, c'est que le capitaine Girardot a remis deux rapports bien distincts. L'un est passé par la voie hiérarchique normale. L'autre, au contraire, a été remis en mains propres au colonel Fourcaud[9] qui, fort de ses amitiés politiques, l'a immédiatement transmis au président du Conseil, Georges Bidault. Ce second document, entièrement tronqué, donne une version totalement différente de l'interrogatoire de Peyré. Elle innocente complètement le général Revers. Roger Peyré nie, dans cette nouvelle déposition, avoir jamais versé de l'argent au général. Devant les députés, dans le cadre de la commission d'enquête Delahoutre, le capitaine Girardot reconnaîtra avoir été manipulé par le directeur adjoint du SDECE : « Le colonel Fourcaud m'a dit qu'en tout état de cause il ne fallait pas que le nom de Revers soit sali, diffamé et risque d'être compromis[10]. »

Quel but poursuit Fourcaud ? En fait, ce condottiere gaulliste

---

9. Né en 1898 à Saint-Pétersbourg, le colonel Pierre Fourcaud, dit « le Slave », est entré dans le renseignement en 1919. Il effectue dans l'entre-deux-guerres plusieurs missions clandestines en Union soviétique. En juillet 1940, il rejoint les « Forces françaises libres » et intègre le BCRA. Le colonel Passy en gardera un assez mauvais souvenir. « C'était une magnifique figure d'aventurier, mais d'un aventurier qui veut jouer au grand seigneur et qui, cependant, par de menus détails, laisse de temps en temps percer son origine. » Aujourd'hui, le colonel Fourcaud, âgé de quatre-vingt-quinze ans, « figure de légende » malgré tout, dirige toujours l'amicale Action aux invalides.

10. Rapport parlementaire Delahoutre, juillet 1950.

cabotin, lunatique et impétueux, trop sans doute, ancien collaborateur du colonel Passy à Londres, n'a pas pardonné aux socialistes d'avoir nommé l'un des leurs, Henri Ribière, à la tête du SDECE. Il lorgne la première place qui, estime-t-il, lui revient de droit. Très lié au général Revers, sa manipulation vise aussi à compromettre Jules Moch, le ministre de l'Intérieur qui seul du gouvernement s'est montré ferme. Finalement, le colonel Fourcaud est écarté du SDECE mais l'infatigable « Slave », comploteur dans l'âme, continuera, sous la IVe République, avec son secrétaire Jean-Marie L'Allinec, à renseigner ses amis politiques. Henri Ribière, déjà malade, est, lui, écœuré : « J'ai fait tout ce que j'ai pu. Les intérêts de mes services, je les ai défendus contre tous[11]. »

La création du groupement de commandos mixtes aéroportés (GCMA)

Les Français ont — nous l'avons vu — de bonnes raisons de se plaindre de l'action occulte des États-Unis, qui ne pensent qu'à assurer leur relève en Indochine. Dès 1946, le colonel Edward Landsdale, le responsable de la CIA pour l'Asie, immortalisé à jamais par l'écrivain Graham Greene dans son roman *Un Américain bien tranquille*, arrive à son tour à Saigon. Il a déjà maté dans le sang la révolte des Huks, bandes communistes des Philippines, et propose aux Français de former leur service Action pour les futures missions de guérillas, à condition, bien entendu, que celui-ci soit désormais sous commandement américain. La proposition est rejetée. Le colonel Landsdale quitte bientôt l'Indochine française, mais avec la ferme intention d'y revenir. Nous le reverrons en effet.

Le 10 novembre 1950, débarque à Saigon un autre agent américain, un certain Thibaut de Saint-Phalle, sous la vague couverture de chargé d'affaires économiques. Averti, le colonel Maurice Belleux, le patron du SDECE en Indochine, se précipite à l'aéroport pour accueillir — il l'a appris entre-temps — cet adjoint d'Allen Dulles. Mais le « drôle d'oiseau » a déjà filé. Une fois de plus, la mission de l'agent de la CIA est d'étudier la possibilité d'implanter des maquis anti-communistes en Chine et en Indochine en s'appuyant sur le jeu des minorités ethniques. Saint-Phalle, dont le colonel Belleux retrouvera finalement la trace, voudrait créer à cet effet une école de contre-guérilla dirigée, cela va de soi, par les Américains. Pour les Français c'en est trop. A peine débarqué en Indochine, le 15 décembre 1950, le général de Lattre de Tassigny exigera le rapatriement de cet allié par trop encombrant.

De leur côté, les Français analysent depuis plusieurs mois la

11. Rapport parlementaire Delahoutre, juillet 1950.

même question. De passage à Hanoi au début de l'année 1950, le colonel Fourcaud, le directeur technique du SDECE, numéro 2 de la « Boîte », manifeste le souci de monter un service Action particulier, capable d'engager la guérilla contre le Viêt-minh. Il s'agit pour cela de rallier les populations méos ou thaïs et de les faire combattre. A son retour à Mortier, le colonel Fourcaud convainc Ribière, puis Pierre Boursicot, qui a succédé à ce dernier à la tête du SDECE, et désigne avec Jacques Morlanne[12], le chef du SA, les premiers instructeurs de l'École action de Ty-Wan à Cap-Saint-Jacques. En mai 1951, le service Action prend le nom de groupement de commandos mixtes aéroportés (GCMA) sous les ordres du lieutenant-colonel Edmond Grall puis du colonel Trinquier. La tenue des parachutistes trop marquée et trop voyante a été refusée aux hommes du GCMA. Ils doivent être des guérilleros de l'ombre. L'inventeur du sigle est le capitaine Déodat de Puy-Montbrun, ancien parachutiste des Forces françaises libres. Dix-neuf fois cité, commandeur de la Légion d'honneur à trente-six ans, de Puy-Montbrun demeurera comme une figure légendaire de la guerre d'Indochine. « A mon époque, raconte le capitaine Paul-Alain Léger, j'avais, dans une petite île du cap Guang-Ngaö, 300 supplétifs vietnamiens parachutistes. A un moment le GCMA "actionnait" tous les maquis du Nord-Tonkin, du Laos et des hauts plateaux. Nos actions d'infiltration des Viets réussissaient la plupart du temps[13]. »

A Paris, toutefois, l'action des GCMA est durement critiquée. Au SDECE même, on conteste l'emploi de ses moyens. En 1952, Jacques Morlanne écrit longuement au colonel Trinquier, l'un des responsables sur place de l'opération, pour lui faire part de ses griefs :

> « Après une étude point par point de chacun des éléments sur le terrain, il a été constaté :
> 1) Qu'aucun maquis ne comporte de présence permanente de cadres européens.
> 2) Qu'un seul d'entre eux est commandé par un officier autochtone.
> 3) Qu'au lieu de 30 maquis dont 17 en place il faut lire : 5 maquis dont 1 seul commandé sur place par une autochtone.
> Tous les autres ne sont que des villages susceptibles de pratiquer une autodéfense bien limitée ou d'anciens rassemblements armés à reprendre totalement dans la mesure où ce sera souhaitable et possible. »

A la lecture de ce rapport, le colonel Trinquier pique une vive colère. Paris ne comprend décidément rien. Les « bureaucrates » de

---

12. Chargé au BCRA des atterrissages clandestins puis du réseau « Transmissions-Action », Henri Fille-Lambie (dit Jacques Morlanne) sera le chef du service Action du SDECE de 1946 à 1958. Nous reproduisons en annexe l'« état officiel des services » de cet officier hors du commun.
13. Entretien avec l'auteur.

l'avenue Mortier n'accordent en effet l'appellation de « maquis » qu'aux groupes qui comprennent un effectif de 100 hommes, commandés par 1 officier et 4 sous-officiers. Selon Trinquier, si l'on avait appliqué strictement ces normes, le GCMA n'aurait jamais dépassé 7 500 maquisards alors qu'il en comptait déjà quelque 20 000[14].

On reproche en fait aux GCMA leur autonomie d'action et de décision. La création, le 1er décembre 1953, à la place du GCMA, du « groupement mixte d'intervention » (GMI), sous la direction de Roger Trinquier, davantage séparé des forces armées, n'arrange pas les choses. Pour le colonel et ses guérilleros, les ennuis ne font que commencer.

Le cri d'alarme du colonel Maurice Belleux

Le colonel d'aviation Maurice Belleux, agent émérite du réseau « Phratrie » pendant la guerre, était arrivé à Saigon à la fin de l'année 1947. Sa mission : coordonner les opérations du SDECE en Extrême-Orient, mais surtout ne pas intervenir en Indochine, qui « territoire français » est donc du ressort de la sûreté nationale. En 1950, tandis que la guerre d'Indochine fait rage, le colonel Belleux voit toutefois ses prérogatives étendues. Installé à Saigon, sous la couverture de la 5e section de l'EMIAT (état-major interarmées terrestre), le SDECE chapeaute maintenant l'ensemble des services de renseignements, qu'il s'agisse du 5e Bureau, de la sécurité militaire et du service de renseignements opérationnel (SRO). La Direction générale de la documentation (DGD), chargée plus particulièrement des ethnies et des minorités nationales, est, elle, sous les ordres du colonel Gracieux.

Cette centralisation des informations aura des effets très bénéfiques. En 1950, le colonel Belleux envoie une dépêche urgente au directeur du SDECE, Henri Ribière. C'est une analyse approfondie de la situation désespérée de la France en Indochine. A Paris, on n'en tiendra pas compte. Mais le lecteur jugera par lui-même de l'extraordinaire qualité de ce rapport[15].

> « De la Birmanie au Japon, l'influence marxiste se développe avec une ampleur croissante sous l'activité des partis communistes ou "nationalistes" qui réclament l'indépendance.
>
> En Chine, la victoire sur le Kuo-min-tang est presque totale.
>
> En Indochine, les bandes armées ont fait place à une armée moderne qui vient d'infliger à la France le plus grave revers de son histoire coloniale.

---

14. *Les Maquis d'Indochine*, Roger Trinquier, Albatros, 1976.

15. Ce document a été reproduit pour la première fois par Claude Paillat dans son *Dossier secret de l'Indochine*, Presses de la Cité, 1964.

Au Siam, l'opposition de "gauche" reste très active. En Malaisie, la situation continue de se détériorer. En Indonésie, les succès diplomatiques du gouvernement n'arrivent pas à masquer de graves désordres sociaux. Aux Philippines, la rébellion "huk" fait peser sur Manille une menace d'autant plus redoutable que la corruption règne au sein du gouvernement. Au Japon enfin, les dernières élections témoignent d'un incontestable progrès du parti communiste.

Autre point commun à tous ces pays : une grande susceptibilité sur le chapitre de leur indépendance. Ce qui ne les empêche pas, pour tenter de résoudre les difficultés qu'ils rencontrent à l'intérieur, de faire appel aux Américains (Japon, Corée, Formose, Philippines, Siam), aux Anglais (Malaisie, Birmanie), aux Hollandais enfin dans le cas de l'Indonésie. Sans parler bien entendu de la France en Indochine.

Ainsi, la lutte en Asie se circonscrit entre le bloc marxiste qui appuie les mouvements "anti-Blancs ou antiréactionnaires" et le bloc occidental. Mais pour ce dernier le problème est plus délicat que nulle part ailleurs, en raison de l'énorme potentiel communiste chinois, de la xénophobie généralisée, des intérêts divergents des puissances occidentales.

La pression chinoise est si forte que Mao Tsé-toung peut adopter une politique extérieure agressive en Corée et au Tibet et immobiliser 1 000 000 de soldats sur ces deux nouveaux fronts, sans que la menace sur la frontière indochinoise se trouve allégée pour autant. Loin de là : une dizaine d'armées sont toujours prêtes à pénétrer au Tonkin, au Siam ou en Birmanie. Mao, plus que jamais, pèse de toute sa masse de son formidable dynamisme sur l'équilibre de plus en plus précaire de ces pays.

L'appui accordé par l'Occident aux États asiatiques est lui-même une source de heurts. A Formose, le sentiment anti-américain est très net. L'aide US a été un échec. Les revers subis en Corée confirment aussi les Asiatiques dans la vulnérabilité du monde blanc. Aux Philippines, le dollar ne suffit pas à relever le pays. Au Japon, on se plaint de la domination américaine. En Malaisie, on discute passionnément des difficultés européennes. En Birmanie, c'est au dernier moment, alors que le pays sombrait dans la faillite, que le gouvernement s'est résolu à accepter une aide étrangère. Au Siam, le sentiment "peau jaune" et "anti-français" explique à lui seul l'accueil réservé au Viêt-minh. En Indochine enfin, les adversaires vietnamiens d'Hô Chi Minh n'en sont pas moins nationalistes convaincus. Ils réclament pour l'indépendance des conditions que le leader viet lui-même n'a pas osé réclamer. Beaucoup de ces nationalistes extrémistes qui comptent sur nous pour conquérir le pouvoir n'ont que mépris pour la France. A leurs yeux, l'Occident a perdu la face et les populations applaudissent aux victoires des "Jaunes" quels qu'ils soient, même si ils ne sont pas communistes.

Entre alliés occidentaux, les divergences d'intérêt ne facilitent pas notre tâche. Les USA ne paraissent guère décidés à sacrifier leurs dernières positions au profit d'un allié... Que des négociations s'ouvrent entre Washington et Pékin, et l'on pourrait très bien voir les Américains tenir la promesse que Roosevelt avait faite pendant la guerre à Tchang Kaï-chek de faire, du Tonkin, une province chinoise. Les États-Unis peuvent également procéder à une occupation commune des provinces dont le Cambodge avait été dépossédé en 1941 par le Japon. En Indochine même, les contacts entretenus par les USA avec les milieux vietnamiens hostiles à Bao Dai n'affermissent certes pas la position de l'empereur.

Les Anglais, de leur côté, bien qu'ils se croient récemment rapprochés de nous, cherchent à mettre sur pied une "Fédération bouddhiste" dont le centre de gravité serait à Bangkok et qui comprendrait, outre le Siam, le Cambodge et le Laos. Leur plan contrarie la politique américaine, mais elle nie tout autant l'Union française. Ce ne sont là que des exemples. Ils pourraient être multipliés.

En bref, l'Occident n'est nullement homogène. Un effort considérable peut encore ralentir la poussée marxiste en Asie, mais il n'est guère vraisemblable qu'il puisse être suffisant pour faire pencher la balance... Et même si les Alliés mobilisaient tous leurs moyens pour vaincre la Chine communiste, un autre danger encore plus grave se dessinerait en Europe où l'URSS estimerait alors avoir les mains libres.

Il s'agit, en réalité, de savoir si les Occidentaux entendent défendre, malgré eux, les peuples asiatiques contre une idéologie qui progresse dans des conditions telles qu'elle répond sans doute à d'obscures aspirations. Dans ce cas, il leur faudra peut-être renoncer à protéger la douceur de vivre occidentale. Car ils n'apparaissent guère capables de se battre sur deux fronts. En attendant, ils sacrifient actuellement en Extrême-Orient des troupes d'élite qui leur manqueront plus tard cruellement.

En Indochine, plus spécialement, un décrochage est encore possible, pendant deux mois, sans pertes sévères, mais il sera désastreux s'il est réalisé sous la seule pression du Viêt-minh. Si cette pression, comme tout le laisse prévoir, se conjugue avec un effort chinois, nous assisterons en Indochine à la plus grande catastrophe militaire de l'histoire de la France... »

Après le désastre de Cao Bang en octobre 1950, le colonel Belleux et ses hommes sont encore en mesure d'annoncer que huit bataillons viêt-minh reçoivent désormais une instruction en Chine populaire. « Il nous reste six mois pour revoir totalement notre politique, faute de quoi nous aurons perdu en Indochine », écrit le colonel Belleux à ses chefs. Mais personne alors ne veut entendre l'avertissement.

Le pot de chambre de Diên Biên Phu

Diên Biên Phu, à première vue, quel désastre et d'abord pour l'intelligence ! Pouvait-on imaginer pire folie que de se placer dans la gueule du loup, au beau milieu de la boue tonkinoise, l'ennemi contrôlant toutes les hauteurs ?

La vérité est plus complexe. Le nom que les autochtones

donnent à Diên Biên Phu est en fait Muong Thanh. C'est un gros village thaï dont les crêtes alentour sont habitées par les Méos, montagnards aux traits rudes qui cultivent le pavot. Le fait est à retenir, nous y reviendrons. Il y a encore cent ans, la vallée était très isolée du monde, mais elle prit une certaine importance comme voie d'accès au bassin du Mékong, lorsque les Hos, des pirates chinois, commencèrent à envahir le Nord-Laos. Pour dégager la région, on fit appel en 1887 aux troupes françaises du Tonkin. Deux ans plus tard, le consul envoyé par Paris signait un traité plaçant tout le pays thaï sous le protectorat de la France.

La guerre d'Indochine va bouleverser la vie de cette petite bourgade tranquille. En octobre 1952, les Viêt-minhs se lancent à l'assaut et assiègent la base aéroterrestre de Na Sam. Le 30 novembre, les Français abandonnent Diên Biên Phu. Une première fois, la bannière rouge à étoile d'or de l'Oncle Hô flotte à la place du drapeau tricolore sur le bâtiment revêtu de stuc jaune qui sert de résidence à l'administrateur français. En mai 1953, le général Henri Navarre succéda à Raoul Salan comme commandant en chef des troupes d'Indochine. Dans l'entourage du nouveau patron germe l'idée de faire de Diên Biên Phu la base stratégique de la haute région couvrant le Laos et qui menacerait en même temps les arrières des Viêt-minhs. L'opération Castor, c'est-à-dire le parachutage des meilleurs éléments de l'armée française, commence. Dans la matinée du 20 novembre 1953, deux bataillons de légende, ceux de Bigeard et de Brechignac, sont largués de part et d'autre de la rivière Nam-youn, dans la cuvette de Diên. Immédiatement, les parachutistes allument de grands feux de brousse pour dégager les futurs champs de tir, tandis que la 17e compagnie du génie rase les cases indigènes pour en employer les matériaux.

Le camp retranché prend bientôt l'aspect chaotique d'un vaste chantier de fouilles. La construction d'une piste est entreprise. Le 25 novembre, dans un long nuage de terre rouge, le premier Dakota se pose. Brassée par des milliers d'atterrissages et de décollages, une poussière rougeâtre recouvrira bientôt toutes les tranchées de Diên. En quelques jours, les soldats du corps expéditionnaire font surgir un vaste camp là où il n'y avait que jungle et villages entourés de rizières. Diên Biên Phu est comme une grande plaine de boue. Pourtant, les travaux de défense donnent déjà à la citadelle l'allure imprenable d'un Verdun asiatique. Les positions sont pourvues d'un réseau serré de tranchées et de barbelés d'au moins 50 mètres de long. Autour, d'interminables champs de mines.

En décembre, douze bataillons, environ 12 000 hommes — les Viets sont alors 35 000 —, tiennent apparemment fermement la cuvette. La puissance de feu de leurs canons et de leurs mitrailleuses est impressionnante : six batteries de 105 millimètres, une batterie de 155, deux compagnies de mortiers et deux pelotons de blindés. Robert Guillain, du journal *Le Monde*, l'un des premiers journalistes à se rendre sur place, tout frais arrivé du Japon, est émerveillé : « Le visiteur qui tombe là-dedans du haut du ciel est assailli au premier moment par un désordre d'impressions qui lui coupent le souffle. L'impression d'être encerclé, encagé, cerné. Mais bientôt naît un sentiment rassurant : celui de pénétrer dans un système formidable. C'est une espèce de piège gigantesque et compliqué, hérissé de pointes, boursouflé d'ouvrages, miné, creusé, compartimenté, labouré sur des kilomètres carrés et plus habité qu'une fourmilière. »

Pourtant, lorsque ses officiers ont parlé du camp retranché des Français à Hô Chi Minh, celui-ci a saisi son casque de liège et l'a retourné. Ses doigts minces et nerveux en ont parcouru le bord : « C'est là que nous sommes. » Et il a ajouté en plongeant l'index à l'intérieur du casque : « Là sont les Français. Ce sera peut-être long mais ils ne peuvent en sortir. » Au cœur d'une verte vallée, le camp retranché forme en effet une cuvette ovale — un « pot de chambre », disent les aviateurs français — longue de 19 kilomètres sur 9 de large. « Depuis Roland à Roncevaux, ironisera le secrétaire d'État à la Guerre, de Chevigné, en visite sur place, on n'aura jamais vu des combattants à pied placés dans un tel défilé. »

80 % des messages viêt-minhs décodés

Le commandement, lui, ne doute pas. « Il fallait sauver le Laos, expliquera plus tard le général Navarre. Et le seul point où pouvait être établi un hérisson était bien Diên Biên Phu dont l'importance stratégique était connue de tous. D'ailleurs, si la distance jouait contre nous du point de vue aérien, elle devait jouer contre le Viêt-minh du point de vue logistique : Diên Biên Phu était en effet à plus de 300 kilomètres de la frontière chinoise, par où pouvaient rentrer les approvisionnements de l'ennemi. De plus, les grandes crêtes qui dominaient le camp étaient à une distance supérieure à la portée de l'artillerie adverse. C'était donc un pis-aller convenable. » L'historien Alain Ruscio a excellemment cerné l'axiomatique de Navarre : « 1 - Les défenses françaises organisées selon les principes les plus modernes, avec l'aide notamment des Américains, sont imprenables ; 2 - L'artillerie viet, de toute façon inférieure à la nôtre, ne pourra pas parvenir au sommet des crêtes qui bordent la cuvette ; 3 - Les forces du général vietnamien Giap ne pourront être ravitaillées en armes, munitions et vivres. Acheminer à travers la jungle des milliers de tonnes est une gageure intenable ; 4 - Nous possédons la maîtrise des airs et nous harcèlerons les lignes de communication viêt-minhs[16]. »

Le 2e Bureau ne partage pas, lui, ce bel optimisme. Grâce à la

16. *Diên Biên Phu*, L'Harmattan.

section d'écoutes du SDECE basée à Dalat, les Français interceptent tous les messages de l'état-major vietnamien. Transmis sur des pelures de couleur jaune appelées « DY » (bulletins de renseignements), 80 % d'entre eux seront décodés. Que disent-ils ? Simplement que le général Giap n'entend pas renoncer à sa campagne sur le Laos, prévue pour le printemps, et qu'il s'attaquera donc à Diên Biên Phu. Le chef vietnamien estime en effet que le terrain lui est plus que favorable. Il compte, selon les messages interceptés, s'en prendre prioritairement à l'aérodrome et à ses abords qui lui paraissent très vulnérables. Le ravitaillement de cette armée ? « Nous savions, explique le général Jacquin, chef du 2e Bureau en Indochine, qu'il était déjà en place le long du fleuve Rouge. Il avait été acheminé depuis le Yunnan par la voie ferrée remise en état malgré les efforts de l'aviation française et, depuis Cao Bang-Lang Son, par une noria de mille camions Molotova : 410 kilomètres de pistes carrossables ou charretables avaient été aménagées ou remises en état par le régiment 151 du génie. Les "frères chinois" expédiaient d'autre part 3 000 tonnes de riz par mois sur la haute région[17]. » Tout ceci, le commandement français peut le lire dans les notes rédigées par son 2e Bureau. « Il semble, conclut le rapport de décembre 1953, que la partie qui se jouera à Diên Biên Phu sera déterminante. » Toujours grâce aux écoutes radio, le 2e Bureau définit ce même mois les moyens qui seront mis en œuvre : sept régiments en première ligne, deux en réserve, une imposante artillerie d'appui ; des mortiers de 120 millimètres et des canons de 105 au nord et au nord-est de Diên Biên Phu. « Malheureusement, nos destinataires à l'état-major n'y croyaient pas toujours », déplore, amer, le colonel Maurice Belleux.

Toujours grâce au décryptage, les services secrets apprennent jusqu'au jour J et l'heure H de l'attaque. Ce sera le 26 janvier à l'aube. Au dernier moment, l'assaut est reporté. Pourquoi ? « Le 15 janvier, confessera plus tard le général Jacquin, l'un de nos hommes, le capitaine M... du GCMA, le groupe des commandos mixtes aéroportés, a déserté. Sans doute a-t-il été victime des pressions exercées sur sa femme vietnamienne et sa nombreuse famille[18]. » Parvenu chez les Viets, le déserteur a été aussitôt conduit à l'état-major général et de là transporté aux abords de Diên Biên Phu. Sur place, il a indiqué dans le détail les mesures prises pour parer à l'attaque. Prudent, rusé, le général Giap, qui manque encore de munitions et d'artillerie pour soutenir une bataille de longue haleine, a décidé de différer l'assaut.

Le rapport secret du général Blanc

Ce 26 janvier, le général Blanc, chef d'état-major général de l'armée de terre, inspecte précisément le camp retranché. Le climat

17. *Guerre secrète en Indochine*, Henri Jacquin, 1979, Olivier Orban.
18. *Idem.*

est tendu. Nul n'ignore que le général, bon technicien — polytechnicien même —, artilleur de formation, voit vite et juste. Dans son réquisitoire *Diên Biên Phu, l'Affaire*, l'ancien combattant Roger Delpey[19] racontera l'incroyable visite. Accompagné du colonel Henri Mirambeau, Blanc assaille, des heures durant, les hommes de questions. Au colonel Piroth, le responsable de l'artillerie, il demande si tout est au point. « Avec trente minutes devant moi, ma contrebatterie sera efficace, répond timidement Piroth. — Tout sera pourtant décidé par l'artillerie », martèle Blanc. Au terme de son inspection, le général s'est forgé un diagnostic qui ne souffre pas question : le camp ne peut tenir. Il faut dès maintenant songer à l'évacuation de Diên Biên Phu et de ses 15 000 hommes.

Le 8 février 1954, René Pleven, ministre de la Défense, et le général Ely, chef d'état-major général des forces armées, débarquent précipitamment en Indochine. Dans *Le Figaro*, on peut lire : « Nanti de pouvoirs étendus, René Pleven est qualifié pour prendre au nom du gouvernement les solutions rapides que pourrait imposer la situation. Il va bénéficier des résultats de l'enquête du général Blanc. » Deux jours plus tard, le 10 février, se tient, sur le théâtre même des opérations, une réunion exceptionnelle du Comité de défense national. Sont présents : Pleven, Ely, de Chevigné, Blanc et Fay, chef d'état-major des forces aériennes. Après une heure d'exposé, le général Blanc conclut : « Voilà pourquoi il faut évacuer Diên Biên Phu. Il faut repenser tout le système défensif du Tonkin et le reconstruire à l'aplomb du moyen Laos. Évacuons rapidement le Tonkin, c'est notre seule chance de tenir solidement l'Annam et la Cochinchine. » René Pleven sursaute : « Ce n'est pas possible. Il s'agit de la présence de la France, des engagements pris envers les habitants de ce pays..., envers les Alliés..., envers nous-mêmes... » Piqué au vif, Blanc rétorque : « Monsieur le Ministre, je ne suis pas là pour vous raconter des sornettes. Nos forces sont stationnées dans une forteresse bien organisée et bien ravitaillée mais d'une façon précaire à cause de fluctuations de la météo et de certaines impossibilités d'appui aérien. A Diên Biên Phu tout peut changer à partir du 15 avril. Le camp retranché risque d'être un marécage à cause des pluies et du déboisement. Il faut agir tout de suite, car nous risquons de perdre des unités entières et plus de 5 000 tonnes de matériel. Dans les deux mois à venir nous pouvons enlever six bataillons au moins et 3 000 à 4 000 tonnes de matériel. La solution existe. Profitons du ravitaillement quotidien évalué à 100 ou 120 tonnes ; ramenons-le aux seuls vivres et munitions, et avec le fret en retour commençons les enlèvements. Le 15 avril, il sera trop tard. » Peu avant 13 heures, très exactement à 12 h 50, la séance est levée. A sa sortie du salon, Blanc retrouve Mirambeau qui l'interroge : « Et maintenant que va faire Pleven ? » Le général répond : « Il est informé. A lui de prendre ses responsabilités. »

---

19. La Pensée moderne.

Le rapport Blanc est classé « secret défense » et Diên Biên Phu n'est pas évacué.

L'opium des Méos

On connaît la suite, le pilonnement à partir des montagnes environnantes, l'efficacité de la propagande viet à l'égard des tirailleurs marocains et algériens, les désertions des bataillons étrangers, l'enlisement, l'usure, l'enfer, l'effet de surprise lorsqu'en deux nuits, du 13 au 15 mars, les maquisards de Giap enlève sans coup férir les points d'appui « Gabriele » et « Béatrice ». Deux jours plus tard, « Anne-Marie » est à son tour désertée par les soldats thaïs. Quant au pont aérien menacé depuis le début des combats, il est rompu à la fin du mois de mars. L'optimisme n'est plus de mise. Mais c'est alors que germe, sur les hauts plateaux, un incroyable projet.

Le 6 avril 1954, le capitaine Jean Sassi, chef des maquis du Nord-Laos, reçoit une bien étrange visite. Touby Ly Foung, le chef coutumier des Méos, vient lui proposer de l'aide. « Les Méos, lui dit-il, ne peuvent, sans tenter quelque chose, assister à Diên Biên Phu à la destruction de l'élite de l'armée française. Mes Nai-Bans et mes Tassengs sont décidés à monter avec vous vers le nord pour secourir la garnison assiégée. »

Depuis 1952, le GCMA du colonel Trinquier bénéficie en effet de l'appui des Méos, qui agissent sur les arrières du Viêt-minh. Touby Ly Foung n'y a mis qu'une seule condition : lui donner les moyens de vendre sa récolte d'opium. Jusqu'en 1945, en Indochine, on pouvait librement acheter de ce stupéfiant que la « Régie de l'opium » commercialisait sous la forme de petites boîtes rondes en cuivre de 5, 10 ou 40 grammes. La célèbre « confiture » interdite, le Viêt-minh a récupéré l'opium des Méos et en tire, depuis, de substantiels bénéfices. Fallait-il accepter, refuser ? Le colonel Trinquier a finalement reçu carte blanche du commandement et le chef des Méos, pour sa part, a trouvé l'acquéreur : Lê Van Vien, chef de la secte Binh Xuyên, et maître des plaisirs occultes de Saigon-Cho Lon. Restait le problème du transport. Ce sera l'opération « X ». Aux Méos de collecter et de ramasser l'opium en boules dans tous les villages producteurs et de le conditionner dans des caisses de cartouches vides ; aux services secrets français de l'acheminer. Un DC-3 de l'armée française sera mis spécialement à la disposition du GCMA pour cette mission. La première liaison, rendue malencontreusement publique, se révèle toutefois un échec. On accuse même Raoul Salan de trafic d'opium. L'opération est arrêtée. Mais au printemps 1953, le général Navarre donne à nouveau son accord. Et c'est désormais dans la plus grande discrétion que les caisses d'opium, déchargées sur un terrain secret près de l'école Action du SDECE de Ty-Wan à Cap-Saint-Jacques, sont transportées par camions dans la proche banlieue saigonaise. A chaque livraison, et pour chaque kilo d'opium, Touby remet 50 000 francs aux GCMA. Un trésor de guerre qui va contribuer largement à l'entretien des maquis de la haute région. Quitte à tenter le diable et à risquer l'ire des supérieurs. D'un de ses hommes, le capitaine de Bazin qui de son propre chef a organisé deux petits transports d'opium sur le Siam, le colonel Trinquier écrira : « De Bazin était d'une honnêteté scrupuleuse mais dans une affaire aussi délicate, je ne voulais pas que les officiers du GCMA puissent être soupçonnés de trafics. Je décidai de relever de Bazin de son commandement[20]. » Affecté chez les parachutistes, cet officier fut le dernier soldat français à sauter sur Diên Biên Phu.

2 000 maquisards au secours du camp

D'abord interloqué par la proposition du chef des Méos de se porter au secours de Diên, le colonel Sassi, qui vient précisément de succéder à de Bazin, réagit rapidement. Il demande par l'intermédiaire de son chef, le colonel Trinquier, au général Navarre, l'autorisation de constituer des colonnes de secours. Mais le feu vert tarde. Le 16 avril, le colonel Sassi débarque à Saigon pour plaider « la cause des maquisards ». Toujours rien. Que fait le commandement ? Le 30 avril, l'opération « D » débutera sans ordre signé.

Deux mille Méos et Laotiens vêtus de leur tenue noire traditionnelle, pieds nus pour la plupart mais armés convenablement, convergent à marche forcée vers le camp retranché. Le passage des reliefs montagneux se révèle particulièrement terrible, mais le 4 mai les maquisards de Sassi sont à Phou Vieng, le 6 à Ten Tat, le 7 à Ban Pitou et le 8 à Ban Na Poung. C'est le rendez-vous final. Par dix itinéraires différents, l'armée clandestine des montagnards a rejoint son lieu de rassemblement. Elle est maintenant à moins de 100 kilomètres de Diên Biên Phu. Aucun des maquisards ne le sait encore mais le camp est déjà tombé.

Les Vietnamiens avaient amené dans la vallée beaucoup plus de pièces et d'obus d'artillerie que le service de renseignements français même ne s'y attendait. Sur les collines, on pouvait dénombrer au début du mois de mai 144 pièces de campagne et 30 canons de 75 sans recul. Le 2e Bureau avait prévu 25 000 coups d'artillerie : le Viêt-minh en tirerait 103 000. Un boudin de riz autour du cou, 75 000 hommes avaient poussé, des mois durant, des bicy-

20. Colonel Trinquier, *op. cit.*

clettes françaises, chargées de 300 kilos d'obus, de grenades, de cartouches, de nourriture. Pendant l'hiver 1953, ils avaient traversé à gué les rivières, les torrents glacés, escaladé les montagnes et hissé les canons sur les hauteurs. Quand nos services secrets avaient informé le général de Castries, commandant en camp retranché, de cette véritable fourmilière en marche, celui-ci avait répondu : « Balivernes, ils ne sont pas capables de cela. » Il avait même renvoyé à Saigon le commandant Meyer[21], chef du service de renseignements opérationnel (SRO), privant ainsi Diên Biên Phu d'yeux et d'oreilles. Jusqu'au bout le colonel Piroth, patron de l'artillerie, ne voulut pas croire au désastre imminent. Au beau milieu de la bataille, il se ferait sauter la cervelle. Quand le printemps arriva, les longues files de porteurs et de cyclistes à pied déroulaient un ruban ininterrompu. Au total, 8 286 tonnes de ravitaillement avaient été transportées de Chine vers Diên Biên Phu. Les Français avaient été incapables de l'empêcher et, de leur côté, le tonnage ne se montait qu'à 3 405 tonnes.

Dans le camp retranché, on manquait de tout. Les positions françaises s'effritaient peu à peu. Le point d'appui « Huguette 1 » tomba le 23 avril. « Huguette 5 », le 1er mai. « Dominique 3 », le 2 mai. « Dominique 4 », le 5 mai. Seul le point « Isabelle », pour l'artillerie, tenait encore. Pas pour longtemps. Le 7 mai 1954, malgré l'héroïsme des troupes françaises, Diên Biên Phu était tombé.

A un officier qui l'interrogea plus tard sur les raisons qui l'avaient fait choisir de Castries pour diriger les opérations, le général Navarre répondit laconiquement : « C'était un cavalier. Je pensais qu'il pourrait galoper dans la plaine. » Quant aux maquisards du capitaine Sassi, ils continuèrent, eux, leur progression. « Ce n'est que le 11 mai que je reçus l'ordre formel, explique l'officier, de retourner à ma base de départ le plus rapidement possible, les Viets s'apprêtant à foncer sur le Laos[22]. » Courageusement, d'autres maquisards récupérèrent une centaine de rescapés qui avaient pu fuir le camp retranché.

L'intervention des États-Unis dont on avait tant parlé pour Diên Biên Phu, aurait-elle bouleversé le cours des choses ? Contrairement à l'opinion alors répandue, aux affirmations ultérieures de Georges Bidault et aux craintes momentanées de Mendès France, jamais les Américains ne pensèrent intervenir à Diên Biên Phu avec l'arme nucléaire. Ils tempérèrent plutôt les ardeurs de l'état-major français[23]. Cela ne les empêcha pas, par la suite, eux qui avaient donné aux Français tant de « leçons » sur la manière de conduire la guerre, de tomber à leur tour dans le guêpier vietnamien.

---

21. Entretien avec l'auteur.
22. *Idem.*
23. Irvin M. Wall, *L'Influence américaine sur la politique française, 1945-1954*, Balland, 1989.

Trinquier et le Comité du haut fleuve Rouge

Quelle va être désormais l'action des services spéciaux en Indochine ? Juste avant la chute de Diên Biên Phu, le colonel Trinquier a autorisé le commandant Fournier, le responsable des maquis du Tonkin, à créer un Comité de libération du haut fleuve Rouge, afin de conférer un statut officiel aux régions autonomes. Il s'agit en fait de donner aux minorités ethniques une chance de sauver leurs milliers d'hommes armés et formés par les Français, alors que les troupes viêt-minhs effectuent déjà un ratissage systématique. Même après les accords de Genève, le colonel Trinquier ne désespérera pas de pouvoir encore harceler Hô Chi Minh : « Les instructions verbales, dira-t-il plus tard, données par moi-même aux chefs de maquis au cours de mes instructions étaient très précises. Je vous ai donné un fusil, leur répétais-je souvent. Ce fusil est à vous ; c'est votre propriété. Si un jour on vient vous demander de le rendre, vous ne le rendrez pas, et même si c'était moi qui venais vous le demander, il est à vous, on vous l'a donné, je n'aurais pas le droit de vous le reprendre[24]. » Cette politique accordait une grande indépendance et la plus large initiative aux maquis.

A Saigon autant qu'à Paris, pareille attitude n'allait guère être appréciée. Le 21 mai 1954, le colonel Belleux, patron du SDECE en Indochine, écrit à Trinquier : « C'est la première fois que j'entends parler d'un Comité de libération du haut fleuve Rouge. Le procès-verbal que vous me joignez dans votre dernier rapport précise que ce comité s'est constitué le 15 avril 1954 à Hanoi. Il ne donne aucune indication sur les conditions dans lesquelles ce comité a été créé. Il semble impossible que ce comité ait pu naître sans l'accord préalable du commandant de la représentation régionale. Lorsque la question de la revendication des maquisards et des chefs de maquis avait été présentée au Comité d'orientation de l'action, et qu'en particulier avait été examiné le cas concret des Thaïs noirs, il avait été décidé de ne pas faire de politique à longue échéance qui les dresserait contre les Thaïs blancs en faisant le strict minimum de politique pour ne pas engager l'avenir. Bien qu'ayant été convoqué le 20 mai dans l'après-midi à notre direction, vous avez expédié le matin même un télégramme en urgent au commandant de la représentation régionale du Nord-Viêt-nam, pour qu'il envisage de mettre en place chez les Thaïs rouges un comité du même genre que celui qui vient d'être créé pour le haut fleuve Rouge. Tout ceci montre que vous conduisez et menez une "politique" malgré les instructions des hautes autorités. En conséquence et à titre d'avertissement, j'établis un compte-rendu de punition vous concernant. » Dans son ultime lutte contre le Viêt-minh, Roger Trinquier se voit ainsi imposer dix jours d'arrêts de rigueur. Au début du mois

24. Colonel Trinquier, *op. cit.*

d'octobre, il passe, amer, le relais du service 49 (le GMI n'était que la couverture du service Action en Indochine) au capitaine Bonnafous, un artilleur métropolitain arrivé depuis peu.

Mitterrand et l'affaire des fuites

Le 2 juillet 1954, Christian Fouchet, ministre des Affaires marocaines et tunisiennes, demande à être reçu d'urgence par le nouveau président du Conseil. Ce gaulliste convaincu informe Pierre Mendès France que le parti communiste possède un compte-rendu complet de la dernière séance du Comité supérieur de défense, lequel Comité, installé au 51 de l'avenue Latour-Maubourg, est un organisme ultra-secret. On y débat aussi bien de l'évolution de la guerre d'Indochine que des balbutiements du nucléaire militaire français. Qui a informé Fouchet ? C'est le commissaire Jean Dides qui dirige à la préfecture la 7e section, plus spécialement chargée des affaires communistes. Militant d'extrême droite, il a récupéré une partie des archives du PPF, le parti d'extrême droite de Jacques Doriot et de Vichy. « Dans quelle direction s'orientent vos recherches ? a demandé Fouchet à Dides. — Nous pensons à deux ministres, Edgar Faure ou plus sûrement François Mitterrand », a répondu Dides qui veut se venger de ce dernier qui l'a mis à pied.

A partir de ces maigres informations, Pierre Mendès France exige que François Mitterrand, son ministre de l'Intérieur, ne soit pas mis au courant. Pis encore, il ordonne une enquête ultra-secrète sur son subordonné. Doute-t-il de Mitterrand ? C'est certain. « Un trop brillant animal politique », dit laconiquement de lui le moraliste Mendès France. « Je ne l'ai jamais pris pour un petit saint », ajoutera plus tard ironiquement l'écrivain François Mauriac. L'enquête met finalement en cause deux hauts fonctionnaires de la Défense, qui n'ont rien à voir avec le ministre de l'Intérieur. Mitterrand, pour sa part, ressort de l'affaire blanchi de tout soupçon. Qu'importe. Pierre Mendès France l'a soupçonné durant de longs mois. Entre les deux hommes, et malgré les apparences, la brouille sera définitive.

« Des Américains pas très tranquilles »

Tandis que s'estompe la guerre d'Indochine, la France ayant ratifié, le 21 juillet 1954, les accords de Genève, le SDECE continue de veiller. Une note confidentielle pour le président Mendès

France, datée du 13 novembre 1954, et classée « top secret »[25], éclaire le gouvernement sur ce que préparent maintenant les Américains.

« D'un entretien que j'ai eu ce jour avec un officier supérieur du SDECE, explique un haut fonctionnaire d'Indochine, il apparaît :

I — 1/ Que les véritables inspirateurs de la politique américaine au Viêt-nam Sud seraient les hommes du service secret (CIA de Mr. Allen Dulles), singulièrement le colonel Landsdale (arrivé au Viêt-nam deux mois avant la désignation de Ngô Dinh Diem) et qui "fit", aux Philippines, le président Magsaysay. Il est le conseiller intime du président du Conseil pour toutes les questions militaires comme l'est un certain docteur Fischell pour les questions économiques. En outre, un certain McCarthy, profondément anti-français (quarante ans, rien de commun avec le sénateur du même nom) exerce à Saigon les fonctions de conseiller particulier auprès de l'ambassadeur des États-Unis avec lequel, du temps de Mr. Donald Heath, il était loin d'être en communauté de vues, ce qui explique sans doute le peu d'audience dont celui-ci bénéficiait à Washington.

2/ Ces personnages, adversaires résolus de l'influence française, auraient persuadé Washington qu'il suffirait que les nationalités prissent le pouvoir et que les Français s'effaçassent pour que la population du Sud se galvanise et fasse pièce aux communistes du Nord. Ainsi s'expliqueraient l'avènement de Ngô Dinh Diem et l'affirmation récente du sénateur Mansfield qu'en dehors de lui pas de salut.

Le sénateur Mansfield serait le protecteur "démocrate" des services secrets américains, ainsi s'expliquerait le crédit dont il jouit auprès de Mr. Foster Dulles. Tout ce monde aurait été mis en place par Mr. Donovan lors de son séjour comme ambassadeur à Bangkok.

3/ A la suite de la récente visite au Viêt-nam Sud d'un certain Wisner (?), également membre des services secrets américains, Washington aurait été pris d'un doute sur l'exactitude du tableau qui lui avait été fait jusqu'ici de la situation. L'administration américaine se demanderait présentement en conséquence s'il convient de jouer le jeu Mansfield. La mission du général Collins serait née de cette perplexité.

II — Par ailleurs, à Bangkok, un certain colonel Thomson, également membre des services secrets américains et grand aventurier, soutiendrait bien — malgré les dénégations qui nous ont été opposées — le prince Petsarah contre le roi actuel du Laos et le prince héritier Savang. On ne serait pas éloigné de penser qu'il ait été le véritable inspirateur de l'assassinat récent du ministre de la Guerre du Laos. Son attachement pour Petsarah serait lié à des questions d'intérêts ayant trait à un trafic d'opium en provenance des plateaux du nord de la Thaïlande. »

La CIA est, en effet, déchaînée contre les Français. Depuis que Landsdale est revenu, en 1952, à Saigon, ses agents font ouvertement la guerre aux officiers restés en place. « C'est par nos pickpoc-

25. *Cf.* annexes, déjà reproduit dans *La Piscine*, *op. cit.*

kets que nous apprîmes que la valise diplomatique destinée à la mission économique américaine de Saigon renfermait beaucoup plus de plastic que de courrier, raconte le colonel Trinquier. Elle était utilisée pour de petites actions de terrorisme assez maladroites presque toujours dirigées contre les Français. C'est ainsi qu'un jour plusieurs bicyclettes dont les cadres étaient remplis de plastic avaient été placées en bordure de l'hôtel Continental ; elles devaient exploser au moment où un nombre assez important d'officiers français allaient se réunir pour prendre un pot. Heureusement, ils arrivèrent avec environ une heure de retard, après l'explosion, qui ne fit que des dégâts matériels. Il était difficile de réagir. Nous savions cependant que ces actions étaient le fait d'un Américain de la Mission économique ; esprit un peu loufoque, il pensait ainsi frapper l'opinion et montrer l'impopularité des Français puisqu'ils étaient plastiqués en plein Saigon. On le faisait surveiller. Il disparut brusquement et les attentats cessèrent. Son cadavre fut retrouvé par la police, noyé sous le pont de Da Kao[26]. » De tels actes pouvaient difficilement passer pour amicaux. Après l'Indochine, l'affaire d'Algérie allait toujours plus compliquer les relations entre les deux « alliés ».

Un duo de choc : le général Grossin et Constantin Melnik

En 1957, le président du Conseil Bourgès-Maunoury nommait à la tête du SDECE le général de division Paul Grossin. Ce militaire au visage poupin, doué d'un humour certain, ancien secrétaire militaire de Vincent Auriol, donnera aux services secrets français, et très précisément en Algérie, une efficacité jamais vue. « Les politiques ont voulu en cinq ans, jusqu'à mon départ en 1962, m'imposer toutes sortes de candidatures comme Pierre Fourcaud ou Louis Mangin le fils du général. J'ai toujours refusé. Contre nous, services secrets, nous avions les Affaires étrangères et la plupart des grands services de l'État. Mais le général de Gaulle nous a fait totalement confiance. J'avais également mis au point une réforme pour un meilleur recrutement. Il restait au SDECE trop de fonctionnaires, chauffeurs, femmes de ménage, dactylos, etc., qui ne faisaient absolument pas de renseignement. Mais tous ces gens étaient protégés par le statut des personnels civils qui existait au SDECE. Je l'ai supprimé. Certains ont introduit un recours au Conseil d'État. Mais celui-ci m'a finalement donné raison[27]. »

A son retour en 1958 au pouvoir, le général de Gaulle

26. Colonel Trinquier, *op. cit.*
27. Entretien avec l'auteur.

convoque Grossin. « De quoi vous occupez-vous ? lui demande-t-il. — De tout et de rien, répond ironiquement ce dernier. — Mais vous avez des informations sur les Russes et les Américains ? questionne encore le chef de l'État. — Vous savez, lui rétorque timidement le patron du SDECE, nous obtenons parfois quelques informations en provenance d'Inde où les ministres indiens des Affaires étrangères et de l'Économie travaillent pour nous, mais c'est minime. Nous luttons surtout contre les trafiquants d'armes en Algérie. » De Gaulle maugrée. Il voudrait donner au renseignement une orientation tous azimuts, contre le KGB mais aussi la CIA. L'ancien chef de la France libre ne supporte plus que la Centrale américaine n'en fasse qu'à sa guise à Paris. Il ordonne que James Hunt, l'espion en chef de l'ambassade des États-Unis, soit expulsé sans délai.

Pourtant, en dépit de vastes projets, les services secrets français ne réussiront guère à déstabiliser leurs correspondants. Au consulat de New York, le colonel du SDECE, Hervé, est chargé de créer une petite cellule scientifique. Repérée immédiatement par la CIA, c'est un fiasco. Le SDECE tente également, à Paris, d'intoxiquer les Russes en envoyant deux ministres gaullistes (dont celui « à l'information »), non des moindres, se faire recruter. Ils joueront tellement mal le jeu qu'au KGB on en rit encore.

L'Algérie, c'est autre chose. Le SDECE est là sur son terrain. Pendant toute la guerre, de Gaulle confiera à Michel Debré, son Premier ministre, le soin de suivre au jour le jour l'action des services spéciaux[28]. Debré fait appel à Constantin Melnik. Le personnage sort tout droit d'un roman de John Le Carré. Une silhouette large, osseuse, voûtée ; une tête de faucon taillée à la serpe ; des yeux perçants, de ceux qui ne lâchent jamais leur proie. « Michel Debré fera appel avant tout aux lumières de son plus intime collaborateur, Constantin Melnik, écrira en 1961 dans *Le Monde* Pierre Viansson-Ponté. Derrière ce patronyme slave et ce prénom impérial se trouve l'une des plus influentes personnalités de la Ve République. Melnik se soucie peu d'être inconnu du grand public, ou plutôt la notoriété l'incommode. Spécialiste de l'anticommunisme et de l'action clandestine, il n'a jamais brigué de poste en vue (...), mais les initiés savent qu'il partage tous les secrets, connaît toutes les clés, possède toute la confiance. » Appartenant à la famille du Dr Botkine — le médecin personnel du tsar assassiné à Iekaterinbourg en 1918 par les bolcheviks —, Constantin Melnik voue une haine tenace, épaisse aux communistes. Il s'est

28. « A la fin de la guerre d'Algérie, raconte le général Grossin, de Gaulle confie à Debré qu'il veut nommer le général Pierre Billotte, gaulliste de gauche, premier ambassadeur de France à Alger. Peu enthousiaste, le Premier ministre demande au chef de l'État ses raisons. "Pour les affaires merdeuses, il faut de la merde", rétorque ironiquement de Gaulle. Peu après, le service d'écoutes du SDECE transmettra une note à de Gaulle sur une conversation du président Ben Bella avec Billotte. Ce dernier s'y montrait plus que révérencieux à l'égard de l'ancien chef du FLN. Cela a suffi à convaincre de Gaulle de ne pas nommer Billotte. »

très tôt passionné pour les services spéciaux. L'homme est bourru et peu bavard. Du pur-sang d'espion. « Je suis un enfant de la guerre froide. J'ai fait mes études à Meudon dans un collège de jésuites et j'ai été sensibilisé très tôt au marxisme et au péril communiste. En 1949, je rencontre Raymond Aron qui me fait rentrer à la Rand Corporation. Pour nous, il s'agissait de mieux définir la menace soviétique et de comprendre comment fonctionnaient ces gens-là[29]. » En 1951, Constantin Melnik participe à Washington, aux côtés du maréchal Juin, aux entretiens franco-américains sur la guerre de Corée. Il y fait la connaissance d'Allen Dulles. Les deux hommes resteront amis. Deux ans plus tard, il dévoile à Juin le nom de celui qui succédera à Staline. Stupéfaction du maréchal. La prévision se révèle juste. La formation acquise à la Rand a décidément du bon. En 1959, après que Michel Debré eut fait appel à lui, Constantin Melnik assurera, et ce pour toute la guerre d'Algérie, les liaisons quotidiennes entre le cabinet du Premier ministre, le SDECE et le DST. Les partisans de l'Algérie française l'appelleront bientôt rageusement « Melnik le Russe ». Ils conforteront ainsi l'image volontiers énigmatique que l'homme aime à cultiver.

« Il faudrait supprimer l'avocat Jacques Vergès »

Le général Grossin et Constantin Melnik inventeront de toutes pièces la fameuse « Main rouge ». L'emblème a été choisi comme une allusion à la « main de la Fathma », le porte-bonheur musulman, qui est généralement représenté en noir ou en or. Celui du SDECE sera rouge pour le sang versé... « Nous avons téléguidé cette affaire de bout en bout, précise le général Grossin[30]. Nous irons jusqu'à faire écrire à Pierre Genève un livre, *La Main rouge*, pour faire croire qu'il s'agit d'une organisation de pieds-noirs extrémistes. Ce n'était qu'un écran pour mieux tromper les journalistes, l'éditeur étant un officier du SDECE. Tous les autres protagonistes, qu'il s'agisse du colonel Condé[31], qui invitera en avril 1960 les journalistes triés sur le volet à une conférence de presse à Versailles, de Christian Durieux ou de Pedro, n'étaient que des marionnettes mises en place pour égarer les recherches. Seul le colonel Marcel Mercier a effectivement joué un rôle. Il était chargé, au nom de notre service, de faire le contact du SDECE avec le BND, les services secrets ouest-allemands du général Gehlen. Mais

29. Entretien avec l'auteur.
30. Entretien avec l'auteur.
31. Le SDECE poussera l'humour ou le vice jusqu'à faire publier dans *Le Figaro* la notice nécrologique du colonel Condé, qui n'avait jamais existé, « mort d'un accident de chasse en Afrique du Sud ».

il ne commanditait pas les opérations de la "Main rouge". C'est à Matignon que cela se décidait. »

Chaque semaine, Michel Debré, le Premier ministre, réunit en effet le général Grossin et Constantin Melnik pour décider des actions de la « Main rouge ». « Les services spéciaux des démocraties, dont je n'ai jamais fait partie et auxquels ne me lie donc aucune obligation de réserve, confessera plus tard Constantin Melnik, ne sont pas des officines louches confiées à de ténébreux irresponsables, mais des organismes sophistiqués et structurés, hiérarchisés et disciplinés dont la seule vocation est, dans la stricte obéissance au pouvoir civil, quelle que soit sa couleur politique, de servir la nation et l'État. Pendant la guerre d'Algérie, les opérations "Action" du SDECE portant atteinte à la vie humaine ou aux biens matériels (en code : opérations Arma et Homo) ne pouvaient donc être entreprises que si elles avaient été autorisées par les plus hautes autorités de l'État. (...) Le général de Gaulle avait en la matière édicté trois règles : Primo : ce type d'actions ne pouvait être mené qu'en temps de guerre et en dehors du territoire français. Secundo : les "objectifs" ne pouvaient, en aucun cas, être des nationaux français — règle qui ne fut pas, malgré les glapissements des "gaullistes", transgressée à l'égard de l'OAS (les activistes partisans de l'Algérie Française, NDLR) —, quoi qu'on en dise. Tertio : toute opération devait être soumise à l'approbation du chef de l'État et du Premier ministre, responsable à l'époque des services spéciaux[32]. »

Ces règles énoncées par de Gaulle furent, en effet, respectées. Mais il s'en fallut de peu. Au début de l'année 59, le général Grossin fut convoqué par Michel Debré. Le Premier ministre était fou de colère contre deux avocats, Jacques Vergès déjà, et Jacques Mercier, un ancien para de sensibilité gaulliste, qui défendaient jour après jour au palais de justice les militants du FLN. Dans un accès de rage, Debré demanda à Grossin d'appliquer à ces deux hommes la dure loi de la « Main rouge ». Grossin ergota, rappela que « c'était contraire aux missions du SDECE, qui devaient toujours être menées à l'étranger et jamais contre des nationaux », exigea un ordre écrit et finalement refusa la mission[33]. Mercier et Vergès avaient eu, au fond, quelque chance. Le 21 mai 1959, rue Saint-Marc, à Paris, la police retrouvait le cadavre de Me Ould Aoudia, avocat du barreau de Paris, tué de deux balles de 9 millimètres, qui appartenait au même « collectif de défense des militants du FLN[34] ».

Tous les attentats commis par la « Main rouge » furent réalisés par un nombre réduit d'agents du service Action. Le colonel Rous-

---

32. *Mille jours à Matignon* par Constantin Melnik, Grasset, 1988.

33. Entretien avec l'auteur.

34. Comble d'ironie, la 17e chambre correctionnelle condamna Jacques Vergès à quinze jours de prison avec sursis parce qu'il avait traité Michel Debré « d'assassin » à propos d'une autre affaire.

sillat, qui avait succédé à Morlanne à la tête du SA, et ses adjoints Zahm[35] et Leman désignèrent ceux qui allaient participer aux opérations « Arma » et « Homo ». Au SDECE, on appelait cela « jouer au ballon crevé ». A Cercottes régnaient le « sorcier aztèque », le capitaine Jeannou Lacaze, ainsi nommé parce qu'il était l'expert en armes et explosifs, et l'ingénieur polytechnicien Henri Deruelle, l'inventeur des « stylos-pistolets ». Un département où l'on ne ménageait pas son temps.

La mort de Georges Puchert, trafiquant d'armes

Un cas précis permettra d'illustrer la méthode employée par le SDECE pour ses attentats et, surtout, comment celui-ci détournait ensuite l'attention des enquêteurs sur une poignée de comparses sans importance.

Pour Puchert, par exemple, tout commence par une simple note dactylographiée. « Georges Puchert, alias "capitaine Morris", domicilié à Tanger, Maroc, 7, rue Vermeer, marié, un enfant, réside en Allemagne depuis juillet 1958, en qualité d'acheteur de munitions pour le Front de libération national algérien (FLN). » Le rapport comporte ensuite plusieurs pages et relate dans le moindre détail le passé de Puchert, depuis son trafic de cigarettes en Méditerranée, sous le pseudo de Morris, jusqu'aux plus récents achats d'armes conclus en Allemagne. Les Algériens avec lesquels il est en relation d'affaires y sont nommés et fidèlement décrits. L'étude donne enfin des informations très précises sur les déplacements et les voitures utilisées par Puchert et ses amis.

Depuis plusieurs jours, le trafiquant d'armes se sent suivi. Le 27 février 1959, il retrouve un ami dans un café voisin du commissariat principal de Francfort. Soudain, levant les yeux, il aperçoit dans une glace la tête d'un homme qui suit avec intérêt leur conversation. Vêtu très sobrement, cet homme porte un chapeau mou noir et une canne-parapluie. Pas très grand, musclé, des pommettes saillantes, des yeux pétillants d'intelligence. Selon le journaliste allemand Bernt Engelmann — qui enquêta sur la « Main rouge » sans parvenir à beaucoup de résultats[36] —, Puchert reconnaît ce jour-là Marcel Mercier des services secrets français. Il prend peur, conscient qu'il est probablement condamné à mort.

Le soir même, Georges Puchert adresse à son plus proche collaborateur, l'Algérien Abdelkader Noassri, les lignes suivantes : « Suis très inquiet, poursuivi. Mauvaise surprise (Mercier). Ai

35. Ancien du BCRA, déporté à Auschwitz en 1944, il avait servi en Indochine dans une compagnie de légionnaires où il avait été gravement blessé.

36. *Mes amis les trafiquants d'armes*, par Bernt Engelmann, Paris, 1966.

besoin de te parler. Capitaine Morris. » Les jours suivants, Puchert cherche à trouver le repos dans une activité débordante. Comble de malheur, comme nous allons le voir, une grippe le cloue au lit. Le 2 mars au soir, au retour d'un long trajet d'autoroute, il se sent malade comme un chien. Pour cette raison, il ne range pas sa voiture dans le box individuel de son garage habituel qui est protégé, mais dans un parking en plein air de la rue Guiolett. Le lendemain matin, à 9 heures, Georges Puchert sort de son domicile, jambes molles et tête lourde, pour acheter quelques journaux. A 9 h 11, il ouvre la portière de sa voiture et s'installe au volant. Le moteur froid met quarante secondes à démarrer.

L'auto n'aura avancé que de quelques mètres. Tout le quartier de la Guiolettstrasse a tremblé de la terrible détonation. Des dizaines de vitres jonchent le sol et plusieurs écoliers passant par là ont été proprement jetés à terre. Écrasé sur son volant, transpercé par les éclats, Georges Puchert, lui, a rendu l'âme. Mais sa poitrine pèse toujours sur le klaxon qui déchire l'air d'un hurlement lugubre. Il fallut qu'un promeneur charitable dégageât légèrement le corps de Puchert pour que le klaxon se tût enfin.

Le 16 avril 1959, le procureur général de Francfort, Heinz Wolf, fit une conférence de presse pour accuser la « Main rouge » et la sécurité militaire française de l'attentat. Il publia également des mandats d'arrêt contre trois hommes. Le premier, Pedro, l'homme à la cicatrice, était l'homme au faciès de boxeur qui avait à plusieurs reprises averti Puchert des dangers qu'il courait et essayé de l'intimider. Il s'était même vanté devant le capitaine Morris d'avoir déjà tiré à Bonn contre le Dr Aït Ahcène devant l'ambassade de Tunisie. La police allemande s'intéressa également à « Viari, 37 ans, 1 m 82, silhouette athlétique, cheveux noirs, un ancien policier français au Maroc surnommé "le tueur" ». Ainsi qu'à « Roger Durieux, qui préférait se faire appeler Christian, un petit garçon pâle qui présentait une étrange ressemblance avec le jeune Napoléon Bonaparte ».

A la fin du mois de novembre 1959, le *Daily Mail* publia justement une fracassante interview de Christian Durieux que son correspondant parisien, Michael Jacobson, avait recueillie. L'entretien reproduit dans le monde entier fit sensation. Il commençait par cette déclaration : « Je me nomme Christian Durieux ; je suis un membre actif de la "Main rouge", organisation secrète créée en Afrique du Nord pour rendre aux nationalistes arabes la monnaie de leur pièce. Je suis responsable des attentats contre Otto Schlüter, Georges Puchert et Aït Ahcène. » Et se terminait ainsi : « La "Main rouge" est fière de ses actes, mais elle ne s'en réjouit pas. » Tout le monde, à commencer par la police et la presse allemande, crut à la mise en scène du SDECE, et donc au récit du « petit Napoléon », qui n'avait joué aucun rôle actif, sinon celui d'écran de fumée, dans l'organisation de la « Main rouge ». Lorsque les enquêteurs allemands demandèrent à la police française de retrouver Christian

Durieux, la Sûreté nationale leur répondit gentiment qu'il n'existait ni « Main rouge » ni Christian Durieux. Aucune autorité française n'avait jamais délivré de passeport à ce nom. Tout cela n'avait été qu'une farce.

Le 2 décembre 1959, le chancelier Konrad Adenauer rendit visite au général de Gaulle. Le chef d'État allemand voulut à un moment aborder le sujet de cette curieuse « Main rouge » qui multipliait les attentats sur le territoire de la RFA. Le visage aimable de De Gaulle se durcit aussitôt et Adenauer changea de sujet. Plus tard, Konrad Adenauer confiera à des amis : « Monsieur de Gaulle a trouvé cela très inconvenant de ma part. »

Opérations « Arma » et « Homo » signées la « Main rouge »

De Gaulle a quelque raison à n'aimer guère s'entretenir du sujet. De 1956 à 1961, la « Main rouge » s'est véritablement déchaînée. Attentats, meurtres, hold-up : les opérations « Arma » (pour les armes) et « Homo » (pour homicide) n'ont cessé de se succéder. « Pendant la seule année 1961, sept bâtiments transportant des armes à destination des nationalistes algériens seront envoyés par le fond ; 103 trafiquants expédiés *ad patres* et deux avions chargés de fret militaire interceptés », confessera Constantin Melnik[37]. Voici donc une liste non exhaustive, loin s'en faut, des actions réussies du SDECE :

— 28 septembre 1956 : les bureaux du trafiquant d'armes Otto Schlüter sautent. Une bombe à retardement avait été maquillée en extincteur. L'adjoint du trafiquant d'armes, Wilhelm Lorenzen, soixante-deux ans, succombe peu après son arrivée à l'hôpital.

— 17 mai 1957 : en ouvrant une boîte de cigares « Henry Upman », envoyée à son mari par un certain Carlos Garcia Soldevillat, Henriette Tremeaud, épouse du préfet du Bas-Rhin, est déchiquetée par l'explosion d'une machine infernale. Rappelons que M. Tremeaud avait été préfet d'Alger.

— 3 juin 1957 : la mère de Schlüter meurt. Quartier d'Eppendorf à Hambourg, la Mercedes 220 immatriculée HHKM 437 qu'elle conduisait a explosé. C'est pourtant son fils qui avait mis la clé de contact dans la voiture. Mais décidément le trafiquant a la « baraka ». Il s'en sort indemne.

— 18 juillet 1957 : le bateau la *Bruja Roja*, appartenant au trafiquant allemand Georges Puchert, est coupé en deux par une explosion dans le port de Tanger et sombre peu après.

— 21 juillet 1957 : le navire *Typhoon* est pulvérisé, toujours à Tanger.

---

37. *Mille jours à Matignon*, op. cit.

— 30 juillet 1957 : le petit cargo *Emma*, un vieux voilier de 80 tonneaux, parti de Zeebrugge avec 67 tonnes d'armes, dont le manifeste de bord affirme qu'elles doivent parvenir au Pakistan alors qu'elles sont destinées au FLN, est déchiré par une explosion entre Tanger et Gibraltar, et englouti par les eaux[38].

— 9 septembre 1957 : Georges Geiser, fabricant de détonateurs qu'il livrait au FLN, est poignardé à Genève.

— 19 septembre 1957 : Marcel Léopold, cinquante-cinq ans, mêlé à des trafics d'explosifs destinés aux Algériens, est assassiné à Genève dans des circonstances dignes d'un roman policier. Au moment où il ouvrait la porte de son appartement, au troisième étage d'un immeuble du quartier de Rives, il est atteint à l'aisselle par une fléchette à ailettes, tirée au moyen d'une espèce de « sarbacane ». En fait un simple tube muni d'une cartouche d'air comprimé afin de propulser à bout portant le projectile. Les enquêteurs genevois découvriront que la fléchette, de la taille d'un crayon mais creuse, s'était brisée après avoir pénétré dans la peau. Une ampoule contenant du curare avait éclaté au moment du choc. Marcel Léopold eut juste la force d'entrer chez lui et d'appeler sa femme. Il devait mourir quelques instants plus tard. Le sous-officier du service Action chargé de l'opération oublia la fameuse « sarbacane », dite aussi « pompe à vélo », sur les lieux. Arrivé en bas de l'immeuble, il en informa l'officier du SA qui l'attendait. Mais déjà, dans l'escalier, on pouvait entendre hurler la femme de Marcel Léopold. Les deux hommes prirent la fuite. Bien leur en prit : à la frontière la voiture fut fouillée de fond en comble, le chef de mission du SA portant une montre suisse non déclarée.

L'assassinat de Marcel Léopold avait été précédé de plusieurs essais expérimentaux. Dans un ouvrage anodin portant sur les techniques d'espionnage, Déodat de Puy-Montbrun, un des as du service Action en Indochine, en révèle les dessous[39]. « Le SA avait d'abord pensé à un empoisonnement du lait de Léopold, les bouteilles étant accessibles à l'entrée de l'immeuble, mais cette solution fut refusée par l'un des responsables. “Ce serait un massacre, dit-il, il a de la famille.” “Il doit recevoir une montre”, avança également un officier Action qui avait surveillé la victime camouflé dans une camionnette pendant une semaine et qui avait pêché son courrier. Le coup du colis piégé devenait donc tentant. Mais sa femme pouvait l'ouvrir en son absence, ou un domestique. On y renonça. Un autre spécialiste suggéra de le poignarder parce que Marcel Léopold rentrait le soir à pied de son bureau. “Non, assura le responsable du SA chargé de l'opération, il est vraiment trop gros... Tenons-nous-en à la sarbacane, c'est une arme qui mérite d'être essayée... Cela fera plaisir à L...” L'officier L... était l'inventeur. Le

38. Dans son livre, *Le Général Gris*, Julliard, 1968, le journaliste Alain Guérin dressera une première liste très incomplète des attentats de la « Main rouge ». Encore aujourd'hui, elle reste à être finalisée si l'on en croit les affirmations de Constantin Melnik.

39. *Les Armes des espions*, Déodat de Puy-Montbrun, Balland, 1972.

premier test fut effectué sur un chien-loup. A la grande déception du technicien en gadgets, l'animal traversé de part en part s'enfuit en hurlant. Rattrapé, soigné et rassuré, le chien est mort de vieillesse. Le projectile affiné rendu plus fragile, on décida de choisir un cobaye moins noble... Battant la campagne environnante, un sous-officier ramena un cochon dûment pesé et payé. Près de 100 kilos et très cher le kilo sur pied. Le malheureux goret présentait un intérêt particulier. Il se rapprochait quant au poids de la victime, ce qui permit de travailler avec la dose de curare prévue. Les essais furent concluants. »

A propos de l'opération proprement dite, Déodat de Puy-Montbrun ajoute : « Marcel Léopold habitait sous l'appartement d'un dentiste dont le cabinet fonctionnait. Le scénario prévoyait l'"erreur" du malade sonnant un étage en dessous. L'expérience, plusieurs fois réalisée, avait montré que Léopold lui-même ouvrait la porte. Une première équipe manqua son affaire. La sarbacane sollicitée émit un raclement sans envoyer sa fléchette. L'agent s'excusa, prétextant comme prévu chercher le dentiste. Aimable et même empressé, Léopold le mit dans la bonne voie et rentra chez lui sans méfiance. Il avait la conscience tranquille. Trafiquer des explosifs ne le gênait pas. Il ne voyait pas mourir ses victimes. La deuxième opération fut couronnée de succès. »

— 3 juin 1958 : Tolède. Violente agression contre trois jeunes gens qui circulent à bord d'une automobile, l'Algérien Akli Laken, le journaliste espagnol Luis-Maria Ezquerregoyen et la jeune Madrilène Armanda Fueyo Fanjul.

— 1er octobre 1958 : le cargo *Atlas* explose et coule dans le port de Hambourg.

— 5 novembre 1958 : le dirigeant FLN Aït Ahcène, alors qu'il était sous couverture diplomatique tunisienne, essuie à Bonn plusieurs rafales de mitraillette. Gravement blessé, il ne se remettra pas de ses blessures et mourra quelques mois plus tard à Tunis.

— 28 novembre 1958 : Rabat. L'avocat algérien Auguste Thuveny est pulvérisé par l'explosion de sa voiture.

— 19 janvier 1959 : l'Algérien Abd el-Soualen est assassiné devant la gare de Sarrebruck.

— 3 mars 1959 : Georges Puchert meurt à Francfort, son véhicule ayant été dynamité.

— 13 mars 1959 : attentat à l'explosif contre le cargo *Alkahira* à Ostende. Le navire sombre.

— 21 mai 1959 : Me Ould Aoudia, avocat kabyle du barreau de Paris, est tué de deux balles de 9 millimètres à son cabinet, 10, rue Saint-Marc. Elles ont été tirées à l'aide d'un revolver équipé d'un silencieux. Deux balles dont on ne retrouvera jamais les douilles. La police pense à un « travail de professionnel ».

— 5 juillet 1959 : Rome. Le petit Rolando a dix ans. Il joue au football avec ses camarades. Le ballon roule. Il passe sous une 403 Peugeot en stationnement. Explosion sauvage. Un morceau de la voiture sera retrouvé au huitième étage d'un immeuble voisin. Rolando mourra à l'hôpital. Cinq de ses camarades seront blessés. Pour les Italiens cette affaire et ses commanditaires demeureront une énigme. Il s'agissait d'éliminer le dirigeant FLN Taieb Mohammed Boularouf, mais l'opération a été mal chronométrée. De plus, la mèche explosive, trop longue, traînait dangereusement à terre.

— 5 septembre 1959 : des montagnards découvrent dans le Val d'Aoste, à 3 000 mètres, un avion pulvérisé par une explosion en vol : cinq morts dont un membre de l'entourage de Ferhat Abbas.

— 7 septembre 1959 : à Beyrouth, Mohammed Mahmoud Djamil est abattu de quatre coups de revolver. Peu avant il avait rencontré à Montreux, en Suisse, Ferhat Abbas.

— 10 septembre 1959 : Genève. L'avion de l'Allemand Dyonis Stucki s'écrase au sol. Avant la chute en piqué, on a pu entendre retentir une détonation.

— 31 décembre 1959 : Francfort. Abdelkader Noassri, l'ancien collaborateur de Georges Puchert, a les deux mains arrachées par une explosion alors qu'il était en train d'ouvrir un colis postal dans une chambre d'hôtel.

— 9 mars 1960 : l'étudiant en médecine Akli Aïssiou, de nationalité algérienne, est abattu par deux faux policiers à Bruxelles. Là encore, on ne retrouve pas de douilles.

— 25 mars 1960 : Georges Laperche, quarante et un ans, professeur d'histoire à Liège, qui vient récemment d'abriter un étudiant algérien, reçoit dans l'après-midi un colis à son domicile. L'envoi a toutes les apparences d'un livre. Alors qu'il défait le paquet, une violente explosion pulvérise le mobilier et détruit le premier étage de l'immeuble. Georges Laperche, affreusement mutilé, meurt dans la nuit. Les enquêteurs belges rassembleront les débris de l'ouvrage éparpillés dans la pièce, sur lesquels on peut encore lire les mots « Tunisie » et « Gestapo française ». Le livre a été « trafiqué » avec une telle dextérité que les policiers excluent immédiatement l'hypothèse d'un néophyte.

— 25 mars 1960 : Pierre Le Grève, universitaire bruxellois qui collabore à l'hebdomadaire belge *La Gauche*, où il vient de publier une série d'articles sur les attentats contre des Algériens séjournant en Belgique, reçoit également un colis de livres comprenant un volume intitulé *La Pacification*. Ce livre, signé Hafid Keramane, sous-titré « Livre noir de six années de guerre en Algérie », édité à Lausanne, décrit sur un mode polémique certains aspects de la répression en Algérie. Pierre Le Grève n'a donc aucune raison de se méfier. C'est finalement Mme Le Grève qui, en feuilletant le livre, constatera que les feuillets, après une vingtaine de pages, sont découpés en leur centre pour ménager une cavité qui abrite une petite boîte. Après avoir refermé le volume, l'avoir remis dans sa gaine de carton, elle va déposer le tout dans son jardin. Alertée, la police envoie un agent cycliste qui, le plus naturellement du monde, transporte le colis attaché sur son porte-bagage avec une ficelle. Heureusement pour ce dernier, le détonateur, de même type pourtant que celui employé pour le Pr Laperche et qui avait été mis au point à Cercottes par le service Action, ne fonctionnera pas.

— 26 septembre 1960 : trois faux policiers se disant de la DST perquisitionnent à Paris chez Mohammed Mammar, jeune speaker kabyle de la Radio-Télévision française. On retrouvera son corps dans la forêt de Rambouillet.

— 16 novembre 1960 : Munich. Wilhelm Beissner, dirigeant d'une firme d'export-import entre l'Allemagne fédérale et les pays arabes, perd les deux jambes dans l'explosion de sa Chevrolet.

Le président Nasser n'aimait pas le cacao

Le 4 octobre 1956, tandis qu'à Paris on prépare fébrilement l'opération sur Suez, après que le Raïs eut, le 26 juillet, nationalisé le canal, le SDECE surprend une poignée d'Égyptiens en train de charger le navire l'*Athos* pour le compte des rebelles algériens. Les services secrets français avaient infiltré auparavant l'équipage. La preuve tant attendue est faite de la collusion du nationaliste Nasser avec le FLN. « C'est un officier égyptien qui nous a permis de réaliser cette très belle opération[40], révèle aujourd'hui le colonel Tristan Richard, le chef du service 3-A chargé des pays arabes. C'est grâce à nos renseignements que la marine nationale arraisonnera l'*Athos* au large d'Alger. J'avais proposé à l'officier égyptien le marché suivant : “Vous aurez un cinquième du prix de la cargaison au prix de la ferraille.” On s'est fixés sur 85 millions de francs anciens. Mais à l'époque nous n'avions pas d'argent. Le général Grossin a du aller voir le ministre Robert Lacoste. Et l'argent a finalement été versé sur un compte bancaire en Suisse. »

Les services secrets français poursuivent depuis longtemps Nasser de leur vindicte. En 1954, un tueur du service Action, Jean-Marie Pellay, qu'on appelait « Paquebot » au BCRA à Londres, rate de peu le Raïs. En juillet 1956, trois hommes du même service débarquent à l'ambassade de France au Caire avec des valises bourrées d'explosifs. Mais, sur place, ils ne savent qu'en faire. Après l'intervention à Suez en novembre 1956, la France ferme son ambassade mais les explosifs demeurent. C'est le « sorcier » Jeannou Lacaze, futur chef d'état-major des armées françaises, qui ira, des années plus tard, les désamorcer. Le colonel

40. Ce témoignage a été aimablement fourni à l'auteur par le journaliste Bernard Violet qui s'était très longuement entretenu avec le colonel Tristan Richard pour un ouvrage sur l'affaire Ben Barka paru depuis aux éditions Fayard.

Tristan Richard a également projeté un attentat contre Nasser. « Je connaissais, explique-t-il, un officier égyptien qui aurait pu lui fournir un "mauvais café". Je suis allé le voir en RFA. Je lui expliquai comment il fallait faire en lui indiquant le mess que fréquentait Nasser. Nous étions d'accord. Tout était prêt. Mais le spécialiste en poison du SDECE avait recommandé de mettre le poison dans du cacao, car dans le café ça avait un goût amer. Malheureusement Nasser n'avait pas l'habitude de boire du cacao. Ce sera mon grand regret[41]. »

Le SDECE avait aussi pensé à détruire Radio Le Caire. Le capitaine Paul Léger, qui supervisait les opérations Action en Égypte, se souvient : « Radio Le Caire étant à l'époque le principal canal par lequel était diffusée la propagande des rebelles algériens, je fus désigné pour étudier la meilleure façon d'y occasionner le maximum de dégâts. Je m'adressai donc au service intéressé afin d'obtenir tous les renseignements nécessaires au montage d'une telle opération. Mais malgré mes demandes réitérées, les agents en place ne me fournirent que très partiellement les indications et les précisions indispensables à l'élaboration de l'ordre d'opération et des moyens à mettre en œuvre. Finalement, la mission fut annulée[42]. » Décidément, avec Nasser, les services secrets français n'avaient pas de chance.

« Ma mère, Bagheera la panthère »

Créé le 1er septembre 1946, le 11e bataillon de choc avait rassemblé les meilleurs membres du service Action qui avait fait la gloire du BCRA gaulliste. Le capitaine Paul Aussaresses, un ancien des équipes Jedburgh, parachuté à la fin de la guerre en Allemagne pour y négocier la libération des camps de prisonniers — homme discret, réservé, mais prêt à tous les « mauvais coups » —, avait été désigné par le commandant Morlanne comme responsable de ce nouveau département : des moyens dérisoires, des locaux minables mais des hommes exceptionnels. Ils s'appellent à l'époque Pioche (Obadia), Maloubier, Chaumien, Dupas, Bichelot, L'Helgouach et même Nicole Follot, la secrétaire de Morlanne. Ils seront rejoints dans les années qui viennent par Sassi ou encore Déodat de Puy-Montbrun. Dans l'immédiat, les effectifs sont plus que réduits. En mai 1947, on compte à peine trente-cinq agents dans les bâtiments austères de la vieille citadelle de Montlouis perdue dans les Pyrénées. Qu'importe. On fera avec. Le capitaine Aussaresses récupère du matériel de fortune et se compose un arsenal à partir de celui

41. Témoignage de Tristan Richard, *op. cit.*
42. Paul-Alain Léger, *Aux carrefours de la Guerre*, Albin Michel, Paris, 1983.

légué par la Résistance. L'entraînement consiste essentiellement en combats de guérilla, luttes au corps à corps, maniements d'explosifs et initiation à l'infiltration derrière les lignes ennemies. Le 11ᵉ choc veut former des guérilleros. Un an plus tard, ces trente-cinq pionniers encadreront huit cent cinquante hommes, répartis en trois commandos, deux à Montlouis et un à Collioure. Il reste à trouver un insigne. Ce sera la gueule de la féroce panthère noire Bagheera du *Livre de la jungle.* « Mon père, Jacques-Jean Dupas, nageur de combat émérite, ancien des unités sahariennes, explique sa fille Agnès Dupas, a eu cette idée, lui qui aimait dessiner, à la suite d'une scène de ménage avec ma mère qui était niçoise. Cela a beaucoup amusé les responsables du 11ᵉ choc qui en ont fait leur emblème[43]. » Jacques-Jean Dupas est d'ailleurs de toutes les expéditions à risques. Le 30 mai 1951, il participe aux plongées du Front Estramer, avec Jacques-Yves Cousteau qui lui dédiera en reconnaissance l'un de ses livres. En 1952, il prend part au premier voyage de la *Calypso*, toujours en compagnie de l'océanologue. Cousteau travaille-t-il à l'époque pour les services secrets français ? Il les fréquente en tout cas beaucoup. « J'ai toujours détesté le travail d'espionnage, et je continue à le faire », déclarera pourtant en mars 1960 au *Times*, le célèbre commandant afin de mettre fin aux rumeurs.

En 1951, le 11ᵉ choc a déjà mis sur pied une première équipe de nageurs de combat. Un an plus tard, une école ouvrira ses portes sur la base de la marine nationale d'Arzew, à 30 kilomètres à l'ouest d'Oran. L'enseigne de vaisseau Claude Riffaud, dit « le Lion », y entraîne de jour comme de nuit les stagiaires. Quelque temps plus tard, Bob Maloubier est chargé de créer le GANC (groupement autonome des nageurs de combat), dépendant exclusivement du SDECE. La Corse sera choisie pour en être la résidence avec la célèbre base d'Aspretto.

En Indochine, le 11ᵉ choc avait été l'ossature du groupement des commandos mixtes aéroportés (GCMA). Et dès le début de la rébellion algérienne, le commandant Decorse, qui commandait la troupe d'élite, obtiendra du colonel Morlanne d'emmener quatre cents hommes en Kabylie. Le capitaine Krotoff, responsable du centre école du service Action à Cercottes dans le Loiret, peut alors porter les premiers coups sévères au FLN. Au rythme d'une mission par jour... Le 15 mars 1956, il trouve néanmoins la mort dans une embuscade alors qu'il tentait de détruire le quartier général de la wilaya 1 dirigée dans les Aurès par Mostefa Ben Boulaïd. Aux Invalides, on réservera au capitaine Krotoff un enterrement quasi national. Le 11ᵉ est ensuite chargé d'aider le général Bellounis, un nationaliste rival du FLN. « C'est nous, explique le général Grossin, qui les avons armés avec 68 millions donnés par les services du Premier ministre Michel Debré. Pour l'affaire des maquis, le chef

43. Entretien avec l'auteur.

d'état-major, Paul Ely, n'était pas au courant qu'il s'agissait du SDECE. On lui avait dit que c'était les Israéliens. J'ai toutefois été convoqué par de Gaulle à une réunion ministérielle où il a fallu que je m'explique en ce qui concerne les maquis Bellounis mais aussi sur les aides que nous accordions aux petits groupes de Ferhat Abbas réfugiés en Suisse. Dans la région parisienne, ces groupes avaient eu de violents accrochages avec le FLN et il y avait eu des morts. A la fin de la réunion où Louis Joxe, le ministre de l'Algérie, avait violemment protesté contre nos méthodes, de Gaulle a dit qu'il fallait arrêter. Michel Debré, de qui j'avais reçu mes ordres, n'a toutefois jamais pris la parole pour me défendre. »

Toujours en Algérie, les cadres du 11e choc intègrent en août 1957 la section A — comme Action — du Centre de coordination interarmées, le CCI, créé en 1957 et dirigé par le colonel Léon Simonneau que nous avons déjà rencontré pendant la guerre de 39-45. Au 1er juillet 1961, la section A du CCI pourra revendiquer quelque 120 actions en Tunisie et 96 au Maroc contre les rebelles du FLN.

Le 11e choc restera présent sur le territoire algérien jusqu'en mai 1962. Après, ce fut une autre histoire[44]...

Une bombe au Quai d'Orsay

Le 22 janvier 1962, une bombe explose au Quai d'Orsay dans les locaux où sont rassemblés les « différents colis » de la valise diplomatique. Un chiffreur, Roger Boissière, que ses collègues appelaient familièrement « le père la pipe », est tué sur le coup. Douze autres fonctionnaires sont blessés. La police judiciaire enquêta avec une minutie particulière sur les enveloppes et sceaux des différents services des Affaires étrangères qui furent systématiquement passés au crible. Seul manquait, volatilisé, le sceau du colis déposé par le SDECE à destination de son poste du Maroc. Roger Frey, le ministre de l'Intérieur, ne mit pas longtemps à comprendre qu'il s'agissait donc d'une bavure des services spéciaux. Officiellement — raison d'État oblige —, on imputa l'attentat, et on continue de le faire aujourd'hui, à l'OAS et aux partisans de l'Algérie française.

Que s'était-il passé ? Dans son ouvrage autobiographique[45],

---

44. Au moment de la crise algérienne, de Gaulle se méfiera du 11e choc, dont beaucoup de cadres étaient demeurés Algérie française. Son chef, le colonel François Decorse, est évincé au profit du lieutenant-colonel Albert Merglen, de sensibilité gaulliste. Fortement réduit, le 11e choc, qui s'était transformé pendant la guerre d'Algérie en « 11e demi-brigade parachutiste de choc », constituera désormais un noyau d'encadrement pour la formation commando des unités régulières.

45. *Mille jours à Matignon, op. cit.*

Constantin Melnik, ancien coordinateur des services secrets pendant la guerre d'Algérie, a reconnu publiquement que c'était bien le SDECE qui avait fabriqué la bombe. Voici cependant quelques précisions supplémentaires, telles qu'il nous les a confiées : « Il avait été décidé qu'au moment où nous avions déjà commencé les négociations avec les Algériens en Suisse — c'était l'opération Écheveau — nous attaquerions en même temps l'une de leurs bases opérationnelles au Maroc afin de leur montrer que nous ne contrôlions pas toujours bien nos services. Ce dédoublement complexe, c'est souvent le rôle des services secrets[46]. » Quant aux circonstances techniques de l'opération, Constantin Melnik les avait déjà indiquées dans son livre :

> « L'artificier du service Action, explique-t-il, était un officier expérimenté à la compétence reconnue. Son nom étant ignoré des responsables politiques et le détail des opérations "Action" ne figurant, pour différentes raisons de sécurité, sur aucun document militaire, sa carrière future dans l'armée sera plus que brillante, en rien affectée par ce dramatique ratage. Ses explications pourtant ne me convainquirent guère. Déjà, le précédent responsable du service des explosifs avait un jour pontifié devant ses élèves : "Messieurs, cette voiture ne peut exploser que si on y met le contact." Sur quoi il avait solennellement claqué la portière et... l'on avait ramassé ses débris. Lui-même avait pris toutes les précautions imaginables. Un triple système de sécurité empêchait toute explosion pendant le transport même en cas de choc le plus brutal... »

Immédiatement, le général Grossin, patron du SDECE, se rendit à l'Élysée pour revendiquer la responsabilité pleine et entière d'une mission qui avait été décidée sous son autorité. De Gaulle refusa sa démission. Mais le général, qui fut sans aucun doute le meilleur chef de nos services spéciaux, perdit ce jour-là toute chance de présider un jour à leur réorganisation. Peu de temps auparavant, il avait en effet remis à Constantin Melnik un volumineux dossier en vue de réformer le SDECE. Paul Grossin, qui réclamait la création en France d'une véritable école de renseignements, allait quitter, en février, son poste. L'officier responsable ne fut, lui, jamais inquiété. Quant à la famille du malheureux chiffreur qui avait péri lors de cet accident, elle n'est toujours pas indemnisée.

Le vrai rapt du colonel Argoud

La guerre d'Algérie a pris fin. Le 8 janvier 1961, le peuple français a donné aux Algériens le droit de choisir leur destin. En

---

46. Entretien avec l'auteur.

avril, un « quarteron de généraux à la retraite » tente bien un putsch mais il échoue lamentablement. Les partisans de l'Algérie française créent alors l'Organisation de l'armée secrète (OAS) et tentent, en 1962, d'assassiner de Gaulle et de renverser la République. Les gaullistes soupçonnent d'ailleurs le SDECE de vouloir aider les factieux. En septembre 1961, des officiers du service empruntent un avion de l'escadrille qui lui est spécialement affectée, Ela-56 « Vaucluse », pour convoyer à Alger les capitaines Branca et Montagnon de l'OAS. On accuse alors le général Grossin d'être favorable aux partisans de l'Algérie française. « Dans toute cette affaire, il n'y a qu'une chose de vraie, explique ce dernier. J'ai refusé que les officiers du SDECE poursuivent d'autres officiers. Ce n'était pas notre travail. Pour cela, il y avait la police. Les accusations sont nées du fait que mon aide de camp, le commandant Elissalde, a voulu un jour aider un gars de l'OAS en lui fournissant un de nos faux passeports. Mais le type a été arrêté à la frontière belge et ça m'a créé beaucoup de problèmes[47]. »

Après l'indépendance de l'Algérie, les chefs de l'OAS prennent la fuite. Ils se réfugient en Espagne ou encore en Allemagne. Le 25 février 1963 à Munich, plusieurs hommes en civil embarquent le colonel Argoud, patron de l'OAS Métropole, alors qu'il s'apprêtait à sortir de l'hôtel Edenwolf. La voiture immatriculée aux forces françaises en Allemagne (FFA) passe de nuit la frontière. Arrivés à Paris, les kidnappeurs ligotent fermement leur prisonnier et garent leur véhicule à proximité de la préfecture de police.

Le lendemain, c'est Mardi gras. Au quai des Orfèvres, le commissaire Maurice Bouvier reçoit ce matin-là un bien étrange appel : « Un client de poids vous attend dans une Estafette derrière Notre-Dame. » Le policier croit d'abord à une plaisanterie. Par acquit de conscience, le patron de la Crim' se rend tout de même au quai de l'Archevêché. L'information était bonne. Le « colis » est bien là. Dans un véhicule de location, Bouvier trouve l'ex-colonel Antoine Argoud ficelé comme un vulgaire malfaiteur.

Quelques jours plus tard, Pierre Messmer, le ministre des Armées, est reçu par le général de Gaulle. « Argoud, vous êtes au courant ? — Naturellement, mon général », répond Messmer. Et de Gaulle d'ajouter : « Je n'aime pas qu'on ligote un officier comme un saucisson. » Aucun autre reproche n'est cependant adressé au ministre.

Le chef de l'OAS est, lui, inculpé et emprisonné. Amnistié en 1968, le colonel Argoud accusera, non sans raison, des officiers et des sous-officiers du 11e choc d'avoir participé à l'opération. « Je sais, par le général Decorse qui a commandé ce bataillon avant mon enlèvement, qu'on a demandé des volontaires. Certains ont refusé. D'autres, amateurs de soupe, ont accepté. Tel est le cas du lieutenant-colonel Merglen et du capitaine Buonfils qui s'en sont abon-

47. Entretien avec l'auteur.

damment vantés[48]. » Il prétendra aussi avoir reconnu lors de son enlèvement le truand Georges Boucheseiche, ancien de « la Carlingue » — la Gestapo française qui opérait rue Lauriston —, et certains membres de la bande de Joe Attia, occasionnellement utilisés par le SDECE pour des missions clandestines. Cette version sera confirmée par le caïd Attia lui-même qui, selon ses ultimes confidences à sa femme Carmen, aurait été extrait de Fresnes afin de pouvoir, sur place, diriger l'opération à la tête d'un commando d'une vingtaine de truands encadrés par trois officiers supérieurs.

La légende est belle autant que fausse. Aucun truand n'a en fait été mêlé à l'affaire. Grâce aux travaux du commissaire-historien Jacques Delarue, nous savons en toute certitude que l'opération a été effectuée par les seuls services officiels. C'est Georges Pompidou, alors Premier ministre, et Pierre Messmer qui en avaient pris la responsabilité. Le général Feuvrier, directeur de la sécurité militaire, supervisait toute l'affaire.

Que s'était-il réellement passé ? « Je peux aujourd'hui vous affirmer, assène Jacques Delarue[49], que seuls des officiers (note de l'auteur : ceux du 11e choc précisément) et un policier ont participé à l'enlèvement. L'erreur d'Argoud et de la presse est venue du fait que l'un des officiers, un ancien de la DB, nommé Ripoche, présentait une ressemblance frappante avec le gangster Boucheseiche[50]. On a donc confondu les deux hommes. » Selon Delarue, la sécurité militaire s'y était reprise à trois fois avant de réussir son enlèvement : « Les deux premières tentatives totalement inconnues du grand public, menées successivement à Munich et à Rome, avaient échoué parce que les agents avaient été repérés. » Même la troisième opération n'avait guère brillé sur le plan technique. Son succès avait tenu, pour l'essentiel, à la bienveillance des services secrets de RFA. « Le général Gehlen, patron de l'espionnage ouest-allemand, me racontera plus tard que les officiers avaient téléphoné directement de leur hôtel au domicile privé d'un ministre français, confie Constantin Melnik. L'affaire fut inscrite aux profits et pertes de la "réconciliation franco-allemande"[51]. » Ultime coup de théâtre, le renseignement indiquant l'arrivée du colonel Argoud à Munich, l'heure et le numéro de son vol n'auraient pas été le fait des informateurs de la sécurité militaire. « Il provenait, assure Jacques Delarue, de quelqu'un de très proche d'Argoud, qui était au courant de ce déplacement et qui trahissait l'OAS. »

La décolonisation tragique : horreur à Madagascar

Du 30 janvier au 8 février 1944 s'étaient réunis à Brazzaville une trentaine de hauts-commissaires impériaux et neuf membres de

---

48. *La Décadence, l'Imposture, la Tragédie*, Antoine Argoud, Fayard, 1974.
49. *Matériaux pour l'histoire de notre temps*, n° 26 de la BDIC de Nanterre.
50. Georges Boucheseiche, à la carrière déjà bien remplie, participera en 1965 à l'enlèvement de Ben Barka.
51. Entretien avec l'auteur.

l'Assemblée consultative d'Alger, sous la présidence du général de Gaulle. On a depuis lors voulu faire du discours que celui-ci prononça à la clôture des travaux une sorte d'annonce de la décolonisation. Pas si simple. Dans ses conclusions, la Conférence décidait que « les fins de l'œuvre de civilisation accomplie par la France dans les colonies écartent toute possibilité d'évolution hors du bloc français de l'Empire ; la constitution éventuelle, même lointaine, de "self-governments" est à écarter[52] ». L'éternité coloniale se trouvait ainsi explicitement confirmée. A la Libération, les Malgaches, qui aspirent à l'indépendance, en feront, comme les événements de 1948 le prouveront, l'amère expérience.

Depuis plusieurs jours, la rumeur court ; une insurrection se prépare. De nombreux documents semblent toutefois attester que l'administration a décidé de laisser faire et non sans arrière-pensées. « Derniers renseignements précisent attaque générale de Madagascar dans la nuit du 29 au 30 mars 1948 » télégraphie aux autorités, quelques heures avant les combats, le colonel Léopold, gouverneur militaire du Sud. Un prêtre malgache de la mission de Fort-Dauphin signale le même complot à la police. Quel n'est pas son étonnement de voir que la sécurité militaire est déjà au courant. A Tananarive, les Européens dissuadent les colons de retourner à leurs fermes. Seul de Coppet, le gouverneur de l'île, apparemment, ne s'inquiète pas. En tout cas, il ne donne aucune consigne précise.

Zovy (« Qui vive ») ? *Vorana* (« Oiseau ») ! Les mots de passe adoptés par les insurgés volent dans la nuit du 29 au 30 mars. A 22 heures, sur la côte orientale de l'île, quelques centaines de Malgaches attaquent les garnisons, les postes de gendarmerie, des bâtiments administratifs et plusieurs concessions européennes. A Moramanga, deux mille rebelles, armés de couteaux et de mauvais fusils mais soutenus par une quarantaine d'officiers autochtones mutinés, encerclent le camp Tristani. L'hôtel Larrieu, où logent la plupart des cadres militaires français, est à son tour attaqué. Le commandant de la place est tué ainsi que plusieurs soldats. La même nuit, on note des signes d'effervescence à Diégo-Suarez et à Tananarive. L'insurrection malgache vient de commencer.

Jusqu'en juillet, elle s'étendra aux banlieues de Fianarantsoa et Tamatave. D'urgence, Paris envoie la Légion étrangère pour rétablir une situation chaque jour un peu plus explosive. Sur le terrain, la lutte est âpre. Et les deux camps recourent systématiquement à la terreur. Les insurgés rasent les villages « ralliés » aux troupes françaises. Ils exécutent, émasculent ou enterrent vivants les plus tièdes.

Parmi les forces de l'ordre, les bavures se multiplient aussi. L'action psychologique fait ses débuts, tandis que l'armée crée les premiers SAS (postes de pacification), qui feront plus tard « merveille » en Algérie. « En guise de propagande, écrira *Le Monde*, les

52. *La Décolonisation tragique*, d'Alain Ruscio, Messidor.

avions lâchent des prisonniers vivants à hauteur des villages suspects. Quant aux unités chargées de la pacification, elles reviennent du combat en exhibant des lobes d'oreilles. »

Dans un rapport remis au ministre des Colonies, le député Gaston Defferre témoignera de ce qu'il a vu. « Au cours d'une tournée en brousse avec le gendarme Grenier, celui-ci fit dix-huit prisonniers. Il les amena à l'administrateur Pont, qui se trouvait à ce moment-là à quelques centaines de mètres de l'endroit où la capture avait été faite. M. Pont décida alors de faire procéder à l'exécution de ces prisonniers, ce qui fut fait séance tenante, après quoi les corps des rebelles furent arrosés d'essence et brûlés. »

Encerclés, affamés, traqués, souvent malades, les insurgés s'enfoncent à chaque combat un peu plus dans une forêt qui ne peut pas les nourrir. Les chefs de la rébellion, l'« inspecteur général » Radaoroson et le « maréchal » Rasafindrabe, sont tués. La révolte est définitivement anéantie en décembre 1948. Le nombre de morts est colossal.

> « Le chiffre véritable ne sera sans doute jamais connu, estime Jacques Tronchon, auteur de l'ouvrage de référence sur l'insurrection. Celui de 89 000 morts avoué par l'état-major français — chiffre fondé sur la différence négative trouvée entre le nombre d'habitants du quadrilatère d'insurrection avant et après les hostilités — est sans doute assez proche de la réalité[53]. »

On peut dresser la liste des auteurs de l'atroce répression : le général Casseville, l'administrateur Taillardat, M. Pont, le commissaire Gendron, le commandant Joubert, le lieutenant Herneou, tous responsables, directs ou indirects, avec le directeur de la Sûreté, Baron. Aucun ne fut inquiété.

Bien avant l'insurrection, les deux députés indépendantistes de l'île, Raseta et Ravoahangy, élus triomphalement contre les colons aux législatives de 1946, avaient mis en garde la population. Craignant à juste titre des provocations contre leur parti, le Mouvement démocratique de la rénovation malgache (MDRM), ils avaient adressé un télégramme à tous leurs militants : « Ordre impératif est donné à toute section, à tout membre du MDRM garder calme et sang-froid absolu devant manœuvres et provocations de toute nature destinées à susciter troubles au sein de la population malgache et à saboter la politique pacifique de notre parti. » Ces deux députés furent condamnés à la peine capitale.

Marcel Baron, le directeur de la Sûreté sur l'île, idole des ultras, fit arracher la plupart des affiches[54]. Plus tard, lors du procès des députés du MDRM, qui seront graciés, ce même policier prétendra que ce télégramme d'appel au calme n'était qu'un message codé, destiné à donner le signal des émeutes. On le sait maintenant, Marcel Baron mentait.

---

53. *L'Insurrection malgache* de 1947, Maspéro 1977.
54. *L'Empire embrasé*, Jean Planchais, Denoël.

Jacques Foccart, soldat fidèle de De Gaulle

Impossible d'accoster sur le continent noir sans y rencontrer Jacques Foccart. A Luzarches, petite bourgade du Val-d'Oise, on l'appelle toujours familièrement « le ministre des Affaires étrangères ». Derrière les grilles de fer forgé de la villa Charlotte, Jacques Foccart reste l'un des chefs d'orchestre de la politique africaine française. Encore aujourd'hui il conseille Jacques Chirac, et son regard ne cesse d'être tourné vers l'Afrique. Le seul nom du personnage est légendaire. Pendant presque cinq décennies, cet agent de l'ombre, dissimulant une réelle timidité derrière de grosses lunettes fumées, a fui la « publicité ». Il n'est pourtant pas un coup de main africain perpétré durant les vingt années qu'il a passées à l'Élysée ou à Matignon dont on ne lui ait attribué la paternité.

C'est en 1942 que Foccart prend contact avec Londres. Il est immatriculé dans les services du BCRA sous le pseudo de « Bineau ». Au moment du débarquement, Jacques Foccart est chargé du fameux plan « Tortue ». Il s'agit de ralentir l'acheminement des blindés allemands vers le front de Normandie. A Londres, le colonel Passy se félicite de sa recrue. Foccart est nommé lieutenant-colonel. Dans le jargon des services secrets gaullistes, c'est un agent P2. A la différence des P0, occasionnels, et des P1, intermittents, ces professionnels sont, eux, permanents et reçoivent une solde.

A la Libération, Jacques Foccart n'abandonne pas la politique. Il fait désormais carrière dans la mouvance gaulliste. En 1954, il remplace Louis Terrenoire comme secrétaire général du RPF (Rassemblement du peuple français). Entre 1948 et 1955, il continue cependant à flirter avec les services secrets. On l'aperçoit souvent à Persan-Beaumont (Val-d'Oise), une base du SDECE vouée à l'entraînement « Action ». Fort de son grade de colonel de réserve, il y cultive de nombreuses amitiés.

De Gaulle lui a également confié l'Outre-Mer. Depuis 1952, il sert de conseiller de l'Union française pour le RPF. A l'aide d'une petite feuille ronéotypée[55], il propage le message gaulliste aux quatre coins du monde. Jacques Foccart tisse aussi en Afrique des liens étroits avec les milieux d'affaires, y crée une multitude de petites entreprises et forme, aidé d'anciens du BCRA, ses premiers réseaux officieux de renseignements, marquant ainsi le début de ce qu'on appellera « le système Foccart ». Parallèlement, il va jouer un rôle actif dans le retour du Général au pouvoir. « A partir du mois d'avril 1958, se souvient Roger Delpey, l'opération "Résurrection" montée par l'armée et les services secrets était prête. Je n'attendais que le mot d'ordre "Le jambon est bon" pour déclencher avec mes hommes la prise de la préfecture de Versailles[56]. » Revenu plus

55. *Lettre à l'Union française.*

56. Entretien avec l'auteur. A la demande du général de Gaulle, Roger Delpey fondera le mouvement « Convention républicaine », qui engendra ensuite l'UNR (Union pour la nouvelle république).

légalement que prévu à la tête de l'État, de Gaulle fait naturellement appel à Foccart pour occuper le poste de conseiller technique à l'Hôtel Matignon. En mars 1960, ce sera l'Élysée où, cette fois, il succède à Raymond Janot comme secrétaire aux Affaires africaines et malgaches. Il est assisté par Alain Plantey puis par René Journiac. Il supervise désormais les services secrets français pour l'Afrique. Tous les mercredis, il reçoit longuement le général Grossin pour lui transmettre les consignes élyséennes.

Jacques Foccart, en l'occurrence et contrairement à la légende, n'est que l'interprète fidèle des volontés du Général. Une grande intimité unit les deux hommes. Pas de Foccart sans de Gaulle. Le secrétaire général aux Affaires africaines et malgaches n'est que l'ombre de son patron et ne tire pouvoir que de sa rencontre quotidienne avec celui-ci. Tous les soirs, le chef de l'État reçoit en effet Foccart pendant une vingtaine de minutes. Aucun des gaullistes historiques ne bénéficiera jamais d'un tel privilège.

> « Le matin, raconte Jacques Foccart, tous les télégrammes et dépêches étaient visés par moi-même et l'un de mes collaborateurs. Nous retenions les documents importants, car on ne pouvait évidemment pas les soumettre tous au Général. Lors de l'entretien du soir, s'il était un point qui avait attiré son attention, le Général en parlait, indiquant ce qu'il convenait de faire. Il lui arrivait aussi bien souvent de les annoter. Nous étions à ce moment-là chargés de faire connaître l'orientation retenue. Je suis resté pendant vingt-trois ans à côté du général de Gaulle qui n'était pas un naïf et qui connaissait bien le comportement de ses collaborateurs ; il n'aurait certes pas supporté vingt-quatre heures quelqu'un qui aurait préparé de mauvais coups[57]. »

Ainsi, toutes les opérations du SDECE, qu'elles concernent le Cameroun, la Centrafrique, le Congo, le Gabon, la Guinée, le Togo, le Tchad, ont été avalisées au plus haut niveau par l'homme du 18 juin.

> « J'ai donné aux Archives nationales toutes mes notes ainsi que les synthèses de mes réunions avec de Gaulle, qui ne seront publiées que trente ans après ma mort, confirme d'ailleurs Jacques Foccart. On verra un jour qu'elles étaient très largement annotées par de Gaulle qui s'intéressait à tout jusqu'au moindre détail en ce qui concernait le continent noir[58]. »

Lors de son retour au pouvoir en 1958, de Gaulle avait confié à l'écrivain André Malraux : « Les colonies, c'est fini. » Dès 1960, la plupart de celles-ci sont sur la voie de l'indépendance. Mais dans l'esprit du Général, les nouveaux États doivent rester dans le champ

57. Intervention de Jacques Foccart au Centre bordelais d'études d'Afrique noire. *La Politique africaine du général de Gaulle*, Pedone, 1980.
58. Entretien avec l'auteur.

de l'influence française. Une forme de néocolonialisme, nourri des liens historiques, affectifs et économiques qui unissent l'ancienne métropole à ces territoires et particulièrement au continent noir. Pour le SDECE, la surveillance de l'Afrique est d'autant plus facile que les indépendances y sont jeunes. « En 1959, raconte le colonel Maurice Robert, qui avait dirigé un commando en Indochine et qui, devenu le chef du service Afrique du SCEDE, fut le véritable lieutenant de Jacques Foccart jusqu'en 1973, j'ai été rappelé de Dakar où j'étais en poste pour établir avec tous les pays africains francophones des postes de liaisons et de renseignements (PLR) afin de leur offrir une assistance technique pour les services secrets[59]. » En fait d'aide, le SDECE, sur les ordres de Foccart, donc de De Gaulle, va régenter l'Afrique francophone, une emprise qui, jusqu'à aujourd'hui, ne se démentira pas. Dès que les services secrets français perçoivent la moindre menace soviétique à l'horizon, que ce soit au Bénin, au Cameroun, au Mali ou en Guinée équatoriale, ils interviennent, nous le verrons, très brutalement. Maurice Robert pensera même un instant signer un accord avec le BOSS, les services secrets sud-africains. Mais de Gaulle refusa une pareille éventualité et le projet fut abandonné.

> « Si l'on voulait faire le procès de Foccart, on aurait à entamer d'abord celui du général de Gaulle lui-même, écrira avec justesse le journaliste Georges Chaffard, très bon connaisseur des Affaires africaines[60]. Pour qu'un Foccart soit possible et efficace, il faut en effet qu'il y ait un "domaine réservé", la volonté d'un homme de ne pas soumettre certaines activités au contrôle de l'opinion, du Parlement, voire parfois du gouvernement. Il faut qu'il y ait une conception nationaliste de la politique française en Afrique, constamment sur ses gardes pour y contrecarrer les influences internationales. Il faut qu'il y ait un homme aimant le secret, ne dédaignant pas de recourir aux mêmes méthodes contestables que les autres puissances intéressées aux champs clos africains. »

Après la démission du Général en 1969, Alain Poher, qui assurait l'intérim de la présidence, démit Jacques Foccart de toutes ses fonctions. On reprocha au fidèle de De Gaulle d'avoir fait installé à partir de son bureau de l'Élysée un système sophistiqué d'écoutes téléphoniques. L'affaire était ridicule. Quelques mois plus tard, sous la présidence de Pompidou, Jacques Foccart retrouva naturellement son poste. En 1974, Giscard d'Estaing l'évinça, mais en 1986 Jacques Chirac, Premier ministre de la cohabitation, le rappela à Matignon. Une carrière et une fidélité qui illustrent aussi bien la constance d'une politique.

« A complot permanent, terreur permanente »

Sur la route qui mène de l'aéroport de Conakry au centre ville, plus de 500 000 personnes attendent, massées, pour applaudir de

59. Entretien avec l'auteur, *cf. La Piscine, op. cit.*
60. *France Observateur* du 3 novembre 1969.

Gaulle. Le chef de l'État français est venu, ce matin du 27 août 1958, dans la capitale de la Guinée pour proposer à Sékou Touré, le très populaire leader du parti démocratique (PDG), son projet de communauté franco-africaine. L'accueil est un véritable triomphe. La terre africaine n'a pas oublié le chef de la France libre. Mais, dans la soirée, tout va soudain basculer. Jacques Foccart garde encore aujourd'hui de la tragédie guinéenne un goût d'amertume. « L'accrochage est survenu une heure et demie après, lors de la réunion de l'assemblée territoriale, où Sékou Touré a prononcé sur le ton qui est le sien, c'est-à-dire sec, brutal, un discours dur qui ne se justifiait guère, car le Général avait déjà pris position sur la possibilité pour les États d'accéder à l'indépendance. Cette attitude cassante a été encore accentuée par le fait que la salle était composée, hormis les quelques personnes qui accompagnaient le Général, de cadres du parti qui approuvaient avec une violence extraordinaire les propos de Sékou Touré[61]. » De Gaulle est choqué. Il ne pardonnera jamais à Sékou Touré cet affront. Désormais, à travers les services secrets, ce sera la guerre avec, pour première bataille, celle du référendum sur l'indépendance. A Conakry, le colonel Pelicier rassemble tous les officiers pour les inciter à répondre favorablement aux propositions du chef de l'État français. « En septembre 1958, témoignera l'ex-entrepreneur de spectacles Jacques Demarchelier, au cours du procès ultérieurement mené à son encontre en Guinée, j'avais fait l'objet de pressions exercées par Lubovitch, le dirigeant de la Compagnie française des métaux, et les administrateurs Verdier et Brouin pour pousser la population de Labé à voter "oui". Lubovitch m'a même rappelé ma situation personnelle en France. D'après lui, le gouvernement français ne me pardonnait pas encore, d'une part, d'avoir fait la guerre au sein d'un réseau britannique au lieu des mouvements de résistance française et, d'autre part, d'avoir refusé les propositions qui m'avaient été faites à la veille du référendum[62]. » Le 28 septembre, le « non » balaie pourtant tous les esprits des autorités françaises avec 1 136 324 suffrages contre 56 901 « oui ». Le 2 octobre, la Guinée devient indépendante, et immédiatement se voit reconnue par l'URSS et la Chine. L'heure n'est plus aux échanges diplomatiques. La France va maintenant tenter de renverser le régime de Sékou Touré. Pendant vingt ans les complots des services secrets occidentaux, qu'ils émanent du SDECE, du BND allemand, de la CIA ou de la PIDE portugaise, vont se succéder sur le sol guinéen. On ne peut guère s'étonner dans pareilles conditions que le jeune chef révolutionnaire des années soixante se soit peu à peu transformé en un dictateur acariâtre, aigri, perpétuellement méfiant et abominablement sanguinaire. Sékou Touré a fait sienne la formule : « A complot permanent, terreur permanente. »

---

61. *La Politique africaine du général de Gaulle*, Pedone, 1980.
62. *Livre blanc sur l'agression du 22 novembre 1970*, Imprimerie nationale de Guinée, novembre 1971.

Sur les ordres de Jacques Foccart, les services secrets français se déchaînent. On donne consigne au SDECE de produire de la fausse monnaie pour détruire l'économie guinéenne. A Conakry c'est la panique. Les barbouzes françaises utilisent systématiquement la corruption pour contrer les marchés passés par Sékou Touré avec des sociétés soviétiques ou yougoslaves. A la fin de l'année 1959, les services secrets français envisagent même de renverser par la force Sékou Touré. A Conakry, le service Action délègue le capitaine Boureau-Mitrecey, un « as » du contre-espionnage, qui doit assurer la liaison avec les opposants de l'intérieur. Les postes d'Abidjan et de Dakar, tenus respectivement par Jacques Achard et Maurice Robert, servent de bases arrière. Au dernier moment, cette tentative échouera en raison de circonstances peu communes. L'un des paras, catholique convaincu, est troublé par l'idée de prêter la main à un meurtre politique. Il s'ouvre de ses scrupules à un père dominicain de Dakar qui transmet l'information, via un haut fonctionnaire, ancien déporté, à Maurice Couve de Murville, le ministre des Affaires étrangères. Ce dernier tombe des nues et s'en ouvre à plusieurs amis politiques dont Robert Buron, alors ministre des Travaux publics. L'affaire s'ébruite. Jacques Foccart est furieux. De Gaulle est embarrassé. Le projet doit être provisoirement abandonné, non sans que soit sanctionné le haut fonctionnaire jugé responsable de la fuite.

En avril 1960, une nouvelle tentative a lieu. Il s'agit cette fois de mettre à profit l'hostilité que les Peuls portent au nouveau régime. Là encore, le complot échoue. Sous la torture, les opposants guinéens arrêtés parlent et dénoncent leurs camarades. Des stocks d'armes sont découverts aux frontières de la Côte-d'Ivoire et du Sénégal. Lorsque le président Houphouët-Boigny apprend qu'on a voulu à son insu utiliser le territoire ivoirien pour mener une opération contre le voisin guinéen, il entre dans une violente colère et s'en prend à Yves Guéna, haut-commissaire de France, à qui il ne pardonnera jamais cette affaire. De Gaulle, qui avait donné le feu vert mais a été ulcéré par l'échec, regardera désormais ses propres services secrets avec beaucoup de suspicion. A Conakry, un pharmacien français, Pierre Rossignol, est arrêté. Les Guinéens l'accusent d'avoir couvert les activités d'espionnage d'une de ses employées. En France, la presse s'empare de l'affaire ; Pierre Rossignol est finalement libéré.

Nouveau coup de force en novembre 1965. Un commerçant, Mamadou Touré, a créé un parti d'opposition et a tenté de renverser Sékou Touré. Dans cette dernière affaire qui se révélera un nouvel insuccès, les services secrets français ont certes donné leur aval, mais resteront discrets. En vain car, cette fois, les relations avec la France sont rompues. En 1969, 1970, 1974, la CIA et le BND lanceront encore plusieurs opérations armées. Toutes ces manœuvres échoueront lamentablement. On s'en fera une idée à peu près complète en compulsant *L'Impérialisme et sa cinquième colonne*, un recueil publié par les services de Sékou Touré et composé de l'impressionnante litanie des aveux soutirés à divers opposants. Ces confessions, obtenues au moyen d'interrogatoires particulièrement inhumains, sont à prendre avec précaution. Les anciens du SDECE admettent cependant que les griefs faits à la France sont en bonne partie fondés, et qu'aucun complot mentionné n'est imaginaire. Écoutons donc l'un des inculpés : « J'ai été recruté par les services français, témoigne Bangouri Karim, animateur du Bloc africain de Guinée (BAG), puis secrétaire d'État guinéen aux Mines et à l'Industrie, par l'intermédiaire de Jacques Perrier qui représentait les anciens établissements français de l'Inde. En juillet 1959, je le rencontrai chez lui avenue Raymond-Poincaré, pour lui faire mon premier rapport. La consigne secrète était à l'époque d'entrer dans le gouvernement d'union et dans l'administration, et de poursuivre le travail pour une prédominance française sur tous les plans, notamment économiques, culturels et politiques. »

La « cinquième colonne » à Conakry

Un autre opposant, le général Keita Noumandian, chef d'état-major interarmes de l'armée guinéenne, indique pour sa part :

> « C'est l'intendant militaire Arens qui m'a recruté. Les premiers contacts ont été établis par le capitaine Boureau, officiellement attaché de presse à l'ambassade de France en 1960. De temps en temps, le capitaine Boureau passait à mon domicile pour prendre les renseignements sur l'armée, le moral des troupes, les rapports de l'armée avec le gouvernement, leur adhésion réelle à l'indépendance. Le capitaine transmettait ensuite ces renseignements à partir de l'ambassade par poste émetteur. Cela dura jusqu'à la rupture des relations diplomatiques en 1965. Les rencontres à mon domicile avaient lieu tous les trimestres. Il venait seul et me trouvait seul sur rendez-vous. A l'époque, l'objectif essentiel des services secrets français était d'obtenir le retour de la Guinée dans la "Communauté" (française) et sa réintégration dans la zone franche. Comme avantage, j'ai eu à bénéficier du paiement de ma pension en francs français en France. J'ai donné à cet effet le numéro de mon compte courant postal à Marseille. Ma pension trimestrielle en francs français s'élevait à 356 000 anciens francs. Évidemment, je touchais la même pension en Guinée, soit 178 000 francs guinéens. »

Le général Keita Noumandian poursuit :

> « A la création d'un Front intérieur guinéen, il m'a été demandé par le lieutenant Moutet, attaché de presse à l'ambassade de France, de ne rien faire pour entraver l'action de recrutement et de déve-

loppement de ce mouvement. Dans son programme de renversement du régime, le Front utilisait comme moyens au niveau de l'armée : a) l'incitation au racisme aussi bien dans les affectations que dans les promotions ; b) le vol organisé des munitions ; c) l'incitation des hommes à revendiquer pour les salaires et pour le congé ; d) le développement de l'antagonisme entre la milice populaire et l'armée. »

Le récit de l'ex-industriel Pierre Drablier est plus précis encore. Il expose dans le détail les méthodes utilisées par les services secrets français pour renverser Sékou Touré.

« En décembre 1962, j'ai pris contact avec l'ambassade de France à l'occasion d'une visite de courtoisie à M. Pons. L'ambassadeur m'a très bien reçu, surtout que tous les deux étions des anciens des Forces françaises libres (FFL). Lui avait servi dans les troupes d'Afrique et moi en Angleterre comme parachutiste. Il m'a fait faire la connaissance d'un nommé Boureau qui remplissait les fonctions d'attaché de presse. Très rapidement je me suis rendu compte que M. Boureau s'intéressait à des problèmes surtout techniques et géographiques qui dépassaient, à mon avis, le cadre de sa fonction. »

Pour Drablier, l'aventure commence donc sous les auspices de la « France libre » et des souvenirs passés. Cependant, la nostalgie ne sera plus seule à jouer dans son recrutement :

« C'est fin décembre 1962 que M. Boureau m'a proposé de la part de M. Pons de rentrer comme collaborateur appointé dans son service qui était tout simplement le service de renseignements français (SDECE). J'ai accepté en raison des arguments qui m'ont été avancés et aussi des avantages financiers.

Cette dernière question était importante pour moi, ma famille se trouvant en France sans ressources, et la législation guinéenne sur les transferts réduisant considérablement les possibilités d'envois de fonds. »

L'aspect idéologique n'est cependant pas le moins intéressant ; le cadre d'action que l'on propose à Drablier, outre les aspects particuliers relevant de la Guinée, a valeur de charte pour l'ensemble de la politique française en Afrique :

« Le programme et les objectifs généraux tels qu'ils m'ont été exposés étaient les suivants :

— Renforcement de l'influence française en Guinée sur tous les plans : politique, culturel et économique. Politique : par une action psychologique auprès des principaux responsables du parti et du gouvernement en particulier. Culturel : par une action coordonnée des enseignants auprès de leurs collègues guinéens ainsi qu'auprès de la jeunesse. Économique : par une action permanente et active des industriels, planteurs, commerçants, sociétés d'import et d'export, etc. Cette action devait tendre à augmenter le volume des échanges commerciaux avec la France.

— Essayer d'empêcher l'influence grandissante des pays de l'Est de se développer et cela également sur tous les plans.

— Également empêcher l'influence des USA de se développer ; ce pays gênant la France dans le monde entier et tout particulièrement dans les anciennes colonies françaises.

A cette époque, décembre 1962, je n'ai pas eu connaissance d'un réseau. (...) Je comprenais que le responsable de ce service en Guinée me demande de fournir des renseignements d'ordre confidentiel. Je pensais être le seul dans mon cas, car je n'avais à cette époque aucun contact avec qui que ce soit d'autre que l'ambassadeur M. Pons et M. Boureau. »

Comment on recrute un agent

Dans sa confession, Drablier revient cependant à ses motivations. C'est là le passage le plus douteux, la tentative de disculpation et la coloration assez manichéenne de l'ensemble soulignant la thèse de la manipulation :

« Il me faut maintenant, ajoute-t-il, exposer un peu en détail les raisons qui m'ont décidé à accepter de devenir un agent du réseau français. J'ai exposé les raisons financières et leur nécessité pour ma famille. Toutes les raisons exposées par l'ambassadeur et son collaborateur ne me semblaient pas du tout inconciliables avec l'intérêt de la Guinée. M. Pons m'a également expliqué qu'au moment de l'indépendance la Guinée ne désirait pas une rupture aussi brutale avec la France et qu'un heurt entre les deux personnalités, le président Sékou Touré et le général de Gaulle, était cause de cette quasi-rupture. Il m'a convaincu que le désir des deux parties était de trouver un terrain d'entente. M. Pons a insisté sur le fait qu'étant un ancien des Forces françaises libres, qu'ayant servi comme pilote et comme parachutiste, j'avais la confiance totale de la France ; que d'un autre côté, ayant été membre du PDG et élu de ce parti, qu'ayant bien œuvré en Guinée depuis 1964, je jouissais également de la confiance des responsables de ce pays. Que la connaissance que j'avais tant du pays que de ses habitants était un avantage très important pour l'ambassade. Que pour toutes ces raisons il me fallait accepter de devenir son collaborateur. A ce moment, il n'était pas question d'activités subversives ni de renseignements stratégiques, mais simplement de renseignements d'ordre économique, géographique et technique surtout. M'étant étonné de l'importance des avantages financiers, l'ambassadeur m'a expliqué que je devais considérer cela comme une compensation. »

A propos d'argent, justement, Pierre Drablier ne tarit pas de précisions :

« Au sein du réseau français, j'avais un rôle d'exécutant très précis et particulier. Une prime d'engagement de 250 000 francs français, soit environ l'équivalent de 50 000 dollars US, m'a été effectivement versée du mois de mars 1963 au mois de juillet 1963 en cinq versements mensuels de 50 000 francs français chacun. Les versements ont été effectués à mon épouse à Paris par un fonctionnaire du ministère des Affaires étrangères. Cette prime m'a permis d'acheter la même année mon appartement de Grenoble. J'ai bénéficié du mois de janvier 1963 jusqu'au mois de décembre 1970 d'une indemnité mensuelle de 12 500 francs français, soit l'équivalent de 2 500 dollars US. Volontairement, je n'ai jamais perçu cette indemnité qui reste à ma disposition au service financier du réseau français (SDECE), caserne Mortier à Paris. Mon but était de me constituer un capital pour ma retraite ou pour m'installer en France en cas de départ de Guinée, soit une réserve de 240 000 dollars à la date de mon arrestation. »

A ce point du récit, on entre dans l'activité de renseignement proprement dite. La progression suggéra encore une fois l'irrésistible engrenage auquel est soumis l'apprenti espion. En le suivant, on va remonter, en fait, au cœur » même du SDECE :

« S'agissant des groupes d'action au sein du réseau français, mon rôle a beaucoup évolué et je vais essayer de situer chronologiquement celui-ci. Il y a deux périodes principales : — début 1963 jusqu'à la fermeture de l'ambassade de France en Guinée en août ou septembre 1966 ; — début 1967 jusqu'au début de 1970 où a eu lieu la dissolution de mon groupe.

Première période : j'étais en relation directe quasi permanente avec le responsable du réseau français (SDECE) à l'ambassade. Celui-ci occupait toujours le même poste, celui d'attaché d'ambassade chargé de la presse. Ces responsables ont été successivement en poste approximativement aux périodes suivantes : — 1963 à mi-1964, M. Boureau ; — mi-1964 à fin 1965, M. Moutin ; — fin 1965 jusqu'à la fermeture, M. Lanquetin. J'avais tout d'abord une mission permanente qui était de signaler tout ce qui concernait les domaines des travaux publics et des transports. Il m'a tout d'abord été demandé d'établir un rapport très détaillé sur les points suivants : — état du réseau routier principal (routes, ponts, bacs) ; travaux en cours (réfection et travaux neufs) ; situation détaillée du matériel roulant ; situation détaillée des engins de terrassement ; situation détaillée des ateliers ; liste du personnel, cadres et spécialistes avec leur degré de technicité. A cette époque, il m'avait expliqué que la France allait certainement collaborer avec la Guinée dans le domaine des Travaux publics et que des renseignements précis étaient nécessaires pour éventuellement vérifier ceux qui seraient fournis par le ministre des Travaux publics. Le préjugé très favorable que me valait mon titre d'ancien élu du PDG m'avait ouvert beaucoup de portes et j'avais la confiance de tous les responsables. Le ministre Ismaël Touré, responsable des Travaux publics, me considérait comme conseiller technique et m'avait également confié l'établissement de rapports sur l'état du matériel des Travaux publics.

Pour les transports, M. Boureau m'a tout d'abord, et toujours sous le prétexte de se tenir prêt à une collaboration avec la Guinée, demandé un rapport très détaillé sur les points suivants : — organisation générale du ministère des Transports ; personnel du ministère et fonctions, état du réseau, travaux en cours, projets de travaux, liste et état des aérodromes principaux, des aérodromes secondaires, situation des avions, des ateliers de réparation, moyens techniques et gros outillage ; détails enfin sur l'infrastructure technique. Le motif de ce rapport était la cessation des activités d'Air Guinée envisagée par la France et son intégration à Air Afrique qui devait reprendre à son compte tout le matériel et employer une partie du personnel surtout technique. Une chose m'avait étonné, c'est que contrairement aux autres rapports il ne m'avait pas été demandé d'établir de liste du personnel. Au contraire, M. Boureau m'avait conseillé d'établir mon rapport en évitant au maximum les contacts avec le personnel surtout technique navigant. Ce personnel provenait de l'armée de l'air et j'ai compris qu'un autre agent vraisemblablement militaire s'occupait de ce domaine.

Pour conclure cette partie de mon rapport, je dirai que le premier stade de ma collaboration avec le représentant du réseau français en Guinée avait un caractère très technique et les renseignements demandés ne me semblaient contenir ni renseignements stratégiques, ni cacher une activité subversive. »

Dont acte. Mais le projet du SDECE est d'éliminer Sékou Touré. Drablier se retrouve à planifier une véritable opération « Action » :

« C'est vers la fin du mois de janvier ou au début février 1964 que M. Boureau est venu me trouver pour m'expliquer que certaines mesures générales et préventives étaient mises en œuvre dans toutes nos anciennes colonies. Le but de ces mesures était d'assurer la sauvegarde de nos compatriotes en cas de troubles (par la suite, ce genre de justification n'a plus été nécessaire). Dans le cadre de ces mesures, il lui était ordonné de trouver deux zones de parachutage (DZ) (abréviation du terme anglais *dropping zone*, utilisé en code international d'aviation pour désigner une zone de largage de parachutistes ou de matériel). L'une de ces zones de parachutage (DZ) devait se situer le plus près possible du centre de Conakry et permettre le largage de parachutistes seulement, et la seconde, également la plus rapprochée, mais devant permettre de larguer du matériel et des véhicules (jeeps). Bien qu'ancien officier de parachutistes, M. Boureau a demandé ma collaboration pour plusieurs raisons : — ma parfaite connaissance des lieux ; mon expérience de ce genre d'opérations, ayant été moi-même parachuté en missions spéciales en France occupée et en Hollande pendant la guerre 39-45 ; le fait qu'étant résident à Conakry je pourrais être utile en cas d'opération aéroportée. Les zones de parachutage choisies étaient : — en cas de grande urgence, largage à très basse altitude (100 à 150 mètres) sur la bande de terrain séparant Conakry I et Conakry II, actuellement palais du Peuple, jardin d'enfants et cinéma ; pour la même opération et toujours en cas de grande urgence, sur les terrains vagues, le long de la voie ferrée, actuellement autoroute ; pour le matériel, en cas d'impossibilité de larguer sur l'aérodrome, nous avions choisi le terrain qui se trouve à gauche de la route de Kaporo avant d'arriver au carrefour du Semeur ; par la suite, et jusqu'au départ de M. Boureau vers la mi-1964, il me semble nous avoir reçu des ordres pour reconnaître et donner des coordonnées exactes de quatre autres zones de parachutage (DZ) : — n° 1, à quelques kilomètres après Kobaya sur la gauche de la route conduisant à l'étang de Sonfonia, devait permettre de contrôler l'accès de Conakry vers Kaporo et se trouvait à proximité des deux émetteurs de radio (Sonfonia seul à cette époque) ; n° 2 à environ 2 kilomètres après le carrefour du kilomètre 32 sur la droite de la route de Fria, environ 1 kilomètre après la gare de Dubréka, devait permettre le contrôle rapide de la patte d'oie du kilomètre 32 ; n° 3, en bordure de la route de Conakry-Coyah à environ 1 kilomètre avant la descente de Manéah sur la droite de la route, devait permettre le contrôle rapide du carrefour de Forécariah, dans Coyah ; n° 4 à environ 8 kilomètres à l'est de la route de Coyah à Forécariah sur une piste qui quitte cette route environ 1 kilomètre après avoir dépassé Mangataye.

Des zones de parachutage (DZ) n°s 1, 2 et 3 étaient prévues pour des opérations aéroportées de jour. La zone de parachutage (DZ) n° 4 était prévue pour un largage de nuit individuel ou d'un très petit groupe. C'est la raison de son éloignement de la grande route... »

Le complot est avéré ; non moins que ses commanditaires :

« M. Boureau se trouve actuellement à la direction du réseau français au quartier Mortier à Paris, où il a le rang de chef de bataillon. Avant son départ de Guinée, M. Boureau m'a présenté à son successeur avec qui je devais continuer de collaborer, M. Moutin, ancien officier parachutiste, lui aussi. »

Un étonnant témoignage qui, même s'il doit être pris avec quelque précaution, permet de penser que le cas Drablier ne fut en rien un exemple isolé. En Guinée certainement, mais aussi partout ailleurs en Afrique francophone...

Le Cameroun entre dans la nuit

Bafang, Dschang, Kumba, Bamenda, Foumban. En ce mois de mai 1991, c'est tout l'ouest du Cameroun, la zone la plus riche du pays, qui s'embrase à nouveau. L'armée tire à balles réelles sur la foule ; des dizaines de manifestants sont tués ; ils réclamaient simplement un peu plus de démocratie. L'actualité venait ainsi de renouer avec le plus douloureux chapitre de l'histoire camerounaise : la grande révolte indépendantiste des années 60 réprimée au lance-flammes par l'armée française en même temps que les leaders de l'opposition avaient été méthodiquement assassinés par nos services secrets. Le président Ahidjo, le protégé de la France, n'avait plus eu, alors, qu'à noyer dans le sang les dernières résistances.

A l'époque, la plus importante organisation sans doute, la plus active en tout cas de toute l'Afrique, est l'UPC (Union des populations du Cameroun) dirigée par Ruben Um Nyobé et qui milite en vain depuis 1955 pour l'indépendance immédiate du pays. Face à tant de détermination politique et malgré une ultime tentative de conciliation sous les bons auspices de Pierre Messmer, la répression s'est engagée. Maurice Delauney, futur ambassadeur au Gabon, commandant de la région insurgée, est un partisan de la manière forte, n'hésitant pas à violer l'intégrité du Cameroun britannique, tout proche, où se trouve le siège de l'UPC. « Il était particulièrement tentant, expliquera-t-il, d'essayer de détruire un chancre situé à notre porte d'où venaient le ravitaillement en armes et en munitions et toutes les consignes et instructions destinées aux maquisards pour réaliser les actes de terrorisme... Par une belle nuit, quelques hommes décidés, français et camerounais, tous volontaires, franchirent donc la frontière britannique, arrivèrent à Bamenda, pénétrèrent au siège de l'UPC, incendièrent l'ensemble des bâtiments, mirent hors d'état de nuire quelques responsables du parti. Moumié, l'un des chefs, conclut l'administrateur français, n'était malheureusement pas présent ce jour-là[63]. »

Par des indiscrétions de ralliés, le capitaine Agostini et l'inspecteur de la Sûreté Conan réussissent enfin, le 13 septembre 1958, à situer la cache d'Um Nyobé. Un détachement de soldats, opérant par petites équipes de quatre ou cinq hommes, fouillent consciencieusement les environs de Boumnyebel, son village natal, en pays bassa. L'une des équipes découvre soudain un campement fraîchement abandonné. Aussitôt c'est la curée ; une impitoyable chasse à l'homme.

Dans ses *Carnets secrets de la décolonisation*, parus chez Calmann Levy, le journaliste Georges Chaffard a reconstitué le sauvage assassinat. « Soudain, les tirailleurs tchadiens débusquent quatre hommes tapis dans les fourrés, qui s'enfuient en courant. L'un d'eux porte une grosse serviette. Dans son rapport, le sergent-chef racontera qu'il l'a tout de suite identifié comme étant un intellectuel et qu'il a fait les sommations réglementaires. Et comme les fuyards continuaient de courir, il a donné l'ordre de tirer. Tous sont tombés. Les tirailleurs se sont alors approchés des corps, les ont fouillés à la recherche de montres, de bagues et de gris-gris divers. La serviette n'a pas été retrouvée... » Les patrons directs d'Agostini, le lieutenant-colonel Lamberton, commandant les troupes au Sud-Cameroun, et Daniel Doustin, futur patron de la DST, délégué à l'époque du haut-commissaire, se gardèrent bien de sanctionner leurs zélés subordonnés pour leurs méthodes brutales autant qu'expéditives. Après la mort d'Um Nyobé, c'est Félix Moumié, toujours pourchassé, qui prend la direction de l'UPC. Contre Ahmadou Ahidjo, le candidat de la France — Nordiste musulman

---

63. *Kala-Kala*, de Maurice Delauney, Laffont.

formé dans l'administration coloniale, celui-ci vient, en janvier 1960 de proclamer l'indépendance avec l'agrément et sous le contrôle de Paris —, Moumié continue de préconiser la lutte armée. Au sud du Cameroun, le pays bamiléké entre en rébellion. Les maquisards de l'UPC dont la popularité se révèle immense sont maîtres de la situation. Acculé, le président Ahidjo, qui a signé dans le plus grand secret un accord de coopération militaire avec la métropole, appelle à l'aide son « allié ». Pressé par Foccart, le chargé des Affaires africaines qui insiste sur les liens de plus en plus étroits qui unissent l'UPC à Cuba et à l'Union soviétique, de Gaulle accepte le principe d'une intervention armée.

Sur le terrain même, le colonel du Crest de Villeneuve, jugé trop timoré, est remplacé par le général Briand. « Un vrai Viking », dit-on de ce dernier dans les armées. C'est un colosse blond aux yeux bleus, qui arrive tout droit de la fournaise algérienne. Déjà, en Indochine, il commandait le 22e régiment de l'infanterie coloniale, qui n'avait pas la réputation d'être une troupe d'enfants de chœurs. Dans les premiers mois de 1960, cinq bataillons ratissent les forêts du Sanaga et répriment brutalement les rebelles. On compte des milliers de morts et plusieurs dizaines de villages sont incendiés ou rasés. Beaucoup d'officiers admettront plus tard qu'on aurait pu éviter un tel bain de sang.

Le pastis empoisonné de Félix Moumié

Prudent, Félix Moumié s'est, lui, réfugié en Europe. A l'automne 1960, le Premier ministre, Michel Debré, toujours conseillé par Jacques Foccart, décide d'éliminer le gêneur. « Pour ce type d'affaires, expliquera Constantin Melnik, chargé des affaires spéciales à Matignon[64], c'était Foccart le maître d'œuvre incontesté. Il se réclamait de l'autorité du général de Gaulle. Lui parlait-il de toutes ces affaires ? On ne saura, là-dessus, la complète vérité qu'avec l'ouverture, dans des dizaines d'années, des archives africaines de l'Élysée. » Outre les confidences de Melnik, celles de l'autre patron des services secrets de l'époque, le général Grossin, permettent toutefois de jeter un premier éclairage sur ce dossier.

Naturellement chargé de la mission, le service Action avait confié à l'un de ses réservistes, William Bechtel, dit « Grand Bill », le soin d'éliminer Moumié. Ancien du réseau de renseignements Sussex, ami intime de Pierre Fourcaud, l'ex-fougueux directeur adjoint du SDECE, Grand Bill a combattu en Indochine dans le commando « Conus » qui dépendait de la DGER, l'ancêtre du SDECE.

64. Entretien avec l'auteur.

En 1960, William Bechtel a pour couverture une carte de presse. Installé à Genève, il travaille officiellement pour l'agence Acmé. En vérité, il rend beaucoup de services au SDECE entre son domicile parisien du 68, rue de Vercingétorix et son appartement genevois au 42 de la Grande-Rue. C'est donc en qualité de journaliste qu'il rencontre une première fois le leader camerounais à Accra au Ghana. Un nouveau rendez-vous est pris en juillet.

> « Bechtel, confiera le général Grossin[65], avait invité Moumié le samedi 15 octobre à dîner dans un restaurant de la vieille ville de Genève, Le Plat d'Argent. Moumié s'y rendit avec un étudiant camerounais de Clermont-Ferrand, Jean-Martin Tchaptchaët. A peine arrivé, Moumié fut demandé au téléphone. Il s'étonna, puisque personne ne savait qu'il se trouvait dans ce restaurant. Mais il y alla. Le journaliste occupa l'étudiant en lui montrant quelques documents confidentiels sur son pays, et versa discrètement un peu de thallium[66] dans le Ricard de Moumié. Le dirigeant camerounais revint à table en se plaignant qu'il n'ait pas trouvé d'interlocuteur à l'autre bout du fil. Moumié parla beaucoup mais ne but pas son apéritif, qu'il laissa de côté sur la table. Notre agent répéta donc son stratagème avec le vin. L'exercice était périlleux en raison de la présence des deux hommes. Moumié but enfin son vin. C'était parfait. Il irait mourir à Conakry, où pas un médecin ne serait capable de dire qu'il avait été empoisonné. On accuserait Sékou Touré du meurtre. Mais soudain ce fut la catastrophe. Alors que le repas se terminait sur un café, Moumié récupéra son Ricard et le but. C'était foutu. La dose minutieusement préparée à Mortier était maintenant double, trop forte, et Moumié fut hospitalisé à Genève la nuit suivante. Notre agent avait fait une erreur. Il aurait dû renverser le Ricard sur la table. »

Après le dîner, Félix Moumié, donc, regagne son hôtel. William Bechtel quitte, lui, précipitamment Genève. Pris à l'aube de violentes douleurs à l'estomac, le leader camerounais est transporté à l'hôpital cantonal de Genève où il mourra dans d'atroces souffrances. La police helvétique remontera rapidement la piste. Un mandat international est lancé contre William Bechtel. Dans la maison de Grand Bill, on a déjà trouvé une foule de documents : son journal d'Indochine, un catalogue des différentes façons de tuer un homme sans laisser de traces, divers plans de maisons destinées à servir de caches et surtout quelques fragments de thallium dans la poche d'un de ses vestons précipitamment abandonnés.

Depuis l'assassinat, William Bechtel s'est réfugié sur la Côte d'Azur où il vit dans une « planque » du SDECE. Mais il ne peut s'empêcher de voyager. Arrêté en Belgique, il sera extradé en Suisse. Lors du procès, les autorités françaises font discrètement pression. William Bechtel est finalement acquitté. Il est récemment décédé à l'hôpital militaire du Val-de-Grâce.

---

65. *Idem.*

66. Le thallium avait été préparé à l'intention du SDECE par le Pr R..., un savant de renommée internationale.

« Ils ont massacré 300 000 à 400 000 Bamilékés »

La mort de Moumié n'a fait qu'attiser la flamme bamilékée. Deux ans plus tard adviendra un nouveau massacre généralisé. Entre-temps, Paris poursuivant son programme de coopération militaire n'aura cessé d'aider le régime en place. Deux officiers français jouent dans ce soutien un rôle-clé : le colonel Noiré, conseiller direct du président Ahidjo, et le capitaine Leroy, responsable des troupes de choc de l'armée camerounaise. C'est lui qui dirige en direct la guerre bamilékée. Max Bardet, pilote d'hélicoptère, présent au Cameroun entre 1962 et 1964, témoigne :

> « En deux ans l'armée régulière a pris le pays bamiléké du sud jusqu'au nord et l'a complètement ravagé. Ils ont massacré de 300 000 à 400 000 personnes. Un vrai génocide. Ils ont pratiquement anéanti la race. Sagaies contre armes automatiques, les Bamilékés n'avaient aucune chance. A la fin de la guerre, j'ai fait une prospection d'un mois avec un administrateur général du nom de Coudret. Il était indigné. Ce n'est pas possible, tous ces villages morts, où sont les habitants ? Les villages avaient été rasés, un peu comme avec Attila. Peu de Français sont intervenus directement. J'en ai connu trois ou quatre. La presse n'en a pas parlé. On faisait plaisir au président Ahidjo parce qu'il fallait que le Cameroun garde ses liens avec la France[67]. »

Tous les dirigeants de l'UPC seront sans exception assassinés. Le 5 mars 1966, le maquis d'Ossendé, le nouveau secrétaire général de l'UPC, est encerclé. Le chef réussit pourtant à s'échapper. Mais cet intellectuel mal adapté à la rude vie de brousse perd en courant ses deux paires de lunettes et ses sandales. Pendant plusieurs jours, il errera dans la forêt, pieds nus, en aveugle ou presque, avec pour toute escorte un seul compagnon. Avant de tomber sur la fatale patrouille, qui déversera sans autre forme de procès quelques chargeurs de mitraillette sur les deux hommes.

En 1971, Ernest Ouandié, le dernier chef des rebelles, est publiquement exécuté à Bafoussam. Une répression sauvage qui n'a mené à rien. Elle n'aura même pas servi — les récentes manifestations le prouvent — à raffermir l'unité du Cameroun comme l'ont trop souvent proclamé les rapports de nos services secrets.

Anatomie d'un putsch africain

En 1984, le dictateur Sékou Touré s'éteint finalement de mort naturelle. Le général Lansana Conté, ancien sergent-chef de

67. *OK Cargo*, Grasset.

l'armée française, plus favorable aux intérêts de Paris, lui succède. Il s'agit maintenant de protéger le nouveau président guinéen. Pour diriger sa garde rapprochée, la Piscine envoie l'adjudant-chef Alain Pasquier, qui arrive en avril 1985 à Conakry, affublé d'un pseudonyme, celui de « colonel Bernard ». Sur place, Pasquier comprend vite que Traoré, l'ex-Premier ministre, chargé présentement de l'Éducation nationale, n'attend que le moment opportun pour s'emparer du pouvoir. Lorsque aux premiers jours de l'été 1985 le président guinéen lui exprime son désir d'assister à la conférence interafricaine de Lomé, le « colonel Bernard » tente de le dissuader. En vain. Le 4 juillet, vers 23 heures, la radio nationale guinéenne annonce la destitution du président Lansana Conté et la création d'un Comité de salut public dont la direction est confiée à Traoré.

Un responsable des services spéciaux français expliquera comment la DGSE a fait échouer le putsch[68].

> « Le bâtiment de la radio, raconte-t-il, était bien gardé. Impossible d'approcher. A 3 h 30, le ministre de la Fonction publique et une vingtaine d'hommes restés fidèles au régime rejoignent le "colonel Bernard". Ils savent qu'un char soviétique T-54-55 a été abandonné à côté. "Bernard" trouve le blindé et le met en marche. Il n'y a que trois obus. On les tirera au jugé. Le troisième atteindra les étages de la radio et endommagera les installations électriques. On passe à l'attaque. A 10 heures du matin, la plupart des putschistes sont déjà arrêtés. Quand le président Lansana Conté atterrira à 17 h 10 à l'aéroport de Conakry, il sera un peu surpris de trouver le "colonel Bernard" ainsi que tout l'état-major en tenue de combat. »

De Paris, la DGSE n'a pas réussi à joindre son correspondant, l'adjudant-chef Pasquier. Elle a été informée, tard dans la nuit, qu'un putsch marxiste venait de se produire en Guinée. Le colonel Lesquer, chef de la division Action, n'apprendra que le 5 juillet, vers 12 heures, que la garde présidentielle a résisté, que le « colonel Bernard » est vivant et que le putsch a donc échoué. La preuve suivra avec l'arrivée d'un message codé provenant du poste DGSE de l'ambassade de France à Conakry. Détail amusant : en perquisitionnant au ministère guinéen de l'Éducation, on trouvera un attaché-case contenant 350 000 francs. Et une rumeur courra selon laquelle Paris aurait soutenu, en sous-main, Traoré le rebelle. En réalité, cet argent provenait d'un éditeur parisien dont le dynamique représentant pour l'Afrique venait juste de réussir à placer un lot de livres scolaires depuis longtemps périmés. La coquette somme représentait seulement la commission du ministre. Toujours ces douteuses relations franco-africaines.

La pendaison du commandant Galopin

Le Tchad, à lui seul, compose l'une des pages les plus longues et les plus compliquées, douloureuses de cette histoire de la post-

68. « Espionnage », *Les Dossiers du Canard enchaîné*, juin 1988.

décolonisation. Avec pour point de départ un événement qui défraya la chronique et resta dans toutes les mémoires. Le 21 avril 1974, les rebelles toubous, conduits par Hissène Habré, effectuent un raid sur Bardaï au cœur du massif du Tibesti et s'emparent de trois otages : Françoise Claustre, ethnologue au CNRS, Marc Combes, membre de la mission de réforme administrative présente sur place, et le docteur allemand Christophe Staewen.

A Paris, on panique. Le président Pompidou est mort le 2 avril. La France est en pleine campagne électorale. Le président tchadien Tombalbaye fait alors pression sur l'ambassadeur Raphaël-Léonard Touze qui vient de remplacer l'historique Fernand Wibaux, et ce afin d'imposer un négociateur. Ce sera le commandant Pierre Galopin, quarante-deux ans, issu de la « coloniale ». Celui-ci, qui n'a cessé d'évoluer dans la mouvance des services secrets français, a appartenu entre 1967 et 1972 au CCER (Centre de coordination et d'exploitation du renseignement), sous les ordres du commandant Camille Gourvennec. A ce titre Galopin, qui n'était alors que capitaine, a effectué plusieurs missions au Tibesti pour enquêter sur les soulèvements des Toubous. Intelligent, connaissant admirablement le terrain, pour avoir réussi à opposer entre elles les grandes familles de la région, notamment les Chaïs et les Oueddeïs, il s'est néanmoins voué à la rancune tenace des Toubous.

Le 15 juin, le commandant Galopin arrive à N'Djamena. Le 6 juillet à 10 heures du matin, il est face à Hissène Habré. Le discours de ce dernier se conclut de façon claire et sans ambages : « Je veux terminer en vous mettant une fois de plus en garde. Ne vous mêlez pas des affaires qui regardent les Tchadiens seuls[69]. » Mais Galopin n'écoute pas. Il vise toujours, comme il l'avait réussi précédemment, à semer la division chez les rebelles. Sans en référer à Hissène Habré, il rencontrera plusieurs fois Adoum Togoï, le responsable militaire des Toubous, en essayant de convaincre celui-ci de trahir son chef ; il ira jusqu'à donner sa Rolex en or à un caporal-chef de la garde nomade pour le « retourner ». Les rebelles contactés, cependant, confessent le tout à Hissène Habré. Le piège va se refermer.

La négociation en effet n'avance guère. Au milieu du mois de juillet, Touze et Galopin partent pour Paris. Le gouvernement français a proposé 200 millions de francs CFA à Hissène Habré. Celui-ci juge pareille rançon ridicule. Peu avant, les Allemands ont en effet versé la même somme pour la libération d'un seul otage, le docteur Staewen. Des Français, Habré attend davantage. Il veut qu'ils équipent son armée. Au cours d'une séance de travail, Jacques Foccart se fâche : « Vous vous rendez compte, il y a

69. Dépêche envoyée le 7 juillet par l'ambassadeur Raphaël-Léonard Touze au Quai d'Orsay.

200 000 Français en Afrique. A ce prix là, où est-ce qu'on va[70] ? » Dans ses souvenirs, l'ambassadeur Raphaël-Léonard Touze[71] écrira :

> « Je n'ai malheureusement pas retiré une bonne impression de mes contacts parisiens, de mes entretiens au Quai, à la Coopération ou à la Défense. Il ne fait pas de doute que pour tous c'est une mauvaise affaire dont on se serait passé et qui tombe fort mal pour les débuts d'un septennat et ceux d'un nouveau gouvernement. J'arrivais en période de flottement. Les cabinets ministériels venaient de s'installer et il ne semblait pas que l'on sache bien dans quelle politique il faudrait s'engager. »

Le général Fleutiaux, qui dirigera plus tard les Casques blancs au Liban, était à l'époque responsable de la section Afrique-Moyen-Orient du secrétariat général de la Défense nationale (SGDN). Il témoigne : « Nous savions, par un tuyau d'un Libyen que c'était de la folie. J'ai prévenu le général Méry et le ministre François-Poncet. Mais Foccart détestait Hissène Habré. Cela a beaucoup compté. »

A nouveau, le 26 juillet, le commandant Galopin de retour au Tchad, rencontre Hissène Habré. Le climat est tendu. Le chef rebelle réclame toujours des armes. L'émissaire français ne sait que répondre. Une nouvelle fois, Galopin tente courageusement de circonvenir Adoum Togoï et la garde rapprochée d'Hissène. On l'écoute encore poliment. Mais l'ensemble des conversations est immédiatement rapporté au chef.

Le 4 août, le commandant Galopin est arrêté à l'issue d'un dernier entretien avec Habré. Celui-ci justifie cet acte par la nécessité de « mettre hors d'état de nuire un individu particulièrement dangereux ». On reproche maintenant à l'homme des services secrets français d'avoir tenté de diviser les Toubous, d'avoir été l'adjoint de Gourvennec au CCER et d'avoir, à ce titre, participé aux séances de torture de plusieurs dizaines d'opposants. Goukouni, l'un des chefs des familles rebelles, accuse plus précisément Galopin d'avoir fait tuer ses deux frères, justifiant ainsi la haine dont il poursuit le commandant français. Le 26 décembre 1974, le commandant Galopin est condamné à mort par un tribunal révolutionnaire. Selon plusieurs sources, Hissène Habré se serait prononcé contre l'exécution, mais il aurait été mis en minorité par son entourage. Le 4 avril 1975, sur la piste du village d'Oussouni, l'officier des services secrets français est pendu. En août 1975, un rebelle rallié, Soungui Assaïn-mi, interrogé dans les locaux du CCER de Gourvennec, décrira de façon détaillée l'exécution : « Le 4 avril nous avons pris un cours d'eau à sec à gauche. Nous nous sommes arrêtés au fond auprès d'un grand arbre. Hissène Habré

70. *Cf.* l'article de Christian Millet dans *Le Monde* du 29 décembre 1984.
71. *370 jours d'un ambassadeur au Tchad*, France-Empire, 1989.

nous a dit : “Il va se passer une loi ; vous allez voir de vos yeux que quand la loi révolutionnaire décide quelque chose, elle le fait.” Il a dit à deux hors-la-loi de prendre une corde et de la fixer sur l'arbre, a fait entasser des cailloux et nous a fait reculer à environ 50 mètres. Il nous a encore dit de regarder (...) A un moment donné, ils ont amené le commandant Galopin, chemise et pantalon kaki, mais sans galons ni képi. Tochi Allali s'est approché d'Hissène Habré et lui a demandé : “Est-ce que vous allez tuer le commandant ?” Hissène a répondu : “Oui.” Tochi a demandé encore : “Ce n'est pas possible de remettre à un autre jour ?” Hissène a répondu : “Non, j'ai décidé, c'est fini”, puis a envoyé Goukouni dire au commandant qu'on allait le tuer. Le commandant a demandé s'il pouvait dire un mot à Hissène Habré. Ce dernier ayant répondu “non”, le commandant Galopin a déclaré : “Mes jours sont terminés, vous pouvez me tuer.” Les hors-la-loi, sur l'ordre d'Hissène Habré, lui ont attaché les mains derrière le dos, l'ont soulevé pour lui passer la corde autour du cou, puis ont enlevé les pierres de dessous ses pieds. Quand il a été mort, Hissène Habré lui a fait tirer une balle de pistolet dans l'oreille gauche, puis a ordonné à Goukouni de l'enterrer au fond du cours d'eau[72]. »

Le 13 avril, le président Tombalbaye était assassiné par les hommes du commandant Kamougué, le second de la garde nationale. Un lieutenant de parachutistes lui tira une balle en pleine tête. Le sorcier personnel de Tombalbaye fut, lui, égorgé. Le frère du président, arrêté sur le pont de Farcha, ficelé à même le goudron brûlant de la route, mourut plus lentement. Paris n'avait rien su éviter. Le bourbier tchadien ne faisait que commencer.

La destitution de Bokassa

L'exemple de la Centrafrique fait la démonstration, si besoin était, que si lieux et époques peuvent varier les mœurs et activités des services spéciaux demeurent inchangées.

Dans la nuit du 20 au 21 septembre 1979, deux Transall du SDECE décollent de Villacoublay. Dans le second, David Dacko, ancien ministre de Bokassa, prend place au milieu des militaires en tenue camouflée, sans grades ni insignes. L'homme a été choisi par le gouvernement français pour remplacer celui qui s'était autoproclamé empereur. Que reproche-t-on à Bokassa ? D'être un dictateur sanguinaire qui vient d'ordonner l'exécution de plusieurs dizaines d'écoliers. On l'accuse même d'anthropophagie. Le SDECE a en outre appris, par l'entremise de la CIA, que Bokassa — de passage à Tripoli dont il aimerait se faire un allié — envisage-

72. *Cf.* l'article de Christian Millet dans *Le Monde* du 29 décembre 1984.

rait de rendre publics des documents sur les cadeaux qu'il a offerts aux dirigeants français dont Valéry Giscard d'Estaing. Ce faux pas lui sera fatal. Depuis plusieurs mois, René Journiac[73], qui a remplacé Jacques Foccart aux Affaires africaines, réfléchit aux différents moyens de renverser l'encombrant empereur. Il choisit la manière forte.

Vers 22 heures, cette nuit-là, David Dacko, protégé par un détachement du 1er RPIMA (régiment parachutiste d'infanterie de marine)[74], se pose à Bangui. Jacques Duchemin, ancien conseiller de Bokassa mais surtout honorable correspondant du SDECE, l'accueille sur l'aéroport. Bokassa, de son côté en voyage en Libye, tente précipitamment de se rendre à Paris, mais se voit bloqué par les services secrets sur la base aérienne d'Evreux. Réfugié par la suite à Abidjan, l'ex-empereur finira quelque temps plus tard par s'installer en France où il connaîtra le sort d'un souverain déchu, en exil.

A Bangui ce 21 septembre, c'est la ruée. Les jeeps des hommes du 1er RPIMA foncent sur le quartier général de Bokassa. Un seul coup de feu sera tiré par un soldat centrafricain, trop distrait, oublieux qu'une cartouche était engagée dans le canon de son arme. Les marsouins du 1er et du 2e RPIMA (ce dernier est commandé par le capitaine Naud) s'emparent de la gendarmerie, du secrétariat général du gouvernement, de la sûreté nationale et enfin de la radio. Là, David Dacko, entouré des paras, promet au peuple centrafricain des élections démocratiques. Ce sera la première et la dernière fois. Il est 6 heures du matin.

Pendant ce temps, une section de marsouins accompagnée d'une dizaine d'agents du SDECE, sous les ordres du colonel Mazza, l'attaché militaire local, a été dépêchée au palais de Berengo à 80 kilomètres de Bangui. C'est la caverne d'Ali Baba de l'empereur Bokassa. Les parachutistes investissent la villa. Avant de commencer ce qui s'apparenta à une grande opération de déménagement. Plusieurs CX de l'ambassade et des camions Dodge sont chargés de caisses qui rejoignent immédiatement l'ambassade de France. D'autres civils « font le ménage » dans la villa Kolongo, une autre résidence de l'empereur. Le pillage durera six jours. On se dispute les dépouilles. Une altercation a lieu entre le colonel Degenne (chef de l'opération « Barracuda », adjoint de Jeannou Lacaze alors patron du 11e choc) et le colonel Mazza. Les militaires reprochent au SDECE de les traiter comme des larbins. Plus grave, le 1er RPIMA, dirigé par le lieutenant-colonel Franceschi et le commandant Leblanc, dépend d'un double commandement, à la

---

73. René Journiac, le conseiller aux Affaires africaines de Valéry Giscard d'Estaing, décédera le 6 février 1980 dans un accident d'avion sur le continent noir.

74. Le 1er régiment parachutiste de l'infanterie de marine (RPIMA) est caserné à Bayonne et dépend de la 11e division parachutiste. Il intervient ponctuellement, comme le 13e dragons parachutistes installé à Dieuze, en Moselle, en tant que régiment auxiliaire du service Action de la DGSE.

fois des services secrets et de la 11e DP. D'où de nombreuses consignes contradictoires.

Où sont passés les 35 milliards ?

Les palais de l'empereur, à Berengo et Korongo, recèlent de trésors. Outre les archives officielles de l'ex-empereur Bokassa, sa correspondance avec de Gaulle, Pompidou et le président français de l'époque, Valéry Giscard d'Estaing, on y trouve 14 250 diamants bruts, 2 000 autres taillés, eux, de 2, 3, 10 et 20 carats, un bâton de maréchal toujours serti de pierres précieuses estimé à 700 millions de centimes, plusieurs sacoches contenant des milliards de francs CFA et 160 paires de pointes d'ivoire ! Le tout, pour une valeur de près de 35 milliards de centimes[75], rejoindra l'épais secret de quelques coffres-forts. Interrogé à plusieurs reprises, Alexandre de Marenches, à l'époque patron du SDECE, refusera toujours de divulguer le moindre détail sur le sort réservé à cette incroyable manne[76]. Selon divers témoins, le 28 septembre, de nombreuses malles auraient été débarquées sur l'aérodrome du SDECE à Cercottes près d'Orléans. Le 12 octobre 1979, lors d'une conférence de presse, François-Poncet, ministre des Affaires étrangères, démentira publiquement la thèse du vol. « Vous avez, dira-t-il aux journalistes présents, posé la question sur un soi-disant transfert d'archives. Je voudrais vous y répondre de la façon la plus claire qui soit : il n'y a jamais eu d'archives qui auraient été évacuées du palais de Berengo, ayant appartenu à l'ex-empereur, entreposées à aucun moment ou ayant transitées d'aucune façon par l'ambassade de France. » Et François-Poncet d'affirmer : « Aucun agent dépendant directement ou indirectement de l'ambassade n'a jamais eu rien à faire avec une opération de ce genre. Je dois vous dire ma stupéfaction de voir que des indications de ce genre puissent circuler et obtenir une telle audience avec aucun fondement. J'apporte à ces nouvelles un démenti total, après m'être, je peux vous le dire, informé de la façon la plus précise. »

Deux jours plus tard, Pierre Georges, envoyé spécial du journal *Le Monde*, contredit pourtant le ministre : « A Bangui, le jeudi 27 septembre dernier, vers 16 heures, un hélicoptère français Puma s'est posé sur un terrain vague situé à 50 mètres à peine de l'ambassade de France. Outre l'équipage, des militaires de l'ALAT (aviation légère de l'armée de terre), deux civils se trouvaient à bord de l'appareil, dont l'un, un porte-documents à la main, a regagné à pied l'ambassade de France. Un petit camion, genre tout terrain,

75. Mensuel *Black* du 15 septembre 1986.
76. Entretien avec l'auteur.

blanc ou crème, à l'immatriculation civile, est venu se ranger à l'arrière de l'hélicoptère. Ce véhicule débâché était conduit par un jeune homme en civil et gardé par deux ou trois parachutistes français armés. Une dizaine de caisses de taille moyenne ont été transportées de l'hélicoptère sur le camion. »

Le mystérieux retour de l'empereur

Ce n'était pourtant pas la fin du feuilleton centrafricain et Bokassa n'avait pas dit son dernier mot.

> « Mon mari, exilé en France, a décidé le mardi 21 octobre 1986, raconte Augustine, la nouvelle femme de l'ex-empereur, de rentrer à Bangui. Le mercredi à midi, deux jeunes gens sont venus nous chercher dans notre propriété d'Hardricourt. Nous avons passé la frontière belge à la nuit tombée par un poste non contrôlé. A Bruxelles, personne ne nous a reconnus et nous avons pris un avion pour Rome. Là, dès que nous sommes montés dans l'appareil d'Air Afrique à destination de Bangui, des Africains ont reconnu mon mari. Mais je ne pense pas que le commandant de bord ait prévenu les autorités par radio. En effet, quand nous avons atterri, il n'y avait pas de service de sécurité sur la piste. Seulement quelques employés qui ont crié en sango : "Bokassa, homme fort. Et vive Bokassa." Quelques minutes après, le commissaire de l'aéroport arrivé sur les lieux priait l'ex-empereur de le suivre dans son bureau[77]. »

Un peu plus tard, le lieutenant-colonel Mancion, le représentant à Bangui des services secrets français et qui est l'homme fort du pays à la tête d'une garde présidentielle de 450 hommes, rejoint le commissaire. De là, à bord de sa voiture personnelle, il transporte Bokassa au centre ville.

> « A l'aéroport, nous dira un haut fonctionnaire centrafricain, c'était la surprise générale. Il y avait un peu de panique. Le maire de Bangui, qui appartient à la même ethnie que Bokassa, s'est précipité dans son auto pour fuir. Le lendemain, les services de sécurité lui demanderont par quel hasard il se trouvait de si bonne heure le matin à l'aéroport. Il parviendra à se justifier mais sera retenu en garde à vue pendant toute une journée. »

Bokassa, lui, est transféré le jour-même au camp de Roux, sous bonne garde. Son procès bientôt ouvert à Bangui, l'ex-empereur sera condamné à la détention à perpétuité.

A Paris, Jacques Chirac, alors Premier ministre, pique une violente colère. Qui a facilité le retour de l'ex-empereur ? Mais

---

77. Entretien avec l'auteur.

surtout qui a décidé de lever la surveillance policière ? Les services secrets français auraient-ils manigancé le retour au pouvoir de celui-ci ? Robert Pandraud, délégué à l'Intérieur auprès de Charles Pasqua, n'en mène pas large. Et ses explications ne parviendront pas à convaincre Jacques Chirac. Roger Holeindre, député du Front national, s'est rendu à Hardricourt dès qu'il a appris la fuite. Là, il a rencontré un curieux personnage, Jean-Louis Guillermou. Celui-ci, cinéaste de profession, réside aux Mureaux près du château de Bokassa. « Cet homme, dit Holeindre, avait proposé à l'ex-empereur de lui procurer un passeport. » Roger Delpey, un autre fidèle, naguère emprisonné par Giscard pour avoir défendu le chef centrafricain, reprend les mêmes accusations :

> « Lorsque j'étais à Hardricourt, j'ai rencontré un deuxième homme, l'ancien lieutenant Olivier Duportal. Il était porteur d'une lettre de Bokassa lui demandant de veiller sur sa famille et ses affaires. Il connaissait donc son projet de départ. L'a-t-il organisé ? Pour son compte personnel ou pour d'autres[78] ? »

> « Pour tous ceux qui se sont intéressés à l'empereur, révèle un autre intime de Bokassa, le lieutenant Duportal n'est pas un inconnu. Il avait participé en octobre 1983 à la première opération avortée de retour dans son pays de Bokassa. Elle avait été montée à Abidjan par Roger Delpey. Par qui Duportal avait-il à l'époque été recruté ? C'est le colonel de Ducla, un ancien d'Indo, qui l'avait présenté à Delpey et amené avec lui. Mais il faut savoir que par la suite Delpey se fâchera avec de Ducla. Il avait subitement découvert que celui-ci travaillait en réalité pour les services secrets français et qu'il se rendait fréquemment boulevard Mortier pour y remettre ses rapports. »

Un troisième homme enfin, Éric L..., s'était fait remarquer par ses allées et venues répétées à Hardricourt. Après la fuite de l'empereur, il s'exilera momentanément aux États-Unis. On sait tout juste de lui qu'il possédait une petite société de distribution de films et qu'il s'entraînait souvent avec son propre avion sur les pistes de Toussus-le-Noble. Un des aérodromes les plus prisés par le service Action du SDECE.

Bob Denard devant les juges

L'histoire de l'espionnage français en Afrique demeurerait cependant incomplète si on la cantonnait aux affaires qui peuvent recevoir un sceau d'officialité.

Ce mercredi 10 mars 1993 s'avance lentement, à la barre du

78. *Idem.*

tribunal de Paris, Maurice Delaunay, ancien ambassadeur de France au Cameroun. « J'affirme que l'opération dont avait été chargé Bob Denard avait reçu l'accord tacite du gouvernement français. » Et il ajoute : « Le prévenu a constamment servi les intérêts de la politique française en Afrique. »

Un autre témoin lui succède. C'est Maurice Robert, l'ancien colonel du SDECE chargé du secteur Afrique. Aux juges, il va succinctement donner un petit cours d'espionnage.

> Il y a trois types d'opérations initiées par nos services : celle que le SDECE fait lui-même, celle qu'il fait faire et celle où la France ferme les yeux mais appuie l'opération quand cela sert ses intérêts.

Que reproche-t-on à Bob Denard ? D'avoir été le 16 janvier 1977 l'auteur d'un coup d'État manqué, baptisé « opération Crevettes », au Bénin, l'ex-Dahomey, alors dirigé par le marxiste-léniniste Mathieu Kérékou, qui figurait depuis plusieurs années sur la liste noire des services spéciaux français. Après plusieurs tentatives de renversement infructueuses, René Journiac, chargé des Affaires africaines sous Valéry Giscard d'Estaing, soutenu par Hassan II et Omar Bongo, avait fait appel au plus célèbre des mercenaires français depuis les années 60. Ce dernier avait immédiatement recruté une centaine de ses camarades, embrigadés sous le vocable « Groupe étranger d'intervention ». « Nous nous entraînions, se souvient Alain Leluc qui participa à l'opération, sur la base de Benguerir, non loin de Marrakech. Nous devions porter au pouvoir le Front de réhabilitation du Dahomey, une création de Gratien Pognon. Mais notre débarquement fut un fiasco total. Une vraie débandade. Dans notre fuite, nous avons abandonné derrière nous tous nos bagages et surtout des kilos d'archives racontant "Crevettes" dans tous ses détails[79]. »

Dans sa retraite, le commando a laissé derrière lui huit morts dont deux mercenaires, et une cinquantaine de blessés. Les familles des victimes béninoises ont aussitôt porté plainte devant la justice française. Mais le tribunal finira par relâcher Denard compte tenu, selon les arguments avancés au procès par le substitut du procureur, de « l'écoulement du temps » et de « l'ordre public mondial qui a considérablement changé ».

Qui est précisément Bob Denard ? Gilbert Bourgeaud — c'est son véritable nom — est né à Caen le 20 janvier 1929. Il participe aux campagnes coloniales de la France d'après-guerre, Sahara, Maroc, Indochine, Algérie. Dès 1960, on le retrouve cependant sur le continent africain à Léopoldville (Congo), au service de Moïse Tschombé et de la sécession katangaise, soutenu par les Français contre Mobutu. Mais Denard agira par la suite pour le compte de

---

79. Entretien avec Alain Leluc, qui a publié sur cette affaire un roman à clefs, *Mercenaire*, Jean-Claude Lattès, 1983.

Mobutu et contre l'armée zaïroise, avant de se retourner de nouveau, aux côtés des Katangais, contre Mobutu. De soldat, il est devenu mercenaire. Il réapparaît un peu plus tard au Yémen où il passe deux ans auprès de l'imam El-Badr à guerroyer contre les maquis progressistes suscités par Nasser, puis au Biafra et au Gabon où il réorganise la garde présidentielle du président Bongo. On le retrouve enfin en Angola aux côtés de l'UNITA, le mouvement droitier de Jonas Savimbi manipulé de concert par les Sud-Africains et certains milieux paragouvernementaux français.

« On m'a donné le feu orange. On ne donne jamais le feu vert dans ces cas-là. »

Le 13 mai 1978, Bob Denard, toujours lui, et une cinquantaine de mercenaires embarqués à bord d'un vieux chalutier breton investissent l'archipel des Comores. Avec la bénédiction, une fois encore, des services secrets français, le colonel « Bob » porte au pouvoir Ahmed Abdallah Abderrahmane. Le président du Comité national de la révolution, Ali Soilih, qui avait bénéficié du vote massif des Comoriens, est arrêté. Ce démocrate, qui inquiétait Giscard d'Estaing par sa volonté de réforme, sera bientôt assassiné lors d'une « tentative d'évasion ».

Comment expliquer l'attitude de Paris ? « L'archipel est situé à l'entrée du canal de Mozambique. Cela permet de verrouiller le passage des pétroliers venant du golfe Persique », explique un diplomate qui tient, lui, bien entendu, à préserver son anonymat. Au nom de cette géostratégie douteuse, la France laissera Denard gouverner le pays. La garde présidentielle qu'il crée est une véritable police politique, qui torture et assassine à l'occasion. Par souci de respectabilité, il arrive aussi à Denard et sa bande d'organiser des « élections », où l'opposition est interdite de candidature et au terme desquelles les partisans d'Abdallah obtiennent toujours 100 % des suffrages.

Cependant, en mars 1985, une révolte éclate au sein de la garde. Les soldats comoriens ont formé le projet de liquider les mercenaires. Mais, dénoncés, ils sont arrêtés, torturés et incarcérés à la prison d'Itsoundzou, au camp d'entraînement, précisément, de la garde. Dans la nuit du 30 novembre au 1er décembre 1987, un nouveau soulèvement se produit. Les hommes de Denard ouvrent le feu sur les insurgés. Trois hommes sont tués et une cinquantaine de personnes encore arrêtées. Les 6 et 7 décembre, trois corps comoriens sont rendus aux familles. Selon celles-ci, le spectacle macabre dépasse l'imagination : brûlures, énucléations, dislocations des membres, blessures par balles. Le 14 mai 1988, Jacques Foccart rend pourtant visite à Abdallah[80] et à son protégé ou protecteur, comme l'on voudra. But du voyage : débattre de l'aide française qui passera de 29,5 millions en 1986 à 41 millions l'année suivante.

Entre-temps, la veuve de l'une des victimes de Denard, Youssouf Hassani, de nationalité française, dépose plainte à Paris. Mais que peut la justice dans pareil cas ? Comme le rappelait Me Soulez-Larivière, défenseur de Bob Denard à propos du Bénin : « Il n'a été qu'une prothèse étatique, un instrument pour faire des choses que les États ne peuvent pas faire. » Et le mercenaire français de renchérir sur la légitimité de ses missions : « Pour le Bénin, expliquera-t-il aux juges, j'avais mis au courant la cellule africaine de l'Élysée. J'ai rencontré René Journiac à plusieurs reprises. Je lui ai même demandé s'il ne voyait pas d'inconvénients à cette opération. Il m'a donné le feu orange. On ne donne jamais le feu vert dans ces cas-là. » On ne saurait mieux illustrer une certaine logique de la raison d'État.

« Les mains sales » et la chute du préfet Silberzahn

Nommé patron de « la Piscine » le 22 mars 1989, Claude Silberzahn n'a rien changé au décor de ses prédécesseurs. Il reçoit dans le bureau aménagé par Pierre Marion, en 1981, au cœur d'une nouvelle construction elle-même érigée au centre de la cour et qui permet ainsi au directeur de surplomber — et surveiller ? — l'ensemble des services spéciaux. Sur la table de l'ancien préfet de Guyane, on serait bien en mal de distinguer un quelconque gadget. Deux photos seulement donnent un ton personnel à l'ensemble : l'une de sa fille, l'autre de lui-même en alpiniste solitaire perdu dans un paysage de haute montagne. Au fil de ces années, Claude Silberzahn s'est beaucoup interrogé. Peu destiné à cette carrière très particulière qu'est la direction de la DGSE, il s'est pourtant peu à peu attaché au petit monde de l'espionnage. Protestant et volontiers moraliste, le nouveau patron de la DGSE n'en a pas moins diligenté plusieurs enquêtes dans sa propre maison, pour en vérifier les rouages et afin que celle-ci ne retombe pas dans les erreurs passées. Il est aussi partisan — bien qu'il ne le dise jamais publiquement — de profondes réformes à l'intérieur des services secrets français.

Sur la tragique décolonisation, sur nos liens avec l'Afrique,

---

80. Le président Abdallah sera, peu après, assassiné. La rumeur imputera le crime à Bob Denard. L'intéressé niera. Le mercenaire français quittera cependant les Comores pour l'Afrique du Sud, puis la France pour y être jugé... et acquitté à propos du Bénin. Concernant les Comores, le procès n'a pas débuté. Il n'est d'ailleurs pas certain que cette dernière affaire reçoive, un jour, une fin judiciaire.

Claude Silberzahn dresse un pénible constat : « Nous avons, c'est vrai, parfois, les mains sales[81]. » Paradoxalement, c'est à partir de l'indépendance des pays africains que le SDECE y a joué, nous l'avons vu, un rôle majeur.

En 1954, les Français quittent l'Indochine. Dès 1960, la plupart des anciennes colonies deviennent indépendantes. Deux ans plus tard, ce sera l'Algérie. L'Empire français a vécu. Indépendance, soit, mais à condition qu'elle ne desserve aucun des intérêts de Paris. Ce sera la politique des gouvernements de la IVe puis de la Ve République. Si l'Indochine et l'Algérie se délivreront peu à peu des liens qui les lient à leur ancien protecteur, les jeunes nations africaines se sont avérées — notre enquête l'a suffisamment démontré —, elles, fort vulnérables. Et les services secrets français ont largement profité des contradictions de ces démocraties naissantes.

Sur le continent noir, le SDECE et la DGSE deviendront par la force des choses le bras armé des dictatures locales. La foule manifeste-t-elle à Brazzaville en août 1963 contre le régime corrompu de Fulbert Youlou ? De Gaulle ordonne au général Kergaravat d'intervenir en faveur de l'abbé, qui finira pourtant par se démettre. L'Élysée charge, quelques mois plus tard, Jean Mauricheau-Beaupré, « Monsieur Jean » comme on dit, de faire évader Fulbert Youlou. Aidé de quelques mercenaires noirs, il réussit son opération. Des troubles surviennent-ils en février 1964 à Libreville, au Gabon ? Une compagnie de paras est envoyée sur place pour « nettoyer le terrain ». Le colonel Maurice Robert, le chef du service Afrique du SDECE à l'époque, se rend personnellement à Libreville pour diriger, avec les autorités militaires, la répression. Le SDECE ramène Léon M'Ba à la présidence au prix de nombreux militaires tués. Au Biafra, dont le lieutenant-colonel Ojukwu, leader de l'ethnie des Ibos, a proclamé l'indépendance, l'intervention de la France se révélera encore plus catastrophique. Cette région orientale du Nigeria connaîtra, entre 1966 et 1969, la pire des situations. De Gaulle s'est déclaré solidaire, au cours d'une spectaculaire conférence de presse, de « ce brave petit peuple ». Surtout, il n'a pas pardonné au Nigeria d'avoir fait expulser son ambassadeur, Raymond Offroy, en 1961, suite à la troisième explosion atomique française. Paris envoie donc 150 mercenaires combattre sur place. La liaison est assurée par le patron du SDECE à Libreville, Philippe Le Terron, puis par Jean-Claude Brouillet, directeur de Trans-Gabon. Une opération en pure perte. Une guerre en forme de génocide qui fera près de 2 millions de morts. Le 26 août 1973, le docteur Outel Bono, tête de file de l'opposition tchadienne démocratique, est assassiné à Paris de deux balles dans la tête. Un Français, le commandant Camille Gourvennec, qui contrôle — nous l'avons vu — le pouvoir réel à N'Djamena comme chef du Centre de coordination et d'exploitation du renseignement, une

81. Entretien avec l'auteur.

filiale locale du SDECE, est gravement mis en cause. Le président tchadien Tombalbaye, que la France a porté au pouvoir, caresse certains projets pétroliers contraires aux intérêts de celle-ci. Le 13 avril 1975, Camille Gourvennec renverse Tombalbaye et le remplace par le général Malloum. Ce dernier désigne immédiatement l'agent du SDECE comme patron de la Commission militaire du nouveau régime. Peu après, Camille Gourvennec, qui détenait décidément trop de secrets, meurt apparemment « empoisonné ».

A Libreville, au Gabon, on murmure encore aujourd'hui que les services français ont fourni l'aide logistique indispensable pour assassiner certains opposants aux barbouzes du président Bongo, qui a succédé à Léon M'Ba en 1967. A l'automne 1991, plusieurs auxiliaires des services secrets français, dont le capitaine Paul Barril, sont expédiés dans la capitale gabonaise pour tenter de calmer le jeu et de sauver le régime d'Omar Bongo. Au Togo, enfin, le colonel Le Gallou, est mêlé à un meurtre, alors qu'il enquêtait dans les milieux libanais. Une affaire qui semble bien avoir été montée de toutes pièces, mais le patron du SDECE de l'époque, le général Imbot, lâchera son « homme » avant que la justice française ne l'acquitte et ne lui rende justice. « Faut-il intervenir directement ou pas ? questionne avec raison Claude Silberzahn. Au Liberia, en pleine guerre civile, les Américains avaient choisi, eux, d'ancrer un porte-avions au large des côtes et de rapatrier leurs citoyens. Les affrontements avaient fait des milliers de victimes. Nous, on tente autant que possible d'être les instruments éclairés d'une politique africaine. Mais il faut être conscient que cette volonté d'intervenir recèle en elle-même des pièges... »

En Centrafrique, récemment encore, le principal conseiller du régime autocratique de Kolingba n'était autre que le colonel Mancion, détaché du service Action du SDECE. Une situation qui n'était pas sans rappeler l'ère coloniale. Quant à la tentative de coup d'État du général Bozize, qui fut ensuite kidnappé au Bénin pour être rapatrié en Centrafrique, fallait-il y voir une énième œuvre occulte des services secrets français ? Toujours est-il qu'à la mi-mai 1993 la garde présidentielle de Centrafrique se révoltait alors qu'elle était toujours encadrée par Mancion et les hommes de la DGSE. Ignorant la mésentente et les nombreuses querelles qui avaient éclaté sur place entre ledit colonel et l'ambassadeur Alain Pallu de Beaupuy, lui-même un ancien de la DGSE, le gouvernement rappela à Paris les deux hommes. Naturellement, le ministre de la Coopération, Michel Roussin, fut chargé du dossier. Mais il est vrai aussi qu'il avait servi au SDECE, sous de Marenches, en qualité de chef de cabinet. Le Premier ministre, Édouard Balladur, tint Claude Silberzahn pour responsable de ce dérapage et, au mois de juin, le remplaça à la tête des services secrets français par Jacques Dewatre, un ex du 11ᵉ choc, qui avait été après 1981 directeur de cabinet de Jean-Pierre Cot puis de Christian Nucci toujours à la Coopération. Pour le seconder sur les dossiers africains particulièrement délicats, Jacques Dewatre remit en selle le colonel Valade, ancien chef d'antenne à Dakar puis chef du service Afrique[82]. Claude Silberzahn, le préfet protestant, qui avait bon gré, mal gré accepté de se « salir les mains » pour une politique sur le continent noir pour le moins floue[83], avait eu raison de se méfier des épines africaines. Devant la Commission des Affaires étrangères du Palais-Bourbon, le ministre Michel Roussin fera quelques jours plus tard le procès de la politique de François Mitterrand : « On ne peut manquer d'être frappé par une certaine indécision, voire une certaine imperfection dans la politique de la France. Elle a constamment balancé entre l'approche idéologique et le réalisme le plus froid, la non-ingérence érigée en principe et un interventionnisme douteux, le volontarisme et l'orthodoxie la plus technocratique. » En clair, le rôle équivoque, voire douteux, des services secrets français n'avait été que le reflet des hésitations voire des erreurs du pouvoir politique. Dans son exposé, Michel Roussin aurait simplement dû ajouter, par simple souci d'honnêteté, que le malaise, les ambiguïtés qui ne cessent de peser sur les relations franco-africaines ne dataient pas de 1981.

82. *La Lettre du Continent*, du 8 juillet 1993.

83. A La Baule, au printemps 1990, François Mitterrand s'était engagé à encourager tout processus démocratique en Afrique. Une déclaration de principe suivie d'aucun effet. En décembre 1991, Eyadéma, le dictateur togolais, fera attaquer par ses soldats le siège du Premier ministre de transition démocratique, ancien sergent-chef de l'armée française. Bilan : des centaines de morts. Le 5 mai 1992, Gilchrist Olympio, le fils de l'ancien président démocrate Sylvanus Olympio (assassiné lui-même des propres mains d'Eyadéma en 1963), leader charismatique de l'opposition togolaise, est victime d'un attentat. Une commission d'enquête internationale établira la présence sur place du propre fils du général Eyadéma. Lors de ces deux affaires, la France ne réagira pas. Mieux, l'Élysée donnera carte blanche au dictateur.

VIII

LES DESSOUS DE LA GUERRE FROIDE

Le « Fantôme » ou l'exfiltration d'Adenauer — Opération Gladio — Des réseaux dormants dans toute la France — L'ambassadeur Caffery se réjouit de la défaite communiste — Gouazé déporté au Goulag, Parisot mitraillé à Bucarest — Le commissaire Gaveau enquête sur le complot de la Pentecôte — La « colombe qui fait boum » et la pénétration américaine en France — Opération « Pax » — Le « Livre rouge » de l'Église persécutée — Maître Violet sur tous les fronts — La « troisième corbeille d'Helsinki » et les peurs de Margaret Thatcher — La CIA a-t-elle favorisé en 1961 le putsch des généraux ? — La trahison de Philippe Thyraud — « Alors Dejean, on couche ! » — La CIA aimerait recruter Couve de Murville — Les photos truquées de Mme Pompidou — La vérité sur les vedettes de Cherbourg — « Il faut supprimer le SDECE » — L'honorable Alexandre de Marenches — La grande purge des services secrets — Un ami de Hassan II et de Saddam Hussein — Le trafic Delouette : une affaire fabriquée — Les filatures féminines de l'opération Aquarium — Giscard d'Estaing exige la tête du colonel Kadhafi — L'amiral Fulvio Martini écrit au préfet Silberzhan — Pierre Marion négocie avec Rifaat el-Assad — Opération Satanik — Mitterrand acquiesce de la tête — La 25e image « subliminale » — La réorganisation du renseignement militaire — La feinte colère de la CIA lors du Salon du Bourget — « J'ai personnellement décoré de la Légion d'honneur tous les perceurs de coffres du service "KY" — Combattre l'argent de la Mafia !

Le « fantôme » ou l'exfiltration d'Adenauer

A l'automne 1945, Adenauer, démis de ses fonctions de maire de Cologne par les Anglais, se replie sur la ville de Gottesberg où il s'installe dans l'aile d'un couvent. A ce même moment, le futur chancelier de la République fédérale allemande essaye de former ce qui allait devenir le CDU. Pour ce faire, il s'appuie sur un groupe « chrétien-social » formé à Ollendorf par le Dr Weiss et fortement encouragé par les services français sous la supervision d'Hettier de Boislambert, gouverneur du Palatinat.

Il faut dire que les Anglo-Saxons appliquant dans leur zone une méthode tout « empirique » et ne voulant pas entendre parler de nouveaux partis politiques, il incombait au SDCE d'agir. Or, à l'époque, en Allemagne, c'est Jacques Locquin qui dirige pour le compte du service le réseau « Der Geist » (le Fantôme)[1]. Écoutons-le témoigner :

> « A plusieurs reprises Adenauer rencontre Weiss et ils se mettent d'accord pour organiser une grande réunion du "CDU national" à Ollendorf en avril 1946. Quand le 1er février 1946 les autorités anglaises et américaines d'occupation décident brusquement d'isoler la zone française et d'interdire toute circulation entre leurs zones et la zone française aux Allemands sans autorisation spéciale. En même temps, les Anglais resserrent leur surveillance discrète de l'activité d'Adenauer.
>
> Dès que l'on eut localisé Adenauer, l'ordre avait été donné au commandant Carl d'appliquer la directive PA du service, c'est-à-dire de prendre tous les contacts nécessaires en toutes zones avec les personnalités allemandes susceptibles d'être intéressées par des relations avec nous. C'est à ce titre que Carl, qui connaissait le futur chancelier du temps de Cologne, rétablit des relations amicales avec lui.
>
> L'interdiction de franchissement des limites des zones posa immédiatement un problème à Adenauer qui devait se rendre dans le Wurtemberg mettre au point avec le Dr Weiss les détails de la convention du futur CDU prévue en principe à Ollendorf en avril.
>
> Le commandant Carl, ayant alerté Paris, reçut l'ordre d'amener le futur chancelier en zone française dans des conditions telles que cela ne lui donne pas une "étiquette" de collaboration avec les autorités françaises.
>
> Le commandant Carl "exfiltra" (dans le jargon des services

1. *Cf.* annexes.

spéciaux, cela signifie enlever) Adenauer vers le 20-22 mars, à l'occasion d'un transfert de mobilier d'un officier de liaison. Dès son arrivée en zone française, il remit à Adenauer un "certificat de résidence" en blanc et seul le Dr Weiss et ses collaborateurs immédiats connaissaient la personnalité de son bénéficiaire.

Il semble que Adenauer retourna à Gottesberg après Ollendorf dans les mêmes conditions car il aurait eu à donner des explications sur son absence sans qu'il soit fait allusion à son séjour en zone française.

Voici reconstituée l'opération enregistrée sous le nom de "Viking". Une certitude : la volonté de Adenauer de conserver une apparence de neutralité vis-à-vis des trois puissances occupantes. »

Opération Gladio

On a parlé pour la guerre froide d'une armée de mercenaires masqués payée par la CIA, et disséminée à travers toute l'Europe, de centres de contre-guérilla, de cours de maniement d'explosifs, d'une école de désinformation dans les enceintes militaires de l'OTAN où s'entraîneraient même des officiers français. On a évoqué des caches d'armes découvertes en Italie, en Belgique, en Suisse et en France, de mystérieux avions aux cocardes dissimulées, aux vitres teintées, avec à bord de jeunes extrémistes de gauche et de droite qui auraient survolé la péninsule. Et encore d'immenses tunnels creusés dans les grottes de Sardaigne. Sans mentionner les explosions et les meurtres qui ne trouvèrent leur explication qu'après les révélations du ministre italien Andreotti concernant la plus gigantesque opération anticommuniste tentée par les Américains sur le vieux continent et baptisée Gladio (glaive). On a enfin accusé les « gladiateurs de la guerre froide » d'être à l'origine des nombreux attentats et coups d'état qui ont, ces trente dernières années, ensanglanté ces deux pays. A Paris, le gouvernement dément. Un peu rapidement... Revenons un instant en arrière.

Tout commence en Italie à la fin de la guerre. A cette époque, Mario Scella, le ministre de l'Intérieur démocrate-chrétien, qui a déjà utilisé la Mafia dans la lutte anticommuniste et qui fera même empoisonner en prison, pour qu'il ne parle pas, le bandit sicilien Salvatore Guiliano, crée le réseau Gladio. Mais « c'est en fait la CIA, explique Licio Gelli, l'ancien grand maître de la loge P2, qui a mis le réseau sur pied. On a choisi les meilleurs hommes, les vrais patriotes, les anticommunistes qui étaient prêts à sacrifier leur vie. On les a trouvés parmi les anciens de la République de Salo, c'est-à-dire le dernier retranchement de Mussolini en 1943. Le "Glaive" était leur symbole et ils l'ont gardé. Tous ces "gladiateurs" étaient entraînés par les Américains qui leur apprenaient diverses façons de survivre. Ils étaient très bien payés ; s'ils étaient tués, l'éducation de leurs enfants était assurée aux États-Unis. En cas d'invasion soviétique, ils devaient aider l'armée à combattre. Ils devaient aussi prévenir un tel danger en empêchant l'arrivée au pouvoir du parti communiste italien ».

Mais cette fin d'année 1947 ne voit pas l'agitation se limiter à l'Italie. Depuis la création du Kominform, les PC européens ont adopté une stratégie d'affrontement, et en France, lorsque Robert Schuman, le 22 novembre, succède à Paul Ramadier, le leader communiste Jacques Duclos n'hésite pas à traiter, à l'Assemblée nationale, ce grand résistant lorrain de « Boche ». En une autre occasion des cris de « Heil Hitler ! » provenant des rangs communistes saluent le ministre socialiste de l'Intérieur, Jules Moch, qui est juif et dont le fils est tombé dans la Résistance sous les balles allemandes.

Puis en novembre, c'est la CGT qui paralyse les mines du Nord et du Pas-de-Calais. Les dockers eux bloquent les ports de Bordeaux, du Havre, de Marseille et de Nantes. Enfin le train Paris-Tourcoing déraille après un sabotage attribué aux communistes et qui fera 16 morts. Dans ce climat d'affolement général, Jacques Chaban-Delmas, tout juste élu maire de Bordeaux, se précipite au consulat américain. Il vient y annoncer que le PC s'apprête à tenter un coup d'État... C'est alors qu'Henri Ribière, le patron socialiste du SDECE, les services secrets français, met sur pied, en liaison avec les Américains, l'opération Arc-en-Ciel baptisée encore, selon les services, Rose des Vents, Mission 48, EON-III, Gladio, et enfin Stay Behind. Cette opération prévoit, en cas d'occupation soviétique, d'évacuer le gouvernement vers l'Afrique du Nord, au Maroc plus précisément, où l'on a réquisitionné des locaux à cet effet. Parallèlement, il est créé un réseau dormant de plusieurs milliers d'hommes à travers toute la France. L'instruction concernant sa mise en place, datée du 28 janvier 1947, est adressée au service 259/7 du SDECE, dirigé par Jacques Locquin qui est, on l'a vu, déjà chargé de la surveillance politique de l'Allemagne et de l'Autriche. Le tout étant placé sous le patronage du général Kœnig, chef des forces françaises en Allemagne. Ce dernier met alors en œuvre la Mission 48 dans son PC de Baden-Baden le 7 février 1947[2]. Le « scénario » envisagé par les experts définissant trois axes de pénétration possibles pour l'Armée rouge : la Belgique, la Sarre, et Kiel, on décide de créer des « nœuds » d'interception en France et en Allemagne, le long de ces axes. Ces « nœuds » sont censés devenir, en cas d'intervention soviétique, des réseaux d'action. « Il fallait se préparer à l'invasion, expliquera Bob Maloubier[3]. Si l'Armée rouge gagnait, une nouvelle résistance devait voir le jour. Il fallait donc préparer des comités de réception en France même. En cas de parachutage, les hommes devaient s'appuyer sur tel fermier,

2. Entretien avec Jacques Locquin.
3. *Cf.* l'article de Pierre Péan et de Christophe Nick dans *Actuel*, janvier 1991.

pouvaient aller chez tel toubib, trouver des voitures chez tel garagiste, etc. » C'est grâce à cette infrastructure qu'en 1981 les réservistes du service Action pourront affirmer à Pierre Marion, le nouveau directeur du SDECE, que malgré ses gardes du corps ils étaient capables de l'enlever dans son bureau en plein Paris, de le faire disparaître, et réapparaître en Méditerranée. Dans le jargon des services secrets, on appelle cela une « exfiltration ». Pierre Marion, qui n'y croyait pas, voulut tester ces fameux réservistes. « Ce que Marion ne savait pas, raconte l'un des chefs du service Action[4], c'est qu'on avait l'habitude de ce genre de petit jeu. Non seulement nous l'avons enlevé dans son bureau, mais nous l'avons maquillé pour qu'on ne le reconnaisse pas. Nous lui avons ensuite mis une cagoule sur la tête et l'avons emmené dans un coffre de voiture à 4 kilomètres de Paris. De là, un hélicoptère a déposé Pierre Marion à Avignon. Puis, à 3 heures et demie du matin, une voiture l'a emmené dans le petit port de L'Estaque près de Marseille. Ils l'ont embarqué dans un bateau de pêche, puis sur un autre bateau, et il s'est retrouvé au beau milieu de la Méditerranée sans que, pendant toute l'opération, personne ait prononcé un seul mot autour de lui. » Cet ancien responsable du SA ajoute : « Notre réseau de réservistes est essentiellement recruté chez les retraités du SDECE. Mais pas seulement. Il est très compartimenté et manipulé par une seule personne spécialement affectée à cet effet. Il dépend en dernier ressort du chef de la division Action. Sans ce vivier souterrain, beaucoup d'opérations seraient difficiles à mener. Les réservistes ont, par exemple, joué un grand rôle lors de la guerre d'Algérie et dans les réseaux Gladio. Mais il faut avouer qu'il s'agit d'éléments très motivés qui ont la nostalgie du service actif mais qui, politiquement, ont des tendances assez extrémistes. »

Des réseaux dormants dans toute la France

Mais revenons à l'opération Arc-en-ciel. En cas de crise, le SDECE, dont l'état-major aurait été transféré à Rabat, devait réveiller ses filières de « taupes dormantes » constituées en majorité de socialistes et de gaullistes, pour susciter une nouvelle résistance sur le territoire national. Ainsi à Lyon le responsable régional est-il François de Grossouvre, l'actuel conseiller de François Mitterrand, alias « Monsieur Leduc » dans les services secrets. Parmi ces réservistes, il y a aussi Roger Bellon, le grand patron des laboratoires, Pierre Henneguier, le directeur de Simca, Jacques Robert, Gorce-Franklin, Pierre Lefranc et bien sûr Jacques Foccart. Mais le SDECE ne s'arrête pas là. Il fait encore appel à d'anciens collabora-

4. Entretien avec l'auteur.

teurs tels René Bousquet, ex-secrétaire général de Vichy (récemment assassiné devant son domicile parisien), Paul Touvier, le milicien lyonnais, ou Henri Soutif, ancien commissaire des RG : « Selon mes sources, affirme l'historien Pierre Mérindol, Bousquet a fourni à Gladio le fichier anticommuniste de l'Occupation[5]. » Et pour parachever le tout, les « services » français prennent également contact avec leurs voisins européens.

> « Pour moi, tout a commencé, révèle aujourd'hui le "gladiateur" belge André Moyen, par une rencontre entre Jules Moch et Albert de Vleeschouwer, notre ministre de l'Intérieur. A partir de là, nous aurons de multiples réunions avec Ribière, son gendre Bloch et le colonel du SDECE Reboule, alias Roulers. » Selon André Moyen, le Français Ribière lui aurait déclaré que ce « réseau Gladio était bien sûr couvert par les autorités françaises mais qu'il désirait également s'adjoindre des outsiders civils ».

Si l'on en croit différentes sources concordantes, le réseau Gladio aurait été dissous en 1958. « Quand je suis arrivé, il n'existait plus, confirme Constantin Melnik, coordinateur des services secrets français pendant la guerre d'Algérie. Nous ne l'avons donc, à l'époque, jamais utilisé ni dans notre lutte contre le FLN, ni contre l'OAS. » Et lorsqu'en mai 1968 plusieurs « gladiateurs » entrent en contact avec le SDECE pour proposer leurs services, les responsables s'emploieront à calmer cette poignée de rescapés de la guerre froide.

Deux ans plus tard, cependant, en 1970, Alexandre de Marenches, le tout récent patron de la « Piscine », rencontre les Américains et les responsables de l'OTAN. Il s'agit à nouveau d'envisager avec les Alliés un plan d'évacuation des états-majors et des gouvernements européens, vers le nord de l'Espagne cette fois, mais toujours en cas d'invasion soviétique. Il s'ensuit un échange de procédures, de fréquences radio et de codes dans le cadre d'un « Comité de coordination alliée » (CCA) créé pour l'occasion. C'est ainsi qu'en 1986 les « gladiateurs » français, regroupés désormais sous le sigle Stay Behind (reste derrière) au lieu de Gladio, recevront chacun un exemplaire d'une nouvelle radio révolutionnaire, un appareil réputé impossible à brouiller, à intercepter, et encore moins à localiser.

A la même époque à Genève, le SDECE se met en rapport avec Albert Bachmann, un ancien responsable du « Renseignement » helvétique, lié à la CIA et dont « l'armée secrète » était structurée sur le modèle de Gladio. L'un de ses anciens collaborateurs confiera au journal suisse *L'Hebdo* : « On partait de l'idée qu'en cas d'invasion la grande majorité de la population verserait dans la collaboration. Il fallait donc trouver des hommes capables de révolte, d'opposition, des "cellules saines". »

---

5. Entretien avec l'auteur.

Pour ces « gladiateurs », on avait acheté avec l'argent du SDECE français, des appareils de transmission sophistiqués, on avait camouflé des dépôts d'armes et organisé des filières d'évasion. Mais les liens avec les services français étaient tellement étroits que des agents suisses ont avoué à la commission d'enquête de Berne qu'ils ne savaient plus très bien, au bout du compte, pour qui ils travaillaient...

De même lors de sa déposition devant le juge Nastelloni qui enquêtait sur l'accident de l'avion Argo-16, utilisé pour le transport des « gladiateurs », le général Giuilio Primiceri a admis la collusion entre les services français et italiens. Il a reconnu qu'à son époque (1974-1976) des entraînements avec les Français se déroulaient au camp allié de Capo Marrargiu, en Sardaigne. C'est une immense école de guérilla, de contre-guérilla, de désinformation, avec un aéroport privé, un port et des kilomètres de tunnels sous-marins, construits à partir de grottes naturelles. Les élèves, formés par des instructeurs italiens et américains au maniement des explosifs, arrivent au camp à bord d'avions aux vitres teintées pour qu'ils ignorent où ils se trouvent. « Il est à noter, écrira le journaliste Giuseppe de Lutiis, que la plus grande activité de l'école coïncidera avec les pires années d'attentats et de tensions entre 1969 et 1975[6]... »

Lorsque le 28 juin 1968, un homme est tué dans un immeuble de la très passante via Barberini, le journal *Paese Sera* écrit dans son édition du soir : « Il avait cinquante huit ans. Le corps a été découvert hier soir par la secrétaire. Un coup de pistolet dans la tempe : l'arme est un 6.35 doré à crosse de nacre. »

Mais l'homme en question n'est pas n'importe qui ; c'est le colonel Renzo Rocca, le véritable chef de Gladio en Italie. Rocca dirigeait l'une des plus délicates sections du SIFAR, les services secrets italiens, et travaillait en liaison avec les milieux politiques et militaires de l'OTAN et des États-Unis. Un message du colonel Rocca était un ordre, même pour ses supérieurs. Sa mort restera pendant longtemps inexpliquée. Dans les services secrets, on laisse entendre aujourd'hui qu'il aurait manifesté quelques désaccords avec ses commanditaires de la CIA.

L'ambassadeur Caffery se réjouit de la défaite communiste

De 1945 à 1954 entre le plan Marshall et l'appui financier direct, les USA versèrent à la France près d'un milliard de dollars par an. Cette manne « autorisait » les Américains à regarder de très

---

6. *Histoire des services secrets italiens*, Giuseppe de Lutiis, Riuniti, 1984.

près la vie politique française. En 1947, l'ambassadeur Caffery se réjouit de la défaite communiste, comme en témoigne la lettre suivante qui permet de mieux comprendre l'opération Gladio.

Ambassade américaine,
Paris, 12 novembre 1947

« *Sujet* : certains aspects des résultats des élections municipales d'octobre 1947 touchant le parti communiste Français.

L'honorable,
ministre des Affaires étrangères,
Washington DC

Monsieur,

J'ai l'honneur de vous présenter ci-dessous une analyse des résultats des élections municipales d'octobre 1947 et notamment de leur répercussion sur le PCF. »

Comme on le voit dès l'abord la situation du parti communiste français constitue le principal souci des Américains en matière de politique française. Après ce préambule, le lettre se poursuit par une analyse des résultats de l'élection qui met en valeur l'« effondrement » du PC.

« Les deux principaux résultats des élections du 26 octobre 1947, c'est-à-dire la victoire saisissante et quelque peu surprenante du mouvement gaulliste ainsi que la sérieuse défaite communiste, constituent un véritable tournant de l'histoire politique française. Alors que la victoire gaulliste est extrêmement importante et qu'elle ne devrait surtout pas être sous-estimée en étant définie comme symptomatique de la montée du courant anticommuniste français, la défaite des communistes devrait s'avérer d'une plus grande importance si le général de Gaulle ne commet pas de bévues politiques qui jetteraient la gauche non communiste, les socialistes en particulier, dans les bras des communistes.

Parce que le mouvement communiste a perdu la majorité des grandes villes et mairies, les communistes sont désormais privés d'une ou deux grandes forteresses de la cinquième colonne soviétique de France. A présent, la CGT demeure l'unique grand bastion communiste même s'il commence à s'effriter. Les grandes villes et mairies représentent pour le Parti des atouts considérables pouvant être exploités le plus avantageusement possible (népotisme, faveurs, utilisation des équipements municipaux et en particulier les véhicules motorisés et camions, etc.) sans que celui-ci s'intéresse au prix payé par les contribuables. Les communistes sont les maîtres de la méthode Tammany. En effet, ils fournissent de l'aide et des commodités aux membres et sympathisants du Parti et par les moyens d'un efficace "centre d'assistance sociale", non seulement ils entretiennent la fidélité des militants de base mais ils gagnent aussi le soutien de ceux qui perçoivent aisément combien il est avantageux d'être l'ami du "patron". En perdant la majorité de ces forteresses locales (qui étaient aussi utilisées pour des opérations clandestines), les communistes ont subi le plus grand choc politique qui leur ait jamais été infligé depuis la Libération. C'est un coup dur dont il sera difficile de se remettre. »

Non content de souligner les effets de la défaite pour le parti, l'ambassadeur informe son ministre de l'ampleur de celle-ci avec tous les détails voulus.

« Tandis que la perte de voix aux élections a été importante et qu'elle devrait être considérée comme symptomatique de la courbe descendante du mouvement communiste en France (cette courbe était certainement ascendante jusqu'aux élections de novembre 1946), la perte de contrôle de mairies essentielles devrait néanmoins être traitée comme un élément d'une importance capitale.

Lorsque l'on considère les chefs-lieux de départements et notamment ceux qui jouent un grand rôle sur le plan politique en France, et lorsque l'on remarque qu'aux élections municipales de 1945, les communistes accompagnés de leurs auxiliaires, comme le MUR, s'étaient emparés de la majorité des grandes villes de dix régions importantes, la perte de celles-ci démontre clairement que les communistes ont perdu beaucoup de leur force d'attraction si ce n'est toute. Ainsi ils ont échoué à Privas (Ardèche) ; Troyes (Aube) ; Carcassonne (Aude) ; Marseille (Bouches-du-Rhône) ; Ajaccio (Corse) ; Nîmes (Gard) ; Châteauroux (Indre) ; Nevers (Nièvre) ; Avignon (Vaucluse) et Limoges (Haute-Vienne). »

Et de continuer :

« Sur les vingt-deux chefs-lieux où les communistes partageaient le pouvoir (à leur façon habituelle) avec d'autres éléments "gauchistes", ils n'en tiennent désormais plus que deux, Toulouse (Haute-Garonne) et Oran (Algérie). Ainsi, dans les endroits où les communistes et les socialistes avaient la majorité, les "séparatistes" ne dirigent plus. Il s'agit des endroits suivants : Alger (Algérie) ; Constantine (Algérie) ; Nice (Alpes-Maritimes) ; Bourges (Cher) ; Chartres (Eure-et-Loire Inférieure) ; Beauvais (Oise) ; Le Mans (Sarthe) ; Versailles (Seine-et-Oise) et bien entendu Paris où les gaullistes ont gagné haut la main. »

Et ce n'est pas tout :

« Dans les chefs-lieux suivants de nouvelles majorités sans communistes se sont formées. Elles sont composées de socialistes et d'autres éléments plus ou moins de "gauche" et dans certains cas même du RPF : Laon (Ain) ; Aurillac (Cantal) ; Périgueux (Dordogne) ; Montpellier (Hérault) ; Tans (Indre-et-Loir) ; Grenoble (Isère) ; Saint-Étienne (Loire) et Rennes (Marne).

En plus de ces villes importantes les communistes ont perdu un certain nombre de villes principales où ils étaient confortablement installés depuis la Libération. Ainsi ils n'ont plus le contrôle de : Cannes (Alpes-Maritimes) ; Arles (Bouches-du-Rhône) ; La Ciotat (Bouches-du-Rhône) ; Vierzon (Cher) ; Baive (Corrèze) ; Béziers (Hérault) ; Sète (Hérault) ; Saint-Nazaire (Loire-Inférieure) ; Lens (Pas-de-Calais), Villeurbanne (Rhône) et Toulon (Var).

Il est particulièrement intéressant de remarquer que parmi ces villes énumérées ci-dessus l'on trouve des villes ouvrières comme Troyes, Limoges, Saint-Étienne, Nantes, Saint-Nazaire, Lens, Villeurbanne et Toulon. »

Puis, s'appuyant sur quelques notions de géopolitique française, Caffery dessine à l'attention de son destinataire une carte de la nation où la couleur rouge s'estompe un peu partout.

« En fait les communistes ont perdu des villes dans le nord, le centre et le sud de la France. La perte de villes régulières dans le Sud est un fait extrêmement important car d'après les règles de la politique française, au sud de la Loire on vote "rouge". De plus, c'était dans le Sud que les groupes communistes armés (les anciens maquis) avaient instauré un véritable règne de la terreur. Tout ceci a été balayé sans qu'apparaissent les terribles conséquences auxquelles les observateurs s'attendaient.

Même dans la fameuse Ceinture rouge qui entoure Paris, les communistes ont été terriblement atteints. Dans le département de la Seine, le Parti a perdu 38 municipalités sur 60 et en particulier : Alfortville, Anthony, Bourg-la-Reine, Cachan, Charenton, Choisy-le-Roi, Clamart, Clichy, Colombes, Épinay-sur-Seine, Kremlin-Bicêtre, Les Lilas, Levallois-Perret, Maisons-Alfort, Noisy-le-Sec, Pantin, Pré-Saint-Gervais, Puteaux, Suresnes, Vanves, etc. En Seine-et-Oise, les communistes ont aussi perdu la majorité de leurs bastions et notamment : Arnouville-lès-Gonesse, Athis-Mons, Aulnay-sous-Bois, Bonneuil-sur-Marne, Chaville, Conflans-Sainte-Honorine, Draveil, Juvisy-sur-Orge, Le Pecq, Livry-Gargan, Mantes-la-Ville, Montmorency, Sannois, Sevran, Sèvres, Yerres, etc.

Dans les régions minières et textiles du Nord les communistes ont aussi subi un considérable revers. En conséquence, ils n'ont pas uniquement perdu des voix mais aussi des mairies. Ils ont été chassés de Tourcoing et Valenciennes ainsi que d'un certain nombre de villes plus petites comme : Anzin, Caudry, Coudekerque, Denain, Halluin, Haubourdin, Haumont, Hellemes, Sommes, Mons-en-Barœul, Raisme, Saint-Amand, Wattrelos, etc. Dans le Pas-de-Calais d'importantes villes minières et textiles ont aussi été retirées des mains des communistes. En conséquence, le déclin des communistes est général et l'on peut dire qu'ils ont essuyé de sérieux échecs sans que les structures sociales et économiques d'une région particulière aient eu une quelconque influence. »

Voilà donc pour l'état des lieux. Mais quelles étaient les raisons de ce recul salué par l'ambassadeur américain. En les exposant, ce dernier enfonce le clou avec jubilation.

« Les conditions dans lesquelles les communistes ont subi cette défaite sont plus importantes que les résultats, et l'on peut affirmer sans aucun doute que ces élections sont la manifestation d'une grande déception politique, pour les communistes. Le phénomène le plus remarquable de ces élections a probablement été l'attaque et la révolte ouvertement déclarée de la droite, du centre et des éléments de gauche non communistes contre les communistes. Pour la première fois depuis la Libération, les partis sont entrés dans la bagarre sans gants ni attitudes mielleuses envers les communistes. En fait, les socialistes se sont laissés aller. La bataille est en fait devenue si violente que les communistes ont perdu leur sang-froid à plusieurs reprises. Par exemple, Thorez a réussi à faire élire un socialiste tout en bas de la liste d'une petite ville en le frappant au visage lors d'un rassemblement politique et en ordonnant à ses gardes du corps de corriger cet "impudent" qui avait osé l'accuser de "déserteur" en 1939. C'est au général de Gaulle et à Moscou que l'on doit d'avoir poser le "problème" communiste sous son véritable aspect. Le meurtre de Petkoff, le réveil officiel du Komintern ainsi que l'attitude des communistes envers le plan Marshall a certainement beaucoup contribué à leur défaite. Pour finir, ce fait n'est pas d'une moindre importance, on devrait rappeler que dans la région parisienne la grève des transports a touché les communistes car elle a montré au grand jour à quelle sorte de chantage politique ils avaient recours lorsqu'ils bloquaient les rouages de la CGT. »

A la lecture de ce rapport, il apparaît donc que les communistes sont en très forte régression. Mais qu'en est-il de la gauche dans son ensemble et notamment des socialistes, ses anciens alliés ?

« Au cours des élections, la rupture entre les socialistes et les communistes s'est tant précisée et agrandie, en raison de la brutalité des tactiques électorales communistes, qu'en l'absence d'erreur grave de De Gaulle vis-à-vis de la droite, il est peu probable que les communistes puissent regagner la moindre coopération des socialistes dont ils ont souvent profité ces trois dernières années. Le rapport de Zhdanov à la Conférence du Komintern ainsi que le discours de Thorez à la réunion du Comité central ont exaspéré les socialistes et notamment les personnes comme Daniel Mayer qui éprouvent un sentiment de culpabilité pour avoir cherché à collaborer avec eux. Aussi, vu la conjoncture actuelle, il semblerait que seule la plus stupide des maladresses du général de Gaulle pourrait réunir les ennemis mortels. Non seulement il existe une animosité entre les dirigeants socialistes et communistes mais ce sont particulièrement les socialistes de base provinciaux et ouvriers qui ressentent le plus d'aversion envers les communistes. Car il ne faut pas oublier que ce sont précisément dans les petites localités ainsi que dans les mines et usines que se manifestent de façon scandaleuse les tactiques communistes. C'est particulièrement dans le mouvement ouvrier et dans la nature des actions politiques communistes menées autour des syndicats que la "démocratie" communiste se révèle au grand jour. En effet, mai 1947 a certainement fait naître dans l'esprit de la CGT les idées les plus fondées et les plus patriotiques. Ces questions ont amené celle-ci à réfléchir sur la menace qu'implique l'extension du pouvoir soviétique en France. Le rapport Zhdanov a accéléré la rupture.

Curieusement, dans les localités où les socialistes s'étaient fortement opposés aux communistes, les premiers ont généralement maintenu leur position. La fédération socialiste du Nord et du Pas-de-Calais a ouvertement déclaré la guerre aux communistes, ce qui lui a permis, dans les villes minières et textiles, de progresser aux dépens des communistes. La fédération socialiste de Haute-Vienne a effectué des avancées dans les mêmes conditions. Il est important de savoir que Le Bail est le secrétaire de cette fédération et qu'il est un des premiers socialistes qui, après la Libération, ont clairement et ouvertement attaqué le caractère conspirateur du mouvement communiste. En conséquence, les socialistes ont remporté la majorité dans le grand bastion communiste de Limoges où le célèbre dirigeant des FTP de la Résistance, le colonel Guingouin, régnait en dictateur. Dans le cas présent, la victoire prend une signifiance plus importante lorsque l'on sait que Fernand Betoulle a été élu maire. Il avait voté pour Pétain, en juillet 1940, et en conséquence, après la Libération, n'avait pas été réadmis au parti socialiste. Toutefois, au cours des dernières élections, Le Bail l'a soutenu et le comité directeur du parti socialiste de Paris a jugé bon de ne pas s'en mêler. Même avec les socialistes sectaires, un succès en entraîne un autre.

En revanche, les quelques villes socialistes qui continuaient à se renvoyer la balle avec les communistes ont reçu de sévères leçons. A Toulouse, Vincent Badiou a été élu avec l'aide des communistes mais le parti socialiste a perdu la majorité des voix pour la première fois depuis de nombreuses années. A Paris aussi la fédération socialiste de la Seine qui poursuit une politique floue de "verbalisme" et d'"unité ouvrière" de l'aile gauche, semblable à celle du Franc-Tireur, a effectué un faible score. Tout comme à Lyon où le groupe socialiste gauchiste d'André Ferrat et de Jean Rous a été balayé par la vague gaulliste. »

Après ces longues analyses concernant la défaite politique du PC, Caffery passe enfin à la conclusion de son rapport, qui en fait tout l'intérêt pour nous comme pour son ministre, non sans prévenir une fois de plus, insidieusement, de la possibilité d'une « maladresse » du général de Gaulle.

CONCLUSION

« Du point de vue de ceux qui considèrent les communistes comme "l'ennemi numéro 1", les perspectives de la politique française sont à l'heure actuelle certainement encourageantes et devraient le rester. Toutefois, ce fait dépend de trois conditions de la plus haute importance.

La première : il est absolument essentiel que le général de Gaulle ne commette pas de bévue qui permettrait aux communistes de défendre avec un semblant de raison le "drapeau de la démocratie" et qui renverrait les socialistes dans les bras des communistes.

La deuxième : il est bien évidemment nécessaire que les États-Unis empêchent toute famine ou stagnation économique en France en fournissant des céréales, du charbon et autres biens de première nécessité.

La troisième : il semble aussi important que la situation internationale n'apparaisse pas de l'extérieur être en train de se détériorer au point que les esprits des hommes et des femmes de France soient complètement dominés par la peur de la guerre. Le règne de la terreur inspirée par les communistes est progressivement en train de disparaître et l'on devrait employer tous les moyens possibles pour éviter qu'elle soit remplacée par la peur de la guerre qui signifierait actuellement pour les Français l'invasion soviétique. »

Et voici le point qui éclaire d'un jour neuf l'opération Gladio.

« Il est intéressant de rappeler que de nombreux observateurs qualifiés et intelligents, situés en France, et résistant à l'extension du pouvoir soviétique communiste, considèrent qu'il est essentiel pour les États-Unis d'établir en Europe une sorte de "Ligne européenne occidentale" au-delà de laquelle nous nous retirerons. Ces observateurs insistent sur le fait que de nombreux Français continuent d'hésiter à se prononcer totalement en notre faveur car ils craignent que dans l'éventualité d'une guerre nous n'ayons pas l'intention de nous occuper de la France mais uniquement de la péninsule Ibérique. Ils croient que nous n'avons pas l'intention de défendre l'Allemagne de l'Ouest, la Belgique, la Hollande et la France contre les hordes soviétiques. En conséquence, tant que nous ne dirons pas clairement que nous agirons de façon efficace en Europe, les États-Unis n'obtiendront pas le soutien de nombreux éléments de qualité "dont on ne peut espérer l'héroïsme, à moins qu'il existe quelque chance de réussir". En d'autres termes, ils croient que l'établissement d'une "ligne politique" qui coïnciderait plus ou moins avec une "ligne militaire" serait très avantageux pour nous. Le secret pour finalement réussir à éliminer la menace du communisme, tant en Italie qu'en France, se trouve peut-être, affirment-ils, profondément enfoui dans ce problème[7]. »

Bien qu'un peu fastidieuse, la lecture de ce rapport est nécessaire pour apprécier avec quel soin les Américains suivaient l'évolution de la politique française, et les raisons de leur implication dans l'opération Gladio.

Gouazé déporté au Goulag, Parisot mitraillé à Bucarest

En septembre 1948, le lieutenant du SDECE Lucien Gouazé se rend à Budapest à l'ambassade de Belgique où il dépose sa valise. Lorsque le lendemain il revient pour la récupérer, il se trouve nez à nez avec les services de sécurité hongrois qui l'arrêtent et l'envoient directement au Goulag en URSS. Les services français eux, ignore-

7. *Cf.* annexes.

ront ce qu'il est devenu... jusqu'à ce que, lors d'un cocktail d'ambassade à Tokyo, un officier du 2e Bureau nippon n'étonne le représentant local du SDECE par sa connaissance approfondie de la poésie française. Innocemment, ce dernier le questionne, et, sans autre forme de procès, l'officier japonais lui révèle qu'il a été plusieurs années prisonnier des Soviétiques. « Dans ma prison, ajoute-t-il, il y avait un Français qui nous enseignait sa langue. Un type épatant qui s'appelait Lucien Gouazé[8]. »

Désormais prévenu, le général Grossin fera tout pour faire libérer l'officier français et, en mai 1958, Gouazé rentre enfin à Paris. Là, il rencontre le directeur du SDECE à qui il confie cette chose étonnante : « J'ai promis aux services russes de ne plus faire de renseignement. Je vous prie de m'aider à tenir parole. »

Lucien Gouazé témoignera en revanche de ce qu'il a vu au Goulag. « J'ai passé la meilleure part de ma détention, un peu plus de sept ans, à l'isolateur politique (Politisalator) de Vladimir, à quelque 180 kilomètres au nord-ouest de Moscou. Je dis bien la meilleure part — sans euphémisme, ni ironie. Là en effet, après des saisons d'isolement total et tatillon, je retrouvais enfin d'autres hommes, des compagnons avec qui rompre le pain, confronter ma misère à la leur et partager de temps à autre la même folle espérance de libération. Mais là aussi, dans cette solitude partiellement rompue des cellules pour quatre, huit, douze, voire vingt ou vingt-cinq détenus, la règle s'humanise. Des livres, surtout en russe mais aussi en allemand, anglais et français, circulent dans la prison sous le contrôle vigilant (un message est si vite passé !) d'une bibliothécaire assermentée. Mieux encore, quelques porte-plumes par cellule et de l'encre d'écolier sont à notre disposition. Le tirage au sort décide de l'ordre d'attribution entre détenus et de la durée de celle-ci. Grâce à cet "écritoire", deux ou trois fois la semaine, et aux quelques feuilles de papier mendiées ici et là, aurait pu s'achever, pour moi, l'effort, résolu dès les premiers jours de ma captivité, de fixer mes pensées, mes impressions par le *souvenir écrit* — volonté de mémoriser à tout prix mon destin, douloureuse certes mais libératrice, qui m'arrache aux fantasmes suicidaires du désespoir, à l'abrupte réalité des murs et des barreaux et par-dessus tout à la stagnation du temps : à ce présent figé qui n'en finit par de broyer l'homme au creuset de sa solitude[9]. »

Mais Gouazé n'est pas le seul dans son cas et à Bucarest, en Roumanie, la même mésaventure faillit arriver au colonel Parisot. Voici son témoignage : « Le 19 avril 1949, je me promenais à pied et seul, en civil évidemment, dans la région des premiers contreforts des Carpates. Aucune arrière-pensée, le secteur étant sans le moindre intérêt militaire : pas d'ouvrages, pas de lignes de transport de force, pas d'usines, pas de puits de pétrole.

8. *Cf. La Piscine, op. cit.*
9. Bulletin de l'ASSDN n° 135.

Je suis arraisonné par les gendarmes de garde à un pont de chemin de fer, auprès duquel je passais sur un sentier où la circulation était parfaitement autorisée, je montre ma carte diplomatique, portant ma photo et, en roumain, ma qualité d'attaché militaire et de l'air. Le chef de poste me remet mes papiers et m'autorise évidemment à continuer ma promenade.

Après avoir emprunté le même sentier qui longe la voie ferrée, je le quitte pour grimper suivant la ligne de plus grande pente, à travers prairies et broussailles, à une vive allure pour arriver au sommet avant le coucher du soleil et être redescendu à hauteur du poste de gendarmerie avant la tombée de la nuit.

Après un rapide tour d'horizon, je redescendais par le même itinéraire lorsque j'ai été stoppé par deux rafales de mitraillette qui ont fait voler les broussailles à 2 mètres de moi. Pas la moindre sommation. C'étaient deux gendarmes du poste — ceux-là même qui m'avaient vu passer à l'aller et qui m'avaient suivi en haletant. Malgré mes véhémentes protestations, ils m'ont alors fouillé (je n'avais ni carte, ni boussole, ni arme, ni jumelles, ni appareil photo, alors que j'en aurais eu le droit) et m'ont ficelé les poignets derrière le dos avec la courroie d'une des mitraillettes.

En cet équipage, soit sur 5 bons kilomètres, ils m'ont mené au poste du pont, puis au poste de milice au village, après avoir emprunté sur 2 kilomètres environ la grand'route bordée de maisons. Mon indignation ne m'empêchait d'ailleurs pas d'apprécier le comique de la situation et mon rire mettait mes protecteurs en fureur. J'avais en effet bonne mine ! Toutefois la nuit était tombée et le fait de promener un individu ficelé est tellement courant dans ce doux pays que je n'ai pas autrement attiré l'attention des promeneurs et des gens sur le pas de leurs portes, dont j'étais d'ailleurs inconnu.

Ayant refusé de parler tant que je ne serais pas délié, j'ai été aussitôt libéré par le sous-officier qui a dû bredouiller en roumain ce que j'ai bien voulu prendre pour des excuses.

Ce sont les seules qui m'ont été faites, le gouvernement ayant repoussé comme non fondée la note de vigoureuse protestation de la légation de France et ayant même fait publier dans les journaux sa version de l'affaire, qui est de la pure invention (j'étais inconnu, je me suis enfui, je ne me suis pas arrêté aux sommations, on a tiré en l'air, etc.) et bien entendu il n'est pas question qu'on m'ait fouillé ou ligoté. » Un an plus tard, le colonel Parisot accusé d'espionnage était contraint de quitter précipitamment la Roumanie.

Le commissaire Gaveau enquête sur le complot de la Pentecôte

Durant la guerre le lieutenant-colonel Roger Decore a dirigé avec « Morvan », futur chef des perceurs de coffres du SDECE, le réseau Darius sous le pseudonyme de Jean de la Lune. Travaillant ensuite pour la DGER, il fait, en 1948, un voyage aux États-Unis sous le faux nom de « Jean Devis ». Là il obtient des capitaux qui lui permettront de monter une opération anticommuniste. A son retour en France, déployant une intense activité il prend contact avec d'anciens résistants, des officiers, des policiers, et au début de l'année 1949, l'affaire se précise. Un ancien du réseau Gallia rencontre le sénateur-maire du Mans. A Versailles, le commandant Despert recrute parmi les sections mobiles de réserve. Le commandant Laury, commandant la première CRS basée à Versailles, est également pressenti. De son côté à Cassis, le colonel Decore recrute Pons, l'ancien directeur de la Préfecture de Police, tandis que la base de Romilly est prise en main par deux officiers appartenant à son organisation. L'action insurrectionnelle est prévue pour le week-end de la Pentecôte et pour cela sera appelée le « complot de la Pentecôte ». Mais au cours de ses approches, Roger Decore a oublié toute précaution. C'est ainsi que le capitaine Girard, commandant le premier escadron de la Garde républicaine, qui avait été contacté, prévient immédiatement le commandant Delpal, son officier de sécurité. Ce dernier lui ordonne de « sonoriser » son appartement et d'inviter chez lui les conspirateurs. Dans le même temps Roger Decore rencontre le commissaire Ange Antonini, responsable des RG, qui l'assure apparemment de son soutien.

Depuis plusieurs mois, en fait, la police suit à la trace l'organisation de Decore qu'elle a complètement infiltrée. Et le 2 mars 1949, sur ordre de Jules Moch le ministre de l'Intérieur, le commissaire Romain chargé de l'enquête arrête la plupart des conspirateurs au restaurant La Passerelle à Saint-Cloud. Jacques Rateau, conseiller municipal RPF (gaulliste) de Paris, est lui aussi appréhendé. On accuse alors les gaullistes d'avoir voulu faire un putsch. Cependant le 17 juin 1949, on retrouve Roger Decore pendu dans sa cellule.

A-t-on voulu le faire taire ? Le commissaire Gaveau, chargé à l'époque de l'affaire, livre pour la première fois ses confidences[10] : « Nous n'étions pas loin à cette époque du temps où les USA s'étaient mis dans la tête que l'URSS, violant les accords de Yalta, allait étendre sa sphère d'influence jusqu'à l'océan Atlantique. Les rumeurs les plus fantaisistes couraient dans les milieux "bien informés". Les services de renseignements aux crédits illimités pour la circonstance relançaient instamment leurs honorables correspondants. On croyait voir, partout, l'œil de Moscou et les "vrais" patriotes commençaient à se demander s'il n'allait pas falloir reprendre les armes pour se substituer au pouvoir défaillant. Pour les États-Unis, tout était bon. Les fonds de l'Oncle Sam étaient illimités. » Sur l'affaire elle-même, le commissaire Gaveau est plus précis : « Je me suis souvent posé la question et me la pose encore

10. Mémoires inédits du commissaire Gaveau.

sur ce qui se serait passé si nous avions pu saisir la valise de Decore. Elle contenait les preuves qui manquaient à la justice et notamment les instructions du représentant des USA en cas de réussite du putsch, sans parler des lettres compromettantes signées de certains de mes collègues, lesquels ont néanmoins terminé leur carrière dans l'honneur et la dignité. Alors que la commission rogatoire du juge Misoffe était en cours d'exécution, la valise m'avait été signalée dans une agence de voyages où je n'avais pas qualité pour aller la saisir puisque la commission rogatoire avait été établie au nom du commissaire Romain qui, ce jour-là, se trouvait en province pour les besoins de l'enquête. Par la suite, elle devait gagner le Maroc où sa trace s'était perdue... »

La « colombe qui fait boum » et la pénétration américaine en France

En avril 1951, le président américain Truman crée le « Psychological Strategy Board » (PSB), pour lutter contre le communisme notamment en Europe. Contacté, le président du Conseil français René Pleven ne fait pas confiance au SDECE et indique à la CIA qu'il se chargera personnellement de cette affaire. Plus tard, les Américains se vanteront d'avoir fait éliminer Frédéric Juliot-Curie du Commissariat à l'énergie atomique française et d'avoir fait arrêter Jacque Duclos pour le « complot des pigeons » en mai 1952[11]. Dans l'immédiat, René Pleven crée « Paix et Liberté ». « Avec Jean-Paul David, se souvient Pierre Rostini, nous avons fait édifier des milliers d'affiches anticommunistes dont "La colombe qui fait boum" de Paul Colin[12]. » Voici les documents qui indiquent la puissance à l'époque de la pénétration américaine en France.

« MÉMORANDUM POUR M. WEBB
Sujet : Réduction du pouvoir et de l'influence communiste en France et en Italie[13].

23 novembre 1951

Le type d'opérations dont il est question dans ce plan fait preuve d'un caractère très délicat. En effet, ces opérations peuvent aussi bien améliorer que détériorer les relations que nous entretenons avec les pays impliqués. Ainsi je suis convaincu que EUR et C ont raison d'insister sur le fait que les responsabilités et l'autorité nécessaires aux opérations "direction et contrôle" soient données à l'ambassadeur.

11. Bibliothèques Truman et Eisenhower.
12. Entretien avec l'auteur
13. *Cf.* annexes.

Je vous suggère de persuader le général Smith d'accepter ce point de vue en l'approchant, en premier lieu, et en vous assurant ensuite de son aide pour que la Défense et le MSA parviennent à un accord.

La réticence des autres agences à accepter une direction émanant de l'ambassadeur, même pour un projet de ce genre, peut être due en partie à la crainte qu'il délègue cette tâche au lieu de s'engager personnellement.

Afin de faire disparaître ces craintes, pourriez-vous suggérer à l'ambassadeur de s'engager à ne pas déléguer son autorité dans le cadre de ce projet.

Ces instructions ne devraient pas être envoyées aux ambassadeurs sous cette forme à moins que nous puissions nous assurer d'un accord reposant sur le langage “direction et contrôle”.

SCOTT »

Ou encore, du 1er octobre 1952 :

« 1. Les informations ci-jointes concernant la pénétration communiste des forces armées françaises sont fournies en réponse à une requête des Super Headquarters Allied Powers Europe, datée du 8 septembre 1952. La plupart des affirmations sont basées sur du matériel reçu en 1950 et 1951. Il est difficile de se procurer des renseignements exacts de ce type et durant les douze derniers mois les G-2 (Renseignements) n'ont reçu que peu de rapports sur ce sujet. Cependant, le plus important de ces rapports reste celui qui concerne l'action entreprise par l'armée française d'établir le dépôt à Versailles pour des officiers ayant des penchants communistes.

2. Nous faisons tous nos efforts pour que les renseignements concernant ces activités communistes soient des plus récents et nous enverrons des informations plus appropriées lorsque nous les aurons obtenues[14].

(Sgd) R.C. PARTRIDGE
R.C. PARTRIDGE
Major General, GS
A.C. of S., G-2
19 sept. 1952 »

Pénétration communiste des forces armées françaises (rapport)

Dans l'immédiat après-guerre on assiste à l'infiltration communiste de l'armée française. Celle-ci a été favorisée par l'incorporation dans l'armée régulière de plusieurs milliers d'officiers et hommes des

14. *Cf.* annexes.

FTP, actifs dans le mouvement de la Résistance, et par la promotion hâtive au rang d'officier de sympathisants communistes.

Au milieu de l'année 1949, l'estimation en pourcentage des corps d'officiers sujets à l'influence communiste était la suivante : Officiers gradés de compagnie, 5 à 10 % ; Officiers supérieurs, 2 à 3 % ; Officiers généraux 1 à 2 % ; Officiers de carrière, 5 %. Environ 10 à 15 % des conscrits étaient considérés comme ayant des penchants communistes mais l'endoctrinement militaire permit une amélioration idéologique importante. Au début 1951 cependant, l'influence communiste avait été considérablement réduite. A cette date on relève un chiffre maximum de 2 % pour l'infiltration du corps d'officiers, le grade le plus infiltré étant celui de capitaine. Il se peut aussi que la vigilance renforcée de la Sécurité de l'armée française ait été pour quelque chose dans la réduction de cette influence. L'armée française avait d'ailleurs accoutumé de placer les officiers soupçonnés d'affinités communistes à des postes non sensibles. Ainsi en 1952 un dépôt de conservation fut établi à Versailles à seule fin d'y affecter les officiers ayant des affiliations communistes. En mars 1952, environ 80 officiers ont été affectés à ce dépôt.

Pour ce qui est des conscrits, on estime peut-être à 10 % le nombre de ceux qui, au moment de leur incorporation, sont communistes ou ont des penchants communistes. En février 1951, on instaure les tests anticommunistes. Ils furent systématiquement appliqués et chaque classe de conscrits dernièrement incorporée était soumise à un test. Par une stricte vérification de tous les individus, on établit des dossiers pour tout le personnel suspect. Et lorsque les recommandations pour la formation des militaires de carrière choisis parmi les conscrits arrivaient du terrain, ces dossiers interviennent dans la décision. Mais le problème du communisme chez les conscrits est surtout traité à travers l'endoctrinement militaire ou la discipline défensive anticommuniste et de façon avantageuse. Toutefois il serait trop optimiste de considérer que, par cet endoctrinement et ces tests, tous les communistes et leurs sympathisants purent être identifiés et leurs croyances changées. On n'a, par exemple, que peu de détails à propos de l'infiltration de la marine et des forces aériennes françaises. La tradition conservatrice de la marine française a laissé, semble-t-il, peu de place au communisme, particulièrement parmi la classe d'officiers. Néanmoins, un rapport datant de la fin de l'année 1950 et émanant de la source F-3 démontrait que 50 ou 60 officiers navals français étaient soupçonnés d'infiltration communiste. L'infiltration des forces de l'air, elle, a commencé à l'époque où le ministère était dirigé par Charles Tillon et a fait de considérables progrès jusqu'en 1948, moment où la politique d'expulsion des officiers communistes a débuté. La même source F-3 mentionnée ci-dessus a indiqué qu'à la fin 1950 il y avait approximativement 200 officiers communistes dans les forces de l'armée de l'air française, cependant aucun d'entre eux ne se trouvait à un poste de commandement. La négligence générale de la police de sécurité des forces de l'air y est soulignée ainsi que le fait qu'elle ait continué jusqu'en 1950. On fait de plus la distinction entre les équipages de l'air, qui sont plus fiables, et les équipages au sol dans lesquels une influence communiste plus approfondie persiste.

Parce que les forces armées sont attentivement et pour la plupart efficacement formées à l'agitation antimilitariste communiste, on pense officiellement que la formation de cellules par les communistes a été limitée. C'est en grande partie pour cette raison que le PCF a renforcé son prosélytisme parmi les futures recrues, dans l'espoir d'endoctriner fermement un plus grand nombre d'hommes dont les affiliations communistes ne seront pas détectées après leur incorporation.

L'influence communiste sur les officiers de réserve s'exerce en tout premier lieu à travers deux groupes importants de vétérans communistes : Association nationale des anciens francs-tireurs et partisans français et la Confédération nationale des réserves. A plusieurs reprises il a été indiqué que le commandement de l'armée française est très sensible au danger lié à une infiltration des rangs de réservistes et qu'il a cherché à développer des mesures qui « neutraliseraient » les effets d'une telle infiltration. Parmi ces mesures, il en est une qui a permis de commencer en novembre 1950 un programme d'enregistrement du personnel cadre de réserve. A cette époque on a demandé à 100 000 personnes de classer les renseignements pouvant fournir les bases nécessaires aux enquêtes détaillées de la Sécurité[15].

Opération « Pax »

Un matin de 1969, une voiture du SDECE stoppe brutalement devant le 46 de la rue de Provence à Paris. Le général Eugène Guibaud, qui a succédé en 1966 à la tête du service au général Paul Jacquier, accompagné du colonel François Bistos, vient remettre solennellement la rosette de la Légion d'honneur à l'avocat Jean Violet.

Mais qui est Jean Violet ? Un agent ? Mieux, un « réseau d'influence », selon ses propres termes. « Le meilleur de mon service », dira le général Grossin à son propos. Tous les chefs du SDECE qui se sont succédé, Boursicot, Grossin, Jacquier, Guibaud, Marion, Lacoste[16], ne tarissent pas d'éloges sur ce petit homme chauve aux yeux noirs d'hypnotiseur. Le colonel Hervé, en poste pour le SDECE à New York, qui l'a très bien connu, dira de lui : « Il a le teint jaune d'un homme de cabinet, les joues maigres, mais un peu de ventre sous le veston croisé d'un gris moyen. Il doit approcher de la soixantaine, il est chauve sauf une couronne de cheveux gris coupés court ; il tient à la main un chapeau rond de notaire de province. Pourtant, dès qu'il parle, le personnage prend une autre dimension. Les yeux noirs sous les épais sourcils gris brûlent comme la braise, la dialectique est précise, l'homme pos-

15. *Cf.* annexes

16. *Cf.* annexes.

sède le ton assuré de ceux dont les appuis sont bien placés, la phrase brève de ceux dont les minutes ne se gaspillent pas[17]. » C'est en 1951 que Jean Violet fait connaissance avec Antoine Pinay alors président du Conseil. Il aidera ce dernier à démêler une affaire juridique avec la RFA. Et Pinay, très impressionné par la personnalité de son interlocuteur, le recommandera à Pierre Boursicot, alors patron du SDECE ; puis en 1957, avec l'arrivée du général Grossin à la tête du service, l'activité de Jean Violet prendra encore davantage d'ampleur.

C'est tout d'abord la plus réussie et la plus secrète des opérations du SDECE que nous allons ici révéler. Dans ces années 50, une chape de plomb s'est abattue sur l'Église catholique derrière le rideau de fer. Les églises ferment les unes après les autres tandis que la propagande antireligieuse se déchaîne. La liberté religieuse est en péril. Jean Violet a déjà plusieurs fois exposé le problème à Antoine Pinay. Le président du Conseil, sensible aux arguments de l'avocat, donne ordre au SDECE de suivre ses recommandations. Ce sera, en liaison avec le Vatican, l'opération « Pax ». Jean Violet a rédigé un premier document dans lequel il démontre que le point le plus faible du système stalinien est en Pologne. Aider efficacement l'Église de Pologne, plaide l'avocat, c'est sauver l'ensemble du monde catholique à l'Est. A l'époque, le silence de l'Occident est pratiquement total. Excepté une petite organisation, « Aide à l'Église en détresse » du père Werenfried Van Staaten, il n'existe aucune aide aux prêtres persécutés. Le père Leonid Fedorov, qui continue à prêcher la foi, mourra en Sibérie dans un camp d'internement. Le pape Pie XII a donc quelques raisons de parler de « l'Église du silence ».

L'idée précisément de Jean Violet est de rompre ce silence. Le 26 septembre 1954 à Fribourg, l'avocat, en relation permanente avec Mgr Giovanetti[18], premier adjoint de Mgr Tardini, pro-secrétaire d'État et chef de la section des Affaires extraordinaires du Vatican, participe à la création de la « Commission pour l'Église persécutée ». Dans le même temps un autre maître d'œuvre, un religieux français plus discret encore que Jean Violet, s'agite en coulisses. C'est le père Yves-Marc Dubois. Ancien aumônier principal du quartier général de Lord Mountbatten en Extrême-Orient pendant la guerre, le dominicain Yves-Marc Dubois, devenu membre de Pax Romana, consacrera les vingt-cinq dernières années de sa vie à lutter contre la persécution religieuse dans les pays de l'Est[19].

---

17. *Vade-mecum du parfait agent secret*, publié sous pseudonyme aux éditions Arthaud en 1972.

18. Plus tard, sous Paul VI, Mgr Giovanetti représentera le Vatican auprès des Nations unies. En 1978, cet important prélat publiera, non sans humour, un roman policier traduit en français sous le titre *Requiem pour un espion*, Seghers, 1978. Mgr Giovanetti est mort en 1989.

19. Le frère Yves-Marc Dubois est mort à l'hôpital Cochin le 5 février 1979. Il sera inhumé trois jours plus tard au cimetière de Cachan (Val-de-Marne), dans le caveau des pères dominicains.

La « Commission pour l'Église persécutée » est présidée par le chanoine Jean-Bernard, du Luxembourg, par Louis Gauthier, ancien chef de la police de Fribourg (qui décédera pendant l'opération Pax dans des conditions bien mystérieuses) et par le chanoine Marmier, directeur de l'Agence catholique internationale d'information (KIPA).

Bien que les services secrets français aient proposé à la CIA de s'associer à l'opération Pax, Allen Dulles avait refusé. Il ne voulait pas, avait-il prétexté, transformer son agence en bureau de « propagande papiste ». En fait, les Américains avaient déjà signé un accord avec le Saint-Siège par lequel la CIA s'engageait à aider le Russicum ou Collège pontifical russe, l'Institut pontifical oriental et le noviciat des jésuites. Le *Giornale Della Sera*, le quotidien clérical du soir, consacrera d'ailleurs une page entière à la Noël 1949 au Russicum.

> « L'Institut est actuellement dirigé par le père Wetter. Les missionnaires qui sortent du Russicum doivent avoir une parfaite connaissance de la Russie d'avant et après la Révolution, doivent être ferrés en sociologie et avoir la parole facile et persuasive. Voilà ce que m'a dit le père Wetter. Mais il n'a rien voulu me dire sur les salles de gymnastique très perfectionnées qui existent à l'intérieur de l'Institut, ni sur la préparation physique exténuante à laquelle les élèves sont soumis pour pouvoir faire face à n'importe quelle circonstance. Lutte libre, athlétisme, pugilat, tir avec les armes à feu, et, peut-être, parachutisme sont des matières non pas secondaires mais essentielles pour la formation des missionnaires du Russicum. »

Chaque année, des dizaines de missionnaires ainsi préparés partent derrière le rideau de fer. A Rome, on les appelle les « parachutistes noirs ». Qu'allaient-il y faire ? Ce que l'on peut dire c'est que leurs missions comportaient certains dangers puisque le premier directeur du Russicum, le père Vandelino Javorka, parti un jour pour l'Est, n'est jamais revenu.

Le « Livre rouge » de l'Église persécutée

Si les Américains avaient refusé, les Allemands en revanche, et surtout le général Gehlen, patron du BND, avaient accepté l'offre des services secrets français. Dès lors le père Dubois reçut chaque mois 500 000 francs du SDECE et autant du BND. Grâce à ces subventions la Commission va pouvoir s'occuper de faire paraître un livre : « *Le Livre rouge de l'Église persécutée* », plus connu dans les pays de l'Est sous le nom de « Livre rouge ».

On y trouve l'exposé précis et complet de toute l'histoire religieuse du catholicisme de 1946 à 1956, dans chacun des pays dits « socialistes », y compris la Chine et la Corée. Ce livre se présente donc comme répertoire exhaustif de la lutte antireligieuse et de la répression menées par les PC locaux.

Publié d'abord en italien en mai 1956, sous le pseudonyme d'Albert Galter, puis dans sept langues, l'ouvrage obtient très vite un succès considérable. Il est envoyé à tous les évêques et communiqué à l'ensemble des organisations catholiques et sympathisantes. « Il faut répandre le "Livre rouge" par tous les moyens, leur écrit le chanoine Bernard au début de l'année 1957. En parler à chaque occasion, "bouger", agir sans arrêt ni lassitude pour secouer le monde catholique et par lui tous les honnêtes gens. Nous comptons sur vous, responsables de l'action catholique dans le monde, pour que le "Livre rouge" soit le levier que demande le Saint-Père. » Et *Le Figaro* du 29 juin 1956 publie une page entière (on pourrait presque dire de publicité) du livre, avec une magnifique photo du cardinal Mindszenty, primat de Hongrie, comparaissant devant des juges en février 1949, sous deux chefs d'accusation : trahison et espionnage. Mais surtout des dizaines de milliers d'exemplaires du *Livre rouge* sont diffusés derrière le rideau de fer. Des milliers de lecteurs souscrivent. La chaîne est née. Et, malgré les protestations toujours plus virulentes des Soviétiques, le mouvement ne s'arrêtera plus. « Un bureau couverture s'ouvrira à Bâle en Suisse, explique Constantin Melnik. Commandé par le capitaine M.[20], un ancien déporté de Dachau, il assurera la coordination de l'opération Pax. De multiples "boîtes aux lettres" entreposeront en France, en Italie, en Belgique et en Allemagne, évangiles, catéchismes, livres de messe et de prières. Des courriers du service Action du SDECE sillonneront l'Europe vers d'autres "boîtes aux lettres" qui dispatcheront le "matériel". Marins de la marine marchande, pilotes et hôtesses de l'air, hommes d'affaires sont contactés par le Service 7 où la base Paris du SDECE, chargée des relations avec les honorables correspondants[21]. » En juin 1985, « Aide à l'Église en détresse » du père Van Staaten fera état pour la seule Europe de l'Est d'une aide de 11 milliards de dollars, allant de la formation des prêtres à la diffusion des ouvrages catholiques. Mais c'est en Pologne que le *Livre rouge* sera diffusé le plus largement. Contribua-t-il à l'émancipation de ce pays ? Le soutien moral et matériel donné à l'Église de ce pays qui aboutit à l'élection du pape Jean-Paul II à l'aube des années 80 jette en tout cas les bases des futures évolutions polonaises. « N'en doutons pas : la première brèche par où tous les autres se sont engouffrés ce fut bien la Pologne. En octobre 1978, le nouveau pape pour son intronisation lançait aux nations asservies : « N'ayez pas peur ! » Sur la place Saint-Pierre, le visage baigné de larmes d'émotion, le chef de l'État polonais, le président Jablonski, vieil anticlérical... Cet appel était

20. Note de l'auteur : il s'agit de Mercier.
21. *Le Figaro Magazine*, 27 mai 1989.

retransmis en direct par la télévision de Varsovie. Au printemps suivant, Jean-Paul II revenu dans son pays réunissait d'immenses foules. Elles ont senti leur force. Quelques mois après naissait Solidarité », écrira Alain Peyrefitte dans *Le Figaro*[22]. On connaît la suite. Dès 1985, on assiste à une véritable explosion religieuse en Pologne, où l'on recense jusqu'à 21 600 prêtres et 9 000 séminaristes. A la même époque, dans une enquête menée par l'Église parmi les grands élèves du secondaire, 95 % se disent prêts à mourir pour leur foi. « L'opération Pax est celle qui probablement aura entraîné les conséquences les plus profondes et durables », affirmera Constantin Melnik[23], bon connaisseur en la matière, rendant ainsi un magnifique hommage à l'action de Jean Violet.

Me Violet sur tous les fronts

A l'ONU, l'URSS était parvenue à faire condamner la France à propos du Maroc et de la Tunisie. Or dans l'organisation internationale, les pays d'Amérique latine apparaissaient souvent comme les arbitres du vote. Le président du Conseil, Pinay, envoie donc Violet plaider la cause de la France auprès des nations du continent sud-américain. C'est à cette occasion que le juriste inventera la théorie du « simple vœu » qui remplacera la motion initiale des Soviétiques, fractionnant ainsi le bloc des anti-colonialistes en deux.

Mais Me Violet ne s'arrêtera pas en si bon chemin. Il récidivera au moment de la guerre d'Algérie. De 1955 à 1960 en effet, Paris figure au banc des accusés. L'affaire algérienne est inscrite à l'ordre du jour de chaque session annuelle de l'Assemblée générale et la pression sur la France se fait toujours plus pressante. En septembre 1955, l'ONU adopte finalement une résolution modérée qui parle de « solution pacifique démocratique et juste, trouvée par des moyens appropriés conformément aux principes de la Charte des Nations unies ». Mais il s'en faudra d'une voix en décembre 1958 pour que le groupe afro-asiatique, comme on l'appelle à l'ONU, qui rassemble la plupart des pays progressistes d'Afrique et d'Asie, ne parvienne à faire adopter sa motion de condamnation. A la veille de chaque cession, le général Grossin et la direction générale du SDECE font donc le point sur le vote possible des divers États susceptibles soit de s'abstenir, soit de voter contre la France. Après cette première mise au clair, maître Violet entre en scène. Aidé du père dominicain Dubois, membre à l'ONU de la délégation pontificale, et du lieutenant-colonel Jacques Hervé,

22. *Le Figaro* du 30 décembre 1989.
23. *Le Figaro Magazine*, 27 mai 1989.

vice-consul de France et représentant du SDECE sur place, l'avocat fait systématiquement le tour de toutes les républiques d'Amérique latine. Incroyable, mais vrai, le colonel Hervé témoignera plus tard qu'il a vu Me Violet téléphoner directement au chef de l'État de telle république pour lui faire confirmer le vote de son pays. Que promet Violet à ses interlocuteurs ? On l'ignore. On sait seulement qu'il entretient d'excellentes relations avec le secrétaire général de l'ONU, le Péruvien Belaunde, et qu'en 1959 le Pérou, qui s'était abstenu l'année précédente, votera favorablement, tout comme le Nicaragua et le Paraguay. Plus tard, envoyé à Lima, Me Violet plaidera devant le président de la République, Prado, l'installation dans le pays d'une base spéciale du SDECE qui pourrait ainsi rayonner sur tout le continent. « Le président Prado, explique aujourd'hui Violet, m'a demandé de convaincre d'abord l'état-major général. Pendant une partie de la journée, j'ai plaidé devant l'état-major au complet. Finalement, j'ai obtenu satisfaction. Le soir même, l'accord était ratifié par le chef de l'État. La base française fut installée dans les semaines suivantes, sous les ordres du colonel Fournier, envoyé spécialement de Paris. Plus tard, à l'ONU, le président Prado s'avérera un allié précieux. »

Comment expliquer de tels succès ? « Pour qu'une action d'influence soit efficace, nous a expliqué maître Jean Violet, qui a accepté pour la première fois de s'exprimer publiquement, un certain nombre de conditions doivent être réunies. Le dossier à plaider doit être un bon dossier. Il doit être aussi bien plaidé. Il faut donc connaître la psychologie et la politique du pays. Il faut trouver les arguments montrant aux dirigeants l'intérêt politique, pour leur propre pays, de leur appui. Il faut que “l'avocat” soit enfin annoncé mais surtout bien recommandé auprès de ses interlocuteurs. »

Que veut dire Me Violet par « recommandé » ? Si l'on vient de la part du SDECE, il semble tout de même difficile d'avancer à visage découvert. Le Vatican, alors, avec qui il avait noué depuis l'affaire « Pax » de multiples relations ? Sur ce point, Me Violet a toujours refusé de s'expliquer. Nous avons donc été obligés de solliciter les témoignages d'anciens de la Piscine. Voici ce qu'il en ressort : « La vérité est simple, affirme Jacques Locquin, ex-sous-directeur du SDECE. En janvier 1960, je me suis rendu avec Me Violet dans les environs de Madrid. Nous avons rendu visite à José Maria Escriba de Balaguer, le patron de l'Opus Dei (l'Œuvre de Dieu), l'une des congrégations les plus puissantes de l'Église catholique. Nous avons alors procédé à un échange. L'Opus Dei nous aiderait à pénétrer certains pays d'Amérique latine, dont le Paraguay, où nous n'avions pas de base ; et nous, nous aiderions l'organisation catholique là où nous étions forts. »

La « troisième corbeille d'Helsinki » et les peurs de Margaret Thatcher

A la suite de ces succès le général Grossin n'hésite plus à confier à Me Violet les missions délicates. Ainsi, par exemple, la question de l'armement nucléaire français. Depuis qu'en 1958 le général de Gaulle a décidé la constitution d'une force nucléaire de dissuasion nationale, l'URSS et les USA conjuguent leurs efforts pour contrer cette initiative. Et les deux nations de se lancer dans une virulente propagande, notamment en Amérique du Sud, contre les expériences françaises. Selon la CIA et le KGB, en effet, celles-ci mettraient en péril le continent latino-américain tout entier. Une double mission est donc confiée à l'avocat : constituer, à l'aide de spécialistes, un dossier complet montrant l'inanité des accusations sur le péril des retombées radioactives et inviter les états d'Amérique latine à ne pas participer à une action contre la France à l'ONU. « Ce fut un double succès », affirme le général Grossin[24].

On retrouve ensuite Me Violet en Suisse. Là il aide Marcel Dassault à vendre ses premiers Mirage. Un marché de trois milliards de francs lourds dont une petite partie viendra renflouer les caisses du service. A cette occasion on organise une rencontre secrète et discrète entre une très haute personnalité suisse et le Premier ministre français Michel Debré qui est accompagné par le patron du SDECE, le général Grossin.

Dernier exploit, et non des moindres : la troisième corbeille de la conférence d'Helsinki. Depuis plusieurs années, Moscou tente d'imposer la tenue d'une « Conférence européenne de sécurité », qui consacrerait les frontières de ses conquêtes d'après-guerre. En 1972, Jean Violet fait parvenir au président Pompidou une étude juridique rédigée avec l'aide du professeur Jean Golfin. Quelle était l'idée de l'avocat ? « J'estimais qu'il s'agissait pour l'Occident d'une chance unique de promouvoir les Droits de l'Homme dans les pays totalitaires. C'est pourquoi un an plus tard j'inspirai un appel lancé par treize autres personnalités sous le nom d'"Amitiés européennes sans frontières". Trois mille dirigeants européens envoyèrent leur adhésion. »

La formule fétiche de Violet, « liberté de circulation des hommes et des idées », connut la fortune que l'on sait. Elle fut reprise en 1975 à la conférence d'Helsinki dans ce qui allait devenir « la troisième corbeille ».

Désormais, et grâce à l'acte d'Helsinki, les victimes de la répression, hier isolées, trouveront du soutien en Occident. Sans cette « troisième corbeille », la tragédie de l'académicien soviétique Sakharov et la lutte opiniâtre des contestataires de la Charte 77, entre autres, n'auraient jamais bénéficié des répercussions internationales que l'on sait. D'ailleurs le KGB ne s'y est pas trompé. Au XXVIIe Congrès du parti communiste soviétique, début 1986, son chef, Victor Chebrikov, dénonce « ces milieux occidentaux qui reviennent sans arrêt sur le thème des violations imaginaires des droits politiques et personnels et de la liberté humaine en URSS »,

---

24. Nous publions pour la première fois en annexe cet incroyable dossier du SDECE qui permettra aux lecteurs de mieux comprendre la future affaire Greenpeace.

ajoutant que « ces soi-disant défenseurs des Droits de l'Homme essaient d'obtenir le droit de violer les lois de notre État socialiste sans être punis ». Au ministère des Affaires étrangères soviétique, un nouveau département est même créé pour contrer les accusations occidentales en la matière. Peine perdue. Trois ans plus tard, c'est la chute du mur de Berlin et l'effondrement de l'Empire. Me Violet y avait apporté sa petite pierre.

En cette même année 1975, Margaret Thatcher venait d'être élue à la tête du parti conservateur britannique. Mais la « dame de fer » manquait, à l'époque, de confiance en elle. Son parti était encore loin de faire corps autour d'elle et ses rivaux l'entouraient. L'activiste international Brian Crozier, spécialiste « ès guerre froide » lui suggéra alors les moyens de consolider auprès du public sa réputation de lucidité et de résolution. Il raconte dans ses souvenirs pas encore publiés en France :

> « Dans ce but, durant l'une des réunions que nous tenions à Flood Street, je tendais à Margaret Thatcher un programme d'"action psychologique". Ce n'était pas une brochure publicitaire. Mais une technique pratique élaborée par mon grand ami Me Violet (...) Je l'avais adaptée aux besoins britanniques d'alors. Bien fait, ce peut être dévastateur. L'essentiel de la technique consiste à trouver des réponses courtes et tranchantes à trois questions : "Que veulent les gens ? Que Craignent-ils ? Qu'est-ce qui les touche ?"[25]. »

La CIA a-t-elle favorisé en 1961 le putsch des généraux ?

On murmurait à Paris que la CIA avait soutenu en avril 1961 le putsch des généraux. Les Américains s'en sont pourtant toujours défendus auprès de De Gaulle. La chose est moins simple, à en juger par la lettre d'explication envoyée par le diplomate Gavin à son ministre. Certains « barons gaullistes » auraient-ils trahi le chef de l'État ? En voici le texte[26] :

« *Ministère des Affaires étrangères*

SECRET

3 mai 1961
15 h 09

De : Paris
Pour : le ministre des Affaires étrangères seul

Nous avons suivi de très près les commentaires concernant le rôle que les États-Unis étaient supposés jouer dans la nouvelle situa-

25. « Free Agent » par Brian Crozier.
26. *Cf.* annexes.

tion algérienne. Au début, les chances de réussite pour Challe étaient bien minces, sauf dans le cas où la France métropolitaine aurait arrangé une aide considérable.

Des rumeurs attribuables à l'extrême droite ont dernièrement laissé entendre que les États-Unis soutenaient Challe, peut-être par l'intermédiaire de la CIA. Ces rumeurs ont produit, en ce qui nous concerne, un effet important et c'est à la suite de cela que nous avons jugé s'il fallait ou non recommander à notre Président d'envoyer une lettre au général de Gaulle. A ce moment-là il était clair que le fait d'envoyer une lettre comportait aussi des inconvénients. En accord avec les directions nous avons reçu la lettre qui a été remise peu de temps après le dimanche 23 avril, minuit. A cette époque l'appel au peuple de M. Debré était passé sur les ondes et le personnel de la CIA locale semblait croire fermement que Challe était bien soutenu et que les parachutages pouvaient bien avoir lieu. Je n'étais pas du même avis à ce moment-là car il était évident que, sans de nombreuses préparations en Afrique, sans absolument aucune chance d'interception aérienne en route et sans le contrôle assuré des terrains d'aviation pour refaire le plein, cette entreprise était techniquement impossible. Toutefois, le personnel de la CIA qui se basait sur ses propres sources d'information et sur les contacts établis avec le GOF (Government of France = Gouvernement de la France) pensait qu'il était réellement possible que le coup d'État soit étendu, avec succès, à la métropole. Je mentionne ce fait car on y a fait référence dans un compte rendu de presse. La CIA a établi de nombreux contacts français. Lundi 24 avril Moscou signalait le soutien de la CIA dans cette opération et son inévitable défaite. Cependant, après la nuit du dimanche, nous avons eu l'impression qu'elle avait peu de chance de réussir. La presse communiste locale a commencé à accuser les États-Unis d'apporter leur soutien et nous savions parfaitement pourquoi les communistes agissaient ainsi. Peu de temps après la capitulation de Challe nous avons organisé une réunion du personnel afin d'examiner notre conduite durant la crise. A cette occasion nous avons particulièrement réfléchi aux comptes rendus de presse, des deux parties, qui étaient fortement anti-américains. C'est à peu près à ce moment-là que les premières accusations ont commencé à apparaître. Et c'est par la suite que leurs sources ont été identifiées, elles provenaient de l'intérieur du gouvernement. Au début, du bureau de Debré et le week-end elles provenaient de Couve. Toutefois, d'après les enquêtes que nous avons effectuées auprès des autorités françaises responsables nous avons été assurés que les rumeurs n'avaient absolument aucune importance et que cette affaire serait bien vite oubliée. A présent, il nous semble qu'un important soutien à la révolte avait été projeté, mais que de Gaulle l'a anticipée et est rentré avant que n'éclate une révolte métropolitaine. En dépit de cela, il était clair que certains membres du gouvernement manquaient non seulement de renseignements mais aussi d'à-propos, et qu'afin de justifier leurs propres faiblesses ils ont attribué les intentions (ou raisons) de Challe et son récent succès au soutien américain. Je pense que certains membres du gouvernement sont quelque peu gênés par le rôle qu'ils ont pu jouer et qu'ils préféreraient que toute cette histoire soit vite oubliée. Je suis donc convaincu que le fait d'approcher Couve au sujet de ce problème et en ce moment même ne servirait qu'à le mettre en colère et que peu de choses seraient accomplies. Je présume qu'il est au courant de notre connaissance de la situation ; il serait donc plus avantageux de faire preuve de patience plutôt que de demander avec insistance quelque explication. L'idée du soutien américain a certainement trouvé d'étranges associés durant une semaine très agitée mais, rétrospectivement, je pense que nous devons attribuer ce fait au milieu extraordinaire dans lequel les affaires gouvernementales françaises évoluent.

GAVIN »
(A commandé la 101e division parachutiste pendant le débarquement NDLR)

La trahison de Philippe Thyraud

En avril 1951, Philippe Tyraud dit « de Vosjoli » débarque au consulat de France de Washington, comme chargé de mission du SDECE, sous le nom de code de Lamia. Mais le temps passant on commença de s'interroger, à Paris, sur les réelles activités de Lamia. Reste-t-il bien l'agent du SDECE auprès des Américains ? Ou est-il devenu celui des Américains auprès du SDECE ? Finalement, à la suite d'informations tronquées transmises par Lamia, et concernant Cuba, le général Jacquier décida de se séparer de Vosjoli. Nous sommes le 16 septembre 1963. Quelques jours plus tard le SDECE perd toute trace de son agent. L'affaire ne faisait que commencer.

En 1967, l'écrivain Léon Uris publie un roman à scandale, *Topaze*, qui sera plus tard porté à l'écran par Alfred Hitchcock. C'est Philippe Thyraud qui en a inspiré la trame. Par l'intermédiaire de ce livre, l'ancien agent du SDECE accuse ouvertement, en s'appuyant sur les confessions d'un transfuge soviétique, son ancien service ainsi que le gouvernement français d'être infiltrés par les Soviétiques. Jacques Foccart, l'intime de De Gaulle et la bête noire des Américains en Afrique, est particulièrement visé.

Pour ce qui est du transfuge, il a bien existé. Il s'appelle Anatoly Golitsine et, passé à l'Ouest en 1961, a été aussitôt récupéré par les Américains. L'homme chargé de l'affaire, James Jesus Angleton, le chef du contre-espionnage de la CIA, est un maniaque de la lutte anti-soviétique. Il voit des taupes partout. Dans un premier temps, Golitsine fournit à Angleton l'ordre de bataille du KGB en Finlande. Ces révélations s'avèrent justes. Puis Golitsine parle à Angleton du SDECE, qui, selon lui, serait « pénétré par un réseau d'espionnage du KGB fort de quelque douze agents dont le nom de code est Saphir ». « L'État français, ajoute le transfuge, est infiltré au plus haut niveau, y compris au sein du cabinet du général de Gaulle. » Angleton se frotte les mains. La CIA transmet alors, non sans arrière-pensées, l'information aux Français. De Gaulle est sceptique mais il dépêche tout de même à Washington le général Jean-Louis du Temple de Rougemont, qui conseille à son retour d'entamer une enquête. En mai 1962, trois experts de la DST, le contre-espionnage, Daniel Doustin, Marcel Chalet et Louis Niquet, se rendent à leur tour aux États-Unis. Ils apprendront à cette occasion qu'au KGB, Golitsine travaillait au sein du premier directoire dans la section anglo-américaine. Des Français, il ne connaît aucun nom. Cela ne l'empêche pas d'être affirmatif. Il n'est vraiment précis que sur un seul point : un Français influent travaille à l'OTAN pour le KGB. Le 10 août 1963, la DST arrêtera effectivement Georges Pâques, chef du service de presse de l'OTAN, alors qu'il allait rencontrer un agent soviétique. Pour le reste, Golitsine sème le doute. Au SDECE, sous le coup de ces accusations, la suspicion générale s'installe. On se soupçonne l'un l'autre. Le colonel Léonard Hounau, ancien directeur de la Recherche, est mis sur la sellette. Puis le colonel de Lannurien, qui avait été chargé d'enquêter sur ces infiltrations, est à son tour victime de la rumeur. On lui reproche sa résistance en Slovaquie à la fin de la guerre. C'est ensuite le colonel Beaumont, alias René Bertrand, le directeur actuel de la Recherche, qui est soupçonné. N'a-t-il pas appartenu à la Libération au cabinet du ministre de l'Air, le communiste Charles Tillon ? N'a-t-il pas encore dirigé, en 1949, la cellule la plus secrète du SDECE, intitulée Minos (Matériels d'Informations Normalisés pour les Opérations Spéciales), qui s'occupait du parachutage des immigrés derrière le rideau de fer ? Or ces missions ont toutes échoué. Est-ce vraiment le hasard ? Profondément blessé par ces insinuations, écœuré, le polytechnicien Beaumont se laissera peu après évincer du SDECE. Les services secrets français étaient brisés. Ils mettront vingt ans à se remettre du climat de méfiance qui était né de cette affaire.

« Alors Dejean, on couche ! »

Mais qu'y avait-il de vrai dans les affirmations de Golitsine ? Le transfuge n'avait même pas réussi à démasquer Maurice Dejean, l'ancien ministre plénipotentiaire délégué auprès des gouvernements alliés à Londres en 1944, devenu ambassadeur à Moscou. Il fallut le concours d'un autre agent du KGB, Iouri Krotkov, passé lui aussi à l'Ouest, pour que le diplomate, trop « bon vivant » et qui avait été piégé par les Soviétiques grâce au concours d'une ravissante actrice du nom de Laura, soit rappelé en 1964 à Paris. Convoqué à l'Élysée, l'ambassadeur aura droit à ce superbe mot de De Gaulle : « Alors Dejean, on couche ! » L'ancien chef de la France Libre ne prendra toutefois aucune sanction.

Durant tout le feuilleton Golitsine, de Gaulle continue en effet à se méfier des Américains. Il pense que la CIA a monté toute cette affaire pour discréditer son gouvernement et sa politique. L'Histoire lui donnera raison. On sait aujourd'hui que de Vosjoli avait été, en fait, recruté par James Jesus Angleton. « Il a effectivement travaillé pour nous », reconnaîtra à l'AFP Walter Elder, à l'époque adjoint du sous-directeur de la CIA[27]. Et en 1963, peu après que la Centrale américaine ait proposé « gentiment » au SDECE et à la DST de venir recueillir sur place la confession de Golitsine, et ce afin de mieux désorganiser les services secrets français, James Jesus Angleton en personne cambriolait l'ambassade de France à Washington pour y dérober ses codes de communication. Cicely Angleton, l'épouse de l'ex-chef du contre-espionnage, précise aujourd'hui : « Il était très fier d'avoir effectué cette mission, d'avoir photographié lui-même les documents. » Dans un livre[28] paru récemment aux États-Unis et jamais démenti, le journaliste de la BBC Tom Mangold affirme encore que Philippe de Vosjoli avait lui-même ouvert la porte de la représentation diplomatique française à James Angleton. Il ne voulait travailler qu'avec lui, ce qui explique que ce dernier se soit rendu en personne à l'ambassade.

C'est l'affaire Ben Barka qui va achever, à l'automne 1965, les services secrets français. Le 29 octobre, le Marocain Mehdi Ben Barka, leader de « la Tricontinentale » qui rassemble les « forces révolutionnaires » de trois continents en ébullition (Afrique, Asie, Amérique du Sud), est enlevé en plein Paris alors qu'il devait rencontrer, les jours suivants, le général de Gaulle. Qui a conçu le « mauvais coup » ? Les Marocains bien sûr, avec l'aide d'un honorable correspondant du SDECE nommé Antoine Lopez[29]. De ce fait, les services secrets français seront accusés d'un meurtre qui « arrange surtout la CIA, en très bons termes avec la police marocaine ».

La CIA aimerait recruter Couve de Murville

La CIA déteste de Gaulle. Elle aimerait bien recruter quelqu'un dans son entourage, auquel elle s'intéresse de très près. Voici la fiche qu'elle a établie le 22 septembre 1966[30] sur Maurice Couve de Murville, décidément « trop fidèle », aux yeux de la centrale américaine, aux vues gaulliennes.

---

27. Philippe Thyraud ira jusqu'à prétendre que le SDECE a assassiné en octobre 1962 Enrico Mattei, le magnat du pétrole italien. Par Thyraud interposé, la CIA, qui avait organisé l'exécution de Mattei avec l'aide de la Mafia, fera « porter le chapeau » au SDECE.
28. *Cold Warrior* de Tom Mangold.
29. Voir annexes.
30. Voir annexes.

« Le ministre des Affaires étrangères français, Maurice Couve de Murville, est avant tout un bureaucrate doué et loyal qui agit dans le cadre de limites clairement définies. C'est le subalterne qui exécute sans remettre en cause la politique conçue par son supérieur. Ceci ne déprécie pas ses qualités exceptionnelles tels son intelligence, ses talents diplomatiques et son efficacité. Couve a été le tacticien presque parfait des grandes stratégies de De Gaulle employées pour réaliser la suprématie de la France, pour accroître son indépendance vis-à-vis des USA et pour imposer la France comme interlocuteur privilégié sur la scène internationale.

Toutefois la question fondamentale reste qu'il est plus un agent qu'un directeur. Ses opposants politiques le décrivent comme "le meilleur messager du gouvernement", tandis que son compagnon, ministre du cabinet, Edgar Faure, le considère comme "le reflet parfait de la politique de De Gaulle". Le rôle de Couve de Murville dans l'élaboration est minime. Seul de Gaulle détermine les principales orientations que la France suivra et il s'implique directement pour régler les détails concernant les sujets importants. Couve n'a pas le pouvoir d'agir de façon indépendante sans consultation préalable, ni de s'écarter considérablement des lignes de conduite déjà établies à l'Élysée. »

Donc Couve de Murville a toutes les qualités sauf celle de devenir un traître pour le compte de la CIA. Mais continuons.

« L'accomplissement de Couve lors de la crise de juin 1965 concernant le financement du programme agricole commun de la CEE démontre à quel point ses instructions peuvent être inflexibles lorsqu'il applique les mesures de De Gaulle. L'ambassadeur Bohlen, après avoir analysé l'arrêt brutal, de la part de la France, des négociations du Conseil de la CEE, a conclu que "Couve suivait des instructions qui ne lui laissaient aucune liberté, même celle de profiter de ce qui aurait pu être, strictement financièrement parlant, une situation tactique favorable lors de la réunion du Conseil". Au cours des négociations Couve a fréquemment utilisé un téléphone directement relié à l'Élysée et a demandé de nombreuses suspensions d'audience afin de faire le point avec Paris.

Ceci n'implique pas que Couve soit privé de toute marge de manœuvre dans ses négociations. Parfois, il peut avoir une assez grande marge d'action lorsqu'il connaît intimement la substance des négociations ainsi que les forces et faiblesses de l'opposition. Cependant, il peut manquer d'évaluer correctement les réactions éventuelles de son chef face à des changements tactiques inattendus, survenant à la table des négociations. Dans le cas où son évaluation de l'effet produit par un changement tactique sur un but à long terme serait différente de la réaction de De Gaulle, le ministre des Affaires étrangères serait obligé de modifier, dans le cadre de ces négociations, sa position. »

Le ministre français est ainsi présenté comme un exécutant et un exécutant privé de liberté. Mais il y a « mieux » selon le rapport.

« Il existe de nombreux cas où Couve a été rejeté par de Gaulle, certainement lorsque le ministre avait dépassé la frontière qui séparait la tactique de la stratégie. Au moment où la France annonçait son retrait de l'OTAN, Couve a tenté de persuader de Gaulle de le laisser expliquer la position des Français et exposer le type de relation qu'il envisageait. De Gaulle a refusé en le limitant à une déclaration sèche et formelle. Couve avait aussi, auparavant, échoué à propos de la modification d'une décision française de ne pas participer à des exercices de défense de l'OTAN. A propos du SEATO, on sait que Couve a recommandé le retrait absolu uniquement pour que de Gaulle insiste sur un désengagement progressif. Couve a aussi été dépassé lorsqu'il a tenté d'empêcher une escalade diplomatique à propos de l'affaire Ben Barka. Couve s'est opposé au retrait de l'ambassadeur français au Maroc et a recommandé avec insistance de la modération.

En dépit du fait que Couve a des contacts fréquents avec de Gaulle (d'après l'ambassadeur Bohlen, ils se voient au moins deux fois par semaine), des divergences surgissent parfois entre les discours de De Gaulle et de Couve. Ces inconsistances ont lieu car de Gaulle cache souvent ses pensées les plus profondes sur certains problèmes complexes, le Général prend son temps pour décider d'une action concrète même si ses buts à long terme sont clairs. Ainsi, Couve est limité par rapport à ce qu'il peut révéler sur les plans et mesures français à venir ; et non seulement parce que, parfois, il ne connaît pas les pensées de De Gaulle mais aussi parce que de Gaulle lui-même doit encore prendre des décisions finales. »

Après ce portrait en négatif, le rédacteur de la note tente de cerner la figure de Couve de Murville selon son être propre ce qui le conduit à la même conclusion ; celui-ci n'est qu'un serviteur de De Gaulle.

« Couve a fondé sa réputation non pas parce qu'il représentait un politicien gaulliste mais parce qu'il était un serviteur du gouvernement, habile dans les domaines de la finance et de la diplomatie. En effet, Couve n'incarne pas le terme "gaulliste" comme on l'emploie habituellement pour décrire une personne qui, au tout début de la Seconde Guerre mondiale, a partagé son sort avec de Gaulle et est restée avec le Général tout au long des fluctuations politiques. Néanmoins, avant même son entrée au gouvernement en 1958, Couve adhérait à une philosophie "gaulliste" basée sur la confiance dans la suprématie culturelle de la France et sur la juste revendication française du rôle de porte-parole européen. Il a donc volontairement et fidèlement renvoyé l'écho de la voix de son maître. »

Suit une liste non exhaustive mais caractéristique des attitudes de ce « gaulliste » atypique.

« Lorsque, par exemple, il parlait des ambitions nucléaires de la France, Couve a souvent affirmé que la France est déterminée à jouer son rôle en matière de défense puis il a farouchement défendu le fait que la France insiste sur une force de dissuasion thermonucléaire et le contrôle de ses forces. En expliquant les raisons pour lesquelles la

France a refusé de signer le traité interdisant les essais nucléaires, Couve rappelle l'argument gaulliste qui prétend qu'un tel accord ne constitue pas une avancée vers le désarmement mais illustre plutôt les différences existant entre ceux qui possèdent l'arme nucléaire et ceux qui ne la possèdent pas. Couve affirme que lorsque les principales puissances nucléaires seront prêtes à sacrifier leurs armes atomiques existantes, la France ne s'opposera pas à une telle action. »

Voilà nous y sommes ! le rédacteur touche enfin le point sensible expliquant par là même le jugement sévère qu'il porte sur le ministre français.

« Alors que Couve a été "correct", c'est-à-dire diplomatiquement juste, dans ses rapports avec les États-Unis, on peut parfois discerner une pointe d'anti-américanisme. Selon l'ambassadeur autrichien de Paris, Martin Fuchs, "Couve n'aime pas les États-Unis mais les sentiments violents qu'il éprouve envers la Grande-Bretagne dépassent cette aversion". Toutefois, comme de Gaulle, Couve parle de l'alliance de plusieurs siècles qui existe entre la France et les États-Unis et il insiste sur le fait que la France n'a aucune envie de détruire cette amitié. Il avoue que "la France peut être une alliée difficile" mais il maintient qu'elle est "loyale et sûre". Cependant, Paris a clairement fait comprendre qu'elle limiterait son soutien, en tant qu'alliée, dans le cas où une menace communiste serait dirigée contre les États-Unis et, directement ou indirectement, contre l'Europe. La France invoque sa réponse formulée durant la crise des missiles cubains pour donner un exemple caractéristique de sa loyauté dans un cas où la sécurité vitale des États-Unis était menacée par un acte agressif non provoqué et venant de l'Union soviétique. Si la Russie l'avait emporté à Cuba, l'Europe se serait retrouvée ouverte à tout mouvement communiste ultérieur.

En revanche, Paris considère que les États-Unis poursuivent au Viêt-nam une guerre de type colonial et qu'ils interviennent sans raison dans les affaires vietnamiennes. Ainsi, dans le conflit du Sud-Est asiatique, les États-Unis doivent militairement s'engager seuls.

Très récemment, le 19 septembre, Couve a rappelé très clairement lors d'une interview radiophonique que les Français considéraient l'injection de troupes américaines régulières dans le conflit comme le point essentiel ayant rendu les négociations virtuellement impossibles. Tout comme de Gaulle, Couve a évoqué un retour aux principes établis par les accords de Genève de 1954, puis il a indiqué que les cinq plus grandes puissances devraient assumer une large responsabilité politique vis-à-vis de toute l'Indochine. A plusieurs reprises, le ministre des Affaires étrangères a réaffirmé le point de vue français, en d'autres termes, qu'une solution militaire est impossible, qu'une prise de contrôle communiste est préférable à la continuation de la guerre, et que la France ne soutiendrait pas militairement les États-Unis si le conflit devait s'étendre au-delà de l'Asie du Sud-Est. »

Et pour finir

« Au mois de mars de cette année, Couve a rappelé, à propos de l'OTAN, la position du gouvernement et donc que l'Alliance Atlantique devait continuer mais, a-t-il dit, les désavantages de l'OTAN pèsent désormais plus lourd que les avantages. Plus précisément, Couve a déclaré que l'OTAN avait privé la France de son sens des responsabilités en matière de défense et avait prolongé sa dépendance vis-à-vis des États-Unis.

Le ministre a eu relativement peu de choses à dire en ce qui concerne les Nations unies mais on sait qu'il soutient le refus français de payer la part de la dette des Nations unies pour la paix. »

Le rapport est clair. Maurice Couve de Murville, par sa fidélité indéfectible au général de Gaulle et sa haine de la chose anglo-saxonne, n'a pas le profil désiré par les agents de la CIA. Il ne sera pas contacté.

Les photos truquées de Mme Pompidou

Le 1er octobre 1968, la police découvre dans un terrain vague, enveloppé d'une housse de plastique, le corps d'un jeune Yougoslave, Stefan Markovic, garde du corps et confident d'Alain Delon et de sa femme, Nathalie. Peu après, les enquêteurs trouvent dans les affaires de Markovic un agenda où figure l'adresse des Pompidou. Un autre Yougoslave, détenu à Fresnes, Boris Akov, fait savoir que son compatriote assassiné aurait été témoin de « partouzes mondaines » auxquelles aurait participé la femme de l'ancien Premier ministre. Un policier recueille sa déposition.

Le procès-verbal remonte ensuite au cabinet du ministre de l'Intérieur, Raymond Marcellin, et à celui du garde des Sceaux, René Capitant, ennemi intime de Pompidou. De Gaulle, de son côté, est prévenu de l'affaire par Bernard Tricot, le secrétaire général de l'Élysée. Il réunit alors ses ministres. Le premier d'entre eux, Couve de Murville, ne fait qu'exprimer son mépris pour « ce genre d'histoires », Raymond Marcellin se tait et c'est Capitant qui prend la parole. « J'ai exposé franchement ma thèse, racontera ce dernier. J'ai dit qu'il ne fallait pas laisser cette histoire entre les mains de la police car Dieu seul savait ce qu'il en adviendrait. Et qu'il convenait d'en saisir la justice. Je pensais qu'on était en présence d'une vilaine affaire de chantage. Mais j'ai ajouté que les Pompidou avaient peut-être des relations imprudentes, notamment dans les milieux artistiques. » Et René Capitant d'ajouter à l'adresse de De Gaulle : « S'il y a le plus léger doute sur les insinuations concernant Pompidou, et si le gouvernement l'étouffe, l'opposition ne manquera pas de s'en servir contre votre gouvernement. Et contre vous-même mon Général[31]. » Avec son cynisme coutumier,

31. *Le duel De Gaulle/Pompidou*, par Philippe Alexandre, Grasset, 1970.

de Gaulle approuve. « Eh bien ! Que la justice suive son cours. » Chargé enfin d'avertir son prédécesseur à Matignon de l'usage qui est fait de son nom, Couve de Murville s'en abstiendra. Il laissera les « bruits » cheminer seuls jusqu'à Pompidou.

Car la rumeur est bien née. Elle court, elle galope même. Comme pour accréditer la première confession d'Akov, pourtant infirmée devant le juge d'instruction, d'odieux montages photographiques sont mis en circulation. Par qui ? On accusera plus tard un groupe de gaullistes de gauche lié à René Capitant, mais sans jamais en apporter la preuve formelle. Quoi qu'il en soit une honorable correspondante du SDECE, une journaliste surnommée « Caramel », signale aux services spéciaux l'existence de photos compromettantes. Un trio d'agents appartenant à la base Paris du service, Paul Santenac, Jean-Charles Marchiani[32] et Claude Pradier, s'intéressent de près aux prétendus clichés licencieux. Il ne s'agissait en fait que de photos de call-girls très grossièrement truquées, sur le corps desquelles on avait « posé » la tête de Mme Pompidou. Qu'importe, le venin s'était répandu dans tout Paris. Quelques semaines plus tard, Pompidou, mis enfin au courant par l'un de ses conseillers, exprimera sa colère : « Pourquoi avoir attiré l'attention du Général sur de telles calomnies ? Pourquoi ne pas m'avoir prévenu ? »

Élu président, Pompidou n'oubliera rien. Il vengera son honneur en exigeant le renvoi des trois agents du SDECE, qui seront remerciés avec leurs chefs de service, et en mutant le juge. Le dossier sera clôturé par un non-lieu. Mais surtout, Pompidou allait bientôt charger Alexandre de Marenches de nettoyer, voire de supprimer les services spéciaux français. Ce sera, nous allons le voir, la grande purge. « Six mois plus tard, raconte le journaliste Philippe Alexandre, le général Billotte, député gaulliste, ancien ministre, qui s'intéresse de près au SDECE, décide de rendre visite à Pompidou. Il regrette que la réorganisation du service ait fait plus de victimes parmi les bons que parmi les méchants. Le Premier ministre, Chaban-Delmas, lui déconseille cette démarche. "Mon petit Pierre, lui dit-il, dans ce domaine Pompidou est un tigre. Il estime que le SDECE lui a fait trop de mal. Michel Debré, lui-même, n'a pas réussi à lui exprimer son point de vue."[33]. »

La vérité sur les vedettes de Cherbourg

De Gaulle était parti, Pompidou venait d'arriver... C'est dans ces circonstances que, le 25 décembre 1969, cinq vedettes mili-

---

32. Vingt ans plus tard, Jean-Charles Marchiani, chargé de mission du ministre de l'Intérieur, Ch. Pasqua, parviendra à faire libérer les otages du Liban, dont le journaliste Jean-Paul Kauffmann.

33. *L'Exécution d'un homme politique*, Philippe Alexandre, Grasset, 1973.

taires, tous feux allumés et à plein régime, quittent le port de Cherbourg. L'officier de la Marine nationale de garde à la passe ne décèle pourtant aucun passage. La vigie se plaindra ensuite d'être depuis plusieurs jours totalement éblouie par un puissant projecteur installé, comme par hasard, par les militaires français sur la digue du Homet. De ce fait, il ne peut plus surveiller la sortie du port de Cherbourg.

Deux jours plus tard, le 27 décembre, la presse révèle que ces vedettes sont destinées à Israël alors que ce pays a été placé par de Gaulle sous embargo depuis l'attaque par un commando israélien de l'aérodrome de Beyrouth en décembre 1968. A ce moment-là les cinq bateaux de guerre sont déjà au large du golfe de Gascogne en route vers l'État hébreu. Le gouvernement français proteste mais répugne finalement à une interception militaire. Cette affaire a, dans le monde entier, un retentissement considérable. Ainsi, le président Pompidou aurait été joué par les services secrets israéliens ! Ceux-ci se vanteront plus tard de leur « exploit ». Comme pour accréditer cette thèse, deux généraux français sont sanctionnés. Une décision bien injuste et surtout un vrai mensonge d'État.

Aujourd'hui on en sait un peu plus sur l'affaire. Préfet de la Manche à l'époque des faits, Jacques Bruneau affirme preuves à l'appui que le gouvernement français était au courant. « C'est en 1965, explique le préfet Bruneau, que l'État d'Israël a passé un marché avec les usines de Cherbourg pour la livraison de deux séries de six vedettes rapides. Les cinq premières sont mises à l'eau dans le courant de l'année 68 et partent normalement pour Israël. L'embargo est ensuite décidé. Mais cela n'empêche pas deux nouvelles vedettes, la 6 et 7, stationnées à l'intérieur de l'arsenal maritime de Cherbourg, de prendre subrepticement la mer dans la nuit du 30 au 31 décembre 1968 et dans celle du 4 janvier 1969. A l'époque, le gouvernement ne réagit pas[34]. »

En 1969, le scénario se répète mais cette fois la presse donne un large écho au départ des navires de guerre. Embarrassé, le gouvernement français révoque alors, pour sauver la face, le général Cazelles, patron du secrétariat général à la Défense nationale (SGDN), c'est-à-dire le service de renseignements de Matignon, et l'ingénieur général Bonte, chargé de mission auprès de Michel Debré. Commentaire du préfet Bruneau : « Une enquête bidon et des sanctions uniquement prises pour permettre à la France de ne pas se brouiller avec les pays arabes. »

Examinons les faits. Le 18 novembre 1969, le général Cazelles, responsable du SGDN, préside à Matignon la réunion du Comité interministériel des exportations de matériels de Guerre (CIEMG). L'ingénieur général Bonte, représentant Michel Debré, alors

---

34. Jacques Bruneau a écrit en 1983 une autobiographie intitulée *Les Tribulations d'un Gaulliste en Gaulle*, éditions de la Pensée universelle. *L'Événement du Jeudi* a également publié, en janvier 1985, une enquête sur les vedettes de Cherbourg.

ministre de la Défense, explique qu'il s'agit de vendre à une société norvégienne, la Starboat and Weill, les cinq vedettes qui étaient préalablement destinées à Israël. « Voulant toutefois m'assurer personnellement du bien-fondé de cette vente, révèle aujourd'hui le général Cazelles, j'ai demandé s'il était prévu dans le contrat une clause de non-réexportation pour la Norvège.
L'ingénieur général Bonte m'a alors répondu : "Oui. Toutes les précautions sont prises." Les autres représentants à cette réunion, celui des Affaires étrangères pour Maurice Schumann et celui des Finances pour Valéry Giscard d'Estaing, n'ont pas fait de commentaires. » Le général Cazelles rédige ensuite un rapport, adressé à tous les ministres. On retrouvera plus tard une note personnelle de Maurice Schumann, alors à la tête du Quai d'Orsay, en marge de ce document : « Excellente solution au difficile problème posé. »

Cependant à Cherbourg, l'amiral Limon, chef de la mission israélienne en Europe, ainsi que son équipe de techniciens ne font pendant l'automne 1969 l'objet d'aucune surveillance. Curieux, en période d'embargo... Les officiers israéliens logent à l'hôtel Atlantique sur le boulevard maritime et sont libres de tous leurs mouvements. Avec les fameuses vedettes, ils poussent même l'audace d'aller parfois jusque dans l'île de Wight acheter whisky et tabac à bon marché.

Michel Debré tempête et Chaban-Delmas tempère

Que font donc les services secrets français ? Ils surveillent, mollement. Alerté à plusieurs reprises, Michel Debré ne s'inquiétera à aucun moment du problème posé. « Je lui avais même communiqué, le 12 décembre 1969, affirme Jacques Bruneau, à l'occasion de sa venue à Cherbourg pour le lancement du deuxième sous-marin nucléaire français, une lettre de Félix Amiot demandant que les vedettes quittent le port de commerce pour réintégrer l'arsenal. Cela nous aurait donné la possibilité de mieux les surveiller et les bloquer si nécessaire. Mais, ce jour-là, Debré ne m'a pas donné de réponse. » Une semaine avant le départ des vedettes, le service des Douanes vise les papiers et tampons nécessaires au dédouanement des bateaux israéliens. Personne au ministère des Finances ne s'inquiète. Sous le sceau « Confidentiel Défense », les renseignements généraux de Cherbourg communiquent toutefois, le 20 décembre, un peu tard, au ministère de l'Intérieur, la note suivante[35] : « Les établissements Amiot de Cherbourg (constructions navales) ont été chargés de construire une série de vedettes garde-côtes pour le compte de l'État israélien. La dernière vedette

35. *Cf.* annexes.

de cette série vient d'être mise à l'eau. Actuellement, cinq de ces vedettes sont mouillées dans la darse transatlantique du port de Cherbourg. Elles font l'objet des mesures d'embargo sur le matériel militaire à destination d'Israël. Selon des renseignements qui nous sont parvenus, ces vedettes quitteraient prochainement Cherbourg de "façon légale". Elles feraient l'objet d'une vente fictive à un pays de l'Europe du Nord et gagneraient l'Israël par la suite. » Aucune suite ne fut donnée à ce rapport.

Après la fuite des vedettes, Michel Debré, visiblement furieux, appelle le Premier ministre, Jacques Chaban-Delmas : « Il m'a informé, révèle aujourd'hui ce dernier[36], que la chasse française était en mesure de rattraper ces bateaux. J'étais en train de jouer au bridge au Pays basque. J'ai immédiatement répondu : "Les avions doivent rester au sol." J'ai ainsi préféré le ridicule d'avoir été joué ou, pis, passer pour complice, plutôt que de priver Israël de ces vedettes dont elle avait le plus grand besoin. » Quelques semaines plus tard, le préfet Jacques Bruneau rencontre le président Georges Pompidou pour s'entretenir de cette affaire : « Il tirait comme d'habitude sur sa cigarette et il m'a dit en souriant : "Bien Bruneau. Il n'y a pas de problèmes." »

En fait, plus personne sinon Debré n'était partisan à la tête de l'État de continuer à maintenir l'embargo contre Israël. Mais aucun responsable n'osait le dire publiquement. Interrogé par l'auteur, Michel Debré niera encore farouchement que « le gouvernement ait favorisé la fuite des vedettes. J'avais même donné l'ordre pour que la surveillance de ces vedettes soit renforcée[37]. Dans cette affaire ce sont des militaires qui ont commis un acte de désobéissance et une compromission avec une puissance étrangère ». Et la raison d'État primant, deux malheureux lampistes, Cazelles et Bonte, allaient y laisser leur carrière.

« Il faut supprimer le SDECE »

Le président Pompidou n'aimait pas — on s'en doute — le SDECE. Il considérait « avec mépris » tous ces barbouzes qui avaient fait tant de mal à sa femme. C'est pourquoi il avait la ferme intention — il le dira à ses intimes — de dissoudre purement et simplement ce service, totalement inutile à ses yeux et compromis dans l'ignoble campagne de calomnie[38]. Mais il fallait trouver le « liquidateur », quelqu'un qui puisse transformer le petit monde du renseignement français.

---

36. Entretien avec l'auteur.
37. Note de l'auteur : on ne retrouve aucune trace dans les archives de ces ordres.
38. Entretien avec Alexandre de Marenches.

La première chose à faire était de changer son chef, le général Guibaud. Lorsqu'il fallut, en 1970, trouver ce successeur — liquidateur —, Michel Debré, ministre de la Défense, pressentit alors le préfet Jean-Émile Vié, ancien directeur des Renseignements généraux. Ce dernier accepta. Et le décret de nomination était déjà en préparation quand il commit l'erreur d'inviter à dîner son vieil ami Alexandre de Marenches pour lui apprendre la bonne nouvelle. Vié l'avait connu dans les années 60 tandis que ce dernier dirigeait une petite société industrielle, la Générale Thermique, chargée de la fabrication de chaudières à tubes de fumée et d'incinérateurs d'ordures ménagères petit modèle. La direction technique de cet établissement était alors assurée par un ingénieur d'origine roumaine. Un beau jour et compte tenu de la conduite du Roumain pendant la guerre, celui-ci fut frappé d'un arrêté d'expulsion. Le comte de Marenches sollicita aussitôt un rendez-vous avec le directeur de cabinet du ministre de l'Intérieur de l'époque, le préfet Vié. « Sans l'ingénieur roumain, lui expliqua-t-il, ma société court à la faillite[39]. » Bon enfant, Jean-Émile Vié fit rapporter l'arrêté d'expulsion. Dès lors les deux hommes devinrent très liés jusqu'à ce funeste dîner... car, à peine, avait-il quitté la table, qu'Alexandre de Marenches mobilisait tous ses amis dont Michel Poniatowski et surtout François Castex, beau-frère du président Pompidou. Pompidou, qui n'attachait, nous l'avons vu, plus beaucoup d'importance au SDECE puisqu'il voulait le supprimer et transmettre ses compétences à d'autres services secrets français, céda finalement à Poniatowski et Castex en nommant de Marenches. Le préfet Vié, indigné, rompit alors toute relation avec le comte. Lorsqu'en octobre 1970 ce dernier franchit le grand portail métallique de la caserne des Tourelles, boulevard Mortier à Paris, il fut franchement déçu. Au milieu de la cour, le comte laissait planer un regard morne sur les bâtiments gris en quadrilatère qui l'entouraient. Pas de quoi plastronner. Nommé quelques jours plus tôt par le président Pompidou à la tête du SDECE, il se demandait déjà ce qu'il faisait là. L'arrivée du général Eugène Guibaud, son prédécesseur à Mortier, qui venait, selon la tradition, assurer la passation des pouvoirs, le tira un moment de sa rêverie. L'officier souhaitait s'expliquer sur la sordide affaire Markovic.

Cela aurait dû intéresser de Marenches. Mais il déclina sèchement l'offre. Ce colosse de 1,90 mètre et de 100 kilos, arborant une petite moustache — tous détails qui lui vaudront son surnom de « Porthos » —, ne questionna son interlocuteur que sur un seul point : « Combien gagnez-vous ? » Littéralement soufflé, Guibaud bégaya qu'il percevait uniquement sa solde de général, du fait que le SDECE était officiellement rattaché au ministère de la Défense. De Marenches, toujours plus amer, s'exclama alors que ce n'était pas suffisant. Il obtint bientôt, en qualité de contractuel payé en

39. Entretien avec l'auteur.

partie sur les fonds secrets de Matignon, et grâce à l'intervention de François Castex, que sa solde soit doublée. Désormais, le patron du SDECE gagnait davantage qu'un ministre.

L'honorable Alexandre de Marenches

Onze ans plus tard, Alexandre de Marenches quittait les services secrets. Il laissait le SDECE dans un état médiocre. On ne recensait plus aucun poste de renseignements dans les pays de l'Est. En Pologne, nation traditionnellement amie de la France, et alors en pleine ébullition, le SDECE n'avait plus aucun agent. Fallait-il y voir un lien avec les relations politiques et familiales que n'avait cessé d'entretenir Michel Poniatowski, le ministre de l'Intérieur, avec ce pays ? Le gouvernement polonais n'avait-il pas organisé pour lui, par exemple, de grandes chasses avec barbecue aux flambeaux, dans la fameuse réserve qu'utilisait déjà le maréchal Goering pendant la guerre ? Reste que, pour l'ensemble des pays de l'Est, le SDECE ne comptait plus qu'un vice-consul en Tchécoslovaquie, chargé de tamponner les visas. Pierre Marion, le successeur de De Marenches, sera extrêmement choqué par le tableau qu'on lui dressera à son arrivée en juin 1981. Aux responsables du SDECE qu'il venait de convoquer dans son bureau, il lancera, rageur : « Mais enfin, messieurs, où est la menace, à l'ouest ou à l'est ? » et confessera plus tard : « J'avais devant moi sept chefs du SDECE pétrifiés. » Sous le règne de De Marenches, le contre-espionnage, fortement réduit, avait également perdu beaucoup de son efficacité. Quant au service antiterroriste il logeait, lui, sous les combles, ne comptant qu'un seul officier, sans aucuns moyens.

Négligence ? Sabotage ? Mais qui est donc M. de Marenches ? La légende dépeint ce féodal à l'aisance patricienne comme l'aide de camp le plus prestigieux du maréchal Juin, le conseiller des princes et des grands de ce monde. « C'est un seigneur, affirme la journaliste Christine Ockrent, qui a co-signé un livre d'entretiens[40]. La féodalité et ses croisades lui eussent mieux convenu que la république et ses coups fourrés. » Et elle ajoute : « D'une certaine tradition de l'aristocratie il garde, avec un archaïsme non dénué de coquetterie, le mépris de l'argent et des simulacres du pouvoir, le sens du panache et de l'humour, le goût des jolies femmes et des chevaux de qualité. » Une peinture des plus flatteuses, qui coïncide bien mal avec les informations que nous avons recueillies auprès des anciens du SDECE. Tentons d'y voir enfin plus clair.

Au château des Rotoirs, un coquet domaine normand de 367 hectares dans l'Eure, le petit Alexandre mène une enfance

---

40. *Dans le secret des princes*, Stock.

indolente entre sa mère, qui lui apprend l'anglais, et un régisseur, qui tente de le faire monter à cheval. Ses parents renonceront à le scolariser et ses études se borneront à quelques mois passés dans la fameuse école des Roches, au terme desquels il échoue à son baccalauréat. En 1939, ce fils de bonne famille cherche à s'engager dans un peloton d'E.O.R. au 19e dragons de Dinan, mais il est refusé. Il rentre alors au château.

Sa mère se réfugie bientôt à Tanger, au Maroc. Alexandre la rejoint en 1942 en passant par l'Espagne. De là il se rend à Alger, où il impressionne, par un anglais impeccable, le général américain Gruenther, qui le recommande au futur maréchal Juin. C'est ainsi que le lieutenant-interprète de Marenches fera la campagne d'Italie aux côtés du grand soldat. A la fin de 1945, démobilisé, Alexandre est mis en demeure de régulariser sa situation. On lui propose de suivre l'école de cavalerie de Saumur, pour y apprendre le métier d'officier. Le comte refuse. Il préfère se lancer dans un juteux commerce d'automobiles et la fabrication d'incinérateurs d'ordures ménagères.

La grande purge des services secrets

1970. De Marenches — très préoccupé, nous l'avons vu, par son salaire — va soudainement décapiter la direction du SDECE. Cette grande purge est tout simplement homérique et restera à jamais gravée dans les annales des services secrets. En quelques heures il vide Mortier de la quasi-totalité de son état-major, et ce sans aucun motif sérieux. Parmi les exclus, on relève les noms du colonel Beaumont, de Jacques Hervé, de Benoît Jeantet, de Gallot, de Bauchet, de Paul Durand, du médecin Michel Boomelaer, de Jean Violet, dont nous avons pourtant relaté les succès, tous respectivement chefs de la recherche, du contre-espionnage, des opérations spéciales, des services techniques, du personnel militaire... Puis André Devigny, patron du service Action, ancien résistant, l'auteur célèbre du film *Un condamné à mort s'est échappé*[41], s'en va à son tour mais cette fois de son propre chef :

> « Le général Jacquier m'avait appelé en 1964 au SDECE pour remettre de l'ordre dans le service Action me laissant carte blanche. Je trouvai un organisme profondément secoué par les affaires d'Algérie, disposant d'un personnel pléthorique, souvent incompétent, divisé et indiscipliné. N'allant pas jusqu'à le dissoudre, ce que j'envisageai un moment pour le rebâtir sur des bases nouvelles, j'écartai environ 800 réservistes et honorables correspondants de ce service

41. Il écrivit l'ouvrage *Je fus ce condamné* en 1978 aux Presses de la Cité.

Action (qui s'organisèrent d'ailleurs en association de défense) pour ne conserver et recruter que des cadres aux qualités morales et professionnelles indiscutables, ayant une très haute notion des règles de tenue et de discipline militaires. Le mérite de ce redressement ne revient donc bien évidemment pas à M. de Marenches qui hérita d'un service en ordre apte à toutes les missions avec des unités basées à Cercottes, Ajaccio et Evreux, d'un très haut niveau. »

Le général Devigny évoque ensuite son propre départ :

« Si je quittai le service Action, ce n'est pas en raison de mon âge, j'avais cinquante-cinq ans, mais parce que les méthodes employées par la nouvelle direction me choquèrent profondément ; en effet, la manière dont M. de Marenches expédia en quelques minutes sans explication de remarquables officiers (Gentet, Durand, Beaumont, Boomelaer, etc.) m'apparut comme le règlement des comptes personnels de Didier Faure-Beaulieu[42] qui jusque-là, chacun pouvait s'en rendre compte, ne s'était pas manifesté au SDECE par un zèle particulier et une grande compétence. Dans un autre domaine, le rattachement du service Action à la direction du renseignement constituait une grave erreur technique, n'ayant en réalité comme objet que de rejeter la responsabilité du directeur général à un échelon inférieur. De plus, je me trouvais de ce fait sous les ordres de subordonnés, les colonels Richard puis Lacaze, pour lesquels je n'éprouvais pas une grande sympathie. Sacrifiant ma fin de carrière, je m'en allais plein de fierté, mais aussi rempli d'amertume et d'inquiétude[43]. »

Les craintes du général Devigny sur ces responsabilités diluées se trouvèrent d'ailleurs confirmées ; les colonels Richard et de Marolles (le nouveau responsable du SA) seront par la suite écartés, après qu'on les aura tenus pour responsables d'opérations qui avaient échoué. L'époque où les chefs de nos services secrets, comme le général Grossin, offraient immédiatement leur démission en cas d'échec de leurs collaborateurs, était bel et bien révolue. Un spécialiste du contre-espionnage commente ainsi la réorganisation du SDECE à laquelle s'est livré de Marenches : « On aurait voulu saborder les renseignements français, on n'aurait pas fait mieux. » De son côté, Jean François-Poncet, secrétaire général de l'Élysée sous Giscard, dira à propos du service dirigé par de Marenches : « Quatre-vingt-dix-neuf fois sur cent, les papiers que me transmettait ce service n'avaient aucun intérêt. »

Chez les civils, le climat n'est pas meilleur. Trois employés du Groupement de contrôle radio-électrique (GCR), chargés d'intercepter les communications, se suicideront à la suite de dépressions nerveuses. D'autres seront torturés par les services de sécurité. Georges Blanc, chef de la section du GCR à Berlin et qui refusait le

42. Note de l'auteur : le directeur de cabinet de De Marenches.
43. Lettre du général André Devigny aux auteurs de *La Piscine*.

rattachement de son service au SDECE, est sommé de quitter le logement qu'il occupe dans cette ville. Il ne le supporte pas et, le 27 août 1976, on le retrouve pendu à l'espagnolette de sa fenêtre. De 1976 à 1978, plusieurs fonctionnaires du SDECE dont Maurice Clément, chef d'études au contre-espionnage, ou Roger Duvernois, chef d'instruction au SDECE, sont victimes de sévices dans la prison particulière des Tourelles.

Un ami de Hassan II et de Saddam Hussein

Le comte de Marenches, lui, voyage beaucoup. Particulièrement dans les pays arabes. S'il bénéficie des conseils judicieux du professeur au Collège de France Henri Laoust, islamologue réputé, ancien directeur de l'Institut français d'études arabes de Damas et ex-directeur de la *Revue d'études islamiques*[44], Alexandre le féodal aime surtout braconner en solitaire. A son instigation est créé le 1er septembre 1976 le « Safari Club », qui regroupe le sheik Kamak Addam, responsable des services spéciaux saoudiens, le général Nematollah Nassiri, patron de la SAVAK iranienne, Ahmed Dlimi, patron du service secret d'Hassan II et l'Égyptien El-Amma, du Moukhabarat. De Marenches rend régulièrement visite au roi du Maroc, à celui d'Arabie Saoudite et avant tout au président irakien ; monarques et président dont il se vante, dans son livre, d'être devenu le familier, l'ami, le confident. Informe-t-il cependant le gouvernement français de ses contacts ? Pas toujours...

> « Dès 1975, écrit Yves Cuau[45] directeur de rédaction de *L'Express*, et familier des services secrets français, de Marenches se rend à Bagdad et commence à utiliser les services d'une mystérieuse société suisse baptisée "Atlas" pour les premières livraisons de matériel sensible. Marenches deviendra un conseiller fort écouté du président irakien. Détail peu connu : il assiste à Bagdad, à la fin des années 70, à un exposé de Saddam Hussein devant un parterre très restreint de diplomates bien choisis. Saddam l'installe à côté de lui, sur l'estrade, au déplaisir évident de l'ambassadeur d'Union soviétique. »

Plusieurs de ses collaborateurs feront remarquer à cette époque qu'il ne leur semblait pas très normal qu'un patron des services

44. Le remarquable ouvrage d'Henri Laoust, *Les Schismes dans l'islam*, Payot, 1965, commence au lendemain de la mort de Mahomet et nous conduit jusqu'à nos jours. Les quatre premiers successeurs du Prophète furent poignardés y compris son gendre Ali qui eut le triste privilège d'être le premier à ordonner de brûler des hérétiques. Nul doute que cette monumentale fresque sur les califats et les sectes dont la plupart existent encore aujourd'hui permit à de Marenches de mieux comprendre le monde islamique.
45. *L'Express* du 21 septembre 1990.

français travaille pour d'autres chefs d'États. C'est qu'on voit très rarement à Paris cet homme qui n'a que mépris pour les affaires courantes. Il tient, comme on dit dans le jargon des "spéciaux", le service "rênes longues" ; très longues... On se souvient encore de la gaffe du comte dans l'affaire des archives de la Gestapo. Le SDECE aurait, selon ses dires, répugné à les exploiter. Ivres de colère, les colonels Bernard et Paillole, ainsi qu'Henry Frenay et Jacques Chaban-Delmas avaient dénoncé à l'époque le gros mensonge de De Marenches. Ses fréquentations de salon, ses fameuses relations personnelles n'ont d'autre part pas toujours l'efficacité escomptée. Le journaliste Jacques Derogy a raconté[46] comment de Marenches s'était fait proprement intoxiquer en 1980, à propos des bombardements iraniens en Irak. Il les avait à tort attribués à Israël, dans une note personnelle à Chirac, le Premier ministre du moment. Alors qu'il était président, Giscard avait également été frappé par la puérilité, voire la naïveté des exposés géopolitiques du comte sur « la poussée soviétique vers les mers chaudes » ou « le problème de l'émigration mexicaine aux États-Unis ».

> « Georges Pompidou, avec qui j'ai entretenu à partir de 1969 des rapports plutôt amicaux, m'a toutefois déçu, confessera plus tard l'écrivain Philippe de Saint-Robert[47]. L'une des raisons fut justement la nomination d'Alexandre de Marenches. D'abord il est sans précédent de désigner à la tête des services secrets d'un grand pays un homme lié familialement, comme l'était M. de Marenches, à une autre grande puissance. Ensuite, l'état d'esprit, les opinions personnelles, les fantasmes politiques de ce dernier se trouvaient précisément correspondre à ce que les liens que je viens de dire pouvaient faire craindre. Ainsi, pendant près de dix ans, les services secrets français ont repris leurs liens privilégiés avec la CIA, de telle sorte que, par exemple, toute la politique poursuivie par la France au Proche-Orient se trouvait non seulement dépourvue de toute couverture sérieuse, mais livrée à toutes les interventions ponctuelles qu'il plaisait à ces services étrangers d'opérer en France. C'est Georges Pompidou lui-même qui me confia un jour que l'assassinat à Paris de Mahmoud Hamchari, qui représentait l'OLP, était le fait des services secrets israéliens et que notre police avait laissé filer les "gentils organisateurs". Mais il ne se demanda pas comment c'était possible. »

Lorsqu'il quittera le service, le comte se reconvertira dans les affaires en Arabie Saoudite. Il prévoyait la construction d'un pipeline géant qui, de la mer Rouge au Sénégal, devait acheminer l'énergie du Moyen-Orient, et notamment le gaz du Qatar. Plusieurs experts avaient pourtant fait remarquer qu'il s'agissait de géopolitique purement théorique, que les gouvernements concernés ne contrôlaient pas toujours leurs territoires et que l'opération était irréalisable. C'est ainsi que Ryad, d'abord séduite, allait bientôt

46. *Israël ultra-secret*, Robert Laffont.
47. *Cf.* l'article de Claude Picant dans L'Humanité du 3 décembre 1971.

regretter les sommes énormes qu'elle avait investies dans cet ubuesque projet.

Le trafic Delouette : une affaire fabriquée

Le 4 avril 1971 au matin, une jeune douanière stagiaire découvre 44 kilos d'héroïne pure, en fouillant un camping-car de marque Volkswagen. Nous sommes à Park Elizabeth dans le New Jersey, où le véhicule a été acheminé grâce aux soins de la compagnie Pacific Intermountain Express.

Le lendemain, un certain Roger Delouette, arrivé la veille à New York par le vol TWA 803, vient réclamer la voiture. On l'arrête immédiatement. Delouette commence par nier, puis il affirme qu'il est tombé dans un piège.

De source officielle américaine, on laissa d'abord entendre que c'était grâce à un coup de téléphone anonyme que l'on avait fouillé le véhicule puis découvert la drogue. Mais bientôt, on publia un virulent démenti[48] à cette affirmation.

Au procureur fédéral Herbert J. Stern qui l'interroge, Roger Delouette confie enfin qu'il est un agent du SDECE, et que son chef, le colonel Fournier, l'a chargé d'une mission de trafic de drogue pour le compte des services secrets français. A l'appui de ses dires, il exhibe son laissez-passer spécial, et donne des points de repère. Il ajoute, enfin : « Je devais remettre cette drogue à Harold Macnab du consulat de France à New York. »

Le colonel Fournier existe bel et bien. Il a la responsabilité du poste de Paris, autrement dit du Service 6 du SDECE, chargé principalement des « honorables correspondants ». Trop contents, les Américains accusent la France. A Paris, le gouvernement panique. Alexandre de Marenches, lui, ne fait rien, absolument rien pour défendre les services secrets français. Alors le service est témoin d'odieux règlements de comptes. C'est ainsi que dans le cabinet du juge Roussel le capitaine Paul Santenac, de la base de Paris, déclare : « Le 23 novembre 1971, le colonel Pierson (également de la base 6), m'a raconté ce qui suit : il avait assisté à une réunion de préparation du financement d'une opération sur les USA. D'après M. Pierson, dans cette réunion Jacques Beaumont, le directeur de la Recherche, avait passé en revue différents moyens de financements, parmi lesquels : la drogue, la fausse-monnaie et le réseau de call-girls. Le colonel Pierson m'a dit alors formellement qu'il avait été question de drogue ; je précise que le colonel Pierson m'a dit tout cela en présence de Claude Pradier. » On apprendra

48. *Bulletin d'information sur l'intervention clandestine*, publié par l'Association pour le droit à l'information (ADI).

plus tard que ces attaques contre Beaumont étaient totalement infondées... mais le mal était fait.

Suite à cette affaire, Michel Debré se verra même obligé d'intervenir à la tribune du Sénat contre Pierre Billotte et Jacques Soustelle lorsqu'ils exigeront la dissolution du SDECE.

En fait, si Roger Delouette a bien appartenu au SDECE, il n'en fait plus partie au moment de l'affaire. Il était entré en 1968 au Bureau de développement et de production agricole (BDPA), dirigé par le colonel Barberot (une des nombreuses couvertures du SDECE pour ses missions à l'étranger, notamment à Cuba où Roger Delouette sera envoyé comme ingénieur agronome). Il en avait été évincé le 6 mars 1970.

Que recouvrait donc ce ténébreux trafic ? Ce n'est que beaucoup plus tard, au moment de sa libération, que Roger Delouette confiera à ses proches qu'il avait tout inventé : « Un ami m'avait dit : "Si jamais tu te fais piquer par les Américains, dis-leur que c'est le SDECE qui t'envoie en mission, que tu travailles pour le compte de ton patron le colonel Fournier. Là-bas, ils seront tout disposés à te croire."[49]. » Le conseil s'était révélé judicieux. Pendant que la CIA déstabilisait ainsi le gouvernement français et ses services secrets, Roger Delouette, lui, bénéficiait de la peine minimum ; cinq ans dans une ferme-prison dont il deviendra vite le sous-directeur.

Les filatures féminines de l'opération Aquarium

Chaque jour, en ce printemps 1975, d'innocents passants photographient (à l'aide de valises qui dissimulent les appareils), des employés du Colonel-Fabien, le siège du Parti communiste français à Paris. On tire de ces photographies une manne de renseignements, tels que : « La Peugeot 504 X... appartient à Y... demeurant rue Z... Paris 18e. Son nom n'apparaît pas dans l'annuaire. Prière de vérifier s'il habite là. Description de l'immeuble et nombre d'appartements. Identité des voisins. » Autre cas de figure : « La blonde, secrétaire de X..., voyage en 1re classe, change de métro à Stalingrad jusqu'à gare d'Austerlitz et ensuite va vers le quai B, direction Orly ou Brétigny. La blonde est actuellement occupée à lire le livre X... écrit par Z... »

Dans le même temps, des gérants ou des propriétaires de biens immobiliers reçoivent des lettres à en-tête émanant de diverses firmes étrangères où il est indiqué que : « Notre société cherche à acheter ou à louer des pavillons dans les proches banlieues de plusieurs capitales européennes : ces habitations sont destinées à

49. Confidence faite au journaliste Philippe Bernert.

être occupées par des cadres envoyés en stage de perfectionnement ou de recyclage à l'étranger. Un de nos délégués a remarqué qu'un petit pavillon vous appartenant et situé rue X... à Z..., était inoccupé. Pouvez-vous nous faire savoir le plus tôt possible si cette habitation est à vendre ou à louer ? »

Ailleurs, non loin du métro Abbesses, dans un appartement, des hommes s'entraînent à des exercices de mémorisation, suivent des cours pratiques de filature avec projection de films sur le thème « Pourquoi lutter contre le communisme ? ».

Fiction ? Pas du tout. Pendant toute cette année 1975, la CIA opère à Paris comme si elle était chez elle. Sur ses fiches, on apprend par exemple que le chauffeur de Georges Marchais s'apprête à quitter sa femme et qu'il serait bon de l'approcher. Les agents américains s'intéressent également à Paul Laurent et aux fréquentations féminines de Jean Kanapa, le responsable, au PC, des Affaires étrangères. Mais un jour le service de sécurité du Parti a vent de l'affaire. Gaston Plissonnier, véritable patron du Parti, prend alors le dossier en main et son service d'ordre parvient à s'emparer de quelques agents américains. Ces derniers vont, après quelques pressions, grâcieusement fournir aux communistes leurs rapports de filature. Alain Guérin, le journaliste vedette du Colonel-Fabien, écrira plus tard[50] combien il a été surpris des méthodes de « séduction » employées par la CIA. De « séduction » voire de chantage. « Cheveux noirs teintés de reflets roux-violets, visage allongé, traits très fins, genre Saint-Germain-des-Prés, porte toujours des jupes mi-longues... », est-il écrit dans l'une de ces notes. Autre rapport : « Cette jeune fille n'a pas d'alliance, seulement une bague avec une perle à l'annulaire de la main gauche. Fait important : les rideaux de la pièce qui semble être la chambre à coucher sont d'un modèle à festons que l'on remarque fréquemment dans certains bars de joyeuse compagnie. » Suite à des rapports de ce type les play-boys de la CIA entreront en scène. Ils iront même jusqu'à offrir 10 000 francs mensuels à leurs informatrices.

Le service de sécurité communiste saisira encore sur plusieurs agents américains et leurs contacts ainsi que des numéros de téléphone. A quoi correspondent-ils ? Il l'ignore. Mais jouant sur les vieilles amitiés nées de la Résistance, l'entourage de Gaston Plissonnier contactera la Sécurité militaire et le SDECE pour l'apprendre. A l'insu de leur patron, le comte Alexandre de Marenches, partisan d'une collaboration toujours plus poussée avec la CIA, les services secrets français se feront alors un plaisir d'indiquer aux communistes qu'il s'agit des numéros confidentiels du consulat des USA situé rue Saint-Florentin à Paris.

Lorsque Alain Guérin révèle enfin la scandaleuse affaire en n'omettant pas de préciser que tous les agents impliqués dans

50. *Cf.* l'article très documenté publié par Alain Guérin, auteur par ailleurs de très nombreux ouvrages sur l'espionnage, dans *L'Humanité* du 16 février 1976.

l'opération Aquarium sont en plus régulièrement soumis au détecteur de mensonge — à la CIA c'est une règle — dans un grand hôtel du quartier des Tuileries et dans un appartement proche de la Motte-Picquet-Grenelle, cela devient une affaire d'État. On est loin de l'époque où le général de Gaulle avait pris ses distances avec les États-Unis. Georges Pompidou, avec la nomination d'Alexandre de Marenches, avait initié une politique inverse et mis en place une tendance atlantiste qui allait encore se renforcer avec l'arrivée au pouvoir en 1974 de Valéry Giscard d'Estaing. Mais pour l'heure, le ministre de l'Intérieur, Michel Poniatowski, n'a guère le choix. Cette tentative d'ingérence américaine est par trop grossière. En conséquence plusieurs dizaines d'agents de la CIA appartenant au consulat ou à l'ambassade de Paris sont priés de quitter le territoire dans les plus brefs délais.

Giscard d'Estaing exige la tête du colonel Kadhafi

Le 27 juin 1980, à 20 h 59 exactement, un DC9 appartenant à la compagnie italienne Itavia s'écrase en mer tout près de l'île d'Ustica au large des côtes siciliennes : 81 personnes périrent lors de ce terrible accident. Première certitude : c'est un missile militaire qui a détruit l'avion. Sur ce point les expertises sont formelles. Les policiers découvrent ensuite que tous les enregistrements radar de la trajectoire aérienne du DC9 ont été falsifiés. Raison de cette gigantesque bavure : le colonel Kadhafi aurait dû emprunter à la même heure cet itinéraire pour se rendre à Varsovie. Mais il avait brusquement changé d'avis...

L'attentat est-il imputable aux services secrets français ? Au premier regard, on pourrait le croire. Le SDECE avait à plusieurs reprises, les années précédentes, tenté de supprimer le colonel Kadhafi. Dans son livre de Mémoires, l'ancien président Valéry Giscard d'Estaing révèle que l'un des quatre secrets livrés à François Mitterrand lors de la passation des pouvoirs en 1981, concernait précisément Kadhafi[51]. En 1977, le président égyptien Sadate, qui détestait son voisin libyen, avait confié à Giscard qu'il préparait quelque chose pour le mois de mars. La France encouragea vivement cette entreprise par l'intermédiaire de René Journiac, le conseiller aux Affaires africaines. Mais selon Giscard, visiblement déçu, les Américains auraient finalement dissuadé Sadate de mettre son projet à exécution. « J'ai regretté le renoncement à cette opération, confesse-t-il aujourd'hui, car un changement de régime en Libye eût été profitable à l'Égypte et à l'Afrique. Il aurait permis de faire l'économie de la crise sanglante que le Tchad allait traverser. »

51. *Le Pouvoir et la Vie*, 1988, éditions Clé 12.

Ce que ne dit pas en revanche l'ancien président français, c'est que le SDECE tentera bien, l'été de la même année 77, de renverser le colonel. En relation avec le Renseignement égyptien, les services français fonderont au Caire le Rassemblement national démocratique de Mahmoud El-Moghrebi, qui lancera quelques actions de commandos à la frontière égypto-libyenne. C'est un échec. Début 1980, le colonel de Marolles, ancien chef du service Action, devenu directeur du Renseignement, reçoit à nouveau le feu vert de l'Élysée, après plusieurs entretiens personnels avec Giscard d'Estaing, pour de nouvelles opérations. Il s'agit encore de fédérer divers mouvements d'exilés libyens en même temps que de former une résistance intérieure composée de militaires en délicatesse avec le régime. Le 5 août 1980, la garnison de Tobrouk, dirigée par le commandant Driss Chehaibi, se soulève. Dans *La Lettre d'Afrique*, le journaliste Michel Lambinet, très au fait de l'activité des services secrets français, est le premier à offrir une version détaillée de l'affaire : « L'événement le plus grave a eu lieu à Tobrouk, le 6 août, lorsque la 9e Brigade s'est soulevée. L'objectif était bien entendu l'élimination du colonel Kadhafi. L'opération aurait été menée par le chef du service Action des services spéciaux libyens, le commandant Driss Chehaibi. Le plan des rebelles était de prendre Tobrouk, puis Benghazi après avoir obtenu le ralliement des grandes tribus bédouines du Sud et enfin de marcher sur Tripoli pour s'emparer du pouvoir. L'opération échoua car un des conjurés alerta Tripoli[52]. » A la suite de cette débandade, le colonel de Marolles, rendu responsable de l'échec par de Marenches et Giscard, fut limogé.

L'amiral Fulvio Martini écrit au préfet Silberzhan

L'attentat d'Ustica, commis un mois plus tôt, entre-t-il dans cette longue série de complots contre Kadhafi ? En décembre 1990, l'hebdomadaire italien *Panorama* accusera nommément sur quatre pleines pages les services secrets français. Un mystérieux témoin, le légionnaire Giolo Sinotto (de son vrai nom Guglielmo Sinigaglia), matricule 155666, affirmera avoir participé à la destruction du DC9 à bord... du porte-avions *Foch* et à l'aide d'une escadre de Mirage. Un récit coloré et hautement fantaisiste. Renseignements pris, Sinotto s'est bien engagé dans la Légion le 5 novembre 1975, avant d'en déserter moins d'un an plus tard, le 16 août 1976. Il n'a d'autre part jamais appartenu comme il prétendra au GOL (Groupement opérationnel de la Légion) qui opère à partir de la Corse.

Après l'accident, les Américains — cette zone étant le terrain

52. Numéro 35 du 4 septembre 1980.

privilégié de la VIe flotte — furent chargés d'examiner la boîte noire. L'expertise, comme de bien entendu, ne donna rien. Dans les jours qui suivirent le drame, on nota également sur place les nombreuses allées et venues des nageurs de combat britanniques (SAS), ainsi que la présence de la société française Ifremer, très liée aux services secrets français, chargée de récupérer l'épave du DC9. A ce propos précisément, l'amiral Fulvio Martini, chef du SISMI (services secrets italiens), écrivit au début de l'année 90 à son collègue Claude Silberzhan, patron de la DGSE, la nouvelle appellation, rappelons-le, du SDCE. Dans cette missive jamais rendue publique, l'amiral s'étonne que la société Ifremer ait laissé en mer une partie de l'appareil. Il s'agissait précisément de la partie touchée par l'explosion du missile, et dont l'expertise aurait pu fournir une preuve irréfutable de la nationalité de ce dernier. Le président de la commission d'enquête parlementaire italienne, El-Gualtieri, déclarera à ce propos : « Quand nous avons interrogé le chef du service secret militaire italien, Pascuale Notarnicola, il nous a répondu textuellement : “La vérité a été laissée au fond de la mer”[53]. »

L'amiral Fulvio Martini demandera aussi au préfet Silberzhan s'il n'a pas trouvé trace dans les archives du SDECE d'une correspondance entre Santo Vito, chef du SISMI à l'époque, et de Marenches, alors patron du SDECE, dans les semaines qui avaient suivi le drame d'Ustica. Dans la réponse qu'il rédigera à l'attention de son homologue italien, Claude Silberzhan tentera de disculper ses services. Sans beaucoup convaincre. « Je lui ai répondu honnêtement sur ce que je savais. Mais j'ai bien senti qu'il resterait, à propos de cette affaire, des séquelles[54]. »

Pour cet attentat, les grands services occidentaux, la CIA, le MI 6, la DGSE, ont été solidaires. Ce sont en vérité les Américains, si l'on en croit les confidences faites par plusieurs responsables des services à l'auteur, omniprésents en Méditerranée, et seuls à posséder un avion radar Awacs, du type de celui qui surveillait ce 27 juin les opérations au large de la Corse, qui ont abattu par erreur le DC9, laissant ensuite à leurs partenaires européens le soin de les couvrir.

Pierre Marion négocie avec Rifaat el-Assad

En 1982, une vague d'attentats terroristes secoue la France. Aussitôt, Pierre Marion, le nouveau patron de la DGSE (nouvelle appellation du SDECE), nommé par François Mitterrand en 1981

53. Hebdomadaire *Politis* n° 107.
54. Entretien avec l'auteur.

sur les conseils du ministre de la Défense Charles Hernu, envoie une équipe au Liban. Elle est composée d'une vingtaine d'agents environ, dont plusieurs du service Action, et a charge d'identifier les états-majors des commandos terroristes qui opéraient alors en France. « On est parvenu, confiera à l'auteur un important responsable du SDECE, à des résultats tout à fait spectaculaires. D'abord, on a réussi à détecter les agents "dormants" qui recevaient des armes par voie diplomatique. On a également repéré les individus qui organisaient les passages aussi bien en Suisse, en Italie, en Espagne qu'en Belgique. La plupart ont été identifiés. Enfin, on a pu repérer plusieurs immeubles servant de PC au groupe Abou-Nidal. »

Fort de ces renseignements, le 17 août 1982, Pierre Marion se rend à l'Élysée pour rencontrer François Mitterrand et lui proposer des actions de représailles. Il racontera plus tard la scène. « Le Président n'est manifestement pas de bonne humeur, le visage est tendu, la poignée de main froide, l'œil particulièrement distant. Je l'avertis que je ne souhaite lui parler que du terrorisme et des actions que j'ai à lui proposer. Il me coupe avant que j'aille plus loin. Il a quelques phrases où il fustige l'absence de coopération et de résultats[55]. Il me dit qu'il a été contraint de mettre en place de nouvelles instances en qui il a confiance pour progresser. Il me demande d'être bref. Je suis pris de court. Je ne puis développer l'argumentation que j'avais préparée et espérais discuter avec lui. Je dois me borner à énumérer les progrès que nous avons faits dans nos renseignements sur les organisations terroristes, en particulier sur Abou Nidal, et sur leurs réseaux de soutien en France et dans les pays limitrophes. Son visage et le mouvement de ses mains trahissent une irritation mal contenue. Lorsque je lui propose la neutralisation des cinq agents de soutien en France, il refuse sans explication. Je suggère alors une intervention dans les pays limitrophes en soulignant qu'elle éviterait d'impliquer les autorités légales françaises. Il refuse de nouveau. L'entretien est terminé[56]. »

Toutefois quelques jours plus tard, Pierre Marion obtiendra par l'entremise de François de Grossouvre[57] et lors d'un nouvel entretien avec Mitterrand l'autorisation de négocier avec Rifaat el-Assad, le frère du président syrien, qui, de toute évidence, manipule le groupe terroriste Abou Nidal. Le SDECE prend parallèle-

55. Note de l'auteur : avec la DST notamment.

56. Pierre Marion, *La Mission impossible*, Calmann-Lévy.

57. En 1981, François de Grossouvre, intime de François Mitterrand depuis toujours, est désigné comme chargé de mission à l'Élysée pour s'occuper du SDECE et des affaires de renseignements. Bon connaisseur du Proche-Orient, il effectue plusieurs voyages « discrets » en Syrie et au Liban. Pour l'Élysée, il se rendra également au Maroc, en Corée (où il prône le rapprochement des deux Corée) ou au Pakistan pour des missions secrètes dont il ne rend compte qu'à François Mitterrand. En 1983, il « calmera » le président gabonais, Omar Bongo, ulcéré par la parution du livre de Pierre Péan *Affaires africaines* et qui voudrait lancer une action punitive contre l'auteur. En 1992, il se rendra auprès d'Hassan II pour tenter d'atténuer la colère du roi contre Gilles Perrault, qui vient d'écrire *Notre ami le roi*. Editions Gallimard.

ment contact avec Arafat, le dirigeant palestinien, et avec son service de sécurité.

Dans son livre de mémoires, Pierre Marion racontera l'étonnante rencontre : « Nous approchons de la fin du dîner et il faut conclure ; je pense que le moment est mûr et que le soudain changement de conversation est de très bon augure. Je m'arrête quelque temps de parler, puis, dans un silence lourd, en fixant les petits yeux cruels : "Excellence, vous allez maintenant prendre l'engagement solennel de faire mettre un terme aux attentats d'Abou Nidal en France, ou contre des personnes ou des intérêts français". Je ne le quitte pas des yeux. Je ne sais comment il va réagir. Il hésite quelques instants, puis il s'exprime soudain d'une manière radoucie tout en se levant et en me tendant la main à travers la table : "Oui je m'y engage. Vous pouvez compter sur ma parole. Abou Nidal n'agira plus contre vous." Et effectivement le champ de l'action terroriste d'origine syrienne se déplacera hors de France... mais pas hors d'Europe. Quelque temps plus tard, le groupe d'Abou Nidal exécutera l'adjoint d'Arafat à Lisbonne.

Opération Satanik

La volonté toujours réaffirmée de Paris de poursuivre ses expérimentations nucléaires aura, en 1984, des conséquences inattendues. A la fin de cette année, le 2ᵉ Bureau de Mururoa fait parvenir à la DIRCEN (Direction du centre des expérimentations nucléaires) un rapport très alarmiste concernant les intentions d'un groupe d'écologistes. Ce dernier, largement infiltré par le KGB, s'apprêterait à monter une action provocatrice de grande envergure. Il s'agirait pour lui, à l'aide de quatre Zodiac rapides, de débarquer des éléments civils sur les atolls français de Mururoa et de Fangatofa, en particulier des indépendantistes polynésiens. Ceux-ci se déclareraient ensuite irradiés. On déclencherait alors une vaste campagne de sensibilisation de l'opinion publique, en Australie et en Nouvelle-Zélande, qui ne manquerait pas par ailleurs de réjouir les États-Unis contre le mauvais élève français de l'Alliance Atlantique.

Mercredi 10 juillet 1985. Le *Rainbow Warrior* (« Le guerrier de l'arc-en-ciel »), un chalutier de 48 mètres acheté par ce groupe, mouille dans le port d'Auckland, en Nouvelle-Zélande. A bord, 25 délégués des équipes Greenpeace mettent au point les derniers préparatifs pour leur prochaine campagne contre les essais nucléaires français dans le Pacifique Sud. A 23 h 50, une violente déflagration retentit dans le port. « Il y a eu une première explosion très forte, raconte Peter Wilcox, le pilote du bateau, nous avons juste eu le temps de débarquer. C'est à ce moment que nous nous sommes rendu compte qu'il manquait un membre de notre équipe. Fernando Pereira, le photographe portugais, venait de plonger pour tenter de récupérer son matériel, c'est la seconde explosion qui l'a tué. »

Les dégâts dans la coque sont considérables. Deux bombes de 20 kilos ont été placées à tribord sur la partie extérieure du bateau, à hauteur de la salle des machines. Une technique que les services secrets français connaissent bien depuis la guerre d'Algérie. Le surintendant Alan Galbraith, chef de la Criminal Investigation Branch, la police criminelle néo-zélandaise, ne s'y trompe pas : « C'est un véritable travail de professionnel », dit-il.

Mais dès le lendemain du crime, les vigiles du port apportent à la police un intéressant témoignage : deux heures avant l'explosion, ils ont aperçu deux hommes arrivant à bord d'un Zodiac. Peu après ils ont vu ces derniers charger leur matériel de plongée à bord d'une camionnette Toyota garée le long de la baie. Les vigiles ont même pu relever son numéro : LB 8945. Grâce à ces indices, Galbraith progresse assez vite. La Toyota a été louée par un couple de touristes suisses, Alain-Jacques et Sophie-Claire Turenge. A 9 h 00 du matin, le 12 juillet, ils sont arrêtés. Pour preuve de leur bonne foi, les Turenge exhibent deux passeports suisses (n° 3024838 et 3024840) parfaitement en règle. Mais Galbraith demande à Interpol de vérifier les papiers : ce sont des faux, parfaitement imités, comme seules savent le faire les grandes centrales de renseignements.

Sophie-Claire a également appelé un « numéro de secours » à Paris (48 84 68 79). Un numéro qui intrigue fort les policiers néo-zélandais qui demandent à leurs confrères de Paris de l'identifier. On leur répond qu'il s'agit d'une antenne militaire au fort de Romainville, l'un des fiefs du service Action de la DGSE. Que s'est-il passé ? Pierre Joxe, le ministre de l'Intérieur de l'époque, a demandé à François Mitterrand s'il fallait oui ou non collaborer avec la Nouvelle-Zélande. Le président n'y a pas vu d'objections. De ce fait, Alan Galbraith soupçonne maintenant le couple d'appartenir aux services secrets français. On apprendra d'ailleurs bientôt la véritable identité des époux Turenge : il s'agit en fait du capitaine Dominique Prieur et d'Alain Mafart, le numéro 2 de la base des nageurs de combat d'Aspretto. C'est la police française qui identifiera également le capitaine Christine Cabon qui, sous le pseudonyme de Frédérique Bonlieu, avait infiltré, avant l'opération, l'organisation Greenpeace. Se faisant passer pour « une géomorphologiste » passionnée par l'écologie, elle s'était présentée au bureau de Greenpeace à Paris, afin d'obtenir des lettres de recommandations auprès de l'organisation internationale. Le 23 avril, la jeune « scientifique » de trente-trois ans débarque à Auckland. Dès lors, elle ne quitte plus les gens de Greenpeace. Elle s'intéresse à tout. Mais surtout, elle pose beaucoup de questions. Quand va arriver le *Rainbow Warrior* ? Quel va être son trajet ?

Comment loue-t-on un bateau ou une voiture en Nouvelle-Zélande ? « Elle avait une attitude typiquement française, racontera une militante à Frédéric Filloux du *Monde*. Elle passait un temps infini à discuter avec tout le monde et paraissait très convaincue et convaincante. Elle rédigeait beaucoup de rapports sur notre lutte, qu'elle envoyait en France pour, disait-elle, une publication. » Un journal qui n'existait évidemment pas. De la sorte, elle prendra de très nombreuses photographies du port d'Auckland, de la baie, et réunira un incroyable stock de cartes routières et maritimes toutes plus détaillées les unes que les autres. Sa mission terminée, le capitaine Christine Cabon prend, le 24 mai, l'avion pour Tahiti. De là, elle se rend en Israël dans le kibboutz de Pardes Hannah. Mais dès que son nom apparaîtra dans la presse néo-zélandaise, le 26 juillet, elle quittera précipitamment Israël.

Quant au pilote du Zodiac, on apprendra plus tard qu'il s'agissait, sous le pseudonyme de Jean-Louis Dorman, du colonel Louis-Pierre Dillais, gendre de l'ancien ministre des Affaires étrangères Jean François-Poncet et « pacha » à l'époque du centre d'entraînement des nageurs de combat d'Aspretto en Corse. Après l'attentat, le colonel Dillais, pour plus de sûreté, ne quittera pas immédiatement la Nouvelle-Zélande. En « père tranquille », il s'offrira une petite descente de rapides jusqu'à Queenstown et ne s'envolera pour l'Australie que le 23 juillet.

Mitterrand acquiesce de la tête

La police néo-zélandaise s'intéresse aussi à quatre autres Français, Jean-Michel Berthelot, Éric Audrenc, Xavier Maniguet et Raymond Velche ; ils auraient, le 22 juin, apporté les explosifs à bord d'un voilier baptisé *Ouvéa*. Les quatre hommes, qui avaient loué le yacht à prix d'or (70 000 francs) en Nouvelle-Calédonie, ne s'étaient pas embarqués pour une partie de plaisance. L'hiver austral, c'est dur du côté de la mer de Tasman. Ce 22 juin, les rafales de vent du Nord qui s'abattent à 30 nœuds font écumer les vagues hautes de 3 mètres. Passé les récifs et la barre déferlante, le voilier jettera l'ancre dans la minuscule crique de Parangara. C'est un coin perdu au cap nord de l'île d'Auckland, où ne vivent que quelques Maoris qui, ces jours-là, ne sortent guère de leur case et évitent la lande battue par la tempête. Le paysage est désert. Un peu sinistre. Il n'y a évidemment pas de douaniers en vue. Le gros temps empêche les vedettes de l'Inspection maritime de se hasarder dans les parages. La réglementation interdit d'ailleurs d'aborder la Nouvelle-Zélande par cette côte inhospitalière de l'extrême Nord. Un yacht français s'est fracassé sur les rochers au début de l'année. Ce n'est que trois jours plus tard que l'*Ouvéa* et son équipage, qui appartiennent bien entendu aux services secrets français, passent les formalités de douane. Pendant son enquête, Alan Galbraith apprendra qu'ils ont descendu la côte vers le sud jusqu'à Opua. Les gabelous, peu curieux, ne remarqueront rien d'anormal à bord. Ils diront plus tard aux enquêteurs que le système de navigation Satnav, bien que sophistiqué, équipe de nombreux bateaux de ce type. En revanche, ils ont été un peu surpris de constater que la radio de bord était complétée par un émetteur-récepteur à quartz de 8 mégahertz, permettant des liaisons à très longue distance. Les douaniers d'Opua n'ont pas non plus prêté beaucoup d'attention à l'époque à la présence de deux autres Européens, Alain-Jacques et Sophie-Claire Turenge, qui baragouinent un anglais hésitant et se prétendent suisses. Comment les autorités du petit port auraient-elles deviné que leurs passeports étaient faux, fabriqués à Paris pour les besoins d'une mission secrète ? La capitaine Dominique Prieur commettra seulement une légère maladresse au motel du Beach Comb, erreur dont la patronne du lieu se souviendra. Comme elle souhaitait faire une petite lessive, elle lui demandera dans un anglais parfait des explications sur le fonctionnement de la machine à laver. Étonnant de la part d'une touriste qui prétendait n'avoir que de vagues notions de la langue de Shakespeare ! Cette faille sera dûment notée dans le rapport à la police d'Auckland. Les gabelous d'Opua ne découvriront pas en revanche que les documents de voyage des quatre hommes de l'*Ouvéa* — sauf ceux du docteur Maniguet —, des papiers flambant neufs, ne portaient en réalité que des noms d'emprunt.

Voilà ce que *L'Événement du Jeudi* révèle dès le 8 août 1985[58] à propos du sabotage du navire amiral de l'organisation écologiste. L'affaire Greenpeace commence. Dans la nuit qui précède la parution de l'hebdomadaire, François Mitterrand demande une enquête à son Premier ministre, Laurent Fabius. En fait, le chef de l'État feint d'ignorer une opération dont il connaît les grandes lignes. Que s'est-il réellement passé ? A la lecture de la note du 2e Bureau de fin 1984, dont nous avons dévoilé le contenu, Charles Hernu, ministre de la Défense, pique une violente colère. Au printemps 1985, il s'en ouvre au cours d'un déjeuner au général Jeannou Lacaze, chef d'état-major des armées, qui, prudent, le renvoie à l'amiral Lacoste, patron des services secrets. La mission Satanik — le sabotage du navire écologiste — est finalement décidée. Au mois de mai, l'amiral Lacoste rencontrera sur ce sujet François Mitterrand. Le chef de l'État acquiescera de la tête — il n'existe aucun papier écrit sur les opérations très secrètes —, faisant totalement confiance à son ami Charles Hernu. On connaît la suite. Les révélations d'Edwy Plenel dans *Le Monde*, de Jacques Derogy et de Jean-Marie Pontaut dans *L'Express* sur la troisième équipe des nageurs de combat, qui a effectivement posé les bombes, composée

58. Article de l'auteur.

du capitaine Jean-Luc K. et du sergent-chef Jean C., entraîneront la démission précipitée d'Hernu et de Lacoste. Très respectueux des traditions républicaines, l'amiral Pierre Lacoste, qui avait fait, selon les témoignages de plusieurs anciens du SDECE, du « bon travail » au SDECE, notamment en ce qui concerne les réseaux islamistes, refusera toujours de commenter publiquement l'affaire. Au contraire, le capitaine Dominique Prieur deviendra commandant et le commandant Mafart, promu lieutenant-colonel, décoré en 1991 de l'ordre du Mérite, ira bientôt rejoindre la base SDECE de Dakar. Autre récompensé : le colonel Dillais, nommé en juin 1993 chef du bureau réservé du ministre de la Défense, chargé notamment des affaires de renseignement et d'espionnage.

L'affaire Greenpeace, poisseuse à souhait, aura coûté 115 millions aux contribuables français si l'on tient compte du coût de l'opération et des réparations versées à la Nouvelle-Zélande. « Greenpeace ? Le scénario me tombe des mains. Une pure vieillerie, s'exclamera le cinéaste Henri Verneuil, qui avait signé en 1973 *Le Serpent*, un très grand film sur les services secrets. Si j'en faisais un film, les critiques m'engueuleraient. Ils diraient "Verneuil nous a fait du cinéma du début des années 30." Heureusement, dans mon métier, nous sommes des gens beaucoup plus sérieux. »

La 25e image « subliminale »

En juillet 1987, le colonel Moreau, du contre-espionnage du SDECE, fait parvenir une note à ses chefs[59]. « Un rapport du GIC (écoutes téléphoniques) du 27 juillet 1987 fait état de plusieurs conversations téléphoniques internationales entre M. David Wolfson, né le 18 juin 1949 à New York, et un certain nombre de ressortissants étrangers notamment Michael Ledeen, conseiller du président Reagan pour les affaires de terrorisme. (...) Il résulte de l'exploitation du rapport du GIC que M. Wolfson, qui dirige une société de production, "Captain Video", située 57, avenue de la Grande-Armée à Paris, travaille depuis trois mois à la conception d'un générique destiné à la chaîne de télévision française Antenne 2. Ce générique, qui serait au point prochainement, comporterait des images à caractère subliminale représentant le président Mitterrand. Ces images, qui devraient être diffusées pendant la campagne électorale à l'occasion des élections présidentielles de mai 1988, auraient pour objectif de contourner les textes réglementant les temps d'antenne de chaque candidat. (...) Les commanditaires de cette opération ne sont pas identifiés à ce jour mais une manipulation réalisée à l'initiative ou avec le concours de

59. *Cf.* annexes.

ressortissants étrangers n'est pas à exclure. » L'affaire ira en justice et quelques jours plus tard, la CNCL demandera à Antenne 2 de faire cesser le scandale.

L'idée de départ des images subliminales est simple : les Américains, dans les années 50, constatant qu'on projette normalement vingt-quatre images par seconde, avaient imaginé d'introduire une 25e image, que le spectateur ne voit pas mais qu'il enregistre quand même dans son subconscient. Ces ajouts seront baptisés « images invisibles ». Les premières tentatives s'étaient déroulées en septembre 1957, dans une salle de cinéma du New Jersey. La 25e image, « Buvez Coca-Cola », était censée guider les spectateurs. La direction du cinéma avait en effet constaté que la consommation du Coca avait fortement augmenté durant l'entracte. Les publicitaires se ruent donc sur cette trouvaille géniale bien qu'aucun rapport scientifique jusqu'à ce jour ne soit venu conforter la merveilleuse expérience du petit cinéma.

Dans les années 60, Gilbert Cohen-Séat, responsable du centre de filmologie de la Sorbonne, reprendra l'idée à son compte. Chaque mois, les services secrets français versent un million de francs pour ces recherches. Le scientifique promet même au général Grossin, alors patron du SDECE, de « pouvoir transformer, si les résultats se montraient enfin concluants, le plus dur des cégétistes en un doucereux père de famille de sensibilité gaulliste ». Ne voyant toujours rien venir, le général Grossin finit par s'impatienter. Il envoie le médecin-psychiatre de « la boîte », André Morali-Daninos, assister aux fameuses expériences. « Je n'ai vu qu'un grand appartement du 7e arrondissement, totalement vide, avec juste un immense écran. On m'a montré des encéphalogrammes enregistrés sur des spectateurs d'images invisibles, mais je n'ai absolument rien compris aux démonstrations des inventeurs[60] », dira à son retour le psychiatre à Grossin.

A partir de là, le directeur du SDECE tentera de faire cesser les versements, mais ce ne fut pas si simple. Les différents présidents du Conseil qui se succèdent, Bourgès-Maunoury, Félix Gaillard, Pierre Pflimlin, sont tous favorables au projet. Et il faut attendre le retour de De Gaulle au pouvoir et l'arrivée de Michel Debré à Matignon pour que la farce cesse enfin.

La réorganisation du renseignement militaire

Surprise par les mouvements de troupes dans le Sud irakien, la DGSE, dans ses différentes notes remises au gouvernement, n'avait évoqué l'invasion du Koweit, en août 1990, que comme une vague

60. Entretien d'André Morali-Daninos avec l'auteur.

hypothèse de travail. C'est du moins l'impression qu'en garde le ministre de l'Intérieur, Pierre Joxe. Pourtant aussitôt nommé à la tête du ministère de la Défense en remplacement de Jean-Pierre Chevènement, il réclamera l'ensemble des rapports des services secrets français pendant le conflit[61]. De son côté l'amiral Lanxade, responsable du cabinet militaire de l'Élysée, ne conserve pas le meilleur souvenir de cette période. Ainsi en pleine guerre du Golfe, c'est un amiral américain, Philip Dur, qui vient montrer à François Mitterrand les premières photos vraiment « parlantes » de la guerre. Suprême humiliation, il refusera de les laisser au président français. Il faut dire qu'au début du conflit, la DGSE s'était déjà montrée incapable de dresser la liste complète des matériels de guerre vendus à l'Irak, ne serait-ce que ceux qui provenaient de notre pays !

Dans ces conditions, Pierre Joxe décida de réorganiser totalement le renseignement militaire. En deux décrets couvrant moins d'une page du *Journal officiel*, la Direction du renseignement militaire (DRM) était née, avec, comme patron, le général de division Jean Heinrich, et comme adjoints les généraux Claude Chrétien et Marcel Séméria. La DRM, dont le service central est installé à Paris[62], est placée directement sous les ordres du chef d'état-major des armées. Elle chapeaute désormais, outre les 2e Bureaux des armées, l'ancien Centre d'exploitation du renseignement militaire (CERM), le Centre d'information sur le renseignement électromagnétique (CIREM) et le Centre principal du satellite Hélios-France. Le système Hélios prévoit une imagerie de reconnaissance digitalisée, avec une résolution d'un mètre. Les images codées sont ensuite soumises aux stations au sol française de Colmar, italienne de Lecce ou espagnole aux Canaries. L'École interarmées du renseignement et des langues (EIREL), créée précédemment à Strasbourg[63], dépendra elle aussi de la nouvelle Direction du renseignement militaire.

L'initiative est intéressante. Il reste à la rendre maintenant convaincante. « Si les enseignements tirés de la guerre du Golfe ne sont pas étrangers à cette décision, écrira avec raison le colonel Fidel[64], rien n'interdira aux esprits chagrins ou critiques d'affirmer qu'il est plus aisé de prendre un décret sous la pression des événements qu'attribuer opportunément les moyens nécessaires. La possession d'engins perfectionnés, ordinateurs et satellites d'observation, l'existence de réseaux de transmissions sûrs et diffus, et surtout la fascination qu'exercent de tels systèmes, ne sauraient suffire, sans la qualité des agents destinés à ordonner leur recours, diligenter leur emploi et assurer leur fonctionnement[65]. » En

61. *Cf.* article de Frédéric Ploquin et Pascal Krop dans *L'Événement du Jeudi* du 17 octobre 1991.
62. Les bureaux et les archives sont à Creil.
63. *Cf.* annexes.
64. Dans le Bulletin de l'Amicale des anciens des services spéciaux (n° 155).
65. *Cf.* annexes pour le témoignage d'un ancien agent de Berlin.

matière de renseignement, qu'il soit militaire ou non, rien ne remplacera jamais l'homme.

La feinte colère de la CIA lors du Salon du Bourget

La colère de la CIA lors du Salon du Bourget 1993, tendant à démontrer que l'espionnage français minait les industries d'armement américaines, est aussi singulière que puérile. En fait les Américains ne supportent pas que, après s'être fait damer le pion par les Japonais dans le secteur très convoité des composants électroniques[66], les Français viennent maintenant entamer leurs marchés intérieurs militaires. En effet depuis que Thomson a racheté les départements « missiles » et « aviation » de la Ling Temco Vough, tandis que Dassault finalisait son contrat de Mirage 2000-5 avec Taiwan et que l'US Air Force s'équipait de missiles et d'obus antiatomiques français, Paris est devenu la cible privilégiée des grands lobbies des États-Unis. A tout cela il faut ajouter la décision du gouvernement américain de réduire de 7 milliards de dollars le budget annuel de la CIA[67]... C'en est trop ! Et le mécontentement se traduit par une extrême colère, et une très violente campagne antifrançaise menée ces derniers temps outre-Atlantique.

Est-elle pour autant justifiée ? La France espionne-t-elle systématiquement les industries américaines ? La simple enveloppe marron arrivée au siège de la CIA au début du mois de janvier 1993 paraissait bien innocente. Certes, elle contenait des trésors d'informations, des pages entières de documents top secret, la position des États-Unis sur les prochaines négociations du GATT et quelques renseignements sur de hauts fonctionnaires américains. Mais était-ce suffisant pour susciter une telle réaction ? Ce rapport de vingt et une pages, légèrement truqué (il s'agit d'un montage de plusieurs documents regroupés en un seul), datant de 1988 et attribué aux services secrets français — les différents papiers provenaient, nous pouvons le révéler, en effet de la DGSE —, faisait également état d'objectifs à remplir en matière de renseignements économiques. Chez Boeing, il fallait en particulier se préoccuper des alliages composites utilisés pour la fabrication des avions. Chez Bell, on ordonnait aux espions français de tout savoir du développement de l'Osprey-V 22, un type d'avion-hélicoptère. Le questionnaire s'intéressait aussi à la firme britannique Westland, qui devrait produire en coopération européenne l'avion EFA, le concurrent de notre Rafale, et enfin, à la Suisse où les objectifs n'étaient autres

66. Dans ce domaine, les sociétés américaines ne contrôlent que 15 % de leur marché intérieur tandis que les Japonais détiennent 75 % du marché mondial.

67. Un budget qui reste colossal puisque la communauté américaine du renseignement perçoit tout de même 29 milliards de dollars.

que les banques helvétiques ainsi que les groupes industriels Oerlikon (armement), Sulzer et Motor Colombus (machines). D'où venait la fuite ? L'enquête diligentée à la Piscine par le colonel Jacques Boisgarnier, le chef de la sécurité, devait conclure à la « vengeance » de quelque ancien de « la boîte » récemment licencié. Mais s'informer de la concurrence étrangère est — la Maison-Blanche ne peut l'ignorer — le plus vieux métier du monde. Dès 1990, la guerre froide étant terminée, William Webster, à l'époque directeur de la CIA, ne reconnaissait-il pas que son agence donnerait désormais la priorité aux regroupements de renseignements sur les nations rivales afin d'assurer aux États-Unis le maintien de leur suprématie économique et technologique ? « Notre agence, précisait-il alors, cherchera à repérer les tendances, à contrôler les négociations commerciales, à suivre les technologies qui voient le jour et à se tenir au courant de ce que la concurrence fait afin de la confronter ou de la confondre. » On ne saurait être plus explicite.

A la même époque d'ailleurs, les services secrets français décidaient de s'intéresser de plus près au renseignement industriel. Depuis, le petit service économique créé par Pierre Marion, l'ancien directeur de la DGSE, lors de l'arrivée de la gauche au pouvoir s'est considérablement renforcé.

« J'ai personnellement décoré de la Légion d'honneur tous les perceurs de coffres du service "KY" »

« J'ai personnellement décoré de la Légion d'honneur tous les perceurs de coffres du service "KY". Et je sais que tous mes successeurs ont fait de même », dira à l'auteur l'un des anciens patrons de la DGSE. Le « service 7 », qu'on appelait ironiquement « Cinéma et Publicité » pendant la guerre d'Algérie, c'est celui des pilleurs de secrets. Il est depuis toujours chargé d'intercepter, par tous les moyens, les documents étrangers. Il s'appelle aujourd'hui « KY ». Ses agents exercent leurs talents dans les grands aéroports, Orly, Roissy, Nice, comme dans les palaces de Paris ou de la Côte d'Azur. Pendant les escales, de nombreuses valises diplomatiques sont ainsi fouillées. C'est dans une modeste maison, quelque part entre Orly et Cachan, dans le sud-est de Paris, que les experts de « KY » travaillent. « Au cours d'une escale, nous subtilisons la valise, — nous savons que nous n'avons que deux heures devant nous — nous a confié un "ancien". Nos laborantins brisent ensuite minutieusement les sceaux. On défait les nœuds. On replombe et on refait les cachets les plus compliqués. Le tout, bien sûr, sans rien déchirer, ni laisser une marque, une trace. Dans la pièce d'à côté, d'autres agents séparent les documents agrafés, les photographient ou les photocopient minutieusement. » A la DGSE, 80 % des renseignements de première main sont dus à l'ex « service 7 ».

En octobre 1982, la France emportait en Inde, et ce contre toute attente, un énorme marché : la vente de quarante Mirage 2000. Quelques semaines plus tôt pourtant, les Soviétiques avaient consenti des rabais énormes sur un contrat de Mig, rendant leur offre particulièrement alléchante ! Mais Hugues de l'Estoile, le représentant de Dassault, avait bénéficié des prouesses du service « KY ». Les hommes de ce dernier avaient en effet réussi à cambrioler le ministère indien de la Défense à New Delhi et à s'emparer des propositions soviétiques. Les Français avaient pu, alors, adapter leurs propres propositions, n'hésitant pas, il est vrai, à soudoyer au passage quelques hauts fonctionnaires. En Inde, les représentants du KGB prirent toutefois très mal la chose et aidèrent les services de sécurité à mener l'enquête sur ces Français par trop « débrouillards ». Le 18 janvier 1985, le représentant sur place de la DGSE, Alain Bolley, officiellement attaché militaire adjoint à l'ambassade de France, était expulsé. L'ambassadeur Serge Boidevaix quittait, peu après, New Delhi.

Le journaliste conservateur Peter Schweizer reconnaît d'ailleurs aux Français quelques succès de ce genre dans la dernière décennie[68]. En 1981, lors d'une réunion avec les dirigeants d'Air France pour l'amélioration des performances des avions, les cadres américains d'une entreprise de technologie de pointe s'aperçurent que les Français connaissaient déjà la proposition qu'ils venaient leur faire. Stupeur des ingénieurs. Toutefois, les annotations gribouillis en possession des « Frenchies » permirent aux services de sécurité américains de remonter la piste. C'était une femme de chambre travaillant pour la DGSE qui avait subtilisé dans un hôtel le document, l'avait photocopié puis remis à sa place. Les services secrets l'avaient ensuite communiqué à Air France. Interrogée, la compagnie française se refusera à tout commentaire. La « Piscine » dispose en effet de correspondants auxiliaires dans la plupart des grands hôtels parisiens. Elle recrute, de préférence, le personnel qui, se trouvant à l'accueil, à l'étage ou à l'entretien, peut avoir directement l'accès aux chambres des hommes d'affaires de haut rang, et aider à leur filature ou aux opérations d'écoutes clandestines. Ils sont en effet les mieux placés pour savoir si un client est présent ou non, information de première importance au cas où la DGSE voudrait « rendre visite » aux bagages de cet industriel. Un des hôtels particulièrement sujets à ce genre de visites se trouve être l'hôtel Nikko sur le Front de Seine, dans le 15ᵉ arrondissement de Paris. C'est ainsi qu'en avril 1990, des dirigeants de la firme GTE, de retour d'un dîner qui leur avait été offert par leurs hôtes français, découvrirent que des documents très importants avaient disparu de leur attaché-case. La même mésaventure se reproduisit quelques semaines plus tard, pour des cadres d'AT&T. Depuis lors, tous les managers de cette firme en déplacement à l'étranger doivent suivre

68. *Friendly Spies*, Peter Schweizer, Atlantic Monthly Press, New York.

un séminaire d'une demi-journée, organisé par le département de Sécurité. Prudence oblige, les entreprises américaines « sensibles » réservent maintenant les hôtels et les billets de leurs cadres à la dernière minute, afin d'éviter que ceux-ci ne soient pris en filature. En février 1991, il y eut pourtant encore un « casse » dans les chambres des deux patrons de NCR Corporation. Le butin consistait en deux ordinateurs portables qui étaient censés avoir en mémoire des informations de grande valeur. La DGSE n'est toutefois pas la seule à pratiquer de la sorte et à Paris même, la CIA dispose aussi de ces facilités dans plusieurs grands hôtels.

Mais ce n'est pas tout. Les services secrets français purent également assister en direct aux négociations qui eurent lieu au sein de la Communauté européenne. En effet, selon un haut responsable, la DGSE disposait d'une taupe dans la délégation britannique au sommet du Luxembourg de décembre 1985. C'était un assistant subalterne de Margaret Thatcher qui avait, lui, de fortes convictions européennes. L'Anglais, un « agent bénévole » ne réclama jamais d'argent. Ce n'était pas à proprement parler un espion, mais les informations qu'il fournit permirent aux Français de tenir tête aux Britanniques sur la signature de l'Acte unique.

Pour les États-Unis, l'opération la plus sophistiquée de la DGSE se déroula, selon Peter Schweizer, au mois d'avril 1988. Elle concernait la firme Boeing. Une équipe de quatre techniciens français — deux agents de la DGSE, un technicien et un chercheur de l'Aérospatiale — se rendit à Seattle pour surveiller discrètement les essais en vol. La France, qui investissait à l'époque de grosses sommes dans le consortium européen Airbus, était en effet très intéressée par les expériences de Boeing. La nouvelle version du Jumbo Jet avait un système de navigation électronique qui lui permettait de n'avoir que deux personnes dans le cockpit, au lieu de trois comme précédemment. Les essais sur le nouveau réacteur, le dessin de la voilure, le rayon d'action, la consommation en vol pouvaient se révéler très bénéfiques pour Airbus.

Le 17 avril 1988, donc, les agents de la DGSE atterrirent à l'aéroport international de Seattle-Dakoma avec du matériel d'écoute. Dans le jardin d'une maison louée, ils installèrent une antenne parabolique et la pointèrent vers le ciel en direction de l'endroit où le 747-400 devait faire sa démonstration. Ils y branchèrent un scanner de fréquence très élaboré, ainsi que deux ordinateurs portables. De cette manière, l'équipe pouvait enregistrer électroniquement tous les signaux transmis. Et quand débutèrent les tests sur le nouveau système informatisé de navigation en vol, les agents de la DGSE étaient à leur poste. Ces écoutes furent-elles utiles à l'aéronautique européenne ? Les experts en doutent. Mais les informations recueillies à Seattle furent, en tout cas, transmises à des responsables d'Airbus Industrie dès le retour de l'équipe à Paris, qui nièrent pourtant le fait.

Un autre agent de la DGSE, Christophe D..., fut, lui, chargé d'identifier les sociétés américaines de technologie de pointe. Il en sélectionna trois : IBM, Texas Instruments, leaders dans le domaine des ordinateurs, et Corning Glass, dans celui des fibres optiques. A Paris, le responsable français de la sécurité d'IBM installa un minuscule micro dans le bureau du P-DG. Le barbouze, qui avait poussé l'habileté, pour gagner la confiance de ses patrons, jusqu'à découvrir lui-même cette écoute, fut cependant congédié. Il devait retrouver très rapidement un poste équivalent dans une grande entreprise nationale. Mais, chez IBM, le succès de la DGSE fut encore plus considérable. Elle recruta l'un des employés, Jean L..., qui s'avéra une source très prolixe. Ce dernier enrôla sous sa bannière d'espion cinq autres responsables IBM, tous à des postes stratégiques. Les informations recueillies furent, d'après des sources informées, transmises à la compagnie française Bull et à sa filiale Zenith Data System. La DGSE trouva également quatre autres agents dans la firme Texas Instruments. Les recrues travaillant à Vélizy donnaient tant de travail aux agents de la DGSE qu'il fallut bientôt louer un appartement près de l'usine afin d'y stocker les divers documents.

Combattre l'argent de la Mafia !

Les choses se gâtèrent pourtant assez vite. Dès le début 1989, un agent de la CIA à l'ambassade américaine de Paris eut vent de l'affaire par l'intermédiaire d'un espion de la DGSE, déprimé et alcoolique. Il transmit aux Américains les premières bribes d'informations qui restaient cependant confuses. Mais quand les agents de la CIA rencontrèrent les responsables des services de sécurité des trois sociétés en question, ils n'eurent plus aucun doute et une équipe spéciale, formée d'agents du FBI et de la CIA, fut chargée de mettre fin aux agissements du réseau français. Plusieurs employés furent renvoyés. On évinça Bull et Zenith Data System du marché des ordinateurs du Pentagone qu'ils détenaient depuis 1983. En novembre, la CIA et le Département d'État informèrent, en outre, les autorités françaises de leurs stupéfiantes découvertes. Au début, Paris nia, contre toute évidence, les faits. Mais après plusieurs semaines, la DGSE revint sur ses dénégations. Elle admit, en privé, sa participation à l'opération. Claude Silberzahn, patron de la DGSE, se rendit peu après à Washington pour calmer les Américains. Un pacte de non-agression fut alors conclu, mais il ne fut jamais respecté. C'eût été, d'ailleurs, contraire à la nature même de l'espionnage... En février 1993, Zenith Data System fut de nouveau admise à travailler avec le Pentagone et la firme signa un contrat pour la fourniture de 300 000 ordinateurs. Coût estimé : 4 milliards de francs. Commentaire d'un ancien directeur de la CIA, furieux : « Ces Français nous dépouillent... »

Les représailles ne tardèrent pas. En avril 1993, la centrale de renseignements américaine livra à la presse d'outre-Atlantique la fameuse enveloppe marron. Un dirigeant de la DGSE répliqua « Des papiers de ce type, nous en possédons aussi des dizaines estampillés par les Américains. Nous pourrions aussi les rendre publics. » En effet, la CIA s'est dotée depuis quelque temps de petits réseaux parallèles destinés à la seule guerre économique utilisant des procédés guère plus propres que ceux employés par nos propres barbouzes. On a récemment vu un chasseur de primes américain — mi-espion, mi-homme d'affaires — tenter de faire invalider le marché secret passé entre Taiwan et la firme française Matra concernant une vente de missiles qui équipent les Mirage 2000 tandis que certains dirigeants de la Sofma (vente de matériels militaires de l'armée de terre), qui venaient de négocier des chars au Moyen-Orient, reçurent des menaces de mort de la part de leurs concurrents américains. Le préfet, Claude Silberzahn, qui avait, comme son prédécesseur l'amiral Lacoste, recommandé à la section économique de la DGSE de s'intéresser prioritairement aux flux financiers internationaux, à leurs mouvements illégaux, et à l'argent de la Mafia notamment, déclarera au *Monde*[69], peu avant son départ des services secrets : « L'intégration croissante des appareils économiques et financiers mondiaux permet aujourd'hui toutes les pénétrations anonymes et illicites des systèmes industriels, financiers et politiques. Cette évolution constitue, pour notre activité, le phénomène majeur des dernières années, qui nous a conduits presque irrésistiblement à nous préoccuper des dérives mafieuses et de leur “entrisme” dans les appareils du pouvoir. » Décidément, l'espionnage français, à condition que ses missions soient fixées clairement et que ses agents s'en montrent dignes, a de beaux jours devant lui.

69. *Le Monde* du 31 mars 1993.

EN GUISE DE CONCLUSION...

SAVOIR, POUR PRÉVOIR, AFIN DE POURVOIR

Que conclure ? Au début de l'année 1870, le ministre de la guerre Lebœuf déclarait, péremptoire : « L'armée prussienne n'existe pas. » Monumentale bourde, qui précéda de peu la débâcle, la France de Napoléon III ne possédant aucun service de renseignements.

On remédia à cette carence, mais on ne donne pas au 2e Bureau naissant sa véritable place au sein de l'institution militaire. Ainsi, à la fin du mois d'août 1939, soit quelques jours avant l'ouverture des hostilités, le général Gamelin pouvait faire à l'écrivain Benoist-Méchin de stupéfiantes confidences : « Que la Wehrmacht dispose de 20, de 100 ou de 200 divisions, peu m'importe, si Hitler nous oblige à lui déclarer la guerre, je n'aurais probablement pas jamais à faire à elle... Voici pourquoi... Le jour où la guerre sera déclarée à l'Allemagne, Hitler s'effondrera. Des troubles éclateront à Berlin. Au lieu de défendre les frontières du Reich, l'armée allemande refoulera sur la capitale pour y rétablir l'ordre. Les troupes stationnées dans les pacifications de l'Ouest n'offriront que peu de résistance. Nous entrerons alors en Allemagne comme dans du beurre. » Les efforts héroïques de gens tels que le colonel Rivet ou le commandant Paillole, pour prévenir le danger nazi, n'avaient servi à rien...

Jusqu'à aujourd'hui, nos services spéciaux ont souffert de cet ostracisme. Trois scandales retentissants, la tragique Affaire Dreyfus, le sinistre enlèvement de Ben Barka et, enfin, la farce Greenpeace, ont fini, au long de ce siècle, de ternir leur image. « En France, les services secrets sont tenus en suspicion par les gouvernants et en dérision par l'opinion publique », constate, amer, Pierre Marion, ancien patron de la DGSE.

Il importe maintenant de rétablir la confiance. La France, puissance moyenne, ne peut plus se permettre de morceler son outil de renseignement. Est-il raisonnable de garder dispersés les 10 000 fonctionnaires, qui travaillent à informer nos gouvernants, dans les différents ministères, à Matignon, à la Défense, à l'Intérieur, au Quai d'Orsay ? Nous avons aujourd'hui besoin d'un grand service moderne, placé sous l'autorité directe du Premier ministre, qui centraliserait les divers départements et absorberait la plupart des structures existantes.

Il s'agit, surtout, de repenser l'activité de l'espionnage français. Celle-ci ne peut plus se limiter au seul domaine militaire, comme ce fut le cas lors des deux derniers conflits mondiaux. De nos jours, l'information nécessaire recouvre les domaines les plus variés, en matière économique, politique, technique, scientifique, etc. Or, les officiers ou agents d'influence, comme ont pu l'être Joseph Crozier en 14-18 ou l'avocat Jean Violet dans les années 60, réellement capables d'assumer ces nouvelles tâches font plus que défaut. La constitution de *lobbies* pro-français à l'étranger ou la pénétration des milieux bancaires internationaux ne sont pas chose aisée et exigent un authentique professionnalisme. Il faut donc, dans une très large mesure, démilitariser les services secrets français, recruter des ingénieurs, des juristes, des commerciaux, jusqu'à des consultants temporaires qui seraient spécialisés dans un secteur donné en fonction d'une opération ponctuelle. Ce n'est pourtant pas à un politique ou un stratège mais un philosophe du siècle dernier, Auguste Comte, que nous emprunterons le mot de la fin pour résumer cette nouvelle mission : « Savoir, pour prévoir, afin de pourvoir. »

ANNEXES

1

Ce texte de l'ingénieur Cuvinot, daté du 13 décembre 1870, marque la naissance institutionnelle des services de renseignements français. Deux jours plus tard, Freycinet, le ministre de la Guerre, confirme le « Bureau des reconnaissances ». En janvier 1871, on y ajoute le « corps des éclaireurs réguliers ». Le 10 janvier 1887, l'état-major peaufine encore l'« organisation du service des renseignements en temps de guerre ». Le 30 juin 1888, le ministère de l'Agriculture est mis à contribution.

MINISTÈRE
DE LA GUERRE

9

Organisation du Service des Reconnaissances

Considérations générales sur l'utilité et l'objet du service.

Les attributions du bureau des reconnaissances n'ont pas été jusqu'à ce jour nettement définies et le défaut d'organisation a réduit à bien peu de chose les services que l'on devait en attendre.

Ce bureau a pour objet principal la détermination des positions, des forces et des mouvements de l'armée ennemie et la représentation graphique de ces mouvements. La carte qui, chaque jour, résumerait tous ces documents doit être considérée comme le plus précieux élément d'information pour la direction des mouvements de l'armée française. Ce premier travail est d'une indispensable nécessité.

Indépendamment des corps d'armée ennemis qui sont destinés à agir contre nos troupes aux divers points du territoire, il est bon de se renseigner aussi sur l'emplacement et l'importance des colonnes mobiles ou des postes chargés d'assurer les communications de l'ennemi et de garder ses approvisionnements en vivres et en munitions. Il arrivera souvent en effet que l'interruption des communications et la destruction ou l'enlèvement des magasins exigeront de faibles efforts, et qu'avec de légers sacrifices, on pourra causer à l'ennemi le plus grand mal. Le bureau des reconnaissances fournirait encore à cet égard de très utiles indications.

Enfin à l'organisation si parfaite de l'espionnage prussien, il faut répondre par des mesures énergiques en vue de parer aux conséquences de cet espionnage.

[...]ents d'information —— : Les éléments d'information à l'aide desquels on peut déterminer la composition et les mouvements des armées ennemies sont puisés dans les dépêches adressées au ministre, dans les interrogatoires des prisonniers et dans la presse étrangère, ou sont recueillis par des éclaireurs spéciaux.

Les interprètes de l'armée et l'interprète principal attaché au ministre de la guerre sont chargés de l'interrogatoire des prisonniers. Le bureau de la presse étrangère est déjà constitué et il ne semble pas opportun de le modifier quant à présent.

Le service des éclaireurs laisse au contraire beaucoup à désirer. Par suite de malentendus regrettables et du défaut d'instructions précises, la plupart des agents qui avaient été envoyés de Tours ont été arrêtés aux avant-postes français et n'ont pu remplir leur mission. Il convient d'établir entre le bureau des reconnaissances au ministre et chaque corps d'armée des communications régulières.

Ces communications auraient encore un autre avantage, elles permettraient de rectifier à chaque instant les situations des jours précédents, et de présenter un tableau constamment exact des forces que l'on peut avoir à combattre.

Il est inutile d'insister sur les conséquences de ces dispositions. Leur application permettrait de diriger avec la plus grande certitude les mouvements de nos armées, et d'éviter les surprises d'un ennemi supérieur en nombre, en même temps que les paniques engendrées par la crainte de ces surprises.

révotés — Les prévotés établies au siège du gouvernement ont pour but de rechercher et d'arrêter les agents occultes au service de la Prusse.

La situation du fonctionnaire chargé de la direction des prévotés n'est pas régularisée ; ce fonctionnaire n'ayant pas qualité pour donner des ordres pourrait se trouver à certains moments dans une position assez embarrassante.

Je suis d'avis qu'il y a lieu de la part de M. le Ministre de la guerre de prendre un arrêté portant en substance que les prévotés établies au siège du Gouvernement seront placées sous la direction immédiate d'un attaché au Cabinet. . . . . .

culaire aux Généraux — En ce qui concerne plus spécialement le service des reconnaissances, on pourrait se borner à adresser à tous les généraux de corps d'armée une circulaire conforme au libellé ci-joint.

reau de la se étrangère — Le bureau de la presse étrangère continuerait à se rattacher au service des reconnaissances, sans qu'il soit nécessaire de formuler des prescriptions nouvelles —

Service budgétaire — Le service budgétaire des prévôtés dépendrait toujours du chef du cabinet du Ministre.

Le service des reconnaissances et de la presse étrangère devrait au contraire avoir un budget spécial centralisé entre les mains du chef de ce service.

Bordeaux le 13 Décembre 1870

Cuvinot

Ingénieur des Ponts et chaussées
attaché au service des reconnaissances.

N° 87.

MINISTERE
DE LA GUERRE
CABINET DU MINISTRE

CIRCULAIRE.

Bordeaux, le 15 Décembre 1870.

Fonctions du bureau des reconnaissances.

Général, le bureau des reconnaissances établi au Ministère de la Guerre a pour but principal de déterminer jour par jour les positions, les forces et les mouvements de l'armée ennemie, et de les représenter graphiquement sur des cartes convenablement préparées.

Les éléments d'information à l'aide desquels on parvient à ce résultat sont puisés soit dans les dépêches émanant des généraux et des autorités administratives, soit dans les interrogatoires des prisonniers, soit enfin dans les relations de personnes dévouées qui, sous le nom d'éclaireurs volontaires, consentent, au péril de leur vie, à explorer les régions occupées par l'ennemi.

Pour faire profiter entièrement nos armées des avantages obtenus par ce système, il me paraît nécessaire d'instituer, auprès de l'État-Major de chaque corps d'armée en campagne, un service spécial qui aurait pour mission de recevoir du bureau des reconnaissances les documents concernant l'ensemble des opérations de l'ennemi, et, à son tour, de transmettre à ce bureau les renseignements que lui-même aurait pu recueillir.

Je vous prie de désigner, pour le corps qui vous est confié, un officier d'État-Major ou un Ingénieur qui serait chargé de ce service Il aurait sous ses ordres les interprètes du corps d'armée; il centraliserait le travail du bureau et la correspondance, et il pourrait ainsi vous présenter chaque jour le résumé de la situation. Afin de gagner du temps, il communiquerait directement sous votre couvert, dans les limites que vous-même lui auriez tracées, avec le chef du bureau des reconnaissances à mon Ministère.

Dans le cas où vous n'auriez personne à me proposer pour s'acquitter de ce service, je désignerais moi-même un titulaire.

Ces nouvelles dispositions, jointes aux mesures de précaution que vous devez toujours prendre en avant de vos lignes, me paraissent de nature à donner toute la sécurité possible à vos mouvements.

Je vous prie de veiller à l'application immédiate de la présente circulaire dont vous voudrez bien m'accuser réception.

Recevez, Général, l'assurance de ma considération la plus distinguée.

Le Ministre de l'Intérieur et de la Guerre,

Pour le Ministre et par son ordre :

Le Délégué au Département de la Guerre,

C. de FREYCINET.

Monsieur le Général

MINISTÈRE
DE LA GUERRE

e DIRECTION.

BUREAU
des Reconnaissances

NOTA. — Les réponses doivent être adressées au Ministère et porter en marge l'indication ci-dessus.

le 187

Corps des Éclaireurs réguliers.

Formation du Corps.

Mr Odoul, Chef de Bataillon d'Infanterie est chargé d'un service spécial de Reconnaissances et mis à la tête d'un Corps désigné sous le nom de Corps des Éclaireurs réguliers.

Ce Corps sera formé de quatre sections d'Infanterie de ligne pouvant s'administrer séparément et comprenant chacune :

1 Sous-Lieutenant ;
1 Caporal fourrier ;
2 Sergents ;
4 Caporaux ;
50 hommes.

Aux sections d'Infanterie s'ajoutera un peloton de Cavalerie légère comprenant :

1 Maréchal des logis ;
4 Brigadiers ;
25 Cavaliers.

Ces troupes seront choisies parmi celles qu'on réorganise dans les dépôts par suite de pertes faites au feu.

Seront adjoints au Commandant Odoul

pour remplir les diverses fonctions que comporte le Service qui lui est confié :

M.M. Hottier Capitaine (en mission hors cadres) ;
Koenig — id — (—— id ——)
Schellbaum — id — (—— id ——)
Boucher — id — (—— id ——)
Brian Sous-Lieutenant-Secrétaire ;
Gohl (Bernard), Interprète.

Attributions du Corps.

Article 1er — Le Corps des Eclaireurs réguliers relèvera directement du Général Commandant la Division de Bourges. — Il agira dans les départements du Cher, de la Nièvre, de l'Yonne, de Seine-et-Marne, du Loiret, de l'Aube et de la Côte-d'Or.

Art. 2. — Le Corps aura pour mission d'éclairer les avant-postes de l'armée française ; de recueillir tous les renseignements possibles sur la position les forces et les mouvements de l'ennemi, et d'indiquer les coups-de-main qu'il conviendrait de tenter sur les postes ou Corps isolés peu nombreux avec l'aide, soit des troupes régulières, soit des forces locales.

Les Officiers transmettront le résumé de leurs observations aux Chefs de Corps des troupes les plus voisines, et en même temps au Ministre de la Guerre, (Bureau des Reconnaissances).

Art. 3. — L'emplacement des Stations volantes qu'il est nécessaire d'établir à proximité des troupes ennemies sera déterminé par le Commandant du Corps, ainsi que la Station principale où seront centralisés les renseignements. La répartition des fantassins et des Cavaliers entre les différentes Stations, sera faite aussi d'après les ordres du Commandant.

Proposé par le Chef du Bureau des Reconnaissances, soussigné.
Bordeaux le 6 Janvier 1871.

[M]inistère
[de la] Guerre.

[ÉTAT-MA]JOR GÉNÉRAL.

[2e] ~~Bureau~~
[S]ection
de
[s]tatistique.
Très
[confi]dentielle.

RÉPUBLIQUE FRANÇAISE.

Paris, le 10 Janvier 1887

Instruction sur l'organisation du Service des Renseignements en temps de guerre.

Le Service des renseignements en temps de guerre comprend :
1° Le service aux armées.
2° Le service à l'intérieur.
Le service aux armées rentre dans les attributions des Etats-majors – Le service à l'intérieur est sous les ordres du Ministre.

A. Service aux armées.

Le service des renseignements aux armées a pour mission, conjointement aux autres moyens dont dispose le Commandement, de l'informer des projets et mouvements de l'ennemi ; il recueille à cet effet les moindres indices.

Il agit généralement par emissaires ou espions, autant que possible au moyen d'intermédiaires.

Aux termes de l'instruction ministérielle du 21 Décembre 1886 sur le service dans les Etats-majors, tout Etat-major en campagne comprend un bureau particulier, le deuxième, dit „des Renseignements et affaires politiques„ et ayant notamment les attributions suivantes :

Ordre de bataille et mouvements de l'ennemi – *Service des renseignements* – *Interprètes* – *Journalistes* – *Agents divers* ; on pourrait y ajouter : *Correspondance diplomatique* – *Informations de journaux* – *Correspondance privée* – *Interrogatoire des prisonniers et déserteurs* – etc.

C'est à ce 2e Bureau – aussi bien aux Etats-majors d'armée –

que de groupes d'armées - que sont affectés les officiers chargés du Service des renseignements.

Ces officiers sont choisis parmi ceux qui, en temps de paix, ont été attachés, soit au 2e Bureau, soit au Service des renseignements de l'Etat-major général du Ministre.

Ils sont répartis ainsi qu'il suit :

1° Etat-major de groupe d'armée :

1 Officier supérieur et 2 Capitaines.

2° Etat-major d'armée :

1 Officier supérieur et 1 Capitaine ;

aux Etats-majors de Corps d'armée et de division, un officier s'occupe spécialement mais non exclusivement du Service des renseignements.

Des fonctionnaires civils, agents supérieurs, et des agents sont rattachés aux Etats-majors d'armée et de groupe d'armées à raison de un ou deux agents supérieurs et trois ou quatre agents par armée ou groupe d'armées.

Un ou plusieurs de ces agents peuvent être mis provisoirement à la disposition de tel ou tel corps d'armée.

Les agents supérieurs et agents servent généralement d'intermédiaires entre les officiers des Etats-majors et les émissaires ou espions, tant pour les répartir et les diriger que pour recevoir leurs rapports.

La situation de ces agents réglée d'un commun accord par les Ministres de la guerre et de l'intérieur.

Les officiers destinés au Service des renseignements dans les Etats-majors d'armée et de groupes d'armée sont désignés dès le temps de paix et sont mis en rapports assez fréquents avec les agents supérieurs ou subalternes qu'ils auraient à leur disposition en temps de guerre.

B. Service à l'Intérieur.

Le Service des renseignements à l'intérieur fonctionne au Ministère en temps de guerre comme en temps de paix.

Il comprend 1 officier supérieur, 3 ou 4 officiers, 1 archiviste et des secrétaires.

De plus, il dispose d'agents supérieurs et d'agents désignés soit directement par le Ministre de la guerre, soit d'un commun accord, par les Ministres de la guerre et de l'Intérieur.

Il centralise, principalement par ses correspondants en pays neutre, toutes les informations recueillies à l'étranger, les transmet aux armées et reçoit de celles-ci les document qui doivent l'intéresser.

En outre, il centralise les informations recueillies en territoire français par les Etats-majors régionaux dont un officier est chargé spécialement du service des renseignements.

Le service régional des renseignements prévu et organisé dès le temps de paix, par les généraux commandts de corps d'armée, a surtout pour but la surveillance des étrangers et agents de l'ennemi, la surveillance des voies ferrées, lignes télégraphiques et établissements d'intérêt militaire.

Lorsque les armées opèrent sur le territoire national il est complètement à la disposition des armées; il ne cesse pas de fonctionner alors même que le territoire subit l'invasion. Les agents livrés à eux-mêmes doivent dans ce cas, appliquer tout leur dévouement et leur intelligence à se maintenir en relation avec les autorités nationales, civiles ou militaires les plus rapprochées.

Ministère de la Guerre.

ÉTAT-MAJOR GÉNÉRAL.

Bureau Section de Statistique.

N°: 885

Cᵗ Devaurin

ÉTAT-MAJOR GÉNÉRAL
3ᵉ Bureau
Arrivée le 2 Juillet
N° du Répertoire 1352
Remise au Cᵗ Devaurin

RÉPUBLIQUE FRANÇAISE.

Paris, le 30 Juin 1888

Note

pour le 3ᵉ Bureau de l'État-Major Gᵃˡ

Conformément au désir exprimé à plusieurs reprises par le Ministre de la Guerre, le Ministre de l'Intérieur s'occupe en ce moment d'organiser un service de surveillance de nos départements frontières et de nos zones de défense, en y faisant participer certains agents appartenant aux administrations des Finances, des Postes et Télégraphes et des Travaux publics.

Le Ministre de l'agriculture consulté également par son collègue de l'Intérieur au sujet de l'utilisation des gardes-forestiers, lui a fait savoir que « les gardes forestiers étant en rapports constants avec « le Ministère de la Guerre, il lui était difficile d'admettre qu'ils « se trouvassent, pour la surveillance de la frontière, à la disposition de deux autorités différentes. »

Le Ministre de l'Intérieur a en conséquence demandé au Ministre de la Guerre de lui faire connaître la nature des rapports qui existent actuellement entre son département et les agents de l'administration des forêts.

La Section de Statistique a l'honneur de prier le 3ᵉ Bureau de l'État-Major Gᵃˡ de vouloir bien la mettre en mesure de répondre à la demande du Ministre de l'Intérieur.

Le Commandant
Sandherr

Vu:
Le Général Chef d'État-Major Gᵃˡ
Desmaisons

[17]

2

Le 4 mars 1895, le ministre de la Guerre prend des mesures contre des « éleveurs colombophiles de nationalité étrangère ».

Ministère de la Guerre.

ÉTAT-MAJOR DE L'ARMÉE.

~~Bureau~~ Section de Statistique

N° 1088 A/M

SECRET

RÉPUBLIQUE FRANÇAISE.

Paris, le 4 Mars 1895.

Le Ministre de la Guerre
à Monsieur le Général Comm^t
le 2e Corps d'armée
Amiens

Mon Cher Général

Le relevé des propositions et observations que vous avez formulées sur la feuille de recensement ci-jointe, a permis de constater qu'il existe encore quelques éleveurs colombophiles de nationalité étrangère, dont la moralité semble douteuse.

Afin de remédier à cette situation, qui pourrait avoir des inconvénients, j'ai l'honneur de vous prier de vouloir bien vous reporter aux Instructions contenues dans ma lettre secrète du 19 Avril 1894,

ÉTAT-MAJOR

relative aux colombophiles suspects.

Pour le Ministre et par son ordre :

Le Chef d'État-Major général de l'Armée

Boisdeffre

3

En 1899, le lieutenant de Segonzac rédige un premier mémoire sur la question marocaine. En 1892, il s'agit déjà pour le 2e Bureau d'un « projet d'opérations contre le Maroc », suivi, en 1900, d'une dernière note sur l'« occupation du Maroc ».

Table des Matières.

Pages: Texte:

2 la mission militaire.
3 Mr le docteur Linarès.
5 la question marocaine.
7 Opinion des Allemands;
" " des Anglais;
8 " des Espagnols;
9 " des Italiens;
les Russes au Maroc. —
10 le partage du Maroc : partage;
11 " " " : conquête;
12 Situation politique du Maroc : le Sultan;
13 " " " " : le gd Vizir;
14 Le bled es Siba; — le bled el Maghzen;
15 politique intérieure. —
16 Le Tafilelt;
17 Les Mesfioua;
19 Le Tazeroualt;
20 Campagne du Sous;
21 Si Saïd el Guellouli. —
22 Prise de possession du Maroc;
23 Aspirations du Maroc; — le protectorat;
25 Opérations militaires

“La situation de la France au Maroc est mauvaise.”

Telle est l'opinion unanime que j'ai recueillie. –

Nos agents diplomatiques déplorent la politique courtoise et timorée qu'on leur impose vis à vis d'un pays où l'intérêt et la peur sont les seuls moyens d'action ;

Nos commerçants se désolent de n'être jamais soutenus. Nos affaires restent stationnaires au milieu des progrès de nos concurrents. Et comment des capitaux s'aventureraient-ils sans protection, sans confiance ? –

Enfin notre mission militaire, dernier vestige de notre prépondérance passée, se trouve dans des conditions si désespérées qu'il ne nous reste qu'à la rappeler ou à la reconstituer sur des bases nouvelles. –

A l'appui de ces conclusions attristantes, et pour m'en faire comprendre les causes, on m'a cité des faits, on m'a exposé d'intéressantes idées ; il m'a paru qu'il était de mon devoir de vous les faire connaître – Monsieur le Ministre – et j'ai l'honneur de vous remettre – en me défendant d'y ajouter aucune appréciation personnelle – le rapport confidentiel que vous m'en avez demandé. –

R. de Segonzac –

(α)

Mac Lean, ex-sous-offr anglais en garnison à Gibraltar, chargé de la tenue des comptes d'un mess d'offrs, s'est sauvé laissant un passif de 40.000 frs ; il s'est installé au Maroc, a épousé une Gibraltarienne qui passe pour avoir été tenancière d'une maison de tolérance. — L'Angleterre pour contrebalancer l'influence de la mission militaire françse le fit agréer officieust comme instructeur des troupes d'infrie stationnées à Marrakech. — Il fut stipulé qu'une retenue serait faite sur ses appointts jusqu'à concurrence du remboursement des 40.000 frs volés. Mac Lean prit le titre et l'uniforme de colonel anglais ; la dernière mission anglaise venue à Marrakech l'a prié de renoncer à l'uniforme. — Il touche un centime par jour et par homme qu'il instruit. L'instruction est donnée d'après les règlements anglais, avec commandements en anglais, sonneries et batteries anglaises. A Tiznit dans les camps du caïd el Guellouli, à Taroudant chez le bacha Hammou, je n'ai entendu que des sonneries anglaises (les hommes instruits par notre mission à R'bat et à Marrakech obéissent aux commandts et aux sonneries françaises). — Mac Lean a deux filles ; l'une est bossue, l'autre qui est assez jolie est fiancée — dit-on — au docteur Verdon. Mac Lean s'efforce de faire agréer ce docteur Verdon au Maghzen où il supplanterait le docteur Linarès. La colonie anglaise de Marrakech comprend encore 7 missionnaires protestants. Ce sont avec la mission française, les seuls européens domiciliés à Marrakech. Mac Lean brasse des affaires de toutes sortes : il vend des fusils, loge les voyageurs anglais... etc.

(β) Exemple :

Au moment où le docteur Linarès était en congé une lettre officielle de notre ambassadeur dut être remise au grand vizir. Le comdt Burckardt demanda une audience pour la remettre en mains propres, selon l'usage et comme le faisait le docteur Linarès. Le gd vizir refusa l'audience et indiqua que, en l'absence du docteur, la lettre serait remise indirectement. Le comdt ajourna la remise de sa lettre et rendit compte à notre ambassadeur. Il reçut l'ordre " vu l'urgence, de se conformer aux désirs du gd vizir. Bien plus, il reçut, à q.q. jours de là, une autre lettre, à remettre dans les conditions indiquées par le gd vizir ! —

———

(γ)

Le docteur Zaumbiehl envoyé au Maroc pour y ~~recueillir la~~ succéder au docteur Linarès n'est pas encore officiellement installé — le docteur Linarès l'écarte de son mieux du Maghzen — le docteur Linarès continue à toucher une somme de 10.000 francs prélevée sur [illegible] à la mission militaire. —

Je parlerai d'abord de la mission militaire française au Maroc :

La situation de la mission est désespérée.

ission milit^re = Elle végète impuissante, inutile, isolée, dépouillée de son double rôle politique et militaire. Elle n'a plus de raison d'être puisque ses fonctions d'instructeurs sont passées aux mains de l'agent anglais Maclean(a), puisqu'en toute une année les artilleurs qu'elle est chargée de former ont eu six séances de manoeuvre !

Le capitaine ne sert plus qu'à commander les feux de salves dans les fêtes publiques ; on l'y convoque ~~dans~~ en des termes à peine tolérables ; on assigne au Commandant, dans le cortège du Sultan, une place incompatible avec la dignité de son grade.. Voilà pour son rôle militaire. Quant à son rôle politique il est si humiliant que les officiers actuellement en fonctions ne peuvent plus s'y résoudre. —

Les causes de cette déchéance sont :

(1) La substitution de l'influence anglaise à l'influence française ; substitution adroite, sournoisement opérée par un pays pratique et peu scrupuleux, conscient des vices de son hôte, sachant les exploiter à son profit et doublant son ambassadeur officiel de l'officieux Maclean(a). —

(2) La faiblesse de notre politique au Maroc qui met en pratique la piteuse formule : « pas d'affaires » et n'hésite pas à sacrifier le prestige de notre chef de mission à la cordialité de ses relations avec le Maghzen(3). —

(3) Le conflit ~~résultant~~ survenu entre la mission militaire et le docteur Linarès, ~~représentant~~ médecin de la mission,(4)

•••

État-Major de l'Armée
2e Bureau

N° 5

2/

Projet d'opérations
contre
le Maroc.

Paris, le 30 Décembre 1892
Le Colonel Chef du 2e Bureau

Sandherr

Projet d'opérations contre le Maroc, dans le cas où l'Angleterre s'emparerait de Tanger.

La situation politique du Maroc devient chaque jour plus précaire. Les tribus, même les plus voisines de Fez, y sont à l'état permanent de rébellion ; l'autorité du Sultan est méconnue de tous, et tout indique une décomposition intérie irrémédiable.

Les puissances étrangères semblent se disposer à profiter de ces circonstances pour donner satisfacti à leurs convoitises ; il faut s'attendr à voir des événements éclater dans un avenir peut être rapproché. Parm toutes ces puissances, l'Angleterre profitera sans doute de la premièr occasion pour réparer l'échec subi par Sir Euan Smith dans sa missi auprès du Sultan. On annonce d'ailleurs un prochain retour offensif de ce diplomate qui, pour donner plus de poids à ses revendications, sera probablement soutenu par des préparatifs faits à Gibraltar et par une escadre dans les eaux de Tanger. On n'est même pas éloigné de croire que des troupes de débarquement ne tarderaient pas à prendre pied sur le territoire marocain, si le Sultan usait encore de procédés dilatoires vis à vis de l'Angleterre.

L'Italie et l'Allemagne, dans l'intérêt de la triple Alliance, semblent disposées à soutenir les prétentions britanniques. Quant à l'Espagne, il n'est sans doute pas dans ses intentions d'assister en simple spectatrice au démembrement de l'Empire du Maroc.

De tout temps, en effet, les gouvernements qui se sont succédé en Espagne ont nettement affirmé leurs revendications sur le Maroc, et récemment encore un des premiers actes du Ministère actuel a été de déclarer que l'Espagne ne permettrait jamais, et à aucun prix, une modification du <u>statu quo</u> au bénéfice de quelque puissance que ce soit.

La France aussi ne saurait se désintéresser des événements qui se

A droite :
Les services secrets français utilisent pour renverser le régime bolchevique le fameux Boris Savinkov. Arrêté, il "tombe" le 7 mai 1925 du quatrième étage de la Loubianka. (Roger-Viollet.)

En bas :
L'ambassadeur français Noulens participe, après 1917, à tous les complots contre les Soviets. Il protestera ensuite de son innocence... (Roger-Viollet.)

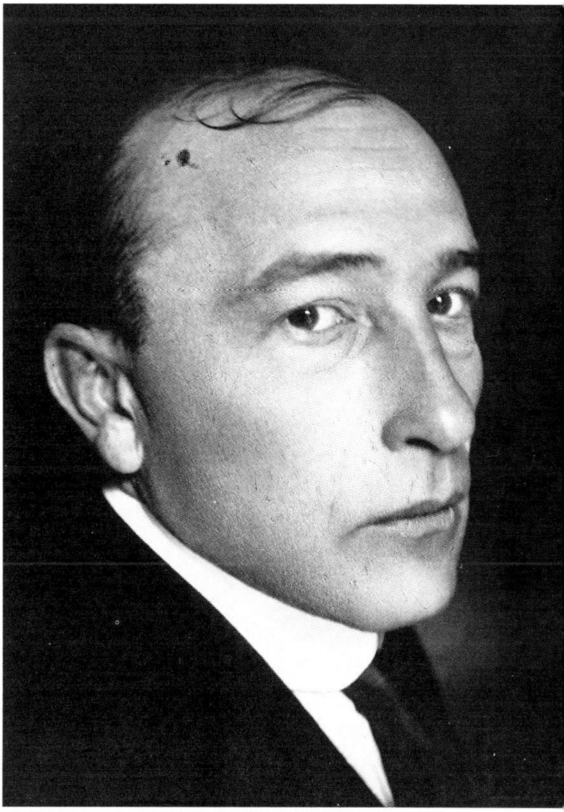

A gauche :
Le colonel Mendras, un vieux routier du 2ème Bureau et le maréchal Vorochilov, proche de Staline. (Collection particulière.)

En bas :
1938 : le colonel Parisot (avec son bicorne) à Rome. Trois ans plus tôt, il avait rédigé les clauses secrètes des accords Laval. (Collection particulière.)

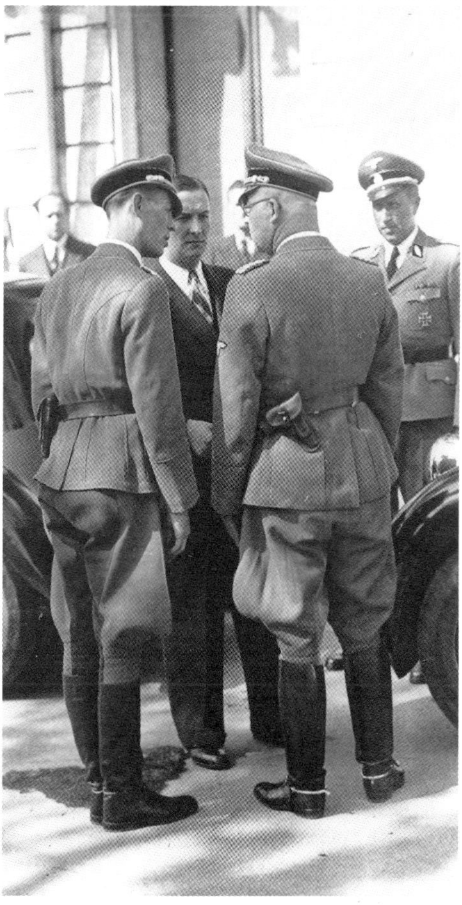

En haut :
Le capitaine Paillole (à gauche) avec le général Rivet à Alger en avril 1944. (Collection particulière.)
Ci-dessus :
Le général Rivet (chef des services de renseignements de 1936 à 1944) : "Un S.R. ne défile pas sous l'Arc de Triomphe". (Collection particulière.)
A gauche :
René Bousquet (au centre), secrétaire général de la police de Vichy, s'entretient avec Karl Oberg, le chef suprême des SS en France. Une vraie collaboration... (Keystone.)

A droite :
Jacques Abtey, le complice et l'agent traitant de Joséphine Baker. (Collection particulière.)
En bas :
Le colonel Passy, à qui de Gaulle a conseillé de se débrouiller, invente à Londres le BCRA, une nouvelle forme de services secrets. (AFP.)

L'éblouissante chanteuse antillaise, Joséphine Baker, gagne sa "croix de guerre" en collectant des renseignements pour le 2ème Bureau. (Collection particulière.)

De Gaulle lui offre en signe d'amitié une petite croix de Lorraine en or. (Roger-Viollet.)

En haut : L'Oncle Hô, ci-dessus à Fontainebleau en 1946 déjoue tous les pièges des services secrets français. (Keystone.)
En bas : A Diên Biên Phû, le 2ème Bureau commet bien des erreurs. (Keystone.)

En haut : 1951, le nageur de combat Jacques-Jean Dupas avec le commandant Cousteau au gouffre de Far Estramar. (Collection particulière.)
En bas : Sa femme, Paule Dupas, alias “Bagheera la Panthère”. (Collection particulière.)

A gauche :
En 1945, le futur chancelier allemand Adenauer est "exfiltré" par les services secrets français. Ici avec Robert Schuman. (Keystone.)

En bas :
1946 : Jacques Locquin (avec la pipe) et sa "section de manipulation des cadres de l'Abwehr". Contre les communistes... (Collection particulière.)

En haut, a droite :
1947 : Le 11ème choc au complet : (du premier au dernier plan) Morlanne, Aussaresses, Germinel, Chaumien, Groult, Granier, Mourier.
(Collection particulière.)

En bas, a droite :
Le général Jeannou Lacaze, dit "le Sphinx" dans les armées françaises, ou encore "le sorcier aztèque", référence à Cercottes où il s'occupait des explosifs.
(Keystone.)

En haut :
Au fond Jacques Foccart, toujours dans l'ombre de De Gaulle. (Keystone.)

En bas, a gauche :
Le Guinéen Sékou Touré, ennemi numéro un du SDECE en Afrique. (Keystone.)

Ci-dessus :
Jacques Verges, l'avocat, échappe de justesse à la vindicte du Premier ministre. (Keystone.)

En haut :
Michel Debré, premier ministre et véritable patron des services secrets pendant la guerre d'Algérie. (Rapho, Yan.)

A droite :
Constantin Melnik, coordinateur des opérations secrètes à Matignon, invente avec le général Grossin la fameuse “Main Rouge”. (John Foley.)

A droite, en haut :
Jean Violet, décoré, au Vatican, par deux cardinaux de l'Ordre de "Saint Grégoire le Grand". (Collection particulière.)

A droite, en bas :
Le dominicain Yves-Marc Dubois consacre sa vie à lutter derrière le "rideau de fer". (Collection particulière.)

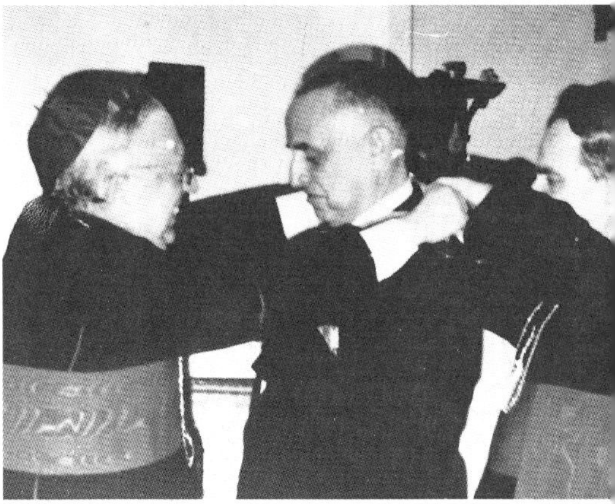

Ci-contre :
Le Péruvien Belaunde, secrétaire général de l'ONU, rend, pendant la guerre d'Algérie, de nombreux services à la France. (Keystone.)

En haut :
Le pape Jean-Paul II remercie le général Grossin, patron du SDECE de 1957 à 1962, pour l'aide apportée à l'Eglise de Pologne.
(Collection particulière.)

En bas, à droite :
Un duo de choc : l'avocat Jean Violet et le père dominicain Yves-Marc Dubois à Madrid en 1960. Ce système d'influence tisse sa toile de l'Europe à l'Amérique du Sud.
(Collection particulière.)

En haut et ci-contre :
Le comte Alexandre de Marenches et son chef de cabinet Michel Roussin. Il purge en 1970 les services secrets, sans beaucoup de clairvoyance. (AFP.)

En bas :
A Bangui, le colonel Mancion du SDECE symbolise les incohérences de la politique africaine française. (Collection particulière.)

Ci-dessus :
Nommé en 1981, Pierre Marion tente de réformer en profondeur les services secrets français. "Mission impossible", confesse-t-il après son départ. (AFP.)

L'amiral Lacoste, patron de la DGSE (ex-SDECE), qui a reçu l'aval de François Mitterrand pour l'opération Greenpeace en 1985 prend alors toutes ses responsabilités. Un chef honnête et scrupuleux... (AFP.)

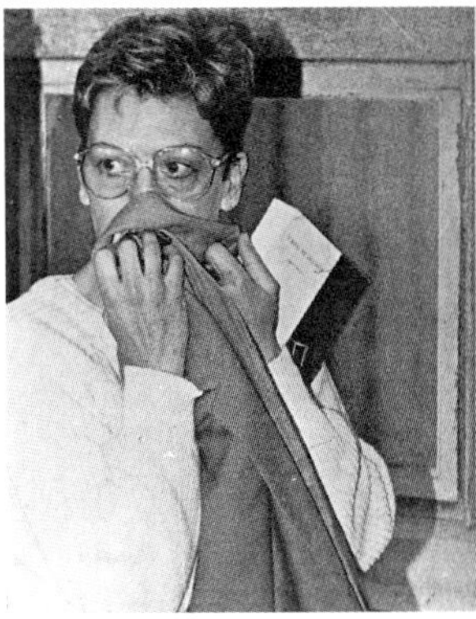

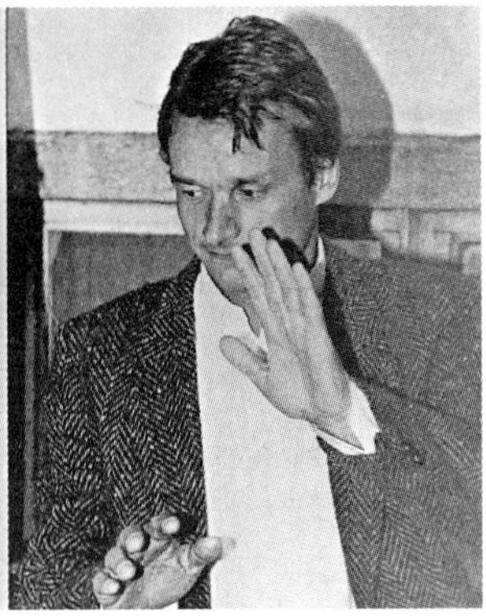

preparent. La sécurité de l'Algérie, la possibilité d'étendre plus tard son empire colonial sur le territoire africain, tout lui impose l'obligation d'intervenir à temps dans les affaires marocaines.

En admettant que la France ne puisse s'opposer au démembrement du Maroc, elle pourra tout au moins profiter de cette circonstance pour faire ce qu'on eût pu faire en 1845 et reculer la frontière jusqu'au cours de la Moulouïa. Cette solution aurait l'avantage de ne pas blesser outre mesure les susceptibilités de l'Espagne dont elle respecterait les possessions de Ceuta, Velez de la Gomera, Baie de Alhucemas, Melilla et Iles Chafarinas.

Base d'opération d'une colonne expéditionnaire française.

Si l'Angleterre se décide à prendre pied au Maroc, il est de toute évidence qu'elle commencera par mettre la main sur Tanger, objet de ses convoitises depuis de longues années. Il est inutile d'insister sur l'importance de cette seconde clef du détroit; car Gibraltar peut un jour lui échapper. Au besoin elle pourra se borner à occuper ce point sans chercher à pénétrer plus avant dans un pays, où la haine de l'étranger, bien plus que le dévouement au Sultan, soulèvera sans aucun doute les populations contre l'envahisseur quel qu'il soit.

La prise de Tanger sera vraisemblablement accompagnée d'un débarquement de quelques troupes à Larache d'où part la route la plus directe et la plus suivie entre la côte et Fez.

Que pourra faire la France : Après avoir envoyé la flotte de la Méditerranée croiser devant Tanger, elle devra mettre en mouvement ses forces algériennes et occuper immédiatement Oudjda qui est à 22 kil. de Lalla Maghnia (province d'Oran). Oudjda est en effet la tête de la route suivie par toutes les caravanes qui se rendent à Fez. De plus, les populations qui vivent dans les environs de cette localité sont en rapports constants avec la France, habituées qu'elles sont à venir travailler dans la Province d'Oran. Enfin Oudjda est

[illegible]

très voisine du bassin de la Moulouïa. C'est la véritable porte d'entrée dans le Maroc.

On constituerait en même temps, et le plus vite possible, un corps expéditionnaire dont l'itinéraire principal pourrait être le suivant : Oudjda, Aïoun Sidi Mellouk (Oued Kseb), Kasba bou Iemane (Oued Za), Kasba Moulouïa (Oued Moulouïa), Taza, Vallée de l'Oued Innaouen et Fez.

Nous possédons un certain nombre de renseignements sur cette route sauf sur la partie comprise entre Taza et Kasba Moulouïa.

Toutefois les voyageurs (Colville et Chavagnac) et les caravanes passent généralement un peu au Nord de Taza par Meknessa afin d'éviter les Riatas, tribus pillardes et féroces qui habitent les environs de Taza, centre dont la population est évaluée à 4000 habitants. Mais cette considération ne saurait arrêter une colonne expéditionnaire dont nous calculerons, plus loin, la force de façon qu'elle soit largement suffisante pour vaincre des difficultés sérieuses.

Il ne faut pas se dissimuler,

en effet, que, toute pénétration au Maroc, quelle que soit sa direction, obligera à lutter contre des populations belliqueuses et insoumises. Le problème à résoudre revient donc à rechercher la route la plus directe, présentant le moins de difficultés au point de vue du terrain et assurant aux troupes de l'eau et du bois en quantités suffisantes. Nous sommes à peu près fixés sur la question de l'eau, mais celle du bois reste indécise jusqu'à présent ; elle demande un complément d'informations.

En résumé, on peut dire que la route entre Oudjda et Kasba Moulouïa est partout praticable : les cours d'eau formeraient seuls de légers obstacles à la marche, et l'on aurait à faire abattre les escarpements des berges.

De Kasba Moulouïa à Taza on traverse un plateau ondulé de peu d'élévation, mais aride et désert.

De Taza à Fez on suit la vallée de l'Oued Innaouen, dont la fertilité relative assurerait des ressources suffisantes aux besoins d'une colonne.

La distance totale entre Oudjda et Fez est évaluée à 300 kilomètres ; un corps expéditionnaire mettrait environ 15 jours pour la parcourir. D'ailleurs on pourrait fractionner la colonne à partir de l'Oued Moulouïa et utiliser non-seulement l'itinéraire indiqué plus haut, mais aussi le chemin suivi par Chavagnac, par Kasba Oued Messoun, Mekness, Souk et Eleta.

Toutefois ce trajet présenterait quelques difficultés en raison de la nature rocheuse du terrain et de certains passages qui ne sont praticables, dit-on, que par les piétons ou les mules du pays.

Composition de la Colonne expéditionnaire.

La Colonne expéditionnaire doit être assez forte : 1° pour n'avoir rien à redouter des résistances locales qu'elle doit s'attendre à rencontrer presque chaque jour sur sa route ; 2° pour en imposer au Sultan et lui donner un appui sérieux dans l'hypothèse où, menacé par l'Angleterre, il se déciderait à accepter notre concours.

Dans ces conditions nous estimons que la force du corps expéditionnaire devra être d'une Division au moins. La nécessité où nous sommes de surveiller constamment ce qui se passe dans le Sud de la province d'Oran nous oblige à exclure l'idée de dégarnir les postes avancés de cette région. Il semble donc que les troupes à réunir pour cette opération devront être, par exemple :

Infanterie	1re Brigade	2e Régt de zouaves	Oran
		2e Régt de tirailleurs	Mostaganem
	2e Brigade	1er Régt de zouaves	Alger
		1er Régt de tirailleurs	Blidah
		2 Bons d'Infie légère	Le Kreider
Cavalerie	1re Brigade	2e Régt de Ch. d'Afrique	Tlemcen
		6e id	Mascara
	2e Brigade (éventuellement)	1er Régt de spahis	Médéah
		5e Régt de Ch. d'Afrique	Alger
Artillerie		2 Batteries de montagne	Province d'Oran
		2 Batteries de montagne	Province d'Alger
Génie		1 Compagnie	
Services		4 Cies du train	
		1 section d'infirmiers	
		1 section d'ouvriers d'admon	

Outre ces troupes régulières dont l'effectif sera d'environ 10.000h, on peut aussi compter sur le concours des cavaliers irréguliers goums; cependant du service des affaires indigènes.

Nous estimons qu'il faudra au moins 3000 chameaux pour subvenir aux besoins du corps expéditionnaire dans cette région du Maroc qui ne semble pas complètement dépourvue de ressources. Toutefois, il y a lieu de faire remarquer que ce chiffre devra être majoré dans de notables proportions s'il est possible d'affecter une seconde brigade de cavalerie à la colonne, comme le propose le tableau ci-dessus.

D'ailleurs toutes les questions relatives à l'organisation du convoi ne peuvent qu'être indiquées sommairement; elles demandent à être soigneusement étudiées sur place; c'est là seulement que l'on possède les éléments d'appréciation nécessaires.

Pendant le cours d'une expédition semblable il faudra redoubler de surveillance sur le sud de nos possessions oranaises. Aussi conviendra-t-il de ne pas dégarnir nos postes extrêmes. Après les prélèvements faits pour la constitution de la Colonne expéditionnaire il restera encore dans la province d'Oran les deux régiments étrangers.

la Compagnie de discipline et le 2e régiment de spahis. Ces forces semblent suffire pour surveiller Bou-Amama, actuellement réfugié à Beni-Abbès à 370 kilomètres d'Aïn-Sefra.

Conclusions.

L'intervention de la France au Maroc comprendra trois phases :

1° Occupation immédiate d'Oudjda pour répondre à la prise de possession de Tanger par les Anglais, et pour affirmer nettement nos droits dans la question marocaine.

(2 Bataillons d'infanterie pris à Tlemcen, 2 Escadrons de cavalerie pris à Tlemcen et 1 batterie d'artillerie de montagne prise à Oran, suffiront évidemment pour assurer le succès de ce coup de main et pour nous maintenir dans Oudjda) (1°)

…tion immédiate de la flotte …méditerranée sur Mogador

2° Concentration, la plus rapide possible, à Lalla Maghnia de forces suffisantes pour soumettre le pays compris entre la frontière actuelle de la province d'Oran et l'Oued Moulouïa, frontière naturelle, que l'on a regretté de n'avoir pas prise en 1845.

(Faire venir au besoin par chemin de fer les troupes qui peuvent être prélevées sur l'ensemble de la Division d'Alger)

3° Si les évènements obligent à une action intérieure plus pénétrante sur le territoire du Maroc, prendre pour objectif Taza et ensuite Fez.

4° Envoyer en toute hâte les escadres de la Méditerranée croiser en face de Tétouan et de Mogador prêtes à protéger au besoin le débarquement de colonnes expéditionnaires. ....

Sau[illegible]

Mission militaire française
au Maroc

L'Occupation du Maroc

J'ai envoyé précédemment (27 Octobre 1899) à l'Etat-major de l'armée une note traitant de la question marocaine. La conclusion de cette note est qu'il y a lieu pour la France de procéder sans plus tarder à l'occupation du Maroc, en repoussant toute idée de partage avec une puissance étrangère quelle qu'elle soit.

Le but de la présente note est de donner les renseignements nécessaires pour procéder à cette occupation.

Nous pourrons être conduits à intervenir au Maroc dans deux circonstances bien distinctes :

1°) Ou bien après que notre diplomatie aura obtenu le consentement des puissances européennes : nous n'aurons alors affaire qu'au Sultan.

2°) Ou bien, au contraire, devancés par une autre nation qui aura modifié à son profit le statu quo dans l'empire marocain, nous interviendrons pour empêcher cette immixtion étrangère : nous aurons alors à faire entrer nos troupes au Maroc pour chasser les envahisseurs avec ou sans le concours du Sultan, et cela indépendamment des événements qui se dérouleront sur un autre théâtre d'opérations.

Nous développerons donc notre étude d'après le sommaire suivant :

1er Cas

l'occupation du détroit par nos troupes est utile et peut avoir une répercussion considérable dans les opérations navales en méditerranée.
Ne l'oublions pas en cas de conflit européen.

Marrakech le 25 Mars 1900
Le Capitaine d'artillerie de la Mission militaire française au Maroc:
Signé: Larras.

4

Au début de 1914, l'espionnage allemand fait rage en Belgique.

LÉGATIONS
DE LA
RÉPUBLIQUE FRANÇAISE
EN
BELGIQUE ET EN HOLLANDE

SERVICE DE L'ATTACHÉ MILITAIRE

Bruxelles, le 21 / 2 / 14

N° 315 B

L'espionnage allemand en Belgique.

Le Commandant Génie, attaché militaire aux Légations de la République Française en Belgique et en Hollande, à Monsieur le Ministre de la Guerre (État-Major de l'Armée, 2e Bureau) à Paris.

ÉTAT-MAJOR DE L'ARMÉE
2e Bureau
... au Répertoire 315 B
Remise au

J'ai l'honneur de vous envoyer, ci-joint, une note relative à un espion allemand, qui vient d'être découvert à Bruxelles, et qui va être expulsé, pour port de faux nom, les pratiques auxquelles il se livrait n'étant pas sanctionnées par la loi belge. Notre service de contre-espionnage pourra faire son profit de cette note, d'après laquelle les Allemands se servent de femmes pour prendre des photographies dans nos forts.

La découverte de cet espion allemand doit retenir notre attention à un autre point de vue. Ce Jean Bellinger opérait contre la Belgique, en même temps que contre la France: le Gouvernement belge, qui l'expulse, le sait. En ce moment aussi, une autre affaire d'espionnage allemand, signalée par la police française à la police belge, a fait découvrir qu'un autre allemand, installé également à Bruxelles, avait cherché à corrompre, aux fins de renseignements des militaires d'un rang subalterne, à Brasschaet (école d'aviation) et à Anvers: cela aussi, le Gouvernement belge le sait. Je ne sache pas qu'aucun cas semblable ait jamais été découvert au passif de la France.

Aussi, est-ce avec un étonnement pénible que nous avons pu lire le communiqué ci-joint, relatif à l'élaboration d'une loi contre l'espionnage en Belgique. Vous verrez que la randonnée en automobile du Colonel Picard y est évoquée à nouveau, d'une façon rien moins que bienveillante. Des Allemands, il n'est pas question.

Ce procédé, peu généreux et peu courtois, est familier au XX° Siècle: à l'appui de mon affirmation, je vous envoie, ci-joint également, une autre coupure empruntée à ce même journal, il y a 2 jours à peine, et où la question congolaise est traitée dans le même sens. La répétition de pareils procédés indiquerait suffisamment une ligne de conduite voulue; si cette impression ne ressortait nettement de l'esprit habituel de la rédaction, notamment dans les articles de politique étrangère signés "[illegible]".

La chose est d'autant plus regrettable que le XX° Siècle est une sorte d'officieux du Ministère de la Guerre. Le Major Collon y a été rédacteur, et continue encore, dit-on. Je ne sais s'il continue, mais j'ai eu la preuve matérielle qu'il y avait écrit effectivement. Pendant les dernières manoeuvres, j'ai pu voir l'officier du Cabinet du Ministre qui nous accompagnait envoyer quotidiennement, lui aussi, une lettre au XX° Siècle. Ces choses peuvent être pénibles à constater, dans un milieu à qui nous ne demandons que l'impartialité: ce n'est pas une raison pour craindre de vous les signaler.

LÉGATIONS DE LA RÉPUBLIQUE FRANÇAISE EN BELGIQUE ET EN HOLLANDE

SERVICE DE L'ATTACHÉ MILITAIRE

Bruxelles, le 25 / 5/14

N° 342 B

Objet L'espionnage en Belgique.

Le Commandant Génie, attaché militaire aux Légations de la République Française en Belgique et en Hollande, à Monsieur le Ministre de la Guerre (Etat-Major de l'Armée, 2e Bureau à Paris.

1226

Divers journaux, non officieux, ont parlé à nouveau, ces jours derniers, de la nécessité, de l'urgence même d'une loi contre l'espion age en Belgique. Quelque émotion a été produite, en effet, par de trop nombreux atterrissages de ballons allemands en Belgique. En dernier lieu, un ballon monté par 4 officiers allemands est venu atterrir à Namur, où il a été dégonflé, emballé et expédié, sans que les passagers aient fait la moindre démarche auprès des autorités belges.

Il sera intéressant de voir, quand on parlera effectivement de cette loi, si les organes et les milieux gouvernementaux renouvellent leurs allusions déplaisantes à l'excursion du Colonel Picard, qui semble jusqu'ici constituer pour eux un exemplaire unique et particulièrement dangereux des pratiques qu'il s'agit de réprimer en Belgique.

5

En Grèce, en 1917, les services secrets français affrontent l'Intelligence Service. En voici un exemple...

MYTILENE, 16 août 1917

Le Chef du S.R. de MYTILENE
à Monsieur le Commandant REVOL,
Attaché Militaire adjoint près
la Légation de France en Grèce,
à ATHENES.

Mon Commandant,

Vous m'avez demandé de vous exposer notre situation à MYTILENE, ce qu'elle est, ce qu'elle pourrait ou devrait être et l'importance qu'il y aurait pour nous à avoir dans cette île une base sérieuse militaire et navale, en vue de garantir notre influence postérieure en Asie-Mineure. Pour traiter cette question, il faudrait une compétence que je n'ai pas et surtout une étude rétrospective détaillée à laquelle je n'ai pas le temps de me livrer. Ne voyez donc là que quelques idées ramassées ou mûries un peu au hasard et sujettes à discussion ou tout au moins capables d'amplification.

Au reste, cet essai touche un sujet d'une importance plutôt politique que militaire et d'autres, qualifiés pour le faire, ont envisagé l'île de LESBOS comme

base..........

2

base militaire et navale point de départ d'un débarquement possible sur la côte. L'occupation du vilayet de SMYRNE n'a pas toujours été considérée comme une utopie stratégique : on escomptait l'aide du vali anglophile de SMYRNE et on avait peut-être l'espoir d'atteindre la ligne de BAGDAD. La question, pour moi, est plus simple et se pose d'une façon différente.

Le commandement militaire de MYTILENE dispose actuellement d'un bataillon environ de Cambodgiens et Indo-Chinois et d'un petit nombre de soldats européens, chargés d'assurer les différents services techniques. L'arraisonnement, la garde des ports multiples de la côte lesbienne, le service de garde du camp de concentration de CHISMÉRIS emploient cet effectif. Or, outre que cet élément militaire étranger est peu représentatif vis-à-vis de la population indigène, il se voit surpassé par les effectifs de la marine anglaise de jour en jour grossissant.

Le service de contrôle du port était primitivement uniquement entre nos mains; le P.C.O. anglais est vite venu s'y adjoindre sous le prétexte d'un intérêt ou d'une surveillance commerciale et il s'est installé très à l'aise dans l'hôtel d'Athènes à côté d'une baraque en planches où siège modestement le bureau analogue français. Ce bureau est d'ailleurs entre les mains d'un .... grec qui délivre des passeports à ses concitoyens .....sous la direction du Chef........

du Chef du 2e bureau de MYTILENE.

La baie d'YÈRA, par contre, abrite un nombre toujours croissant d'unités britanniques: croiseurs, chalutiers, transports, etc.... Monsieur le Commandant de la base navale française réside à terre et n'a que les tous petits vapeurs chargés d'approvisionnements postes d'arraisonnement. Les pinasses qu'il avait à sa disposition ont dû lui être enlevées dernièrement.

Enfin le S.R? anglais a été renforcé vers le I5 août par l'arrivée de 2 officiers et d'un secrétaire.- Bien que Monsieur SMITH, le chef du S.R. anglais ait en outre le titre de Consul général britannique, le consulat est géré par un consul de carrière. La France, qui a dans l'île un gouverneur militaire continue à confier ses intérêts à un grec légitimement fier de son titre d'Agent consulaire français.

En résumé, MYTILENE,occupée (?) par notre armée, est de plus en plus zone d'influence anglaise, et nos alliés sont outillés pour y faire prospérer le commerce au mieux de leurs....intérêts.

C'est qu'en effet, l'île n'est point à négliger au point de vue commercial et industriel : d'une superficie de I.750 kilomètres carrés, elle offre quelques ressources à d'industrieux exportateurs : en dehors de la soie, des élevages de boeufs, mulets, moutons, elle est très riche en huile d'olive, et ses savonneries sont susceptibles d'amélioration et d'extension.- MYTILENE, au reste, n'a

pas été......

pas été, que je sache, rattachée officiellement au royaume hellénique et si notre diplomatie ne voit aucun inconvénient réel à ce qu'au terme d' "occupation alliée" on substitue celui d' "occupation française" notre pays, en dehors des avantages économiques énumérés ci-dessus y aurait un jalon tout posé pour son action ultérieure en Asie-Mineure.

Effectivement, avant la guerre, les relations entre MYTILENE et la côte étaient très actives et les riches commerçants qui faisaient bâtir de jolies villas de MAKRI-YALO à VARIA, venaient aussi bien de SMYRNE que d'ADRAMIT ou d'AÏVALI.

Je n'ai pas à rappeler la valeur productive et commerciale du vilayet de SMYRNE : elle est connue. Je noterai simplement ce fait qu'avant la guerre, à MYTILENE, la vie était d'un bon marché inoui par suite des apports de la côte.

Que la région de SMYRNE fut une zone d'influence toute française, chacun le sait : nos écoles, hôpitaux, dispensaires y étaient en très grand nombre. Maurice Barrès nous a rappelé que nous avions le devoir de leur venir en aide pour contrebalancer l'influence allemande et italienne. La langue étrangère dominante, c'est le français et tout ce qui s'y trouvait d'européen était baptisé du nom générique de "Franc".

La conclusion s'impose : nous ne devons pas céder

un pays.......

5

un pays qui n'a vécu que par la France, et c'est de notre devoir de nous tenir prêts à ce qu'à l'avenir il vive pour la France. L'important est que nous disposions des moyens nécessaires pour écarter toute convoitise étrangère car l'influence morale est nulle là où la force et les ressources matérielles manquent pour lui prêter son appui./.

Signé S. Eluot

METELIN, le 17 août 1917

Le Chef du S.R. de METELIN,

à Monsieur le Commandant REVOL,

Attaché Militaire adjoint près la

Légation de France en Grèce,

à; A T H E N E S .

Une difficulté survenue récemment avec les autorités locales anglaises me met dans l'obligation de vous faire connaître ce qui suit :

Vous trouverez ci-inclus copies d'une lettre intéressant le S.R. français, adressée à Monsieur le Lieutenant-Colonel LABAUVE, Commandant Militaire de METELIN et de ma réponse à ce sujet.

Mais avant d'aborder cette question et de décider s'il s'agit là d'un simple malentendu ou de mauvaise foi réelle, il me faut revenir un peu en arrière.-

A mon arrivée à METELIN (commencement juillet), je suis allé de suite saluer Monsieur MORGAN, consul d'Angleterre et Monsieur HEADCOTH SMITH, consul général britannique et Chef de l'Intelligence anglaise à METELIN. Ce dernier m'a reçu fort aimablement; tout en émettant des doutes sur le succès de ma mission. Il m'a même demandé de quels fonds je disposais, avouant qu'il dépensait 25.000 francs par mois et que les résultats qu'il obtenait étaient peu proportionnés à ses dépenses.-

Inutile..........

Inutile de vous dire que ma réponse a été plutôt évasive et que je n'ai admis que comme possible le chiffre qu'il me donnait. Par ailleurs, il s'est déclaré tout disposé à m'aider dans la mesure du possible ce que lui demandait, du reste, un mot de Monsieur MACKENSIE.

Monsieur le Commandant KENNEDY, S.N.O. me fit, à bord du "Lowestoft", les mêmes déclarations avec l'amabilité mais sans la pointe d'ironie de son collaborateur.

Monsieur REES, à CHIO, Monsieur LAKE, S.N.O. et commandant du "Sentinel" et Monsieur LORRIMER, S.R., me firent à SAMOS des promesses analogues et il semblait entendu que, travaillant pour la même cause et la main dans la main, nous mettrions en commun et nos moyens d'action et les renseignements obtenus.

Or, en I mois I/2, j'ai eu communication d'un seul rapport anglais et certainement il y en a eu plus d'un à passer entre les mains de Monsieur SMITH, puisque tout ce qui vient de CHIO et SAMOS, rapports et déserteurs est envoyé à METELIN où certains agents anglais sont confiés à la garde des autorités militaires françaises au Camp de concentration de CHISMÈRIS.- D'autre part, l'objection possible que, de mon côté je ne passais à nos Alliés, rien d'intéressant, ne tient pas, puisque je n'avais aucun moyen d'action sur la côte.. et vous allez voir comment ma mission a été... facilitée, le jour où j'ai cru pouvoir enfin tenter quelque chose.

Le I3 courant, je fis demander à Monsieur le S.N.O. autorisation de passage à bord du troller en partance le lendemain, pour 3 agents que j'envoyais à Monsieur le Lieutenant TUFFERI (ce détail était mentionné par moi). Le I4 au matin, un télégramme de Monsieur TUFFERI me priait de différer ce départ.. et cependant, ce même jour vers les 2 heures

m'arrivait.......

m'arrivait enfin du "Lowestoft" l'autorisation demandée.- Vous savez que je n'en ai pas bénéficié. Donc Monsieur TUFFERI avait été avisé que mes 3 agents ne pourraient débarquer : en même temps on autorisait leur passage à bord du troller cependant que le S.N.O. envoyait à M. le Lieutenant-Colonel LABAUVE la note ci-jointe qui a motivé uma courte mais suffisante réponse, je le crois,du moins.

La supposition que ces agents seraient envoyés à la côte en dehors du contrôle anglais est impossible, d'autant plus que jusqu'alors nous ne pouvons le faire, ne disposant d'aucun bateau qui puisse les y porter. Par ailleurs, ni Monsieur TUFFERI ni moi n'entendions nous passer de l'autorisation du S.N.O. local et mes 3 agents étaient tout simplement mis à la disposition du S.R. français de SAMOS. De ma façon de faire, ne pouvait surgir aucun malentendu, et ma parole donnée ne permettait pas de le créer. Une seule hypothèse reste donc: nos Alliés veulent agir seuls sur la côte d'Asie, mais si ce désir est conforme à l'idée personnelle de leurs chefs de service de l' "Aegean Intelligence" il va à l'encontre de leur parole donnée et je ne veux pas le supposer de la part de "gentlemen". Je veux y voir simplement une erreur d'appréciation et pour nous un avertissement qui nous conduit à préciser nettement les rapports de notre service avec les autorités Alliées.

Aussi, contrairement à ce qui est demandé dans la lettre N° 2/171, serait-il préférable de statuer que le Chef du S.R. français local aura à s'entendre directement avec le S.N.O. de l'endroit pour toute expédition à la

côte.........

côte. Les interventions exigées du Commandant Militaire de METELIN et de Monsieur le Vice-Amiral de MOUDROS, si elles n'en ont le but, auront assurément l'inconvénient de retarder, sinon d'entraver entièrement tout rapport avec la côte. Une solution dans ce sens s'impose d'urgence.

Une dernière objection possible que des agents peu éprouvés et peu sûrs peuvent compromettre le travail est réelle et ces M.M. ont dû la déduire de certaines expériences fâcheuses. Peut-être aussi certains raids qui ramenaient d'ANATOLIE troupeaux et bergers, n'avaient-ils qu'un rapport lointain avec le S.R. proprement dit, et le petit berger turc renvoyé par ordre de Monsieur le Commandant KENNEDY n'aura rien dû faire pour faciliter nos débarquements sur certains points de la côte d'Asie.

Veuillez agréer, Mon Commandant, l'expression de mes sentiments dévoués.

AEGEAN INTELLIGENCE SERVICE

In your reply
please refer to

D.I49

SYRA

27th August, 1917.

Copie
+++++++++

Mon cher Commandant,

En réponse à votre aimable lettre datée du 21 courant, je m'empresse de vous communiquer que le Vice-amiral anglais a émis des instructions formelles qu'aucun agent ne doit être permis de passer en Anatolie sans la permission du Commandant du 4e Escadre leger basé sur Métélin, et que cette permission doit être obtenue par l'entremise du Commandant français à Métélin.

Tout en regrettant que les ordres du Vice-Amiral ne me permettent pas d'accorder la permission directement à vos agents, je vous prie, mon cher Commandant, de vouloir bien agréer l'assurance de ma considération la plus distinguée.

signé : Captn Mackensie.

17/30 Août 7

Général

67 - R.

Lieutenant-Colonel LABAUVE,
Commandant Militaire de

MYTILENE.

Service de
renseignements.

++++++

J'ai décidé, d'accord avec l'Etat-Major du Général Commandant en Chef les Armées Alliées en Orient, d'organiser à MYTILENE, pour le compte du Ministère Français de la Guerre, un Service spécial chargé de recueillir des renseignements sur l'ennemi. Ce service est confié à Monsieur PIJOT qui est déjà entré en fonctions et auquel je vous serais reconnaissant de vouloir bien donner toutes facilités dans l'exécution de sa mission délicate.

En particulier, j'apprends que les autorités anglaises ne consentent à laisser passer nos agents en Anatolie que s'ils sont munis d'une autorisation délivrée par le Commandant de la 4° Escadre légère de MYTILENE et que cette autorisation doit être obtenue par l'entremise du Commandant Français de MYTILENE. Je saisis le Ministre de la Guerre de

cette.......

cette situation; mais en attendant, je vous prie de façon tout à fait instante d'intervenir pour que les autorisations soient, cas pour cas, données aux agents qui seront employés par Monsieur PLUOT.

Il est bien entendu que Monsieur PLUOT reste soumis à votre autorité pour tout ce qui concerne les questions de discipline militaire, mais qu'il continuera à jouir de toute initiative dans l'exécution des détails de son service spécial.

J'ordonne enfin à Monsieur PLUOT de vous communi quer directement tous les renseignements qui seraient de nature à vous intéresser.

P. le Général BRAQUET :
l'Attaché Militaire Adjoint,

6

En janvier 1918, le ministre de la Guerre fixe à l'attaché militaire à Bruxelles un « programme de propagande ».

PROGRAMME DE PROPAGANDE

-:-:-:-:-:-:-:-:-:-:-:-:-:-:-:-

L'action de la propagande française peut s'exercer sous les formes suivantes :

1°) Articles de revues - opuscules (littéraires, artistiques, etc...)

2°) Grande presse quotidienne

3°) Diffusion de tracts, photos, etc... dans la Belgique envahie par la voie aérienne ou autrement

4°) Subvention des journaux belges de langue française et flamande

5°) Secours accordés aux œuvres philanthropiques en Belgique non envahie

6°) Conférences dans les milieux religieux flamands .

-:-:-:-:-:-

Le Capitaine GILLET serait chargé de diriger le service indiqué sous les N° 1 et 2 (il fait des démarches en vue de s'assurer le concours de différentes personnes) . Un article de lui paraîtra probablement dans la livraison du 15 février de la Revue des deux Mondes. Il donnerait les directives à la grande presse parisienne soit directement soit par l'intermédiaire du Bureau de la Presse . Il s'inspirerait à cet effet du Bulletin de presse mensuel rédigé par la Mission Française et donnerait les indications du Ministre de France, de l'Attaché Militaire et du Service de propagande belge au Havre . Le Commandement belge pourrait ainsi utiliser sur le front belge l'influence de la presse française . Le Capitaine GILLET résiderait soit au G.Q.G., soit auprès de la Mission suivant les circonstances .

3°) Le Service de la diffusion des tracts existe (abbé de MOOR - agent de la Belgique à Folkestone avec lequel la Mission est en relations) Celui-ci doit être intensifié .

4°) Subvention des journaux belges - Trois sortes de journaux, suivant qu'ils sont édités

en Belgique libre ou en France (La Panne - Calais)
en Angleterre
en Hollande

Pour les premiers la question rentre dans les attributions de l'Attaché Militaire - Pour les autres elle concerne nos agents diplomatiques en Angleterre et en Hollande .

5°) Secours - Attributions de l'Attaché Militaire .

6°) Conférences dans les milieux religieux flamands

Le Curé de Calais se trouve en rapport avec les milieux belges en raison du nombre de militaires belges (10.000 environ) qui résident dans la localité .

Il pourrait ~~faire~~ faire des conférences soit en ~~Belgique~~ français soit en flamand (si possible) dans ces milieux belges à Calais & si l'on constatait qu'une influence heureuse s'exerce par ce procédé, les conférenciers se transporteraient dans les cantonnements belges et sur le front .

Ce programme, dans ses grandes lignes, est agréé par les autorités belges (Chef d'Etat-Major Général et Ministre de la Guerre Belge)

-:-:-:-:-:-:-

Aperçu des dépenses nécessaires

-:-:-

I°) Exploitation des articles de revue à répandre sous forme d'opuscules (Voir avec un éditeur)

2°) Néant :

3°) Diffusion des tracts . J'ai adressé une demande à cet effet il y a quelques semaines au G.Q.G. re de la Guerre (lettre 295P du 4 Novembre 1917, confirmée par mon N° 3769C du 10 Décembre) . (aucune réponse n'a encore été faite)

4°) C'est une étude à faire journal par journal . D'ailleurs tous les journaux ne seraient pas subventionnés & On pourrait à titre d'essai allouer des mensualités de 1000 francs pour les journaux édités en Belgique ou en France et 2000 pour chacune des deux séries éditées en Angleterre et Hollande .

5°) première allocation de 1000 francs .

6°) Dépenses insignifiantes puisqu'elles se réduiront à solder les frais des déplacements des conférenciers - de 2 à 300 francs au moins par conférencier .

En résumé j'estime qu'une mensualité de 6 à 7000 francs suffira - non compris l'exploitation des articles de revues (rubrique I°)

Je pourrai demander au G.Q.G. une première mise de 5000 francs qui sera suffisante pour plusieurs mois en ce qui me concerne .

&&&&&&&&&&&&&&&&

7

En novembre 1919, le contre-espionnage français s'inquiète des menées bolcheviques à Berlin.

L'Attaché Militaire

N° 682/S

ale

RENSEIGNEMENTS RECUS D'UN AGENT DU SERVICE DE CONTRE-ESPIONNAGE DE LA MISSION MILITAIRE FRANCAISE

m. Foch

SCR

Le 2 Novembre 1919.

Je viens de rentrer de Berlin où je suis resté 3 jours, temps trés court mais suffisant pour apprendre des choses fort intéressantes, que je consigne ci-aprés :

les hôtels Adlon, Kaiserhof, Ruperti et autres sont remplis de Juifs Polonais et Russes dont la principale occupation est la fourniture de vivres et de monnaies anglaises, américaine et française à la Russie Bolcheviste, sans compter la propagande pour cet État ;

Voici leur façon de procéder pour les vivres : les émissaires correspondants achétent des vivres aux agents des maisons américaines et anglaises de préférence, en transit pour la Pologne et cette marchandise est dirigée vers Thorn ou Graudenz, accompagnée des pièces nécessaires signées par les autorités anglaises de Cologne, en transit pour la Pologne. D'autres acolytes l'accompagnent vers la frontière russe et passent en Russie avec la complicité de fonctionnaires polonais qui gagnent par cette fraude des sommes folles. Le paiement se fait en roubles russes à la frontière, sur le sol polonais.

Il parait que l'on paie trés largement et ces roubles prennent le chemin de Berlin.

J'ai eu l'occasion d'approcher quelques trafiquants auxquels j'ai offert des vivres pour avoir un prétexte. Ces gens étaient consternés et m'ont raconté que depuis deux jours la frontière polonaise était fermée hermétiquement et que beaucoup de marchandises prêtes à traverser la frontière polonaise sont restées en souffrance à Thorn.

Pour l... connais....

- 2 -

-oooo-

Pour la monnaie l'on pratique comme suit : Des émissaires bolchevistes fraudent la monnaie russe en Pologne, d'autres la transportent à Berlin et la bande qui siège dans cette dernière ville fait le change contre la monnaie française, anglaise et américaine avec la complicité de banquiers marrons. Les transactions ainsi faites se chiffrent par des sommes fabuleuses; un courtier (J.C.H. Reeck, Berlin - Wilmersdorf, Prinzregentenstr 2) que je connais personnellement a fait négocier 12 Millions de roubles en une semaine, et il y a des centaines de ces courtiers!

Pour le transport des monnaies en Russie on procède de la même façon que ci-dessus, mais en sens inverse.

Etant obligé de revenir à cause de mes affaires et aussi à cause des grandes dépenses que j'ai dû faire là-bas il m'a été impossible de pousser plus loin mes investigations, je me propose cependant de retourner bientôt.

Il résulte des renseignements très sérieux que j'obtins et que je relate ci-dessus, que si l'on veut empêcher que la Russie bolcheviste soit ravitaillée en vivres et en argent des pays alliés, il y a lieu de couper net l'envoi des vivres en Pologne et supprimer le marché de la monnaie russe à la Bourse de Berlin, de faire surveiller sévèrement les sujets polonais et russes à Berlin, dont beaucoup doivent y séjourner à l'aide de faux passeports d'autres nations.

Signé : X.

Vu et Transmis à M. le Président du Conseil Ministre de la Guerre - Etat-Major de l'Armée - 2° Bureau - Section de Centralisation des Renseignements

Bruxelles, le 10 Novembre 1919.
Le Général Attaché Militaire :

Herold Almeras

8

Le 15 mai 1922, il est question, au SR, de la constitution d'une armée rouge en Europe occidentale.

SECRET

24 MAI 1922

Le 15 Mai 1922.

N° 10833 S.C.R. 2
II

RENSEIGNEMENT

Constitution d'une armée rouge en Europe Occidentale.

D'une bonne source.

Voici la copie d'une information parvenue il y a quelque temps aux autorités fédérales, au sujet de la constitution d'une armée rouge en Europe Occidentale, projet dont l'étude aurait lieu en Allemagne.

" Il a été communiqué qu'en Décembre 1921 une commission instituée à Essen, en collaboration avec le Secrétariat de l'Europe Occidentale, devait prochainement résoudre le problème de la fondation d'une armée rouge. Des militaires de carrière devaient prêter leur concours à cette occasion.

L'Assemblée a eu lieu à Berlin le 15 Janvier. Les membres du Secrétariat de l'Europe Occidentale étaient accompagnés de GESCHKE et SCHMIDT, de l'Anglais PRICE et du Danois ARMSTRUP. Le Comité d'Essen était au complet et se composait de : FROHLICH THALEIMER, GROSCHE, BERG, KRUCHEWSKI et ALLMER. Les nommés WEBER, ancien Officier de complément, BRASE ancien chef d'exploitation aux forteresses et l'ex-capitaine SEEGER ont pris part à l'assemblée. GESCHKE déclara que dorénavant, il y avait lieu de fonder une organisation de combat unique, disciplinée militairement, qui pourrait compter sur l'appui de toutes les organisations révolutionnaires de l'Europe Occidentale. Cette armée devrait être conduite par des militaires de profession et non par des dilletantes comme cela a été le cas en Allemagne jusqu'à ce jour.

Les réunions devront avoir lieu en présence d'un délégué d'un secrétariat d'experts militaires. Ces derniers auraient en tout cas le droit de parler aux assemblées.

L'Anglais PRICE déclara qu'il fallait d'abord organiser théoriquement cette armée jusque dans les plus petits détails. Le matériel nécessaire se trouverait bien et l'on pourrait alors entrer de suite en jeu.

Il a été convenu que le mode le plus pratique et le plus commode d'organiser une armée serait de constituer une association sportive qui inculquerait aux camarades l'esprit de discipline voulu. Cette association pourrait être transformée d'un instant à l'autre en organe de combat; Il a été aussi question d'expliquer franchement aux camarades de quoi il s'agissait. Une décision définitive sera prise à la prochaine assemblée. L'ex-capitaine SEEGER déclara que l'on avait cru pouvoir compter sur certaines troupes de la Reichswehr, mais c'est maintenant inexact. Mais peut-être pourrait-on obtenir de la Reichwehr la livraison du matériel militaire. Il faudrait savoir exactement quel matériel pourrait être recueilli dans le Reich

9

En août 1922, monarchistes allemands et russes préparent des attentats contre Mangin et Poincaré.

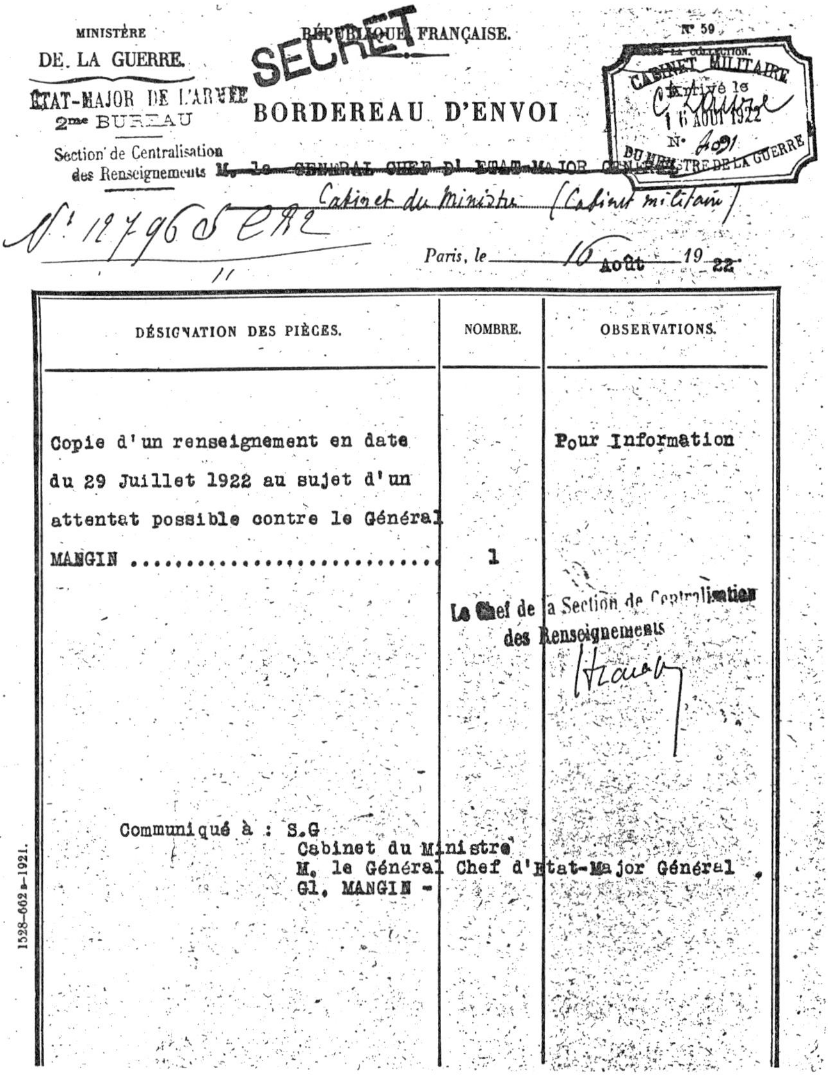

MINISTÈRE DE LA GUERRE.
ÉTAT-MAJOR DE L'ARMÉE
2me BUREAU
Section de Centralisation des Renseignements

RÉPUBLIQUE FRANÇAISE.

SECRET

BORDEREAU D'ENVOI

N° 59

CABINET MILITAIRE
Arrivé le 16 AOUT 1922
N° 2091
DU MINISTRE DE LA GUERRE

~~M. le GÉNÉRAL CHEF D'ÉTAT-MAJOR GÉNÉRAL~~ Cabinet du Ministre (Cabinet militaire)

N° 12796 S/CR2

Paris, le 16 Août 1922

DÉSIGNATION DES PIÈCES.	NOMBRE.	OBSERVATIONS.
Copie d'un renseignement en date du 29 Juillet 1922 au sujet d'un attentat possible contre le Général MANGIN	1	Pour Information

Le Chef de la Section de Centralisation des Renseignements

Communiqué à : S.G
Cabinet du Ministre
M. le Général Chef d'Etat-Major Général
Gl. MANGIN -

1528-662 a-1921.

SECRET

29 Juillet 1922

RENSEIGNEMENT

(communiqué par les Affaires Etrangères)

D'une source généralement bien informée les monarchistes allemands et russes prépareraient une série d'attentats en France. Le Général MANGIN figure en tête de la liste des personnages visés.

Communiqué à : S.G

Cabinet du Ministre

M. le Général Chef d'Etat-Major Général

Gl. MANGIN

3291

MINISTÈRE DE LA GUERRE.

RÉPUBLIQUE FRANÇAISE.

SECRET

ÉTAT-MAJOR DE L'ARMÉE
2me BUREAU

Section de centralisation des Renseignements

BORDEREAU D'ENVOI

CABINET MILITAIRE
ARRIVÉE
4 AOUT 1922
3928
DU MINISTRE DE LA GUERRE

LE MINISTRE DE LA GUERRE ET DES PENSIONS
à la PRESIDENCE DU CONSEIL - CABINET
s/c du CABINET MILITAIRE DU MINISTRE

N° 12454 S.CR2 / 11

Paris, le 2 Août 1922.

DÉSIGNATION DES PIÈCES.	NOMBRE.	OBSERVATIONS.
Renseignement en date du 28 Avril 1922 provenant de l' Armée Française du Rhin et relatif à un attentat qui pourrait être dirigé contre la personne de M. POINCARE	1	Ce renseignement a été transmis en son temps à la Direction de la Sûreté Générale. Une information récente sur le même sujet parait le confirmer. L'Armée Française du Rhin a reçu l'ordre de faire surveiller les individus indiqués et de fournir sur eux ou sur des personnes susceptibles de les remplacer tous renseignements utiles notamment en ce qui concerne leur départ vers la France

Pour le Ministre et par son ordre
Le Général
Sous-Chef d'État-Major de l'Armée

Weygand

1528-662-1921.

le 28 Avril 1922

SECRET

RENSEIGNEMENT

D'un agent bien placé.

À la suite des condamnations prononcées par le Conseil de Guerre de la Tête de Pont de DUSSELDORF contre les membres du groupement local de la Brigade EHRHARDT, le " Vehmgericht " avait ordonné, par représailles, le meurtre du premier homme politique français qui viendrait rendre visite aux troupes d'Occupation, et [illegible] deux membres du groupement de l'O.C d'ELBERFELD avaient été désignés pour exécuter l'ordre dont il s'agit.

Les renseignements complémentaires recueillis dans les milieux intéressés permettent de croire que la haine des Chefs de cette organisation secrète est plus particulièrement [illegible] contre la personne de M. POINCARE.

[illegible] deux membres désignés pour exécuter la sentance [illegible] Vehmgericht " seraient :

[illegible] BRUNO, fils d'un propriétaire d'usine, habitant [illegible] Barmen, [illegible]strasse, 80

[illegible], demeurant à Unter- Barmen, Elberfelderstra[illegible]

10

En 1926, les services secrets, et particulièrement le contre-espionnage, réquisitionnent la gendarmerie. Un état au cœur de l'État ?

Ministère de l'Intérieur

Direction de la Sûreté Générale
Recherches Judiciaires

Ministère de la Guerre

Etat-Major de l'Armée
2ème Bureau
Section de Centralisation
des Renseignements.

Paris, le 16 juin 1926

SECRET

NOTE

relative à la Participation de la Gendarmerie au Service du contre espionnage.

-:-

L'Instruction interministérielle du 30 juin 1913, modifiée le 24 novembre 1924, régle l'organisation et le fonctionnement du Service de contre espionnage.

La circulaire du Ministre de l'Intérieur N° 1137 T du 9 juin 1925 délimite les différents secteurs de contre-espionnage entre lesquels la totalité du territoire nationale est répartie.

Les secteurs de contre espionnage constituent l'ossature du système, les Commissaires spéciaux, Chefs de secteurs, en sont les chevilles ouvrières et les animateurs.

C'est par l'action concordante et la liaison étroite de ces fonctionnaires avec les autorités militaires territoriales (Commandant d'armes, Généraux commandant de Groupes de Subdivisions, Généraux commandant de régions) que les organes militaires seront protégés ou que les tentatives de percer leurs secrets seront réprimés.

L'Instruction du 24 novembre 1924, modifiant la première partie de l'Instruction du 30 juin 1913 fixe dans ses articles 11, 15, 33 et 34 notamment, le concours que la Gendrarmeir doit apporter aux Chefs de Secteurs de Contre-espionnage pour la surveillance de leurs Secteurs.

I - PRINCIPES GENERAUX DE CE CONCOURS.

Sans que la Gendarmerie soit subordonnée aux Chefs de Secteurs de contre-espionnage, c'est à ces derniers, responsables de

- 2 -

la surveillance de leurs secteurs, qu'appartient l'initiative de toutes mesures de surveillance ou de répression relatives au contre espionnage.

En conséquence, hors le cas de flagrant délit, la Gendarmerie ne devra pas entreprendre une enquête de ce genre ou opérer une arrestation sans s'être, au préalable, concertée avec le Chef du Secteur de Contre-espionnage intéressé.

II - SERVICE COURANT.

Les militaires de la Gendarmerie, par leur connaissance des gens et des particularités de leur région, par leurs rondes et tournées incessantes, sont à même de fournir sans travail supplémentaire appréciable, des indications précieuses:

- sur les individus en résidence fixe dont les agissements semblent douteux ou louches au point de vue national;
- sur les étrangers en résidence ou de passage;
- sur les nomades tels que marchands ou musiciens ambulants, colporteurs, etc...

Dans les mêmes conditions, ils doivent contribuer aisément à la surveillance des Polygones, Champs de tir, Terrains d'expériences.

Les renseignements de contre-espionnage recueillis par les agents auxiliaires dénommés ci-après: Gardes-Champêtres, Cantonniers, Facteurs ruraux, Gardes-forestiers, Eclusiers des canaux, Gardes de la navigation fluviale, seront centralisés par la brigade de Gendarmerie sur la circonscription de laquelle ils sont en fonctions et transmis au Commissaire Spécial, Chef de Secteur, par l'intermédiaire de cette brigade.

Ces agents auxiliaires recevront par le même intermédiaire les directives qui leur sont nécessaires.

[illegible] Commissaires, Chefs de Secteurs, [illegible] de la Gendarmerie de leur secteur.

- 3 -

afin de préciser le but et le sens des investigations attendues de la Gendarmerie en tenant compte de la situation particulière à chaque contrée.

III - ENQUETES SPECIALES.

Il importe que l'autorité militaire n'emploie dans les bureaux où se traitent des questions secrètes (Etats-Majors, Directions des Services et Etablissements, Bureaux d'Etudes, Commissions d'Expériences, Bureaux des Chefs de Corps, Bureaux de la Mobilisation, Bureaux de recrutement, etc....) que des secrétaires militaires ou civils de toute confiance. (Agents militaires, ouvriers et employés des Etablissements de la Guerre, tous civils ou militaires non officiers ou sous-officiers de carrière, appelés par leurs fonctions à avoir en mains des pièces ou documents secrets). (Circulaire 13 avril 1927 N° 2239 FR - Cabinet du Ministre).

Il faut donc que l'autorité militaire soit renseignée sur ces derniers, préalablement à leur emploi si possible, en tout cas dans le minimum de temps après leur entrée en service.

Ces enquêtes seront nombreuses et se renouvelleront à chaque libération; les Chefs de secteurs de Contre-espionnage ne disposant que d'un personnel très réduit groupé dans les grands Centres du Secteur, ne peuvent en être chargés, elles incomberont donc aux Brigades de Gendarmerie réparties sur tout le territoire.

En conséquence, les Généraux, Commandants de Région détermineront pour chacun des Etats-Majors, Corps, Services et Etablissements militaires de toute nature stationnés sur leur territoire, les emplois dont les titulaires devront être soumis à une enquête et prendront leurs dispositions pour que les noms des candidats à ces postes leur soient communiqués en temps utile par les Chefs d'Etat-Major, les Chefs de Corps, de Services ou d'Etablissement sous forme d'une fiche individuelle, du modèle ci-joint, adressée en double expédition.

- (4) -

Les Commandants de régions adresseront alors les deux expéditions de ces fiches au Commissaire spécial, Chef du Secteur du Contre-espionnage sur lequel se trouve l'Etat-Major, le Corps, Service ou Etablissement en question.

Ce Chef de Secteur, sur le vu des renseignements inscrits sur les fiches, décidera du lieu où l'enquête sera faite le plus utilement.

Si ce lieu est sur son propre Secteur, il garde l'une des deux fiches, et transmet l'autre pour exécution de l'enquête à l'Officier de Gendarmerie, Chef de la Gendarmeir du Secteur; la brigade désignée répond aux questions mentionnées sur la fiche et la retourne au Chef de Secteur par l'intermédiaire de son Commandant d'arrondissement sous pli recommandé avec la mention "Personnelle" à l'encre rouge.

Le Chef de Secteur porte alors sur les fiches une des deux mentions "à employer" ou "à ne pas employer"; si le cas lui a paru douteux, il a complété auparavant l'enquête de la gendarmerie par une enquête plus approfondie menée par ses propres moyens.

Si le lieu où l'enquête doit être faite est sur un autre Secteur, il transmet les deux fiches au Chef de Secteur intéressé qui opère alors à sa place, comme il est dit ci-dessus, et lui renvoie les deux fiches complétées par l'une des deux mentions indiquées.

Le Chef du Secteur sur lequel se trouve situé l'Etat-Major, le Corps, Service ou Etablissement employeur, conserve une des deux fiches et transmet l'autre au Général commandant la Région qui décide alors, en toute connaissance de cause, s'il y a lieu d'accepter ou de refuser le candidat, et donne les instructions correspondantes au Chef d'Etat-Major, au Chef de Corps, de Service ou d'Etablissement intéressé.

Les candidatures civiles seront examinées dans des conditions analogues, mais toujours <u>préalablement</u> à l'acceptation d'un nouvel

Région - 5 -

employé ou à la désignation d'un ancien pour un emploi de confiance.

La gendarmerie ne devra donner suite aux enquêtes de ce genre que sur le vu de la fiche correspondante établie par le Corps, Service ou Etablissement employeur.

XV – CORRESPONDANCE.

L'article 35 de l'Instruction du 24 novembre 1924 détermine le mode de correspondance entre les Chefs secteurs de contre-espionnage et la gendarmerie et réciproquement.

Les Commandants d'arrondissement ou les officiers commandant la gendarmerie d'un Secteur de contre-espionnage rendent compte, par la voie hiérarchique, à leurs Chefs de Légion, des enquêtes effectuées comme il est dit ci-dessus.

Signé :
Paul PAINLEVÉ.

Signé :
Jean DURAND.

Moralité..

Sobriété..

Fréquentations..................................

Honorabilité....................................

Degré de confiance à accorder...................

AVIS du Commissaire spécial,
Chef du Secteur de Contre-Espionnage et.....

A .... le ....

Signé : (Le Commissaire spécial, Chef du Secteur de Contre-Espionnage)

11

En 1932, l'Affaire du Vengeur *n'est toujours pas réglée. Charléty, président de la « Commission des origines de la guerre », écrit à Azan et Gamelin, qui s'adressent au général Dupont. Ci-jointe la réponse manuscrite de celui-ci.*

Affaires Étrangères

Paris, le 13 octobre 1932

Copie

à Monsieur le Général Azan
Directeur du Service Historique de l'Armée

Mon Général,

Vous savez qu'au cours de sa dernière séance la Commission des Origines de la Guerre s'est de nouveau préoccupée des questions relatives à la neutralité belge, et qu'elle a examiné en particulier les indications apportées par de récents témoignages (extraits des Mémoires du Maréchal Joffre, publiés dans la Revue des Deux Mondes du 15 août, et article de M. Paléologue dans la même revue, n° du 1er octobre). Ces témoignages donnent lieu à quelques observations, que je crois pouvoir vous indiquer ci-dessous:

I.- L'Etat-major français a reçu, en 1904, des renseignements précis sur le plan allemand de concentration et sur la violation probable de la neutralité belge par les armées allemandes. Vous avez eu l'obligeance de nous communiquer les extraits de deux rapports, du 8 février et du 1er août 1904, qui donnent à cet égard des indications d'un haut intérêt. La Commission désire publier ces textes dans un de ses prochains volumes; elle vous serait obligée de bien vouloir faire part de cette intention à M. le chef d'Etat-Major de l'armée. Mais elle a remarqué, en outre, que ces pièces faisaient allusion à l'existence de documents originaux, qui auraient été remis au Service des Renseignements en janvier 1904. D'après le récit de M. Paléologue, ces documents, – deux cartes où figuraient des directions de marche et un commentaire de l'agent qui les avait livrées, – existeraient aujourd'hui encore dans les Archives de l'Etat-major, la Commission souhaite que ces documents lui soient communiqués, dans les conditions habituelles.

II.- Bien que le plan allemand de concentration ait été connu dès 1904, l'Etat-major ne semble pas avoir fait état de ce renseignement lorsque, au début de 1912, il a demandé au gouvernement de définir l'attitude que devait avoir l'armée française à l'égard de la Belgique. Le Général Joffre a seulement signalé, au Conseil supérieur de la Défense nationale, le 9 janvier 1912, que des indications recueillies par l'Etat-Major permettaient de prévoir une violation de la neutralité belge par l'Allemagne. Il n'a pas dit que cette conviction reposait sur des documents incontestables. La Commission est donc amenée à se demander pourquoi le renseignement de 1904 n'a pas été invoqué en 1912. Elle vous serait reconnaissante de l'orienter à cet égard, pour lui permettre de mieux apprécier les problèmes qu'elle rencontre au cours de ses recherches.

III.- Le 27 novembre 1912, la question belge a été traitée au cours d'une visite faite par le général anglais Sir Henry Wilson à l'Etat-major français. La Commission a entre les mains et va publier une lettre adressée au sujet de cette visite par le Ministre de la Guerre au Ministre des Affaires étrangères le 12 décembre 1912, mais c'est en vain qu'elle avait essayé de retrouver un compte rendu de l'entretien, indispensable cependant à l'intelligence du document précité; la recherche faite, au printemps dernier, dans les archives de l'Etat-major avait eu un résultat négatif. Or aujourd'hui les Mémoires du Maréchal Joffre citent, entre guillemets, les déclarations faites, ce jour-là, par le Général Wilson. Il existe donc, dans les archives du Maréchal, une note ou un document quelconque qui relate l'entretien. La Commission attache la plus grande importance à recevoir communication de ce document. Elle vous demande de provoquer à cet effet les démarches nécessaires auprès des détenteurs des papiers du Maréchal.

Je fais appel à votre obligeance accoutumée et à votre compétence pour nous aider à recueillir, sur ces différents points les indications utiles à notre travail.

Veuillez agréer, mon Général, l'assurance de mes sentiments distingués.

Le Président

Signé: CHARLÉTY

N° 15.

MINISTÈRE
DE LA GUERRE.

RÉPUBLIQUE FRANÇAISE.

ETAT-MAJOR DE L' ARMÉE

Paris, le 15 octobre 1932.

Le Général GAMELIN
Chef d'état-major général de l' Armée,

N° 4831. 3/11 e.

au Général DUPONT
Du cadre de réserve
177, boulevard Saint Germain
PARIS

Nota. — Les réponses doivent, outre le numéro d'ordre, rappeler les indications de timbre ci-dessus.

M. Charléty, Président de la Commission des Origines de la Guerre, a écrit au Général chef du Service Historique la lettre dont ci-joint copie.

J'ai l'honneur de vous demander si vous pouvez me fournir des éléments de réponse au paragraphe II. La Commission se demande pourquoi le renseignement de 1904 n'a pas été invoqué en 1912.

Je puis vous dire que moi-même, ayant été affecté d'abord à la Section du Plan puis au Cabinet du général Joffre, je n'ai jamais eu connaissance du renseignement de 1904.

Si, d'autre part, vous aviez des informations sur la question posée au paragraphe III, je vous serai reconnaissant de vouloir bien me les envoyer.

Le Général
Chef d'État Major Général
de l'Armée,

[signature]

1518-485-J. 32773-31. (30590)

18/10/32

De passage à Paris aujourd'hui je trouve votre lettre du 15/10 à laquelle je m'empresse de répondre.

Je précise d'abord les conditions dans lesquelles j'ai appartenu à l'E.M.A. qui détermineront ce que je pourrai connaître de cette affaire.

J'ai quitté le 2e Bureau de l'E.M.A. (Section allemande) le 1/1 1904 et je n'y suis rentré comme chef de la Section de renseignements le 15/12/1908 ~~soit 3 ans 1/2 après la réception du télégramme "Vergennes"~~

Je n'étais donc pas présent à la réception du télégramme "Vergennes" et ne suis revenu que plus de 3 ans 1/2 après.

Je n'ai connu ni la conversation du Gal Joffre le 9/1/12 (§ II de ~~[illegible]~~ votre lettre à M. Charléty) ni les conversations avec le Gal Wilson de mars 1912, ni la comparaison du Gal Joffre au ministre de la guerre du 12/12/12 ~~[illegible]~~ (§ III de votre lettre). On ne m'a rien demandé et on n'avait rien à me demander à ces occasions.

Le S.R était en rapport à rechercher une fois les documents en sa possession elle les passait au 2e Bureau pour leur exploitation et la conservation aux archives. Elle était dessaisie depuis 1904.

Il y a deux officiers généraux particulièrement qualifiés pour vous renseigner

1° Le Gal Berthélemy (C.R. à St Servan).
Il devait être au 2e Bureau en 1904, apparemment à la section allemande et il y était certainement ? comme chef de cette section en 1912-14.
C'est lui qui était qualifié pour fournir des détails et renseignements au Gal Joffre à cette époque. C'est lui qui connaissait le mieux [illegible]

2° Le Gal Fournier ne peut rien connaître des événements de 1912, mais était chef du 2e Bureau en 1904. Il doit avoir des souvenirs sur le régime de [illegible]
Le Cdt Bardon chef du 2e Bu en 1912 est décédé.

[illegible]

J'ignore comme [illegible] [illegible]
J'ai lu dans [illegible] des révélations du Mal Joffre [illegible]
J'ai vu le capitaine Lambling [illegible] avec moi [illegible]
S.R. de 1908 à 1912, il ne m'a pas souvent parlé de cette affaire qui doit paraître importante.
D'après ce que vous [illegible] depuis le 20 août 1914 [illegible] de Vitry-le-François [illegible] [illegible] Berthélemy [illegible] rapporter par [illegible] renseignements [illegible] la guerre.

Général Dupont Chef du 2e Bureau
28 Mars 1913

12

Le général Dupont a également laissé des Mémoires, inédits jusqu'à ce jour, qui ne figurent même pas dans les archives militaires. En voici la table des matières.

AVANT-PROPOS

Dans ces pages de souvenirs, je ne parlerai que de ce que j'ai vu et fait.

Ce n'est pas une histoire de l'avant-guerre et de la Guerre de 1914. C'est une contribution à cette histoire.

Ce livre est une oeuvre de justice. Il est écrit à l'honneur des officiers distingués qui ont patiemment, discrètement et passionnément travaillé à la préparation de la guerre, au 2ème Bureau de l'Etat-major de l'Armée.

C'est à eux, à mes anciens chefs, à mes camarades de ce Bureau que je le dédie.

TABLE DES MATIERES

PREFACE

AVANT-PROPOS

I Mon premier poste : les services d'espionnage et de contre-espionnage - 1896-1903

II Mission secrète en prusse orientale pour repérer les fortifications allemandes - 1903

III Mission à l'étranger

IV Je suis nommé chef du service des renseignements - 1908

V Arrestation par les allemands, procès et évasion du Capitaine Luxe

VI L'attaché militaire allemand Fon Winterfeldt est blessé aux grandes manoeuvres du sud-ouest de 1913

VII Pourquoi étions-nous sûrs que l'Allemagne envahirait la Belgique ?

VIII L'Etat-Major français connaissait-il l'importance des effectifs de l'armée allemande en 1914 ?

IX L'Etat-Major français connaissait les plans allemands de mobilisation, de concentration et de déploiement stratégique.

X Comment l'Etat-Major français put-il obtenir que les Russes attaquent immédiatement les Allemands, dès les premiers jours de la guerre ?

XI La guerre

XII Le G.Q.G. à Vitry-le-François

XIII Comment la Bataille de la Marne a été décidée. Le conseil de guerre de Bar-sur-Aube.

XIV Le G.Q.G. Joffre s'installe à Chantilly. La guerre d'usu

XV Verdun

- 2 -

XV1 Une mission en Suisse

XV11 La Roumanie entre en guerre. Le Général Joffre me demande un projet de convention d'armistice et de traité de paix.

XVL11 Crépuscule et chute de Joffre

X1X Le Général Nivelle commandant en chef.

XX Le Général Pétain, commandant en chef

XX1 Au Front

XX11 Je suis délégué par le Maréchal Foch à Berlin le 26 novembre 1918

XX111 Le rapatriement des prisonniers

XX1V Berlin Déc. 1918-Déc. 1919

XXV Mission à Posen

XXV1 Mission en Silésie août 1919

XXV11 Délimitation des frontières germano-polonaises Déc. 1919 - Janv. 1922

XXV111 Chef de la Mission militaire française en Pologne Janv. 1922

XX1X Mon action à Varsovie

XXX Plan d'opération polonaise contre l'allemagne

XXX1 Difficultés pour réaliser l'unité de l'armée polonaise

XXX11 Un paranoïaque : le Maréchal Pilsudski

XXX111 Pisuldski Chef d'Etat

XXX1V Visite du Maréchal Foch en Pologne - Mai 1923

XXXV Pisuldski devant l'Opposition

XXXV1 Pisuldski franchit le rubicond. Nos élèves officiers polonais s'entretuent.

XXXV11 Mes deux derniers rapports - Mai 1926

XXXV111 Ma mission en Pologne est terminée

XXXIX Demain ?

Annexes

1 Les effectifs allemands pendant les premiers mois de la guerre comparés aux prévisions de l'Etat-Major français en temps de Paix.

11 Projet de conditions de Paix préparé sur la demande de Joffre et soumis aux Russes.

111 Documents secrets captés par mon services pendant l'affaire Luxé

1V Fiches de la police allemande cherchant à me retrouver au cours de la mission secrète pour repérer les fortifications des Lacs Mazures.

13

L'annexe militaire « très secrète », jamais publiée aux accords franco-italiens de Laval en 1935. En cas de tension politique avec le Reich, pour une offensive alliée en Autriche, un corps expéditionnaire français viendrait s'interposer en Vénitie et en Slovénie, entre les forces italiennes et yougoslaves « en délicatesse ».

AMBASSADE DE FRANCE
en ITALIE

Attaché Militaire
----
n° 50/A-S

TRÈS SECRET

Exemplaire n° 1

ROME, le 28 mars 1935

POURPARLERS ENTRE ETATS-MAJORS

-:-:-:-:-:-

Annexes jointes :

n° 51/A-S (2 pièces dont une carte)

n° 52/A-S ([illegible])

AMBASSADE DE FRANCE
en ITALIE

Le Général
Attaché Militaire

n° 50/A-S

Exemplaire

ROME, le 28 mars 1935

Le Général Henri PARISOT Attaché Militaire

à

Monsieur le MINISTRE de la GUERRE
Etat-Major de l'Armée - 2° Bureau

PARIS

Objet

Pourparlers entre Etats-Majors

Le présent compte-rendu résumera aussi brièvement que possible l'état actuel(1) des conversations engagées avec l'Etat-Major Italien en exécution des Instructions reçues.

Dans une 1° Partie il envisagera chacun des cas considérés à l'origine par le Maréchal BADOGLIO (voir Annexe n° 13/A-S du 29 janvier 1935).

Dans une 2° Partie, il développera succinctement le point de vue de l'Etat-Major italien sur quelques-uns des grands problèmes politico-militaires qui ont été soulevés au cours des entretiens.

Deux Annexes (n° 51 et 52/A.S) seront consacrés aux renseignements techniques fournis ou à fournir pour permettre d'établir les plans de transport éventuel d'un théâtre d'opérations sur l'autre.

(1) Je conserve par devers moi pour m'y référer éventuellement, les notes que j'ai prises au cours de chacun de mes entretiens, ou de mémoire aussitôt après.

I.- ETUDE DES DIFFERENTS CAS

MESURES d'ORDRE GENERAL PROPOSEES EN CAS DE TENSION POLITIQUE ET DE MOBILISATION

1°) Prévoir un télégramme convenu, correspondant à chacun des 4 cas envisagés, et destiné à déclencher simultanément les mesures arrêtées d'avance dans chacun des deux pays.

2°) Prévoir l'échange immédiat de missions de liaison entre les deux Etats-Majors.

Désirant ne pas faire mention de la mobilisation de mon poste d'Attaché Militaire, j'ai estimé qu'il suffirait de me renforcer de 2 ou 3 officiers d'Etat-Major, un de 2° Bureau, un de 3°, un des 1° et 4° Bureaux spécialisé dans les transports.

Le Général PARIANI enverrait sans doute auprès de l'Etat-Major français un Général et 2 ou 3 officiers, l'Attaché Militaire actuel restant adjoint au Général chef de mission.

<u>1er cas</u> -. Aucune concentration de troupes de part et d'autre des Alpes. Les garnisons laissées dans les places fortes et les ouvrages seraient réduites au personnel strictement nécessaire pour assurer la garde du matériel et du stockage et l'entretien des routes.

Il y aurait évidemment des mouvements ou transports de mobilisation, ainsi que des mouvements ou transports de couverture, destinés à d'autres fronts que la frontière italo-française.

Indépendamment des mesures générales envisagées précédemment, l'Etat-Major italien propose que, pour porter un coup moral il soit prévu dès le premier moment le transport d'une petite unité, un bataillon par exemple, de France en Italie et vice versa, afin d'affirmer ainsi la solidarité entre les deux pays.

2° cas - Etant admis que l'Etat-Major italien aurait toute la tranquillité sur sa frontière Jougoslave, il aurait alors des disponibilités qui pourraient :

(- soit passer sur le front français
(
(- soit être employées dans des conditions différentes,
(que nous verrons plus loin (b).

a) Des disponibilités italiennes passent sur le front français. Dans ce cas, la région de notre extrême droite proposée par l'Etat-Major français est reconnue comme convenant parfaitement bien.

Il resterait, du côté français; à préciser la zone de concentration, la mission, le terrain d'action, et l'état-major italien demanderait ultérieurement la communication de tous renseignements utiles, cartes, notices, statistiques, photographies, etc... Il envisagerait même l'utilité de reconnaissances préliminaires à effectuer en secret dès le temps de paix, par quelques officiers.

L'effectif qu'affecterait l'Etat-Major italien à cette intervention sur front français serait de :

une armée, à 3 corps d'armée de 3 divisions chacun, soit en tout 3 E.O.C.A., 9 divisions, avec les éléments de R.G. et services correspondants, y compris une dizaine d'escadrilles d'aviation.

4

Ces éléments commenceraient à déboucher sur territoire français par les deux lignes de Modane et Vintimille, à partir du 5° jour.

Les conditions d'exécution du transport sont précisées dans une Annexe (n° 52/A-S) où j'ai condensé les données susceptibles de servir de base à notre 4° Bureau pour continuer l'étude.

b) Les disponibilités italiennes sont employées à une offensive brusquée, destinée à porter de suite la guerre en territoire ennemi (par exemple la Bavière, par Salzburg) : dans cette hypothèse l'Etat-Major italien dispose dès maintenant de 3 divisions Celeri (rapides), de ses 9 régiments alpins qui auraient tous été préalablement mis à pied d'oeuvre, enfin il compte avoir d'ici un an 2 ou 3 divisions motorisées. Le total représente la valeur de 8 à 9 divisions.

Il ne m'appartenait pas d'émettre une opinion sur la raison d'opportunité qui inciterait à choisir entre les solutions a) et b). Je me suis permis de marquer toutefois que la solution b) supposait de notre côté l'initiative des opérations.

En somme, il s'agit de savoir s'il est plus profitable, en cas d'opérations contre l'Allemagne, de disposer tout de suite de 9 divisions plus ou moins rapides pour porter un coup décisif dans le Salzburg, en tournant ainsi la défense des Alpes Bavaroises, ou, au bout d'un temps, à préciser, de disposer de 9 divisions italiennes s'ajoutant aux forces françaises sur territoire français.

Je crois devoir signaler d'une part que le Maréchal Badoglio ne m'avait jamais fait mention de la 2° solution, d'autre part que le Général Pariani m'a paru au contraire lui accorder toute sa préférence.

Je suis donc revenu à la charge pour faire préciser que l'une des solutions ne paraissait pas à priori être exclusive de l'autre.

Supposons, en effet, que la solution choisie initialement soit la solution b) et qu'elle ne donne pas les résultats escomptés, ou qu'elle le donne insuffisamment; dans ce cas l'Etat-Major italien qui aurait ainsi employé une des deux masses de manoeuvres dont il disposera dès le début aurait encore la faculté d'employer l'autre à la solution a), s'il en était ainsi décidé; mais le facteur "temps" est à prendre spécialement en considération.

Supposons par contre que la solution b) produise des résultats féconds, la 2° masse de manoeuvre pourra alors être utilisée à exploitation à fond du succès, plutôt qu'à une coopération à une contre-offensive de l'aile droite française.

Après avoir envisagé ces considérations, nous avons estimé d'un commun accord que la question relevait de la discussion éventuelle d'un plan de coalition (voir in fine).

3°cas - L'Etat-Major de l'armée italien a tenu à envisager séparément le 3° cas du 4° et nous avons introduit dans le débat l'idée de progressivité des mesures, sans préjudice de la rapidité bien entendu.

6

Aussi le Général Pariani estimait que, dans le 3° cas, il vaudrait mieux amener au plus vite, par exemple dans la région d'Udine Tarvis, une seule division française telle qu'elle sera c'est-à-dire sans renfort, comme les Italiens l'ont fait en juillet dernier sur la frontière nord.

On m'exposait que la succession des opérations pourrait être celle-ci :

- d'abord, l'arrivée d'un bataillon transporté sans aucun délai;
- en même temps l'arrivée du Général de D.I. avec un échelon avancé de son Etat-Major et quelques cadres précurseurs pour la division;
- enfin l'arrivée de la division sur le pied de paix, ces trois mesures devant se déclencher immédiatement, la dernière s'échelonnant un peu dans le temps par rapport aux deux autres.

Sans faire d'objection de principe, j'ai marqué qu'il serait assezdifficile, loin du territoire national, de porter, le cas échéant, nos unités sur le pied de guerre, et comme je parlais de soumettre ces suggestions à votre appréciation, mon interlocuteur s'est contenté de maintenir les deux premières dispositions précitées, étant entendu que la division resterait en France,renforcée ou non, mais se tiendrait prête à être enlevée sans délai.

4° cas - Nos suggestions concernant le transport éventuel sur territoire italien et peut-être autrichien de 2 divisions avec un commandant de C.A. et quelques éléments d'armée (1) ont été

(1) L'E.M.A. italien m'apparut connaître exactement par son Attaché militaire à Paris,la composition de détail de notre corps expéditionnaire, y compris même la réorganisation en cours de la 31° D.I. et son recomplètement éventuel par une 1/2 brigade de chasseurs. En exécution des instructions reçues (n° 358 du 4 mars en haut de la page 3) j'avais cru ne pas devoir faire état de ces informations.

7

acceptées immédiatement.

La zone générale pour le stationnement de nos unités en Autriche correspondrait aux compartiments de terrain bien dessinés formant un grand quadrilatère dont les côtés nord et sud seraient respectivement les Niedere Tauern et la vallée de la Drave, le côté ouest la ligne de hauteurs venant de la Haute Mur s'abaissant sur la Drave en aval de Villach et le côté est la ligne de hauteurs partant de Judenburg et s'abaissant vers Volkermarkt. Dans l'esprit de l'E.M.A. ITalien il semble que nos troupes auraient au moins au premier moment une mission d'occupation dans cette région de population mixte, dans le but de séparer les troupes italiennes et yougoslaves.

Mais pour ce qui concerne les transports de nos divisions l'Annexe ci-jointe (n° 51/A-S) qui étudie le problème en détail, montre que les modalités de transport se trouvent sensiblement modifiées.

La ligne du Tarvis sur laquelle nous comptions particulièrement est entièrement employée par les Italiens.

Celle de Gorizia-Tolmino-Jensenice-Klagenfurt nous reste tout entière, à condition d'une entente avec les Yougoslaves.

Enfin, sous cette même condition, l'E.M.A. italien envisage que nous puissions utiliser plus au sud la voie de Mestre sur Postumia, qui par Lubiana, Celie et Volkermarkt conduit aussi à Klagenfurt.

Par suite de l'utilisation des deux lignes de transport qui nous est accordée de bout en bout sur territoire italien comme aussi d'après les facilités de débarquement dans la région de Klagenfurt

St-Veit, ilne semble pas en dernière analyse que la durée de la concentration diffère sensiblement de nos premières prévisions.

En dehors de la mission d'occupation, qui serait la première donnée à nos troupes, l'E.M.A. italien n'exclut pas complètement leur progression à travers l'Autriche, en cas d'offensive italo-yougo-slave, ainsi qu'on le verra plus loin.

Concernant ces différents cas, la difficulté me parait résider dans la progressivité du problème, qui doit être étudié de manière que chaque mesure nouvelle exigée par les évènements est la continuation naturelle de la précédente et l'acheminement vers la suivante.

Par ailleurs, les distinctions que nous avons établies entre les différents cas ne doivent pas être considérées comme ayant une valeur absolue. Elles ne constituent à mes yeux qu'un procédé d'étude, qui permet de "dégrossir" petit à petit la question, en poursuivant la recherche d'un accord sur les idées générales qui se préciseront au fur et à mesure des conversations à venir.

II.- QUESTIONS DIVERSES

A - Le problème yougo-slave

Incontestablement l'E.M.A. italien préfèrerait que les Yougoslaves s'abstinssent de toute intervention en Autriche, le plus qualifié de leurs représentants me l'a confié. Mais on ne se fait ici aucune illusion à ce sujet.

9

Aussi l'E.M.A. italien a-t-il déjà fait des études préparatoires, et j'ai vu le croquis de répartition éventuelle des lignes de communication à travers l'Autriche, en admettant une intervention dans ce pays.

Sans entrer dans le détail on a prévu sur ce document que :

- les Italiens disposeraient des deux voies du Brenner et du Tarvis sur Spittal et Salzburg;
- les Français disposeraient de la ligne Tolmino, Jesenice, Klagenfurt;
- les Yougoslaves disposeraient des deux lignes :
  - Celje, Judenburg, Liezen, Braunau
  - Maribor (Marburg), Gratz, Bruck, Wells ou Linz.

Une variante prévoit qu'en cas de poussée offensive avec participation française en direction de la frontière bavaroise (Salzburg, Passau), les Français utiliseraient partie d'une des lignes yougoslaves, et les Yougoslaves, redressant légèrement vers le nord leurs communications, disposeraient encore de deux lignes de ravitaillement.

Ces précisions peuvent être rapprochées par ailleurs d'une conversation que j'avais eue avec mon collègue yougoslave cet hiver; il me déclarait notamment qu'une intervention italienne en Autriche déterminerait l'intervention yougoslave simultanée; il ajoutait qu'il en résulterait vraisemblablement un conflit avec les Italiens "à moins que la France n'intervienne également".

10

Les rapports entre Rome et Belgrade vont en s'améliorant chaque jour davantage; il m'a semblé cependant que ce point de vue méritait de vous être signalé.

Il ressort de tout ce qui précède que, si le Gouvernement français juge opportune, l'intervention des troupes françaises en Autriche, nous n'avons de difficultés à craindre ni du côté italien ni du côté yougoslave ; mais il y a lieu d'amorcer à Belgrade des conversations semblables à celles qui ont eu lieu ici, sans quoi la solution technique du problème ne peut être poursuivie utilement.

B.- Le problème hongrois

Il semble qu'en cas d'intervention en Autriche, comme en cas de conflagration générale, l'E.M.A. italien n'ait pas perdu tout espoir de maintenir politiquement la Hongrie dans la neutralité. La Hongrie, qui m'a-t-on dit en substance est le pays le plus mutilé par la guerre, et peut-être que quelques promesses suffiraient à lui faire renoncer à une lutte inégale.

J'ai préféré ne pas objecter que ces promesses devraient être faites au détriment d'autres alliés sur lesquels nous comptons fermement.

Par ailleurs, m'a-t-on dit également, si les Hongrois prennent fait et cause contre une intervention en Autriche ou même pour l'Allemagne en cas de conflagration générale, ils seraient facilement écrasés par la conjonction des Tchécoslovaques au nord (si près de Budapest), des Roumains à l'est (ne pas oublier la campagne de 1919 contre Bela Kun), enfin des Yougoslaves au sud, contre lesquels ils n'ont aucune ligne de défense naturelle.

11

En second lieu, l'intervention hongroise amènerait vraisemblablement une ruée, sur la Tchécoslovaquie des Allemands arrivant à la rescousse des Hongrois : ce sont autant de forces allemandes qui ne se lanceraient ni contre la France, ni en Bavière pour contrecarrer une offensive éventuelle par le Salzburg.

En somme, on ne semble pas estimer ici que l'hostilité hongroise serait assez sérieuse pour enlever une efficacité décisive à une offensive italo-française-yougoslave dans la plaine bavaroise.

En faisant observer qu'en cas de conflit généralisé les Tchécoslovaques regarderaient sans doute plus probablement vers le nord que vers le sud, j'ai cherché à avoir quelques impressions sur "l'inconnue polonaise", telle qu'on la voit de Rome : mais on m'a laissé comprendre, que pour Prague comme pour Varsovie, notre Etat-Major devait être mieux informé que qui que ce soit.

C.- L'Autriche

Je n'ai pas cru devoir soulever à nouveau la question autrichienne, estimant que la Note de l'E.M.A. italien apportée par moi à Paris était très explicite à ce sujet, et qu'aucun évènement ne s'était produit depuis, qui soit susceptible de modifier le point de vue militaire italien à ce sujet.

En résumé, les entretiens que j'ai menés jusqu'à ce jour avec toute l'activité possible, ont permis d'asseoir quelques bases des plans de transport (voir ci-après les annexes n°51/A.S et 52/A.S) et d'esquisser certaines données relatives aux opérations.

Le voyage à Rome de notre Chef du 2° Bureau, en complétant nos informations réciproques sur l'Allemagne et sur l'Autriche, fournira un élément supplémentaire d'appréciation.

Le Général PARIANI dans notre plus récent entretien, a insisté sur la nécessité d'un véritable plan de coalition. Sans l'en dissuader, je me suis borné à rappeler que ma mission était infiniment plus modeste, mais que nos pourparlers étaient d'autant plus utiles qu'ils préparaient la voie à tout élargissement ultérieur.

Et je pensais à ce moment à la nécessité d'une entente très prochaine avec Belgrade, comme aussi à l'importance capitale au point de vue militaire, du facteur tchécoslovaque dans tout projet destiné à contrecarrer les visées pangermanistes en Europe centrale.

signé : ....

14

L'ordre de mission du capitaine Doudot, un as des services spéciaux français.

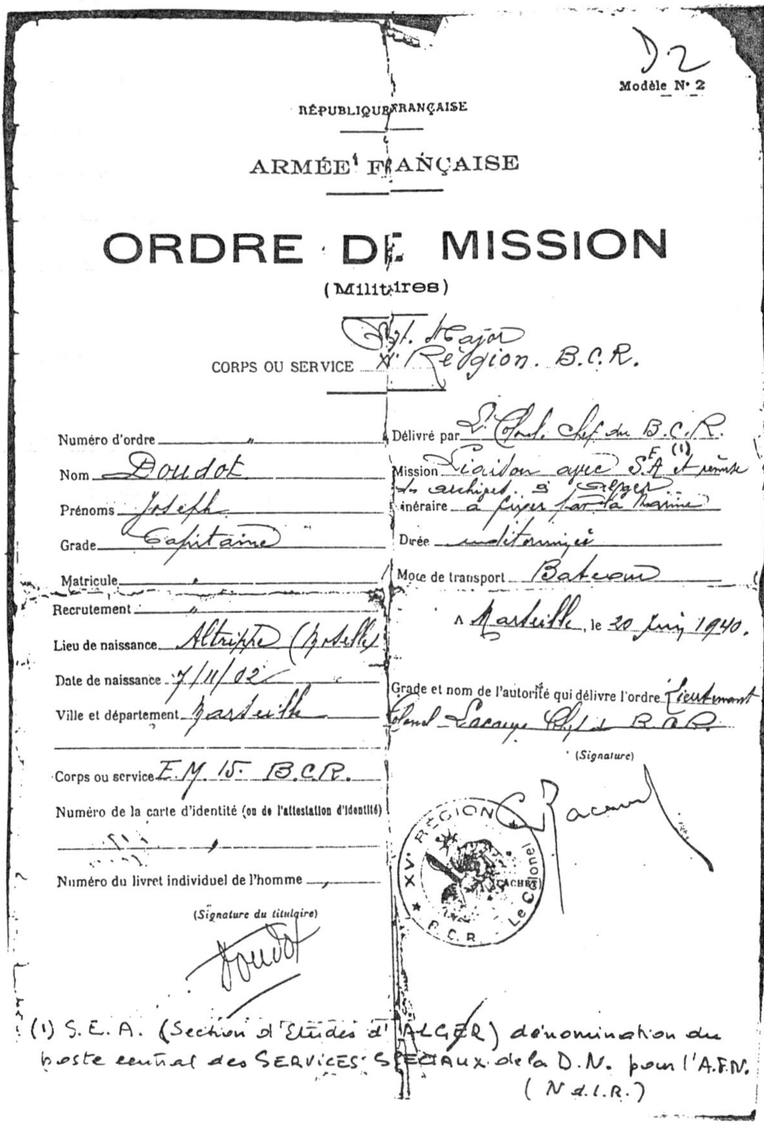

D 2

Modèle N° 2

RÉPUBLIQUE FRANÇAISE

ARMÉE FRANÇAISE

ORDRE DE MISSION

(Militaires)

CORPS OU SERVICE Ét. Major XV° Région. B.C.R.

Numéro d'ordre
Nom Doudot
Prénoms Joseph
Grade Capitaine
Matricule
Recrutement
Lieu de naissance Altrippe (Moselle)
Date de naissance 7/11/02
Ville et département Marseille

Corps ou service E.M. 15 B.C.R.

Numéro de la carte d'identité (ou de l'attestation d'identité)

Numéro du livret individuel de l'homme

(Signature du titulaire)

Doudot

Délivré par Lt Colonel Chef du B.C.R.
Mission Liaison avec S.E.A. (1) et remise des archives à Alger
Itinéraire à fixer par la Marine
Durée indéterminée
Mode de transport Bateau

A Marseille, le 20 juin 1940.

Grade et nom de l'autorité qui délivre l'ordre Lieutenant Colonel Lacaze Chef du B.C.R.

(Signature)

XV° RÉGION B.C.R. Le Colonel CACHET

(1) S.E.A. (Section d'Études d'ALGER) dénomination du poste central des SERVICES SPÉCIAUX de la D.N. pour l'A.F.N. (N.d.l.R.)

15

Au début de juin 1940, le président du Conseil Reynaud ainsi que les généraux Weygand et Vuillemin réclament désespérément le soutien armé de l'Angleterre. Ces trois télégrammes expliquent, malheureusement, beaucoup de choses. Ils ont été reproduits dans les bulletins de l'Amicale des Anciens des services spéciaux de la Défense Nationale. (AASSDN).

Dokument Nr. 69

Présidence du Conseil

Paris le

TELEGRAMME POUR MONSIEUR CHURCHILL

De la bataille qui se déroule actuellement sur la Somme et sur l'Oise dépend le sort de la Grande-Bretagne comme celui de la France.

Il serait inadmissible que les forces des deux Pays n'y soient pas engagées dans leur totalité.

[Si la partie qui se joue ~~était~~ est perdue, l'effort d'armement du Royaume-Uni n'aura plus aucun sens.

Je ne comprends pas, dans ces conditions, pourquoi vous continuez à conserver en Angleterre, pour la sauvegarde de vos Usines, la majorité de vos forces aériennes.

Je vous demande de la façon la plus instante d'envoyer immédiatement en France, où des terrains sont préparés pour les recevoir, 500 avions de chasse.

......

......

Je vous prie d'autre part de jeter toute votre aviation de bombardement dans la bataille et de renoncer à des expéditions telles que celle que la Royal-Air-Force vient d'entreprendre sur la Ruhr, alors que l'Infanterie française, qui se bat seule, a le plus impérieux besoin de l'aide des bombardiers britanniques.]

Dokument Nr. 70

G. Q. G.

LE GENERAL COMMANDANT
EN CHEF

N° 582-Cab/DN

TRÈS SECRET

Le 3 Juin 1940.

COPIE

Monsieur le PRESIDENT,

Je me permets de vous envoyer ce soir même la lettre que m'adresse d'extrême urgence le Général VUILLEMIN.

Cette lettre vient à l'appui de l'appel pressant que vous avez bien voulu faire parvenir à M. Winston CHURCHILL. Sa conclusion n'est nullement exagérée.

Il faut à nos troupes, pour leur permettre de ne pas livrer à armes trop inégales la bataille de demain, un puissant appui d'aviation de chasse. Il n'est pas un combattant ayant pris part aux dernières batailles pour ne l'affirmer.

Notre propre Armée de l'Air est impuissante à donner à nos troupes cet appui indispensable.

En raison de la gravité des circonstances, je voud demande d'insister à nouveau auprès du Premier Ministre de GRANDE-BRETAGNE.

La lettre du Général VUILLEMIN a déjà été communiquée à l'Air Marchal Commandant en Chef les Forces Aériennes britanniques en FRA CE et au Colonel Chef de

la . . . . . .

2

la Mission française auprès de l'Air Ministry.

Veuillez , Monsieur le PRESIDENT, agréer les assurances de ma haute considération et de mes sentiments déférents et dévoués.

Signé: W E Y G A N D.

389

COMMANDEMENT EN CHEF
DES FORCES AERIENNES

ETAT-MAJOR GENERAL
3ème Bureau

N° 3.987-3/O.S.

COPIE TRÈS SECRET

G.Q.G.A., le 3 Juin 1940.

EXTREME URGENCE

Le Général Commandant en Chef VUILLEMIN
Commandant en Chef des Forces Aériennes

à Monsieur le GENERAL COMMANDANT EN CHEF
Chef d'Etat-Major Général de la Défense Nationale,
Commandant en Chef l'Ensemble des Théâtres d'Opérations
(Cabinet - État-Major - 3ème Bureau).

Par lettre N° 3.906-3/O.S./E.M.G. du 31 Mai 1940 je vous ai demandé de vouloir bien intervenir de la façon la plus pressante pour obtenir des Hautes Autorités Britannique un appui massif d'Aviation de Chasse en FRANCE.

L'évolution des évènements comportant actuellement l'intervention de forces importantes de bombardement allemandes dans le Sud-Est et l'éventualité d'une entrée en guerre très prochaine de l'ITALIE augmente encore le caractère critique de la situation que je vous exposais.

J'ai l'honneur de vous préciser ma pensée à ce sujet: si l'ennemi déclenche comme il est probable, à bref délai, une nouvelle action massive de chars et d'aviation contre le front défensif actuellement en cours d'organisation, il n'y a pas de raison pour qu'il ne réussisse pas à nouveau à enfoncer nos positions et à procéder à une

2

exploitation rapide et profonde qu'il sera impossible d'arrêter si nous ne sommes pas en mesure, au moment même du déclenchement de l'attaque, de neutraliser l'aviation de bombardement allemande par une intervention massive de la chasse alliée.

Cette intervention massive exige l'appui au minimum de la moitié de chasse actuellement basée en ANGLETERRE.

Ceci est d'autant plus nécessaire que l'action allemande dans le Sud-Est et l'éventualité de l'entrée en guerre de l'ITALIE comparées à l'extrême faiblesse des moyens basés dans le Sud-Est et en Afrique du Nord m'ont déjà obligé à faire des prélèvements au profit du Sud-Est, ces prélèvements ridiculement faibles par rapport à la menace envisagée devraient être augmentés dès l'entrée en guerre de l'ITALIE pour ne pas livrer tout notre Sud-Est sans défense à une action Italienne, pouvant comporter les mêmes actions combinées de chars et d'aviation, couronnées du même succès que les actions allemandes dans le Nord-Est.

Il n'est pas besoin d'insister sur la gravité de la situation d'ensemble exposée ci-dessus.

Ne pas obtenir des Hautes Autorités Britanniques l'appui complet et immédiat demandé comporte la probabilité d'une défaite des forces Françaises et la perte de la guerre pour la GRANDE BRETAGNE comme pour la FRANCE.

L'ennemi ayant le choix de l'heure, l'appui demandé ne peut être immédiat que si les Forces Aériennes de chasse britanniques ont été mises en place à l'avance en FRANCE.

3

J'ai l'honneur, en conséquence, de vous demander de vouloir bien insister auprès des Hautes Autorités Britanniques pour que cet appui soit règlé dans les conditions suivantes:

1°/- Envoi a priori et dès maintenant de 10 Squadrons de Chasse britanniques qui seraient stationnés dans la région d'EVREUX DREUX et qui prendraient à leur compte l'action au profit des Forces terrestres à l'Ouest du dispositif français entre la ligne PONTOISE - PÉRONNE et la mer.

Cette disposition me permettrait d'avoir plus de forces sur le reste du front, compte tenu des moyens qu'il me faudrait prélever pour le Sud-Est.

2°/- Préparation de l'envoi extrêmement rapide en FRANCE d'une deuxième série de dix autres Squadrons qui viendraient se baser dès la première journée de bataille sur les terrains déjà occupés par les Britanniques.

3°/- Ces Squadrons, venant s'établir sur desbases déjà occupées par les Britanniques en FRANCE, n'auraient pas besoin de faire mouvement avec leurs services. Si d'aventure l'ennemi commettait l'erreur stratégique d'attaquer la GRANDE BRETAGNE avant d'entreprendre de nouvelles opérations offensives contre la FRANCE, ces squadrons pourraient dans la journée même

4

retourner en ANGLETERRE, sur leurs bases anglaises; au surplus ils auraient vraisemblablement échappé au bombardement systématique des terrains de chasse de GRANDE-BRETAGNE par lequel l'ennemi commencera certainement ses opérations contre l'ANGLETERRE.

Je tiens à affirmer encore que la satisfaction immédiate de ces demandes est pour la GRANDE-BRETAGNE comme pour la FRANCE une question de vie ou de mort.

Le GENERAL COMMANDANT EN CHEF
des Forces Aériennes:

V U I L L E M I N.

COPIE à :
- M. l'Air Marshal Commandant en Chef des Forces Aériennes Britanniques en FRANCE,
- M. le Colonel Chef de la Mission Française "A" auprès de l'Air Ministry.

16

8 novembre 1942 : les Américains viennent de débarquer en Afrique du Nord. Par ce message manuscrit, « clair pour Baudot », l'amiral Darlan réaffirme sa fidélité au maréchal Pétain.

Extrême urgent

8 Novembre – 2h00

clair par Baudot

Amirauté française

Amiral Darlan à Maréchal Pétain

J'ai été demandé à 1h.45 par le général Juin et j'ai trouvé chez lui Mr Murphy qui m'a déclaré que

citation « sur la demande d'un français le général Giraud, le président Roosevelt avait décidé d'occuper l'Afrique du Nord avec des forces imposantes, ce matin même. Que les Etats Unis n'avaient qu'un but, détruire l'Allemagne et sauver la France qu'ils rétabliraient maintenant dans son intégrité.

Je lui ai répondu que la France avait signé une convention d'armistice et que je ne pouvais que me conformer aux ordres du Maréchal de défendre nos territoires. »

17

Dans cette note du 26 décembre 1942, Himmler, patron des SS, rend hommage au travail de collaboration de René Bousquet, secrétaire général de la police de Vichy.

Der Reichsführer-SS
66/42 g.K. 7. Ausfertigung

Feld-Kommandos
den 26. Dezembe

Geheime Komma:

Betr.: Meldungen an den Führer

M e l d u n g Nr. 50

Betr.: Feststellung einer Ableitung an der Haupt-
telefonverbindung Paris - Straßburg - Berlin.

Am 21.12.1942 teilte der Generalsekretär der französischen Polizei B o u s q u e t SS-Brigadeführer O b e r g bei einer Besprechung mit, dass das Hauptwehrmachtskabel Paris - Straßburg - Berlin an der National-Straße Nr. 3 bei Kilometerstein 20,300 angezapft worden sei.

Als Täter wurden ein französischer Telegrafeningenieur und ein Untersuchungsbeamter angegeben. Die hierauf durchgeführten Exekutivmaßnahmen mit technischen Sachverständigen einer Feldschaltabteilung erbrachten den Beweis für diese Information. Die Ableitung ist in einer Villa vorgenommen worden. Der mit dem Abhören Beauftragte, ein Elsässer, konnte ebenfalls festgenommen werden.

Die Abhörapparatur wird von technischen Sachverständigen als hervorragend und bisher 2/ als 1/ nicht bekannt bezeichnet. Bisherige Vernehmungen haben ergeben, dass die Abhörvorrichtung im Auftrage des französischen Majors B e a r d , Offizier des Deuxième Bureau in Vichy angebracht wurde. Ermittlungen laufen.

gez.: H. Himmler

Der Reichsführer-SS
Gg/42 p.K. 7e exemplaire

Concerne : Rapports au Führer
Rapport n° 50

Feldkommandostelle,
Le 26 décembre 1942

Affaires Secrètes
du Commandement

Concerne : Installation d'une dérivation sur la liaison principale téléphonique Paris-Strasbourg-Berlin.

Le 21 décembre 1942, au cours d'une conversation, le Secrétaire Général à la Police française Bousquet a porté à la connaissance du SS-Brigadeführer Oberg qu'un branchement avait été effectué sur le câble principal de la Wehrmacht Paris-Strasbourg-Berlin sur la Route Nationale n° 3 à la borne kilométrique 20,800.

Comme auteurs, étaient dénoncés un ingénieur français des télégraphes et un fonctionnaire vérificateur.

Les mesures exécutives prises ensuite avec les techniciens-experts d'une section des branchements téléphoniques de campagne apportèrent la preuve que cette information était fondée.

La dérivation était installée dans une villa.

Celui qui était chargé des écoutes, un Alsacien, a pu également être appréhendé.

Le dispositif d'écoutes est qualifié d'exceptionnel et d'inconnu jusqu'ici par les techniciens-experts.

Des interrogatoires menés jusqu'ici, il résulte que le dispositif d'écoutes a été installé sur ordre du Major Beard, officier du Deuxième Bureau à Vichy. Les recherches continuent.

Signé : H. HIMMLER.

18

Septembre 1944 : le colonel Passy, chef du BCRA, convoque Jacques Lebel de Penguilly et François Saar-Demichel pour leur confier la mission « Calvaire ». Il s'agit de renseigner les Alliés sur le fameux réduit tyrolien où Hitler rassemble ses dernières forces. Les deux hommes libéreront finalement Léon Blum et sa femme... Voici le compte-rendu original de la mission « Calvaire ».

(1)

TELEGRAMS: KEIGHBRACE, AUDLEY, LONDON.
TELEPHONE: GROSVENOR 6321.

PARK LANE HOTEL
PICCADILLY
LONDON, W.1

Projet de Mission
en Autriche ou Allemagne.

Ce projet a été établi après plein accord entre le TEAM JAMES et le chef de réseau de renseignement CORIOLAN.

(I) cette mission aurait pour but :

(1) de former aussi vite que possible un maquis en Autriche ou en Allemagne (je connais assez bien les Alpes Bavaroises) avec (1) les travailleurs étrangers spécialement français (2) avec les résistants autrichiens anti-nazis, dont le nombre augmentera de plus en plus. Je donnerai tout-à-l'heure les preuves de ceci.

(2) Renseigner au maximum sur tout événements dans cette région.

PRÉSIDENCE DU
GOUVERNEMENT PROVISOIRE
DE LA REPUBLIQUE FRANÇAISE

SECRÉTARIAT GÉNÉRAL
POUR LES
AFFAIRES ALLEMANDES
ET AUTRICHIENNES

N°
Date

ORDRE DE MISSION

Il est ordonné à M. ______________________

____

____

____

Né le __________ à __________ département __________

Nationalité ______________________

Pièce d'identité ou passeport __________ Délivré à __________

de se rendre en mission à ______________________

____

____

OBJET DE LA MISSION ______________________

____

____

____

____

____

MOYENS DE TRANSPORT : ______________________

DATE DE DÉPART : ______________________

DATE DE RETOUR : ______________________

Les Autorités Françaises et Alliés, civiles et militaires, sont priées de faciliter au titulaire du présent ordre, l'accomplissement de sa mission.

Le Ministre Plénipotentiaire
Secrétaire Général pour les Affaires
Allemandes et Autrichiennes

BRÉGER AINÉ PARIS RÉF. 1

RÉPUBLIQUE FRANCAISE

-o-o-o-o-o-o-o-o-o-o-o-o-o-o-o-o-o-o-o-o-o-

PRESIDENCE
du
GOUVERNEMENT PROVISOIRE

Services de la Défense Nationale

(D. G. E. R.).

Monsieur LEEB

est chargé par les Services de la Défense Nationale de se rendre en Suisse.

Durée de la Mission: Indéterminée.

Services de la Défense Nationale (D.G.E.R.)

Le Directeur Général:

PRESIDENCE DU GOUVERNEMENT
D. G.

CR/ T.N.

MISSION " C A L V A I R E "

R A P P O R T

JOURNAL DE MARCHE

COMPOSITION DE LA MISSION

Capitaine S A A R François - alias CORIOLAN - DEMICHEL-
Chef de mission Lt. LEBEL de PENGUILLY Jaeques - alias LEB,
LUSSAC - adjoint au chef de mission .
S/Lt. VAN LAER André - alias LASSEIGNE - radio opérateur

De RESSEGUIER Charles	alias HENDER	Membres autrichiens de la Mission
A U E R Léo	alias NOTTINGER	

IDEES GENERALES

Avant de commencer l'historique de cette mission, on permettra de souligner :

1.- Qu'il est regrettable qu'elle ne soit pas effectuée dans les conditions déterminées lors des entrevues du Colonel PASSY avec LEB à LONDRES en fin Septembre 1944 et avec CORIOLAN et LEB à PARIS au début Octobre.

Il avait été décidé alors d'une collaboration partielle avec M.A.S. 5 et l'O.S.S.

Il est incontestable qu'avec des moyens matériels plus grands, la perte du temps (Novembre, Décembre, Janvier) aurait été évitée, et les résultats de la mission auraient, au moins, été doublés.

Un compte-rendu spécial est établi par CORIOLAN au sujet de cette perte de temps.

2.- Que s'il y a eu un peu de travail fourni par cette mission, il est dû pour beaucoup à la collaboration pleinement amicale de ses membres, surtout entre CORIOLAN-LEB et LASSEIGNE.

.../

- 2 -

HISTORIQUE

A.- SEJOUR EN SUISSE

Il avait pour but de nous premettre de :

1.- Recueillir le maximum de renseignements sur l'Autriche

2.- Trouver le moyen d'infiltration dans ce pays car nous partions de PARIS sans aucune donnée.

3.- Enfin d'acheter des équipements de montagne.

Il nous a permis également de préparer des contacts pour la mission COROLLAIRE qui devait venir par la suite s'établir en Suisse.

---

5 Février -

Départ de PARIS de LEB, LASSEIGNE, HENDER et NOTTINGER. Arrivée à PONTARLIER dans la soirée.

6 Février -

Installation à LAC-ou-VILLERS, endroit moins en vue que PONTARLIER, et plus près du Col-des-Roches (frontière suisse).-

LEB prend rendez-vous, pour le lendemain, avec le Lieutenant THEVENAS du Service de Renseignements Suisse.

7 Février -

Entrevue LEB - THEVENAS au Col-des-Roches.

THEVENAS accepte de faire traverser rapidement la Suisse à tous les membres de l'équipe sous la couverture d'agents de double nationalité française et suisse, qui ayant travaillé en France sous l'occupation Allemande pour le S.R. Suisse, s'en vont maintenant en Autriche.

Pour comprendre cette couverture, je rappelle que le S.R. suisse est divisé en 3 sections parfaitement indépendantes.

1.- La section française ayant sa base en Suisse française, et ses antennes dirigées vers la France.
2.- La section allemande ayant sa base en Suisse allemande, et ses antennes dirigées vers l'Allemagne.
3.- La section italienne ayant sa base en Suisse italienne, et ses antennes dirigées vers l'Italie.

Ces 3 sections ne sont pas placées sous la direction d'un même chef de renseignements mais dépendent directement de l'Etat-Major Général de l'Armée, ce qui explique la couverture prise par THEVENAS auprès de l'Etat-Major pour nous faire passer de la zone de la section française à la zone de la section allemande.

- 3 -

Maintenant, la solution adoptée par THEVENAS n'était qu'à demi satisfaisante, car il nous fallait encore la possibilité de circuler en Suisse sans passeport et visa pour trouver le passage de la Suisse vers l'Autriche.

La mission ne pouvait en effet arriver directement sur la frontière autrichienne sans connaître le moyen de la traverser.

8 Février - Arrivée de CORIOLAN à LAC-ou-VILLERS

10 Février - Entrevue CORIOLAN-THEVENAS-LEB au Col-des-Roches, THEVENAS se laisse persuader de faire à CORIOLAN et LEB un papier que nous imaginons nous-mêmes et qui est ainsi conçu :

" Monsieur DEMICHEL est un agent du Service de Renseignement suisse -
" Prière de le laisser circuler librement - En cas de vérifications, téléphoner au Lt. THEVENAS - NEUFCHATEL N° ...." - avec jointe une photo tamponnée et la signature de THEVENAS.

Ce papier s'averrera suffisant car LEB se fera contrôler quelques jours plus tard sur la ligne de GENEVE, et n'aura aucun ennui de la part du contrôleur qui lui rendra son papier avec respect.

11 Février - CORIOLAN rentre en Suisse.

12 Février - CORIOLAN prend un rendez-vous avec le Dr? LAMBRECHT et BARTL du Ueberwachungsdienst Gestapo der Pol Vertretung travaillant au Consulat allemand de ZURICH et chargé de la valise diplomatique entre MUNICH et ZURICH.
Coriolan était en rapport avec ces agents depuis Novembre.
Pendant ces 2 jours, Coriolan se rend compte du prix de la vie et des équipements. Il prévoir que s'il veut garder une réserve de Frs. suisses pour l'Autriche, sa dotation est insuffisante. Aussi décide t-il de renvoyer LEB à PARIS [illegible] rendre compte.

14 Février - CORIOLAN rencontre LAMBRECHT et BARTL et en obtient des renseignements sur la Leibstandarte Adolf Hitler - La formation de 2 nouvelles divisions S.S. Andréas Hofer et Frederich BARBAROSA.- Nous envoyons ces renseignements à LASSEIGNE qui a installé son poste à LAC-ou-VILLERS. En les transmettant par télégramme, il va s'assurer du fonctionnement de son poste, de son plan radio, et de son chiffrage.

16 Février - LEB arrive à PARIS, où il est reçu en l'absence momentanée du Commandant ROBERT par le Commandant LOCHARD qui ne peut obtenir une nouvelle allocation de Frs suisses et de marks pour la mission.

LEB demande la liste de criminels de guerre que réclame le Gouvernement Suisse par l'entremise de THEVENAS. Elle lui est promise dans un avenir incertain. C'eut été pourtant de bonne politique de donner cette liste à THEVENAS en remerciement de ses services.

LEB demande également au Cdt. LOCHARD l'autorisation de se servir du Capitaine GILLE pour l'évacuation du courrier.

- 4 -

de Suisse vers PARIS.

Le Capitaine GILLE dépendait encore à cette époque du Cdt. SIMONNEAU.
Il présentait pour nous les avantages :

1.- d'avoir son P.C. à PONTARLIER à proximité du Col-des-Roches.
2;- d'avoir une secrétaire double nationale qui pouvait pénétrer facilement en Suisse, venir chercher notre courrier et le remettre à GILLES qui l'expédiait sur PARIS.

I9 Février - CORIOLAN revoie LAMBRECHT et BARTL qui lui remettent des renseignemnts :
1.- sur le nombre du Volksstura dans la région de VIENNE-LINZ - SALSBOURG
2.- sur le réduit autrichien
3.- sur les contrôles de la circulation en Allemaghe et plus particulièrement en Autriche.

Le rapport sur le réduit avec croquis sera expédié immédiatement sur PARIS, grâce à GILLES.
Nous prenons rendez-vous avec le Dr. KLEIN pour le 24.- Ce dernier Président du parti Socialiste autrichien, réfugié en Suisse, coopère au Journal zurichois "VOLKSRECHT" .- Il avait déjà été contacté par CORIOLAN en Novembre.

24 Février - Entrevue CORIOLAN-LEB avec KLEIN.

KLEIN qui avait promis à CORIOLAN en Novembre le commandement militaire de la résistance autrichienne, semble cette fois très réservé à notre égard. Au cours du repas, l'atmosphère se détend peu à peu et grâce à l'habileté de Coriolan KLEIN avoue avoir été contacté environ I mois auparavant par un officier français du 5° Bureau (par conséquence de la D.G.E.R.) qui lui aurait déclaré être le seul accrédité par la Francepour prendre contact avec la résistance autrichienne, désavouant ainsi tout le travail fait par Coriolan en Novembre.Coriolan rétablit peu à peu la situation et en fin de repas, KLEIN nous donnait la position des 5 ilots de résistance en Autriche avec leurs effectifs et armement.

De plus il recoupait les informations de LAMBRECHT et de BARTL sur la circulation en Autriche et sur la quasi impossibilité de traverser la frontière Suisse-Autriche depuis 1 mois.- En Novembre lors de son premier voyage en Suisse, COROLIAN avait fait un rapport sur la possibilité de traverser la frontière dans la région de BREGENZ, mais depuis la mi-Janvier, étant donné le nombre de déserteurs de la Wehrmacht qui essayaient de se diriger vers la Suisse, la Gestapo et la Police avaient doublé leur surveillance sur une bande large de 60 Km. longeant la frontière.- KLEIN nous conseilla alors de pénétrer par l'Italie, un peu au sud de la frontière autrichienne. Ces renseignements sur le maquis autrichien furent immédiatement envoyés à PARIS par télégramme. Nous décidions alors d'envoyer un agent pour reconnaître la frontière, nous voulions ainsi éviter de nous y faire remarquer prématurément.

- 5 -

26 Février - En attendant le retour de BRULEUX notre agent, CORIOLAN recueille de nouveaux renseignements sur les Panzer S.S. destinés à la bataille de VIENNE sur le nouveau corps blindé allemand groupé dans la région de FULDA et EISENACH. LEB prend contact avec un industriel de LAUZANNE, Mr. GRAFF, ami personnel de MUSY, conseiller fédéral de FRIBOURG qui faisait de nombreux voyages en Allemagne, et même dans la propriété privée de HIMMLER.

GRAFF accepte :

1/ d'être boite à lettre corollaire
2/ d'essayer de retirer le maximum de renseignement de MUSY quant à la situation intérieure de l'Allemagne, et sur les intentions de HIMMLER.

Un rapport est établi à ce sujet par LEB et destiné à COROLLAIRE.

2 Mars - Retour de BRULEUX avec les renseignements suivants :

1- grande surveillance de la frontière autrichienne par la police et la Gestapo.

2- étant donné la neige, énorme difficulté physique pour traverser la frontière italienne - suisse entre l'Autriche et le Stelvio,

3- possibilité de passage dans la région de ZERNEZ (Suisse) et LIVIGNIO (Italie) où les partisans italiens sont en contact directement avec la frontière.

Devant ces renseignements qui recoupaient parfaitement ceux de KLEIN nous décidons donc de traverser la frontière dans la région de ZERNEZ (LADROSSA) et de nous diriger vers WAILBRUCK (PONTE GARDENA) où aux environs de qui se trouvait le maquis italo-autrichien le plus proche de la Suisse (mais tout de même à 220 Km.) - Une fois rendus là, nos intentions étaient :

1.- établir notre poste dans la montagne,

2.- renseigner sur la région

3.- avec l'aide des partisans, pousser plus au coeur de l'Autriche notre infiltration.

Coriolan revoit ce jour, aussi LAMBRECHT et BARTL qui lui donnent des renseignements sur la SS. Panzer Div. Prinz Eugen - le refus de Sepp DIETRICH de vombattre dans le réduit.

Coriolan devant donc quitter la Suisse dans un avenir prochain, fixe aux 2 agents un rendez-vous pour MARNIER, chef de COROLLAIRE.

Mars - LASSEIGNE nous rendait compte que ses contacts avec la Centrale étaient mauvais, sauf le dimanche. Nous décidons donc de le renvoyer pour 24 H. à PARIS dans le but de régler cette question très importante alors qu'il en est encore temps.

- 6 -

4 Mars - Nous réexpédions BRULEUX vers la frontière italienne - région de ZERNEZ pour préparer dans les détails le passage de l'équipe.

6 Mars - LEB contacte à LEYSIN-VERMONT le comte italien De BLAZIO qui confirme les renseignements de BRULEUX sur les partisans italiens de la VALTELINA. Il donne également certains renseignements sur le mouvement annexioniste à la France du Val d'Aoste et notamment sur son chef MEZAR.- Un rapport est établi par LEB et transmis à MARNIER, Chef de COROLLAIRE.- A cette date donc, la mission est prête à passer en Tyrol italien. Malheureusement LASSEIGNE est retenu à PARIS pour des causes qui nous sont inconnues.

8 Mars - Néanmoins, nous faisons passer la frontière franco-suisse à HENDER et à NOTTINGER au col de l'Helvétie pour éviter de trop nous montrer au Col des-Roches. Ce passage ne manque pas de péripéties car il faut cacher aux douaniers suisses très méticuleux, 2 Battl-dress, 2 colts, une carabine, 2 postes radio.

12 Mars - Nous apprenons qu'enfin LASSEIGNE est de retour à LAC-ou-VILLERS. Il avait, paraît-il, couru pendant 6 jours après un ordre de mission à la D.G.E.R. Il nous rapportait à chacun de nous un jeu de papiers de travailleurs étrangers avec notamment des passeports sans photographie. Ces papiers avaient été pourtant réclamés au début de Novembre et un nombre impressionnant de photographies avait été fourni par chacun des intéressés. Ces papiers devenaient donc inutilisables de ce fait.

13 Mars - LEB va chercher LASSEIGNE et lui fait passer le Col-des Roches.

14 Mars - L'équipe se met en route vers ZERNEZ où BRULEUX qui a reçu des consignes conventionnelles par téléphone, nous attend et a préparé notre passage avec des contrebandiers.- L'itinéraire est NEUFCHATEL-ZURICH- DAVOS- ZERNEZ.- Le matin à 9 h. nous sommes à LADROSSA.- Le voyage s'est effectué sous la protection du Lt. THEVENAS. Malheureusement un dernier incident va retarder notre passage encore de quelques jours. Je rappelle que nous étions rentrés en Suisse en passant régulièrement par la douane mais sans passeport et sous la couverture d'agents suisses, avec l'accord de l'Etat-Major. Nous devions donc également sortir par la douane. Le service des douanes ignorait qui nous étions, et nous laissait sortir pourvu qu'il reçoive l'ordre de l'Etat-Major, comme il en avait reçu pour nous laisser entrer. THEVENAS téléphone donc à l'Etat-Major pour que l'ordre soit donné au Poste de La DROSSA de nous laisser sortir. Or, l'Etat-Major ajourne notre sortie pour 4 jours pour la raison suivante : " Des Libérators avaient parachuté la veille, un certain nombre de containers à LIVIGNO pour les partisans " - l'Etat-Major craignait qu'une relation n'apparaisse entre notre sortie et le parachutage, il en résulte une atteinte à la "Neutralité Suisse", car je rappelle que pour l'Etat-Major nous étions des agents suisses, seul le Lt. THEVENAS savait qui nous étions en réalité

16-17-18 Mars- Pour éviter de rester sur la frontière nous passons

- 7 -

les 3 jours d'attente à DAVOSDORF.

B. - <u>SEJOUR EN TYROL ITALIEN</u>

I9 Mars- Passage de la frontière à LA DROSSA. Nous pénétrons de 25 Km. en Italie et atteignons LIVIGNIO vers 4 H. - Route relativement assez facile car le chemin est bien marqué dans la neige. Nous prenons contact avec le chef des partisans et la mission C.S.S. SPOKANE.

Les Américains semblent un peu surpris de voir arriver une mission française ? Néanmoins nous accueille parfaitement, nous renseigne un peu sur la région dans laquelle ils sont depuis une semaine. Ils semblent ahuris de nous vois entreprendre un voyage vers BOLZANO-WAIDSBRUCK et l'Autriche. D'après leurs renseignements nous décidons d'obliquer légèrement vers le Sud-Est et nous rendre au P.C. du chef des partisans parce que :

1/ C'est la direction générale vers BOLZANO et WAIDBRUCK évitant ainsi le Stelvio et le Cevedale infranchissables à cette époque.

2/ à ce P.C. nous aurions peut-être des nouvelles filières de partisans nous aidant vers notre premier relai.

Tout de suite nous recoupons les renseignements du réduit quant aux fortifications du Stelvio et de Cevedale.

<u>0 Mars</u> - Nous faisons à pied l'étape LIVIGNIO-AMMOCCA, étape de 25 Km. dans la neige assez pénible. Nous passons le col de l'Etra à 2.209 mètres et le Col de FOSCAGNO à 2.29I m.

<u>I Mars</u> - Nouvelle étape de 35 Km. dans la neige ARMOGA-FUSINE - passons le PASSO d'EITA à 2.500 m. Nous sommes parfaitement reçus par le Colonel MARCELIO chez des Partisans de la VALTELINA - piémontais d'origine - parlant parfaitement le français - se montre très francophile.
Nous apprenons là que la Brigade Schiaverdi des Fiamme Verdi se trouve sur notre route vers l'Est, à MORTIROLO. - Ce point sera le but de notre prochaine étape.

<u>9 Mars</u> - Nous installons le poste à FUSINO. Le contact avec PARIS est impossible. Les ennuis de LAC-ou-VILLERS semblent se reproduire dans les mêmes conditions (voir rapport LASSEIGNE).

<u>3 Mars</u> - Coriolan part en éclaireur, accompagné de 2 partisans vers MORTICOLO pour prendre contact et préparer le voyage plus avant.

Le voyage s'effectue de nuit car il est nécessaire de descendre dans la vallée de La VALTELINA, de traverser GROSSIO tenu par une brigade fasciste et passer le pont sur l'Adda.- MORTYROLO se trouve de l'autre côté du PASSO DI VARADEGOU à 2.634 m. - Nous apprendrons le lendemain que ce voyage très dur physiquement s'est passé sans encombre pour CORIOLAN.
LEB reste à FUSINO pour attendre le retour d'un agent qui est allé à BORNIO et dans la direction de GLORENZA pour une tournée d'information. Le contact radio avec PARIS est toujours impossible.

- 8 -

<u>24 Mars</u>- LEB attend toujours à FUSINO le retour de l'agent.- Ce jour arrive en inspection au P.C. de MARCELLO, l'avocat RECCIO (nom de guerre) du Comité Central de la résistance de MILAN - Parle parfaitement français - il expose à LEB la composition et les diverses tendances et la localisation de la résistance italienne.

Un rapport est immédiatement établi par ce dernier et évacué vers le chef de COROLLAIRE. (alors en Suisse), par contrebandiers.

En résumé, il nous apprend que le Comité Central de libération siège à MILAN et qu'il réunit les 5 tendances politiques italiennes à savoir :
communiste - socialiste - social-démocrate - démocrate-chrétien monarchiste .

L'expression militaire de ces tendances était de 3 groupements de partisans sous le commandement du Général CADORNA, contrôlé par un certain major anglais "MAX". Les partisans étaient en général les mêmes dans ces 3 groupements, seuls les chefs avaient des idées politiques bien définies.

1.- <u>Les Garibaldiens.</u>60 % de la résistance - communistes ayant surtout des organisations secrètes pour le sabotage dans les villes industrielles du pourtour des Alpes (MILAN - COME - BRESCIA - BERGAMO - BELLUNO) - et quelques maquis entre SONDRIO - et COME, dans la région de TRENTO- d'AURONZO - CORTINA - D'AMPEZZO.

2.- <u>Le Groupe LIBERTA E. JUSTICIA</u> 30 %, comprenant toutes les tendances avec pourtant prédominence des sociaux-démocrates. RECCIO, par exemple, qui donne l'impression de représenter assez bien l'opinion modérée de MILAN, pense que la riyauté a déçu par la faute de Victor-Emmanuel qui a fait le jeu du fascisme. Il espère en une république décentralisée dans une Europe fédéralisée; il est nettement anti-communiste et anti-russe.- BONOMI ne représente pas grand chose pour lui. L'Italie devra former le gouvernement de la Jeune République parmi les hommes de la Résistance, c'est-à-dire de l'Italie du Nord. Il pense qu'un rapprochement franco-italien serait à souhaiter, que la déclaration de la guerre à la France est le fait d'une camarille fasciste, mais non du peuple italien. Enfin, il pense que le grand malheur de l'Italie est de ne pas avoir eu son DE GAULLE.- Nous trouverons ce sentiment francophile chez tous les partisans, sauf peut-être de la part du Comité italien de Libération de BOLZANO après l'affaire CLAIRVAL.

Le Colonel MARCELLO, chef de la division VALTELINA pense un peu différemment. Lui est partisan de réformes sociales très avancées, à tendance communiste, mais que la royauté reste tout de même une chose utile pour l'Italie en tant qu'institution.

3.- Les Fiame Verdi IO % - ont des chefs à tendance socialechrétienne. Il semble qu'ils représentent le parti clérical car un peu comme en Espagne, le clergé italien a une réelle puissance politique qu'il entend sauvegarder.

<u>25 Mars</u> - CORICLAN, dès son arrivée à MORTYROLO, prend contact avec les partisans et avec une mission anglaise conduite par le

- 9 -

Squadron Leader MANFRED (BACKITT) et la mission Américaine OFFENSE, parachutée 2 jours avant.

LEB attend toujours l'agent qui doit rentrer de GLORENZA, LASSEIGNE, qui tous les jours, avait essayé d'obtenir le contact, réussit enfin; il est vrai que nous sommes à dimanche. L'histoire de Lac-ou-Villers se reproduit de point en point. Il évacue 7 télégrammes donnant :

1/ notre position
2/ des renseignements sur la région de BORNIO, sur le Stelvio, sur l'emploi probable de la VALTELINA comme voie de retraite- l'emplacement de 3 divisions néo-fascistes.

LEB descend dans la Valteline pour constater le trafic sur la route du Stelvio.

26 Mars- L'agent italien n'est toujours pas rentré, nous faisons ainsi connaissance avec la précision italienne. LEB décide d'attendre 24 H. à FUSINO et d'envoyer dès le soir, vers MORTYROLO, LASSEIGNE, NOTTINGER et HENDER. Le voyage s'accomplit sans incident.

27 Mars- L'agent n'étant pas encore rentré, LEB part à son tour.- Pendant ce temps Coriolan a préparé les étapes suivantes toujours avec l'idée de nous diriger vers BOLZANO et WAIDBRUCK.

Le Major MANFRED qui a fait un voyage d'information en Autriche au mois d'Octobre, nous donne 2 contacts avec la Résistance Autrichienne, à INNERVILGRATTEN et KUTCHACH, et un point de passage de la frontière dans la région de TIMAU et FORNI-AVOLTRI où existe la puissante organisation de l'OSOPPO qui nous aidera à passer la frontière.(au moins à 300 km. du point où nous sommes) Il ne croit pas à l'existence des ilots de résistance signalés par KLEIN et encore moins à celui de WAIDBRUCK. A ce moment; nous ne pouvons nous empêcher de regretter une collaboration avec les Anglais, qui nous aurait permis d'arriver par parachute dans cette région de l'OSOPPO sans aucun mal, et ainsi être prêts à passer en Autriche sans grande difficulté.

Nous apprenons également que la province de BOLZANO (alors BOTZEN) est incorporée à l'Allemagne depuis le 2 Septembre 1943, et est séparée de nous par une frontière fortement gardée au PASO di TONALE, où s'effectue un contrôle minutieux.- Malgré ces informations nous décidons de continuer notre route vers l'Est. Nous envoyons 2 partisans originaires du Tyrol du Sud en reconnaissance pour nous trouver un moyen de passer le TONALE.

Mars- CORIOLAN interroge un déserteur tyrolien et un civil italien qui arrivent de la plaine, chez les partisans, ce qui lui permet de répondre au télégramme du Cdt.ROBERT demandant s'il y a des prélèvements dans les divisions allemandes sur le front italien.- Il envoie en outre des renseignements sur la S.S. Polize - régiment de BRIXEN et le SS. Alpenvorland Regiment.

Mars- Depuis notre arrivée à MORTYROLO, les contacts radio sont bons. Nous évacuons nombre de télégrammes relatifs au départ du matériel industriel de MILAN vers le Tyrol - la situation des partisans dans le Val CAMANICO - importance de la gare de St-POLTEN.

- IO -

30 Mars- Arrivée à MORTYROLO de VITTORIO, commandant la division TITO SPERI des Fiame Verdi. Il nous donne le système de défense allemand des préalpes depuis TRENTO jusqu'à SONDRIO. L'essentiel est envoyé par télégramme.
LEB rédige un rapport destiné au Chef de COROLLAIRE et que nous confions à HENDER. Ce dernier rendu physiquement incapable de continuer la mission par la dernière étape, est renvoyé sur PARIS par la Suisse.

31 Mars- Retour des 2 tyroliens qui confirment les difficultés de passage au TONALE mais qui pourtant ont trouvé pour nous, un moyen de traverser rapidement. Un conducteur italien de camions de la TODT devait nous prendre à VILLA DI LEGNO, et nous conduire en nous cachant sous des bâches dans le fond de son véhicule jusqu'à MENDOLA, de l'autre côté du TONALE, à 25 Km. de BOLZANO. - Avant de partir, la mission OFFENSE nous donne 3 mitraillettes et des rations C.

3 Avril- Etape MORTYROLO - VIONNE en passant par le Col Caretta - 2.200 m. étape de 25 Kms. très pénible car la neige mi-fondante cède et à chaque pas nous enfonçons jusqu'à la poitrine.- Nous passons à 300 m. au-dessus du VEZZA d'OGGLIO où nous apercevons en bas les fascistes de la Brigata Nerra gardent le pont sur l'OGGLIO.

4 Avril- Etape VIONNE - VILLA-di-LEGNO - Le chauffeur du camion qui devait venir le soir, retarde d'un jour notre départ.

5 Avril- VILLA-di-LEGNO - le chauffeur retarde encore notre départ prétextant son service.

6 Avril- Même prétexte.- nous doutons alors de ses possibilités et pensons agir par nos propres moyens. LASSIGNE, perdant son sang nous donne de vives inquiétudes - un médecin italien nous rassure sur son état.

7 Avril- Le chauffeur vient nous expliquer avec beaucoup de gestes et d'excuses que les allemands lui avaient pris les pneus de son camion. La vraie raison est qu'il avait peur d'emmener des Officiers alliés.

Nous prenons contact avec un membre italien du Comité de libération de de BOLZANO qui nous expose d'une manière très précise la situation dans la province de BOLZANO.

1.- il confirme qu'il n'y a pas de maquis dans la région de WAIDBRUCK-
2.- que la Gestapo de BOLZANO fait fusiller des officiers alliés pris, même en uniforme dans la province, y compris les aviateurs.
3.- que le comité de libération italien de BOLZANO a été en partie fusillé, et que le reste a été obligé comme lui, de se sauver.
4.- que la population de cette province (80 % autrichienne) a bien accueilli l'annexion à l'Allemagne par haine des Italiens et qu'il ne fallait pas compter sur son hospitalité - que pourtant depuis la défaite de l'Allemagne, il existait une certaine tendance à l'annexionisme à l'Autriche et que même à BOLZANO il y avait eu un comité de

\- II -

libération autrichien qui d'ailleurs avait été découvert et expédié en Allemagne. Néanmoins, nous décidons de continuer notre route vers l'Est.

9 Avril- Départ dans la nuit. Sur la route marche en tête, une mule trainant nos bagages camouflés sous du foin, un conducteur avec des papiers en règle marche à côté d'elle. Nous suivons à 50 mètres avec nos mitraillettes, prêtes à tirer s'il arrive quelque chose car de nombreuses patrouilles allemandes surveillent les abords du TONALE.- IO Km. plus loin en effet, 5 allemands arrêtent la voiture. Nous nous dissimulons à gauche de la route, attendant le contrôle de notre muletier. Après un rapide examen de la voiture, les Allemands le laissent passer et continuent leur ronde. Nous les évitons par les bois et retrouvons notre muletier 5 Km. plus loin. Il n'ose plus passer le contrôle de la Douane avec une voiture aussi compromettante. Nous nous divisons les nagages, traversant la frontière à 200 M. du poste allemand après avoir échappé à la vue d'une nouvelle patrouille.

IO Avril- A l'aube nous nous reposons 3 h. au milieu des Bunkers.Vers 7 H. les ouvriers de la TODT arrivent. Nous jugeons qu'il est préférable pour nous de partir au plus vite.- LEB, avant de partir visite un bunkers.- Plusieurs télégrammes seront envoyés 3 jours après sur les fortifications du TONALE, sa garnison, le trafic de la route et les résultats du bombardement Américain du 8 Avril.

Le soir, nous arrivons devant VERMIGLIO après un voyage par la montagne - repos de 5 heures.- départ dans la nuit vers MALE par la route. La traversée de VERMIGLIO où il y a des rondes de carabiniers allemands; s'effectue sans incidents.- Un de nos tyroliens avait trouvé à VERMIGLIO 5 porteurs pour nous aider, malheureusement ayant bu plus que de raison en allant les chercher, il disparaît en chemin. En arrivant devant FUSINE, nous devons passer encore non loin d'un poste allemand, les porteurs refusent alors d'avancer s'ils ne sont pas conduits par le tyrolien qui a justement disparu. Ils s'arrêtent le long du chemin et attendent, quelques instants après on entend vaguement dans le très lointain un bruit de voix. Un des porteurs a la malencontreuse idée de crier :"La ronda Tedesca" - tous se sauvent vers la montagne, les uns abandonnant simplement leur fardeau, les autres, dans leur peur, oublient le poids qu'ils ont sur le dos et se sauvent avec. Deux seuls, tenus en respect par nos mitraillettes, sont contraints de rester.

II Avril- LEB retourne à VERMIGLIO pour essayer de retrouver le tyrolien qui peut être aurait disparu dans un fossé, c'est peine perdue. COROLIAN décide alors de monter dans la montagne et attendre l'aube pour faire le bilan de nos pertes et retrouver le tyrolien. Au petit jour nous nous rendons compte qu'il manque un poste radio et la valise où était l'argent en marks. Coriolan se met alors en civil, traverse FUSINE, passe devant le poste allemand sans être contrôlé et se rend à MALE par la route nationale. Avec une chance extraordinaire, il trouve facilement la personne chez qui nous devions aller. Il retrouve là le tyrolien qui effectivement un peu saoul, s'était trompé de chemin. Coriolan le renvoie à LEB qui était

- I2 -

resté pour garder les bagages et avait réussi à retrouver le poste et seulement 40.000 marks.

LEB rejoint CORIOLAN à MALE dans la nuit.

I2 Avril- Nous nous reposons et reprenons des forces car depuis le 9 Avril nous n'avions ni dormi, ni mangé. Nous sommes hébergés chez des paysans très pauvres dans une vieille maison qui se trouve à 300 m. de la caserne de 50 S.S. qui forment la garnison de MALE. Nous ne pouvons guère sortir car les S.S. depuis la veille, étaient mis en alerte par notre deuxième tyrolien. Ce dernier, en effet nous ayant perdu depuis VERMIGLIO, est tombé la veille sur une patrouille de S.S.,qui après un rapide combat l'avaient tué.

I3 Avril- Nous apprenons par un travailleur de TODT qui grâce à ses papiers pouvait facilement passer le TONALE, que 4 jours après notre départ de MORTYROLO, la mission OFFENSE et les partisans étaient attaqués par des forces importantes allemandes et néo-fascistes ?- Nous apprenons que le siège menace d'être long et que bientôt les partisans seraient à court de ravitaillement et de munitions.- LASSEIGNE qui, la veille, avait déjà installé son poste, envoie ses renseignements, de même que ceux sur le TONALE et le repli du matériel allemand vers LANDECK et INNSBRUCK.- Etant donné la proximité de la caserne des S.S. pendant les émissions, il y a toujours un festionnaire armé d'une mitraillette, qui veille derrière la porte.

Ce jour également, nous sommes contactés par le chef d'une organisation Garibaldienne qui vient nous demander des armes pour son unité. Il dépend d'un chef de la région de TRENTO qui lui-même est contrôlé par une mission britannique FRESCHIA. Le chef de cette dernière était mort quelques jours auparavant, dans une opération de nettoyage (RASSALAMENTA) effectuée par des S.S. Depuis ce temps, la brigade Garbaldienne MANCI de MALE était coupée du contact avec les Anglais. Son Chef nous demandait donc d'armer cette unité. Sans rien lui promettre, Coriolan lui assure qu'il rendra compte de la situation.

A ce moment la situation financière de notre mission était désastreuse, nos dernières lires avaient disparu dans le payement de notre pension et de nos guides.- Nous vivions déjà depuis 3 jours sur des dettes. Coriolan décide alors de demander par parachute le supplément de fonds qui avait été refusé à LEB lors de son voyage à PARIS, et en même temps pour utiliser au mieux l'avion, des armes pour cette brigade Garibaldienne qui pouvait avoir un rôle militaire intéressant. (attaques de convois sur la route du VAL CAMMANICA vers COME, ou prise à revers du TONALE en cas de résistance allemande).

LEB émet également l'idée que l'on pourrait parachuter un officier français parlant l'italien qui aurait eu ainsi dans cette région, un bon poste d'observation et des facilités pour descendre jusqu'à BOLZANO. LEB trouve un terrain de parachutage. Un télégramme est rédigé demandant ce parachutage. Il soulèvera une polémique invraisemblable qui prouve qu'ils n'ont pas compris qu'avant tout nous avions besoin de

- 13 -

fonds et que la suggestion du parachutage d'armes et d'un officier de renseignement n'était que pour l'utilisation au mieux d'un avion qui ne pouvait pas venir simplement pour 100.000 lires !

15 Avril- Pendant une émission de LASSEIGNES nous sommes en alerte à l'intérieur de notre vieille maison car 3 allemands tournent autour en passant sans cesse sous l'antenne. L'alerte se termine et le soir nous retournons nous coucher dans notre grenier à foin avec notre mitraillette armée. Ces 3 jours à MALE nous permettent de nous rendre compte :

1) que nous sommes dans la dernière région où l'on parle italien et également où nous pouvons compter sur l'aide des partisans italiens.
2) qu'il faudra passer la vallée du Brenner et faire environ 250 Km. pour trouver un autre groupe de partisans.
3) nous apprenons également que notre présence a fini par filtrer dans MALE où plusieurs parlent déjà d'une mission française.
4) Sous toutes réserves, le chef des Partisans ANTONIO nous signale dans le sud du Tyrol, la présence probable d'un ilot de résistance dans les montagnes de CAMPO TURES (25 Kms. nord de BRUNICO - 30 Kms. sud de l'ancienne Autriche.

Ces renseignements s'ils étaient exacts nous intéresseraient beaucoup, d'abord c'était un relais vers TIMAU-FORNY-AVOLTRI. Ensuite là trouverions-nous un moyen de nous diriger plus rapidement vers INNERVILGRATEN où nous avions un contact donné par le Squadron Leader MANFRED.- Nous demandons à ANTONIO (chef de la Brigade MANCI) de nous trouver parmi ses hommes quelqu'un qui connaisse la route du Brenner, les points de contrôle et accepte de nous piloter vers CAMPO TURES.- Ce voyage, pensions-nous, aurait au moins l'avantage d'être fertile en renseignements.

16 Avril- ANTONIO nous présente un certain CESARE FAVAR qui connaît la route, et qui a de la famille à FRANCESFESDORF (FORTEZZA) susceptible de nous héberger.

Il restait, pour nous, à régler la question des dettes contractées pour notre subsistance ces derniers jours et pour l'achat de bicyclettes. Elle est résolue tout au moins apparemment de la manière suivante : il restait à Coriolan 7 coupons d'une obligation remboursables chacun à 50 Frs suisses. Après nombre d'explications, les Italiens légèrement méfiants semblent tout au moins les accepter en payement de nos dettes.

Coriolan et Leb décident alors de partir le lendemain à l'aube en reconnaissance.

7 Avril- Ils se mettent en civil, roulent leurs uniformes dans le rucksack, un poste radio est emballé avec une mitraillette dans un sac de pommes de terre et attaché sur le porte-bagages de la bicyclette de LEB.

Départ de MALE à 6 H. dans la formation de route suivante :

en tête marche le guide avec des papiers en règle pour affronter les patrouilles, ensuite Coriolan qui parle allemand et qui a plus de chances que LEB de passer à travers les contrôles, enfin à 50 m. derrière, ce dernier avec le poste qui doit intervenir avec sa mitraillette au cas où Coriolan a des difficultés.- Coriolan n'avait pour papier d'identité que son Browning et LEB son Colt.

Le voyage jusqu'au PASSO MENDOLA s'effectua sans incidents graves si ce n'est que la route monte presque constamment et que nos rucksaks pèsent 25 Kilogs, et qu'enfin notre guide se sentant probablement trop compromis en pilotant 2 officiers français, leur prend IO km. d'avance, nous ne le reverrons que le soir à BOLZANO.

Sur la route, nous identifions une "Nachrichtenschule" à RONZONE. Nous remarquons que de nombreux camions allemands passent isolés dans les 2 sens, chargés de soldats de toutes armes avec simplement leur arme individuelle, pas de convois, pas d'armement lourd.- En traversant le Kriegslazarett de MENDOLA, la chaine de bicyclette de Coriolan saute, un soldat allemand aide à la lui remettre. Cet arrêt lui permet d'identifier surtout des parachutistes parmi les blessés.- A APPANE, identification d'un régiment de FLAK - En passant devant la dernière sentinelle, le pneu arrière de la bicyclette de LEB qui supportait le poids du poste et la mitraillette, éclate. LEB s'arrête à côté de la sentinelle qui le regarde faire, mais qui heureusement ne lui parle pas, détache le poste et continue la route à pied, tenant d'une main le sac de pommes de terre et de l'autre sa bicyclette. Il reste environ IO Km. avant BOLZANO et 70 avant notre prochain contact.- Coriolan, 2 Km. plus loin, s'apercevant qu'il est seul, fait demi-tour et vient au secours de LEB.- Il conseille à ce dernier, de cacher le poste dans un caniveau et de continuer la route à pied jusqu'à BOLZANO où, peut-être nous trouverions de quoi réparer le pneu (je rappelle que LASSEIGNE était toujours en possession du 2ème poste radio)

3 Km. avant BOLZANO nous avons le spectacle extrèmement déprimant de 5.00 déportés politiques, travaillant torse nu sur une pente de colline, où un dépôt de munitions quelques jours auparavant avait été labouré par la U.S.A.F.

Un tyrolien du Volkssturm garde le pont sur l'Adige. Coriolan, pour prévenir un contrôle possible, s'adresse à lui pour savoir où nous pourrions faire réparer notre bicyclette, il nous l'indique, et le parfait accent de Coriolan ne lui fait pas penser à nous demander nos papiers. La réparation de la bicyclette est faite par un italien qui nous prend pour des réfugiés allemands.- A 7 H., à l'entrée de BOLZANO, nous retrouvons notre guide. Jusqu'à 9 H. promenade dans tous les cafés pour identifier les troupes stationnées où de passage à BOLZANO.- Ainsi nous trouvons qu'il y a à BOLZANO un régiment de troupe alpine, un bataillon d'infanterie, un bataillon de Flak.- Pour la première fois, nous voyons des convois se diriger en ordre vers TRENTO et le Sud.

Un ami de FAVAR accepte de nous héberger pendant 3 H.- Cet italien nous confirme que la province de BOLZANO est 80 % pro-allemande, et qu'il n'y a pas de maquis à WAIDBRUCK.

- 15 -

18 Avril- A l'aube départ de BOLZANO. Nous croisons plusieurs patrouilles de la Feld-gendarmerie sans être contrôlés.- Nous entrons dans l'étroite vallée de l'ISARCO, qui laisse juste une place sur la route, la voie ferrée et le fleuve, et qui est littéralement labourée par les bombardements américains. A WAIDBROUCK nous sommes momentanément arrêtés par un Fliegeralarm. Nous passons BRIXEN (BRESSANONE). Le soir nous sommes à FRANCESFESDORF (FORTEZZA) où le cousin de FAVAR, Roberti COBELLI accepte de nous héberger.

Pendant ce voyage, nous constatons :

1) le travail effectué par l'U.S.A.F.
2) l'importance des équipes de TODT chargées du terrassement de la route, et de la Siemensbauleitung chargée de la réparation de la voie ferrée.
3) que la route est relativement en bon état, que le train marche entre WAIDBRUCK et VIPITENO, où la rupture des ponts en ces 2 points empêche le trafic entre BOLZANO et le BRENNER.
4) Il n'y a pas de mouvements de troupes importants si ce n'est des camions chargés de soldats de toute arme avec simplement leur arme individuelle.
5) à BRIXEN, nous identifions un régiments de S.S.Polizei.

ROBERTO nous donne en arrivant :

1) la position de la Flak entre le Brenner et BOLZANO avec leur armement,
2) Les résultats du dernier bombardement américain à CAMPO du TRENZ et VIPITENO,
3) l'importance du dépôt de munitions dans le vieux fort de FRANCESFESDORF
4) il nous assure qu'il n'y a aucun ilot de résistance dans la région de CAMPO TUREZ.

19 Avril- Nous passons la nuit dans l'appartement de ROBERTO. Le lendemain nous lui demandons de nous trouver une maison isolée dans la campagne où nous pourrions installer notre poste.
Toute la journée nous surveillons par la fenêtre le trafic sur la route du Brenner qui n'est pas différent de celui de la veille.

20 Avril- Un violent bombardement de FORTEZZA nous fait passer la journée dans la cave au milieu de soldats allemands et de cheminots italiens. 4 bombes tombent à 25 m. de notre maison, sur la voie ferrée. Notre appartement est littéralement soufflé. Nous passons une partie de la nuit à rechercher nos quelques affaires sous les décombres.- La mère de ROBERTO qui n'est pas rassurée par notre présence, émet l'idée que la Feld-gendarmerie va visiter toutes les maisons, en quête de chambres pour les nombreux sinistrés, nous demande de partir. Nous décidons donc de partir à l'aube le lendemain vers un contact incertain aux environs de BRUNICO. Nous renvoyons FAVAR à MALE avec une lettre pour LASSEIGNE lui demandant :

1) de patienter quelques jours encore car nous n'avons pas

- 16 -

trouvé un endroit où nous pourrions l'installer.

2) d'évacuer vers Paris 18 télégrammes donnant les renseignements acquis depuis notre départ de MALE.- les raisons pour lesquelles ces télégrammes n'ont pu être envoyés, seront données plus tard.

21 Avril- Départ à l'aube pour l'étape FRANCESFESDORF-BRUNICO - voyage à bicyclette - Nous passons devant les anciens forts de la ligne Badoglio transformés où travaillent des ouvriers de la TODT.- Il y a pourtant des postes de Volkssturm. Les sentinelles sont armées de fusils et portent des jumelles, elles semblent surveiller le pays contre des descentes éventuelles de parachutistes. Devant MULBACH, nous sommes arrêtés par un poste de 3 sentinelles qui nous demandent nos papiers. Comme nous n'en avons pas, Coriolan explique que nous sommes des travailleurs de FORTEZZA, que notre maison a été détruite la veille par le bombardement, qui ont tout perdu et qui vont justement à DOBIACCO pour se faire faire des nouvelles cartes d'identité et pour vérification d'identité - ils n'ont qu'à téléphoner à notre oncle qui habite cette ville même, il donne même un nº de téléphone.- Pendant la conversation à laquelle il ne comprend pas grand chose, LEB se tient à quelques mètres, une main dans la poche sur la crosse de son Colt, prêt à intervenir.- Devant l'assurance de Coriolan, la sentinelle est convaincue et nous laisse partir.

A BRUNICO, le Colonel de réserve FIOVA qui devait nous héberger, refuse prétextant une situation trop surveillée. Il accepte cependant de nous rencontrer dans un bois, de nous faire apporter des provisions par un homme.

1- il nous donne l'effectif de la garnison allemande de BRUNI

2- Nous assure qu'il n'y a aucun ilot de résistance à CAMPO TURES, que même les autrichiens du PUSTERTHAL (Val Pustéri ont été armés par les allemands pour une action éventuelle contre des parachutistes alliés ou contre la minorité italienne.

3- Il nous donne l'adresse du Capitaine FRESCURA, chef de la résistance de la région de PIEVE di CADORE - Il nous assure qu'à cet endroit existe un réel ilot de résistance dans les montagnes où nous pourrons installer notre poste et trouver un moyen de préparer une nouvelle infiltration ver VILLACH et LIENZ.- Il ne peut nous donner aucun contact dans la région de DOBBLACH.

Le soir nous renvoyons ROBERTO à FORTEZZA avec un télégramme conventionnel à envoyer à LASSEIGNE pour lui faire comprendre qu'il patiente encore à MALE.- Il doit revenir nou apporter des papiers de travailleurs de la TODT.

22 Avril- En attendant le retour de ROBERTO, nous vivons dans les bois. Dimanche après-midi, nombre de soldats allemands se promènent Coriolan a une très longue conversation avec un Feldwebel de la Wehrmacht qui nous permet d'avoir tous les effectifs de la région, un recoupement de la face nord du Réduit, car ce s/officier revient de SALZBOURG, enfin un aperçu sur le moral des troupes allemandes à ce moment.

23 Avril- Retour de ROBERTO, le télégramme à LASSEIGNE a bien été en-

- 17 -

voyé, il nous apporte les papiers de la TODT promis.- Nouvelle étape vers PIEVE di CADORE - (80 Km)Nous passons par BRUNICO- NIEDERDORF (VILLA BASSO) DOBBLACH (DOBIACCO) CARBONIN- MISARINA - ORONZO - Nous sommes surpris par le couvre-feu à CIMAGOGNA. Exténués par ces 80 Km. nous entrons dans la première auberge et feignons de nous ouvrir à l'aubergiste italien en tant qu'officiers français prisonniers évadés. Il nous accueille chaleureusement.

En outre, ce voyage nous permet :

1/ d'identifier les troupes de NIEDERDORF et DOBBLACH,

2/ d'évaluer le trafic sur la route de KLAGENFURTH

24 Avril. Nous prenons la direction de PIEVE; Les ponts sautés sur la route nous confirment la présence de partisans. Sans trop éveiller la curiosité des habitants de PIEVE, nous finissons par trouver l'adresse de FRASCURA. Sa femme nous reçoit avec beaucoup de méfiance. Comme nous n'avons aucun moyen d'identification, et qu'elle ne connaît pas le Cl. ROLA de BRUNICO, elle nous déclare ne rien connaître à la Résistance et refuse de nous héberger. Nous la quittons en lui donnant tout de même notre adresse à CIMAGONIA.- Le soir, nous sommes arrêtés vers 10 h. sur un pont par 2 sentinelles allemandes qui nous réclament nos papiers, nous présentons les cartes de la TODT qui semblent satisfaire les allemands, mais comme nous voyageons après le couvre-feu, nous devons attendre avec eux, la fin de leur faction, après quoi ils nous emmeneront à leur poste où l'on nous interrogera plus minutieusement sur les raisons d'un voyage aussi tardif.- Coriolan, encore une fois, réussir non seulement à les persuader de nous laisser partir, mais encore à les faire nous indiquer les autres postes de sentinelles prétextant qu'en tant qu'ouvriers de la TODT, nous serions punis si nous arrivions trop tard à notre travail le lendemain. Pour éviter un nouveau contrôle nous chuchons dans les bois à 200 m. de ce poste.

25 Avril. Devant les difficultés de rentrer en contact avec la résistance de PIEVE, nous décidons alors de pousser encore de 50 Km. vers FORNI-AVOLTRI et TIMAU pour essayer les contacts donnés par le Squadron Leader MANFRED. Nous projetions notre départ pour le lendemain lorsque 5 partisans viennent à notre secours envoyés par la femme de FRESCURA qui probablement était revenue sur sa décision de la veille. L'un d'eux, SONDRIO avait été parachuté quelques jours auparavant par l'O.S.S. Il a perdu ses quarts et est sans contact avec sa base. Il a un moyen d'aller chercher LASSEIGNE dans une voiture du ravitaillement. En récompense, nous lui prêterons notre poste pour qu'il puisse reprendre contact avec sa base.

En attendant LASSEIGNE nous partons dans la montagne, au-dessus de PIEVE, avec un petit groupe de partisans.

26 Avril. Un message de SONDRIO nous avertit de l'impossibilité de faire prendre LASSEIGNE dans une voiture du ravitaillement comme prévu car les allemands réquisitionnaient tous les véhicules sur la route.

Nous apprenons que l'axe de repli allemand par BASSANO-

- 18 -

FELTRE- BELLUNO CORTINA vers DOBBLACH et LIENZ commence à s'encombrer de véhicules et que les troupes qui doinet occuper le système de défense des Préalpes au nord de BELLUNO ne sont pas encore en place.- Un interrogatoire de 5 déserteurs du bataillon de troupes alpines de PIEVE nous montre que le moral de ces troupes est peu élevé et que les officiers n'ont plus leurs hommes en main. Nous décidons alors de descendre à PIEVE chez un partisan pour suivre de plus près l'évolution de la situation.- Notre intention était d'entrer indirectement en rapport avec les Allemands, négocier secrètement leur reddition et ainsi annuler leurs forces qui même au dernier moment, dans cette étroite vallée de la PIEVA, auraient pu êtr éfficaces. Coriolan espère aussi trouver par eux un moyen rapide d'aller chercher LASSEIGNE.

27 Avril- Le trafic s'intensifie sur l'axe précédemment définie, le nombre de déserteurs augmente. La situation à PIEVE est la suivante :

1- du côté allemand : 2 bataillons d'un régiment de police alpine dont le reste est à DOBBLACH et à CORTINA (où se trouve également le P.C.), plus un bataillon de la Wehrmacht

2- 30 partisans à 2.000 m. dans la montagne, bien armés mais incapables de toute action militaire, plus une importante organisation secrère dans PIEVE mais dont la seule activité est le ravitaillement du vivre des partisans.

Nous décidons tout de même de brusquer notre action, et Coriolan rédige l'ultimatum ci-joint :

Cet ultimatum aurait pour résultat, même s'il était refusé de créer parmi les Allemands un sentiment d'insécurité.

Une personne neutre porte à 16 h. notre ultimatum. Une demi-heure plus tard nous apprenons qu'elle est gardée prisonnière à l'Orstkommandantur. Nous sentant moralement obligés de faire quelque chose, nous prenons nos uniformes et partons trouver le commandant allemand. Les soldats allemands que nous rencontrons en chemin, sont complètement ahuris de nous voir et beaucoup nous saluent, mais aucun n'ose rien nous faire. Coriolan s'adresse au premier officier de la Wehrmacht que nous voyons. Il nous conduit très courtoisement dans la salle d'honneur du bataillon. Le Capitaine adjoint RICHTER, pâle de stupéfaction, nous reçoit et nous demande ce que nous voulons. Coriolan proteste contre l'arrestation de notre parlementaire et répète notre ultimatum. Peu à peu la salle se remplit de presque tous les officiers de la garnison qui viennent en curieux. Le capitaine demande alors qui nous sommes et ce que nous représentons, à quoi Coriolan répond que nous commandons un bataillon de parachutistes qui se trouvent dans la montagne avec 5.000 partisans encadrés par des officiers anglais et américains, et que nous venons au nom du commandant allié leur demander une reddition sans condition pour éviter une effusion de sang inutile car la guerre est perdue pour eux. Cette déclaration semble être prise au sérieux par tous les officiers et provoque plusieurs discussions. RICHTER s'excuse alors de ne pouvoir répondre et nous demande de patienter jusqu'à ce que le commandement qui se trouve à CORTINA prenne une décision. On nous demande de nous asseoir. A ce moment entre, pâle de

- 19 -

fureur, un capitaine SS. Panzer de passage à PIEVE et qui vient d'apprendre par la rumeur que 2 officiers alliés demandent la reddition de la place. Il s'adresse à RICHTER et lui demande de quoi il s'agit. Coriolant lui répond sur le même ton, sur quoi il déclare que nous ne pouvons être que des prisonniers de guerre et se permet alors d'impertinentes remarques à l'égard des alliés. LEB fait remarquer alors à CORIOLAN que ce capitaine n'a pas à nous parler les mains dans les poches, ce qui est tout de suite traduit par Coriolan. Interdit il sort d'abord les mains de ses porches, puis déborde d'injures à l'égard des Français. Nous avons même l'impression un moment qu'il va nous gifler. Quelques instants après nous sommes conduits par une escorte armée jusqu'aux dents à la caserne de la police après avoir reçu un copieux dîner.- Dans la soirée on nous avertit que le commandement a confirmé l'ordre de nous garder prisonniers, que le lendemain nous serions conduits à la Gestapo de CORTINA.- Dans la nuit Coriolàn réussira presque à décider un de nos gardiens à s'enfuir avec nous dans la montagne.

__28 Avril__. Un bataillon armé jusqu'aux dents nous conduit à CORTINA, c'est une preuve qu'ils ont pris au sérieux nos 2 bataillons de parachutistes et nos 5.000 Partisans.- A CORTINA, nous sommes reçus par l'Oberleutnant SINK, qui ne nous fait ni fouiller, ni interroger et nous donne une chambre pour deux avec une salle de bain.- Le soir, nous sommes interrogés ensemble par le Haupt-sturmführer de la Gestapo, le Dr. Von LOSPICHEL. Nous faisons les mêmes déclarations que la veille et nous nous plaignons d'être traités en prisonniers. Le Dr. Von LOSPICHEL brutalement alors nous déclare que nous ne devons même pas être traités en prisonniers, que travaillant avec les partisans qui sont des francs-tireurs, nous devons être considérés comme tels et être fusillés, que tôt le lendemain nous seront conduits à la Gestapo de BOLZANO où l'on s'occupera de nous comme il se doit. A quoi Coriolan répond que nous ne serons pas les premiers officiers lâchement assassinés par la Gestapo, mais que nous serons certainement les derniers, et que cela n'empêchera pas les Américains d'être là dans quelques jours.

LOSPICHEL pense alors que nous parlons du capitaine américain HALL. Nous ne savions rien de ce capitaine HALL, ce qui n'empêche pas Coriolan d'affirmer que c'est effectivement à lui que nous pensions. Le Docteur change immédiatement d'attitude, d'interrogateur il devient prèsque suppliant. Il nous assure qu'il n'est pour rien dans l'affaire de la mort du Capitaine HALL, et de but en blanc nous raconte toute l'histoire de ce capitaine HALL qui était un officier américain parachuté dans la région de CORTINA en Septembre 1944, pris en Janvier 1945, il passe entre les mains de LOSPICHEL qui le transmet à BOLZANO où il est torturé et finalement pendu. Il semble que LOSPICHEL n'en est pas responsable, mais donne l'impression d'avoir très peur des partisans.

Il nous propose alors de nous laisser la vie sauve, de laisser partir Coriolan afin d'empêcher les partisans d'attaquer CORTINA et de garder LEB en otage où il sera parfaitement traité. Nous refusons, disant que nous ne pouvons pas nous servir de notre vie pour empêcher les partisans de continuer leur action patriotique. Non seulement cela mais nous lui posons brutalement un nouvel ultimatum :

1) cessation de toute action contre les partisans.
2) également aucune action des 70 policiers contre les Alliés,
3) interdiction pour eux de bouger de CORTINA
4) nous donner immédiatement une voiture, de l'essence et un laissez-passer pour allerchercher LASSEIGNE.
5) déposition immédiate des armes par la Gestapo et les 70 policiers.

LOSPICHEL accepte immédiatement les 3 premières clauses verra ce qu'il peut faire pour la quatrième, mais ne voit pas la possibilité d'obéir à la 5ème car, dit-il, CORTINA est sur un axe de repli de l'armée allemande. Si en se repliant la Wehrmacht apprend que la Gestapo et la Police ont rendu leurs armes à 2 officiers parachutés, tout le monde risquera d'être fusillé. Devant la vraisemblance de cette objection nous ajournons momentanément cette clause jusqu'à nouvel ordre. En revanche nous lui assurons qu'il ne sera pas livré à la justice expéditive des partisans mais à celle plus réfléchie des Alliés.

29 Avril- LOSPICHEL nous assure qu'il ne pouvait avoir de laissez-passer pour traverser BOLZANO qui est en dehors de son Kreis et qu'un contrôle certain de la voiture mènerait LASSEIGNE au poteau.

Nous trouvons une solution pour la 5e clause : toutes les armes et munitions sont transportées dans une chambre dont on nous remet la clé. Seules 4 sentinelles en armes veillent à l'extérieur de la maison pour faire croire à la Wehrmacht qu'il n'y a rien de changé à l'intérieur.- Nous nous armons et pensons immédiatement rentrer en contact avec le Bataillon de la Wehrmacht pour avoir sa reddition. LOSPICHEL est chargé du premier travail d'approche.

30 Avril- Coriolan se rend à l'Orstkommandantur où il est reçu par l'Oberleutnant MESSERERA et par le Major LIPPHAUS. Ce dernier ne peut rien faire dans l'avis de son chef. Il téléphone donc au Colonel BELETZ, chef d'Etat-Major du Cl. Von HEER commandant la 10e Armée qui se trouve en ce moment à VIETTO. Ce colonel est déjà entré en rapport avec des partisans. Ceux-ci sans rien réclamer de lui, ont promis de ne pas attaquer CORTINA. Coriolan répond qu'il ne peut être question que d'un petit groupe de Partisans isolés, car lui a 5.000 partisans, mais que si le général VON HEER préférait traiter avec des partisans plutôt qu'avec un officier allié, qu'il fasse comme bon lui semble. Puis craignant à ce moment que l'affaire de PIEVE ne se renouvelle, il déclare toujours par téléphone au Colonel BELETZ qu'il retourne à son P.C. dans la montagne. En réalité, il retourne dans la maison de la Gestapo où sont les 70 policiers sous la surveillance de LEB. Devant les difficultés de ravitaillement,

- 21 -

nous décidons de libérer 50 vieux policiers originaires du Tyrol du Sud. Nous gardons leurs livrets et les obligeons à se mettre en civil et à partir de suite.

__1er MAI__- Le Général BORNSINEUR commandant une brigade de la 10ᵉ armée de passage à CORTINA entre en contact avec Coriolan par l'-entremise de LIPPHAUS. Il demande à CORIOLAN s'il a bien les partisans en main, ce dernier lui assure que oui. L'entre-vue s'en tient là.- Tout de suite après, Coriolan convoque le chef des Partisans Luigui d'ALLARMI et lui ordonne de ne faire aucune action sans avoir pris ses ordres. Luigi d'AL-LARMI accepte.- Le soir, le Cl. BEIETZ et le Lieutenant NEUMANN, officier d'Etat-Major du Général Von HERR viennent trouver Coriolan et acceptent les clauses suivantes que nous leur dictons :

1) Le 10ᵉ Armée ne fera plus aucune action contre les alliés et contre les partisans.
2) Son matériel lourd commencera à être groupé dans un espace déterminé.
3) Les postes de garde et les patrouilles allemandes seront désormais doublés par des partisans.
4) Tout convoi important doit s'arrêter sur place - un double de tous les ordres doit être apporté à notre P.C.
5) LEB obtient un laissez-passer pour tout le territoire de la 10ᵉ Armée avec une voiture et un chauffeur.
6) Le maximum de confort doit être donné aux déportés politiques qui viennent d'être transférés à NIEDERDORF (Villa Bassa), ils doivent être considérés à partir de maintenant comme libérés.

Un énorme drepaeu tricolore est alors déployé sur CORTINA.

__2 MAI__- LEB fait un voyage d'inspection avec un major allemand pour s'assurer que toutes les clauses sont bien respectées. Il revient en signalant à Coriolan qu'une batterie de 88 a mis ses pièces ou position à BERGA, face à la route vers le sud.- Coriolan fait immédiatement une protestation au Général Von HEER, et les canons sont enlevés.

A 3 H. nous apprenons que WITTINGNOF a signé la reddition de toutes les troupes en Italie, en somme cela ne change rien pour nous.

__3 MAI__- LEB part pour NIEDERDORF pour voir l'état des déportés politiques et s'il est nécessaire de les transférer à CORTINA où nous avons réquisitionné une villa à cet effet. Il les trouve relativement bien installés et sous la surveillance des partisans italiens Garibaldiens.- L'arrivée du premier officier allié dans ce camp provoque une certaine impression.

LEB est reçu par Monsieur et Madame BLUM avec qui il déjeune. L'ancien président et sa femme ne semblent pas avoir trop souffert physiquement, mais avoir toujours été à la merci d'un chef de camp qui pouvait les faire fusiller.-

- 22 -

Au cours du repas, Mr. BLUM déclare qu'à son avis la personne du Général de GAULLE est "providentielle" pour la France et il croit en une renaissance rapide de la France.- Il interroge LEB sur les différents ministres qu'il ne semble pas connaître en général, sauf TANGUY-PRIGENT et RAMADIER.- Les résultats des élections et les succès du parti socialiste semblent l'intéresser particulièrement.- Il pense que Pétain était déjà l'instigateur de la manifestation du 6 Février, et qu'il est très habile et rusé. Que Laval n'a jamais eu la classe d'un homme d'état et qu'il a fallu des circonstances tragiques pour qu'il le devienne. A la fin du repas, nous buvons le champagne avec le Prince Xavier de Bourbon et Monseigneur PIGUET, évêque de CLERMONT-FERRAND.

LEB a ensuite un rapide entretien avec le Dr. SCHUSCHNIG qui souhaite une occupation de l'Autriche et de l'Italie par les puissances occidentales. Sont également présents dans ce camp : la femme du Dr. SCHUSCHNIC, sa fille, l'Etat-Major Grec, le neveu de Mr. CHURCHILL, la famille de Oberst Graf Von STAUFFENBERG, instigateur de l'attentat contre HITLER, KOKERI, neveu de MOLOTOFF;- Tous font à LEB un accueil chaleureux et semblent surpris de voir venir un officier français comme premier officier allié.

Le soir, LEB part avec un chauffeur allemand pour MALE pour retrouver LASSEIGNE. Il est muni d'un laissez-passer ci-joint.- A BOLZANO, il est arrêté par un groupe de S.S., peu s'en faut qu'il ne soit fusillé.

4 Mai. A MALE, LEB ne trouve pas LASSEIGNE et apprend ses malheurs.- Après le départ de Coriolan, il a été obligé de céder son poste contre 30.000 lires. Les Italiens qui avant le départ de Coriolan, avaient fait semblant d'accepter les bons, aussitôt après ont profité de son absence pour contraindre LASSEIGNE à échanger son poste contre cette somme.- Ce dernier sans nouvelles de nous était parti à notre recherche jusque FORTEZZA chez ROBERTO. L'absence du poste explique la raison pour laquelle les télégrammes donnant des renseignements sur la route du Brenner n'ont pu être envoyés.

A l'aube de ce jour, un bataillon du 39e Régiment d'infanterie de la 85e Coastal Division, commandé par le Major KING arrive à CORINA. Ce dernier apprenant que 2 officiers alliés sont maîtres de la place.- convoque immédiatement Coriolan pour lui demander de le mettre au courant de la situation. Après l'exposé de Coriolan, il lui demande de rester quelques jours avec lui pour l'aider.

5 Mai. Des émissaires d'Ante PAVELITCH se rendant vers la 8e Armée sont arrêtés momentanément et intérrogés par Coriolan. LEB réussit 2 jours après à se procurer les mémorandums que ces officiers croates présentaient aux anglais.

6 Mai. LEB fait un voyage à BOLZANO pour protester auprès du comité de Libération contre les actes des partisans contre LASSEIGNE Il retrouve le poste. A BOLZANO il prend contact avec CLAIRVAL et LEESS qu'il reconnaît grâce à la Croix de Lorraine blanche peinte sur leur voiture. CLAIRVAL donne l'impression d'avoir

- 23 -

d'excellents contacts parmi les Autrichiens de la province: Dr. FUDEER, le préfet autrichien et certaines personnalités de la noblesse autrichienne partisane des HABSBOURG . Il semble en très mauvais termes avec le comité de Libération italien pour une question de voiture.

' Mai- Le capitaine CHAMBERS, G.2. du 2ª Corps américain vient pour nous identifier nous prendre à CONTINA sous le prétexte de nous présenter au Général XEES (?) commandant le 2ª Corps de la 5ème Armée. La vérité est qu'il désire nous identifier le plus rapidement possible, une mission anglaise parachutée dans la région de BELLUNO aurait en effet déclaré être la seule aux environs de la frontière autrichienne, et que la présence d'officiers soi-disant français dans cette région était suspecte.

L'identification est rapide d'une part, par le récit de notre activité et surtout, d'autre part, par la rencontre de LEB avec un capitaine de l'O.S.S. (SCHLEY), qui l'avait connu à LONDRES. Nous sommes reçus alors et félicités par l'officier d'ordonnance du Général KNES, il nous propose alors de nous renvoyer par avion en France .

Ayant pris contact par radio avec la D.G.E.R. et n'ayant reçu aucun ordre, nous pensons qu'il serait intéressant pour nous de faire un voyage en Autriche.

Comme couverture, nous proposons aux Américains de rechercher les meurtriers du capitaine HALL avec l'aide du Dr. LOSPICHEL, nous leur proposons même de nous adjoindre une mission C.S.S. - l'offre n'est pas refusée et l'on nous propose de nous envoyer au Q.G.de l'O.S.S. (section italienne) qui se trouve à SIRMIONE, sur le lac de Garde.

3 Mai- A SIRMIONE, nous sommes chaleureusement reçus par l'O.S.S. qui nous remercie des renseignements sur le Capitaine HALL, accepte notre offre et nous adjoint un capitaine (HALLINGSMEAD) et un radio qui déjà partent avec nous avant d'avoir obtenu l'autorisation du H.Q. pour nos 2 missions de traverser la frontière austro-italienne.

: IO Mai- Pendant ces 2 jours, nous nous fixons momentanément à BOLZANO en attendant cette autorisation et reprenons contact avec CLAIRVAL.- Ce dernier a déjà intitulé sa mission :"Délégation Française de BOLZANO".- Il donne des laissez-passer et réquisitions des voitures. Il semble continuer à garder des relations très suivies avec les Autrichiens (certains lui fournissent du travail comme les cartes ci-jointes.) Il prend nettement une position politique contre les Italiens avec qui la tension n'a cessé de s'agrandir.(notes violentes au nouveau préfet italien) Sa position envers les Américains n'est pas très nette. Il a vu une fois le Major LIVERMOORE, chef du C.I.C. de MERANO, mais n'a rien fait pour faire valider ses laissez-passer par le Commandant américain.

:I Mai- LEB ramasse P.P.F. à BOLZANO et les remet après interrogatoire au P.W.C. de la 88ª Division. Ils dévoilent à LEB l'organisation des écoles de GEMERRICH et SCHAANGENGSAD.

- 24 -

I2 Mai- Coriolan trouve à BOLZANO la trace des assassins de HALL, elle va vers INNSBRUCK et SALSBOURG .

I3 Mai- Comme nous l'espérions bien nous sommes avertis par HALLINGSHEAD que les Américains commencent à s'inquiéter de la présence de CLAIRVAL. Nous l'avertissons et lui conseillons de prévenir une intervention probable et de se mettre en rapport avec les Américains, à quoi il nous répond qu'il s'est fait identifier et qu'il n'a pas à le faire tous les jours.

I5 Mai- CLAIRVAL se fait arrêter avec LIESS et emmené vers MERANO. Toutes leurs affaires sont fouillées et emmenées par les Américains qui trouvent dans un ruckaack 23 millions de lires.- L'affaire Clairval a été provoquée par une protestation du Comité de Libération de BOLZANO et par les réquisitions de voitures faites au nom de la Délégation Française sans l'approbation Américaine. La véritable raison est que les Américains ne tiennent pas à garder une mission française à BOLZANO, dont le but est de faire de la politique et de faire s'opposer Italiens et Autrichiens.

Un moment nous craignons d'avoir le même sort que Clairval, mais notre activité à CORTINA et la présence de HALLINGSMEAD nous couvrent. Cependant, nous ne pouvons prendre trop ouvertement la défense de Clairval et sommes obligés de feindre de ne pas le connaître.

Nous apprenons que HALLINGSHEAD n'a pas reçu l'autorisation de franchir la frontière austro-italienne, sa branche O.S.S. étant pour l'Italie (méditerranéans theater of opération) et non pour l'Autriche (europeane theater of apération). Nous décidons alors de descendre au H.Q. de la 5ª Armée qui se trouve à GARDONE.

I7 Mai- Nous sommes reçus par le Capitaine MOYNE, officier de liaison. Nous nous identifions, lui signalons l'affaire Clarval et lui demandons si nous pouvons franchir le BRENNER sous prétexte de rejoindre la Iª Armée Française . LEB en profite pour donner les dossiers des 4 P.P.F. arrêtés précédemment.

I9 - 20 Mai- En attendant notre laissez-passer, Coriolan reprend doucement les contacts de Clairval (un rapport spécial a été établi par Coriolan à ce sujet).

2I Mai- Nous recevons notre laissez-passer (ci-joint)

23 Mai- Etape BOLZANO - BRIXEN - une panne de voiture nous retarde de 24 H.

24 Mai- BRIXEN - LE BRENNER - INNSBRUCK

25 Mai- A INNSBRUCK nous apprenons que le Colonel Franklin est à AUGSBOURG au Q.G. de la 7ª Armée Américaine - nous pensons aller prendre des ordres de sa part.

Avant de partir d'INNSBRUCK, Coriolan contacte plusieurs eprsonnes dans l'Administration civile du Tyrol, dont le Landeaführer le Docteur Von NIKOLUSSI. Plusiers rapports sont établis par Coriolan après ces conversations.

- 25 -

26 Mai- INNSBRUCK - AUGSBOURG - STRASSBERG - Nous rencontrons le Cl. FRANKLIN qui nous conseille le passage par KARLSRUHE pour donner quelques-uns de nos rapports le plus vite possible au Commandant SIMONEAU et remettre LOSPICHEL et GRAZER que nous emmenions avec nous, à la Iº Armée.

28 Mai- A KARLSRUHE, nous rencontrons le Cdt. SIMONEAU.

30 Mai- KARLSRUHE - NANCY

31 Mai- NANCY - PARIS.

Sont joints à ce dossier :

1) - 2 cartes avec itinéraires marqués à l'encre, mentionnant le voyage de Coriolan et LEB dans la clandestinité.

2) - 2 cartes de la province de BOTZEN établies par un agent de CLAIRVAL et que LEB a réussi à sauver de la perquisition américaine.

3) - Une lettre de Coriolan à l'Oberleutnant NEUMANN .

4) - Un "Tagesbefehl" de la Ière Armée Allemande.

5) - Un laissez-passer établi par la IOº Armée allemande pour LEB.

6) - 2 exemplaires de laissez-passer établis par CLAIRVAL pour les Autrichiens de BOLZANO.

7) - Le laissez-passer pour la mission pour franchir le BRENNER donné par le H.Q. de la 5º Armée américaine.

8 -- Le mémorandum adressé par Ante PAVELITCH à la 8º Armée anglaise.

19

1945 : ces trois documents montrent le double jeu des Américains en Indochine. Cela va durer jusqu'en 1954, la chute de Diên Biên Phu et le départ des Français (pour la traduction voir le chapitre 7 du livre).

INCOMING CLASSIFIED MESSAGE

SECRET

PARAPHRASE OF STATE DEPARTMENT CABLE FOR
INFORMATION WAR DEPARTMENT

From: Secretary of State

To: Chungking

Nr: 1620 5 October 1945

The Department has been informed by the French Embassy of reports received that -

(1) Certain American officers who parachuted near Vien Tiene were reported to be in favor of disarming French troops on the ground that direct French occupation was not authorised by international agreements (presumably plans for Jap surrender to the Chinese north of the 16th parallel);

(2) Noveday (spelling doubtful), an American information officer, was reported to have been in favor of setting up a free LAOS or of a political party for the support of such freedom; and

(3) That representatives of the U.S. at Hanoi did not take any interest in the French, who had been imprisoned by the Viet-Minh at Vinh.

It is requested that these complaints be investigated and if it is found that U.S. military, civilians, or representatives are participating in political matters, make arrangements for the issuance of proper instructions to them to refrain from any activities in the political field.

Acheson.

ACTION: OPD
INFO : CG AAF, G-2, Mr McCloy, C of S

CM-IN-4647 (10 Oct 45) DTG 05/NFT jjf
SECRET

Tickler Copy Marked
No Action - Adata - 10 Oct 45

11

COPY NO. 242

THE MAKING OF AN EXACT COPY OF THIS MESSAGE IS FORBIDDEN

2

Wi Thrown Saigon

OSS
CONFIDENTIAL
E.I.B. XL 26265

S10-2

~~SECRET CONTROL~~

29 Oct 1945

FR 1044

ATTITUDE OF THE FRENCH IN INDO CHINA TOWARDS THE UNITED STATES OF AMERICA.

It is probably safe to conclude that the attitude of the French in Indo China is at the present time generally favorable to the United States. There has arisen during the past few weeks a few events which demonstrate that this attitude is not very firmly fixed in their minds and that it could easily be swayed by propaganda against the US. For some reason or other The French were of the opinion that America would with the close of the war with Japan immediately guarantee to them both food and safety of person. Under present conditions these two are now lacking in the Saigon area and in other parts of Indo-China, and they are uppermost in the minds of the French.

In addition to the above there are more fundamental issues:

1. There is the French fear of the American attitude, both official-State Department and the general public, towrds the Annamites and their attempt at securing independence. This fear goes as high as Gen. LeClerc, and appears to have been the cause of the conference with him which the writer reported to Col. Wilkinson in a cable last week. A French informant, who is believed on past performance to be reliable, has advised us that there is an influential group of French intelligenzia at Saigon who are of the opinion that at least up to 1 Oct 1945 the Americans were actively aiding abetting and supporting the Annamites. This group claims to have documents to suport this allegation. (All efforts short of jeopardizing the life of this informant or the existence of this mission will be made to secure copies of this proof) It is interes ing that this same group were active in aiding American POWs and aviators to escape from the Japanese. This is, therefore, for them a complete reversal of opinion.

2. The Chinese press at Cholon has from time to time reported that the US had sent official noted to France demanding that France arrange a peace with the Annamites. All of these press stories originate in Chingking, and are sent here by open wireless. The commencement of the Chinese boycott today against doing any business with Europeans, since it affects the French makes them suspicious and makes them think that the whole world is against them.

An incident in the Journal de Saigon illustrates the possibilities or potentialities of an active propaganda campaign. Two weeks ago this news paper carried a "quotation" of an Annamite tract distributed on the 7th and 8th of October. A hand written copy of the original is attached, with the translation. Although the Journal had the original official French translation ~~it~~ varied this text in the part which dealt with the amount of assistance that the Annamites should ~~be~~ given to Americans. The result was to make it seem to all the French that there was a close accord between the Annamites and the

XL 26265

Americans. The person who was responsible for the variation in the text has been unable to give an adequate explanation of his reasons for making the change. I have been given to understand that even the original Annamite of this document does not direct or call for any active assistance to Americans, but this was the effect that was produced by the report in the Journal. As a result there was considerable question among the French, supported by many rumours th,t the US Mission was in Saigon for the sole purpose of aiding the Annamite uprising. Officially the matter of the Journal is a closed issue, but further complications may arise. (We are adopting the policy of watching very closely this news paper and all other publications in this area.)

This report is being sent to OSS HQ Kandy for such use and distribution as is desired. The writer feels that this situation does have a definite bearing upon the question of the effect and usefulness of an American Mission in French Indo-China.

JAMES R. WITHROW, JR.
Lieut. USNR
Chief of US Mission
Saigon, French I-C.

~~SECRET CONTROL~~

LT COL GRANT

~~[illegible] R E T~~

[illegible]UT-86466

[illegible]ecember 1945

UNITED STATES POLICY WITH RESPECT TO FRENCH INDO-CHINA

Summary of Current Policy

[illegible] United States does not question French soverignty over French [illegible]China but policy as stated by the State Department in this [illegible]e is "not to assist the French in reestablishing their control [illegible] Indo-China by force".

20

Le 22 mars 1946, le service du SDECE "259/7" exfiltra ,Adenauer , le futur chancelier allemand, en zone française. Le réseau du SDECE en Allemagne, surnommé « der Geist » (le fantôme), remettait des synthèses très complètes sur la situation en RFA. En voici quelques extraits...

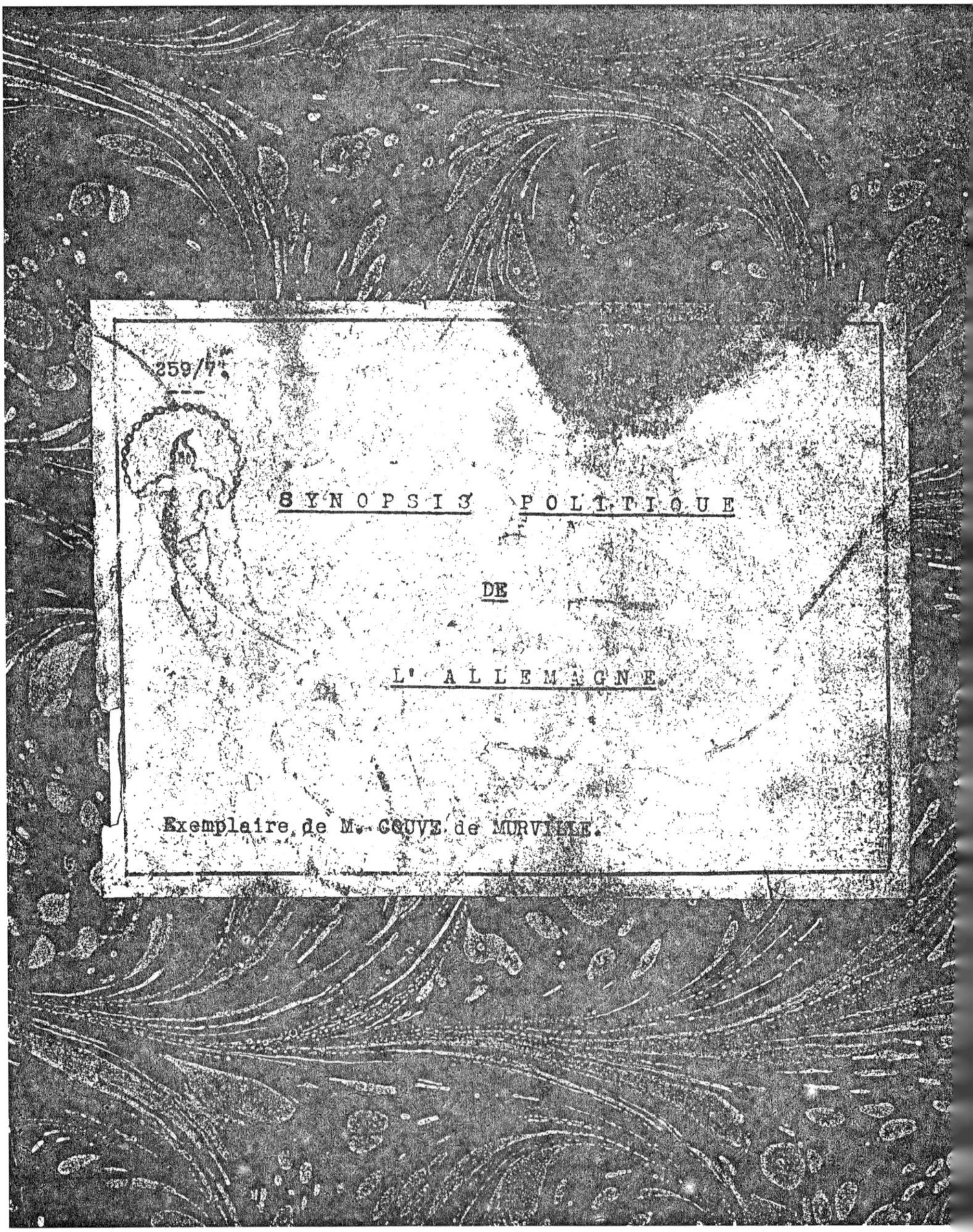
259/7.

SYNOPSIS POLITIQUE

DE

L'ALLEMAGNE

Exemplaire de M. COUVE de MURVILLE.

SYNOPSIS POLITIQUE

DE

L'ALLEMAGNE

I - 1.1

A - GENERALITES

1) BUTS ET ORGANISATION.

Le problème allemand a été abordé pour la première fois à YALTA (Février 1945), lors d'une Conférence qui réunit les Chefs d'Etat des U.S.A., de l'U.R.S.S. et de la GRANDE-BRETAGNE. Si la victoire des Alliés se dessinait déjà à l'horizon, il était alors encore difficile de prévoir la date de l'effondrement du IIIème Reich. Aussi le communiqué rendu public à la fin de la Conférence fut-il volontairement vague :

"Notre dessein inflexible est de détruire le militarisme et le nazisme, et de nous assurer que l'Allemagne ne soit plus jamais en mesure de troubler la paix du monde.

Nous sommes décidés à désarmer et à dissoudre toutes les forces armées allemandes, à détruire l'Etat-Major allemand qui a toujours provoqué la résurrection du militarisme en Allemagne, à détruire tout l'équipement militaire allemand, ou à enlever le contrôle à l'Allemagne, à éliminer ou à contrôler toute l'industrie allemande qui pourrait servir à la production de guerre, à traduire en justice tous les criminels de guerre et à les châtier rapidement, et à exiger la réparation en nature de toutes les destructions causées par les Allemands, à extirper le parti nazi, les lois, l'organisation et les institutions nazies et militaristes de l'Administration et de la vie culturelle et économique du peuple allemand, enfin à prendre de concert toutes autres mesures qui nous paraîtront nécessaires à la Paix future et à la sécurité du Monde.

Notre but n'est pas de détruire le peuple allemand, mais ce n'est que lorsque le nazisme et le militarisme auront été annihilés, que les Allemands pourront avoir l'espoir d'une vie décente et d'une place dans le concert des Nations."

Ce n'est que le 5 Juin 1945 (près d'un mois après la capitulation allemande) qu'un accord fût signé entre les généraux commandants en chefs des quatre puissances alliées. Il ne portait d'ailleurs que sur des questions d'organisation :

- Délimitation des zônes d'occupation
- Statut quadripartite pour la ville de Berlin
- Organisation du Contrôle interallié :

I - A.2

a) "les quatre Commandants en chef exerceront l'autorité suprême, chacun dans sa zône respective et conjointement pour les questions concernant l'ensemble de l'Allemagne. Les quatre commandants en chef agissant ensemble en corps constitué formeront le Conseil de Contrôle. Chacun d'entre eux sera assisté d'un Conseiller Politique.

b) Le Conseil de Contrôle, dont les décisions devront être prises à l'unanimité, assurera l'uniformité d'action appropriée entre les commandants en chef dans leurs zônes respectives d'occupation et prendra des décisions communes sur les principales questions intéressant l'ensemble de l'Allemagne.

c) Sous le Conseil de Contrôle, il sera établi un Comité permanent de coordination, qui sera composé d'un représentant de chacun de quatre commandants en chef, ainsi qu'un état-major de contrôle organisé dans les divisions suivantes (auxquelles des ajustements pourront être apportés à la lumière de l'expérience) :

Armée de terre, Armée de mer, Armée de l'Air, transports, politique économique, financière, réparations, prestations et restitutions, affaires intérieures et communications, juridique, prisonniers de guerre et personnes déplacées, main d'oeuvre.

Chaque division aura quatre chefs, chaque puissance désignant l'un d'entre eux. Les états-majors des divisions pourront comprendre du personnel civil aussi bien que militaire et pourront également, dans des cas particuliers, comprendre des ressortissants d'autres nations unies, nommés à titre personnel.

d) Les attributions du Comité de Coordination et de l'Etat-Major de contrôle seront : donner des avis au Conseil de Contrôle, exécuter les décisions du Conseil et les transmettre aux organismes allemands appropriés, surveiller et contrôler au jour le jour les activités de ces derniers.

e) La liaison avec les Gouvernements des autres Nations Unies principalement intéressées sera assurée par des missions militaires (qui pourront comprendre des membres civils) nommés par ces gouvernements auprès du Conseil de Contrôle. Ces missions auront accès, par les voies appropriées, aux organismes de contrôle.

f) Les organisations des Nations [illegible] admises par le Conseil de Contrôle à fonctionner en Allemagne, seront subordonnées aux organismes de contrôle allié et responsables envers lui.

g) L'administration de la région du "Grand Berlin" sera dirigée par une autorité interalliée de gouvernement, qui fonctionnera sous la direction générale du Conseil de Contrôle et sera composée de quatre commandants supérieurs dont chacun assurera à tour de rôle les fonctions de commandant supérieur en chef. Ils seront assistés par un Etat-Major technique qui surveillera et contrôlera les activités des organismes allemands locaux.

h) L'organisation décrite ci-dessus fonctionnera pendant la période d'occupation qui suivra la capitulation de l'Allemagne, elle exécutera les exigences fondamentales de la capitulation sans conditions. Les mesures nécessaires pour la période ultérieure feront l'objet d'un accord séparé."

Les directives générales faisaient toutefois défaut et c'est à l'occasion des entretiens de POTSDAM qu'elles fûrent mises au point. Rappelons, pour mémoire, que seuls les U.S.A., l'U.R.S.S. et la GRANDE BRETAGNE participaient à cette Conférence.

Le texte rédigé en cette occasion se composait de deux parties bien distinctes :

- une déclaration de principe en quatre points sur les buts de l'occupation :

1) "Le complet désarmement et la complète démilitarisation de l'Allemagne, l'élimination ou le contrôle de toutes les industries allemandes qui pourraient servir à la production militaire.

2) Convaincre le peuple allemand, qu'il a subi une défaite militaire totale et qu'il ne peut pas échapper à la responsabilité des malheurs qu'il s'est attirés sur lui-même, étant donné que ses méthodes de guerre implacables et que la résistance fanatique des nazis ont détruit l'économie allemande et rendu inévitable le chaos et la souffrance.

3) Détruire le parti national-socialiste et les organisations qui lui sont affiliées ou qui sont sous contrôle, dissoudre toutes les institutions nazies, s'assurer qu'elles ne revivent sous aucune forme et prévenir toute activité ou propagande nazie ou militariste.

I - A.4

4) Préparer la reconstruction éventuelle d'une vie politique allemande sur une base démocratique et une coopération pacifique éventuelle de l'Allemagne à la vie internationale."

- Une série de décisions pratiques mettant au point les diverses modalités pratiques de la politique commune définie dans la première partie.

Sur le plan politique, il était notamment prévu que :

L'Administration des affaires intérieures allemandes devra être orientée vers la décentralisation de la structure politique et le développement de la responsabilité locale ..."

"..... Pour l'instant aucun gouvernement Central Allemand ne sera établi. Cependant, certains Ministères essentiels ayant à leur tête des secrétaires d'Etat seront institués, en particulier en ce qui concerne les finances, les transports, les communications, le commerce extérieur et l'industrie...."

Ce dernier point, qui était la clé de voute de l'édifice administratif bâti à POTSDAM ne fut pas appliqué en raison de l'opposition formelle du gouvernement français. Cette attitude qui a été violemment critiquée par les Anglo-Saxons et les Américains devient parfaitement compréhensible historiquement, si l'on tient compte des lourdes épreuves qu'ont imposé à la France trois invasions allemandes en moins d'un siècle. Notons, par ailleurs que les représentants français ont toujours admis le principe d'administrations centrales dans le domaine économique, mais ont demandé que le problème des garanties et de la sécurité soit résolu au préalable avant qu'il ne soit procédé à toute création d'administration centrale.

Les dispositions principales qui étaient surtout d'ordre économique furent donc pratiquement inopérantes :

" Pendant la période d'occupation, l'Allemagne sera traitée comme une entité économique. Dans ce but, une politique commune sera établie en ce qui concerne :

a) la production minière et industrielle et sa répartition ;
b) l'agriculture, l'industrie forestièe et la pêche ;
c) les salaires, les prix et le rationnement ;
d) le programme d'importation et d'exportation pour l'ensemble de l'Allemagne ;
e) la circulation fiduciaire et les banques, les impôts d'Etat et les droits de douane ;
f) la réparation et l'enlèvement du potentiel de l'industrie de guerre ;
g) les transports et les communications.

I - A.5

En appliquant cette politique, on tiendra compte, lorsqu'il le faudra, des diverses conditions locales.

Le contrôle allié sera imposé sur l'économie allemande, mais seulement dans la mesure où il est nécessaire :

a) "pour mettre en application le programme du désarmement industriel, de la démilitarisation, des réparations, des exportations et les importations autorisées ;

b) pour assurer la production et le maintien des marchandises et des services nécessaires, pour répondre aux besoins des forces d'occupation et des déportés en Allemagne, et essentiels pour préserver en Allemagne un standard de vie moyen qui ne dépasse pas la moyenne des standards de vie dans les pays européens (par pays européens, on entend tous les pays d'Europe, sauf le Royaume-Uni et l'Union des Républiques Socialistes Soviétiques) ;

c) pour assurer la distribution équitable des produits entre les différentes zônes afin de parvenir à une économie bien équilibrée à travers l'Allemagne et de réduire les besoins d'importation".

Le Conseil de Contrôle dont les décisions devaient ...tre prises à l'unanimité vit, en effet, son activité paralysée par des discussions très vives entre les Russes et les ...nglo-Américains. Seules les mesures concernant la dissolu...ion des organismes militaires et nazis purent être édictées.

La question des réparations et ses conséquences ...conomiques vinrent entraver rapidement le fonctionnement du ...ontrôle. Le manque d'entente provoqua donc rapidement chez ...es administrations alliées une autarcie zônale aussi bien po...itique qu'économique.

2) LE PROBLEME DES REPARATIONS.

Un problème intéressant les Alliés autant que les ...ands, a monopolisé dès le début les débats : c'est celui ...éparations. Rappelons que le texte de POTSDAM avait prévu ...uittement des réparations en biens de production permet... d'assurer un paiement rapide et certain tout en conser... la haute efficacité économique des réparations en numé... Ce système, tout en évitant les écueils redoutables

I - A.6.

'acquittement en numéraires ou en or (traité de Versail- s'est révélé à l'usage peu satisfaisant. Les démontages it lents, les machines démontées par un personnel allié spécialisé ou par des Allemands furent détériorés, et intégration dans le système industriel des puissances itrices s'avéra difficile et parfois impossible.

Aussi la campagne de démontage qui se déroula de la première année d'occupation semble-t-elle s'être que stoppée. En effet, l'U.R.S.S., à laquelle est attribuée plus large part des réparations, s'est orientée résolument is 6 mois vers l'acquittement des réparations en bien de ommation. Cette politique absolument contraire aux pres- tions de l'accord de POTSDAM a été dénoncée violemment les Américains dont le principal souci est de rendre leur d'occupation autonome sur le plan économique. L'adminis- ion soviétique n'ayant pas tenu compte des protestations Etats-Unis, la livraison aux Russes de matériel démonté les zônes occidentales fût suspendus.

Cependant, les difficultés économiques augmentèrent. avitaillement des zônes occidentales, surtout de celle est sous occupation anglaise, nécessitant de larges impor- ons, amena les Anglo-Américains à unir, tout au moins sur lan économique, leurs deux zônes.

Cette décision, conforme à l'accord de POTSDAM ne pas suivie par les Français et les Russes. Il semble toute- s que les besoins pressants des Russes en biens de consom- ion, besoins que la production maximum de leur zône ne sau- t satisfaire, aient amené l'U.R.S.S à reconsidérer totalement osition vis à vis de l'Allemagne. En effet, lors de la fixa- 1 du niveau maximum de production de l'industrie allemande, délégués soviétiques s'étaient montrés extrêmement sévères auraient voulu imposer à l'Allemagne une diminution brutale son potentiel industriel, ramenant la production maximum) % de celle de 1938. Les derniers entretiens américano- iétiques ont révélé un revirement radical sur ce point. Les erts soviétiques proposant des chiffres sensiblement équi- ents à la production de 1938.

Il faut toutefois remarquer que l'entente entre les ses et les Anglo-Américains est loin d'être complète :

- Les Américains n'ont pas encore admis officielle- ment le principe de l'acquittement des réparations en biens de consommation.
- le chiffre de 10.000.000 de dollars avancés par l'U.R.S.S., comme montant des réparations, qu'elle entend prélever suivant ce nouveau mode, n'a pas encore été accepté par le bloc anglo-américain.

I - A.7

3) CONCLUSION.

Les entretiens qui vont réunir les Ministres des Affaires Etrangères des Etats-Unis, de la Grande-Bretagne, de l'U.R.S.S et de la France à MOSCOU au début de Mars, seront dominés par le problème de l'unité économique de l'Allemagne. On ne peut encore prévoir les répercussions possibles sur le plan politique, il est pourtant d'ores et déjà permis de penser que l'unité économique prévue par POTSDAM sera rendu effective sur l'ensemble du territoire allemand. La Constitution d'un Gouvernement Central Allemand, ou même seulement d'organismes centraux, liée à une renaissance économique du "Reich" amèneront certainement une évolution rapide de la situation politique allemande. Les pages qui suivent s'efforcent donc de donner un tableau aussi fidèle que possible de la situation politique actuelle en Allemagne, avec ses diverses tendances contradictoires.

o

o o

)

II - A.1

L'UNION CHRETIENNE DEMOCRATIQUE (C.D.U)

Des quatre grandes formations politiques existant en llemagne à l'heure actuelle, trois sont au sens strict des Partis. quatrième et sans aucun doute la plus importante non seulement r le nombre de ses adhérents, mais aussi par le total des voix tenues aux différentes élections, porte au contraire la dénomi- tion de "Union".

Formée surtout des éléments des partis du Centre de la Répu- lique de Weimar, la C.D.U. n'apparaît pas comme un groupement ant défini de façon précise. Loin d'être exclusive comme le L.D.P. sectaire comme le K.P.D., elle s'apparente à proprement parler Mouvement dont le programme groupe un ensemble de tendances diffé- entes. Il s'agit en effet pour elle de ménager sa clientèle élec- orale issue principalement des milieux bourgeois et ruraux, sans istinction de confession.

Le 26 Juin 1945 un manifeste était publié à BERLIN.

Composé d'une vingtaine de points, il invitait tous les élé- ments désirant reconstruire l'Allemagne suivant des principes con- formes à la religion chrétienne et aux grands idéaux démocratiques, se grouper sous l'égide du parti Chrétien Démocrate.

Ce texte était signé par un certain nombre de personnalités parmi lesquelles nous relevons les noms suivant :

- Andréas HERMES
- Walter SCHREIBER
- Emil DOVIFAT
- Théodor STELTZER
- Elfriede NEBGEN
- Jakob KAISER
- Ferdinand FRIEDENSBURG
- Ernst LEMMER
- Heinrich VOCKEL
- Heinrich KRONE

Diverses formations se créèrent dans les zones occidentales se réclamant de ce programme.

Au mois de Décembre 1945, un Congrès pour la zone anglaise nifia les appellations pour cette zone en adoptant le titre de CHRISTLISCHE DEMOKRATISCHE UNION". Cette unité s'est étendue à la one américaine où toute la Bavière a conservé l'appellation pre- ière de "CHRISTLISCHE SOZIALE UNION". Des rencontres interzones térieures ont tenté d'unir les différents groupes sans aboutir

II .1.2

...qu'ici à une véritable unité organique

Cependant le Comité de Coordination créé en Août 1946, ...comprenait six membres et groupait les représentants des ...es russe, anglaise et américaine a été considérablement élar- (4-8 Février 1947). Composé de 21 membres, le Comité s'appel- maintenant "Communauté de Travail" (Arbeitsgemeinschaft), Comité Directeur de 9 membres a été élu qui comprend :

BERLIN et ZONE SOVIETIQUE	Jakob KAISER	BERLIN
	Ernst LEMMER	BERLIN
	Prof. Dr. HICHMANN	DRESDE
ZONE BRITANNIQUE	Dr. Konrad ADENAUER	DUSSELDORF
	Prof. HOLZAPFEL	
ZONE AMERICAINE	Dr. Josef MULLER	MUNICH
	Dr. KÖHLER	STUTTGART
ZONE FRANCAISE	STEINER (moitié sud)	Chef de la branche protestante C.D.U en WURTEMBERG
	X.... (moitié nord) non désigné encore	

1º) ORGANISATION ET CADRES

La C.D.U. compte environ 400.000 membres.

La structure zonale de la C.D.U. comprend :

Un Comité Directeur de zone qui dirige les landesverbande (Unions provinciales) elles-mêmes divisées en Kreisverbande (Union de kreis) qui groupent les Ortsgruppen (Sections locales).

Il existe, en outre, une organisation au sein de la C.D.U. qui groupe les membres du parti âgés de 18 à 40 ans, la "Junge Union". Créée d'abord à BERLIN, elle s'est étendue aux sections des zones petit à petit. Elle représente en général l'élément "Jeune Turc" de l'union. A Berlin elle constitue un des plus solides appuis de KAISER.

Un Secrétariat permanent du Parti a été créé depuis la réunion de BADE-KOGNIGSTEIN (Février 1947). Le Secrétaire est M. DOERPINGHAUS et le siège du secrétariat a été établi à FRANCFORT malgré l'opposition de la C.D.U. de BERLIN et de la zone EST.

21

En octobre 1947, l'ambassadeur américain à Paris Jefferson Caffery se réjouit de la défaite communiste aux élections municipales. Normal, les USA payent assez cher pour cela... (pour la traduction voir le chapitre 8).

No. 9880

American Embassy,
Paris, November 12, 1947.

Subject: Certain Aspects of the Results of the Municipal Elections of October 1947 Affecting the French Communist Party

The Honorable
The Secretary of State,
Washington, D. C.

COPY FILE

Sir:

I have the honor to present below an analysis of the results of the municipal elections of October 1947 insofar as they affected the French Communist Party:

<u>Gaullist Victory and Communist Defeat</u>

The two outstanding results of the elections of October 19 and 26, 1947, namely, the striking and somewhat surprising victory of the Gaullist movement and the serious defeat of the Communists, constitute a veritable milestone in French political history. While the Gaullist victory is extremely important and certainly should not be underestimated as symptomatic of the rising anti-Communist tide in France, the defeat of the Communists should prove to be of even greater importance, if General de Gaulle does not commit political blunders which will throw the non-Communist Left, particularly the Socialists, back into the arms of the Communists.

The loss of the great majority of the city and town halls (mairies) by the Communist movement deprives the Communists of one of the two great fortresses of the Soviet fifth column in France. Now the CGT remains as the only great Communist stronghold and even it is beginning to crumble. The city and town halls in France are very important assets for any Party to exploit to the full advantages (patronage, granting of favors, use of municipal owned equipment, particularly motor vehicles and trucks, etc.) deriving therefrom without paying great attention to the cost to the taxpayers. The Communists are masters of the Tammany Hall methods of furnishing aid and comfort to the members of and sympathizers with their Party and by means of efficient "welfare bureaus" not only maintain the fidelity of the rank and file militants but also gain the support of those who readily perceive the advantages of being friendly to the "boss". In losing the majority of these local fortresses (which were also being used for clandestine operations) the Communists have suffered the greatest blow politically that has been inflicted upon them since the Liberation. It is a blow from which it will not be easy to recover.

<u>Gravity of the Communist Defeat</u>

While the loss of votes at the elections were important and should be considered as symptomatic of the descending curve of the Communist movement in France — the curve was certainly in the ascendant until the elections of November 1946 — nevertheless the loss of the control of highly important city halls should be regarded as of capital importance.

When

-2-

When one considers the chief departmental centers (chefs-lieux de departments) of which the political role is great in France, and when one notes that at the 1945 municipal elections the Communists and their auxiliaries like the MUR captured the majority of cities in ten important regions, the loss thereof at the latest elections clearly indicates that the Communists have lost much if not all their force of attraction. Thus, they failed to hold Privas (Ardeche); Troyes (Aube); Carcassonne (Aude); Marseille (Bouche du Rhone); Ajaccio (Corsica); Nimes (Gard); Chateauroux (Indre); Nevers (Nievre); Avignon (Vaucluse); and Limoges (Haute Vienne).

Out of twenty-two important departmental centers (chefs-lieux) where the Communists shared power — in their usual fashion — with other "Leftist" elements, they now hold only two,namely, Toulouse, (Haute Garonne) and Oran (Algerie). Thus, in the following places where the Communists and Socialists held a majority the "separatists" no longer hold the reins: Alger (Algeria); Constantine (Algeria); Nice (Alpes Maritimes); Bourges (Cher); Chartres (Eure-et-Loir Inferieure); Beauvais (Oise); Le Mans (Sarthe); Versailles (Seine et Oise) and of course Paris where Gaullists gained an overwhelming victory.

In the following centers new majorities without the Communists have been formed consisting of Socialists and other more or less Leftist elements and even in some cases RPF: Laon (Ain); Ourillac (Cantal); Perigueux (Dordogne); Montpellier (Herault); Tours (Indre-et-Loire); Grenoble (Isere); Saint-Etienne (Loire) and Reims (Marne).

In addition to these important departmental centers the Communists lost a number of highly important cities where they had been comfortably installed since the Liberation. Thus, they no longer control: Cannes (Alpes Maritimes); Arles (Bouches du Rhone); La Ciotat (Bouches du Rhone); Vierzon (Cher); Brive (Correze); Beziers (Herault); Sete (Herault); Saint-Nazaire (Loire Inferieure); Lens (Pas de Calais); Villeurbanne (Rhone) and Toulon (Var).

It is especially noteworthy that among the cities enumerated above are found typical working class centers like Troyes, Limoges, Saint-Etienne, Nantes, Saint-Nazaire, Lens, Villeurbanne and Toulon.

In fact, the Communists lost cities in the north, the central region and the south of France. The loss of even cities in the south is extremely important since it is one of the rules of French politics that south of the Loire one votes "red". It was in the south moreover where the Communist armed groups (former maquis) exercised a veritable reign of terror. This has been swept away without the dire consequences that many observers expected.

Even in the famous Red Belt surrounding Paris the Communists suffered terrific blows. In the Seine the Party lost 38 municipalities out of 60, notably: Alfortville, Anthony, Bourg-la Reine Cachan, Charenton, Choisy-le-Roi, Clamart, Clichy, Colombes, Epinay-sur-Seine, Kremlin-Bicetre, Les Lilas, Levallois-Perret, Maisons-Alfort, Noisy-le-Sec, Pantin, Pre-Saint Gervais, Puteaux, Suresne, Vannes, et cetera. In Seine-et-Oise the Communists also failed to hold the majority of their strongholds, notably: Arnouville-les-Genesse, Athis-Mons, Aulnay-sous-Bois, Bonneuil-sur-Marne, Chaville, Conflans St. Honorine, Draveil, Juvisy-sur-Orge, Le Pecq, Livry-Gargan, Mantes-la-ville, Montmorency, Sannois, Sevran, Sevres, Yerres, et cetera.

In the

-3-

In the great coal mining and textile regions of the Nord the setback of the Communists was also considerable. It resulted not only in the loss of votes but also town halls. They have been evicted from Tourcoing and Valenciennes, as well as from a number of smaller towns like: Anzin, Caudry, Coudekerque, Denain, Halluin, Haubourdin, Haumont, Hellemmes, Sommes, Mons-en-Baroeul, Raisme, Saint Amand, Wattrelos, et cetera. In the Pas-de-Calais important mining and textile towns were also taken from the Communists. Consequently, the decline of the Communists is general and it may be said that regardless of the social and economic structure of a particular region the Communists suffered serious setbacks.

The Nature of the Communist Defeat

The conditions under which the Communists have suffered this defeat are more important than the results themselves and it may be safely said that the elections were the manifestation of a serious political upset for the Communists. Probably the outstanding phenomenon of the elections was the open and avowed attack and revolt on the part of Right, Center and non-Communist Left elements against the Communists. For the first time since the Liberation the parties entered into the fray without gloves and mealy mouthed attitudes towards the Communists. Practically all the Socialists let their hair down. The fight in fact became so violent that the Communists lost frequently their tempers. For instance Thorez succeeded in electing a Socialist far down on the list of a little town by striking him in the face at a political rally and ordering his tough boys to beat up this "impudent" fellow who dared to accuse him of having been a "deserter" in 1939. Credit should be given to General de Gaulle as well as to Moscow forhaving posed the Communist "problem" in its real light. The Petkoff murder, the formal revival of the Comintern and the attitude of the Communists towards the "Marshall Plan" certainly contributed greatly to the latter's defeat. And finally, but not least in importance, it should be noted that in the Paris region the transport strike hurt the Communists by revealing clearly the political blackmail to which they were resorting through their stranglehold on the machinery of the CGT.

The rupture between the Socialists and Communists became during the elections so wide and deep owing largely to the brutality of Communist electoral tactics that, in the absence of serious blunders by de Gaulle on the Right, it is doubtful whether the Communists can succeed in regaining the slightest cooperation of the Socialists which in the past three years they have so often enjoyed. The report of Zhdanov at the Comintern Conference, together with the speech of Thorez at the Central Committee meeting, have infuriated the Socialists — especially those like Daniel Mayer who have a guilty conscience for having sought collaboration with them — and at the present conjuncture it would therefore appear that only the most stupid blunders on the part of General de Gaulle could rejoin these mortal enemies. Not only does bad feeling exist between Communist and Socialist leaders; it is especially among the rank and file Socialists in the provinces and factories that deep bitterness towards the Communists now is felt. For it should be remembered that it is especially in small localities and in the mines and plants that Communist tactics are manifested in a shocking manner. Communist "democracy" reveals itself particularly in the labor movement and the nature of Communist political moves on the trade union level since May 1947 has certainly caused the more thoughtful and patriotic elements in the CGT to reflect on the menace entailed by the extension of Soviet power in France. The Zhdanov report precipitated the breaking point.

It is

-4-

It is a curious fact that in localities where the Socialists took a strong stand against the Communists the former maintained in general their position. The Socialist Federation of the Nord and Pas-de-Calais declared open war upon the Communists with the result that in the textile and mining centers the Socialists made progress at the expense of the Communists. In the Socialist Federation of Haute Vienne advances were also made and in this connection it is significant that the Secretary thereof is Le Bail who was one of the first Socialists subsequent to the Liberation to attack openly and clearly the conspiratorial nature of the Communist movement. Consequently, success was obtained in the great Communist stronghold of Limoges where the famous "resistance" leader of the FTP, Colonel Guinguin, wielded dictatorial power. Victory here becomes all the more significant when one considers that Fernand Betoulle was elected mayor. He had voted for Petain in July 1940 and accordingly was not readmitted to the Socialist Party subsequent to the Liberation. During the latest elections, however, Le Bail supported him and the Directing Committee of the Socialist Party at Paris considered it "wise" not to interfere. Nothing succeeds like success even with the sectarian Socialists.

On the other hand the few Socialist centers which continued to play ball with the Communists received some hard lessons. At Toulouse Vincent Badiou was elected with the aid of the Communists but the Socialist Party lost the majority of votes for the first time in many years. In Paris too the Socialist Federation of the Seine which pursues a fuzzy policy of left-wing "verbalism" and "labor unity" similar to that expressed by FRANC-TIREUR made a poor showing. As for Lyons the Leftist Socialist group under Andre Ferrat and Jean Rous was swept away by the rising Gaullist tide.

Conclusion

The perspectives of French politics from the viewpoint of those who consider the Communists as "enemy number one" are certainly encouraging at the present conjuncture and should remain so depending upon three conditions of the utmost importance.

First, it is vitally essential that General de Gaulle does not commit blunders which would permit the Communists to defend the "democratic flag" with some semblance of reason and which would throw the Socialists back into the arms of the Communists.

Secondly, it is of course necessary that the United States prevent starvation and economic stagnation in France by furnishing cereals, coal and other essential goods.

Thirdly, it also seems important that the international situation does not appear outwardly to deteriorate to the point that fear of war dominates completely the minds of men and women in France. The reign of terror inspired by the Communists is steadily disappearing and every possible means should be taken to prevent it from being replaced by fear of war, which in the minds of the French at the present time would mean Soviet invasion.

It is of interest that many intelligent and qualified observers in France who are resisting the extension of Soviet-Communist power consider

that

-5-

that it is essential for the United States to establish in Europe a sort of "Western European line" behind which we would retreat no further. These observers insist that many Frenchmen continue to hesitate to go all out for us for fear that in the event of war we do not even intend to try to hold France but will only try to hold the Iberian Peninsula. They believe that we do not intend to defend Western Germany, Belgium, Holland and France against the Soviet hordes and consequently they consider that until we make it absolutely clear that we shall act effectively in Europe the United States will not obtain the support of many valuable elements "who cannot be expected to be heroic unless there is some chance of success". In other words, they believe the establishment of a "political line" in Europe which would coincide more or less with a "military line" would be strongly to our advantage. The secret of final success in the elimination of the menace of Communism, both in Italy and France, may be found, they claim, in this profound problem.

Respectfully yours,

Jefferson Caffery

NBChipman:bjs

22

Henri Fille-Lambie, dit « Jacques Morlanne », fut le chef du service « Action » du SDECE de 1946 à 1958. Voici ses états de service... Pas facile dans ce jargon administratif d'y repérer les services spéciaux.

Arme ou Service } INFANTERIE

Modèle 322/24 GP

Format : 21 x 27

(1)

ÉTAT DES SERVICES

Cadre : RESERVE
(s'il y a lieu)

NOM (2) : F I L L E - L A M B I E
Prénoms : Henri,Jean
Né le 2.5.1909, à VAILLANT, (Hte Marne) (3)
No d'identification : | 1 | 0 9 | 0 5 | 1 2 | 4 9 | 9 2 | 0 1 | (4)
No d'immatriculation au recrutement : PAU / 29 641 00719 (4)
Marié le 29.8.31 à Delle CHABAT
alors domiciliée à ARZACQ, (B.P) (3)
Autorisation donnée le , par le GENERAL Cdt.Sup.des troupes de TUNISIE -

Indication des services, affectations ou positions diverses (5) (6) 1	Grades successivement obtenus 2	Dates correspondant à chacune des inscriptions des colonnes nos 1 et 2 3	Observations ou Indication des décisions de référence 4
E.V. pour 4 ans à la MAIRIE DE PAU le		7.11.27	
au titre du 1er Gr.d'Ouv.d'aér.Arrivé	2°CLASSE	9.11.27	
AFFECTE au 4° G.A.A. à TUNIS le		16.12.28	
Nommé CAPORAL à/c du :	CAPORAL	1.11.28	
INCORPORE AU 4° G.A.A. le :		16.12.28	
Nommé SERGENT à/c du :	SERGENT	7. 5.29	
RENGAGE POUR 1 AN à/c du : au titre du 4° G.A.A. -	1°	7.11.31	
ADMIS SOUS OFFICIERS DE CARRIERE à/c :	S.O.C.	17.10.32	
Passe à la 4° DEMI BRIGADE AERIENNE :		1. 1.35	
AFFECTE BASE AERIENNE n° 136 :		18. 3.35	
AFFECTE 3° BTN DE L' AIR le :		1.10.35	
Nommé SOUS LIEUTENANT p.p.rang du : (DT 1.9.36) dans le corps des Officiers des services administratifs - Affecté le dit jour à l' ECOLE DE L' AIR pour y terminer le stage d'application-	S/LIEUTENANT	1.10.36	
AFFECTE B.A. DE NANCY le :		4. 1.37	
R.D.C. DU CORPS le :		7. 1.37	./.

(1) Indication du corps ou service.
(2) Le nom doit être porté en lettres capitales.
(3) Après l'indication de la commune de naissance, indiquer le département (ou le territoire d'origine).
(4) Le cas échéant.
... services indiqués doivent l'être dans l'ordre chronologique.
...ait en diagonale doit être passé en vue de barrer les parties non remplies du présent état.

Indication des services, affectations ou positions diverses (1) 1	Grades successivement obtenus 2	Dates correspondant à chacune des inscriptions des colonnes nos 1 et 2 3	Observations ou indication des décisions de référence 4
AFFECTE comme adjoint à l' Officier			
chargé du matériel -			
AFFECTE pvt. comme adjoint au Cdt.de la			
1° Cie à compter du :	S/LIEUTENANT	24. I.38	
Promu LIEUTENANT à compter du :	LIEUTENANT	I.10.38	
Désigné comme faisant fonctions de			
CAPITAINE chargé du matériel au batail-			
lon de l' air n° 121 à/c du :		8. 4.39	
AFFECTE C° DE L' AIR I/121 à/c du :		I4.I0.39	
comme officier adjoint au Commandant			
de la Base -			
Affecté Cie de l' AIR 14/138 à/c du :		3. I.40	
comme officier chargé des détails -			
Convoqué sans délai pour le Point Z -			
Dirigé sur la BASE DU BOURGET comme			
volontaire pour la FINLANDE le :		8. 3.40	
REJOINT SON CORPS le :		I6. 7.40	
Affecté au Grpmt.de Jeunesse à GRENO-			
BLE en qualité d' Inspecteur du SCE			
DE JEUNESSE & SPORT par D.M. du 4.II.I940.			
Administré par le centre administra-			
tif du MAROC -			
RAPPELE A L' ACTIVITE par ordre indivi-			
duel du Gal.Cdt.l'AIR au MAROC (ordre			
d'appel annulé par NDS du Gal.Cdt l'AIR			
AU MAROC à/c du 8.II.42 -			
RAPPELE ACTIVITE par ordre d'appel 204			
à CASABLANCA le :		I. 4.43	
AFFECTE C.I.A.A. n° 2 par AM n°299/PR			
du 2 MARS I943) -			
Promu CAPITAINE à / c du :	CAPITAINE	I0. 6.43	
par ordre 5390/SPM/AFA du 21.6.43 -			
AFFECTE au REGIMENT DE CHASSEURS PARA-			
CHUTISTES N° 1 et mis en route le :		27. 6.43	
R.D.C. le 1.7.I943 -			
AFFECTE au D.E. DES PARACHUTISTES d'			
OUJDA par AM 233/I du I3.12.1943)le		I3.I2.43	
Détaché à la Direction des Sces de			
renseignements et S.M. (BCRA) à			
ALGER et affecté pour ordre au DEPOT			
DE L.AIR n° 201 - par TO chiffré 531 du			
30.9.I943 en provenance du 1° RGT DE			
CHASSEURS PARACHUTISTES à FES -			
Dirigé sur B.C.R.A. à LONDRES par avion		25.I043	
Arrivé à LONDRES le :	d°	28.I0.43	
Volontaire pour accomplir en FRANCE			
OCCUPEE, une mission -			
Dirigé en FRANCE par opération aérienne			
dans la nuit du 13 au :		I4.II.43	et déposé prés d'ANGERS
~~AFFECTE DIRECTION TECHNIQUES DES SER-~~			./.

(1) Dans le cas où un intercalaire serait nécessaire, apposer le cachet « Rectification ».

Indication des services, affectations ou positions diverses (1) 1	Grades successivement obtenus 2	Dates correspondant à chacune des inscriptions des colonnes nos 1 et 2 3	Observations ou indication des décisions de référence 4
sous le pseudo " JEAN MICHEL " avec pour mission :			
1°/- la recherche du terrain et l'organisation d'un réseau B.O.A. du 14 Novembre 1943 au 30.I.1944 -			
2°/- l'organisation des liaison de commandement de l' O.R.A. ZONE NORD du 1er FEVRIER 1944 au 30.44.1944 en contact avec ANTILLAIS/CALEDONIEN -			
3°/- la réorganisation en zone occupée du réseau " transmission action " et de l' inspection des chaines radio avec le B.C.R.A./ F.M / F.F.I de LONDRES du 1er MAI 1944 à la LIBERATION, pseudos " JEAN MICHEL " et " LIGURE " -			
Affecté à la Dtion Technique des services spéciaux (surnombre) par AM n°440/ du 10 MARS 1944 "régularisation" -			
Affecté à la Direction Générale des Etudes et recherches COMPAGNIE DES SERVICES N° 1 à PARIS pour compter du		26.10.44	
par A.M. n° 5091/PM/2A.I du 12.I.1949- " régularisation " -			
En mission spéciale en EXTREME ORIENT et dirigé sur les INDES par avion le :		20. 3.45	
Affecté à CALCUTTA le :		25. 3.45	
Affecté à la Section de Liaison Française en E.O. en qualité de Chef du service ACTION.			
Parachuté en mission en INDOCHINE le mission " KANDY "		13. 9.45	
RAPATRIE SUR LA FRANCE et embarqué le		7. 2.46	
DEBARQUE à TOULON le :		28. 2.46	
EN CONGE DE FIN DE CAMPAGNE du I.3.46 au		I4? 4.46	
Admis définitivement dans l' armée de Terre par décret du 1er Juillet 1947 à/c		I. 8.45	
grade de CAPITAINE à T.D. RANG DU : (J.O. du 6 Juillet 1946) -	CAPITAINE	25. 6.43	
Affecté HORS CADRES mission à la disposition du SECRETAIRE D.ETAT à la PRESIDENCE DU CONSEIL (Compagnie des services n°1 à PARIS) par AM N° 5083 & 5084 du 12.I.49 " régularisation " -			
Services accomplis au titre des F.F.C. ont été homologués par le SECRETAIRE D' ETAT A LA GUERRE DPMAT 6° BUREAU - AGENT P.2. DU RESEAU TRANSMISSION ACTION pour la période du 14.11.43 au :		30. 9.44	
en qualité de CHEF DE LA MISSION DE 2° CLASSE, grade correspondant homologué COMMANDANT pendant la durée de la mission -			
ATTESTATION N° 94.791 du 4 MARS 1953 -			
Promu CHEF DE BATAILLON par décret du 24.6.1946 - JO 147 du 25.6.46 à/c du :	CHEF DE BATAILLON	25. 6.46	
Affecté au 1er REGIMENT DE CHASSEURS PARACHUTISTES par décision n°26246/IN du 18.4.46 - n'a pas rejoint -			./.

(1) Dans le cas où un intercalaire serait nécessaire, apposer le cachet « Rectification ».

Indication des services, affectations ou positions diverses (I)	Grades successivement obtenus	Dates correspondant à chacune des inscriptions des colonnes nos I et 2	Observations ou Indication des décisions de référence
1	2	3	4
Maintenu au SERVICE DE DOCUMENTATION			
EXTERIEURE ET DE C.E. (AM I5.350.EMA/			
EM DU I7.7.I946) -			
Placé dans la position HORS CADRES	CHEF DE		
EN MISSION et mis à la disposition de	BATAILLON		
la PRESIDENCE DU CONSEIL DES MINIS-			
TRES (compagnie des services n° 1			
à compter du :		I. 9.46	
par arrêté Ministériel du 8.4.I947 -			
HORS CADRES EN MISSION " SERVICE EXTE-			
RIEUR à/c du :		2. 4.5I	
par AM N° 2068/MR DU I5.5.I95I "régula-			
risation"-			
EMBARQUE par avion à PARIS le :		2. 4.5I	
Débarque le :		4. 4.5I	
HORS CADRES MISSION SERVICES CENTRAUX			
à compter du :		I2. 5.5I	
EMBARQUE PAR AVION le :		9. 5.5I	
DEBARQUE à PARIS le :		II. 5.5I	
Promu LIEUTENANT COLONEL à/c du :	LT COLONEL	I. I.53	
par décret du 27.I2.I952 / JO des 29			
ET 30 / I2 / I952 -			
Admis au bénéfice de la prime de qua-			
lification (LT COLONEL) à/c du		I. 7.54	
(application IM 2042/EMA/I.L. du 24.6.54)			
Admis sur sa demande à faire valoir ses			
droits à pension de retraite à titre			
d'ancienneté de services à/c du :		I. 4.57	
date à laquelle il sera rayé des contrô-			
les de l' ARMEE ACTIVE (DM n° 9II4/			
PM/ADM/INF/OFF du 2I.I.I957)			
L'intéressé déclare se retirer à LA			
GARDE FREINET (VAR) -			
DM 9.II4/PM/ADM/INF/OFF DU 2I.I.I957			
par laquelle le Lt Colonel FILLE LAMBIE			
était admis à faire valoir ses droits à			
pension à/c du I.4.57 est annulée par			
DM 4I.640/PM/ADM/INF/OFF DU 2I.3.57 -			
Admis au bénéfice de l'échelon excep-			
tionnel de solde 5 2 5 à/c du :		I. 7.57	par décision du I.7.57
Affecté à la C.A.R. N° 1 à VERSAILLES		I.II.57	BOPD P. II88 -
par AM 7 7.247/PM/INF/OFF/4 du 22.IO.I957-			
ENTRE HOPITAL VAL DE GRACE PARIS le :		7.IO.57	
Sort le 8.II.57 et en congé de convales-			
cence à/c du :		8.II.57	
jusqu'au 25 JANVIER I958 -			
MUTE C.A.R. 9 MARSEILLE par AM I397/			
PM/INF/OFF/4 du 13 Janvier I958 -			
Bénéficie de l'application de la loi			
58.347 du 4.4.I958 d'une majoration			
d'ancienneté de 11 m 91 (DM 51.1124 du 26.9.1951 -			

(I) Dans le cas où un intercalaire serait nécessaire, apposer le cachet « Rectification ».

Indication des services, affectations ou positions diverses (1) 1	Grades successivement obtenus 2	Dates correspondant à chacune des inscriptions des colonnes n°s 1 et 2 3	Observations ou indication des décisions de référence 4
EN CONGE DE TROIS MOIS du 26.4.58 au B.I. n° I030/I du I0.5.I958 de la subdivision Militaire de NICE -	LT COLONEL	25. 7.58	
Obtient un congé de 3 m du 26.7.58 au (BI I029-40 du 30.7.58)		25.I0.58	
Obtient un congé de 3 m du 26.I0.58 au (BI I030-9 en date du 28.I0.58) -		25. I.59	
Placé dans la position I.C.R. le :		26.I2.58	
PROPOSE M.A.S. P T 7 5 % par preuve de la C.R. DE MARSEILLE séance du 3. I2.I958 - en instance de D.M.			
Par DECISION 6I5I/T/PM/COAD/2 admis sur sa demande à faire valoir ses droits à la retraite à titre d'ancienneté le		I. 4.59	
R.D.C. DE L' ARMEE ACTIVE ET DE LA 9° C.A.R. le :		I. 4.59	
Se retire à LA GARDE FREINET Mas du Luy (VAR) -			
Par décision du I.6.I959 (TORF n°138) nommé avec son grade et son ancienneté de grade dans le corps des OFFICIERS DE RESERVE et affecté pour administration à l' E.M. du groupe de subdivisions de NICE à / c du :		I. 4.59	
AFFECTE POUR ADMINISTRATION au C.M. de la 11° D.B.P.C. par AM 563.I20/PM/3/C.I du 29.7.I959 à/c du :	LT COLONEL RESERVE	II. 7.59	
A effectué une période d'instruction au C.E.R.P. DE CERCOTTES du II.I.60 au		I6. I.60	
Promu COLONEL DE RESERVE par décret du I5.I2.I960 / [illegible] (J.O.298 du 23.I2.I960) rang du	COLONEL de RESERVE	I.I0.60	
MIS DISPOSITION C.S.1 par DM 2890/T/PM EM/4 du 27.I2.63 et affecté pour administration à/c du :		I. I.64	
par BIR 332/CM/S DU 20.I.I964 - Cesse d'être administré dans les réserves par la COMPAGNIE DES SERVICES N°1		27. 3.64	
Muté de l' EM de la subdivision du VAR à l' EM de la 7I° D.M. par DM 558.79I/PMAT/EG/I B du 30.6.66 à/c du : " réorganisation territoriale " -		I. 9.66	
RAYE DES CADRES et ADMIS à l' HONORARIAT DE SON GRADE à/c du .... par décision du 21.11.1967 prise en application de l'article 29 de la loi 56.1221 du I.I2.I956 modifiée par Décret 67.393 du 28.4.1967 - JO du I8.5.I967).	COLONEL RDC HONORAIRE	I. 7.67	

TSJP -

(1) Dans le cas où un intercalaire serait nécessaire, apposer le cachet « Rectification ».

Indications des services, affectations et positions diverses (1) 1	Grades successivement obtenus 2	Dates correspondant à chacune des inscriptions des colonnes nos 1 et 2 3	Observations ou indication des décisions de référence 4
Repris en compte sur les contrôles des officiers de réserve à compter du 1 juillet 1967 suite à l'annulation par D.M. n° 9653/DN/PMAT/OR/4 du 19 mai 1971 de sa radiation des cadres de réserve.			
- Rayé des cadres des officiers de réserve en application des dispositions de l'article 1er de la loi n° 66-470 du 5 juillet 1966 à compter du 2 mai 1971 date à laquelle il atteint la limite d'âge d'active de son grade augmentée de cinq ans et admis à l'honorariat de son grade -			

(1) Dans le cas où un intercalaire serait nécessaire, apposer le cachet « Rectification ».

23

Dès 1948, le contre-espionnage du SDECE avait repéré Leo Bauer, futur secrétaire de Willy Brandt, comme agent des Soviétiques.

TRES SECRET

RÉPUBLIQUE FRANÇAISE

PRÉSIDENCE DU CONSEIL

S. D. E. C. E.

Le 5 février 1948

Référence à rappeler:

N° 0/00621 /235/EP/DA.
1.00.105/SR

NOTICE TECHNIQUE DE CONTRE-ESPIONNAGE

L'ACTIVITÉ DU KOMINTERN EN ALLEMAGNE

+ + + + + + + +

48

d/- un Bureau chargé du personnel

MILLER Joseph
JOOS
HÄNDTKE
HANKE
SCHIRDEWAN Karl

e/- un Bureau "S.R. Economique sur l'Ouest"

ULBRICHT Walter
BISCHOFF Renate
HOFFMANN
RICHTER Else

A l'échelon Direction de ZONE (1) on trouve :

- Voici la liste des principaux dirigeants des organismes de zone KPD-SED :

A - Zone BERLIN : Chef SED - Herman MATERN

B - Zone occupation MAYENCE:

1°/- Président: Otto NIEBERGALL
Secrétaire: Willi PRINZ
Chef de Bureau organisation: R. PRINZ
Chef du Personnel Politique: H. FUGMANN
Chef de l'Instruction et du Recrutement: Willi FELLER.

2°/- Président Arbeit gemeirschaft SED-KPD: Walter KAHMEL.
Maison du S.E.D.: Pranzlauerthor.

C - Zone d'occupation U.S.A. : FRANCFORT
Président: Léon BAUER
Presse et propagande: chef : Ferdinand SCHINDLER (spécialiste S.R.)
Adjoint: HESS (chargé de la distribution du matériel de propagande reçu de BERLIN).

D - Zone d'occupation britannique

1°/- Communauté de travail KPD-SED
REIMANN et KAISER (KPD) (Westphalie)
DIELITSCH (SPD Dortmund) et HILLEN (SPD BOCHUM)

2°/- Chef du Bureau du Personnel politique: Herman ZILLAS

D...........

24

En 1951, les Américains savent tout ce qui se passe en France. Un milliard de dollars sont déversés chaque année sur notre pays, afin qu'il ne sombre pas dans le « communisme ». En échange, les autorités militaires françaises livrent aux USA des informations très confidentielles, comme le nombre de « sympathisants du PC dans les forces armées » et les efforts consentis afin de les en chasser (pour la traduction voir le chapitre 8).

TOP SECRET

DEPARTMENT OF STATE

DEPUTY UNDER SECRETARY

Copy No. 1 of 8

November 23, 1951

MEMORANDUM FOR MR. WEBB

Through: S/S

Subject: Reduction of Communist Power and Influence in France and Italy.

The type of operations involved in this plan are of such delicate character and have such a high potential for helping or damaging our relations with the countries involved that I believe EUR and C are right in insisting that the Ambassador be given responsibility and authority to "direct and control" operations under the plan.

I suggest that you might be able to persuade General Smith to accept this view by approaching him first and securing his assistance in bringing Defense and MSA into agreement.

The reluctance of the other agencies to accept direction from the Ambassador even on a project of this character may be due partly to fear that he will delegate to subordinates rather than taking immediate part in the operation personally. In order to dispel that fear, you might suggest that we will agree that the Ambassador is not to delegate his authority under this project.

The instructions to the Ambassadors should not be sent in their present form unless we can secure agreement upon the "direct and control" language.

W. K. Scott
Acting

CC #1 and orig to Mr. Webb.
CC #2 to P - Mr. Barrett.
#3 to C - Mr. Walmsley.
#4 to EUR - Mr. Bonbright.
#5, 6 and 7 - A area.

045462

DC/R Central Files
Document Must Be Returned to
FW 751.00/11-1751

DC/R
Anal.
Rev.
Cat.

FILED
JAN 10 1952

TOP SECRET

TOP SECRET FILE

Rewritten by Col Coverdale/C&D/eo

SECRET
Security Information

1 OCT 1952

G2-CDRS

SUBJECT: Communist Penetration of the French Armed Forces

TO: Commander-in-Chief
United States European Command
Attn: Brigadier General Robert A. Schow
Assistant Chief of Staff, Intelligence, SACEUR
APO 128, c/o Postmaster
New York, New York

1. The inclosed data on Communist Penetration of the French Armed Forces is furnished in response to a request from Supreme Headquarters Allied Powers Europe, dated 8 September 1952. Most of the statements are based on material received during 1950-1951. Exact information of this nature is difficult to acquire and few reports on the subject have been received in G-2 during the past 12 months. The most important of these, however, is that regarding the action taken by the French Army in establishing the depot at Versailles for officers believed to have Communist sympathies.

2. Efforts are being made to secure most recent information concerning such Communist activities and appropriate data will be forwarded when obtained.

(sgd) R. C. PARTRIDGE
R. C. PARTRIDGE
Major General, GS
A. C. of S., G-2

Incl:
a/s above
(19 Sep 52)

1082118

DISPATCHED
OCT 1 12 30 '52
MESSAGE CENTER BRANCH
A. C. OF S., G-2, DA

G2 091.7/3 France 10 Oct 52 (8 Oct 52)

SECRET
Security Information

NOT RELEASABLE
TO FOREIGN NATIONALS

RECORD COPY

SECRET

SUPREME HEADQUARTERS
ALLIED POWERS EUROPE

APO No 55
NEW YORK, NEW YORK

R-467
23

8 September 1952

SUBJECT: Communist Penetration of the French Armed Forces

TO : Assistant Chief of Staff, G-2
Department of the Army
Washington 25, D. C.

1. Reference is made to conversation between Colonel Lillard, CACS, G-2 and Colonel Nichols, SHAPE, 2 September at SHAPE.

2. In order to brief General Ridgway and senior American officers on a strictly need-to-know basis, it is desired that any information you may have on the above subject be forwarded to this headquarters. The information should include, if possible, the percentage of communists by Service (Army, Navy and Air), by rank, and the assignment of communists to sensitive positions. Further separation according to career and conscript or reserve personnel, if feasible, would be desirable.

3. Service Attaches and U.S. intelligence agencies in the Paris area have stated that they do not have the requested information.

4. Any material provided on this subject will be handled on a NOFORN basis in this headquarters.

ROBERT A. SCHOW
Brigadier General, US Army
Assistant Chief of Staff
Intelligence

SECRET

SECRET

19 September 1952

Communist Penetration of the French Armed Forces

Communist infiltration of the postwar French Army developed primarily from the incorporation into the Regular Army of several thousand officers and men of the Francs-Tireurs et Partisans (FTP) who had been active in the Resistance, and by the hasty promotion to officer rank of non-commissioned officers who were Communist sympathisers. In mid-1949 it was estimated that the percentages in the officer corps subject to Communist influence were as follows: Company grade officers - 5 to 10 percent; Senior officers - 2 to 3 percent; General officers - 1 to 2 percent; Career NCOs - 5 percent. About 10 to 15 percent of the conscripts were considered to be Communist-inclined, but military indoctrination brought about considerable ideological improvement. By early 1951 these percentages of Communist influence were considered to be substantially reduced, with 2 percent given as the maximum over-all figure for infiltration of the officer corps, and the rank of captain reportedly the most highly infiltrated. Intensified French Army security vigilance has possibly slightly reduced this percentage in the past eighteen months.

It has been French Army policy to place officers of suspected Communist sympathies in non-sensitive positions. In early 1952 a retention depot was established in Versailles to which officers believed to have Communist affiliations are to be assigned. By March 1952 approximately 80 officers had been assigned to the depot.

Perhaps 10 percent of the conscripts in the French Armed Forces are

SPECIAL HANDLING REQUIRED
NOT RELEASABLE
TO FOREIGN NATIONALS

SECRET

estimated to be Communist or Communist-inclined at the time of their induction. In February 1951 a security officer of the French Army commented that the anti-Communist screening was so thoroughly in hand in the French Army that every man of the then recently inducted conscript class was screened. By a close check on all individuals, dossiers were established for all suspect personnel, and by the time recommendations were received from the field for the creation of NCOs from among the conscripts, rejections could be made bases on those dossiers. The problem of Communism among the conscripts is also dealt with to advantage through military indoctrination and anti-Communist counter-discipline. It would be over-sanguine, however, to consider that either through such indoctrination or through screening measures, all Communists and their sympathizers can be identified or their beliefs altered.

Few reliable details are available regarding Communist infiltration of the French Navy and Air Force. The conservative tradition of the French Navy has offered little opportunity for Communism, particularly among the officer class. Nevertheless a late 1950 report of F-3 evaluation stated that 50 or 60 French naval officers were suspected of Communist affiliation.

Communist infiltration of the Air Forces began at the time of Charles Tillon's direction of the Air Ministry and made considerable headway until 1948, when a policy of weeding out Communist officers was initiated. The same F-3 source mentioned above indicated that in late 1950 there were approximately 200 Communist officers in the French Air Force, none of them, however, in a command position. The general laxness of Air Force security police is stated to have continued into 1950. A distinction is made between the air crews, which are credited with a higher reliability than ground crews, in which a more extensive Communist influence persists.

Because the armed forces are closely, and for the most part effectively sealed off from Communist anti-militarist agitation, it is authoritatively understood that Communist success in forming cells among them has been limited. It is largely for this reason that the French Communist Party has intensified its proselytizing efforts among prospective recruits, in the hope of more firmly indoctrinating a greater number whose Communist affiliations will go undetected after their induction.

Communist influence over reserve officers is exercised primarily through two important Communist-organized veterans' groups: Association Nationale des Anciens Francs-Tireurs et Partisans Francais and Confederation Nationale des Reserves. There have been indications that the French Army Command is very sensitive to the danger attached to infiltration of reservist ranks and has sought to develop measures aimed at "neutralizing" the effects of such infiltration. One such step is believed to have been the initiation in November 1950 of a registration program for reserve cadre personnel. At that time 100,000 were required to file information that can provide the basis for detailed security investigations.

SPECIAL ... ED
NOT ... E
TO FO... ...ALS

S...ET

25

En novembre 1954, le SDECE se plaint encore auprès de Mendès-France des activités de la CIA au Viêt-nam.

13 novembre 1954

Top Secret

NOTE CONFIDENTIELLE
POUR LE PRESIDENT MENDES FRANCE

-:-:-:-:-

I - D'un entretien que j'ai eu ce jour avec un officier supérieur de la SDEC, il appert :

1°/ que les véritables inspirateurs de la politique américaine au Vietnam-Sud seraient les hommes du service secret (C.I.A. de Mr. Allen DULLES), singulièrement le Colonel LANDSDALE (arrivé au Vietnam deux mois avant la désignation de NGO DINH DIEM) et qui "fit", aux Philippines, le Président MAGSAYSAY. Il est le conseiller intime du Président du Conseil pour toutes les questions militaires comme l'est un certain Docteur FISCHELL pour les questions économiques.

En outre, un certain MAC CARTHY, profondément anti-français (40 ans, rien de commun avec le sénateur du même nom) exerce à SAIGON les fonctions de Conseiller particulier auprès

2.

de l'Ambassadeur des Etats-Unis avec lequel, du temps de Mr. DONALD HEATH, il était loin d'être en communauté de vues ce qui explique sans doute le peu d'audience dont celui-ci bénéficiait à WASHINGTON.

2°/ Ces personnages, adversaires résolus de l'influence française, auraient persuadé WASHINGTON qu'il suffirait que les nationalistes prissent le pouvoir et que les Français s'effaçassent pour que la population du Sud se galvanise et fasse pièce aux communistes du Nord.

Ainsi s'expliquerait l'avènement de NGO DINH DIEM et l'affirmation récente du sénateur MANSFIELD qu'en dehors de lui pas de salut.

Le sénateur MANSFIELD serait le protecteur "démocrate" des services secrets américains ainsi s'expliquerait le crédit dont il jouit auprès de M. FOSTER DULLES.

Tout ce monde aurait été mis en place par Mr. DONOVAN lors de son séjour comme ambassadeur à BANGKOK.

3°/ A la suite de la récente visite au Vietnam-Sud d'un certain WISNER (?), également membre des services secrets américains, WASHINGTON aurait été pris d'un doute sur l'exactitude du tableau

3.

qui lui avait été fait jusqu'ici de la situation. L'Administration américaine se demanderait présentement en conséquence s'il convient de continuer l'aide ou s'il convient de jouer le jeu MANSFIELD. La mission du Général COLLINS serait née de cette perplexité.

II - Par ailleurs, à BANGKOK, un certain Colonel THOMSON également membre des services secrets américains et grand aventurier, soutiendrait bien -malgré les dénégations qui nous ont été opposées - le Prince PETSARAH contre le roi actuel du Laos et le Prince héritier SAVANG. On ne serait pas éloigné de penser qu'il ait été le véritable inspirateur de l'assassinat récent du Ministre de la Guerre du Laos. Son attachement pour PETSARAH serait lié à des questions d'intérêts ayant trait à un trafic d'opium en provenance des plateaux du nord de la THAILANDE.

III- De même source un renseignement considéré comme sûr établirait que HO CHI MINH prend toujours l'attache de MOSCOU mais jamais celle de PEKIN.

Mon informateur estime que les dirigeants de la République démocratique du VIETNAM sont bien communistes

4.

mais que le régime de celle-ci pourrait bien se stabiliser, surtout après sa réunion avec le Sud, à mi-chemin des institutions du monde libre et de celles du monde communiste.

-:-:-:-:-

26

1957 : de Gaulle remercie, dans une dédicace, Roger Delpey, pour ce qu'il a déjà fait auprès des anciens d'Indochine. Le retour au pouvoir du chef de la France libre est annoncé...

A Roger Delpey !
en souvenir des grandes
épreuves ! en témoignage pour ce qu'il a
fait. Bien cordialement !
C. de Gaulle.
18.6.57.

27

En mars 1958, l'Association des anciens des services spéciaux s'engage résolument à faire revenir au pouvoir le général de Gaulle pour sauver l'Algérie française. On connaît la suite...

ANCIENS DES SERVICES SPÉCIAUX
1940 ★ DE LA DÉFENSE NATIONALE ★ 1944

BULLETIN de LIAISON N° 17
(JANVIER-FÉVRIER 1958)

SUPPLÉMENT DE MARS 1958

Pour la défense de l'Algérie française et de l'Armée

Le 10 février, à la suite des incidents de SAKIET, notre Association a pris l'initiative d'adresser au Gouvernement et au Parlement, une motion précisant notre façon de penser :

Indignée par la façon tendancieuse dont une certaine presse présente les incidents de frontière franco-tunisienne,

Dénonce l'attitude systématiquement antifrançaise adoptée par le Gouvernement tunisien, et rejette sur lui la responsabilité totale de ces incidents,

S'incline devant les victimes françaises et tunisiennes de cette criminelle politique,

Flétrit les manifestations qui ont accompagné le départ de l'Ambassadeur de Tunisie, manifestations qui rappellent par leur indécence celles que provoqua l'expulsion d'Otto ABETZ avant la deuxième guerre mondiale,

Félicite les Autorités françaises de leur attitude énergique et de leur réflexe de défense, et adjure le Gouvernement de réprimer la propagande mensongère qui nuit à l'autorité et au prestige de l'Armée et de la Nation,

Demande aux Autorités françaises de repousser toute ingérence étrangère **dans les affaires intérieures de la France,**

Et souhaite par des négociations directes l'établissement de rapports confiants et amicaux entre la France et la Tunisie.

L'AMICALE « MARCHE AU CANON !... »

...C'est dans les moments critiques qu'il faut se serrer les coudes. L'affaire de SIDI-YOUSSEF a dressé contre la France la majorité de l'opinion mondiale. Notre réaction énergique, de légitime défense, savamment orchestrée par les ennemis du Pays, intelligemment exploitée par Tunis, risque de nous faire perdre la face, une fois de plus, si notre Gouvernement flanche encore. Il faut qu'il sache qu'il a derrière lui la majorité de la Nation ; que les Français en ont assez d'être à la remorque des autres Pays ; que la France ne tremble pas devant les réactions éventuelles, égoïstes et intéressées des Grands, fussent-ils Etats-Unis ou Russie...

Si vous estimez utile d'adresser une motion à nos Ministres, vous avez ma voix... (— 1322 —)

Cher camarade, votre lettre était du 11 février, notre motion du 10... Vous voyez que nous vous avons compris avant que vous écriviez.

Vous avez adhéré à notre Association, cela suffit pour que nous connaissions vos sentiments et que nous anticipions sur leur manifestation.

UNE MOTION DU C. A. N. A. C.

De son côté, le COMITE D'ACTION DES ASSOCIATIONS NATIONALES D'ANCIENS COMBATTANTS (C.A.N.A.C.), alerté par « RHIN et DANUBE » et nous-mêmes, a diffusé la motion suivante :

Les Associations suivantes membres du Comité d'Action des Associations Nationales d'Anciens Combattants :

Amicale des Anciens Combattants de la 3e D.I.A.
Anciens des Services Spéciaux de la Défense Nationale
Association des Combattants de l'Union Française
Association de la 2e D.B.
Association Générale des Mutilés de Guerre
Association « Rhin et Danube »
Comité de Liaison Interfédéral des Amicales Régimentaires
Corps Expéditionnaire Français en Italie
Fédération des Amicales Régimentaires d'Anciens Combattants
Fédération Nationale de l'Artillerie
Fédération Nationale « Libre Résistance »
Organisation de Résistance de l'Armée
Union Nationale des Combattants d'Afrique du Nord

Expriment leur fraternelle affection à l'Armée française luttant pour le maintien de la civilisation occidentale et de la souveraineté française en Algérie,

Assurent le Gouvernement français de leur soutien pour la continuation de cette politique à laquelle tout doit être subordonné dans le seul intérêt de la Nation française,

Dénoncent les campagnes haineuses de nos ennemis intérieurs et extérieurs et l'hypocrisie générale dans le monde.

Quelques exemples à suivre

Dans notre n° 15, page 107, nous avons montré les résultats obtenus par notre Délégué Régional-Adjoint pour la 3e Région, M. GROULT, et nous avons demandé à nos adhérents de suivre son exemple.

C'est avec la plus grande satisfaction que nous donnons ci-après quelques extraits de lettres de Parlementaires de la Manche, adressées à M. GROULT en réponse à son action permanente en faveur de l'Algérie Française :

...Je n'hésite pas à vous dire, pour répondre à votre troisièmement, que je ne conçois pas de constitution fédérative dans laquelle la France prendrait rang à côté du Dahomey et de Madagascar. Un super-Etat, un super-Gouvernement s'imposant à l'Etat Français et au Gouvernement Français à côté de pays aussi sous-évolués, paraît être une énormité.

Quant au premièrement, je ne puis qu'y donner mon accord.

Il n'y a que le secondement sur lequel je fais des réserves non pas parce que je ne suis pas d'accord, mais parce que je ne crois pas que nous parvenions jamais à une réforme profonde de nos institutions et plus encore et surtout, de nos « mœurs » politiques et électorales...

s. : Max FAUCHON (Député).

***

...Je vous informe que j'approuve entièrement vos conclusions et que je mettrai tout en œuvre pour agir dans le sens que vous désirez...

s. : GRANDIN (Député).

28

Trois anciens directeurs du SDECE, les généraux Grossin, Jacquier et Guibaud, témoignent des « services rendus » par Me Violet, en réponse aux insinuations malveillantes d'Alexandre de Marenches.

Général d'Armée (C.R.) Paul GROSSIN

7 rue des Graviers

92200 NEUILLY

Tel : 47 45 51 41

Attestation.

Directeur Général des Services Spéciaux de 1957 à 1962, j'ai confié à Maître Violet Avocat à la Cour un certain nombre de missions de nature diverse et d'intérêt général.

C'est ainsi que je lui ai demandé de reprendre des pourparlers (précédemment mal engagés) pour la fourniture, à un pays étranger, d'un nombre important d'avions militaires français.

L'habileté, la force de conviction de Me Violet, ses talents de diplomate ont forcé les réticences et assuré le plein-succès de la mission avec les conséquences heureuses pour notre industrie aéronautique et notre Trésor Public.

J'ajoute que les interventions de Maître Violet, au titre des Services Spéciaux, n'ont fait l'objet d'aucun versement d'honoraire et que c'est au titre d'Officier de Réserve de ces Services qu'il a été fait Chevalier de la Légion d'honneur à titre exceptionnel.

Fait à Paris le 5 Septembre 1989.

Général d'Armée du Cadre de Réserve.

Général GROSSIN — le 3 Novembre 1982

Cher Monsieur VIOLET,

Une certaine presse ayant fait allusion récemment, de façon inexacte et tendancieuse, à vos rapports avec le Général GEHLEN, je tiens à faire la mise au point suivante :

- Officier de Réserve du Service d'Etat-Major, vous avez été affecté à la Direction Générale des Services spéciaux (S. D. E. C. E.). A ce titre, dans le cadre d'une opération alliée (franco-allemande), opération planifiée par le Général GEHLEN et moi-même au plus haut niveau de nos services, vous avez été chargé du contrôle général de cette action, de la transmission de fonds à leurs destinataires et de la liaison inter-services sur un plan particulier.

- Par la suite vous avez reçu la Croix de Chevalier de la Légion d'Honneur, au titre des Armées, pour services exceptionnels, brevet signé par le Général de Gaulle. C'est le Général GUIBAUD, Directeur Général du S. D. E. C. E. à cette époque, qui vous a remis lui-même cette distinction.

- Je vous autorise, si nécessaire, à faire état de cette lettre, puisque, lié par le secret, vous ne pouvez donner aucun détail, aucune explication, sur cette action.

Croyez, Cher Monsieur VIOLET, à l'assurance de mes cordiaux sentiments.

Maître VIOLET
37, Bld Dubouchage
06000 NICE

Général P. Jacquier (CR)
13 avenue Boudon
75016 Paris.

Cher Maître,

Je partage entièrement la surprise et l'étonnement du Général Grossin.

Durant la période de janvier 1961 à février 1966, durant laquelle je dirigeais ce Service, aucune erreur de votre part n'a été portée à ma connaissance par les Services responsables. Bien au contraire, vos services éminents ont toujours été soulignés.

Veuillez agréer, cher Maître, l'expression de mes sentiments les meilleurs.

Jacquier

le 11 décembre 84.

LE GÉNÉRAL GUIBAUD (C.R.)
SAVIGNY
69210 L'ARBRESLE

Mon cher Maître,

A la lecture des déclarations de Monsieur de Marenches devant la Commission d'Enquête relative à ELF AQUITAINE, mes réactions ont été identiques à celles de mes deux prédécesseurs, les généraux GROSSIN et JACQUIER.

En effet, durant les cinq ans — janvier 1966-novembre 1970 — où j'ai assumé la direction du S.D.E.C.E., je n'ai jamais entendu formuler de critiques à l'encontre de votre comportement ou de la qualité de vos services.

Cette qualité a, par contre, suscité des commentaires élogieux dont il est de simple équité de porter témoignage.

Le 23 Décembre 1984

29

Le « petit Livre rouge » de l'Église persécutée, concocté par le SDECE et le Vatican.

En voici pour mémoire la page de titre et la table des matières.

COLLECTION "QUESTIONS PASTORALES"

ALBERT GALTER

LE COMMUNISME ET L'ÉGLISE CATHOLIQUE

le "livre rouge" de la persécution

ÉDITIONS FLEURUS - 31-33, RUE DE FLEURUS

PARIS-VIe

TABLE DES MATIÈRES

PRÉFACE 7
AVANT-PROPOS. 9
CHAPITRE Ier. La persécution communiste 13
CHAPITRE II. La persécution de l'Église catholique sous le régime communiste soviétique :
U. R. S. S. 33
Esthonie. 54
Lettonie 56
Lithuanie. 63
Ukraine 80
Ukraine carpathique 95
CHAPITRE III. La persécution de l'Église catholique sous le régime communiste albanais 109
CHAPITRE IV. La persécution de l'Église catholique sous le régime communiste bulgare 129
CHAPITRE V. La persécution de l'Église catholique sous le régime communiste chinois 141
CHAPITRE VI. La persécution de l'Église catholique sous le régime communiste coréen 165
CHAPITRE VII. La persécution de l'Église catholique sous le régime communiste hongrois. 177
CHAPITRE VIII. La persécution de l'Église catholique sous le régime communiste polonais 235
CHAPITRE IX. La persécution de l'Église catholique sous le régime communiste roumain. 269
CHAPITRE X. La persécution de l'Église catholique sous le régime communiste tchécoslovaque 313
CHAPITRE XI. La persécution de l'Église catholique sous le régime communiste vietnamien 365
CHAPITRE XII. La persécution de l'Église catholique sous le régime communiste yougoslave 375
DOCUMENTS de Sa Sainteté le Pape Pie XII sur la persécution. 421
NOTE BIBLIOGRAPHIQUE 423
TABLE ANALYTIQUE 429
INDEX ALPHABÉTIQUE DES PRINCIPAUX NOMS CITÉS 441

30

Cette lettre de Franz Josef Strauss, surnommé le « Taureau de Bavière », explique le rôle joué par Me Violet dans le rapprochement franco-allemand.

Dr.h.c. Franz Josef Strauß

Vorsitzender der Christlich Sozialen Union
Bayerischer Ministerpräsident

7 ... 1985

M. Jean Violet
37, Boulevard Dubouchage

F-06000 Nice

Cher Monsieur Violet,

A un moment où la coopération politique européenne, en particulier celle entre la France et l'Allemagne, est entrée dans une phase décisive, je tiens à vous remercier de tout ce que vous avez fait pour l'Europe, notamment pour le resserrement de la coopération franco-allemande.

C'est au début des années cinquante que j'ai fait votre connaissance et que j'ai appris à vous estimer. Depuis, nous nous sommes rencontrés bien des fois pour discuter - soit sur l'ordre de Konrad Adenauer soit spontanément - de la situation de l'unification européenne, des problèmes de la coopération franco-allemande et des possibilités visant à dégager les obstacles ou à éviter les dangers qui compromettaient ces buts.

J'étais, à l'époque, vice-président du groupe parlementaire de CDU/CSU à la Diète fédérale, vice-président et, à partir de 1961, président de la CSU, ainsi que successivement ministre fédéral des Questions speciales, ministre des Affaires atomiques, ministre de la Défense, et ministre des Finances.

./.

Nymphenburger Str. 64 8000 München 2 Telefon (089) 1243-214/215 Telex 522278

- 2 -

En outre je sais que le chancelier Adenauer vous a tenu en grande estime et il a souvent discuté avec vous de la politique allemande à l'égard de la France. Depuis 1958 vous avez répandu les idées du Général de Gaulle et vous êtes peu à peu arrivé à contribuer à la réalisation des rencontres entre Adenauer et de Gaulle, qui firent époque.

Je sais par expérience que vos conseils étaient bien utiles et que Konrad Adenauer les a beaucoup appréciés. Grâce à vos renseignements vous avez considérablement contribué à surmonter les crises des années 1953 à 1956.

Vous étiez un excellent protecteur de la compréhension et de la coopération franco-allemandes. Vous avez fait votre contribution à cette oeuvre silencieusement et sans jamais vous mettre en vedette sur la scène politique. Toujours bien informé, c'est grâce à vos actes et paroles que vous avez mérité de l'amitié franco-allemande. En reconnaissance de ces mérites en particulier, Konrad Adenauer fut amené à vous décerner la Grand Croix de l'Ordre du Mérite de la République fédérale d'Allemagne.

Un autre exemple que j'aimerais évoquer à cet égard serait votre rôle médiateur dans la politique de conciliation du Président Pinay qui, avec raison, avait bien voulu mettre sa confiance en vous.

./.

- 3 -

Je me sens obligé de donner ce jugement par écrit afin de vous rendre justice comme vous le méritez.

Veuillez agréer, cher Monsieur, l'expression de mes sentiments les plus distingués.

31

Voici, pour la première fois publié, l'argumentaire du SDECE, rédigé par Me Jean Violet en faveur des essais nucléaires français dans le Pacifique. On appréciera la qualité des cartes, qui y sont jointes, ainsi que la plaidoirie, en direction des nations du continent sud-américain.

L'ARMEMENT ATOMIQUE FRANCAIS

La France, depuis plusieurs années, consacre une notable part de son énergie à la constitution d'une force de dissuasion atomique . Cela a pour elle de multiples inconvénients :

- Le prix est élevé . La France préfèrerait certainement consacrer cet argent à des investissements économiques et sociaux ;
- En devenant puissance atomique, la France devient une cible particulière pour les adversaires éventuels. Elle accroît ses propres risques ;
- Elle heurte une opinion internationale qui ne comprend pas exactement son problème . Elle voit avec peine se créer des malentendus avec des amis qui lui sont chers, tels par exemple les pays d'Amérique latine .

En dépit de tous ces inconvénients la France continue son effort . Ce n'est certainement pas par plaisir . Ce ne peut donc être que sous l'empire d'une nécessité impérieuse . Cette nécessité apparaît si clairement au peuple français que la décision de créer l'arme atomique a été prise déjà sous la IVème République par la grande majorité des familles politiques françaises . La Vème République a poursuivi et mène à bien l'oeuvre entreprise .

L'Armement atomique français est donc voulu non seulement par un régime mais vraiment par le pays.

0

0 0

L'Europe occidentale se trouve sous la menace d'une double action militaire soviétique :

.../...

- 2 -

-Conventionnelle : Le NATO dispose de moins de 30 divisions . L'U.R.S.S. dispose de près de 175 divisions, sans parler des réserves . En moyens conventionnels divers tels que chars et avions la proportion est la même . C'est dire qu'en cas de guerre conventionnelle l'Europe serait submergée.

- Atomique : La Russie soviétique dispose de 900 et quelques missiles atomiques. 200 sont de portée intercontinentale et sont braqués sur les Etats-Unis . 700 sont de portée moyenne et sont braqués sur l'Europe occidentale. Ces chiffres montrent éloquemment que la Russie soviétique pratique vis-à-vis des Etats-Unis une politique de dissuasion défensive mais accumule contre l'Europe occidentale des moyens terrifiants. Ces moyens atomiques pourraient soit être employés militairement, soit être employés politiquement. C'est-à-dire qu'un ultimatum soviétique pourrait provoquer des mouvements politiques permettant à la Russie soviétique de réaliser ses vues .

0

0 0

Par crainte d'une destruction atomique, les Etats-Unis et certains pays européens voudraient que l'Europe prépare une guerre défensive conventionnelle . Si les lignes conventionnelles occidentales étaient enfoncées on passerait alors peu à peu à une guerre atomique d'abord tactique.

Cette théorie n'est malheureusement pas réalisable. En effet, si l'on voulait réaliser les conditions d'une guerre défensive conventionnelle, il faudrait naturellement appliquer les impératifs de la défense conventionnelle : concentration au maximum de troupes et d'engins pour obtenir la plus grande puissance de feu avec organisation d'une logistique de dépôts et de moyens de transports pour alimenter la bataille.

Mais les règles de la guerre atomique tactique sont exactement inverses : là où l'on concentre hommes, matériels et dépôts sur le plan conventionnel, on doit au contraire en matière atomique disperser au maximum hommes, matériels et dépôts . Il faudrait donc des semaines pour passer d'un dispositif à l'autre. Or, une telle guerre se jouerait en quelques heures, au maximum en deux ou trois jours.

.../...

Il est donc strictement impossible, en Europe, de préparer une guerre défensive conventionnelle qui puisse avoir quelque chance de succès . Si la guerre éclate, l'Europe serait perdue . Toute la politique française tend donc à empêcher la guerre d'éclater en voulant dissuader l'adversaire de l'entreprendre .

0

0 0

Une telle dissuasion ne peut résulter que de l'atome. Jusqu'à présent cette dissuasion atomique a été assurée par les Etats-Unis. Mais maintenant que l'Europe s'est relevée des ruines de la guerre et est redevenue une puissance, le monopole atomique américain présente des inconvénients . Dépendant pour sa défense, pour sa survie, d'une puissance étrangère, l'Europe perd une partie de sa liberté . Elle doit sur le plan diplomatique, économique, accepter les lignes de la politique de la puissance protectrice. Il est donc normal que l'on veuille en Europe assurer par nos propres moyens notre défense, tout en restant ami avec nos alliés traditionnels, mais sans être dans leur dépendance totale.

0

0 0

Mais il y a plus : il n'est pas certain que cette protection atomique américaine se poursuive dans l'avenir. Lorsqu'elle a été instituée les Etats-Unis avaient le monopole , puis dans les années qui suivirent un quasi monopole atomique. Ils pouvaient donc défendre l'Europe sans risquer eux-mêmes leur destruction . Or diverses études faites au PENTAGONE font penser qu'un échange nucléaire U.R.S.S.-Etats-Unis ferait en Amérique de 80 à 130 millions de victimes. On peut donc penser qu'un jour les Etats-Unis pourraient hésiter à risquer une disparition de telle masse de leur population pour défendre l'Europe, d'autant plus que leur intervention ne la sauverait peut-être pas elle-même de la destruction .

En tout cas il y a un risque. On ne peut être sûr que dans 4 ans, 8 ans, 12 ans, lors des élections, il n'y aura pas une majorité du peuple américain pour une politique d'isolationnisme atomique. La politique isolationniste s'est déjà vue dans le passé . Avec les risques nouveaux on comprendrait encore davantage que le peuple américain

.../...

- 4 -

un jour puisse s'y rallier.

Si à ce moment là l'Europe n'est pas déjà en possession d'une force nucléaire autonome , elle n'aura pas le temps de la constituer car il faut plusieurs années . Elle sera donc à la merci de l'U.R.S.S. qui par un simple ultimatum pourra faire règner la loi.

0

0 0

Jusqu'en 1958 les Etats-Unis avaient le choix entre deux orientations politiques capitales :

- prévoyant l'évolution de la situation telle qu'on vient de la décrire, ils pouvaient, en temps de paix, donner à l'Europe occidentale sous une forme ou sous une autre un stock d'armes atomiques,en pleine propriété . L'Europe eut été ainsi auto-protégée et serait devenue un sanctuaire . C'était l'intérêt bien compris des Etats-Unis . Ainsi en effet l'Europe ne risquait plus de tomber un jour dans la zone soviétique et sa défense n'entraînait plus le risque de la destruction américaine .
- choisir le bipolarisme nucléaire. Les Etats-Unis ont préféré s'entendre directement avec MOSCOU pour essayer d'établir un bipolarisme nucléaire dans le monde. Le but recherché était certes le maintien de la paix par l'équilibre WASHINGTON - MOSCOU. Le prix à payer par les Etats-Unis était d'empêcher l'armement nucléaire de l'Europe. Ils l'ont fait. Mais toute leur théorie s'est écroulée lorsque la Chine est devenue à son tour puissance nucléaire . Le bipolarisme n'existe plus mais le prix en a été déjà payé par les Etats-Unis.

0

0 0

Les trois explosions atomiques chinoises des 16 octobre 1964, 14 mai 1965 et 9 mai 1966 ont montré que la Chine avait fait un effort gigantesque pour son armement. Ses bombes utilisent déjà de l'uranium 235 . On peut prévoir pour assez prochainement l'explosion d'une bombe de 1 mégatonne. C'est dire que dans le domaine de l'explosif la Chine atteint aux grandes puissances .

.../...

- 5 -

Elle l'a fait avec une rapidité qui a déjoué, et de loin, toutes les prévisions américaines.

L'arme atomique est composée de l'explosif et du missile. Il est donc raisonnable de penser que la Chine fait dans le domaine des missiles un effort correspondant à celui qu'elle fait dans le domaine de l'explosif. Vraisemblablement dans quelques années elle disposera de l'arme complète, missile plus tête nucléaire.

Les missiles à très longue portée sont difficiles et délicats. Il est donc vraisemblable que la Chine commencera, comme tous les pays, par des missiles à portées moyenne et demi-longue.

Or quels sont les objectifs du système occidental qui seront justiciables de ces missiles :

- La région de WASHINGTON, que la Chine tire par le pôle ou par l'Atlantique, se situe à 11.000 kilomètres c'est-à-dire hors de portée .
- La région de LOS ANGELES, en tirant par la ligne directe du pôle, se situe à 9.500 kilomètres, c'est-à-dire hors de portée.
- La partie des grandes villes de l'Australie du Sud-Est, SIDNEY, MELBOURNE,et la capitale CANBERRA se situent à 7.700 kilomètres des côtes chinoises c'est-à-dire pratiquement hors de portée.
- L'Europe occidentale se trouve à 6.000 kilomètres du Sinkiang, c'est-à-dire à pleine portée .

L'Europe occidentale est donc le seul objectif à portée des missiles moyens chinois. Il y a donc là, dans quelques années, un risque majeur. Qu'adviendrait-il si les Etats-Unis et la Russie se neutralisaient mutuellement et si l'Europe atomiquement désarmée se trouvait sous la menace des fusées chinoises ?

0

0 0

La situation est claire : ou l'Europe sera une puissance atomique assurant son autoprotection et ainsi, libre et indépendante, elle sera l'une des grandes puissances mondiales.... ou elle sera désarmée atomiquement et en ce cas soumise au mieux à un véritable protectorat

.../...

- 6 -

politique et économique des Etats-Unis, au pire elle tombera dans la zone du monde communiste.

0

0 0

Le sort de l'Amérique latine est lié à celui de l'Europe occidentale. Si le monde est bipolaire, l'Amérique latine deviendra de plus en plus, elle aussi, soit un protectorat politique et économique des Etats-Unis, soit , comme CUBA, un monde communiste .

L'intérêt de l'Amérique latine est que l'Europe brise le monde bipolaire. L'existence d'une Europe imprégnée d'humanisme, politiquement et financièrement très puissante, est la seule garantie de l'indépendance de l'Amérique latine. L'armement atomique français actuel est la seule chance pour l'Europe de demain d'avoir un armement atomique qui lui permette de survivre en tant que puissance indépendante.

En voulant s'opposer à la création de cet instrument atomique français l'Amérique latine travaille à empêcher l'Europe de rester indépendante . L'Amérique latine travaille ainsi à créer le monde bipolaire ou, comme on l'a déjà dit, elle n'aura de choix qu'entre le protectorat politique et économique des Etats-Unis, ou l'empire matérialiste et athée du communisme.

On comprend maintenant pourquoi le peuple français s'impose un tel effort au prix de tant de sacrifices et de désagréments: c'est beaucoup plus que son existence qu'il défend .... c'est la constitution de tout un monde.

0

0 0

Il est clair que dans cette affaire on cherche à abuser les populations d'Amérique latine . On veut leur montrer un danger imaginaire pour leur masquer l'intérêt réel de la chose . Quels sont ceux qui ont intérêt à induire ainsi en erreur les populations d'Amérique

.../...

- 7 -

latine : la réponse est claire .

0

0 0

Mais, tant du côté soviétique que du côté américain, les arguments employés pour faire croire à l'existence d'un péril au moment des explosions du Pacifique, sont de pauvres arguments qui ne résistent pas à l'examen. Il n'est que de se reporter aux cartes ci-jointes :

Carte N° 1 : au centre de cette carte on a placé le lieu d'explosion du Pacifique: MURUROA et, au même endroit, le lieu d'explosion des bombes dans le Sahara : REGANE . En mettant l'Europe en surimpression on se rend compte que les explosions faites par la France à REGANE mettaient CASABLANCA , ALGER, PARIS et LONDRES à des distances plusieurs fois inférieures à celles qui séparent aujourd'hui MURUROA de QUITO, LIMA, SANTIAGO etc .... . Peut-on prétendre que l'on fait courir un danger à CASABLANCA, ALGER, PARIS et LONDRES ...

Carte N° 2 : elle montre la distance réduite de REGANE aux grandes capitales dont on vient de parler .

Carte N° 3 : elle montre la distance entre les lieux d'explosions des bombes britanniques et des grandes villes de MELBOURNE, SIDNEY, NOUMEA, WELLINGTON. On voit que ces distances sont très inférieures aux distances séparant MURUROA de l'Amérique latine. Et l'orientation est la même .

Carte N° 4 : elle montre les distances entre le lieu d'explosion des bombes américaines dans le Névada et les grandes villes américaines: San FRANCISCO, LOS ANGELES , sans parler de MONTREAL, MEXICO, BOGOTTA, QUITO, etc... . On voit que les grandes villes américaines étaient incroyablement près, très près, du lieu de l'explosion . Les grandes villes citées entourent le lieu d'explosion .

Carte N° 5 : elle montre de la même façon les distances entre le lieu d'explosion américain de BIKINI et de grandes villes comme HONOLULU etc ...

.../...

- 8 -

La carte N° 6 montre les distances entre les lieux d'explosions soviétiques et de grandes villes . On voit qu'il n'y a aucune comparaison possible avec les immenses distances séparant l'Amérique latine du lieu d'explosion français .

0

0 0

Non seulement les distances sont infiniment plus grandes en ce qui concerne les explosions françaises, mais les puissances d'explosions françaises elles sont infiniment plus petites . Pour s'en rendre compte il n'est que de consulter la fiche N° 2, elle se passe de tous commentaires .

En conclusion, on peut donc affirmer en ce qui concerne l'Amérique latine :

- que le risque de dommages radioactifs résultant des explosions du Pacifique est rigoureusement nul ,
- que, par contre, le risque politique de perdre définitivement son indépendance si l'Europe, derrière son rampart atomique ne devenait pas une grande puissance mondiale, est immense .

FICHE N°1

Cartes permettant de comparer les distances des sites d'explosions nucléaires aux principaux lieux "menacés" :

1°) Comparaison des distances du SITE FRANCAIS DU PACIFIQUE (Carte N°1), aux côtes sud américaines avec les distances du site de REGGANE (Carte N°2) avec les principales villes françaises et africaines.

2°) Comparaison des mêmes sites avec les SITES BRITANNIQUES (Carte N°3), AMERICAINS (Cartes NN°4, 5) et SOVIETIQUES (Carte N°6) (noter la proximité des villes soviétiques des sites soviétiques).

* * *

Nota -

- Les différentes cartes ont été établies à la même échelle.
- L'equidistance des cercles concentriques au lieu d'explosion est de 1.000 km.

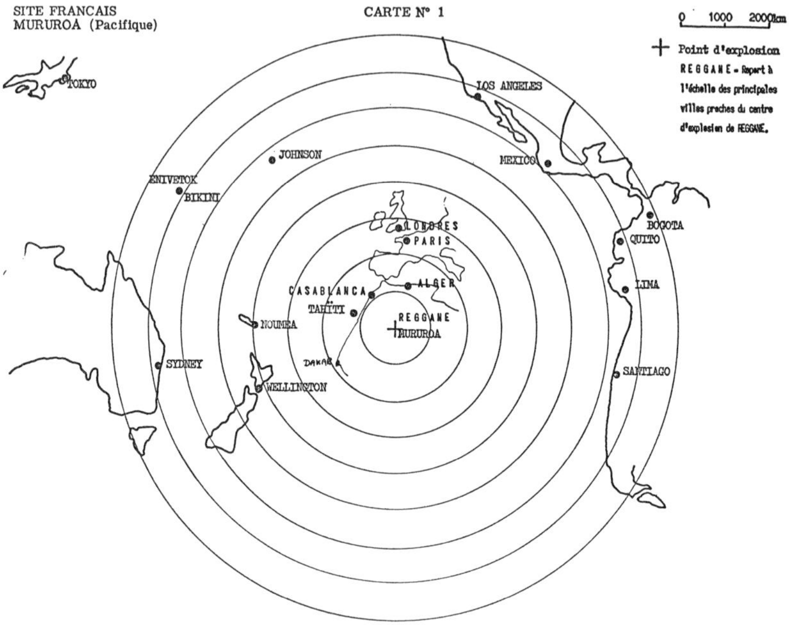
SITE FRANCAIS
MURUROA (Pacifique)
CARTE N° 1
0 1000 2000km
Point d'explosion
REGGANE - Report à l'échelle des principales villes proches du centre d'explosion de REGGANE.
TOKYO
LOS ANGELES
JOHNSON
ENIVETOK
BIKINI
MEXICO
BOGOTA
QUITO
LONDRES
PARIS
ALGER
CASABLANCA
TAHITI
LIMA
NOUMEA
REGGANE
MURUROA
DAKAR
SYDNEY
WELLINGTON
SANTIAGO

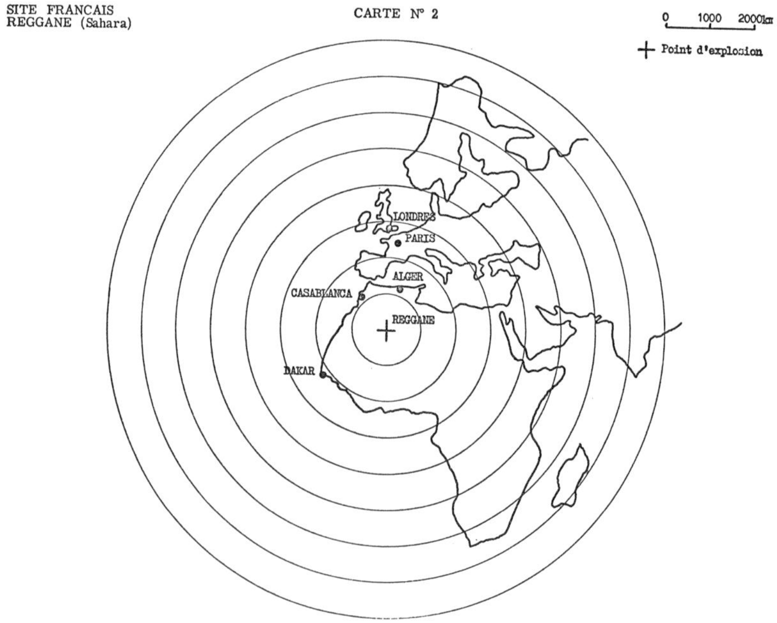
SITE FRANCAIS
REGGANE (Sahara)
CARTE N° 2
0 1000 2000km
Point d'explosion
LONDRES
PARIS
ALGER
CASABLANCA
REGGANE
DAKAR

SITE BRITANNIQUE
MARALINGA (Australie)

CARTE N° 3

0 1000 2000km

+ Point d'explosion

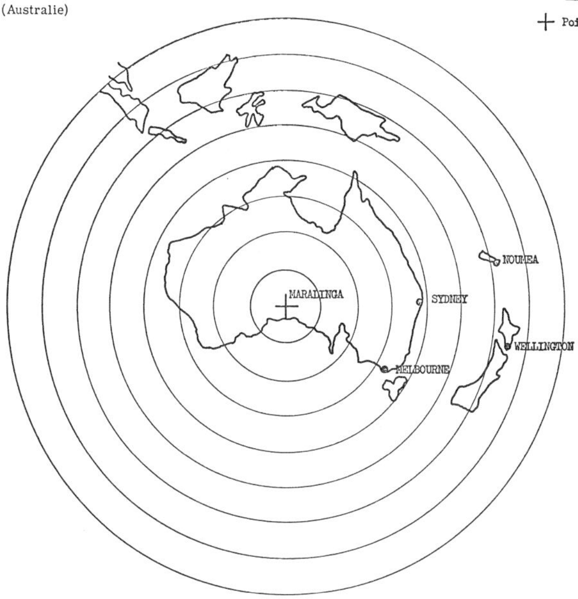

SITE AMERICAIN
NEVADA

CARTE N° 4

0 1000 2000km

+ Point d'expl[illegible]on

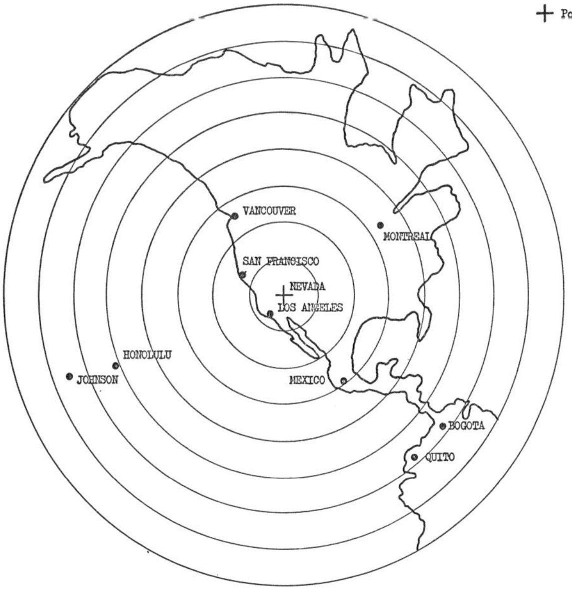

SITES AMERICAINS (Pacifique)
ENIVETOK
BIKINI
JOHNSON

CARTE N° 5

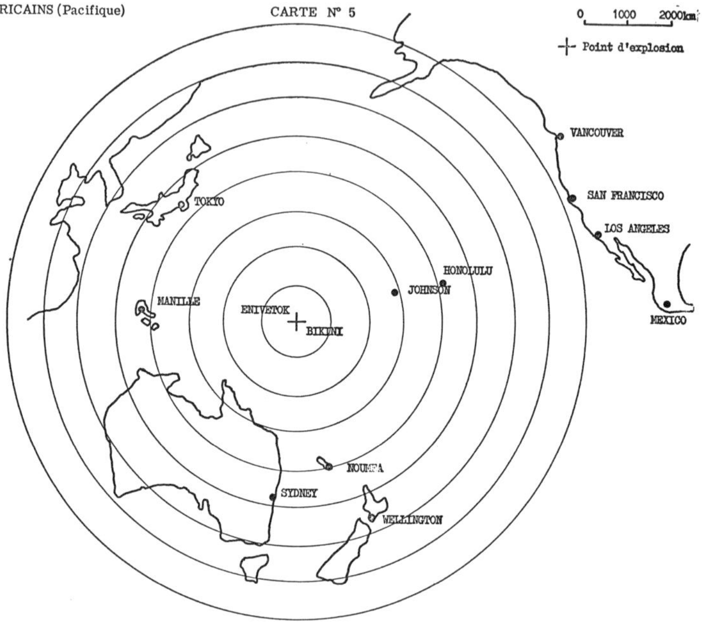

SITES SOVIETIQUES
SEMIPALATINSK
NOUVELLE ZEMBLE

CARTE N° 6

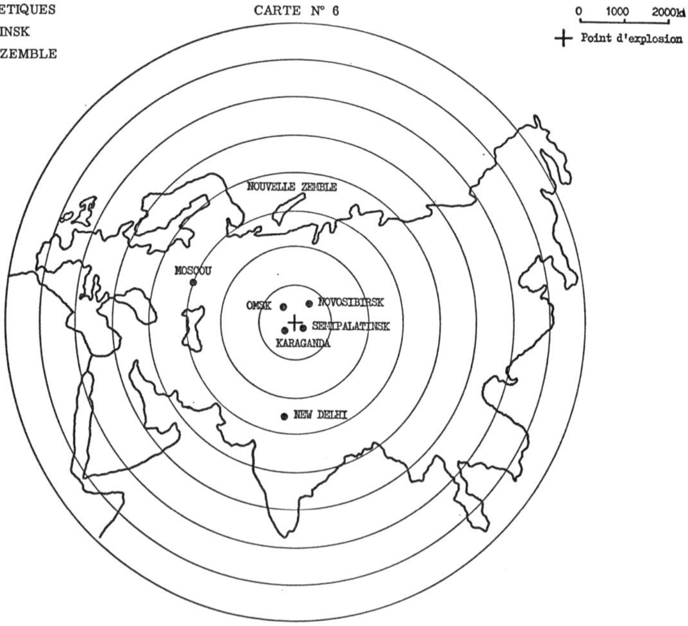

Fiche N° 2

Evaluation de la puissance des explosions nucléaires étrangères et de la quantité des produits de fission libérés.

Nombre d'explosions

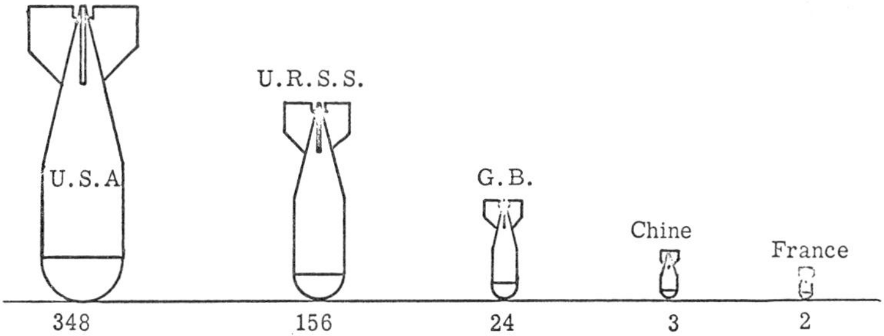

Puissance en mégatonnes

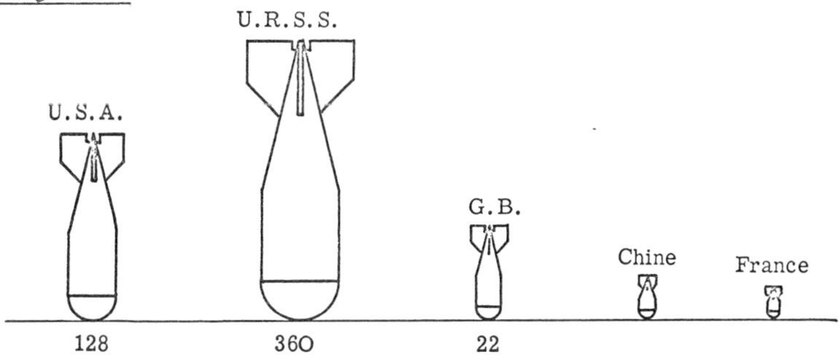

Rendement en fission (en mégatonnes)

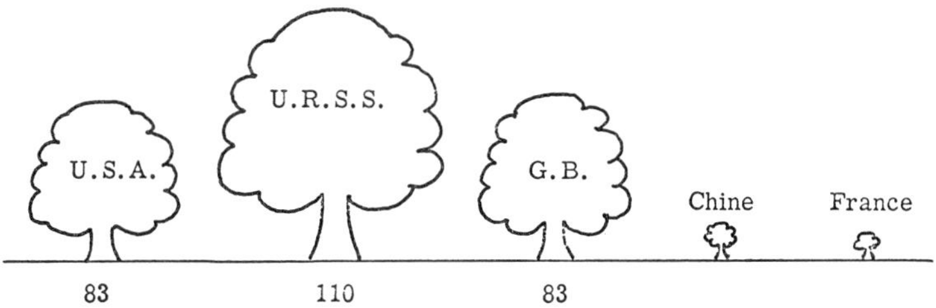

32

Au moment de la guerre d'Algérie, les services secrets français avaient été, un instant, chargés de liquider Jacques Vergès. Pour une meilleure compréhension, nous publions avec son autorisation la fiche du célèbre avocat.

NOTICE de RENSEIGNEMENTS
concernant
l'avocat VERGES Jacques

CONFIDENTIEL

VERGES Jacques, Camille, Raymond
dit "Jacques BEN MANSOUR VERGES"
né le 5.3.1925 à Ouloume (Thaïlande)
de Marie, Louis, Adolphe, Raymond et
de PHAM THI KHANG

est divorcé par jugement du Tribunal de Grande Instance de la Seine en date du 20.4.1959 d'avec DESBOEUF Colette, Marguerite, née le 9.10.1928 à Roubaix (Nord) qu'il avait épousée le 6.3.1952 à Paris 14ème.

Il s'est remarié en avril 1963 à Alger, avec :

BOUHIRED Djamila
née le 9.6.1935 dans cette ville.

Il se serait alors converti à la religion islamique et aurait sollicité, puis obtenu, la nationalité algérienne.

De son premier mariage est né Jacques, le 18.2.1952 à Paris.

Précédemment domicilié depuis mars 1979, 60 rue de La Rochefoucauld à Paris 9ème (tél. 526.38.15), il réside actuellement 42, ter rue Notre-Dame des Champs à Paris (téléphone : 548.02.62 et 549.08.29. Sur la boîte à lettres et l'interphone figure également Isabelle COUTANT-PEYRE, avocate à la Cour.

VERGES Jacques est membre d'une famille de militants communistes : son père, le docteur VERGES, a été député communiste de la Réunion et son frère jumeau, Paul, candidat du P.C.F. contre Michel DEBRE aux élections législatives du 5 mars 1963 dans cette île, y est secrétaire général du P.C.R.

Il a attiré l'attention depuis 1949, époque à partir de laquelle il a effectué de nombreux déplacements au-delà du rideau de fer et a longtemps séjourné à Prague.

Formé politiquement en Tchécoslovaque, il a représenté l'Union Internationale des Etudiants (U.I.E.) aux divers congrès internationaux.

Il se fixe en France en 1951 et organise l'agitation anticolonialiste au quartier Latin tout en poursuivant ses études. Il demeure alors 22, rue Saint-Sulpice, siège du Comité Parisien des Oeuvres en faveur de la Jeunesse Scolaire et Universitaire, véritable filiale de l'U.I.E. et support de propagande en direction, notamment, de l'Asie (Inde, Vietnam et Chine).

.../...

- 2

CONFIDENTIEL

Devenu avocat, il donne la mesure de ses talents d'agitateur au cours de divers procès de séparatistes algériens ou de membres des réseaux de soutien au F.L.N. :

- En 1957 il est le défenseur de Djamila BOUHIRED, son actuelle épouse et provoque de nombreux incidents d'audience. Finalement il abandonne la cause de l'intéressée.

- En octobre 1959, il est expulsé d'Algérie alors qu'il assure la défense de YACEF SAADI.

- A l'issue du procès JEANSON, durant lequel il cherche surtout à faire la publicité d'une cause, il est condamné à trois mois d'interdiction d'exercice de sa profession.

- Par ailleurs, en même temps que d'autres avocats, il est chargé des intérêts des détenus de l'Ile d'Aix (BEN BELLA, KHIDER, etc.).

Ses activités pro-F.L.N., anti-colonialistes et anti-françaises l'amènent à se réfugier en Suisse au début de 1960.

Il est condamné le 15 février 1961, à quinze jours de prison avec sursis pour propos outrageants à l'encontre du Premier Ministre et traduit en correctionnelle le 6 novembre 1961 pour atteinte à la Sûreté de l'Etat.

En février 1962, il quitte la France et s'installe à Rabat (Maroc) où il semble qu'il oeuvre pour le Mouvement Populaire. Il est, en outre, très lié à Mehdi BEN BARKA, leader de l'U.N.F.P. (Union Nationale des Forces Populaires).

Il est dirigé en juillet 1962 sur Alger par les soins de la Wilaya V de l'A.L.N. (Oran). Dans l'entourage de BEN BELLA il occupe une situation privilégiée. Il représente l'Algérie au Tanganyka le 6 décembre 1962 à la place de M. KHEMISTI, empêché.

Le 3 octobre 1962, au cours d'un voyage à Rabat, il menace un directeur d'agence aérienne de se plaindre à son Ambassade et il exhibe à ce propos un passeport algérien.

Selon l'agence "France-Presse" du 7 décembre 1962, il a acquis là nationalité algérienne.

L'intéressé est alors effectivement conseiller juridique auprès du Ministère algérien des Affaires Etrangères. Ayant par la suite pris position contre BEN BELLA et sympathisé avec l'Opposition, l'intéressé a été expulsé d'Algérie en mai 1963. Il se lance alors dans le journalisme et fonde la revue "REVOLUTION" dont le premier numéro a été imprimé à Lausanne et tiré à 60.000 exemplaires.

.../...

CONFIDENTIEL

- 3

VERGES qui, cette même année, a effectué un voyage à Pékin aurait obtenu des moyens financiers nécessaires au lancement de cette revue. Néanmoins, il aurait reçu des instructions de ne pas prendr contact avec l'ambassade de la République Populaire de Chine à Paris.

L'orientation pro-chinoise de "REVOLUTION" est axée sur l'évolution des peuples de couleur. Cette publication interdite en Suiss à partir du mois d'août 1964, a transféré son siège à Paris. Elle est considérée comme le véhicule de la propagande chinoise en Afrique, en Asie, en Amérique du Sud et dans les "pays capitalistes avancés" : Franc Italie, Angleterre.

En août 1964, VERGES a fait un voyage à Tokyo (Xème Conférence contre les Bombes A et H) et est revenu en passant par Pékin, sati fait et confirmé dans ses idées.

A Paris, VERGES est en relations avec les responsables de l'agence "CHINE NOUVELLE", notamment avec YANG HSIAO NUNG et son adjoint YEN SIN YUAN, qui ont préparé son dernier voyage au Japon et en Chine.

En 1964, ils se sont rencontrés à plusieurs occasions pour mettre au point les thèmes de la propagande pro-chinoise destinée à être publiée dans la revue "REVOLUTION".

En outre, l'agence "CHINE NOUVELLE" le met en relations avec des émissaires du continent africain, des pays latino-américains, de Madagascar, voire de l'Inde. Réciproquement, il arrive que ce soit par l'intermédiaire de VERGES que des contacts s'établissent avec les responsables de "CHINE NOUVELLE".

Il n'a pas été noté de contacts isolés entre VERGES et l'ambassade de la République Populaire de Chine à Paris, néanmoins il faut retenir que l'intéressé a été reçu par MAO TSE TUNG et qu'il a été invité le 1er octobre 1964 à une réception à l'ambassade.

On peut penser que c'est par le canal de YANG HSIAO NUNG que VERGES reçoit des instructions de la République Populaire de Chine quant à la ligne politique à suivre dans "REVOLUTION".

On constate, en outre, que VERGES contrôle en quelque sorte les informations rapportées de Chine par les militants communistes. C'est lui qui les centralise et en élabore la diffusion avec toutes les précautions voulues. Il semble que cette méthode ait l'agrément des autorités chinoises.

Il bénéficie d'ailleurs de la collaboration bénévole de divers étudiants antillais, sud-américains, africains et malgaches.

Par ailleurs, VERGES s'est souvent offert à rendre service à ses collaborateurs étrangers, notamment en leur faisant parvenir des messages, à lui confiés, ou bien en les mettant en relation à Paris avec des organismes ou agences de voyages. Ainsi, à la demande de l'U.N.E.F., il a fait obtenir des billets de transport à des étudiants réunionnais qui se rendaient en septembre 1964 au "Forum de Moscou".

.../...

CONFIDENTIEL

- 4

Parmi les journalistes français avec lesquels il maintient des relations, on note PUISSAIS Hary, de la "Tribune Socialiste" organe du P.S.U., POTARD André, du "Monde", DEROGY Jacques, de "L'Express'

VERGES est en contact avec VILLALON Hector, demeurant alors à Paris et agent de Fidel CASTRO. Enfin, parmi les collaborateurs de VERGES à la revue "REVOLUTION" figurait, jusqu'en août 1964, un ressortissant américain soupçonné d'être un agent de la C.I.A. : GIBSON Richard. Dénoncé par le journal "L'HUMANITE" et enfin désavoué par VERGES lui-même, GIBSON a rejoint subrepticement l'Angleterre. De Londres, il a réclamé à ce dernier une indemnité de 2 millions d'A.F.

Sur le plan financier, VERGES a connu à cette époque (1964-1965) de grosses difficultés et a emprunté diverses sommes d'argent pour faire face à ses dépenses. Ainsi, il aurait notamment attendu un prêt pour être en mesure de rembourser une dette à BITAR Rabah, leader algérien de l'opposition rentré en Algérie en décembre 1964.

Pris dans cette situation, ou poussé par un esprit chimérique, VERGES a tenté de réaliser des "affaires" fructueuses qui se sont toutes révélées stériles. C'est ainsi qu'un hypothétique transfert de capitaux d'Algérie en France, avec la collaboration de PUISSAIS Hary, n'a pas eu lieu. Enfin, il a été en pourparlers avec un illuminé, en instance de liquidation judiciaire, [redacted] ressortissant malgache d'origine indienne résidant à Paris. Celui-ci lui a fait miroiter une affaire d'origine inconnue et jamais réalisée qui devait rapporter 20 millions de dollars.

En outre, en contact fréquent avec les membres de l'opposition au gouvernement BEN BELLA résidant en France, VERGES s'est occupé de tractations pour un achat d'armes à l'étranger pour le compte du Front des Forces Socialistes. Cette affaire ne parait pas avoir été réalisée. Il est vraisemblable que VERGES n'avait vu là qu'une occasion de réaliser une opération financière.

Quoi qu'il en soit, ces diverses constatations laissent entrevoir la légèreté avec laquelle VERGES s'engage dans d'inextricables situations et se laisse approcher par toute sorte d'individus.

Le 9.8.1965, par le truchement du Ministre d'Etat Rabah BITAR, VERGES apprend que le colonel BOUMEDIENNE, après le succès de son coup d'Etat contre le président BEN BELLA, l'autorise à retourner en Algérie pour régler ses affaires. Ce qu'il fait immédiatement. Il profite notamment de son sjéour en Algérie pour officialiser son mariage avec Djamila BOUHIRED selon les rites musulmans.

A cette époque, VERGES est domicilié 52, rue Galande à Paris 5ème.

***

.../...

- 5

CONFIDENTIEL

Les renseignements recueillis auprès de la D.C.R.G. permettent de préciser que :

Jacques VERGES a commencé ses études au Lycée de Saint-Louis à La Réunion et les a poursuivies aux Facultés de Droit et des Lettr à Paris. Il est diplômé d'Etudes Supérieures et licencié ès-Lettres.

De la classe 1945, il s'est engagé dans les F.F.L. en 1943 puis, après avoir pris part aux campagnes d'Italie et de France, il a été libéré avec le grade de maréchal des logis de réserve.

Etudiant en 1949 à la Faculté de Droit de Paris, il a dirigé le journal intitulé "Etudiant anticolonialiste" et a été membre du "Comité de Liaison des Associations d'Etudiants Anticolonialistes" dont le siège était situé 22, rue Saint-Sulpice à Paris 6ème.

Ex-avocat à la Cour d'Appel de Paris, il a exercé ensuit la profession d'éditeur.

Directeur de la publication "REVOLUTION" fondée le 5 septembre 1963, il est gérant de la S.A.R.L. dite "Nouvelles Editions Internationales" constituée le 22.8.1963 dont le siège est situé 40, rue François Ier à Paris 8ème et qui éditait la revue précitée.

De juin 1962 à mai 1963, l'intéressé est directeur de la publication de l'hebdomadaire "REVOLUTION AFRICAINE" édité par le F.L.N. à Alger qui avait des bureaux 11, rue du Faubourg Poissonnière à Paris 9ème.

Il aurait également financé en 1975 Le journal de gauche italien "IL NUCLEARE", journal du syndicat autonome "NAZIONALE DEI NUCLEARI

Avocat, il a accédé en 1956 au titre de Premier Secrétaire de la Conférence du stage des avocats du Bureau de Paris.

Avant de démissionner de ce bureau en 1960 pour s'inscrire à celui d'Alger et après avoir plaidé surtout la cause des manifestants d'extrême-gauche, il s'est signalé comme défenseur habituel des militants du F.L.N. jugés pour leurs activités.

En 1966, il est refoulé d'Israël alors qu'il devait assister au procès du jordanien Mahmoud HEDJAZI (du mouvement EL FATH).

En 1968, il est chargé par le président algérien BOUMEDIENNE d'une démarche concernant le transfert du président TSCHOMBE d'Algérie en Espagne.

Enfin, de retour en France en 1979 il a publié le 3 janvier 1980, dans le "Monde", un éditorial en faveur de Klauss CROISSANT

En février 1980, VERGES avait l'intention de porter au niveau du Parlement Européen le conflit qui opposait les dirigeants de la SONACOTRA aux expulsés du foyer d'Hayange.

.../...

- 6

CONFIDENTIEL

Le but de Jacques VERGES, en qui certains veulent voir l'avocat du Tiers ou du Quart Monde, paraissait être, en saisissant cett instance européenne, de soulever le problème des immigrés dans les pays de la communauté.

Enfin, il est précisé que c'est en 1959 que Jacques VERGES s'est écarté du Parti Communiste Français, jugeant ses dirigeants trop passifs vis-à-vis de la lutte des Algériens pour leur indépendance.

***

Selon des renseignements obtenus auprès d'une source généralement bonne, Jacques VERGES a bien occupé un poste au Ministère algérien des Affaires Etrangères mais, c'est après le coup d'Etat du colonel BOUMEDIENNE, et bien qu'il fut assez lié avec BOUTEFLIKA Abdelaziz, qu'il a dû quitter l'Algérie. En effet, quelque temps après le Coup d'Etat du 19.6.1965 il aurait demandé à BOUMEDIENNE la publication d'un "livre blanc" sur les évènements d'Algérie, comme ce dernier l'avait promis, la libération de BEN BELLA et de FERHAT ABBAS et l'amnistie des opposants.

Cette prise de position l'aurait donc amené à quitter l'Algérie et à regagner la France.

Militant tiers-mondiste, il a alors poursuivi son action et pris divers contacts avec des opposants au régime du Président BOUMEDIENN AIT AHMED Hocine, du Front des Forces Socialistes et BOUDIAF Mohamed, du Parti Socialiste Révolutionnaire.

A l'heure actuelle, VERGES serait encore un opposant au régime du Président CHADLI.

Il convient de remarquer ici que, jusqu'à ces dernières informations recueillies par le Service, le départ d'Algérie de Jacques VERGES se situait en 1963, donc avant le coup d'Etat du colonel BOUMEDIENNE et sous le régime du président BEN BELLA.

VERGES aurait pu reprendre l'exercice de sa professsion d'avocat à la suite de la loi d'amnistie promulguée en 1968 par le Général de GAULLE et concernant toutes les condamnations relatives aux évènements d'Algérie.

Parmi les relations de VERGES figurent Régis DEBRAY, Simon MALLEY, directeur de la revue "AFRICASIE" et SOUICI Abdelkrim, responsable de l'Amicale des Algériens en Europe. Ces relations témoignent de son engagement progressiste et tiers-mondiste toujours actif.

Il est également cité par la source pour être un ami intime du commerçant algérien BOUSSOUF Abboud, dit "LOFTI". Considéré pendant la guerre d'Algérie comme un "intellectuel" du F.L.N. dont il rédigeait des tracts, BOUSSOUF aurait tenté de fomenter un complot contre le président BOUMEDIENNE, vers 1970.

.../...

CONFIDE

7 -

Enfin, VERGES vivrait actuellement séparé de sa femme, Djamila BOUHIRED, mais conserverait des intérêts dans les activités commerciales de celle-ci.

Dans plusieurs procès, Maître VERGES a pris la défense de personnes impliquées dans des affaires de terrorisme. Ainsi, courant janvier 1982, Maître RAMBERT Bernard, avocat suisse des terroristes ouest allemands , KROECHER-TIEDEMANN Gabrielle et MOELLER Christian (incarcérés depuis 1977) a fait remettre à Maître VERGES, par l'intermédiaire de la ressortissante helvétique SCHMIED Barbara, une somme de 4.600 F. pour défendre les intérêts du Suisse STURM Walter, incarcéré en France.

SCHMIED Barbara, contrôlée à son entrée en France, a été trouvée par ailleurs en possession d'une étude en langue allemande su le terrorisme international et d'un film allemand intitulé "Les murs invisibles" destiné à être projeté en salle privée chez Maître VERGES.

Déjà, en 1969, Jacques VERGES s'était signalé pour avoi assuré la défense en Suisse (avec l'avocat algérien BENTOUMI Amar) de Palestiniens auteurs d'attentats commis contre des avions de la Compagnie israélienne EL AL.

Le 22 avril 1982, il a été l'un des avocats de la défense de BREGUET et de KOPP, ("les amis de CARLOS"), dont les peines de prison (respectivement de 5 et 4 ans) devaient être confirmées en juin 1982 devant la 10ème Chambre de la Cour d'Appel.

Il a également assuré la défense de Michèle AUBRON, militante d'ACTION DIRECTE, ayant loué un box dans lequel a été saisi un pistolet mitrailleur ayant servi dans le mitraillage de la Mission d'Achat israélienne revendiqué par les Fractions Armées Révolutionnaires libanaises (31.3.1982).

Au cours de ses diverses plaidoiries, Maître VERGES a notamment dénoncé la collusion entre la police française et les services secrets israéliens. Il a signalé à ce propos qu'il existait à la D.S.T. des fiches sur les assassins de BOUDIA, HAMSHRI et KOUBAISSI.

En août 1982, une source généralement fiable signalait que Maître Jacques VERGES aurait collaboré et collaborerait peut-être encore, avec les services spéciaux palestiniens.

Cette collaboration s'effectuerait avec l'accord des autorités algériennes.

Maître VERGES retiendrait en outre l'attention des services israéliens.

33

Le 3 mai 1961, le « diplomate » Gavin adresse à son ministre des Affaires étrangères une lettre indiquant que la CIA n'a pas soutenu en France le putsch des généraux. A lire l'argumentation, ce n'est pas si clair (pour traduire voir chapitre 8).

INCOMING TELEGRAM **Department of State**

SECRET

Action
SS
Info

Control: 1717
Rec'd: MAY 3, 1961
3:09 P.M.

20

FROM: PARIS

TO: Secretary of State

NO: 4793, MAY 3, 6 P.M.

PRIORITY

EYES ONLY SECRETARY

DEPTEL 4658

WE HAVE FOLLOWED CLOSELY THE BACKGROUND COMMENT ON THE ROLE U.S. WAS PRESUMED TO BE PLAYING IN THE RECENT ALGERIAN SITUATION. AT THE OUTSET THE CHANCES OF CHALLE'S SUCCESS SEEMED SLIM INDEED UNLESS SUBSTANTIAL SUPPORT WAS ARRANGED FOR AND WOULD BE FORTHCOMING FROM METROPOLITAN FRANCE. EARLY WE HEARD RUMORS, ATTRIBUTABLE TO THE EXTREME RIGHT, THAT THE U.S. WAS SUPPORTING CHALLE, POSSIBLY THROUGH CIA. IT WAS AFTER THESE MADE A SERIOUS IMPRESSION UPON US THAT AN EVALUATION WAS MADE WHETHER OR NOT TO RECOMMEND A LETTER FROM OUR PRESIDENT TO GENERAL DE GAULLE. THAT THERE WERE ALSO DISADVANTAGES IN SENDING A LETTER WAS APPARENT AT THE TIME. IN ACCORDANCE WITH THE DIRECTIONS WE RECEIVED THE LETTER WAS DELIVERED SHORTLY AFTER MIDNIGHT SUNDAY, APRIL 23. AT THIS TIME MR. DEBRE'S APPEAL TO THE PEOPLE HAD BEEN ON THE AIR AND OUR LOCAL CIA PEOPLE SEEMED TO BE STRONGLY OF THE BELIEF THAT CHALLE WAS WELL SUPPORTED AND THAT THE PARACHUTE LANDINGS MIGHT WELL TAKE PLACE. I DID NOT THINK SO AT THE TIME SINCE IT WAS OBVIOUSLY AN IMPOSSIBLE TECHNICAL UNDERTAKING WITHOUT A GREAT DEAL OF PRE-PLANNING IN AFRICA, ABSOLUTELY NO LIKELIHOOD OF AIR INTERCEPTION ENROUTE, AND THE CERTAIN CONTROL OF AIRFIELDS FOR REFUELING AT THIS END. HOWEVER, THE CIA PEOPLE, BASED UPON THEIR SOURCES OF INFORMATION AND THEIR CONTACTS WITH THE GOF, FELT THERE WAS A REAL POSSIBILITY THE COUP MIGHT BE

/SUCCESSFULLY

[redacted]

REPRODUCTION FROM THIS COPY IS PROHIBITED UNLESS "UNCLASSIFIED"

DECLASSIFIED

[redacted]

[redacted]

-2- 4793, MAY 3, 6 P.M. FROM PARIS

SUCCESSFULLY EXTENDED TO THE METROPOLE. I MENTION THIS FACT BECAUSE REFERENCE HAS BEEN MADE TO IT IN A PRESS ACCOUNT. OUR CIA PEOPLE HAD NUMEROUS FRENCH CONTACTS. BY MONDAY, APRIL 24, MOSCOW WAS REPORTING CIA SUPPORT OF THE UNDERTAKING AND ITS INEVITABLE DEFEAT. HOWEVER, WE FELT HERE THAT AFTER SUNDAY NIGHT IT HAD LITTLE CHANCE OF SUCCESS. THE LOCAL COMMUNIST PRESS BEGAN TO BUILD UP CHARGES OF US SUPPORT AND WE COULD SEE CLEARLY WHY THE COMMUNISTS DID SO. AT A STAFF MEETING HERE SHORTLY AFTER CHALLE'S SURRENDER, TO CONSIDER OUR CONDUCT DURING THE CRISIS, WE GAVE PARTICULAR THOUGHT TO PRESS ACCOUNTS FROM BOTH SIDES THAT WERE SO STRONGLY ANTI-US. AT ABOUT THIS TIME THE FIRST CHARGES BEGAN TO APPEAR FROM SOURCES LATER IDENTIFIED AS BEING WITHIN THE GOVERNMENT. FIRST, FROM DEBRE'S OFFICE AND BY WEEKEND FROM COUVE. OUR INQUIRIES TO RESPONSIBLE FRENCH AUTHORITIES HOWEVER MET WITH ASSURANCES THAT THE RUMORS WERE OF ABSOLUTELY NO IMPORTANCE AND THAT THE WHOLE MATTER WOULD SOON BE FORGOTTEN. IT IS OUR IMPRESSION NOW THAT SUBSTANTIAL SUPPORT FOR THE UPRISING HAD BEEN PLANNED BUT THAT DE GAULLE ANTICIPATED IT AND MOVED IN BEFORE A METROPOLITAN UPRISING COULD OCCUR. DESPITE THIS THERE WAS CLEAR LACK OF INTELLIGENCE AND INEPTITUDE ON THE PART OF SOME GOVERNMENT OFFICIALS AND IN ORDER TO EXPLAIN AWAY THEIR OWN SHORTCOMINGS THEY ATTRIBUTED CHALLE'S MOTIVES AND APPARENT EARLY SUCCESS TO U.S. SUPPORT. THAT THIS WAS A MISTAKE I BELIEVE THEY ARE NOW WELL AWARE, PARTICULARLY IN VIEW OF THE STRONG U.S. REACTION. I THINK THAT SOME MEMBERS OF THE GOVERNMENT ARE SOMEWHAT EMBARRASSED BY THE ROLE THEY MAY HAVE PLAYED AND THEY WOULD HOPE THE WHOLE THING WOULD BE SOON FORGOTTEN. I BELIEVE THEREFORE THAT TO APPROACH COUVE ON THE PROBLEM AT THIS TIME WOULD ONLY SERVE TO ANGER HIM AND LITTLE WOULD BE ACCOMPLISHED. I WOULD SURMISE THAT HE IS AWARE OF OUR KNOWLEDGE OF THE SITUATION AND FORBEARANCE ON OUR PART MIGHT BE FAR MORE REWARDING THAN INSISTANCE ON AN EXPLANATION.

/THE IDEA

[redacted]

[redacted]

-3- 4793, MAY 3, 6 P.M. FROM PARIS

THE IDEA OF U.S. SUPPORT CERTAINLY FOUND STRANGE BEDFELLOWS DURING A VERY HECTIC WEEK BUT I THINK IN RETROSPECT WE MUST ATTRIBUTE IT TO THE EXTRAORDINARY MILIEU IN WHICH FRENCH GOVERNMENTAL AFFAIRS SOMETIMES OPERATE.

GAVIN

JH

34

Dès novembre 1963 (soit deux ans avant les événements), la CIA, désormais très bien renseignée sur l'Algérie, sait que le colonel Houari Boumediene va renverser Ben Bella. Du beau travail !

TELEGRAM INFORMATION REPORT TELEGRAM

CENTRAL INTELLIGENCE AGENCY 163

CLASSIFICATION — DISSEMINATION CONTROLS

ALGERIA		REPORT NO.	TDCS -3/565,849
POSSIBLE COUP D'ETAT AGAINST BEN BELLA		DATE DISTR.	24 NOVEMBER 1963
		PRECEDENCE	PRIORITY
23-24 NOVEMBER 1963		REFERENCES	IN 67387
(24 NOVEMBER 1963)		REPORTED	
2			

THIS IS UNEVALUATED INFORMATION. SOURCE GRADINGS ARE DEFINITIVE. APPRAISAL OF CONTENT IS TENTATIVE.

1.

SANITIZED
Authority ...
By ..., NARS, Date ...

2. "FRENCH" OFFICERS OF THE ARMEE NATIONALE POPULAIRE (ANP), I.E., ALGERIANS WHO WERE TRAINED BY THE FRENCH ARMY, FROM WHICH THEY DESERTED AND JOINED THE ARMEE DE LIBERATION NATIONALE (ANN) FRONTIER GROUPS, THAT IS, THOSE OUTSIDE THE COUNTRY, AND NOT THE MAQUIS, ARE HOLDING A MEETING THIS WEEKEND FOR THE PURPOSE OF PLOTTING A MILITARY COUP AGAINST ALGERIAN PRESIDENT AHMED BEN BELLA.

3. COL. HOUARI BOUMEDIENNE, MINISTER OF NATIONAL DEFENSE, "IS WITH THEM, LEAD-

CLASSIFICATION — DISSEMINATION CONTROLS

STATE/INR	DIA	ARMY/ACSI	NAVY	AIR	JCS	SECDEF	NSA	NIC	AID	USIA	OCI	ONE	OCR	ORR	OO	EXO
/DIR																

TELEGRAM INFORMATION REPORT TELEGRAM

APPROVED FOR RELEASE
Date 13 OCT 1977

1K OBSOLETE PREVIOUS EDITIONS

CLASSIFICATION -- DISSEMINATION CONTROLS

TDCS-3/565,849

IN 673

PAGE

ING THEM, SINCE HE AT LEAST HAS SIX WEEKS' MAQUIS EXPERIENCE, AND THEY COUNT ON HIM TO KEEP THEIR POSITIONS FOR THEM, IN SPITE OF EFFORTS BY COLONEL MOHAND OU EL HADJ TO REPLACE THEM WITH OFFICERS FROM THE FORMER WILAYAS."

4. ALSO MEETING THIS WEEKEND IS ANOTHER GROUP OF "LEFTIST" OFFICERS WHO PLAN TO OFFER AID TO BEN BELLA IN CASE OF TROUBLE, PROVIDED HE PROMISES TO GO FURTHER LEFT IN HIS POLITICS

5 FIELD DISSEM: STATE ARMY NAVY AIR CINCNELM CINCSOUTH (PERSONAL)

END OF MESSAGE

CLASSIFICATION — DISSEMINATION CONTROLS

(78) 4D

35

1965 : Affaire Ben Barka

Voici les documents internes du SDECE. Ils démontrent à l'évidence que les services secrets français ont été totalement « dépassés » par cette affaire qui va les briser. Qui manipule vraiment Antoine Lopez, chef d'escale à Orly, qui rêve de devenir le directeur de la Royal Air Maroc ? Les Marocains, bien sûr, et peut-être bien les Américains...

SERVICE VII

LE I7 MAI I965

Références à rappeler
VII/I02/0I0/I00

Le Chef DU SERVICE VII

A

Monsieur le CHEF DE LA SECTION III/A

OBJET : MAROC.

J'ai l'honneur de vous adresser ci-joint, à titre d'information le compte rendu en date du 12.5.65 De Lopez à la suite d'un voyage qu'il a effectué à Rabat.

Compte tenu de la qualité des contacts de cet agent qui est amené à retourner fréquemment au Maroc, je pense que nous pourrions rédiger un questionnaire à son intention.

Je vous rappelle brièvement que LOPEZ a été

- Chef d'escale Air-France à Tanger,
- Chef d'escale à ORLY
- Est lié d'amitié avec OUFKIR (Il est le correspondant parisien des enfants d'OUFKIR lors de leur séjour en France),
- qu'il vient d'assister à son mariage.
- qu'il est trés introduit à la "Cour"
- et qu'enfin il est réclamé par la Royale Air Maroc pour y diriger les relations extérieures.

Le 12 Mai 1965

COMPTE RENDU DE VOYAGE EFFECTUE du 8 au 10 MAI 1965

Le Général OUFKIR, Ministre de l'intérieur avait pris des dispositions pour que je loge à son domicile personnel.

Affaire BEN BARKA : Le général m'a confirmé son projet de récupération de BEN BARKA, mais il doit attendre les résultats de la déclaration de sa Majesté concernant un gouvernement d'opinion nationale.

En effet, ils se sont aperçus que cette position déclenchait des dissensions dans les rangs de l'U.N.F.P. certains désirant participer à un gouvernement , d'autres, les irréductibles préférant demeurer en exil et ne revenir que lorsque le régime actuel serait tombé.

Des informations leur permettent déjà de savoir que B.B. restera en Algérie si toutefois le gouvernemant algérien l'y autorise. Le Général UFKIR pensait que lors de l'entretien entre BEN BARKA et sa majesté, BEN BELLA proposerait l'expulsion de B.B., et demanderait autre chose en contre-partie

Quoiqu'il en soit le Général OUFKIR paraît prévenu à cette réunion et était persuadé que BEN BELLA chercherait à les "rouler".

. . .

Au cours d'une conversation à bâtons rompus, le Général OUFKIR m'a confirmé le fond de sa pensée quant à mon détachement au soin de la R.A.M.

Je pense que l'idée maîtresse du Général serait de m'avoir à côté de lui en qualité de "Public relations" mon détachement d'Air France à la R.A.M. n'étant que le prétexte à mon installation permanente au Maroc.

En dehors d'une amitié certaine qui me lie à lui, le Général table vraisemblablement sur mes connaissances linguistiques anglaises et espagnoles et aussi vraisemblablement sur ma connaissance des mileus divers de la capitale française, qui lui rendent par mon intermédiaire certains problèmes assez facilement accessibles.

C'est probablement pour ces raisons qu'il n'a pas hésité à me confier le désir des dirigeants marocains, de mettre fin à la position de BEN BARKA suivant des procédés non orthodoxes.

Est-ce mon standing pesonnel ou certaines de mes fréquentations qui les ont amenés à résonner de la sorte, that is the question ?

DIRECTION DE LA RECHERCHE
-:-:-:-

Le 3 Novembre 1965

NOTE

- A l'attention de Monsieur FINVILLE -

NE RIEN FAIRE DANS L'HISTOIRE BEN BARKA (pas d'initiative).

RENDRE COMPTE EVENTUELLEMENT DES INFORMATIONS RECUEILLIES MAIS SANS ORIENTER PARTICULIEREMENT NOS SOURCES

RENDRE COMPTE EGALEMENT IMMEDIATEMENT DES REACTIONS P.P. SUR NOTRE AGENT

Le Directeur de la recherche.

977

Le DIRECTEUR GENERAL
du S.D.E.C.E.

N° 5140/DG/CAB

PARIS, le 22 Décembre 1965
Ex N° I/3

Le Général JACQUIER
Directeur Général du S.D.E.C.E.

à

Monsieur le Juge d'Instruction Louis ZOLLINGER
Tribunal de Grande Instance du Département de la Seine.

O B J E T : Affaire BEN BARKA.

Comme suite à votre demande, j'ai l'honneur de vous faire parvenir les informations concernant l'affaire Ben Barka. communiquées au Service par M. FINVILLE à la suite de ses rencontres et conversations avec M. Lopez entre le 12 Mai 1965 et le 12 Octobre 1965.

- Le 12 Mai 1965. une note de M. Finville signale que Lopez lui a indiqué :

" Le Général (Oufkir) m'á confirmé son projet de "récupération" de Ben Barka, mais il doit attendre les résultats de la déclaration de Sa Majesté préconisant un gouvernement d'union nationale.

En effet, ils se sont aperçus que cette position déclenchait des dissensions dans les rangs de l'U.N.F.P., certains désirant participer à un gouvernement, d'autres les irréductibles préferant demeurer en exil et ne revenir que lorsque le régime actuel serait tombé.

Des informations leur permettent déjà de savoir que Ben Barka restera en Algérie si toutefois le gouvernement algérien l'y autorise. Le Général Oufkir pensait que, lors de l'entretien entre Ben Barka et Sa Majesté, Ben Bella proposerait l'expulsion de Ben Barka et demanderait autre chose en contrepartie.

.../...

976

- 2 -

Quoi qu'il en soit le Général Oufkir partait prévenu à cette réunion et était persuadé que Ben Bella chercherait à les "rouler"."

....

"Au cours d'une conversation à bâtons rompus, le Général Oufkir m'a confirmé le fond de sa pensée quant à mon détachement au sein de la Royal Air Maroc.

Je pense que l'idée maîtresse du Général Oufkir serait de m'avoir à côté de lui en qualité de "Public relations", mon détachement d'Air France à la Royal Air Maroc n'étant que le prétexte à mon installation permanente au Maroc.

En dehors d'une amitié certaine qui me lie à lui, le Général table vraisemblablement, et sur mes connaissances linguistiques anglaises et espagnoles, et aussi vraisemblablement sur ma connaissance des milieux divers de la capital française qui lui rendent, par mon intermédiaire, certains problèmes assez facilement accessibles.

C'est probablement pour ces raisons qu'il n'a pas hésité à me confier le désir des dirigeants marocains de mettre fin à la position de Ben Barka suivant des procédés non orthodoxes."

- Le 2[illegible] SEPTEMBRE 1965, une note de M. Finville rapporte :

Selon M. Lopez, le Général Oufkir, Ministre de l'Intérieur du Maroc, aurait demandé à Dlimi, Directeur Général de la sûreté Nationale Marocaine, de monter une tentative d'approche sur Ben Barka, leader de l'opposition séjournant actuellement à Genève.

Pour y parvenir, il a dépêché au Caire, le 2 Septembre une équipe spéciale dont la mission était de contacter Ben Barka qui siégeait alors à une Conférence préparatoire des 3 continents qui doit se tenir à Cuba au mois de Janvier 1966.

L'équipe était composée de :

- CHTOUKI Larbi
  né en 1938 à Rabat
  Marocain
  Passeport de service
  Chargé de Mission du Gouvernement Marocain.

.../...

973

- 3 -

- BERNIER Philippe
né le 1 ou 17 Aout 1920 à Bois Colombes
Français
Journaliste
domicilié : 21, rue Lalande.

- FIGON Georges Auguste
né le 21.10.1926 à Paris (14ème)
Français
Chimiste
domicilié : 14, rue Pierre.

Bernier devait présenter Figon en tant que cinéaste à Ben Barka.

Figon devait soumettre à Ben Barka le projet d'un film traitant des "Révolutions" en partant des séquences filmées lors des incidents de Casablanca.

Ben Barka se montra, paraît-il, interessé et suggéra que des séquences soient également prises à Cuba, Zanzibar et au Vietnam.

Sur la réserve exprimée par Figon au sujet de la distribution en France qui ne manquerait pas d'être interdite, Ben Barka répondit que ce n'était pas Sa Majesté qui serait visée en l'occurrence, mais Oufkir, responsable de la répression.

Ben Barka précisait d'ailleurs que ses relations avec le Trône n'étaient pas si mauvaises puisqu'aussi bien il avait eu récemment l'occasion de recevoir Moulay Ali à Francfort à la demande d'Hassan II.

M. Lopez rencontrait à nouveau les trois personnages ci-dessus nommés lors de leur retour à Orly, Bernier et Figon ayant embarqué au Caire le 5 Septembre 1965 et Chtouki ayant embarqué à Athènes le 4 Septembre 1965.

M. Lopez n'a pu, selon ses dires, malgré les conversations qu'il a eues avec le trio, déterminer exactement les raisons de cette mission télécommandée par Oufkir.

Est-ce simplement le désir du Ministre de l'Intérieur de situer l'activité actuelle du leader de l'U.N.F.P. ou bien de cerner au plus près un "objectif" permanent ?

.../...

974

- 4 -

En tout état de cause, M. Lopez signale un nouveau départ du trio à destination de Genève, le 20 Septembre 1965 (Vol AF. 669). Cette fois-ci accompagné d'un nommé Lemarchand qui aurait "arrangé" les formalités de Bernier et de Figon.

A l'occasion de divers contacts, M. Lopez a appris par Jo Ohana (Marocain de l'opposition) que Ben Barka était passé à Paris, se rendanr à Genève.

En effet, après enquête, il apparait que Ben Barka circule sous le nom de El Kholi et que son billet était établi au nom de El Mehdi (son prénom).

Arrivé en France le 13.9.65 en provenance de Londres, il aurait quitté Orly pour Genève le 16.9.65, à 13H.40, par vol AF. 666.

Pendant son séjour à Paris, il aurait résidé chez Jo Ohana - 9, rue J. Mermoz (ELY. 30 16).

Il était accompagné d'une jeune femme :

-CHAMOREL Monique, Christiane, Edith
née le 13.6.43 à Genève
Etudiante
Demeurant : Avenue G. Motta I8, Genève
Téléphone : 33.13.94 Genève.

L'identité d'emprunt de Ben Barka serait la suivante

-EL KHOLIA Lothi- IBRAHIM
né le 2 Aout I928 au Caire
Nationalité algérienne - RAU
Profession : Avocat
Domicile : Le Caire.

D'après les derniers renseignements recueillis par M. Lopez auprès de Figon, Ben Barka aurait quitté Genève pour Cuba en compagnie de 7 autres personnalités.

Ils auraient quitté Genève le 21.9.65 par vol ALITALIA 217 pour Zurich, puis de là se rendaient à Prague par vol CSA.

Ils quitteraient Prague pour Cuba le 23 Septembre par vol CUBANA - AIRLINE 427 et reviendraient à Prague vers le Ier Octobre par vol CSA.

.../...

973

- 5 -

- Le 8 OCTOBRE 1965, Lopez signale à M. Finville qu'il a rencontré un nommé Djebailli à Genève, qui lui a demandé où se trouvait Ben Barka. D'après Lopez, Ben Barka serait à cette époque à Djakarta.

- Le 12 OCTOBRE 1965, Lopez signale à M. Finville qu'il a reçu à Orly la visite de Figon qui lui a déclaré :

J'ai l'impression que mon voyage au Caire avec Chtouki et Bernier cache quelque chose.

S'ils veulent faire un sort à Ben Barka, moi je veux toucher de l'argent immédiatement sinon je "balance" l'affaire aux journaux. Et puisque vous êtes si bien avec les Marocains, prévenez-les.

Lopez lui aurait rétorqué qu'il ne voyait les Marocains que lors d'une escale à Paris.

Figon insista en lui fixant un autre rendez-vous. M. Finville aurait ormellement invité Lopez à ne pas [s]commettre dans cette affaire et a préciser à Figon qu'il n'était en rapport avec les Marocains que dans le cadre de ses activités à Air France et qu'en tout était de cause, ces histoires là ne l'interessaient pas. Lopez aurait avisé M. Finville qu'il l'avait fait.

)))

En résumé, pendant lapériode qui s'est écoulée entre le 12 Mai et le 12 Octobre 1965, M. Ben Barka qui résidait à Genève se serait, suivant les indications fournies par M. Lopez, successivement rendu au Caire, à Cuba via Prague et à Djakarta. Son dernier transit en France, toujours selon M. Lopez, remontait au 13.9.65, date à laquelle il arrivait de Londres pour repartir à Genève le 16.9.65.

Selon M. Finville, postérieurement au 12 Octobre 1965, aucune information sur les déplacements de M. Ben Barka et notamment sur sa présence en France, ne lui a été donnée par M. Lopez.

Dans ces conditions, aucun indice ne permettait au Service de penser qu'il pouvait être procédé en France à l'enlèvement de M. Ben Barka.

Le Chef de Service

à

Monsieur le Directeur de la Recherche.

<u>OBJET</u> :

BEN BARKA/

J'ai pu, à plusieurs reprises attirer l'attention de III/A sur les intentions du Gl. OUFKIR de neutraliser BEN BARKA. (ma note VII/1912/R du 22.9.65).

Ces informations nous avaient été communiquées par notre correspondant (LOPEZ) qui avait pu suivre notamment la recherche de contact dirigée par DLIMI, Directeur de la Sureté Nationale Marocaine, lors du séjour de B.B. au CAIRE.

J'ai appris Samedi, par la radio, la disparition de B.B.

Le 31 Octobre à 13 heures, je recevais un appel téléphonique de (LOPEZ) alors en U.N. à BELLEGARDE (Loiret).

Je résume cet entretien téléphonique :
(LOPEZ) accueillait SAMEDI à ORLY :

- a 14 heures DLIMI, provenance ALGER.
- à 17 heures OUFKIR, provenance de CASABLANCA.

OUFKIR déclarait à (LOPEZ) que son voyage était motivé par la présence à PARIS des gouverneurs de Villes marocaines (ils effectuent en effet actuellement un stage à la S.N.)

OUFKIR doit présider une cérémonie avec ses Gouverneurs le 3.11.65. Il profitait du W/R/ pour se rendre à GENEVE où séjournait ses enfants.

Mais ce qui parait mystérieux à (LOPEZ) c'est qu'OUFKIR insista pour loger chez notre correspondant à ORMOY (près d'ORLY) alors qu"habituellement OUFKIR, dont les débordements sont bien connus, n'a qu'une hâte lorsqu'il est à Paris, c'est de sortir.

Quoiqu'il en soit (LOPEZ) qui entretient des relations trés amicales avec OUFKIR accepte de l'héberger malgré les réticences de son épouse quidésirait partir immédiatement en week-end.

Vers minuit (LOPEZ) fut réveillé par l'arrivée d'amis d'OUFKIR, inconnus de lui.

Craignant d'être indicret (LOPEZ) se retire, mais intrigué par ces vistes tardives, il réussit à saisir dans la conversa ion en arabe les mots Tirdat (D.F.) avion et carg.

Ajoutons qu OUFKIT, s'excusant de cette visite tardive avait dit à (LOPEZ) "Ne t'occupe pas de nous".

Le Dimanche 31 Octobre à 5 heures du matin (LOPEZ) raccompagnait DLIMI et OUFKIR à ORLY d'où ce dernier devant s'embarquer sur GENEVE (les vérifications sont en cours) et DLIMI sur CASABLANCA.

(LOPEZ) a pu en outre contrôler que les amis du ministre étaient arrivés en voiture 4 4 CD. Il présume qu'ils ont été dirigés sur ORMAY par EL MAHI ancien commissaire de Police, chef du Cabinet d'OUFKIR et actuellement en stage à PARIS au H.E.C. grâce à une bourse d'étudiant marocain.

Ce Mahi a par ailleurs été vu avec CHTOUKI (chargé de mission marocain) dont j'avais signalé les agissements dans le document cité en référence.

J'ignore s'il y a une relation de cause à effet entre la disparition de BEN BARKA et l'arrivée semi-clandestine d'OUFKIR à PARIS, mais si vous désirez que nous poursuivions nos investigations, je suggère que notre mission "POLLUX" prenne en contrôle EL MAHI, OUFKIR étant pratiquement neutralisé par sa fréquentation de la S.N. où il doit rencontrer ses gouverneurs et où aura lieu vraisembbablement ce coktail.

91

MINISTERE DES ARMEES

abinet du Ministre

7 Février 1966

MA/CC

LE MINISTRE DES ARMEES

Monsieur le PROCUREUR DE LA REPUBLIQUE
près le TRIBUNAL DE GRANDE INSTANCE
la SEINE

Comme suite à la demande que vous adressée par téléphone à mon cabinet le 5 Février 1966, j'ai l'honneur de vous adresser sous ce pli :

1°) – Un extrait du cahier de permanence du Service de Documentation Extérieure et de Contre-Espionnage (S.D.E.C.E.) pour la période du 27 Octobre au 2 Novembre 1965.

2°) – Un rapport de Monsieur le Général Directeur du S.D.E.C.E., rendant compte des recherches effectuées dans les archives de ce service concernant un message qui aurait été adressé de "PEDRO à THOMAS" le 29 Octobre 1965.

EXTRAITS DU CAHIER DE PERMANENCE

du S.D.E.C.E.

Permanence du 27 au 28 Octobre 1965 :

R.A.S.

....

Permanence du 28 au 29 Octobre 1965 :

R.A.S.

....

Permanence du 29 au 31 Octobre 1965 :

R.A.S.

....

Permanence du 30 au 31 Octobre 1965 :

" 16h 30 – Communication par permanence IIIA information du
" Service VI au sujet Mehdi Ben BARKA – Général Direct.
" Cab. prévenu par soins permanence CAB.
"
" 11h 00 – Communication téléphonique Cne X. du service VI,
" au sujet Mehdi Ben BARKA – pas d'éléments nouveaux –
" X. appellera l'Officier de permanence s'il obtient
" des renseignements complémentaires.

....

Permanence du 31 Octobre au Ier Novembre 1965 :

" 12h 45 – M. LEBON de la Préfecture de police, demande si Mehdi
" Ben BARKA a été contacté par un O.T. du Service dans
" la journée du Vendredi 29.
"
" 12h 55 – Téléphoné à M. X., Chef du secteur III/A pour rendre
" compte de la demande de M. LEBON.
"
" 13h 05 – Téléphoné au Colonel X., Chef de service VI, dans le
" même but.
"
" 13h 10 – Téléphoné à M. FINVILLE, chef du service VII, toujours
" pour la même question.
"
" Les trois communications téléphoniques ci-dessus ont
" nécessité l'ouverture des plis n° 39 – 52 – et 54.
"
" 13h 15 – Réponse "négative" à M. LEBON de la P.P. –

.../...

- 2 -

Permanence du 31 Octobre au Ier Novembre 1965 :

"........

Renvoi :

31.10.65 - 16H . Communication téléphonique de M. X. qui signale la disparition de son domicile, Avenue de Montmorency, de TAHIRI Mohamed ? représentant de Ben BARKA, qui n'a pas reparu depuis le Vendredi 29 à IOH (communiqué à III/A)

Permanence du Ier au 2 Novembre 1965 :

R.A.S.

Pour extrait conforme,
Le Directeur du Cabinet
du Ministre des Armées.

RÉPUBLIQUE FRANÇAISE

MINISTERE DES ARMEES

S.D.E.C.E.

N° 526 DG/GAB/VI

Paris, le 7 Février 1966

Le Général de Division GUIBAUD
Directeur Général du S.D.E.C.E.

à

Monsieur le Ministre des Armées
- CABINET -

COMPTE - RENDU

OBJET : Satisfaction à la demande exprimée par votre lettre manuscrite du 5 Février 1966.

Le personnel du Service VII entendu le 31 Janvier 1966 et interrogé à nouveau le 7 Février 1966 par le Service de Sécurité du S.D.E.C.E. confirme qu'il n'a souvenance d'aucune autre communication émanant de LOPEZ entre le 15 et le 31 Octobre 1965 que de celle figurant sur un document du Service VII en date du 22 Octobre 1965 et où cet informateur appelait M. FINVILLE absent.

Le personnel de ce service confirme qu'il n'a pas reçu ou retransmis ou même eu connaissance d'un message quelconque adressé par LOPEZ sous son nom ou sous quelque pseudonyme que ce soit et en particulier sans le journée du 29 Octobre 1965 sous le pseudonyme de "DON PEDRO" à "THOMAS", pseudonyme utilisé par M. FINVILLE dans ses relations avec le personnel des aérodrome.

Par ailleurs le personnel du central téléphonique du S.D.E.C.E. ainsi que celui des trois services utilisant des télétypes a été interrogé le 7 Janvier 1966 par le service de Sécurité et confirme qu'il n'a pas reçu ou eu connaissance d'un message d'un "DON PEDRO" à un "THOMAS" ou de tout autre message semblant se rapporter à l'affaire "BEN BARKA".

Ci-joint le compte rendu du Chef du Service de Sécurité.

EX.N° I/4

S.D.E.C.E.

I.03

Ré érences à rappeler

N° DG.SS 772 Bis /I/I/

SERVICE DE SECURITE

PARIS, le 7 Février I966.

Le Chef de Service de Sécurité

à

MONSIEUR LE GENERAL DE DIVISION
DIRECTEUR GENERAL DU S.D.E.C.E.
s/c de MONSIEUR LE S US-DIRECTEUR DU CABINET

J'ai l'honneur de vous rendre compte du résultat des recherches auxquelles il a été procédé sur l'existence au D.S.E.C.E. d'un message en date du 9 Octobre I965, d'un certain "DON PEDRO" à un certain "THOMAS" :

VII

I°) - I8 fonctionnaires du service-ont été entendus.
Aucun n'a reçu ou eu connaissance à cette date ou à une autre date d'un tel message.

2°) - Le Chef du standart ainsi que les fonctionnaires civils ou militaires du nom de "THOMAS" ont été entendus.
Aucun n'a reçu ou eu connaissance d'un tel message.

3°) - Les différents Services utilisateurs de téléypes ont été consultés
Aucun n'a reçu un tel message.

o

o o

Il ressort en outre des déclarations de fonctionnaires du Service VII que LOPEZ n'utilisait exclusivement pour ses appels que la ligne directe NOR 92 40.

1486

MINISTERE DES ARMEES

LE MINISTRE

Paris, le 9 Mars 1966

Exemp; I /5

N° 76/MA - CAB - RES/s

LE MINISTRE DES ARMEES

à Monsieur le Juge d'Instruction
au Tribunal de Grande Instance de la Seine
-Cabinet de M. SABLEYROLLES -

Le Général GUIBAUD, Directeur Général du Service de Documentation et de Contre-espionnage, m'a rendu compte de la demande que vous lui avez exprimée à la suite de son audition du 9 Mars 1966, tendant à la communication des documents suivants :

1°/ - Lettre de félicitations en date du 26 Juillet 1949

2°/ - Directives du 3 Novembre 1965 faisant suite au compte rendu de M. LEROY, en date du Novembre 1965.

3°/ - Note du 17 Mai 1965

4°/ - Questionnaire politique du 17 Mai 1965,

5°/ - Fiche de contact de Janvier 1964 concernant LOPEZ.

6°/ - Note du 25 Juin 1965 concernant une démarche de M. LEROY auprès d'Air France en faveur de M. LOPEZ.

J'ai l'honneur de vous adresser ci-joint dans leur intégralité, les documents numérotés ci-dessus I et 2. Le Document numéro 2 est accompagné du compte rendu du 2 Novembre 1965 établi par M. LEROY

.../...

Je vous adresse également le document numéro 3 expurgé de certains passages sans aucun rapport avec l'affaire et dont la révélation serait de nature à porter préjudice aux intérêts français à l'étranger.

Pour les mêmes raisons j'estime ne pouvoir vous communiquer le questionnaires numéro 4 ainsi que les documents numéros 5 et 6 qui comportent en outre des informations sur la structure et les méthodes du Service de Documentation et de Contre-espionnage.

MINISTERE DES ARMEES

LE MINISTRE

PARIS, le 23 Mars 1966

N° 119 /MA.CAB.RES/S

Le Ministre des Armées

à

Monsieur le Juge d'Instruction
au Tribunal de Grande Instance
de la Seine
(Cabinet de M. Le Juge ZOLLINGER)

RÉFÉRENCES : Vos lettres des 16, 19 et 22 Mars 1966.

Par lettres citées en référence, vous me demandez de vous communiquer certains documents qui vous paraissent utiles à l'information de l'affaire BEN BARKA.

J'ai l'honneur de vous adresser ci-joint deux de ces documents :

- Le rapport daté du 11 Octobre 1965 faisant état d'un entretien entre LOPEZ et un collaborateur de M. LE ROY.

- La déclaration sur l'honneur signée par M. LE ROY en date du 12 Novembre 1965.

Je ne puis en revanche, vous communiquer les deux autres documents demandés par lettre du 16 Mars 1966 pour les raisons suivantes :

- Le dossier concernant M. Philippe BERNIER, détenu par le S.D.E.C.E, n'a trait en aucune manière à l'affaire BEN BARKA, si ce n'est la mention faite de l'interessé dans la note de M. LE ROY, du 29 Septembre 1965, déjà versée au dossier de l'instruction.

.../...

\- 2 -

Toutes les autres pièces du dossier, et notamment celle immédiatement antérieure datée de la fin 1964, n'ont aucun rapport avec l'affaire en cours.

\- Il n'existe pas au S.D.E.C.E. de dossier concernant le nommé CHT[illegible]I [illegible]RBI. Ce nom n'est cité que dans la note du [illegible] Septembre 1965 ci-dessus mentionnées

COMPTE - RENDU DE CONTACT

Le 8 Octobre j'ai recontré LOPEZ qui m'a fait savoir qu'un marocain du nom de DJEBAILI lui avait téléphoné la veille lui demandant de se rendre à GENEVE.

LOPEZ s'est donc rendu à GENEVE le 7 Octobre. Il a pris l'avion au début de l'après midi, et est rentré le soir du même jour.

DJEBAILI désirait savoir par LOPEZ si BEN BARKA était à GENEVE.

D'après les informations de LOPEZ, BEN BARKA serait à DJAKARTA.

D'autre part, il m'a fait savoir que BEN BARKA serait autorisé à regagner officiellement le MAROC dans les premiers jours de Novembre et qu'il serait désigné par le ROI pour représenter le MAROC à la Conférence de TROIS continents qui doit se tenir à CUBA au début de l'année 1966.

Vu.

Vérifier voyage à Djakarta
(éventuellement par UTA.....

si oui, prévenir III/A
(suite à affaire des 3 continents)

PARIS, le 12 Novembre 1965

Ex. N° 1/2

DECLARATION SUR L'HONNEUR

Je soussigné, LEROY Marcel, alias FINVILLE. Chef d'études au S.D.E.C., déclare sur l'honneur :

1) - n'avoir pas eu connaissance des projets d'enlévement de Ben Barka autrement que par les informations que m'a communiquées M. Lopez. Ces informations ont fait l'objet de mes comptes-rendus du 19 Mai 1965 et du 22 Septembre 1965.

2° - n'avoir jamais tenu des propos à M. Lopez lui donnant à entendre que cette opération pourrait être couverte par le service.

3) - être seul responsable des contacts avec M. Lopez pour cette affaire, mes subordonnés l'ignorant totalement.

- Exemplaire N° 2/2 remis à M. FINVILLE.

1430

MINISTÈRE DES ARMÉES

LE MINISTRE

PARIS, le 23 Mars 1966.

N° 7809 MA/CC

Le MINISTRE DES ARMEES

à

Monsieur le JUGE d'INSTRUCTION
au TRIBUNAL de GRANDE INSTANCE de
la SEINE
(Cabinet de Monsieur ZOLLINGER)

Par lettre du 14 Février 1966, vous m'avez demandé, en vous référant à certaines informations accréditées par un journal étranger, de faire procéder à des recherches en vue de déterminer si le transport de Monsieur Mehdi BEN-BARKA avait pu être effectué par un avion militaire français ou étranger soit dans la nuit du 30 au 31 Octobre 1965 de VILLACOUBLAY à COLOMB BECHAR, via la CORSE, soit au départ d'un autre aérodrome militaire de la région parisienne entre le 30 Octobre et le 4 Novembre 1965 à destination du MAROC.

J'ai l'honneur de vous faire connaître que les contrôles opérés auprès des organismes intéressés notamment sur le périmètre des Sites Sahariens se sont révélés négatifs : aucun appareil venant de la CORSE n'a atterri sur le terrain de COLOMB BECHAR pas plus d'ailleurs que sur celui d'HAMMAGUIR dans la période du 29 Octobre au 15 Novembre 1965.

Par ailleurs, l'examen approfondi du relevé de tous les mouvements aériens effectués dans la période du 30 Octobre, 0 Heure T.U. au 4 Novembre, 24 Heures T.U. à partir des aérodromes militaires de VILLACOUBLAY, CREIL, LE BOURGET, BRETIGNY et PERSAN-BEAUMONT n'a révélé aucun transport anormal ou suspect.

P. Messmer

36

1966 : la CIA aimerait bien recruter Couve de Murville, mais le ministre des Affaires étrangères français est bien trop fidèle à de Gaulle (pour la traduction voir chapitre 8).

SECRET

FS

No. 1602/66

CENTRAL INTELLIGENCE AGENCY
Directorate of Intelligence
22 September 1966

MEMORANDUM

Maurice Couve de Murville

1. French Foreign Minister Maurice Couve de Murville is essentially a gifted and loyal bureaucrat who operates within clearly defined limits. He is the subordinate who executes without question the policy his superior devises. This is not to disparage his outstanding qualities: his intelligence, his diplomatic skill, or his effectiveness. Couve has been the nearly flawless tactician of De Gaulle's grand strategies to achieve primacy for France in Europe, to increase her independence from the US, and to impose France as a major interlocutor on the world scene.

2. The fundamental point is, however, that he is an agent rather than a director. His political opponents describe him as the "best messenger boy in the government," while his fellow cabinet minister Edgar Faure sees him as the "perfect reflection of De Gaulle's policy." Couve de Murville's role in policy formation is minimal. De Gaulle alone determines the major directions in which France will move and he involves himself directly with operating details on important matters. Couve is powerless to act independently or, without prior consultation, to deviate in any significant fashion from policies already laid down in the Elysee.

The Foreign Minister's Relationship to De Gaulle

3. Couve's performance during the crisis in June 1965 over financing the EEC common agricultural program illustrates how rigid his instructions can be when he is

Declassified by 058375
date 27 SEP 1977

SECRET

SECRET

implementing De Gaulle's policies. Ambassador Bohlen, analyzing France's abrupt break-off of EEC Council negotiations, concluded that "Couve was under instructions which left him no latitude, even to take advantage of what may have been, from the strictly financial viewpoint, a favorable tactical situation in the Council meeting." In the negotiations, Couve made frequent use of a direct telephone link with the Elysee and often requested recesses in order to check with Paris.

4. This is not to imply that Couve is deprived of all negotiating maneuverability. At times he may have a fair amount of leeway in a situation where he has an intimate knowledge both of the substance of the negotiations and of the strengths and weaknesses of the opposition. He may fail, however, to assess correctly how his chief would react to unexpected tactical shifts at the bargaining table. In the event that his assessment of the effect of a tactical shift on a long-range goal were to differ from De Gaulle's, the foreign minister would be forced to modify his negotiating posture.

5. There are numerous instances in which Couve has been overruled by De Gaulle, presumably on issues on which the foreign minister went beyond the boundary between tactics and strategy. At the time France announced its withdrawal from NATO, Couve is reported to have tried to persuade De Gaulle to let him explain the French position and outline the relationship he envisaged. De Gaulle refused, restricting him to a curt formal notification. Earlier, Couve had also failed to modify a French decision not to participate in a NATO defense exercise. On SEATO, Couve is known to have recommended outright withdrawal only to have De Gaulle insist on a gradual disengagement. Couve was also overruled when he attempted to prevent a diplomatic escalation of the Ben Barka affair. Couve counseled against the withdrawal of the French ambassador to Morocco and urged moderation.

6. Despite the fact that Couve has frequent contacts with De Gaulle (according to Ambassador Bohlen, the two see each other at least twice a week), discrepancies sometimes arise between De Gaulle's and Couve's pronouncements. These inconsistencies appear because De Gaulle often conceals his innermost thinking on certain problems. Moreover, on certain complex issues the general takes his time deciding on concrete moves even though his long-range goals

-2-

(.78 12A)

SECRET

SECRET

are clear. Couve, then, is limited in what he can reveal of future French plans and policies not only because he sometimes is not privy to De Gaulle's thoughts but also because De Gaulle himself has yet to make final decisions.

Foreign Policy Views

7. Couve made his reputation not as a Gaullist politican but as a government servant skilled in the fields of finance and diplomacy. Couve, indeed, does not fit the term "Gaullist" in the usual use of the word to describe one who in early World War II days cast his lot with De Gaulle and remained with the general through ebbing and flowing political tides. Nevertheless, even before his entry into the government in 1958, Couve adhered to a "Gaullist" philosophy predicated on confidence in France's cultural superiority and the justice of its claim to be the spokesman for Europe. He has thus willingly as well as faithfully echoed his master's voice.

...on Nuclear Proliferation

8. Speaking of France's nuclear ambitions, for example, Couve has often affirmed that France is determined to play her role in defense and has rigorously defended France's insistence on a thermonuclear deterrent and control of its forces. In explaining France's reasons for refusing to sign the nuclear test ban treaty, Couve reiterates the Gaullist argument that such an accord does not constitute a step toward disarmament but merely crystallizes the differences between those who have nuclear arms and those who do not. Couve affirms that when the major nuclear powers are prepared to sacrifice existing atomic weapons, France will not block the move.

...on the US and the Alliance

9. While Couve has been "correct," i.e., diplomatically proper, in his relations with the US, a thread of anti-Americanism can sometimes be discerned. According to the Austrian ambassador to Paris, Martin Fuchs, "Couve dislikes the US and this dislike is topped only by his intense feelings against Britain." Nonetheless, like De Gaulle, Couve speaks of the centuries-old alliance between France and the US and insists that France has no desire to destroy this friendship. He concedes that "France may be a difficult ally," but maintains that it is a "loyal and

SECRET

~~SECRET~~

certain one." Paris has made abundantly clear, however, that it will restrict its support as an ally to a situation in which a Communist threat is directed against the US and, either directly or indirectly, at Europe. France cites its response during the Cuban missile crisis as the classic example of its loyalty in a case where the vital security of the US was threatened by an unprovoked aggressive act on the part of the Soviet Union. Had Russia succeeded in Cuba, Europe would have been left wide open to a later Communist move.

...on Vietnam

10. In Vietnam, on the other hand, Paris considers that the US is pursuing a colonial-type war and is intervening without justification in the internal affairs of the Vietnamese. Thus the Southeast Asian conflict is one in which the US must go it alone militarily.

11. Couve reiterated the tough French stand on Vietnam as recently as 19 September, making clear in a radio interview that the French considered that the injection of regular troops into the conflict by the US was the turning point which had made negotiations virtually impossible. Like De Gaulle, Couve has called for a return to the principles established by the 1954 Geneva Agreements and has indicated that the five major powers should assume broad political responsibility for all of Indochina. On several occasions the foreign minister has reaffirmed the French view that a military solution is impossible, that a Communist take-over is preferable to a continuation of the war, and that France would not support the US militarily if the conflict should extend beyond Southeast Asia.

...on NATO and the UN

12. On NATO, Couve, in March of this year, reiterated the government's stand that the Atlantic Alliance must be continued but said that the disadvantages of NATO had come to outweigh the advantages. Specifically, Couve stated that NATO had deprived France of its sense of responsibility in matters of defense and had prolonged its dependence on the US.

13. The foreign minister has had relatively little to say on UN matters but is known to support France's refusal to pay its share of the UN peacekeeping debt. He,

37

Les services secrets israéliens se vanteront d'avoir subtilisé, au nez et à la barbe des Français, les vedettes de Cherbourg. Rien n'est plus faux. Les documents ci-joints montrent que le gouvernement avait été informé mais qu'il avait choisi — Georges Pompidou en tête — de ne pas bouger.

AUB

R.C. CHERBOURG
- n° 9 -

20 Décembre 1969

CONFIDENTIEL DÉFENSE

- NOTE DE RENSEIGNEMENTS -

<u>Objet</u> : Matériel militaire à destination d'Israël.

Les Etablissements AMIOT de Cherbourg (constructions navales) ont été chargés de construire une série de vedettes garde-côtes pour le compte de l'état israélien. La dernière vedette de cette série vient d'être mise à l'eau.

Actuellement, cinq de ces vedettes sont mouillées dans la darse transatlantique du port de Cherbourg. Elles font l'objet des mesures d'embargo sur le matériel militaire à destination d'Israël.

Selon des renseignements qui nous sont parvenus ces vedettes quitteraient prochainement Cherbourg de "façon légale". Elles feraient l'objet d'une vente fictive à un pays de l'Europe du Nord et gagneraient Israël par la suite.

adressé au DCRG
Paris
le 20-12-69

MINISTÈRE DE L'INTÉRIEUR
DIRECTION GÉNÉRALE DE LA SURETÉ NATIONALE
DIRECTION DES RENSEIGNEMENTS GÉNÉRAUX

Cherbourg

ORIGINE				EXPÉDITION					RÉFÉRENCE		CLASSEMENT	
DÉPARTEM.	POSTE	COTE SOURCE	COTE SERVICE	NATURE	DATE	EXEMPLAIRES NOMBRE	EXEMPLAIRES N°	ENREGISTREM.	ENREGISTREM.	DATE	CATÉG.	DOS
50	2	2			31.12.69	11		736				

PIÈCES JOINTES

OBJET

Vedettes israéliennes

- Cabinet -

DESTINATAIRES	
MM. LE PRÉFET	1
LE DIRECTEUR DES R.G.	3
le Sous-Préfet	1
S.R.R.G.	2
S.D.R.G.	2
Archives	2

TIMBRE A L'ARRIVÉE

ENREGISTREMENT

DIFFUSION

COTE D'EXPLOITATION

CLASSEMENT

OBSERVATIONS

RÉSUMÉ

Celles-ci sont parties tous feux allumés. Les passeports ~~de la colonie israélienne de Cherbourg~~ auraient été régularisés tous les trois mois par l'Ambassade d'Israel à Paris.
Réactions diverses.

1. Selon un témoin oculaire du départ des vedettes, le 25 Décembre, ces dernières sont parties tous feux allumés et à plein régime comme avaient l'habitude de le faire les équipages de ces vedettes lorsque celles-ci sortaient en mer pour effectuer leurs essais. Ce témoin n'a pu préciser si ces vedettes avaient emprunté la passe Ouest ou la passe Est du port.

2. D'autre part, selon un renseignement que nous n'avons pu encore vérifier, le chef de la mission permanente israélienne opérait tous les 3 mois un ramassage des passeports des Israéliens présents à Cherbourg et les faisait parvenir à l'Ambassade d'Israel à Paris. Cette dernière faisait régulariser les passeports.

3. Les journalistes de la presse parisienne, des radios périphériques et de la Télévision italienne étaient présents le 30.12.1969 à Cherbourg.

Ils ont réalisé des enregistrements auprès des personnalités suivantes :

- M. HEBERT, Député-Maire de Cherbourg, qui a réaffirmé son hostilité à l'embargo.

Interviewé par le correspondant de RAI, le docteur HEBERT a, sur le mode ironique, traité de la concurrence entre les Chantiers Amiot et les chantiers italiens, rappelé que les Italiens devaient armer

.../...

- 2 - (N.I. n° 736 du 31.12.1969)

les vedettes qui sont parties et mentionné la qualité des vedettes construites à Cherbourg.

- M. MICHEL, Président de la Chambre de Commerce de Cherbourg, qui a indiqué que s'il y avait des responsables, "c'est dans les Ministères qu'il faut les rechercher" et a exprimé son inquiétude de voir retomber "sur un lampiste" les conséquences de l'opération.

- M. LEVEQUE, transitaire en douane, qui a effectué les transactions en douanes pour le compte de la Société AMIOT, qui a réaffirmé la régularité de toutes les opérations effectuées à Cherbourg.

4. Dans le chapitre des réactions, notons l'envoi d'une lettre de M. MARIGNY, secrétaire fédéral du P.S.U. au journal local "La Presse de la Manche". Dans cette lettre, M. MARIGNY s'étonne que "La Presse de la Manche" n'ait abordé le problème des vedettes que le lundi 29 décembre, puis il rappelle la position du P.S.U. concernant l'embargo.

La rédaction de "La Presse de la Manche", sous la signature de M. GIUSTINIANI, Directeur du journal, répond assez sèchement à M. MARIGNY, en faisant état d'un accord tacite passé entre la maison AMIOT et les représentants de la presse locale, ces derniers ayant accepté de faire preuve de discrétion sur le problème des vedettes israéliennes, pour ne pas "gêner la principale industrie privée de Cherbourg".

A ce sujet, il faut préciser que les journalistes locaux n'ont eu connaissance du départ des vedettes qu'en fin d'après-midi, le 26 décembre.

M. LEMESLE, correspondant d'Ouest-France, a passé l'information à son journal dans la soirée, et à l'Agence France-Presse dont il est le correspondant, seulement après minuit pour laisser à son journal la primeur de l'information.

Il semble que "La Presse de la Manche" ait eu également cette information, mais que ce journal ait respecté l'accord passé avec la maison AMIOT.

Pour expliquer ceci, il faut mentionner que M. GIUSTINIANI, Directeur de "La Presse de la Manche", a des relations personnelles avec M. Félix AMIOT.

*

38

En 1986, l'ex-empereur centrafricain Jean-Bedel Bokassa porte plainte contre les services spéciaux français à propos du pillage de son palais de Berengo.

Je soussigné Jean-Bedel BOKASSA, né le 22 février I92I à Bobangui (Centrafrique),
Officier en retraite de nationalité française,
Domicilié au chateau d'Hardricourt, 78250 Hardricourt,

Donne pouvoir et mandat à

Nom Secret pour l'INSTANT

Pour engager une action en justice pour "voie de fait" à la suite du pillage par des individus qui appartiendraient à des services spéciaux français - et ce sous la protection de l'armée française - de mon domicile de Berengo.

Et pour déposer plainte contre X pour "vol qualifié" auprès du doyen des Juges d'Instruction de Paris.

Fait à Hardricourt, le I6 Octobre I986.

Jean-Bedel BOKASSA.

39

Le colonel Moreau du SDECE est inquiet. Les Américains envisagent-ils de favoriser, au moyen des « images subliminales », le président sortant, François Mitterrand, pour l'élection présidentielle de 1988 ?

RÉPUBLIQUE FRANÇAISE

MINISTÈRE DE LA DÉFENSE

C. G.

14, RUE SAINT - DOMINIQUE

75997 - PARIS ARMÉES

PARIS, LE 3 août 1987

DIR/RENS/2°SECT/N°87.1756

NOTE POUR LE DIRECTEUR GENERAL

Un rapport du G.I.C. du 27 juillet 1987 fait état de plusieurs conversations téléphoniques internationales entre Monsieur David WOLFSON, né le 18 juin 1949 à NEW-YORK, et un certain nombre de ressortissants étrangers, notamment Monsieur Michael LEDEEN, Conseiller du Président REAGAN pour les affaires de terrorisme.

De nationalité américaine, Monsieur WOLFSON, connu sous le pseudonyme de David NILES, est installé à PARIS depuis une quinzaine d'années. Spécialiste en électronique, il dirige actuellement une société de production " CAPTAIN VIDEO " dont les bureaux se trouvent 57, Avenue de la Grande Armée à PARIS. Cette société traverse aujourd'hui de graves difficultés financières (nombreux incidents de paiement).

Monsieur WOLFSON a eu des démêlés avec la justice en 1981, époque à laquelle il a été poursuivi pour avoir lançé une télévision pirate nommée WADC-Canal 35.

En 1983, il a été recruté par la N.S.A. dans le cadre d'une opération ponctuelle des Special Collection Elements (S.C.E.) où ses compétences en électronique ont été utilisées.

Il résulte de l'exploitation du rapport du G.I.C. que Monsieur WOLFSON travaille depuis trois mois à la conception d'un générique destiné à la chaîne de télévision française Antenne 2.

Ce générique, qui serait au point prochainement, comporterait des images à caractère subliminal représentant le Président MITTERRAND.

Ces images, qui devraient être diffusées pendant la campagne électorale à l'occasion des élections présidentielles de mai 1988, hors propagande officielle, auraient pour objectif de détourner les textes réglementant le temps d'antenne de chaque candidat.

Cette opération semble accréditer la thèse selon laquelle le Président MITTERRAND se représenterait pour un second septennat.

Les commanditaires de cette opération ne sont pas identifiés à ce jour mais une manipulation réalisée à l'initiative ou avec le concours de ressortissants étrangers n'est pas à exclure.

Colonel MOREAU

40

Renseignement électronique : un agent de Berlin témoigne[1]

Après l'annonce du retrait par la France de son système de renseignement électronique à Berlin, chargé d'espionner le «bloc» ex-soviétique (le Monde daté 30-31 mai), nous avons reçu le témoignage suivant d'un fonctionnaire de ces services, auquel nous conservons l'anonymat, sur leur fonctionnement durant la période de la «guerre froide» Est-Ouest en Europe.

«Dans ces escadrons électroniques au sol (EES), de Bad-Lauterberg (en bordure du «rideau de fer»), à Berlin-Tegel (bien visible de l'aéroport), à Goslar (dans le Harz), à Furth-im-Wald (à la frontière avec l'ex-Tchécoslovaquie) et à Achern (en Forêt-Noire), on a compté jusqu'à une centaine de techniciens à chaque fois. Il y avait plusieurs cellules de travail : ELINT (pour intercepter, analyser et localiser les émissions radars et radio navigation de l'ex-pacte de Varsovie), COMINT (pour connaître le trafic aéronautique), HF (pour intercepter les plots radars) et la cellule propre aux transmissions (pour l'expédition des différents messages).

» Les difficultés étaient importantes. Les matériels étaient obsolètes, inadéquats, non évolutifs et appartenaient à une ancienne génération imposée par le lobby militaro-industriel. Le réseau des EES était mal réparti géographiquement et, pour certains, l'emplacement était très pénalisant pour la qualité de la réception : l'EES 02 de Berlin, situé au ras du sol, était sourd et aveugle au-delà de 80 kilomètres et l'EES 03 de Goslar était, lui, gêné par une crête qui masquait les ondes. D'une manière générale, ce réseau était peu cohérent : deux stations trop proches faisaient double emploi, les autres, trop éloignées, ne parvenaient pas à corréler leurs interceptions.

Des crédits gaspillés

» Enfin, la motivation des personnels est inversement proportionnelle au montant de la solde et aux avantages en nature, avec l'apparition de la fameuse «berlinite» qui est une maladie incurable et dont les symptômes sont l'étalement des signes extérieurs de richesse, la vanité et la jalousie...

» Voilà les causes premières du marasme du renseignement français qui, malgré le volontarisme des différents ministres (de Charles Hernu à François Léotard), des crédits importants engloutis et souvent gaspillés, n'a jamais «décollé». Face aux services allemands, britanniques et américains, qui disposent de bien d'autres moyens, nous avons toujours été demandeurs. Les alliés ont accepté de nous renseigner avec condescendance.

» Quant aux unités aéroportées spécialisées, elles se résument à un petit «coucou» biplace, dont la mission a été de ramener des photographies prises dans l'espace aérien de Berlin, et à un hélicoptère Puma HET (hélicoptère ELINT technique), qui est aujourd'hui démonté sur la base de Mont-de-Marsan (Landes). Cet hélicoptère, basé à Goslar et chargé d'effectuer des mesures fines sur les radars, a été un fiasco total et coûteux, du fait de sa conception par Thomson. Une simple anecdote : lorsque nous avons trouvé – enfin ! – le signal du nouvel IFF [*un équipement qui sert à l'équipage d'un avion à identifier un appareil intrus comme étant ennemi ou ami*] soviétique, les Allemands l'avaient déjà décortiqué depuis un an et demi et leur rapport était à Paris... dans un tiroir. Voilà pour nos outils irremplaçables, sauf à avoir réussi à faciliter l'avancement de quelques carrières ou la reconversion d'officiers dans une entreprise d'électronique.

» Il est pourtant une unité qui a obtenu de bons résultats : la mission militaire française de liaisons (MMFL), à Potsdam, dont le travail a consisté à photographier les installations militaires (casernes, véhicules nouveaux, stations radars, bases aériennes, dépôts, etc.) et à enregistrer le trafic aéronautique pour pallier les insuffisances de l'EES 02 de Berlin. Ces personnels de terrain ont des succès à leur actif, même si, à partir de 1983, ils ont dû modérer leur énergie après qu'un adjudant-chef a été écrasé au cours d'un accident «regrettable», selon les autorités est-allemandes, et que beaucoup d'entre eux ont été pourchassés par la Stasi, qui ne reculait devant aucun moyen. Les missions de la MMFL étaient risquées. La communication était conflictuelle entre la MMFL et les personnels des EES, qui, pourtant, restaient à l'abri.

Se faire oublier

» Pour ce qui concerne plus spécialement l'action de la DGSE, qui a dû affronter l'efficacité redoutable du service de contre-espionnage de la Stasi, seule l'ASTRAB [*il s'agit de l'antenne du service technique de recherche avancée de Berlin*] a obtenu des renseignements, en écoutant les liaisons entre hauts fonctionnaires de l'ex-Allemagne de l'Est. Ceux-ci, très au fait des techniques, étaient néanmoins plutôt discrets.

» Du dispositif électronique, il ne subsiste plus à l'heure actuelle que les EES de Berlin-Tegel, Furth-im-Wald et Achern. L'EES de Bad-Lauterberg a été fermé le 19 juin 1992 et celui de Goslar le sera le 21 juin 1993. Aujourd'hui, les trois EES restants espéraient se faire «oublier». Selon les cas, ils surveillent les forces russes dans les Républiques tchèque et slovaque (d'où elles sont parties depuis quelque temps), les forces polonaises, ainsi que le groupement opérationnel russe dans l'ex-Allemagne de l'Est (qui a pratiquement cessé toute activité). En 1991, les moyens nucléaires, les radars et les missiles anti aériens ont été redéployés vers la Russie.

» Bien des personnels français de Berlin sont rentrés à l'escadron électronique tactique EET 054 de Metz (avec deux avions Transall Gabriel), où ils sont plutôt désœuvrés, et accessoirement à la base aérienne d'Evreux, où est déployé un DC-8 Sarigue pour la reconnaissance électronique stratégique.»

[NDLR. – Les escadrons de recherche électronique du renseignement, au sol et en vol, qui ne sont que l'une des pièces du réseau français, relèvent du commandement des Forces aériennes tactiques (FATAC) dont le PC est à Metz.]

1. *Le Monde* du 16 juin 1993.

41

Créée par le ministre de la Défense André Giraud, l'École interarmées du renseignement et des études linguistiques s'intéresse, comme on le constate, toujours assez peu au monde arabe et aux pays du Sud-Est asiatique.

SEAS 100 D L

ECOLE INTERARMEES DU
RENSEIGNEMENT ET DES CV/JV
ETUDES LINGUISTIQUES

Strasbourg, le 5 août 1987

No ...6138...../EIREL / PC/DR
Clt. 0. 1060

NOTE DE SERVICE

OBJET : TABLEAU D'EFFECTIFS "PRATIQUE" DE L'E.I.R.E.L.

REFERENCES : T.E.A. N° 1341/DEF/EMA/OL.3 DU 15 JUILLET 1986
T.E.D./P ECO N° 308-88 DU 12 MAI 1986

La présente note a pour objet de répartir les personnels affectés à l'Ecole, en fonction des besoins et de la ressource consentie.

Le TABLEAU DES EFFECTIFS "PRATIQUE" ainsi défini en annexe, prend en compte l'affectation des personnels des trois Armées et de la Gendarmerie.

Elaboré à partir du T.E.D. "Paix" de l'Ecole, il comporte, en plus, les cellules attribuées à l'Ecole au titre des compléments de charges du temps de paix.

Les effectifs ainsi répartis constituent les "droits ouverts" aux différentes cellules.

La mise en application de cette note est immédiate ; la réalisation des Militaires du Rang est effectuée en fonction de la ressource fournie par chaque contingent.

Cette répartition est intangible. Toute modification - qui entraîne l'établissement d'un A.C.P. pour les cadres d'active - sera au préalable proposée au Chef de Corps.

Cette note comprend 3 annexes :

- Annexe 1 : Tableau des Effectifs
- Annexe 2 : Etat numérique récapitulatif des D.O. de l'EIREL
- Annexe 3 : Répartition des Militaires du Rang.

Le Colonel VILLERET
Chef de Corps de l'Ecole Interarmées
du Renseignement et des Etudes Linguistiques

DESTINATAIRES

- Général commandant l'Ecole
- Colonel Chef de Corps
- Chef d'Etat-Major
- Tous Services et Divisions

D L

ANNEXE 1

A LA NOTE DE SERVICE N° 6138/EIREL/PC/DR DU 5 AOUT 1987

TABLEAU DES EFFECTIFS

DESIGNATION DES CELLULES OU EMPLOIS SPECIALISES	EFFECTIFS					
	OFF.	S/OFF	M. D. R.		P.C.E.	TOTAL
			APP.	EVAT		
COMMANDEMENT						
COMMANDANT ECOLE	1					
SECRETARIAT COMMANDANT ECOLE		1			1	
ETAT-MAJOR						
CHEF DE CORPS	1					
CHEF D'ETAT-MAJOR	1					
SECRETARIAT P.C. ET BUREAU COURRIER		2	2		1	
SECURITE						
CHIFFRE - ORGANISATION	1	2				
MAITRES-CHIENS			4	1		
SERVICE GENERAL		1	6	1	2	
CHANCELLERIE						
OFFICIER CHANCELIER	1					
SOUS-OFFICIER SECRETAIRE		1				
SECRETAIRE				1		
TOTAL COMMANDEMENT	5	7	12	3	4	31
BUREAU ETUDES						
ETUDES GENERALES	2				1	
TOTAL BUREAU ETUDES	2				1	
BUREAU INFORMATIQUE						
TOTAL BUREAU INFORMATIQUE	1	2	5(1)			8

(1) dont 1 chargé de la réalisation des transparents.

D L

ANNEXE 1 - Page 2

DESIGNATION DES CELLULES OU EMPLOIS SPECIALISES	EFFECTIFS					
	OFF.	S/OFF	M. D. R.		P.C.E.	TOTAL
			APP.	EVAT		
DIRECTION INSTRUCTION	1					
BUREAU INSTRUCTION BUDGET						
CHEF BUREAU	1					
PLANIFICATION	1	1				
BUDGET	1	1				
INSTRUCTION - MOBILISATION	1	1				
SUIVI DES FILIERES	1				1	
DOCUMENTATION - DESSIN			2			
SECRETARIAT		1		1	2	
E. P. S.						
OFFICIER E.P.M.	1					
MONITEURS		2				
AIDE-MONITEUR			2			
ATELIER D'IMPRESSION			7		5	
CELLULE HEBERGEMENT ACCUEIL (1)		2	2		2	
TOTAL DIVISION INSTRUCTION	7	8	13	1	10	39

.) L'Officier des Sports est le Chef de la Cellule Hebergement-Accueil

D L

ANNEXE 1 - Page 3

DESIGNATION DES CELLULES OU EMPLOIS SPECIALISES	EFFECTIFS					
	OFF.	S/OFF	M. D. R.		P.C.E.	TOTAL
			APP.	EVAT		
SERVICES ADMINISTRATIFS						
CHEF S.A.	1					
SECRETARIAT		1	1		1	
GROUPE COMPTABILITE DENIERS						
TRESORIER		1				
COMPTABLE		1				
SECRETARIAT-COMPTABILITE			1			
ORD. ADM. CAT. C + D					2	
GROUPE EFFECTIFS						
CHEF CELLULE		1				
S.O. SECRETAIRE		2				
SECRETAIRE			1			
ORD. ADM. CAT. C + D					2	
GROUPE MATERIEL C. A. T.						
OFFICIER MATERIEL	1				2	
COMPTABLE		1				
MAGASIN COMPTABLE			1			
OUVRIERS					3	
MAÎTRES - OUVRIERS		3				
GROUPE ORDINAIRE-APPROVISIONNEMENT	1		19		16	
S.O. ORDINAIRE		1				
B.2. COMPTABILITE ADM.		1				
B.2. REST. COLLECT.		1				
B.1. REST. COLLECT.		1				
CERCLE-MESS						
S.O. COMTABLE		1				
SERVEURS			7			
COIFFEURS					2	
GROUPE VAGUEMESTRE		1	1			

D L

ANNEXE 1 - Page 4

DESIGNATION DES CELLULES OU EMPLOIS SPECIALISES	EFFECTIFS					
	OFF.	S/OFF	M. D. R.		P.C.E.	TOTAL
			APP.	EVAT		
FOYER						
COMPTABLE		1				
SERVEURS MESS-FOYER			4			
CASERNEMENT						
CHEF ATELIERS		2				
OUVRIERS			12	2	11	
TOTAL SERVICES ADMINISTRATIFS	3	19	47	2	39	109
SERVICES TECHNIQUES						
BUREAU TECHNIQUE	1		1			
SOUS-OFFICIER APPRO.		1				
ORD. ADM. C.A.T. C + D					1	
ATELIERS 2° ECH / A & B						
CHEF ATELIER		1				
SECRET. COMPT.		1				
MECAN. DEPAN.		1				
OUVRIERS					4	
ARMEMENT-MUNITIONS						
MECANICIEN		1				
ARMURIER			1			
TRANSMISSIONS-INCENDIE		1	1			
GROUPE TRANSP. CARBURANT						
CHEF ESCOUADE		2				
CONDUCTEURS			16	2	2	
TOTAL SERVICES TECHNIQUES	1	8	19	2	7	37

D L

ANNEXE 1 - Page 5

DESIGNATION DES CELLULES OU EMPLOIS SPECIALISES	EFFECTIFS					
	OFF.	S/OFF	M. D. R.		P.C.E.	TOTAL
			APP.	EVAT		
SERVICE DE SANTE						
MEDECIN-CHEF	1					
MEDECINS ADJOINTS (APPELES)	2					
DENTISTE (APPELE)	1					
SOUS-OFFICIERS (dont 1 Service de Santé)		2				
SECRET. AUX. SANIT. COND.			6		1	
TOTAL SERVICE DE SANTE	4	2	6		1	13
COMPAGNIE ECOLE						
GROUPE DE COMMANDEMENT						
COMMANDANT UNITE ELEMENTAIRE	1					
OFFICIER ADJOINT ET B.P.S.R.	1					
SOUS-OFFICIERS B.P.S.R.		1	1			
ADJUDANT DE COMPAGNIE		1				
GROUPE ADMINISTRATIF						
SOUS-OFFICIERS SECRETAIRES		2				
ARMURIERS			2			
SECRETAIRES			2			
ORD. ADM. C.A.T. C + D					1	
TOTAL COMPAGNIE ECOLE	2	4	5		1	12

D L

ANNEXE 1 - Page 6

DESIGNATION DES CELLULES OU EMPLOIS SPECIALISES	EFFECTIFS					
	OFF.	S/OFF	M. D. R. APP.	M. D. R. EVAT	P.C.E.	TOTAL
GROUPEMENT MOYENS AUDIO-VISUELS						
COMMANDANT	1					
SECRETARIAT		1	1	1		
CELLULE DIFFUSION - CESSION	1	1	1		1	
SECTION PRODUCTION AUDIO-VISUELLE						
CELLULE CONCEPTION	1	1		1		
CELLULE PRODUCTION DUPLICATION		3	4		1 (a)	
CELLULE MAINTENANCE ET DIFFUSION				1	1 (b)	
(a) T.E.F. (b) I.T.E.F.						
CELLULE PHOTOS AERIENNES		2		1		
CELLULE PLOTTING DESSIN				2	1 (a)	
CELLULE LABORATOIRE PHOTOS		1	5	1	3 *	
(a) T.E.F. (b) I.T.E.F. (*) 1 ITEF + 2 TEF						
TOTAL GROUPEMENT AUDIO-VISUELS	3	9	11	7	7	37

D L

ANNEXE 1 - Page 7

DESIGNATION DES CELLULES OU EMPLOIS SPECIALISES	EFFECTIFS					
	OFF.	S/OFF	M. D. R.		P.C.E.	TOTAL
			APP.	EVAT		
DIVISION RENS.MILITAIRE INTERARMEES						
COMMANDEMENT	1					
SECRETARIAT		2	2			
OFFICIERS CHEFS DE COURS	4					
ANTENNE EIREL/PARIS		2	2			
TOTAL DIV.RENS.MIL.INTERARMEES	5	5	4			14
DIVISION RENSEIGNEMENT TACTIQUE						
COMMANDEMENT	1					
SECRETARIAT		1	2		1	
SECTION PEDAGOGIQUE	2	1	1			
COURS TACTIQUE						
OFFICIERS CHEFS DE COURS	4					
TOTAL DIV. RENS. TACTIQUE	7	2	3		1	13

D L

ANNEXE 1 - Page 8

DESIGNATION DES CELLULES OU EMPLOIS SPECIALISES	EFFECTIFS					
	OFF.	S/OFF	M. D. R.		P.C.E.	TOTAL
			APP.	EVAT		
DIVISION TECHNIQUE DU RENSEIGNEMENT						
COMMANDEMENT	1					
SECRETARIAT		1	2	1	1	
SECTION INTERPRETATION PHOTO	4	2			1[a]	
(a) T.E.F.						
SECTION SURVEILLANCE DU CHAMP DE BATAILLE ET RENSEIGNEMENT D'ORIGINE ELECTRONIQUE	2	1			3 *	
(*) Contrôleurs Trans.						
SECTION RECHERCHE DE L'AVANT ET INTERROGATION DES PRISONNIERS DE GUERRE	1					
TOTAL DIV. TECHNIQUE DU RENS.	8	4	2	1	5	20

DL

ANNEXE 1 - Page 9

DESIGNATION DES CELLULES OU EMPLOIS SPECIALISES	EFFECTIFS					
	OFF.	S/OFF	M. D. R.		P.C.E.	TOTAL
			APP.	EVAT		
DIVISION LANGUES ET ETUDES MILITAIRES ETRANGERES						
COMMANDEMENT	1					
OFFICIERS ADJOINTS	2					
SECRETARIAT		1	1		1	
COMPAGNIE O.E.V.H.F.						
COMMANDANT LA COMPAGNIE	1					
ADJOINT	1					
ADJUDANT DE COMPAGNIE		1				
CONDUCTEUR			1			
SECTION RUSSE		6				
SECTION ARABE		3				
(VOLANT)		2				
SECTION TCHEQUE		5				
SECTION D'ETUDES LINGUISTIQUES						
SEBNA	4[1]	1[1]	2		1	
SECTION GERMANIQUE	3[2]	2[2]	2		2	
SECTION HISPANIQUE	2[3]		1			
SECTION D'ETUDES ARABES	3		1		2[4]	
SECTION D'ETUDES SLAVES						
CELLULE RUSSE	2		2		2	
CELLULE TCHEQUE	1		1		1 *	
SECTION D'ETUDES SUD-EST ASIATIQUES			1		1	
(*) Contractuel						
TOTAL DIV.LANGUES & ETUDES MIL. ETR.	20	21	12		10	43

(1) Dont ASP BARRET et MCH MAC DONALD
(2) Dont CNE VAN MARCKE, MCH GAUTHIER et MDL KIWITZ de la Gendarmerie
(3) Dont ASP BARRET
(4) Dont Mr BLANC (Langue Amharique).

D L

ANNEXE 2

A LA NOTE DE SERVICE N° 6138/EIREL/PC DR DU 5 AOUT 1987

ETAT NUMERIQUE RECAPITULATIF DES D.O. DE L'E.I.R.E.L.

UNITES OU SERVICES	OFFICIERS	S/OFFICIERS	MDR/ASP	E.V.A.T.	CIVILS
COMMANDEMENT	8	9	16	3	5
DIVISION INSTRUCTION	7	8	13	1	10
SCES ADMINISTRATIFS	3	19	47	2	39
SCES TECHNIQUES	1	8	19	2	7
SERVICE DE SANTE	4	2	6		1
COMPAGNIE ECOLE	2	4	5		1
G. M. A. V.	3	9	11	7	7
DIV. RENS. MIL. INT.	5	5	4		
DIV. RENS. TACTIQUE	7	2	3		1
DIV. TECHN. DU RENS.	8	4	2	1	5
DIV. LANGUES & E.M.E.	20	21	12		10
TOTAL	68	91	139	16	86

	dont :	dont :
	- 4 SANTE - 2 AIR - 1 MER - 1 GEND. - 2 ASP. --- 10	- 2 LANGUE ARABE - 2 ALAT - 2 GEND. - 1 AIR - 1 MER - 1 MAITRE-OUVRIER --- 8

D L

ANNEXE 3

A LA NOTE DE SERVICE N° 6138/EIREL/PC/DR DU 5 AOUT 1987

REPARTITION DES MILITAIRES DU RANG

La répartition de la ressource en Militaires du Rang a été calculée de la manière suivante :

Droits ouverts

- Droits incorporation	23,2
- Complément annuel	4
- Personnels HTREP	19
- MdR sous contrat	16

Estimation de la ressource

- Cinq contingents mobilisables (2 mois)	23,2 x 5	=	116
- Complément annuel mobilisé			4
- Personnel HTREP			19
- MdR sous contrat			16
	TOTAL		155

Les droits en personnels MdR appelés ainsi répartis seront donc HONORES EN PERMANENCE, à l'exception des personnels HTREP dont l'affectation n'aura lieu qu'à l'issue de leur période de formation.

---oooOooo---

BIBLIOGRAPHIE SOMMAIRE

On trouvera ici la liste des ouvrages les plus consultés et les plus cités :

Jacques Abtey
La Guerre secrète de Joséphine Baker. Paris-La Havane, Siboney, 1948.
Pierre Accoce et Pierre Quet
La Guerre a été gagnée en Suisse : l'affaire Roessler (1939-1945). Lib. académique Perrin, 1966.
B. d'Agreval
Les Diplomates français sous Napoléon III. Paris, 1872.
Jean-Pierre Alem
L'Espionnage à travers les âges. Stock, 1977.
L'Espionnage (histoires, méthodes). Lavauzelle, 1987.
Philippe Alexandre
L'Exécution d'un homme politique. Grasset, 1973.
Paul Allard
L'Affaire Frogé. Baudinière, 1936.
Gabriel Alphaud
L'Action allemande aux États-Unis : de la mission Dernburg à l'incident Dumba (2 août 1914-1925 septembre 1915). Paris, 1915.
Ammien Marcellin, Jornandes, Frontin, Vegege, Modestus.
Collection des auteurs latins publiée sous la direction de M. Nisard. Paris, 1849.
Lieutenant-colonel Archen
Missions spéciales au Luxembourg. France-Empire, 1969.
Col. Antoine Argoud
La Décadence, l'Imposture et la Tragédie. Fayard, 1974.
Drago Arsenijevic
Genève appelle Moscou : l'affaire Rado-Roessler. Laffont, 1969.
Major général Sir George Aston
Secret Service : espionnage et contre-espionnage anglais pendant la guerre 1914-1918. » (traduction H. de Courtois). Paris, 1931.
Stéphane Audouin-Rouzeau
1870, la France dans la guerre. Armand Colin, 1989.
Général du Barail
Mes souvenirs (1820-1879). 17e édition, Paris, 1913.
Jean Bardanne
Le Colonel Nicolaï, espion de génie. Paris-La Havane, Siboney, 1948.
L'Allemagne attaquera le.... Baudinière, 1932.
Intelligence Service en Belgique. Baudinière, 1934.

Max Bardet
OK Cargo. Grasset.
Louis Barthou
Lyautey et le Maroc. Ed. du « Petit Parisien », s.d.
Maurice Baumont
Aux sources de l'affaire (l'Affaire Dreyfus d'après les archives diplomatiques). Production de Paris, 1959.
René Bazin
Charles de Foucauld : explorateur du Maroc, ermite au Sahara. Plon, 1921.
Capitaine Beauvais
Attachés militaires, attachés navals, attachés de l'air. 1937.
Comte Benedetti
Ma mission en Prusse. Paris, 1871.
Benoist-Méchin
Histoire de l'armée allemande, tomes I et II. Albin Michel, 1964.
Pierre Benoit
La Châtelaine du Liban. Albin Michel, 1924.
Marcel Berger et Paul Allard
Les Secrets de la censure pendant la guerre. Ed. des Portiques, 1932.
Erwan Bergot
Commandos de choc en Indochine. Grasset, 1975.
Le Dossier rouge. Grasset, 1976.
Henri Bernard
Un géant de la résistance, Walthère Dewé. Bruxelles, La Renaissance, 1971.
Arthur Bernede
Suis-je un assassin ? La Baudinière (coll. 2e Bureau), 1935.
Gustave Bertrand
Enigma (ou la plus grande énigme de la guerre 1939-1945). Plon, 1973.
Jean Bezy
Le SR air (Préface col. Paillole). France-Empire, 1979.
Henry Bidou
Histoire de la Grande Guerre. Gallimard, s.d.
Henri Binder
Espionnage et contre-espionnage à Bruxelles (1914-1918). Payot, 1935.
Prince de Bismarck
Pensées et souvenirs (traduction E. Jaéglé). Paris, 1899.
Commandant de Blondeau
Le Service de renseignements. Chapelot, 1911.
Marcel Body
Un piano en bouleau de Carélie. 1981.
Lieutenant-colonel breveté Boucabeille
La Guerre turco-balkanique de 1912. Paris, 1913.
Robert Boucard
Les Dessous des archives secrètes. Ed. de France, 1929.
Les Dessous de l'espionnage anglais. Ed. de France, 1929.
Les Dessous de l'espionnage français. Ed. de France, 1929.
Les Femmes et l'espionnage (suivi de *Les Dessous de l'expédition de Russie.*) Ed. documentaires, 1929.
Les Dessous de l'Intelligence Service. Ed. documentaires, 1937.
Les Secrets du GQG. Ed. de France, 1936.
Les Dessous de l'espionnage allemand. Ed. de France, 1933.

Les Dessous de l'espionnage (1939-1959). Ed. Descamps, 1958.
La Guerre des renseignements. Ed. de France, 1939.

Jean Bourdier et Marina Grey
Les Armées gauches. Stock, 1968.

Jean-Denis Bredin
L'Affaire. Julliard, 1983.

Général Édouard Bremond
Le Hedjaz dans la guerre mondiale (préface du maréchal Franchet d'Esperey). Payot, 1931.

Alain Brossat
Agents de Moscou. Gallimard, 1988.

Gilberte Brossolette
Il s'appelait Pierre Brossolette. Albin Michel, 1976.

Lord Brook
An eye witness in Manchuria, 2e édition. Londres, 1905.

Louis Brunet (ancien officier du service des renseignements).
Agents secrets. Ed. du « National », 1939.

Georges Cahen-Salvador
Les Prisonniers de guerre (1914-1918). Paris, 1929.

J.D. Carrere
Missionnaires en burnous bleus (au service des renseignements durant l'épopée marocaine). Limoges, Charles-Lavauzelle, 1973.

Catherine de Castilho
Mon père était Rémy. Éd. FAR, 1985.

Capitaine Catoire
Ma mission à Rome 1933-1937. Thèse.

Claude Carre
Les Attachés militaires français 1920-40. Université Paris-I, 1976.

Pierre Cavadia
L'Espionnage et la trahison (thèse). Jouve et C°, 1926.

Pierre Chaine
Les Mémoires d'un rat. A l'Œuvre, 1917.

R.Y. Chard
Le Pigeon voyageur. Éd. de Vechi, 1976.

Jan B. Chodzko
La Guerre au couteau. Baudinière (coll. « Guerre secrète »), 1934.

A.G. Clark-Kennedy
Edith Cavell. London, Faber & Faber, 1965.

Henry Coin
Quatre espions parlent. Éd. de France, 1931.

Paul Coblentz
Le Silence du Sarrail. Éd. Louis Querelle, 1930.

Général A. von Cramon
Quatre ans au GQG austro-hongrois pendant la guerre mondiale, comme représentant du GQG allemand (traduction capitaine Koeltz). Paris, 1922.

Francis Crémieux et Jacques Estager
Sur le parti (1939-1940). Temps actuels, 1983.

Joseph Crozier (officier du 2e Bureau de l'EMA)
Mes missions secrètes, 1915-1918. Payot, 1933.

Commandant Cuignet
Souvenirs de l'Affaire Dreyfus : le dossier Trarieux-Tornielli-Reinach. Paris, 1911.

Colonel A. de Dainville
L'ORA — la résistance de l'armée (guerre 39-45). Limoges, Charles Lavauzelle, 1974.
Général Youri Danilov (ancien quartier-maître général des armées russes).
La Russie dans la guerre mondiale (1914-1918). Paris, 1927.
Le Premier Généralissime des armées russes : le grand-duc Nicolas. Son rôle dans la guerre mondiale (1914-1915). Paris, 1932.
Léon Daudet
L'Avant-Guerre. (Études & documents sur l'espionnage juif-allemand en France depuis l'Affaire Dreyfus). Nouvelle Librairie nationale, 1915.
La Vermine du monde : roman de l'espionnage allemand. Fayard, 1911.
Joseph Davrichewy
Ah ! ce qu'on rigolait bien avec mon copain Staline. Simoen, 1979.
Jacques Derogy et Jean-Marie Pontant
Enquête sur trois secrets d'État. Robert Laffont 1986.
Pierre Deloncle
Charles de Foucauld, le prédestiné, le précurseur. 1946.
Roger Delpey
Diên Biên Phu, l'Affaire. Pensée moderne.
Lieutenant Pierre Desgranges
Au service des marchands d'armes. Alexis Redier, 1934.
Lieutenant Pierre Desgranges et lieutenant de Belleval
En mission chez l'ennemi. Alexis Redier, 1930.
Pavillon noir. Alexis Redier, 1931.
Henri Domelier
Au GQG allemand, préface de Maurice Barrès. La Renaissance du livre, 1919.
Capitaine Douchy
La Guerre turco-grecque de 1897. Paris, 1898.
Général Dupont
Le Haut Commandement allemand en 1914 (du point de vue allemand). Librairie Chapelot, 1922.
Paul Durand
Agents secrets (l'Affaire Fauquenot-Birckel). Payot, 1937.
Jacques Dyssord
L'Espionnage allemand à l'œuvre. Éditions & Librairie, 1915.
Bernt Engelmann
Mes amis les trafiquants d'armes. 1966.
Roger Faligot et Pascal Krop
La Piscine. Le Seuil, 1985.
Roger Faligot et Rémi Kauffer
Éminences grises. Fayard, 1992.
Histoire mondiale du renseignement. Robert Laffont, 1993.
Amiral de Faramond
Souvenirs d'un attaché naval en Allemagne et en Autriche (1910-1914), préface de J. Cambon. Paris, 1932.
Jean Ferniot
Les Ides de mai. Plon, 1958.
Flassan
Histoire générale et raisonnée de la diplomatie française, depuis la fondation de la monarchie jusqu'à la fin du règne de Louis XVI, 2e édition. Paris, 1811.
M.R.D. Foot
The SOE in France. London, HMSO, 1966.

Capitaine Foucart
Campagne de Prusse de 1806 : Iéna. Paris, 1887.
A.F. Frangulis
La Grèce et la crise mondiale. Paris, 1926.
Charles de Freycinet
Souvenirs, 1848-1878. 1912.
R. Christian Froge
L'Affaire Frogé. Nouvelles Éditions latines, 1934.
Lieutenant Alain Froment
L'Espionnage militaire. 1887.
L'Espionnage militaire et les fonds secrets de la guerre. Paris, 1888.
Instruction provisoire sur l'emploi tactique des grandes unités du 6 octobre 1921. Paris.
Lothar Gall
Bismarck. Fayard, 1984.
Capitaine Lucien Gallimard.
Histoire du BCRA. SHA, 1945.
Origine et déviation du gaullisme (de Gaulle agent de Reynaud ?). Éd. de la Couronne, 1950.
Michel Garder
La Guerre secrète des services spéciaux (1935-1945). Plon, 1967.
Général Gauché
Le Deuxième Bureau au travail, 1935-1940. Amiot-Dumont, 1953.
Reinhard Gehlen
L'Organisation Gehlen. Mémoires. Saint-Clair, 1975.
José Germain et Stéphane Faye
Le Général Laperrine, grand Saharien. Plon, 1922.
André Gillois
Histoire secrète des Français à Londres (de 1940 à 1944). Hachette, 1973.
Général Giraud
Un seul but, la victoire. » (Alger 1942-1944). Julliard, 1949.
Givierge
Cours de cryptographie. Paris, 1932.
Paul Gordeaux
Mata Hari. Genève, Minerva, 1970.
W. Greener
A secret agent in Port-Arthur. Londres, 1905.
Fernand Grenard
La Révolution russe. 1933.
Col. Georges Groussard
Chemins secrets. Paris-Mulhouse-Lausanne, 1948.
Service secret, 1940-45. La Table ronde, 1964.
Alain Guérin
Les Commandos de la guerre froide. Julliard, 1969.
G.A.H. Guibert
Journal d'un voyage en Allemagne, fait en 1773 (ouvrage posthume). Paris, 1803.
Vicomte de Guichen
La Crise d'Orient de 1839 à 1841 et d'Europe. Paris, 1921.
Les Grandes Questions européennes et la diplomatie des puissances sous la Deuxième République française. Paris, 1925-1929.
Questions d'histoire diplomatique et économique contemporaines. Paris,

1933.
La Guerre de Crimée (1854-1856) et l'attitude des puissances européennes. Paris, 1936.
Robert Guillain
L'Espion qui sauva Moscou. Le Seuil, 1981.
Général Guillaume
Homme de guerre. France-Empire, 1977.
Guillaume — « Gilbert »
Mes missions face à l'Abwehr (contre-espionnage 1938-45), 3 volumes. Plon, 1973.
Henri Guillemin
L'Avènement de M. Thiers, et réflexions sur la Commune. Gallimard, 1971.
Jean Guisnel et Bernard Violet
Services secrets. La Découverte, 1988.
Commandant Gusthal
Les Héros sans gloire du 2e Bureau. Baudinière, 1932.
Lieutenant-général Sir Ian Hamilton
Journal de route d'un officier d'état-major pendant la guerre russo-japonaise (traduction du lieutenant Verdet. Préface du général Langlois). Paris et Nancy, 1909.
Hansi et Tonnelat
A travers les lignes ennemies. Payot, 1922.
Heddaya
Les Immunités des agents diplomatiques, thèse, Lyon, 1932.
Philippe Heduy
La Guerre d'Indochine. Société de productions littéraires.
A.G. Heffter
Le Droit international de l'Europe (traduction J. Bergson), 4e édition française augmentée et annotée par F. Heinrich Geffcken. Berlin et Paris, 1883.
George Hill
Go spy the land. Londres, 1932.
Jacques Houbart et Jean-Michel Rankovitch
Guerres sans drapeau. Julliard, 1966.
Jules Humbert Droz (ancien secrétaire de l'Internationale communiste.)
L'Œil de Moscou à Paris. Julliard, 1964.
Michel Idrac
Un Français : le lieutenant-colonel Jean Ferrandi. Lavauzelle, 1936.
Col. comte Paul Ignatiev (chef du 2e Bureau interallié à Paris)
La Conversion d'une espionne. Baudinière, 1934.
Ma mission en France. Éd. du Masque, s.d.
Lieutenant R. Jacomet
Les Lois de la guerre continentale, préface de Louis Renault, 2e édition, Paris, 1913.
Henri Jacquin
Guerre secrète en Indochine. Olivier Orban, 1979.
Général Janin
Ma mission en Sibérie. 1933.
Réginald Kann
Journal d'un correspondant de guerre en Extrême-Orient (Japon, Mandchourie, Corée). Paris, 1905.
Sir Roger Keyes (amiral de la Flotte)

Des bancs de Flandre aux Dardanelles (The Narrow Seas to the Dardanells), 1910-1915 (traduction Henri Thies). Paris, 1936.
Albert Khan et Michel Sayers
La Grande Conspiration contre la Russie. Éd. Hier & Aujourd'hui, 1947.
Henri Koch-Kent
10 mai 1940 en Luxembourg. Luxembourg, 1971.
Doudot. Casterman, 1976.
Fred Kupferman
Mata Hari. Éd. Complexe, 1982.
L. Lacaze
Aventures d'un agent secret français, 1914-1918. Payot, 1934.
Commandant Ladoux
Les Chasseurs d'espions » (Comment j'ai fait arrêter Mata-Hari). Éd. du Masque, 1932.
La Guerre secrète en Alsace. Éd. du Masque, 1934.
Marthe Richard, espionne au service de la France. Éd. du Masque, 1932.
Mes souvenirs (contre-espionnage) (recueillis et mis au point par Marcel Berger). Éd. de France, 1937.
Baron Auguste Lahure
Direction des armées : note sur le service des états-majors en campagne et en temps de paix. Bruxelles, 1875.
Pierre La Mazière
Partant pour la Syrie. Baudinière, 1926.
Paul Lanoir
L'Espionnage allemand en France. Albin Michel, s.d.
Paul & Suzanne Lanoir
Espions, espionnage, récits inédits de faits d'espionnage (2 vol.). Delandre, 1916.
Jacques de Launay
Histoire de la diplomatie secrète (de 1914 à 1915). Marabout, 1966.
Michel Leblanc
L'Ennemie de Mata Hari. France-Empire, 1974.
Antoine Lefebure
Havas : les arcanes du pouvoir. Grasset, 1992.
Capitaine Lefevre
Les Marchands de mort subite (L'Intelligence Service contre la France). Impr. des documents politiques, 1943.
P.A. Léger
Aux carrefours de la guerre. Albin Michel, 1983.
Teddy Legrand
Les Sept Têtes du dragon vert. Berger-Levrault (coll. « La Guerre des cerveaux »), 1933.
Gérad. Le Marec
Services de renseignements et grands espions. Beauval, 1980.
Secrets et réussites de l'espionnage français. Famot, 1979.
Paul Leroy
Des consulats, des légations et des ambassades. Paris, 1876.
Edmond Lerville
Les Cahiers secrets de la cryptographie. Éd. du Rocher, 1972.
Général Lewal
Études de guerre : tactique des renseignements. Paris, 1881.
Commandant L'Herminier
Casabianca. France-empire, s.d.

Liman von Sanders (général de cavalerie)
Cinq ans en Turquie (traduction commandant Mabille). Paris, 1923.
Robert Bruce Lockhart
L'As des espions. Fayard, 1971.
The Diaries of Sir Robert Bruce Lochart. 1) 1915-1958, 2) 1939-1965. Londres, 1973.
Michel de Lombarès
L'Affaire Dreyfus. Lavauzelle, 1985.
Georges Loustaunau-Lacau
Mémoires d'un Français rebelle, 1914-48. Robert Laffont, 1948.
Charles Lucieto
Le Diable noir (le contre-espionnage en Belgique pendant la guerre). Berger-Levrault, 1928.
L'Espion du Kaiser (roman documentaire). Berger-Levrault, 1929.
En missions spéciales (mémoires d'un agent des services secrets de l'entente). Berger-Levrault, 1926.
Livrés à l'ennemi. Berger-Levrault, 1928.
La Vierge rouge du Kremlin. Berger-Levrault, 1927.
La Guerre des cerveaux : la brigade des loups. Berger-Levrault, 1932.
Charles Lux
L'Évasion du capitaine Lux (1910-1912) racontée par son auteur (préface du général Hirschauer). Les Œuvres représentatives, 1932.
G. Mace
Le Service de la sûreté (par son ancien chef). G. Charpentier & C°, 1885.
Machiavel
L'Art de la guerre. 1540.
Marthe McKenna
Les Espions que j'ai connus. Excelsior, 1933.
Compton McKenzie
First Athenian Memories. London, Cassel, 1931.
André Maginot
Carnets de patrouille. Grasset, 1940.
Bob Maloubier
Plonge dans l'or noir, espion !» Robert Laffont, 1986.
William Manchester
Les Armes des Krupp. Robert Laffont, 1970.
Pierre Marion
La Mission impossible. Calmann-Lévy. 1991.
Émile Nicolas Massard
Les Espions à Paris. Albin Michel, 1923.
Les Espionnes à Paris. Albin Michel, 1922.
Frédéric Masson
Les Diplomates de la Révolution : Hugou de Basseville à Rome ; Bernadotte à Vienne. Paris, 1882.
Henry Maunoury
Police de guerre (1914-1919) (par un ancien préfet). Éd. de La Nouvelle Revue critique, 1937.
Constantin Melnik
1 000 jours à Matignon. Grasset, 1988.
Des services "très" secrets. Éd. de Fallois, 1989.
R. Mennevée
L'Espionnage international en temps de paix. Paris, 1929.
Nouveau Dictionnaire militaire. Paris, 1892.

A. Mérignhac et E. Lemonon
Le Droit des gens et la guerre de 1914-1918. Paris, 1921.
Henri Michel
Histoire de la France libre. PUF, 1963.
Les Mouvements clandestins en Europe (1938-1945). PUF, 1961.
Capitaine H. Morin
Service secret : à l'écoute devant Verdun. Récit recueilli par Pierre Andrieu. G. Durassié & Cie, 1959.
Jacques Mortane
Un héros : Pierre Godart. Baudinière, 1933.
Vice-amiral Muselier
De Gaulle contre le gaullisme. Éd. du Chêne, 1948.
Henri Navarre (et un groupe d'anciens du SR)
Le Service de renseignements (1871-1944). Plon, 1979.
Le Temps des vérités. Plon, 1979.
Colonel Nicolaï
Forces secrètes : Gehaime Mâchte (traduction Henri Thiès). Paris, 1932.
Pierre Nord
L'Intoxication (arme absolue de la guerre subversive), préface de Gabriel Véraldi. Éd. Rencontre, 1971.
Mes camarades sont morts (2 volumes).
1. La guerre du renseignement.
2. Contre-espionnage et intoxication. Lib. des Champs-Élysées, 1947.
Charles de Foucauld (Français d'Afrique). Fayard, 1957.
Capitaine Numa de Chilly
L'Espionnage. Paris Baudouin, 1888.
Dictionnaire militaire (Encyclopédie des sciences militaires, rédigée par un comité d'officiers de toutes armes). Paris, 1898-1910.
État des attachés militaires français des armées de terre et de mer. Lyon, 1894.
Pierre Ordioni
Pozzo di Borgo, diplomate de l'Europe française. Paris, 1935.
Paul Paillole
Notre espion chez Hitler. Robert Laffont, 1985.
Services spéciaux (1935-45). Robert Laffont, 1975.
Maurice Paléologue
Prélude à l'invasion de la Belgique, plan Schlieffen. Plon, 1932.
Journal de l'Affaire Dreyfus. L'Affaire Dreyfus et le Quai d'Orsay, 1894-1899. Plon, 1955.
Pierre Pascal
En communisme. L'Age d'homme, Lausanne, 1977.
Colonel Passy
2e Bureau Londres. Raoul Solar, 1947.
10 Duke Street Londres. Raoul Solar, 1947.
Missions secrètes en France. Plon, 1951.
Pierre Péan
L'Homme de l'ombre. Fayard, 1990.
Affaires africaines. Fayard, 1983.
Kenneth Pendar
Adventure in diplomacy : our french dilemna. New York, Dodd, Mead & Cie, 1945.
Amiral Philippon
Services secrets contre cuirassiers. France-Empire, 1957.

Jean de Pierrefeu
GQG, secteur I. 2 vol. Éd. G. Grès & Cie, 1922.
Plutarque a menti. Grasset, 1923.
A. Pillet
Le Droit de la guerre (conférences faites aux officiers de la garnison de Grenoble). Paris, 1892-1894.
Les Lois actuelles de la guerre. Paris, 1898.
Capitaine Pisani
Rapport du capitaine Pisani. (« Les armées françaises dans la grande guerre », tome IX, vol. d'annexes, p. 881.)
Comte F. Pourtalès
Mes dernières négociations à Saint-Pétersbourg en juillet 1914 (traduction J. Robillot). Paris, 1929.
Alain Pujol
Dictionnaire de l'espion. Solar, 1965.
Déodat de Puy-Montbrun
Les Armes des espions. Balland, 1972.
Roger Raoul-Duval
Au Transvaal et dans le Sud-Africain avec les attachés militaires. Paris, 1902.
Oscar Ray
Histoire de l'espionnage. Gallimard, 1936.
Raymond Recouly
De Bismarck à Poincaré : soixante ans de diplomatie républicaine. Éd. de France, 1932.
Général Regnault
La Conquête d'Athènes. Fournier, 1920.
Rémy
Mémoires d'un agent secret en France libre (et une bibliographie interminable).
Marthe Richard
Mon destin de femme. Robert Laffont.
Faire face. SLIM, 1947.
Marthe Richer
Ma vie d'espionne au service de la France. Éd. de France, 1935.
Curt Riess
Total Espionnage. New York, G.P. Putnam's Sons, 1941.
Pierre-Louis Rivière
Un centre de guerre secrète : Madrid (1914-1918). Payot, 1936.
Charles Robert-Dumas
2e Bureau (ceux du SR). Fayard, 1939.
Agent double. Fayard, 1939.
Louis de Robien
Journal d'un diplomate en Russie, 1917-1918. 1967.
A. Rolin
Le Droit moderne de la guerre. Bruxelles, 1921.
Lieutenant-colonel Rollin
Le Service des renseignements militaires, en temps de paix, en temps de guerre. 1908.
Général Max Ronge
Espionnage : douze années au service des renseignements (traduction A.F. Vochelle). Paris, 1932.
Les Maîtres de l'espionnage : 1914-1918 (traduction lieutenant-colonel Waetcher). Paris, 1935.

François Roth
La Guerre de 1870. Fayard, 1990.
Louis Rougier
Mission secrète à Londres. La Diffusion du livre, 1946.
Fernand Routier
L'Espionnage et la trahison en temps de paix et en temps de guerre. Lavauzelle, 1913.
Richard W. Rowan
L'Évolution de l'espionnage moderne (traduit par Daniel Proust). Éd. de La Nouvelle Revue critique, 1935.
Alain Roy
Le Cheval à bascule (Mémoires d'un agent double). Presses de la Cité, 1975.
J. Raoult de Rudeval
Étude pratique du service de renseignements. Lavauzelle, 1910.
Raymond Ruffin
Résistance PTT. Presses de la Cité, 1983.
Alain Ruscio
La Décolonisation tragique. Messidor, 1987.
Diên Biên Phu. L'Harmattan.
W. Rustow
L'Art militaire au dix-neuvième siècle : études stratégiques et tactiques sur les guerres les plus récentes (traduction Savin de Larclause). 3e édition, Paris, 1880.
Raoul Salan
Mémoires, fin d'un empire (vol. I). Presses de la Cité, 1947.
Santi-Romano
Corso di diritto internazionale, 2e édition, Milan, 1929.
Victor Serge
Notes d'Allemagne (1923). La Brèche, 1990.
John Silverlight
The Victor's Dilemma. 1970.
J.M. Somer
Man in Oorlog. Bosch & Kenming, nv Baarn, 1981.
Jacques Soustelle
Rapport sur la propagande allemande et la propagande française au Mexique (archives de Vincennes).
Envers et contre tout (2 vol.). Robert Laffont, 1947.
Colonel Georges Spillmann
Les Officiers du service des Affaires indigènes. Chemins du monde, 1948.
Philip John Stead
Le 2e Bureau sous l'occupation. Fayard, 1966.
Général Paul Stehlin
Témoignage pour l'Histoire. Robert Laffont, 1964.
Colonel Baron Stoffel (ancien attaché militaire en Prusse)
Rapports militaires écrits de Berlin (1866-1870). Paris, 1871.
Sir Kenneth Strong
Men of Intelligence (a study of the Roles & Decisions of chiefs of Intelligence from World War I to the present day). London, Cassell, 1970.
Robert Terres
Double Jeu pour la France (1939-1944). Grasset, 1977.

Marcel Thomas
Esterhazy ou l'envers de l'Affaire Dreyfus. Vernal/Philippe Lebaud, 1989.
Sir Bazil Thomson (ancien directeur de l'Intelligence Service)
Le Service secret allié en Grèce (traduit par Henri Thies). La Nouvelle Revue critique, 1933.
Raphaël-Léonard Touze
370 jours d'un ambassadeur au Tchad. Éd. France-Empire, 1989.
Jacques Tranchan
L'Insurrection malgache de 1947. Maspéro, 1977.
Roger Trinquier
Les Maquis d'Indochine. 1976.
Léon Trotski
Ma vie. Éd. Rieder, 1934.
Capitaine Ferdinand Tuohy
Les Mystères de l'espionnage pendant la guerre 1914-18. L'Éd. fr. illustrée, s.d.
Verdy du Vernois
Im Grossen Hauptquartier. Berlin, 1896.
Jean Violan
Astrakan, l'espion du Quartier latin. La Baudinière, 1936.
Dans l'air et dans la boue. Éd. du Masque, 1933.
Bernard Violet
L'Affaire Ben Barka. Fayard, 1991.
Irwin M. Wall
L'Influence américaine sur la politique française (1945-1954) (traduit par Philippe-Étienne Raviart). Balland, 1989.
Colonel von Walzel
Un service d'espionnage : souvenirs de quatorze années au service des renseignements austro-hongrois (1905-1918) (traduction commandant Lepage). Paris, 1935.
Émile Waxweiler
La Belgique neutre et loyale. Paris, 1915.
André Weiss
La Violation de la neutralité belge et luxembourgeoise par l'Allemagne. Paris, 1915.
Colonel the Hon. F.A. Wellesley
With the Russians in peace and war (recollections of military attaché). Londres, 1905.
Lieutenant Max Wild
Mes aventures dans le service secret, 1914-1918 (traduit par Lucien Thomas). Payot, 1932.
X... capitaine
2e Bureau-Air. Éd. du Scorpion, 1952.
Lucien Zimmer
Un septennat policier. Fayard, 1967.

Ouvrages anonymes ou collectifs :
Devant les conseils de guerre allemands. Bruxelles, Rossell & Fils, 1919.
Ministère de la Guerre
Manuel à l'usage des troupes employées d'outre-mer. Lavauzelle, 1928.
L'Espionnage et le contre-espionnage pendant la guerre mondiale, d'après les archives militaires du Reich (2 vol.). Payot, 1934.

Papiers secrets et correspondance du Second Empire (pièces trouvées aux Tuileries). France et Belgique, 1871.
Les Carnets de Schwartzkoppen (la vérité sur Dreyfus). Édités par Bernard Schwertfeger (traduction A. Koyré). Préface de Lucien Lévy-Bruhl. Paris, s.d.
Die grosse Politik des europaïschen Kabinette (1871-1914). Berlin, 1926.

Ministère des Affaires étrangères
Documents diplomatiques. Guerre européenne. 1914.
Règlement du service dans l'armée. Première partie : discipline générale (décret du 14 avril 1933). Paris.

C.I.A.
The Pike Report. Introduction de Philip Agee. Spokesman Books, 1977.

Imprimerie nationale de Guinée
Livre blanc sur l'agression du 22 novembre 1970. Nov. 1971.

Cahiers de la guerre
Comment était organisé l'espionnage allemand. N° 2 et n° 3, études militaires Delandre, 1915.

INDEX

Abbas, Ferhat 486, 490
Abbiat, Roland 359
Abd el-Krim, 96
Abd el-Soualen, 485
Abderrahmane, Ahmed Abdallah 520, 521
Abetz, Otto 343, 407-413
Aboulker, José 437, 438, 447
Abou-Nidal, 576
Abou-Nidal, Rifaat El-Assad 577
Abrami, 138, 139
Abribat, 458
Abtey, Jacques 410, 420-422
Achard, Jacques 500
Achiary, 437, 441, 447
Ackermann, 161
Ackermans, 276
Adam, Jules 202
Addam, Kamak 568
Adenauer, Konrad 483, 526, 527
Agostini, 507
Ahcène, Aït 485
Ahidjo, 506-508, 510
Aïssiou, Akli 486
Aït Ahcène, 482
Akov, Boris 559, 560
Albert Ier, 116, 123, 124, 136, 173
Albrecht, Bertie 437
Aleman, Joseph 92
Alexandre de Grèce, 249, 263
Alexandre, Philippe 560
Alexandre, Pierre et Armand 447
Alkemade, général 124
Allali, Tochi 514
Allard, 240, 244
Almeyreda, 266, 267
Alphand, 363, 365
Alphonse XII, 69
Amiable, Edmond 419 n.
Amiot, Félix 562
Amour, Norman 408
Amourelle, 413
Andlau, 13
Andlauer, colonel 134-136, 145, 154, 193, 200, 201, 208
Andreotti, 527
Andrieu, Pierre 163
Anet, Claude 310 n.
Anglès, 214
Angleton, James Jesus 553, 555
Ansaldo, 114
Anstruther, 439
Antonini, Ange 540
Antoon, 276
Anziani, 248
Arafat, 577
Arago, François 8
Archen, Fernand 422, 423
Argoud, Antoine 492
Armstrong, 69, 114
Arnaud, 395, 443, 444
Arnaud, colonel P. H. 458
Aron, Raymond 479
Asencio, Evaristo 228, 229
Assaïn-mi, Sougui 513
Astier, Bernard d' 440
Astier de La Vigerie, Emmanuel d' 436, 441
Astier, Henri d' 437, 438, 440, 447
Attia, Joe 493
Aubert, affaire 409, 410
Aubin, 413
Audrenc, Éric 579
Auerbach, 135, 136, 151, 182, 201, 202, 206
Auerstadt, 31, 36
Auriol, Vincent 372, 477
Aussaresses, Paul 488
Azan, 659

Bach, André 363 n., 364

Bachelard, 116
Bachmann, Albert 530
Backer, Dr 43
Bader, 248
Badoglio, 392
Badre, P. 391, 430
Baissac, 31
Baker, Joséphine 420-422
Balladur, Édouard 523
Ballin, Albert 272
Bange, système 44, 53
Bao Dai, 454
Barail, général du 36
Barbaro, 392, 393, 425
Barberot, colonel 571
Bardet, Max 510
Barès, commandant 164, 165
Baril, 439
Baron, Jean 409, 495
Barrès, Maurice 229
Barsac, 396
Barthélemy, capitaine 78, 82, 83, 118
Barthou, 386
Basse, Henri 80, 81, 117
Bastian, Marie 48, 49, 50, 55, 62
Bauchet, 566
Baucq, Philippe 150, 173
Baudier, capitaine 218, 219, 229
Baudot, 691
Bauer, 413, 748
Baumgarten, général 119
Baumont, Maurice 38 n.
Baur, Georg 381, 382
Bayens, baron 116
Bayle, 10
Bazaine, 18
Bazaine, 175
Bazin, René 92
Bazin de, 472
Béard, *cf.* Badre
Beaufils, Georges 460 n.
Beaufre, 437
Beaumont, colonel 554, 566, 567, 570, 571
Beaune, capitaine 393
Beaurepaire, Q. de 42
Bechtel, William 508, 509
Beck, général 401
Becker, Jules 281, 282
Behncke, Paul 387
Beissner, Wilhelm 487
Belaunde, 549
Belin, 128
Belleux, Maurice 462, 464, 466, 469, 474
Belleval, de 283 n.
Belleville, comtesse de 150
Belliars, 13
Bellinger, Jean 121
Bellon, Roger 529
Bellounis, général 489
Bénazet, 261
Ben Asker, 103
Ben Barka, 555, 556, 593
Ben Boulaïd, Mostefa 489
Bender, Victor 202
Benedix, Clara 239
Benoist-Méchin, 407
Benoit, Pierre 407
Benoit-Méchin, Jacques 379, 593
Bergan, Ernst 150
Berger-Duval, 418
Bergeret, 437
Bernard, colonel 511
Bernard, Dom 274, 276, 278, 279, 547
Bernard, Paul 178, 569
Bernartz, 172
Bernstorf, von 267, 278, 279, 282
Berteaux, 85
Berthelot, 128, 129, 131, 190, 209, 579
Berthier, 13
Bertillon, 55, 56
Bertrand, Gustave 395, 396, 400, 401, 432, 433
Berzine, 319, 320
Bessières, 396
Betenfeld, Marthe *cf.* Richard, Marthe
Belhmann-Hollweg, chancelier 173
Béthouart, 437, 439
Betoulle, Fernand 536
Bettignies, Louise de 178
Beugras, 443, 444
Beverley, Lord 269, 270, 287
Bezy, Jean 391 n.
Bichelot, 488
Bidault, Georges 457, 461, 472
Bidou, Henry 130 n.
Bieloborodov, 309
Bigeard, 467
Bihet-Richou, Madeleine 401, 403
Billot, général 46
Billotte, Pierre 560, 571
Bingen, Jacques 436
Bintz, 396
Bird, William 408
Bismarck, 8-12, 16, 21, 22, 29, 30, 32, 33, 41, 48, 68, 79, 96, 173
Bissing, général von 173
Bistos, François 544
Blanc, Édouard 171 n., 469, 470, 471
Blanc, Georges 567
Blankers, Mathieu 182
Blauw, Dr de 274, 275, 276, 277, 278, 279, 280
Blemant, 433
Blériot, Louis 248
Bloch, David 169, 170, 202
Bloesmist, Caroline 347
Blowitz, 30
Blum, Léon 336, 370, 371, 372, 694
Blumkin, 318, 319, 360
Bodin, René 172
Body, 301, 318, 325, 326, 328

Boemelburg, 399, 410
Bohlen, 556-557
Bohlen und Halbach, *cf.* Krupp, Gustav
Boidevaix, Serge 586
Bois, 391
Boisgarnier, Jacques 585
Boissière, Roger 490
Boissieu, Mme de 422
Boissoudy, colonel 422
Bokassa, 514-518, 829
Bolley, Alain 586
Bolo-Pacha, 212, 265, 266, 267
Boltz, 87, 202
Bomaire, Émile 227
Bombart, major 419
Bonfanti, Jean 437
Bongo, Omar 519, 523
Bonlieu, Frédérique 578
Bonnafous, capitaine 475
Bonnefous, 394, 407-413, 436
Bonnet, Georges 373, 405
Bonnier de La Chapelle, Fernand 440, 441, 442
Bonnot, 87, 359
Bono, Outel 522
Bonte, 561-563
Boomelaer, 566, 567
Boonen, 174
Bordeaux, Henri 410
Bordin, Jean 179
Bormann, Martin 388
Bornet, Jean 43
Bosdari, comte 259
Botkine, 478
Bou-Amana, 100
Boucabeille, général 175, 283, 286, 287, 289, 290
Boucard, Robert 220
Bouchardon, Pierre 229, 230, 233, 234 n., 241, 242, 243, 265
Boucheseiche, Georges 493
Boudailles, 141
Boudberg, Moura 311
Bouillant, 413
Boukharine, 303, 360
Boulanger, général Georges 31, 33, 34, 41, 42, 87, 151
Boularouf, Taieb Mohammed 486
Bourdeaux, colonel 127, 129
Boureau-Mitrecey, capitaine 500-502, 504-506
Bourgeaud, Gilbert 519
Bourgeois, général 142
Bourgès-Maunoury, 477
Boursicot, Pierre 463, 544, 545
Boury, 140, 141
Bousquet, 429, 430, 431, 530, 692
Boutonnet, 43, 45, 47, 48, 61
Bouvard, colonel 390
Bouvier, Gérard 418
Bouvier, Maurice 492
Boy-Ed, 279
Bozize, 523
Brack, 13
Braibant, Émile 417, 418
Bram, Édouard 180
Branca, capitaine 492
Brandt, 115, 748
Braun, capitaine 159
Brechignac, 467
Bredis, Jan 314, 315
Breitel, 432, 433
Bressand, Jean-Marie 427, 428
Briand, Aristide 152, 190, 253, 254, 256-262, 343, 408
Briand, général 508
Brinon, François de 409, 412
Brizard, Dr 241, 242
Brochu, 390
Brock-Dorff, von 378
Brombel, 161
Bronstein, *cf.* Trotski
Brossolette, Pierre 435
Brouillet, Jean-Claude 522
Brouin, 499
Broussilov, 308
Brücker, 47, 48, 49, 50
Brun, 85, 90, 91, 394, 403
Bruneau, 364
Bruneau, préfet 561-563
Brunon, commandant 195
Buat, général 189, 192
Bucard, Marcel 446
Büerbaum, 174
Buffotot, Patrice 406
Bugeaud, 13
Bührer, général 453
Büller, colonel 123, 124
Bulme, Fernand 231
Bülow, Bernhard von 59, 92, 96, 97
Bülow, Friedrich Wilhelm von 272, 287
Buonfils, capitaine 492
Burde, August 48, 49, 50
Burillo, 360
Buron, Robert 500
Byr, 350

Cabon, Christine 578, 579
Cachin, Marcel 333-336, 338, 372-376
Caffery, 531, 532, 534, 536
Caillaux, Joseph 189, 190, 219, 229, 265-267
Calary de Lamazières, 384
Callaris, général 262
Calogeropoulos, 260
Cambon, Jules 116, 237, 241
Cambon, Paul 96, 122, 123
Campinchi, 371, 405
Campionnet, 29, 30-32, 36, 53
Canaris, amiral 241, 397-400, 409, 412, 428
Canat de Chizy, commandant 216
Canrobert, 18
Capelle, von 278
Capitant, René 437, 447, 559, 560
Caquot, commandant 142

Carcassonne, Roger 437
Carl, commandant 526
Carlos, 208
Carnegie, 69
Carnot, Sadi 107
Cartier, général 195, 196, 199, 216
Casella, 265, 268
Cassel, Sir Ernest 269, 270
Casseville, général 495
Castelnau, 85, 106, 119, 130, 151, 154, 155, 164, 169, 189, 190, 368
Castex, François 564, 565
Castries, général de 472
Caton, 425
Cattoire, 392
Cauboue, général 263
Cavaignac, 61
Cavell, Edith 150, 173, 174
Cayrol, 362
Cazeaux, Martial 240
Cazelles, 561-563
Ceccaldi, 229
Chaban-Delmas, Jacques 528, 560, 563, 569
Chaffard, Georges 498, 507
Challe, Léon 391
Chamberlain, 374
Chamonard, 255 n., 262
Champollion, 200
Chapelet, 141
Charavay, 56
Charléty, général 82, 83, 659
Charlotte, 178
Charlotte, grande-duchesse 423
Charpentier, 87, 171, 172
Charras, Suzanne 446
Chasterie, général 154
Chatelain, 43
Chaumien, 488
Chehaibi, Driss 574
Chennault, L. 454
Chevènement, Jean-Pierre 583
Chevigné, de 468, 470
Chevillon, 137, 138, 139
Chiappe, Jean 346, 351, 358, 408
Chimanov, 346
Chirac, Jacques 496, 498, 517, 518, 569
Chliapnikov, 326
Chrétien, général 156, 583
Churchill, Winston 154, 251, 295, 314, 316, 435
Ciezki, Maximilian 395
Claessens, Jeanne 275
Claustre, Françoise 512
Clemenceau, Georges 86, 87, 96, 184, 206, 213, 216, 219, 252, 254, 264-267, 283, 286, 290, 300, 301, 304, 316, 378
Clément, Maurice 568
Clergerie, général 218, 229
Clery, commandant 458
Cloesner, 400
Clunet, M^{e} 242
Cockrill, général 136, 193
Cohen, Isaac 280, 282
Cohen-Séat, Gilbert 582
Cointet, commandant de 155, 158, 159, 162-164, 193, 194, 195, 208
Collie, 248
Collins, 476
Collon, major 124, 125
Colson, 366, 370, 371, 404, 406
Combeau, 429
Combes, Marc 511
Compton, veuve, *cf.* Richard, Marthe
Conan, 507
Condé, 479
Condoyannis, 218, 231, 232, 233
Constans, 42
Constantin, roi de Grèce 240, 249-264
Conti, 113
Cools, 174
Cooper, Duff 444
Coppet, de 494
Cordel Hull, 454
Cordier, abbé 437, 440, 447
Cordonnier, général 252
Cornet, Louis 417
Corta, de 368 n.
Cossé-Brissac, général de 54 n.
Cot, Pierre 365
Cot, Jean-Pierre 523
Cousteau, Jacques-Yves 489
Coutanceau, général 139, 141, 149
Couve de Murville, Maurice 500, 552, 555, 556, 557, 558, 559, 560, 822
Cox, Louis 417, 418
Craemer, *cf.* Krämer
Crest de Villeneuve, du 391, 508
Creusen, Franz 419
Crochart, Georges 418
Cromie, 319, 321
Croy, Marie Elisabeth de 174
Croy, Réginald de 150, 174
Crozier, Brian 551
Crozier, Joseph *cf.* aussi Pierre Desgranges, 221, 264, 268, 269, 271-283, 286-290, 594
Cuau, Yves 568
Cuignet, capitaine 61
Curet, 390
Cuvinot, 22-28, 596

Dacko, David 514, 515
Daems, Gabrièle 174
Dagelmann, Schull von 18
Daladier, 371, 375, 398, 405, 409, 412, 413, 414, 453
Daning, Alphonse 178
Dannit, 151
Dansey, 435
Daout, Albert 418
Darbou, 390, 391, 417, 424, 425
Darlan, amiral 371, 375, 405, 425, 429, 432, 438-442, 447, 691
Darmand, Joseph 393, 446, 447

Dartige du Fournet, 254, 255 n., 256, 258, 260-262
Dassault, Marcel 550
Daudet, Léon 218, 219, 229, 249, 266, 267
Daugreilh, 452, 454 n.
Davelux, 255 n.
David, Jean-Paul 541
Davrichewy, Damien Petrovitch 248
Davrichewy, Joseph 166, 245-249, 367
Déat, Marcel 409
Debatty, Hubert 417
Debeauvais, 411
Debré, Michel 478, 479, 480, 489, 490, 508, 550, 552, 560-564, 571, 582
Decamp, 412
Decazes, 30
Decker, 433
Deconninck, 174
Decore, colonel 540, 541
Decore, Roger 492, 539, 540
Defferre, Gaston 495
Degenne, colonel 515
Degombert, 141
Degoutte, 209
Degouy, 43, 107
Degrelle, Léon 412
Dehrental, 314
Deines, commandant von 51
Dei Pasi, 218
Dejean, général 15
Dejean, Maurice 398, 554
Delahoutre, 461
Delanne, 30
Delarue, Jacques 493
Delaunay, Maurice 529
Delauney, Maurice 507
Delavie, lieutenant 157, 162
Delbos, 214
Delbrück, baron 33
Delbrück, Gaston 87
Delcassé, 59, 60, 61, 62, 79, 96, 97, 117, 123, 252, 253
Delestraint, 435
Delétoille, général 36, 45 n.
Delguey-Malavas, 43
Delignières, 334
Delombre, Paul 46
Delon, Alain 559
Deloncle, Eugène 393
Delonde, Pierre 102 n.
Delouette, Roger 570, 571
Deloye, général 46, 52, 53, 54, 67
Delpal, commandant 540
Delpey, Roger 470, 496, 518, 761
Demarchelier, Jacques 499
Demblon, Célestin 71
Demidoff, 259
Denard, Bob 518-521
Denikine, 310, 316, 317, 321, 323, 332
Denis, 444, 445
Denissov, 342, 343
Dense, 332
Denvignes, colonel 240
Deport, commandant 45, 46, 53
Depret, lieutenant 219
Derogy, Jacques 569, 580
Deruelle, Henri 481
Deschrevel, 418
Desfemmes, général 198
Desgranges, Pierre *cf.* aussi Crozier 257 n., 268, 269, 270, 273-283, 286-288
Desmet, Mathilde 176
Desouches, 267
Despert, commandant 540
Dessoles, 13
Desvernines, capitaine 223-227
Deterding, Henri 343
Devigny, André 566, 567
Devoluy, 262
Devos, Pierre 175, 176, 177
Dewatre, Jacques 523, 524
Dewavrin, André, alias colonel Passy 434
Dewé, Walthère 419 n.
Didelet, 415 n.
Dides, Jean 475
Diederick, Auguste 180
Diesel, Rudolph 68
Diethelm, 436
Dieudonné Lambrech, 419 n.
Dikow, capitaine 160
Dillais, colonel 579, 581
Dimitracopoulos, 260
Djougachvili, Besso 248
Djougachvili, Joseph dit Sosso 248
Djougachvili, Katia 166, 248
Dlimi, Ahmed 568
Dobrovolski, 357
Dock, 174
Do Dai, 460
Donnersmark, Henckel von 114
Doriot, 409, 443, 475
Dorman, Jean Louis 579
Dormoy, 358, 459
Douare, commandant 157
Douay, général 17, 18
Doudot, Joseph 417, 419, 420, 422-424, 433, 682
Doumenc, capitaine 155
Doustin, Daniel 507, 554
Drablier, Pierre 502, 503, 505
Dreyfus, Alfred 33, 36, 38, 46, 50-59, 63, 78, 87
Dreyfus, Mathieu 56, 57
Driant, colonel 139, 151, 152, 153
Drieu La Rochelle, Pierre 407
Drizda, 297
Drumont, 42, 59
Dubai, général 213
Dubail, 85, 130, 149
Dubois, 143
Dubois, Alice 178
Dubois, père 545, 546, 548
Duboys, 436
Ducarne, 124
Duchemin, Jacques 515
Duchesne, 143

Ducimetière, 231
Ducla, de 518
Duclos, capitaine 103
Duclos, Jacques 349-350, 528, 547
Duclos, Maurice, alias Saint-Jacques 434
Ducloux, 385
Ducroc, capitaine 46
Ducros, 15
Ducrot, Auguste, Alexandre 10, 14, 18
Duelguey de Malavas, 107
Dufay, Jeanne-Antoinette 231
Duisberg, Carl 386
Dulles, Allen 462, 476, 479, 546
Dumas, Alexandre 134
Dumas, 216
Dumezil, Georges 418
Dunderdale, Wilfred 396
Dupas, 488, 489
Dupont, colonel Charles-Édouard 63, 66-131, 134-136, 144-154, 179, 184, 186-193, 214, 217, 219, 378, 380, 382, 383, 386, 389, 416
Du Pont, 115
Dupont, général 36, 659, 665
Duportal, Olivier 518
Dur, Jean Pierre 583
Durand, 567
Durant, Paul 566
Durieux, Christian 477, 481, 483
Duteil, 85
Duval, Georges 266, 267
Duvernois, Roger 568
Duveyrier, 93
Dzerjinski, 299, 313, 321, 336, 337

Eastman, Max 326
Ebener, 85
Eccius, 115
Eddy, 432
Édouard VI, 269
Egorov, 367
Einem, baronne von 209, 412-415
Ejov, 367
El-Amma, 568
El-Badr, 520
Elder, Walter 555
El Gualtieri, 575
Eliott, Sir Francis 259
Elissalde, commandant 492
Ellenstein, Jean 347
El Madani ag Mohamed Soda, 103
El-Maghebi, Mahmoud 574
Ely, Paul 470, 490
Engelmann, Bernt 481
Erhart, 32
Ernest, Victor 175
Erpelding, J. P. 180
Esmiol, Paul 223-228, 231
Esterhazy, 31, 51-54
Etienne, 85
Eugénie, impératrice 12, 20
Ezquerregoyen, Luis-Maria 485

Faber, 408
Fabius, Laurent 580
Faivre, Mario 437, 440
Faligot, Roger 389 n., 436 n.
Falkenhayn, général 252
Faure, Edgar 475, 556
Faure, Félix 72
Faure-Beaulieu, Didier 567
Faurie, général 84, 86
Faux-Pas Bidet, 212, 216, 217, 220, 223, 225, 228, 229, 231-234, 295, 298, 299, 300, 302, 313, 314, 318-321, 346
Fay, Victor *cf.* Victor Masson
Fayasse, Cyprien 418
Faye, Stéphane 103 n., 437
Fedorov, père Leonid 545
Fedossenko, 357
Felgen, Friedrich 172
Félix, prince 423
Fernand, 443, 444
Ferrand, 391
Ferrat, André 536
Ferrié, général 199
Fessart, Pr 458
Feuillère, Edwige 245
Feuvrier, 493
Fidel, colonel 583
Fille-Lambie, Henri, dit Jacques Morlanne 458, 742
Filloux, Frédéric 579
Finck, Metty 180
Fisch, Paul 423, 424
Fleutiaux, 513
Flourens, 33, 42
F.M., 11
Foccart, Jacques 496-500, 508, 512, 513, 515, 521, 529, 553
Foch, maréchal 129, 130, 142, 184, 185, 187, 189, 191, 192, 193, 194, 208, 209, 300, 305, 316, 343, 378, 383, 389
Fonck, René 142
Fontès, 433, 443, 444, 445
Forêt, Marie 46, 47, 49
Foucauld, Charles de 92, 93, 100-105
Foucault de Mondion, Adalbert-Henri 41, 42-43
Fourastié, Jean 54 n.
Fourcaud, 434, 460-463, 477, 508
Fournelle, 179
Fournet, amiral du 258, 259
Fournier, Jean-Marc 56
Fournier, colonel 191, 474, 549, 570, 571
Franceschi, 515
Franchet d'Esperey, 130, 302
Francillard, 218, 231
Franco, 369, 371
François, capitaine 84
François-Joseph, empereur 9, 10
François-Poncet, André 398, 407, 513, 516
Frantz, sergent 172
Fräulein Doktor, 220, 221, 232, 234, 235, 243
Fräulein Elsa, 234

Frédéric-Charles, 17, 18
Frédéric-Dupont, Édouard 66 n., 123 n., 125 n.
Frédéric-Guillaume, 17, 18
Frédéric II, 72, 187
Frenay, Henri 433, 434, 437
Fresnay, Henry 569
Frey, Roger 490
Freycinet, Charles de 23, 25, 46, 82, 596
Friedman, Jan 274, 275, 276, 419
Frogé, 419
Froment, A. 9 n., 29, 31
Frossard, 333-336
Frossard, général Charles Auguste 14, 15, 17, 18
Fuchs, Martin 558
Fuentès, Emilio 244
Fueyo Fanjul, Armanda 485

Gaede, groupe 135, 201, 202, 203, 204, 205
Gagarine, prince 95
Gaillard, Félix 582
Gajda, 317
Galbert, capitaine de 189
Galbraith, Alan 578, 580
Gallieni, Joseph, Simon 127, 129, 130, 152-154, 218, 219
Galliffet, général de 62, 63, 217
Gallot, 566
Galopin, 511-514
Galter, Albert 547
Gamarnik, Y. B. 367
Gambetta, 23
Gambiez, général 82
Gamelin, Maurice, Gustave 83, 129, 151, 164, 214, 219, 362, 364-366, 371, 375, 392, 405, 406, 412, 417, 593, 659
Garcia Soldevillat, Carlos 483
Garros, Roland 168, 169, 172
Gaston, de 14
Gauché, général 379, 392, 403, 404, 406, 413
Gaulle, Charles de 421, 422, 434, 435, 436, 439, 440, 447, 448, 477, 478, 480, 483, 490-492, 494, 496-504, 516, 522, 532, 535, 550-553, 555-559, 560, 561, 573, 582, 761, 762, 822
Gautsch, 32, 33
Gaveau, commissaire 540
Gavin, 551, 552
Gaxotte, Pierre 409
Gehlen, général 479, 493, 546
Geiser, Georges 484
Geissler, 266
Gelli, Licio 527
Gempp, 388
Gendron, 495
Genève, Pierre 479
Gentet, 567
Gentil, Louis 248
Georges, 141, 406
Georges II de Grèce, 263
George V, 262
Georges, Pierre 516
Gérard, Roger 391
Gerhardt, lieutenant 160
Germain, José 103 n.
Gessmann, 419
Ghinsbourg, Walter *cf.* Krivitzki
Gia-long, 452
Gianvitti, 409, 413, 420
Giap, 468, 469, 471
Gide, André 414
Gilbert, *cf.* Latham
Giletta, général 59, 60, 61, 62
Gilles, 141
Gilotte, 368
Giono, 414-415
Giovanetti, Mgr 545
Gipfel, 161
Girard, capitaine 540
Girardot, 461
Giraud, 368, 403, 411, 425, 432, 441, 447-449, 832
Giscard d'Estaing, Valéry 498, 515, 516, 518-520, 567, 569, 573, 574
Giscard d'Estaing, colonel Henri 54 n., 393
Givens, commandant 177
Givierge, commandant 194, 195
Gobert, 55
Goblet, 33
Godart, 159
Goebbels, 407, 413, 415, 420
Goering, Hermann 397, 399, 409, 565
Gogue, 425
Golfin, Jean 550
Golitsine, Anatoly 533-555
Gombart, 419
Gonnaris, 260
Gorce-Franklin, 529
Gordon, 367
Gouazé, Lucien 537, 538
Goubet, colonel 212, 213, 220, 245, 265, 267
Goudschmidt Rothschild, baron von 114
Goukouni, 514
Gouraud, 209
Gourvennec, Camille 512, 513, 522, 523
Gouttenoire de Toury, 415
Gracieux, 464
Graille, capitaine 453
Graillet, 57
Grall, Edmond 463
Gralling, Richard 206
Granier, 394
Grant, colonel 456
Gras, colonel 34, 248
Greber, 57
Grebert, 32
Green, Graham 462
Greiner, Joseph 43, 45, 48, 61
Grelley, Dr 108, 109, 113
Grenard, Fernand 307, 308, 310, 315, 319, 348
Grenier, 495

Grévy, Jules 8, 12, 33
Grey, Sir Edward 119, 123
Grierson, général 123
Grigoriev, Dr 314, 315
Griguer, 353
Grimpel, 430
Grisot, colonel 31, 32, 57
Grosjean, 390
Grosscurth, 411
Grosse, Otto 440
Grossin, général 477-480, 487, 489, 491, 492, 497, 508, 509, 538, 544, 545, 548, 549, 764
Grossouvre, François de 529
Gruenther, général 566
Grundler, 97
Guéna, Yves 500
Guérin, Alain 347, 348, 349
Guesde, Jules 347
Guibaud, général 544, 564
Guibaut, 453
Guillain, Robert 467
Guillaume, 109
Guillaume Ier, 10, 16, 21, 33, 43
Guillaume II, 43, 59, 68, 69, 70, 72, 79, 81, 92, 96, 97, 114, 116, 118, 124, 173, 174, 182, 195, 204, 252, 307
Guillemin, Henri 52, 54 n., 56
Guillemin, M. 251, 254, 257, 259
Guillermou, Jean-Louis 518
Guillon, 429, 430
Guillot, capitaine 43
Guinet, 307, 309
Guingouin, 536
Guiol, capitaine 453
Guiraud, alias Georges-Henri 432
Guitard, capitaine 194, 195, 198, 200
Guitry, Sacha 407
Guizot, François, Pierre, Guillaume 12
Guynemer, 171, 194
Guyot, Raymond 348

Habré, Hissène 512, 513
Hadamard, 57
Hagelen, 280
Haig, Douglas 153, 194
Hall, Bert 170
Hall, Sir William Reginald 255
Hallaure, Jean 238
Hamade, Alphonse 171, 172
Hamchari, Mahmoud 569
Hamels, 174
Hammelos, Marie 176
Hammerstein, Kurt von 401
Hammerstein, Mlle von 401
Hanesse, 408
Hanrath, Wilhelm 273
Hansen, réseau 136, 180-182, 193, 201, 209
Hansi, 205, 206, 216
Hassani, Youssouf 521
Hassan II, 519, 568
Haumann, commandant 175
Haussner, Konrad 44, 45
Hearst, 408
Heath, Donald 476
Hébert, Jean-François 421
Héblot, 141
Heinrich, Jean 583
Henneguier, Pierre 529
Hennessy, James 391
Henning, Walter 178, 179
Hennion, Célestin 84, 86, 87, 216, 217
Henrard, Roger 390, 391
Henry, commandant 48, 50, 55, 84
Hentjens, Frans 418
Hepke, capitaine 60
Herbette, 44
Herblot, Léon 171
Hergault, 386
Herisson, Robert 102
Herneou, 495
Hernu, Charles 576, 580-581
Herr, 149-151, 155
Herringen, von 115
Herriot, Édouard 365
Herrscher, 204, 289, 290
Herscher, colonel 213
Hervé, colonel 478, 544, 548, 549, 566
Hervey, 69
Hesse-Darmstadt, grand-duc de Hesse, général 50, 201, 203, 204
Hessel, Stéphane 436
Hettier de Boislambert, 526
Heuvel, 274, 276, 277, 280, 281, 283
Heydrich, 357, 388, 397, 399, 407, 409, 410
Hill, George 312, 314, 327
Himmler, 400, 410, 415, 431, 692
Hindenburg, 147, 182, 201, 207, 291, 381
Hippel, von 411
Hirrschauer, 246
Hitchcock, Alfred 553
Hitler, 80, 367, 371, 373, 374, 375, 395, 397, 403, 415, 417
Hô Chi Minh, 456, 457, 465, 467, 468, 474
Hoedmaker, 237
Hoen, 391
Hoenmanns, Erich 416, 417
Hoffelize, alias Daubray, 433
Hoffmann, général 304, 344
Hohenlohe, von 30, 59
Hohenzollern, 383
Holeindre, Roger 518
Holemans, Marie 274, 276, 277, 278
Holstein, 48, 96, 97
Hondt, Émilie d' 176
Honel, Gustave Charles 347
Honel, Maurice 347-349
Honel, Mira 349
Honincthun, Cazin d' 395, 409, 429
Horan, Harold 408
Hornung, 97
Hossbach, 398
Hounau, colonel Léonard 554
Houphouët-Boigny, 500
Hourcade, 441
Huene, 47, 48, 51
Hugenberg, Alfred 97, 115, 386, 388
Hugon, alias Huret, 432

Huguenard, Pr 458
Hülsen-Haeseler, Dietrich von 51
Humbert, Charles 143, 212, 267, 268
Hunt, James 478
Hurstel, colonel d' 305
Hussein, Saddam 568
Huttier, général von 181

Iakobleva, 321
Ierov, 361
Ignatieff, général 66, 126, 127, 249
Ihlefeld, 409
Ingelbrecht, colonel von 51
Ioudénitch, 317, 320, 332
Iourievitch, Georges 367
Ismert, affaire 43, 44

Jablonski, président 547
Jacobson, Michael 482
Jacomet, 405
Jacquemart, Dr 42
Jacquet, Marc 437
Jacquier, général 544, 553, 566
Jacquin, 469
Jamet, 371
Janin, général 299, 321-324
Janot, Raymond 497
Javaux, Henri 418
Javorka, père Vandelino 546
Jean-Bernard, chanoine 546
Jean-Paul II, 547, 548
Jeantet, Benoit 566
Jef, 274
Jehan, 444
Joffre, Joseph 66, 83, 85, 116, 118, 119, 122, 125, 126, 127, 128, 129, 130, 131, 134, 136, 144, 148, 152-155, 186, 188-190, 192, 193, 201, 214, 219, 253
Joinville, 343
Joliot-Curie, Frédéric 541
Jong, Franz de 280
Jonnart, 250, 251, 263
Joseph, 224, 226, 227
Josset, 389, 390
Joubert, 495
Jouhaux, 329
Journiac, René 497
Journiac, 519, 521, 573
Jousse, colonel 437, 438, 439
Jousselin, 268
Jouvenel, Bertrand de 407
Joxe, Louis 437, 490
Joxe, Pierre 578, 583
Juchmes, lieutenant 142, 143
Juin, 437, 439
Juin, maréchal 438, 565, 566
Jung, 429, 430, 431

Kadhafi, colonel 573, 574
Kaertens, 174
Kalamatiano, Xénophon 319
Kalle, von 240-243
Kamenev, 248, 327
Kamougué, 514
Kanapa, Jean 572
Kannegiesser, 204
Kansler, W. C. 98
Kaoussen, 103, 104
Kaplan, Fanya 321
Kappel, général 323
Karakane, 312, 313
Karim, Bangouri 501
Karsenty, Bernard 437
Karsivadze, 346
Kauffer, Rémi 389 n.
Kauffmann, Karl 275, 276
Keitel, 411, 415
Keller, 429, 430
Kellogg, 408
Kempf, 157
Keramane, Hafid 486
Kérékou, Mathieu 519
Kerenski, 308, 315, 330
Kergaravat, 522
Kerillis, Henri de 375
Kessel, lieutenant von 43, 44
Khan, Albert 345 n.
Kiatkovski, Alexandre 346
Kiche, Karl 97
Kieffer, 399
Kilbatchiche, 359
Kirov, 352, 353
Kleinmann, Louis 419 n., 422, 423, 427
Kluck, von 80, 81, 128, 129, 381
Knobelsdorf, général 147
Knochen, 399
Knox, 321
Koch-Kent, Henri 419 n., 422-424
Koenig, 403
Kohlteck, 287
Korn, Nehr 97
Kosteren, Marie 174
Kotchalk, 317, 321-324, 332
Koussonski, 356
Koutiepov, 316, 345-347, 356
Kouzmine, 346
Krag, 281
Krämer, 235-239, 241, 243
Krantz, Camille 46
Krasnov, 344
Krasucki, Henri 349
Kraus, 161
Krause, major 16
Krebs, 88
Kretschmann, 233
Krivitzki, 357
Krohn, von 240, 244, 245, 249
Krotkov, Iouri 489, 554
Kroupskaïa, 327
Krupp, Alfred 12, 67, 70
Krupp, Bertha 97, 114
Krupp, firme 9, 44, 67, 71, 99, 144, 147, 257, 273, 381, 386, 387
Krupp, Fritz 67-70, 97
Krupp, Guitou 97, 114, 115, 380, 381, 382, 388
Kruyt, 287
Kuhl, général von 118
Kühnmünch, colonel 391

Kürner, lieutenant 98

L'Allinec, Jean-Marie 462
Laatschke, capitaine 107
Labrély, Richard 391
Lacaze, capitaine 223, 225, 253, 254, 257, 258, 259-262, 481, 487, 515, 567, 580
La Chambre, Guy 371, 405
Lacombe, 246
Lacoste, amiral 580, 581, 589
Lacoste, Robert 487
Ladoux, commandant 135, 136, 151, 152, 212-249, 264-268, 286, 295
Ladoux, Mme 234
La Fare, de 298, 299
Laffon de La Debat, 85
Lafont, Roger *cf.* colonel Verneuil 391, 425, 458
Lagier, 436
La Hitte, général de 45
Lahousen Edler von Viremont, Erwin 402-405, 411, 415
Lainey, 384, 385, 386, 390
Laken, Akli 485
Lamaing, Alfred 175
Lamberton, 507
Lambinet, Michel 574
Lambling, Frédéric 77, 78, 79, 83, 118
Lambros, 263
Landau, Kurt 361
Landru, 216
Landsdale, Edward 462, 476
Lang, Ernest 280
Langer, Guido 395, 396
Langlade, François de 449
Langlois, colonel 302
Lannurien, colonel de 554
Lanquetin, 504
Lansana Conté, 510
Lanscade, amiral 583
Laoust, Henri 568
Laperche, Georges 486
Laperrine, 100-104
Lapierre, *cf.* Fontès
Laritchev, Victor 342, 343, 345
Laroche, *cf.* Fontès
Larras, capitaine 95
Latham, 248, 443, 444, 445, 446
Lattre de Tassigny, de 362-366, 372, 462
Laurent, 216, 264, 390, 572
Laury, commandant 540
Lauth, capitaine 53, 58
Laval, Pierre 392, 393, 429, 669
Lavergne, général 298, 299, 301, 303, 305, 307, 310, 318, 319
Lawrence, 359
Lawson, 263
Le Bail, 536
Lebel, colonel Nicolas 34
Leblanc, 515
Lebleu, colonel 175
Lebœuf, Edmond 8, 12, 15, 16
Lecache, Bernard 326
Le Carré, John 478
Ledeen, Michaël 581
Ledoi, 179
Lefebure, Antoine 266 n.
Lefevre, André 213
Lefranc, Pierre 529
Le Gallou, colonel 523
Léger, Alexis 371, 375
Léger, Paul-Alain 463, 488
Legge, 425
Legrand, Hélène 178
Legrand, Jean-Charles 409
Le Grève, Pierre 486
Lelong, commandant 307
Leluc, Alain 519
Lemaigre-Dubreuil, 438
Leman, 481
Lemoine-Rex, 396, 398, 399, 400
Lénine, 291, 297, 299-304, 312, 315, 321, 325-327, 334-336, 349, 361
Lenoir, Pierre 212, 267, 268
Le Nulzec, 452
Léopold, Marcel 484, 485, 494
Léopold II, 123, 124
Léopold III, 416
Leroy, capitaine 510
Lesdains, comte de 175
Lesport, de 274
Lesquen, capitaine de 368
Lesquer, colonel 511
Lesser, Anne-Marie 233
l'Estoile, Hugues de 586
Letellier, Henri 267
Le Terron, Philippe 522
Le Troter, 390
Lettermann, Marie 202
Lê Van Vien, 471
Levasseur, 430, 431
Levassor, lieutenant 143
Leverett, colonel 381
Levy-Alphandery, 348
Lewal, 13-15
Leygues, Georges 254, 262, 263
Leymarie, 267
Leytens, 174
L'Helgouach, 488
L'Hopital, René 343
Liebknecht, Karl 115, 378
Limon, amiral 562
Linard, colonel 189
Linitski, 354, 357
Lintjens, Anna 236, 241, 243
Liotard, 453
Lise, 179, 180, 181
Lloyd, George 99, 255, 312, 316
Lobreau, 429, 430, 431
Lochard, Joseph 395
Lockhart, Bruce 303, 310-314, 318-321, 362
Locquin, Jacques 526, 528

Loewenguth, Charles 202
Loizeau, 364-367
Loizillon, général 48
Lombard, 391, 425
Lombarès, Michel de 36, 54 n.
Longuet, 336
Lopez, Antoine 555
Lorenzen, Wilhelm 483
Loriot, 331, 336
Louis, capitaine 395
Louis XVI, 452
Loustauneau-Lacau, 434
Lubersac, de 299-306
Lubovitch, 499
Luchaire, Jean 407, 409, 446
Lucieto, 144-148
Ludendorff, 122, 127, 144, 147, 193, 194, 201, 209, 291, 381
Luizet, 425
Lulé-Desjardins, 391
Lumière, 216
Lune, Jean de la 540
Lutaud, 104
Lutiis, Giuseppe de 531
Lutty, Charles 423, 424
Lux, 87-91, 105-113, 134
Luxembourg, Rosa 378
Lyautey, 96, 100, 101, 190

MacLaren, 309
MacLeod Zelle, 235, 237, 239, 240, 243
Mac-Mahon, 18-20, 35
Machebœuf, Pr 458
Macnab, Harold 570
Mafart, commandant Alain 578, 581
Maginot, André 137-141, 152, 213, 234, 386, 412
Magsaysay, 476
Mahmoud, Mohammed 486
Maitron, Jean 348
Makouhov, 353
Malek, Albert 169
Malloum, 523
Maloudier, Bob 488, 489, 528
Malraison, 412
Malraux, André 497
Malvy, 191, 217, 218, 219, 266, 267, 295
Mammar, Mohammed 487
Mampuys, 417, 422
Manceau, 98
Manchester, William 71, 114
Mancion, 517, 523
Mandel, Georges 453
Mangès, colonel 391, 419
Mangin, général 130, 159, 164, 192, 200, 209, 650
Mangin, Louis 477
Mangin, Stanislas 436
Mangin-Bocquet, 229
Mangold, Tom 555
Mangot, 170
Maniguet, Xavier 579, 580
Mannesmann, Reinhard 99
Mansfield, sénateur 476
Manuel, André 435
Mao, Tsé-toung 465
Marcellin, Raymond 559
Marchais, Georges 572
Marchal, Arsène 164-169, 248
Marchand, René 306, 319, 321
Marchiani, Jean-Charles 560
Mardochée, 92
Marenches, Alexandre de 516, 523, 530, 560, 565-575
Margueritte, général 21
Maringer, 86
Marion, Pierre 521, 529, 544, 565, 575-577, 585, 593
Markovic, Stefan 559, 564
Marlier, 385
Marolles, colonel de 567, 574
Marouani, Daniel 420
Martignat, Étienne 359
Martini, Fulvio 575
Marty, André 369
Martzilev, 356
Marwitz, général von der 127, 129, 130
Marx, Karl 331
Masaryk, 308, 322
Maslov, 353
Masslof, Vadim 237, 238
Masson, Frédéric 109
Masson, René 157
Masson, Victor 349, 350
Mast, 437, 438, 460, 461
Mata Hari, 213, 221, 230, 234-245, 420
Matheron, 429, 430
Mathieu, général 44, 45, 252, 256
Maunoury, Henri 86, 130, 196, 197, 212, 213, 216, 218-222, 226, 230, 238, 243, 264, 265, 295, 298, 582
Maupin, colonel 453
Mauriac, François 475
Mauricheau-Beaupré, Jean 522
Maurin, Joaquim 361, 386
Max, *cf.* Jean Moulin
Mayer, Daniel 535
Mayeren, von 218, 232
Mayol de Luppé, 409
Mazza, 515
M'Ba, Léon 522, 523
McCarthy, 476
Medvediev, 325, 326
Meilhan, Mme 42
Méline, Jules 46
Mella, 436
Melnik, Constantin 477-480, 483, 491, 493, 508, 530, 547, 548
Mendès-France, 425, 473, 475, 476, 757
Mendras, 362-366, 368
Menjinski, 336, 337, 346
Mennevée, 38 n.
Menzies, 403
Mercier, André 348
Mercier, cardinal 136, 173, 179
Mercier, général 53, 479, 480, 481

Merglen, 492
Mérindol, Pierre 530
Merkelbach, 176
Merson, général 383-386
Mertens, capitaine 274, 276, 279
Méry, 513
Messager, 337
Messali, Hadj 449
Messimy, 85, 105, 106, 113, 134, 189, 190, 191, 214, 215
Messmer, Pierre 492, 493, 507
Meuwis, Fernand 417, 418
Meyer, 135, 136, 201, 425, 473
Meyer, Alfred 202
Meyer, Elisabeth *cf.* Lise
Meyer, Stefan 395
Meynier, commandant 103
Miaja, 370
Michèle, général de 16
Michelet, Jules 39, 40
Michell, lieutenant 175
Michels, Charles 348
Miller, général de 346, 354, 356, 357, 358
Millerand, 85, 119, 148, 162, 215, 217
Millescamps, *cf.* Marie Forêt 47, 48, 49, 50, 54, 55, 57, 62, 196
Mindszenty, cardinal 547
Miquel, Pierre 415 n.
Mirbach, von 318
Mirambeau, Henri 470
Mirande, 227, 228
Misoffe, 541
Mistinguett, 218, 219
Mitsui, 114
Mitterrand, François 460 n., 475, 524, 529, 573-580
Moatti, René 437, 447
Mobutu, 519
Moch, Jules 461, 462, 528, 530, 540
Moder, 161
Moerman, Joseph 174
Molkte, von 8, 13, 16, 17, 19, 21, 23, 28, 29, 116, 117, 124, 129
Mondanel, 410
Moni, 232, 233
Monsabert, 439
Montagnon, 492
Morali-Daninos, André 582
Mordrel, 411
Moreau, colonel 581
Moreau, ingénieur 175
Morel, Henri 367, 368, 369, 370, 372
Morin, Henri 153, 155, 156, 159, 162, 163
Morlanne, Jacques 457, 463, 481, 488, 489, 742
Mornet, 213, 229, 230, 241
Morris, capitaine *cf.* Puchert
Morvan, 458
Mouchon, Louis 458, 460 n.
Mougeot, comte 226
Moulin, Jean, dit Marc 435
Moumié, Félix 507-510
Mounier, 45
Mountbatten, Lord 545
Moussa, Ag Amastane 102, 103
Moutet, lieutenant 501
Moutet, Marius 453
Moutey, général 138
Moutin, 504
Moyen, André 530
Muller, 88
Müller, 225
Müller, commandant 52, 54, 62, 87
Münster, Georges zu 47, 48, 50, 51, 52, 58
Murphy, Robert 438
Murras, Charles 234
Mussolini, 392, 393, 527
Mussy, 227

Napoléon Ier, 8, 9, 16, 20, 22, 74, 192
Napoléon III, 10-12, 18, 20, 452
Nasser, 487, 488, 520
Nassiri, Nematollah 568
Nastelloni, 531
Naud, capitaine 207
Navale, Roberto 393
Navarre, Henri 171, 390, 401, 403, 411, 414, 433, 436, 467, 468, 472, 473
Negrin, 370
Nelson, Frank 435
Ngô Dinh Diem, 476
Nguyên Ai Quoc, 456
Nguyên Anh, 452
Nguyên Tat Thanh, 456
Nicolaï, colonel 137, 151, 175, 176, 179, 183, 202, 209, 220, 233, 388
Nicolaiev, 352
Nicolas, grand-duc 149
Niel, Adolphe 14
Niessel, général 299, 300-306
Nils, Omar 418
Nin, Andrès 360
Niquet, Louis 554
Nivelle, général 190, 191
Noassri, Abdelkader 481, 486
Nobel, Alfred Bernhard 68, 69, 342
Nochon, 42
Noguès, 439, 441, 442
Noiré, 510
Nollet, 381
Norfbain, 236
Noske, 378
Notarnicola, Pascuale 575
Noulens, général 214, 300-307, 310, 312, 317, 318, 321, 322
Noumandian, Keita, général 501
Nowoday, 454
Nucci, Christian 523
Nungesser, 171
Nyo, colonel 453

Ockrent, Christine 565
Offroy, Raymond 522
Ojukwu, colonel 522
Olivari, colonel 195, 197
Olivier-Merson, Luc 295
Ollé-Laprune, 394

Oppenheim, 175
Oppenheim, Joseph 180, 181
Orel, 316
Osvald, 400, 410
Oswald, Lydia 419
Otten, 227, 228, 231
Ouandié, Ernest 510
Ould Aoudia, 480, 485
Oulianov, *cf.* Lénine
Ouritzky, 321
Overstraetten, Raoul von 416, 417

Paillat, Claude 464 n.
Paillole, colonel 389, 390, 393, 394, 398, 403-405, 407, 409-415, 419, 420, 421, 422, 424, 432, 433, 434, 442, 443, 447
Painlevé, 191, 267
Painvin, Georges Jean 195-201
Paléologue, Maurice 78, 79, 80, 82, 83, 116, 118, 119, 123, 300
Pandraud, Robert 518
Panizzardi, Alessandro 51, 61
Papen, von 279, 387
Pappenheim, Rabe von 417
Pâques, Georges 554
Parisot, général 392, 393, 433, 442, 443, 444-447, 538, 539
Pascal, Pierre 299, 301, 305, 307-310, 317, 318, 325, 326, 328
Pasqua, Charles 518
Pasquier, Alain 511
Passy, colonel 434-436, 447, 448, 449, 454, 457, 459, 462, 496, 694
Patte, 248
Paul, 104
Paul-Boncour, 371, 372
Paulier, capitaine 196
Pauphilet, Bernard 438, 439
Payart, 363
Pedoya, général 152
Pedro, 479
Pelicier, colonel 499
Pellay, Jean-Marie 487
Pellé, 130, 190
Pelletier, 56
Pellisier, 427
Pelterie, Elsnaut 248
Pendézec, général 78, 79, 117
Penelon, général 190, 191
Pepelaïev, 324
Perchet, colonel 226
Pereira, Fernando 578
Perkhourov, 314, 315, 316
Perrez, Thomas 460
Perrier, Jacques 501
Perrier, Philippe 432, 433
Perroux, 413
Perruche, 390, 395, 400, 425, 432
Pershing, général 192
Peskovski, 302
Pétain, maréchal 81, 82, 151, 155, 158, 163, 189, 190, 191, 192, 193, 206, 264, 371, 425, 441, 536, 691
Peters, 299, 313, 314, 321, 336, 337
Petit, Gabrielle 178
Petit, 301, 325
Petkoff, 535
Petlioura, Simon 326
Petsarah, 476
Peyré, Roger 460, 461
Peyrefitte, Alain 548
Pflimlin, Pierre 582
Philip, André 436
Philippe, 350
Picard, colonel 120, 121
Pichon, 116
Picot, 18
Picquart, lieutenant-colonel 53, 57, 58, 59, 84, 85
Pie XII, pape 545
Piecke, 287
Pierre-Bloch, Jean 436
Pierrefeu, de 190
Pierrier, 346
Pierson, colonel 570
Pigneau de Behaine, 452
Pilsudski, Jozef 185, 316, 317, 389
Pinay, Antoine 545, 548
Pinsard, 169, 170
Pioche, 488
Piroth, 470-473
Piroulas, 394
Planchais, Jean 244, 245
Plantey, Alain 497
Platti, Ubaldo, 232
Plekhanov, 297
Plenel, Edwy 580
Pleven, René 470, 541
Plevitskaïa, 356-358
Plissonnier, Gaston 572
Pognon, Gratien 519
Poher, Alain 66 n., 498
Poilblanc, 140
Poincaré, 116, 148, 186, 190, 216, 254, 263, 264, 266, 267, 343, 350, 386, 408, 650
Poincaré, Mme 216
Poirier, 413
Politis, 253
Pommier, 248
Pommiès, 394
Pompidou, Georges 493, 498, 511, 516, 550, 559, 560-564, 569, 573, 826
Pompidou, Mme 560
Poniatowski, Michel 565, 573, 574
Pons, 502, 503, 540
Pont, colonel 129, 130, 191
Pont, administrateur 495
Pontaut, Jean Marie 580
Poole, Clinton 319
Pose, Alfred 437
Possemier, 174
Pothuau, amiral 47
Poulaille, 415
Pourchot, 425
Poutiloff, 114, 257, 387
Pouzitski, Sergueï Vassilievitch 347
Pradier, Claude 560, 570

Prado, président 549
Préaud, 432
Préjelan, 109
Prévost, 8
Prieto, 370
Prieur, Dominique 578, 580, 581
Primakov, 360
Primiceri, Giuilio 531
Priolet, 216, 220, 228, 231, 241, 246
Proutkov, 353
Puchert, Georges 481, 482, 483, 485
Pujol, colonel 47
Putz, 411
Puy-Montbrun, Déodat de 463, 484, 485, 488

Quercy, Lucienne 384 n.
Queuille, Henri 461

Rabouille, 447
Racamond, Julien 352
Racine, Nicole 414 n.
Radaoroson, 495
Radeck, 295, 339, 387
Rademecker, 417, 418
Radowitz, 30
Radzvill, 271
Ragueneau, Philippe 437-443
Ramadier, Paul 528
Ramoisy, Marthe 418
Rampont, 302
Ramzine, Léonide 342, 343, 345
Rasafindrabe, 495
Raseta, 495
Rateau, Jacques 540
Rath, von 409
Ratibor, prince de 97, 245
Rau, 278
Rausenberger, Fritz 70
Ravoahangy, 495
Ray, Oscar 231 n.
Raynal, commandant 172
Reagan, président 581
Rebnitz, général von 60
Reboule, 530
Regnault, 85
Reile, Oskar 398-400, 422, 423, 444, 445, 446
Reilly, Sidney 312, 314, 316, 317, 319-321
Reinach, M. 84
Reinberger, Helmuth 416, 417
Reiss, Ignace 358-361
Renaudel, 214, 253, 329
Renault, Gilbert *cf.* colonel Rémy
Reniers, Jean 182
Rennmüller, Mlle 234
Renoir, général 192
Renouard, commandant 152
Renucci, 59, 60
Resch, 48, 50
Reusens, Charles 274, 279, 281, 282
Revers, 432, 460-462
Rex, *cf.* Lemoine-Rex
Rey, 421
Rhein, Marc 361
Riabouchinski, 342, 344
Ribbentrop, von 373, 388, 407-409, 410, 413, 415
Ribet, Me 358
Ribière, Henri 459, 461, 462, 463, 464, 528, 530
Ribot, 191, 250, 251, 263, 267
Richard, 217, 218, 220, 487, 488
Richard, Marthe 213, 221, 222, 240, 244-249
Richardson, 274
Richer, veuve *cf.* Richard, Marthe
Richthofen, lieutenant von 107, 110
Ridray, 391
Riffaud, Claude 489
Rifflaert, 174
Rigaud, alias Richepin 432, 438
Ripoche, 493
Rischard, Camille 179, 180-182
Rischard, Charles 179
Riss, Prosper 430, 431
Rivaud, Me 91
Rivet, général Louis 136, 385, 388-390, 393, 394, 398, 400, 403, 406, 409-412, 415, 416, 418, 425, 429, 432, 434, 447-449, 458, 593
Roatta, 392, 393
Robert, Jacques 529
Robert, Maurice 498, 500, 519, 522
Robert-Garouel, Michel 438, 441
Robien, Louis de 306
Robin, capitaine 46
Rocard, 429, 430, 431
Rocard, Michel 430 n.
Rocard, Yves 430
Rocca, Renzo 531
Rochas, lieutenant 21
Rochefort, Henri de 42
Rockenbrod, Jean 180
Rodrique, 416, 417
Rohleder, Joachim 399, 400
Rohmer, 48, 49, 50
Rojo, 370
Rolland, Jacques Francis 314 n.
Rolland, Romain 336-340, 351
Rollenberg, Lise de 271, 272, 275, 276, 277, 282, 283, 288
Rollin, lieutenant-colonel 20 n., 38, 39, 48, 63, 84
Romain, commissaire 540, 541
Romains, Jules 407, 410
Romani, capitaine 43
Romanov, Nicolas 309, 320
Romatet, 366
Ronin, Georges 390, 391, 432, 433
Rooms, Godfried 183, 184
Roos, Karl 411
Roosevelt, Franklin D. 438, 454, 465
Roover, 175
Roquefeuil, de 251-264, 306
Rosenbaum, Sigmund Georgevitch 312
Rosmer, 334
Rosseli, Carlo et Nello 393
Rossignol, Pierre 500
Rostini, René 541
Rothschild, les 257

Roubertie, 441
Rous, Jean 536
Roussakova, Eugénie 326
Roussan, Dr 43
Roussel ,juge 570
Roussillat, 480
Roussin, Michel 523, 524
Roux, colonel 390
Roy, Alain 420
Roze, 142, 143
Rudolph, Friedrich 398-400
Runstedt, von Guderian 396, 416, 425
Ruscio, Alain 468
Rykov, 360

Saar-Demichel, François 458, 694
Sabattier, colonel 84, 85
Saconney, 141-143
Sadoul, Jacques 299, 301-303, 318, 325-336, 372-376
Sainte-Claire-Deville, capitaine 46
Saint-Phalle, Thibaut de 462
Salan, capitaine 453, 467, 471
Salohub, général 72
Samuel, capitaine 28, 29, 36, 53
Sanderson, Sir Thomas 123
Sandherr, 31, 36, 38, 39, 44, 45, 48, 54 n., 78, 217
San Giuseppe, comte di 59
Sannié, Pr 458
Santo, Emmanuele 393
Sarrail, 190, 251, 252, 253, 256, 258, 263
Sarrien, Fernand 418
Sassi, Jean 471, 472, 488
Saussier, général 52, 53, 58
Savang, 476
Savimbi, Jonas 520
Savinkov, Boris 312-321
Sayers, Michel 345 n.
Scamaroni, 436
Scella, Mario 527
Schapper, Gottfried 396
Scheer, 381
Scheffer, Frederik 279, 280, 281, 282, 283
Scheffer, Jacques 175
Schellenberg, 407
Schenk, von 253, 255, 256, 257, 258
Scheurenschloss, baron von 412
Schickler, von 88
Schildbach, Gertrude 359, 362
Schirach, Baldur von 407
Schleicher, von 387
Schlesser, général 54 n., 390, 393, 394, 405-407, 409, 412, 432
Schlieffen, général von 44, 51, 59, 70, 77, 78, 82, 83, 115, 116, 117, 118, 119, 122, 123, 124, 125
Schlüter, Otto 482, 483
Schmidt, lieutenant 108
Schmidt, Hans Thilo 395-405
Schmidt, Rudolf 396, 397, 398, 400
Schnaebelé, 32-34, 43, 47
Schneider, 15
Schneider, famille 67, 69, 70, 97, 99, 114
Scholchoff, Paul 420
Schönebeck, lieutenant Maximilien von 43, 44
Schöttlin, Mme 47
Schragmüller, Mlle 220, 233, 243
Schroder, von 291
Schroell, 180, 181
Schulmeister, Charles 8, 20
Schultz, 391
Schuman, Robert 425, 528
Schumann, Maurice 562
Schwartz, Henri 418
Schwarzbard, 326
Schwarzkoppen, 49-60, 61
Schweisguth, 369
Schweizer, Peter 586, 587
Sébille, 87
Sedov, Léon 361
Seekt, Von 379, 380, 387
Seekt-Trotski, accords 401
Seeliger, colonel 79, 80
Segonzac, lieutenant de 93, 95, 611
Sembat, Marcel 214, 296, 297
Semenov, 323, 324, 362, 363
Serge, grand-duc 315
Serge, Victor 359, 360, 362
Serni, ag Thora 103
Sérot, André 390
Séverin, 150
Sicherheits, 397
Sideney, Athos 231
Siebert, 98
Silberzhan, Claude 521-524, 575, 588, 589
Simondetti, 59, 60, 62
Simoneau, 391, 395, 401, 425, 429, 430, 431, 448, 449
Simonneau, Léon 490
Sinigaglia, Guglielmo 574
Sion, Etienne 178
Sion, Louis 178
Skobline, 356, 357
Skoda, 114
Skouloudis, 260, 264
Slatinski, 353
Sloutski, 360
Smerdchen, 319
Smith, général 542
Soilih, Ali 520
Solmsen, 421
Solvay, 278
Soudart, commandant 194, 195
Soukine, 322
Soulez-Larivière, 521

Souritz, 373, 375
Soustelle, Jacques 448, 457, 571
Soutif, Henri 530
Souvarine, Boris 326
Spielglass, 361
Stabenau, lieutenant 159
Stackelberg, 419
Staewen, Christophe 512
Staline, 166, 248, 325-327, 342, 352, 357, 360, 361, 364, 367, 479
Stallmann, Rudolph 398
Steel, Bethlehem 69
Steenmackers, 23
Stehlin, Paul 390, 401, 407
Steiner, Renata 359
Steinmetz, 346, 347
Steinmetz, général von 17
Stelart, Edgard 177, 178
Stern, Herbert J. 570
Stevens, Joseph 174
Stieber, Wilhelm Karl 8-13, 15, 16, 18, 19, 21, 22, 28, 33, 44
Stolypine, 315
Strauss,Franz Josef 770
Strhomann, 356
Stroheim, Eric von 245
Stumm, aciéries 9
Sueur, 429
Suire, colonel 82
Süsskind, von 48-51, 55
Swoboda, 229
Syrovy, 322, 323

Taillandier, 433
Taillardat, 495
Tanguy, 232
Tann, Ludwig von der 20
Tannery, 215, 216, 221, 222, 265, 268, 270-273, 278, 280
Tarbé de Saint-Hardouin, 438
Tardini, Mgr 545
Tchang Kaï-chek, 453, 465
Tchaptchaët, Jean-Martin 509
Tchernov, 298
Tchitcherine, 299, 301, 312-314
Teheux, Jules 418
Temple de Rougemont, général Jean-Louis du 553
Terni, 114
Terrenoire, Louis 496
Teyssonnières, 56
Thatcher, Margaret 551, 587
Theissen, Pierre 87
Thévenin, colonel 195
Theyss, 457
Thiers, Auguste 8, 12
Thomas, 43, 162, 296, 299
Thomson, Sir Basil 228, 239, 240, 254-256, 264, 265, 476
Thorès, Henri 326
Thorez, Maurice 348, 535
Thursby, amiral 258
Thuveny, Auguste 485
Thyssen, 70, 99, 273, 386
Tichelly, *cf.* J. A. Dufay
Tillon, Charles 543, 554
Tinsley, 175
Tioli, 361
Tirpitz, von 278, 381
Togoï, Adoum 512, 513
Tombalbaye, 512, 514, 523
Tomps, 63
Tonnelat, 206, 216
Tonnelier, 98
Tornielli, 59, 60, 61, 62
Torrance, Watt 439
Touby Ly Foung, 471
Toukhatchevski, 317, 356-358, 360, 367
Touré, Mamadou 500
Touré, Sékou 499, 501, 503, 505, 509, 510
Tournier, Henri 440
Toussaint, Léon 141, 419
Touvier, Paul 530
Touze, Raphaël-Léonard 512, 513
Traoré, 511
Trauere, 371
Trautmann, 384 n., 391, 458
Tremeaud, Henriette 483
Trench, capitaine 107
Trenek, baron de 107, 110
Treutler, von 124
Tricot, Bernard 559
Trinquier, colonel 463, 464, 471-474, 477
Tronchon, Jacques 495
Trotski, 291, 295-309, 311, 313, 315, 316, 317, 321, 323, 327, 333, 342, 360, 361, 387
Truffaut, Pr 459
Truffert, Pr 459
Truman, président 541
Trutat, 389, 401, 413
Tschombé, Moïse 519
Tupinier, 443
Turck, Gilbert 434
Turckheim, Bernard de 206
Turenge, Alain Jacques 578, 580
Turenge, Sophie Claire 578, 580
Turmel, 266
Turot, 256
Tyraud, Philippe 553

Ulmo, Paul 87
Ungerer, 89, 90
Unterberg Gibhardt, Fritz 410
Uris, Léon 553
Um Nyobé, Ruben 507

Vaarbek, 411
Vaillant-Couturier, 339
Valade, 524
Valantin, général 212, 215, 218, 219, 264
Vallon, Louis 436
Van Co, 460
Van der Capellan, Edouard-Guillaume 236
Van der Schalk , 236
Van Heche, 438
Van Helkendouck, Richard 174
Vanhoutte, Marie Léonie 178

Van Quickelberg, Sylma 177
Van Ravenstyn, Dr 287
Van Staaten, père Werenfried 545, 547
Van Tichelen, 175
Vaquier, capitaine 321
Vaux, 394
Védrines, Jules 171
Veinner, lieutenant 160
Velche, Raymond 579
Venizélos, 251-253, 258
Ventsov, 364
Verdier, 499
Verdy du Vernois, général von 68
Vergès, Jacques 479, 480, 786
Verhoeyen, Étienne 418 n.
Verneuil, colonel 391
Verneuil, Henri 581
Vertamon, lieutenant de 256
Verthamon, Henri de 306, 307, 312, 314, 319-321
Viansson-Ponté, Pierre 478
Vibray, Régis de 410
Vickers, Albert 69, 70, 114
Victoria, reine 114
Vié, Jean-Émile 564
Vilenkine, 316
Villaret, général de 196
Villeneuve, de 425
Vincent, colonel 31, 32, 57
Violan, Jean 245, 246
Violet, Jean 544, 545, 548, 549, 551, 594
Visconti-Venosta, 59, 60, 61
Vito, Santo 575
Viviani, 214, 216
Vleeschouwer, Albert 530
Voegele, 206
Voillard, 105
Vorochilov, 364-365, 401
Vosjoli, de 553, 555
Vuillemin, 371, 405, 683

Waechter, Kiderlen 92, 99
Waegele, 154
Walck, général 370
Waldé, Paul-Aimé 229, 231
Waldeck-Rousseau, 60, 63
Wallner, colonel 136, 193, 274, 278, 279, 280, 286
Wallon, 156, 158
Walsin-Esterhazy, Charles-Ferdinand *cf.* Esterhazy
Waltz, 205
Warans, 276, 277, 278, 287
Warin, *cf.* Wybot
Warocqué, 278
Wartelle, Pierre 390
Weber, 410
Webster, William 585
Weil, Maurice 31, 52, 53
Weiller, Paul-Louis 141, 142
Weiss, 20
Weiss, Dr 526, 527
Wenninger, 417
Werner, 356
Wetterlé, abbé 204
Weygan, 000
Weygand, général 209, 317, 343, 345, 362, 363, 364, 370, 375, 390, 403, 411, 425, 683
Wibaux, Fernand 512
Wiedfeldt, Otto 381
Wiegand, capitaine 399, 400
Wilcox, 577
Wilhelm, compagnie 161
Wilhelm, Richard 98
Wilkinson, 455
Wilson, général 119
Wilson, président 279, 316, 319
Windell, Ludwig 62
Windthorst, député 30
Winkel, 413
Wirth, 381
Wismael, 175
Withrow, James R. 455, 456
Witte, de 182, 183
Wolf, Heinz 482
Wolff, agence 44
Wolff, Dr 9
Wolff, Erwin 361
Wolfson, David 581
Wrangel, 317, 344
Wullens, Maurice 415
Wybot, Roger 436, 460, 461
Wynkoop, 287

Yagoda, 346
Youlou, Fulbert 522
Yunker, 223-227

Zaharoff, Basil 69, 257, 258, 260, 269, 343
Zahm, 480
Zaïmis, 259, 260, 263
Zelle, Margaretha 235
Zetkin, Clara 338
Zimmer, Lucien 346, 350, 351, 356, 358
Zinoviev, 327, 338, 339
Zola, Emile 17-19
Zoppf, lieutenant-colonel 128, 130, 135, 136, 145, 151, 156, 164, 188, 219
Zozo, *cf.* Davnichewy, Joseph
Zugmeyer, 208

REMERCIEMENTS

Que soient ici remerciés :

Les généraux Grossin, Cazelles, Fleutiaux, Meyer, l'amiral Lacoste, les polytechniciens Marion et Devawrin, les préfets Bruneau et Silberzahn, les colonels Arnaud, Bach, de Corta, Daughreil, Fourcaud, Paillole, Parisot, Robert, Simonneau, Zahm, le commissaire Gaveau, le psychiatre Morali-Daninos, le professeur Vanwelkenhuyzen, ainsi que Jean Violet, Jacques Chaban-Delmas, Michel Debré, Roger Delpey, José Aboulker, Édouard-Frédéric Dupont, Jacques Foccart, Alain Guérin, Paul-Alain Léger, Jacques Locquin, François de Grossouvre, Alexandre de Marenches, Constantin Melnik, Louis Mouchon, Pierre Restigny, Philippe Ragueneau, Alain Roy, pour les entretiens qu'ils ont bien voulu m'accorder ;

L'avocat Jean Violet, le préfet Jacques Bruneau, le colonel Parisot, Roger Delpey, Jacques Locquin ainsi que les familles Dupas, Fille-Lambie, Gaveau pour les mémoires et archives privés qu'ils ont obligeamment mis à ma disposition, non sans une mention particulière pour l'exceptionnel cahier de souvenirs du général Dupont, inédit jusqu'à ce jour et consulté grâce à l'amicale bienveillance de son fils Édouard-Frédéric Dupont, longtemps doyen de l'Assemblée nationale ;

Sabrina Faetanini, documentaliste, pour l'aide précieuse fournie.

Le personnel des archives du 2e Bureau au Service historique de l'armée de terre (Vincennes), de celles, diplomatiques, du Quai d'Orsay (Paris), de l'amicale des anciens des services spéciaux de la défense nationale (AASSDN) dirigée par le colonel Paul Paillole, des archives fédérales du Foreign Relations Department ainsi que de celles de la Central Intelligence Agency (Washington, USA), pour l'accueil diligent que nous avons rencontré chaque fois.

P. K.

TABLE DES MATIÈRES

I. LES ESPIONS DE LA REVANCHE 7

1868 : la France couverte d'espions — Les fonds des reptiles. Les bistrotiers de Wilhelm Stieber — Le premier Bureau des statistiques — Zola accuse l'état-major : le général sans soldats et celui qui n'a pas de cartes — Le service des reconnaissances de Mr Cuvinot, boîte postale 16 rue du Parlement — Le capitaine Samuel dans les pas du maréchal von Molkte — 186 000 francs par an pour un SR de poche — Le commissaire Schnæbelé pris au piège — Une agence de recherches pour le 2ᵉ Bureau — Le « brouillard » des dépenses secrètes — L'étrange fin de Foucault de Mondion — Poker menteur autour du canon de 75 — Marie Bastian, nom de code « Auguste », déclenche l'Affaire — Un bordereau forgé à Metz sur du papier allemand — Le cri de l'attaché militaire Schwarzkoppen : « Dreyfus est innocent. Tout n'était que faux et mensonges ! » — De Galliffet « désinfecte » les services secrets.

II. LE COLONEL DUPONT, ORGANISATEUR DES INVISIBLES 65

Le regard vague derrière son lorgnon — Ce que le 2ᵉ Bureau savait de Krupp — Mission à haut risque en Allemagne — Le boulanger-stratège des lacs Mazures — La trahison du Vengeur — Les révélations de l'ambassadeur Paléologue — L'empereur et le clochard — Pétain enquête sur un secret d'État — Cinq années passionnantes avec Célestin Hennion et les Brigades du Tigre — La section III B épingle le capitaine Lux — Des lettres au cure-dent et au jus de citron — Charles de Foucauld, espion juif — La bataille du Maroc commence à Essen — Le Laperrine en robe de bure — L'oublié de Glatz compte jusqu'à 2 190 — Une évasion par − 18 °C — Ils passeront par la Belgique — Le plan Schlieffen reconstitué — La Belgique pas si neutre que ça — « N'attaquez pas, sinon l'Angleterre nous déclarera la guerre » ; Dupont évoque les « réservistes » allemands et offre sa démission ; Joffre la refuse — Les secrets de la bataille de la Marne — L'incroyable télégramme de Foch.

III. « UN SR NE DÉFILE PAS SOUS L'ARC DE TRIOMPHE » 133

Messimy dit non aux préparatifs d'attentats — Le colonel Andlauer, comme un limier de race — La patrouille d'André Maginot — Les

« saucisses » de l'aérostier Saconney — La visite de Charles Lucieto aux usines Krupp — Découverte des gaz toxiques allemands — Le bulletin du poste de Belfort : « Tout sur Verdun. Rien de sérieux ailleurs » — Les postes d'écoute du capitaine Morin — Les trouvailles techniques du lieutenant Delavie — Vol au-dessus de Berlin — 5 000 tracts lâchés du ciel — Les retrouvailles avec Roland Garros — David Bloch, garçon boucher de Guebwiller — Un pigeon voyageur décoré de la Légion d'honneur — *La Libre Parole de Bruxelles* — Pierre Devos contre le câble de la mort — Des espionnes au cœur fou — La Rose et le Réséda — Le réseau modèle du grand-duché — Triomphe du colonel Nicolaï chez les flamingants — 1916 : Dupont prépare un premier armistice — Guerres intestines au grand état-major — Pétain ne croit pas à la victoire finale — Le 2e Bureau ne sait plus rien des Allemands — L'organisation du service du chiffre — Le génie de Georges Jean Painvin — Des chiffres, des lettres, des clés... — Le décryptement du radiogramme de la victoire — Andlauer, le général sans visage — Guerre secrète en Alsace — Les « faux » du caricaturiste Hansi — La fabrication des obus-tracts — Carlos, le soldat inconnu.

IV. LE BUREAU DES COUPS TORDUS DU CAPITAINE LADOUX 211

Le capitaine Ladoux, chasseur d'espions — Joffre le place en sentinelle... la nuit — La section des renseignements entre la Guerre et l'Intérieur — Plus de 300 fusillés — Des boîtes de corned-beef qui valent de l'or — Le gaspillage des réseaux allemands — Ces messieurs de la Caponnière et leurs clients — La Fräulein d'Anvers et l'odieux capitaine noir — Mata Hari exécute un entrechat mortel — La danseuse mise à nu par les contre-espionnages — Un obus qui ne tue pas — La trop superbe histoire de Marthe Richard — Séduite par Zozo, le demi-frère de Staline — Constantin de Grèce renversé à l'empoigne — De Roquefeuil et von Schenck signent la paix franco-allemande — Les millions engloutis de Basil Zaharoff — Le carnaval Venizélos — Au bon vouloir de Clemenceau — Crozier marchand d'armes et patriote — Savonnerie Venus, SR commercial — Les violences discrètes de Mathenesserlaan — Du pavillon noir au drapeau rouge des spartakistes.

V. LA LUTTE CONTRE LES SOVIETS 285

Le premier Français entré à Berlin — La note n° 3 — « Un certain Bronstein nommé Trotski » — Le comte de Lubersac chez Lénine — Pour les pommes de terre et les armes des brigands de l'impérialisme — L'ambassadeur Noulens « instrument inintelligent de l'Histoire » — Le tsar exécuté par peur des Tchèques — Lockhart, agent officieux, se repent de son anticommunisme — Le « fameux Boris Savinkov » coûte 2 500 000 roubles de plus à la France — Le capitaine Faux-Pas dans le secret des attentats — Le dernier train de l'amiral Koltchak — Body, l'ouvrier limousin, et le testament de Lénine — Le 2e Bureau, Jacques Sadoul et la IIIe Internationale — 1922-1923 : quelques rapports sur Romain Rolland et l'antimilitarisme — La gendarmerie à la rescousse — Les saboteurs du parti industriel — L'invasion de l'URSS pour l'été 1930 — Koutiepov, un rapt comme les autres — Honel, tueur d'occasion, mais communiste-né — L'affaire Fantômas fait fuir Jacques Duclos — 1932-

1936 : des notes bien peu informées — Le général Miller enlevé à cause de Toukhatchevski — Ignace Reiss et la révolution massacrée — La Guépéou par tous les moyens — De Lattre de Tassigny dépêche Mendras à Moscou — Dans la fournaise espagnole — « Un roi de France ferait la guerre » — Sadoul à Cachin : Moscou ni dupe, ni victime.

VI. DEUXIÈME BUREAU CONTRE ABWEHR 377

Le représentant officiel de Foch à Berlin voit bafouer le traité de Versailles — Von Seekt, général d'une armée de 100 000 chefs — L'usine d'Essen défend ses secrets au rayon infrarouge — La Prusse monstrueuse du rapport Dupont — La pauvre Maison du général Merson — En URSS comme en Suède, Krupp fabrique le IIIe Reich — La « stupide et splendide lutte » du SR de Rivet — La Centrale du 2 *bis* — Les accords Laval n'arrangent que l'Italie et la Cagoule — Le contre-espionnage de Schlesser prend force de loi — Hans Thilo Schmidt, espion par rancœur et pour beaucoup d'argent — H.E. trahi par les fautes des Français — La source Ultra décisive dans les grandes batailles de la guerre — Le peu de cas que l'on fit des renseignements de Lahousen — Laxisme d'une nation — L'expulsion d'Otto Abetz mal vue du Quai d'Orsay — La lutte contre la cinquième colonne — Arrêtons la baronne von Einem ! — L'illusion pacifiste de Giono — L'offensive du 17 janvier 1940 s'arrêta à Mechelen — L'Épingle noire du Liégeois Rademecker — Doudot, l'as des W, agents de pénétration — La guerre de Joséphine Baker, HC — 10 mai 1940 au Luxembourg — Exploits et héros du SR clandestin — Source K : Bousquet dénonce Rocard et ses compagnons — Les gaullistes récusent toute alliance — Le colonel Passy invente sur une autre forme de services secrets — Les résistants maîtres d'Alger et hors la loi — « On a tiré l'exécution de Darlan à la courte paille » — Parisot retourne tout un réseau de l'Abwehr — Darnand livre le trésor de la Milice, 200 millions de francs lourds — De Gaulle renvoie Giraud, le SR et Rivet — Mai 1945 : l'Empire se lézarde.

VII. DANS LES DÉCOMBRES DE L'EMPIRE COLONIAL 451

Le SR colonial en Indochine — Le double langage des USA — L'Oncle Hô déjoue les pièges — La naissance de la Piscine — Le colonel Fourcaud limogé après la trahison des généraux Mast et Revers — La création du groupement de commandos mixtes aéroportés (GCMA) — Le cri d'alarme du colonel Maurice Belleux — Le pot de chambre de Diên Biên Phu — 80 % des messages viêt-minhs décodés... — Le rapport secret du général Blanc — L'opium des Méos — 2 000 maquisards au secours du camp — Trinquier et le Comité du haut fleuve Rouge — Mitterrand et l'affaire des fuites — « Des Américains pas très tranquilles » — Un duo de choc : le général Grossin et Constantin Melnik — « Il faudrait supprimer l'avocat Jacques Vergès » — La mort de Georges Puchert, trafiquant d'armes — Opérations « Arma » et « Homo » signées la « Main rouge » — Le président Nasser n'aimait pas le cacao — « Ma mère, Bagheera la panthère » — Une bombe au Quai d'Orsay — Le vrai rapt du colonel Argoud — La décolonisation tragique : horreur à Madagascar — Jacques Foccart, soldat fidèle de De Gaulle — « A complot permanent, terreur permanente » — « La cinquième colonne » à Conakry — Comment on recrute un agent — Le Cameroun entre dans la nuit — Le pastis empoisonné de Félix Moumié — « Ils ont massacré 300 000 à 400 000 Bamilékés » — Anatomie d'un putsch africain — La pendaison du commandant Galopin — La destitution de Bokassa — Où sont passés les 35 milliards ? — Le mystérieux retour de l'empereur — Bob Denard devant les juges — « On m'a donné le feu orange. On ne donne jamais le feu vert dans ces cas-là » — « Les mains sales » et la chute du préfet Silberzahn.

VIII. LES DESSOUS DE LA GUERRE FROIDE 525

Le « fantôme » ou l'exfiltration d'Adenauer — Opération Gladio — Des réseaux dormants dans toute la France — L'ambassadeur Caffery se réjouit de la défaite communiste — Gouazé déporté au Goulag, Parisot mitraillé à Bucarest — Le commissaire Gaveau enquête sur le complot de la Pentecôte — La « colombe qui fait boum » et la pénétration américaine en France — Opération « Pax » — Le « Livre rouge » de l'Église persécutée — Me Violet sur tous les fronts — La « troisième corbeille d'Helsinki » — La CIA a-t-elle favorisé en 1961 le putsch des généraux et les peurs de Margaret Thatcher — La trahison de Philippe Thyraud — « Alors Dejean, on couche ! » — La CIA aimerait recruter Couve de Murville — Les photos truquées de Mme Pompidou — La vérité sur les vedettes de Cherbourg — « Il faut supprimer le SDECE » — L'honorable Alexandre de Marenches — La grande purge des services secrets — Un ami de Hassan II et de Saddam Hussein — Le trafic Delouette : une affaire fabriquée — Les filatures féminines de l'opération Aquarium — Giscard d'Estaing exige la tête du colonel Kadhafi — L'amiral Fulvio Martini écrit au préfet Silberzhan — Pierre Marion négocie avec Rifaat el-Assad — Opération Satanik — Mitterrand acquiesce de la tête — La 25e image « subliminale » — La réorganisation du renseignement militaire — La feinte colère de la CIA lors du Salon du Bourget — « J'ai personnellement décoré de la Légion d'honneur tous les perceurs de coffres du service "KY" — Combattre l'argent de la Mafia !

En guise de conclusion... 591
Annexes 595
Bibliographie sommaire 845
Index 859
Remerciements 876

Impression réalisée sur CAMERON par
BRODARD ET TAUPIN
La Flèche
en février 1994

Imprimé en France
Dépôt légal : février 1994
N° d'édition : 94059 – N° d'impression : 6823 I-5